E, aproximando-se, Jesus tocou-lhes e disse:
Levantai-vos, e não tenhais medo.

Mateus 17.7

E disse-lhe: Levanta-te, e vai; a tua fé te salvou.

Lucas 17.19

CURSO COMPLETO DO
NOVO
PROCESSO CIVIL

RODOLFO KRONEMBERG HARTMANN

CURSO COMPLETO DO
NOVO
PROCESSO CIVIL

Prefácio do Ministro Luiz Fux

6ª edição, revista e atualizada pela EC nº 103/2019 – Reforma da Previdência

- ✓ Teoria geral do processo
- ✓ Processo de conhecimento
- ✓ Procedimentos especiais de jurisdição contenciosa e voluntária
- ✓ Cumprimento de sentença e execução
- ✓ Recursos cíveis, ações autônomas e incidentes nos tribunais
- ✓ As disposições finais do NCPC
- ✓ Juizados Especiais e a teoria geral do processo coletivo

Editora
IMPETUS

Niterói, RJ
2020

© 2020, Editora Impetus Ltda.

Editora Impetus Ltda.

Rua Alexandre Moura, 51 – Gragoatá – Niterói – RJ

CEP: 24210-200 – Telefax: (21) 2621-7007

Conselho Editorial:

Ana Paula Caldeira • Benjamin Cesar de Azevedo Costa
Celso Jorge Fernandes Belmiro • Ed Luiz Ferrari • Eugênio Rosa de Araújo
Fábio Zambitte Ibrahim • Fernanda Pontes Pimentel
Izequias Estevam dos Santos • Marcelo Leonardo Tavares
Renato Monteiro de Aquino • Rogério Greco
Vitor Marcelo Aranha Afonso Rodrigues • William Douglas

Projeto Gráfico: SBNigri Artes e Textos Ltda. | Editora Impetus Ltda.

Editoração Eletrônica: SBNigri Artes e Textos Ltda.

Capa: Editora Impetus Ltda.

Revisão de Português: Carmem Becker

Impressão e encadernação: Editora e Gráfica Vozes Ltda.

Data de fechamento da edição: 04/03/2020

H333c

    Hartmann, Rodolfo Kronemberg

        Curso completo do novo processso civil 6. ed / Rodolfo Kronemberg Hartmann. – Niterói, RJ: Impetus, 2020.

        896 p.; 17 x 24 cm.

        Inclui bibliografia.

        ISBN: 978-65-86044-10-2

        1. Processo civil – Brasil. I. Título.

                            CDD – 347.8105

www.impetus.com.br

DEDICATÓRIA

Este é um livro dedicado a muitas pessoas especiais.

Dedico inicialmente a Geisa, ao Matheus e ao Lucas, que compõem hoje e sempre o núcleo mais importante da minha vida. Vocês são tudo.

Dedico aos meus pais, Carlos e Nádia, assim como a meus irmãos Maurício e Guilherme (e a minha querida sobrinha Antônia).

Dedico aos meus falecidos avós Nelson, Eunice, Pedro e Dulce.

Dedico aos meus sogros Tomaz e Nanci, assim como ao meu cunhado Reinaldo.

Dedico aos amigos de infância em Petrópolis, especialmente ao Luciano.

Dedico aos amigos que fiz na vida adulta, especialmente ao Floriano e Richard (e ao meu querido afilhado John).

Dedico aos amigos que fiz na carreira de magistrado.

Dedico aos professores Alexandre Câmara, Luiz Fux, Poul Erik e Wilson Marques.

Dedico, por fim, ao bom Deus e aos anjos que nos protegem.

"Eu dobro a esquina
Eu vou na onda
Pego carona na multidão." (H.L.S.V.)

"A vida é doce, depressa demais." (J.L.W.F.)

"Vou procurar
Eu vou até o fim..." (R.F.)

"Não vim até aqui
Pra desistir agora." (H.G.)

"Eu não desisto
Assim tão fácil meu amor
Das coisas que
Eu quero fazer
E ainda não fiz." (F.C.A.J.)

"Pra quem tem o pensamento forte,
O impossível é só questão de opinião." (A.M.A.)

"Só que você sai em desvantagem se você não tem fé
Se você não tem fé." (M.F.)

"Nem sei como cheguei aqui
Mas saiba que eu estou feliz." (R.S.G.)

"E o que disserem
Meu pai sempre esteve esperando por mim
E o que disserem
Minha mãe sempre esteve esperando por mim
E o que disserem
Meus verdadeiros amigos sempre esperaram por mim
E o que disserem
Agora meus filhos esperam por mim." (R.M.J.)

"Eu to voltando pra casa
Outra vez..." (L.M.P.S.)

O AUTOR

- Juiz Federal – RJ
- Mestre em Direito pela UGF – RJ
- Coordenador Adjunto de Processo Civil na Emerj (2006-2013)
- Coordenador da Pós de Processo Civil na Emerj
- Coordenador da Pós de Processo Civil na Verbo Jurídico
- Examinador de Processo Civil para ingresso na Emerj (2006-2011)
- Coordenador da comissão de Processo Civil na Emarf
- Professor de disciplina presencial e EAD na EMERJ, na Universidade Estácio de Sá, na FGV, no Instituto Ênfase, no Portal Adapta, no Portal F3, no Descomplica (Master Juris), no CEJAS, no CEAP, no IDS, no Curso Tríade, entre outros
- Membro fundador do ICPC (Instituto Carioca de Processo Civil)
- Professor de pós-graduação e palestrante em vários Estados
- Articulista em diversas obras

www.rodolfohartmann.com.br

APRESENTAÇÃO

Fiquei muito honrado e feliz com o convite a mim formulado pelo magistrado e professor Rodolfo Kronemberg Hartmann para apresentar sua obra *Curso Completo de Processo Civil*.

Vejo em Rodolfo o homem de bem, o cultor incansável do conhecimento, o professor vocacionado e querido pelos alunos, bem como o magistrado cuja proficiência e vasta cultura lhe rendeu enorme respeito entre aqueles que têm o privilégio do seu convívio na magistratura, nas escolas da magistratura e perante a comunidade jurídica.

Do mesmo modo, enorme é a satisfação que vem à tona com a leitura de sua obra, pois o autor toma o leitor pela mão e vai abrindo, de forma segura, os incontáveis temas do Direito Processual Civil, realizando tal proeza em um só volume, onde todas as questões relevantes e momentosas do novo Código são trazidas à crítica, ao contraste e, quando necessário, à proposição de soluções.

Seguiu a obra a metodologia moderna e eficaz da combinação da legislação, da doutrina e da jurisprudência, entrosando clareza e profundidade, não se deixando levar por nenhum sectarismo, novidade inútil ou falsa erudição.

Destaco, apenas para exemplificar, o cuidado que o autor teve em tratar de temas como a competência dos Juizados Especiais, as tutelas de urgência e de evidência, o novo perfil da sentença, os negócios processuais, a teoria geral dos precedentes judiciais, entre outros que receberam tratamento – repiso – claro, preciso e profundo.

O belíssimo trabalho do Professor e Magistrado Rodolfo Kronemberg Hartmann torna-se leitura obrigatória para aqueles que necessitem dominar o Direito Processual Civil, seja como texto introdutório, seja como obra de consulta para o operador do Direito ou para análise do estudioso da academia.

Parabenizo o Rodolfo e a comunidade jurídica, que recebe excelente fonte de conhecimento, formação e pesquisa do Direito Processual Civil.

Eugênio Rosa de Araujo
Juiz Federal titular da 17ª Vara Federal
do Rio de Janeiro.
Mestre em Direito pela Ucam
Juiz Federal convocado na Vice-Presidência do
Tribunal Regional Federal da 2ª Região.
Membro do Conselho Editorial da Revista da
Escola da Magistratura Federal – Emarf.

PREFÁCIO

Confesso que, mesmo passados tantos anos de docência, ainda me emociona ser convidado para prefaciar obras de uma nova geração de professores e doutrinadores. Rodolfo foi meu aluno há mais de uma década, na Emerj – Escola da Magistratura do Estado do Rio de Janeiro, quando ainda ocupava o cargo de Desembargador do Tribunal de Justiça fluminense. Era uma época em que a Emerj já era reconhecida pela excelência no ensino do Direito Processual Civil, contando com processualistas de escol, como o também Desembargador Wilson Marques, o Professor Sérgio Bermudes e o, até então, advogado Alexandre Câmara, dentre muitos outros.

Não tardou muito e Rodolfo foi aprovado em concurso público para juiz federal, tendo também iniciado sua carreira na docência com igual proficiência, enquanto eu, em período semelhante, tornei-me Ministro, primeiramente no STJ e, alguns anos depois, no STF. Depois deste hiato e de pequenos encontros esporádicos, tive a oportunidade de revê-lo em uma palestra na cidade de Volta Redonda, interior do Rio de Janeiro. Ele, que participou do evento ao meu lado, em certo momento me presenteou com seus dois livros até então lançados: o de execução e o de recursos.

O conteúdo dos dois rapidamente me impressionou, principalmente pela sensibilidade em abordar temas tão polêmicos de maneira sistematicamente adequada. Eram livros de leitura cativante, feitos de professor para o aluno, ou seja, por alguém que foi talhado por anos em sala de aula, nesta árdua, porém recompensadora, missão de transmitir conhecimentos. E cada linha bem deixa transparecer todo esse amor e cuidado pelo que se faz. Neles, também se percebe a marca do aplicador do Direito, em especial aquela visão muito peculiar do magistrado atuante em primeira instância, ou seja, daquele que habitualmente trata diretamente com as partes nas audiências, despacha com os advogados e que se depara com o enfrentamento de inúmeras controvérsias processuais.

Posteriormente, tive conhecimento que Rodolfo lançou os volumes de teoria geral do processo e de processo de conhecimento, em complemento aos já publicados, todos com referências muito positivas por parte do público e igual sucesso. E, agora, neste momento, me surge este convite especial para prefaciar o novo livro deste jovem jurista, que reúne as quatro obras anteriores em um mesmo volume, além de acrescentar conteúdos inéditos como o processo cautelar, procedimentos especiais, teoria geral do processo coletivo, dentre outros.

Em alguns aspectos, o caminho trilhado por Rodolfo lembra aquele que fiz no decorrer dos anos. Afinal, já fui magistrado em primeiro grau, atuei em cidades do interior, tinha que me desdobrar para conseguir ter o juízo organizado e, ao mesmo tempo, estar presente em corpo e alma em minha família, além de conciliar tudo com os meus estudos e a carreira acadêmica. Não foi fácil e imagino que também não esteja sendo para Rodolfo.

Sou uma pessoa que tem muita fé, muita esperança, e tenho nos meus ideais a minha grande bandeira. Cheguei muito cedo em tudo o que fiz porque nunca perguntei a ninguém qual era a minha hora. Eu sempre fiz a minha hora. Nunca admiti, dentro da minha independência pessoal, talvez por tudo o que eu tenha passado desde os 14 anos, que ninguém me dissesse qual era a hora que eu tinha para dar início a minha vida profissional. Até já fui censurado por isso, porque diziam: "tudo na vida tem antiguidade". Mas não é bem assim, pois o Brasil é um país que dá chance a todo mundo. E quem tem a chance e quem acha que está na sua hora, tem que procurar o seu caminho. É o que Rodolfo vem fazendo e demonstrando já há alguns anos.

Deveras, é sabido que o Professor Rodolfo é atualmente um dos mais festejados que honram as fileiras da Emerj. O seu currículo acadêmico também impressiona, não apenas pela sua contínua formação, mas também pela extensa lista de homenagens que anualmente recebe de alunos das mais variadas instituições, o que novamente reflete o reconhecimento público pelo seu trabalho. E, agora, vem mais este livro em boa hora, para alegria dos atuais profissionais e estudantes da disciplina, que encontrarão uma obra com riqueza de conteúdo e sem qualquer descuido da boa técnica e da objetividade, que são características inerentes aos bons processualistas.

Alegro-me de ver mais um aluno seguindo tão bem o seu caminho, sendo bem-sucedido na consecução dos seus sonhos e na realização das suas aspirações. É uma grande honra o convite para este prefácio, oportunidade em que lhe desejo votos de sucesso em mais esta empreitada, e parabenizo os leitores pela aquisição de obra tão útil ao exercício profissional do Direito.

Luiz Fux
Ministro do STF
Professor Titular de Processo Civil da Uerj
Livre Docente

NOTA DO AUTOR À 6ª EDIÇÃO

Eis 2020 e a 6ª edição do *Curso Completo do Novo Processo Civil*. Fico feliz em constatar que, mesmo já passado algum tempo com o CPC/2015 em vigor, ainda assim a obra continua entre as mais vendidas na área, destinando-se tanto aos operadores do Direito como àqueles que se dedicam a prestar concursos ou, ainda, a aprender esta disciplina na faculdade.

Meu propósito em manter este livro como o mais atualizado de processo civil no mercado permanece e, para tanto, inseri em notas de rodapé dezenas de novas decisões judiciais interpretando e aplicando a novel legislação (para se ter uma ideia, as mais recentes são do Informativo nº 661, do STJ, de 19 de dezembro de 2019). Também incluí, no texto do livro, as mudanças realizadas no CPC por meio da aprovação das Leis nºˢ 13.793/2019 e 13.894/2019, que alteraram algumas de suas normas (arts. 53, 107, 698 e 1.048). E, como não podia de ser, também trabalhei as modificações trazidas pela Reforma da Previdência (EC nº 103/2019) e pela Lei nº 13.876/19, que alterou parcialmente as hipóteses de competência delegada da Justiça Federal

Esclareço, outrossim, que para esta edição eliminei os tópicos relativos aos procedimentos sumário, de usucapião e processo cautelar que anteriormente abordava por força de os antigos processos ainda estarem aplicando o CPC/73 (art. 1.046, § 1º, CPC/2015). É que já se passaram mais de 3 (três) anos desde a vigência do atual CPC e este é o tempo médio estipulado pelo CNJ como meta administrativa para o processamento em primeira instância até a prolação da sentença. Portanto, como nos dias atuais provavelmente já não devem mais tramitar tantos processos destes como antes, não faria sentido manter o estudo sobre eles.

Outro ponto que também eliminei do livro foi o seu último capítulo, em que apresentava e resolvia algumas questões de concursos públicos. É que, atualmente, o leitor interessado neste tópico dispõe de outros meios para ter acesso às perguntas e gabaritos bem mais recentes. De todo modo, para aqueles que gostam da minha didática, é só me seguir nas redes sociais que sempre estou divulgando os cursos em que gravo e resolvo tais perguntas, das mais variadas bancas. Meus perfis mais usados são:

rodolfo_kronemberg_hartmann (Instagram), **Rodolfo Kronemberg Hartmann (Facebook)** ou **rodolfo hartmann (YouTube)**. Aliás, aproveite a sua visita a eles para assistir e acompanhar gratuitamente as minhas *lives*.

Por outro lado, mantive alguns QR CODES nas páginas do livro, caso o leitor tenha interesse em assistir algumas aulas de 20 (vinte) minutos gratuitamente, bastando acionar o seu leitor óptico diretamente do dispositivo móvel. Todas estas aulas, por sinal, foram graciosamente cedidas por um dos cursos em que leciono atualmente, que é o ADAPTA (**<http://www.portaladapta.com.br>**), onde também se encontram disponíveis meus demais módulos a preços atrativos. Espero que aproveitem: são 4 (quatro) horas de aulas *on-line* para esta edição, que se referem a temas abordados nos capítulos 5, 8, 10, 23, 25 e 38 (*vide* relação ao final desta nota).

Então, acho que é isso: chegamos em 2020 com um livro mais enxuto, mais atualizado e mais objetivo, assim como também tenho tentado realizar nas minhas demais obras publicadas atualmente, que são o querido **Petições & Prática Cível** e o **Código de Processo Civil Comentado**. No mais, novamente por ora me despeço de vocês, expressando meus sinceros agradecimentos pelo estímulo e apoio nos mais variados aspectos da Vida. Muito obrigado!

Rio de Janeiro, 06 de janeiro de 2020.

"No final, tudo é aprendizado."

QR codes para aulas gratuitas

NOTA DO AUTOR À 3ª EDIÇÃO

Como o leitor certamente pode imaginar, o ano de 2015 foi muito difícil para todos nós, professores da disciplina direito processual civil. Pessoalmente, aprendi muito em cada evento que participei, em cada curso sobre o NCPC, e também conversando, escrevendo e estudando as novas obras que estão sendo publicadas.

Mas aprendi ainda mais sobre a vida, a política e as pessoas! E falo isso de maneira positiva, para saber me ajustar e adaptar frente às mudanças que sempre ocorrem, em todas as áreas da vida.

Este livro, a 3ª edição do *Curso Completo de Direito Processual Civil*, vem exatamente como podia ter sido feito neste dado momento, em que a nova legislação ainda não está em vigor e muito do que se discute é ainda no plano teórico, especialmente focado no âmbito acadêmico. Tentei, com sinceridade, que o mesmo tivesse um apego sobretudo prático, abordando situações que certamente irão ocorrer com frequência perante o Poder Judiciário. Inclusive, mantive o capítulo relativo às questões extraídas de concursos públicos, com as devidas adaptações quando necessárias, justamente para contribuir para a melhor formação do raciocínio jurídico, ao cotejar a teoria com situações práticas que muitas vezes são levantadas nestas indagações.

Também tentei já atualizar, na medida do possível, as citações bibliográficas de acordo com as novas obras já produzidas pelo NCPC, justamente para que o leitor não tenha a impressão de que se trata de um livro "requentado". A própria Editora Impetus, por sinal, sempre o tratou como um novo livro em todos os momentos, seja no planejamento, elaboração, diagramação do texto ou até na sua conclusão. Agradeço, mesmo, o apoio que vem me dando. E, da mesma forma, não poderia deixar de também enaltecer a Emerj – Escola da Magistratura do Estado do Rio de Janeiro, simplesmente por ter sido a "escola" da minha vida. *Ab uno docere omnes.*

Pode parecer uma pequena nota do autor, frente às infinitas possibilidades sugeridas pela nova legislação, mas é intencional. Que meu silêncio faça o leitor se ater ao texto técnico e, na ambiência de seu gabinete, escritório ou lar, tirar suas conclusões e ser o processualista do dia a dia de que tanto necessitamos para a persecução da Justiça.

E que, sem exageros, o direito processual se desenvolva sempre ao lado do direito material, como irmãos, iguais mas diferentes, que, de mãos dadas, continuam a trilhar juntos um mesmo caminho.

Se me excedi em certos momentos do livro, peço desculpas, mas escrevo apaixonadamente sobre a matéria. Na verdade, não é o autoritarismo do juiz que impregnou em tais circunstâncias, mas sim o vigor do coração do advogado que ainda está latente em mim, em respeito à semente que meu pai plantou.

Enfim, fiz o melhor que pude e agradeço a Deus por todas as oportunidades que me concedeu. E pela força também.

Rio de Janeiro, 03 de novembro de 2015.

ADENDO À NOTA DO AUTOR – 3ª EDIÇÃO

Pois é. Em dezembro de 2015, durante os trabalhos para o lançamento da nova edição, veio a notícia de que o Congresso Nacional aprovou ato normativo já alterando o NCPC (Lei nº 13.105/2015) durante o período de *vacatio legis*, o que, de certa forma, já era de se esperar. Afinal, eram mesmo necessárias algumas mudanças pontuais com foco na gestão cartorária ou, em outras palavras, no fluxo de entrada e saída de novos processos. De fato, o leitor atento irá perceber que nada, mas absolutamente nada, foi alterado a respeito da motivação das decisões judiciais ou mesmo quanto a novas prerrogativas e privilégios conquistados por certas categorias de operadores do Direito. Mas, certamente, outras reformas pontuais ainda serão necessárias nos anos que se seguirão.

De todo modo, eu já fiz os ajustes necessários ao texto para que o leitor tenha em suas mãos, como fonte de consulta, este livro devidamente atualizado. Contudo, se eventualmente for identificado algum erro material ou mesmo na indicação de qualquer dispositivo legal, fica o convite para que me seja enviada uma mensagem apontando-o, por meio do sítio <http://www.rodolfohartmann.com.br>. Farei questão de retribuir esta gentileza do leitor, agradecendo nominalmente por ocasião de novas edições ou tiragens da presente obra.

Neste momento, aliás, aproveito para "esticar" um pouco mais a nota do autor desta edição, seja em virtude de a primitiva ser sucinta ou mesmo em razão das mudanças que aconteceram nestas últimas semanas. Primeiramente, gostaria de esclarecer que achei por bem alterar uma das cores da capa para "amarelo", não para fins estéticos, mas porque a mesma simboliza "amadurecimento". E, ainda, explicar que esta nova edição é, de certa maneira, um rompimento com o passado em diversos aspectos. É que, na nota do autor à primeira edição, cheguei a comentar que esta era a "obra da minha vida", mas, sinceramente, como tive que reescrevê-la integralmente, já não posso dizer mais se a mesma passou a ser a "outra obra da minha vida" ou se é a "obra da minha nova vida".

Meu coração diz que é a segunda acepção. Vamos ver, temos tempo.

Rio de Janeiro, 20 de dezembro de 2015.

"Not for any Ideology
Not for Justice
Not for Honor
Not for Power
Not for the Future
Not for Love
Not for Peace
Not for Revenge". (H. K. e U. W.).

"Tudo bem... seja o que for..." (H. G. e P. G.).

ABREVIATURAS

ACO = Ação de competência originária
ADCT = Ato das Disposições Constitucionais Transitórias
AIJ = Audiência de Instrução e Julgamento
AP = Ação Penal
BB = Banco do Brasil
BTN = Bônus do Tesouro Nacional.
CC = Código Civil
CDA = Certidão de Dívida Ativa
CDC = Código de Defesa do Consumidor
CEF = Caixa Econômica Federal
CJF = Conselho da Justiça Federal
CLT = Consolidação das Leis Trabalhistas
CNJ = Conselho Nacional de Justiça
CP = Código Penal
CPC = Código de Processo Civil
CPP = Código de Processo Penal
CRFB = Constituição da República Federativa do Brasil de 1988
CTN = Código Tributário Nacional
DETRAN = Departamento Estadual de Trânsito
DJ = Diário de Justiça
DL = Decreto-Lei
DO = Diário Oficial
DNA = Ácido Desoxirribonucleico
EC = Emenda Constitucional
ECT = Empresa de Correios e Telégrafos
FGTS = Fundo de Garantia do Tempo de Serviço
FONAJE = Fórum Nacional de Juizados Especiais
FONAJEF = Fórum Nacional dos Juizados Especiais Federais
HC = *Habeas Corpus*

INSS = Instituto Nacional de Seguridade Social
IRDR = Incidente de Resolução de Demandas Repetitivas
JEC = Juizado Especial Cível
LINDB = Lei de Introdução às normas do Direito Brasileiro
LC = Lei Complementar
LEF = Lei de Execução Fiscal
LOMAN = Lei Orgânica da Magistratura
MP = Ministério Público
NCPC = Novo Código de Processo Civil
OAB = Ordem dos Advogados do Brasil
ORTN = Obrigações Reajustáveis do Tesouro Nacional
OTN = Obrigações do Tesouro Nacional
PAES = Parcelamento Especial
PASEP = Programa de Formação do Patrimônio do Servidor Público
PIS = Programa de Integração Social
REFIS = Programa de Recuperação Fiscal
RESP = Recurso especial
REXTR = Recurso extraordinário
RISTF = Regimento Interno do Supremo Tribunal Federal
RF = Receita Federal
RGI = Registro Geral de Imóveis
RPV = Requisição de Pequeno Valor
SS = Suspensão de Segurança
STA = Suspensão de tutela antecipada
STF = Supremo Tribunal Federal
STJ = Superior Tribunal de Justiça
STM = Supremo Tribunal Militar
TJ-MG = Tribunal de Justiça do Estado de Minas Gerais
TJ-PE = Tribunal de Justiça do Estado de Pernambuco
TJ-RJ = Tribunal de Justiça do Estado do Rio de Janeiro
TJ-RS = Tribunal de Justiça do Estado do Rio Grande do Sul
TJ-SP = Tribunal de Justiça do Estado de São Paulo
TRF1 = Tribunal Regional Federal da 1ª Região
TRF2 = Tribunal Regional Federal da 2ª Região
TRF3 = Tribunal Regional Federal da 3ª Região
TRF4 = Tribunal Regional Federal da 4ª Região
TRF5 = Tribunal Regional Federal da 5ª Região
TSE = Tribunal Superior Eleitoral
TST = Tribunal Superior do Trabalho
V.G. = *Verbi Gratia*

SUMÁRIO

PARTE VI – AS DISPOSIÇÕES FINAIS E TRANSITÓRIAS DO CPC, O MICROSSISTEMA DOS JUIZADOS ESPECIAIS E A TEORIA GERAL DO PROCESSO COLETIVO

PARTE I

TEORIA GERAL DO PROCESSO

2

DENOMINAÇÃO, RELAÇÕES DO DIREITO PROCESSUAL COM OUTROS RAMOS DO DIREITO E SUA DIVISÃO

1.1. DENOMINAÇÃO

A nomenclatura "direito processual" é relativamente assente no estudo das ciências jurídicas, embora até o momento ainda tenhamos doutrinadores que sugiram outras denominações.[1]

Este ramo do Direito, que goza de plena autonomia nos dias atuais, é aquele que tem como finalidade disciplinar a forma em que o Estado (em sentido amplo) presta a atividade "jurisdicional", por intermédio de um instrumento denominado "processo", após ter sido provocado pelo interessado por meio do exercício do direito de "ação".

Assim, o "direito processual" é, justamente, este conjunto de normas jurídicas que permitirão regular o início deste "processo", bem como o seu desenvolvimento e encerramento. E, para tanto, estas normas disciplinarão não apenas certas garantias e princípios, mas, também, até mesmo requisitos e formalidades para a prática dos atos processuais, além das consequências pela sua falta de observância.

Estas considerações abrangem, na medida do possível, as diversas outras concepções trazidas pelos mais variados doutrinadores.[2]

1.2. RELAÇÕES DO DIREITO PROCESSUAL COM OUTROS RAMOS DO DIREITO

Passado o tempo em que o direito processual era visualizado como um mero apêndice do direito material, atualmente já é amplamente reconhecida a sua autonomia e especialização em relação aos demais ramos da ciência jurídica, muito embora este ramo do direito público interaja corriqueiramente com as demais disciplinas. Com efeito, por vezes o direito constitucional deve ser analisado para a compreensão de fenômenos tipicamente processuais, como regras de competência ou a observância de certos princípios constitucionais, que se encontram enxertados na própria CRFB.

---

1 MÉNDEZ, Francisco Ramos. *Enjuiciamiento civil: como gestionar los litigios civiles, tomo I*. Barcelona: Atelier, 2008, p. 23.

2 CHIOVENDA, Giuseppe. *Instituzioni di diritto processuale civile, v. II*. Napoli: Dott. Eugenio Jovene, 1934, p. 32.

Da mesma maneira, também o direito material é posto sempre ao lado do direito processual, pois, a partir do momento em que o Estado reservou para si o monopólio da jurisdição, todo litígio deve ser solucionado por meio da instauração de um processo que, em última análise, passa a ser encarado também sob o prisma de instrumento focado na realização do direito material, seja ele regulado por leis civis, penais, dentre outras. No entanto, é importante frisar que não há entre o direito material e o processual qualquer relação de superioridade ou hierarquia, eis que este relacionamento é de complementaridade, de modo que a ciência processual deve se desenvolver à luz do direito material, já que é o mesmo quem lhe dá sentido, ao lhe emprestar projeto e destino. É o que reconhece, por sinal, a teoria circular dos planos do direito material e do direito processual.[3] Daí a constatação de que, no atual estágio evolutivo desta ciência, há nítida reaproximação destes dois ramos tão distintos entre si.[4]

1.3. DIVISÃO DO DIREITO PROCESSUAL: A TEORIA GERAL DO PROCESSO CIVIL, PENAL E DO TRABALHO

O processo, como visto, é o instrumento pela qual o Estado presta a jurisdição e que é regulado, desde o seu nascedouro até o seu encerramento, por meio de normas que compõem o direito processual. Mas, dependendo da matéria tratada (v.g. penal, trabalhista ou as demais), pode ocorrer a necessidade de disciplina mais específica para atender às peculiaridades de cada uma.

Assim, o direito processual acaba sofrendo uma divisão em três outros ramos, que seriam o direito processual civil, o direito processual penal e, por fim, o direito processual trabalhista, que por vezes vão se valer de institutos comuns (v.g. citação, resposta do demandado, provas, sentença, recursos, coisa julgada, dentre muitos outros), e, em outras, deverão observar regramentos mais pontuais. Aliás, é justamente o reconhecimento destes institutos comuns que autorizam a adoção de uma teoria unitária do processo e, quiçá, também a construção de uma teoria geral extensível a todos estes segmentos.

As normas processuais civis estão previstas no CPC (Lei nº 13.105/2015).[5] Por seu turno, as normas processuais penais estão previstas no CPP, que prevê que eventuais omissões autorizam interpretação extensiva e aplicação analógica, o que justifica o emprego do CPC nestas hipóteses (art. 3º, DL nº 3.689/41). E, por fim, as normas processuais trabalhistas se encontram compendiadas na CLT que, igualmente, permite a aplicação do CPC como fonte subsidiária (art. 769, DL nº 5.452/43 c/c art. 15, Lei nº 13.105/2015).

---

3 ZANETI JÚNIOR, Hermes. A teoria circular dos planos (direito material e direito processual). In: *Leituras complementares de processo civil*. 6ª ed. Salvador: JusPodivm, 2008, p. 403.

4 BUENO, Cassio Scarpinella. *Manual de direito processual civil*. São Paulo: Saraiva, 2015, p. 61.

5 Por sinal, todos os dispositivos citados neste livro encontram-se inclusos no Código de Processo Civil, exceto se neles houver complemento de outra legislação mais específica logo na sequência.

Constata-se, portanto, o caráter mais amplo que é dado ao estudo do direito processual civil, eis que também deve ser analisado em conjunto com os demais, pois eventualmente pode vir a ser aplicado supletivamente, em casos de omissões. Assim, é justamente com base nesta premissa que se deve reconhecer a importância ímpar do estudo do direito processual civil dentro da teoria geral do processo, muito embora isso não justifique uma falta de tratamento mais aprofundado quanto aos demais.

2

NORMAS JURÍDICAS PROCESSUAIS

2.1. FONTES NORMATIVAS DO DIREITO PROCESSUAL CIVIL

As normas jurídicas são aquelas que vão regular a vida em sociedade, sendo as mesmas classificadas em "materiais" ou "processuais". O primeiro grupo, das normas jurídicas materiais, regula as mais diversas relações jurídicas, independentemente de quem delas participe, ou mesmo aquelas de cunho contratual ou extracontratual, muitas vezes estabelecendo deveres e obrigações com as respectivas sanções em razão de seu descumprimento. Por seu turno, o segundo grupo regula a relação jurídica processual, que é aquela iniciada quando o demandante provoca o Estado-Juiz para que seja prestada a jurisdição e que se angulariza após a citação do demandado.

Usualmente, as normas materiais se encontram no CC, no CP, entre outros, enquanto as normas processuais se localizam no CPC e no CPP. No entanto, existem leis que podem conter, ao mesmo tempo, tanto normas materiais quanto processuais como ocorre, por exemplo, com o CDC, pois o mesmo regula tanto os direitos do consumidor (art. 6º, Lei nº 8.078/90), quanto estabelece regras a respeito de assuntos tipicamente processuais, como os efeitos subjetivos da coisa julgada material (art. 103, Lei nº 8.078/90).

Também pode ocorrer que algumas normas materiais se encontrem no CPC enquanto outras de cunho processual estejam no CC, hipótese em que as mesmas serão consideradas como "heterotópicas". O CPC, por exemplo, estabelece que o "cite-se" interrompe a prescrição (art. 240, § 1º), ou seja, cuida de um tema relativo ao direito material, tanto que também é regulado pelo CC (art. 202, inc. I, Lei nº 10.406/2002).[1] Por outro lado, também o CC possui regras processuais, como aquela que regula hipótese de competência territorial, ao dispor que o agente diplomático do Brasil, ao ser citado no estrangeiro, possa alegar extraterritorialidade sem designar onde tem, no país, o seu domicílio, caso em que poderá ser demandado no Distrito Federal ou no último ponto do território brasileiro onde o teve (art. 77, Lei nº 10.406/2002).

O direito processual civil pode emanar das mais variadas fontes, muito embora normalmente decorra da "lei" em sentido amplo, que caracteriza a sua fonte "primária", também chamada de fonte "direta" ou "formal". Assim, é possível extrair que a própria CRFB possui regras processuais como se depreende, por exemplo, da leitura de dispositivos que estabelecem competência dos Tribunais Superiores ou mesmo de

---

1 HARTMANN, Rodolfo Kronemberg. *A execução civil*. 2ª ed. Niterói: Impetus, 2011, pp. 55-57.

normas que regulam a "repercussão geral", tema este que já é afeto à admissibilidade do REXTR (art. 105 c/c art. 105, § 3º, ambos da CRFB).

Quanto às regras processuais propriamente ditas, a competência para criação de leis complementares ou ordinárias pertence privativamente à União, que legisla sobre o assunto por meio do Congresso Nacional (art. 22, inc. I, da CRFB). O CPC, por exemplo, é uma lei ordinária (Lei nº 13.150/2015), ao passo que a lei complementar que organiza a Defensoria Pública da União também aborda matéria processual ao assinalar a prerrogativa de prazos processuais em dobro para a atuação processual ou administrativa (art. 44, inc. I, LC nº 80/94), muito embora tal tema também seja previsto no próprio CPC (art. 186).

Também se deve desde logo destacar que é inviável a criação de normas processuais por meio de medida provisória editada pelo Poder Executivo (art. 62, § 1º, inc. I, alínea "b", CRFB). O mesmo se deve mencionar a respeito da Súmula Vinculante, que pode ser criada pelo STF, ou seja, pela cúpula do Poder Judiciário, pois a mesma não pode abordar diretamente matéria processual, que somente a admite para matéria constitucional (art. 2º da Lei nº 11.417/2006).

Mas, como as normas de direito processual abrangem não apenas as normas processuais propriamente ditas, mas também as de organização judiciária, deve-se também reconhecer a competência dos Estados para a edição destas últimas (art. 125, § 1º, da CRFB). Vale dizer que, por normas de "organização judiciária", devem ser compreendidas aquelas tendentes à estruturação e competência dos seus respectivos órgãos jurisdicionais, ou seja, a organização interna do Tribunal como a criação de órgãos (Câmaras, Turmas, dentre outros), ou mesmo a fixação da competência em relação aos juízos de primeira instância.

Há, também, atos normativos internos de Tribunais que nitidamente versam sobre matéria processual ao arrepio da CRFB, mas que são amplamente admitidos. É o que ocorre, por exemplo, quanto aos recursos de agravos que eventualmente constam previstos nos regimentos internos de alguns Tribunais de maneira inadvertida. É curioso advertir, contudo, que o próprio CPC ampliou para quinze dias o prazo para interposição de qualquer recurso de agravo, seja ele previsto em lei ou no regimento (art. 1.070).

Além destas fontes formais internas, é de se reconhecer a possibilidade de tratados e convenções, já internalizados no País, disciplinarem regras processuais (art. 84, inc. VIII, CRFB), embora seja certo que o ônus da prova, quanto à existência de tais normas, competirá à parte que a alegar, se assim o juiz determinar (art. 376).

Ao lado destas fontes "formais", também chamadas de "diretas" ou "primárias", existem outras que são consideradas como "secundárias" e que podem abarcar diversas outras situações. A LINDB (nomenclatura atual da antiga LICC, em razão da alteração imposta ao DL nº 4.657/42 por meio do advento da Lei nº 12.376/2010), enumera que, quando a lei for omissa, o magistrado irá decidir de acordo com a analogia, os costumes e os princípios gerais de Direito (art. 4º, LINDB). Ressalva-se, no entanto, que não há hierarquia entre as fontes "primárias" e "secundárias", sendo que as nomenclaturas devem ser interpretadas no sentido de que a primeira contém aquelas mais comumente utilizadas enquanto a segunda se refere a outras eventualmente adotadas.

A "analogia" pode ser aplicada quando se está diante de uma ausência de norma jurídica específica sobre uma determinada situação, de modo que em outra se verifique um ponto em comum com aquela outra específica que se encontra desregulada. O CPC, por exemplo, dispõe que, para a inquirição das testemunhas em AIJ, deverá ser adotado o sistema do *cross examination*, segundo o qual é permitido que as próprias partes formulem perguntas diretamente às testemunhas (art. 459). Ocorre que, quanto aos demais tipos de provas que podem ser produzidas oralmente na AIJ (inquirição do perito e colheita dos depoimentos pessoais do demandante e demandado), o CPC já é completamente omisso, o que permite o emprego da analogia para que, também nestes outros casos, seja utilizado o mesmo sistema para a produção da prova testemunhal.

Os "costumes" nada mais são do que práticas forenses corriqueiras e que, por este motivo, acabam sendo incorporadas, muito embora não sejam possíveis costumes *contra legem*. É que apenas os costumes *secundum legem* (em conformidade com a lei) ou *praeter legem* (em paralelo à lei) podem ser admitidos.[2] Exemplo de costume é a constatação de que diversos patronos possuem o hábito, ainda que desnecessário, de nominar as demandas que estão sendo instauradas como "ação de cobrança" ou "ação de revisão de cláusulas contratuais", destacadamente no corpo da petição inicial, o que não é alçado como requisito para qualquer petição inicial (art. 319).

Também os "princípios" podem ser usados como fontes normativas secundárias para o direito processual civil, mas apenas aqueles que são considerados como "princípios gerais de direito". O tema será explorado abaixo, especialmente para diferenciar estes dos denominados "princípios constitucionais".

Por fim, quanto à "jurisprudência" ou "doutrina", também há dúvidas se as mesmas devem ser compreendidas como fontes secundárias do direito processual ou como meio de expressão do Direito. Há tempos, os jusnaturalistas costumavam adotar o primeiro entendimento, ao contrário dos positivistas.[3] No entanto, qualquer que seja o entendimento empregado, é inegável a importância de ambas para o desenvolvimento da ciência processual.[4] E, nestes tempos modernos com nova codificação, é de se mencionar que, pelo menos no que diz respeito à "jurisprudência", está em curso uma mudança paradigmática de passagem da jurisprudência persuasiva como fonte secundária para os precedentes normativos formalmente vinculantes como fonte primária. É o que se aquilata de diversas normas do CPC (v.g., art. 927), sendo que tal circunstância certamente busca assegurar a racionalidade da aplicação do Direito e, ao mesmo tempo, reduzir a discricionariedade judicial e o ativismo judicial.[5]

---

2 MENDES, Aluísio Gonçalves de Castro. *Teoria geral do processo*. Rio de Janeiro: Lumen Juris, 2009, p. 8.

3 MENDES, Aluísio Gonçalves de Castro. *Teoria geral do processo*. Rio de Janeiro: Lumen Juris, 2009, p. 9.

4 NOGUEIRA, Gustavo Santana. *Curso básico de processo civil, Tomo I, Teoria geral do processo*. Rio de Janeiro: Lumen Juris, 2004, pp. 5-6.

5 ZANETI JÚNIOR, Hermes. *Ordem dos processos e dos processos de competência originária dos tribunais*. In: CABRAL, Antônio do Passo. CRAMER, Ronaldo. *Comentários ao novo código de processo civil*. Rio de Janeiro: Forense, 2015, p. 1.305.

2.1.1. Princípios

O positivismo jurídico, que é a principal fonte normativa da *Civil Law* (sistema por nós adotado), buscou a importação do positivismo filosófico para o mundo do Direito, na pretensão de criar uma ciência jurídica com características análogas às ciências naturais, o que de certa maneira contribuiria para uma pretensa segurança jurídica.[6]

Só que, sob esta perspectiva, a função do intérprete do Direito seria relegada a uma atividade meramente declaratória em relação à legislação, pois, até então, o sentimento comum era o de que realmente seria possível decidir todas as questões jurídicas por meio de uma simples operação lógica de subsunção da hipótese concreta à norma abstrata.[7]

No entanto, logo se verificou que o legalismo acrítico e as próprias imperfeições normativas serviam de disfarce para autoritarismos de matizes variados que, mais tarde, culminariam com a própria decadência do positivismo.[8] E, neste contexto, é que se passou a conceber que a ciência jurídica não pode ser completamente avalorada ou, em outras palavras, que a mesma possua características semelhantes às ciências exatas.[9]

Assim, em razão do intento de se atender mais satisfatoriamente aos ideais de justiça, de equidade ou mesmo de qualquer outra dimensão da moral, é que se reconhece a importância cada vez maior dos princípios na aplicação diuturna da ciência jurídica pelos profissionais do Direito, já que é sabidamente impossível confiar apenas ao legislador a árdua missão de regular todas as situações possíveis no mundo fático. Observa-se, assim, uma crescente normatividade dos princípios, que não necessariamente devem ser apenas considerados como fontes normativas subsidiárias, ou como meras normas secundárias destinadas a complementar o conteúdo das normas primárias quando estas forem omissas. Muito pelo contrário, atualmente já se reconhece que os princípios, pelo menos os constitucionais, representam as traves-mestras do sistema jurídico, cujos efeitos se irradiam sobre as diferentes normas, servindo de balizamento para a interpretação de todo o setor do ordenamento em que radicam.[10] E, em abono a esta constatação, seria até mesmo correto concluir que violar um princípio é muito mais grave do que violar uma regra jurídica, uma vez que a desatenção ao princípio acarreta uma violação a todo o sistema de comandos.[11]

Portanto, os princípios, sejam eles implícitos ou expressos, também devem ser considerados como normas jurídicas, por possibilitarem a imposição de obrigações legais da mesma forma.[12] E, em conclusão, os mesmos devem ser considerados como

---

6 KELSEN, Hans. *Teoria pura do direito*. 4ª ed. Trad. João Baptista Machado. Coimbra: Armênio Amado, 1995.

7 TUCCI, José Roberto Cruz e. *Precedente judicial como fonte de direito*. 1ª ed. São Paulo: RT, 2004, p. 198.

8 AZEVEDO, Plauto Faraco de. *Método e hermenêutica material no direito*. Porto Alegre: Livraria do Advogado, 1999, pp. 72-73.

9 BARROSO, Luís Roberto. Fundamentos teóricos e filosóficos do novo direito constitucional brasileiro. In: *Revista da Escola da Magistratura do Estado do Rio de Janeiro*, nº 15/2001, p. 21.

10 SARMENTO, Daniel. *A ponderação de interesses na Constituição Federal*. 1ª ed., 2ª tir. Rio de Janeiro: Lumen Juris, 2002, p. 42.

11 MELLO, Celso Antônio Bandeira de. *Curso de direito administrativo*. 13ª ed. São Paulo: Malheiros Editores, 2001, p. 772.

12 DWORKIN, Ronald. *Taking right seriously*. Cambridge: Harvard University Press, 1978, p. 44.

mandados de otimização, ou seja, normas que ordenam algo que deve ser realizado na maior medida possível, dentro das possibilidades jurídicas e reais existentes.[13]

De resto, é importante frisar que há uma diferença entre os "princípios gerais de direito" e os chamados "princípios constitucionais", posto que apenas os primeiros devem ser compreendidos como fontes normativas secundárias do direito processual civil. Com efeito, mesmo na ausência de regra jurídica clara, um destes princípios gerais pode ser adotado para resolver uma determinada situação concreta. Por exemplo, se "A" promove demanda em face de "B" postulando a condenação deste em lhe pagar R$ 100.000,00 (cem mil reais) e o magistrado profere sentença julgando o pedido procedente em parte apenas para condenar o demandado a pagar R$ 80.000,00 (oitenta mil reais), eventual recurso interposto isoladamente pelo demandante apenas irá permitir ao Tribunal manter a condenação ou somente aumentá-la. Em hipótese alguma, mesmo ao arrepio da lei, poderia o Tribunal reduzir *ex officio* o valor da condenação, pois isso implicaria em violação ao princípio que veda a reforma do julgamento para pior.

Vale dizer, porém, que estes princípios não se confundem com os "princípios constitucionais", pois, enquanto os primeiros são usualmente empregados para preencher as lacunas decorrentes da lei, estes últimos já são a base de todo o sistema jurídico, eis que neles é que se inspiram todos os atos normativos. E, justamente devido à sua extrema importância, é que os "princípios constitucionais" serão objeto de abordagem mais específica logo abaixo.

2.1.1.1. Princípios constitucionais

Os princípios previstos na CRFB que norteiam a ciência processual são os seguintes: a) princípio que garante o livre acesso à Justiça; b) princípio do devido processo legal; c) princípio do juiz natural; d) princípio da motivação das decisões judiciais; e) princípio da isonomia; f) princípio do contraditório e da ampla defesa; g) princípio da duração razoável do processo.

2.1.1.1.1. Princípio do devido processo legal

Este princípio (art. 5º, inc. LIV, CRFB), de acordo com a doutrina especializada, teve a sua essência inserta na cláusula 39 da Magna Carta assinada pelo Rei João Sem--Terra em 15 de junho de 1215, que dispõe *"Nenhum homem livre será detido ou preso, nem privado de seus bens, banido ou exilado, ou de algum modo, prejudicado, nem agiremos ou mandaremos agir contra ele, senão mediante um juízo legal de seus pares ou segundo a lei da terra"*.[14] Sob esta ótica, o processo se constitui em um meio de composição de conflitos e de pacificação social[15], tornando-se um instrumento de garantia quando houver a

---

13 ALEXY, Robert. *Teoria de los derechos fundamentales*. Madrid: Centro de Estudios Constitucionales, 1993, p. 93.

14 COMPARATO, Fábio Konder. *A afirmação histórica dos direitos humanos*. 2ª ed. São Paulo: Saraiva, 2001, pp. 78-81.

15 JARDIM, Afrânio Silva. *Direito processual penal*. 8ª ed. Rio de Janeiro: Forense, 1999, p. 59.

necessidade de afastamento de algum direito natural, muito embora existam diplomas normativos de duvidosa constitucionalidade (ou recepção, dependendo do momento de sua edição) que eventualmente tentam torná-lo desnecessário (v.g., DL nº 70/66 – que somente se aplica em hipóteses bem pontuais).[16]

Sob um aspecto funcional, porém, o processo corresponde a uma série de atos que busca um determinado fim. Vale dizer que estes atos que o compõem são chamados de "atos processuais", constituindo-se em uma das espécies dos atos jurídicos, podendo ser praticados no processo tanto pelas partes, como também pelos auxiliares da Justiça, pelos magistrados e, inclusive, por terceiros.[17] Porém, tais atos não são praticados ao alvedrio das partes, pois são impostas algumas condições de tempo, lugar e modo de expressão para se evitar que os interessados possam praticá-los da forma como bem entenderem. Muito embora a atual doutrina processual seja mais benevolente em relação à formalidade dos atos processuais, ainda assim o ato praticado sem a observância dos preceitos estabelecidos em lei poderá até ser desconsiderado, dependendo da gravidade do vício que o inquina.

Assim, é possível concluir que, hodiernamente, a garantia do devido processo legal deve ser compreendida como a garantia das partes de que disporão de um instrumento, ou seja, de um "processo", por meio do qual a jurisdição será prestada, sendo o mesmo composto por atos sequenciados que permitirão a obtenção da tutela jurisdicional. Trata-se, a toda evidência, de um conceito que vem sendo trabalhado gradativamente e que tenciona limitar o poder exercido pelo Estado, já que este devido processo legal deve, no mínimo, prestar obediência aos princípios constitucionais, como assegurar a ampla defesa e o contraditório, a motivação das decisões judiciais, entre outros ora abordados.[18] E, não menos importante, esta mesma garantia também pode ser observada em situações exclusivamente privadas, ou seja, mesmo naquelas em que não haja o exercício de atividade jurisdicional, desde que um dos envolvidos na relação jurídica possa ser potencialmente capaz de violar esses mesmos princípios ou colocar em risco a esfera de liberdade, no sentido mais amplo, de outros indivíduos. Perfeitamente crível, portanto, que haja uma eficácia horizontal dos direitos fundamentais nas relações privadas de subordinação como, aliás, já reconhecido inclusive em alguns julgados.[19]

2.1.1.1.2. Princípio que garante o livre acesso à Justiça

Este princípio (art. 5º, inc. XXXV, CRFB), para ser melhor compreendido necessita de uma breve digressão. Parece ser intuitivo que o Estado, ao vedar a "autotutela", concomitantemente assumiu o compromisso de solucionar, de forma adequada e efetiva,

---

16 MARINONI, Luiz Guilherme. *A antecipação da tutela.* 6ª ed. São Paulo: Malheiros, 2000, p. 16.

17 TOURINHO FILHO, Fernando da Costa. *Processo penal.* 11ª ed. São Paulo: Saraiva, 1989, v. *3.* p. 106.

18 LUCON, Paulo Henrique dos Santos. Devido processo substancial. In: *Leituras complementares de processo civil.* 6ª ed. Salvador: JusPodivm, 2008, p. 16.

19 TJRJ. Apelação cível nº 0026074-18.2002.8.19.0002. Rel. Des. Nascimento Povoas Vaz. DJ 11/10/2005.

os diversos conflitos que poderiam surgir em seu território. Porém, o que se observou é que, em curto espaço de tempo, passou a existir uma demanda muito grande pelos serviços judicantes, sem que a máquina judiciária estivesse adequada para tanto, seja no quantitativo de magistrados e servidores, seja nas próprias instalações e condições de trabalho.

Em um primeiro momento, esta circunstância de uma maior procura pelo Poder Judiciário deve ser encarada de forma positiva, por demonstrar uma maior consciência da população a respeito dos seus próprios direitos. E, certamente, entre as causas que contribuíram para este número maior podem ser destacadas: o alargamento do direito à assistência judiciária, o reconhecimento da existência dos direitos sociais, a criação de instrumentos aptos a uma prestação jurisdicional mais eficiente (v.g. os Juizados Especiais), entre muitas outras mais.[20] Inclusive, até mesmo é possível sintetizar estas causas nas conhecidas ondas de acesso à Justiça, sendo a primeira representada pelos entraves financeiros do processo, a segunda, pelo surgimento de novos direitos e a terceira, que é focada na satisfação daquele que se utiliza dos serviços judiciários.[21] Mas fica a ressalva, contudo, que este maior quantitativo de processos sugere que os direitos dos cidadãos vêm sendo sistematicamente vilipendiados, especialmente por aqueles que são os grandes litigantes processuais.

Mas não basta, porém, somente permitir o livre acesso ao Poder Judiciário, pois também há a necessidade de se buscar uma prestação jurisdicional efetiva, isto é, aquela que seja capaz de tutelar eficazmente o bem jurídico que se encontra sendo objeto de litígio. Por este motivo, aliás, é que já há alguns anos o Poder Legislativo vem introduzindo diversas modificações nos códigos processuais, com vistas a garantir não somente a celeridade do processo, mas, também, a consequente satisfação do direito lesionado. É o que ocorre, por exemplo, nos instrumentos que autorizam o reconhecimento das "tutelas de evidência", tanto em caráter provisório quanto definitivo (v. item nº 7.3.2.8. e item nº 15.4.).

E, para que este acesso seja pleno, não parece salutar algumas exigências normativas no sentido de que caberá ao demandante primeiramente esgotar a via administrativa para somente após buscar uma tutela jurisdicional (v.g., art. 7º, § 1º, da Lei nº 11.417/2009 – que somente autoriza o uso da reclamação perante o STF após o exaurimento da matéria no âmbito administrativo) ou mesmo condicionar o acesso ao Poder Judiciário ao prévio recolhimento total ou parcial do tributo, quando se pretende questionar a exigência do mesmo (v.g., art. 38 da Lei nº 6.830/80 – que autoriza ao contribuinte o ajuizamento de uma ação anulatória, desde que precedida de depósito preparatório do valor do débito que se impugna). Da mesma forma, não seria lícito ao devedor propor demanda perante o Poder Judiciário para discutir uma dívida e requerer, em sede de liminar, que o seu credor fosse obstado a cobrar o seu crédito judicialmente (art. 784, § 1º).Todas estas situações, de alguma forma, conspiram em desfavor deste princípio constitucional.

---

20 CARNEIRO, Paulo Cezar Pinheiro. *Acesso à justiça*. Rio de Janeiro: Forense, 1999, pp. 48-49.

21 CAPPELLETTI, Mauro; e GARTH Bryant. *Acesso à justiça*. trad. de Ellen Gracie Northfleet. Porto Alegre: Sergio Antonio Fabris Editor, 1988, p. 8.

Este princípio, embora tenha sede constitucional, também é classificado pelo CPC como norma fundamental (art. 3º).

2.1.1.1.3. Princípio do juiz natural

De acordo com o princípio do juiz natural (art. 5º, incs. XXXVII c/c LIII, CRFB), o particular somente poderá ter o seu processo conduzido perante a autoridade judicial competente, ou seja, aquela que tiver sido definida previamente por meio de critérios absolutamente impessoais e objetivos, o que também abarca a forma de investidura do magistrado, além da verificação de normas jurídicas que vão estabelecer a competência, ou seja, a área em que cada órgão jurisdicional pode trabalhar.

É um princípio que, em síntese, busca tutelar a imparcialidade do magistrado em relação às partes do processo, tendo alcance bastante amplo, pois atua desde a outorga de instrumentos processuais para se questionar impedimentos ou suspeições do árbitro como, também, ao impor detalhadamente a área de atuação de cada órgão jurisdicional bem como ao impor regras objetivas para a distribuição dos processos quando, na mesma base territorial, houver a instalação de mais de um juízo com idêntica competência.

Oportunamente (v. item nº 9.2.4.), será abordada situação envolvendo a impossibilidade de se autorizar um litisconsórcio ativo facultativo superveniente, já que esta hipótese implicaria, em última análise, violação ao princípio do juiz natural, ao possibilitar que outros interessados, além do demandante primitivo, possam supervenientemente direcionar suas respectivas ações a um determinado órgão jurisdicional.

2.1.1.1.4. Princípio da motivação das decisões judiciais

O princípio da motivação das decisões judiciais tem sede constitucional (art. 93, inc. IX, CRFB) e infraconstitucional (art. 371), de modo que o(s) magistrado(s) necessariamente deve(m) fundamentar as suas decisões, sejam elas acórdãos (art. 204), decisões monocráticas (aquelas proferidas isoladamente por ministros ou desembargadores), sentenças (art. 203, § 1º) e decisões interlocutórias (art. 203, § 2º). Porém, os despachos (art. 203, § 3º) já não precisam ser fundamentados, eis que os mesmos são desprovidos de qualquer carga decisória.

A justificativa para a adoção deste princípio é justamente evitar que o magistrado atue arbitrariamente, decidindo como bem quiser sem ao menos indicar para as partes ou terceiros as razões que o levaram a decidir desta maneira. E, de certa maneira, é a fundamentação das decisões que permitirá ao interessado indicar, em seu oportuno recurso, as razões do seu inconformismo.[22]

É muito questionável se esta motivação dos atos decisórios deve ser exaustiva ou não o que, em outras palavras, consiste em perquirir se o magistrado deve enfrentar tudo aquilo que foi invocado ao apresentado pelas partes ou se somente se deve ater àquilo que for

---

22 CAMARGO, Margarida Maria Lacombe. *Hermenêutica e argumentação, uma contribuição ao estudo do direito*. 2ª ed. Rio de Janeiro: Renovar, 2001, p. 7.

relevante para o deslinde da causa. Segundo o modelo primitivo (CPC-73), o tratamento jurisprudencial quase sempre consagrava que o magistrado deve sim fundamentar as suas decisões, mas apenas analisando os temas relevantes para a solução da questão, o que, inclusive, não autorizaria o uso dos embargos de declaração para combater esta omissão. É, pelo menos, o que consta no Verbete nº 52, da Súmula do TJ-RJ: "*Inexiste omissão a sanar através de embargos declaratórios, quando o acórdão não enfrentou todas as questões arguidas pelas partes, desde que uma delas tenha sido suficiente para o julgamento do recurso*".

Contudo, de acordo com o novo modelo, há previsão para um exaustivo dever de fundamentação. No CPC, impregnado de considerações de cunho fortemente acadêmico, foi criada norma indicativa das hipóteses em que uma decisão judicial não será considerada fundamentada (art. 489, § 1º). São elas: a) quando a decisão judicial se limitar à indicação, à reprodução ou à paráfrase de ato normativo sem explicar sua relação com a causa ou a questão decidida; b) quando empregar conceitos jurídicos indeterminados, sem explicar o motivo concreto de sua incidência no caso; c) quando invocar motivos que se prestariam a justificar qualquer outra decisão; d) quando não enfrentar todos os argumentos trazidos no processo capazes de, em tese, infirmar a conclusão adotada pelo julgador; e) quando se limitar a invocar precedente ou enunciado de súmula, sem identificar seus fundamentos determinantes nem demonstrar que o caso sob julgamento se ajusta àqueles fundamentos; f) quando deixar de seguir enunciado de súmula, jurisprudência ou precedente invocado pela parte, sem demonstrar existência de distinção no caso em julgamento ou a separação do entendimento. O CPC, inclusive, estabelece que a falta de observância quanto a esta norma (art. 489, § 1º) torna a decisão judicial omissa, o que justifica o emprego da via dos embargos de declaração (art. 1.022, parágrafo único, inc. II).

Apesar de uma adequada fundamentação dos atos decisórios ser algo positivo para a sociedade, que é a "consumidora" do serviço judiciário, o fato é que o novel dispositivo não deve ser interpretado literalmente. Com efeito, já há precedente do STJ no sentido de que o julgador não está obrigado a responder a todas as questões suscitadas pelas partes, quando já tenha encontrado motivo suficiente para proferir a decisão, bem como que não são cabíveis os embargos de declaração se o argumento não pronunciado for incapaz de infirmar a conclusão adotada.[23] Além disso, é curioso perceber uma incoerência sistêmica no CPC entre os principais operadores do Direito. Com efeito, de um lado o mesmo exige do magistrado este dever extenso de fundamentação, mas, em outros, paradoxalmente dispensa defensores públicos de externarem suas razões e argumentos em suas respectivas peças, em determinada situação que, à primeira vista, é completamente injustificável (v.g., art. 341, parágrafo único).

Para que a unidade sistêmica do CPC seja resgatada já em seu início de vigência, é de se destacar o previsto em duas normas fundamentais. A primeira (art. 6º), no sentido de que todos os sujeitos do processo devem cooperar entre si. Já a segunda

---

23 STJ. EDcl no MS nº 21.315-DF. Rel.ª Min.ª Diva Malerbi (Desembargadora Federal convocada TRF3). DJ 08/06/2016. Em sentido contrário, por defender que o magistrado deve enfrentar todos os argumentos: NEVES, Daniel Amorim Assumpção, *Novo código de processo civil comentado artigo por artigo*. 1ª ed. Salvador: JusPodivm, 2016, p. 810.

(art. 7º), impõe a todos as partes os mesmos ônus e deveres processuais. Assim, levando em consideração estes 2 (dois) artigos, que são considerados normas fundamentais do CPC, se o patrono da parte, em sua petição inicial ou na contestação, se limitar à indicação, à reprodução ou à paráfrase de ato normativo sem explicar sua relação com a causa ou a questão decidida, ou mesmo empregar conceitos jurídicos indeterminados, sem explicar o motivo concreto de sua incidência no caso, o magistrado, ao proferir decisão, não terá que se pautar na estrita observância ao dispositivo que impõe decisão judicial minuciosamente fundamentada (art. 489, § 1º). Por sinal, este foi exatamente o mesmo entendimento que restou consagrado no enunciado nº 9, da ENFAM, sobre as primeiras impressões sobre o novo CPC: *"É ônus da parte, para os fins do disposto no art. 489, § 1º, V e VI, do CPC/2015, identificar os fundamentos determinantes ou demonstrar a existência de distinção no caso em julgamento ou a superação do entendimento, sempre que invocar jurisprudência, precedente ou enunciado de súmula"*.

Para reforço na argumentação, cite-se novo exemplo, constante no CPC (art. 1.029, § 1º), que, muito embora cuide do tema "recursos", observa exatamente o mesmo raciocínio, no sentido de que o dever de argumentação ou de fundamentar com qualidade é oponível a todos os operadores. Com efeito, havendo interesse por uma das partes em recorrer (RESP ou embargos de divergência), aduzindo a ocorrência de dissídio jurisprudencial, caberá à mesma *"mencionar as circunstâncias que identifiquem ou assemelhem os casos confrontados"* (art. 1.029, § 1º). Portanto, é nítido que a parte tem o dever de bem argumentar o seu recurso, quando apresenta precedentes distintos que cuidam do mesmo tema. E, neste caso, para que o Tribunal o inadmita, terá que, pontualmente, demonstrar que as circunstâncias fáticas que geraram os mesmos são distintas.

É que, repita-se, se a parte não municia o magistrado com sua tese adequadamente fundamentada e coerente, em flagrante violação a normas processuais, notadamente a da colaboração processual e a que impõe os mesmos ônus a todos os sujeitos (art. 6º c/c art. 7º), fatalmente o julgador estará dispensado de proferir decisão extensamente motivada. Nada mais coerente, portanto, que um CPC que inclua a paridade de tratamento como norma fundamental tenha que reinterpretar suas normas dissonantes sob este viés. Afinal, como já até mesmo advertia Sócrates séculos atrás, a ninguém interessa que a mesma balança da Justiça tenha duas medidas para o mesmo peso.

2.1.1.1.5. Princípio da isonomia

Este princípio (art. 5º, *caput*, CRFB), estabelece que todos são iguais perante a lei.[24] No entanto, deve ser reconhecido que não seria possível conceber um tratamento processual idêntico a todos indistintamente, eis que cada parte pode ser cercada de certas peculiaridades de modo a justificar um tratamento processual levemente diferenciado. E, vale dizer, este reconhecimento prestigia o princípio da isonomia, de

---

24 PÉREZ, David Vallespín. *El modelo constitucional de juicio justo em el âmbito del proceso civil.* Barcelona: Atelier. 2002, p. 73.

modo que os iguais devem ser tratados na medida daquilo que se igualam e os desiguais de acordo com as suas desigualdades.[25]

É o que ocorre, por exemplo, quando se tratar de parte idosa que tem prioridade de tramitação em todas as instâncias (art. 1.048, inc. I)[26] ou mesmo quando for parte assistida pela Defensoria Pública que passa a gozar de prazos em dobro (art. 186 c/c art. 44, inc. I, da LC nº 80/94), o que é justificável tanto em um caso como no outro. Afinal, o idoso precisa de uma prestação jurisdicional mais rápida para que a mesma gere resultados práticos ainda em vida, bem como é notoriamente reconhecido que a Defensoria Pública é dotada de corpo profissional insuficiente para atender a população que lhe procura e que merece um tratamento adequado e personalizado, apesar do esforço e competência dos seus membros.[27]

De resto, também deve ser destacado que a Fazenda Pública possui diversas prerrogativas processuais quando atua em juízo, o que não conspira contra o aludido princípio da isonomia, pois a mesma possui uma quantidade de processos excessivamente superior acaso comparada com a média usual entre os particulares, o que lhe justificaria um tratamento desigual. Além disso, este tratamento também se justifica em razão da supremacia do interesse público, conforme já decidido pelo STF.[28] Entre estas prerrogativas, podem ser enumeradas: a) prazos diferenciados (art. 183); b) restrição à concessão de tutelas provisórias (art. 1.059); c) possibilidade de requerer a suspensão das tutelas de urgências deferidas (v.g., art. 4º, Lei nº 8.437/92); d) dispensa de preparo para recorrer ou até mesmo do prévio recolhimento de custas para a instauração de demandas (v.g., art. 1.007, § 1º); e) remessa necessária (art. 496); f) procedimento executivo específico para o recebimento das suas dívidas ativas de natureza tributária ou não (Lei nº 6.830/80); g) procedimento executivo específico para ser executada por quantia certa (art. 534 c/c art. 535 c/c art. 910); dentre outras mais.[29]

Este princípio, embora tenha sede constitucional, também é classificado pelo CPC como norma fundamental (art. 6º).

2.1.1.1.6. Princípio do contraditório e da ampla defesa

Este princípio (art. 5º, inc. LV, CRFB), que além de estar na Constituição também é considerado como norma fundamental do CPC (art. 9º), assegura

---

25 BARBOSA, Rui. *Oração aos moços*, edição popular anotada por Adriano da Gama Kury. 5ª ed. Rio de Janeiro: Edições Casa Rui Barbosa, 1999, p. 26.

26 Há entendimento no sentido de que a prioridade de tramitação do processo é direito subjetivo da pessoa idosa, razão pela qual a legislação apenas lhe confere legitimidade exclusiva para este requerimento. Por exemplo, nos casos em que o idoso for demandado, não poderá a parte contrária tentar se beneficiar com a norma prevista no art. 1.048, CPC. É o que se observa em: STJ. REsp nº 1.801.884-SP. Rel. Min. Ricardo Villas Bôas Cueva. DJ 30/05/2019.

27 GODINHO, Robson Renault. *A proteção processual dos direitos dos idosos*. 2ª ed. Rio de Janeiro: Lumen Juris, 2010.

28 STF. ADI nº 2.418/DF. Rel. Min. Teori Zavascky. DJ 04/05/2016.

29 A TV JUSTIÇA, tempos atrás (2010), transmitiu cinco programas da série "Saber Direito", de em média cinquenta minutos cada, abordando as prerrogativas processuais da Fazenda Pública em juízo. Os programas tiveram este autor como apresentador e se encontram amplamente divulgados e disponibilizados na rede mundial de computadores, inclusive no site <http://www.rodolfohartmann.com.br> e no <http:// www.youtube.com>. Só que foram gravados enquanto vigente o CPC/73, estando já desatualizados.

o contraditório e a ampla defesa aos litigantes, com os meios e recursos a eles inerentes. No entanto, o referido inciso cuida de dois institutos que são distintos entre si. Com efeito, o princípio da ampla defesa se destina exclusivamente ao demandado, eis que o mesmo é quem tem que se defender a respeito dos fatos afirmados pelo demandante em sua petição inicial, a fim de que o magistrado possa julgar improcedente a pretensão deduzida. E, para facilitar este desiderato, a legislação muitas vezes tenta outorgar certos meios protetivos ao demandado, desde que isso, claro, não afronte o princípio da isonomia. Nos processos decorrentes de relação regida pelo CDC (Lei nº 8.078/90), por exemplo, a demanda deve ser aforada no domicílio do consumidor, seja ele demandante ou demandado (art. 101, inc. I, Lei nº 8.078/90), eis que o mesmo é presumivelmente a parte mais vulnerável da relação (art. 4º, inc. I, Lei nº 8.078/90).

Por vezes, porém, a própria legislação enumera taxativamente quais são as teses defensivas que podem ser veiculadas em contestação (v.g., art. 20 do DL nº 3.365/41 – que apenas autoriza que, em defesa ao processo judicial de desapropriação por utilidade pública, possa ser alegado vício do processo judicial ou impugnação do preço) ou mesmo restringe algumas modalidades de resposta do réu (v.g., art. 31 da Lei nº 9.099/95 – que proíbe reconvenção em processos da competência do Juizado Especial Estadual). Estas situações, que são relativamente frequentes, não se consubstanciam em mitigação ao princípio que garante a ampla defesa, pelos mais diversificados fundamentos. No caso da ação de desapropriação, o próprio dispositivo prevê que não haverá qualquer prejuízo, já que é facultado ao interessado que, aparentemente, teve obstaculizado o seu direito à ampla defesa, trazer em ação autônoma, como causa de pedir, o fundamento que antes não pode externar em sua peça de resistência, a evidenciar a ausência de qualquer prejuízo. O mesmo raciocínio (emprego de ação autônoma) pode, por sinal, também ser adotado em relação ao outro exemplo, que cuidava da impossibilidade de reconvenção nos processos que tramitam perante o Juizado Especial Estadual.

Quanto à garantia do contraditório, esta se refere à possibilidade de uma parte ser intimada para se manifestar a respeito de uma afirmação que foi efetuada pela outra, o que pode ser extensível tanto ao demandante quanto ao demandado. Por exemplo, somente se o demandado, ao contestar, apresentar defesa processual ou defesa de mérito indireta, é que deverá o magistrado determinar a intimação da parte autora para se manifestar em petição usualmente nominada como "réplica" (art. 350 c/c art. 351).

Esta garantia é mencionada por várias vezes no decorrer do CPC, o que sinaliza que o contraditório não deve ter caráter puramente formal, mas sim substancial, ou seja, com a possibilidade de que as partes possam efetivamente influenciar na decisão a ser tomada pelo magistrado. Mas, em algumas situações, o contraditório até pode ser postergado, tal como consta no rol, não exaustivo, previsto em dispositivo inserido entre as normas fundamentais (art. 9º, parágrafo único, incs. I, II e III). Com efeito, há autorização expressa para que o magistrado conceda liminarmente a tutela provisória mesmo antes de ter sido realizada a citação da parte contrária, o que reflete uma hipótese em que o contraditório foi diferido. Mas este dispositivo (art. 9º, parágrafo único), não deve ser interpretado restritivamente, pois há outros no CPC que também permitem este contraditório posterior (v.g., art. 962, § 2º – que autoriza a execução, no Brasil, de decisão interlocutória estrangeira concessiva de medida de urgência).

De qualquer maneira, insta destacar que o CPC é farto em situações em que o contraditório é até mesmo dispensado, tal como ocorre quando uma das partes se vale do recurso de embargos de declaração, exceto quando o magistrado vislumbrar a possibilidade de acolhimento que implique em modificação da decisão embargada, pois somente neste caso é que o contraditório será exigido (art. 1.023, § 2º). O mesmo, por sinal, também ocorre na penhora *on line* (art. 854), caso em que esta medida será deferida sem prévia oitiva do executado. E, ainda, até mesmo quando o Relator inadmite ou nega provimento monocraticamente ao recurso (art. 932, incs. III e IV), pois somente na hipótese de provimento é que o contraditório prévio da outra parte será indispensável (art. 932, inc. V).

Assim, é possível concluir que o intento do CPC é, em linhas gerais, no sentido de exigir o contraditório prévio antes que o magistrado possa proferir a sua decisão, pois isso permitirá a apresentação de argumentos que poderão influenciar na elaboração de uma decisão melhor fundamentada. Contudo, em outras situações, estejam elas tipificadas ou não em lei, mas desde que adequadamente justificadas, este contraditório pode ser tanto postergado como até mesmo suprimido.

De resto, é importante destacar que, como corolário da garantia do contraditório e, também, para se evitar qualquer surpresa processual, o CPC recomenda que o juiz não possa decidir com fundamento ao qual não se tenha dado oportunidade às partes para se manifestar, mesmo quando se tratar de matéria de ordem pública (art. 10). Aqui, mais uma vez, avulta a importância do contraditório substancial, pois esta prévia intimação pode trazer sólidos argumentos que convençam o magistrado a proferir decisão em sentido diametralmente oposto. O raciocínio ora estampado permeia diversos outros dispositivos do CPC. Um exemplo embebido da mesma fonte é a norma que impõe que, antes de proferir decisão sem resolução do mérito, deve o juiz conceder à parte oportunidade para que, se possível, possa corrigir o vício (art. 317). Mas, para se manter uma unidade sistemática, também nestas situações a oitiva das partes poderá ser dispensada, desde que apresentado um fundamento legítimo (v.g. perda de agilidade processual, com descumprimento de princípio constitucional insculpido no art. 5º, LXXVIII, CRFB). É o que ocorre, v.g., em outra norma (art. 332, § 1º c/c art. 487, inc. II, e parágrafo único), que permite ao magistrado pronunciar a prescrição de ofício, julgando a pretensão autoral improcedente liminarmente, sem que antes intime o demandante para se manifestar sobre este tema. Afinal, se em certas situações o magistrado pode analisar matérias suscitadas pelas partes sem submetê-las ao contraditório (v.g., art. 9º, parágrafo único, incs. I, II e III), o mesmo também deve ser permitido para aqueles temas que podem ser pronuciados de ofício. Do contrário, haveria descumprimento de normas fundamentais do CPC (art. 7º), que impõem às partes e sujeitos processuais os mesmos direitos, ônus e deveres e, certamente, nenhum operador do Direito, bom e independente, vislumbraria com bons olhos uma mesma situação tendo tratamento contraditório de acordo com o sujeito envolvido.

Por fim, quanto às matérias consideradas de ordem pública, ou seja, aquelas que o magistrado pode analisar de ofício e independentemente de qualquer provocação das partes, já são necessárias duas observações. A primeira é que muito embora o CPC seja silente, é bastante comum se referir às mesmas com a designação de "objeções". E, por fim, vale ainda destacar que são matérias de ordem pública, entre outras: a) a incompetência absoluta (art. 64, § 1º); b) as questões preliminares que devem ser apresentadas na contestação, com exceção do compromisso arbitral e da incompetência relativa (art. 337, § 5º); c) alguns fundamentos que embasam uma sentença terminativa (art. 485, § 3º); d) o indeferimento de homologação de negócio processual, em casos de nulidade ou inserção abusiva em contrato de adesão (art. 190, parágrafo único); entre outras mais.

2.1.1.1.7. Princípio da duração razoável do processo

Trata-se de princípio (art. 5º, inc. LXXVIII, CRFB) que foi criado pela EC nº 45/2004, passando a estabelecer que a todos, no âmbito judicial e administrativo, são assegurados a razoável duração do processo e os meios que garantam a celeridade de sua tramitação.[30]

A toda evidência, é um princípio que dá margem a uma interpretação assaz subjetiva a respeito do que é ou não tempo razoável para a duração do processo, pois é certo que toda esta explosão de litigiosidade atual, bem como o surgimento de novos direitos (v.g., os de natureza transindividuais), contribuíram para uma maior busca dos serviços judiciários, o que gerou um aumento em larga escala dos processos que tramitam. E, por este motivo, muitas vezes a celeridade processual acaba irremediavelmente comprometida, pois, ainda que se reconheça uma melhor estrutura do Poder Judiciário atual, a mesma é insuficiente para sorver todas as demandas que lhe são instauradas, o que gera a necessidade de uma releitura de certas normas processuais, para que as mesmas não sejam interpretadas apenas literalmente, tal como a que prevê que o magistrado dispõe de apenas 30 (trinta) dias para proferir as suas decisões após os autos lhe serem encaminhados conclusos (art. 226, inc. III).

De qualquer maneira, existe sim o reconhecimento de que a demora na prestação jurisdicional é extremamente nociva, o que gerou diversos dispositivos no CPC que tencionam obter uma maior agilidade processual. É o que se vislumbra na norma que autoriza o julgamento de improcedência liminar (art. 332) ou naquelas que estabelecem o procedimento a ser empregado quando diversos recursos excepcionais versarem sobre a mesma matéria (art. 1.036 – art. 1.040), pois todos buscam racionalizar a atividade jurisdicional. Da mesma maneira, também é de se ressaltar o empenho do CNJ na

---

30 ZAVASCKY, Teori Albino. *Antecipação de tutela*. 2ª ed. São Paulo: Saraiva, 1999, p. 64.

consecução da finalidade deste princípio que, por meio da estipulação de metas, estimula os membros do Poder Judiciário a adotar esforços no sentido da resolução dos processos mais antigos. No entanto, o maior cuidado que se deve ter é justamente no perigo que estas reformas podem gerar a certos direitos ou garantias fundamentais, que foram frutos de conquistas históricas, daí ser extremamente crucial saber pesar a equação tempo do processo e segurança jurídica.[31]

O CPC, porém, apresenta uma ligeira adaptação deste princípio constitucional, ao dispor que as partes têm direito não mais ao tempo razoável de duração do processo, mas sim ao tempo razoável para a solução do mérito (art. 4º). Embora esta norma seja uma das que priorizam o princípio da primazia da resolução do mérito, o fato é que o CPC, mesmo com todas as suas alterações, em uma análise perfunctória não aparenta conspirar nem para o rápido tempo de duração do processo e nem mesmo para a solução do mérito. Com efeito, o diploma passa a prever: a) que os prazos serão contados apenas em dias úteis (art. 219); b) que haverá suspensão dos prazos processuais entre 20 (vinte) de dezembro e 20 (vinte) de janeiro (art. 220); c) que o rito comum passa a ser 3 (três) audiências com finalidades distintas possíveis, inclusive com previsão de que uma em específico deverá ser designada em pauta respeitando intervalo de 1 (uma) hora entre uma e outra (art. 357, § 9º); d) que a Fazenda Pública passsa a ter prazo em dobro para todas as suas manifestações, exceto as previstas em regramentos especiais (art. 183); e) que todos os recursos, com exceção dos embargos de declaração, deverão ser interpostos em 15 (quinze) dias (art. 1.003, § 5º); f) aumento das hipóteses autorizadoras de agravo, na modalidade por instrumento (art. 1.015); g) permanência, como regra, do efeito suspensivo ao recurso de apelação (art. 1.012); h) criação de nova e automática técnica de julgamento, quando o acórdão proferido for não unânime em algumas situações (art. 942); entre muitas e muitas outras situações que indicam clara dissintonia entre o postulado constitucional que garante o razoável tempo de duração do processo e o conteúdo de grande parte das normas do CPC.

Em realidade, o aplicador do Direito deverá ter, inicialmente em mente, a diretriz constitucional (art. 5º, inc. LXXVIII, CRFB) e deverá observar, na medida do possível, o disposto em norma fundamental do CPC que sugestiona que a análise do mérito deve ser priorizada (art. 4º). Afinal, é utopia imaginar que a qualidade, tão almejada pelo CPC seja atingida mantendo a atual estrutura no corpo do serviço público, diante de um desafio cada vez maior do crescente número de novos processos distribuídos e de um represamento de julgamentos, principalmente nos Tribunais Superiores, indicativos da acentuada e não recomendável verticalização do Poder Judiciário que vem sendo assistida nos últimos tempos. Assim, talvez seja este equilíbrio entre celeridade para a tramitação do processo e busca pela qualidade na prestação jurisdicional que possa resultar em um bom termo para a sociedade, sem prejuízo de princípios constitucionais.

---

31 MOREIRA, José Carlos Barbosa. *Temas de direito processual, oitava série.* São Paulo: Saraiva, 2004, p. 5. GRECO, Leonardo. *Estudos de direito processual: A reforma do poder judiciário e o acesso à justiça.* Campos dos Goytacazes: ed. Faculdade de Direito de Campos, 2005, p. 588.

2.1.1.2. Princípios gerais de direito

Os princípios gerais de direito possuem previsão nos mais diversos atos normativos e, por vezes, até mesmo são implícitos, ou seja, não possuem clara indicação normativa. Entre os mais invocados no estudo da ciência processual, destacam-se os seguintes: I) princípio da congruência, da correlação ou da adstrição; II) princípio da *perpetuatio iurisdictionis*; III) princípio da competência sobre a competência; IV) princípio da liberdade de forma dos atos processuais; V) princípio da documentação; VI) princípio da publicidade; VII) princípio da instrumentalidade das formas; VIII) princípio do prejuízo; IX) princípio da causalidade; X) princípio do interesse; XI) princípio da eventualidade; XII) princípio da verdade processualmente válida; XIII) princípio da concentração; XIV) princípio da oralidade; XV) princípio da identidade física do juiz; XVI) princípio do duplo grau de jurisdição; XVII) princípio da taxatividade; XVIII) princípio que veda a reforma para pior; XIX) princípio da singularidade, unicidade ou unirrecorribilidade; XX) princípio da fungibilidade; XXI) princípio da variabilidade; XXII) princípio da disponibilidade da execução; XXIII) princípio do menor sacrifício do executado; XXIV) princípio da realidade ou patrimonialidade; XXV) princípio da tipicidade; XXVI) princípio da participação no processo coletivo; XXVII) princípio da primazia do conhecimento do mérito do processo individual e coletivo; XXVIII) princípio da indisponibilidade da demanda coletiva; XXIX) princípio do microssistema do processo coletivo e do sistema dos juizados especiais; entre alguns outros mais.

É de se acrescentar que, nesta obra, todos os princípios gerais de direito acima nominados serão apresentados e contextualizados em momento próprio.

2.1.2. Regras jurídicas

As regras jurídicas são as principais fontes normativas do direito processual, podendo ser criadas unicamente por meio do Poder Legislativo (art. 22, inc. I, CRFB). É, portanto, justamente por meio destas normas escritas que o processo é usualmente regulado.

No entanto, as regras jurídicas de forma alguma podem ser confundidas com os princípios, eis que existem diversas diferenças entre ambas. Por exemplo, a generalidade das regras jurídicas não é exatamente idêntica à dos princípios. Com efeito, as regras são criadas para regular apenas uma mesma relação jurídica predeterminada por lei, embora indefinidamente, ao passo que os princípio são genéricos, por comportarem uma série indeterminada de aplicações nas mais variadas situações.[32]

Da mesma maneira, outra grande diferença entre os princípios e as regras se dá em relação aos critérios utilizados para a solução de eventuais antinomias. No tocante às regras, utilizam-se os critérios da hierarquia, cronologia e da especialidade, que implicam na completa exclusão de uma delas.[33] Já em relação aos princípios, o critério a ser empregado é

---

32 BONAVIDES, Paulo. *Curso de direito constitucional*. 5ª ed. São Paulo: Malheiros, pp. 239-240.

33 BOBBIO, Norberto. *Teoria do ordenamento jurídico*. 7ª ed. Trad. Maria Celeste Cordeiro. Brasília: ed. Universidade de Brasília, 1996, pp. 92 e ss. CANOTILHO, J. J. Gomes. *Direito constitucional e teoria da Constituição*. 5ª ed. Coimbra: Almedina, [s.d.], p. 1.145.

o da ponderação de valores, que permite a aplicação simultânea de ambos, embora a de um deles seja em menor grau, considerando que a hierarquia entre estes é móvel. [34]

2.1.2.1. As normas fundamentais do CPC

O CPC inaugura o Livro I, de sua Parte Geral, com um Capítulo denominado: "Das normas fundamentais do Processo Civil" (art. 1º – art. 12). Esta nomenclatura reflete, em sua maioria, princípios tanto de ordem constitucional quanto princípios gerais de direito. Com efeito, o mesmo aborda, em estrita ordem, o princípio dispositivo (art. 2º), o princípio que garante o livre acesso ao Judiciário (art. 3º), o princípio que garante o tempo razoável para a solução do mérito (art. 4º), o princípio da boa-fé e da cooperação (art. 5º c/c art. 6º), o princípio da isonomia (art. 7º), o princípio do contraditório (art. 9º c/c art. 10)[35] e o princípio da publicidade dos atos processuais (art. 11).

Se tais regras positivam princípios já estabelecidos na Carta Magna ou mesmo no decorrer do próprio CPC, é de se indagar qual a intenção na criação deste capítulo? Afinal, o CPC é uma lei ordinária (Lei nº 13.105/2015), não podendo se sobrepor à Constituição ou mesmo criar hipótese normativa não prevista no modelo legislativo para conferir, dentro de uma mesma lei ordinária, supremacia sobre certas normas internas em detrimento das demais.

A finalidade deste capítulo é, em realidade, informar e sugerir, mas jamais vincular ou obrigar, como os operadores do Direito devem se pautar na interpretação das demais normas do CPC que não estejam inseridas entre estas aquelas consideradas como "fundamentais". Afinal, repita-se mais uma vez, não há qualquer supremacia entre estes dispositivos e os demais na mesma legislação. Contudo, conforme será exposto a seguir, nem sempre a interpretação literal é que deve predominar, até porque o próprio CPC recomenda, nestas mesmas normas fundamentais, que o magistrado se atenha aos fins sociais no momento da aplicação do Direito (art. 8º), o que já recomenda uma interpretação teleológica.

E, de todo modo, não poderia de qualquer maneira o CPC dispor de maneira distinta do que estabelece a Constituição, valendo-se de "jogos de palavras"[36] para alterar a abrangência de princípios constitucionais, como na tentativa de transformar o princípio que garante o tempo razoável de duração do processo em tempo razoável para a solução do mérito (v. item nº 2.1.1.1.7.), ou mesmo potencializar, de maneira espetaculosa, outros princípios que sequer foram pormenorizados a tanto no texto

---

34 BARROSO, Luís Roberto. *Interpretação e aplicação da Constituição.* 3ª ed. São Paulo: Saraiva, 2000, p. 190.

35 Precisamente sobre a aplicação do art. 10 do CPC, já há precedente do STJ nulificando todo o processamento tendo em vista que a decisão impugnada adotou fundamentação que não foi previamente submetida às partes. É o que se extrai em: STJ. REsp. 1.676.027/PR. Rel. Min. Herman Benjamin. DJ 26/09/2017.

36 A expressão "jogo de palavras", utilizada para se referir a certas alterações ou supressões realizadas pelo CPC, também vem sendo adotada por outros estudiosos para se referir a determinadas situações. Por exemplo, este termo é utilizado por renomado doutrinador quando enfrenta o tema referente à eliminação da ação declaratória incidental em razão da nova redação dada ao art. 503, § 1º: BUENO, Cassio Scarpinella. *Manual de direito processual civil.* São Paulo: Saraiva, 2015, p. 365.

constitucional, como ocorre com o princípio do contraditório (v. item nº 2.1.1.1.6.). Enfim, tais artigos, embora rotulados como "normas fundamentais", nem sempre apresentam conteúdo que podem vincular literalmente a atividade dos operadores do Direito, em desprezo ao complexo arcabouço normativo existente.

De resto, é de se salientar que ainda consta, entre as normas ditas fundamentais, uma em específico que destoa um pouco de todas as outras. É que a mesma (art. 12), estabelece que o magistrado deve se prender, preferencialmente, a uma ordem de conclusão dos processos para que profira as suas decisões, o que claramente cuida de uma situação que regula a organização dos trabalhos em gabinete, mas não um princípio constitucional ou um princípio geral de direito como as outras que estão inseridas dentro deste mesmo capítulo. E este raciocínio ainda segue em outros dispositivos, também estabelecendo ordens para que certas tarefas sejam preferencialmente executadas, como aquela que o cartório deverá observar para efetivar as decisões proferidas pelo magistrado (art. 153) ou mesmo uma outra ordem de conclusão para que os atos decisórios sejam emitidos, mas agora levando em consideração a data da distribuição, para os processos que já se encontravam conclusos quando o CPC entrou em vigor (art. 1.046, § 5º). Certamente, a observância de tais ordens, mormente para os ramos do Judiciário que ainda não se encontram informatizados, trará em seu início certos problemas gerenciais.

Mas, apesar desta norma em específico (art. 12) se encontrar impregnada de bons propósitos, por gerar maior publicidade e transparência para o consumidor do serviço jurisdicional, é certo que a mesma comporta exceções (e muitas), de acordo com o rol exemplificativo que dela consta. E, além disso, como este dispositivo é impregnado pelo seu caráter gerencial e burocrático, é de se destacar que a sua criação deveria ter sido realizada diretamente pelos tribunais e não por ato de iniciativa da União (art. 22, inc. I, CRFB), o que até mesmo já pode sugerir a sua inconstitucionalidade.[37]

2.2. INTERPRETAÇÃO DAS NORMAS JURÍDICAS DE DIREITO PROCESSUAL CIVIL

Interpretar significa revelar o real alcance e sentido da norma jurídica, tarefa realizada por todos aqueles que se debruçam no estudo do Direito, bem como por aqueles que o aplicam na prática.

Porém, a interpretação das normas jurídicas processuais não difere em nada em relação às demais, também sendo certo que não existe um método interpretativo que seja melhor do que outro, pois tudo dependerá de uma instância essencialmente subjetiva daquele que realiza o ato de interpretar. Deste modo, comumente são apresentados como métodos interpretativos: a) literal; b) autêntico; c) lógico-sistemático; d) histórico; e) teleológico.

---

37 BUENO, Cassio Scarpinella. *Manual de direito processual civil*. São Paulo: Saraiva, 2015, p. 92.

A primeira delas, que é a interpretação literal, é aquela que é extraída da leitura do ato normativo. Assim, por exemplo, se a legislação estabelece que o prazo para recorrer será o de quinze dias para todos os recursos, exceto para os embargos de declaração (art. 1.003, § 5º), esta deve ser a conclusão daquele que interpreta o aludido dispositivo.

A interpretação autêntica, por seu turno, já é aquela realizada pelo próprio legislador, quando o mesmo esclarece o que pretende no próprio ato normativo que criou. Assim, por exemplo, quando a legislação traz conceitos, como ocorre ao definir o que significa o ato processual "citação" (art. 238).

A terceira modalidade de interpretação é a lógico-sistemática, que seria aquela que evita a análise isolada da norma jurídica, mas sim a sua integração com as demais que compõem o mesmo sistema jurídico. Por exemplo, diante da ausência de um código de processo coletivo, há a necessidade de se interpretar as normas processuais de direito coletivo globalmente, ou seja, realizando um cotejo entre os diversos atos normativos que as regulam (v.g., Lei nº 8.078/90, Lei nº 7.437/85, Lei nº 4.717/64, entre outras), de modo a obter um mínimo de correlação entre todas.

Há, outrossim, a interpretação histórica que é aquela que busca analisar o momento histórico ou quais situações justificaram a criação de determinada norma jurídica, ou seja, a *mens legistatoris*. É o exemplo da norma que autoriza a improcedência liminar do mérito (art. 332, CPC – inspirado no anterior art. 285-A, CPC-73), pois a mesma foi concebida diante da periclitante situação atravessada nos até então recentes Juizados Especiais Federais, que dispunham naquele momento de estrutura muito aquém da sua demanda, com pouquíssimos órgãos jurisdicionais instalados no Brasil inteiro, de modo a abreviar o processamento de demandas fadadas ao insucesso.

Por fim, mais uma modalidade de interpretação muito citada é a teleológica, que busca extrair da norma os seus fins sociais. É o que ocorre, por exemplo, na Lei nº 8.009/90, que cuida da impenhorabilidade do bem de família de modo a prestigiar o princípio da dignidade da pessoa humana, que por sua vez se traduz no epicentro da ordem axiológica atual. Assim, os Tribunais vêm interpretando esta norma não apenas para tutelar a proteção da família, mas, também, daqueles que residem sozinhos, que estão à mercê de mais esse desamparo. É tema, inclusive, já tratado pelo Verbete nº 364 da Súmula do STJ, cujos termos são os seguintes: "*O conceito de impenhorabilidade do bem de família abrange também o imóvel pertencente a pessoas solteiras, separadas e viúvas*".

2.3. LEI PROCESSUAL NO TEMPO E NO ESPAÇO

Quanto ao aspecto "temporal", a lei processual deve ser aplicada imediatamente tão logo entre em vigor, nos termos do art. 1º da LINDB, muito embora deva respeitar os atos processuais já praticados, em respeito ao brocardo *tempus regit actum*. Ocorre, todavia, que a relação processual pode se desdobrar em etapas ou atos que se renovam diariamente, de modo que hajam dúvidas quanto ao ato normativo que efetivamente deve ser empregado.

Para elucidar questões quanto à aplicação da lei processual no tempo, basicamente são visualizados três sistemas diferenciados: a) o da unidade processual; b) o das fases processuais; c) o do isolamento dos atos processuais.[38]

No primeiro deles, ou seja, no da unidade processual, o processo inteiro deve ser regido, durante a sua tramitação, pela lei processual que vigia no momento da sua instauração. Assim, ainda que aprovado um novo CPC, por esta concepção todos os processos já instaurados permaneceriam sendo regidos pelo anterior que foi revogado, mas cujas normas continuariam a ter *ultra-atividade*. É o que geraria maior segurança, muito embora haja a crítica de o mesmo ter que desprezar qualquer inovação legislativa que venha a assegurar uma maior agilidade processual ou mesmo corrigir eventuais deslizes da lei anterior.

Quanto ao segundo, do sistema das fases processuais, é comum desmembrar o processo em diversas etapas, tais como a postulatória, saneadora, de instrução, decisória, recursal e executória. Assim, ainda que haja o advento de uma nova lei processual, a antiga continua a ser aplicada apenas até ser ultimada a respectiva fase em que o processo se encontrava no momento em que entrou em vigor a lei mais nova. É de se destacar que este segundo sistema é uma proposta intermediária entre o primeiro (da unidade do processo) e o último (que versa sobre o isolamento de cada ato processual, conforme será visto). Mas, ainda assim, o mesmo padece de algumas inseguranças, pois nem sempre é possível definir em contornos muito precisos em que etapa o processo se encontra. Com efeito, nada impediria a interposição de recursos durante a fase postulatória quando o magistrado indefere, por exemplo, a concessão da antecipação dos efeitos da tutela. Igualmente, mesmo antes do saneamento é possível a produção de prova documental, o que dificulta a aplicação desta linha de raciocínio.

Muito embora o CPC priorize o sistema do isolamento dos atos processuais (art. 14 – que já será apresentado), é certo que o mesmo também expressamente adotou, em outras circunstâncias, o sistema das fases processuais. Com efeito, observa--se que, com a vigência do CPC, foram extintos diversos procedimentos anteriormente previstos no CPC-73, tais como o sumário, usucapião, ação de depósito, ação de anulação de título ao portador, ação de prestação de contas na modalidade de dar contas, ação de nunciação de obra nova, entre outros. Contudo, há norma (art. 1.046, § 1º) prevendo que, enquanto não for proferida sentença na etapa cognitiva, ou seja, enquanto perdurar esta fase, os processos que estejam observando esses ritos extintos e que foram deflagrados por ocasião do CPC-73 continuarão por ele a ser regidos.

Outra hipótese em que observamos a aplicação do sistema das fases processuais ocorre em relação às provas que tiverem sido requeridas ou deferidas de ofício ainda sob a vigência do CPC-73. É que, nestes casos, estas provas deverão ser produzidas ainda de acordo com o modelo anterior, malgrado já esteja em vigor a novel legislação (art. 1.047). Para exemplificar, no que diz respeito à produção de prova oral em AIJ,

---

38 MENDES, Aluísio Gonçalves de Castro. *Teoria geral do processo*. Rio de Janeiro: Lumen Juris, 2009, p. 13.

a legislação anterior autorizava o chamado sistema presidencialista, segundo o qual caberá ao próprio magistrado colher pessoal e diretamente a prova (art. 446, inc. II, CPC-73). Porém, o atual permite que as próprias partes formulem perguntas diretamente às testemunhas (art. 459). Assim, se a prova testemunhal foi requerida, por exemplo, em fevereiro de 2016, a mesma será produzida de acordo com o modelo primitivo, já que o CPC somente será aplicado para aquelas que forem pleiteadas quando já se encontrava em vigor.

O mesmo irá ocorrer em diversas outras situações indicadas pelo CPC, como na norma que prevê que a resolução da questão prejudicial não será acobertada automaticamente pela coisa julgada nos processos instaurados sob a égide do CPC-73 (art. 1.054) ou mesmo as disposições que autorizam novo termo inicial para a propositura de ação rescisória por violação à norma jurídica (art. 966, inc. II), quando a decisão transitada em julgado estiver calcada em legislação declarada inconstitucional pelo STF em sede de controle concentrado (art. 1.057).

Contudo, embora o CPC traga várias situações que sinalizam a adoção do sistema das fases processuais, deve ser reiterado que, em regra, continuará a ser observado o terceiro e último sistema, denominado isolamento dos atos processuais (art. 14). De acordo com este, cada ato deve ser analisado individualmente, à luz da lei em vigor no momento da sua prática. Assim, ainda que venha a ser editada uma nova lei disciplinando matéria processual, os atos processuais praticados antes da sua vigência serão considerados como existentes, válidos e eficazes, mesmo que a nova norma venha a regulá-los de outra maneira.

Exemplo prático da adoção do sistema do isolamento dos atos processuais: de acordo com o modelo anterior, a contestação e a reconvenção deveriam ser apresentados em petições distintas (art. 299, CPC-73), o que foi regularmente cumprido pelo demandado. Contudo, com o advento do CPC (art. 343), observa-se que tais modalidades de defesa deverão ser apresentadas na mesma petição. De fato, a lei processual terá aplicação imediata (art. 14), mas deverá respeitar os atos já praticados em consonância com as formalidades anteriores. Neste caso, portanto, nenhum vício estará presente no processo.

Mas, mesmo esta teoria pode gerar alguns questionamentos práticos. Por exemplo, pode ser que haja lei prevendo um prazo de dez dias para o recurso e, na fluência deste, venha uma nova lei alterando o referido prazo, tal como ocorreu, por exemplo, com o recurso de agravo de instrumento, que no modelo anterior era interposto em 10 (dez) dias (art. 522, CPC-73) e, pelo novo, passa a ter o prazo de quinze dias (art. 1.070). Neste caso, se a parte foi intimada para ciência da decisão ainda sob o modelo anterior, já havia uma situação consolidada em que a mesma dispunha de apenas 10 (dez) dias para recorrer.[39]

---

39 CÂMARA, Alexandre Freitas. *O novo processo civil brasileiro*. 1ª ed. São Paulo: Atlas, 2015, p. 21, com a ressalva de que o autor em referência apresenta exemplo distinto, mas que é imbuído do mesmo raciocínio apresentado.

Outra dúvida frequente ocorre quando o ato processual renova-se continuamente, ou seja, como se a cada dia estivesse sendo novamente praticado. Nesta outra situação, é de se considerar que o ato que se renova diariamente deve ser encarado como um novo ato processual, de modo a lhe ser aplicada a lei processual mais nova. Desta maneira, a penhora de um bem se perfaz dia a dia e se posteriormente à sua efetivação for criada uma lei tornando o referido bem impenhorável, a nova lei aplica-se imediatamente como, aliás, já consta no Verbete nº 205 da Súmula do STJ, cujos termos são: "*A lei nº 8.009/90 aplica-se à penhora realizada antes da sua vigência*".

E, não menos importante, é de se trazer à baila mais um exemplo já enfrentado pelo STJ, que considerou o CPC atual como aplicável mesmo no cumprimento de sentença que se iniciou já sob a sua vigência, ainda que o título executivo judicial tenha sido criado sob a égide do modelo anterior.[40]

Quanto ao aspecto "espacial", a lei processual aplicada no Brasil é, em regra, aquela produzida internamente (art. 13), mesmo quando se tratar, por exemplo, de uma carta rogatória para produção de determinada prova neste País (art. 13, LINDB). Não se exclui, porém, a criação de tratados ou convenções que estabeleçam regras específicas, mormente no que diz respeito ao tema cooperação jurídica internacional (art. 26). É o que ocorre com o Protocolo de Ouro Preto sobre medidas cautelares, que foi promulgado pelo Decreto nº 2.626/98, que permite o cumprimento de cartas rogatórias em zona de fronteira entre seus Estados Partes (Brasil, Argentina, Paraguai e Uruguai), independentemente da concessão do *exequatur* pelo STJ, afastando a incidência de norma jurídica pátria (art. 515, inc. IX).[41]

---

40 STJ. REsp nº 1.815.762-SP. Rel. Min. Mauro Campbell Marques. DJ 07/11/2019.
41 CÂMARA, Alexandre Freitas. *O novo processo civil brasileiro*. 1ª Ed. São Paulo: Atlas, 2015, p. 20.

3

JURISDIÇÃO

3.1. INTRODUÇÃO

A palavra "jurisdição" deriva do latim *iuris dictio*, que significa "dizer o Direito", ou seja, é a possibilidade de aplicação do Direito ao caso fático que foi submetido à apreciação do magistrado. É o que ocorre, sobretudo, no processo de conhecimento e no cautelar, em que o magistrado efetivamente julga a pretensão que lhe é submetida, seja ela de cunho satisfativo ou cautelar. Diferentemente, na execução não ocorre julgamento (embora eventualmente alguns incidentes processuais possam ser instaurados, como aquele tendente a reconhecer fraude à execução ocorrida em razão da transferência de um determinado bem). Mas, ainda assim, é inegável que mesmo nos processos ou fases de execução há exercício da jurisdição, que deve ser modernamente compreendida não apenas como a possibilidade de "dizer o Direito", mas, também, de "efetivá-lo" ou "aplicá-lo".[1]

A jurisdição tanto pode ser compreendida como Poder, como atividade ou função, dependendo do ponto de vista em que for empregado, sendo desempenhada por uma pessoa que foi investida para tanto. Usualmente, esta investidura ocorre por meio da promoção ao cargo de magistrado pela aprovação em concurso público de provas e títulos, mas também pode ocorrer em outras situações distintas, como nas nomeações para ministros do STF, por meio da cúpula do Poder Executivo.

Embora a jurisdição seja a atividade-fim do Poder Judiciário, a mesma não se restringe apenas a esta esfera. É que o Poder Legislativo, em caráter excepcional, por meio do que já se convencionou denominar "jurisdição anômala", também exerce jurisdição no processamento e julgamento dos crimes de responsabilidade, ou seja, naqueles praticados por agentes políticos.

O Poder Executivo, ao revés, não exerce jurisdição nem mesmo como atividade secundária na condução dos denominados procedimentos administrativos, eis que as suas decisões neles proferidas são despidas das principais características dos atos jurisdicionais, também podendo ser anuladas perante o Poder Judiciário. É, portanto, um claro indicativo de que o Brasil também adota o regime da jurisdição "una", de modo que mesmo as decisões proferidas nesses procedimentos podem ser questionadas judicialmente.[2]

---

1 CHIOVENDA, Giuseppe. *Instituzioni di diritto processuale civile*. Napoli: Dott. Eugenio Jovene, 1934. *v. II*. p. 12.

2 MORAES, Alexandre de. *Direito constitucional*. 9ª ed. São Paulo: Atlas, 2001, p. 362.

3.2. CARACTERÍSTICAS DA JURISDIÇÃO

Usualmente são apresentadas as seguintes características da jurisdição: a) inércia; b) substitutividade; c) definitividade.

Por "inércia" se deve compreender que o órgão jurisdicional deve ser provocado a prestar a jurisdição, o que se dá por meio da demanda, cujo instrumento é a petição inicial e que veicula o exercício do direito de ação. Vale dizer, ainda, que uma vez provocado o Poder Judiciário presta a sua atividade nos limites da provocação realizada, o que corresponde ao princípio da congruência (v. item *infra*). Por vezes, porém, a jurisdição pode ser prestada de ofício, tal como ocorre com o processo de jurisdição contenciosa denominado "restauração de autos" (art. 712) ou mesmo para a concessão da ordem de *habeas corpus* quando no curso do processo for constatado que alguém sofre ou está na iminência de sofrer coação ilegal (art. 654, § 2º, CPP).

Já por "substitutividade" se deve entender que, pelo menos no processo de conhecimento, a atividade jurisdicional substitui a vontade das partes. Com efeito, o demandante pretende algo e o demandado provavelmente resistirá. Desta maneira, será necessário afastar a vontade de cada um dos litigantes para que seja prestada a tutela jurisdicional. Na execução, porém, também a substitutividade se encontra presente, embora em caráter levemente distinto. É que no processo executivo o que se substitui é a atividade das partes. Esta situação fica nítida, por exemplo, quando o oficial de justiça realiza a penhora, em virtude de o executado não ter pago a dívida no prazo de três dias mencionado em lei (art. 829, § 1º).

Quanto à "definitividade", a mesma basicamente significa que alguns atos judiciais possuem a aptidão de gerar coisa julgada, ou seja, de ter o seu conteúdo imutável, embora o mesmo não necessariamente vá ocorrer com os seus efeitos. Por exemplo, uma decisão que condena o demandado a pagar uma determinada soma em dinheiro irá transitar em julgado caso a mesma não seja objeto de qualquer recurso. No entanto, se posteriormente esta obrigação vier a ser cumprida, ainda assim o conteúdo daquele ato decisório permanecerá imutável, muito embora o mesmo já não se possa falar de sua eficácia, eis que esta sentença não mais se prestará para embasar qualquer requerimento de execução.

Observa-se, assim, que a característica da "definitividade" surge quando o ato decisório decorrer de ampla análise de provas, ou seja, do exercício de cognição exauriente por parte do magistrado, razão pela qual este ato é dotado de "certeza" quanto ao seu conteúdo. A coisa julgada material, portanto, usualmente se forma em decisões "definitivas", que são aquelas que resolvem o mérito do processo (art. 487). Os atos decisórios que usualmente são definitivos são os acórdãos, decisões monocráticas e também as sentenças prolatadas pelos magistrados. Mas há, também, a possibilidade de uma decisão interlocutória transitar em julgado materialmente, tal como ocorre naquelas situações em que é realizado o julgamento antecipado parcial do mérito (art. 356). Mas, de toda maneira, fica a ressalva que nem todo ato processual praticado pelo magistrado possui estas características, como as sentenças terminativas ou mesmo os despachos e a grande maioria das decisões interlocutórias.

Verifica-se, portanto, que embora frequentemente a inércia, a substitutividade e a definitividade sejam apontadas como características da jurisdição, nem sempre as mesmas estarão presentes, o que ainda não é impedimento para se considerar certos processos como jurisdicionais.

Por fim, fica a ressalva de que por muito tempo também se considerou a "lide", como conflito de interesses qualificado por uma pretensão resistida, como uma das características da atividade jurisdicional que buscava a aplicação do Direito.[3] No entanto, modernamente se vem considerando que, ao contrário das demais acima trabalhadas que costumam estar presentes, a "lide" em realidade acaba se caracterizando como um elemento meramente acidental do processo e, consequentemente, da própria jurisdição. Com efeito, não é raro se deparar com processos em que o demandado, após ser citado, reconhece a procedência do pedido, de modo que haverá jurisdição mesmo ser ter ocorrido qualquer conflito entre as partes ou resistência manifestada pelo demandado. É a posição doutrinária mais frequente.[4]

3.2.1. Princípio da congruência, da correlação ou da adstrição

O princípio da congruência, que também é chamado de correlação ou de adstrição (art. 140 c/c art. 492) reafirma que a jurisdição é inerte e o magistrado somente pode prestá-la se for provocado por alguém para tanto, nos exatos limites desta provocação. Assim, seria vedado ao juiz, ao entregar a prestação jurisdicional, decidir além do que foi requerido (o que tornaria a sentença *ultra petita*), sentenciar de forma distinta ao pleito autoral (o que também macularia o ato decisório, que seria *extra petita*) ou mesmo deixar de analisar os fundamentos apresentados pelas partes (gerando uma sentença *citra petita*).

Trata-se de um princípio inteiramente aplicável ao processo civil, bem como ao processo trabalhista e também ao processo penal. Vale dizer, ainda, que neste último a regra de correlação entre o que foi pedido e o que foi apreciado deve ser analisada com ainda mais rigor, especialmente nos países em que for adotado o sistema acusatório, onde ocorre uma nítida separação das funções de julgar, acusar e defender,[5] de modo que não seria lícito ao magistrado se arvorar em atribuição que não lhe compete, condenando o réu por fato diverso do que lhe foi imputado na exordial.[6]

---

3 IHERING. Rudolf Von. *A luta pelo direito*. Rio de Janeiro: Editora Rio, 2002, p. 19.

4 JARDIM, Afrânio Silva. *Direito processual penal*. 8ª ed. Rio de Janeiro: Forense, 1999, p. 59.

5 PRADO, Geraldo. *Sistema acusatório, a conformidade constitucional das leis processuais penais*. Rio de Janeiro: Lumen Juris, 2001, pp. 125-126.

6 BADARÓ, Gustavo Henrique Righi Ivahy. *Correlação entre acusação e sentença. Coleção de Estudos de Processo Penal Prof. Joaquim Canuto Mendes de Almeida*. São Paulo: RT, 2000. v. 3, p. 27.

3.3. ESPÉCIES DE JURISDIÇÃO

A jurisdição pode sofrer as mais diversas classificações, tais como: a) quanto à matéria; b) quanto ao órgão que a aplica; c) quanto à especialização ou não da Justiça que a exerce; d) quanto à obediência ou não as fontes normativas primárias; e) quanto à atividade desempenhada pelo magistrado possuir ou não as características mais frequentes que a jurisdição apresenta.[7]

3.3.1. Jurisdição penal ou não penal

Quanto ao critério "matéria", a jurisdição pode ser classificada em "penal" ou "não penal", diferenciando se a demanda deduzida pelo interessado pretende obter uma sanção punitiva, ou seja, se o demandante pretende que no processo seja discutida e julgada a prática ou não de um ilícito penal.

Sobre esta classificação, cumpre destacar que apenas a Justiça do Trabalho não a aplica, diferentemente de todas as demais (Justiça Federal, Estadual, Militar e Eleitoral), eis que a mesma não pode apreciar e julgar ilícitos penais, ou seja, aqueles descritos em normas penais, sejam elas constantes do CP ou mesmo de outras leis materiais penais.

3.3.2. Jurisdição de instância superior ou inferior

Quanto ao critério "órgão que aplica a jurisdição", a jurisdição pode ser classificada em "superior" ou "inferior". A distinção é singela, posto que a jurisdição "inferior" é aquela prestada por órgãos integrantes do Poder Judiciário em primeira instância, ao passo que a jurisdição "superior" é prestada pelos Tribunais, estejam eles no exercício de competência originária ou mesmo recursal.

Todas as Justiças (Federal, Trabalhista, Militar, Eleitoral e Estadual) possuem órgãos de instância superior e inferior.

3.3.3. Jurisdição comum ou especial

Quanto ao critério "especialização da Justiça", a jurisdição pode ser classificada em "comum" ou "especial". Embora não se trate de uma classificação inteiramente pacífica, observa-se um maior grau de especialização nos trabalhos desenvolvidos pela Justiça do Trabalho, Justiça Militar e pela Justiça Eleitoral, tanto que as mesmas até possuem Tribunais Superiores específicos (que seriam, respectivamente, o TST, o STM e o TSE para a análise da lei respectiva), malgrado as suas decisões possam ser questionadas quanto ao aspecto constitucional perante o STF. Por este motivo, tais Justiças comumente são consideradas como "especiais".

---

7 CINTRA, Antonio Carlos de Araújo; GRINOVER, Ada Pellegrini; DINAMARCO, Candido Rangel. *Teoria geral do processo.* 15ª ed. São Paulo: Malheiros Editores, 1999, pp. 140-147.

Quanto à Justiça Federal e Estadual, a interpretação dos atos infraconstitucionais é realizada pelo mesmo Tribunal Superior (STJ), o que justificaria a afirmativa de que as mesmas prestam jurisdição "comum".[8] É curioso notar, inclusive, que a composição do STJ é de um 1/3 (um terço) dos seus membros egressos dos quadros da Justiça Federal, 1/3 (um terço) dos quadros da Justiça Estadual e o restante oriundo dos quadros do Ministério Público ou da advocacia (art. 104, incs. I e II, da CRFB), o que atesta ser um mesmo Tribunal Superior para ambas.

3.3.4. Jurisdição de direito ou de equidade

Quanto ao critério "obediência ou não as fontes normativas primárias", a jurisdição pode ser classificada em de "direito" ou de "equidade". Na primeira delas, o magistrado que presta a jurisdição deve necessariamente observar os preceitos normativos, modelo adotado entre nós na maior parte das vezes.

Na jurisdição de equidade, por seu turno, o juiz poderá deixar de aplicar as regras jurídicas, de modo a buscar a solução mais justa ao caso que lhe foi submetido, muito embora esta situação normalmente ocorra quando haja lacuna normativa ou quando a lei expressamente admitir (v.g., art. 140, parágrafo único, e art. 723, parágrafo único). Igualmente, o árbitro poderá decidir por equidade, se assim constar no compromisso arbitral (art. 2º c/c art. 11, inc. II, ambos da Lei nº 9.307/96), mas com a ressalva do entendimento que não vislumbra em tal atividade cunho jurisdicional. Releva-se, porém, que a arbitragem envolvendo a Administração Pública sempre será de direito e respeitará o princípio da publicidade (art. 2º, § 3º, Lei nº 9.307/96, após inclusão pela Lei nº 13.129/2015).

3.3.5. Jurisdição contenciosa ou voluntária

Quanto ao critério "atividade desempenhada pelo magistrado possuir ou não as características mais frequentes que a jurisdição apresenta", a jurisdição prestada pelo magistrado pode ser classificada em "contenciosa" ou "voluntária".

Em linhas gerais, a jurisdição denominada "contenciosa" é aquela que apresenta os sinais mais visíveis da jurisdição. Em breve síntese, a jurisdição contenciosa: a) é aplicada em um processo judicial em que foi deduzida uma pretensão; b) tem a presença de partes com interesses contrapostos, ou seja, em litígio; c) a decisão que o magistrado vier a proferir será acobertada pelo manto da coisa julgada no aspecto formal e até mesmo material, conforme o caso (coincide com a característica da definitividade); dentre outras mais.

Na jurisdição "voluntária", ao revés, estas características se encontram ausentes, o que até mesmo leva ao questionamento se a mesma realmente decorre do exercício

---

8 MENDES, Aluísio Gonçalves de Castro. *Competência cível da justiça federal.* 2ª ed. São Paulo: RT, 2006, pp. 26-27.

da atividade jurisdicional ou se consubstancia em atividade meramente administrativa desempenhada eventualmente pelo magistrado. Com efeito, há quem defenda que, também na jurisdição "voluntária", há o exercício de jurisdição, eis que se trata de atividade desempenhada por um membro do Poder Judiciário e, também, porque mesmo nos casos típicos de jurisdição "contenciosa" nem sempre todas as características acima estarão presentes. Um exemplo seria o processo de execução, eis que nele não há dúvidas que a atividade desempenhada seja de natureza judicial, malgrado exista o entendimento, que não necessariamente é compartilhado por todos, de que a sentença nele proferida não possa gerar coisa julgada material em determinadas ocasiões.[9]

No entanto, a concepção mais tradicional e acertada continua a visualizar, nesta prática, o exercício de uma atividade meramente administrativa por parte do magistrado, já que ausentes as principais características da jurisdição, o que reflete na afirmação de que a jurisdição "voluntária" deve ser compreendida como administração pública dos interesses privados.[10]

Explicando: o legislador, em algumas situações bem específicas, concluiu que a matéria ou situação envolve algum interesse social ou mesmo individual sensível, de modo a justificar que o mesmo necessariamente tenha que ser analisado pelo Poder Judiciário, ainda que não haja qualquer litígio entre as partes. Ou, em outras palavras, certos negócios ou atos jurídicos somente terão validade e eficácia se forem homologados por membro do Poder Judiciário, por meio de uma atividade que se convencionou nominar como "jurisdição voluntária" (art. 719 – art. 770), tal como ocorre, por exemplo, quanto ao procedimento a ser adotado quando localizados bens de ausentes e como os mesmos devem ser regularizados (art. 744 – art. 745). E, tanto é flagrante a ausência de atividade jurisdicional nestes procedimentos, que o legislador vem recentemente autorizando que algumas destas questões sejam até mesmo resolvidas administrativamente, direto perante Cartórios extrajudiciais, sem qualquer ingerência de magistrados, como ocorre nos de inventário, partilha, separação e divórcio consensuais desde que respeitadas as previsões constantes na própria lei (Lei nº 11.441/2007). Além disso, o CPC prossegue com este fenômeno da desjudicialização, ao autorizar que também outras questões, desde que ausentes o traço da litigiosidade e respeitados os atos normativos, também podem ser solucionados diretamente em Cartório, como ocorre com a usucapião (art. 1.071).

Portanto, a jurisdição "voluntária" realmente se consubstancia em atividade administrativa, distinguindo-se da "contenciosa" principalmente porque: a) a atividade é desenvolvida em um procedimento administrativo que é conduzido pelo magistrado, em que eventualmente apenas consta um requerimento do(s) interessado(s); b) neste procedimento somente constam interessados, ou seja, não existe litígio e sim interesses convergentes; c) a decisão proferida pelo juiz não tem o condão de atingir a imutabilidade (v.g., nada impede que haja uma separação consensual perante o Poder

---

9 THEODORO Jr., Humberto. *Curso de direito processual civil.* 56ª ed. Rio de Janeiro: Forense, 2015, *v. I*, pp. 117-121.
10 SANTOS, Moacyr Amaral. *Primeiras linhas de direito processual civil.* 27ª ed. São Paulo: Saraiva, 2010, *v. 1*, p. 79.

Judiciário devidamente homologada pelo magistrado e que, anos depois, as mesmas pessoas venham a contrair novas núpcias entre si).[11]

3.4. EQUIVALENTES JURISDICIONAIS

A finalidade principal da jurisdição é outorgar a tutela jurisdicional pretendida, solucionando litígios. Ocorre que as lides podem eventualmente ser resolvidas independentemente do emprego da jurisdição. Desta maneira, é possível se falar em "equivalentes jurisdicionais", ou seja, em mecanismos que muitas vezes podem ser empregados com este mesmo escopo. Usualmente, esses equivalentes agrupam: a) autotutela; b) autocomposição; c) conciliação e mediação; d) arbitragem, que é a mais polêmica de todas e que, por este motivo, terá uma abordagem mais profunda.

3.4.1. Autotutela, autocomposição, conciliação e mediação

A "autotutela" é um mecanismo que se destina à solução de litígios e que decorre da imposição da vontade de uma das partes envolvidas em detrimento da outra, por intermédio da força ou qualquer outro meio suasório ilegítimo. Nos dias atuais, a autotutela resulta em crime (art. 345, CP), eis que a Carta Magna consagra o princípio da inafastabilidade (art. 5º, inc. XXXV, CRFB). Desta maneira, como o Estado reservou para si o monopólio da jurisdição, cabe à parte prejudicada provocá-lo por meio do exercício do direito de ação em vez de, *sponte sua*, tentar viabilizar, com o emprego da força, a realização dos seus direitos. Anote-se, porém, que eventualmente a legislação autoriza a autotutela como, por exemplo, no desforço possessório (art. 1.210, § 1º, do CC).

Já a "autocomposição" é amplamente adotada, pois ocorre quando os próprios litigantes conseguem se compor amigavel e independentemente da atuação de qualquer órgão público ou privado. Pode ser exemplificada por meio de transações ou novações realizadas entre os contendores.

Diferentemente da "autocomposição", tanto a "conciliação" quanto a "mediação" já demandam a presença de um terceiro, que seria o conciliador ou mediador, para que o litígio possa ser resolvido entre as partes. Mas, mesmo entre estas duas outras modalidades, há uma substancial diferença no que diz respeito à atuação deste terceiro. É que, se este terceiro interfere no diálogo entre os contendores como, por exemplo, para demonstrar os lados positivos ou mesmo os aspectos negativos de eventual solução proposta, atua como "conciliador" com o objetivo de contribuir para a obtenção da "conciliação" entre as partes. Ao revés, se a sua postura é limitada a apartar o diálogo entre os envolvidos, que isoladamente vão chegar a uma solução, o mesmo se restringe a atuar como "mediador".

11 FERNANDES, Sérgio Ricardo de Arruda. *Questões importantes de processo civil: teoria geral do processo.* Rio de Janeiro: DP&A Editora, 1999, p. 23-29. JARDIM, Afrânio Silva. Direito processual penal. 8ª ed. Rio de Janeiro: Forense, 1999, pp. 17-18.

De todo modo, é importante ressalvar que o CPC, em suas normas fundamentais, impõe que, mesmo no curso de processo judicial, o Estado deverá promover a solução consensual do conflito (art. 3º, § 2º). Assim, embora a conciliação e a mediação possam ser realizadas extrajudicialmente (recebendo a feição de equivalentes jurisdicionais), por vezes as mesmas acabam sendo realizadas no curso de um processo em que há atividade jurisdicional, o que é uma tônica da novel legislação processual, mormente por criar uma audiência de mediação e conciliação que, em regra, é obrigatória (art. 334).

3.4.2. A arbitragem

3.4.2.1. Introdução

A arbitragem é atualmente regulada por meio da Lei nº 9.307/96, grassando séria divergência se a mesma resulta no exercício de atividade jurisdicional ou se deve ser encarada sob o prisma de um equivalente jurisdicional.[12] É que, por um lado, a sentença arbitral é equiparada à de um juiz togado, tanto que é considerada como título judicial (art. 515, inc. VII). E, da mesma maneira, esta sentença arbitral não se sujeita à homologação pelo Poder Judiciário (art. 18, Lei nº 9.307/96) e nem pode ter o seu conteúdo por ele modificado, muito embora a mesma possa vir a ser anulada, em razão de um dos vícios indicados na legislação específica (art. 32, Lei nº 9.307/96). Além disso, sob esta ótica, não seria correto falar em "procedimento arbitral", mas sim em "processo arbitral", que guardaria enormes semelhanças com o processo judicial propriamente dito, inclusive com observância dos mesmos princípios constitucionais. E, da mesma maneira, para tanto seria necessária uma visão mais flexível da forma de investidura do árbitro, pois a mesma não decorreria da aprovação em concurso de provas e títulos como sói acontecer com o magistrado, mas sim de uma maneira pouco distinta, tal como ocorre também com os jurados que são nomeados para participar de um tribunal do júri. São, pelo menos, os principais argumentos utilizados pelos defensores de uma concepção publicista na arbitragem.[13] O tema, porém, não é pacífico, pois há aqueles que continuam a vislumbrar na arbitragem uma visão meramente contratualista (ou privatista), de modo que a mesma não irá resultar no exercício de função jurisdicional, que continua sendo reservada a órgão estatal. É que, para os adeptos desta segunda concepção, que realmente parece ser a melhor, a atividade desempenhada pelo árbitro não é exatamente a mesma de um magistrado, pois despida de diversos atributos da jurisdição, em especial a ausência do uso de medidas coercitivas e de autoefetivação.[14]

---

12 Por vezes, o próprio STJ contribui para esta debate, ao utilizar nomenclaturas dúbias quando se debruça sobre o tema como, por exemplo, que a arbitragem é "jurisdição não estatal" ou se referindo a esta atividade como "jurisdição arbitral". A crítica é que, como já exposto em momento anterior, a "jurisdição" é sempre atividade estatal, própria de ente soberano. Para exemplificar o uso de tais nomenclaturas: STJ. REsp nº 1.742.547-MG. Rel.ª Min.ª Nancy Andrighi. DJ 18/06/2019.

13 DIDIER JÚNIOR, Fredie. *Curso de direito processual civil*. 17ª ed. Salvador: JusPodivm, 2015, v. 1. pp. 171-172.

14 MARINONI, Luiz Guilherme, ARENHART, Sérgio Cruz. *Manual do processo de conhecimento*. 2ª ed. São Paulo: RT, 2003, p. 33. Acrescenta-se, porém, que há decisão do STJ permitindo que o árbitro defira, no procedimento arbitral, a "penhora no rosto dos autos" de processo judicial em curso, ainda que o eventual interessado sequer tenha em seu poder um título executivo judicial. É o que se observa em: STJ. REsp nº 1.678.224-SP. Rel.ª Min.ª Nancy Andrighi. DJ 09/05/2019.

Qualquer pessoa capaz pode participar de uma arbitragem (art. 1º, Lei nº 9.307/96), seja ela pessoa jurídica ou física. Aliás, até mesmo entidades integrantes da Administração Pública indireta, como empresas públicas ou sociedades de economia mista, podem participar como há algum tempo já é reconhecido pela jurisprudência, principalmente em virtude de tais entes se submeterem, naquilo que for possível, ao mesmo regime das pessoas jurídicas de direito privado (art. 173, § 1º, inc. II, CRFB).[15] Atualmente, até mesmo há previsão específica sobre o tema (art. 1º, § 1º, Lei nº 9.307/96, após inclusão pela Lei nº 13.129/2015).

A arbitragem somente poderá versar sobre direito patrimonial disponível (art. 1º, Lei nº 9.307/96), o que restringe bastante o seu alcance. A arbitragem, porém, não poderá a princípio se originar de uma relação consumerista, em razão de vedação constante em lei (art. 51, inc. VII, da Lei nº 8.078/90), que proíbe que em contratos desta natureza haja imposição neste sentido.

A arbitragem, muito embora tenha sido criada e estimulada para que pudesse efetivamente resolver alguns litígios e, ao mesmo tempo, desafogar o Poder Judiciário, não vem desempenhando este mister satisfatoriamente, eis que a própria lei que a rege prevê a existência de algumas demandas autônomas que, eventualmente, terão que vir a ser ajuizadas perante o Judiciário. Em outras palavras, dependendo de como tudo se desenvolver, um único procedimento arbitral pode gerar mais de um processo judicial, o que é claro indicativo de que este instituto precisa ser, urgentemente, objeto de algumas reformas objetivando o seu melhoramento.

3.4.2.2. Convenção de arbitragem, cláusula compromissória e compromisso arbitral

A "convenção de arbitragem" é um gênero, que abrange a "cláusula compromissória" e o "compromisso arbitral" (art. 3º, Lei nº 9.307/96), sendo muito importante distinguir estas duas últimas figuras.[16]

A "cláusula compromissória" é a convenção através da qual as partes em um contrato comprometem-se a submeter à arbitragem os litígios que possam vir a surgir, relativamente a tal contrato (art. 4º, Lei nº 9.307/96). Vale dizer que esta cláusula, usualmente bastante simples e em apenas uma linha, pode eventualmente ser inserida no próprio contrato (art. 4º, § 1º, Lei nº 9.307/96) e, se este for de adesão, deverá estar em negrito (art. 4º, § 1º, Lei nº 9.307/96). Ela, inclusive, é considerada como autônoma e independente do contrato principal, de modo que a mesma pode subsistir ainda que este último padeça de algum vício (art. 8º, Lei nº 9.307/96). Também é importante frisar que a Lei nº 9.307/96 tem aplicação mesmo quando a cláusula compromissória

---

15 STJ. Recurso especial nº 612.439-RS. Rel. Min. João Otávio de Noronha. DJ 14/09/2006.

16 CÂMARA, Alexandre Freitas. *Escritos de direito processual, segunda série.* Rio de Janeiro: Lumen Juris, 2005, p. 389.

tiver sido firmada antes da sua vigência, nos termos do Verbete nº 485 da Súmula do STJ: *"A Lei de Arbitragem aplica-se aos contratos que contenham cláusula arbitral, ainda que celebrados antes da sua edição"*.

Portanto, sob a ótica até então apresentada, esta cláusula decorre da existência de uma relação jurídica contratual, sendo prevista antes mesmo da ocorrência de eventual fato ilícito ou dano. No entanto, ainda que o evento danoso tenha origem extracontratual nada impede que os envolvidos, de comum acordo, possam se valer da arbitragem, muito embora não haja a necessidade de prévia existência desta "cláusula compromissória".

O "compromisso arbitral", por seu turno, já pode ser compreendido como a convenção através da qual as partes submetem um litígio à arbitragem (art. 9º, Lei nº 9.307/96). Vale dizer que não há arbitragem sem este compromisso arbitral, pois é o mesmo que irá estipular as regras da arbitragem, daí ostentar uma importância ímpar. Com efeito, há disposição legal impondo o que deve constar obrigatoriamente no compromisso arbitral, como: nome, profissão, estado civil e domicílio das partes; a matéria que será objeto da arbitragem; o lugar em que será proferida a sentença arbitral, entre outras mais (art. 10, Lei nº 9.307/96). Da mesma maneira, a lei estabelece o que eventualmente ainda pode constar neste compromisso como, por exemplo, o prazo para apresentação da sentença arbitral, o número de árbitros que irá proferir a decisão (sempre em número ímpar), se o árbitro irá decidir de acordo com a lei ou por equidade, entre outras (art. 11, Lei nº 9.307/96).

Assim, é de se concluir que pode existir arbitragem independentemente da existência da cláusula compromissória. No entanto, em toda arbitragem necessariamente haverá um compromisso arbitral, que regulará as principais regras da arbitragem que se pretende instaurar.

Pode ocorrer, porém, que haja no contrato firmado entre as partes menção à cláusula compromissória e, ocorrendo eventual dano, venha uma das partes a propor demanda perante o Poder Judiciário. Nesta hipótese, caberá ao demandado oferecer contestação e, em questão preliminar, suscitar a existência de "convenção de arbitragem" (art. 337, inc. X), já que esta matéria não pode ser pronunciada de ofício pelo magistrado (art. 337, § 5º).[17] Assim, se o demandado proceder desta maneira, o juiz irá proferir sentença no processo judicial extinguindo-o sem resolução do mérito (art. 485, inc. VII).

Situação diversa ocorre quando as partes celebram a cláusula compromissória e, posteriormente ao fato, um dos envolvidos se recuse a elaborar o compromisso arbitral, em conjunto com o outro. Nesta outra hipótese, o interessado deverá inicialmente notificar o outro para que venha a realizá-lo em dia e hora próprios (art. 6º, Lei nº 9.307/96). Porém, se nesta data ele não comparecer, ainda assim o interessado poderá propor uma demanda perante o Poder Judiciário com o objetivo de que o outro venha em juízo a fim de lavrar-se o compromisso (art. 7º, Lei nº 9.307/96).

Se efetivamente for proposta esta demanda, que cuida de um processo de conhecimento em procedimento comum, não poderá o demandado alegar, em preliminar, a existência de

---

17 BUENO, Cassio Scarpinella. *Manual de direito processual civil*. São Paulo: Saraiva, 2015, p. 282.

prévio compromisso arbitral. É que, nesta outra hipótese, o objeto do processo judicial é, justamente, obter o compromisso arbitral, que até mesmo poderá ser a própria sentença do magistrado (art. 7º, § 7º, da Lei nº 9.307/96), caso o demandado venha a permanecer silente durante todo o processar. O curioso é que esta sentença, que servirá como compromisso arbitral, poderá até ser impugnada por meio da interposição de um recurso de apelação, que será recebido apenas no efeito devolutivo (art. 1.012, § 1º, inc. IV).

Portanto, percebe-se neste segundo caso que, antes mesmo de a arbitragem ser instaurada, já poderá eventualmente ter que ser proposta uma demanda perante o Poder Judiciário, sem prejuízo de outras que eventualmente ainda venham a se fazer necessárias e que ainda serão abordadas no desenvolver desta obra, o que reafirma o tratamento inadequado que a arbitragem recebeu por parte do legislador, de modo que a mesma não necessariamente contribui para diminuir o número de processos no Poder Judiciário.[18]

3.4.2.3. O árbitro

De acordo com a legislação regente (art. 13, Lei nº 9.307/96), o árbitro pode ser qualquer pessoa capaz e de confiança dos envolvidos, devendo sua nomeação ser sempre em número ímpar (art. 13, § 1º, Lei nº 9.307/96).

Assim como o magistrado, o árbitro se submete às mesmas hipóteses de impedimento e suspeição (art. 144 – art. 145), podendo o interessado manejar esta matéria por meio de petição específica para esta finalidade (art. 146), direcionada ao próprio árbitro ou diretamente ao tribunal arbitral (art. 14 c/c art. 15, ambos da Lei nº 9.307/96), na primeira oportunidade que puder se manifestar nos autos (art. 20, Lei nº 9.307/96). Há, inclusive, orientação do STJ no sentido de que estas hipóteses que buscam preservar a imparcialidade do magistrado são realmente aplicáveis ao árbitro.[19]

3.4.2.4. O procedimento arbitral

O procedimento arbitral considera-se instituído quando o árbitro aceita a nomeação que lhe tiver sido feita (art. 19, Lei nº 9.307/96), devendo seguir aquilo que consta no corpo do compromisso arbitral (art. 21, Lei nº 9.307/96).

As partes, de acordo com a lei regente (art. 21, § 3º, Lei nº 9.307/96), poderão estar assistidas por advogados. No entanto, caso seja adotada a concepção publicista da arbitragem, ou seja, que a mesma resulta no exercício de atividade jurisdicional, a

---

18 "O STJ já decidiu que naquelas situações em que há um título de crédito com força executiva atrelado a contrato prevendo convenção de arbitragem, caberá ao credor ponderar se já prefere ir ao Poder Judiciário executar a cártula ou se instaurar procedimento arbitral. Com efeito, constou na referida decisão que, com a celebração da convenção de arbitragem, os contratantes optam por submeter suas controvérsias a um juízo arbitral, mas essa opção não é absoluta e não tem o alcance de impedir ou de afastar, em definitivo, a participação da jurisdição estatal, sobretudo quando a pretensão de uma das partes está aparelhada em título de natureza executiva. É que, nessa última hipótese, o direito que assiste ao credor somente pode ser exercido mediante provocação do Judiciário, tendo em vista que o árbitro não possui poderes de natureza executiva. Desse modo, deve-se admitir que a cláusula compromissória possa conviver com a natureza executiva do título. É, pelo menos, o que se extrai em: STJ. REsp 1.733.685-SP, Rel. Min. Raul Araújo, por unanimidade, julgado em 06/11/2018, DJe 12/11/2018.

19 STJ. Corte Especial. SEC 9.412-EX, Rel. Min. Felix Fischer, Rel. para acórdão Min. João Otávio de Noronha, j. 19/04/2017 – *Informativo* 605.

presença do advogado deverá então ser sempre necessária, para atender o comando estatuído na Constituição (art. 133, CRFB), que dispõe que o advogado é indispensável à administração da Justiça.

Esta arbitragem deverá ser realizada no prazo estipulado no compromisso arbitral ou, se o mesmo for silente, em até seis meses contados desde a instituição da arbitragem (art. 23, Lei nº 9.307/96).

Há algumas questões sobre a possibilidade de o árbitro deferir tutelas cautelares e de emergência no curso do procedimento arbitral. De uma forma geral, vinha sendo adotado o entendimento que isso seria perfeitamente possível (art. 22-B, parágrafo único, Lei nº 9.307/96). Contudo, a legislação regente (Lei nº 9.307/96) foi alterada (Lei nº 13.219/2015), criando novidade perigosamente inconstitucional. É que, após a atualização normativa, passou a ser previsto que as partes poderão, antes da instituição da arbitragem, recorrer ao Poder Judiciário para a concessão de medidas de urgência ou cautelar (art. 22-A, Lei nº 9.307/96), o que, até então, não tem nada em absoluto de excepcional, sendo tal disposição até mesmo elogiável. Contudo, é inconstitucional a norma prevista logo na sequência (art. 22-B, Lei nº 9.307/96), quando permite ao árbitro (que não exerce atividade jurisdicional), o poder de revogar ou modificar as decisões prolatadas pelo Poder Judiciário, mormente porque não se trata de instância revisora do mesmo. Com efeito, a Constituição, em diversos dispositivos, enumera quais os órgãos que tem o Poder de reformar as decisões proferidas por magistrados (v.g., art. 108, inc. I, CRFB – que confere competência ao TRF para atuar como instância revisora das decisões proferidas pelos juízes federais). Assim, deferida uma medida de urgência pelo Poder Judiciário, devem ser observados os meios próprios para que haja a revisão ou modificação da decisão na seara própria, mas jamais conferindo esta possibilidade a outros órgãos que, conforme já fartamente fundamentado acima, não exercem atividade pública de cunho jurisdicional.

Se, durante o decorrer do procedimento arbitral, o árbitro deferir tutelas de urgência, tenham estas um cunho meramente satisfativo ou cautelar, o mesmo não disporá do poder geral de efetivação, que é próprio dos magistrados togados. Em outras palavras, qualquer decisão do árbitro, seja liminar ou final, que imponha alguma obrigação de pagar, fazer, não fazer ou mesmo entrega de coisa, não poderá ser cumprida perante o próprio órgão arbitral, devendo o próprio árbitro ou o tribunal arbitral requerer o cumprimento desta decisão perante o Poder Judiciário, por meio da expedição de instrumento denominado "carta arbitral" (art. 22-C, Lei nº 9.307/96). Vale dizer que este instrumento é muito assemelhado à "carta precatória", também estando normatizado pelo CPC (art. 237, inc. IV).

As provas no decorrer do procedimento arbitral podem ser requeridas pelos envolvidos ou até mesmo determinadas de ofício (art. 22, *caput*, Lei nº 9.307/96), o que neste ponto se assemelha à regra constante do CPC (art. 370).

Ultimada a instrução, a sentença arbitral será então proferida, possuindo uma estrutura muito assemelhada à de uma sentença judicial. Com efeito, na mesma deverá constar, sob pena de nulidade, relatório, fundamentação e dispositivo (art. 26, Lei nº 9.307/96). Vale dizer que esta sentença deve necessariamente ser assinada, podendo nela ainda constar a condenação às despesas da arbitragem como, também, eventual condenação de verba decorrente da litigância de má-fé (art. 80) e até dos honorários advocatícios.

Esta sentença arbitral poderá ser com ou sem resolução do mérito, afinal, nada impede que o árbitro verifique vício insanável no procedimento arbitral, ou grave defeito no compromisso arbitral, o que a tornaria com conteúdo aproximado ao de uma sentença terminativa (art. 485). Porém, não sendo o caso, a sentença arbitral terá resolvido o mérito do procedimento, de maneira muito semelhante a uma decisão de cunho definitivo (art. 487, inc. I). E, além disso, nada impede que a sentença arbitral se limite a homologar o acordo firmado pelas partes (art. 28, Lei nº 9.307/96).

A sentença arbitral não se sujeita a recurso ou a homologação perante o Poder Judiciário (art. 18, Lei nº 9.307/96), muito embora possa ser objeto de requerimento formulado no prazo de cinco dias com o intuito de corrigir erro material ou mesmo esclarecer alguma obscuridade, dúvida ou contradição, bem como para que ocorra pronúncia sobre eventual ponto omitido na decisão (art. 30, Lei nº 9.307/96). Não sendo adotado este proceder, a sentença arbitral gera preclusão administrativa quanto ao seu conteúdo ou até mesmo coisa julgada material e formal, dependendo da concepção que for adotada sobre a arbitragem, ou seja, se a mesma deve ser encarada sob um viés contratualista ou publicista. De qualquer maneira, o árbitro deverá comunicar às partes o seu teor (art. 29, Lei nº 9.307/96).

Esta sentença arbitral ou mesmo o procedimento arbitral em si podem estar inquinados com um dos vícios indicados em lei (art. 32, Lei nº 9.307/96), de modo que o interessado possa vir a alegar esta questão por meio de duas vias processuais distintas (teoria da dupla porta). Uma primeira forma é por meio da instauração de um processo judicial em rito comum perante a primeira instância do Poder Judiciário, no prazo de noventa dias após o recebimento da notificação da sentença arbitral (art. 33, § 1º, Lei nº 9.307/96).[20] Do contrário, poderá o interessado aguardar a promoção da execução desta sentença arbitral para alegar esta matéria em sede de impugnação ao cumprimento de sentença (art. 33, § 3º, Lei nº 9.307/96).[21]Por sinal, nesta hipótese também releva destacar que a impugnação não apenas poderá abordar esta matéria (art. 32, Lei nº 9.307/96) como também eventualmente até mesmo aquelas constantes no próprio CPC (art. 525, § 1º), naquilo que forem compatíveis. Portanto, cabe ao interessado escolher uma das duas vias processuais para arguir o vício da sentença ou do procedimento arbitral.

---

20 Defendendo o uso da ação anulatória até mesmo antes da prolação da sentença arbitral: CARNEIRO, Paulo Cezar Pinheiro. Aspectos processuais da nova lei de arbitragem. In: *Revista Forense*, nº 339, p. 140.

21 Curiosamente, o disposto no art. 33, § 3º, da Lei nº 9.307/96, foi objeto de retificações por duas leis distintas, atestando descuido do Poder Legislativo. Com efeito, inicialmente foi aprovado o CPC (Lei nº 13.105/2015), que já fazia uma correção do aludido dispositivo (art. 1.061), mas que somente entraria em vigor em março de 2016. Ocorre, porém, que lei mais recente (Lei nº 13.129/2015), entrou em vigor em julho de 2015, já corrigindo o teor do mesmo dispositivo da lei de arbitragem. Assim, a lei mais recente corrigiu apenas provisoriamente a redação do art. art. 33, § 3º, da Lei nº 9.307/96, posto que, com a entrada em vigor do CPC, será o mesmo (lei mais antiga) que estará impondo a redação final do artigo em comento.

E, ainda, dispõe a lei específica (art. 31, Lei nº 9.307/96) que a sentença arbitral é considerada um título executivo, sendo certo que o CPC, que é mais recente, até mesmo prevê que terá natureza "judicial" (art. 515, inc. VII). E, desta maneira, necessariamente o interessado terá que se valer da propositura de uma execução autônoma de título judicial perante um órgão integrante do Poder Judiciário.

Foram verificadas, portanto, as razões que levaram ao insucesso da arbitragem no Brasil, principalmente se for relevado que um único procedimento arbitral pode gerar diversas demandas judiciais, tais como: a) processo para obter uma sentença judicial que valha como compromisso arbitral (art. 7º, Lei nº 9.307/96); b) demanda em procedimento comum para anular o procedimento arbitral (art. 33, Lei nº 9.307/96); c) execução de título judicial autônoma; sem contar com o cumprimento de eventuais cartas arbitrais que venham a ser necessárias (art. 22-C, Lei nº 9.307/96).

Por fim, um último dado é que todas as demandas judiciais mencionadas no parágrafo anterior podem tramitar tanto na Justiça Federal quanto na Justiça Estadual, dependendo do ente que participar da arbitragem. Assim, se um dos participantes for a Caixa Econômica Federal, por exemplo, a competência para qualquer uma dessas demandas competirá à Justiça Federal, em virtude da presença de uma empresa pública federal (art. 109, inc. I, CRFB). Do contrário, não sendo uma das hipóteses autorizadoras da competência da Justiça Federal, tais processos deverão ser instaurados perante um dos órgãos da Justiça Estadual, que detêm competência residual.

3.4.2.5. Homologação de sentença arbitral estrangeira

A sentença arbitral estrangeira também precisa ser homologada tal como previsto no CPC (art. 960, § 3º) e na própria lei regente (art. 34, Lei nº 9.307/96), embora se trate de norma de discutível constitucionalidade. É que, para determinado segmento doutrinário, este dispositivo seria inconstitucional, na medida em que estaria ampliando a competência do STJ, que integra a Justiça Federal e cuja raio de atuação necessariamente precisa estar previsto na CRFB.[22] Mas esta crítica não procede e não vem sendo acolhida na jurisprudência, em especial porque a arbitragem vem sendo considerada modernamente como função jurisdicional, embora prestada por pessoa que não foi investida por meio de concurso público. Sob esta ótica, portanto, a sentença arbitral deve receber o mesmo tratamento reservado à sentença proferida por órgão integrante do Poder Judiciário, cuja previsão para homologação já se encontra no próprio texto constitucional (art. 105, inc. I, alínea "i", da CRFB).

---

22 CÂMARA, Alexandre Freitas. *Lições de direito processual civil.* 14ª ed. Rio de Janeiro: Lumen Juris, 2007, v. 2, pp. 37-38, embora minoritário, faz a ressalva que há de se considerar duas situações. Para este autor, nos países em que se exige, para que a decisão arbitral produza efeitos, que seja a mesma homologada judicialmente, deve-se homologar no Brasil a sentença judicial estrangeira que, por sua vez, conferiu eficácia à decisão arbitral. Contudo, outra hipótese que deve ser considerada é a de decisão arbitral proveniente de país onde não se exige a homologação judicial da mesma para que seus efeitos se produzam. Neste segundo caso, já não seria possível homologar uma sentença judicial estrangeira que não foi proferida, pois esses ordenamentos jurídicos simplesmente não preveem a figura da homologação de decisões arbitrais. E, por este motivo, este doutrinador conclui que o art. 34 da Lei nº 9.307/96 deve ser interpretado com algumas ressalvas, também chegando a ser acoimado por vezes como inconstitucional, por eventualmente conferir ao STJ uma competência que não se encontra prevista no art. 105 da CRFB.

4

COMPETÊNCIA E ESTRUTURA DO PODER JUDICIÁRIO

4.1. CONCEITO E NATUREZA JURÍDICA

O termo "competência" deriva do latim *competentia*, de *competere* (estar, no gozo ou no uso de, ser capaz, pertencer ou ser próprio) e tende a ser considerado de uma forma geral pela doutrina como sendo o "limite da jurisdição",[1] por fixar especificamente a atuação de cada órgão jurisdicional diante de uma situação concreta. Por sinal, não é incorreto afirmar que nem todo órgão jurisdicional detém competência, muito embora todo órgão competente preste a jurisdição.[2]

Embora este seja um conceito tradicional no seio doutrinário, é certo que o mesmo não é imune a críticas. Com efeito, poderia ser objetado, por exemplo, que a jurisdição, por externar uma atividade/função/poder próprio do ente autônomo e soberano não poderia ser limitada de forma alguma. E, além disso, também poderia ser mencionado que esta atividade/função/poder exercitado por cada órgão jurisdicional timbra exatamente pela mesma quantidade e qualidade de todos os demais, embora recaia sobre lides diferentes, o que se justifica para fins de melhor qualidade da atividade jurisdicional, que passa a ser prestada através de um juízo especializado.[3] Por estas razões, há quem modernamente vislumbre a competência não mais como "limite", mas sim como algo propenso a dar efetividade ao direito, ou seja, de modo a aplicá-lo segundo os preceitos objetivados no ordenamento jurídico, apaziguando o conflito de interesses resistido e restabelecendo o equilíbrio social. É, em suma, o âmbito dentro do qual o juiz exerce a jurisdição, que deve ser considerado como um serviço público e, por este motivo, também adequadamente prestado.[4]

A natureza jurídica da competência também vem gerando certas controvérsias no âmbito doutrinário. É que, usualmente, vem sendo considerada como pressuposto processual para desenvolvimento ou validade do processo, conforme sustenta um grande número de doutrinadores.[5] Ocorre que, quando um magistrado pronuncia a incompetência, não irá extinguir o processo sem resolução do mérito (art. 485, inc. IV),

1 CARNEIRO, Athos Gusmão. *Jurisdição e competência.* 11ª ed. São Paulo: RT, pp. 55-56.

2 SILVA, Edward Carlyle. *Direito processual civil.* Niterói: Impetus, 2007, p. 20.

3 ASSIS, Araken de. *Manual do processo de execução.* 8ª ed. São Paulo: RT, 2002, pp. 215-216.

4 MENDES, Aluísio Gonçalves de Castro. *Competência cível da justiça federal.* 2ª ed. São Paulo: RT, 2006, p. 31.

5 SANTOS, Moacyr Amaral. *Primeiras linhas de direito processual civil.* 27ª ed. São Paulo: Saraiva, 2010. v. 1, p. 338.

mas sim apenas declinar em prol do órgão jurisdicional competente. Portanto, o processo continuará a se desenvolver, embora perante outro juízo, o que sinaliza não ser o mais adequado este tratamento doutrinário majoritário, que visualiza a competência como pressuposto processual de desenvolvimento.[6]

Na doutrina, há também quem defenda que a competência de Justiça deveria ser tratada como pressuposto processual de existência do processo, já que as suas regras estão previstas na própria CRFB, o que implicaria em uma violação de normas jurídicas muito mais grave que nas demais hipóteses de incompetência (de foro ou juízo). Assim, acaso adotada esta concepção, um processo tramitando perante Justiça incompetente não teria qualquer relevância jurídica já que equivaleria, tão somente, a várias folhas de papéis. Não é, no entanto, o que costuma ocorrer, pois mesmo em situações como essa o magistrado também irá declinar de sua competência em prol do órgão jurisdicional adequado, o que poderá resultar, inclusive, no aproveitamento de parte dos atos processuais que foram praticados perante o juízo incompetente. É um entendimento citado mais em razão do brilho daqueles que o defendem.[7]

Se, contudo, for adotada uma interpretação literal das regras constantes no CPC, o que se percebe é que a natureza jurídica da competência sequer deveria ser reputada como pressuposto processual. Com efeito, analisando o que se observa é que eventual declaração de incompetência apenas irá atingir os atos decisórios, caso o magistrado lotado no novo juízo entenda por bem em revogá-los (art. 64, § 4º – *translatio iudicii*). Assim, constata-se que a incompetência não macula o processo como um todo, somente atingindo os atos decisórios proferidos pelo juiz que forem revogados pelo outro (no juízo competente). Desta maneira, os demais atos praticados pelo magistrado (v.g., atos instrutórios) ou mesmo os atos das partes não serão contaminados. Assim, parece acertado concluir que, pelo menos de acordo com o tratamento dado pelo CPC, melhor seria reputar a competência como tendo natureza jurídica de um requisito para que o mérito possa ser regularmente apreciado.[8]

4.2. PRINCÍPIOS REITORES

Ao se analisar o tema "competência", deve-se ter especial atenção ao princípio da *perpetuatio jurisdictionis* e ao princípio da competência sobre a competência.

---

6 Há casos, porém, em que realmente a pronúncia da incompetência gera a extinção do processo. O exemplo mais lembrado é o constante no art. 51, inc. III, da Lei nº 9.099/95, eis que no âmbito dos Juizados Especiais Estaduais a incompetência territorial é causa que motiva a extinção do processo sem resolução do mérito.

7 CINTRA, Antonio Carlos de Araújo; GRINOVER, Ada Pellegrini; DINAMARCO, Candido Rangel. *Teoria geral do processo*. 15ª ed. São Paulo: Malheiros Editores, 1999, pp. 240-241.

8 MENDES, Aluísio Gonçalves de Castro. *Competência cível da justiça federal*. 2ª ed. São Paulo: RT, 2006, pp. 195-196.

4.2.1. Princípio da *perpetuatio iurisdictionis*

De acordo com este princípio, a competência de um juízo não mais se modifica por alterações de fato ou de direito relativas às partes, que venham a ocorrer após a determinação e fixação da competência jurisdicional.[9]

Esse princípio, contudo, é constantemente mitigado já que em muitas situações é possível a modificação da competência em momento superveniente à sua fixação como, por exemplo, quando o órgão judiciário competente para a causa é suprimido por lei posterior, consoante autorização expressa no CPC (art. 43).

Mas existem diversas outras hipóteses em que este princípio é abrandado. Uma delas é quando a União intervir em processo que tramita perante a Justiça Estadual, o que gera o deslocamento de competência em prol da Justiça Federal (art. 109, inc. I, CRFB c/c art. 45). Esta alteração de órgão jurisdicional também pode ocorrer diante de uma conexão ou continência entre processos. E, para citar mais uma hipótese, há também outra norma (art. 516, parágrafo único), que autoriza ao exequente escolher a base territorial que lhe parecer mais interessante para que possa ser dado início à fase executiva do processo.

4.2.2. Princípio da competência sobre a competência

Este princípio, embora não seja previsto na legislação, sinaliza que todo órgão jurisdicional, mesmo aquele absolutamente incompetente, possui um mínimo de parcela de atividade jurisdicional para, pelo menos, reconhecer que não possui competência para o deslinde do processo que lhe foi submetido. Internacionalmente, é conhecido como *kompetenz kompetenz*.

4.3. CRITÉRIOS PARA IDENTIFICAR O ÓRGÃO JURISDICIONAL COMPETENTE

É uma tarefa por vezes difícil identificar, com precisão, qual o órgão jurisdicional que possui competência para processar e julgar a pretensão deduzida em Juízo. Este problema, em parte, decorre da constatação de que são diversos os atos normativos que cuidam de regras sobre competência, como a própria CRFB, o CPC, leis especiais e até mesmo atos normativos internos de Tribunais ou mesmo editados pelo Poder Legislativo dos Estados quando criam normas sobre organização judiciária.

De uma forma geral, o caminho a ser trilhado para identificar o órgão jurisdicional competente parte da fixação inicial de ser ou não a jurisdição brasileira adequada para a resolução de determinada questão. Assim, reconhecendo que a hipótese pode ser objeto da jurisdição nacional, passa-se à fixação da Justiça competente, que pode ser tanto a Estadual, quanto a Federal, Trabalhista, Militar ou Eleitoral, o que demandará a análise

---

9 ALVIM, Arruda. *Manual de direito processual civil*. 5ª ed. São Paulo: RT, 1996, pp. 308-309.

de regras constantes na própria CRFB. Após, deve ser estabelecido o foro competente, ou seja, a base territorial em que o processo deverá ser instaurado e, por fim, caberá a fixação do juízo em que a demanda tramitará. Percebe-se, assim, que esta trilha não é exatamente simples.[10]

E, para atingir este desiderato, é necessário que sejam estabelecidos quais os critérios que vão ser adotados para a identificação da Justiça, do Foro e do Juízo competente. Desta maneira, estes critérios são agrupados em dois grandes grupos, sendo o primeiro deles daqueles extraídos da relação de direito material (daí a nomenclatura "competência material") e o segundo com base na própria relação jurídica de direito processual (usualmente denominada "competência funcional").

A "competência material" é fixada por um dos critérios: pessoa, matéria, território e conteúdo econômico da obrigação.[11] Vale dizer, inclusive, que por vezes até mais de um deles pode ser adotado em uma das etapas de fixação da competência e, na seguinte, já ser substituído por outro completamente distinto. Assim, por exemplo, a Justiça Federal é competente quando a parte for a União (critério "pessoa" – art. 109, inc. I, CRFB), mas o foro adequado tanto pode ser o do domicílio do demandante ou o Distrito Federal (critério "território" – art. 109, § 2º, CRFB), também sendo certo que a "matéria" envolvida pode delimitar o juízo em que a demanda irá ser processada (v.g., matéria previdenciária é processada perante um juízo previdenciário, execução fiscal já se processa perante uma vara de execução fiscal, dentre outros) ou mesmo o "conteúdo econômico da obrigação" (é que as demandas cujo conteúdo econômico não ultrapassarem o equivalente a sessenta salários-mínimos deverão ser propostas obrigatoriamente perante um dos Juizados Especiais Federais já instalados naquela localidade). E, ainda assim, esta mescla de critérios pode ocorrer em um mesmo momento quando, por exemplo, há na localidade um Juizado Especial Federal especializado em matéria previdenciária, ou seja, este seria um caso de competência de "juízo" que, para ser estabelecida, levou em consideração tanto a "matéria" envolvida quanto o "conteúdo econômico da obrigação".

Já a "competência funcional" é aquela estabelecida em decorrência de critérios verificados na própria relação jurídica de direito processual, usualmente sendo classificada em horizontal e vertical.[12]

Na primeira hipótese, ou seja, de "competência funcional horizontal", é possível que, ao mesmo tempo, dois ou mais órgãos jurisdicionais de igual hierarquia possam estar praticando determinados atos processuais. É o que ocorre, por exemplo, quando um determinado juízo expede uma ou mais cartas precatórias para a oitiva de testemunhas. É que, neste caso, a competência do juízo deprecado para a prática deste ato decorre justamente em virtude de o mesmo estar imbuído de "competência funcional horizontal".

10 FERNANDES, Sérgio Ricardo de Arruda. *Questões importantes de processo civil:* teoria geral do processo. Rio de Janeiro: DP&A Editora, 1999 , pp. 45-46.

11 FERNANDES, Sérgio Ricardo de Arruda. *Questões importantes de processo civil:* teoria geral do processo. Rio de Janeiro: DP&A Editora, 1999, p. 47.

12 SILVA, Ovídio A. Baptista da. GOMES, Fábio. *Teoria geral do processo civil.* 3ª ed. São Paulo: Revista dos Tribunais, 2002, p. 88.

O mesmo, por sinal, ocorre quando no Tribunal, durante o processamento de um recurso, de uma ação autônoma de competência originária ou mesmo no duplo grau obrigatório, tiver que realizar um controle de constitucionalidade difuso, pois haverá a necessidade de o órgão fracionário suspender este processamento para remeter esta matéria ao Pleno ou ao Órgão Especial (art. 948 – art. 950), eis que todos pertencem ao mesmo Tribunal e, por este motivo, se situam no mesmo grau de jurisdição.

No segundo caso, que é o da "competência funcional vertical", já há o envolvimento de um órgão jurisdicional com competência distinta durante o transcurso do processo. É, justamente, o que ocorre quando o magistrado profere sentença e a parte interessada interpõe um recurso que vai ser encaminhado ao Tribunal, posto que este último atua no processo com "competência funcional vertical". E, também nesta hipótese, pode ser que o mesmo processo esteja tendo desenvolvimento por órgãos distintos ao mesmo tempo, pois se o referido recurso não tiver efeito suspensivo já será possível ao vencedor promover a execução provisória perante um outro órgão jurisdicional, embora de primeira instância.

4.3.1. Jurisdição interna e internacional

Como visto, o primeiro passo para identificar o órgão jurisdicional competente é estabelecer se a hipótese é ou não passível de ser solucionada por meio da jurisdição brasileira. Embora existam diversas normas jurídicas que versam a respeito das hipóteses que se submetem à jurisdição nacional, o CPC apenas regula este tema superficialmente (art. 21 – art. 23).

Há situações em que a Jurisdição brasileira é a única que pode atuar, quando o litígio envolver bens imóveis situados no Brasil ou para proceder ao inventário e partilha de bens situados no Brasil mesmo quando o falecido for estrangeiro, entre outras (art. 23). A justificativa para a jurisdição nacional, nesta hipótese, é evitar que outros países possam decidir a respeito destes bens, o que ofenderia a soberania nacional. Ressalva-se, porém, precedente do STJ quanto a escorreita aplicação desta norma (art. 23), posto que já foi reconhecida a possibilidade de homologar decisão estrangeira que determinou o perdimento de bem imóvel situado no Brasil em decorrência de condenação penal em crime de lavagem de dinheiro, pois o bem imóvel não será a sua titularidade transferida para o outro País, mas apenas o produto da sua arrematação.[13]

Já outras normas admitem, por seu turno, que certas situações possam gerar demandas simultâneas tanto perante a jurisdição brasileira quanto perante a alienígena, sem que isso configure litispendência (exceto se tratado assim dispor – art. 24). Isso ocorre porque, no Brasil, este processo que tramita perante o exterior e, inclusive, até mesmo a sua sentença, se traduzem em fatos de completa irrelevância, já que desprovidos de qualquer eficácia neste território nacional. Com efeito, para que uma decisão proferida

---

13 STJ. SEC 10.612-FI, Rel.ª Min.ª Laurita Vaz, j. 18/05/2016, DJe 28/06/2016 – *Informativo* nº 586.

por juízo ou tribunal estrangeiro possa gerar efeitos, há a necessidade de instauração de um processo de conhecimento com esta finalidade no Brasil, denominado homologação de decisão estrangeira (art. 960 – art. 965), que tramita perante o STJ. Assim, somente após esta homologação é que surgirá o título executivo judicial, que poderá ser executado perante a Justiça Federal de primeira instância (art. 109, inc. X, CRFB).

No entanto, uma ressalva ainda deve ser feita quanto a essa possibilidade de tramitação simultânea de processos em países distintos. É que, caso a sentença estrangeira já tenha transitado em julgado, a mesma poderá sem qualquer problema ser objeto de processo de homologação no Brasil, ainda que haja outra ação idêntica em curso por aqui, pois é apenas com o trânsito em julgado da decisão que homologar a sentença estrangeira que a mesma irá gerar efeitos no Brasil, inclusive o de caracterizar identidade de ações. Assim, é somente neste momento que o processo em trâmite no Brasil deverá ser extinto sem resolução do mérito (art. 485, inc. V). Porém, se a hipótese for inversa, ou seja, se o processo brasileiro já estiver sentenciado e com trânsito em julgado, a sentença estrangeira não mais poderá ser homologada no Brasil, uma vez que, neste outro caso, haveria ofensa à ordem jurídica nacional, o que se constituiria em obstáculo intransponível.

Entre as situações em que há possibilidade de demandas tanto no Brasil como em outro País, há de se destacar o que se segue. De início, observa-se que poderão ser instaurados processos nestas plagas mesmo que o fato tenha ocorrido no Exterior, mas desde que envolva demandado domiciliado no Brasil, independentemente da sua nacionalidade (art. 21). O mesmo também se aplica quando se tratar de pessoa jurídica estrangeira que mantiver, no País, agência, filial ou sucursal (art. 21, parágrafo único). Da mesma forma, também é possível instaurar demandas perante o Poder Judiciário nacional quando neste País é que a obrigação tiver que ser cumprida ou mesmo quando o fato ou ato litigioso tenha ocorrido no Brasil (art. 21, incs. II e III).

Também é permitido processo instaurado no Brasil nas demandas que envolvem pagamento de alimentos quando o credor tiver domicílio ou residência no Brasil, ainda que o devedor resida em outro País (art. 22, inc. I). Ratifica-se o entendimento, portanto, de que a obrigação alimentar tem caráter *portable*, ou seja, no sentido de impor ao devedor o encargo de prestá-la perante o domicílio do credor. É o que há longa data defende a doutrina. Importante salientar, outrossim, que esta também é a mesma solução preconizada por outro dispositivo (art. 53, inc. II), quando se tratar de obrigação alimentar devida em processo em que ambas as partes tiverem domicílio ou residência no Brasil. Já a outra hipótese, em que se permite a demanda alimentar ser instaurada no País, ocorre quando o réu mantiver vínculos por aqui, tais como a posse ou propriedade de bens, bem como o recebimento de renda ou obtenção de benefícios econômicos. Esta situação decorre da facilidade de constrição de tais bens e sua posterior conversão em pecúnia, para fins de satisfação do crédito autoral. De certa maneira, também é solução autorizada mesmo para a execução de dívidas não alimentares quando as partes tiverem domicílio ou residência no Brasil, conforme outra norma (art. 516, parágrafo único).

De outro giro, é também autorizado que, no Brasil, sejam processadas as causas regidas pelo CDC, quando o consumidor tiver domicílio por aqui (art. 22, inc. II). Esta disposição busca reconhecer a vulnerabilidade do consumidor (art. 4º, Lei nº 8.078/90), de modo a facilitar a sua atuação em juízo. Como as outras mencionadas neste artigo, também esta já encontrava ressonância no ordenamento jurídico pátrio envolvendo pessoas por aqui estabelecidas ou domiciliadas e atualmente é permitida pelo Código de Defesa do Consumidor (art. 101, inc. I, Lei nº 8.078/90).

Por fim, a última hipótese versa sobre a possibilidade de as partes, expressa ou tacitamente, optarem por se submeter perante a jurisdição nacional (art. 22, inc. III). No caso de submissão expressa perante a jurisdição brasileira, as partes terão que ajustar um foro de eleição, definindo o Brasil como o País soberano com jurisdição para dirimir o litígio em questão. Por outro lado, a submissão tácita ocorrerá quando o demandante instaurar a demanda e o réu, após ter sido citado, apresentar resposta sem suscitar este tema. Este inciso, como redigido, realmente confere uma grande amplitude às hipóteses de jurisdição nacional, pois não cria qualquer restrição quanto ao tema ou aos envolvidos, desde que todos estejam de comum acordo.

4.3.1.1. Jurisdição interna e a presença de um Estado estrangeiro ou organismo internacional em um dos polos da relação jurídica processual

A CRFB autoriza que um Estado estrangeiro ou mesmo um organismo internacional possa vir a ser processado perante a jurisdição brasileira. Assim, ao menos, consta em dois dispositivos, um a respeito da competência do STF (art. 102, inc. I, alínea "e" – *"Compete ao STF, precipuamente, a guarda da Constituição, cabendo-lhe processar e julgar, originariamente, o litígio entre Estado estrangeiro ou organismo internacional e a União, o Estado, o Distrito Federal ou o Território"*) e outro sobre a competência da Justiça Federal de primeira instância (art. 109, inc. II – *"Aos juízes federais compete processar e julgar as causas entre Estado estrangeiro ou organismo internacional e Município ou pessoa domiciliada ou residente no País"*).

Ocorre que esta situação, que envolve a possibilidade de um Estado estrangeiro se submeter à jurisdição de outro, é ainda hoje muito delicada, por envolver assuntos que muitas vezes podem deflagrar conflitos internacionais entre os mesmos. Por este motivo, aliás, é que o delineamento quanto a este tema vem sendo realizado de forma lenta e gradual.

No início, simplesmente vigorava a tese de que o Estado estrangeiro não podia de forma alguma se sujeitar à jurisdição de outro.[14] Porém, esta visão foi sofrendo algum abrandamento, ante a constatação de que muitas vezes a atuação do Estado estrangeiro, ou mesmo do organismo internacional, era nivelada à de um particular, seja em atos

---

14 REZEK, J. Francisco. *Direito internacional público, curso elementar*. 8ª ed. São Paulo: Saraiva, 2000, p. 166.

negociais ou de gestão e até mesmo em hipóteses decorrentes de relações jurídicas extracontratuais, como o ressarcimento em virtude de um veículo da Embaixada ter atropelado um transeunte nacional. Afinal, se nestas situações o Estado estrangeiro atua como qualquer particular, lhe é vedado obter maiores vantagens ou tratamento que não fosse igualitário perante estes.[15]

No entanto, caso o intento seja questionar, perante o Poder Judiciário nacional, algum ato praticado pelo Estado estrangeiro no exercício de seu *jure imperii*, ou seja, aqueles assim compreendidos como os atos legislativos, os atos concernentes à atividade diplomática, aqueles relativos às Forças Armadas, além dos atos da Administração Pública interna dos Estados, o interessado não obterá êxito algum. É que, em tais hipóteses, seria vedado ao Brasil se imiscuir em ato de Estado estrangeiro que externa a sua soberania.[16] Portanto, a imunidade de jurisdição do Estado estrangeiro ou mesmo do organismo internacional no território nacional é relativa, dependendo tão somente do tipo de ato praticado que estará sendo questionado em juízo.

Resta enfrentar, todavia, se eventual sentença proferida em desfavor de tais entes nos casos acima pode ou não ser cumprida ou executada nos limites territoriais do país que a proferiu. É que a imunidade ou não de execução do Estado estrangeiro ou do organismo internacional gera certas dúvidas ainda maiores, para se evitar eventuais desgastes que batalhas judiciais poderiam ocasionar, em especial no campo da execução, em que se percebe uma atuação jurisdicional mais invasiva.

De uma forma geral, também se vem emprestando um caráter relativo à imunidade de execução de tais entes, desde que os mesmos tenham, no âmbito especial da jurisdição brasileira, bens estranhos à sua própria representação diplomática ou consular, uma vez que estes se encontram protegidos contra a penhora ou medida semelhante em razão da proteção assegurada pelas Convenções de Viena de 1961 e 1963.[17] Ademais, o Pretório Excelso já decidiu, em ocasiões anteriores, também ser necessário, que o Estado estrangeiro ou mesmo o organismo internacional, venha expressamente recusar a sua imunidade de execução.[18] De qualquer modo, esta imunidade de execução não chega a ser um revés insuperável, uma vez que a prática vem revelando que o Estado condenado no processo de conhecimento propende a não criar embaraços à execução.[19]

Desta forma, é possível concluir que, realizadas as ressalvas acima, é perfeitamente possível processar e até mesmo executar um Estado estrangeiro ou mesmo um organismo internacional perante um dos órgãos integrantes do Poder Judiciário do Brasil.

---

15 MELLO, Celso D. de Albuquerque. *Direito constitucional internacional.* 2ª ed. Rio de Janeiro: Renovar, 2000, p. 353.

16 MELLO, Celso D. de Albuquerque. *Direito constitucional internacional.* 2ª ed. Rio de Janeiro: Renovar, 2000, p. 353.

17 REZEK, J. Francisco. *Direito internacional público, curso elementar.* 8ª ed. São Paulo: Saraiva, 2000, p. 169.

18 STF. ACO nº 709/SP. Rel. Min. Celso de Mello. DJ 30/08/2013.

19 REZEK, J. Francisco. *Direito internacional público, curso elementar.* 8ª ed. São Paulo: Saraiva, 2000, p. 169.

4.3.1.2. Jurisdição interna e a homologação de decisão estrangeira

4.3.1.2.1. Introdução

O CPC autoriza (art. 21 – art. 22), que determinadas questões sejam objeto de idênticas ações tanto no Brasil como em algum País estrangeiro, sem que isso configure litispendência. Isso ocorre porque, no Brasil, o processo alienígena e inclusive a sua sentença se traduzem em fatos de completa irrelevância, já que desprovidos de qualquer eficácia neste território nacional.

Para que uma decisão proferida por juízo ou tribunal estrangeiro gere efeitos há a necessidade de instauração de um processo de conhecimento com esta finalidade no Brasil que, inclusive, gera um estado de contenciosidade limitada, com possibilidade de um conflito de interesses entre as partes, muito embora nele não possa ser renovada a discussão do litígio que gerou o ato estrangeiro.

Com o advento da EC nº 45/2004, a competência para este processo, que era originariamente do STF (de acordo com o antigo art. 102, inc. I, alínea "h", CRFB), foi deslocada para o STJ (em razão da redação dada ao art. 105, inc. I, alínea "i", CRFB). E, por se tratar de norma que cuida de matéria processual ("competência"), todas as homologações pendentes de julgamento no STF foram encaminhadas ao STJ, pois, em regra, a nova norma processual tem aplicação imediata.

Mas não pode o STJ, no entanto, analisar o mérito da sentença estrangeira, posto que a sua atuação se limita a verificar a forma, competência, autenticidade, ofensa ou não à ordem pública, dentre outras questões mais que já se encontravam relacionadas na LINDB (art. 15 – art. 17, DL nº 4.657/42). Nesta análise, comumente denominada "juízo de delibação", o STJ apenas efetua a verificação de aspectos formais como estes acima mencionados para que, só então, possa "nacionalizar" o ato estrangeiro.

Após a homologação da decisão estrangeira, é curioso observar que o título executivo, nesta hipótese, será a decisão brasileira que homologou a sentença ou o acórdão estrangeiro, em que pese a literalidade do CPC (art. 515, inc. VIII). E esta execução, mesmo sendo de título judicial, irá gerar a criação de uma nova relação jurídica processual (não será etapa executiva), processando-se perante a Justiça Federal de primeira instância (art. 109, inc. X, CRFB).

4.3.1.2.2. Casuística envolvendo idênticas ações no Brasil e no Exterior

Conforme visto acima, é possível a coexistência de duas ações idênticas, tanto no Brasil como no Exterior, sem que essa circunstância configure um estado de litispendência, salvo a existência de tratado neste sentido (art. 24). No entanto, alguns cuidados devem ser observados. Caso a sentença estrangeira já tenha transitado em julgado, a mesma poderá ser objeto de processo de homologação no Brasil ainda que haja outra ação idêntica em curso por aqui, desde que a segunda ainda não tenha transitado em julgado. É que apenas com o trânsito em julgado da decisão que homologar a decisão estrangeira, a mesma irá gerar efeitos no Brasil, inclusive o de induzir ao estado de litispendência. Portanto, é somente neste momento que o processo em trâmite no Brasil deverá ser extinto sem resolução do mérito (art. 485, inc. V). Porém, se o processo brasileiro já estiver sentenciado e com trânsito em julgado, a decisão estrangeira não mais poderá ser homologada no Brasil, uma vez que, nesta hipótese, haveria ofensa à ordem jurídica nacional.

4.3.1.2.3. Atos que podem ser homologados

O regime anterior (art. 483 – art. 484, CPC-73) adotava para este procedimento a alcunha de "homologação de sentença estrangeira". Contudo, a novel legislação acertadamente modifica para "homologação de decisão estrangeira", termo que é mais abrangente, de modo a reconhecer a possibilidade de homologação não apenas de sentenças, mas, também, de acórdãos, decisões monocráticas e até mesmo decisões interlocutórias de mérito que já tenham transitado em julgado. Vale dizer, inclusive, que as decisões interlocutórias que não tenham resolvido o mérito até poderão ser cumpridas perante o Poder Judiciário do Brasil, mas por meio de outro instrumento, que é a carta rogatória (art. 960, § 1º), após o STJ ter concedido o *exequatur* (art. 515, inc. IX).

A princípio, apenas estes atos judiciais estrangeiros é que poderão ser homologados no Brasil, embora existam exceções. É o caso do divórcio que, na Dinamarca, é feito por meio de um decreto do monarca, mas que ainda assim pode ser homologado no Brasil, muito embora não se trate de sentença ou mesmo de ato praticado pelo Poder Judiciário.[20] É que, para tanto, é necessário que pelo menos aquela situação tenha que ser determinada por sentença no Brasil (art. 961, § 1º). Mas, mesmo entre os atos judiciais estrangeiros, há exceções que não permitem a homologação como, por exemplo, a decisão estrangeira que ofenda manifestamente a ordem pública (art. 963, inc. VI).

As decisões proferidas em processos estrangeiros de jurisdição voluntária também precisam ser homologadas, inclusive aquelas que sejam meramente declaratórias do estado das pessoas. A única ressalva prevista no CPC é em relação a se tratar de sentença estrangeira de divórcio consensual, pois esta independe de homologação e já produz, desde logo, regulares efeitos no Brasil (art. 961, § 5º).

Por fim, embora não se trate de sentença ou mesmo de circunstância que, no Brasil, tenha que ser determinada ou decretada apenas por meio de ato jurisdicional, fica a lembrança de que é desnecessária a homologação de títulos executivos extrajudiciais oriundos de países estrangeiros, desde que os mesmos satisfaçam os requisitos de formação exigidos pela lei do lugar de sua celebração e que indiquem o Brasil como o lugar de cumprimento da obrigação (art. 784, § 2º).

---

20 Exemplo apresentado por CÂMARA, Alexandre Freitas. *Lições de direito processual civil*. 14ª ed. Rio de Janeiro: Lumen Juris, 2007. v. 2, p. 34.

4.3.1.2.4. Procedimento

O tratamento dado ao tema no CPC é mínimo (art. 960 – art. 965), muito embora possa ser complementado por tratados e até pelo que constar no Regimento do STJ (art. 960, § 2º).

Esta possibilidade de uma resolução conter regras a respeito de matéria processual pode sugerir, em um primeiro momento, desrespeito à Carta Magna (art. 96, inc. I, CRFB) – que dispõe que o Tribunal somente pode disciplinar regras sobre a sua competência interna e sobre o seu funcionamento). No entanto, a doutrina muitas vezes sustenta que, se o regimento ou ato regulamentar não violar a lei processual, nada impediria esta prática, em especial se for relevado que se trata de hipótese autorizada pela própria lei.[21] Mas, apesar de ser prática comum (regimento versar sobre tema processual) e contar com apoio acadêmico, é certo que a Constituição está sendo vulnerada.

A competência para a homologação é do Presidente do STJ, exceto quando o demandado apresentar contestação, situação esta que geraria o declínio de competência em prol da Corte Especial. Este aspecto é importante, pois se a decisão for proferida pelo Presidente haverá a possibilidade de impugnação por meio de agravo regimental, o que já não ocorre quando a decisão for proferida pela própria Corte Especial.

A petição inicial deve conter a certidão ou mesmo cópia autenticada do texto integral da decisão estrangeira, assim como outros documentos que são reputados como indispensáveis, todos devidamente traduzidos. Admite-se a emenda (art. 321), caso a petição inicial se apresente defeituosa ou falte qualquer documento necessário.

Entre os requisitos indispensáveis à viabilidade da homologação da decisão estrangeira se encontram a necessidade de o ato estrangeiro ter sido proferido por autoridade competente, que as partes tenham sido citadas ou que a revelia tenha sido decretada regularmente, bem como a prova do trânsito em julgado da sentença estrangeira (art. 963 c/c art. 961, § 1º)

Quanto a esta última exigência da prova de que a sentença estrangeira tenha transitado em julgado, tanto material quanto formalmente, isso se justifica pois não é possível homologar um ato que seja dotado de instabilidade. A certeza jurídica quanto à obrigação constante na sentença estrangeira deve ser indubitável, motivo pelo qual necessariamente deverá ser demonstrado o seu trânsito em julgado. É tema que até mesmo já foi objeto do Verbete nº 480 da Súmula do STF: *"Não se homologa sentença proferida no estrangeiro, sem prova do trânsito em julgado"*. Portanto, a exigência da ocorrência do prévio trânsito em julgado da decisão que se pretende homologar é imperiosa, muito embora não haja obstáculos para também admitir a possibilidade do trânsito em julgado que somente tenha ocorrido no curso do processo de homologação, pois esta exigência deve ser aferida no momento em que o STJ decide, e não na propositura da ação. Acrescenta-se, porém, que com a novel legislação, há entendimento acadêmico

---

21 BUENO, Cassio Scarpinella. *Curso sistematizado de direito processual civil*. São Paulo: Saraiva, 2008. v. 5, p. 395.

que a necessidade do trânsito em julgado foi dispensada, posto que hodiernamente até mesmo uma decisão interlocutória estrangeira poderia ser homologada.

Caso haja necessidade, poderá ser concedida liminarmente alguma tutela provisória de urgência no processo, se presentes os requisitos necessários para esta medida (art. 961, § 3º), que poderá ser deferida até mesmo sem a prévia oitiva da outra parte (art. 962, § 2º), o que é claro indicativo de que o princípio do contraditório (art. 9º) deve ser visto com muitas ressalvas, pois nem sempre o mesmo ocorrerá previamente à decisão judicial. Discorda-se, porém, quando o CPC prevê que o exame da urgência deve ser realizado apenas pela autoridade estrangeira (art. 962, § 3º), pois a Carta Magna não estabelece nenhuma restrição neste sentido. Pelo contrário, a atividade-fim do Poder Judiciário nacional não pode ser tolhida e nem mesmo seria saudável admitir que juízos axiológicos sejam realizados apenas por magistrados que conduzem o processo em outros países, em realidade social e jurídica muitas vezes completamente distinta.

Na sequência, a demandada é citada para contestar o pedido no prazo de quinze dias. Caso a mesma seja incapaz ou se for decretada a sua revelia, haverá a nomeação de curador especial, que poderá se valer da dispensa do ônus da impugnação especificada (art. 341, parágrafo único).

A defesa, que é realizada por meio da contestação, não pode versar sobre todo e qualquer fundamento, possuindo rol limitado que somente permite questionamento a respeito da autenticidade dos documentos, sobre a inteligência da decisão e, ainda, sobre a observância dos requisitos do Regimento do STJ ou mesmo de eventuais tratados.

Também é possível a apresentação de peça (art. 146) arguindo o impedimento ou suspeição de membro do Poder Judiciário nacional. Não se admite a reconvenção (art. 343), devendo o interessado propor eventual demanda perante o juízo de primeira instância.

O Ministério Público Federal, em seguida, deverá ter vista dos autos, podendo até mesmo impugnar o requerido pelo demandante. Após, os autos retornam para julgamento.

4.3.1.2.5. A decisão homologatória

Ao término da instrução, será proferida decisão pelo Presidente do STJ ou pela sua Corte Especial (conforme o caso, ou seja, se foi ou não apresentada resistência pelo demandado). Caso seja proferida uma decisão de cunho terminativo (art. 485), não haveria obstáculos para a renovação do pleito homologatório no STJ. Ao revés, se a decisão for de improcedência, haverá resolução do mérito (art. 487) o que, após o trânsito em julgado, impediria a instauração de um novo processo de homologação de sentença estrangeira.

Mas, nesta última hipótese (sentença de improcedência), nada impede que o interessado instaure, no Brasil, um processo de conhecimento perante o juízo de primeira instância, repetindo a mesma ação que anteriormente foi distribuída no exterior. Atente que o que seria vedado é o novo ajuizamento da mesma homologação de sentença estrangeira, o que ofenderia a coisa julgada advinda do processo instaurado perante o STJ. Contudo, é perfeitamente possível repetir, no Brasil, a ação anteriormente ajuizada no país estrangeiro. Com efeito, se o CPC (art. 24) veda o reconhecimento da litispendência entre processos que tramitam, simultaneamente, no Brasil e no exterior, o mesmo tratamento deve ser aplicado em relação à coisa julgada, já que tanto a primeira quanto a segunda são apuradas à luz da teoria da tríplice identidade.

Caso o pedido de homologação de sentença estrangeira seja acolhido no Brasil, será proferida uma decisão de mérito (art. 487), cuja natureza será considerada como constitutiva, eis que reconhece a validade da sentença estrangeira e, ao mesmo tempo, atribui eficácia ao que ali restou decidido (e ora ratificado) no Brasil.[22] Admite-se, inclusive, a homologação apenas parcial do ato estrangeiro (art. 961, § 1º). Vale dizer que, neste ato do STJ, também haverá condenação do vencido aos honorários e custas, sendo que estas atualmente já se encontram regulamentadas por legislação específica (Lei nº 11.636/2007).

4.3.1.2.6. A execução da decisão que homologou a decisão estrangeira

Após a homologação, deverá ser requerida a execução do acórdão do STJ, o que deverá ocorrer, como já visto, em um dos juízos federais de primeira instância (art. 109, inc. X, CRFB c/c art. 965). Ocorre, porém, que nem sempre a execução será necessária, uma vez que é possível que tenha sido homologada sentença de natureza declaratória ou constitutiva, cujos efeitos se perfazem automaticamente após o trânsito em julgado, o que dispensa a necessidade de nova intervenção estatal.

Na hipótese de constar, no título executivo judicial, uma condenação a pagar, fazer, não fazer ou mesmo entregar coisa, haverá necessidade de instaurar um novo processo, agora de natureza executiva. Para tanto, o interessado deverá elaborar uma nova petição inicial e recolher novas custas judiciais, por ser inviável que o início da etapa executiva se dê no próprio STJ.

A petição inicial deverá ser instruída com cópia autenticada da decisão homologatória (art. 965, parágrafo único). Após, o executado será citado para, caso queira, oferecer defesa denominada "impugnação", no prazo de quinze dias.[23] Por fim, sendo dado prosseguimento à execução em curso, será o momento de incrementar a etapa expropriatória, que seguirá o procedimento comum aplicado a qualquer outro procedimento executivo. Portanto, poderá ser realizada pela adjudicação, alienação ou pela apropriação de frutos e rendimentos de empresa ou de estabelecimento e de outros bens (art. 825).

---

22 THEODORO JÚNIOR, Humberto. *Curso de direito processual civil*. 50ª ed. Rio de Janeiro: Forense, 2009. v. I, p. 687.

23 MOREIRA, José Carlos Barbosa. *Comentários ao Código de Processo Civil*. 14ª ed. Rio de Janeiro: Forense, 2008. v. V, p. 98.

4.3.2. Competência de Justiça

4.3.2.1. Justiça Federal

A Justiça Federal teve os seus primórdios no século XIX, mais precisamente em 1890, quando foi editado o Decreto nº 848 que a criou, dela fazendo parte o STF e também os antigos juízes de secção, que eram nomeados pelo Presidente da República. Vale dizer que a nomenclatura "juízes federais" somente passou a ser adotada em 1894, em razão da aprovação da Lei nº 221.

Com a Constituição de 1934, o STF deixou de ser parte integrante deste ramo da Justiça, eis que a mesma previa a criação de pelo menos três Tribunais Federais, que até aquele momento ainda não tinham sido instalados. Porém, a Constituição de 1937 extinguiu o cargo de juiz federal, transferindo-se para a Justiça dos Estados as causas que antes lhe eram confiadas.

Diante do maior número de processos que chegavam ao STF em virtude de o mesmo atuar como instância revisora dos juízes estaduais no exercício desta nova competência, constatou-se a necessidade da criação de um tribunal específico para estes fins, razão pela qual a Constituição de 1946 criou o Tribunal Federal de Recursos (TFR), que era composto por ministros. Posteriormente, o Ato Institucional nº 2/1965 restabeleceu a Justiça Federal de primeira instância, prevendo os cargos de juízes federais e juízes federais substitutos.

Após, foi criada a Lei nº 5.010/66, ainda em vigor, que dividiu a Justiça Federal de primeira instância em cinco regiões distintas, abrangendo os mais variados Estados. Vale dizer que, atualmente, permanecem as cinco regiões tal como originariamente concebidas, muito embora os Estados que integram cada uma delas sejam os seguintes: a) 1ª Região: Acre, Amapá, Amazonas, Bahia, Distrito Federal, Goiás, Maranhão, Mato Grosso, Minas Gerais, Pará, Piauí, Rondônia, Roraima e Tocantins; b) 2ª Região: Espírito Santo e Rio de Janeiro; c) 3ª Região: Mato Grosso do Sul e São Paulo; d) 4ª Região: Paraná, Rio Grande do Sul e Santa Catarina; e) 5ª Região: Alagoas, Ceará, Paraíba, Pernambuco, Rio Grande do Norte e Sergipe.

Nos anos seguintes a Justiça Federal foi pouco a pouco sendo ampliada, em razão de leis que criavam juízos federais e, por ocasião do advento da CRFB, outras alterações profundas foram introduzidas, como a extinção do TFR (em realidade uma transformação no recém-criado STJ, que passou a ter parcela da competência originária do STF) e, ao mesmo tempo, foi prevista a criação de cinco Tribunais Regionais Federais (TRF), em cada uma das cinco regiões já estabelecidas, que passariam a atuar como instâncias revisoras das sentenças proferidas pelos juízes federais, além de titularizarem outras competências. Por seu turno, o STF e o STJ continuam a integrar a Justiça Federal.

E, mais recentemente, a Lei nº 10.259/01 passou a prever as hipóteses de competência e o procedimento para as demandas instauradas perante os Juizados Especiais Federais.

Esclarecida a atual estrutura da Justiça Federal, é agora necessário analisar a competência dos seus tribunais. A Constituição prevê (art. 108, CRFB), a competência dos Tribunais Regionais Federais, nos seguintes termos:

> *Art. 108. Compete aos Tribunais Regionais Federais:*
> *I – processar e julgar, originariamente:*
> *a) os juízes federais da área de sua jurisdição, incluídos os da Justiça Militar e da Justiça do Trabalho, nos crimes comuns e de responsabilidade, e os membros do Ministério Público da União, ressalvada a competência da Justiça Eleitoral;*
> *b) as revisões criminais e as ações rescisórias de julgados seus ou dos juízes federais da região;*
> *c) os mandados de segurança e os* habeas data *contra ato do próprio Tribunal ou de juiz federal;*
> *d) os* habeas corpus, *quando a autoridade coatora for juiz federal;*
> *e) os conflitos de competência entre juízes federais vinculados ao Tribunal;*
> *II – julgar, em grau de recurso, as causas decididas pelos juízes federais e pelos juízes estaduais no exercício da competência federal da área de sua jurisdição.*

O primeiro inciso prevê, na alínea "a", a competência originária do TRF para certas demandas de cunho criminal, bastando uma interpretação literal quanto ao mesmo para a compreensão do seu alcance.

Já a alínea "b", ao revés, pode gerar alguns questionamentos. É que o mesmo faz menção à competência do TRF para processar e julgar ação rescisória e revisão criminal dos seus próprios julgados ou dos juízes federais da Região, sendo que esta norma também abrange as sentenças proferidas por juízes estaduais no exercício de competência federal delegada (art. 109, § 3º, CRFB), em razão de uma interpretação mais ampla de outro dispositivo (art. 109, § 4º, CRFB – que apenas prevê competência para "recursos" e não para "ações autônomas"). Além disso, também pode surgir dúvida quando se tratar de sentença proferida por juízo estadual, no exercício da sua própria competência natural, mas cuja ação rescisória tiver sido ajuizada pela União, na condição de terceira interessada (art. 966, inc. II). Nesta situação, haverá deslocamento de competência, pois a da Justiça Federal é estruturada, principalmente, levando em consideração a qualidade das partes envolvidas. Assim, neste outro caso também o ajuizamento deverá ser realizado perante um dos cinco TRFs que integram a Justiça Federal, mais precisamente aquele que abranger a Seção Judiciária em que estiver localizado o órgão jurisdicional prolator da sentença. No entanto, o tema não é pacífico, pois há quem sustente que a competência da Justiça Federal, por ter sido prevista apenas no texto constitucional, não poderia ser ampliada por lei infraconstitucional ou mesmo em razão de interpretação que lhe favoreça.[24]

---

24 Em sentido contrário ao texto: CARNEIRO, Athos Gusmão. *Jurisdição e competência*. 11ª ed. São Paulo: Saraiva, 2001, p. 152.

A alínea "c" deste mesmo dispostivo (art. 108, inc. I, CRFB) também reconhece a competência do TRF para processar os mandados de segurança e os *habeas data* contra ato do próprio Tribunal ou de juiz federal. No entanto, se este mandado de segurança apontar como autoridade coatora um juiz federal que titulariza competência de um Juizado Especial Federal, o mesmo deverá ser impetrado perante uma Turma Recursal Federal, conforme vem recomendando a doutrina.[25] O argumento principal é que o *mandamus* estará sendo utilizado como sucedâneo recursal, sendo recomendável concentrar, no mesmo órgão jurisdicional, a competência tanto para processamento e julgamento de recursos como, também, de eventuais ações autônomas de impugnação de modo a evitar decisões conflitantes.

A alínea "d", por sua vez, não oferece dificuldades, eis que apenas prevê que o TRF pode processar e julgar *habeas corpus* que indicar um juiz federal como autoridade coatora.

E, por fim, a alínea "e" também prevê que o TRF é competente para processar e julgar conflito de competência entre juízes federais vinculados ao mesmo Tribunal, ainda que envolva um magistrado lotado em juízo federal cível e outro em Juizado Especial federal, nos termos do Verbete nº 428, da Súmula do STJ.

Quanto ao inc. II do mesmo artigo (art. 108, CRFB), este já estabelece que compete ao TRF julgar, em grau de recurso, as causas decididas pelos juízes federais e pelos juízes estaduais no exercício da competência federal da área de sua jurisdição. É de se ressalvar, contudo, que existem certas exceções a este dispositivo, como ocorre nas Turmas Recursais Federais (que julgam os recursos inominados interpostos para questionar sentença de mérito proferida por magistrado lotado em Juizado Especial Federal) ou nos casos em que o próprio órgão prolator da decisão também tem competência recursal (v.g., art. 34, Lei nº 6.830/80 – que cuida da possibilidade do uso do recurso de embargos infringentes para impugnar sentença proferida em execução fiscal de alçada).

No que diz respeito à competência da Justiça Federal de primeira instância, a Constituição pontua (art. 109, CRFB) que:

> *Art. 109. Aos juízes federais compete processar e julgar:*
> *I – as causas em que a União, entidade autárquica ou empresa pública federal forem interessadas na condição de autoras, rés, assistentes ou oponentes, exceto as de falência, as de acidentes de trabalho e as sujeitas à Justiça Eleitoral e à Justiça do Trabalho;*
> *II – as causas entre Estado estrangeiro ou organismo internacional e Município ou pessoa domiciliada ou residente no País;*
> *III – as causas fundadas em tratado ou contrato da União com Estado estrangeiro ou organismo internacional;*

25 MENDES, Aluísio Gonçalves de Castro. *Competência cível da justiça federal*. 2ª ed. São Paulo: RT, 2006, p. 193.

IV – os crimes políticos e as infrações penais praticadas em detrimento de bens, serviços ou interesse da União ou de suas entidades autárquicas ou empresas públicas, excluídas as contravenções e ressalvada a competência da Justiça Militar e da Justiça Eleitoral;

V – os crimes previstos em tratado ou convenção internacional, quando, iniciada a execução no País, o resultado tenha ou devesse ter ocorrido no estrangeiro, ou reciprocamente;

V-A – as causas relativas a direitos humanos a que se refere o § 5º deste artigo;

VI – os crimes contra a organização do trabalho e, nos casos determinados por lei, contra o sistema financeiro e a ordem econômico-financeira;

VII – os habeas corpus, *em matéria criminal de sua competência ou quando o constrangimento provier de autoridade cujos atos não estejam diretamente sujeitos a outra jurisdição;*

VIII – os mandados de segurança e os habeas data *contra ato de autoridade federal, excetuados os casos de competência dos tribunais federais;*

IX – os crimes cometidos a bordo de navios ou aeronaves, ressalvada a competência da Justiça Militar;

X – os crimes de ingresso ou permanência irregular de estrangeiro, a execução de carta rogatória, após o exequatur, *e de sentença estrangeira, após a homologação, as causas referentes à nacionalidade, inclusive a respectiva opção, e à naturalização;*

XI – a disputa sobre direitos indígenas.

Pela leitura dos incisos deste dispositivo (art. 109, CRFB), observa-se que muitas vezes são utilizados os mais variados critérios para a definição da competência da Justiça Federal. Com efeito, os incs. I, II e VIII fixam a competência em razão do critério "pessoa" envolvida (União, autarquia, empresa pública federal, Estado estrangeiro, organismo internacional ou autoridade cujos atos não estão sujeitos a outra jurisdição). Já o mesmo inc. I, além dos incs. III, V-A, X e XI, também estabelecem a competência da Justiça Federal, mas agora em razão da "matéria" cível (a Justiça Federal não processa ou julga causas de falência, decorrentes de acidente de trabalho ou sujeitas à Justiça Eleitoral ou Justiça do Trabalho, bem como processa e julga causas fundadas em tratados, decorrentes de direitos humanos a que se refere o § 5º deste mesmo artigo, envolvendo nacionalidade, naturalização ou, ainda, a respeito de direitos indígenas). Por sua vez, os incs. IV, V, VI, VII e IX do dispositivo (art. 109, CRFB) também adotam o critério "matéria", mas agora para fixar a competência criminal da Justiça Federal. E, por fim, o inc. X estabelece a competência da Justiça Federal em razão de critérios funcionais, ou seja, decorrentes da própria relação processual.

Sem dúvida, o caso mais frequente que envolve a competência da Justiça Federal é aquele que cuida da hipótese em que for parte, em um dos polos da relação processual, a União, autarquia ou empresa pública federal, até mesmo quando se tratar de litisconsórcio (independentemente de sua classificação) com outras pessoas e entes que ali não estejam relacionados (art. 109, inc. I, CRFB). No caso específico de demanda em que figure como ré a União, o demandante até mesmo poderá optar por propor a demanda na seção judiciária em que for domiciliado, naquela onde houver ocorrido o fato que deu origem à demanda ou onde esteja situada a coisa, ou, ainda, no Distrito Federal, tudo em conformidade com norma constitucional (art. 109, § 2º, CRFB c/c art. 51, parágrafo único), que cuida de uma hipótese de "competência concorrente" (v. item nº 4.4.). O mesmo dispositivo também pode ser adotado quando se tratar de autarquia federal no polo passivo da demanda, em razão de estas gozarem dos mesmos privilégios e vantagens processuais concedidos à União, tal como já reconhecido pelo STF.[26]

Usualmente, a doutrina pugna por uma interpretação restritiva desta norma (art. 109, CRFB), de modo que o que ali não consta e, desde que também não seja da competência da Justiça do Trabalho, da Justiça Eleitoral ou da Justiça Militar, acabará por ser da Justiça Estadual.[27] No entanto, esta afirmação é comumente posta em xeque, eis que o próprio STF já reconheceu, por exemplo, que a Justiça Federal de primeira instância é a competente para as ações ajuizadas em face do CNJ, desde que não se trate de mandado de segurança, mandado de injunção, *habeas data* ou *habeas corpus*.[28]

Além disso, também se observa que foi criada nova regra (art. 34), passando a prever, de maneira inédita que é da competência de juízo integrante da Justiça Federal o o processamento do auxílio direto. Não se trata, porém, de norma inconstitucional, por supostamente ampliar a competência da Justiça Federal de primeira instância, já que tal medida não se encontra prevista na Constituição (art. 109, CRFB). Com efeito, a Carta Magna é expressa em prever que a Justiça Federal de primeiro grau é a competente para o cumprimento das cartas rogatórias e, também, para a execução da sentença estrangeira após a mesma ter sido regularmente homologada perante o STJ. A referida norma (art. 109, inc. X, CRFB), somente foi silente quanto ao auxílio direto porque, nos idos de 1988, esta medida era ainda um tanto quanto incomum no Brasil. De qualquer maneira, não faria sentido reconhecer a competência da Justiça Federal de primeira instância para duas modalidades de cooperação jurídica internacional (cumprimento da carta rogatória e execução de decisão estrangeira após a homologação) e deixar o auxílio direto como de competência da Justiça Estadual, que titulariza competência residual.

Outra hipótese que também gera questionamentos em virtude de não estar claramente descrita neste dispositivo (art. 109, CRFB) se dá quando uma das partes é o MPF. É que, de acordo com a Carta Magna (art. 127, CRBF-88), o Ministério Público é instituição permanente e essencial à função jurisdicional, dotada de autonomia funcional e administrativa, razão pela qual o MPF, sendo um dos ramos do Ministério Público, não se equipara à União ou à qualquer autarquia ou empresa pública federal. Logo, a simples presença do MPF, em qualquer dos polos da demanda, não teria o condão de automaticamente firmar a competência da Justiça Federal para processar

---

26 STF. REXTR nº 627.709/DF. Rel. Min. Ricardo Lewandowski. DJ 20/08/2014.

27 CARNEIRO, Athos Gusmão. *Jurisdição e competência*. 11ª ed. São Paulo: RT, p. 26.

28 STF. ACO nº 2.373. Rel. Min. Teori Zavascky. DJ 19/08/2014.

e julgar esta lide, devendo ser verificada, caso a caso, a existência de alguma situação descrita no art. 109 da CRFB.

Além disso, também se observa que, segundo a LC nº 75/93, as atribuições do MPF até mesmo podem extrapolar a competência da Justiça Federal. Há, inclusive, norma nesta legislação (art. 37, parágrafo único, LC nº 75/93), que autoriza que o *parquet* federal interponha REXTR das decisões proferidas pela Justiça Estadual nas representações de inconstitucionalidade. Da mesma maneira, também outro dispositivo (art. 39, incs. III e IV, LC nº 75/93) autoriza a defesa dos direitos constitucionais do cidadão quando há lesão praticada pelos concessionários e permissionários de serviço público federal ou mesmo por entidades que exerçam outra função delegada da União, o que não necessariamente desloca a competência para a Justiça Federal.

Igualmente, também não se pode olvidar que há ainda outro ato normativo (art. 5º, § 5º, Lei nº 7.347/85), que autoriza o litisconsórcio facultativo entre Ministérios Públicos distintos, na defesa conjunta dos interesses difusos, coletivos e individuais homogêneos.[29] Nesta hipótese, a possibilidade de litisconsórcio facultativo entre os Ministérios Públicos revela nitidamente a possibilidade de um deles demandar em Justiça que não lhe seria correspondente. Afinal, se esse litisconsórcio é facultativo, cada um dos litisconsortes possui, sozinho, legitimidade para demandar o mesmo pedido, fato que por si só já demonstra o acerto da tese ora defendida.

Portanto, com base nesta linha de raciocínio, é possível concluir que a simples presença do MPF como parte autora não tem o condão de acarretar a competência da Justiça Federal para processar e julgar este processo, mais uma vez reafirmando que esta hipótese não se encontra contemplada na norma em comento (art. 109, CRFB), bem como diante do reconhecimento de que as atribuições da *parquet* podem ir além da competência da Justiça Federal. É, por sinal, entendimento facilmente detectado na jurisprudência.[30]

Quanto aos processos em que a OAB figurar na relação processual, seja mediante o Conselho Federal ou mesmo pela seccional, há precedente do Pleno do STF no sentido de que a competência será da Justiça Federal. O argumento adotado para tanto foi o de que a OAB, sob o ângulo do Conselho Federal ou das seccionais, não seria associação, pessoa jurídica de direito privado, em relação à qual é vedada a interferência estatal no funcionamento (art. 5º, inc. XVIII, CRFB). Em realidade, a OAB consubstanciaria órgão de classe, com disciplina legal (Lei nº 8.906/94), cabendo-lhe impor contribuição anual e exercer atividade fiscalizadora e censória. Seria nesta ótica, portanto, autarquia corporativista, o que atrairia a competência da Justiça Federal para o exame das suas ações de qualquer natureza (art. 109, inc. I, CRFBF).[31]

De resto, é importante frisar ainda que, com o advento da Lei nº 10.259/2001, foi estabelecida a competência e previsto o procedimento para as demandas que irão tramitar perante os Juizados Especiais Federais. De acordo com esta lei, estes órgãos são obrigatoriamente competentes para as demandas que não ultrapassarem

---

29 STJ. REsp nº 1.444.484-RN. Rel. Min. Benedito Gonçalves. DJ 18/09/2014.

30 STJ. CC nº 200101980412. Rel. Min. Luiz Fux. STJ, 1ª Seção, S/d. TRF2. Mandado de segurança nº 9102152380. Rel. Des. Clélio Erthal. S/d.

31 STF. RE nº 595.332-PR. Rel. Min. Marco Aurélio. DJ 31/08/2016.

o equivalente a sessenta salários-mínimos, com exceção do mandado de segurança ou demandas que pretendem desapropriação, divisão e demarcação, ações populares, execuções fiscais, processos tendentes a apurar sobre prática de improbidade administrativa, processos coletivos, demandas que versem sobre bens imóveis da União, autarquias e fundações públicas federais, demandas tendentes a anular ou cancelar ato administrativo federal desde que não seja de natureza previdenciária ou de lançamento fiscal ou que tenham o mote de impugnar pena de demissão imposta a servidor público ou a questionar sanções disciplinares aplicadas a militares (art. 3º, Lei nº 10.259/2001).

E, por fim, deve ser lembrado que o "foro" na Justiça Federal denomina-se "Seção Judiciária", tendo a mesma abrangência territorial de um Estado da Federação (art. 110, CRFB). Para exemplificar, na área de abrangência do TRF2 constam duas Seções Judiciárias: a do Rio de Janeiro e a do Espírito Santo.

4.3.2.2. Justiça do Trabalho

A atual Justiça do Trabalho, tanto no Brasil quanto no resto do mundo, é fruto de uma série de esforços que foram realizados no passado, que tinham por mote a criação e estruturação de um aparelho estatal que pudesse solucionar eventuais litígios de natureza trabalhista.

A competência atual da Justiça do Trabalho foi alterada pela EC nº 45/2004, prevendo o seguinte (art. 114):

> *Art. 114. Compete à Justiça do Trabalho processar e julgar:*
>
> *I – As ações oriundas da relação de trabalho, abrangidos os entes de direito público externo e da administração pública direta e indireta da União, dos Estados, do Distrito Federal e dos Municípios;*
>
> *II – as ações que envolvam exercício do direito de greve;*
>
> *III – as ações sobre representação sindical, entre sindicatos, entre sindicatos e trabalhadores, e entre sindicatos e empregadores;*
>
> *IV – os mandados de segurança,* habeas corpus *e* habeas data, *quando o ato questionado envolver matéria sujeita à sua jurisdição;*
>
> *V – os conflitos de competência entre órgãos com jurisdição trabalhista, ressalvado o disposto no art. 102, inc. I, o;*
>
> *VI – as ações de indenização por dano moral ou patrimonial, decorrentes da relação de trabalho;*
>
> *VII– as ações relativas às penalidades administrativas impostas aos empregadores pelos órgãos de fiscalização das relações de trabalho;*
>
> *VIII – a execução, de ofício, das contribuições sociais previstas no art. 195, inc. I, a, e II, e seus acréscimos legais, decorrentes das sentenças que proferir;*
>
> *IX – outras controvérsias decorrentes da relação de trabalho, na forma da lei.*

Vale dizer que, por conta de uma interpretação a determinada norma (art. 114, inc. I, CRFB), vem sendo reconhecida a possibilidade de a Justiça do Trabalho também analisar pedidos de danos morais quando o evento for oriundo de uma relação de emprego.[32]

Observa-se, assim, que a Justiça do Trabalho é aquela que tem a competência para resolver litígios que envolvam relações de emprego, ou seja, aqueles processos em que se discute um vínculo empregatício, regulado sob os auspícios do regime celetista. Quanto aos servidores públicos, como atualmente só existe o regime estatutário no âmbito da Administração, eventuais questionamentos decorrentes destas relações serão consideradas como de vínculo estatutário e, consequentemente, deverão ser apreciados pela Justiça Federal ou Estadual, dependendo dos sujeitos envolvidos.

Acrescenta-se que há precedente reconhecendo a competência da Justiça do Trabalho para processar demanda de indenização em que se discute o uso de imagem de jogador de futebol, promovida por atleta em face da editora, eis que nela haverá discussão também sobre o vínculo celetista do demandante e seu clube.[33]

Por fim, é de se destacar que continua mantido o entendimento de que os reclamantes, na Justiça Laboral, possuem o *ius postulandi*, o que dispensa a presença de um advogado, mesmo diante de regra constitucional em sentido oposto, considerando a participação do patrono como indispensável (art. 133, CRFB).

4.3.2.3. Justiça Eleitoral

A Justiça Eleitoral existe no Brasil desde 1932, mais precisamente em razão do Decreto nº 21.076. Atualmente, a sua regulamentação principal se encontra em poucos dispositivos da Carta Magna (art. 118 – art. 121, CRFB), que autorizam a União a editar, por meio de lei complementar, sobre a organização e competência dos Tribunais, dos Juízes e das Juntas Eleitorais. Só que, em razão de até o presente momento não ter sido criada esta LC, os principais atos normativos que regem a competência da Justiça Eleitoral são: o Código Eleitoral, a Lei nº 9.504/97, a Lei nº 12.034/2009, e as resoluções normativas do TSE, dentre outros.

Os órgãos integrantes da Justiça Eleitoral são, de acordo com o art. 118 da Carta Magna: a) o Tribunal Superior Eleitoral; b) os Tribunais Regionais Eleitorais; c) os Juízes Eleitorais; d) as Juntas Eleitorais.

O CPC, em diversos momentos, estabelece regras processuais para os processos eleitorais, tais como, por exemplo, ao determinar a sua aplicação subsidiária nestes processos (art. 15) ou mesmo ao ter efetuado alterações no regime dos embargos de declaração previstos no Código Eleitoral (art. 1.067).

---

32 STF. REXTR nº238.737-SP, Rel. Min. Sepúlveda Pertence. DJ 17/11/1998.
33 STJ. CC 128.610-RS, Rel. Min. Raul Araújo, j. 22/06/2016, DJe 03/08/2016 – *Informativo* nº 587.

4.3.2.4. Justiça Militar

A Justiça Militar da União foi prevista inicialmente apenas na Constituição de 1934, ao passo que a dos Estados somente passou a existir na de 1946. Pela atual Constituição, que cuida do assunto em parcos dispositivos (art. 122 – art. 124, CRFB), a Justiça Militar apenas processa e julga os crimes militares definidos em lei e somente tem como órgãos: a) o Superior Tribunal Militar; b) os Tribunais e Juízes Militares instituídos por lei.

4.3.2.5. Justiça Estadual

Por fim, há ainda a Justiça Estadual, dela cuidando outras normas constitucionais (art. 125 – art. 126, CRFB). Esta Justiça Estadual é composta em segunda instância pelos Tribunais de Justiça (um para cada Estado), cujos membros são denominados "Desembargadores", e em primeira instância pelos "Juízes de Direito", que vão atuar em juízos vinculados ao respectivo Tribunal.

A Carta Magna autorizou (art. 98, inc. I, CRFB) que fossem criados os Juizados Especiais, órgãos integrantes da Justiça Estadual (sem embargo da existência de Juizados Especiais Federais, que são regidos pela Lei nº 10.259/2001). A Lei nº 9.099/95 disciplinou a competência e processamento dos processos que tramitam perante os Juizados Especiais Cíveis e a Lei nº 12.153/2009 passou a possibilitar a existência dos Juizados Especiais Fazendários, que também integram a Justiça Estadual.

O "foro" estadual usualmente é denominado "Comarca", cujos limites territoriais muitas vezes correspondem ao de um Município, muito embora seja frequente a existência de "Comarcas" abrangendo mais de um.[34] Tanto a nomenclatura quanto a abrangência dependerão de normas de organização judiciária criadas pelo próprio Estado-membro. No Estado do Rio de Janeiro, por exemplo, a "Comarca" pode ser de primeira entrância, segunda entrância ou mesmo de entrância especial, dependendo da quantidade de processos que possui, da população e, de certa maneira, até mesmo da sua importância política.

A competência da Justiça Estadual é residual, ou seja, a mesma processa e julga por exclusão tudo aquilo que não seja da competência das demais Justiças, tais como inventários, falências, dentre muitos outros. É, portanto, uma gama de competência extremamente variada sem contar que, por vezes, os Juízes de Direito também exercem competência federal delegada.[35]

---

34 BERMUDES, Sérgio. *Introdução ao processo civil.* 4ª ed. Rio de Janeiro: Forense, 2006, p. 69.

35 O STJ já reconheceu, por exemplo, que compete à Justiça Estadual julgar ação de obrigação de fazer cumulada com reparação de danos materiais e morais ajuizada por motorista de aplicativo pretendendo a reativação de sua conta Uber para que possa voltar a usar o aplicativo e realizar seus serviços, eis que não se trata de relação de emprego, e sim decorrência de um contrato de intermediação digital de natureza cível. É o que se observa em: STJ. CC 164.544-MG. Rel. Min. Moura Ribeiro. DJ 04/09/2019.

4.3.2.5.1. Hipóteses de delegação da competência da Justiça Federal em prol da Justiça Estadual

A Justiça Federal não é tão interiorizada quanto a Justiça Estadual e nem mesmo possui uma quantidade tão grande de magistrados ou servidores, o que de certa maneira até é em parte justificável pois a gama de competência da Justiça Estadual é bem mais diversificada e ampla. E, justamente por reconhecer esta circunstância, a CRFB autorizou que certas matérias que são da competência da Justiça Federal pudessem ser delegadas à Justiça Estadual. Claro que, na eventual instalação de juízo federal na localidade, esta delegação de competência cessa automaticamente, não havendo justificativas que impeçam o declínio de competência do processo que se encontra em curso para a Justiça Federal.

A Constituição cuida de uma destas situações (art. 109, § 3º, CRFB – alterado pela EC nº 103/2019), ao prever que:

> *§ 3º Lei poderá autorizar que as causas de competência da Justiça Federal em que forem parte instituição de previdência social e segurado possam ser processadas e julgadas na justiça estadual quando a comarca do domicílio do segurado não for sede de vara federal.*

Para compreender esta situação, primeiramente é necessário bem delimitá-la. Assim, quando ocorre um acidente de trabalho e a vítima pretender obter um benefício previdenciário diretamente do INSS (autarquia federal), eventual demanda judicial terá que ser proposta perante a Justiça Estadual, pois há norma constitucional (art. 109, inc. I, CRFB) que exclui da competência da Justiça Federal causas que decorrem de acidente de trabalho. No entanto, se nesta mesma situação a vítima pretender processar apenas o empregador para obter uma indenização, esta demanda já é da competência da Justiça do Trabalho, que processa e julga os litígios oriundos de uma relação de emprego.

Diferentemente, qualquer outra demanda proposta em face do INSS, inclusive as que objetivam a percepção de benefício previdenciário (excetuando-se, por óbvio, a hipótese mencionada acima, que cuida de acidente de trabalho), deverá ser autuada, processada e julgada perante a Justiça Federal (art. 109, inc. I, CRFB).

Ocorre que, nestes outros casos em que se pretende obter um determinado benefício previdenciário do INSS e, desde que não seja o mesmo decorrente de acidente de trabalho, o demandante pode constatar que não há qualquer órgão integrante da Justiça Federal na localidade em que reside, o que poderia lhe causar sérios empecilhos para o recebimento de valores que serão seguramente utilizados na sua própria subsistência. Desta maneira, o legislador constituinte, por se sensibilizar com esta situação, considerou por bem delegar, em tais casos, a competência da Justiça Federal em prol da Justiça Estadual, que é bem mais interiorizada. Vale dizer, no entanto, que o STF ao interpretar esta norma até mesmo chegou a concluir que, se preferir, o segurado também pode optar por deflagrar esta demanda perante a Justiça Federal, em um dos juízos federais localizados na Capital do Estado membro. É do que cuida o Verbete nº 689 da sua Súmula, cujos termos são: "*O segurado pode ajuizar ação contra a instituição previdenciária perante o juízo federal do seu domicílio ou nas varas federais da Capital do Estado membro*".

De qualquer maneira, é importante frisar que a redação da aludida norma constitucional (art. 109, § 3º, CRFB) também enumera que, em eventuais ausências de instalação de juízos federais na localidade, a lei poderá ampliar estas hipóteses de delegação. É o que ocorre, por exemplo, quando for necessária a produção antecipada de determinada prova requerida em face da União e, naquela localidade, não houver vara federal, caso em que tal competência será da Justiça Estadual (art. 381, § 4º). Contudo, há balizas normativas no sentido de que, nas causas previdenciárias, esta competência delegada somente poderia ocorrer quando a Comarca do domicílio do segurado estiver a mais de 70 (setenta) quilômetros de Município sede de Vara Federal (art. 15, inc. III, Lei nº 5.010/66, que foi alterado pelo art. 3º, Lei nº 13.876/2019).

E, ainda, vale destacar que eventual recurso interposto por qualquer das partes ou outros legitimados deverá ser processado e julgado perante o TRF que funcionar na área de jurisdição do Juiz de Direito. Assim é que, sendo um destes casos acima processado pelo juízo único da Comarca de Paracambi, no Estado do Rio de Janeiro, o recurso será analisado pelo TRF2 (art. 109, § 4º, da CRFB).

4.4. COMPETÊNCIA ABSOLUTA, RELATIVA E CONCORRENTE

Uma classificação muito comum no seio doutrinário e que traz reflexos práticos de grande repercussão é aquela que distingue a competência "absoluta" da "relativa". Na primeira delas, a competência do órgão jurisdicional denota a existência de um motivo de ordem pública, razão pela qual se constitui em uma norma cogente, já que não pode ser afastada pela vontade das partes. Por este motivo, aliás, é que se torna possível ao magistrado conhecer da incompetência absoluta a qualquer momento enquanto não proferida sentença (se houver recurso esta matéria também pode ser conhecida pelos membros do Tribunal) e até mesmo independentemente da provocação de qualquer das partes. Contudo, embora esta matéria não preclua, caberá ao demandado alegá-la em preliminar de contestação (art. 337, inc. II). E, de resto, também deve ser mencionado que a incompetência absoluta de determinado órgão jurisdicional é vício tão grave que apenas é admitida a sua convalidação após o surgimento da coisa soberanamente julgada, que se dá com o decurso do prazo decadencial de dois anos para a propositura da ação rescisória (art. 966, inc. II).

Em momento oportuno desta obra (v. item nº 4.3.), foram expostos os critérios para a localização do órgão jurisdicional competente, entre os quais se buscava a identificação da "Justiça" e do "Juízo". Vale dizer que as normas que cuidam de competência tanto de "Justiça" quanto de "Juízo" possuem caráter absoluto, por atender um interesse público e sem que haja possibilidade de fixação para atender vontade de uma ou de ambas as partes. Assim, jamais seria possível que, em um determinado contrato oriundo de uma relação consumeirista, pudesse o prestador de serviços e o consumidor estabelecerem, de comum acordo, que eventual litígio decorrente desta relação jurídica seria solucionada perante a Justiça Militar ou em um juízo especializado em matéria criminal. Esta cláusula, ainda que presente no referido contrato, não teria qualquer eficácia jurídica e nem mesmo poderia vincular o magistrado, pois decorreria de grave violação a normas constitucionais (que fixam a competência de "Justiça" e de outros atos normativos que estabelecem a competência de "Juízo").

Já a competência "relativa", ao revés, permite que a vontade dos interessados possa influir na sua fixação. Com efeito, tal afirmação se extrai da leitura do próprio CPC (art. 63), que esclarece que os interessados podem modificar a competência em razão do valor e do território, elegendo "foro" onde serão propostas as ações oriundas de direitos e obrigações.[36] Desta maneira, observa-se que esta disponibilidade da vontade das partes sobre as regras que determinam o regime é que irá caracterizar a competência relativa, devendo o magistrado respeitar esta opção, sendo vedado conhecer desta matéria sem provocação das partes (art. 337, § 5º). Até mesmo porque consta, no Verbete nº 33 da Súmula do Superior Tribunal de Justiça, que: "*a incompetência relativa não pode ser declarada de ofício*", o que é claro indicativo de que apenas o réu poderá se valer da defesa denominada "contestação" para, em sede de preliminar, apresentar esta matéria (art. 337, inc. II), sob pena de o juízo relativamente competente tornar-se absolutamente competente (art. 65), caso não esteja sendo respeitada a opção que foi realizada de comum acordo entre as partes antes da propositura da demanda em base territorial equivocada. E, acrescenta-se, nos casos em que o MP atuar como fiscal da ordem jurídica, também terá a oportunidade de apresentar esta matéria, no primeiro momento em que for oficiar nos autos, já que o mesmo não oferece defesa em tais casos (art. 66, parágrafo único).

É possível perceber, assim, que um dos traços diferenciadores entre a competência "absoluta" e a "relativa" é justamente a possibilidade de a vontade das partes influir na fixação do "foro", ou seja, na base territorial desta última. No entanto, por vezes se percebe que a própria CRFB ou mesmo algum outro ato normativo possa gerar uma escolha ao demandante. Por exemplo, há norma na Carta Magna (art. 109, § 2º, CRFB), prevendo que: "*As causas intentadas contra a União poderão ser aforadas na seção judiciária em que for domiciliado o autor, naquela onde houver ocorrido o ato ou fato que deu origem à demanda ou onde esteja situada a coisa, ou, ainda, no Distrito Federal*", o que denota que, nesta hipótese, o próprio ato normativo é que possibilita ao interessado

---

36 Duas observações devem ser feitas. A primeira é que, naturalmente, a eleição de um "foro" (que na Justiça Federal se denomina "Seção Judiciária" e na Justiça Estadual se chama "Comarca", só para citar dois exemplos) também acarreta inegável modificação de "juízo", eis que em cada um a organização judiciária pode ser substancialmente distinta. E, a segunda observação, é que por vezes a competência em função do território pode ser absoluta, de modo que não será possível a modificação ainda que haja vontade de ambas as partes envolvidas. É o que ocorre quando se tratar de demanda fundada em direito real sobre imóveis decorrente de litígio sobre direito de propriedade, servidão, posse, divisão, demarcação e nunciação de obra nova, que obrigatoriamente deverão ser processadas e julgadas perante o "foro" em que o imóvel se localiza (art. 47, §§ 1º e 2º – mas, curiosamente, o CPC extinguiu o procedimento especial para a nunciação de obra nova, que agora deverá ser pleiteada em rito comum).

escolher o foro que achar mais adequado para a defesa dos seus interesses. Esta norma, por sinal, até mesmo foi reproduzida no CPC em alcance mais amplo, para abranger outros entes fazendários (art. 51 – art. 52).

Só que, pela análise deste artigo da Constituição, o que se aquilata é que, muito embora seja possível a opção por uma das partes, ela fica limitada entre as possibilidades disponibilizadas pelo próprio ato normativo, de modo que qualquer escolha que não seja uma destas acarretará a incompetência absoluta (que poderá tanto ser pronunciada de ofício pelo magistrado ou alegada em preliminar de contestação pelo demandado).[37] No entanto, uma vez realizada a opção pelo demandante entre uma daquelas que foram permitidas, não será lícito a outra parte impugnar a sua escolha, pois o destinatário da norma é, à toda evidência, aquele que está exercendo o direito de ação.

O mesmo, por sinal, ocorre em diversos outros atos normativos, inclusive do próprio CPC, como aquele (art. 53, inc. V) que permite ao demandante propor ações que buscam a reparação do dano sofrido em razão do delito ou acidente de veículos no foro do seu domicílio ou mesmo no do local do evento. Aliás, nesta hipótese, quando se tratar de ação de cobrança objetivando indenização decorrente de seguro obrigatório de danos pessoais causados por veículos automotores de via terrestre – Dpvat, o próprio STJ adotou a expressão "competência concorrente", permitindo ao demandante a escolha entre as bases territoriais disponibilizadas na norma em comento (art. 53, inc. V), ou, também, na regra geral que impõe que demandas fundadas em direito pessoal ou real sejam aforadas no juízo em que o réu tem domicílio (art. 46).[38]

De maneira assemelhada, também se vislumbra esta oportunidade de escolha de foro em outra norma (art. 516, parágrafo único), que autoriza que, no início da etapa de cumprimento de sentença, o exequente possa optar por promovê-la no mesmo juízo em que a sentença foi proferida ou, conforme sua escolha, no foro do domicílio do executado ou até mesmo naquele em que este possui bens passíveis de constrição judicial, entre outros.[39]

Em todas estas situações, o que se observa é que a própria legislação fornece uma oportunidade de escolha entre bases territoriais ao demandante, de modo que não caberá à outra parte questioná-la se for realizada entre aquelas disponibilizadas. Portanto, o caráter público e indisponível se encontra presente também nestes casos, de modo que melhor seria classificar tais situações como hipóteses que caracterizam competência "concorrente" ou competência "absoluta opcional" (*forum shopping*).[40]

---

37 Em sentido contrário ao texto, embora empregando ao dispositivo um enfoque levemente distinto, por desconsiderá-lo somente nos casos de demandas reais imobiliárias: SILVA, Edward Carlyle. *Direito processual civil*. Niterói: Impetus, 2007, p. 98.

38 STJ. REsp nº 1.357.813-RJ. Rel. Min. Luis Felipe Salomão. DJ 11/09/2013.

39 Em sentido contrário ao texto, por considerar que a norma prevista no art. 516, parágrafo único, reflete uma hipótese de competência relativa: MARINONI, Luiz Guilherme, ARENHART, Sérgio Cruz. *Curso de processo civil*, São Paulo: RT, 2007. v. 3, p. 245.

40 MENDES, Aluísio Gonçalves de Castro. *Competência cível da justiça federal*. 2ª ed. São Paulo: RT, 2006, p. 39.

4.5. REGRAS PORMENORIZADAS SOBRE A COMPETÊNCIA

O CPC apresenta regras pormenorizadas sobre a competência, que irão depender de cada situação concreta. Nas demandas fundadas em direito pessoal ou em direito real sobre bens móveis, por exemplo, a regra é que o foro competente será o do domicílio do demandado, embora comporte algumas exceções (art. 46, parágrafos).

Já para as ações fundadas em direito real sobre imóveis, será competente o foro de situação da coisa (art. 47), muito embora o autor possa optar pelo foro de domicílio do réu ou pelo foro de eleição, se o litígio não recair sobre direito de propriedade, vizinhança, servidão, divisão e demarcação de terras e nunciação de obra nova (art. 47, § 1º). Ainda sobre este tema (demandas envolvendo imóveis), a ação possessória imobiliária deverá ser proposta no foro de situação da coisa, cujo juízo tem competência absoluta (art. 47, § 2º).

Para os casos de inventário, partilha, arrecadação, cumprimento de disposições de última vontade, impugnação ou anulação de partilha extrajudicial e para todas as ações em que o espólio for réu, ainda que o óbito tenha ocorrido no estrangeiro, será competente, no Brasil, o foro de domicílio do autor da herança (art. 48).

A ação em que o ausente for réu, por seu turno, terá que ser proposta no foro de seu último domicílio, também competente para a arrecadação, o inventário, a partilha e o cumprimento de disposições testamentárias (art. 49). A ação em que o incapaz for réu será proposta no foro de domicílio de seu representante ou assistente (art. 50).

Há, ainda, diversas outras regras pormenorizadas sobre a competência para a propositura da demanda judicial, como naqueles casos em que a Fazenda Pública for parte autora ou ré (art. 51 e art. 52), além de outras bem pontuais (art. 53), devendo ser destacado que, de acordo com o CPC, não mais subsiste o foro privilegiado da mulher (art. 53, inc. I, "a"), o que se encontra em consonância com a Carta Magna (art. 5º, *caput*, CRFB).

4.6. QUESTÕES PONTUAIS SOBRE A COMPETÊNCIA

Muitas dúvidas surgem no estudo deste tema, que podem ser enumeradas, principalmente, nos seguintes tópicos que serão abordados a seguir: a) a possibilidade de pronunciar a incompetência relativa de ofício em cláusula abusiva de eleição de foro; b) a opção entre o Juízo Cível Estadual e o Juizado Especial Estadual; c) a opção entre o Juízo Cível Federal e o Juizado Especial Federal, bem como entre o Juízo Fazendário Estadual e o Juizado Especial Fazendário Estadual; d) a competência do Juízo Regional.

4.6.1. Possibilidade de pronunciar a incompetência relativa de ofício em cláusula abusiva de eleição de foro

Em muitas situações, o fabricante ou prestador de serviço inclui cláusula de eleição de foro em contrato de adesão, de modo que o consumidor acaba se sujeitando à mesma, sem possibilidade de influenciar na escolha, o que pode lhe gerar diversos entraves. Com efeito, um consumidor que é, por exemplo, domiciliado no Rio de Janeiro e assina um destes contratos com uma sociedade que atua nacionalmente e que indica foro de eleição em, por exemplo, Brasília, constata que se tiver que ingressar com alguma demanda judicial ou mesmo se defender em uma, terá que tentar contactar um patrono localizado nesta área e, dependendo, nem mesmo poderá comparecer a diversos atos processuais. E, tudo isso, sem sequer levar em consideração o cálculo do custo do processo, que pode se mostrar muito exacerbado para o pouco que uma eventual decisão judicial possa lhe gerar, causando desestímulo para acessar o Judiciário ou mesmo para que possa realizar uma defesa processual mais adequada.

Sensíveis a estas vicissitudes, alguns magistrados, quando se deparam com demandas desta natureza, não deixam de observar que o foro de eleição foi praticamente fixado unilateralmente em detrimento do consumidor e que, pelo menos segundo norma prevista na legislação consumeirista (art. 101, inc. I, Lei nº 8.078/90), o mesmo tem o direito de que as demandas oriundas de uma relação jurídica consumerista sejam processadas e julgadas perante o foro do seu domicílio. E, ainda, percebem que o descumprimento desta norma pode gerar, conforme visto acima, uma maior dificuldade para este consumidor acessar o Poder Judiciário ou mesmo para que possa exercer o seu direito ao contraditório e ampla defesa, todos previstos constitucionalmente. Por tais motivos, já há algum tempo é bastante comum verificar que membros do Poder Judiciário estão anulando de ofício tais cláusulas de eleição de foro que são diversas daquelas em que reside o consumidor, declinando imediatamente de sua competência. Resta analisar, porém, se esta situação reflete uma hipótese de incompetência absoluta pronunciada de ofício ou se a mesma é um caso excepcional de incompetência relativa reconhecida independentemente da apresentação de resposta pelo interessado.

No seio doutrinário e mesmo jurisprudencial é comum observar que tal situação vem sendo enquadrada como uma hipótese de incompetência absoluta pronunciada de ofício, eis que tal situação implica em violação ou restrição ao princípio constitucional da inafastabilidade e do contraditório e ampla defesa.[41] No entanto, não se pode deixar de reconhecer que, mal ou bem, o consumidor anuiu com a estipulação do foro de eleição, posto que concluiu o contrato em que esta cláusula foi inserida. Portanto, observa-se que ainda que tenha sido sugerido o foro de eleição, o mesmo foi aceito pela outra parte, de modo que a sua fixação decorreu de vontade das mesmas. E, muito embora seja mais do que razoável e recomendável que o magistrado adote uma postura ativa com o objetivo de evitar que no processo haja um tratamento desigual ou injusto, esta nulificação de ofício da cláusula de eleição reflete, em realidade, um raro caso de incompetência relativa pronunciada de ofício, ou seja, uma hipótese em que o juiz não aceitou a escolha de "foro" que foi pactuada entre as partes.

---

41 CARNEIRO, Athos Gusmão. *Jurisdição e competência*. 11ª ed. São Paulo: RT, p. 87.

Justamente por ser uma situação muito frequente, o CPC regula esta prática (art. 63, §§ 1º, 2º, 3º e 4º), muito embora não tenha restringido a atuação do magistrado apenas aos contratos regidos pelo CDC, já que a novel legislação tem aplicação em muitas outras relações jurídicas, ainda que não envolvam consumidores ou fornecedores, tal como pode ocorrer nos contratos de representação comercial, pois neles também deve constar um foro de eleição, que poderá ser anulado em casos de abusividade (art. 39, Lei nº 4.886/65).

Assim, o CPC passou a consagrar estas hipóteses em que o juiz pode pronunciar de ofício a incompetência relativa, malgrado a vedação recomendada pelo Verbete nº 33, da Súmula do STJ e, também, em seu próprio bojo (art. 337, § 5º). E, vale dizer em reforço, se fosse um caso de incompetência absoluta a mesma poderia ser verificada a qualquer momento, o que não parece ser a diretriz do CPC, ao estabelecer um momento preclusivo para esta verificação (art. 63, §§ 3º e 4º).

Vale dizer que a importância prática em definir se esta atividade do magistrado, consistente em tornar ou não ineficaz o foro de eleição, é resultante da pronúncia de uma incompetência absoluta ou relativa, se presta justamente para perquirir se a mesma pode ser realizada a qualquer momento ou não. Se for compreendido que esta situação implica em uma incompetência relativa de ofício, deverá o magistrado pronunciá-la apenas no mesmo prazo de que dispõe o demandado para apresentar contestação, pois, a partir de então, a competência relativa do juízo seria prorrogada para ambos (art. 65). Com efeito, não se VISLUMBRA aceitável defender que a competência relativa pode ter sido prorrogada para o magistrado em um determinado momento e em outro para o demandado, eis que se refere ao mesmo órgão jurisdicional. Contudo, de maneira inadequada, o CPC adotou justamente este raciocínio, no sentido de que o magistrado somente pode tornar ineficaz o foro de eleição antes da citação, malgrado a parte possa alegar o mesmo tema posteriormente (o que será analisado pelo mesmo juiz). [42]

No entanto, se for adotada a concepção que esta hipótese resulta em mais um caso de incompetência absoluta pronunciada de ofício, poderá então o magistrado pronunciá-la a qualquer momento enquanto não proferida sentença e, eventualmente, até mesmo o Tribunal se for interposto algum recurso. Só que, para este entendimento, estaria sendo desprezada a interpretação literal sugerida pelo CPC (art. 65).

4.6.2. Opção entre o Juízo Cível Estadual e o Juizado Especial Estadual

Outro questionamento bastante atual sobre "competência" reside na opcionalidade ou não para a instauração de demandas perante o Juízo Cível Estadual e o Juizado Especial Estadual.

De uma forma bastante geral, é reconhecida a possibilidade de o demandante optar entre o Juízo Cível e o Juizado Especial, levando em consideração diversos fatores

---

[42] No sentido do CPC: DIDIER JÚNIOR, Fredie. *Curso de direito processual civil.* 17ª ed. Salvador: JusPodivm, 2015. v. 1, p. 229.

como eventual rapidez no processamento, desnecessidade de advogado em certas situações, custo menor do processo em razão da ausência inicial de recolhimento de custas, facilidade no acesso à Justiça, entre outras ponderações mais. É também, de certa maneira, o que se extrai da própria redação de norma em lei específica (art. 3º, § 3º, Lei nº 9.099/95).[43]

Prevalecendo o entendimento de que existe a opção ao demandante, resta tão somente concluir se esta situação indica uma hipótese de competência relativa ou não. Prestigiosa doutrina considera ser este caso um daqueles de competência relativa, eis que a fixação do juízo decorre de vontade da parte, ou seja, em razão de uma circunstância que busca tutelar interesse meramente pessoal do demandante.[44] No entanto, se este raciocínio for empregado, seria crível considerar a possibilidade de o demandado tentar se insurgir contra esta escolha por meio da apresentação de contestação (art. 337, inc. II). Assim, melhor parece concluir que este caso reflete, em realidade, mais uma hipótese de competência "concorrente" ou "absoluta opcional" e não de uma competência "relativa", até porque a opção é dada por lei e não para atender interesse das partes.

4.6.3. Opção entre o Juízo Cível Federal e o Juizado Especial Federal, bem como entre o Juízo Fazendário Estadual e o Juizado Especial Fazendário Estadual

Diferentemente do que ocorre entre o Juízo Cível Estadual e o Juizado Especial Estadual em que a opção entre os dois é perfeitamente permitida, o mesmo não acontece entre o Juízo Cível Federal e o Juizado Especial Federal, nem entre o Juízo Fazendário Estadual e o Juizado Especial Fazendário Estadual. É que, nestes, há normas proibindo a escolha (art. 3º, § 3º, Lei nº 10.259/2001 c/c art. 2º, § 4º, Lei nº 12.153/2009), que inclusive estabelecem que, naquelas localidades em que estes Juizados estiverem instalados, as suas competências serão absolutas, o que permite extrair que não será autorizada qualquer opção pelo interessado. Por este motivo, há um hábito relativamente frequente de se maquiar o valor da causa para que o mesmo seja superior ou inferior a sessenta salários-mínimos caso o demandante queira ou não ingressar perante um destes Juizados, o que deve ser analisado com bastante atenção pelo magistrado, pois esta prática implica em violação de regras de competência, de dispositivos que fixam critérios para apurar o valor da causa e, até mesmo, do procedimento que vai ser adotado no processo. Por este motivo, aliás, é que se constata a possibilidade de o juiz alterar de ofício o valor da causa quando perceber que está sendo maculado para ofender normas processuais que tutelam matérias de ordem pública, exatamente como estas.[45]

---

43 Em sentido contrário ao texto, por considerar que a competência dos Juizados não é opcional: MARINONI, Luiz Guilherme, ARENHART, Sérgio Cruz. *Manual do processo de conhecimento*. 2ª ed. São Paulo: RT, 2003, p. 718.

44 CARNEIRO, Athos Gusmão. *Jurisdição e competência*. 11ª ed. São Paulo: RT, p. 177.

45 MOREIRA, José Carlos Barbosa. *O novo processo civil brasileiro*. 25ª ed. Rio de Janeiro: Forense, 2007, pp. 20-21.

4.6.4. Competência do Juízo Regional

Em alguns Estados têm sido criados alguns juízos pulverizados, ou seja, que não ficam localizados dentro do prédio principal da Justiça, edifício este que muitas vezes é denominado "Fórum". É o que acontece com muita frequência no Estado do Rio de Janeiro que tem, por exemplo, juízos regionais instalados na Barra da Tijuca, em Copacabana, entre outros bairros, embora todos estejam localizados dentro da mesma "Comarca". Por este motivo, seria equivocado tratá-los como "Foros Regionais", eis que se localizam na mesma base territorial que o "Fórum" Central, razão pela qual a melhor nomenclatura deveria ser "juízos regionais".[46]

Estes juízos regionais estão sendo criados de modo a gerar uma facilidade maior para o demandante que reside naquela localidade, pois já não mais seria necessário que o mesmo tivesse que, obrigatoriamente, se deslocar ao "Fórum" Central. Em última análise, estes juízos regionais que estão sendo criados buscam favorecer um maior e melhor acesso à Justiça.

Como a razão de ser da criação dos mesmos é favorecer o princípio da inafastabilidade, parece ser intuitivo que não poderá o demandante optar entre ingressar com uma demanda perante o mesmo ou, então, instaurar o processo perante um dos juízos localizados no "Fórum" Central. Portanto, a competência do juízo regional é absoluta, pois a sua criação busca atender um sensível interesse de ordem pública, de modo que não é permitido escolha por parte do interessado. Isso, claro, quando a competência entre ambos os juízos forem exatamente a mesma.[47]

4.7. CAUSAS DE MODIFICAÇÃO DA COMPETÊNCIA: CONEXÃO E CONTINÊNCIA

Durante o tramitar do processo, podem ocorrer certas situações que autorizam a alteração da competência do órgão jurisdicional a despeito de a mesma já ter sido supostamente cristalizada, em decorrência da *perpetuatio jurisdictionis* (art. 43, CPC). Assim, o posterior ingresso da União na condição de assistente simples acarreta o declínio da competência do processo que tramita perante a Justiça Estadual em prol de um dos juízos integrantes da Justiça Federal. Da mesma maneira, a supressão de um determinado órgão jurisdicional acarreta a redistribuição dos processos que nele tramitavam entre outros órgãos localizados na mesma base territorial que titularizam a mesma competência.

Só que, além dessas hipóteses, existem outras regras específicas no CPC que abordam este tema modificação da competência e que buscam regular fenômenos processuais como a "conexão" e a "continência", que geram grandes questionamentos práticos.

---

46 SILVA, Edward Carlyle. *Direito processual civil*. Niterói: Impetus, 2007, p. 83.

47 FERNANDES, Sérgio Ricardo de Arruda. *Questões importantes de processo civil: teoria geral do processo*. Rio de Janeiro: DP&A Editora, 1999, p. 56.

A "continência", por exemplo, tem uma abordagem relativamente mais tranquila que a "conexão", sendo que a mesma ocorre entre duas ou mais ações sempre que houver identidade quanto às partes e à causa de pedir, mas o objeto de uma, por ser mais amplo, abrange o das outras (art. 56). De acordo com este dispositivo, observa-se que este tema, para ser melhor assimilado, requer a adoção da tríplice identidade da ação, ou seja, dos seus elementos, que são as partes, pedido e a causa de pedir.

A continência é frequentemente associada a uma litispendência parcial. Com efeito, pela leitura do referido dispositivo, o que diferenciaria uma ação de outra seria, tão somente, a circunstância de o pedido de uma delas ser mais amplo a ponto de abranger integralmente o da outra. Assim, diante de uma situação de continência entre duas ações, caberia tão somente ao juízo prevento (art. 59) determinar a reunião dos processos (daí o tema ser estudado como uma causa de modificação da competência) para, em seguida, verificar se já poderá extinguir uma delas sem resolução do mérito (art. 485, inc. V) ou se ambas ficarão apensadas, o que dependerá da situação concreta (art. 57).

Vale dizer que pode ocorrer que ambas as ações já tenham sido instauradas perante o mesmo órgão jurisdicional, em decorrência de regra de prevenção do juízo (art. 286, inc. III). No entanto, caso isso não tenha ocorrido, deverá ser estabelecido qual dos dois órgãos jurisdicionais se encontra prevento, sendo que este será aquele em que a primeira demanda houver sido distribuída ou simplesmente registrada (art. 59).

A "conexão", ao revés, já suscita maiores dúvidas e vem sendo conceituada como aquela situação em que, entre duas ou mais ações, lhes for comum o objeto ou a causa de pedir (art. 55, *caput*). Este conceito, no entanto, já era há muito criticado posto que este instituto tem uma conotação muito mais ampla do que a literalidade do dispositivo sugere. Com efeito, a reunião dos processos pela "conexão" não se daria apenas nestes casos (art. 55, *caput*), também sendo amplamente defendido que deve ocorrer quando dois processos discutem a mesma relação jurídica de direito material, ainda que o objeto ou a causa de pedir sejam distintos. Desta forma, se for verificada, por exemplo, a existência de uma ação de despejo (pedido de despejo e causa de pedir fundada na ausência de pagamento) e outra de consignação em pagamento dos alugueres (pedido para liberar o devedor da obrigação e causa de pedir decorrente da negativa do locador em receber), é necessário que haja a reunião destes processos em virtude da "conexão". O CPC, inclusive, foi um pouco mais além, até mesmo autorizando esse apensamento dos autos mesmo que não haja tecnicamente "conexão", mas desde que exista risco de decisões judiciais conflitantes (art. 55, § 3º).[48]

Neste ponto, aliás, se percebe que a referida norma (art. 55, *caput*) foi inspirada na teoria da tríplice identidade para estabelecer quais situações permitem a conexão,

---

48 É de se destacar precedente do STJ, no sentido da inaplicabilidade de norma que prevê reunião de processos (art. 55, § 3º, CPC), em outro que já foi julgado enquanto vigente a codificação anterior, conforme se aquilata em: STJ, AgInt no AREsp nº 857.532/RJ. Rel. Min. Luís Felipe Salomão. DJ 24/05/2016.

ao possibilitá-la quando for comum, nas mesmas ações o elemento pedido ou causa de pedir. No entanto, por vezes esta teoria se revela insuficiente para solucionar todas as questões processuais apresentadas, de modo que é recomendável a adoção da teoria da identidade da relação jurídica, que se revela mais adequada no caso acima para favorecer a reunião dos processos pela conexão e quiçá evitar qualquer risco de julgamento contraditório.

Outra hipótese em que também se reconhece a conexão é quando a mesma for recomendável para facilidade da instrução processual (daí a nomenclatura: "conexão probatória"). É que, em dadas situações, dois processos que podem até mesmo envolver partes formalmente distintas estão discutindo os mesmos fatos. Nestes casos, é recomendável a reunião de ambos, para facilidade da colheita da prova. Imagine-se, por exemplo, vários processos individuais que discutem exatamente o mesmo dano ambiental, que requer a produção de complexa prova pericial. Nestes casos, seria uma faculdade do magistrado promover a reunião dos processos por conveniência da instrução (o que é diferente da hipótese de conexão apresentada no exemplo anterior, que é obrigatória por cuidar de situações que envolvem a mesma relação jurídica e que têm riscos de julgamentos contraditórios). Vale dizer que o CPC recomenda que, em situações como esta, os juízos envolvidos possam realizar uma cooperação nacional, que independe de forma específica (art. 69, inc. II c/c art. 69, § 2º, inc. II).

De qualquer maneira, o conceito de conexão trazido pelo CPC (art. 55, *caput*), não peca apenas pelo seu conteúdo extremamente restrito, uma vez que o mesmo até pode sugerir alguns equívocos. Por exemplo, o dispositivo reputa duas ações conexas quando for comum o mesmo pedido, o que poderia sugerir que se uma determinada pessoa promovesse uma demanda em face de uma sociedade empresarial objetivando receber danos morais e outra pessoa completamente distinta estivesse formulando o mesmo pedido em face de outra sociedade, relativo a eventos que não guardam qualquer relação entre sim, ainda assim as demandas seriam conexas. Só que este raciocínio é completamente equivocado, pois não há qualquer motivo plausível que justifique a reunião de processos que cuidam de partes e relações jurídicas de direito material distintas, apenas tendo em comum o mesmo pedido formulado. Portanto, mesmo para a correta assimilação do que vem a ser o instituto da conexão, há a necessidade de verificar se um processo pode vir a gerar alguma consequência ou efeito em detrimento de outro que se encontra em curso.

Estabelecida, assim, estas críticas quanto ao conceito, passa-se ao momento de trabalhar as maiores dúvidas sobre a conexão, que são: a) se ocorre a conexão quando um dos processos já tiver sido sentenciado, ainda que o mesmo continue a tramitar em razão de algum recurso interposto; b) se existe conexão entre processo de conhecimento e processo de execução; c) se a conexão somente pode ocorrer em situações que cuidam de incompetência relativa ou se a mesma também pode ocorrer em casos que possam gerar a incompetência absoluta.

Quanto ao primeiro questionamento, ou seja, se ocorre a conexão quando um dos processos já tiver sido sentenciado, ainda que o mesmo continue a tramitar em razão de algum recurso interposto, a resposta deve ser invariavelmente negativa, sendo este até mesmo objeto do Verbete nº 235 da Súmula do STJ que estabelece: "*A conexão não determina a reunião dos processos, se um deles já foi julgado*". O tema também passou, acertamente, a ser regulado pelo CPC (art. 55, § 1º). Esta conclusão, por sinal, é muito coerente levando em consideração que a finalidade da conexão é evitar possíveis julgamentos contraditórios entre processos que tramitam perante juízos distintos. Dessa maneira, se um deles já tiver sentenciado, não faz mais sentido reunir estes processos, ainda que um deles esteja tramitando perante o Tribunal em razão de um recurso, pois este sequer teria competência originária para a referida demanda que lhe seria remetida.[49]

Quanto à segunda dúvida, consiste em saber se existe conexão entre processo de conhecimento e processo de execução. A princípio, não parece ser técnico aventar a possibilidade de ocorrer conexão entre processos de conhecimentos e de execução, uma vez que este último não possui julgamento de mérito, de modo que não há risco em se evitar julgamentos contraditórios.[50] Claro que a conexão entre processo de conhecimento e embargos a execução é perfeitamente possível, já que ambos possuem a mesma natureza jurídica. No entanto, a execução propriamente dita tem a característica ímpar de não possuir julgamento. Contudo, ainda assim é forçoso reconhecer que, muitas vezes, esta reunião entre os processos até mesmo chega a ser recomendável, em razão dos reflexos que um processo pode gerar ao outro, afinal, se em uma demanda for reconhecida a nulidade da cambial, o exequente perderá o título executivo extrajudicial naquela execução que poderia se encontrar tramitando perante outro juízo. É, pelo menos, o que já reconheceu o STJ em julgados anteriores, adotando uma concepção mais ampla do que vem a ser a "conexão".[51] Quanto ao tema, o CPC passou a reconhecer expressamente que esta situação também caracteriza "conexão", devendo ser os autos reunidos no mesmo juízo (art. 55, § 2º, I).

Por fim, o último questionamento consiste em constatar se a conexão somente pode ocorrer em situações que cuidam de incompetência relativa ou se a mesma também pode ocorrer em casos que possam gerar a incompetência absoluta. Neste ponto, parece que a questão não é focar se a competência é absoluta ou relativa, mas sim se os órgãos jurisdicionais em que tramitam as ações possuem a mesma competência. Se a resposta for afirmativa, no sentido de que ambos possuem idêntica competência, os autos serão reunidos no juízo prevento (art. 59). Do contrário, acaso os processos conexos tramitem em juízos que não possuem a mesma competência, simplesmente então haverá apenas uma prejudicialidade externa, de modo que cada processo continuará a tramitar perante

---

49 STJ. Agravo regimental no REsp nº 969.740/SP. Rel. Min. Arnaldo Lima. DJ 03/03/2009.

50 Em sentido contrário ao texto, por considerar possível o reconhecimento de conexão entre execução e processo de conhecimento: ROSA JÚNIOR, Luiz Emygdio F. da. *Manual de direito financeiro & direito* tributário. 15ª ed. Rio de Janeiro: Lumen Juris, p. 777.

51 STJ. Conflito de competência nº 31.963. Rel. Min. Humberto Gomes de Barros, s/d.

o próprio juízo em que já se encontra, sendo possível que um deles fique suspenso pelo prazo de um ano enquanto se aguarda a definição do outro, que cuida de uma questão prejudicial externa ou heterogênea (art. 313, § 4º). Desta maneira, não é possível reconhecer conexão entre processos que tramitam perante juízo integrante da Justiça Federal e outro na Justiça Estadual.[52]

4.7.1. REUNIÃO DE PROCESSOS E O ART. 55, § 3º

Norma nova constante no CPC (art. 55, § 3º) pontua que "*serão reunidos para julgamento conjunto os processos que possam gerar risco de prolação de decisões conflitantes ou contraditórias, caso decididos separadamente, mesmo sem conexão entre eles*". Neste caso, o próprio legislador pontuou que os processos serão reunidos no juízo prevento (art. 59), independentemente da ocorrência de conexão. Deveras, trata-se de novidade que busca prestigiar o princípio da isonomia, para evitar que situações substancialmente idênticas possam gerar decisões de natureza distinta.

É de se pensar, por exemplo, na ocorrência de um determinando acidente aéreo, em que dezenas de pessoas falecem. A rigor, pelo antigo modelo, cada família de vítima teria que propor sua própria demanda individual, que seria submetida a livre distribuição. No máximo, alguns poderiam agir em litisconsórcio ativo facultativo simples, ante o argumento de que há afinidade de questões por ponto comum de fato ou de direito (art. 55, inc. III). Observa-se, assim, que por escolha dos demandantes, já seria possível minorar este risco de decisões distintas para eventos idênticos, acaso estivessem agindo no regime de litisconsórcio.

Nesse ponto, o CPC (art. 55, § 3º) passa a permitir que essa mesma preocupação em que não ocorram decisões contraditórias seja também deliberada diretamente pelo magistrado, ainda que os casos não sejam tecnicamente "conexos", de acordo com a nova legislação processual. É, de certa forma, medida coerente, pois, se de um lado já existe mecanismo próprio para que o demandante atinja este desiderato (art. 55, inc. III), idêntica postura passa a ser permitida ao magistrado que estiver lotado no juízo prevento (art. 59), o que conspira com alguns dos objetivos do CPC, como a isonomia entre os sujeitos do processo (art. 7º) e a segurança jurídica (que é extraída de diversas normas como, v.g., o art. 927).

Apesar de recente, esta norma vem obtendo comentários muito positivos na doutrina.[53] Mas, obviamente que, no momento em que um determinado magistrado reconhecer seu juízo como sendo o prevento, deverá ocorrer uma comunicação entre este órgão e os demais da região que titularizam a mesma competência, o que vai de acordo com a cooperação nacional, que até mesmo permite, entre os seus objetivos, que ocorra a "reunião ou apensamento de processos" (art. 69, inc. II) e, também, "a centralização

---

52 STJ. Conflito de competência nº 58.908. Rel. Min. Fernando Gonçalves. s/d.

53 BUENO, Cássio Scarpinella. *Novo código de processo civil anotado*. 1ª ed. São Paulo: Saraiva, 2015, p. 78. GALDINO, Flávio. *Comentários ao novo código de processo civil*. 1ª ed. Rio de Janeiro: Saraiva, 2015, p. 105

de processos repetitivos" (art. 69, § 2º, inc. VI) – com a ressalva de que o CPC não pontuou neste último exemplo se tais casos seriam apenas naqueles processos em que se discutem questões de direito ou se também abarcariam processos com mesma.

E, a partir dessa comunicação, é que se pode descobrir que há outro juízo anteriormente prevento ou até mesmo que haja discordância sobre a conveniência ou não de que tal apensamento seja realizado. Em tais casos, os magistrados atuantes ou mesmo as partes e o Ministério Público poderão suscitar conflito de competência perante o Tribunal competente, tenha ele natureza positiva ou negativa, para que o órgão colegiado decida pela reunião ou não desses processos em conjunto. De qualquer maneira, esta preocupação seria necessária tão somente quanto aos processos já instaurados, pois, uma vez fixado o juízo prevento, os novos processos já seriam dirigidos a este pelo próprio Cartório Distribuidor, tal como já recomenda o CPC (art. 286, inc. III).

Portanto, o que se observa é que esta norma (art. 55, § 3º) realmente inova o panorama jurídico da ciência processual brasileira no que diz respeito ao fenômeno da "competência", principalmente por permitir a modificação desta em nova hipótese que sequer cuida do fenômeno da "conexão" ou da "continência", mas desde que haja sempre o efetivo risco de decisões que sejam contraditórias entre si apesar das semelhanças fáticas entre os processos. E, repita-se, não se trata de ato arbitrário do magistrado, pois a referida decisão terá que ser devidamente motivada (art. 489, § 1º) e dela será dada publicidade para outros operadores do Direito, que poderão discordar e suscitar o conflito para que este tema seja definido pela instância hierarquicamente superior.

4.8. CONFLITO DE COMPETÊNCIA

O conflito de competência é um incidente que tramita exclusivamente perante Tribunais e que tem como objetivo estabelecer qual o órgão integrante do Poder Judiciário que é competente para processar e julgar um determinado processo. É regulado, no CPC, em diversos dispositivos (art. 66 c/c art. 951 – art. 959).

A competência para este incidente varia de acordo com os órgãos envolvidos. Assim, será o mesmo processado perante o STF quando este conflito envolver o STJ e quaisquer tribunais ou entre Tribunais Superiores, ou entre estes e qualquer outro tribunal (art. 102, inc. I, alínea "o"). Igualmente ocorrerá no STJ quando o conflito tiver sido instaurado para verificar a competência entre quaisquer tribunais (ressalvado o disposto no dispositivo anterior), bem como entre tribunal e juízes a ele não vinculados e entre juízes vinculados a tribunais diversos (art. 105, inc. I, alínea "d"). Por fim, os Tribunais inferiores irão julgar os conflitos que envolvem juízos que lhes sejam vinculados.

Uma situação que sempre gera questionamentos é analisar a quem compete apreciar e julgar um conflito de competência instaurado entre Juizado Especial Federal e Juízo

Cível Federal, ambos localizados dentro da mesma seção judiciária. O STJ, apesar de alguma divergência inicial, terminou concluindo que esta competência lhe pertence, já que a Turma Recursal Federal, embora não possa ser considerada como Tribunal de 2ª instância, pelo menos assim atuava no plano concreto, eis que desempenha o mister de instância revisora das decisões do Juizado Especial Federal. Por este motivo é que foi criado o Verbete nº 348 da Súmula do STJ, que dispunha: "*Compete ao Superior Tribunal de Justiça decidir os conflitos entre Juizado Especial federal e juízo federal, ainda que da mesma seção judiciária*".

No entanto, a competência do STJ é estabelecida na própria Constituição (art. 105, CRFB), texto cujo intérprete final é o STF. Assim, posteriormente o Pretório Excelso chegou a analisar esta mesma questão, mas proferiu decisão em sentido contrário, ou seja, de que o STJ não titulariza esta competência e que o referido conflito deve ser resolvido perante o TRF local.[54] E, após, o STJ terminou por cancelar o seu Verbete nº 348 e, ao mesmo tempo, criou o novo Verbete nº 428, cujos termos são: "*Compete ao Tribunal Regional Federal decidir os conflitos de competência entre Juizado Especial federal e juízo federal da mesma seção judiciária*", de modo a alinhar o seu entendimento com o STF.

Firmada, assim, a competência do Tribunal para processar e apreciar este incidente, é de se ressaltar que o mesmo pode ser tanto "positivo" como "negativo". Com efeito, o conflito de competência é "positivo" quando houver mais de um órgão jurisdicional se dando como competente e "negativo" na situação inversa, isto é, quando nenhum dos dois órgãos envolvidos se considera competente para tanto. O conflito também pode ser instaurado quando entre dois ou mais juízos surge controvérsia a respeito da reunião ou separação de processos.

Este incidente pode ser deflagrado por qualquer das partes envolvidas, assim como pelo Ministério Público ou pelo próprio magistrado (art. 953). O mais comum, por sinal, é ser suscitado pelo magistrado, até por uma questão de hábito pois, no regime anterior (CPC-73), as partes impugnavam a decisão de primeiro grau sobre o tema por meio de um recurso de agravo, na modalidade por instrumento. Só que, com os primeiros anos de vigência do CPC, surgiu grande discussão se este recurso poderia ser mantido também nesta hipótese, a despeito de tal situação não estar mencionada em norma específica (art. 1.015). Acaso fosse adotada uma interpretação restritiva deste artigo, o agravo de instrumento não seria possível e as partes poderiam suscitar o conflito de competência ou até impetrar um mandado de segurança.[55] Ocorre que, posteriormente, o STJ passou a adotar o entendimento de que este dispositivo (art. 1.015) deve ser considerado como sendo de "taxatividade mitigada", permitindo que este recurso possa

---

54 STF. REXTR nº 590.409/RJ. Rel. Min. Ricardo Lewandowski. DJ 26/08/2009.

55 STJ. RMS 58.578-SP, Rel. Min. Raul Araújo, por unanimidade, julgado em 18/10/2018, DJe 25/10/2018. Contudo, este precedente foi calcado na premissa de que ainda não havia segurança jurídica quanto ao cabimento ou não do agravo de instrumento nesta hipótese. Ocorre que, posteriormente, foram proferidas decisões pelo mesmo Tribunal nos REsp nº 1.696.396 e REsp nº 1.704.520, que passaram a permitir o uso de tal recurso desde que a decisão interlocutória demande impugnação urgente. Portanto, o uso do mandado de segurança somente foi permitido neste período em que a controvérsia ainda estava um tanto quanto nebulosa.

ser usado para impugnar decisões interlocutórias em situações emergenciais decorrentes da inutilidade do julgamento da questão no recurso de apelação.[56] Mas, ainda assim, também permanece a possibilidade do uso do conflito de competência.".

O conflito é suscitado perante a presidência do Tribunal (art. 953) e deverá ser instruído com os documentos necessários (art. 953, parágrafo único). Após a distribuição, o relator mandará ouvir os juízes em conflito, ou apenas o suscitado, se um deles for suscitante (art. 954), sendo que os mesmos devem apresentar as suas informações no prazo assinado pelo relator.

Durante o processamento do incidente, o relator, de ofício ou a requerimento de qualquer das partes, poderá determinar que seja sobrestado o processo ou mesmo designar, em caráter provisório, um dos dois órgãos jurisdicionais envolvidos como provisoriamente competente para analisar as medidas urgentes (art. 955). Da mesma forma, se já houver súmula do STF, STJ ou do próprio Tribunal inferior sobre este tema ou mesmo quando já houver tese firmada no IRDR, poderá o relator de plano decidir o conflito (art. 955, parágrafo único), o que até pode desafiar a interposição de um agravo interno no prazo de quinze dias (art. 1.021).

Não sendo hipótese de decisão singular, o Ministério Público será então ouvido para se manifestar em cinco dias, exceto quando o mesmo tiver suscitado o conflito. E, em seguida, o relator irá apresentar o incidente em sessão para julgamento (art. 956). Na decisão, caberá ao Tribunal não apenas decidir qual o órgão jurisdicional competente como, também, se pronunciar sobre a validade ou não dos atos que foram praticados pelo juízo incompetente (art. 957).

Esta decisão colegiada até poderá ser impugnada por diversos recursos, conforme for o caso. Assim, tendo sido uma decisão proferida pelo TJ-RJ, admite-se a interposição de REXTR ou especial. Da mesma forma, se o acórdão tiver sido dado pelo STJ, caberá em tese o REXTR ao STF. O curioso é observar que existe uma tendência jurisprudencial em não permitir que possam recorrer os magistrados cujos órgãos estejam envolvidos no conflito, ante a justificativa de que, por uma questão de hierarquia, os mesmos devem se submeter ao que restar decidido pelos Tribunais.[57]

---

56 STJ. REsp nº 1.639.396. Rel. Min. Nancy Andrighi. Julgamento em 05/12/18. STJ. REsp nº 1.704.520. Rel. Min. Nanci Andrighi. Julgamento em 05/12/2018.
57 STJ. Agravo regimental no conflito de competência nº 109.237/MG. Rel. Min. Aldir Passarinho Júnior. DJ 17/05/2010.

AÇÃO

5.1. CONCEITO E CONSIDERAÇÕES INICIAIS

A palavra "ação" é polivalente, pois pode ter diversos significados. Pode ser usada, por exemplo, para designar a conduta humana positiva que é passível de gerar alguma consequência no plano fático ou jurídico. Também pode ser empregada para se referir à medida de divisão do capital social de uma sociedade por ações.[1] No direito processual, porém, este termo tem significado bastante diverso. Com o passar dos anos, cristalizou-se a ideia de que a ação seria um direito público, subjetivo, autônomo e abstrato de invocar o Estado a prestar a tutela jurisdicional.[2]

Embora relativamente extenso, o conceito de ação já permite uma assimilação maior do seu conteúdo e alcance. Com efeito, é "público", porque envolve a atuação de um ente público no exercício de um Poder inerente a sua soberania, além de ser extensível a todos. É "subjetivo", porque confere ao seu titular um poder de exigir de outrem, no caso o Estado-Juiz, a prestação jurisdicional. É "autônomo", porque tem existência própria, não decorrendo do próprio direito material. Por fim, também é "abstrato", já que tem vida própria independentemente até mesmo da existência ou não do próprio direito material.

O direito de ação guarda lembranças em vários aspectos com o direito de petição, também assegurado constitucionalmente (art. 5º, inc. XXXIV, da CRFB). No entanto, são institutos que não se confundem, pois o direito de petição não é dirigido apenas ao Poder Judiciário, assim como se trata de mero requerimento objetivando uma resposta desprovida de definitividade, ao contrário do que ocorre com aquele objeto do presente estudo.

Usualmente, o direito de ação é exercido pelo autor no momento em que propõe a demanda, utilizando como instrumento a petição inicial. Às vezes, o próprio demandante exerce duas ou mais ações em um mesmo momento, fenômeno que é bastante corriqueiro e designado como "cumulação de ações", servindo para ilustrar este hipótese a petição inicial que contenha pedidos cumulados.

---

1 BERMUDES, Sérgio. *Introdução ao processo civil*. 4ª ed. Rio de Janeiro: Forense, 2006, p. 34.

2 O conceito de ação é, até hoje, bastante debatido pela doutrina. Há quem entenda como o direito à jurisdição sobre uma pretensão de direito material e, ao mesmo tempo, como freio às demandas inviáveis: GRECO, Leonardo. *A teoria da ação no processo civil*. São Paulo: Dialética, 2003, p. 15. Por outro lado, há aqueles que a vislumbram meramente como um poder de submeter uma pretensão à análise do órgão jurisdicional, como defende: RÚA, Fernando de La. *Teoría general del proceso*. Buenos Aires: Depalma, 1991, p. 66.

No entanto, também o demandado pode, eventualmente, exercer direito de ação no curso de processo já instaurado. Uma visão ampliativa deste fenômeno implicaria em reconhecer que, em cada momento que o demandado requeresse um pronunciamento judicial sobre um determinado fato alegado, estaria exercendo direito de ação, embora não instrumentalizado em uma petição inicial, mas sim em outra peça qualquer. Na reconvenção, por exemplo, há o exercício do direito de ação deflagrado pelo demandado originário naquele mesmo processo já instaurado. Na própria contestação, inclusive, se pode vislumbrar eventualmente o exercício de direito de ação, quando o demandando apresentar reconvenção (art. 343).[3]

5.2. TEORIAS SOBRE O DIREITO DE AÇÃO

Ao longo dos anos, diversas teorias tentaram explicar o fenômeno "ação". A primeira delas, hoje já inteiramente superada, se chamava imanentista (ou clássica) e visualizava o direito de ação como integrante do próprio direito material. Era, inclusive, a orientação consagrada em codificação anterior (art. 75, CC-16).

A autonomia do direito de ação, porém, somente foi reconhecida em meados do século XIX, em razão da polêmica envolvendo Windscheild *versus* Muther. A síntese desse embate consistia na circunstância de o primeiro, autor e professor consagrado, ter sido em certo ponto questionado no meio científico pelo segundo, o que gerou a elaboração de alguns artigos, de ambos os lados. Ao final, foi reconhecida a autonomia da ação, assim como a existência de uma pretensão material direcionada contra o demandado (sempre insatisfeita) e outra pretensão de natureza processual dirigida contra o Estado e que se satisfazia tão logo fosse emitido qualquer pronunciamento sobre a questão posta em juízo. Esta visão, embora inovadora em um primeiro momento, permanecia um tanto limitada, o que gerou a sua complementação por estudos que criaram os postulados das teorias abstrata e concreta do direito de ação.

Muito embora inicialmente tenha surgido a teoria abstrata e, somente depois, a teoria concreta, é bastante comum constatar, em manuais de processo civil, que o estudo deste tema inicialmente recai sobre a teoria concreta, já que, em certos aspectos, a mesma se constitui em um retrocesso quando comparada com a outra. É que, de acordo com a teoria concreta, que tinha entre seus defensores Adolf Wach, o direito de ação somente existiria se "concretamente" também existisse o direito material. Para esta teoria, portanto, o direito de ação não poderia ser afirmado de plano, no início do processo, mas somente ao seu fim, caso a sentença do magistrado transitada em julgado tivesse reconhecido o direito afirmado pelo demandante. É que, em casos de improcedência do pedido, não haveria direito material e, ao mesmo tempo, também não haveria um direito de ação que pudesse defendê-lo. Esta teoria, porém, apresentava situações absolutamente insolúveis como, por exemplo, quando o demandante

---

3 GRECO, Leonardo. *A teoria da ação no processo civil*. São Paulo: Dialética, 2003, p. 11.

requeresse judicialmente a declaração de inexistência de relação jurídica material. É que, nesta hipótese, se o pedido fosse acolhido e a relação material fosse tida como inexistente por sentença, já não seria possível justificar o direito de o demandante acionar o Estado-Juiz, se o mesmo não possuía qualquer direito material.

A teoria abstrata, por sua vez, que foi elaborada quase ao mesmo tempo pelo alemão Degenkolb e pelo hungáro Plosz, já não apresentava de plano qualquer revés ou obstáculo insuperável. Com efeito, de acordo com esta outra teoria a ação se constituiria no direito de se obter do Estado uma prestação jurisdicional, qualquer que fosse o seu teor. Vale dizer que este direito de provocar o Estado existiria independentemente da existência do direito material, o que evidenciaria o seu caráter "abstrato". Esta teoria, é bom frisar, é a mais empregada atualmente na maioria dos países e, mesmo nestas plagas, são diversos os doutrinadores que argumentam ser esta a teoria que melhor explica todas as nuances do fenômeno "ação".[4]

No Brasil, o modelo anterior (CPC-73) adotou a teoria eclética, que se constitui em um amálgama entre a teoria abstrata e concreta. Em realidade, a teoria eclética defende, em essência, os mesmos postulados da teoria abstrata, apenas inovando por condicionar o exercício do direito de ação ao preenchimento das condições da ação, que são, por sua vez, extraídas da relação jurídica material. Afinal, a aferição da legitimidade das partes, por exemplo, poderá eventualmente ser realizada à luz da relação jurídica de direito material, o que pressupõe a sua existência "concreta". Esta é, por sinal, a grande contradição da teoria eclética, que inicialmente pressupõe a existência do direito material para dele se extrair as condições da ação e que, depois, dele prescinde, ao permitir a prolação de uma sentença declarando a inexistência do direito alegado pelo autor. No entanto, fica a ressalva que a teoria da asserção (que será tratada no item nº 5.4.3.), foi justamente concebida para justificar esta suposta contradição. E, além disso, entre os defensores da teoria eclética também existe a afirmação de que as condições da ação são necessárias justamente para que haja um filtro objetivando coibir o uso abusivo do direito de ação.[5]

5.3. AS CONDIÇÕES DA AÇÃO

O modelo anterior (art. 267, inc. VI, CPC-73), claramente demonstrava que, nestas plagas, havia sido adotada a teoria eclética, ao mencionar que, para o exercício do direito de ação há a necessidade de o autor alegar as suas condições, tais como a legitimidade das partes, o interesse processual e a possibilidade jurídica do pedido.

A primeira das condições da ação é a "legitimidade das partes". Para promover o direito de ação, a parte precisa ser legítima, o que, em uma primeira análise, decorre da verificação da própria relação material. Assim, parte legítima para propor uma ação pleiteando o

---

4 SILVA, Ovidio A. Baptista da. GOMES, Fábio. *Teoria geral do processo civil*. 3ª ed. São Paulo: Revista dos Tribunais, 2002, p. 110.

5 GRECO, Leonardo. *A teoria da ação no processo civil*. São Paulo: Dialética, 2003, p. 15.

ressarcimento sofrido em virtude de um acidente de veículo é aquela que efetivamente participou e sofreu o prejuízo oriundo daquela relação material extracontratual. Da mesma maneira, não poderia o sócio pleitear, em seu nome, direito pertencente à sociedade em que participa, posto que a mesma tem personalidade jurídica própria e, por este motivo, deve ser quem vai a juízo na defesa dos seus direitos, por ser a única legitimada.[6] Em ambos os casos, fala-se que a legitimação é "ordinária", uma vez que a ação está sendo promovida pelo próprio titular do direito material resultante do fato ocorrido. Também é muito conhecida como *legitimatio ad causam*.

Contudo, por vezes a lei também pode conferir a legitimidade para uma outra pessoa, que é completamente estranha aos fatos ocorridos. Esta situação, no polo ativo, retrata a chamada "legitimação extraordinária" ou "substituição processual",[7] que ocorre quando outra pessoa exerce o direito de ação objetivando o reconhecimento de um direito que não lhe pertence (art. 18).

No polo processual passivo, a visão já é um pouco diferente. É que a lei processual ou mesmo material pode, eventualmente, conferir legitimidade originária para pessoas que jamais participaram da relação material posta em juízo. No CPC, vários são os exemplos, entre os quais se pode citar a norma que confere legitimidade passiva ao cônjuge para ser executado pelas dívidas contraída pelo outro (art. 790, inc. IV), atendidos os requisitos da legislação material (art. 1.633 – ar. 1.644, CC). Porém, mesmo nestas situações, a legitimidade passiva será originária, o que permite concluir que, de uma forma geral, são poucas as hipóteses de legitimidade passiva extraordinária. Esta última, no entanto, pode ocorrer no caso do substituto processual que instaura um processo de conhecimento em face de um determinado demandado e que, no curso deste, passa a figurar como legitimado passivo em reconvenção ajuizada. *Idem*, quando se promove açao rescisória incluindo o Ministério Público no polo passivo, muito embora este último exemplo dependa da compreensão da real natureza da atuação do *parquet* na defesa de um processo coletivo.

De resto, a legitimidade para a causa não se confunde com a legitimidade para o processo (*legitimatio ad processum*), que é ligada à capacidade de estar em juízo, eis que a primeira é condição da ação, sendo a segunda indicada como pressuposto processual.

A segunda condição da ação é o "interesse processual" que comumente é demonstrado pelo binômio necessidade/adequação. Não se discorda que a necessidade justifica a deflagração do processo, mormente por ser vedado ao interessado realizar justiça pelas próprias mãos. Contudo, quando se fala em adequação, a ideia subjacente é a de que, para a provocação do Poder Judiciário, há a necessidade de se observar a via processual adequada, o que, lamentavelmente, não se sustenta.

Em um primeiro momento, não se pode olvidar que, por vezes, a própria lei processual dá ao interessado mais de uma forma de proteger o seu direito material,

---

6 TJ-RJ. Apelação em mandado de segurança nº 2001.004.00304. Rel. Des. Wilson Marques. DJ 25/09/2001.
7 DIDIER JÚNIOR, Fredie. *Curso de direito processual civil*. 17ª ed. Salvador: JusPodivm, 2015. v. 1, p. 346.

como ocorre na disponibilização da ação monitória, da ação de locupletamento ou mesmo de uma ação em qualquer juízo observando o rito comum, quando se pretende receber um cheque que não mais ostenta força executiva, apenas para citar um exemplo.

Mas também se pode argumentar que, atualmente, a visão processual é bastante instrumental, muito focada para a realização do direito material e atenta aos ideais de justiça, sem, obviamente, descurar de um mínimo de boa técnica e das garantias fundamentais. Sob esta ótica, portanto, erigir a adequação como condição para exercício da ação é nítido retrocesso a estes ideais, alem de desprezar ideias recentes que permitem o aproveitamento ou a convalidação dos atos processuais inquinados de vícios. Este tema, concernente à adequação da via eleita, não deveria estar sendo tratado na análise nas condições da ação, talvez sendo o momento de se pensar em corrigir este equívoco histórico e teórico.

Havia, outrossim, a terceira e última condição da ação prevista no modelo anterior (art. 267, inc. VI, CPC-73), que seria a "possibilidade jurídica do pedido", sendo que a mesma até foi abandonada pelo seu criador, Enrico Tullio Liebman, ainda em vida. É que a análise da viabilidade ou não do pedido decorre da própria resolução do mérito, não podendo ser condicionante do exercício legítimo do direito de ação. O CPC, por sinal, não mais faz qualquer menção à esta condição da ação, eis que diversas normas que o compõem apenas vão fazer menção à legitimidade e ao interesse processual (v.g., art. 17; art. 485, inc. VI, dentre outras). Assim, seria correto concluir que, de acordo com a novel legislação, as condições da ação passam a ser, em regra, apenas a legitimidade e o interesse processual.

De resto, a jurisprudência vinha reconhecendo a possibilidade de condições específicas da ação para a adoção de algum procedimento especial. Embora realmente seja possível localizar vários exemplos encampados pela doutrina e pela jurisprudência[8], é certo que a insistência ou mesmo a criação de outras condições da ação pouco acrescentam à ciência processual, mas, pelo contrário, terminam por obstaculizar, em última análise, o pleno acesso à função jurisdicional, que não deveria ser tolhido por aspectos técnicos como este.

5.4. QUESTÕES PONTUAIS SOBRE A TEORIA ECLÉTICA E AS CONDIÇÕES DA AÇÃO

Muitas dúvidas surgem no estudo deste tema, que podem ser enumeradas, principalmente, nos seguintes tópicos: a) O CPC e a permanência das condições da ação; b) consequência da ausência de condições da ação; c) necessidade ou não de comprovação das condições da ação – teoria da asserção; d) a dificuldade em analisar

---

8 É o caso da exigência da comprovação da mora para a propositura da ação de busca e apreensão cujo procedimento se encontra no Decreto-Lei nº 911/69, que vem sendo considerada como uma condição específica da ação por parte dos Tribunais. É o que se constata em: STJ. REsp nº 646.607/MG. Rel. Min. Carlos Alberto Menezes de Direito. DJ 21/02/2006.

quando se trata da ausência de condição da ação ou quando é o próprio mérito que está sendo enfrentado – crítica à teoria eclética; e) momento processual adequado para a verificação das condições da ação; f) preclusão ou não para o magistrado que já analisou a presença das condições da ação; o que, inclusive, motivará a redação de uma breve síntese sobre estes pontos ao final de todas as abordagens.

5.4.1. O CPC e a permanência das condições da ação

O CPC, ao contrário do modelo anterior (CPC-73), não mais adota a expressão "condições da ação", conforme se pode aquilatar em diversas normas (v.g., art. 17; art. 485, inc. VI, dentre outras), malgrado continue impondo a presença da legitimidade e do interesse de agir, o que já vem gerando alguma controvérsia doutrinária.

Por um lado, há aqueles que já defendem que, com o advento do CPC, não mais existem as "condições da ação", em razão da pura e simples exclusão desta nomenclatura, devendo a legitimidade e o interesse serem analisados como "pressupostos processuais".[9] Ocorre que o entendimento, com todas as vênias possíveis, não é de forma alguma o mais adequado, pois muitas críticas podem ser apresentadas quanto ao mesmo.

Inicialmente, se deve destacar que os intitutos "processo" e "ação" são muito bem delineados, sendo absolutamente razoável que os requisitos para constituição e desenvolvimento de um ou outro sejam totalmente distintos entre si. Se não fosse, não teria o CPC enumerado a falta de pressupostos processuais como uma das hipóteses de prolação de sentença terminativa (art. 485, inc. IV) e a ilegitimidade ou falta de interesse como outra distinta (art. 485, inc. VI), pois o tema iria se exaurir apenas no primeiro dispositivo.

Ademais, também se pode objetar que o CPP permanece com as "condições da ação", sendo que nele há até mais uma ("justa causa"), o que é indicativo de que o CPC não poderia se arvorar no intento de alterar também a teoria geral do processo. Afinal, não haveria coerência alguma em permanecer uma nomenclatura para um dos ramos da ciência processual e para o outro não, malgrado a legitimidade e o interesse continuem a ser analisados.[10]

Assim, malgrado o CPC não mais adote a expressão "condições da ação", as mesmas permanecem e continuam consubstanciadas, em regra, na análise da legitimidade e do interesse de agir, principalmente se for levado em consideração que esta nomenclatura idiomática é tão significativa para a cultura quanto para a doutrina do direito processual civil, conforme já alerta determinado segmento doutrinário.[11]

---

9 DIDIER JÚNIOR, Fredie. *Curso de direito processual civil.* 17ª ed. Salvador: JusPodivm, 2015. v. 1, p. 342.

10 JARDIM, Afrânio Silva. O novo código de processo civil e as condições da ação. In: *Revista Eletrônica de Direito Processual Civil – REDP*, v. 15, pp. 11-13. Disponível em: <http://www.e-publicacoes.uerj.br/index.php/redp/article/view/16861/12509>. Acesso: 03.set.2015, às 19:06 hrs.

11 BUENO, Cassio Scarpinella. *Novo código de processo civil anotado.* 1ª ed. São Paulo: Saraiva, 2015, p. 55.

5.4.2. Consequência da ausência de condições da ação

Acaso verificado pelo magistrado que as condições da ação não se encontram presentes, será então proferida sentença terminativa (art. 485, inc. VI). E, mesmo nestas hipóteses, o magistrado terá exercido atividade jurisdicional, eis que a presença das condições da ação se destina a legitimar o seu exercício perante o Poder Público. Logo, ainda que as mesmas não se encontrem presentes, haverá um direito de ação exercido, o que justificaria a atuação jurisdicional do magistrado.[12] A pequena ressalva a ser realizada é que nem todos os doutrinadores concluem da mesma maneira pois, escorados nas antigas lições de Enrico Tullio Liebman, seria possível até mesmo conceber que as condições da ação não se destinam a "legitimar" o seu exercício, mas sim serviriam para comprovar a sua própria "existência". Assim, para esta outra concepção francamente minoritária nos dias atuais (principalmente se for relevado que o CPC não mais adota a expressão "carência de ação"), a sentença terminativa destes casos (art. 485, inc. VI) seria resultante de uma atividade meramente administrativa desempenhada pelo magistrado, uma vez que sem as condições da ação não existiria qualquer direito de provocar o Estado-Juiz para prestar a jurisdição.[13]

5.4.3. Necessidade ou não de comprovação das condições da ação – teoria da asserção

Em regra, é do demandante o ônus de provar os fatos que narra em sua petição inicial (art. 373, inc. I). Resta questionar, porém, se o mesmo também tem o ônus de provar a presença das condições da ação.

A resposta quanto a esta dúvida costuma ser negativa, eis que o Brasil adota a denominada "teoria da asserção", que justamente apregoa a desnecessidade de comprovação das condições da ação, pois cabe ao demandante apenas alegá-las. Assim, o magistrado, quando as analisa, deve fazer uma verificação da existência das mesmas pelo que consta na petição inicial, independentemente de analisar qualquer elemento probatório eventualmente já produzido. Portanto, basta que o juiz aceite o que é afirmado pelo demandante na exordial para justificar o exercício legítimo do direito de ação.[14]

A teoria da asserção serve justamente para eliminar a grande crítica que é formulada em relação à teoria eclética, eis que a mesma prega o caráter abstrato do direito de ação (o que guarda semelhanças com os postulados da teoria abstrata) mas, ao mesmo tempo, somente autoriza o seu exercício mediante preenchimento das condições da ação, que são extraídas muitas vezes da própria relação jurídica de direito material (o que lembra a teoria concreta, pois somente haverá ação quando concretamente existe

---

12 FERNANDES, Sérgio Ricardo de Arruda. *Questões importantes de processo civil: teoria geral do processo.* Rio de Janeiro: DP&A Editora, 1999, p. 140.

13 GRECO, Leonardo. *A teoria da ação no processo civil.* São Paulo: Dialética, 2003, p. 18.

14 CÂMARA, Alexandre Freitas. *O novo processo civil brasileiro.* São Paulo: Atlas, 2015, p. 37.

o direito material afirmado). É que, por esta teoria, o magistrado estará analisando as condições da ação apenas pela afirmação realizada, ou seja, se "em tese" é crível a existência do direito material alegado, sem qualquer afirmação mais precisa quanto à sua efetiva existência ou não, pois isso já demandaria dilação probatória. Claro que, inegavelmente, esta teoria sofre grandes críticas, já que não se pode deixar de considerar que bastaria ao demandante "mentir" ao magistrado para que haja o preenchimento das condições da ação.[15]

À luz dessas considerações, é importante afirmar que, segundo esta concepção teórica, o juiz somente pronunciaria a ausência de condições da ação se isso fosse realmente evidente, o que seria fácil conceber naquelas hipóteses, por exemplo, em que a legitimidade para agir decorre do próprio texto normativo. É o caso do Ministério Público, que somente pode propor demandas que versarem sobre direitos sociais ou individuais indisponíveis (art. 127, CRFB). Desta maneira, se hipoteticamente um membro do Ministério Público distribuir uma ação monitória objetivando o recebimento de determinada soma em dinheiro em razão de uma dívida oriunda de contrato celebrado entre dois particulares capazes, o que se constata é, de plano, a ausência de legitimação do *parquet* para agir, eis que, pela própria narrativa constante na petição inicial, se estaria diante de uma questão envolvendo direito individual disponível (patrimônio). No entanto, quando a legitimidade para propor a causa for extraída da própria relação de direito material, certamente nem sempre será possível ao magistrado realizar de plano esta constatação, pois pode ser que o que conste na petição inicial seja realmente crível.

De resto, vale destacar que a teoria da asserção se contrapõe a uma outra, denominada "exposição", que não é adotada no Brasil e pela qual o autor necessariamente tem o ônus de comprovar todas as condições da ação, não bastando simplesmente afirmá-las presentes. Mas, de qualquer modo, fica a ressalva que qualquer uma destas duas teorias somente pode ser aplicada se adotada a teoria eclética do direito de ação, eis que não faria qualquer sentido aplicá-las na teoria abstrata ou concreta, por exemplo, já que não condicionam o exercício da ação à demonstração da presença das suas condições.

5.4.4. A dificuldade em analisar quando se trata da ausência de condição da ação ou quando é o próprio mérito que está sendo enfrentado – crítica à teoria eclética

Um dos argumentos mais relevantes contra a teoria eclética reside na dificuldade em identificar, em certas hipóteses, se o magistrado estará pronunciando a ausência de condições da ação ou se já estará enfrentando o próprio mérito propriamente dito dado que, por vezes, a afirmação da ausência de uma das primeiras pode implicar, macroscopicamente, na improcedência do que pretende obter o demandante, o que em

---

15 SILVA, Ovídio A Baptista da; GOMES, Fábio. *Teoria geral do processo civil*. 3. ed. São Paulo: Revista dos Tribunais, 2002, pp. 122-127.

tese as igualaria. E a compreensão deste tema é de suma importância eis que a sentença, na primeira hipótese, seria terminativa (art. 485, inc. VI) apenas gerando coisa julgada formal enquanto, na segunda, já seria definitiva (art. 487, inc. I), também transitando em julgado materialmente.

Por exemplo, se "A" promover uma demanda em face de "B" buscando a reparação de danos causados em virtude de um determinado acidente de veículos de via terrestre e o demandado, em sua defesa, consegue comprovar adequadamente que no dia do evento estava viajando com seu veículo em outra cidade, fica a dúvida se o magistrado deve sentenciar o processo em virtude da ilegitimidade passiva de "B", que não participou do evento (art. 485, inc. VI), ou pela sua improcedência (art. 487, inc. I), uma vez que o demandado não deu causa ao dano sofrido por "A".[16] Enfim, hipóteses duvidosas como essa não são difíceis de serem detectadas e retratam, justamente, dificuldades práticas decorrentes da adoção da teoria eclética.[17]

A melhor solução apresentada entre os adeptos da teoria eclética é, justamente, o emprego da teoria da asserção, que a complementaria neste ponto. É que, na esteira do que já foi exposto antes, se o magistrado observar que não há a presença das condições da ação à luz do que foi afirmado pelo demandante em sua petição inicial, fatalmente o mesmo terá que proferir uma sentença terminativa, sem resolução do mérito. No entanto, se esta constatação decorrer da análise do acervo probatório produzido, então será hipótese de julgamento pela improcedência do pedido. Portanto, neste ponto é crucial a correta assimilação da teoria da asserção, pois será a mesma quem responderá a este questionamento. Assim, no caso apresentado (demanda objetivando o ressarcimento dos prejuízos), a sentença será de improcedência (art. 487, inc. I), se o magistrado tiver constatado, à luz das provas produzidas (e não das afirmações constantes na petição inicial) que o autor não possui o direito alegado em face do demandado.

5.4.5. Momento processual adequado para a verificação das condições da ação

A análise das condições da ação pode ser feita a qualquer momento enquanto não tiver ocorrido o trânsito em julgado (art. 485, § 3º). Pode ser realizada, inclusive, por instâncias superiores, já que se insere dentro das possibilidades geradas pelo denominado efeito "translativo". Por óbvio, embora essa verificação possa ser realizada a qualquer momento, ainda assim o magistrado estará apreciando as condições da ação apenas afirmadas, sem se imiscuir em qualquer análise de provas, de acordo com os postulados da teoria da asserção.[18]

---

16 MARINONI, Luiz Guilherme, ARENHART, Sérgio Cruz. *Manual do processo de conhecimento.* 2ª ed. São Paulo: RT, 2003, p. 69. SILVA, Ovídio A. Baptista da; GOMES, Fábio. *Teoria geral do processo civil.* 3ª ed. São Paulo: Revista dos Tribunais, 2002, pp. 122-127.

17 DINAMARCO, Cândido Rangel. *A reforma da reforma.* 2ª ed. São Paulo: Malheiros, 2002, p. 157-159.

18 GRECO, Leonardo. *A teoria da ação no processo civil.* São Paulo: Dialética, 2003, p. 19.

Há, no entanto, uma divergência quanto a esta afirmação que, por muitas vezes, acaba invocando a aplicação da teoria da asserção de maneira não técnica, como se a mesma é que definisse o momento processual adequado em que as condições da ação podem ser apreciadas. No processo de conhecimento, em procedimento comum, é bastante frequente a afirmação de que, em razão dos postulados da teoria da asserção, o magistrado somente poderia analisar as condições da ação até o saneamento do processo (art. 357). Isso ocorreria porque, de uma forma geral, o processo costuma seguir etapas relativamente definidas, que poderiam ser pontuadas em fase postulatória, instrutória, decisória e de cumprimento da sentença. Sob esta ótica, portanto, com a decisão de saneamento haveria o encerramento da etapa postulatória, eis que não mais seria possível qualquer alteração dos pedidos já formulados (art. 329, inc. II), razão pela qual já se passaria a etapa de instrução. Por este motivo, há uma errônea interpretação a respeito da teoria da asserção como se, após o saneamento do processo, o magistrado necessariamente decidiria sempre com observância ao acervo probatório produzido, o que não é correto. Com efeito, mesmo depois do saneamento pode eventualmente ser constatada uma ilegitimidade ativa, como seria a hipótese de o Ministério Público estar propondo inadvertidamente uma ação civil pública que envolva tributo, em razão do disposto em lei específica (art. 1º, parágrafo único, Lei nº 7.347/85).

Assim, realmente as condições da ação podem ser verificadas a qualquer momento embora antes do trânsito em julgado, mas sempre à luz do que a parte afirmou na sua petição inicial, de modo que ao pronunciar a sua ausência o magistrado estará proferindo uma decisão de cunho terminativo do processo (art. 485, inc. VI). No entanto, se tiver sido analisado o acervo probatório produzido, fatalmente se tratará de uma decisão definitiva, ou seja, que apreciou o mérito da causa (art. 487, inc. I).

5.4.6. Preclusão ou não para o magistrado que já analisou a presença das condições da ação

Como é permitida a verificação das condições da ação a qualquer tempo, isso acaba fomentando o raciocínio, bastante difundido, de que esta matéria se constitui em uma objeção que não preclui. Em outras palavras, o pronunciamento judicial sobre a presença ou não das condições da ação é sempre provisório, escapando da estabilidade objetiva decorrente da "preclusão" (art. 507). Por sinal, são inúmeros os julgados neste sentido.[19]

No entanto, por vezes é difícil sustentar processualmente esta visão. O magistrado, assim como as partes, não fica alheio às consequências processuais geradas por suas decisões. Uma sentença já transitada em julgado que se encontra sendo executada, por exemplo, não pode ter o seu conteúdo revisto. O mesmo se dá quando é proferida decisão, no curso do processo que afasta a alegação de prescrição de parte da pretensão. Isso se dá porque é intuitivo que, para o bom andamento do processo, as questões já decididas e a cujo respeito se operou a coisa julgada ou a preclusão não podem ser

---

19 STF. REXTR nº 103.949. Rel. Min. Rafael Mayer. S/d.

indefinidamente debatidas, sob pena de o processo se transmutar em um autêntico "caminhar sem fim", com perda de esforço e energia daqueles que dele participam.

O fenômeno da estabilidade das decisões judiciais independe da espécie do ato processual praticado pelo juiz ou da matéria nele enfrentada já que, em realidade, o que define o seu caráter definitivo é tão somente o aprofundamento da cognição. Sob esta ótica, qualquer decisão proferida em um juízo de certeza, usualmente oriunda de cognição exauriente, torna-se imutável impedindo uma nova análise do mesmo tema posteriormente, seja pelas partes ou pelo próprio magistrado.

No caso das condições da ação, a decisão do magistrado que reconhece a sua presença gera preclusão, eis que não há como aprofundar a análise deste tema, afinal, a sua verificação é feita em razão da afirmação realizada pelo demandante na sua petição inicial, eis que estas condições não são aferidas à luz das provas produzidas. Portanto, trata-se de uma afirmação definitiva, que gera preclusão caso não seja impugnada por algum recurso e desde que não haja qualquer causa superveniente.

Desta maneira, a decisão proferida no saneamento do processo, que enfrenta a presença das condições da ação, torna-se preclusa tal como recomenda o STF, por meio do Verbete nº 424 da sua Súmula, onde consta: "*Transita em julgado o decisão de saneamento de que não houve recurso, excluídas as questões deixadas, explicita ou implicitamente, para a sentença*". No entanto, deve ser afirmado que este Verbete padece de algumas impropriedades técnicas, como afirmar que esta decisão de saneamento "transitaria em julgado" quando, em realidade, deveria estar se referindo à "preclusão" do conteúdo constante no ato decisório, que apenas gera a impossibilidade de revisão daquilo que nele já foi apreciado, mas que não possui os mesmos efeitos ou consequência de uma coisa julgada, por exemplo. E, da mesma maneira, também não se pode generalizar e afirmar que toda decisão de saneamento gera preclusão, pois algumas podem ser proferidas com base em juízo de cognição sumária como, por exemplo, quando o magistrado defere uma tutela provisória no mesmo momento do saneamento, ato essencialmente revogável dado seu caráter não definitivo.

E, não menos importante, deve ser relevado que, embora o pronunciamento judicial sobre um determinado tema aspire a imutabilidade em prol da segurança jurídica, também não é errado concluir que novos elementos podem levar o juiz a realizar uma nova apreciação daquele tema já decidido. Não se trata, porém, de uma revisão do que antes foi decidido, mas sim de uma nova análise, à luz de novos acontecimentos, que irá gerar uma nova decisão em vez da reforma da anterior.

Nesta linha, mesmo quando o juiz já tenha pronunciado a presença das condições da ação, isso por si só não o impede de, à luz de novos acontecimentos, emitir um novo pronunciamento (e não rever o anterior), reconhecendo a ausência de condição da ação superveniente. Com efeito, se um credor receber extrajudicialmente o valor pretendido após a instauração do processo, o mesmo não tem qualquer interesse na prolação de uma sentença condenando o réu a lhe pagar este débito já liquidado. Não se trata, a toda evidência, de perda do objeto do processo, uma vez que a pretensão autoral permanece exatamente como foi formulada na petição inicial. Só que, ao mesmo tempo, não há como se condenar o demandado a pagar uma obrigação que já foi liquidada. Portanto, a melhor conclusão seria a possibilidade de reconhecimento da ausência de condição da ação superveniente à luz do pagamento que teria sido noticiado pelo próprio demandante, o que de forma alguma conflitaria com a decisão anterior – pelo contrário, a complementaria com observância da boa técnica processual. Assim, devem as condições da ação ser apreciadas sob os auspícios do critério da atualidade.[20]

5.4.7. Síntese sobre a teoria eclética e as condições da ação

a) Para a teoria eclética, adotada pelo CPC, o exercício legítimo do direito de ação somente se dá quando presentes as condições da ação, que são pelo menos a legitimidade para a causa e o interesse processual.

b) O demandante não precisa comprovar as condições da ação, bastando afirmar a presença das mesmas em sua petição inicial, o que coincide com os postulados da teoria da asserção.

c) Por vezes, a análise da condição da ação pode gerar dúvidas se o processo deve ser extinto com ou sem resolução do mérito. Tudo dependerá se o magistrado se encontra ou não analisando as provas produzidas. Em caso afirmativo, a sentença é de mérito. Do contrário, a sentença será terminativa ao se limitar a reconhecer a ausência das condições da ação.

d) É reconhecido que a pronúncia da ausência de condição da ação equivale, de certa maneira, ao reconhecimento de improcedência do pedido. No caso da ilegitimidade da parte, por exemplo, a mesma não participou da relação jurídica de direito material e nem tem legitimidade por autorização normativa, o que indica que o demandante não possui ou não pode pleitear o direito afirmado em sua petição inicial. No entanto, as consequências práticas advindas de uma sentença terminativa e definitiva são completamente distintas, de modo que a assimilação da teoria da asserção é fundamental para saber quando o magistrado deverá pronunciar uma ou outra.

e) As condições da ação podem ser enfrentadas a qualquer tempo, inclusive em grau recursal, mas desde que se trate de uma verificação hipotética daquilo que foi afirmado pelo demandante na petição inicial e desde que seja antes do trânsito em julgado.

f) Caso o magistrado já tenha decidido a respeito das condições da ação, esta questão estaria acobertada pelo manto da preclusão impedindo o seu reexame, exceto quando ocorrer alguma situação superveniente, muito embora na jurisprudência nem sempre esta premissa venha sendo adotada, já que é mais usual considerar que esta matéria não se submete à qualquer preclusão.

---

20 GRECO, Leonardo. *A teoria da ação no processo civil*. São Paulo: Dialética, 2003, p. 25.

5.5. ELEMENTOS DA AÇÃO

Na ciência processual contemporânea, a determinação da identidade da ação continua sendo um dos temas de maior repercussão prática, uma vez que se trata de assunto intimamente ligado ao objeto do processo, trazendo consequências para diversos outros fenômenos processuais como, por exemplo, no enfrentamento da competência, da litispendência e da coisa julgada, só para citar algumas hipóteses mais mencionadas.[21] Frise-se, inclusive, que não é nova esta tentativa de se distinguir uma ação da outra, até porque já foi exposta, por renomada doutrina, a antiga preocupação e zelo com a expressão *bis de eadem re ne sit actio*.[22]

A criação dos elementos da ação teve como finalidade principal, portanto, a identificação de uma ação. E, para tanto, foi criada a teoria da "tríplice identidade", que esclarece que uma ação se individualiza de outra de acordo com a análise das "partes", do "pedido" e da "causa de pedir", de modo que somente quando estes três elementos estiverem presentes é que se poderá falar em ações idênticas (ou "litispendência" – art. 337, §§ 1º, 2º e 3º).

Por "partes" se deve compreender como demandante (quem pede) e demandado (quem se defende). O "pedido" já é tema regido por seção específica no CPC (art. 322 – art. 329), constituindo-se na pretensão deduzida em juízo e a respeito da qual se exige a prestação jurisdicional. Por fim, há ainda a "causa de pedir", que comumente é considerada como o *"fato (ou conjunto de fatos), que o autor apresenta como base de seu pedido"*.[23] No entanto, por imperativo legal (art. 319, inc. III), cabe ainda ao demandante dar, na elaboração da sua petição inicial, a qualificação jurídica destes fatos, o que, por óbvio, não se confunde com o fundamento legal.[24] É que não há necessidade alguma de constar, na petição inicial, os dispositivos que amparam o pleito autoral, de modo que cabe ao demandante precisamente apenas narrar o fato e mencionar como o direito o qualifica.

Esta imposição legal, de que na petição inicial deve constar a narrativa dos fatos, justifica o entendimento usual, ao menos nestas plagas, de que o atual CPC adotou a denominada "teoria da substanciação", muito utilizada em Portugal e na Alemanha, que dá especial ênfase à análise dos fatos afirmados pelo demandante, todos

---

21 BEDAQUE, José Roberto dos Santos. Os elementos objetivos da demanda analisados à luz do contraditório. In: *Causa de pedir e pedido no processo civil (questões polêmicas)*. São Paulo: RT, 2002, p. 4.

22 NEVES, Celso. *Coisa julgada civil*. São Paulo: Revista dos Tribunais, 1971. p. 10, esclarece que, provavelmente, este brocardo tenha sido *"objeto de uma lei anterior às Doze Tábuas, mantida consuetudinariamente"*, quando ainda sequer existiam estudos sobre o que viria a se constituir, mais tarde, na "coisa julgada", como atualmente a concebemos. O mesmo doutrinador também pondera que, naquela época, o que se vedava era, tão somente, a instauração de um novo processo que versasse sobre o mesmo assunto já tratado no processo anterior, mesmo que o seu mérito não tivesse sido enfrentado. Por esta razão, conclui que os juristas de então se preocupavam, sobremaneira, em estabelecer critérios que pudessem estabelecer, com maior precisão, o que fora objeto do processo anterior, daí a preocupação em se estabelecer os elementos identificadores de cada ação.

23 BARBOSA MOREIRA, José Carlos. *Direito aplicado I (acórdãos e votos)*. 2ª ed. Rio de Janeiro: Forense, 2001, pp 11. FUX, Luiz. *Curso de direito processual civil*. 2ª ed. Rio de Janeiro: Forense. 2004, p. 178.

24 GRECO FILHO, Vicente. *Direito processual civil brasileiro*. São Paulo: Saraiva, 2006. *v. 1*, p. 93.

devidamente qualificados e aptos a sustentar a pretensão do demandante.[25] Mas há a ressalva, porém, da existência de uma outra teoria que a esta se contrapõe, denominada teoria da "individualização", muito empregada na Itália e que se contenta apenas com a indicação do fundamento jurídico da relação constitutiva do direito autoral, de modo a colocar em segundo plano a análise de qualquer situação fática.[26] Digno de nota, também, que há uma certa tendência nos estudos mais avançados sobre o tema em considerar a aplicação de ambas na ciência processual, muito embora isso vá variar de acordo com o estágio em que o processo se encontrar.[27]

Assim, realizadas estas breves considerações sobre os elementos da ação em si, é possível concluir que, no estudo do presente tema, deve-se ter em mente que estes elementos correspondem às partes, pedido e causa de pedir (teoria da tríplice identidade), bem como que os mesmos se destinam a solucionar diversas situações processuais corriqueiras, como demandas em estado de litispendência, coisa julgada, dentre outras mais. E, não menos importante, ao mesmo tempo é forçoso reconhecer que, por vezes, esta teoria é insuficiente para resolver todas as questões de ordem processual, o que eventualmente justifica a adoção de alguma outra teoria ou mecanismo para solucioná-las.[28] Por exemplo, nos casos de demandas distintas que discutem a mesma relação jurídica de direito material (v.g., ação de despejo e de consignação), é de rigor determinar o apensamento dos autos no juízo prevento para se evitar decisões contraditórias, o que é até previsto no CPC, muito embora tal fenômeno não tenha sido rotulado como "conexão" (art. 55, § 3º).

5.6. DESISTÊNCIA DA AÇÃO

Uma vez exercido o direito de ação, nem sempre o demandante poderá dele dispor. Com efeito, dispõe o CPC (art. 485, § 4º) que, uma vez proposta a ação e já tendo o réu apresentado contestação, o autor somente poderá desistir da ação caso o seu adversário concorde. Assim, esta desistência pode se dar até o momento anterior à prolação da sentença (art. 485, § 5º), apenas com a ressalva que por vezes a anuência do demandado poderá ser necessária.

Em algumas situações, porém, não haverá necessidade de anuência da parte contrária como, por exemplo, ocorre nas execuções, tendo em vista o caráter da disponibilidade que as permeia (art. 775). Da mesma maneira, também no mandado de segurança não há necessidade de anuência da autoridade coatora, pois esta não equivale à "parte" no sentido mais tradicional, conforme assim vêm reconhecendo os Tribunais.[29] Mas há

25 BADARÓ, Gustavo Henrique Righi Ivahy. *Correlação entre acusação e sentença*. São Paulo: RT, 2000, p. 55.

26 GRECO, Leonardo. *A teoria da ação no processo civil*. São Paulo: Dialética, 2003, p. 57.

27 MANDRIOLI, Crisanto. Riflessioni in tema di "petitum" e di "causa petendi". In: *Rivista di Diritto Processuale*, v. 3, anno XXIX (seconda serie). Padova: Cedam, 1984, p. 473. PINTO, Júnior Alexandre Moreira. *A causa petendi e o contraditório*. São Paulo: RT, 2007, p. 46

28 TUCCI, José Rogério Cruz e. *A causa petendi no processo civil*. 2ª ed. São Paulo: RT, 2001, p. 213.

29 STJ. REsp nº 930.952-RJ. Rel. Min. Luiz Fux. DJ 12/05/2009.

uma hipótese retratada no CPC, envolvendo desistência manifestada pelo demandante que independe de anuência do réu, que deve ser analisada com muitas cautelas, pois é totalmente contrária à boa-fé e à lealdade processual, que foram erigidas como normas fundamentais da novel legislação (art. 5º).

A situação (art. 1.040, §§ 1º, 2º e 3º) estabelece as providências que devem ser adotadas após o julgamento dos recursos afetados pelo STF ou STJ, principalmente em relação aos demais que versarem sobre teses idênticas e que se encontram sobrestados nas instâncias inferiores. É que a norma em comento permite que a parte autora possa desistir do processo individual na pendência de um recurso excepcional repetitivo, logo após ter sido proferido o acórdão do processo paradigma. Neste caso, prevê o dispositivo que a desistência, manifestada por petição, independe da anuência do réu, bem como pode ser feita a qualquer momento desde, apenas, que não tenha sido proferida sentença no caso individual e se for acompanhada do pagamento dos honorários caso já tenha sido apresentada a contestação.

No meio acadêmico, já se chegou a sustentar que esta norma é positiva, por estimular a desistência do demandante depois que o STF ou STJ já firmaram a tese contrária, evitando maiores delongas e novas despesas processuais.[30] Mas é exatamente o contrário. O autor que manifesta a desistência no seu processo individual, após já ter sido proferida decisão de mérito desfavorável no recurso excepcional repetitivo paradigma, sugere uma atuação com deslealdade processual. Com efeito, o seu intento, neste caso, é claramente obter, por esta manobra, que independe da anuência do réu, uma sentença terminativa (art. 485, inc. VIIII), que apenas fará coisa julgada formal, não impedindo a propositura desta mesma ação oportunamente, caso ocorra, em curto espaço de tempo, um *overruled* do precedente. Trata-se de norma que, sob este ponto de vista, é absolutamente desnecessária e que, espera-se, não venha a ser adotada na sua literalidade. Contudo, se o mesmo demandante formular pedido de renúncia, esta já poderá ser homologada sem maiores problemas, posto que a mesma independe de anuência do demandado e irá permitir decisão com resolução do mérito (art. 487, inc. III, "c"), o que impedirá um novo processo envolvendo a mesma ação anterior.

5.7. CONCURSO E CUMULAÇÃO DE AÇÕES

Embora não seja inteiramente pacífico no meio doutrinário a distinção entre "concurso" e "cumulação" de ações, parece salutar adotar a recomendação da mais tradicional doutrina, que apresenta diferenças pontuais e de simples compreensão. Com efeito, o termo "concurso" de ações usualmente é adotado quando o próprio legislador confere ao titular do direito de ação mais de uma alternativa processual,

---

30 BUENO, Cassio Scarpinella. *Novo código de processo civil anotado.* 1ª ed. São Paulo: Saraiva, 2015, p. 683.

como ocorre quando o credor, municiado de prova escrita destituída de força executiva, tem a faculdade de optar entre o procedimento monitório ou comum.[31]

Por outro lado, a "cumulação" de ações já significa o exercício de mais de um direito de ação no mesmo processo. Nesta outra hipótese, a cumulação pode ser "subjetiva" (v.g., no litisconsórcio ativo, originário, facultativo e simples, em que cada litisconsorte é titular de um direito de ação próprio que está sendo exercido em face do demandado) ou "objetiva" (v.g., quando o mesmo demandante formula mais de um pedido no mesmo processo, cada um decorrente de uma causa de pedir distinta, mas em face do mesmo réu – é que nesta hipótese até poderiam ser instaurados dois processos, ou seja, um para cada pedido, mas o autor ainda assim optou por deduzir os dois pleitos em apenas um instrumento).[32]

31 SANTOS, Moacyr Amaral. *Primeiras linhas de direito processual civil*, v. 1. 27ª ed. São Paulo: Saraiva, 2010, p. 201.
32 SANTOS, Moacyr Amaral. *Primeiras linhas de direito processual civil*, v. 1. 27ª ed. São Paulo: Saraiva, 2010, p. 201.

6

PROCESSO

6.1. CONCEITO

Por muito tempo foi comum definir o processo como a sequência de atos processuais ordenados que tem como objetivo possibilitar ao magistrado a prolação de uma sentença, compondo a lide.[1] Contudo, há muito tempo este conceito já vinha sendo objeto de algumas críticas, posto que não necessariamente a sentença colocaria fim ao processo, já que o mesmo poderia se prolongar caso fosse interposto algum recurso.[2]

Nos dias atuais, diante do incremento do denominado "processo sincrético", isto é, daquele processo que se divide em duas etapas sendo a primeira de caráter cognitivo e a segunda de natureza executiva, é forçoso reconhecer que este tradicional conceito deve ser objeto de uma releitura. Com efeito, a sentença proferida não mais põe fim ao processo e sim apenas encerra a fase de conhecimento, o que evidencia que este processo irá continuar a tramitar, seja pela interposição de algum recurso ou mesmo em razão do início do módulo executivo. Assim, parece que atualmente é melhor compreender o processo como o instrumento em que o Estado exerce a sua atividade jurisdicional e que, internamente, se compõe de uma sequência de atos processuais, que podem ser praticados pelas mais variadas pessoas,[3] cujo objetivo não é mais a prolação de uma sentença e sim a obtenção de uma tutela, assim compreendida como uma proteção judicial.

6.2. NATUREZA JURÍDICA

São diversas as teorias que tentam esclarecer a natureza jurídica do processo, que melhor serão compreendidas após a análise do seu perfil histórico. Em seu início, o processo não ostentava qualquer autonomia, sendo que, por este motivo, sequer existia uma ciência processual. Nestes primórdios, o processo era visualizado como mero "procedimento", ou seja, como uma série de atos ordenados que tinha um determinado objetivo, que seria a solução de uma determinada situação ou mesmo a formação de um

---

1 SANTOS, Moacyr Amaral. *Primeiras linhas de direito processual civil.* 27ª ed. São Paulo: Saraiva, 2010. v. 1, pp. 280-281.

2 MALAN, Diogo Rudge. *A sentença incongruente no processo penal. Coleção Pensamento Crítico.* Coordenação: Geraldo Prazo. Rio de Janeiro: Lumen Juris, 2003, p. 119.

3 TOURINHO FILHO, Fernando da Costa. *Processo Penal.* 11ª ed. São Paulo: Saraiva, 1989. v. 3, p. 106.

ato final pela Administração Pública. A rigor, não existia o "processo" como atualmente é concebido.[4]

Posteriormente, a figura do processo começou a ser vislumbrada como um contrato, pois a vontade das partes estaria sendo afastada supostamente de comum acordo para que a solução ao litígio fosse dada por um magistrado. Trata-se de uma orientação que teve origem em um texto de Ulpiano e claramente inspirada no modelo do processo romano até então existente. Com efeito, este processo se dividia em duas fases, sendo a primeira denominada *in iure*, iniciando-se pela *actio* do autor e encerrando-se com a *litis contestatio*, momento em que as partes se comprometiam a submeter a questão controvertida ao magistrado, bem como a acatar a sua decisão, que seria apresentada ao final da segunda etapa, denominada *apud iudicem*.

Esta visão, no entanto, acabou não prevalecendo por diversos motivos, entre os quais podem ser destacados: a) o caráter público do processo, que difere do tom privatista dado aos contratos; b) a constatação de que o demandado não participa do processo e nem se submete a uma decisão judicial por sua livre vontade, mas sim por imposição normativa; c) que se encontra ausente o ajuste de vontade entre as partes, que se constitui em elemento basilar para a configuração de qualquer contrato. Por este motivo, até se tentou conceber o processo como um "quase contrato", tal como defendido pelo francês Arnault de Guényvau, nos meados do século XIX. No entanto, esta visão também foi rapidamente abandonada.

Em seguida, foi criada a teoria que via o processo como uma relação jurídica. Esta teoria, hoje predominante, surge da famosa obra de Oskar von Bullow, denominada *Die Lehre vonden Processeinreden und die Processvoraussetzungen*, publicada em 1868, e que é tida como a certidão de nascimento do direito processual, já que nela é que também se reconheceu, pela primeira vez, a autonomia deste ramo do Direito em relação aos demais. Segundo esta teoria, o processo deve ser compreendido como um conjunto de atos coordenados que adquire uma dupla noção: externamente se revelando pelo procedimento e, internamente, por se constituir em uma relação de direitos e obrigações que vincula mutuamente as partes e o juiz, dando ensejo ao surgimento da relação jurídica processual.[5] Sob esta ótica, quando o demandante provocasse o Estado-Juiz a prestar a jurisdição por meio da petição inicial, estaria sendo criada esta nova relação jurídica, que inicialmente é linear (vinculando apenas estes dois personagens) e que, após a realização da citação, transforma-se em angular ou triangular, dependendo da concepção adotada.[6] E, não menos importante, esta relação jurídica se perfaz independentemente da existência ou não da relação jurídica de direito material, esta sim representativa do vínculo existente entre o demandante e o demandado.

---

4 Para ilustrar esta proximidade entre os conceitos de "processo" e "procedimento": MEIRELLES, Hely Lopes. *Direito administrativo brasileiro*. 25ª ed. São Paulo: Malheiros, 2000, pp. 628-629. Já criticando acertadamente esta aproximação: CÂMARA, Alexandre Freitas. *Lições de direito processual civil*. 12ª ed. Rio de Janeiro: Lumen Juris, 2005. v. I, p. 147.

5 MARQUES, Allana Campos. *A relação jurídica processual como retórica: uma crítica a partir de James Goldschmidt. Críticas à teoria geral do direito processual penal*. Jacinto Nelson de Miranda Coutinho (Coord.). Rio de Janeiro: Renovar, 2001, pp. 171-189.

6 CÂMARA, Alexandre Freitas. *Lições de direito processual civil*. 16ª ed. Rio de Janeiro: Lumen Juris, 2007. v. I, p. 142.

Mas nem todos, porém, vislumbravam esta dualidade de relações jurídicas. Para James Goldschmidt, por exemplo, o processo nada mais era do que uma situação jurídica. É que, segundo esta outra concepção, antes de ser instaurado o processo o vínculo existente entre as partes é estático, somente surgindo uma situação dinâmica no momento em que se inicia o processo, quando são criadas expectativas de decisões favoráveis. Assim, a natureza jurídica do processo seria, nesta visão, a situação jurídica que corresponde ao estado em que as partes se encontram no processo enquanto aguardam a sentença.[7]

Entre os doutrinadores nacionais, é digno de nota o entendimento esposado por Afrânio Silva Jardim, segundo o qual o processo em realidade reflete uma "categoria jurídica autônoma", pois o grau de autonomia que o mesmo goza nos dias atuais não mais permite o seu enquadramento dentro de outras categorias ou institutos jurídicos já existentes, como um contrato por exemplo.[8] E, da mesma maneira, também Cândido Rangel Dinamarco apresenta a sua contribuição ao presente estudo, só que vislumbrando o processo não como uma "categoria autônoma", mas sim como a junção de diversas figuras jurídicas, tornando-o uma "entidade complexa". Assim, para este doutrinador o processo poderia ser considerado como um "procedimento animado pela relação jurídica processual".[9]

Mas, nenhuma destas três últimas posições veio a ser a mais adotada, motivo pelo qual ainda vem prevalecendo o entendimento defendido por Bullow, que define a natureza jurídica do processo como uma relação jurídica processual.

6.3. OBJETO DO PROCESSO CIVIL, PENAL E DO TRABALHO

Muito se debate na doutrina a respeito de qual seria o objeto do processo, discussão esta que vem gerando as mais diversas posições ou classificações. De forma extremamente sintética, é bastante comum afirmar que o processo civil (aí incluindo o trabalhista) é instaurado com a finalidade de solucionar uma lide, muito embora esta tenha caráter meramente acidental. Mas, ainda assim, o demandante quando provoca o Estado-Juiz espera obter uma providência, que é veiculada por meio da "pretensão", sendo esta resistida pelo demandado e sempre insatisfeita pelo Estado (eis que o mesmo é quem detém o monopólio da jurisdição).

Percebe-se, assim, a existência de duas pretensões distintas, sendo uma de cunho "material"[10] e outra de cunho "processual", com destinatários distintos e regramentos

---

7 CINTRA, Antônio Carlos Araújo; GRINOVER, Ada Pellegrini; DINAMARCO, Cândido Rangel. *Teoria geral do processo*. 15ª ed. São Paulo: Malheiros. 1999, pp. 283-284.

8 SILVA JARDIM, Afrânio. *Direito processual penal*. Rio de Janeiro: Forense, 2003, p. 50.

9 DINAMARCO, Cândido Rangel. *A instrumentalidade do processo*. 9ª ed. São Paulo: Malheiros, 2001, p. 126-127. CÂMARA, Alexandre Freitas. *Lições de direito processual civil*. 12ª ed. Rio de Janeiro: Lumen Juris, 2005. v. I, p. 147.

10 FONTES, André. *A pretensão como situação jurídica subjetiva*. Belo Horizonte: Del Rey, 2002, p. 175.

idem, razão pela qual as mesmas não podem ter tratamento assemelhado.[11] E é justamente a pretensão "processual" que se constitui no objeto do processo, conforme recomenda a doutrina mais abalizada.[12]

De forma semelhante ao que ocorre no direito processual civil, também no direito processual penal há certa divergência em se definir qual seria o seu objeto, o que não é uma dúvida exatamente nova. Uma concepção clássica, por exemplo, defende que este objeto seria uma hipotética pretensão punitiva do Estado, que somente poderia ser exercitada quando comprovado o fato criminoso e a responsabilidade do agente.[13] Contudo, este não é o entendimento majoritário eis que, modernamente, vem prevalecendo nesta seara que o objeto também seria a "pretensão processual",[14] que já foi apresentada como a pretensão externada por meio do direito de ação, veiculada por meio da imputação,[15] é que é dirigida ao Estado com o objetivo de viabilizar a condenação do denunciado.[16]

Desta maneira, observa-se que, de uma forma geral, tanto no processo civil (aí abrangendo o trabalhista) quanto no processo penal, a pretensão dita "processual" é que constitui o seu objeto.

6.4. PRESSUPOSTOS PROCESSUAIS

O processo, conforme já visto, se constitui em um conjunto de atos processuais que é praticado de forma sequenciada até que seja prestada a tutela jurisdicional pretendida pelo demandante. Cada ato processual que compõe o processo (v.g., petição inicial, citação, contestação, dentre outros) pode ser analisado sob o mesmo prisma dos atos jurídicos em geral, ou seja, cada um deverá ser inicialmente verificado se reúne os requisitos mínimos para que possa ter "existência" jurídica. Caso o ato processual exista, passa-se à verificação se o mesmo tem ou não "validade" e, por fim, restará tão somente analisar se o mesmo possui ou não "eficácia". É, portanto, uma apuração que deve ser realizada individualmente, ou seja, para cada ato processual e, dependendo da situação, o vício ocorrente em um dos atos pode atingir aqueles outros que dele derivarem.

No entanto, deixando de lado esta visão "micro", ou seja, individual de cada ato processual que compõe o processo, também há a necessidade de verificar se este existe, é válido e gera efeito ou, em outras palavras, o que se realiza por meio de uma análise "macro", que é a de todo processo. E, neste desiderato, é que se apresentam os pressupostos processuais. Com efeito, os pressupostos processuais de existência

---

11 BADARÓ, Gustavo Henrique Righi Ivahy. *Correlação entre acusação e sentença*. Coleção de Estudos de Processo Penal Prof. Joaquim Canuto Mendes de Almeida. São Paulo: RT, 2000. v. 3, pp. 72-75.

12 SANTOS, Moacyr Amaral. *Primeiras linhas de direito processual civil*. 27ª ed. São Paulo: Saraiva, 2010. v. 1, pp. 281-282.

13 BETTIOL, Giuseppe. *La correlazione fra acusa e sentenza nel processo penale*. Milano: Dott. A. Giuffré, 1936, p. 16.

14 SILVA JARDIM, Afrânio. *Direito processual penal*. Rio de Janeiro: Forense, 2003, p. 34.

15 BADARÓ, Gustavo Henrique Righi Ivahy. *Correlação entre acusação e sentença*. Coleção de Estudos de Processo Penal Prof. Joaquim Canuto Mendes de Almeida. São Paulo: RT, 2000. v. 3, pp. 82-83.

16 MALAN, Diogo Rudge. *A sentença incongruente no processo penal*. Coleção Pensamento Crítico. Coordenação: Geraldo Prazo. Rio de Janeiro: Lumen Juris, 2003, p. 104.

são aqueles que permitirão constatar se o processo, como um todo, tem existência jurídica ou se o mesmo se reduz a um mero amontoado de papéis completamente irrelevantes para o Direito. E, acaso confirmada a existência jurídica do processo se passa à verificação se o mesmo é válido, o que é realizado por meio do enfrentamento dos pressupostos processuais de validade ou de desenvolvimento. Portanto, embora a natureza jurídica do processo seja discutível, o mesmo se submete a uma verificação que é extremamente semelhante à dos atos jurídicos em gerais, ou seja, se o mesmo possui existência jurídica e, em caso afirmativo, se é válido e pode continuar a se desenvolver.

O tema *pressupostos processuais* sempre vem gerando bastante controvérsia no âmbito doutrinário, pois o mesmo sequer foi objeto de um tratamento mais adequado pelos Códigos processuais. Com efeito, o CPC (art. 485, inc. IV) estabelece que o processo deve ser extinto sem resolução do mérito quando ausentes os pressupostos processuais, muito embora não esclareça quais seriam eles. Esta omissão normativa tem fomentado o debate acadêmico, o que gera classificações absolutamente distintas entre si sobre o rol dos pressupostos processuais.

Nesta obra, porém, se optou por uma que até pode ser considerada como das mais tradicionais, embora pouco exaustiva. Mas, ainda assim, é de se criticar a permanência, entre nós, dos pressupostos processuais, dado o caráter extremamente instrumental que vem sendo dado à ciência processual nos dias atuais, que acaba, por muitas vezes, permitindo o aproveitamento de certos atos já praticados em prol de uma maior eficiência do que simplesmente desconsiderar o que já foi feito e extinguir laconicamente o processo, para que outro seja instaurado com enorme dispêndio de tempo e esforço de todos os envolvidos. E, de certa maneira, esta visão não é absolutamente equivocada, pois certas situações que são indicadas como pressupostos processuais não necessariamente irão motivar a extinção do processo caso estejam ausentes, como é a hipótese envolvendo a competência do órgão jurisdicional. Com efeito, usualmente o juízo incompetente declina em prol do órgão competente para o qual remete os autos físicos em vez de extinguir o processo (art. 487, inc. IV). Logo, há necessidade de uma reflexão mais madura sobre esta classificação, dos pressupostos processuais, ainda ser justificável ou não, mormente em virtude de o CPC fomentar o princípio da primazia da resolução do mérito.

6.4.1. Pressupostos processuais de existência

Conforme esclarecido acima, as leis processuais não estabelecem um rol de quais seriam os pressupostos processuais de existência. De uma forma geral, diversos doutrinadores enumeram que para que um processo tenha existência jurídica, no mínimo há a necessidade que: a) o mesmo tenha sido instaurado perante um órgão jurisdicional; b) que no processo haja partes; c) que haja uma demanda.

Quanto à necessidade de um "órgão jurisdicional", a exigência parece absolutamente salutar, pois somente o mesmo pode prestar atividade jurisdicional, o que é necessário para caracterizar aquelas folhas de papéis como componentes de um "processo". Da mesma maneira, também se precisa que neste processo existam "partes" (ou pelo menos o demandante) para que haja a "demanda", ou seja, o ato de provocar o Estado-Juiz a prestar a jurisdição, dado que uma das características desta última é a inércia. Portanto, ausentes quaisquer um destes três pressupostos, o processo não existirá juridicamente, de modo que nele não haverá a prestação de qualquer providência de cunho jurisdicional.

6.4.2. Pressupostos processuais de validade ou de desenvolvimento

Os pressupostos processuais de validade ou de desenvolvimento, além de não estarem relacionados em lei, também são objetos de crítica quanto à nomenclatura tradicionalmente empregada. Com efeito, há quem sustente que o termo "pressuposto" antecede a existência do ato, de modo que como a validade somente é analisada após o ato já ter sido reputado como juridicamente existente, melhor então seria tratar tais exigências como "requisitos" de validade ou de desenvolvimento.[17] Opta-se nesta obra, porém, pelo uso da nomenclatura que é tradicionalmente utilizada.

Os pressupostos processuais de validade se destinam a legitimar e tornar válido o processo já que se encontra instaurado e existente. Logo, não basta apenas que haja um órgão jurisdicional, pois o mesmo também precisa ser "competente". Da mesma maneira, as partes que estão no processo devem ser "capazes" e a demanda instaurada também deve ser "regular". Portanto, usualmente são apontados como pressupostos de desenvolvimento: a) competência do órgão jurisdicional; b) capacidade das partes; c) regularidade da demanda.

Quanto à "competência do órgão", o tema, por ser bem mais exaustivo, já foi objeto de estudo em momento próprio, mais precisamente no Capítulo 4, ao qual por ora se reporta, eis que para fins didáticos foi abordado logo após o estudo do tema "jurisdição". No que diz respeito à "regularidade da demanda", a mesma basicamente significa que esta provocação deve ser de acordo com as exigências normativas, ou seja, deverá ser efetuada por meio de uma petição inicial, com observância aos requisitos previstos em lei (art. 319 c/c art. 106, inc. I c/c art. 798, entre outros). E, por fim, as partes devem ser "capazes", que é um tema já merecedor de abordagem mais específica a seguir.

6.4.2.1. Capacidade processual

A "capacidade processual" deve ser reputada como um gênero, abrangendo como espécies a "capacidade de ser parte", a "capacidade de estar em juízo" e, também, a "capacidade postulatória", de modo que a mesma somente estará presente quando as

---

17 DIDIER JÚNIOR, Fredie. *Curso de direito processual civil*. 17ª ed. Salvador: JusPodivm, 2015. v. 1, p. 310.

três espécies forem respeitadas. É que, caso ausente qualquer uma delas, o processo poderá seguir uma trilha que o conduzirá à extinção (art. 485, inc. IV), a uma suspensão (v.g., art. 313, inc. I) ou mesmo à revelia (art. 76, inc. II), conforme o caso.

A primeira delas é a "capacidade de ser parte" que é bastante assemelhada à "capacidade de direito" estudada no Direito Civil. Com efeito, por "capacidade de direito" se entende a aptidão que a pessoa, seja ela jurídica ou física, possui para ser titular de direitos e para contrair obrigações. Só que, no direito processual, a "capacidade de ser parte" se refere à aptidão para ser sujeito de uma relação jurídica processual, que tanto pode ser atribuída àqueles que possuem personalidade jurídica como aos que não a possuem, como seria o caso da massa falida (art. 75, inc. V), do espólio (art. 75, inc. VII), da sociedade de fato (art. 75, inc. IX), dos condomínios (art. 986, CC), das comunidades indígenas ou grupos tribais (art. 37, Lei nº 6.001/73), dentre outras.

A segunda é a "capacidade de estar em juízo", o que de certa forma também se assemelha à "capacidade de fato", pois tanto em uma quanto em outra o que se perquire é se aquela determinada pessoa ou ente tem capacidade para, por si só, estar presente no processo desacompanhada da presença de outra ou mesmo de autorização, representação ou assistência. É muito conhecida como *legitimatio ad processum*, não guardando semelhanças com a legitimidade para a causa (*legitimatio ad causam*), que é estudada no tema "condições da ação". Portanto, ainda que alguém tenha "capacidade para ser parte", não necessariamente terá "capacidade para estar em juízo", como também ocorre nas classificações próprias do Direito material. Com efeito, caso o direito lesado tenha como titular um menor de dezesseis anos, o mesmo terá "capacidade de ser parte", mas necessariamente precisará ser representado em juízo, pois é o seu representante quem irá suprir a "capacidade de estar em juízo". Observa-se, portanto, semelhança com as paralelas no Direito Civil, já que nele o menor em comento tem capacidade de direito, mas para praticar qualquer ato precisará estar representado, por não possuir capacidade de fato.

Assim, à semelhança do que acontece nos outros ramos do Direito, os absolutamente incapazes deverão ser representados em juízo e os relativamente capazes apenas assistidos, valendo esclarecer que esta assistência de forma alguma é a assistência simples ou qualificada, que é objeto de estudo no tema "intervenção de terceiros". E, para efeitos exclusivamente processuais, será considerada como parte o representado ou o assistido, posto que o representante ou assistente apenas estarão suprimindo a ausência de "capacidade para estar em juízo", como já exposto no parágrafo anterior.

E, ainda quanto à "capacidade de estar em juízo", é certo que existem outras situações que a caracterizam além da representação e da assistência, que usualmente são invocadas a título exemplificativo. O CPC, por exemplo, estabelece em uma das suas normas (art. 73) que um cônjuge somente pode propor demandas que versem sobre direitos reais imobiliários caso esteja devidamente autorizado pelo outro, norma aplicável dependendo do regime de casamento (v.g., a mesma é inexigível quando se tratar de regime de casamento com separação absoluta de bens") e que não caracteriza exigência de litisconsórcio, ou seja, a presença do outro cônjuge no processo, bastando que o mesmo outorgue esta autorização, que conferirá "capacidade de estar em juízo" ao outro cônjuge que instaurar o processo.

Por fim, além das duas acima mencionadas também há a necessidade de que a parte possua "capacidade postulatória", assim compreendida como a aptidão de ser autorizada a se dirigir, seja por meio de petições ou oralmente, diretamente ao membro do Poder Judiciário. Esta capacidade postulatória é aquela que possuem os advogados em geral, bem como os membros do Ministério Público e também de outras instituições (v.g., defensores públicos). O magistrado, porém, não ostenta capacidade postulatória, de modo que somente pode prestar informações no processo, sendo-lhe vedado praticar os atos privativos dos detentores desta capacidade. Assim, nenhum problema há quando o juiz prestar informações naquelas situações em que for apontado como autoridade coatora em mandado de segurança ou mesmo quando arguirem sua suspeição ou impedimento (art. 146), para citar dois exemplos. Porém, se o magistrado não concordar com a eventual decisão que vier a ser proferida nestes casos, terá obrigatoriamente que constituir um advogado para que o mesmo possa apresentar recurso em qualquer uma dessas hipóteses, eis que o ato de recorrer somente pode ser praticado por "parte" que, para tanto, deve ter capacidade de ser parte, capacidade de estar em juízo e, principalmente, capacidade postulatória.

Eventualmente até mesmo é possível que a capacidade postulatória seja outorgada diretamente à parte envolvida, o que ocorre em caráter excepcional. Por exemplo, legislação especial (art. 9º, Lei nº 9.099/95), dispensa a presença de advogado quando se tratar de demanda instaurada perante o Juizado Especial Estadual, mas desde que o conteúdo econômico da obrigação não ultrapasse o equivalente a vinte salários-mínimos, muito embora exija obrigatoriamente a constituição de patrono para eventual interposição de recurso inominado ou apresentação de contrarrazões a Turma Recursal (art. 41, § 2º, Lei nº 9.099/95).[18] E, por vezes, a presença do advogado é dispensada mesmo quando não há previsão normativa clara, em situações que buscam prestigiar o princípio que garante o livre acesso à Justiça ou mesmo tutelar algum direito de maior relevância, como o da liberdade humana. Desta feita, a parte poderá propor demandas desacompanhada de advogado quando se tratar de *habeas corpus*, reclamações trabalhistas na Justiça do Trabalho, demandas perante o Juizado Especial Federal, entre alguns poucos outros casos.

Porém, quando for obrigatória a presença do advogado, o mesmo deverá obrigatoriamente estar nos autos, o que pode motivar as mais distintas consequências processuais. Assim, se o magistrado constatar a ausência do patrono, a primeira providência é determinar a suspensão do processo por prazo razoável

---

18 STF. Ação direta de inconstitucionalidade nº 1.539. Rel. Min. Maurício Corrêa. S/d.

para que o mesmo seja constituído (art. 76). Só que, não regularizada a capacidade postulatória no prazo, a consequência processual irá variar dependendo de esta circunstância envolver o demandante ou o demandado. É que, se estiver ausente o patrono do autor, o processo fatalmente será extinto pela falta de pressuposto processual (art. 76, inc. I c/c art. 485, inc. IV). Porém, se for o demandado quem estiver desacompanhado de advogado, o processo mesmo assim prosseguirá, mas com o decreto da revelia (art. 76, inc. II).

De resto, é importante frisar que é amplamente admitido pela jurisprudência que os atos praticados pela parte quando a mesma possuía capacidade postulatória devem ser preservados. Vale dizer, se um recurso tiver sido interposto pelo demandante para impugnar a sentença e, se antes do julgamento, o advogado tiver renunciado aos seus poderes, ainda assim este recurso será analisado, pois no momento da prática deste ato processual a parte tinha plena capacidade processual.[19]

6.4.3. Pressupostos processuais negativos

Os pressupostos processuais negativos se encontram relacionados no CPC (art. 485, inc. V), que enumera a litispendência, a coisa julgada e a perempção. É que, uma vez detectada pelo magistrado a presença de alguma dessas situações, o processo não mais poderá se desenvolver e terá que ser imediatamente sentenciado justamente com fundamento neste dispositivo.

A litispendência e a coisa julgada material se encontram conceituadas no próprio CPC (art. 337, §§ 1º, 2º e 3º c/c art. 502) e, para serem caracterizadas, em ambos os processos deve estar sendo exercido o mesmo direito de ação, o que é analisado de acordo com a teoria da tríplice identidade, ou seja, das partes, pedido e causa de pedir. Já a perempção se constitui em uma sanção para aquele que exerce abusivamente o direito de ação, tendo deixado o processo instaurado ser extinto por três vezes já em razão do abandono (art. 486, § 3º).

6.5. ESPÉCIES DE PROCESSO

Era comum afirmar a existência de três modelos de processo distintos: o processo de conhecimento, o processo cautelar e o processo de execução, havendo grandes diferenças entre cada um deles.

O processo de conhecimento é aquele instaurado pelo interessado que busca uma tutela satisfativa, ou seja, aquela que irá satisfazer a sua pretensão de direito material. Neste processo, o demandante irá afirmar a ocorrência de um fato e deverá comprová-lo. O demandado será citado e poderá impugnar o que o autor afirma, também podendo apresentar a seu favor outros fatos impeditivos, modificativos ou extintivos. No decorrer

---

19 STJ. Embargos de divergência em REsp nº 111.294/PR. Rel. Min. Castro Filho. S/d.

deste processo haverá a produção de provas com o objetivo de convencer o magistrado a respeito de como a situação fática se desenvolveu e, ao final, será proferida uma sentença com ou sem resolução de mérito. Vale dizer que, salvo algumas exceções, posteriormente esta sentença terá que ser objeto de execução, pois nem sempre o demandado concorda em cumpri-la ou os seus efeitos se perfazem automaticamente.

O processo cautelar, por seu turno, já guardaria enormes semelhanças com o processo de conhecimento, pois também decorre de iniciativa do interessado que irá afirmar um fato em sua petição inicial, ao passo que o demandado teria oportunidade de resposta, também havendo dilação probatória tendente a obter o convencimento do juiz. A diferença, no entanto, seria que a tutela pretendida pelo autor no processo cautelar não poderá ser satisfativa, ou seja, a mesma terá natureza cautelar. Contudo, o CPC não reproduziu, como no modelo primitivo (CPC-73), um Livro próprio para cuidar do processo cautelar autônomo, o que, seria um suposto indicativo de que esta espécie de processo não mais subsiste. Além disso, outro indicativo foi a previsão da manutenção das "providências cautelares", que passam a ser concedidas no bojo do próprio processo principal, por meio de um mecanismo denominado "tutela provisória de urgência cautelar" (art. 305 – art. 310). Contudo, embora seja coerente afirmar que, a longo prazo, o intento realmente foi o de eliminar a autonomia do processo cautelar, certo é que alguns permanecerão. Com efeito, desde o momento em que entrou em vigor o CPC, todos os processos instaurados que observem rito extinto pela novel legislação permanecerão sendo regidos pelo modelo anterior (CPC-73), em razão de norma sobre direito intertemporal prevista nas disposições finais (art. 1.046, § 1º), o que denota a permanência de todas as cautelares autônomas que ainda não foram decididas (v. item nº 41.3.3.). Em leis especiais, também se constata a permanência de algumas cautelares autônomas, tal como ocorreu com a conhecida "medida cautelar fiscal" (Lei nº 8.397/92). Além disso, o CPC também manteve a cautelar autônoma de produção antecipada de provas (art. 381 – art. 383), o que, evidentemente, sepulta qualquer questão sobre este tema.

E, ainda, também é bastante comum defender a existência de um processo de execução, muito embora este já possua diversas diferenças em relação aos demais. É que a execução é usualmente concebida como o processo ou etapa em que o magistrado determina as medidas executivas tendentes ao cumprimento de uma obrigação constante no título executivo. Neste processo ou etapa, a atuação jurisdicional não busca reconhecer um direito, mas sim adotar as medidas necessárias para a sua satisfação. Há, portanto, um mérito na execução, justamente consistente na prática destes atos, muito embora nela não ocorra julgamento. Por este mesmo motivo (ausência de julgamento) é que não há necessidade de produção de provas com vistas a obter o convencimento do magistrado, embora essas até possam ocorrer quando, no bojo da execução, se instaura algum incidente cognitivo como, por exemplo, quando se discute a respeito da possibilidade de aplicação da desconsideração da personalidade jurídica. O mais curioso é que, diversamente do que ocorre no processo de conhecimento, o mérito na execução é atendido antes da prolação da sentença. Em outras palavras, somente após já ter ocorrido a satisfação do crédito em decorrência do emprego dos meios executivos é que o juiz irá proferir sentença extinguindo-o.

Atualmente, porém, também se reconhece a existência de um processo que vem sendo denominado "sincrético", ou seja, um único processo que, ao mesmo tempo, teria finalidade cognitiva, cautelar e executiva, fazendo um amálgama dos três.[20] É, de fato, uma tendência que deve ser aplaudida e que traz grandes vantagens ao jurisdicionado, pois se evita a repetição de certos atos processuais, como uma nova citação no momento em que a execução se inicia, apenas para citar um exemplo. Deveras, parece cada vez mais adequado concluir que caminhamos na direção haver somente um processo jurisdicional, independemente da tutela que nele venha a ser deduzida.[21]

6.6. ESTABILIZAÇÃO SUBJETIVA E OBJETIVA DO PROCESSO

É esperado que, em certa etapa ou momento processual, o mesmo não possa mais sofrer alterações de ordem subjetiva (mudança de partes) ou mesmo objetiva (alteração de pedido), pois isso poderia gerar certos entraves que obstaculizariam a entrega da prestação jurisdicional.

É até comum afirmar que, no processo de conhecimento, não há estabilização subjetiva, pois não há obstáculos em se alterar os sujeitos do processo diante de certas circunstâncias, como a correção do polo passivo em decorrência da ilegitimidade (art. 338 c/c art. 339), nos casos de alienação do suposto direito litigioso (art. 109, § 1º) ou mesmo falecimento de uma das partes, o que motivará a habilitação dos sucessores (art. 687), salvo se o direito for considerado intransmissível, caso em que o processo deverá ser realmente extinto sem resolução do mérito (art. 485, inc. IX). Portanto, a sucessão processual, que é o ingresso de novas partes substituindo as anteriores, é instituto frequente na ciência processual. Logo, é melhor concluir que, no processo civil, não se deve falar em estabilidade subjetiva, já que diversas situações admitem o ingresso ulterior de outras partes no processo, embora apenas em situações excepcionais admitidas expressamente por lei.

Quanto à estabilidade objetiva, ou seja, à possibilidade de alteração do pedido no curso do processo, o mesmo será abordado em momento próprio (v. item nº 14.5.5.).

---

20 MOREIRA, José Carlos Barbosa. *Temas de direito processual civil, nona série*. São Paulo: Saraiva, 2007, p. 315.

21 Na doutrina, já há quem defenda que, com o advento do novo CPC, passamos a ter apenas uma categoria de processo, sendo que nele poderá ser requerida uma tutela jurisdicional de feição satisfativa, cautelar ou executiva: BUENO, Cassio Scarpinella. *Manual de direito processual civil*. São Paulo: Saraiva, 2015, p. 65. A orientação realmente parece ser a mais adequada. Contudo, nesta obra, ainda se optou pela manutenção das expressões "processo de conhecimento" ou "processo de execução", malgrado somente exista um "processo", pois são expressões muito difundidas e utilizadas por todos os operadores do Direito e que, embora sejam "desnecessárias" sob este ponto de vista, de forma alguma seriam "equivocadas".

6.7. CAUSAS DE SUSPENSÃO E DE EXTINÇÃO DO PROCESSO

A suspensão do processo é uma situação temporária, em que o mesmo deixa de se desenvolver por algum motivo e, por se tratar de uma situação excepcional em que o processo não mais se desenvolve, as normas que as estabelecem devem ser interpretadas restritivamente.

Enquanto perdurar esta suspensão, apenas os atos processuais considerados urgentes é que poderão ser praticados, salvo no caso de arguição de impedimento e de suspeição (art. 314). Se algum outro ato for praticado durante o período de suspensão, esta circunstância não necessariamente irá qualificá-lo como viciado, pois cada situação concreta deverá ser analisada pelo juiz sob o ponto de vista da instrumentalidade do processo.

Também é bastante comum distinguir a suspensão "própria" da "imprópria". A própria é aquela em que há a paralisação total do processo como, por exemplo, quando tiver sido concedida uma tutela provisória no bojo da ação rescisória justamente para o fim de sobrestar uma execução eventualmente em curso (art. 969). Por outro lado, a suspensão imprópria é aquela que apenas paralisa a tramitação de parte do processo, como ocorre com o oferecimento e recebimento de uma arguição de impedimento ou de suspeição do magistrado, uma vez que este incidente continuará a tramitar ainda que parte do processo fique suspensa (art. 313, inc. III).

As hipóteses de suspensão se encontram pulverizadas no CPC, mas há disposição em Título próprio que tenta dar um tratamento mais exaustivo ao tema (art. 313), contemplando diversas hipóteses. A primeira situação, prevista no inc. I, cuida da morte ou perda da capacidade processual de qualquer das partes, de seu representante legal ou de seu procurador, já foi ventilada anteriormente (v. item nº 6.4.2.1.).

O segundo caso se encontra previsto no inc. II, que prevê a possibilidade de o processo ser suspenso por motivo de convenção das partes, o que retrata uma manifestação plausível de "negócios processuais", muito embora esta suspensão não possa perdurar mais do que seis meses (art. 313, § 3º).

A terceira situação que permite a suspensão do processo até mesmo já foi trabalhada anteriormente, pois retrata uma hipótese de suspensão "imprópria", que é justamente o oferecimento e recebimento da peça de arguição de impedimento ou de suspeição do magistrado

O quarto caso de suspensão ocorre quando for admitido o IRDR (art. 976 – art. 987), que é instaurado perante um dos Tribunais inferiores (v.g., TRF-2), e que tem por objetivo criar um precedente que vinculará os seus órgãos que estejam com demandas tratando de idêntica matéria.

A quinta hipótese de suspensão ocorre quando uma questão prejudicial primeiramente deve ser dirimida em outro processo para que, somente após, o curso do outro possa ser retomado. Esse período de suspensão, no entanto, não pode ser superior a um ano (art. 313, § 4º). De acordo com uma interpretação puramente literal, findo este prazo o magistrado deverá determinar o prosseguimento do processo (art. 313, § 5º).

Já a sexta situação de suspensão do processo é assaz ampla e subjetiva, pois decorre de motivo de "força maior", usualmente considerada como aquela situação que até pode ser previsível porém não se pode evitar, também sendo completamente alheia à vontade humana. Catástrofes naturais, por exemplo, podem eventualmente ocasionar a suspensão dos processos que tramitam em uma determinada base territorial, muito embora isso dependa de ato formal a ser editado pela autoridade judiciária com atribuição para tanto.

Há, também, a possibilidade de suspensão do processo quando se está discutindo, em juízo, questão decorrente de acidente e fatos da navegação que estejam sendo apreciados em sede de Tribunal Marítimo, que não é órgão integrante do Poder Judiciário.

O próximo inciso desta norma (art. 313. Inc. VIII) também permite a suspensão do processo em outros casos previstos no CPC como ocorre, por exemplo, na já noticiada hipótese em que for concedida tutela provisória no bojo de uma ação rescisória, determinando-se o sobrestamento da etapa de execução que se encontra tramitando em instância inferior (art. 969).

E, de resto, os últimos incisos desta norma (art. 313, incs. IX e X – acrescentados pela Lei nº 13.363/2016), permitem a suspensão do processo pela ocorrência de parto ou pela concessão de adoção, quando a advogada responsável pelo processo constituir a única patrona da causa e, também, quando o advogado responsável pelo processo constituir o único patrono da causa e tornar-se pai (o período de suspensão varia conforme a hipótese – art. 313, §§ 6º e 7º). Vale dizer que, em tais casos, a suspensão ocorre tão logo ocorra o fato gerador ("nascimento"), independentemente de comunicação imediata ao Juízo.[22]

Quanto às causas de extinção do processo, serão abordadas no capítulo 23, que cuida com mais profundidade do tema "sentença" (v. item nº 23.2.).

---

22 STJ. REsp nº 1.799.166-GO. Rel.ª Min.ª Nancy Andrighi. DJ 04/04/2019.

TUTELA JURISDICIONAL

7.1. INTRODUÇÃO

Quando algum interessado provoca o Estado-Juiz a prestar a jurisdição, o que espera obter é alguma tutela jurisdicional, ou seja, uma determinada proteção daquele que assegura o monopólio deste mister de distribuir e realizar Justiça. O processo, enquanto instrumento, é apenas o veículo para que esta proteção seja obtida. E, da mesma maneira, a atividade desempenhada pelo magistrado no curso do processo não se exaure com a mera prolação da sentença, eis que ainda assim haverá uma sequência de outros atos processuais posteriores no sentido da execução do julgado. Em outras palavras, a etapa superveniente de cumprimento da sentença é claro indicativo de que o ofício jurisdicional somente se encerra com a efetiva satisfação do direito material. Não é por outro motivo, aliás, que norma constante no CPC (art. 494), não mais estabelece que, publicada a sentença, o juiz encerraria o seu ofício.

De qualquer modo, as tutelas podem sofrer classificações distintas de acordo com o ponto de vista empregado, praticamente inserindo-as dentre de dois grandes grupos: o primeiro arraigado fortemente em aspectos extraídos do direito material ("tutelas materiais") e outro com cunho fortemente processual ("tutelas processuais"), já que reflete a forma de gestão do processo com o objetivo de equacionar o melhor resultado possível em detrimento do menor gasto de tempo, despesas e da própria máquina judiciária como um todo.

No primeiro grupo, a tutela jurisdicional se classifica de acordo com o intento pleiteado pelo demandante, ou seja, é estabelecida à luz da análise da pretensão de direito material. Neste grupo, é comum trabalhar com as seguintes tutelas que podem vir a ser obtidas no curso do processo: a) tutelas declaratórias, constitutivas e condenatórias; b) tutela ressarcitória; c) tutela inibitória; d) tutela cautelar.

Vale dizer que, neste primeiro grupo, estas tutelas podem ser obtidas no curso de um processo de conhecimento, de execução ou mesmo no tão propalado processo sincrético. Afinal, se é certo que são diversos os tipos de tutela, também é certo que são muitos os processos existentes com o intuito de viabilizá-las.

O segundo grupo, por sua vez, trabalha com a expressão "tutela" levando em consideração aspectos processuais ou técnicas de gerenciamento do processo por parte do magistrado. Nesta outra classificação, que será detidamente esclarecida posteriormente, é possível trabalhar com: a) tutela de evidência definitiva; b) tutela provisória; c) tutela específica.

Por fim é de se ressaltar que os dois grupos não se excluem mutuamente, ou seja, é perfeitamente possível que as duas classificações interajam entre si. Assim, é perfeitamente crível, por exemplo, que o magistrado possa, em um determinado processo, ter reconhecido uma tutela de evidência ressarcitória ou, então, ter deferido uma tutela provisória inibitória.

7.2. CLASSIFICAÇÃO QUANTO AO OBJETIVO DO DEMANDANTE – TUTELAS MATERIAIS

7.2.1. Tutelas declaratórias, constitutivas e condenatórias

O demandante, quando provoca a atuação do Estado-Juiz, aguarda uma proteção jurisdicional, que pode ter feição declaratória, constitutiva ou condenatória.

A natureza declaratória da tutela pretendida denota a existência de uma dúvida que se pretende eliminar pela prolação do ato decisório final. Por sua vez, uma tutela constitutiva objetiva a criação, modificação ou extinção de um vínculo de direito material anteriormente constituído. E, ainda, há também as tutelas condenatórias, que são aquelas em que o demandante pretende obter uma condenação do demandado em obrigação de pagar, fazer, não fazer ou entrega de coisa.

Estas tutelas materiais devem ser classificadas em conjunto com as demais que serão abordadas, pois é perfeitamente possível que exista uma tutela satisfativa ressarcitória condenatória ou uma tutela cautelar (não satisfativa) declaratória, entre muitas outras combinações. Seriam os casos, respectivamente, de uma sentença proferida em processo de conhecimento que condena o demandado a pagar certo valor a titulo de danos morais e outra sentença, dada em processo cautelar, homologando a produção antecipada da prova (art. 381 – art. 383).

De qualquer maneira, este tema afeto às tutelas declaratórias, constitutivas e condenatórias necessariamente voltará a ser aprofundado em momento próprio, mais precisamente na classificação das sentenças quanto ao seu conteúdo (v. item nº 23.3.2.), pois é neste ato que o Estado-Juiz presta jurisdição tal como requerida na petição inicial.

7.2.2. Tutela satisfativa ressarcitória

A tutela ressarcitória é aquela que usualmente é a mais buscada pelos demandantes em processo judicial. A mesma é pleiteada quando, no plano do direito material, já ocorreu um fato "ilícito", ou seja, contrário ao Direito e que tenha resultado em algum "dano" a alguém. Esta figura trabalha, portanto, tanto com a figura do "ilícito" quanto com a do "dano". Mas não pretende o autor da demanda, em absoluto, que haja o desfazimento do comportamento contrário ao Direito, mas sim que ocorra a recomposição do seu patrimônio que foi lesado.[1]

---

1 CAVALIERI FILHO, Sérgio. *Programa de responsabilidade civil*. 2ª ed, 3ª tir. São Paulo, Malheiros, 2000, p. 70.

Como exemplo, pode se imaginar um processo de conhecimento que observa o procedimento comum, que foi instaurado para a obtenção de indenização em razão dos danos materiais sofridos em virtude de um acidente entre veículos de via terrestre. É que, neste caso, o fato ilícito não pode ser desfeito muito embora o dano gerado possa ser reparado por meio de uma prestação traduzida em pecúnia.

Esta é uma tutela considerada de cunho satisfativo, pois, quando o magistrado a enfrenta, estará satisfazendo a pretensão de direito material. Portanto, para o seu reconhecimento, há a necessidade de alegação e comprovação dos fatos, o que é indicativo de que a mesma deverá ser pleiteada em um processo de conhecimento, seja ele em caráter individual ou coletivo, seja ainda em procedimento comum ou especial. De todo modo, também se admite a sua análise e reconhecimento em incidentes cognitivos decorrentes de processos de execução.

7.2.3. Tutela satisfativa inibitória

A tutela inibitória é de natureza preventiva, pois o seu escopo é prevenir a ocorrência de um "ilícito". Assim, diferentemente da tutela ressarcitória em que o ilícito já ocorreu e que o escopo é fazer cessar as suas consequências ou obter a reparação do dano, a tutela inibitória torna-se ímpar neste sentido, já que o intento da parte em instaurar o processo é obter uma providência que impeça a prática, a repetição ou a continuação do ilícito, tornando a figura do "dano" completamente estranha a si.[2]

Sua previsão se encontra, de certa maneira, na própria Carta Magna (art. 5º, inc. XXXV, CRFB), que permite o acesso ao Judiciário para evitar "lesão" a direito, ou seja, prevenir a ocorrência do ilícito.

Esta proteção inibitória que se pretende obter também pode ter uma feição positiva ou negativa. Usualmente, a vítima vem ao Poder Judiciário postular um provimento jurisdicional em razão de um comportamento positivo praticado pela parte contrária. Busca-se, portanto, uma decisão judicial que imponha uma abstenção pela parte contrária, o que pode ser reputado como uma tutela inibitória "negativa". Seria o caso, por exemplo, de um proprietário de um determinado bem, que vem em juízo propor uma demanda em procedimento comum, narrando um abuso no direito de construir por parte do seu vizinho, requerendo a concessão de um provimento provisório inibitório, fazendo cessar este ilícito.

Por outro lado, por vezes a própria omissão em agir já constitui um ilícito, o que pode autorizar a busca por uma tutela inibitória "positiva", ou seja, no sentido de que o demandado seja condenado a praticar algo para evitar que a sua inércia caracterize um comportamento contrário ao Direito. Por exemplo, se um fabricante de medicamentos não presta as informações adequadas quanto ao produto, estará descumprindo o ônus imposto pela legislação consumerista (art. 6º, inc. III, Lei nº 8.078/90). E, diante da

---

2 MARINONI, Luiz Guilherme. *Técnica processual e tutela dos direitos*. São Paulo: RT, 2004, p. 255.

lesão social que esta omissão poderá acarretar, poderá o Ministério Público ajuizar uma ação civil pública para que o demandado em questão seja condenado a prestar adequadamente as informações sobre o produto que comercializa, o que implicará na adoção de uma postura positiva em virtude de ser exigido um atuar concreto.

A grande dificuldade daquele que pleiteia uma determinada tutela inibitória reside na produção da prova. É que, diferentemente da tutela ressarcitória em que o fato e o dano já ocorreram (foco no passado), a tutela inibitória tem caráter preventivo e muitas vezes busca cuidar de algo que ainda sequer ocorreu (ou seja, visão para o futuro). Sob esta ótica, constata-se que se torna deveras complicado produzir prova de algo que ainda não foi praticado. Por este motivo, aliás, a prova em processos em que se busca uma tutela inibitória deve recair, em regra, sobre os meios ou atos preparatórios que evidenciam que o ilícito será praticado.[3]

E, ainda, como a tutela inibitória traz ínsita em si uma situação de urgência, é salutar que, já no limiar do processo, o magistrado possa verificar se é hipótese ou não para a concessão da tutela provisória. A ressalva, no entanto, é que para esta análise não será verificada a presença do risco de dano irreparável ou de difícil reparação (o que é exigido pelo CPC – art. 300), eis que, como visto acima, este tipo de tutela apenas trata do ilícito, razão pela qual a configuração do dano lhe seja irrelevante, muito embora este possa até ocorrer no curso do processo.[4] Aliás, não há impedimentos para que, em um mesmo processo, o demandante possa postular uma tutela inibitória e, em concurso eventual ou subsidiário de pedidos, até mesmo uma tutela ressarcitória, caso no curso do processo o ilícito que se pretendia evitar tenha vindo a ocorrer e tenha gerado algum dano.

7.2.4. Tutela cautelar (não satisfativa)

A tutela cautelar é aquela que busca reconhecer um direito a uma cautela ou, de forma mais simples, a que busca tornar útil ou proveitoso um provimento jurisdicional que já foi ou que virá a ser proferido no próprio processo. Esta modalidade de tutela, por vezes, pode se assemelhar em relação a todas as outras acima mencionadas, pois aquelas eventualmente também podem necessitar de algum provimento judicial de urgência.[5] A mesma, no entanto, é substancialmente diferente de todas as demais enumeradas neste grupo, por não possuir cunho satisfativo. Vale dizer, o máximo que o magistrado pode realmente reconhecer ao pronunciar o ato decisório é uma proteção meramente cautelar, em uma situação emergencial, sem que haja afirmação definitiva sobre o direito material, que apenas foi analisado perfunctoriamente.[6]

Para se compreender melhor a tutela cautelar, é importante destacar que, historicamente, era concedida apenas em um processo autônomo (chamado de "processo

---

3 MARINONI, Luiz Guilherme. *Técnica processual e tutela dos direitos*. São Paulo: RT, 2004, pp. 279-280.
4 MARINONI, Luiz Guilherme. *Técnica processual e tutela dos direitos*. São Paulo: RT, 2004, pp. 281-282.
5 SILVA, Ovídio Baptista da. *Sentença e coisa julgada*. 4ª ed. Rio de Janeiro: Forense, 2003, p. 275.
6 BERMUDES, Sérgio. *Introdução ao processo civil*. 4ª ed. Rio de Janeiro: Forense, 2006, p. 100.

cautelar"), seja ele em procedimento típico ou atípico. Um exemplo de fácil assimilação de uma proteção cautelar, mas ainda nos moldes do antigo modelo (CPC-73), seria a existência de um suposto crédito a um dos envolvidos em que há risco de que o devedor esteja dilapidando o seu patrimônio. Nesta hipótese, o demandante viria em juízo pleitear uma tutela cautelar, dando azo à instauração de um processo cautelar observando procedimento típico de arresto, ou seja, com o intuito de obter a constrição de bens do demandado que sejam suficientes para liquidação do suposto direito de crédito. Se o magistrado assim permitir, estará reconhecendo o direito a uma cautela, sem análise mais detida sobre a existência efetiva ou não do crédito alegado. Vale dizer que, pelo CPC, esta providência denominada "arresto", continua tendo feição cautelar e até mesmo pode ser deferida nos dias atuais, embora não haja mais necessidade de um processo autônomo para tanto. É que este exemplo de tutela cautelar já poderá ser obtida diretamente no próprio bojo do processo sincrético, estando tal medida inclusive nominada na novel legislação (art. 302).

De qualquer maneira, serve o exemplo do arresto para indicar que, para fins de obtenção de uma proteção desta natureza, o juiz estará outorgando o que se pede diante da possibilidade de um direito de crédito *(fumus boni iuris)* e também da circunstância de o mesmo estar sofrendo o risco de vir a ser infrutífero se nenhuma providência jurisdicional for adotada *(periculum in mora)*. Não estará naquele momento, portanto, julgando a efetiva existência do direito de crédito, mas sim apenas afirmando a sua plausibilidade.

Como a tutela cautelar pressupõe a ocorrência de alguma urgência, de modo a tornar desnecessário um efetivo reconhecimento do direito material e uma ampla dilação probatória, parece intuitivo que a mesma possa ser concedida no próprio processo, seja por meio de uma decisão interlocutória ou na própria sentença, se assim for necessário. E, pelo regime implementado pelo CPC, parece fora de dúvida que é perfeitamente possível a cumulação, no mesmo processo, tanto de um pleito de tutela cautelar quanto de um pleito de tutela satisfativa, sendo este um indicativo da opção normativa em prol da simplificação.

7.3. CLASSIFICAÇÃO QUANTO AO GERENCIAMENTO DO PROCESSO PELO MAGISTRADO – TUTELAS PROCESSUAIS

7.3.1. Tutela de evidência definiva

Como a própria nomenclatura sugere, a tutela poderá ser imediatamente prestada ou negada quando houver evidência da existência ou da falta do Direito pleiteado, tornando-se definitiva (com a formação de coisa julgada). Em um caso como em outro, não se afigura razoável alongar um processo desnecessariamente quando, já em seu limiar ou mesmo durante o seu processamento, for constatado que o demandante tem ou não razão quanto ao que afirma.

Diversos são os mecanismos previstos no CPC que autorizam o reconhecimento de uma tutela de evidência como, por exemplo: a) improcedência liminar; b) julgamento antecipado total do mérito; c) julgamento antecipado parcial do mérito.

7.3.1.1. Improcedência liminar

O CPC autoriza que o magistrado sentencie liminarmente o processo, resolvendo o mérito (art. 487, inc. I), antes mesmo de determinar a citação da parte contrária, desde que se trate de sentença de total improcedência e desde que ocorra uma das hipóteses elencadas como autorizadoras desta medida (art. 332). Vale dizer que este caso é perfeitamente justificável, eis que há nítida evidência da falta de direito do autor, eis que se trata de tema já pacificado nos Tribunais. Este tema, no entanto, será aprofundado em momento próprio (v. item nº 15.4.), assim como outra hipótese muito semelhante de improcedência liminar), mas que guarda suas próprias diferenças (art. 918, inc. III).

7.3.1.2. Julgamento antecipado do mérito

O "julgamento antecipado do mérito" também é considerado como uma das modalidades de tutela de evidência, eis que cuida de uma autorização para que o magistrado sentencie o processo de maneira definitiva (art. 487, inc. I), ou seja, com julgamento de mérito, seja favorável ou não ao demandante, porque há evidência do direito afirmado pelo autor ou da falta dele. Para a sua aplicação, porém, é necessário que antes tenha sido feita a citação do demandando, o que a torna diferente da improcedência liminar acima analisada.

Este julgamento antecipado do mérito pode ser realizado nas seguintes situações: a) quando não houver necessidade de produção de outras provas; b) quando ocorrer a revelia e seu efeito material (art. 344), mas desde que não tenha sido formulado requerimento para produção de prova pelo demandante (art. 349).

É assunto que será apresentado com todas as suas nuances oportunamente (v. item nº 20.3.).

7.3.1.3. Julgamento antecipado parcial do mérito

O CPC trouxe uma salutar inovação ao direito processual brasileiro, ao possibilitar a cisão do julgamento do mérito, pelo menos da parcela do pedido ou de um dos pedidos cumulados em que há evidência do direito autoral, ainda que o processo prossiga para que sejam produzidas novas provas, para elucidação dos demais pontos que ainda não se encontram tão claros. Em realidade, no modelo primitivo já existia um instituto embrionário (art. 273, § 6º, CPC-73), mas as novas disposições são efetivamente mais técnicas.

Antes de sua criação, ocorria situação curiosa e até injusta. É que, hipoteticamente, se tivesse sido proposta uma demanda em que o demandante postulava a condenação do demandado a lhe pagar cem mil reais e este último, ao ser citado, apresentasse defesa aduzindo que nada devia, ainda assim o magistrado até mesmo poderia julgar antecipadamente o mérito (art. 355, inc. I), desde que não houvesse necessidade de dilação probatória. Em outras palavras, mesmo quando a controvérsia fosse "total" entre os litigantes, ainda assim estaria o juiz autorizado a abreviar a tramitação do processo, já proferindo desde logo uma sentença eis que desnecessária qualquer dilação probatória.

No entanto, se neste mesmo exemplo o demandado apresentasse resposta aduzindo que o valor cobrado encontrava-se excessivo, ou seja, que o valor devido somente seria oitenta mil reais, até então o magistrado nada poderia fazer. E é justamente neste ponto que reside grave incoerência, pois, se quando há contradição "total" entre as partes o juiz já poderia julgar antecipadamente o mérito, como não se conceber que mesmo em situações de contradição "parcial" o processo não pudesse sequer ser em parte decidido, ao menos em relação à parcela incontroversa?

Para corrigir esta situação, foi criada esta norma (art. 356), que cuida do julgamento antecipado parcial do mérito, situação em que o magistrado, ao verificar uma tutela de evidência (diante de a matéria não ser controvertida entre os litigantes), já se encontra autorizado, desde logo, a proceder imediatamente ao exame desta parcela do mérito.

Este ato decisório tem a finalidade, portanto, de formar mais rapidamente o título executivo judicial, ao menos da parcela incontroversa, de modo que o credor já fica autorizado a promover a execução em autos apartados (para que não haja confusão quanto ao procedimento a ser adotado, embora ainda seja o mesmo processo), enquanto nos autos originais continua a discussão quanto à parcela litigiosa do pedido (art. 356, § 4º).

A cognição, em relação a esta parte decidida, deixará de ser sumária (baseada em juízo de probabilidade) e passará a ser exauriente (fundada em juízo de certeza – já que não há discordância das partes),[7] com a formação de coisa julgada material e formal, mesmo que não tenha ocorrido o encerramento da fase de conhecimento em relação à parcela restante do pedido ou em relação aos demais pedidos.[8] Esta decisão, inclusive, poderá comportar o ajuizamento de ação rescisória, caso ocorra uma das hipóteses autorizadoras deste instrumento (art. 966).

E, não menos importante, este ato judicial que julga antecipadamente parcela do mérito deve ser reputado como decisão interlocutória e não como sentença parcial de mérito.[9] Inclusive, consta que esta decisão poderá impugnar recurso de agravo de instrumento (art. 356, § 5º c/c art. 1.015, inc. II), até mesmo com possibilidade de

---

7 WATANABE, Kazuo. *Da cognição no processo civil*. São Paulo: RT, 1987, p. 83.

8 MARINONI, Luiz Guilherme. *A antecipação da tutela*. 6ª ed. São Paulo: Malheiros, 2000, p. 154-155. DINAMARCO, Cândido. *A reforma da reforma*. 2ª ed. São Paulo: Malheiros, 2002. p. 96.

9 FIGUEIRA JÚNIOR, Joel Dias. *Comentários ao CPC, tomo I*. São Paulo: Revista dos Tribunais, 2001, p. 92.

implementação de nova técnica processual no decorrer do processamento do recurso, caso seja proferido acórdao não unâmime reformando a decisão interlocutória (art. 942). Contudo, quanto à fixação de honorários nesta decisão interlocutória, já decidiu o STJ que estes somente serão estabelecidos no momento em que for proferida sentença encerrando a fase de conhecimento, de modo que não haverá prejuízo financeiro algum para o patrono da parte vencedora deste capítulo.[10]

Portanto, também este exemplo corporifica uma tutela de evidência do direito do demandante, muito embora em caráter definitivo, razão pela qual o magistrado irá reconhecê-lo por meio de uma decisão interlocutória que, em caráter excepcional, resolve parte do mérito, constituindo o título executivo judicial apto a ensejar desde logo a sua execução (art. 515, inc. I).

7.3.2. A tutela provisória

7.3.2.1. Introdução

O processo sempre padeceu do mal da morosidade, ora justificável ou não, o que de certa forma postergava uma prestação jurisdicional eficiente. Para se combater esta situação, foram criados mecanismos que permitiam ao magistrado já antecipar, logo no início ou meio do processo, os efeitos práticos pretendidos pelo autor e que usualmente somente seriam gerados após a prolação da sentença. É o que popularmente passou a ser conhecido como "liminares", ou seja, algo concedido no limiar do processo.[11]

No entanto, estas liminares não estavam presentes em todos os procedimentos existentes. Elas estavam previstas, por exemplo, na antiga Lei do Mandado de Segurança (Lei nº 1.533/51, revogada pela Lei nº 12.016/2009), nas demandas possessórias previstas no CPC-73 e, também, nos processos cautelares. Só que, como as ações possessórias e o mandado de segurança exigiam certos requisitos (v.g., discussão sobre a posse e a presença de alguém que possa ser qualificado como autoridade coatora, entre outros), o que se percebeu foi uma banalização e desvirtuamento do processo cautelar, que passou a ser adotado em situações absolutamente impróprias, como quando o demandante deduzisse pretensão de cunho satisfativo, em virtude desta total ausência de mecanismo específico.[12] E, observa-se, também, que a razão de ser dessa postura era a ausência de um mecanismo processual que pudesse servir para combater os males do tempo de duração do processo, que sempre prejudicou a parte que tem razão.

Este panorama somente foi modificado com o advento da Lei nº 8.952/94 (que alterou o art. 273 do CPC-73), criando o instrumento popularmente conhecido como "antecipação dos efeitos da tutela" ou simplesmente "tutela antecipada". Com o mesmo, percebia-se uma purificação do sistema processual, uma vez que, a partir de então, as

---

10 STJ. REsp nº 1.234.887-RJ. Rel. Min. Ricardo Villas Bôas Cueva. DJ 19/09/2013.

11 BERMUDES, Sérgio. *Introdução ao processo civil*. 4ª ed. Rio de Janeiro: Forense, p. 101.

12 CAMARA, Alexandre Freitas. *Lições de direito processual civil*. 16ª Ed. Rio de Janeiro: Lumen Juris, 2007. *v. I*, p. 91.

providências de urgência com natureza satisfativa passariam a ser concedidas apenas no bojo do processo de conhecimento.[13] Logo, desde então se tornou desnecessário o manejo de um processo cautelar nos moldes como o mesmo vinha sendo banalizado, que a partir daí pode, enfim, retornar a sua finalidade primordial, que é apenas viabilizar a utilidade de um provimento que vai ser (ou já foi) proferido no processo principal.

O CPC, contudo, inova substancialmente no tratamento das tutelas de urgência, criando um gênero denominado "tutela provisória", cujo processamento é realmente inédito no Direito pátrio. De se anotar, ainda, que não há mais livro próprio versando sobre o "processo cautelar", malgrado permaneçam as "tutelas cautelares", que poderão ser concedidas no bojo do próprio processo principal.

7.3.2.2. Classificação das tutelas provisórias

7.3.2.2.1. Classificação das tutelas provisórias quanto ao momento em que foram requeridas: antecedente ou incidental

A tutela provisória pode se classificar em "antecedente" ou "incidental", dependendo tão somente do momento em que tiver sido deflagrada. Será, portanto, "antecedente", quando for pleiteada antes, ou, no mesmo momento em que se postula a tutela satisfativa, sendo endereçada ao juízo competente para conhecer do pedido principal (art. 299). Aliás, independentemente de esta tutela provisória de urgência ter ou não natureza satisfativa, ainda assim haverá necessidade de o demandante emendar a petição inicial para incluir o pedido principal, tal como imposto por lei (art. 303, § 1º, I c/c art. 308). Vale dizer, por fim, que ressalvadas as disposições especiais, na ação de competência originária de tribunal e nos recursos a tutela provisória será requerida ao órgão jurisdicional competente para apreciar o mérito (art. 299, parágrafo único). Uma das ressalvas previstas no próprio CPC é quando tiver sido instaurado incidente de resolução de demandas repetitivas no Tribunal, hipótese em que irá gerar o sobrestamento de todos os processos que versarem sobre idêntica matéria ressalvado se a parte desejar obter uma tutela provisória de urgência, caso em que a mesma será analisada pelo próprio juízo que atua em primeira instância (art. 982, § 2º).

Por outro lado, as tutelas provisórias "incidentais" são aquelas requeridas por simples petição, após já ter sido apresentada a petição inicial com a formulação do pedido principal. Nestes casos, não haverá necessidade de o demandante recolher novo pagamento de custas (art. 295).[14]

13 MARINONI, Luiz Guilherme, ARENHART, Sérgio Cruz. *Manual do processo de conhecimento*. 2ª ed. São Paulo: RT, 2003, p. 229.

14 DIDIER JR., Fredie. BRAGA, Paula Sarno. OLIVEIRA, Rafael Alexandria de. *Curso de direito processual civil*. 10ª ed. Salvador: JusPodivm, 2015. vol. 2, p. 570.

7.3.2.2.2. Classificação das tutelas provisórias quanto à sua justificativa: de urgência ou de evidência

O tema "tutela provisória" passa a ser regulamentado no CPC de maneira extensa (art. 294 – art. 311), e, por ela se deve entender que o magistrado, preenchidos alguns requisitos, poderá deferir antecipada e, ao mesmo tempo, provisoriamente (ou seja, em caráter não definitivo), a proteção jurisdicional solicitada pela parte interessada.

Nas disposições gerais sobre o tema (art. 294 – art. 299), consta que esta "tutela provisória" pode se fundamentar tanto em razão da "urgência" quanto da "evidência", o que leva em consideração a justificativa para a obtenção da medida. Na primeira hipótese, a tutela provisória calcada na urgência pode se dar tanto para pretensões satisfativas (art. 303 – art. 304), quanto para aquelas de natureza cautelar (art. 305 – art. 310), o que irá implicar em alterações no procedimento. Já os casos de tutela provisória de evidência não são regulados muito claramente pelo CPC, que apenas esclarece quando poderão ser deferidas (art. 311), denotando que já há evidência do direito ou da falta deste pelo demandante.

Vale dizer que, tanto em uma hipótese como em outra, a natureza jurídica do ato praticado pelo magistrado que deferir uma ou outra terá natureza jurídica de decisão interlocutória, sendo passível a impugnação deste ato por meio da interposição de um recurso de agravo de instrumento (art. 1.015, inc. I). Trata-se de decisão que é inapta a gerar coisa julgada, pois a mesma pode ser revogada ou modificada a qualquer momento (art. 296). Contudo, há hipótese em que esta decisão interlocutória pode ter os seus efeitos estabilizados indefinidamente, muito embora a novel legislação tenha expressamente proibido considerar que a mesma tenha transitado em julgado (art. 304, § 6º).

7.3.2.3. Distinção entre tutela provisória de urgência antecipada (satisfativa) e cautelar (não satisfativa)

A tutela satisfativa é aquela que corresponde à efetiva satisfação da pretensão de direito material, podendo ter as mais variadas conotações, como sói acontecer com os casos de tutelas inibitórias (que são preventivas e buscam evitar a prática, repetição ou continuidade do ilícito), como também nas ressarcitórias (que são aquelas em que já ocorreu o ilícito e o dano), entre outras. Já a tutela cautelar, por seu turno, é aquela que busca reconhecer um direito a uma cautela ou, de forma mais simples, a que busca tornar útil ou proveitoso um futuro provimento jurisdicional. Esta modalidade de tutela, por vezes, pode se assemelhar a outras acima mencionadas, pois aquelas por vezes também podem necessitar de algum provimento judicial de urgência.[15] A mesma, no entanto, é substancialmente diferente de todas as demais enumeradas neste grupo, por não possuir

---

15 SILVA, Ovídio Baptista da. *Sentença e coisa julgada*. 4ª ed. Rio de Janeiro: Forense, 2003, p. 275.

cunho satisfativo. Vale dizer, o máximo que o magistrado pode realmente reconhecer ao pronunciar o ato decisório é uma proteção meramente cautelar, em uma situação emergencial, sem que haja afirmação definitiva sobre o direito material que apenas foi analisado perfunctoriamente.[16]

Para se compreender melhor esta espécie de tutela, um exemplo de fácil assimilação de uma proteção cautelar seria a existência de um suposto crédito de um dos envolvidos em que há risco de que o devedor esteja dilapidando o seu patrimônio. Nesta hipótese, o demandante viria em juízo pleitear uma tutela cautelar de arresto (art. 301), dando azo à instauração de um processo, com o intuito de obter a constrição de bens do demandado que sejam suficientes para liquidação do suposto direito de crédito. Se o magistrado assim permitir, estará reconhecendo o direito a uma cautela, sem análise mais detida sobre a existência efetiva ou não do crédito alegado, o que será apurado somente no decorrer do processo, acaso cumpridas as determinações legais (art. 305 – art. 310).

Contudo, é deveras difícil, em certas situações que envolvam urgência, analisar se o demandante está pleiteando uma tutela provisória de urgência antecipada (satisfativa) ou cautelar (não satisfativa). Com efeito, se em uma situação hipotética o demandante postulasse, por meio de um processo, a revisão das prestações oriundas de um contrato de financiamento bancário e, nesta própria via, requeresse uma liminar para que o mesmo não fosse negativado antes de a decisão de mérito transitar em julgado, poderiam surgir questionamentos sobre este requerimento ter feição de tutela provisória antecipada ou cautelar, o que, dependendo da resposta fornecida, poderia alterar completamente parte do procedimento a ser observado. Mas, justamente para se evitar problemas como este, já que ambas as tutelas podem ser prestadas em caráter emergencial, é que o CPC autoriza a adoção da fungibilidade entre as tutelas de urgência (art. 305, parágrafo único), o que deixa de gerar qualquer risco ao demandante que se valeu da via processual inadequada.

7.3.2.4. Requisitos para a concessão da tutela provisória de urgência

O CPC enumera, basicamente, os seguintes requisitos para a concessão da "tutela provisória de urgência": a) probabilidade do direito (art. 300); b) perigo de dano ou o risco do resultado útil do processo (art. 300); c) reversibilidade dos efeitos da decisão (art. 300, § 2º).[17] Por sua vez, para a concessão da "tutela provisória de evidência", resta dispensada a exigência do perigo de dano ou o risco do resultado útil do processo, em algumas hipóteses indicadas por lei, que deixam evidente a existência de um direito afirmado (art. 311).

---

16 BERMUDES, Sérgio. *Introdução ao processo civil.* 4ª ed. Rio de Janeiro: Forense, 2006, p. 100.

17 ALMEIDA, Marcelo Pereira. PINTO, Adriano Moura da Fonseca. Tutela provisória, de urgência e de evidência. In: *Curso do novo processo civil.* 1ª ed. Rio de Janeiro: Freitas Bastos, 2015, p. 273.

O primeiro requisito é a "probabilidade do direito", que implicaria no ônus de o demandante demonstrar, juntamente com a sua petição, a prova suficiente da verossimilhança,[18] o que, de certa forma, equivale à conhecidíssima expressão "fumaça do bom direito" *(fumus boni iuris)*.

O segundo requisito, por seu turno, já é o "perigo de dano ou o risco do resultado útil do processo". Tanto um quanto o outro correspondem a também tradicional expressão "perigo na demora" *(periculum in mora)*, já que a demora da resposta jurisdicional gera uma situação de risco. No entanto, há algumas variantes decorrentes que podem gerar alguns questionamentos de natureza processual.

Com efeito, por vezes a tutela provisória é negada sob o argumento de que há, no caso, o denominado risco de dano "fabricado" (ou *periculum in mora* "fabricado"). É o que ocorre quando o magistrado percebe que esta situação de risco foi causada, ou pelo menos potencializada, em virtude de um comportamento que é imputável àquele que é interessado na obtenção da medida liminar. Por exemplo, pode ser que seja proposta uma demanda objetivando uma tutela provisória de urgência para que o autor possa participar de uma licitação, mesmo ao arrepio das regras constantes no edital, exatamente no mesmo dia e poucas horas antes da realização do certame. Nestes casos, é possível que o juiz verifique, por elementos constantes nos autos (v.g., data constante na procuração do advogado, data em que as custas foram recolhidas, dentre outros), que esta situação de risco é imputada ao demandante, que deixou para vir em juízo no mesmo dia em que o fato iria ocorrer, malgrado já tivesse ciência prévia de tudo o que iria ocorrer há um bom tempo. Nestes casos, deve ser negada a antecipação dos efeitos da tutela, pois, do contrário, o autor estaria sendo beneficiado por sua torpeza.[19]

Outra situação que também tem gerado algumas discussões envolve o que é por vezes designado de risco de dano "inverso" (ou *periculum in mora* "inverso"). Nestes casos, ao analisar a petição inicial o magistrado se depara desde logo com a seguinte situação: se for negada a tutela provisória de urgência o autor fica exposto a uma situação de risco, mas, por outro lado, se for concedê-la, será o demandado que ficará exposto a um perigo muito maior. Em hipóteses como essa, é recomendável que o magistrado faça uma análise cuidadosa dos valores envolvidos para aquilatar se a tutela provisória deve ou não ser concedida, pois, qualquer que seja o teor da sua decisão, ira gerar algum tipo de risco de dano a uma das partes. É o que ocorre quando um candidato a uma prova para os quadros da Polícia Federal se acidenta gravemente na véspera da realização da prova física e o seu advogado distribui demanda requerendo liminarmente a suspensão do concurso até que haja o seu convalescimento. Neste caso, se o magistrado indeferir o requerimento estará sujeitando apenas o concursando a uma situação de risco ao passo que, se deferi-la, estará suspendo a marcha de um concurso de âmbito nacional que busca, justamente, velar pela segurança pública, o que evidencia um prejuízo social

---

18 MARINONI, Luiz Guilherme, ARENHART, Sérgio Cruz. *Manual do processo de conhecimento.* 2ª ed. São Paulo: RT, 2003, pp. 243-244.

19 TJ-PE. Agravo regimental oriundo do processo originário 0013088-14.2010.8.17.0000220149-2. Rel. Des. José Fernandes de Lemos. DJ 02/02/2011.

muito maior. Claro que esta é apenas uma situação hipotética, até porque seria muito mais coerente que fosse requerida a reserva de vaga em uma situação como essa e não propriamente a suspensão do concurso. No entanto, o exemplo serve para ilustrar o que vem a ser o risco na demora inverso.[20] Desta forma, quando for analisado este requisito do "perigo de dano ou o risco do resultado útil do processo", torna-se necessário que este tema seja enfrentado sob mais estas duas nuances, tanto a do risco ou dano "fabricado" quanto "inverso".

De resto, há ainda o terceiro requisito para o deferimento da tutela provisória de urgência, que é nominado por lei como a "reversibilidade dos efeitos da decisão" (art. 300, § 2º). Sobre este último aspecto, é importante destacar que a reversibilidade dos "efeitos" da decisão não se confunde com a reversibilidade da "própria decisão". Com efeito, quando o magistrado concede uma tutela provisória, esta decisão é baseada em um juízo de cognição sumária, o que é indicativo de que se trata de um mero juízo de probabilidade, motivo pelo qual é possível revogar a decisão concessiva, seja por nova decisão interlocutória ou mesmo por ocasião de proferir a sentença, desde que devidamente fundamentada (art. 298).

Diferentemente é o que ocorre em relação à reversibilidade dos efeitos da decisão. É que, dependendo da hipótese concreta, o juiz poderá concluir que, se conceder a tutela provisória de urgência, pode ser que os efeitos decorrentes dessa decisão não mais possam ser desfeitos. É o que ocorre, por exemplo, nas demandas que envolvem saúde e área médica, pois, uma vez sendo realizada uma cirurgia autorizada por força de decisão judicial liminar, eventual sentença de improcedência não permitirá o desfazimento da mesma. E nem se venha com o argumento de que seria possível ressarcir o prejuízo financeiramente sofrido pelo demandado, pois, o que se deve prestigiar, neste momento, é a integral restituição ao *status quo* anterior. Do contrario, isso equivaleria a banalizar por completo todo e qualquer direito da parte, que uma vez violado não permitiria a recomposição via tutela específica, mas sim cairia na vala comum do ressarcimento pecuniário.

Assim, diante de um requerimento de liminar cujos efeitos sinalizam no sentido da irreversibilidade, o magistrado deverá abster-se de concedê-la. Observa-se, contudo, certa flexibilidade quanto a esta afirmação quando se tratar de demandas da área médica, pois nessas a jurisprudência vem se posicionando em sentido contrário, autorizando que o magistrado possa realizar uma ponderação de valores entre os bens jurídicos que estão sendo discutidos em juízo (vida humana versus prejuízo financeiro da outra parte), de modo a autorizar, em casos excepcionais, o deferimento da tutela provisória de urgência em casos que vão gerar efeitos irreversíveis.[21]

---

20 CÂMARA, Alexandre Freitas. *Lições de direito processual civil*. 16ª ed. Rio de Janeiro: Lumen Juris, 2007. v. I, p. 477.

21 MARINONI, Luiz Guilherme, ARENHART, Sérgio Cruz. *Manual do processo de conhecimento*. 2ª ed. São Paulo: RT, 2003, p. 267.

7.3.2.5. Concessão e revogação das tutelas provisórias de urgência

7.3.2.5.1. Necessidade de requerimento para a concessão das tutelas provisórias de urgência

Sob os auspícios do modelo primitivo (CPC-73), existia polêmica doutrinária quanto à possibilidade de a tutela provisória de urgência em caráter antecipado ser prestada de ofício ou apenas após requerimento da parte interessada. Literalmente, existia dispositivo prevendo que esta medida somente poderia ser concedida se houvesse pleito neste sentido apresentado pelo interessado (art. 273, CPC-73), o que, por sinal, é defendido por um grande número de doutrinadores.[22] No entanto, nem sempre a interpretação literal era a mais adequada em especial por se tratar de uma situação em que não havia qualquer justificativa plausível para esta vedação. Com efeito, se o magistrado já foi provocado a prestar a tutela jurisdicional de forma "definitiva", não haveria nenhum obstáculo em que o mesmo a concedesse em caráter "provisório". A questão, portanto, pode muito bem ser solucionada mediante emprego de velho brocardo, segundo o qual: *"quem pode o mais, pode o menos"*. Assim, sob a lei anterior, parecia não haver qualquer empecilho para a concessão da tutela provisória de urgência antecipada de ofício pelo magistrado.[23] É, também, o que parecia soar como uma tendência, diante da redação que foi dada a legislação que criou os juizados especiais fazendários e que previa justamente esta situação (art. 3º, Lei nº 12.153/2009).

Ocorre que, com o advento do CPC, este tema merecerá uma releitura, pois o processamento da tutela provisória antecipada, acaso concedida e não impugnada no momento próprio, irá gerar a extinção do processo, sem resolução do mérito (art. 304). Assim, diante desta nova forma de proceder, atenta doutrina já até mesmo destacou que muitos demandantes poderão se sentir desestimulados a requerer esta medida de urgência, uma vez que a sua concessão poderá gerar, conforme o caso, a ausência de enfrentamento do mérito. Portanto, parece adequado concluir que não mais poderá ser prestada a tutela provisória de urgência antecipada de ofício.[24]

Quanto à tutela provisória de urgência cautelar, por seu turno, já podia ser concedida de ofício pelo magistrado, entendimento este que vai permanecer mesmo com o advento do CPC, pois não há qualquer norma impondo restrição neste sentido.

7.3.2.5.2. Concessão das tutelas provisórias de urgência em caráter *inaudita altera parte*

O CPC prestigia o princípio do contraditório, determinando que o magistrado não poderá proferir decisão contra uma das partes sem que ela tenha sido previamente ouvida.[25] Contudo, embora esta realmente seja a diretriz a ser seguida, por vezes é

22 CAMARA, Alexandre Freitas. *Lições de direito processual civil*. 16ª ed. Rio de Janeiro: Lumen Juris, 2007. v. I, p. 477.

23 MITIDIERO, Daniel Francisco. *Comentários ao CPC, tomo III*. São Paulo: Memória Jurídica Editora, 2006, pp. 49-50.

24 GRECO, Leonardo. A tutela da urgência e a tutela da evidência no Código de Processo Civil de 2014/2015. In: *Revista Eletrônica de Direito Processual Civil – REDP*, v. XIV, 2014. Disponível em: <http://www.redp.com.br/edicao_14.htm>. Acesso em: 13 jun. 2015, às 11:56 hrs.

25 THEODORO JÚNIOR, Humberto. NUNES, Dierle. BAHIA, Alexandre Melo Franco. PEDRON, Flávio Quinaud. *Novo CPC – Fundamentos e sistematizações*. 1ª ed. Rio de Janeiro: Gen Forense, 2015, p. 83.

possível que sejam proferidas decisões sem esta prévia oitiva. É, justamente, o que ocorre na hipótese de concessão de tutelas provisórias de urgência, conforme expressamente assinalado entre o rol das normas fundamentais do CPC (art. 9º, parágrafo único, inc. I), o que já estava de acordo com o entendimento doutrinário dominante.[26]

7.3.2.5.3. Momento para a concessão e a possibilidade de tutela provisória de urgência antecipada na própria sentença

Basta que haja um requerimento expresso em petição com o objetivo de que haja a concessão da tutela provisória de urgência para que o magistrado tenha que se pronunciar a respeito do tema em no máximo sessenta dias (art. 226 c/c art. 227). Muito embora o CPC imponha que este pleito venha na petição inicial (art. 305), certo é que não há vedação no sentido de impedir que seja apresentado por simples petição no decorrer do processo, para análise na sequência ou, até, no bojo da própria sentença.[27]

Fica a dúvida, porém, em saber qual seria a utilidade de se conceder uma tutela "provisória" na própria sentença, já que, neste momento, estará sendo prestada a tutela "definitiva". Em realidade, quando o juiz defere a tutela provisória de urgência antecipada no corpo da sentença, o mesmo está tendo como objetivo lhe emprestar imediata efetividade ou, em outras palavras, é como se já estivesse afirmando que não será dado efeito suspensivo a um eventual recurso de apelação que venha a ser interposto.

Esta prática tem sido autorizada por uma questão de razoabilidade. Com efeito, se esta tutela provisória antecipada de urgência for concedida por meio de uma decisão interlocutória, a mesma é resultante de um juízo de cognição sumária e irá gerar efeitos imediatamente, até porque o recurso que é apto a impugná-la (agravo, na modalidade por instrumento), não gera efeito suspensivo automático, pois este somente poderá ser obtido se o Relator assim o conceder (art. 1.019, inc. I). Mas, por outro lado, se o magistrado tiver indeferido a concessão da tutela provisória no início do processo e, ao final, após realizar uma análise das provas em regime de cognição exauriente, entender que o pedido deve ser julgado procedente, esta sentença não terá exigibilidade imediata, eis que o recurso de apelação possui, em regra, tanto o efeito devolutivo quanto suspensivo (art. 1.012). Daí a contradição, ao se permitir que uma decisão interlocutória possa gerar efeitos e exigibilidade imediata, enquanto uma sentença terá que aguardar o trânsito em julgado ou, quando muito, que o recurso que a impugna seja ao menos desprovido do efeito suspensivo, o que autorizaria a imediata promoção de uma execução provisória.

Há, no entanto, uma grande crítica a esta praxe corriqueira, eis que a concessão do efeito é para ser analisada somente após a interposição do recurso e desde que o mesmo venha a ser admitido. Desta maneira, se o juiz concede a tutela provisória de urgência antecipada na própria sentença com o intuito de retirar o efeito suspensivo do eventual

---

26 MARINONI, Luiz Guilherme, ARENHART, Sérgio Cruz. *Manual do processo de conhecimento*. 2ª ed. São Paulo: RT, 2003, p. 251.

27 SILVA, Wilney Magno de Azeredo. Sentença proferida nos autos nº 2000.51.01.030569-3. In: *Revista de Jurisprudência da Seção Judiciária do Rio de Janeiro* nº 09/2002, pp. 34-35.

futuro recurso de apelação a ser interposto, o que estará ocorrendo será, em realidade, uma grande inversão processual, pois o magistrado já estará dispondo sobre os efeitos de um recurso que sequer foi interposto ou recebido.

Mas, de qualquer maneira, como esta prática vem sendo diuturnamente adotada de uma forma geral pelos Tribunais e juízos, resta definir se o magistrado, quando assim age, está proferindo uma sentença objetivamente complexa ou se, naquela mesma folha de papel, constará uma sentença e, ao mesmo tempo, uma decisão interlocutória, o que tornaria esta questão deveras interessante a fim de se aferir qual o recurso que deve ser adotado para impugná-la.

Apesar de respeitável doutrina ter sustentado que, naquele mesmo momento, o magistrado estará proferindo uma sentença e uma decisão interlocutória na mesma folha de papel,[28] parece mais coerente sustentar que se trata de apenas uma sentença. Com efeito, seria algo extremamente subjetivo definir, dentro de uma mesma folha, qual parte seria a "sentença" e qual parte constituiria "decisão interlocutória", o que fomentaria dúvida e insegurança jurídica, ao retirar do interessado o direito em saber o recurso adequado para manifestar o seu inconformismo. Este é, por sinal, o entendimento dos tribunais, ou seja, de que se trata de apenas uma sentença que somente comporta recurso de apelação.[29] Ademais, mesmo pelo CPC claramente foi adotado este último raciocínio, consoante norma que determina que, em tais casos, o recurso de apelação não terá efeito suspensivo (art. 1.012, inc. V).[30]

7.3.2.5.4. Revogação das tutelas provisórias de urgência

Já no que diz respeito à revogação da decisão que concedeu a tutela provisória de urgência antecipada, esta poderá ocorrer a qualquer momento, "enquanto pendente o processo de julgamento". Vale dizer que, por se tratar de uma decisão proferida em juízo de cognição sumária, a mesma não gera preclusão nem mesmo para o magistrado ou para as partes. E, por este motivo, não há qualquer óbice para que o magistrado, à luz de novos elementos, possa revogar antes mesmo da sentença uma liminar que tenha sido concedida pelo Tribunal em sede de agravo de instrumento. É que a decisão do Tribunal foi dada em juízo de probabilidade, cujo quadro já pode não ser mais o mesmo depois de outras provas produzidas. Logo, a revogação seria possível em razão do aprofundamento da cognição, razão pela qual seria irrelevante invocar a hierarquia do Tribunal em uma situação como essa. É, pelo menos, o que se observa na jurisprudência.[31] O tema, porém, mais uma vez não é pacífico, pois há aqueles que defendem a necessidade de requerimento do interessado, ainda que a lei processual seja

---

28 MARINONI, Luiz Guilherme, ARENHART, Sérgio Cruz. *Manual do processo de conhecimento*. 2ª ed. São Paulo: RT, 2003, p. 253.

29 STJ. Agravo de instrumento nº 200300794119. Rel. Min. Hélio Quaglia Barbosa. DJ 21/11/2005.

30 JORGE, Flávio Cheim. DIDIER JÚNIOR, Fredie. RODRIGUES, Marcelo Abelha. *A nova reforma processual*. 2ª ed. São Paulo: Saraiva, 2003, p. 158.

31 STJ. REsp nº 200601268466. Rel. Min. Teori Albino Zavascky. DJ 25/09/2006.

silente, pois a jurisdição supostamente somente poderia ser prestada nos exatos limites da provocação das partes.[32]

Contudo, ocorrerá uma ressalva quando a tutela provisória de urgência antecipada tiver sido concedida e não houver recurso interposto pelo demandado. É que a nova dinâmica sinaliza que o processo será extinto sem resolução do mérito (art. 304), caso em que a modificação ou revogação desta medida de urgência não mais poderá ser feita de ofício pelo juiz, mas, apenas, se uma das partes se valer da propositura de uma nova demanda específica para esta finalidade, nos termos da lei (art. 304, § 2º).

De resto, quanto à tutela provisória de urgência cautelar, poderá ser revogada de ofício pelo magistrado, entendimento que vai permanecer mesmo com o advento do CPC, pois não há qualquer norma impondo restrição neste sentido.

Uma última observação é que o CPC (art. 302) impõe que, independentemente da reparação por dano processual, a parte responde pelo prejuízo que a efetivação da tutela de urgência causar à parte adversa. Em tais casos, a responsabilidade do requerente da medida é objetiva e a indenização será liquidada nos autos em que a medida tiver sido concedida, sempre que possível.[33] É o que pode ocorrer, por exemplo, quando após o deferimento e efetivação da tutela provisória o demandante desiste da ação, gerando a extinção do processo sem resolução do mérito, com evidentes prejuízos ao demandado.[34]

7.3.2.6. A tutela provisória no procedimento comum e especial

7.3.2.6.1. A tutela provisória de urgência antecipada no procedimento comum (art. 303 – art. 304)

A técnica processual da tutela provisória de urgência pode ser requerida e deferida no processo de conhecimento, tendo sido o mesmo instaurado em procedimento comum, com a observância dos dispositivos que norteiam o tema (art. 303 – art. 304).

Em casos de urgência, o interessado apresentará uma petição inicial (se ainda não houver demanda instaurada), para que o magistrado possa conceder a tutela provisória antecipada e determinar a citação do réu, por meio de uma decisão interlocutória. A petição inicial, nestes casos, pode ser objetiva, mas desde que a urgência seja contemporânea à propositura da demanda, como ocorre nos casos em que há a necessidade de se recorrer ao Plantão Judiciário. Mas, se não for este o caso, o demandante não terá oportunidade de escolha, devendo apresentar uma petição inicial completa, o que até pode lhe favorecer, já que o magistrado disporá de mais elementos e esclarecimentos para apreciar o seu requerimento. Por exemplo, é possível a petição inicial simplificada apresentada em Plantão para a obtenção de provimento jurisdicional tendente à realização de uma cirurgia médica. Porém, para se obter uma

---

32 NEVES, Daniel Amorim Assumpção. *Manual de direito processual civil*. 2ª ed. São Paulo: Método, 2010, p. 1.113.

33 STJ. REsp 1.548.749-RS, Rel. Min. Luis Felipe Salomão, j. 13/04/2016, DJe 06/06/2016 – *Informativo* 584.

34 STJ. REsp nº 1.770.124-SP. Rel. Min. Marco Aurélio Bellizze. *DJ* 24/05/2019.

tutela antecipada permitindo que o demandante participe de uma licitação que ocorrerá daqui a dez dias, já caberá ao demandante apresentar a inicial completa[35].

Fixadas estas premissas, imagine-se que o demandante realmente esteja diante de uma situação que justifique a apresentação da petição inicial simplificada. Em caso de deferimento da liminar, o autor terá um prazo para emendá-la, sob pena de extinção do processo sem resolução do mérito. Observa-se, contudo, que esta petição inicial sucinta já deve ter o valor da causa correspondente ao do proveito econômico que virá a ser obtido se fosse concedida a tutela definitiva (art. 303, § 4º).[36]

Na sequência, o demandado será citado para comparecer à audiência de conciliação ou mediação, que somente será realizada se o mesmo tiver interposto recurso de agravo de instrumento para impugnar a decisão concessiva da tutela provisória de urgência antecipada. Do contrário, na ausência deste recurso, determina o CPC que o processo será extinto sem resolução do mérito, embora permaneçam os efeitos de decisão que deferiu a tutela provisória (art. 304).

Estas disposições (art. 304) devem ser analisadas com alguns cuidados. O primeiro, é que pode ser que o demandante tenha interesse em obter uma tutela de urgência, mas em caráter definitivo com o processamento tradicional. Neste caso, não poderia a tutela provisória de urgência se constituir em um obstáculo para que ele venha a obter a mesma tutela em caráter definitivo, se o demandado não recorrer. Parece, portanto, que ainda que concedida a tutela provisória de urgência e, mesmo sem recurso do réu, fica autorizado o demandante a peticionar requerendo o prosseguimento do processo, até que seja dada, por sentença, a mesma tutela, agora em caráter definitivo. De certa maneira, é o que autoriza o próprio CPC (art. 304, § 2º), embora exija uma ação própria para tanto, o que não se afigura razoável diante da permanência do princípio da instrumentalidade das formas (art. 277).

Outro ponto delicado quanto à redação do *caput* e do parágrafo primeiro do artigo, reside em estabelecer que a tutela provisória só ficará estável quando não houver recurso interposto pelo demandado. Até se entende a opção do legislador em mencionar "recurso" e não "defesa", pois, no procedimento comum, o réu não é citado para se defender e sim para comparecer à audiência de conciliação ou mediação. Logo, havendo citação do demandado e tendo o mesmo conhecimento da concessão da liminar, parece justificável que queria realmente recorrer desta decisão, interponto um agravo na modalidade de instrumento, em vez de apresentar defesa, já que o momento processual permanece impróprio para tanto. Contudo, parece melhor conceber que qualquer comportamento que o demandado vier a adotar que indique insatisfação quanto ao teor da decisão da tutela provisória, seja por meio do recurso, apresentação de contestação em momento

35 Existe entendimento acadêmico no sentido de que cabe a parte escolher se quer a petição inicial "simplificada" ou "completa", sendo que a diferença é que se ela for apresentada como "simplificada" é porque o demandante ficaria satisfeito apenas com eventual estabilização dos efeitos da decisão, enquanto que a apresentação da peça "completa" já se traduziria em manifesta vontade do demandante em que o processo continue até a prolação de sentença de mérito. Contudo, como já explicado no texto, não se trata de opção da parte e sim de possibilidade de apresentar petição "simplificada" apenas quando a urgência for contemporânea a propositura da ação. É o melhor entendimento.

36 BUENO, Cassio Scarpinella. *Novo código de processo civil anotado*. 1ª ed. São Paulo: Saraiva, 2015, p. 224.

impróprio ou mesmo pelo protocolo de uma simples petição, já será suficiente para impor a continuidade do processo até a prolação da sentença.[37] Se, porém, realmente o réu não adotar qualquer comportamento, o processo será extinto com a permanência da decisão que concedeu a tutela provisória.

Após a extinção do processo sem resolução do mérito diante da inércia do demandado, será iniciado um prazo de dois anos (prazo decadencial), que é para que qualquer das partes venha em juízo pleitear a alteração, a reforma ou a invalidação da decisão da tutela provisória agora já estabilizada, por meio da distribuição de uma nova demanda, que vem sendo denominada por alguns doutrinadores "ação revocatória", que será distribuída por prevenção ao mesmo órgão jurisdicional e observará o procedimento comum. Será possível, inclusive, que haja a concessão de uma nova tutela provisória nesta demanda fazendo cessar os efeitos da tutela provisória concedida na anterior. Só que esta nova demanda não se limitará apenas a revogar os efeitos da decisão interlocutória anterior, também se tornando o instrumento processual adequado para que seja analisada e prestada ou não a tutela definitiva requerida na demanda anterior.

Ao final desses dois anos sem a propositura de qualquer demanda, a decisão da tutela provisória já estabilizada permanece como se encontrava, não sendo adequado considerar que a mesma se tornou "mais estável", pois o decurso do prazo apenas gera a perda da via processual para atacá-la. Assim, não haverá a formação de coisa julgada, pois se trata de um provimento que foi concedido em juízo de cognição sumária, ou seja, com base em meras probabilidades, razão pela qual não pode aspirar uma imutabilidade do porte da ação rescisória. Aliás, é por este motivo que, findo o prazo de dois anos para a ação revocatória, não será possível o ajuizamento de ação rescisória, pois, repita-se, não se trata de decisão com trânsito em julgado, e sim meramente estabilizada. Trata-se, a toda evidência, de apenas uma opção legislativa por uma estabilidade da cognição sumária, prestigiando-se a probabilidade diante do comportamento omissivo do réu.[38]

No entanto, caso a decisão interlocutória estabilizada tenha caráter "determinativo" (v. item nº 23.3.3.), ou seja, nela tenha sido reconhecida uma obrigação de trato sucessivo, parece ser de inteira aplicação o mesmo tratamento dado por lei às sentenças (art. 505, inc. I). Assim, mesmo escoado o prazo de 2 (dois) anos, pode ser que venha a ocorrer modificação no estado de fato ou de direito na relação jurídica de trato continuado, o que permitirá à parte pedir por meio de ação própria a revisão do que foi estatuído na decisão já estabilizada. Não sendo desta forma, se estaria dando a uma decisão interlocutória estabilizada alcance muito maior do que a uma sentença transitada em julgado, fugindo completamente de qualquer razoabilidade.

---

37 Exatamente no mesmo sentido do texto: STJ. REsp nº 1.760.966-SP. Rel. Min. Marco Aurélio Bellizze. DJ 06/12/2018. Contudo, é de se destacar que esta mesma Corte já proferiu decisão mais recente em sentido diametralmente oposto, pugnando por uma interpretação puramente literal no sentido de que somente a interposição do agravo de instrumento é que impediria a estabilização. É o que se observa em: STJ. REsp nº 1.797.365-RS. Rel. Min. Sérgio Kukina, Rel.ª Acd. Min.ª Regina Helena Costa. DJ 22/10/2019.

38 Na doutrina, há quem defenda minoritariamente a possibilidade de uso da ação rescisória mesmo após escoados os 2 (dois) anos da decisão que teve estabilizada a tutela antecipada, sugerindo uma interpretação demasiadamente elástica da norma prevista no art. 966, § 2º, CPC, que até autoriza que seja rescindida decisão que não seja de mérito transitada em julgado. Contudo, deve ser repisado que a decisão interlocutória "estabilizada" não "transita em julgado", sendo institutos bem distintos entre si. É o que se extrai em: NEVES, Daniel Amorim Assumpção, *Novo código de processo civil comentado artigo por artigo*. 1ª ed. Salvador: JusPodivm, 2016, pp. 494-495.

7.3.2.6.2. A tutela provisória de urgência nos procedimentos especiais

Embora a técnica processual da tutela provisória de urgência tenha sido criada focando no processo de conhecimento, a mesma também pode ser adotada em procedimentos especiais, mesmo naquelas hipóteses em que há um silêncio normativo (art. 318). A única ressalva a ser feita é que alguns procedimentos especiais podem exigir requisitos distintos para que a tutela provisória possa ser deferida. Um exemplo é a demanda objetivando a reintegração de posse que, para fins de concessão da liminar, exige que tenha sido intentada dentro do prazo de ano e dia a contar do esbulho ou turbação (art. 558 c/c art. 562). No entanto, mesmo nestes procedimentos especiais parece possível a concessão da tutela provisória de urgência (art. 303 – art. 310), caso os requisitos especiais não tenham sido preenchidos. Assim, no mesmo exemplo da possessória, nada impede que a liminar seja deferida ainda que a demanda tenha sido ajuizada depois de um ano e dia a contar da ocorrência do esbulho ou da turbação.[39]

7.3.2.6.3. A tutela provisória de urgência no contexto do sistema dos Juizados Especiais

Uma questão que certamente trará várias discussões quanto a aspectos práticos versa sobre a possibilidade ou não da concessão de tutelas provisórias de urgência nos processos que tramitam perante o sistema dos juizados especiais. Mas, para uma melhor assimilação do tema, é necessária uma breve digressão quanto à sucessão de leis no tempo.

De um lado, a primeira das leis (Lei nº 9.099/95) é completamente silente quanto à possibilidade de provimentos antecipatórios, o que até se justifica, pois a tutela antecipada somente foi implementada no CPC-73 em data muito próxima de sua sanção (Lei nº 8.952/94), o que sinaliza que ambos os projetos de lei tramitaram simultaneamente no Congresso Nacional. Por outro lado, as demais leis que compõem esse microssistema já são expressas em admitir provimentos de urgência (art. 4º, Lei nº 10.259/2001 e art. 3º, Lei nº 12.153/2009), também estabelecendo o meio próprio para revogar ou modificar tais decisões, que será por recurso (art. 5º, Lei nº 10.259/2001 e art. 4º, Lei nº 12.153/2009).

Desta maneira, como existe disposição específica no trato dos provimentos provisórios, tanto no juizado especial federal quanto no fazendário, tais normas é que devem prevalecer quando confrontadas com o novo modelo criado pelo CPC, pela adoção do critério da especialidade, que busca solucionar eventuais antinomias entre atos normativos.[40] Do contrário, se realmente for exigido que, em tais juizados, a ré (que é a Fazenda Pública) tinha que se valer da ação revocatória prevista no CPC (art. 304, § 2º), teríamos grave problema em justificar a legitimação ativa desses mesmos entes perante esses juizados, pois as duas leis são muito claras e pontuais, de que os mesmos

---

39 HARTMANN, Rodolfo Kronemberg. Tutelas provisórias. In: SANTANA, Alexandre Ávalo. ANDRADE NETO, José. *Novo CPC – análise doutrinária sobre o novo direito processual brasileiro*. Campo Grande: Contemplar, 2015, pp. 642.

40 HARTMANN, Rodolfo Kronemberg. A tutela provisória de urgência e os juizados especiais. In: REDONDO, Bruno Garcia. SANTOS, Walder Queiroz dos. FONSECA E SILVA, Augusto Vinícius. VALLADARES, Leandro Carlos Pereira. Coleção *Repercussões do novo CPC,– Juizados Especiais*. Salvador: JusPodivm, 2015. v. 7, p. 253.

somente podem figurar no polo passivo (art. 6º, inc. II, Lei nº 10.259/2001 e art. 5º, inc. II, Lei nº 12.153/2009). E, nem mesmo se poderia defender a hipótese de que esta nova demanda deveria ser distribuída perante algum juízo (e não juizado) com competência para assuntos fazendários, eis que o mesmo não atua como instância revisora das decisões antecipatórias proferidas em sede de juizado federal ou fazendário, pois tal desiderato compete à turma recursal.

Outro obstáculo quanto ao processamento dessa ação revocatória no juizado federal ou fazendário seria o rito envolvido, pois neste sistema só existe a possibilidade de emprego do próprio procedimento especial. Assim, é por todos esses motivos e empecilhos que as tutelas de urgência ainda podem e devem ser concedidas nesses dois juizados, muito embora eventual impugnação seja manifestada por recurso, tal como a lei específica estabelece.

Quanto aos juizados estaduais (Lei nº 9.099/95), realmente não há previsão clara a respeito da concessão de tutelas de urgência mas, estando atento aos princípios norteadores do microssistema dos juizados (art. 2º, Lei nº 9.099/95), que é expresso em mencionar os critérios da simplicidade, informalidade e celeridade processual, também é recomendável que se mantenha o mesmo modelo anterior, ou seja, tais decisões de cunho antecipatório poderão ser concedidas ou revogadas nos próprios autos e, havendo inconformismo, este deve ser manifestado pela via do mandado de segurança, em razão da ausência de disposição específica autorizando o uso de algum recurso. Com isso, o microssistema dos juizados permaneceria íntegro, possibilitando que aqueles processos de competência dos juizados estaduais também possam ter um modelo para a análise de tutelas de urgência muito semelhante ao dos demais.[41]

7.3.2.6.4. Restrição à concessão da tutela provisória de urgência antecipada

7.3.2.6.4.1. Restrição à concessão da tutela provisória de urgência em pretensões de natureza constitutiva e declaratória

A doutrina não diverge em relação à possibilidade da concessão de tutela provisória de urgência antecipada nas pretensões condenatórias, inclusive naquelas que impliquem o pagamento de soma em dinheiro, o que até mesmo poderia tornar desnecessário eventual início de ulterior fase executiva. Por óbvio, há de se respeitar o regramento próprio (art. 297, parágrafo único), que prevê que a efetivação desta decisão observará as normas referentes ao cumprimento provisório da sentença, de modo a se exigir que, nestes casos, eventual credor tenha que previamente prestar uma caução para que possa receber tais valores, já que se trata de decisão de cunho provisório (art. 520, inc. IV).

Existe, porém, séria divergência se é ou não possível a concessão de tutela provisória de urgência antecipada em pretensões declaratórias ou constitutivas, pois

---

41 HARTMANN, Rodolfo Kronemberg. *Novo Código de processo civil – comparado e anotado*. 1ª ed. Niterói: Impetus, 2015, pp. 262-263.

o efeito declaratório ou constitutivo pretendido somente costuma se perfazer após a decisão de mérito transitar em julgado. É o caso, por exemplo, da investigação de paternidade (natureza declaratória) ou do divórcio litigioso (natureza constitutiva), pois uma liminar concedida nestes processos, oriunda de um juízo de cognição sumária, não poderia atestar, ainda que provisoriamente, que alguém seja pai ou que já se encontra temporariamente divorciado. É a posição doutrinária.[42]

No entanto, parece salutar compreender que, inclusive nestes tipos de demandas, alguns efeitos até mesmo podem ser antecipados, embora não aquele que tenha conteúdo declaratório ou constitutivo. Deveras, proposta uma demanda objetivando desconstituir o ato praticado por uma instituição de ensino que tenha excluído um dos seus alunos, seria perfeitamente possível um requerimento de liminar para que, mesmo durante o tramitar da demanda, possa este aluno voltar a frequentar as aulas. Nesta hipótese, observa-se que o direito do aluno à frequência das aulas é consequência automática do acolhimento do pedido de nulidade do ato que o expulsou, o que demonstra que está por ele abrangido.[43] É, por sinal, a orientação mais comum que vem sendo adotada pelo STJ, ao considerar que a concessão da tutela provisória antecipada pode abranger não apenas a tutela pretendida na petição inicial, mas, também, os efeitos gerados em razão do acolhimento da pretensão deduzida.[44]

7.3.2.6.4.2. Restrição à concessão da tutela provisória de urgência antecipada em desfavor da Fazenda Pública

Há longa data já existiam atos normativos que restringiam a concessão de liminares em desfavor da Fazenda Pública como, por exemplo, nas hipóteses elencadas na Lei nº 4.348/64 (revogada pela Lei nº 12.016/2009, que criou novas restrições em seu art. 7º, § 2º), Lei nº 5.021/66 (também revogada pela Lei nº 12.016/2009) e pela Lei nº 8.437/92.

Porém, com a edição da Lei nº 8.952/94 (que criou o art. 273 do CPC-73), se passou a autorizar, no procedimento comum, a antecipação dos efeitos da tutela. Desta forma, logo surgiu a dúvida se aquelas leis anteriores, que restringiam a concessão de liminares "específicas" (ou seja, em procedimentos especiais) em desfavor da Fazenda Pública, também seriam ou não aplicáveis nos processos que observassem o rito comum.

Diante desta divergência, foi editada a Medida Provisória nº 1.590/97 (em momento em que medida provisória ainda podia tratar de matéria processual), posteriormente convertida na Lei nº 9.494/97 que, em seu primeiro dispositivo (art. 1º), vedava ao magistrado a concessão da antecipação dos efeitos da tutela (nos moldes do art. 273 do

42 CÂMARA, Alexandre Freitas. *Lições de direito processual civil*. 16ª ed.. Rio de Janeiro: Lumen Juris, 2007. v. I, p. 471.
43 THEODORO JÚNIOR, Humberto. Tutela específica das obrigações de fazer e de não fazer. In: *Revista de Processo*, nº 105, pp. 9-33.
44 TRF3. Agravo de instrumento nº 200603001058496. Rel. Juiz Convocado Valdeci dos Santos. DJ 02/04/2009.

CPC-73) naquelas mesmas situações já proibidas pela legislação até então vigente (Lei nº 4.348/64, na Lei nº 5.021/66 e na Lei nº 8.437/92).

Só que, mesmo diante desta proibição, eram inúmeros os magistrados que continuavam a conceder a antecipação dos efeitos da tutela, basicamente com os seguintes argumentos: a) tais atos normativos (Lei nº 4.348/64, a Lei nº 5.021/66 e a Lei nº 8.437/92) não poderiam restringir o uso de um mecanismo, no caso a antecipação dos efeitos da tutela (prevista no art. 273 do CPC-73), eis que a mesma sequer teria sido criada por ocasião da edição destas leis (ou seja, pela impossibilidade de leis pretéritas proibirem o que ainda não tinha sido criado); b) o art. 1º da Lei nº 9.494/97 padecia de uma inconstitucionalidade material, eis que não poderia um ato oriundo de outro Poder criar restrições ou condições para o exercício da atividade ou função fim de outro, o que ofenderia o princípio da separação dos poderes (art. 2º da CRFB).

Diante de inúmeras decisões judiciais contraditórias em diversas localidades, foi deflagrada uma ação declaratória de constitucionalidade no STF, que foi registrada como ADC nº 04/97, em momento que sequer existia a Lei nº 9.868/99, pois somente esta última é que teria disciplinado o procedimento para este meio processual, que apenas foi criado por ocasião do advento da EC nº 03/93.

Vale dizer que o STF, aplicando o mesmo procedimento da antiga representação de inconstitucionalidade, proferiu decisão liminar por maioria à época, considerando como constitucional o constante na lei questionada (art. 1º , Lei nº 9.494/97) e, inclusive, lhe conferiu eficácia vinculante a todos os órgãos do Poder Judiciário ainda que ausente qualquer decisão final a respeito desta demanda.[45] É possível afirmar, assim, que por meio de uma liminar o STF ratificou a vedação de liminares em desfavor da Fazenda Pública.

Nesta mesma decisão, inclusive, o STF fez constar que, desde que não vedado o direito à ação principal, nada impediria que fosse coibida pelo legislador, em razão do interesse público, a concessão da antecipação dos efeitos da tutela. E, da mesma maneira, também constou na referida decisão que os atos do Poder Legislativo devem gozar de presunção de veracidade.

Posteriormente, o STF veio a apreciar o mérito da ADC nº 04/97, ratificando os termos da decisão liminar e, mais uma vez, atribuiu-lhe eficácia vinculante a todos os órgãos integrantes do Poder Judiciário. Assim, caso venha a ser proferida uma decisão liminar em desrespeito ao que foi decidido pelo STF, poderá a Fazenda Pública se valer dos mais diversos expedientes processuais, entre os quais podem ser mencionados: a) uso do recurso adequado perante o Tribunal inferior; b) uso da via "reclamação" diretamente no STF; c) formular requerimento de suspensão da antecipação dos efeitos da tutela ou suspensão da segurança diretamente ao Presidente do Tribunal inferior.

No entanto, mesmo assim o presente tema ainda se encontra longe de ser pacífico, pois aquelas situações não vedadas expressamente nos citados atos normativos (art. 1º,

---

45 STF. Reclamação nº 777-DF, 785-RJ e 800-SP, Rel. Min. Moreira Alves. S/d.

Lei nº 9.494/97 e, atualmente, pelo art. 7º, § 2º, Lei nº 12.016/2009) ainda podem ser objeto de requerimento (e deferimento) de antecipação dos efeitos da tutela, partindo-se da premissa de que tudo aquilo que não fosse proibido seria permitido. Assim, pelo menos, é o que se extrai em diversas decisões, sobretudo naquelas que envolvem a concessão de liminares em desfavor da Fazenda Pública em casos relativos a operações cirúrgicas, internações hospitalares ou mesmo fornecimento de medicamentos.[46]

E, além dessa ressalva quanto à possibilidade de liminares em assuntos afetos à área médica, também é importante destacar que o mesmo ocorre nas demandas de natureza previdenciária. Com efeito, o próprio STF criou o Verbete nº 729 da sua Súmula, que dispõe expressamente: "*A decisão na ADC-4 não se aplica à antecipação dos efeitos da tutela em causa de natureza previdenciária*". Vale dizer, no entanto, que este Verbete sumular somente tem aplicação quando o demandante pretender a imediata implantação ou restabelecimento de benefício previdenciário, eis que para tanto já há verba orçamentária disponível no próprio exercício financeiro. Assim, se for reconhecido pelo magistrado, eventuais valores pretéritos necessariamente devem ser cobrados por meio de uma execução nos moldes da lei (art. 534 e art. 535), com a consequente expedição e pagamento do precatório ou do RPV conforme o caso.

Por fim, vale dizer que o CPC, aprovado em 2015, expressamente mantêm essas mesmas restrições normativas, no que diz respeito à concessão das tutelas provisórias, em suas disposições finais (art. 1.059). Portanto, o panorama acima apresentado não sofreu quaisquer mudanças com a edição da nova lei.

7.3.2.7. A tutela provisória de urgência cautelar no procedimento comum (art. 305 – art. 310)

O CPC elimina as disposições sobre o processo cautelar autônomo, muito embora reconheça a possibilidade de a proteção cautelar ser prestada já diretamente no próprio processo principal, também em caráter provisório.

O tema começa a ser disciplinado com a previsão de que a parte interessada neste fim deverá elaborar uma petição inicial com a indicação da lide e do seu fundamento, além de expor sumariamente o direito que busca assegurar e mais a narrativa do perigo de dano ou do resultado útil ao processo (art. 305).

Se, eventualmente, o magistrado vislumbrar que o requerimento de tutela provisória de urgência tem feição satisfativa, esta circunstância não terá o condão de gerar o indeferimento da petição inicial. É que o CPC autoriza expressamente a fungibilidade entre as medidas de urgência, de modo que, independentemente da qualificação jurídica adotada pela parte, possa o juiz conceder a que for a adequada, com observância do seu próprio regramento (art. 305, parágrafo único). Esta fungibilidade, por sinal, já era reconhecida no modelo anterior (art. 273, § 7º, CPC-73).

---

46 STF. Reclamação nº 4.311/DF. Rel. orig. Min. Joaquim Barbosa. DJ 06/11/2014. STJ. Agravo de instrumento nº 201001497273. Rel. Min. Arnaldo Lima. DJ 18/02/2011.

Sendo ou não deferida a tutela provisória de urgência cautelar, o demandado será citado para apresentar a sua primeira resposta, no prazo de cinco dias (art. 306). Na sequência, o procedimento passa a ser o comum (art. 307, parágrafo único). Contudo, caso o réu permaneça silente, o mesmo será considerado revel (art. 307), o que poderá motivar o julgamento antecipado do mérito (art. 355, inc. II).

Se, hipoteticamente, for deferida a tutela provisória de urgência cautelar requerida pelo demandante, caberá ao mesmo emendar a sua petição inicial, para incluir os fatos e fundamentos relacionados à pretensão de cunho satisfativo (art. 308). Nada impede, contudo, que tais elementos já constassem na petição anterior, o que é até recomendável para efeitos de praticidade, tornando desnecessário aguardar a adoção de mais esta providência (art. 308, § 1º). De qualquer maneira, o legislador estabeleceu um prazo de trinta dias para que esta providência seja realizada pelo autor, contados da ciência da efetivação da tutela cautelar (art. 308), também deixando claro que este aditamento deverá ser realizado nos mesmos autos e independentemente de novas custas processuais ou despesas. Não sendo realizado este aditamento no prazo, cessará a eficácia da tutela concedida (art. 309, inc. I) e o processo será extinto sem resolução do mérito por ausência de interesse processual superveniente (art. 485, inc. VI). Este, por sinal, já era o entendimento sumulado do STJ no modelo primitivo, quando a tutela cautelar era requerida em processo autônomo, nos termos do Verbete nº 482 da sua Súmula: "*A falta de ajuizamento da ação principal no prazo do art. 806 do CPC acarreta a perda da eficácia da medida liminar deferida e a extinção do processo cautelar*".

Se o aditamento for realizado regularmente, com a apresentação do pedido principal, as partes, na sequência, serão intimadas para comparecer à audiência de conciliação e mediação, que é a primeira das três audiências previstas para o novo procedimento comum (art. 308, § 3º). E, somente se não for obtida a autocomposição é que iniciará um prazo de quinze dias para o demandado apresentar a sua segunda contestação, agora específica quanto ao que foi objeto de aditamento (art. 335). De fato, passa-se a ter um rito extremamente curioso, em que o réu terá a oportunidade de apresentar defesa em duas ocasiões distintas, embora por fundamentos diferentes.

O título próprio que regula a tutela provisória de urgência cautelar se encerra dispondo os casos em que cessam a medida concedida em caráter antecedente (art. 309) e, também, prevendo que o indeferimento do pleito não obsta que a parte apresente o pedido principal e nem mesmo vai influenciar no julgamento desse, exceto se for reconhecida a prescrição ou a decadência (art. 310).

7.3.2.8. A tutela provisória de evidência (art. 311)

O magistrado pode deferir tutelas provisórias ainda que não calcadas em qualquer situação emergencial, mas desde que haja evidência do direito alegado pelo demandante. Por conta disso, o CPC enumerou as hipóteses em que isso pode ocorrer (art. 311).

Obviamente, esta decisão interlocutória, por ser fundada em cognição sumária, é essencialmente revogável, razão pela qual não pode aspirar a preclusão.

Entre as diversas hipóteses que autorizam a tutela provisória de evidência, há aquela em que se detecta o manifesto atuar protelatório da parte contrária, o que justifica a concessão da tutela provisória em virtude do seu caráter sancionatório, eis que não pode o demandado se valer de institutos processuais para retardar a marcha processual e, consequentemente, a efetiva entrega da tutela pretendida pelo demandante. Inclusive, trata-se de hipótese de tutela antecipada "punitiva", razão pela qual pode até mesmo ser determinada de ofício.

Este atuar protelatório, que pode ter as mais variadas feições, eventualmente dá ensejo não apenas à concessão dos efeitos da tutela (desde que presente o requisito da prova inequívoca da verossimilhança e também o da reversibilidade dos efeitos da decisão), mas, também, a aplicação de multa por litigância de má-fé (art. 80, inc. IV). No entanto, parece coerente afirmar que há uma diferença entre abuso do direito de defesa e litigância de má-fé, pois o primeiro que autoriza a tutela provisória de cunho sancionatório, não necessariamente se enquadra nas hipóteses da segunda, em virtude do seu caráter muito mais amplo.[47]

Aliás, releva-se, ainda, que nem sempre é fácil para o magistrado distinguir quando há um atuar manifestamente protelatório de uma das partes em confronto com uma defesa processual efetivamente eficiente, em razão de ser necessário, para esta análise, um juízo subjetivo frente à postura e aos argumentos trazidos pelos litigantes envolvidos.

Entre os demais casos que permitem a concessão da tutela provisória de evidência, podem ser citados: a) quando as alegações de fato puderem ser comprovadas apenas documentalmente e houver tese firmada em julgamento de casos repetitivos ou em súmula vinculante; b) quando se tratar de pedido reipersecutório fundado em prova documental adequada do contrato de depósito, caso em que será decretada a ordem de entrega do objeto custodiado, sob cominação de multa; c) quando a petição inicial for instruída com prova documental suficiente dos fatos constitutivos do direito do autor, a que o réu não oponha prova capaz de gerar dúvida razoável.[48] Esta última situação (art. 311, inc. IV) é, por sinal, extremamente contraditória, pois se a petição inicial já vem acompanhada de prova irrefutável da tese autoral e o réu citado não foi capaz de mudar este quadro, a hipótese deveria permitir o julgamento antecipado do mérito (art. 355, inc. I), com a prolação de uma sentença reconhecendo a tutela de evidência "definitiva", em vez de ser proferida uma decisão interlocutória em caráter provisório. No meio acadêmico, por sinal, muito estão escrevendo sobre o tema, mas sem nenhuma abordagem que demonstre em caráter concreto a utilidade deste inciso em específico.

---

47 MARINONI, Luiz Guilherme. *A antecipação da tutela.* 6ª ed. São Paulo: Malheiros, 2000, p. 146.

48 CARNEIRO, Paulo Cezar Pinheiro. PINHO, Humberto Dalla Bernardina de. *Novo código de processo civil – Anotado e comparado.* Rio de Janeiro: Gen Método, 2015, pp. 174-175.

Por fim, há de se destacar que o CPC possui diversos dispositivos em que é possível a concessão da tutela de evidência, mas em caráter definitivo, ou seja, em razão da prolação de sentença que irá transitar em julgado tanto material quanto formalmente caso não seja apresentado qualquer recurso (v.g., art. 332 e art. 355).

7.3.3. A Tutela específica

O magistrado, quando provocado pela parte a prestar a tutela jurisdicional, deve velar pela entrega efetiva da proteção jurisdicional. E, neste desiderato, o que deve ser assegurado ao autor é especificamente aquilo que lhe for de direito, e não uma compensação em virtude de o Estado-Juiz ter falhado na consecução deste objetivo. Desta maneira, se o que o demandante pretende é obter a entrega de um bem e o magistrado assim concordar, a atividade jurisdicional deve então prosseguir objetivando assegurar esta proteção específica e não, por exemplo, eventual compensação econômica quando o demandado se recusar terminantemente a entregá-lo. Portanto, cabe ao magistrado fixar certos meios executivos (que podem ser tanto na etapa de conhecimento como na de execução), com o fim de assegurar a "tutela específica" do demandante, ou seja, a proteção determinada, que realmente tem direito, assim já reconhecido por sentença ou mesmo em caráter provisório em razão de uma decisão antecipando os efeitos da tutela.

Estes meios executivos podem ser de sub-rogação ou de coerção. Os meios de sub--rogação são aqueles estabelecidos pelo magistrado que focam diretamente o cumprimento da obrigação, o que justifica a nomenclatura por vezes empregada de "execução direta". Usualmente, são estabelecidos para obrigação de entrega de coisa, sendo permitido que um terceiro estranho ao processo possa cumprir a obrigação em vez de o executado. Já os meios de coerção, também chamados de "execução indireta", por si só não garantem o cumprimento da obrigação, pois não têm o seu foco na mesma, e sim na vontade do devedor da prestação. É que, nestes casos, a finalidade é estimular o cumprimento da obrigação pelo próprio executado, o que é indicativo de que o campo de incidência das mesmas é, usualmente, nas obrigações de fazer ou não fazer. Mas não se trata, porém, de uma regra absoluta, pois um meio de coerção, como a prisão civil, pode ser usado em obrigação de pagar dívida alimentar, apenas para citar um único exemplo.

É amplamente admitida a fungibilidade entre os meios executivos, pois o magistrado sempre deve estar atento para adotar e realinhar aquele que for o mais eficiente para o cumprimento da obrigação. Por exemplo, na obrigação de entrega de coisa, o meio mais eficiente seria o de sub-rogação, pois implicaria na expedição do mandado de busca e apreensão que seria cumprido pelo oficial de justiça. No entanto, caso este bem não seja localizado, o juiz tem o dever jurídico de alterar o meio executivo para outro. Assim, nesta hipótese concreta, poderia substituir o meio de sub-rogação fixado na sentença por um meio de coerção, como as *astreintes*.

7.4. FLUXOGRAMAS

<u>TUTELA PROVISÓRIA DE URGÊNCIA ANTECIPADA</u>

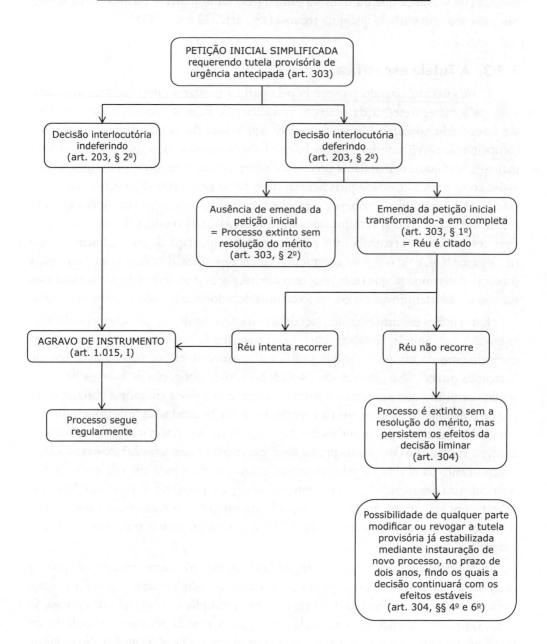

TUTELA PROVISÓRIA DE URGÊNCIA CAUTELAR
(ART. 305 - ART. 310)

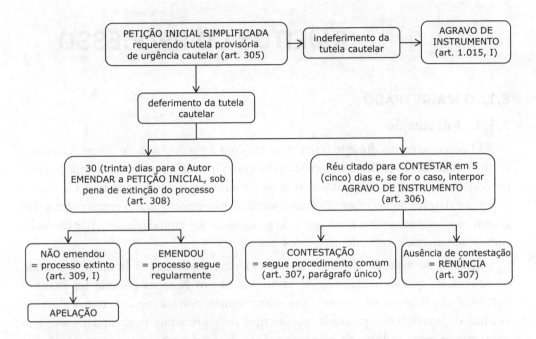

ATENÇÃO: O pedido principal já pode ser formulado conjuntamente com a tutela cautelar (art. 308).

SUJEITOS DO PROCESSO

8.1. O MAGISTRADO

8.1.1. Introdução

O processo conta, durante o seu tramitar, com a participação de diversos sujeitos, entre os quais alguns podem ser considerados como "partes" e outros não. O magistrado, por exemplo, é aquele responsável pela sua condução, mas embora tenha e exerça poderes e deveres no decorrer dos seus trabalhos, não é considerado como parte e sim apenas um dos sujeitos que participam do processo, o que também ocorre, por exemplo, com os servidores, peritos, dentre outros mais.

Quanto ao aspecto histórico se observa que, desde que o homem se tornou consciente de que somente vivendo junto aos outros homens poderia ter maiores possibilidades de êxito na luta pela sua sobrevivência, também foram criadas algumas normas de convivência, prevendo algum tipo de reprimenda para aqueles que não observassem estes padrões de comportamento. E, justamente neste momento é que surge a figura do juiz, que passa a ser aquela pessoa na comunidade que se torna responsável pela correta interpretação e aplicação da lei local.[1]

Usualmente, a imagem do magistrado é associada a qualidades como sabedoria e justiça, que são ideais que a maioria dos indivíduos busca. Há mesmo quem sustente que ela, a figura do juiz, se confunde com a própria justiça, daí ser exigido dos magistrados um comportamento irrepreensível, tanto no plano pessoal como no funcional.[2]

8.1.2. Neutralidade e imparcialidade do magistrado

Distribuir Justiça é missão quase divina, por isso mesmo deve ser realizada pelo juiz com virtude cívica, isto é, com absoluta independência, retidão, imparcialidade, respeito às leis, à moral e à ética de comportamento. Assim, a missão de julgar exige do juiz, além do dever de fidelidade ao Direito, uma conduta ética conforme a moral pública, sem deslizes que possam comprometer a sua toga[3].

---

1 Atestando o caráter milenar da magistratura, vale até mesmo ressaltar que na Bíblia consta um capítulo denominado "*juízes*", cujo texto se desenvolve, basicamente, em quatro etapas que são: pecado, castigo, arrependimento e libertação, que correspondem, coincidentemente e na própria ordem, aos ideais de uma justiça ressocializadora.

2 ARISTÓTELES. *Ética a Nicômaco*. São Paulo: Martin Claret. 2002, p. 111. CARNEIRO, Paulo Cezar Pinheiro. *Acesso à Justiça*. Rio de Janeiro: Forense, 1999, p. 65.

3 PEREIRA, Áurea Pimentel. Direito, justiça, moral e ética. In: *Revista da Escola da Magistratura do Estado do Rio de Janeiro*, nº 13/2001, p. 134. CARNEIRO, Paulo Cezar Pinheiro. *Acesso à justiça*. Rio de Janeiro: Forense, 1999, p. 65.

A imparcialidade e o conhecimento são os requisitos indissociáveis da figura do magistrado. E a imparcialidade é a qualidade mais própria da função do magistrado.[4]

A imparcialidade, contudo, não se confunde com a neutralidade. É que a neutralidade do juiz, assim compreendida como um distanciamento absoluto da questão a ser apreciada, é uma utopia, por pressupor um operador jurídico isento de sua subjetividade pessoal e, também, das influências sociais. Seria de se exigir, assim, um operador do Direito sem história, sem memórias e sem desejos, o que definitivamente não se coaduna com a espécie humana. Por esta razão é que o ideal seria um intérprete consciente da sua postura ideológica (autocrítica) e, na medida do possível, de suas neuroses e frustrações (autoconhecimento), pois, somente assim, a sua atuação não consistirá na projeção narcísica de seus desejos ocultos, complexos e culpas.[5]

Portanto, sendo a neutralidade do magistrado uma utopia, basta para o Direito brasileiro que o juiz seja imparcial, o que supõe somente a ausência de suspeições, impedimentos e incompatibilidades no exercício das suas atividades.

8.1.3. Impedimento e suspeição do magistrado. Forma de Arguição

Como analisado, o magistrado não deve atuar em processos em que tem a sua imparcialidade comprometida. Em outras palavras, o mesmo deixará de oficiar naqueles casos em que ocorrer qualquer hipótese caracterizadora de impedimento ou de suspeição. E, vale dizer, quando ele se declarar parcial, não necessariamente todos os atos anteriores que praticou estarão comprometidos, havendo precedente do STJ no sentido de que esta declaração nem mesmo gera efeitos retroativos.[6]

As hipóteses de impedimento (art. 144), sejam elas originárias ou não, se traduzem em vício processual mais grave, já que geram uma presunção absoluta de parcialidade do magistrado. Por este motivo, podem ser alegadas a qualquer momento, mesmo ultrapassado o prazo de quinze dias estabelecido em lei (art. 146) e, até mesmo, após a prolação da sentença e da formação da coisa julgada. No entanto, neste último caso a via processual adequada para veicular esta matéria é a ação rescisória (art. 966, inc. II), o que deixa claro que este vício é tão grave que até mesmo pode ser alegado após já estarem preclusas as vias impugnativas.

Apesar de já ter sido abordado anteriormente nesta obra que a arbitragem é um equivalente jurisdicional (v. item nº 3.4.2.), há orientação do STJ no sentido de que

---

4 CALAMANDREI, Pietro. *Eles, os Juízes, vistos por um advogado.* 6ª ed. São Paulo: Martins Fontes, 1996, pp. 52-53. OLIVEIRA, Adriano Enivaldo de. A imparcialidade como requisito indissociável do Juiz e da aplicação da Justiça. In: *Revista da Associação dos Juízes Federais do Brasil*, nº 71/2002, p. 77.

5 BARROSO, Luís Roberto. Fundamentos teóricos e filosóficos do novo direito constitucional brasileiro. In: *Revista da Escola da Magistratura* do Estado do Rio de Janeiro, nº 15/2001, p. 16 e SARMENTO, Daniel. *A ponderação de interesses na Constituição Federal*, 1ª ed., 2ª tir. Rio de Janeiro: Ed. Lumen Juris, 2002, pp. 21-22.

6 STJ. PET no REsp 1.339.313-RJ, Rel. Min. Sérgio Kukina, Rel. para acórdão Min. Assusete Magalhães, j. 13/04/2016, DJe 09/08/2016 − *Informativo* nº 587.

essas hipóteses que buscam preservar a imparcialidade do magistrado também são aplicáveis ao árbitro.

As causas de impedimento[7] (art. 144) são as seguintes: a) juiz que interveio como mandatário da parte, oficiou como perito, funcionou como membro do Ministério Público ou prestou depoimento como testemunha; b) magistrado que conheceu em outro grau de jurisdição, tendo proferido decisão; c) quando nele estiver postulando, como defensor público, advogado ou membro do Ministério Público, cônjuge ou companheiro, ou qualquer parente, consanguíneo ou afim, em linha reta ou colateral, até o terceiro grau do juiz; d) quando for parte no processo ele próprio, seu cônjuge ou companheiro, ou parente, consanguíneo ou afim, em linha reta ou colateral, até o terceiro grau, inclusive; e) quando for sócio ou membro de direção ou de administração de pessoa jurídica parte no processo; f) quando for herdeiro presuntivo, donatário ou empregador de qualquer das partes; g) em que figure como parte instituição de ensino com a qual tenha relação de emprego ou decorrente de contrato de prestação de serviços; h) em que figure como parte cliente do escritório de advocacia de seu cônjuge, companheiro ou parente, consanguíneo ou afim, em linha reta ou colateral, até o terceiro grau, inclusive, mesmo que patrocinado por advogado de outro escritório; i) quando promover ação contra a parte ou seu advogado.

Quanto à suspeição, as suas hipóteses (art. 145) apenas geram uma presunção relativa de parcialidade do juiz, sendo que as mesmas também podem ser tanto originárias como supervenientes, de modo que não necessariamente as partes obrigatoriamente saberão desta circunstância já por ocasião de instauração do processo ou na citação. Desta maneira, nada obsta que esta matéria seja alegada por petição (art. 146) em qualquer outro momento processual antes de ser proferida a sentença, desde que respeitado o prazo de quinze dias cujo início é a data da ciência da suspeição.

De acordo com o CPC, os casos de suspeição são os seguintes (art. 145): a) juiz amigo íntimo ou inimigo de qualquer das partes ou de seus advogados[8]; b) juiz que receber presentes de pessoas que tiverem interesse na causa antes ou depois de iniciado o processo, que aconselhar alguma das partes acerca do objeto da causa ou que subministrar meios para atender às despesas do litígio; c) quando qualquer das partes for credora ou devedora do magistrado, de seu cônjuge ou companheiro ou de parentes destes, em linha reta até o terceiro grau, inclusive; d) juiz interessado no julgamento do processo em favor de qualquer das partes. Vale dizer que o magistrado também poderá se declarar suspeito por motivo de foro íntimo, sem necessidade de declarar suas razões (art. 145, § 1º)

Quanto à forma de arguição do impedimento ou suspeição do magistrado, o processamento deverá observar o disposto no CPC (art. 146). Desta maneira, tanto o demandante quanto o demandado poderão apresentar petição específica para esta

---

7 STJ. Corte Especial. SEC 9.412-EX, Rel. Min. Felix Fischer, Rel. para acórdão Min. João Otávio de Noronha, j. 19/04/2017 – *Informativo* 605.

8 Há precedente do STF no sentido de que a inimizade deve ser capital e não pode ser presumida e sim verificada por dados concretos: STF. AS 89/DF, Rel. Min. Edson Fachin, j. 13/09/2017.

finalidade, direcionada ao mesmo órgão jurisdicional em que está lotado o juiz nestas condições, explicitando os motivos de sua parcialidade e instruindo com a documentação eventualmente necessária. No modelo anterior (CPC-73), estas alegações eram trazidas por meio de peça denominada "exceção", termo este que não é mais adotado pelo CPC, muito embora ainda possa ser empregado em razão de se constituir em um "costume", que também é considerado como fonte normativa secundária do Direito Processual Civil (art. 4º, LINDB).

O prazo, conforme já analisado, será de 15 (quinze) dias, a contar do conhecimento do fato. E, não menos importante, esta forma de arguição é a mesma tanto para o processo de conhecimento como também para a execução autônoma (art. 917, § 7º) ou mesmo para a etapa de cumprimento de sentença (art. 535, § 1º).

Oferecida a petição de arguição de impedimento ou suspeição, haverá sobrestamento do processo (art. 313, inc. III). Em seguida, o magistrado, ao analisá-la, poderá já na mesma ocasião reconhecer a sua parcialidade, hipótese em que o processo continuará a tramitar perante o mesmo órgão jurisdicional, muito embora todo o resto do seu processamento (v.g., prolação de decisões e condução de audiências) tenha que ser realizado pelo juiz tabelar (art. 146, § 1º).

Do contrário, caso entenda que não é impedido ou suspeito, o magistrado deverá então determinar a autuação desta peça em apenso e, no prazo de 15 (quinze) dias, apresentar suas razões, instruindo com os documentos e rol de testemunhas que entender como pertinentes, para posterior remessa deste apenso ao Tribunal em que estiver vinculado (art. 146, § 1º). Nesta situação, o magistrado não precisará estar representado inicialmente por advogado, ou seja, por aquele que possui capacidade postulatória, pois naquele momento o mesmo ainda não estará sendo considerado como "parte principal", eis que sua atuação ainda é bastante limitada e se restringe tão somente a prestar informações quanto ao impedimento ou suspeição que foram alegados.

No órgão de segunda instância, o relator poderá rever o efeito suspensivo deste incidente, retirando-o ou mantendo (art. 146, § 2º). Mas, neste meio tempo, havendo necessidade de uma das partes obter uma tutela provisória de urgência, tal pleito terá que ser analisado já pelo juiz tabelar (art. 146, § 3º). Se, posteriormente, o Tribunal concluir que o magistrado realmente era parcial (impedido ou suspeito), os autos serão remetidos ao seu tabelar e o mesmo será então condenado a arcar com as custas processuais (art. 146, § 5º), muito embora não seja condenado a pagar honorários, eis que esta petição corporifica mero incidente processual. Vale dizer que é apenas neste momento que o magistrado de primeira instância estará sofrendo reflexos no campo patrimonial, hipótese em que o mesmo passa a ter interesse pessoal em demonstrar que não é impedido. Logo, se pretender recorrer desta decisão, somente poderá fazê-lo caso constitua um patrono com capacidade postulatória, pois agora já não está mais ali como mero "sujeito do processo", e sim como "parte".[9]

---

9 HARTMANN, Rodolfo Kronemberg. *Curso de direito processual civil. Teoria Geral do Processo.* 1ª ed. Niterói: Impetus, 2012. v. 1, p. 189.

Uma última ressalva quanto ao impedimento e suspeição do magistrado é em relação ao entendimento do STF, no sentido de que estes intitutos restringem-se ao plano dos processos subjetivos, que discutem situações individuais e interesses concretos. Por este motivo, não seria possível oferecer uma arguição de impedimento ou suspeição em processo de fiscalização concentrada de constitucionalidade.[10] Também é importante relevar que as hipóteses de impedimento ou suspeição também são perfeitamente aplicáveis a outros sujeitos do processo (art. 148), como o membro do Ministério Público, auxiliares da Justiça, além dos demais sujeitos imparciais do processo (como os conciliadores ou mediadores). Contudo, há pequenas diferenças no processamento, pois esta peça de arguição não gera efeito suspensivo (art. 148, § 2º), embora seja mantido o prazo de 15 (quinze) dias para os devidos esclarecimentos. A competência para processar e julgar tais peças também muda, pois será do magistrado de primeira instância, salvo quando se tratar de membro do Ministério Público, hipótese em que a mesma tramitará perante o Tribunal, podendo inclusive ser decidida monocraticamente pelo relator (art. 148, § 3º).

Por fim, não é possível o oferecimento de petição de arguição de impedimento quanto ao assistente técnico de uma das partes, eis que é contratado diretamente por elas, de modo que já é considerado por lei como parcial (art. 466, § 1º).

8.1.4. Poderes e deveres do magistrado

O magistrado, como um dos principais sujeitos do processo, exerce poderes e possui deveres em seu tramitar. Além do exercício da atividade jurisdicional que lhe é inerente, o juiz também exerce inúmeras outras atividades, muitas delas de cunho administrativo. Por exemplo, o mesmo exerce poder de polícia na condução das audiências, o que lhe permite determinar a retirada do recinto de todos aqueles que se comportam de forma inconveniente ou mesmo requisitar força policial (art. 360, incs. II e III).

Além disso, o magistrado também possui iniciativa probatória, de modo que pode determinar a produção de provas independentemente do requerimento de qualquer parte (art. 370), muito embora esta possibilidade nem sempre venha a ser exercida.[11] Este dispositivo, por sinal, de forma alguma macula a imparcialidade do juiz, eis que não há como prever de maneira infalível qual a parte que em tese será beneficiada com a prova que foi determinada pela autoridade judiciária. Pelo contrário, se há alguma dúvida o juiz deve determinar as provas que entenda necessárias para elucidá-la, pois somente assim poderá desempenhar a sua atividade jurisdicional a contento, além de espantar qualquer ranço de parcialidade.[12] Portanto, nada há de autoritário no exercício desta iniciativa.[13]

---

10 STF. Arguição de suspeição nº 37-DF. Rel. Min. Gilmar Mendes. DJ 18/02/2009.

11 GOUVEA, Lúcio Grassi de. Cognição processual civil: atividade dialética e cooperação intersubjetiva na busca da verdade real. In: *Leituras complementares de processo civil.* 6ª ed. Salvador: JusPodivm, 2008, p. 173.

12 MOREIRA, José Carlos Barbosa. O neoprivatismo no processo civil. In: *Leituras complementares de processo civil.* 6ª ed. Salvador: JusPodivm, 2008, p. 38.

13 MOREIRA, José Carlos Barbosa. O neoprivatismo no processo civil. In: *Leituras complementares de processo civil.* 6ª ed. Salvador: JusPodivm, 2008, pp. 31-34.

Mas, ao lado desses poderes, o magistrado também possui diversos deveres, sendo alguns deles expostos no CPC (art. 139), que enumera, entre outros: a) assegurar às partes tratamento igualitário; b) velar pela duração razoável do processo; c) prevenir ou reprimir ato contrário à dignidade da Justiça, bem como indeferir postulações meramente protelatórias (o que é absolutamente salutar justamente para dar cumprimento ao dever imposto anteriormente a este, que é relativo ao tempo do processo); d) determinar todas as medidas indutivas, coercitivas, mandamentais ou sub-rogatórias necessárias para assegurar o cumprimento de ordem judicial, inclusive nas ações que tenham por objeto prestação pecuniária; e) promover, a qualquer tempo, a autocomposição, preferencialmente com auxílio de conciliadores e mediadores judiciais; f) dilatar os prazos processuais e alterar a ordem de produção dos meios de prova, adequando-os às necessidades do conflito de modo a conferir maior efetividade à tutela do direito, mas desde que ainda não tenha sido encerrado o prazo regular; g) exercer o poder de polícia, requisitando, quando necessário, força policial, além da segurança interna dos fóruns e tribunais; h) determinar, a qualquer tempo, o comparecimento pessoal das partes, para inquiri-las sobre os fatos da causa, hipótese em que não incidirá a pena de confesso; i) determinar o suprimento de pressupostos processuais e o saneamento de outros vícios processuais; j) oficiar o Ministério Público, a Defensoria Pública e, na medida do possível, outros legitimados para uma demanda coletiva, quando se deparar com diversas demandas individuais repetitivas.

Entre os deveres do juiz, há a necessidade de uma prestação jurisdicional eficiente, motivo pelo qual o CPC fez constar, entre outras disposições, que as sentenças, que devem ser bem fundamentadas (art. 489, § 1º), devem ser proferidas no prazo de 30 (trinta) dias úteis (art. 226, inc. III c/c art. 219), muito embora seja possível a dobra do prazo (art. 227). Aliás, é de se destacar que, malgrado a norma em comento preveja que o prazo somente possa ser dobrado se houver motivo justificado (art. 227), uma interpretação sistemática do CPC dispensaria o preenchimento deste requisito. Com efeito, o que se observa é que diversos sujeitos do processo já possuem prazo em dobro independemente de motivo justificado, tais como os membros do Ministério Público (art. 180), da Advocacia Pública (art. 183) e da Defensoria Pública (art. 186). Logo, diante de norma fundamental do CPC, que impõe que seja assegurado a todos os sujeitos do processo exatamente o mesmo tratamento no que diz respeito a seus direitos (art. 7º), conclusão outra não pode ser a de que o magistrado sempre gozará de prazo em dobro quando a lei estabelecer algum prazo para as suas decisões, tal como vários outros sujeitos processuais dispõem. E, vale dizer, não se trata de hipocrisia (em virtude de o autor ser juiz), pois o que ora se defende é exatamente o que há muito já se vê na práxis forense, também sendo certo que o próprio CNJ assinala prazos para que o magistrado profira seus atos que são até mais generosos do que aqueles estabelecidos pelo CPC. No entanto, caso estes prazos não sejam cumpridos, ainda assim o magistrado não sofrerá qualquer consequência processual imediata, eis que se tratam de "prazos impróprios". Contudo, o descumprimento reiterado pode sujeitá-lo a apurações administrativas.

E, justamente porque há pelo magistrado o exercício de poderes e deveres, é que passam a ser disponibilizados às partes instrumentos para controle dessas atividades. Com efeito, por imperativo constitucional o juiz tem que fundamentar suas decisões (art. 93, inc. IX, CRFB), o que é indicativo de que se tentou evitar qualquer arbitrariedade. Da mesma maneira, a omissão injustificada do magistrado pode permitir a adoção de mecanismos administrativos, como o uso da correição parcial. E o mais interessante é que este controle é recíproco, pois, se de um lado a parte pode efetivamente fiscalizar o trabalho do magistrado, também o oposto ocorre já que o juiz exerce controle sobre a atividade desempenhada pelas partes ou por seus patronos, de modo que pode indeferir diligências inúteis ou até mesmo sancionar o comportamento daquele que se encontra no processo agindo de maneira desleal (art. 139, inc. III c/c art. 142). De resto, destaca--se que os poderes do magistrado (art. 139, inc. IV) não podem permitir a imposição de medidas atípicas aflitivas pessoais, como a suspensão do passaporte e da licença para dirigir.[14]

Eventualmente, o magistrado poderá responder por perdas e danos pelos prejuízos decorrentes de sua atuação.[15] Mas, mesmo assim, o CPC (art. 143) adota expressamente a teoria da dupla garantia, segundo a qual a vítima primeiramente terá que promover a demanda indenizatória em face da Fazenda Pública para que, somente após, esta possa exercer eventual direito de regresso em ação autônoma promovida em detrimento do aludido agente político. Este mesmo raciocínio também é empregado para os demais agentes públicos que participam do processo, como o Escrivão, Chefe de Secretaria ou Oficial de Justiça (art. 155), membros do Ministério Público (art. 181), da Advocacia Pública (art. 184) e da Defensoria Pública (art. 187), sendo também já reconhecido pela jurisprudência pátria.[16]

8.2. PARTES PRINCIPAIS E PARTES SECUNDÁRIAS

Para ser considerado como "parte", há a necessidade de que o sujeito esteja efetivamente participando do processo com a possibilidade de deduzir pretensões ou requerimentos, bem como esteja atuando sob o prisma do contraditório. Inclusive, é bastante comum estabelecer uma pequena distinção entre ser "parte principal" e "parte secundária".[17]

---

14 STJ. HC nº 453.870-PR. Rel. Min. Napoleão Nunes Maia Filho. DJ 15/08/2019.

15 O STJ já teve a oportunidade de decidir que o magistrado não pode ser condenado por multa em razão de ato atentatório a dignidade da Justiça (art. 77, CPC/2015 e art. 14, CPC/73), devendo ser investigado e punido apenas de acordo com os termos da LOMAN. É o que se extrai em: STJ. REsp nº 1.548.783-RS. Rel. Min. Luis Felipe Salomão. DJ 05/08/2019.

16 STF. REXTR nº 327.904-1. Rel. Min. Carlos Britto. DJ 15/08/2006. STJ. REsp nº 1.325.862-PR. Rel. Min. Luis Felipe Salomão. DJ 05/09/2013.

17 A ressalva é que certos doutrinadores preferem adotar outra classificação como, por exemplo, "partes da demanda" e "partes do processo", que equivaleriam, respectivamente, a "partes principais" e "partes secundárias". É o que se extrai, por exemplo, em CÂMARA, Alexandre Freitas. *Lições de direito processual civil*. 16ª ed. Rio de Janeiro: Lumen Juris, 2007. v. I, p. 159.

A primeira delas, ou seja, a nomenclatura "parte principal", é reservada para aqueles que efetivamente deduzem pretensão em juízo ou em face de quem esta pretensão e deduzida, o que sinaliza que se trata do demandante e do demandado. Apenas estes, por sinal, é que serão atingidos pelos efeitos da coisa julgada material (art. 506).

Já o termo "parte secundária" deve ser empregado para aqueles sujeitos que participam ativamente no processo, com a possibilidade de formular requerimentos, de interpor recursos ou mesmo que tenham que ser intimados para exercício do contraditório durante o decorrer processual. É como devem ser considerados o assistente simples ou o Ministério Público quando se encontra atuando como fiscal da ordem jurídica cujas algumas hipóteses de atuação se encontram no CPC (art. 178).

Diversas são as formas para se adquirir o *status* de parte no processo. A primeira delas seria pelo exercício da demanda, hipótese em que o demandante automaticamente passa a ter a qualidade de parte principal. Da mesma maneira, também a citação é o meio processual hábil a transformar o demandado nesta mesma posição. E, ainda, as hipóteses que autorizam a sucessão processual também podem ser classificadas como mecanismos que permitem que terceiros estranhos ao processo possam vir a adquirir esse *status*. Quanto às partes secundárias, usualmente esta qualidade é adquirida por meio de uma intervenção voluntária (ou às vezes por meio da provocação de um dos demais sujeitos do processo), como ocorre quando o Ministério Público atua como *custos iuris*.[18]

8.2.1. Sucessão processual

A sucessão processual ocorre quando há a completa exclusão de uma das partes principais primitivas com o advento de um ou mais sujeitos para ocupar este lugar, podendo ocorrer tanto no polo ativo quanto no passivo, bem como pode surgir em decorrência de uma *causa mortis* ou mesmo de um ato *inter vivos*.

Com efeito, ocorrendo o falecimento do demandante, será possível que o espólio e posteriormente os herdeiros venham a sucedê-lo processualmente, após regular habilitação (art. 687 – art. 699). No entanto, pode ser que o direito litigioso seja considerado intransmissível (v.g., falece o demandado em processo que busca a percepção de verba de natureza alimentar), o que irá acarretar o fim do processo (art. 485, inc. IX).

Por outro lado, a sucessão processual também pode ocorrer em virtude de um ato jurídico. Por exemplo, nada impede que, no curso de um processo de conhecimento, possa o demandante transferir o direito litigioso a um terceiro (art. 109), e até mesmo dispõe que a legitimidade das partes não será alterada. No entanto, há norma que autoriza, em caráter excepcional, que caso haja anuência da parte contrária, aquele que transferiu o

---

18 CÂMARA, Alexandre Freitas. *Lições de direito processual civil*. 16ª ed. Rio de Janeiro: Lumen Juris, 2007. v. I, p. 160.

suposto direito seja excluído da relação jurídica processual para o ingresso daquele que o adquiriu, o que configuraria uma sucessão processual (art. 109, § 1º). Mas, desde logo deve ser ressaltado que, caso não haja anuência da parte contrária em relação a esta sucessão processual, nada impede que o novo titular do suposto direito tente ingressar em juízo na qualidade de assistente litisconsorcial (art. 109, § 2º, c/c art. 124).

Da mesma maneira, deve ser desde logo ressaltado que, se neste mesmo exemplo (da transferência do bem litigioso no curso do processo), já tiver ocorrido a citação no processo, o adquirente do suposto direito não poderá ulteriormente demandar pela evicção, em razão de norma constante no Código Civil (art. 457, CC), que deve ser conjugada com outra do CPC, que estabelece que a citação válida gera como efeito material justamente tornar o bem litigioso (art. 240).

De resto, no processo de execução ou mesmo na etapa executiva também existem hipóteses que autorizam a sucessão processual (art. 778), que podem decorrer do falecimento de uma das partes ou em razão de ato praticado por uma delas. No entanto, o diferencial é que, na execução, não há necessidade de anuência da parte contrária para que seja autorizada a sucessão processual.

8.2.2. Substituição processual

A substituição processual, também conhecida como legitimação extraordinária, ocorre naquelas hipóteses em que alguém pleiteia, em seu próprio nome, direito que pertence a outrem, desde que seja uma daquelas hipóteses autorizadas por lei (art. 18).[19]

Nesta situação, o substituto é parte principal da demanda (usualmente é o demandante), muito embora não participe da relação jurídica de direito material, razão pela qual a sua legitimidade de agir decorre da lei. Por outro lado, o substituído, que é aquele que titulariza o Direito, não necessariamente terá que participar do processo, muito embora a coisa julgada também o vincule. É, portanto, raro caso em que alguém que não participa do processo e que, mesmo assim, fica vinculado à coisa julgada advinda ou, em outras palavras, uma hipótese em que há uma ampliação dos limites subjetivos da coisa julgada. Assim, pelo menos dispõe o CPC (art. 109, § 3º).[20]

Um exemplo de substituição processual ocorre quando o Ministério Público propõe uma demanda coletiva para a defesa dos interesses individuais homogêneos que, a par de serem considerados como direitos sociais, ainda assim se caracterizam pela sua divisibilidade, de modo que a própria legislação é que autoriza o *parquet* a requerer uma tutela coletiva (art. 127, CRFB), diante da lesão social gerada por múltiplas violações a direitos individuais extremamente semelhantes.

---

19 DIDIER JÚNIOR, Fredie. *Curso de direito processual civil.* 17ª ed. Salvador: JusPodivm, 2015. v. 1, p. 346.

20 CÂMARA, Alexandre Freitas. *Lições de direito processual civil.* 16ª ed. Rio de Janeiro: Lumen Juris, 2007. v. I, p. 501. NERY JÚNIOR, Nelson. NERY, Rosa Maria Andrade. *CPC comentado.* 4ª ed. São Paulo: RT, 1999, p. 926.

8.2.3. A gratuidade de Justiça

A existência de um processo sinaliza a prestação de uma atividade pública, razão pela qual, como muitos outros, há a necessidade de que sejam pagos valores para este tipo de serviço. Contudo, em certas situações, o custo do processo pode ser um dos entraves, senão o principal, para que vítimas de ilicitudes cíveis passem alijadas do Poder Judiciário. Por este motivo, para estas pessoas que não podem custear o processo sem prejuízo da própria subsistência, o legislador previu inicialmente uma lei própria para tratar deste tema (Lei nº 1.060/50), que teve diversos dispositivos revogados pelo CPC, que passou a regular o tema com mais profundidade (art. 98 – art. 102).

De acordo com o CPC, a gratuidade pode ser requerida tanto por pessoa física quanto por pessoa jurídica (art. 98), muito embora a possibilidade desta requerer este beneplácito já fosse amplamente pacífica, tal como consta no Verbete nº 481, da Súmula do STJ: "*Faz jus ao benefício da justiça gratuita a pessoa jurídica com ou sem fins lucrativos que demonstrar sua impossibilidade de arcar com os encargos processuais*".

O mesmo artigo (art. 98) esclarece minuciosamente quais as despesas que são abrangidas pela gratuidade de justiça, bem como mantém o entendimento de que a gratuidade não afasta a condenação pelos ônus da sucumbência, muito embora esta condenação tenha a sua exigibilidade suspensa por 5 (cinco) anos, salvo mudança de fortuna.

Outrossim, também nele é previsto que a gratuidade pode ser para todos os atos ou apenas alguns do processo, bem como que pode ser permitida a redução de despesas que devem ser adiantadas (art. 98). E, como as despesas notariais são abrangidas pela gratuidade, também é autorizado que o próprio notário ou registrador venha em juízo (com competência para questões notariais ou registrais) questionar o deferimento deste benefício, postulando a sua revogação, o que sugere se tratar de demanda acessória, eis que há menção de que a parte com gratuidade terá que ser citada para responder aos seus termos. É de se criticar, de um lado, a burocracia neste tratamento que sugere o uso de ação específica para estes fins, e, por outro, também a possibilidade de um magistrado de primeira instância (lotado no juízo especializado em matéria notarial ou registral), atuar como instância revisora das decisões proferidas por outro colega que atua em mesma instância, mas perante órgão com competência diferenciada. Defende-se, aqui, que o notário ou registrador compareçam no processo primitivo e, ali mesmo, façam requerimento para revogação da gratuidade de justiça.

A gratuidade de Justiça deve ser instrumentalizada por um simples requerimento, que seja tanto na petição inicial, na contestação ou em simples petição para ingresso do terceiro no processo ou em recurso (art. 99). Também é admitido que este requerimento seja feito por petição simples quando se tratar de mudança de fortuna superveniente. Critica-se, aqui, a redação de algumas normas (art. 99, §§ 3º e 4º), que, praticamente, universalizam a concessão deste benefício, ao estabelecer que o juiz somente poderá indeferir o pleito se houver elementos nos autos em sentido contrário, muito embora antes de indeferir deva dar oportunidade para a parte trazer esclarecimentos, bem como que é presumida como verdadeira a alegação de insuficiência deduzida por pessoa natural.[21] O mesmo artigo, por sinal, também traz mais novidades, como a de que a presença de advogado particular não é motivo para indeferimento, que a parte terá que efetuar o preparo nos recursos interpostos em que se discute tão somente a majoração da verba honorária fixada ao advogado do beneficiário da gratuidade, entre outras mais.[22]

É de se acrescentar, outrossim, a possibilidade de requerimento de gratuidade de justiça ser pleiteada na própria petição recursal, conforme prevê a novel legislação (art. 99, § 7º) e inúmeros precedentes, inclusive do STJ.[23] E, não menos importante, ainda que haja o indeferimento nesta via, o recorrente deve ser previamente intimado para ter a oportunidade de regularizar o preparo, em vez de se pronunciar imediatamente a deserção.[24]

De acordo com o CPC, eventual questionamento quanto à gratuidade indevidamente concedida ao autor deve ser apresentada na contestação, na réplica, nas contrarrazões do recurso ou, em casos de requerimento superveniente, por meio de petição simples, a ser apresentada no prazo de 15 (quinze) dias nos próprios autos, sem suspensão da marcha processual (art. 100). Permite, ainda, que sendo revogado o benefício, a parte seja condenada a arcar com as despesas que deixou de adiantar, bem como possa ser condenada por má-fé, embora esta sanção seja revertida ao ente fazendário.

O CPC (art. 101) também deixa claro que o recurso para impugnar a decisão sobre a gratuidade de justiça é o de agravo, na modalidade por instrumento (art. 1.015, inc. V), exceto quando este pleito tiver sido decidido por sentença, caso em que caberá apelação. Também dispensa a realização do preparo pelo recorrente enquanto esta questão não tiver sido decidida preliminarmente pelo relator do recurso. Ademais, a mesma norma (art. 101) também impõe que, ao reconhecer que não há direito à gratuidade, deve ser oportunizada ao recorrente a realização do preparo em 5 (cinco) dias, findo os quais o recurso não será admitido por motivo de deserção.

E, por fim, o CPC (art. 102) estabelece que, ocorrendo a preclusão da decisão que indeferir a gratuidade, caberá à parte o ônus de recolher as despesas pendentes, sob pena de o processo ser extinto sem resolução do mérito e sem prejuízo de outras medidas (caso seja o demandante), ou não podendo ser deferida qualquer prática de ato ou diligência (se for o demandado ou terceiros). Deve-se dizer, porém, que mesmo estando preclusa a decisão nada impede que o mesmo interessado possa novamente tentar obter este benefício, mas agora por outro fundamento. É que o patrimônio de cada indivíduo é

---

21 Há precedente curioso, em que o magistrado indeferiu o requerimento formulado por pessoa física, após ter consultado o seu perfil em redes sociais: TRF-5. AG/SE Proc. 08083839320164050000, Des. Fed. Cid Marconi, j. 11/03/2017.

22 Sobre o tema, inclusive, já há precedente do Superior Tribunal de Justiça no mesmo sentido da norma (art. 99, § 4º): STJ. REsp 1.504.432-RJ, Rel. Min. Og Fernandes, j. 13/09/2016, DJe 21/09/2016 – *Informativo* nº 590).

23 STJ. AgRg nos EREsp 1.222.355-MG, Rel. Min. Raul Araújo, j. 04/11/2015, DJe 25/11/2015 – *Informativo* nº 574.

24 STJ. EAREsp nº 742.240-MG. Rel. Min. Herman Benjamin. DJ 27/02/2019.

extremamente volátil, de modo que ao início do processo a parte pode não necessitar deste benefício mas, com o passar dos meses, o quadro pode tornar diferente.

8.3. O MINISTÉRIO PÚBLICO E A SUA ATUAÇÃO PROCESSUAL

A Carta Magna pontua (art. 127, CRFB) que *"O Ministério Público é instituição permanente, essencial à função jurisdicional do Estado, incunbindo-lhe a defesa da ordem jurídica, do regime democrático e dos interesses sociais e individuais indisponíveis"*.

Estruturalmente, existem dois Ministérios Públicos: o Ministério Público da União (abrange o Ministério Público Federal, o Ministério Público do Trabalho, o Ministério Público Militar e o Ministério Público do Distrito Federal e dos Territórios), além dos Ministério Públicos Estaduais (art. 128, CRFB).[25] É importante mencionar, contudo, que não existe Ministério Público Eleitoral, muito embora haja esta função.

Existe legislação específica tratando das normas gerais do Ministério Público (Lei nº 8.625/93). Já as normas mais específicas quanto ao Ministério Público da União são encontradas em outra (LC nº 75/93), enquanto as leis estaduais irão disciplinar os seus respectivos Ministérios Públicos.

No direito processual civil, a função do Ministério Público se resume a ser um sujeito do processo, muito embora possa tanto atuar como "parte principal" como "parte secundária". Com efeito, o *parquet* agirá como "parte principal" quando integrar um dos polos da demanda o que, em regra, ocorre usualmente no polo ativo.[26] No polo passivo, já é mais difícil de se detectar algumas hipóteses, pois eventuais responsabilidades serão arcadas pelo ente fazendário que estruturou o respectivo Ministério Público, ou seja, se o ato questionado foi praticado por membro do Ministério Público Federal, eventual demanda será proposta em face da União. No entanto, por vezes esta própria instituição poderá figurar no polo passivo como ocorre, por exemplo, nas ações rescisórias em processos em que ela já tenha atuado como uma das partes principais.

Vale dizer que, quando o Ministério Público atua como parte principal, poderá agir tanto como legitimado ordinário quanto extraordinário. Isso ocorre, principalmente, nos campos dos direitos sociais, eis que aqueles considerados como difusos ou coletivos possuem como característica a indivisibilidade, de maneira que a atuação do *parquet* se dá em nome próprio e para postular direitos que podem ser considerados como próprios. Porém, quando se tratar de direitos individuais homogêneos, os mesmos já se caracterizam pela divisibilidade, de modo que é perfeitamente possível delinear quem foram as vítimas do evento lesivo. Nesta situação, como há uma lesão social (ainda que atinja indivíduos bem determinados), recomenda-se o uso do processo coletivo para se otimizar os serviços jurisdicionais, muito embora, nestes casos, o Ministério Público esteja atuando como legitimado extraordinário (já que, a rigor, tais direitos pertencem a

---

25 Existem precedentes do STJ reconhecendo a possibilidade de atuação do MP Estadual diretamente no STJ sem que isso represente confronto com o MPU: STJ. EREsp 1.236.822-PR, Rel. Min. Mauro Campbell Marques, j. 16/12/2015, DJe 05/02/2016 – *Informativo* nº 576.

26 Há decisão do STJ reconhecendo a legitimidade ativa do MP para propor demandas coletivas com o objetivo de fornecimento de medicamentos. É o que se extrai em: STJ. RE 605.533/MG, Rel. Min. Marco Aurélio, j. 15/08/2018.

titulares bem definidos).[27] Estes direitos sociais, inclusive, possuem conceito na legislação (art. 81, parágrafo único, incs. I, II e III, Lei nº 8.078/90).

Mas a Constituição (art. 127, CRFB) também autoriza que o Ministério Público atue como substituto processual (ou legitimado extraordinário), em situações envolvendo direito individual indisponível. Nestes casos, porém, há de se verificar cada situação concreta pois, por vezes, esta atuação prescinde de algumas demonstrações. Por exemplo, o membro do *parquet* somente pode postular direitos relativos à guarda, tutela ou adoção em nome da instituição se comprovar que o menor se encontra em situação de abandono.[28]

Quando, porém, a hipótese versar sobre direitos disponíveis (v.g., o recebimento de determinada soma em dinheiro, envolvendo duas pessoas absolutamente capazes), falecerá legitimidade ao Ministério Público para ajuizar a respectiva demanda objetivando a cobrança. E, mesmo se o credor for hipossuficiente, ainda assim a legitimidade estaria ausente, pois, neste caso, caberia ao interessado buscar os serviços da Defensoria Pública. Ocorre que existe norma antiga, enxertada no Código de Processo Penal (art. 68, CPP), que trata de instituto usualmente denominado "ação civil *ex dellicto*", situação em que o Ministério Público estaria autorizado, por lei, a propor demandas objetivando o ressarcimento de vítimas de ilícitos penais. Esta norma, porém, surgiu em momento anterior à criação das Defensorias Públicas, estando hoje também dissociada do próprio texto constitucional, o que é indicativo de que a mesma não teria sido "recepcionada". No entanto, como as Defensorias Públicas ainda não se encontram instaladas em todos os Estados do Brasil, o STF já decidiu que a norma continua aplicável nestes poucos Estados.[29]

Por outro lado, após terem sido apresentadas as nuances envolvendo o membro do Ministério Público atuando como "parte principal", também não se pode olvidar de sua atuação como "parte secundária". Nesta segunda classificação, o Ministério Público atua no processo na condição de *custos iuris*, ou seja, de fiscal da correta aplicação da lei. E, em tais casos, o membro do *parquet* goza de total autonomia e liberdade para se manifestar nos autos, podendo sugerir, requerer providências ou até mesmo se valer de instrumentos processuais como a utilização de recursos (art. 996).[30]

As hipóteses, previstas no CPC, em que o Ministério Público atua como fiscal da ordem jurídica, estão em diversos dispositivos (v.g., art. 178, art. 626 e art. 771).[31] Da leitura destes dispositivos, o que se extrai é que o mesmo deve atuar quando há um interesse público "primário", ou seja, um interesse de relevância para a sociedade, que pode ser evidenciado em razão da natureza do litígio posto em juízo ou em decorrência

---

27 ASSIS, Araken de. *Substituição processual*. In: *Leituras complementares de processo civil*. 6ª ed. Salvador: JusPodivm, 2008, p. 198.

28 STJ. REsp nº 127.725-MG. Rel. Min. Castro Filho. S/d.

29 STF. REXTR nº 135.328-SP. Rel. Min. Marco Aurélio. S/d.

30 Em sentido contrário ao texto, por entender que o ministério público não poderia recorrer em desfavor da parte que justifica a sua intervenção: MAZZILI, Hugo Nigro. *Introdução ao ministério público*. São Paulo: Saraiva, 1997. p. 163.

31 A Lei nº 13.894/2019 inclui mais uma hipótese no CPC (art. 698, parágrafo único), em que o membro do Ministério Público irá atuar como fiscal da ordem jurídica: nas ações de família em que figure como parte vítima de violência doméstica e familiar, nos termos da Lei nº 11.340/2006 (Lei Maria da Penha).

da qualidade da parte envolvida. Por exemplo, em causas que envolvam direitos sociais, o Ministério Público deverá ser intimado para intervir, ainda que a demanda tenha sido deflagrada por outro legitimado, eis que tal comportamento se justificaria em razão da natureza da lide (art. 5º, § 1º, Lei nº 7.347/85). Quanto às demandas em que figuram incapazes, também o *parquet* deve atuar como *custos iuris*, muito embora a justificativa agora já seja a qualidade da parte envolvida (art. 178, inc. II).

Outrossim, é importante consignar que nem sempre a presença da Fazenda Pública em um dos polos da relação processual justifica a atuação do Ministério Público como fiscal da ordem jurídica. Com efeito, nas execuções fiscais promovidas por aquelas, o interesse público em questão é meramente secundário, eis que o interesse principal é meramente arrecadatório, sendo que apenas reflexamente é que se vislumbra um interesse da sociedade em que as dívidas sejam quitadas. Por este motivo, aliás, é que se torna desnecessária a atuação do Ministério Público como fiscal da ordem jurídica, em consonância, por sinal, com o disposto no Verbete nº 189 da Súmula do STJ: "*É desnecessária a intervenção do Ministério Público nas execuções fiscais*". O mesmo raciocínio, por sinal, também foi encampado pelo CPC (art. 178, parágrafo único).

Em sua atuação processual, o membro do Ministério Público gozará de certas prerrogativas, a desnecessidade de pagamento de custas (art. 1.007, § 1º), prazos diferenciados (art. 180), dentre outras mais. O leque dessas prerrogativas é, portanto, extremamente amplo.

Por fim, deve ser relembrado que aos membros do *parquet* também se aplicam os mesmos motivos de impedimento (art. 144) e de suspeição (art. 145) dos magistrados.

8.3.1. Ato processual praticado por promotor *ad hoc*

O promotor *ad hoc* seria aquele designado pelo magistrado para que comparecesse a determinada audiência ou mesmo para praticar algum ato processual. Esta praxe muitas vezes vem imbuída de bons sentimentos, para evitar uma possível nulidade do processo em razão da ausência de atuação do próprio membro da instituição Ministério Público. Porém, esta prática não deve ser aceita, eis que as funções institucionais desta instituição são próprias e somente podem ser exercidas pelos seus membros de carreira (art. 129, § 2º, CRFB). Portanto, ainda que haja a nomeação de um promotor *ad hoc*, os atos processuais que este praticar deverão ser reputados como inexistentes, que é o vício processual mais grave.[32] É, pelo menos, o que já foi decidido anteriormente perante o STF, quando foi questionado ato da Corregedoria do TJ-RJ que, em algumas situações, recomendava a nomeação do promotor *ad hoc*.[33] No entanto, fica a ressalva que eventualmente a jurisprudência até mesmo já autorizou esta nomeação em situações bem extremas, quando naquela base territorial não houver membro atuante do Ministério Público (o que pode ser relativamente comum em Estados com

---

32 MAZZILI, Hugo Nigro. *Introdução ao ministério público*. São Paulo: Saraiva, 1997. p. 128.
33 STF. Ação direta de inconstitucionalidade (medida cautelar) nº 1.748-RJ. Rel. Min. Sydney Sanches. DJ 15/12/1997.

grande extensão territorial) ou quando houver paralisação dos membros desta carreira, validando todos os atos que tenham sido praticados.[34]

8.3.2. Ausência de intimação do membro do Ministério Público para atuar como fiscal da ordem jurídica

O CPC (art. 279) estabelece que é nulo o processo quando o Ministério Público não for intimado a acompanhar o feito em que deva intervir e este fato tem gerado intenso debate. As principais dúvidas suscitadas seriam: a) a quem compete realizar o juízo de valor se a hipótese é ou não de intervenção do membro do MP?; b) se o membro do MP se recusar a atuar como fiscal da ordem jurídica, como deverá atuar o magistrado?; c) a ausência de intimação do membro do MP em primeira instância pode ser suprida pela partipação do membro desta mesma instituição que atua perante o Tribunal?

O primeiro questionamento reside em fixar a quem compete o juízo de valor se a hipótese comporta ou não a atuação do membro do Ministério Público, pois a mesma somente pode ocorrer quando há interesse público envolvido, seja ele evidenciado em razão da natureza da lide ou de uma das partes envolvidas. Só que a resposta quanto a esta pergunta pode variar, dependendo da hipótese concreta. Com efeito, pode ser que um determinado processo tenha sido instaurado e que, por meio da imprensa, o membro do *parquet* tenha tido ciência do mesmo, nele vislumbrando motivo autorizador da sua intervenção. Neste caso, caberá ao mesmo requerer o seu ingresso nos autos por simples petição, fundamentando a presença do interesse público que justifica a sua atuação. Só que pode ser que o magistrado não concorde com os argumentos do membro do Ministério Público e, por este motivo, indefira a sua atuação como *custos iuris*. Neste caso, ainda que haja recurso interposto pelo *parquet*, o juízo final sobre a hipótese ser ou não de intervenção desta instituição será realizado por um ou mais membros do Poder Judiciário, que atuam em esfera recursal.

Mas, no entanto, também pode ocorrer uma situação diametralmente oposta, que seria o magistrado verificar, ao compulsar os autos, que a hipótese é de intervenção do Ministério Público. Neste segundo exemplo, o juiz determinará a intimação do *parquet* para atuar como fiscal da ordem jurídica, em atendimento ao CPC (art. 279). Só que, chegando os autos ao Ministério Público, o seu membro poderá fundamentar a recusa em atuar como *custos iuris*, por não vislumbrar qualquer interesse público apto a justificar a sua intervenção. Nesta outra situação, portanto, o juízo de valor sobre a necessidade ou não da intervenção do Ministério Público será efetuado por membro da própria instituição.

O segundo questionamento é um desdobramento deste último exemplo, pois consiste em saber que providência deve ser adotada pelo magistrado quando este abre vistas ao *parquet* e o mesmo, fundamentadamente, se recusa a intervir. Por um tempo,

---

34 STJ. *Habeas corpus* nº 1.669/GO. Rel. Min. Pedro Acioli. DJ 14/06/1993.

alguns julgados recomendavam que o magistrado, diante desta recusa, remetesse os autos ao Procurador-Geral da República (se for caso envolvendo o Ministério Público da União) ou ao Procurador-Geral de Justiça (se a hipótese versar sobre um dos diversos Ministérios Públicos Estaduais), em clara inspiração a dispositivo constante no Código de Processo Penal (art. 28, CPP) que, no entanto, trata de uma situação que não guarda qualquer relação com esta abordada, motivo pelo qual não há que se falar na analogia. Com efeito, o aludido dispositivo prevê a remessa do inquérito policial ou das peças de informação ao chefe do *parquet* quando tiver sido requerido o arquivamento dos autos e o magistrado vislumbrar a presença de elementos que poderiam em tese embasar o início de um processo penal.[35] Além disso, não se pode olvidar que o dispositivo em comento não exige, para a validade do processo, que haja efetiva manifestação do Ministério Público nos autos. Basta uma interpretação literal para constatar que só haverá nulidade se o membro desta instituição não for intimado, o que é totalmente diferente de o mesmo ser intimado e, fundamentadamente, esclarecer os motivos pelos quais não irá atuar no processo. Assim, em casos que o magistrado abrir vistas ao *parquet* e este motivadamente se recusar, deverá então ser determinado o prosseguimento dos autos sem qualquer vício, pois não há previsão de nulidade para esta hipótese e nem mesmo consta na legislação qualquer instrumento de que o magistrado pudesse se valer para corrigi-la.[36]

Por fim, o último questionamento quanto a este tópico é se a ausência de intimação do membro do *parquet* em primeira instância pode ser suprida pela partipação do membro desta mesma instituição que atua perante o Tribunal. Como visto, o CPC (art. 279) exige que haja essa intimação, sob pena de nulidade do processo e, ao que parece, esta situação denotaria a existência de uma nulidade absoluta. Com efeito, se o membro do Ministério Público atua como fiscal da ordem jurídica em hipóteses que envolvam interesse público, a ausência da sua intimação viola esta norma cogente (art. 279), que justamente busca tutelar um outro interesse de ordem pública. Assim, confirmando ser este um caso de nulidade absoluta no processo, percebe-se que se estará discutindo a possibilidade ou não de convalidar um vício desta natureza ou se os atos processuais deverão ser novamente repetidos. Por vezes, a jurisprudência conclui que esta hipótese implica a nulidade do processo desde o momento em que o membro do *parquet* não foi intimado, não podendo esta ausência ser suprida pela atuação daquele membro que atua perante o Tribunal, pois estaria sendo vulnerado o princípio do promotor natural.[37] Mas, por outro lado, também é bastante comum autorizar que haja a regularização do processo com a manifestação ulterior do *parquet* apenas em segunda instância, mormemente se não houver nenhum prejuízo detectado de plano para as partes.[38] Este parece ser realmente o entendimento mais adequado e de

---

35 TJRJ. Apelação nº 0057305-47.1194.8.19.0001 (2007.001.49152). Rel. Des. Luiz Felipe Haddad. DJ 16/09/2008.

36 STF. Agravo regimental no agravo de instrumento nº 139.671. Rel. Min. Celso de Mello. DJ 20/06/1995.

37 O princípio do promotor natural, usualmente invocado no direito processual penal, tenciona estabelecer que um membro do Ministério Público somente pode ser designado para atuar em determinados processos por meio de critérios prefixados. No entanto, o Pretório Excelso já teve a oportunidade de negar a sua existência em decisões pretéritas, v.g.: STF. *Habeas corpus* nº 90.277. Rel.ª Min.ª Ellen Gracie. DJ 17/06/2008.

38 STJ. Embargos de declaração no REsp nº 449.407. Min. Rel. Mauro Campbell Marques. DJ 25/11/2008.

acordo com a visão mais atual da ciência processual, também podendo ser legitimado em razão de norma constante no CPC (art. 938, § 1º). Mas, de todo modo, deverá ser consultado previamente o membro do Ministério Público, para que o mesmo esclareça ao magistrado sobre eventual existência ou não de prejuízos (art. 279, § 2º), embora seja certo que esta manifestação não vinculará o teor da decisão a ser proferida pelo Poder Judiciário, que é autônomo e independente.

Anote-se, ainda, a existência de precedente do STF no sentido da inexistência de vício processual mesmo diante da ausência de intimação do membro do *Parquet* caso se trate de controvérsia acerca da qual o Tribunal já tenha firmado jurisprudência sólida. É, de fato, o melhor posicionamento, pois eventual manifestação ou não do Ministério Público não terá o condão de alterar este panorama, mormente quando o próprio CPC impõe tal comportamento aos magistrados (art. 927), de observar os precedentes.[39]

8.4. A ADVOGACIA PRIVADA E A SUA ATUAÇÃO PROCESSUAL

O advogado é aquele que tem a aptidão de dirigir petições ao Estado-Juiz (*ius postulandi*), sua atividade constitui um requisito indispensável para a validade do processo, muito embora por vezes esta capacidade seja transferida diretamente à parte, como nas hipóteses do Juizado Especial Estadual, desde que em demanda de conteúdo econômico não superior a 20 (vinte) salários-mínimos.

A labuta advocatícia é identificada como prestação de serviço público, no exercício de uma função social, nos termos da legislação (art. 133, CRFB c/c art. 2º, *caput*, § 1º, Lei nº 8.906/94). Sua missão está relacionada à defesa de direitos, em juízo ou fora dele, para fazer prevalecer os ideais de justiça. Certamente, um viés importante para a colaboração processual perpassa pela qualificação do advogado, a permitir que este possa delimitar corretamente o direito do seu cliente, deduzindo-o de forma inteligível, através da escolha do rito adequado ou identificação do recurso cabível, para dizer o mínimo. Aventa-se como essencial, aqui, o domínio do vernáculo, o aprofundamento conceitual, o estudo incessante para se manter atualizado à legislação e jurisprudência correlata, sem contar uma base de formação interdisciplinar e, até, conhecimentos de informática diante do processo eletrônico que cada vez mais é adotado (Lei nº 11.419/2006).[40]

Outrossim, não há qualquer desarmonia em exigir um comportamento cooperativo de um sujeito parcial. Pelo contrário, justamente por isso as funções desempenhadas pelo advogado são rigidamente seguras pelos preceitos éticos.[41]

Em todas as circunstâncias de sua vida profissional, estará obrigado o advogado a cumprir os deveres sintetizados no Estatuto da Advocacia (Lei nº 8.906/94) e no

---

39 STF. RMS 32.482/DF, rel. orig. Min. Teori Zavaski, red. p/ o ac. Min. Edson Fachin, j. 21/08/2018.

40 HARTMANN, Guilherme Kronemberg. *Processo colaborativo: atuação laboriosa dos sujeitos processuais*. Dissertação de mestrado, Faculdade de Direito, Universidade do Estado do Rio de Janeiro, Rio de Janeiro, 2011, pp. 41-44.

41 MOREIRA, José Carlos Barbosa. Ética e justiça. In: *Revista da Escola da Magistratura do Estado do Rio de Janeiro*, nº 29/2005, pp. 25-26.

Código de Ética e Disciplina da OAB (publicado no Diário da Justiça da União, em 01/03/95), quando contribuirá para o prestígio da classe e da advocacia (art. 31, Lei nº 8.906/94), e, especialmente, para o desenvolvimento da função jurisdicional. Assim, eventuais apurações de incompatibilidades ou impedimentos para o exercício da advocacia deverão ser rigidamente verificadas pela própria OAB, conforme já reconhecido pelo STJ.

Agindo como mediador dos conflitos de interesses, o advogado não pode de forma[42] alguma encorajar indivíduos ao ajuizamento de demandas com propósito manifestamente infundado (art. 2º, parágrafo único, inc. VII, Código de Ética e Disciplina da OAB).[43] E, da mesma maneira, não poderá o patrono resolver por falsear a verdade nos autos, estribando-se na má-fé (art. 6º do Código de Ética e Disciplina da OAB), nem advogar contra literal disposição de lei, exceto quando fundamentado na inconstitucionalidade, injustiça ou em pronunciamento judicial anterior (art. 34, inc. VI, da Lei nº 8.906/94), ou mesmo provocar conscientemente, por ato próprio, a anulação do processo em que funcione (art. 34, inc. X, da Lei nº 8.906/94).[44]

Enfim, deve o advogado cooperar sempre com o Poder Judiciário, na conservação e garantia do Estado Democrático de Direito – servindo este zelo, inclusive, como fator de regulação do percentual de honorários advocatícios a ser fixado pelo juízo (v.g., art. 827, § 2º), também, como parceiro do juiz na realização da justiça, uma vez que ambos estão sujeitos às mesmas patologias do sistema judicial e sua prática.[45]

8.4.1. Ato processual despido de assinatura do advogado ou quando este não possui procuração nos autos

O ato processual praticado sem que haja a assinatura do advogado deve ser considerado como inexistente, em que pese a notícia de algumas decisões do STJ considerarem esta situação como mera irregularidade.

Quanto à ausência de procuração, o CPC (art. 104, § 2º) reputa como ineficazes todos os atos que foram praticados até então pelo suposto advogado. De certa maneira, este raciocínio já era previsto, embora em caráter mais amplo, em norma constante no Código Civil (art. 662, CC), que dispõe que os atos praticados por quem não tenha mandato, ou o tenha sem poderes suficientes, são ineficazes em relação àquele em cujo nome foram praticados, salvo se este os ratificar.[46]

---

42 STJ. Agravo regimental no REsp nº 1.448.577-RN. Rel. Min. Herman Benjamin. DJ 07/08/2014.

43 Há precedente do STJ que cuida do tema denominado "assédio processual", quando ocorre o ajuizamento de sucessivas ações judiciais, desprovidas de argumentação idônea e intentadas com propósito doloso, o que pode, inclusive, caracterizar ato ilícito de abuso de direito ou defesa. É o que se observa em: STJ. REsp nº 1.817.845-MS. Rel. Min. Paulo de Tarso Sanseverino. Rel.ª Acd. Min.ª Nancy Andrighi. DJ 17/10/2019.

44 Sobre este tema, são interessantes as comparações, contradições e constatações trazidas por NETTO, João Uchoa Cavalcanti. O direito, um mito. 5ª ed. Rio de Janeiro: Editora Rio, 2004, p. 101.

45 HARTMANN, Guilherme Kronemberg. Processo colaborativo: atuação laboriosa dos sujeitos processuais. Dissertação de mestrado, Faculdade de Direito, Universidade do Estado do Rio de Janeiro, Rio de Janeiro, 2011, pp. 41-44.

46 DIDIER JÚNIOR, Fredie. Curso de direito processual civil. 17ª ed. Salvador: JusPodivm, 2015. v. 1, p. 335.

8.4.2. Deveres das partes e colaboração processual

Os sujeitos processuais desempenham suas funções de acordo com o modelo de estruturação dado ao processo, em resultado das disposições normativas. Nestas atividades, o atuar cooperativo enaltece a responsabilidade de todos os sujeitos processuais pela justa solução da lide, objetivo final do processo. Assim, o órgão jurisdicional deve ter papel ativo, porém sem feição autoritária, enquanto às partes deverão ser imputados deveres de colaboração, interligados à boa-fé, para influenciar no provimento jurisdicional. Esta boa-fé, por sinal, foi erigida como norma fundamental do CPC (art. 5º), assim como o dever de cooperação (art. 6º).

Na legislação vigente, o coração da moralidade processual encontra-se no elenco, não exaustivo, de "deveres das partes e de todos aqueles que de qualquer forma participam no processo" (art. 77)[47] e, em contrapartida, da listagem de comportamentos desleais, consubstanciando "deveres" em sentido negativo (art. 80), ambos assaz entrelaçados. No entanto, resta nítido que estes dispositivos não abarcam todas as hipóteses que eventualmente podem vir a ocorrer ao longo do processo. Daí serem utilizadas cláusulas abertas, representativas da substituição, de certa forma, da técnica legislativa pela técnica judicial, através das máximas de experiência (art. 375). Assim, ocorrendo tais violações, há a necessidade do emprego desses meios punitivos, também porque interessa ao Estado que o "processo", manifestação de sua soberania, não venha a ser manipulado por interesses subalternos desleais, de quem quer que seja. Só assim, ao final, este instrumento poderá se constituir em um veículo hábil capaz de realizar uma curta e segura jornada para a efetivação dos direitos alegados pelas partes.[48]

Percebe-se, portanto, o motivo pelo qual a relação processual deve ser pautada pelo princípio da boa-fé. Mas, não menos importante, dele deriva o subprincípio da vedação do *venire contra factum proprium*, que se traduz na proibição de comportamentos contraditórios, que quebram a expectativa de confiança depositada entre os sujeitos do processo (*tu quoque*). Para exemplificar esta última situação, basta imaginar que, em determinada execução, foram oferecidos embargos de terceiros, antes que fosse realizado o segundo leilão. Só que, a pedido do credor, foi realizado um "leilão condicional", fazendo constar nos autos de arrematação a existência dos embargos. Só que, após a arrematação, mas antes do julgamento da apelação da sentença que julgou improcedente o pedido nos embargos, tanto o exequente quanto o executado transacionaram quitando a dívida, razão pela qual peticionaram postulando a extinção da execução e dos embargos, bem como que a arrematação fosse tida como ineficaz. Ocorre que, o fato de ter havido a quitação da dívida

---

47 Há precedentes do STJ reconhecendo o caráter punitivo e restritivo das hipóteses que autorizam a multa decorrente de ato atentatório a dignidade da Justiça aplicada em execução: STJ. REsp 1.231.981/RS, Rel. Min. Luis Felipe Salomão, j. 15/12/2015, DJe 03/03/2016 – *Informativo* nº 578.

48 HARTMANN, Guilherme Kronemberg. *Processo colaborativo: atuação laboriosa dos sujeitos processuais*. Dissertação de mestrado, Faculdade de Direito, Universidade do Estado do Rio de Janeiro, Rio de Janeiro, 2011, p. 124.

executada anteriormente ao trânsito em julgado da ação de embargos é irrelevante, na medida em que o arrematante é estranho à transação realizada entre exequente e executado, não podendo os seus efeitos, por esse motivo, se estender sobre ele. E, não menos importante, sob o ponto de vista processual, o próprio comportamento do exequente, ao celebrar acordo com o executado após a arrematação do imóvel, mostra-se contraditório em relação ao seu pedido inicial de "leilão condicional" do referido bem, quando ficaria pendente apenas o levantamento do valor depositado pelo arrematante, razão pela qual este exemplo serve pra ilustrar a proibição do *venire contra factum proprium*.

8.5. A ADVOCACIA PÚBLICA E A SUA ATUAÇÃO PROCESSUAL

A Advocacia Pública foi merecedora de um Título próprio no CPC, abrangendo poucos dispositivos (art. 182 – art. 184), em que pese a relevância dos serviços que presta. De acordo com o CPC (art. 182), a advocacia pública deve, na forma da lei, defender e promover os interesses públicos da União, Estados, Distrito Federal e Municípios, por meio de representação judicial, bem como das demais entidades que integram a Administração Pública direta e indireta. No âmbito federal, o tema já é regulado pela Lei Orgânica da Advocacia-Geral da União (LC nº 73/93).

Para atingir estes desideratos, o membro da advocacia pública possui prazo em dobro para manifestar-se nos autos, contado a partir da sua intimação pessoal (art. 183). Trata-se de prazo "especial", que não conspira contra o princípio da isonomia (art. 7º), pois a instituição em questão necessita de um prazo diferenciado para poder prestar suas atividades na enorme gama de processos que recebe diariamente.[49] A mesma norma (art. 183) prevê a possibilidade de intimação pessoal por carga, remessa ou até mesmo por meio eletrônico. O benefício do prazo em dobro, contudo, não se aplica quando a lei restringir essa possibilidade a todos os participantes do processo, como ocorre, por exemplo, nos Juizados Especiais Federais (art. 9º, Lei nº 10.259/2001) ou nos Juizados Especiais Fazendários Estaduais (art. 7º, Lei nº 12.153/2009), bem como quando a lei estabelecer prazo próprio para o ente público (v.g., art. 535).

Outrossim, também o CPC (art. 184), faz menção de que será possível responsabilizar civilmente o membro da advocacia pública, em casos de dolo ou culpa, muito embora apenas regressivamente. Portanto, caberá a parte prejudicada primeiramente processar a União ou o Estado, conforme o caso, e somente após o ente público poderá demandar autonomamente em face do membro da advocacia pública. Trata-se do fenômeno da dupla garantia, várias vezes já reconhecido pela jurisprudência do STF.[50]

Por fim, é de se destacar que, todos os deveres impostos às partes e à advocacia privada, que foram acima mencionados (v. item nº 8.4.2.), também devem ser

---

49 STF. REXTR nº 163.691-2. Min. Rel. Celso de Mello. DJ 15/09/1995.
50 STF. REXTR nº 327.904-1. Rel. Min. Carlos Britto. DJ 15/08/2006.

observados pelos membros da advocacia pública. Tamanha responsabilidade é que, em parte, justificou a criação da norma (art. 85, § 19º) que autoriza que os membros desta carreira possam ficar com os honorários sucumbenciais decorrentes de sua atuação, desde que a lei assim autorize.

8.6. A DEFENSORIA PÚBLICA E A SUA ATUAÇÃO PROCESSUAL

A Defensoria Pública foi merecedora de um Título próprio no CPC, abrangendo poucos dispositivos (art. 185 – art. 187), em que pese a relevância dos serviços que presta. Segundo o CPC (art. 185), a Defensoria Pública poderá tanto exercer orientação jurídica como promover direitos humanos e a defesa de direitos sociais e coletivos dos necessitados (*custos vulnerabilis*),[51] em todos os graus e de maneira gratuita. No âmbito federal, o tema já é regulado pela Lei Orgânica da Defensoria Pública da União, que mantém regra com redação muito semelhante à do CPC (art. 1º, LC nº 80/94).

Entre as prerrogativas do membro dessa instituição consta o gozo de prazo em dobro para manifestar-se nos autos (art. 186), contados a partir da sua intimação pessoal. Trata-se de prazo "especial", que não conspira contra o princípio da isonomia (art. 7º), pois a instituição em questão necessita de um prazo diferenciado para poder prestar suas atividades na enorme gama de processos que recebe diariamente. Por sinal, idêntico direito ao prazo especial é extensível a escritório de prática jurídica das faculdades de Direito reconhecidas na forma da lei e às entidades que prestam assistência jurídica gratuita em razão de convênios firmados com a Defensoria Pública (art. 186, § 3º). O benefício do prazo em dobro não se aplica, porém, quando a lei restringir essa possibilidade a todos os participantes do processo, como ocorre, por exemplo, nos Juizados Especiais Federais (art. 9º, Lei nº 10.259/2001) ou nos Juizados Especiais Fazendários Estaduais (art. 7º, Lei nº 12.153/2009), bem como quando a lei estabelecer prazo próprio para a Defensoria Pública (art. 198, inc. II, Lei nº 8.069/90).

Há, ainda, dispositivo (art. 186, § 4º) que permite que o defensor público requeira ao magistrado que seja intimado pessoalmente o seu cliente, quando se tratar de providência que tiver que ser praticada pelo próprio. É de se criticar, contudo, essa disposição, posto que é despida de razoabilidade, por tencionar transmudar responsabilidade inerente ao defensor para o Poder Judiciário. Observe-se, por exemplo, que nem mesma a advocacia privada possui idêntico direito, pois não é crível, e muito menos admissível, que um Judiciário já exacerbado de processos tenha ainda que viabilizar as comunicações entre a Defensoria e seu assistido. Portanto, não sendo esta providência sujeita à clausula de reserva jurisdicional, nada impede que seja adotada pelo próprio defensor.

---

51 Há interessante decisão proferida pelo Superior Tribunal de Justiça que admitiu a intervenção da Defensoria Pública da União no feito como *custos vulnerabilis* nas hipóteses em que há formação de precedentes em favor dos vulneráveis e dos direitos humanos. Salienta-se que, no caso, foi facultada à Defensoria Pública da União a sua atuação nos autos como *amicus curiae*. Contudo, a Defensoria postulou a sua intervenção como *custos vulnerabilis*, ou seja, na condição de "guardiã dos vulneráveis", o que lhe possibilitaria interpor todo e qualquer recurso. Tal pleito foi deferido, conforme se extrai em: STJ. EDcl no REsp nº 1.712.163-SP. Rel. Min. Moura Ribeiro. DJ 27/09/2019.

A atuação da Defensoria Pública, contudo, não fica restrita apenas na defesa de hipossuficientes, sendo a mesma bem mais abrangente. Com efeito, nos casos em que o demandado for citado por edital ou hora certa e não comparecer ao processo, a mesma assumirá a função de curadora especial (art. 72, p.único), independentemente da análise da situação financeira do réu.[52]

Outrossim, o CPC (art. 187) faz menção a que será possível responsabilizar civilmente o membro da Defensoria Pública, em casos de dolo ou culpa, muito embora apenas regressivamente. Portanto, caberá à parte prejudicada primeiramente processar a União ou o Estado, conforme o caso, e somente após o ente público poderá demandar autonomamente em face do membro da Defensoria Pública. Trata-se do fenômeno da dupla garantia, várias vezes já reconhecido pela jurisprudência do STF.[53]

Por fim, é de se destacar que, todos os deveres impostos às partes e à advocacia privada, que foram acima mencionados (v. item nº 8.4.2.), também devem ser observados pelos membros da Defensoria Pública. Tamanha responsabilidade é que, em parte, justifica a fixação de honorários sucumbenciais decorrentes de sua atuação, que são reversíveis a fundos de modernização dessa instituição. Contudo, há hipótese em que esses honorários não serão devidos, conforme se verifica no Verbete nº 421 da Súmula do STJ: *"Os honorários advocatícios não são devidos à Defensoria Pública quando ela atua contra pessoa jurídica de direito público à qual pertença"*.

---

52 Nestes casos que a Defensoria Pública atua como curadora especial, será possível a interposição de recursos sem a realização do preparo. É o que se observa em: EARESP nº 978.895-SP. Rel.ª Min.ª Maria Thereza de Assis Moura. DJ 04/02/2019.

53 STF. REXTR nº 327.904-1. Rel. Min. Carlos Britto. DJ 15/08/2006.

9

LITISCONSÓRCIO

9.1. INTRODUÇÃO E CLASSIFICAÇÃO

O litisconsórcio ocorre quando, no mesmo polo da relação processual, existir mais de um sujeito do processo. No entanto, para que isso seja possível há a necessidade da observância de norma que autoriza quando o litisconsórcio poderá ocorrer (art. 113).

A primeira hipótese (art. 113, inc. I), não oferece qualquer dificuldade, sendo aquela que estabelece que o litisconsórcio pode ocorrer quando entre os litisconsortes houver comunhão de direitos ou de obrigações relativos à mesma relação jurídica de direito material, o que configura até mesmo uma hipótese de litisconsórcio necessário. É o que acontece, por exemplo, quando é deflagrada uma demanda em que o autor busca rever cláusulas contratuais oriundas de um mesmo contrato de locação em que constam dois locadores, já que existe uma obrigação decorrente daquela relação jurídica de direito material afirmada. Outro caso que autoriza o litisconsórcio (art. 113, inc. II), é quando ocorrer conexão (art. 55) pelo pedido ou pela causa de pedir. E, por fim, o litisconsórcio também é possível (art. 113, inc. III) diante da ocorrência de afinidades de questões por um ponto comum de fato ou de direito (daí a sua denominação "litisconsórcio impróprio"), o que se constata é que o mesmo possui uma envergadura bastante ampla, já que são muito frequentes tais ocorrências. Seria a hipótese, por exemplo, de um acidente envolvendo os passageiros de uma determinada empresa de ônibus, o que autorizaria que cada um dos passageiros viesse em juízo pleitear, isoladamente ou não, o ressarcimento de eventuais danos sofridos, já que há uma afinidade por um ponto em comum de fato, eis que ambos estavam presentes no momento em que ocorreu o evento danoso. Porém, há quem entenda que a mera pluralidade de partes no mesmo polo processual não necessariamente irá caracterizar litisconsórcio e sim mera cumulação subjetiva de demandas, o que não parece ser o mais acertado por não existir, na lei, qualquer ressalva a respeito.[1]

O litisconsórcio comporta as mais diversas classificações, que poderão ser estabelecidas levando em consideração os seguintes critérios: a) quanto ao polo processual; b) quanto ao momento de formação; c) quanto à obrigatoriedade ou não de formação; d) quanto à interdependência de atuação dos litisconsortes. Inclusive, é importante afiançar que estas classificações até mesmo podem mesclar entre si, o que será demonstrado mais abaixo.

---

1 MARINONI, Luiz Guilherme, ARENHART, Sérgio Cruz. *Manual do processo de conhecimento.* 2ª ed. São Paulo: RT, 2003, p. 188.

9.1.1. Quanto ao polo processual: ativo, passivo e misto

Esta classificação não traz ínsita em si qualquer dificuldade. O litisconsórcio "ativo" é aquele em que há mais de uma parte no polo ativo da relação processual, ou seja, quando há mais de um demandante formulando pretensão em juízo. Já o litisconsórcio "passivo" seria exatamente o oposto, ou seja, a situação em que há mais de uma parte ou sujeito na condição de demandado do processo. E, por fim, a terceira e última classificação seria o litisconsórcio "misto", quando há mais de um demandante e demandado simultaneamente no processo.

9.1.2. Quanto ao momento de formação: originário e superveniente

Quando se leva em consideração o momento de formação do litisconsórcio, o mesmo poderá ser classificado como originário e superveniente. Também é uma classificação que não cria maiores dúvidas, já que o litisconsórcio "originário" é aquele já noticiado na própria petição inicial, ou seja, é aquele que já se afigura presente desde o limiar do processo. Por seu turno, o litisconsórcio "superveninente" é aquele que se forma após a instauração do processo que inicialmente foi deflagrado apenas com um demandante e em face de um demandado. Seria o caso, por exemplo, de um chamamento ao processo (art. 130 – art. 132), hipótese em que, após regular tramitação, o chamado passa a ostentar o *status* de "parte principal", tornando-se litisconsorte passivo superveniente ao lado daquele que o chamou.

9.1.3. Quanto à obrigatoriedade ou não de formação: necessário e facultativo

O litisconsórcio "facultativo" é aquele que decorre de uma faculdade das partes, ou seja, de um juízo de valor sobre as vantagens e desvantagens em adotá-lo.[2] Por sua vez, o litisconsórcio "necessário" já é aquele que obrigatoriamente deve ocorrer, seja porque a lei exige ou porque a relação jurídica de direito material é incindível (art. 114).

O litisconsórcio necessário pode decorrer de exigência legal como em algumas hipóteses trazidas pelo próprio CPC. Por exemplo, há norma que impõe que, para fins de reconhecimento de usucapião de imóvel (exceto os que tiverem por objeto unidade autônoma de prédio em condomínio), caberá ao interessado instaurar demanda que observará o procedimento comum, mas incluindo no polo passivo necessariamente os confinantes (art. 246, § 3º).

É óbvio que o intento do legislador foi, nesta hipótese, possibilitar ao magistrado um maior conhecimento dos fatos afirmados, pois estes vizinhos poderão esclarecer os limites territoriais da ocupação do demandante e, também, o lapso de tempo em que o mesmo já se encontra lá. Percebe-se, assim, que a atuação dos vizinhos mais se assemelha

---

2 MARINONI, Luiz Guilherme, ARENHART, Sérgio Cruz. *Manual do processo de conhecimento.* 2ª ed. São Paulo: RT, 2003, p. 191.

à de uma testemunha propriamente dita do que à de uma parte principal, razão pela qual não é incomum localizar quem defenda que, na ausência de apresentação formal de defesa por parte destes vizinhos, não devem os mesmos serem condenados a arcar com os ônus sucumbenciais.[3]

Igualmente, o litisconsórcio necessário pode ocorrer quando a relação jurídica de direito material for incindível, ou seja, quando não for possível deflagrar um processo sem que todos os ocupantes de um mesmo polo desta relação jurídica estejam presentes. É uma situação até bastante corriqueira e que costuma ser exemplificada naquela demanda que for instaurada pelo MP objetivando a anulação de um casamento entre dois cônjuges. Vejam que, neste caso, não é possível tentar obter a anulação apenas em relação a um deles, o que é indicativo de que se trata de um litisconsórcio necessário em razão de não ser cindível a relação jurídica de direito material.[4]

9.1.4. Quanto à interdependência de atuação dos litisconsortes: unitário e simples ou comum

Há, por fim, uma última classificação que leva em consideração a interdependência ou não de atuação dos litisconsortes entre si. Em regra, os litisconsortes atuam no processo como partes distintas, de modo que os atos e as omissões de um não geram qualquer consequência benéfica ou maléfica em relação ao outro (art. 117). Nestas hipóteses, como é possível uma atuação desvinculada também o magistrado estará autorizado a dar uma solução diferenciada para cada, embora não necessariamente isso ocorrerá. Assim, nestes casos em que o juiz pode vir a sentenciar cada litisconsorte de uma maneira, em razão de cada um ser considerado como parte "autônoma", se estará diante de um litisconsórcio facultativo ou simples.

Por outro lado, existem certas situações em que certos atos praticados por um dos litisconsortes pode vir a beneficiar o outro, de modo que o magistrado termine tendo que dar uma decisão uniforme para ambos, o que caracterizaria a existência de um litisconsórcio "unitário", ou seja, quando necessariamente a decisão proferida tiver que ser em idêntico sentido para todos os litisconsortes. Logo, o que vai diferenciar o litisconsórcio unitário do simples não é a decisão ser meramente uniforme em relação a todos os litisconsortes, mas sim se o juiz é ou não obrigado a decidir de maneira igual pois, se a resposta for positiva, tudo aquilo que um litisconsorte praticar que possa ser considerado como benéfico irá se comunicar para o outro.[5]

Por exemplo, se for proposta, pelo MP, uma demanda objetivando desconstituir um determinado casamento e a pretensão nela deduzida vier a ser acolhida pelo juiz,

---

3 GRECO FILHO, Vicente. *Direito processual civil brasileiro*, 12ª ed. São Paulo: Saraiva, 1997. 3º v, p. 236.

4 Não se pretende adentrar, nesta seara, a respeito do casamento putativo, que é previsto no art. 1.561 do CC e que autoriza, em caráter excepcional, que o casamento mesmo inválido gere efeitos aos filhos e ao cônjuge de boa-fé. É que, conforme mencionado no exemplo, a hipótese apresentada não versa sobre casamento putativo e também trata da invalidação do vínculo do direito material e não em situação de ineficácia.

5 MARINONI, Luiz Guilherme, ARENHART, Sérgio Cruz. *Manual do processo de conhecimento*. 2ª ed. São Paulo: RT, 2003, p. 192.

o recurso interposto por apenas um dos cônjuges irá aproveitar ao outro, uma vez que, na presente situação, não haverá possibilidade de a decisão ser em um determinado sentido para um litisconsorte (v.g., pela anulação) e em outro para aquele que recorreu (v.g., mantendo a união). É o que prevê, por sinal, norma constante no CPC que é justamente aplicada quando se tratar de litisconsórcio unitário (art. 1.005).

De maneira muito semelhante, também há norma no CPC (art. 345, inc. I) que autoriza que os fatos afirmados na contestação apresentada por um litisconsorte possa aproveitar o outro, afastando a revelia daquele que não apresentou resposta, muito embora nesta hipótese seja irrelevante apurar se o processo retrata um litisconsórcio unitário ou não. Com efeito, sendo caso de litisconsórcio unitário, não há qualquer dúvida de que este dispositivo realmente é aplicado, uma vez que haverá obrigatoriedade de a decisão judicial a ser proferida ter o mesmo teor para todos, de modo que tudo aquilo que um alegar em seu favor poderá ser comunicado ao outro. Mas, mesmo nas hipóteses de litisconsórcio simples ou comum, também este dispositivo pode ser aplicado, já que o magistrado terá que julgar, em sua sentença, o fato comum que foi afirmado pelo demandante e impugnado apenas por um dos litisconsortes. Assim, ao analisar os argumentos trazidos na resposta de um dos litisconsortes, fatalmente o magistrado poderá concluir, por exemplo, pela inexistência daquilo que foi afirmado pelo demandante, hipótese em que esta conclusão também será estendida ao outro litisconsorte sob pena de a sentença conter uma contradição.

Logo, até mesmo no litisconsórcio simples ou comum pode ser possível que o comportamento adotado por uma parte também se preste para auxiliar a outra. No entanto, não se pode olvidar que os atos que em tese podem ser interpretados como prejudiciais ao outro litisconsorte como, por exemplo, quando apenas um tiver confessado os fatos afirmados pelo demandante, por óbvio não se comunicam ao outro (art. 117 c/c art. 391, parágrafo único).[6]

Outro ponto extremamente importante é que, em razão do acima exposto, fica nítido constatar que o litisconsórcio unitário em regra também é necessário, ao passo que o litisconsórcio facultativo usualmente é simples ou comum. No entanto, é muito comum diversos exemplos contrários a esta afirmação. No caso da usucapião judicial (que doravante deverá ser pleiteada judicialmente via procedimento comum ou extrajudicialmente perante Tabelião – art. 1.071), os vizinhos confrontantes devem estar obrigatoriamente na relação jurídica processual, o que caracteriza um litisconsórcio necessário (art. 246, § 3º). Porém, como sabido, a eventual prolação de sentença de procedência do pedido apenas irá atingir a esfera pessoal do demandado que constar como proprietário do imóvel no RGI do imóvel que se pretende usucapir. Logo, o teor da decisão não será idêntico entre todos os litisconsortes necessários, de modo que a atuação de cada um é completamente desvinculada, nesta hipótese que retrata um litisconsórcio necessário simples.

---

6 DIDIER JÚNIOR, Fredie. *Curso de direito processual civil*, 13ª ed. Salvador: JusPodivm, 2011. v. 1, p. 332.

Da mesma forma, um litisconsórcio também pode ser, ao mesmo tempo, facultativo e unitário como, por exemplo, quando dois ou mais acionistas tentam obter judicialmente a declaração de nulidade de determinada assembleia, realizada pela sociedade, fundada na mesma causa de pedir (v.g. ausência de quórum para determinada deliberação). É que, nesta hipótese, apesar de cada acionista ter a possibilidade de propor demanda em juízo isoladamente, o ajuizamento em conjunto caracteriza um litisconsórcio ativo facultativo, o que irá gerar uma sentença com o mesmo teor para ambos os litisconsortes, eis que se trata de mesmo pedido, da mesma causa de pedir e até mesmo aborda o mesmo vínculo de direito material.

Este último exemplo, aliás, tem uma peculiaridade que é a ampliação dos limites subjetivos da coisa julgada material. Com efeito, por se tratar da mesma relação jurídica, o teor da sentença vinculará não apenas aqueles que participaram do processo mas, também, todos os demais que poderiam ter figurado no processo na qualidade de litisconsortes facultativos unitários mas não o fizeram, eis que a solução deve ser uniforme para todos, conforme já esclarecido acima. O tema, porém, não é inteiramente unânime na doutrina.[7]

9.1.5. Litisconsórcio multitudinário

O litisconsórcio multitudinário é também chamado de "recusável" (art. 113, §§ 1º e 2º). O mesmo ocorre tanto em fase de conhecimento, como na de liquidação ou mesmo no cumprimento da sentença, mas somente quando se tratar de litisconsórcio facultativo. A razão de ser da limitação do número de litisconsortes em tais casos se justifica em virtude de a enorme quantidade de sujeitos do processo acarretar dificuldades para a defesa do demandado, comprometer a rápida solução do litígio ou mesmo dificultar o cumprimento de sentença.

Nestes casos, poderá o magistrado limitar o número de litisconsortes, excluindo aqueles que serão considerados como excessivos e que comprometem estes fins. A lei, no entanto, não determina o número exato de litisconsortes e nem quais os critérios a serem utilizados para verificar quais permanecerão no processo primitivo, o que tem gerado alguma controvérsia na jurisprudência, que usualmente costuma analisar cada situação aprioristicamente.[8] Da mesma maneira, há pequena divergência em delinear se o magistrado pode agir de ofício nestes casos ou apenas se houver requerimento

---

7 Enrico Tullio Liebman, porém, enxerga o problema sob outro enfoque, já que entende não ser possível que um dos sócios possa agir como substituto processual dos demais. Para o referido autor, no caso de acolhimento da impugnação de um dos sócios, é a deliberação anulada para todos, não porque se tenha uma extensão da coisa julgada além dos seus limites subjetivos, mas tão só porque o efeito extintivo da sentença não pode ser parcial, por causa da natureza e estrutura incindível do ato impugnado, que só pode permanecer ou cair por completo. O mesmo autor pontua, porém, que no caso de rejeição, não tem a sentença outro conteúdo a não ser declarar a inexistência do direito alegado, de modo que os demais sócios podem tentar a sua sorte em nova ação. LIEBMAN, Enrico Tullio. *Eficácia e autoridade da sentença e outros escritos sobre a coisa julgada.* 3ª ed. Tradução de Alfredo Buzaid e Benvindo Aires. Tradução dos textos posteriores a 1945 e notas relativas ao direito brasileiro vigente de Ada Pellegrini Grinover. 13ª ed. Rio de Janeiro: Forense, 1984, p. 100.

8 TJRJ. Agravo de instrumento nº 2003.002.11633. Rel. Des. Milton Fernandes de Souza. DJ 12/08/2003.

da parte interessada (art. 113, § 2º).[9] Parece adequado afiançar que, nos casos de comprometimento da celeridade do processo ou do cumprimento de sentença, o juiz poderá agir independemente de provocação, muito embora dependa de pleito do réu para que haja este fracionamento apenas na hipótese de o litisconsórcio recusável dificultar a sua defesa.

Atualmente, o litisconsórcio multitudinário permanece a gerar desdobramentos e consequências que ainda não são solucionados adequadamente, eis que existem dúvidas sobre o tratamento que deve ser empregado em relação aos litisconsortes excessivos.

Um primeiro entendimento é no sentido de que o magistrado deve desmembrar estes litisconsortes, já estando o mesmo órgão jurisdicional prevento quanto aos demais. Assim, proposta uma demanda por cinquenta mutuários da CEF, cada um objetivando a alteração das suas próprias condições do financiamento obtido, o juiz poderia determinar o desmembramento deste único processo em outros nove, de modo a totalizar dez processos em que cada um conste com cinco demandantes. No entanto, o mandado de citação provavelmente será confeccionado na mesma oportunidade (pois os processos foram instaurados no mesmo momento), a citação será realizada na mesma diligência (já que a demandada permanece sendo a mesma) e provavelmente os mandados de citação cumpridos serão juntados na mesma oportunidade pelos servidores, com a designação de audiências de conciliação e mediação sequenciais. Assim, frustrada a solução consensual, pragmaticamente se observa que a demandada permanecerá com os mesmos quinze dias úteis para apresentação da sua resposta, malgrado tenha que analisar, neste ínterim, cinquenta contratos de financiamento diferentes. Logo, se for adotado este processar, o que se percebe é que o resultado prático é justamente aquele que se pretendia evitar, bem como que haverá também um maior consumo de recursos humanos e naturais (v.g., papéis, tintas etc.).

Por outro lado, poderia o magistrado entender que esta hipótese permitiria não o desmembramento, mas sim a exclusão dos litisconsortes excessivos por meio de uma decisão interlocutória, passível de recurso de agravo de instrumento (art. 1.015, inc. VII – devendo ser salientando que o inciso seguinte também admite este mesmo recurso, mas já no caso de o juiz indeferir o requerimento de limitação do litisconsórcio.[10] Porém, também esta solução não se revela inteiramente satisfatória, pois as próximas demandas que forem propostas por estes demandantes excluídos envolvendo o mesmo demandado, pedido e causa de pedir acabariam retornando ao mesmo órgão jurisdicional, em razão da prevenção (art. 286, inc. III).[11] E, consequentemente, ainda que estas novas demandas contenham um número menor de demandantes, valem as mesmas advertências já apresentadas no parágrafo anterior, pois a tramitação simultânea provavelmente gerará uma identidade de prazos processuais. É, portanto, um problema em que ainda não há

---

9 DIDIER JÚNIOR, Fredie. *Curso de direito processual civil*. 17ª ed. Salvador: JusPodivm, 2015. v. 1, p. 472.

10 CÂMARA, Alexandre Freitas. *Lições de direito processual civil*. 16ª ed. Rio de Janeiro: Lumen Juris, 2007. v. I, p. 180.

11 DIDIER JÚNIOR, Fredie. *Curso de direito processual civil*. 17ª ed. Salvador: JusPodivm, 2015. v. 1, pp. 472-473.

uma solução satisfatória que possa, ao mesmo tempo, possibilitar a opção dos litisconsortes facultativos em se associarem ou não, de modo que a celeridade do processo não seja comprometida e nem mesmo seja detectado qualquer prejuízo à defesa do demandado.

9.2. QUESTÕES PONTUAIS SOBRE O LITISCONSÓRCIO NECESSÁRIO E FACULTATIVO

9.2.1. Possibilidade ou não de inclusão, pelo magistrado, de litisconsorte necessário ausente

O magistrado, em hipótese alguma, pode ordenar a inclusão de litisconsorte necessário no processo, tanto no polo ativo quanto no polo passivo. É que uma das características da jurisdição é a sua inércia, de modo que o juiz somente pode conduzir o processo nos estreitos limites da provocação. Assim, não tendo ocorrido nenhuma provocação pela parte autora, não poderia ser incluído de ofício qualquer outro autor, da mesma maneira que também seria vedada a inclusão de demandado não constante no corpo da petição inicial. Não se permite no direito processual pátrio, portanto, a denominada intervenção *iussu iudicis*, que consistiria, justamente, nesta possibilidade de o juiz incluir, sem qualquer provocação, uma parte que não foi mencionada na petição inicial.[12]

9.2.2. Consequência processual quando o magistrado percebe a ausência de litisconsorte necessário ao processo

A ausência de um litisconsorte necessário torna a sentença ineficaz para todos os outros (art. 115, inc. II). Em realidade, o que ocorre é uma total invalidade do ato decisório, pois não é sequer possível mantê-lo em relação a apenas um dos litisconsortes necessários. Esta hipótese, portanto, caracteriza ausência de citação de uma das partes, motivo pela qual todos os atos processuais que decorreram deste equívoco devem ser considerados automaticamente invalidados, o que até mesmo decorre do princípio da causalidade (art. 281).

Ocorre que, apesar de ocorrer esta invalidade em um primeiro momento, outras consequências processuais podem ser geradas. É que, uma vez detectado que a formação do litisconsórcio é imperiosa e uma vez reconhecida a impossibilidade de o magistrado incluir de ofício o litisconsorte ausente, resta ao juiz, tão somente, determinar (art. 115, parágrafo único), que a petição inicial seja emendada para a inclusão dos litisconsortes ausentes. Nesta hipótese, se o demandante não atender a determinação judicial e deixar de providenciar a emenda, fatalmente o processo também será extinto (art. 485, inc. IV), em razão da ausência de pressuposto processual de desenvolvimento do processo, que seria a presença de um dos litisconsortes necessários não mencionados na petição

12 GRECO FILHO, Vicente. *Direito processual civil brasileiro*. 19ª ed. São Paulo: Saraiva, 2006. v. 1, p. 126.

inicial.[13] Mas há quem defenda que, neste caso, a ausência do litisconsorte necessário torna aquele que já se encontra no processo parte ilegítima, o que também motivaria a extinção do processo, só que pela ilegitimidade (art. 485, inc. VI).[14]

Em suma: em um primeiro momento a ausência de litisconsorte necessário gera a invalidação de todos os atos processuais que decorreram deste equívoco, ou seja, um tratamento muito semelhante ao que é dado naqueles processos em que houve vício na citação, ainda que o mesmo não contenha um litisconsórcio. Só que, após o magistrado determinar a emenda da petição inicial (art. 115, parágrafo único), a omissão do demandante acarretará a extinção do processo sem a resolução do mérito.

9.2.3. Possibilidade ou não da formação de um litisconsórcio ativo necessário

Um grande questionamento reside na possibilidade ou não da formação de litisconsórcio ativo necessário. Com efeito, se entender o magistrado que a hipótese sinaliza neste sentido, ou seja, de que há a necessidade de incluir no polo ativo algum outro litisconsorte necessário, a recusa deste em ingressar prejudicaria o outro que já provocou a prestação jurisdicional, configurando uma hipótese que se traduziria em recusa, pelo Poder Judiciário, em prestar a jurisdição. Mas, por outro lado, se for franqueado o acesso à jurisdição independentemente da presença do outro litisconsorte ativo necessário, fatalmente a sentença de mérito que virá a ser proferida irá irradiar efeitos em sua esfera pessoal, malgrado o mesmo não tenha estado no processo em clara violação ao princípio do devido processo legal. Portanto, conceber a existência de litisconsorte ativo necessário esbarraria nestes problemas.

No entanto, parece extremamente coerente defender que realmente não existe litisconsórcio ativo necessário e sim apenas litisconsórcio necessário, pois a exigência é a de que este litisconsorte esteja no processo e não necessariamente no mesmo polo processual que o outro se encontra. Logo, havendo recusa do suposto litisconsorte em ingressar no polo ativo ao lado do demandante primitivo, caberá ao mesmo emendar a petição inicial para fins de incluir no polo passivo este outro que deveria estar ao seu lado no polo ativo.

Levando em consideração que a melhor solução é essa, ou seja, autorizar que o litisconsorte necessário renitente seja incluído no polo passivo, é certo que, após a citação, pode ser que o mesmo melhor compreenda o objetivo do processo e do seu ingresso, bem como perceba que aparentemente não há qualquer vantagem em permanecer como demandado se o objetivo do demandante também lhe é favorável. Por esta razão, a doutrina vem sugerindo, em caráter excepcional, que o demandado nesta hipótese possa manifestar ao magistrado o seu intento em trocar de polo processual.[15] Vale dizer que este

---

13 FUX, Luiz. *Curso de direito processual civil.* 2ª ed. Rio de Janeiro: Forense, 2004, p. 267.

14 CÂMARA, Alexandre Freitas. *O novo processo civil brasileiro.* São Paulo: Atlas, p. 81.

15 FERNANDES, Sérgio Ricardo de Arruda. *Questões importantes de processo civil: teoria geral do processo.* Rio de Janeiro: DP&A Editora, 1999, pp. 190-191.

raciocínio, embora possa chocar em um primeiro momento, é até mesmo previsto em lei especial (art. 6º, § 3º, Lei nº 4.717/64), que autoriza que a Fazenda Pública apontada como litisconsorte passiva em ação popular atue ao lado do demandante caso esta postura se afigure como útil ao interesse público. No entanto, não necessariamente nesta hipótese, da ação popular, se estará diante de um litisconsórcio necessário ativo.

9.2.4. Possibilidade ou não de admissão de um litisconsórcio ativo, superveniente e facultativo

Outra questão, agora já bem mais frequente no Poder Judiciário, é a respeito da possibilidade ou não de admissão de um litisconsórcio ativo, superveniente e facultativo. A resposta quanto a esta dúvida deve ser invariavelmente negativa, uma vez que, se esta prática fosse autorizada, o litisconsorte ativo superveniente e facultativo estaria tendo a possibilidade de escolher (ou direcionar a sua demanda para) o órgão jurisdicional em que gostaria de litigar. É de se imaginar, por exemplo, uma base territorial que conta com cinco juízos de igual competência. Se uma demanda for distribuída livremente, é possível que a mesma possa cair aleatoriamente em qualquer um desses juízos, que podem ter convicções distintas em relação à interpretação de um mesmo ato normativo. No entanto, se for admitido o litisconsórcio ativo facultativo superveniente, isso possibilitaria ao demandante optar entre distribuir a sua demanda livremente ou mesmo já requerer o seu ingresso em outra que já tenha sido instaurada perante aquele juízo em que o magistrado lotado possui entendimento alinhado aos seus interesses (e se for possível caracterizar um litisconsórcio). Portanto, é justamente para evitar situações como essa, em que haveria nítida violação ao princípio do juiz natural e de regras processuais que norteiam a distribuição dos processos, que esta nociva prática não deve ser permitida. Assim, pelo menos já se posiciona a jurisprudência há longa data.[16] No entanto, esta praxe foi permitida na nova Lei do Mandado de Segurança (art. 10, § 2º, Lei nº 12.016/2009), desde que o magistrado ainda não tenha proferido decisão liminar, o que reflete grave e inexplicável retrocesso.

9.3. TRATAMENTO PROCESSUAL RESERVADO AOS LITISCONSORTES

A legislação processual prevê tratamento diferenciado aos litisconsortes, o que deverá ser sopesado pelos interessados para que possam concluir pela sua formação ou não quando assim for possível. Assim é que o litisconsórcio até pode ser útil para os demandantes quando se analisa o CPC (art. 87), que prevê que, concorrendo diversos autores ou diversos réus, os vencidos respondem pelas despesas e honorários em proporção.

Também já foram acima estudadas outras normas do CPC (art. 345, inc. I e art. 391, parágrafo único), que cuidam da comunicabilidade ou não dos atos que um dos litisconsortes praticar em detrimento do outro.

---

16 STJ. REsp 24.743/RJ. Rel. Min. Edson Vidigal. DJ 14/09/1998.

Mas há uma norma importantíssima quanto a este tema (art. 229), que cuida da dobra dos prazos processuais, somente quando os litisconsortes estiverem sendo patrocinados por patronos distintos.[17] Os seus maiores questionamentos são os seguintes: a) a mesma tem aplicação inclusive na hipótese de os dois patronos pertencerem ao mesmo escritório de advocacia?; b) a mesma continua tendo incidência na hipótese em que tiver sido proferida sentença em que apenas um dos litisconsortes tiver sucumbido?; c) este prazo em dobro também se justifica para os processos eletrônicos?

Quanto ao primeiro questionamento, o CPC expressamente coibiu a dobra do prazo quando os litisconsortes possuem advogados distintos muito embora pertencentes ao mesmo escritório (art. 229), posto que este artifício estaria sendo empregado com a clara finalidade de obter, de uma forma geral, um prazo maior para se manifestar. Com efeito, se ambos os patronos pertencem ao mesmo escritório, dificilmente se veria necessidade em permitir esta dilação, já que teriam acesso aos autos conjuntamente. Esta manobra, inclusive, conspiraria contra o princípio da boa-fé, que foi erigido como norma fundamental do CPC (art. 5º). Portanto, é de se aplaudir a novel legislação, muito embora tal entendimento não seja unânime no meio acadêmico.[18]

Em relação à segunda indagação, se o prazo em dobro continua sendo aplicável naquelas situações em que apenas um dos litisconsortes tiver sucumbido, a resposta deve ser negativa, até mesmo por se tratar de matéria já objeto do Verbete nº 641 da Súmula do STF, nos termos seguintes: *"Não se conta em dobro o prazo para recorrer, quando só um dos litisconsortes haja sucumbido[19]"*. Há, porém, quem entenda que este Verbete sumular não se aplica aos embargos de declaração, pois este recurso não depende da análise da sucumbência.[20] De qualquer modo, o CPC quanto a este ponto foi silente, malgrado tenha estabelecido que não haverá prazo maior quando apenas um dos demandados apresentar defesa (art. 229, § 1º), o que parece ser a tônica do mesmo raciocínio encampado no verbete sumular, de que somente haverá prazo em dobro quando os litisconsortes efetivamente se encontram atuando no processo.

Por fim, quanto à dúvida sobre o prazo em dobro para as partes que possuírem advogados distintos ser ou não aplicado quanto ao processo eletrônico, o CPC foi expresso no sentido negativo (art. 229, § 2º), o que é absolutamente adequado, eis que não haveria qualquer justificativa para este tratamento diferenciado se quaisquer dos litisconsortes podem ter acesso remoto ao processo e a todas as suas peças no momento em que bem entenderem. Já existe, inclusive, jurisprudência neste sentido.[21]

---

17 STJ. REsp nº 198900112902. Rel. Min. Cláudio Santos. DJ 18/12/1989.

18 Favoráveis à contagem em dobro mesmo quando os advogados atuarem no mesmo escritório: NERY JÚNIOR, Nelson. NERY, Rosa Maria Andrade. *CPC comentado*. 4ª ed. São Paulo: RT, 1999, p. 674.

19 Este é, também, o entendimento de Tribunal Superior sobre o mesmo tema, conforme se aquilata em: STJ, Rel. Min. Nancy Andrighi, por unanimidade, julgado em 16/10/2018, DJe 18/10/2018.

20 DIDIER JR., Fredie. CUNHA, Leonardo Carneiro da. *Curso de direito processual civil. Meios de impugnação às decisões judiciais e processos nos tribunais*. Salvador: JusPodivm, 7ª ed, 2009. v. 3, p. 57.

21 TRF4. Agravo de instrumento nº 5003563-11.2013.404.0000/PR. Rel. Des. Fed. Fernando Quadros da Silva. DJ 15/05/2013.

INTERVENÇÃO DE TERCEIROS

10.1. MODALIDADES DE INTERVENÇÃO DE TERCEIROS

Este assunto é um dos que mais vem gerando controvérsias e dificuldades de compreensão no direito processual civil, eis que o tratamento dado pelo atual CPC é bastante inconsistente e, em alguns momentos, até mesmo contraditório.

O ponto de partida seria justamente assimilar o que vem a ser um "terceiro" no tramitar do processo, o que não é exatamente difícil, pois se trata de um conceito de exclusão, de modo que seria um terceiro todo aquele que, estando no processo no exercício de poderes e deveres processuais, não pudesse ser considerado como demandante ou demandado.[1]

No entanto, a maioria das modalidades de intervenção de terceiros previstas no CPC tratam, em realidade, do ingresso de uma parte principal, seja em litisconsórcio ou não, o que demonstra o desacerto da concepção inicial do que vem a ser um terceiro. É o que ficará demonstrado no decorrer desta explanação, enquanto estiver sendo analisada cada uma das diversas modalidades de intervenção de terceiros previstas no Código. As exceções quanto a esta constatação seriam tão somente a assistência simples, o *amicus curiae* e o recurso de terceiro.

As modalidades de "intervenção de terceiros", assim nominadas pelo CPC, ainda que efetivamente cuidem do ingresso de uma parte principal e não de um terceiro, seriam: a) assistência simples; b) assistência litisconsorcial; c) denunciação da lide; d) chamamento ao processo; e) incidente de desconsideração da personalidade jurídica; f) *amicus curiae*; g) recurso de terceiro.

Vale dizer, ainda, que nem sempre a lei autoriza o ingresso de terceiros no processo. No sistema dos Juizados Especiais, por exemplo, não se admite qualquer modalidade de intervenção de terceiros no processo (art. 10, Lei nº 9.099/95), com exceção do incidente de desconsideração da personalidade jurídica (art. 1.062).

10.1.1. Assistência simples

A assistência simples pode ser definida como a modalidade de intervenção voluntária de um terceiro no processo, a fim de que o mesmo assuma a condição de parte secundária, inserindo-se na relação processual já instaurada, desde que demonstre o interesse jurídico em auxiliar uma das partes principais a ser a vencedora.

---

[1] DIDIER JÚNIOR, Fredie. *Curso de direito processual civil*, 17ª ed. Salvador: JusPodivm, 2015. v. 1, p. 476.

A assistência simples é a mais genuína forma de ingresso de um terceiro no processo, para que o mesmo possa exercer algumas faculdades processuais, além de lhe ser respeitada a garantia constitucional do contraditório (art. 5º, inc. LV, CRFB). Trata-se, ainda, de hipótese em que o assistente simples age no processo imbuído de letigimação extraordinária subordinada, muito embora esta até possa ser autônoma, embora apenas nos casos em que o assistido for revel ou omisso (art. 121, parágrafo único).[2]

Para que o ingresso desse terceiro se afigure possível, seria necessário observar algumas condições expostas por lei, que também se aplicam à assistência litisconsorcial (art. 121), tais como: a) pendência da causa; b) procedimento que a autorize; c) existência de interesse jurídico.

Quanto à pendência da causa, isso significa que o assistente simples somente pode ingressar na demanda antes do trânsito em julgado da decisão final, ainda que o processo já tenha sido sentenciado. É que o CPC (art. 121, parágrafo único) autoriza literalmente que este ingresso ocorra em qualquer grau de jurisdição, muito embora o assistente simples venha a receber o processo no estágio em que se encontra.

Por outro lado, também precisa ser verificado se o procedimento previsto em lei possui alguma restrição quanto ao ingresso do assistente simples. No sistema dos Juizados Especiais, como já visto (art. 10, Lei nº 9.099/95), há norma proibitiva neste sentido.

E, não menos importante, para que seja admitido o ingresso do assistente simples, haverá a necessidade de o mesmo demonstrar que possui algum interesse jurídico em auxiliar uma das partes principais a ter êxito, pois eventual decisão a ser proferida neste processo, embora não o vincule quanto ao conteúdo, de alguma forma poderá reflexamente atingir a sua situação pessoal ou mesmo uma outra relação jurídica de direito material em que participa. Desta maneira, quando se tratar de uma demanda objetivando o despejo em razão do descumprimento das condições estabelecidas em um contrato de locação, esta deverá ser proposta pelo locador em face do locatário, pois é com este que o primeiro titulariza uma relação jurídica de direito material. No entanto, se este mesmo imóvel tiver dado ensejo a uma sublocação, o sublocatário (que atualmente exerceria a posse sobre o referido imóvel) teria interesse jurídico em ingressar nesse processo para auxiliar o locatário (que lhe sublocou o bem) a ter êxito pois, sendo acolhido o pleito autoral, a consequência imediata da decretação do despejo é que a esfera jurídica do sublocatário será diretamente atingida, muito embora o contrato de sublocação não tenha sido discutido em juízo.[3]

Nos casos em que a União pretender ingressar nesta condição em processos que tramitam perante a Justiça Estadual, o juiz de direito deverá se limitar a determinar o declínio de competência em prol do juízo federal, eis que lhe é vedado analisar a

---

2 DIDIER JÚNIOR, Fredie. *Curso de direito processual civil*, 17ª ed. Salvador: JusPodivm, 2015. v. 1, pp. 481-483.

3 SILVA, Ovídio A. Baptista da. GOMES, Fábio. *Teoria geral do processo civil*. 3ª ed. São Paulo: Revista dos Tribunais, 2002, pp. 137-138.

presença ou não do interesse jurídico. Neste sentido, por sinal, o verbete nº 150 da Súmula do STJ: "*Compete à Justiça Federal decidir sobre a existência de interesse jurídico que justifique a presença, no processo, da União, suas autarquias ou empresas públicas*". Assim, percebendo o magistrado federal que não há qualquer interesse jurídico apto a permitir esta modalidade interventiva, caberá ao mesmo indeferir este pleito e, na sequência, determinar o retorno dos autos à Justiça Estadual. Este raciocínio, por sinal, também se encontra sumulado, nos termos do verbete nº 224 do mesmo Tribunal: "*Excluído do feito o ente federal, cuja presença levara o juiz estadual a declinar da competência, deve o juiz federal restituir os autos e não suscitar conflito*" e no próprio CPC (art. 45, § 3º). E, desta maneira, com o retorno dos autos ao juízo primitivo, não mais se poderá questionar o acerto ou desacerto do ente federal, tal como dispõe o verbete nº 254 também do STJ: "*A decisão do juízo federal que exclui da relação processual ente federal não pode ser reexaminada no juízo estadual*".

Vale dizer que o interesse afetivo ou meramente econômico são, por si só, imprestáveis para justificar o ingresso do assistente simples. Com efeito, o interesse afetivo pode ocorrer em situações que, como a própria nomenclatura sugere, o terceiro pede para ingressar alegando que se padece com a injustiça que está sendo cometida em relação a uma das partes do processo como, por exemplo, seria um processo em que o pai pretenda prestar auxílio ao filho, que está sendo processado por outrem. É que, nesta situação, tirando o aspecto psicológico envolvido, não haveria qualquer justificativa técnica para a autorização deste ingresso. Quanto ao interesse econômico, o mesmo realmente é inábil para tanto, eis que a esfera pessoal do terceiro de forma alguma estará sendo atingida. É o que ocorre quando dois credores distintos ("A" e "B") possuem, cada um, crédito devido por alguém ("C"), que tem um patrimônio insuficiente para liquidar a ambos. Nesta hipótese, se for deflagrada uma demanda objetivando este recebimento por "A" em face de "C", não seria admitido o ingresso de "B" na condição de assistente simples do demandado, diante do argumento de que o assistente teria interesse em auxiliar o devedor comum a ter êxito, pois somente assim o seu patrimônio permaneceria intacto, de modo a possibilitar o recebimento da dívida do "B" após a propositura de uma demanda neste sentido. É que, neste último caso, o que se observa é que a esfera jurídica de "B" não será de forma alguma atingida independentemente do resultado que vier a ser gerado por meio do processo instaurado entre "A" e "C". Afinal, a relação jurídica de "B" permanecerá intacta, ou seja, o mesmo continuará a ser o titular de um crédito em desfavor de "C", muito embora, de fato, a efetividade deste crédito possa vir a ser irremediavelmente prejudicada.

O STJ também já teve a oportunidade de refutar requerimento para ingresso na condição de assistente simples, realizado nos autos em que se encontrava pendente de decisão um recurso especial repetitivo, ao fundamento de que não caracteriza "interesse jurídico" do assistente a circunstância de o mesmo ser parte principal em outro processo em que se discute a mesma tese. Neste caso, a Corte Superior vislumbrou que o interesse alegado pelo postulante a assistente era de cunho nitidamente subjetivo (e quiçá econômico). Foi alertado, inclusive, que o deferimento do seu pleito até mesmo poderia gerar um rito sistêmico para o gerenciamento do processo, eis que abriria a possibilidade de manifestação de todos aqueles que figuravam em processos que tiveram a sua tramitação também suspensa enquanto se aguardava a decisão paradigma.[4]

Por fim, embora o interesse meramente econômico não justifique a admissão do assistente simples, existem outras modalidades de intervenção previstas em leis especiais (v.g., art. 5º, Lei nº 9.469/97), que o exigem para que este ingresso seja autorizado (v. item nº 10.1.8.1.).

10.1.1.1. Procedimento para ingresso do assistente simples e sua postura processual

O requerimento para ingresso do assistente simples deve ser apresentado nos próprios autos por meio de uma petição que exponha o interesse jurídico concretamente (e não apenas a afirmação genérica, como muitas vezes ocorre), devendo esta petição ser devidamente subscrita por advogado, ou seja por alguém que detenha capacidade postulatória.

Em seguida, o magistrado poderá liminarmente indeferir este ingresso ou, se não for o caso, determinar a intimação das partes para que se manifestem em 15 (quinze) dias. Após o decurso do prazo e desde que não haja qualquer manifestação em sentido contrário, o juiz irá decidir este pleito. Porém, caso seja apresentada alguma resistência, este incidente permanecerá a tramitar sem suspender o processo, até que seja proferida decisão a respeito do tema. Este incidente (art. 120) é solucionado por meio da prolação de uma decisão interlocutória, que apenas condenará o vencido a arcar com as despesas processuais do respectivo incidente, não sendo lícito uma condenação ao pagamento de verba honorária. O recurso desta decisão é o agravo de instrumento (art. 1.015, inc. IX).

Admitido o ingresso do assistente simples, o mesmo passa a ser considerado como "parte secundária" do processo, devendo ser intimado para todos os ulteriores atos processuais, já que passa a atuar como auxiliar da "parte principal", que seria o assistido (art. 121). E, como a sua atuação é supletiva, fica proibido ao assistente simples praticar qualquer ato processual com o qual o assistido não esteja de acordo, como requerer a produção de alguma prova quando este último já peticionou ao juízo requerendo o julgamento antecipado do mérito. O que se constata, portanto, é que o assistido poderá ter um raio de ação muito mais amplo do que o assistente já que até mesmo pode, por exemplo, reconhecer a procedência do pedido, desistir da ação ou transigir sobre o direito litigioso independentemente da vontade da parte secundária (art. 122).

---

4 STJ. REsp nº 1.418.593-MS. Rel. Min. Luis Felipe Salomão. DJ 14/05/2014.

A atuação do assistente simples no processo gera, no entanto, algumas consequências a sua esfera pessoal (art. 123), que cuidam de uma eficácia decorrente da sua intervenção, bem diferente do que ocorre com as partes principais. Para recordar, quanto atuam as partes principais (demandante e demandado), os mesmos ficam vinculados à conclusão exposta pelo magistrado em sua sentença que, caso não seja impugnada por qualquer recurso, gerará coisa julgada material e apenas poderá ser desconstituída por meio da promoção de uma ação rescisória. Só que o assistente simples quando atua no processo, ao contrário, fica apenas vinculado ao fundamento externado pelo magistrado em sua decisão, de modo que não pode discuti-la mais sequer em outro processo, exceto quando demonstrar uma das hipóteses previstas em lei (art. 123), ou seja, desde que apresente, por simples petição no novo processo, a *exceptio male gesti processus.*[5]

Exemplificando: determinada pessoa postula em juízo a nulidade de uma compra e venda de imóvel, aduzindo que o vendedor atuou em fraude, juntamente com o tabelião. No entanto, como o demandante pretende invalidar o negócio jurídico celebrado, apenas inclui o vendedor no polo passivo da demanda. Nada impede, todavia, que o tabelião possa vir em juízo e pleitear o seu ingresso como assistente simples, de modo a exercer uma postura supletiva em relação ao comportamento do assistido. Se, nesta hipótese, o pedido promovido pelo autor for julgado procedente, a compra e venda estará desfeita e o fundamento adotado na sentença é justamente a ocorrência de uma fraude. E, desta maneira, se posteriormente o mesmo demandante postular, por meio de um novo processo promovido exclusivamente em relação ao tabelião, uma indenização pelos prejuízos sofridos, este réu (que foi assistente simples no processo anterior) não mais poderá discutir na nova demanda a ocorrência ou não da fraude, exceto quando alegar e comprovar uma das situações descritas no CPC (art. 123), como, por exemplo, que o assistido no processo primitivo tenha sonegado provas relevantes.

Percebe-se, assim, que esta eficácia decorrente da atuação do assistente simples, em certos momentos, até parece ser mais abrangente do que a coisa julgada material, já que o mesmo fica vinculado pelos fundamentos da decisão, eis que o dispositivo em comento proíbe que o assistente volte a discutir a justiça da decisão em outro processo. No entanto, esta preclusão que se forma quanto ao conteúdo da decisão poderá até ser desconsiderada independentemente da propositura de ação rescisória (o que a tornaria menos abrangente), bastando que seja observado o disposto em lei (art. 123) no novo processo que venha a ser instaurado.

Por fim, deve ser esclarecido que este instituto aplica-se exclusivamente à assistência simples uma vez que, conforme será visto em seguida, a assistência litisconsorcial cuida de litisconsórcio, ou seja, ingresso de parte principal, de modo que o tratamento reservado ao assistente litisconsorcial é exatamente idêntico ao do assistido e também de seu adversário. Desta maneira, tal disposição (art. 123) tem o seu

---

5 LEITE, Gisele. *Esclarecimentos sobre litisconsórcio e intervenção de terceiros.* Disponível em: <http://br.monografias.com/trabalhos904/litisconsorcio-intervencao/litisconsorcio-intervencao2.shtml >. Acesso em: 23 jan. 2012.

raio de incidência bastante reduzido, somente quando se tratar da atuação do assistente simples realmente.[6] Esta foi, inclusive, a opção do próprio legislador, que incluiu este tema dentro da Seção própria em que tratou apenas a assistência simples.

10.1.2. Assistência litisconsorcial

A assistência litisconsorcial (que no modelo anterior era também nominada como assistência qualificada) representa um dos temas mais polêmicos do direito processual civil, eis que é tratada em pouquíssimos dispositivos legais, o que acaba fomentando um interminável debate doutrinário.[7]

Esta modalidade de intervenção de terceiros se encontra também muito mal regulada no CPC, eis que não trata propriamente do ingresso de um terceiro, mas sim de um litisconsorte, ou seja, de uma parte principal. E a mesma pode ocorrer apenas nas hipóteses autorizadas pelo CPC (art. 124), ou seja, toda vez que a sentença houver de influir na relação jurídica entre o assistente e o adversário do assistido.

O exemplo mais citado e que se amolda perfeitamente ao texto normativo é o seguinte: uma determinada pessoa ("A") promove uma demanda em face de outra ("B") e, no curso do processo, transfere o direito litigioso para um terceiro estranho ao processo ("C"). No momento próprio (v. item nº 8.2.1.), foi observado que "C" apenas poderá ingressar no processo, na qualidade de sucessor processual em razão da exclusão de "A" se o demandado concordar (art. 109, § 1º), com o que se buscou tutelar o princípio da *perpetuatio legitimationis*. Vale dizer que esta concordância expressa neste dispositivo é apenas para fins de acertamento da legitimidade no processo já instaurado, eis que a mesma não tem, nesta hipótese, qualquer consequência no campo do direito material, uma vez que a cessão de direito, na maioria das vezes, não necessita de anuência da parte contrária. Só que, se o demandado se recusar a anuir, muito provavelmente o processo continuará com um demandante ("A") que certamente se mostrará pouco disposto ou interessado quanto aos rumos do processo, eis que o direito litigioso já não mais lhe pertence, tanto que o mesmo se encontra atuando em regime de substituição processual. Assim, se for recusada o ingresso de "C" na condição de sucessor processual (o que é autorizado por lei – art. 109, § 1º), o mesmo ainda poderá ingressar como assistente litisconsorcial de "A", o que lhe trará o *status* de parte principal, permitindo-lhe a mais ampla liberdade para a prática dos atos processuais, sem qualquer subordinação à vontade do assistido.

O procedimento para ingresso do assistente qualificado é exatamente o mesmo do assistente simples (art. 120).

---

6 Em sentido contrário, por entender que o art. 123 é aplicável às duas espécies de assistência, ou seja, tanto a simples quanto a litisconsorcial: CÂMARA, Alexandre Freitas. *O novo processo civil brasileiro*. São Paulo: Atlas, p. 90.

7 FERNANDES, Sérgio Ricardo de Arruda. *Questões importantes de processo civil: teoria geral do processo*. Rio de Janeiro: DP&A Editora, 1999, p. 232-236, apresenta, em síntese, a visão deste instituto sob a ótica dos mais variados juristas, tais como Arruda Alvim, Celso Agrícola Barbi, Cândido Rangel Dinamarco, Humberto Theodoro Júnior, Ovídio Baptista, Athos Gusmão Carneiro, Vicente Greco Filho, Sérgio Ferraz, Moacyr Amaral Santos, Nelson Nery Júnior, Reis Friede, entre outros, destacando a abordagem pessoal dada por cada um ao mesmo instituto.

10.1.3. Denunciação da Lide

10.1.3.1. Introdução

Conforme já exposto, o CPC enumera entre alguns dispositivos (art. 119 – art. 138) as modalidades de intervenção de terceiros, que passam a ser, respectivamente, a assistência, a denunciação da lide, o chamamento ao processo, o incidente de desconsideração da personalidade jurídica e, ainda, o *amicus curiae*. O presente estudo, porém, limita-se a analisar apenas as disposições relativas à denunciação da lide (art. 125 – art. 129), que é uma das mais frequentes entre as demais relacionadas.

A sua finalidade é gerar a possibilidade imediata de uma das partes principais originárias (demandante ou demandado) já discutir, nos mesmos autos, um suposto direito de regresso, que já poderá ser exercido caso a mesma venha a não ter êxito na demanda primitiva. É, portanto, uma faculdade do denunciante, que poderá optar entre a discussão deste direito de regresso nos próprios autos ou pela instauração ulterior de uma demanda própria com este objetivo.

10.1.3.2. Denunciação da lide como ação regressiva autônoma

Embora o tema seja extremamente polêmico, é preferível defender que a denunciação da lide decorre do exercício de um direito de ação, criando dentro dos próprios autos uma nova relação jurídica processual em que o denunciante passa a ser demandante e o denunciado atinge a posição de demandado. E, claro, isso tudo sem prejuízo da ulterior relação jurídica processual já instaurada e que permanece a tramitar dentro dos mesmos autos. É, pelo menos, a visão doutrinária mais tradicional que, inclusive, vislumbra a denunciação da lide como uma demanda regressiva *secundum eventum litis*, pois a análise do seu mérito será pela procedência ou improcedência dependendo do resultado da demanda anterior.[8] E vale dizer, outrossim, que por se tratarem de relações processuais distintas, não há como impor ao denunciado, pelo menos como regra, o pagamento da condenação diretamente ao adversário do denunciante, posto que um não está litigando diretamente com o outro no mesmo processo. No máximo, se pode admitir que há dois diferentes vínculos entre o denunciante e o denunciado: em relação à demanda principal, o denunciado atua como assistente do denunciante (por ter interesse em que este seja vencedor, pois isso implicará em ausência de enfrentamento do mérito da denunciação da lide), ao passo em que, na demanda regressiva, tanto um quanto outro atuam como partes principais (demandante e demandado).[9]

No entanto, é de se chamar a atenção quanto à literalidade de alguns dispositivos do CPC (art. 127 e art. 128), que estabelecem que o denunciado, uma vez admitido ao processo, assume a condição de litisconsorte do denunciante, ou seja, dando à

---

8 FERNANDES, Sérgio Ricardo de Arruda. *Questões importantes de processo civil: teoria geral do processo.* Rio de Janeiro: DP&A Editora, 1999, p. 348-350.

9 CÂMARA, Alexandre Freitas. *O novo processo civil brasileiro.* 1ª ed. São Paulo: Atlas, 2015, p. 92.

denunciação da lide um tratamento diferente daquele que é comumente apresentado pela doutrina, ao dispor que se estaria diante de apenas uma relação jurídica processual, em que denunciante e denunciado atuam como litisconsortes no mesmo polo processual. É de se destacar que, se realmente for adotada esta concepção, não haverá impedimento em condenar o litisdenunciado diretamente ao adversário do litisdenunciante, eis que todos estarão vinculados por uma mesma relação jurídica base. É uma posição que também é localizada na doutrina, embora em caráter minoritário, e que traz reflexos práticos totalmente distintos do posicionamento mais tradicional.[10]

Este segundo entendimento, contudo, basicamente se fundamenta apenas em razão do tratamento normativo, ou seja, em razão de uma interpretação literal dos dispositivos legais, o que não necessariamente reflete o raciocínio mais coerente. Com efeito, a consequência mais comum do não oferecimento da denunciação da lide no prazo de lei não prejudica aquele que poderia ter sido o denunciante, eis que o mesmo poderá pleitear o reconhecimento do direito de regresso em processo autônomo. Observa-se, portanto, que se trata realmente do exercício de um direito de ação, o que não tornaria coerente dar um tratamento distinto quando o mesmo é pleiteado nos próprios autos ou em demanda autônoma eis que, tanto em um caso como no outro, haverá inovação quanto ao objeto do processo, com clara ampliação dos limites objetivos e também dos próprios limites subjetivos, razão pela qual há realmente a criação de uma nova relação jurídica processual, e não apenas o ingresso de um litisconsorte dentro da relação já instaurada.

Este artigo seguirá, portanto, o entendimento mais clássico da doutrina e jurisprudência quanto à atuação do denunciado no processo, exceto quando esta modalidade de intervenção de terceiros tiver sido motivada por contrato de seguro, em razão dos argumentos que serão apontados na sequência.

10.1.3.3. Denunciação da lide em regime de litisconsórcio

Quando uma demanda é proposta em decorrência de um acidente ocorrido em veículo de via terrestre, este processo de conhecimento deverá observar o procedimento comum. No entanto, é muito frequente que, em situações como esta, o demandado possua um contrato de seguro que prevê a cobertura dos prejuízos sofridos pela vítima demandante. Assim, é interessante para o mesmo já tentar obter, na sentença, o reconhecimento do seu direito de regresso decorrente do contrato se, no processo de indenização, tiver sido condenado a ressarcir os prejuízos sofridos pelo demandante.

Como não há obstáculos para a denunciação da lide no procedimento comum, é de se reconhecer a existência de duas relações jurídicas materiais distintas: uma que denota uma hipótese de responsabilidade extracontratual, segundo a qual o causador do acidente ressarcirá a vítima dos prejuízos e, outra, já de cunho contratual envolvendo

---

10 DIDIER JÚNIOR, Fredie. *Curso de direito processual civil*, 17ª ed. Salvador: JusPodivm, 2015. v. 1, p. 497.

o segurado (causador do acidente) e o segurador. Assim, caso o demandado efetue o pagamento do prejuízo, o mesmo certamente pretenderá ser ressarcido do valor que desembolsou, de modo que terá que realizar a denunciação da lide para exercer o seu direito de regresso.

No entanto, conforme já exposto em momento anterior, o entendimento mais tradicional proíbe que o denunciado seja condenado a efetuar o pagamento do prejuízo diretamente ao adversário do denunciante, posto que os mesmos integram relações jurídicas processuais distintas. Assim, primeiro o demandado teria que cumprir a obrigação imposta na sentença em favor da vítima para, somente então, executar o seu direito de regresso em face da seguradora salvo, claro, se no instrumento contratual de seguro houver previsão de pagamento do prêmio a um terceiro ali não indicado expressamente, em situação caracterizadora de uma estipulação em favor de terceiro. É que, neste caso, nada impediria o cumprimento extrajudicial da obrigação de ressarcir diretamente pela seguradora em favor do demandante, muito embora não fosse autorizada uma execução entre ambos.

Para simplificar esta situação e permitir, até mesmo em caráter judicial, que a seguradora venha a ser executada diretamente pela vítima do evento, o legislador, ao criar o CDC, também estabeleceu que esta hipótese autorizaria, em realidade, o manejo do chamamento ao processo em vez da denunciação da lide (art. 101, inc. II, Lei nº 8.078/90). Isso ocorreu, pois o chamamento ao processo, acaso deferido, acaba dando ensejo à criação de um litisconsórcio passivo superveniente, de modo que já passa a ser possível que o chamado venha a ser executado diretamente pelo demandante, o que geraria benefícios práticos e negociais, como evitar que o pagamento primeiro tenha que ser feito a uma pessoa para depois ser repassado a outra.

Não se desconhece, contudo, que a denunciação da lide e o chamamento ao processo são modalidades de intervenção de terceiros extremamente semelhantes entre si, eis que ambas objetivam, em última análise, o reconhecimento de um direito de regresso. No entanto, não é recomendável autorizar a manipulação de regras processuais em prol de supostos benefícios de ordem prática, com total sacrifício ao mínimo de técnica científica. Com efeito, a hipótese prevista no CDC (art. 101, inc. II, da Lei nº 8.078/90), não cuida de situação que autoriza o chamamento ao processo, eis que não há obrigação solidária entre a seguradora e a vítima do evento. Melhor dizendo, se sequer há vínculo de direito material, muito menos haverá quanto ao aspecto da solidariedade (apto a autorizar o chamamento ao processo), entre ambos. O próprio STJ possui entendimento no sentido de que a vítima não pode processar diretamente a seguradora, tal como exposto no Verbete nº 529 de sua Súmula: "*No seguro de responsabilidade civil facultativo não cabe o ajuizamento de ação pelo terceiro prejudicado direta e exclusivamente em face da seguradora do apontado causador do dano*".

Assim, percebe-se que realmente o legislador tentou possibilitar, mediante alteração do nome de uma das modalidades de intervenção de terceiros, a condenação da seguradora ao demandante originário, mas não em razão de demanda entre os mesmos, mas sim por meio do instituto denominado chamamento ao processo, eis que já foi noticiado neste texto que, em regra, não se admite, na denunciação da lide, que a primeira venha a ser executada diretamente pela segunda. Portanto, embora tenham bons propósitos, esta norma do CDC deve ser vislumbrada como um caso que autoriza a denunciação da lide, em que pese a equivocada redação que foi adotada. É, pelo menos, o entendimento do STJ em sede de recurso repetitivo, que inova ao prever, apenas nesta hipótese, que a denunciação da lide cria uma hipótese de litisconsórcio, o que, certamente, objetiva tão somente favorecer o cumprimento da obrigação diretamente pela seguradora ao causador do evento.[11] E, não se pode olvidar, outrossim, que a seguradora somente será responsabilizada nos limites da condenação na ação regressiva, conforme estabelece o CPC (art. 128, parágrafo único).

10.1.3.4. Competência

A denunciação da lide tem o seu mérito apreciado no mesmo momento em que o magistrado aprecia o mérito da demanda originária, eis que o CPC estabelece que ambas deverão ser apreciadas na mesma sentença (art. 129).[12] Por este motivo, a denunciação da lide deve ser apresentada por meio de uma petição com forma de petição inicial (art. 319) e devidamente subscrita e assinada por detentor de capacidade postulatória, no mesmo juízo que o processo originário tramita.

Pode ocorrer, porém, que seja indicada como denunciada alguma pessoa física ou jurídica que possa gerar o deslocamento da competência. Seria a hipótese, por exemplo, de o denunciante indicar como denunciada a União, em processo que se encontra tramitando perante a Justiça Estadual. Nesta hipótese, a princípio caberia ao magistrado estadual extrair esta peça do processo e declinar apenas da denunciação da lide em prol da Justiça Federal, já que lhe seria vedado analisar qualquer outra questão, inclusive o acerto ou desacerto da inclusão da União na denunciação da lide (art. 45, § 2º). Mas, de qualquer maneira, a Justiça Estadual permaneceria com a demanda primitiva, pois, muito embora haja realmente a possibilidade de uma conexão entre as duas demandas, é certo que a Justiça Federal é absolutamente incompetente para atrair processos que envolvem particulares, o que não lhe permitiria analisar todo o processado, mas tão somente a denunciação da lide.[13]

---

11 O STJ, em sede de recurso especial repetitivo, reconheceu que quando se tratar de denunciação da lide realizada em face de seguradora, o regime será o do litisconsórcio, com possibilidade de condenação solidária. Foi vedado, porém, demanda direta da vítima em face da seguradora. STJ. REsp 925.130-SP. Rel. Min. Luis Felipe Salomão. STJ. REsp 962.230-RS Rel. Min. Luis Felipe Salomão DJ 08/02/12.

12 BUENO, Cassio Scarpinella. *Novo código de processo civil anotado*. 1ª ed. São Paulo: Saraiva, 2015, p. 130.

13 Em sentido distinto ao texto, por defender que a demanda originária também deve ser remetida para a Justiça Federal, já que nesta a União intervirá com o *status* de assistente simples do denunciante, nos termos do art. 109, inc. I, da CRFB: FERNANDES, Sérgio Ricardo de Arruda. *Questões importantes de processo civil: teoria geral do processo*. Rio de Janeiro: DP&A Editora, 1999, p. 292.

10.1.3.5. Legitimados para oferecimento da denunciação da lide

A denunciação da lide pode ser apresentada tanto pelo demandante quanto pelo demandado, embora em momentos distintos. Aliás, juntamente com o incidente de desconsideração da personalidade jurídica, são as únicas modalidades provocadas de intervenção de terceiros que podem ser iniciadas pelo autor, pois todas as demais são de iniciativa do réu (é o caso do chamamento ao processo, da desconsideração da personalidade jurídica e da própria denunciação da lide), exceto aquelas em que o terceiro comparece espontaneamente (assistência e *amicus curiae*).

A práxis forense indica que, o mais comum, é o oferecimento pelo demandado, hipótese em que deverá ser apresentada no próprio corpo da contestação (art. 126), muito embora deva observar as formalidades de uma petição inicial (art. 319), como a indicação do valor da causa, para citar um exemplo. Contudo, caso seja oferecida pelo demandante, a mesma já deverá constar na própria petição inicial (art. 126).

Oportunamente, quando forem abordadas as hipóteses de cabimento, serão apresentados exemplos de denunciação da lide apresentados pelo demandante e pelo demandado.

10.1.3.6. Processos e procedimentos que admitem a denunciação da lide

A denunciação da lide não é possível em processo (ou fase) de execução, já que neste não há julgamento que possibilite a análise de eventual direito de regresso subsequente e, também, pois equivaleria a autorizar a tramitação, nos mesmos autos, de dois processos de naturezas distintas, com ritos diferenciados.[14] Logo, o único processo que admite a denunciação da lide seria o de conhecimento, muito embora isso não ocorra em todas as situações. Com efeito, nos ritos especiais por vezes a proibição é expressa, tal como ocorre naqueles processos que tramitam perante o Juizado Especial (art. 10, Lei nº 9.099/95).

Mas, mesmo no procedimento comum, há algumas ressalvas, pois nem sempre será possível a denunciação da lide efetuada pelo fabricante ou prestador de serviços, nas demandas que lhe forem propostas pelo consumidor. Isso ocorre em razão de dispositivo previsto no CDC (art. 88, Lei nº 8.078/90), que até mesmo vem sofrendo uma interpretação mais larga, conforme se depreende da leitura do Verbete nº 92, da Súmula do TJ-RJ, cujos termos são: "*Inadmissível, em qualquer hipótese, a denunciação da lide nas ações que versem relação de consumo*".

---

14 HARTMANN, Rodolfo Kronemberg. *Curso completo de processo civil*. 2ª ed. Niterói: Impetus, 2015, p. 569.

10.1.3.7. Hipóteses de cabimento

O CPC (art. 125) contempla apenas duas hipóteses de oferecimento da denunciação da lide. A primeira delas se trata da denunciação realizada em desfavor do alienante imediato, no processo relativo à coisa cujo domínio foi transferido ao denunciante, a fim de que possa exercer os direitos que da evicção lhe resultam. E, o segundo caso de cabimento ocorre quando alguém estiver obrigado, por lei ou por contrato, a indenizar, em ação regressiva, o prejuízo de quem for vencido no processo.

No modelo primitivo, a denunciação da lide era obrigatória apenas no caso da evicção, sob pena de se perder o direito de regresso. Essa obrigatoriedade decorria tanto da interpretação expressa na lei processual (art. 70, CPC-73) quanto na material, que impunha que, para exercer os direitos que resultam da evicção, o interessado deveria observar as formalidades processuais (art. 456, CC). Contudo, o novo dispositivo que cuida das hipóteses de cabimento não faz mais menção ao termo "obrigatório" (art. 125), bem como houve revogação do dispositivo do CC que dispunha neste sentido (art. 1.072, inc. II). Portanto, qualquer que seja o caso envolvido, a denunciação da lide é uma mera faculdade do interessado que, ainda que não a exerça, poderá pleitear eventual direito de regressão em demanda autônoma posterior. A jurisprudência, por sinal, já vinha reconhecendo a ausência desta obrigatoriedade nos casos da evicção.[15]

Como exposto, a primeira hipótese, que autoriza a denunciação da lide, é justamente esta que cuida da evicção, ou seja, quando uma determinada pessoa promove uma demanda objetivando o reconhecimento do domínio sobre um determinado bem, caso em que o demandado poderá denunciar a lide àquele que lhe transferiu este mesmo bem, pois se vier a perdê-lo a própria sentença já irá lhe reconhecer o direito a receber de volta aquilo que já pagou.

É curioso que esta hipótese (evicção) pode ser apresentada em contornos ligeiramente diferentes, de modo que a denunciação da lide possa ser efetuada pelo próprio demandante. Com efeito, se "A" aliena um determinado bem para "B" e, posteriormente, "C" surge e, em caráter extrajudicial, reclama para si a propriedade do referido bem, não há impedimento para que "B" instaure uma demanda judicial em face de "C" com o intuito de obter uma declaração judicial de reconhecimento do domínio. No entanto, o próprio "B", na sua petição inicial, já pode se precaver e também denunciar à lide "A", que foi a pessoa que lhe vendeu o imóvel, pois, em caso de improcedência na demanda declaratória, o mesmo poderá ter reconhecido o seu direito a ser reembolsado do que equivocadamente pagou em razão desta venda *a non domino*.

Inclusive, este mesmo caso pode ocorrer em situações processuais que inicialmente aparentam ser inusitadas como, por exemplo, a possibilidade de um demandado denunciar à lide o outro réu, que lhe é litisconsorte na demanda originária. É o que ocorre quando "A" vende metade do bem imóvel para "B", de modo que ambos passem a ter um condomínio e, posteriormente, "C" ingressa com uma demanda petitória

---

15 STJ. REsp nº 255.639/SP. Rel. Min. Carlos Alberto Menezes de Direito. DJ 11/06/2001.

objetivando o reconhecimento de toda a propriedade em face de ambos. Neste caso, observa-se que "B", para exercer os direitos que resultam da evicção, terá que denunciar à lide o outro litisconsorte "A", que foi a pessoa que lhe vendeu.

Já a segunda situação que autoriza a denunciação da lide é aquela em que alguém esteja obrigado, por lei ou pelo contrato, a indenizar, em ação regressiva, o prejuízo de quem for vencido no processo. Esta hipótese, por sinal, já vinha gerando questionamentos ainda sob a égide do modelo primitivo, no que diz respeito à sua real abrangência. É que, de um lado, se sugere uma interpretação restritiva deste dispositivo, de modo que somente venha a ser aplicado às denominadas "garantias próprias", ou seja, àquelas em que o direito de regresso decorre automaticamente da prolação de determinado ato jurisdicional. Para os adeptos deste entendimento, o exemplo mais citado seria, justamente, o da evicção, que já é tratado no mesmo dispositivo (art. 125, inc. I).[16] Assim, sob esta ótica, seria vedada a denunciação da lide quando a mesma incluir novos fatos estranhos àqueles que já estão sendo discutidos e analisados no processo. É, por sinal, o que já foi reconhecido anteriormente pelo próprio STJ.[17]

Mas há quem defenda uma interpretação mais ampla desta hipótese de cabimento, de modo que o mesmo também abranja aquelas hipóteses que envolvam "garantias impróprias", ou seja, aquelas que não decorrem automaticamente por força de qualquer decisão judicial e que, por este motivo, acabam gerando a introdução de elementos ou fatos novos no decorrer do processo. É o que usualmente acontece, pois, para se reconhecer um direito de regresso, muito provavelmente haverá a necessidade de ao menos se analisar fatos periféricos, o que ocorre quando o demandado originariamente aduz que o real responsável pelo prejuízo seria um dos seus funcionários, para citar um exemplo.[18]

Em termos práticos, o que se observa é a completa desnecessidade de abordar este tema com emprego de classificações relativas ao direito material, como a de garantias próprias e impróprias, que sequer são utilizadas pela imensa maioria dos civilistas. O cerne da questão, ao que parece, é analisar a possibilidade ou não de o denunciante introduzir, na denunciação da lide, fatos novos e completamente estranhos ao processo já instaurado, posto que isso implicaria em postergar a prestação jurisdicional ao demandante, que não necessariamente teria que se submeter à resolução de temas ou fatos do exclusivo interesse do denunciante.

A princípio, deve ser permitida a inclusão de novos fatos na denunciação da lide, pois realmente é raro analisar um direito de regresso automático apenas com base na legislação, muito embora a denunciação da lide possa ser vedada em algumas situações, como naquelas em que a mesma tiver sido realizada pelo demandado que é prestador de serviços ou fabricante.

---

16 FERNANDES, Sérgio Ricardo de Arruda. *Questões importantes de processo civil: teoria geral do processo.* Rio de Janeiro: DP&A Editora, 1999, p. 307.

17 STJ. REsp nº 2.967-RJ. Rel. Min. Barros Monteiro. S/d.

18 FUX, Luiz. *Curso de direito processual civil.* 2ª ed. Rio de Janeiro: Forense. 2004, pp. 299-300.

10.1.3.7.1. Denunciação da lide realizada pelo Estado em desfavor do seu agente público

Uma situação muito frequente é a de uma demanda instaurada em face do Estado (em sentido amplo), para que o mesmo seja responsabilizado objetivamente pelos prejuízos causados, nos termos da Carta Magna (art. 37, § 6º, CRFB). Nesta hipótese, pode ser que a Fazenda Pública queira o reconhecimento, caso venha a ser condenada, do seu direito de regresso em desfavor do agente público que praticou o ato, que lhe responde subjetivamente. Só que o desdobramento para este caso pode ser o mais variado possível, dependendo do ponto de vista que venha a ser adotado.

Já houve tempo em que a doutrina reconhecia a existência de um vínculo de solidariedade entre a Fazenda Pública e o seu agente, de modo que a via processual que parecia ser a mais adequada para que a primeira pudesse exercer o seu eventual direito de regresso era o chamamento ao processo (art. 130, inc. III) e não a denunciação da lide.[19] No entanto, tradicionalmente esta hipótese vinha sendo enfrentada como autorizadora ou não da denunciação da lide, pois muitos julgados negavam a existência de solidariedade entre o Estado e o seu agente público, uma vez que seria direito subjetivo deste último responder judicialmente apenas perante a Fazenda Pública. Esta jurisprudência, que cuida da "dupla garantia", não é exatamente rara e, acaso adotada, impede tanto a denunciação da lide quanto o chamamento ao processo feito pelo Estado em detrimento do seu agente público, pois haverá a necessidade de que seja instaurado um novo processo para que a Fazenda Pública possa se ressarcir.[20] E, vale dizer, a teoria da "dupla garantia" restou consagrada expressamente em diversos dispositivos do CPC (art. 143, art. 155, art. 181, art. 194 e art. 187), pois entre as diversas categorias de agentes políticos e públicos ali mencionados, consta que os mesmos somente responderão de maneira regressiva, ou seja, em ação própria proposta pelo Estado após o mesmo ter sido condenado em outro processo.

Mas, ainda que em tese fosse possível a denunciação a lide promovida pela Fazenda Pública em face do seu agente, haveria um outro argumento contrário. É que, na jurisprudência, já vinha prevalecendo que a denunciação da lide não seria possível neste caso por implicar na introdução de elemento novo ao processo, pois, como visto, o agente público denunciado responde subjetivamente perante a Fazenda Pública que, por sua vez, responderia objetivamente ao demandante (art. 37, § 6º, CRFB). Ou seja, o autor primitivo não deveria ter que aguardar uma discussão no processo sobre o elemento volitivo do servidor, já que na sua demanda originária em face do Estado o mesmo se encontra dispensado desta discussão. Neste sentido, pela vedação da denunciação da lide, é o que prevê o Verbete nº 50, da Súmula do TJ-RJ:

---

19 CÂMARA, Alexandre Freitas. *Lições de direito processual civil.* 16ª ed. Rio de Janeiro: Lumen Juris, 2007. v. I, p. 210-211.

20 STF. REXTR nº 327.904-1. Rel. Min. Carlos Britto. DJ 15/08/2006.

"Em ação de indenização ajuizada em face de pessoa jurídica de direito público, não se admite a denunciação da lide ao seu agente ou a terceiro (art. 37, § 6º, CRFB)".

Também é curioso observar que, quando a Fazenda Pública efetuava a denunciação da lide neste caso, praticamente estava reconhecendo a ocorrência dos fatos narrados na petição inicial do demandante, eis que desde logo já está objetivando reconhecer o direito de regresso e imputando a responsabilidade pela prática do evento a seu agente. Contudo, diante do novo regramento legal (que adota a teoria da dupla garantia), bem como o entendimento de que não se pode discutir elemento novo na denunciação a lide por este fundamento, fatalmente o magistrado irá indeferir um pleito neste sentido, por meio de uma decisão interlocutória devidamente fundamentada que poderá ser impugnada por meio de recurso de agravo, na modalidade por instrumento (art. 1.015, inc. IX).

10.1.3.8. Processamento da denunciação da lide

Uma vez efetuada a denunciação da lide, o magistrado passa a analisar a sua admissibilidade. Se concluir que a hipótese é de rejeição liminar, estará sendo proferida uma decisão interlocutória que pode ser impugnada por meio de um recurso de agravo, na modalidade por instrumento (art. 1.015, inc. IX). Ressalta-se que de forma alguma este ato poderá ser considerado uma sentença, já que não estará sendo encerrada qualquer etapa do processo em curso.

Do contrário, caso o magistrado entenda pela viabilidade da denunciação da lide, determinará a citação do denunciado que, após, virá ao processo para apresentar a sua defesa ou mesmo se valer de uma das modalidades de intervenção de terceiros, inclusive uma nova denunciação da lide, se for o caso. É que o CPC admite expressamente que, nos casos envolvendo a ocorrência de evicção, possa ser a denunciação da lide sucessiva, mas apenas por mais uma vez (art. 125, § 2º). Empregando a analogia, não se vislumbra obstáculos para que o mesmo raciocínio seja adotado em denunciações motivadas por outro fundamento (art. 125, inc. II).

Conforme já exposto anteriormente, a melhor interpretação é a de que o denunciado passa a ser demandado de uma nova relação jurídica processual, que fica dentro dos mesmos autos em que se desenvolve a anterior relação envolvendo o demandante e demandado primitivos. Desta maneira, afasta-se a literalidade das normas do CPC que sinalizam que haverá a formação de um litisconsórcio (art. 127 c/c art. 128, inc. I).

Finda a instrução do processo, caberá ao magistrado proferir sentença, que pode gerar vários desdobramentos processuais e que serão analisados individualmente.

10.1.3.8.1. Sentença julgando procedente o pedido originário e também aquele formulado na denunciação da lide

Nesta primeira hipótese, o magistrado profere sentença com dois capítulos. No primeiro, o pedido autoral é julgado procedente (art. 487, inc. I) e, no segundo, o pedido na denunciação da lide também. Assim, neste mesmo ato decisório, o demandado primitivo é condenado a pagar ao demandante enquanto o denunciado é condenado em relação ao denunciante. Adotando-se a premissa de que são duas relações jurídicas processuais distintas, o denunciado jamais poderia ser condenado a ressarcir diretamente o demandante primitivo. Assim, somente após o demandante ter efetivado o seu direito é que o demandado primitivo poderá executar o seu direito de regresso em face do denunciado. Contudo, é de se destacar que, nos casos de denunciação da lide envolvendo seguro, o regime será o do litisconsórcio, hipótese em que o demandante vitorioso da demanda primitiva já poderá promover o cumprimento de sentença diretamente em relação à denunciada, nos limites de sua responsabilidade (art. 128, parágrafo único).

E a fixação da sucumbência na sentença neste caso (demanda primitiva e denunciação da lide julgadas procedentes – ressalvada a hipótese que envolve o contrato de seguro) não oferece dificuldades, uma vez que o demandado primitivo irá arcar com os custos do processo e mais os honorários do advogado do demandante originário, ao passo que o denunciado arcará com estas mesmas despesas oriundas da denunciação da lide, só que em prol do denunciante.

10.1.3.8.2. Sentença julgando procedente o pedido originário e improcedente aquele formulado na denunciação da lide

Nesta nova hipótese, a mesma sentença julga procedente o pedido formulado pelo demandante e improcedente aquele decorrente na denunciação da lide, em razão da inexistência do suposto direito de regresso. Na sentença, deverá constar a condenação do demandado primitivo a arcar com as custas do processo e mais os honorários em favor do demandante e, também, a condenação nestas mesmas despesas oriundas da denunciação da lide em prol do denunciado.

10.1.3.8.3. Sentença julgando improcedente o pedido originário e reflexo para a denunciação da lide

Na última situação, o magistrado profere sentença julgando improcedente o pedido formulado pelo demandante primitivo (art. 487, inc. I), o que gera questionamentos quanto à conclusão da denunciação da lide. Com efeito, no modelo primitivo (CPC-73), se discutia se este capítulo da sentença deveria ser extinto com ou sem resolução do mérito. Na doutrina, houve quem defendesse que a hipótese era de extinção com resolução do mérito, pois se o demandante originário não tem direito algum, certamente o demandado que efetuou a denunciação da lide também não teria nenhum direito de regresso, o que é claro indicativo do enfrentamento do mérito.[21] Contudo, este entendimento criava sérios entraves ao processamento de eventuais recursos, fomentando mais debate doutrinário a respeito.

Com efeito, após a prolação da sentença, todas as partes poderão interpor recurso de apelação para questionar este ato jurisdicional. Assim, dependendo da situação ocorrida, pode o demandante primitivo apelar para reformar a sentença que não reconheceu o seu direito como, em outra hipótese, poderá o demandado ou mesmo o denunciado questionarem as condenações que lhe foram impostas.

Só que, no caso vertente (sentença julgando improcedente o pedido originário e, também, automaticamente a denunciação da lide), ocorrerá curiosa situação. É que o denunciado não estará sofrendo qualquer condenação, motivo pelo qual não se vislumbra interesse em recorrer desta decisão. Assim, imaginando que uma demanda entre "A" (demandante primitivo) e "B" (demandado primitivo e denunciante) e mais a demanda acessória entre "B" e "C" (denunciado) tenham tido este resultado, o que se percebe é que o único interesse crível em interpor o recurso seria o de "A", pois o mesmo não teve reconhecido o seu suposto direito, além de ter sido condenado ao pagamento da sucumbência. Quanto a "B" e "C", no entanto, nenhum interesse aparente há em recorrer, posto que ambos não sofreram qualquer condenação.

Mas, se neste caso, realmente for interposto recurso de apelação por parte de "A", o mesmo será, após a sua admissibilidade e apresentação das contrarrazões de "B", encaminhado ao Tribunal em que o magistrado estiver vinculado, cujos desembargadores podem concluir pelo seu provimento. Assim, nesta hipótese, o que se percebe é que, em grau recursal, o apelante "A" passará a ter o seu direito reconhecido em face de "B", o que pode causar prejuízos a este último, eis que o mesmo não recorreu em momento próprio da sentença para assegurar o seu direito de regresso, pois, como visto, até então não havia qualquer condenação em seu desfavor.

Para evitar a ocorrência de uma situação como esta, em que "B" venha a ser prejudicado quanto à perda do seu direito de regresso por ocasião do provimento ao recurso de apelação interposto por "A", é que, na doutrina, há quem defenda a possibilidade do uso de um recurso de apelação em modalidade adesiva, desde que interposto em momento próprio. É que, segundo este entendimento, quando "B" tiver sido intimado para contra-arrazoar o recurso de apelação interposto por "A", o mesmo deverá também já interpor adesivamente um recurso de apelação, justamente com o intuito de prevenir esta situação. Assim, após a colheita das contrarrazões de "C" ao recurso de "B", o processo seguirá ao Tribunal que, após ter dado provimento a apelação oposta por "A", irá imediatamente analisar o recurso interposto na modalidade adesiva por "B", que tinha, justamente, o escopo de permitir a análise do direito de regresso caso ocorresse uma situação exatamente como esta.[22]

---

21 FERNANDES, Sérgio Ricardo de Arruda. *Questões importantes de processo civil: teoria geral do processo.* Rio de Janeiro: DP&A Editora, 1999, pp . 334-335. FUX, Luiz. *Curso de direito processual civil.* 2ª ed. Rio de Janeiro: Forense. 2004, p. 303.

22 FERNANDES, Sérgio Ricardo de Arruda. *Questões importantes de processo civil: teoria geral do processo.* Rio de Janeiro: DP&A Editora, 1999, p. 339.

Ocorre que este entendimento pode ser alvo de algumas críticas, em especial porque o recurso interposto na modalidade adesiva apenas é possível quando ocorre uma sucumbência recíproca, o que é inexistente nesta hipótese. Desta maneira, ainda pelo modelo primitivo (CPC-73), parecia mais razoável sustentar a desnecessidade de um recurso interposto por "B" em situações como esta, desde que seja concebido que o recurso de "A" permita ao Tribunal analisar não apenas o capítulo da decisão que foi impugnado como, também, o capítulo dele decorrente que é aquele que analisou e julgou a pretensão deduzida na denunciação da lide. Seria o caso, portanto, de uma situação em que o Tribunal apreciaria no julgamento da apelação mais do que a matéria que foi exclusivamente impugnada pelo recorrente, o que não causaria nenhuma espécie, diante da amplitude que costuma ser reconhecida ao efeito devolutivo na profundidade.[23] Logo, não apenas o capítulo impugnado seria enfrentado como, também, o capítulo acessório decorrente do enfrentamento da denunciação da lide.

Contudo, todas estas considerações foram tecidas à luz do modelo primitivo (CPC-73). É que, no atual, já há norma expressa (art. 129, parágrafo único), no sentido de que, se o denunciante for vencedor, a ação de denunciação não terá o seu pedido examinado, sem prejuízo da condenação do denunciante ao pagamento das verbas de sucumbência em favor do denunciado. Será hipótese, portanto, que a mesma sentença terá um capítulo relativo ao pleito originário resolvido com resolução do mérito (art. 487, inc. I) e outro, da denunciação da lide, sem que o mérito seja analisado (art. 485, inc. X). Esta parece ser, pragmaticamente, a melhor solução, pois se houver recurso de apelação interposto por "A", mesmo em caso de provimento a decisão apenas irá vincular "B" que, se for o caso, poderá promover uma ação autônoma regressiva em face de "C", já que a sentença anterior não enfrentou o mérito desta questão.

10.1.3.9. Denunciação da lide sucessiva e *per saltum*

A denunciação da lide, uma vez formalizada, admite que o denunciado, após integrar a nova relação jurídica processual, se for o caso, efetue uma nova denunciação da lide e assim sucessivamente. Desta maneira, não se vislumbram sérios obstáculos à denunciação da lide sucessiva, de modo que, em dada situação concreta, possa o demandante "A" promover demanda em face de "B" que, ao ser citado, denuncia à lide "C", sendo que este, por sua vez, promove uma nova denunciação da lide em face de "D". Contudo, o CPC apenas admite uma denunciação da lide sucessiva, na hipótese em que envolve a discussão do tema evicção (art. 125, § 2º), muito embora não se vislumbre obstáculos de ordem prática de também permiti-la nos demais casos que autorizam esta modalidade de intervenção de terceiros (art. 125, inc. II), com o emprego da analogia. Portanto, para cada processo somente são possíveis no máximo 2 (duas) denunciações, ou seja, a primeira e a sucessiva. Logo, seria incorreto concluir que cada parte pode oferecer 2 (duas) denunciações da lide distintas, totalizando 4 (quatro), pois o número máximo se refere ao "processo" (art. 125, § 2º) e não a cada "parte", sob pena de inviabilizar que a prestação jurisdicional seja prestada em tempo razoável.

---

23 HARTMANN, Rodolfo Kronemberg. *Recursos cíveis & outros temas*. Niterói: Impetus, 2011, p. 48.

Já a denunciação da lide *per saltum* deve ser terminantemente proibida, pois não seria crível que o denunciante estive vinculado processualmente ao denunciado sem que, entre eles, houvesse qualquer vínculo de direito material. Esta questão, porém, não era inteiramente pacífica, pois existia norma material que a autorizava (art. 456, CC), que dispunha que, para poder exercitar o direito que da evicção lhe resulta, o adquirente notificará do litígio o alienante imediato, "ou qualquer dos anteriores", quando e como lhe determinarem as leis do processo. Assim, adotando-se uma interpretação literal deste dispositivo, pode ser que em uma hipótese concreta "A" tenha realizado uma venda *a non domino* a "B" que, por sua vez transferiu o referido imóvel a "C" e, posteriormente, este o revendeu a "D" que atualmente seria o seu atual possuidor. Desta forma, se "E" promover uma demanda petitória em face de "D" este, de acordo com sugestão do referido dispositivo, já poderia denunciar a lide diretamente a "A" ou mesmo a "B", pois qualquer um dos dois é um dos alienantes anteriores.

Esta conclusão, no entanto, não era de forma alguma a melhor, uma vez que a legitimidade para figurar em qualquer ação decorre, precipuamente, da análise da relação de direito material, sendo certo que não há qualquer vínculo material envolvendo "D" com "A" ou "B". As relações existentes, no exemplo acima, são entre "A" e "B", "B" e "C" e, por fim, entre "C" e "D". Logo, ainda que a literalidade desta norma (art. 456, CC) sugerisse em sentido oposto, "D" somente poderia denunciar a lide quem lhe vendeu o bem, ou seja, "C". E, este por sua vez, somente poderia denunciar a lide "B", e assim sucessivamente. Do contrário, até mesmo haveria dificuldades em aferir o direito de regresso efetivamente devido por cada um, pois pode ser que o valor que "A" tenha recebido de "B" não seja exatamente o mesmo que "D" tenha desembolsado a "C", a demonstrar a inviabilidade prática de se autorizar a denunciação da lide *per saltum*. Esta, por sinal, era a posição doutrinária mais frequente.[24] E, pelo novo modelo, é o entendimento que deverá ser doravante adotado por dois fundamentos. O primeiro, é que a norma material em questão foi revogada (art. 1.072, inc. II)[25] e, o segundo, é que o CPC passa a prever, expressamente, que nos casos de evicção somente será possível a denunciação da lide promovida pelo interessado em relação ao seu antecessor imediato na cadeia dominial (art. 125, § 2º).

10.1.4. Chamamento ao processo

O chamamento ao processo é uma modalidade de intervenção de terceiros que, acaso deferida, acaba gerando um litisconsórcio passivo superveniente em casos de obrigação solidária e, tal como a denunciação a lide, também objetiva o reconhecimento de um direito de regresso. No entanto, o seu traço diferenciador é que tem aplicação mais específica, somente sendo possível naquelas situações indicadas no CPC (art. 130).

---

24 NOGUEIRA, Gustavo Santana. *Curso básico de processo civil, Tomo I, Teoria geral do processo*. Rio de Janeiro: Lumen Juris, 2004, p. 204.

25 HARTMANN, Rodolfo Kronemberg. *Novo código de processo civil – Comparado e anotado*. 1ª ed. Niterói: Impetus, 2015, p. 808.

Este chamamento ao processo muitas vezes é criticado e mal compreendido, por trazer a impressão de que é um instrumento somente aplicável em casos de obrigação solidária e tendente a retirar do credor a opção que teve em promover uma demanda apenas em face de um determinado devedor solidário. Com efeito, havendo um vínculo de solidariedade entre "B" e "C", seria autorizado ao demandante "A" incluir, no polo processual passivo da demanda, aquele em face de quem pretende exercer o direito de ação. No entanto, ocorre que realmente em um primeiro momento o chamamento ao processo aparenta conspirar contra os intentos do demandante, já que seria lícito ao demandado escolhido (v.g., "B") se valer deste instrumento processual para forçar o ingresso de "C" como litisconsorte passivo superveniente de modo que, em ulterior etapa executiva, possa "A" optar entre executar apenas um ou a ambos.

Ocorre que o chamamento ao processo possui justificativas mais nobres para o seu manejo do que apenas um mero desejo de forçar o ingresso aos autos dos devedores solidários para que todos possam ser executados em momento próprio pelo demandante. É que, simplesmente, não são todas as hipóteses de obrigação solidária que autorizam o chamamento ao processo, mas apenas aquelas que possam gerar um eventual direito de regresso ao chamante.[26]

Com efeito, há norma que serve para ilustrar esta premissa (art. 130, inc. I), eis que autoriza que o fiador faça um chamamento ao processo do afiançado, naquelas demandas em que o demandante optou por se valer tão somente da garantia pessoal. Nesta situação, observa-se que o intuito do fiador é, oportunamente na etapa executiva, manifestar interesse na aplicabilidade do benefício de ordem, de modo que a constrição judicial de bens primeiro tenha que recair sobre bens integrantes do patrimônio do afiançado que estejam localizados na mesma base territorial para, somente na insuficiência destes, incidir sobre os seus (art. 794).

Mas não é apenas isso, uma vez que o fiador que paga a dívida pode, posteriormente, executar o afiançado nos próprios autos, caso ostente título executivo judicial ou extrajudicial. Desta maneira, observa-se a real abrangência do chamamento ao processo, que seria não apenas possibilitar ao fiador o exercício do benefício de ordem como, também, autorizar que, após efetuar o pagamento da dívida, execute, nos próprios autos, o seu direito de regresso, de modo a lhe permitir ser reembolsado pelo afiançado em 100% do valor que despendeu.

Observe-se que, sem eventual direito de regresso, não há que se autorizar o chamamento ao processo, ainda que a obrigação seja solidária. Assim, não permite o CPC (art. 130), que, em uma demanda promovida pelo credor diretamente em face do afiançado, venha este a chamar ao processo o fiador, uma vez que o chamante não poderá, em momento próprio, exercer qualquer benefício de ordem e muito menos terá qualquer direito de regresso para ser exercido em face do chamado. Portanto,

---

26 Em sentido contrário ao texto, por não vislumbrar direito de regresso entre o chamante e o chamado, mas apenas o vínculo da solidariedade: DIDIER JÚNIOR, Fredie. *Curso de direito processual civil*, 17ª ed. Salvador: JusPodivm, 2015. v. 1, p. 535.

conclui-se, pela leitura da legislação (art. 130, incs. I, II e III), que as hipóteses que autorizam o chamamento ao processo efetivamente buscam reconhecer também um direito de regresso entre devedores solidários, de modo a ser uma modalidade de intervenção muito próxima da denunciação a lide, muito embora recaia em situações bem específicas e precisas. No entanto, fica a ressalva que, quanto ao chamamento ao processo, é pacífico que o mesmo acaba resultando em um litisconsórcio passivo ulterior, pois será possível condenar o chamado a pagar o débito diretamente ao adversário do chamante. Vale dizer que este litisconsórcio também será unitário (caso haja indivisibilidade do bem objeto da obrigação solidária) ou mesmo simples (se o objeto da obrigação for divisível entre os devedores solidários), conforme o caso.[27]

As hipóteses que permitem o chamamento ao processo não oferecem dificuldades. A primeira delas (art. 130, inc. I) já foi analisada e justamente cuida do fiador que chama ao processo o afiançado para que, oportunamente, possa exercer o benefício de ordem ou mesmo executá-lo para se reembolsar da integralidade dos valores que pagou ao credor. Uma situação derivada desta é a prevista no inciso subsequente do mesmo dispositivo (art. 130, inc. II), de modo que um fiador possa chamar ao processo um ou todos os outros fiadores, muito embora nesta nova hipótese o direito de regresso não possa ser exercido em sua integralidade. Com efeito, se são dois fiadores garantindo uma obrigação de R$ 100.000,00 (cem mil reais) e, um dos dois, após ter efetuado o chamamento ao processo, vier a pagar este valor em sede executiva, poderá então executar, nos próprios autos, também o outro fiador, muito embora em patamar equivalente a 50% do que foi pago (art. 132). Mas, de certa maneira, esta hipótese seria até mesmo dispensável eis que já estaria abrangida pela redação prevista no próximo inciso do mesmo artigo (art. 130, inc. III), que possui uma abrangência mais ampla ao dispor que o chamamento ao processo também é possível de todos os devedores solidários, quando o credor exigir de um ou de alguns o pagamento da dívida comum, muito embora o mesmo deva ser interpretado como exposto no texto, ou seja, desde que haja um possível direito de regresso entre o que o realiza e quem é chamado.

O chamamento ao processo deve ser apresentado na própria contestação, sob pena de preclusão (art. 131). Na sequência, o chamado é citado para integrar a relação jurídica processual e acompanhar o desenrolar do processo em todos os seus termos. A princípio, não haveria obstáculos sérios para autorizar o chamamento ao processo sucessivo, com a ressalva de que o magistrado eventualmente até pode indeferir requerimento neste sentido se vislumbrar que o elevado número de litisconsortes pode vir a comprometer a rápida tramitação do processo (art. 139, inc. II).

É curioso notar que o chamamento ao processo não amplia os limites objetivos da demanda, eis que a relação jurídica de direito material já estava sendo discutida em juízo. No entanto, é correto concluir que haverá uma ampliação quanto aos litigantes do processo, o que é mais um argumento para sustentar que, no direito processual

---

27 DIDIER JÚNIOR, Fredie. *Curso de direito processual civil*, 17ª ed. Salvador: JusPodivm, 2015. v. 1, pp. 508-509.

civil, não há propriamente uma estabilização subjetiva da demanda, pelo menos nas hipóteses que a lei prevê.[28]

Por fim, ainda deve constar que a sentença de procedência, valerá como título executivo em favor do réu que satisfizer a dívida, a fim de que possa exigir, por inteiro, do devedor principal, ou, de cada um dos codevedores, a sua quota, na proporção que lhes tocar (art. 132). Assim, após o credor promover a execução e obter a satisfação do seu crédito, será possível ao executado que tiver pago executar os demais, nos próprios autos, objetivando o recebimento integral do que pagou ou pelo menos da cota parte que lhe tocar.

10.1.4.1. Chamamento ao processo e o art. 1.698 do CC

Norma que tem gerado vários questionamentos para que seja aplicada é aquela prevista no Código Civil (art. 1.698, CC), que dispõe: "*Se o parente, que deve alimentos em primeiro lugar, não estiver em condições de suportar totalmente o encargo, serão chamados a concorrer os de grau imediato; sendo várias as pessoas obrigadas a prestar alimentos, todas devem concorrer na proporção dos respectivos recursos, e, intentada ação contra uma delas, poderão as demais ser chamadas a integrar a lide*". Com efeito, o aludido dispositivo reconhece uma obrigação que pode ser exigida não apenas dos pais como, também, dos ascendentes em grau imediato sem, no entanto, esclarecer qual seria o instrumento processual apto a autorizar o ingresso de terceiros no processo que já se encontra em andamento. É, portanto, norma que busca atender e proteger os interesses daquele que tem direito a receber alimentos para a sua subsistência.

Embora este instituto seja frequentemente apresentado no estudo do "chamamento ao processo" (o que, de certa maneira, até seria razoável ao considerar que também permite a formação de litisconsórcio passivo ulterior), ao mesmo tempo assim não pode ser considerado, pois a obrigação alimentar de forma alguma pode ser considerada como solidária. Em realidade, esta norma cuida de uma nova hipótese de de intervenção de terceiros, sem nomenclatura específica (daí comumente ser designada como "anômala" ou "atípica"), envolvendo responsabilidade subsidiária, uma vez que somente pode ser adotada quando o alimentante realmente comprovar não ter nenhuma condição financeira de arcar com os alimentos. A jurisprudência, inclusive, vem reconhecendo que esta situação não gera um litisconsórcio passivo necessário, pois a solidariedade familiar não implica em solidariedade obrigacional.[29]

Em momento anterior desta obra, foi esclarecido que as regras que norteiam a estabilidade subjetiva do processo são extremamente flexíveis. Assim, sendo reconhecido o dever de alimentar por outras pessoas, nada impedirá a inclusão das mesmas no polo passivo da demanda, independentemente de quem tenha sido a provocação, se

---

28 DIDIER JÚNIOR, Fredie. *Curso de direito processual civil*, 17ª ed. Salvador: JusPodivm, 2015. v. 1, pp. 508-509.

29 TJ-RJ. Remessa necessária nº 2009.009.00749. Rel. Des.ª Katya Monnerat, j. 28/10/2009.

do demandante, demandado ou eventualmente até mesmo do Ministério Público.[30] Quanto à forma processual, deverá ser empregado o princípio da liberdade de forma dos atos processuais (art. 188), respeitando-se os princípios constitucionais.

10.1.5. Incidente de Desconsideração da Personalidade Jurídica

A teoria da desconsideração da personalidade jurídica resulta de uma construção jurisprudencial que remonta ao Direito anglo-saxão, tendo sido construída para evitar o desvirtuamento do emprego da pessoa jurídica. Assim, não foi concebida visando a anular a personalidade jurídica, mas, tão somente desconsiderá-la nos casos concretos em que passou a ser utilizada como instrumento para acometimento de ilicitudes.[31]

No Direito pátrio, o tema já se encontrava regulado, pelo menos quanto aos aspectos materiais, em diversos atos normativos, como no Código Civil (art. 50, CC), no CDC (art. 28, Lei nº 8.078/90), entre outras mais (v.g., art. 4º, Lei nº 9.605/98, entre outras).

Se deve salientar que, na abordagem pela doutrina especializada e no trato pela jurisprudência, duas teorias da desconsideração passaram a ser aceitas: a "teoria maior" (que autoriza o juiz a ignorar a autonomia patrimonial quando ocorrer abuso ou fraude praticado pelo sócio sob o "escudo" da personalidade jurídica) e a "teoria menor" (que afasta a separação patrimonial em casos simplórios, bastando que ocorra prejuízos para o credor). Na doutrina, há, inclusive, quem defenda que a segunda é normalmente aplicada nas relações consumeiristas e naquelas envolvendo questões ambientais, pois não seria relevante distinguir a utilização fraudulenta da pessoa jurídica, nem analisar se houve ou não abuso de forma.[32]

Nos casos em que uma sociedade apenas encerra as suas atividades, sem liquidar seus débitos, é de se indagar se esta situação, por si só, poderia ser motivadora para que a desconsideração fosse deferida. Na jurisprudência, é até frequente se deparar com decisões permitindo que a mesma ocorra também nestes casos, pois, em um primeiro momento, soa latente o abuso de um direito.[33] Contudo, é de se temperar esta afirmação, ante a constatação de que somente uma análise mais detida de cada situação fática é que permitirá aquilatar se a pessoa jurídica deve ou não ser desconsiderada, pois nem toda insolvência decorre de um comportamento fraudulento, mas, muitas vezes, de mudanças no rumo de determinado segmento do mercado empresarial.

Também é importante destacar que, uma interpretação teleológica deste instituto, que é fundado em princípios éticos, permite a aplicação desta teoria em caso exatamente oposto ao que foi apresentado. É o que se convencionou nominar como "desconsideração

---

30 DIDIER JÚNIOR, Fredie. *Curso de direito processual civil*, 17ª ed. Salvador: JusPodivm, 2015, p. 537. v. 1, admite apenas a legitimidade do autor e, também, do Ministério Público. Quanto ao demandado, entende que o mesmo não poderia pleitear o ingresso de terceiros nos moldes do art. 1.698 do CC, pois seria o equivalente a transformá-lo em substituto processual do demandante.

31 COELHO, Fabio Ulhoa. *Curso de direito comercial*, São Paulo: Saraiva, 2003. v. 2, p. 46.

32 COELHO, Fabio Ulhoa. *Curso de direito comercial*, São Paulo: Saraiva, 2003. v. 2, p. 46.

33 TJ-RJ. AI nº 0057913-86.2010.8.19.0000, Rel.ª Des.ª Marília de Castro Neves. DJ 13/04/2011.

inversa", caso em que a pessoa jurídica transfere, de maneira fraudulenta, a parcela ou a integralidade do seu patrimônio para uma pessoa física, de modo a dificultar a atuação em juízo de seus eventuais credores. Seria o caso, por exemplo, de a pessoa jurídica adquirir um veículo automotor que é utilizado comumente por um dos sócios, mesmo fora do horário comercial. Vale dizer que esta desconsideração inversa foi expressamente admitida no CPC (art. 133, § 1º)

Mas, malgrado este fenômeno já tenha tido, no campo material, delineamentos bastante precisos, faltava ainda disciplinar os seus aspectos processuais, ou seja, o momento em que este tema deveria ser apresentado pelo interessado, a questão envolvendo o exercício do contraditório e da ampla defesa, aspectos sobre a dilação probatória e, até mesmo, sobre o ato decisório a ser proferido e eventual recurso a ser utilizado. Não que esta ausência de regulamentação tenha impedido a discussão deste tema no Poder Judiciário, eis que vigora o princípio da liberdade de forma dos atos processuais (art. 188), segundo o qual a forma processual é livre se não houver ressalva normativa e desde que não tenham sido vulnerados os princípios constitucionais.

Com o CPC, este tema passou a ser disciplinado como uma nova modalidade de intervenção de terceiros (art. 133 – art. 137), uma vez que esmiúça como este terceiro ingressa no processo em uma condição que ainda não é a de sujeito principal (ou seja, nem "autor" e nem "réu"), mas que poderá ser atingida dependendo da instrução e do teor da decisão.

O CPC inicia o tratamento ao tema conferindo legitimidade para este requerimento à parte ou ao Ministério Público, quando este intervier no processo (art. 132). Curiosamente, este incidente também poderá ser adotado nos procedimentos dos Juizados Especiais, apesar de a lei específica vedar expressamente a intervenção de terceiros (art. 10, Lei nº 9.099/95), pois se trata de novidade autorizada nas disposições finais da novel legislação (art. 1.062).

Passa a ser expressamente autorizado que a desconsideração seja deferida durante a etapa de conhecimento, no cumprimento de sentença ou mesmo em execução de títulos extrajudiciais, assumindo nestes dois últimos casos a feição de um incidente cognitivo, pois provas deverão ser produzidas (art. 134). Este incidente deverá ser regularmente distribuído e o mesmo ficará em apenso aos autos principais, já devendo estar acompanhado da demonstração do preenchimento de todos os pressupostos legais para o deferimento da desconsideração. Esta distribuição em apenso, porém, pode ser dispensada quando o requerimento de desconsideração já vier na própria petição inicial. Na sequência, o processo primitivo será suspenso.

Após a instauração, o sócio ou a pessoa jurídica envolvidos serão citados, um ou outro conforme o caso, para se manifestar a respeito do tema ou para requerer as provas que pretendem produzir no prazo de 15 (quinze) dias (art. 135), o que indica que foi observada norma fundamental que impõe o respeito ao contraditório prévio (art. 9º), antes que o magistrado profira decisão a respeito deste tema.

Destaca-se, outrossim, que muito embora a desconsideração da personalidade jurídica inaugure um novo incidente, o mesmo não observará o procedimento comum, mas sim o específico determinado neste dispositivo (art. 135) e no seu subsequente (art. 136). Incabível, portanto, imaginar a realização de uma audiência de mediação ou conciliação nestes casos, tal como ocorre no limiar de uma demanda que observa o rito comum (art. 334). Portanto, deve o sócio apenas responder aos termos do que lhe foi atribuído e requerer as provas que pretende produzir.

Concluída a instrução, o magistrado irá proferir uma decisão interlocutória, acolhendo ou não a pretensão. Desta decisão, será possível ao interessado recorrer por meio do recurso de agravo, na modalidade por instrumento. Curiosamente, há imprecisão técnica do CPC quanto a este recurso, pois o mesmo tratou desta mesma situação em dois incisos distintos (art.1.015, incs. IV e IX). A interpretação que pode permitir a convivência entre ambos é a de que este recurso de agravo de instrumento será cabível não apenas da decisão que deferir ou indeferir esta modalidade interventiva, mas, também, de todas as outras decisões interlocutórias que vierem a ser proferidas neste procedimento.

Curiosamente, há norma (art. 136, parágrafo único) que autoriza que este incidente se processe, também, perante os Tribunais, podendo ser julgado monocraticamente pelo relator. Neste último caso, o recurso adequado será o agravo interno. Uma pequena ressalva quanto à possibilidade de este incidente se processar perante Tribunais é que o mesmo só deverá ser adotado para as causas de competência originária destes órgãos. Do contrário, se fosse possível este incidente ser processado em sede de recurso (v.g., o de apelação), se estaria alterando o conteúdo de uma sentença que atingiria pessoa que não atuou durante a etapa cognitiva. Também não parece ser o caso de autorizar este procedimento durante a tramitação de um agravo de instrumento, pois equivaleria a suprir o juiz natural da causa que primeiro deveria conhecer e julgar este tema. Portanto, nos Tribunais, este incidente seria possível somente nas suas causas originárias.

Por fim, há ainda norma (art. 137), no sentido de que, sendo acolhido eventual requerimento de desconsideração, eventual alienação anterior de bens será reputada como fraudulenta, sendo considerada ineficaz perante o requerente da medida.

10.1.6. *Amicus curiae*

A democracia pode ser compreendida como o regime político baseado nos princípios da soberania popular e da distribuição equitativa do poder, ou seja, o regime de governo que se caracteriza, em essência, pela liberdade do ato eleitoral, pela divisão dos poderes e pelo controle da autoridade, isto é, dos poderes de decisão e de execução.

No Brasil se constata uma crescente tendência à democratização do acesso à jurisdição constitucional, mediante a criação e a ampliação de instrumentos que permitem uma abertura dos processos formais de controle de constitucionalidade à participação do conjunto da sociedade civil. Basta se recordar, por exemplo, que a CRFB legitimou outros órgãos e entidades para provocar a verificação abstrata da constitucionalidade de lei por ação, acabando, pois, com o monopólio do Procurador-Geral da República.[34]

No entanto, para se evitar que a Corte Constitucional se torne uma instância autoritária de poder, há a necessidade de se fomentar a ideia de cidadania constitucional, de modo a possibilitar a formação de uma sociedade aberta de intérpretes da Constituição, onde todos teriam o direito de participar ativamente no processo de revelação e definição interpretação constitucional prevalente.[35] Tal possibilidade, porém, se for levada às últimas consequências certamente gerará a impraticabilidade funcional do STF, em razão do já existente enorme quantitativo de processos e em decorrência da escassez do número de ministros que o compõe. Logo, é razoável se estabelecer algumas restrições de ordem prática, para se garantir que este Tribunal opere adequadamente, prestando a jurisdição com a qualidade e a atenção que seriam recomendáveis.[36]

O ingresso do *amicus curiae* no processo, que pode ser tanto por iniciativa do magistrado quanto do próprio terceiro foi, portanto, concebido à luz deste panorama apresentado e já possuía assento em diversos atos normativos (v.g., art. 7º, § 2º, Lei nº 9.868/99; art. 14, Lei nº 10.259/01; art. 89, Lei nº 8.884/94; art. 175, Lei nº 9.279/96, entre outros).[37] É, desta forma, um instituto de natureza democrática, por permitir que terceiros penetrem no mundo fechado e subjetivo do processo para discutir objetivamente teses que vão afetar toda a sociedade, pluralizando o debate constitucional e também por legitimar as próprias decisões do STF como, aliás, já reconhecido anteriormente por este próprio Tribunal.[38] Vale dizer que esta participação de terceiros em processos judiciais com o objetivo de oxigenar o debate já vinha expressa até mesmo no modelo primitivo (v.g., art. 543-A, § 6º, CPC-73 – que autorizava este ingresso de terceiros estranhos ao processo para que haja o debate sobre a existência ou não de "repercussão geral" com o fito de realizar a admissibilidade de um REXTR).

Quanto aos aspectos processuais, diversas dúvidas ainda permeiam este instituto, a começar pela sua própria natureza jurídica. Por um lado, há quem lhe negue o caráter de modalidade de intervenção de terceiros, em razão do interveniente neste processo defender interesse de alcance social.[39] Mas, por outro, o mais comum é justamente se defender o oposto, ou seja, que o fenômeno possibilita sim o ingresso de terceiros estranhos ao processo, que exercerão ônus e certas faculdades processuais. O CPC

---

34 LOURENÇO, Rodrigo Lopes. *Controle de constitucionalidade à luz da jurisprudência do STF.* 2ª ed. Rio de Janeiro: Forense, 1999, p. 13. No mesmo sentido: BINENBOJM, Gustavo. *A nova jurisdição constitucional brasileira – legitimidade democrática e Instrumentos de Realização.* Rio de Janeiro: Renovar, 2001, p. 128.

35 HABERLE, Peter. *Hermenêutica constitucional. A sociedade aberta dos intérpretes da Constituição: Contribuição para a Interpretação Pluralista e "Procedimental" da Constituição.* Porto Alegre: Sergio Antonio Fabris, 1997, pp. 14/15.

36 RIBEIRO, Luís Antônio Cunha. Democracia e controle de constitucionalidade. In: *O controle de constitucionalidade e a Lei nº 9.868.* Rio de Janeiro: Lumen Juris, 2001, p. 225.

37 ALMEIDA, Marcelo Pereira. *Precedentes judiciais – análise crítica dos métodos empregados no Brasil para a solução de demandas em massa.* Curitiba: Juruá, 2014, p. 243.

38 STF. Ação Direta de Inconstitucionalidade nº 2.130-SC (medida cautelar). Rel. Min. Celso de Mello. DJ 02.02.2001.

39 MACIEL, Adhemar Ferreira. *Amicus curiae*: um instituto democrático. In: *Revista da Associação dos Juízes Federais do Brasil nº 70*, p. 63.

claramente adotou esta segunda visão, ao incluir o *amicus curiae* em dispositivo (art. 138) dentro de um Título denominado "Da intervenção de terceiros".[40]

Contudo, a regulamentação pelo CPC (art. 138) é insuficiente para esgotar a matéria. Logo, será necessário verificar como a jurisprudência e a doutrina estão solucionando e justificando certas questões pontuais, tais como: a) termo final para o ingresso do interveniente ao processo; b) se há necessidade de pertinência temática para a sua admissão; c) se o interveniente deverá estar assistido por alguém que possua capacidade postulatória; d) a delimitação dos poderes do *amicus curiae*; e) a possibilidade ou não de interpor recurso de decisão judicial em processo que estava atuando.

Quanto à primeira delas, que consiste em definir o termo final para o ingresso deste interveniente do processo, o que se observa é que tanto a doutrina como a jurisprudência vêm se posicionando que o mesmo pode se dar a qualquer momento, enquanto ainda não iniciado o julgamento, posto que a sua atuação busca auxiliar, primordialmente, na instrução do processo.[41]

Quanto à necessidade ou não de o interveniente demonstrar a presença da "pertinência temática" para o seu ingresso como terceiro no processo, impende salientar que este requisito também é exigido (adequadamente) de alguns dos legitimados para a propositura de uma demanda objetivando a realização de um controle de constitucionalidade, o que se revela extremamente salutar, por gerar mais credibilidade aos argumentos trazidos por alguém que se destaca exatamente naquela mesma área.[42] Desta maneira, para o ingresso como *amicus curiae*, também é de se exigir deste terceiro a demonstração da relevância entre a matéria discutida e a sua atividade perseguida. Com isso, se evitam pleitos genéricos para ingressos em processos que apenas irão gerar mais procrastinação do que, efetivamente, um auxílio a esclarecimentos de temas tão importantes. É o que constou no CPC, que fez assinalar a exigência de que tais entes indiquem e comprovem a "representatividade adequada" (art. 138).

Já quanto à necessidade de o *amicus curiae* se encontrar representado por advogado, a resposta também deve ser invariavelmente positiva. Afinal, não faria sentido a dispensa desta cautela na intervenção do *amicus*, posto que persiste a necessidade da capacidade postulatória para que suas peças e fundamentos possam ser analisados por membro do Poder Judiciário.

O quarto ponto trata dos poderes processuais que serão exercidos pelo *amicus curiae*. De acordo com o CPC, estes serão fixados pelo juiz (art.138, § 1º) e devem se destinar, principalmente, a trazer argumentos e fundamentos que possam auxiliar o amadurecimento da análise da questão trazida aos autos. No entanto, *tempos atrás*

---

40 No sentido do texto: DIDIER JÚNIOR, Fredie. *Curso de direito processual civil*, 17ª ed. Salvador: JusPodivm, 2015. v. 1, pp. 522-526. Em sentido contrário, visualizando neste instituto algo semelhante à assistência litisconsorcial: BINENBOJM, Gustavo. *A nova jurisdição constitucional brasileira – legitimidade democrática e instrumentos de realização*. Rio de Janeiro: Renovar, 2001, p. 155.

41 BUENO FILHO, Edgard Silveira. *Amicus curiae*: a democratização do debate nos processos de controle da constitucionalidade. In: *Revista da Associação dos Juízes Federais do Brasil* nº 70, p. 136: No mesmo sentido: STF. Ação Direta de Inconstitucionalidade (medida cautelar) nº 2.238-DF. Rel. Min. Ilmar Galvão. DJ 09/05/2002).

42 BARROSO, Luís Roberto. Conceitos e fundamentos sobre o controle de constitucionalidade e a jurisprudência do STF. In: *O controle de constitucionalidade e a Lei nº 9.868/99*. Rio de Janeiro: Lumen Juris, 2001, pp. 252-253.

se constatou a existência de precedentes no STF não autorizando que o patrono do interveniente pudesse realizar sustentação oral perante aquela Corte, em decorrência da ausência de norma autorizando esta prática, muito embora tal situação pareça conspirar contra a própria razão de ser deste instituto, ou seja, a de pluralizar o debate sobre o tema.[43] Não foi por outro motivo, aliás, que a jurisprudência restritiva deste jeito veio perdendo força e, atualmente, o panorama já é outro.[44]

E, por fim, a última dúvida residiria quanto à possibilidade ou não de o *amicus curiae* interpor recurso de decisão judicial em processo que estava atuando. A resposta, para esta questão, deve ser no sentido negativo, posto que esta modalidade interventiva é totalmente diferente das demais, uma vez que, historicamente, o *amicus curiae* é sujeito desinteressado quanto ao resultado do processo envolvendo os litigantes. Tanto esta premissa é convincente que o mesmo, como já visto, se destina a atuar primordialmente na etapa de instrução.[45] E, mantendo coerência quanto a este raciocínio, o CPC impõe que, realmente, este terceiro não poderá interpor recurso, exceto em duas hipóteses (art. 138, § 1º), que passarão a ser enfrentadas.

A primeira hipótese em que o *amicus curiae* poderá recorrer é quanto à interposição de embargos de declaração (art. 138, § 1º), que é a via recursal própria quando a decisão padecer de omissão, contradição, obscuridade ou erro material (art. 1.022). Quanto a esta situação, não há nenhuma crítica a ser efetuada, sendo até mesmo recomendável que este proceder seja adotado quando a decisão judicial realmente se encontrar com qualquer um destes defeitos, para que haja a adequada correção.

Já a segunda situação, é completamente incoerente com o histórico desta modalidade interventiva, que é a de ser um terceiro "amigo da Corte" e desinteressado quanto aos rumos do processo. Com efeito, há norma (art. 138, § 3º) que permite ao *amicus curiae* recorrer da decisão que julgar o IRDR (art. 976 – art. 987). Para melhor entender o alcance deste artigo, é necessário salientar que o CPC, ao regular este incidente, até mesmo autoriza que dele participem órgãos e entidades "com interesse na controvérsia" (art. 983). O mesmo, por sinal, também pode ocorrer no processamento dos recursos excepcionais repetitivos (art. 1.038, inc. I). Ocorre que, como já apresentado, o *amicus curiae* não pode ter interesse pessoal algum quanto aos rumos do processo, pois sua atuação, que era justificada em prol da democracia participativa e desinteressada, passa a se transmutar em intervenção que somente se justifica para fins de atender aos seus próprios interesses. E, perceba-se, nesta mesma hipótese foi admitida a possibilidade de interposição de recurso, caso a decisão do IRDR não lhe seja favorável. A rigor, apesar de o CPC tratar esta situação como intervenção de *amicus curiae*, em realidade trata-se de outra modalidade atípica de atuação de terceiros no processo, pois, conforme já explicado, a mesma se constitui

---

43 STF. Ação Direta de Inconstitucionalidade (medida cautelar) nº 2.223-DF. Rel. Min. Marco Aurélio. DJ 18/10/2001.

44 STF. RE 612.043/PR, Rel. Min. Marco Aurélio, j. 04/05/2017.

45 Há interessante decisão proferida pelo STJ que admitiu a intervenção da Defensoria Pública da União no feito como *custos vulnerabilis* nas hipóteses em que há formação de precedentes em favor dos vulneráveis e dos direitos humanos. Salienta-se que, no caso, foi facultada à Defensoria Pública da União a sua atuação nos autos como *amicus curiae*. Contudo, a DPU postulou a sua intervenção como *custos vulnerabilis*, ou seja, na condição de "guardiã dos vulneráveis", o que lhe possibilitaria interpor todo e qualquer recurso. Tal pleito foi deferido, conforme se extrai em: STJ. EDcl no REsp nº 1.712.163-SP. Rel. Min. Moura Ribeiro. DJ 27/09/2019.

em instituto completamente distinto do modelo originário, ao comprometer a imparcialidade daquele órgão ou entidade que pretende auxiliar no debate da matéria.

E, para finalizar esta abordagem quanto à possibilidade de recurso interposto pelo *amicus curiae*, foi constatado que o CPC somente a permitiu nas duas situações descritas acima, mas desde que este terceiro já tenha sido "aceito" e "inserido" no processo. Desta forma, nos casos em que o seu ingresso tiver sido indeferido por decisão interlocutória, não é possível a ele se valer do recurso de agravo de instrumento (art. 1.015, inc. IX) para impugná-la, conforme precedente do STF.[46]

10.1.7. Recurso interposto por terceiro

O CPC (art. 996) possibilita que o recurso seja interposto por um terceiro juridicamente interessado. O estudo deste tema concentra diversas questões distintas, já que o tratamento normativo é bastante escasso a respeito. O terceiro juridicamente interessado é aquele que é completamente estranho ao processo, ou seja, que ainda não participou de qualquer etapa do seu desenvolvimento, mas que, por algum motivo, pode vir a sofrer reflexos jurídicos da decisão judicial em sua esfera pessoal (art. 996, parágrafo único).

Não se trata, a toda evidência, de um instituto similar à assistência simples ou, como sustentam determinados doutrinadores, uma "assistência simples recursal", posto que são inúmeras as diferenças entre estas duas modalidades de intervenção de terceiros.[47] Só para rememorar, a assistência simples pode se dar a qualquer tempo e grau de jurisdição (art. 119, parágrafo único) e o assistente simples pode praticar diversos atos processuais (não apenas recorrer), muito embora sempre tenha uma postura subordinada aos interesses do assistido, de modo que ocorrendo divergência sempre prevalecerá a vontade deste último, tanto que o CPC impõe que o assistente atuará como auxiliar da parte principal (art. 121).

Já no recurso de terceiro, o recorrente ali se encontra para defender a sua esfera pessoal, sendo irrelevante se a sua atuação possa vir a auxiliar reflexamente qualquer uma das partes como, por exemplo, quando o seu recurso é provido para fins de nulificar um determinado ato decisório que era prejudicial ao demandante. É o que exige o CPC (art. 996, parágrafo único), ao dispor que cumpre ao terceiro demonstrar a possibilidade de a decisão sobre a relação jurídica submetida à apreciação judicial atingir direito de que se afirme titular ou que possa discutir em juízo como substituto processual. Mas, por óbvio, a atuação deste terceiro não pode ser tão ampla, de modo a inovar nas matérias já debatidas durante o processamento do recurso. Com efeito, se as partes principais não podem trazer fatos novos e,

---

46 STF. REXT nº 602.584 AgR/DF. Rel. orig. Min. Marco Aurélio, red. p/o ac. Min. Luiz Fux. DJ 17/10/2018).

47 No sentido do texto, ou seja, reconhecendo a diversidade entre o recurso interposto por terceiro e a assistência simples em grau recursal: SILVA, Edward Carlyle. *Direito processual civil*. Niterói: Impetus, 2007, p. 197. Em sentido contrário ao texto, por considerar o recurso interposto por terceiro prejudicado como equivalente a uma assistência simples em grau recursal: GRECO FILHO, Vicente. *Direito processual civil brasileiro*, 17ª ed., São Paulo: Saraiva, 2006, v. 2. p. 310.

consequentemente, novas provas para demonstrar estes fatos,[48] também a mesma restrição deve ser adotada em relação ao terceiro. Assim, a sua atuação é bastante limitada a temas que podem ser conhecidos de ofício ou que não se sujeitam à preclusão, tal como a imensa maioria das questões de natureza processual (v.g., alegação de ofensa a coisa julgada material) e eventualmente até mesmo de cunho material (v.g., arguição de prescrição – art. 487, inc. II).

Uma questão interessante é quanto aos termos inicial e final para a interposição do recurso pelo terceiro. Em relação às partes, este termo é contado a partir da intimação para ciência do ato decisório. No entanto, há dificuldade de se aplicar esta regra em relação ao terceiro, pois este é completamente estranho ao processo, o que tornaria desnecessária a sua intimação. Diante do vácuo normativo, a doutrina vem sustentando que o termo final para a interposição do recurso pelo terceiro coincide com o mesmo termo final para o manejo do recurso por uma das partes principais. E, como a atuação deste terceiro não se subordina à de qualquer das partes, o seu prazo será sempre o último naquelas situações em que os termos finais tiverem contagem distinta.[49]

É de se observar, porém, que muitas vezes a jurisprudência mitiga este raciocínio no recurso de agravo na modalidade por instrumento, já que o termo inicial seria a contar do momento em que o terceiro comprovasse a ciência da decisão sofrida. A ressalva parece inteiramente pertinente, embora ao arrepio da lei, pois pode ser perfeitamente possível que as partes sejam cientificadas de uma decisão judicial por ocasião da sua prolação, mas que o terceiro somente venha a ter ciência no momento em que são praticados alguns atos para instrumentalizar o seu cumprimento. Para exemplificar esta situação, depara-se com muita frequência que, em determinados processos, o demandante requer ao magistrado que expeça ofício à Junta Comercial ou ao Registro Civil de Pessoas Jurídicas para que os mesmos possam fornecer ao juízo os atos constitutivos de determinada sociedade, o que, supostamente, teria fundamento de validade em normas previstas no CPC (art. 378 c/c art. 483, inc. I). No entanto, esta praxe não deveria ser aceita, pois tais documentos podem ser obtidos livremente pelas partes sem qualquer necessidade de ingerência do Poder Judiciário, mediante pagamento dos emolumentos respectivos. Mas, caso o magistrado defira, as partes serão intimadas da decisão e o Cartório poderá levar mais de dez dias (prazo do recurso do agravo), para confeccionar o ofício solicitando tais peças. Assim, quando a Junta Comercial ou o Registro Civil de Pessoas Jurídicas tomassem ciência da decisão por ocasião da chegada do ofício, já teria transcorrido o prazo pra recorrer, malgrado esta decisão afetasse diretamente a sua esfera jurídica, que estaria deixando de receber o que de direito. Logo, em situações como esta, deve ser autorizado que o terceiro recorra, mas com a contagem do termo inicial a partir da comprovação do momento em que teve conhecimento da decisão judicial.

---

48 Na hipótese envolvendo o recurso de apelação, existe uma exceção autorizada no art. 1.014.
49 MOREIRA, José Carlos Barbosa. *O novo processo civil brasileiro*. 22ª ed. Rio de Janeiro: Forense, 2002, p. 119.

10.1.8. Outras participações de terceiros no processo

Por vezes, alguns atos normativos preveem o ingresso de terceiros estranhos ao processo, com os mais diversos fins. Entre eles, alguns já foram apresentados, como aquela hipótese prevista no Código Civil para fins de alimentos (art. 1.698, CC) e mesmo a da atuação de órgãos ou entidades interessadas no IRDR (art. 983). Mas há outras ainda que merecem algumas explanações:

10.1.8.1. Intervenção anômala (art. 5º, Lei nº 9.469/97)

A norma em comento (art. 5º, Lei nº 9.469/97) vem gerando diversos questionamentos, eis que prevê: "*Art. 5º A União poderá intervir nas causas em que figurarem, como autoras ou rés, autarquias, fundações públicas, sociedades de economia mista e empresas públicas federais. Parágrafo único. As pessoas jurídicas de direito público poderão, nas causas cuja decisão possa ter reflexos, ainda que indiretos, de natureza econômica, intervir, independentemente da demonstração de interesse jurídico, para esclarecer questões de fato e de direito, podendo juntar documentos e memoriais reputados úteis ao exame da matéria e, se for o caso, recorrer, hipótese em que, para fins de deslocamento de competência, serão consideradas partes*".

A doutrina vinha, inicialmente, criticando esta modalidade interventiva, ao argumento de que a mesma até seria inconstitucional por autorizar, por exemplo, o ingresso da União em processo promovido entre particulares sem que isso gerasse o imediato deslocamento de competência da Justiça Estadual em prol da Justiça Federal, em flagrante violação ao disposto na Carta Magna (art. 109, inc. I, CRFB).[50] E, ainda, também se vislumbrava uma mácula ao princípio da isonomia (art. 5º, *caput* da CRFB), eis que esta modalidade de intervenção seria o equivalente a uma assistência simples, mas com o diferencial de autorizar que não apenas a União como, também, outros entes integrantes da Administração Pública direta ou indireta pudessem intervir em processos que envolvem terceiros alegando a existência de interesse meramente econômico, o que já não ocorreria com os particulares.

Em realidade, o melhor enfoque é aquele que vislumbra que esta intervenção, pelo menos quando ocorre em primeira instância, não tem o condão de transformar o agente interveniente em "parte primária" ou "secundária" daquela demanda. Com efeito, pela leitura do dispositivo constata-se que a sua atuação em primeiro grau se restringe a juntar documentos, memoriais ou mesmo requerer esclarecimentos para sanar dúvidas, o que é algo extremamente corriqueiro que acontece diuturnamente nos processos que tramitam perante o Poder Judiciário. Com efeito, não raro um defensor público da União oficia a um juízo estadual requerendo uma certidão ou informação a respeito de um determinado processo ou sobre uma pessoa. Sob este enfoque, o que se vislumbra é que, realmente, a atuação do interveniente não o caracteriza como "parte do processo",

---

50 MARINONI, Luiz Guilherme; ARENHART, Sérgio Cruz, *Manual do processo de conhecimento*. 2. ed. São Paulo: Revista dos Tribunais, 2003, p. 654.

de modo que sequer haverá deslocamento da competência do órgão jurisdicional e, também por este motivo, não ocorre mácula à Constituição (art. 109, inc. I, CRFB).[51]

Esta situação somente é alterada quando um desses entes pratica ato privativo de parte como, por exemplo, a interposição de um recurso. Nesta hipótese, a própria norma (art. 5º, parágrafo único, Lei nº 9.469/97) prevê que haverá deslocamento da competência para que o TRF aprecie o recurso de apelação interposto pela União para impugnar a sentença proferida pelo juiz de direito. Claro que esta conclusão poderá trazer a baila outro questionamento, a respeito da competência ou não do TRF para processar e julgar recurso interposto de sentença proferida por magistrado integrante da Justiça Estadual, o que em tese conflitaria com norma constitucional (art. 108, inc. II, CRFB). Com efeito, a citada norma constitucional apenas confere a esse Tribunal competência para processar e julgar recursos advindos de decisões proferidas por juízes federais e pelos juízes estaduais quando estes se encontram no exercício de competência federal delegada, o que não seria exatamente a presente hipótese. Porém, a questão não é exatamente nova e já conta com a adesão da jurisprudência que vislumbra que a competência para processar e julgar tais recursos realmente pertence ao TRF, uma vez que a competência dos órgãos integrantes da Justiça Federal (sejam eles de primeira ou segunda instância), leva em consideração diversos critérios definidores, entre os quais o mais comum é justamente a qualidade da parte que participa do processo. Assim, como na maioria das hipóteses a presença da União na qualidade de parte justifica a competência da Justiça Federal, não haveria por que não se adotar a mesma conclusão também nesta situação.[52]

10.1.8.2. Arguição por preferência (art. 908)

O processo de execução autônomo, ou mesmo a fase executiva, também possibilita que um terceiro venha peticionar e participar no processo, o que não se assemelha a nenhuma das outras modalidades de ingresso de estranhos no processo já abordadas.

É o que ocorre na petição de um dos credores protocolada em outro processo, arguindo a sua preferência no valor a ser apurado com a alienação do bem penhorado (art. 908). Esta modalidade era denominada "protesto por preferência", no modelo primitivo (art. 711, CPC-73), para aqueles casos em que um credor ostentasse preferência, que poderia decorrer tanto da hipoteca judiciária (art. 495, § 4º), como da realização da penhora (art. 797, parágrafo único).

---

51 MENDES, Aluísio Gonçalves de Castro. *Competência cível da justiça federal*. 2ª ed. São Paulo: RT, 2006, p. 89.

52 No sentido do texto, reconhecendo que a competência para processar este recurso pertence ao TRF: STJ. Conflito de competência nº 38.790. Rel. Min. Humberto Gomes de Barros. DJ 10/11/2003. Em sentido contrário ao texto, por entender que esta competência é do TJ, eis que o TRF somente tem competência para processar e julgar recursos de apelação para impugnar sentenças proferidas por juízes federais: DIDIER JÚNIOR, Fredie. *Curso de direito processual civil*, 17ª ed. Salvador: JusPodivm, 2015. v. 1, pp. 529-532.

Basicamente, esta modalidade deve ser empregada naqueles casos em que, concorrendo vários credores em execuções distintas, o dinheiro obtido pela expropriação do bem penhorado será distribuído e entregue de acordo com a ordem das respectivas prelações, não havendo título legal à preferência. Desta maneira, para que possa fazer exercício deste direito, caberá a esses terceiros estranhos ao processo peticionar informando esta situação ao juízo em que os bens foram expropriados ou requerer que esta comunicação seja realizada por intermédio dos juízos em que tramitam as suas respectivas execuções.

Esta modalidade de ingresso de terceiros, de tão simples que é, sequer gera o deslocamento de competência de Justiça caso tenha sido manifestada pela União. É, pelo menos, o que cuida o Verbete nº 270, da Súmula do STJ: *"O protesto pela preferência de crédito, apresentado por ente federal em execução que tramita na Justiça Estadual, não desloca a competência para a Justiça Federal"*, o que demonstra que a mesma, de certa maneira, em alguns pontos até coincide com o que foi mencionado a respeito da modalidade interventiva anterior (art. 5º, Lei nº 9.469/97), que também não gera o declínio de competência por não se tratar de ato que qualifique este terceiro como parte principal ou secundária.

11

ATOS E NEGÓCIOS PROCESSUAIS

11.1. INTRODUÇÃO

O processo é composto por diversos atos processuais, que podem ser praticados por diversas pessoas e que também podem ter os mais variados escopos. Juridicamente, o ato processual é espécie de ato jurídico, pois é um ato que, embora praticado em prol de um processo já instaurado, tem relevância jurídica e, por este motivo, é tutelado pelo Direito.

É muito comum, no estudo do direito material, ser apresentado um grande grupo denominado "fato jurídico *lato sensu*", que engloba todos os fatos e atos que são jurídicos, ou seja, que têm relevância para o Direito. Este grupo divide-se em dois outros, denominados "fato jurídico *stricto sensu*" e "ato jurídico *lato sensu*", sendo que a diferença entre ambos é que o primeiro engloba qualquer fato que tenha relevância para a ciência jurídica ainda que não emanado da vontade humana (v.g., um raio que destrói um apartamento cujo proprietário já tinha celebrado contrato de seguro prevendo cobertura do sinistro em decorrência de acidentes naturais), ao passo que o segundo necessariamente deriva de ato decorrente da vontade (v.g., um casamento).

Por sua vez, este segundo grupo ainda admite uma fragmentação em outras classificações que seriam: a) atos jurídicos *stricto sensu*; b) negócios jurídicos; c) atos processuais. A diferença entre os dois primeiros desta nova classificação reside, justamente, se o ato emana da vontade de apenas uma pessoa naquela relação jurídica (v.g., a criação de um testamento) ou se de ambos os participantes da relação de direito material (v.g., a celebração de um contrato). Já a terceira classificação, dos atos processuais, é justamente aquela que ora será abordada.

Portanto, é correto concluir que a natureza jurídica de um ato processual é de fato jurídico *lato sensu*, podendo ser conceituado como o ato jurídico *lato sensu* praticado no curso de um determinado processo já instaurado e que é apto a gerar direitos ou obrigações.

Este ato processual ainda recebe outra classificação bastante frequente, distinguindo-o em "simples" e "complexo". O ato processual "simples" seria aquele que praticamente se exaure em apenas uma conduta como, por exemplo, a prolação da sentença. Já o ato processual "complexo" corresponde a várias manifestações (e até mesmos atos praticados) que tenham finalidade comum e contemporaneidade, como ocorre com as audiências de instrução e julgamento (que se destinam à conciliação, instrução e até mesmo à decisão e interposição de eventuais recursos).

Modernamente, o CPC passou a incrementar uma terceira espécie de ato processual, que doravante será designada como "negócios processuais", e que se constitui em decorrência da manifestação volitiva de ambas as partes principais do processo e que tem como escopo adquirir, modificar, extinguir, transferir, resguardar ou conservar certa situação jurídica processual. Devido ao aprofundamento que o tema merece, o mesmo será analisado em momento oportuno (v. item nº 11.5.).

11.2. PRINCÍPIOS

Ao se analisar o tema "atos processuais", deve-se ter especial atenção ao princípio da liberdade de forma dos atos processuais, da documentação e da publicidade.

11.2.1. Princípio da liberdade de forma dos atos processuais

É um princípio que possui extraordinária importância para a aplicação diária do direito processual civil, pois se a lei não estabelecer nenhuma formalidade específica para a prática de um determinado ato, a forma que for adotada será válida.

Um exemplo, é a modalidade de intervenção de terceiros prevista no Código Civil (art. 1.698, CC), que autoriza que os ascendentes respondam por obrigação alimentar. Só que não existe lei disciplinando a forma de realização do referido ato, de modo que poderá ser efetuada por iniciativa de qualquer parte, independentemente de requerimento expresso na petição inicial ou na contestação, pois não há nenhum regramento legal instrumentalizado esta situação. Logo, a forma processual é livre, desde que respeitados os princípios contitucionais (art. 188).

11.2.2. Princípio da documentação

De acordo com este princípio, todos os atos processuais devem ser documentados, ou seja, reduzidos a termo (art. 209), até mesmo aqueles que tiverem sido praticados oralmente. Portanto, é correto afiançar que a própria oralidade quase nunca é plena já que, como visto, todos os atos processuais orais devem, obrigatoriamente, ser reduzidos a termo.

Já a lei regente do sistema dos juizados especiais é expressa em autorizar, que tanto a petição inicial quanto a contestação sejam apresentadas oralmente, muito embora tenham que ser necessariamente documentadas, ou seja, reduzidas por escrito (art. 14 e art. 30, Lei nº 9.099/95). Por sinal, uma grande exceção ao princípio da documentação se encontra justamente nesta mesma lei, mas em outro dispositivo, que autoriza a desnecessidade de transcrição das provas que forem produzidas oralmente durante a audiência de instrução (art. 36, Lei nº 9.099/95). Esta norma, por sinal, buscava reforçar o princípio da identidade física do juiz (art. 132, CPC-73), no sentido de que é vital que a sentença seja prolatada pelo magistrado tão logo se encerre a colheita da prova, sob risco de a mesma cair no esquecimento. Contudo, embora ainda seja possível esta praxe, de não reduzir a termo a prova oral produzida nos juizados, o CPC não mais adota expressamente o aludido princípio.

E, nesta documentação dos atos processuais, deverá ser empregada a língua portuguesa (art. 192). No entanto, é praxe constatar a citação de termos estrangeiros (v.g., *ex positis, ad cautelam, periculum in mora,* dentre muitos outros), em diversas peças processuais, algo que até mesmo é praticado diuturnamente pelos próprios ministros que atuam nos Tribunais Superiores. Esta prática, porém, não macula a existência, validade ou eficácia do ato processual, pois é considerada uma mera irregularidade sem qualquer consequência processual grave. Diferentemente ocorre quando o ato processual inteiro ou mesmo em grande parte é praticado em outra língua como, por exemplo, quando o magistrado, para demonstrar erudição, fundamenta grande parte da sua decisão em doutrina estrangeira, citando-a na linguagem alienígena. Neste último caso, a decisão será anulada, pois a ausência do vernáculo impede a compreensão da escorreita fundamentação adotada pelo juiz.

Por fim, vale dizer que, especificamente quanto à juntada de documento em língua estrangeira, o CPC até mesmo prevê que somente será possível esta apresentação se estiver acompanhada com tradução para a língua portuguesa (art. 192, parágrafo único).

11.2.3. Princípio da publicidade

Segundo o princípio da publicidade, todos os atos processuais devem ser públicos, ou seja, acessíveis a qualquer pessoa quanto à integralidade do seu conteúdo. No entanto, não se trata de um princípio pleno, pois a própria lei processual restringe a publicidade de alguns atos em determinadas hipóteses. Há norma (art. 189), por exemplo, que esclarece que tramitarão em segredo de Justiça os processos em que assim exigir o interesse público e, também, aqueles que dizem respeito a casamento, filiação, alimentos e guarda, dentre outras hipóteses mais.

Nestes casos se entende que o interesse público ou mesmo um interesse particular extremamente íntimo e que guarda estreito vínculo com a dignidade da pessoa humana (hipóteses mencionadas no inc. II e no inc. III desse art. 189) autorizam o sigilo de peças e conteúdos do processo, o que se sobrepõe até mesmo ao direito do advogado de ter acesso aos autos quando não for o causídico de qualquer uma das partes envolvidas. Quanto a este ponto, aliás, há de se ponderar o interesse econômico do advogado em ter conhecimento do processo para, por exemplo, analisar se irá ou não patrocinar o caso e, ao mesmo tempo, levar em consideração os demais valores protegidos, que seria o interesse público ou mesmo um interesse individual muito íntimo. No choque entre estes valores, a norma prevista no Estatuto da OAB (art. 7º, inc. XIII, Lei nº 8.906/1994) acaba sendo afastada. Este raciocínio, obviamente, somente se aplica aos processos que estão sob segredo de justiça, eis que para todos os demais que assim não se encontram o causídico tem assegurado o direito de os compulsar livremente.

Diferentemente, é claro, ocorre quando o advogado se encontra municiado de instrumento de procuração. Neste caso, o mesmo tem direito de ter acesso aos autos para que possa analisar e formatar a defesa do seu cliente da maneira mais adequada. No processo penal, pelo menos, o acesso é assegurado até mesmo em sede de inquéritos policiais, desde que não haja peça requerendo a concessão de alguma tutela provisória de urgência pendente de apreciação se o acesso tiver a possibilidade de gerar o comprometimento da medida pleiteada (v.g., uma promoção do MP para que seja decretada a indisponibilidade das contas bancárias de um investigado). Pelo menos, é o que consta na Súmula Vinculante nº 14 do STF, cujos termos são: "*É direito do defensor, no interesse do representado, ter acesso amplo aos elementos de prova que, já documentados em procedimento investigatório realizado por órgão com competência de polícia judiciária, digam respeito ao exercício do direito de defesa*".

Nestes processos em que há segredo de justiça decretado, a publicidade dos atos será restrita aos magistrados, às partes, ao Ministério Público (se for caso de intervenção como *custos iuris*), ao advogado constituído das partes e, também, aos serventuários que auxiliarão na tramitação do processo. E, nas audiências, apenas estes sujeitos do processo poderão estar presentes além, é claro, de alguns outros que eventualmente se fizerem necessários como, por exemplo, uma testemunha na ocasião em que depuser a respeito dos fatos que se encontram sob julgamento. No entanto, por vezes este segredo cessa, eis que a lei pode autorizar a publicidade posterior dos fatos. É o que acontece, por exemplo, na Lei de Ação Popular (art. 1º, § 7º, Lei nº 4.717/65), onde consta que o segredo de justiça cessará no momento em que ocorrer o trânsito em julgado da sentença de procedência.

11.3. ATOS PROCESSUAIS PRATICADOS PELO MAGISTRADO, SERVENTUÁRIOS E PELAS PARTES

Neste ponto da obra, serão analisados alguns atos processuais que podem eventualmente ser praticados tanto pelo magistrado quanto pelos servidores ou até mesmo pelas partes, com breves comentários a respeito.

11.3.1. Atos praticados pelo magistrado e pelos serventuários

O magistrado, na condução do processo, pode praticar atos imbuídos de função jurisdicional ou não. Com efeito, ao proferir uma sentença de mérito não há dúvida de que se trata de um ato jurisdicional, muito embora isso já não ocorra quando o mesmo, na presidência de uma audiência de instrução e julgamento, se vale do seu poder de polícia para retirar do recinto aqueles que estão se comportando de maneira inadequada (art. 360, inc. II).

Mas, mesmo entre atos por ele praticados na condução do processo, há aqueles que podem ser considerados como "reais" (v.g., rubricar ou assinar ofícios), "instrutórios" (v.g., colher o depoimento pessoal das partes ou inquirir testemunhas) ou mesmo "decisórios" (v.g., proferir sentença – art. 203).

Neste dispositivo (art. 203), verifica-se que o magistrado pode proferir sentenças, decisões interlocutórias e até mesmo despachos, cujos conceitos constam nos parágrafos da norma em comento. Assim, ressalvadas as disposições expressas dos procedimentos especiais, "sentença" é o pronunciamento por meio do qual o juiz, que resolva ou não o mérito (art. 487 ou art. 485), põe fim à fase cognitiva do procedimento comum, bem como extingue a execução. Por seu turno, as "decisões interlocutórias" são as demais decisões por ele proferidas no curso do processo que não sejam sentença e nem ponham fim à fase de conhecimento ou de execução do processo. Vale dizer, por oportuno, que tanto a sentença quanto a decisão interlocutória devem ser devidamente motivadas para atender ao imperativo constitucional (art. 93, inc. IX, CRFB) e também ao próprio CPC.

Os "despachos", porém, não possuem qualquer conteúdo decisório e basicamente se destinam a impulsionar o processo como, por exemplo, quando é determinada a abertura de vista para uma das partes se manifestar sobre documento apresentado pela outra, dentre outros mais. Por este motivo, aliás, é que não se admite a interposição de recurso para impugnar eventual despacho que foi proferido, eis que o mesmo é despido de qualquer fundamentação ou mesmo conclusão (art. 1.001).

Quanto aos atos praticados pelos serventuários, este tema é tratado de maneira perfunctória no CPC (art. 206 – art. 211) e, basicamente, estes atos se destinam a dar andamento ao processo, como a juntada de petições, a confecção e expedição de mandados e ofícios. Desta forma, não há em nenhum deles necessidade de fundamentação ou de qualquer conclusão.

Por vezes, é possível ao magistrado autorizar, o que comumente ocorre por meio de uma portaria do juízo, que o serventuário possa vir a praticar o ato popularmente conhecido como "despacho de mero expediente" (art. 301, § 4º), embora esta nomenclatura não mais conste no CPC. É que, por meio desta portaria, o magistrado pode relacionar certas situações em que o servidor fica autorizado a agir independentemente de submeter a ele previamente o processo para análise. Assim, este ato normativo, que é publicado no DO para ciência geral, pode relacionar como despacho de mero expediente, por exemplo, que o servidor intime o demandante para textualmente renunciar o que exceder ao teto de sessenta salários-mínimos, caso a demanda tenha sido deflagrada com conteúdo econômico superior a este valor perante um dos Juizados Especiais Federais. Veja que, em situação como esta, o servidor não estará proferindo qualquer decisão, e sim praticando um ato processual que justamente se presta para o correto andamento do processo.

11.3.2. Atos praticados pelas partes

Este tema já é disciplinado em outras normas do CPC (art. 200 – art. 202). As partes podem, basicamente, praticar atos postulatórios (v.g., ao apresentar uma petição inicial ou uma contestação que possui pedido contraposto), dispositivos (v.g., como a petição que narra a desistência de um recurso anteriormente interposto) ou mesmo reais (v.g., qualquer ato que se traduza em uma atividade concreta, como o recolhimento de custas). Há, também, incremento quanto à prática dos denominados "negócios processuais", cuja amplitude será analisada oportunamente (v. item nº 11.5.).

11.4. FORMA DOS ATOS PROCESSUAIS

Já foi analisado em momento oportuno que os atos processuais devem ser documentados e públicos, bem como que não dependem da observância de forma preestabelecida em lei (art. 188). No entanto, por vezes a lei enumera alguns requisitos quanto à formalidade para a prática de algum ato processual que, se não for observado, pode vir a maculá-lo com algum vício processual. Assim, é que, por vezes, se faz necessário o estudo do tempo, do lugar e dos prazos para a prática dos atos processuais.

11.4.1. Tempo para a prática dos atos processuais

De acordo com o CPC (art. 212), os atos processuais devem ser praticados em dias úteis, entre as seis e vinte horas. Por dias úteis, compreende-se aqueles em que usualmente há expediente forense. Assim, sob este prisma, o sábado e o domingo estariam excluídos, além dos feriados (art. 216). No entanto, por vezes alguns atos processuais podem ser praticados em dias que não são úteis como, por exemplo, durante as férias e feriados, desde que nas hipóteses previstas em lei (art. 214). Há, também, menção no CPC de determinados processos e procedimentos cujas tramitações não ficam obstadas nem mesmo com o advento de férias (art. 215), que, porém, não vem sendo aplicado diuturnamente, pois apenas um magistrado atuando em regime de plantão não teria como dar prosseguimento a todos eles que estão pulverizados em enorme quantidade de juízos.[1]

Mas, mesmo nos dias úteis, os atos processuais devem ser praticados entre as seis e vinte horas, respeitando o horário de expediente forense aberto ao público. Assim, como o servidor deve trabalhar pelo menos oito horas diárias, caberá a fixação do horário de abertura e encerramento dos Cartórios por meio de ato interno a ser editado por cada Tribunal.

No que diz respeito de maneira específica ao ato praticado por meio eletrônico, há norma (art. 213) permitindo que ele seja praticado até as 24 (vinte e quatro horas do último dia do prazo).[2]

---

1 O STJ já decidiu que tais processos devem continuar a tramitar, embora fique suspenso eventual prazo recursal neste período: STJ. REsp 1.414.092-PR, Rel. Min. Paulo de Tarso Sanseverino, j. 1º/03/2016, DJe 09/03/2016 – *Informativo* nº 578.

2 Há precedente autorizando até mesmo a juntada de substabelecimento horas depois da interposição do recurso, caso se trate de ato praticado eletronicamente: TST. E-ED-AIRR- 22300-37.2006.5.15.0087, SBDI-I, Rel. Min. Brito Pereira, red. p/ acórdão Min. João Oreste Dalazen, 16/02/2017.

Em caráter excepcional, porém, alguns atos processuais podem ser praticados fora desses horários e em dias que não são úteis. É o que acontece, por exemplo, na citação e na penhora, que pelo novo modelo independem de autorização pelo magistrado (art. 212, § 2º). Igualmente, é possível a prática de outros atos processuais mesmo fora destes horários, mas desde que seja alguma questão de urgência, de modo que a mesma tenha que ser remetida e decidida pelo órgão jurisdicional de plantão. Este plantão é regido por meio de normas internas editadas por cada Tribunal, embora seja assente que apenas matérias urgentes é que podem ser apreciadas nesta via excepcional, sob risco de usurpação da competência do juízo natural. Assim, apenas em situações em que há evidente risco de perda do direito ou de sua completa infrutuosidade caso tenha que ser aguardado o funcionamento no horário comum do fórum, é que o requerente poderá apresentar a sua pretensão ou requerimento diretamente no órgão jurisdicional plantonista. É que, se assim não for, simplesmente o magistrado ali lotado não deverá exercer nenhum juízo de valor sobre a peça que lhe foi submetida, limitando-se a esclarecer que a questão não é para ser por ele resolvida, razão pela qual deve ser aguardado o reinício das atividades forenses para que o juiz natural possa enfim apreciá-la.

Há, porém, novidade no CPC (art. 905, parágrafo único), no sentido de que, no juízo plantonista, não se poderá deferir requerimentos de levantamento de importância em dinheiro ou valores, bem como a liberação de bens apreendidos. Esta norma, embora com bons propósitos que realmente deveriam ser observados, é inconstitucional pois não pode o Poder Legislativo se imiscuir na atividade desempenhada por membros do Poder Judiciário (art. 2º, CRFB). Também é de se criticar a sua inclusão em um dispositivo localizado em Seção denominada "da satisfação do crédito", próprio do estudo do tema "execução", o que pode passar despercebido por inúmeros operadores do Direito. Assim, embora seja elogiável o seu conteúdo, a mesma padece dessas vicissitudes.

11.4.2. Do lugar para a prática dos atos processuais

Nos termos do CPC (art. 217), os atos processuais devem ser praticados na sede do juízo. No entanto, este mesmo dispositivo autoriza que estes atos sejam praticados em outro local, em casos de deferência, de interesse da Justiça, de natureza do ato ou mesmo em razão de obstáculo arguido pelo interessado e acolhido pelo juiz.

Um exemplo de prática de ato processual em outro local em razão da deferência é quando se encontra presente a situação descrita em norma do CPC (art. 454), pois, devido ao cargo público que certas pessoas ostentam, as mesmas passam a ter o direito de serem inquiridas em sua residência ou no local em que exercem a sua função tal como ocorre, por exemplo, com o Presidente da República que eventualmente vier a ser arrolado como testemunha em um determinado processo judicial.

Por seu turno, pode ser que em dado processo seja determinada uma perícia para apuração do dano ambiental praticado, o que até mesmo motiva o magistrado a realizar uma inspeção *in loco*. Nesta situação, é nítido o interesse da Justiça em saber o impacto ambiental sofrido naquele local ou pelas pessoas que ali se encontram, o que justifica a prática do ato processual fora da sede do juízo (art. 481). Por sinal, este mesmo exemplo da perícia ambiental pode ilustrar exemplo de ato processual que terá que ser praticado fora da sede do juízo, em razão da sua própria natureza.

Por fim, o ato processual também pode ser praticado quando há obstáculo arguido pelo interessado e acolhido pelo magistrado como ocorre, por exemplo, quando for arrolada para depor na condição de testemunha uma determinada pessoa que se encontra sob ameaça concreta de morte, caso em que poderá ser autorizada a sua oitiva onde se encontrar (art. 449, parágrafo único).

Vale dizer que em todas essas hipóteses não apenas o magistrado terá que se dirigir até o local como, também, os advogados das partes (e, dependendo, até mesmo as próprias), bem como o membro do Ministério Público (caso atue como fiscal da ordem jurídica ou como parte principal), além de servidor público que conte com equipamento adequado para documentar a prova produzida.

11.4.3. Prazo para a prática dos atos processuais

O prazo é o período de tempo compreendido entre dois termos: o inicial e o final. Com o advento do termo inicial (*dies a quo*) surge para uma das partes ou mesmo para um terceiro a possibilidade de praticar o ato, sendo certo que esta possibilidade se encerra com o advento do termo final (*dies ad quem*).

A princípio, os prazos processuais estão previstos em lei. Assim, por exemplo, pode ser citada a norma (art. 1.003, § 5º) que prevê que as partes dispõem do prazo de quinze dias para a interposição de recursos. No entanto, quando a lei for omissa, caberá ao magistrado fixá-lo em patamar razoável para que a parte possa praticar o ato determinado (art. 218, § 1º). Porém, se não houver prazo específico previsto na legislação ou mesmo a fixação pelo juiz, deverá então a parte praticar o ato em 5 (cinco) dias, que é o prazo geral (art. 218, § 3º).

É curioso observar que a duração do prazo pode ser a mais variada possível, afinal, o CPC prevê a prática de determinados atos processuais ou mesmo a suspensão do processo em prazo fixado em minutos (v.g., art. 364 – que cuida da apresentação das alegações finais orais ao término da audiência de instrução e julgamento), em dias (v.g., art. 1.003, § 5º – que estabelece o prazo geral para apresentação de recurso), em meses (v.g., art. 313, § 4º – que cuida da possibilidade de as partes celebrarem negócio processual para suspender o processo por até seis meses para que tentem uma solução consensual) e até mesmo em anos (v.g., art. 896 – que cuida da hipótese de lanço oferecido em hasta pública pertencente a um incapaz e cujo valor não tenha atingido 80% daquele estipulado na avaliação).

11.4.3.1. Consequências processuais em razão da perda de um prazo: contumácia e preclusão

Quando a parte deixa de praticar um ato processual, diversas são as consequências que pode sofrer. Esse seu estado de inércia, denominado "contumácia" gera com frequência a "preclusão", embora eventualmente possam ocorrer outras consequências (v.g., revelia).

O termo "preclusão" pode ter duas conotações bastante distintas e relevantíssimas no estudo da ciência processual. Na primeira delas, a "preclusão" impede que as partes novamente discutam as questões já decididas no processo o que, em certos aspectos, se assemelha à "coisa julgada". Afinal, ambas se constituem em mecanismos que foram criados para impedir a repetição de atos processuais já praticados ou o retorno a fases processuais pretéritas, de modo a prestigiar a celeridade na tramitação do processo e o respeito às decisões já proferidas e não impugnadas.[3]

Já a segunda delas, que é a que interessa na ordem de abordagem desta obra, é a que vislumbra a "preclusão" como perda da faculdade de praticar um ato, sendo classificada em: a) temporal, b) lógica; c) consumativa.[4]

A preclusão "temporal" é a que mais comumente ocorre, pois se dá naquelas situações em que a parte deixa de praticar um ato no prazo previsto em lei ou naquele que tiver sido fixado pelo magistrado. Nestas hipóteses, tão logo ocorra o advento do termo final, a faculdade da prática se extingue, independentemente de qualquer outra decisão judicial superveniente a respeito. É o que prevê norma do CPC (art. 223), que estabelece que decorrido o prazo, extingue-se, independentemente de declaração judicial, o direito de praticar ou de emendar o ato processual, ficando a salvo, porém, a parte provar que não o realizou por justa causa.

Este dispositivo (art. 223, § 1º), por sinal, apenas autoriza a devolução do prazo se a parte interessada alegar e comprovar a ocorrência de uma "justa causa" que pode ser compreendida como o evento imprevisto, alheio à vontade da parte, e que a impediu de praticar o ato por si ou por mandatário, o que é indicativo de que se trata de situação bem subjetiva, pois envolverá a análise de um juízo de valor formulado pelo magistrado para concluir se aquela determinada situação ocorrida realmente poderia ser considerada como evento completamente imprevisto. Nesta situação, se o juiz concluir positivamente, ou seja, pela caracterização da justa causa, deverá então ser fixado um novo prazo para a prática do ato processual, o que comumente é estabelecido no mesmo patamar do anterior.

Por seu turno, a preclusão também pode ser classificada como "lógica" quando a parte perde a faculdade de praticar um ato em decorrência de antes já ter praticado um outro que é incompatível com aquele que agora se pretende efetuar. O exemplo mais

---

3 BIAVATI, Paolo. Iniziativa delle parti e processo a preclusioni. In: *Revista Trimestrale di Diritto e Procedura Civile.* II, Milano: Giuffré Editore, giugno 1996, pp. 478-512.

4 CHIOVENDA, Giuseppe. *Intitutizioni di Diritto processuale civile,* Napoli: Nicola Jovene & C. Editori, 1933. v. I, p. 340. MARINONI, Luiz Guilherme. ARENHART, Sérgio Cruz, *Manual do processo de conhecimento.* 2ª ed. São Paulo: Revista dos Tribunais, 2003, p. 654.

citado é do demandado que, uma vez condenado por sentença, rapidamente efetua o seu cumprimento na integralidade sem qualquer ressalva e que, posteriormente, vem a interpor o adequado recurso. É que, nesta hipótese, a aceitação da decisão (ato anterior) é incompatível com o recurso interposto (ato posterior), de modo que este último não será admitido. É, por sinal, o que se encontra previsto em norma do próprio CPC (art. 1.000).

E, de resto, há ainda a preclusão "consumativa", que pode ser compreendida como a perda da faculdade de praticar um determinado ato processual em virtude de a parte já tê-lo praticado de outra maneira, ou seja, em razão desta faculdade já ter sido exercida anteriormente. Ocorre, por exemplo, quando o demandado apresenta contestação no décimo dia e, logo após, pretende apresentar nova petição aditando a sua peça de resposta, fora daquelas situações previstas em lei (art. 342).

A "preclusão", neste segundo aspecto, no entanto, não se confunde com "contumácia" ou "revelia". Com efeito, a "preclusão", que significa a perda da faculdade de praticar um ato processual, é consequência que usualmente decorre do estado de inércia adotado pelas partes do processo. Este estado de inércia, por sua vez, é denominado "contumácia", sendo extremamente amplo, já que pode abranger tanto o demandante, quanto o demandado ou qualquer outra parte processual secundária. Em suma, a contumácia equivale a uma desobediência deliberada em não estar presente ou atender as determinações judiciais. Assim, se, por exemplo, o magistrado determinar que o autor adote certa providência em um determinado prazo, esta falta de observância o tornará contumaz, sujeitando-se às mais variadas consequências processuais, inclusive a preclusão temporal ou outra distinta.

Com efeito, se a determinação judicial foi para que a petição inicial fosse emendada e o demandante permanecer silente, a contumácia do autor irá gerar a extinção do processo, sem resolução do mérito, em razão da inépcia da petição inicial. Por outro lado, se foi determinada a produção de algum meio de prova para atestar fato alegado pelo autor e este não produzir a aludida prova, provavelmente este fato será considerado como não provado pelo magistrado, o que poderá ou não influir na resolução do mérito da causa.

E, da mesma maneira, a contumácia também pode se operar em relação ao demandado ou a partes secundárias como, por exemplo, quando o assistente simples não regulariza o seu instrumento de procuração (o que irá gerar o prosseguimento do processo) ou mesmo quando o Ministério Público deixar de recorrer quando atua como *custos iuris* (o que não necessariamente gera qualquer prejuízo ao processo, pois agindo de acordo com a sua independência funcional o membro do *parquet* pode concluir que o interesse público que justifica a sua intervenção nesta modalidade já foi devidamente atendido por ocasião da prolação do ato decisório em questão).

A revelia, por seu turno, é como uma espécie de contumácia específica apenas para o demandado, que opera quando este deixa de apresentar o ato processual denominado "contestação" e que gera efeitos bem delineados (art. 344 e art. 346), que cuidam da presunção relativa de veracidade dos fatos afirmados pelo demandante e da desnecessidade de intimação do réu para ciência e participação dos atos ulteriores do processo.

11.4.3.2. Classificação dos prazos

As classificações mais comuns a respeito dos prazos processuais serão todas abordadas em tópicos próprios, em razão das suas especificidades, mas usualmente são relacionadas como sendo as seguintes: a) legais, convencionais e judiciais; b) comuns e particulares; c) próprios e impróprios; d) especiais; e) dilatórios e peremptórios.[5]

11.4.3.2.1. Prazos legais, convencionais e judiciais

Esta classificação não oferece dificuldade alguma, pois a própria nomenclatura já é claro indicativo do que cada uma significa. Desta maneira, prazo legal é aquele previsto em lei como, por exemplo, o que estabelece 15 (quinze) dias para que o demandado apresente contestação (art. 335). Por prazo convencional, já deve ser entendido aquele que tiver sido entabulado pelos próprios envolvidos, como seria a hipótese de ambos terem requerido a suspensão do processo por um prazo não superior a seis meses (art. 313, § 4º). E, por fim, prazo judicial é aquele estabelecido pelo magistrado, como ocorre naquelas situações previstas em que a lei não prescreve nenhum prazo específico (art. 218, § 1º) ou, também, naquela que autoriza ao desembargador ou ministro fixar um prazo entre 15 (quinze) a 30 (trinta) dias para o demandado apresentar sua defesa em sede de ação rescisória (art. 970).

11.4.3.2.2. Prazos comuns e particulares

Esta também é outra classificação que não gera dificuldades para a sua assimilação, já que o prazo comum é aquele que se conta ao mesmo tempo para ambas as partes indistintamente (v.g., quando o magistrado profere, em audiência de instrução e julgamento, uma sentença de procedência parcial do pedido formulado pelo demandante, sendo ambas as partes imediatamente intimadas, naquele mesmo momento, do seu teor para a interposição, se for o caso, de algum recurso), enquanto o prazo particular é aquele dirigido a somente uma delas (v.g., quando o magistrado determinar que o demandante, em 5 (cinco) dias, forneça ao juízo o nome completo e mais endereço da testemunha que pretende que seja inquirida, sob pena de indeferimento da prova.

11.4.3.2.3. Prazos próprios e impróprios

O prazo denominado "próprio" é aquele destinado às partes principais ou secundárias do processo, de modo que a sua falta de observância gera consequências processuais, que já foram analisadas, como a preclusão ou a revelia. O prazo "impróprio", contudo, já é direcionado ao magistrado, aos serventuários ou até mesmo aos colaboradores do juízo como seria a hipótese de um perito nomeado, uma vez que a inércia em atender tais prazos pode gerar consequências externas ou administrativas.

---

5 SANTOS, Moacyr Amaral. *Primeiras linhas de direito processual civil*, 27ª ed. São Paulo: Saraiva, 2010. v. 1, p. 319.

Com efeito, embora não se possa exigir fiel observância ao prazo de vinte dias para o magistrado proferir as suas decisões (art. 226, inc. III c/c art. 227) em razão da enorme quantidade de processos judiciais instaurados e da falta de estrutura e servidores para dar conta desta vasão, é certo que conclusões muito longas, que fogem de qualquer razoabilidade e sem quaisquer justificativas, podem dar ensejo à instauração de procedimento disciplinar, que até mesmo pode gerar sanção administrativa ao juiz, muito embora o mesmo não fique impedido de proferir suas decisões após o decurso deste prazo de vinte dias. O mesmo, por sinal, se aplica aos serventuários, eis que também possuem prazos que devem ser observados (art. 228).

No entanto, é de se salientar que eventual inércia pode, nos dias atuais, até mesmo resultar em alguma consequência processual. É que há norma (art. 77), que cuida da *contempt of court* (que o CPC nominou como "multa por ato atentatório a dignidade da Justiça), que autoriza que, em algumas situações, o magistrado sancione, no próprio processo, o comportamento do servidor ou do perito, para citar alguns exemplos, que estejam criando embaraços à marcha processual. Portanto, é correto concluir que, eventualmente, até mesmo o descumprimento de um prazo "impróprio" pode vir a gerar consequência dentro do mesmo processo em que esta inércia tiver sido detectada.

11.4.3.2.4. Prazos especiais

Os prazos especiais são aqueles que são dados a certas partes que ostentam alguma característica ou qualidade que as diferencia das demais. Não geram, portanto, um privilégio ou algo ofensivo ao princípio da isonomia, eis que aqueles que eventualmente gozam de prazos especiais ou diferenciados não se encontram no mesmo patamar dos demais, razão pela qual esta benesse busca evitar ou corrigir distorções que lhe poderiam ser prejudiciais. Por este motivo, aquele que tem a sua capacidade postulatória suprida pelo defensor público, acaba tendo prazo em dobro (art. 186) para se manifestar de uma forma geral nos autos eis que é reconhecido que, por mais que haja capacidade técnica e intelectual aos membros desta instituição, ainda assim a ausência de estrutura adequada e material humano é notória, de modo que os mesmos ficam assoberbados de trabalho e com esta dilação é que terão a oportunidade de defender adequadamente o seu assistido.

Da mesma maneira, o Ministério Público quando atua no processo tem prazo diferenciado (em dobro) para se manifestar (art. 180), o que poderia ser justificado em razão das mesmas ponderações acima no que concerne à ausência de estrutura adequada e material humano para o exercício de tão relevantes funções.

Esta mesma prerrogativa, por sinal, também confere prazo em dobro para que a Fazenda Pública possa se manifestar nos autos, o que decorre da constatação de que a mesma participa de uma quantidade muito grande de processos, seja atuando no polo ativo ou passivo, de modo que esta dilação certamente ajuda a corrigir essa distorção de modo a minorar eventuais prejuízos processuais. No entanto, este mesmo dispositivo (art. 183) vem gerando uma série de questionamentos, que poderão ser enumerados da forma seguinte: a) Quais são os entes beneficiados por esse prazo especial?; b) O prazo especial previsto aplica-se em todos os procedimentos especiais?

Quanto ao primeiro questionamento, os entes beneficiados pelo prazo especial previsto no CPC (art. 183) são apenas aqueles que podem ser considerados como "Fazenda Pública" que, nos termos da legislação (art. 10, Lei nº 9.469/97), abrange a União, o Distrito Federal, os Estados, os Municípios, as autarquias e as fundações autárquicas. Portanto, sociedade de economia mista (v.g., Banco do Brasil ou Petrobras) e empresa pública (v.g., CEF), embora integrantes da Administração Pública indireta, não gozam de prazos especiais, por se submeterem ao mesmo regime jurídico das sociedades privadas (art. 173, § 1º, inc. II, CRFB). A única ressalva seria quanto à Empresa de Correios e Telégrafos que, apesar de ser uma empresa pública federal, recebe o mesmo tratamento que a Fazenda Pública em juízo, nos termos de antiga legislação (Decreto-Lei nº 509/69). De resto, os Estados estrangeiros que eventualmente estejam litigando em território brasileiro também não irão fazer jus a esse prazo diferenciado, como já decidido pelo STF.[6]

Quanto à última pergunta, ou seja, se este prazo especial se aplica em procedimentos especiais, a resposta deve ser negativa, quando nestes procedimentos houver vedação explícita. É o que ocorre nos processos que tramitam, por exemplo, no Juizado Especial Federal ou Juizado Especial Fazendário, em razão da proibição expressa (art. 9º, Lei nº 10.259/2001 e art. 7º, Lei nº 12.153/2009).

11.4.3.2.5. Prazos dilatórios e peremptórios

Uma classificação muito comum na doutrina tradicional é a que diferencia o denominado prazo "dilatório" do "peremptório". De acordo com a antiga orientação, o primeiro pode ser reduzido ou prorrogado por vontade das partes, o que já seria vedado no segundo. No entanto, o tratamento trazido pelo legislador é insuficiente, mesmo no atual modelo, por não esclarecer quais prazos são dilatórios e aqueles que são peremptórios.

Usualmente, os prazos peremptórios são aqueles mais importantes no desenvolvimento do processo que, caso não sejam observados, geram consequências processuais mais severas, tal como ocorre com os prazos para contestar, recorrer, dentre outros. Já quanto aos prazos dilatórios, que não são tão importantes ou, cuja falta de observância gera consequências processuais de pequena gravidade, o exemplo mais citado é o prazo para fazer juntada de um documento, entre outros.[7]

No entanto, ainda assim esta classificação parece ser desnecessária, pois até mesmo um prazo peremptório pode ser prorrogado, conforme expressamente autorizado pelo CPC (art. 222) nos casos de ser difícil o transporte para a base territorial do juízo ou, então, em situações de calamidade pública (art. 222, § 2º). Ademais, não se pode olvidar que a ocorrência de uma justa causa autoriza a devolução dos prazos para as partes, independentemente de eles serem peremptórios ou dilatórios. Logo, não aparenta fazer muito sentido trabalhar esta classificação de prazos, eis que os mesmos acabam se igualando nas hipóteses supra.

---

6 STF. Reclamação nº 10.920-MC/PR. Rel. Min. Celso de Mello. DJ 08/09/2011.

7 THEODORO Jr., Humberto. *Curso de direito processual civil,* 56 ed. Rio de Janeiro: Forense, 2015. v. I, p. 523.

Por fim, destaca-se que, em momento próprio (v. item nº 11.5.2.12.), será criticada a possibilidade de convenção processual entre as partes que tenha por objetivo a alteração de prazos peremptórios estabelecidos por lei.

11.4.3.3. Contagem dos prazos

A forma de contagem dos prazos no processo civil não é complexa. O primeiro passo é definir quando ocorre o termo inicial para, somente após analisar quando a contagem começa efetivamente a ocorrer. Assim, não é a intimação do demandado que gera automaticamente o início do prazo para a prática de determinado ato, eis que o CPC (art. 231, inc. II) primeiro exige que seja juntado aos autos, pelo serventuário, o mandado de intimação devidamente cumprido. Logo, sendo hipótese de intimação realizada por oficial de justiça, enquanto não for juntado o mandado ainda não começa a fluir qualquer prazo, motivo pelo qual é deveras importante o conhecimento por todos que são operadores do Direito dessas regras que estabelecem o *dies a quo* para início da contagem do prazo, que variam conforme a situação envolvida.

Só que, uma vez definido o termo inicial, é importante verificar que o prazo estabelecido para a prática do ato não começa a contar imediatamente. Com efeito, o primeiro dia da contagem será exatamente o primeiro dia útil seguinte (art. 224), e, na sequência, somente serão considerados e computados os dias úteis (art. 219), até que venha o advento do termo final. Vale dizer, inclusive, que há norma prevendo que, no período entre 20 (vinte) de dezembro e 20 (vinte) de janeiro, haverá a suspensão do curso de todos os prazos processuais, muito embora o Poder Judiciário vá funcionar regularmente (art. 220).

Quanto a esta contagem em dias úteis (art. 219), algumas considerações devem ser realizadas. A primeira, é a de que esta norma deve ser interpretada restritivamente, somente quando a legislação fizer menção a "dias". pois nada acrescenta para um dos escopos primordiais do CPC, que é o tempo razoável para a solução do mérito (art. 4º, CPC). Até se reconhece que há um enorme dispêndio de tempo com o que se convencionou chamar popularmente de "tempo morto em Cartório", que se refere ao processo "parado" em secretaria aguardando a realização das audiências designadas ou mesmo de algumas providências a serem cumpridas. Contudo, embora este seja um tempo realmente considerável, a contagem dos prazos em dias úteis em nada, mas absolutamente nada, acrescenta para a agilidade da prestação jurisdicional, principalmente se for relevado que o CPC amplia sensivelmente prazos para a prática de diversos atos processuais (v.g., para a interposição de todos os agravos – art. 1.070), bem como até mesmo desloca enormemente o termo inicial para outros (v.g., o da apresentação da contestação, cujo termo inicial somente será após a realização da audiência de conciliação e mediação infrutífera – art. 335). Por este motivo, o melhor é uma interpretação restritiva desta norma (art. 219), somente para os prazos processuais que realmente tenham sido fixados em dias.

Por exemplo, o prazo para contestar será de 15 (quinze) dias (art. 335), situação em que apenas os dias úteis serão contados. Contudo, muitas vezes o CPC faz menção a prazo em anos (v.g., o prazo de um ano de suspensão do processo quando não forem localizados bens penhoráveis – art. 921, § 1º) ou mesmo em meses (v.g., o prazo de seis meses, que foi estabelecido entre as partes, com fins de tentar obter a solução consensual – art. 313, § 4º). Só que, em tais casos, o prazo continuará a correr de forma contínua, incluindo também os sábados, domingos e feriados. Portanto, não é adequado interpretar que o prazo será de um ano, composto por 365 (trezentos e sessenta e cinco) dias úteis. E, não menos importante, a outra consideração é a de que esta contagem do prazo em dias úteis somente se aplica a atos a serem praticados intraprocessualmente, ou seja, em relação àquele processo já deflagrado. Por este motivo, prazo como o decadencial para a impetração de um mandado de segurança, que é de 120 (cento e vinte) dias, permanecerá a ser contado de forma contínua.

Outra questão interessante é quanto à correta forma de contagem dos prazos nos processos que tramitam perante um Juizado Especial, ou seja, se ela deveria ser em dias "úteis" (como estabelece o CPC) ou em dias "corridos". Recente Lei nº 13.728/2018, acrescentou norma na Lei dos Juizados Estaduais (art. 12-A, Lei nº 9.099/95), passando a prever que os prazos devem ser contados em dias úteis. Com isso, encerra-se essa controvérsia, muito embora tal inovação conspire contra o tempo razoável para a solução do mérito (norma fundamental do CPC – art. 4º), e, também, contra os critérios norteadores do sistema dos Juizados (art. 2º, Lei nº 9.099/95).

Também parece razoável defender que, em todos os processos em que o ECA for aplicado, a contagem dos prazos deverá ser realizada em dias corridos. Com efeito, esta legislação é específica para casos envolvendo crianças e adolescentes, que não podem ser morosos para que a definição judicial venha com certa brevidade. Esta constatação é observada em diversos momentos do ECA como, por exemplo, no prazo máximo de 45 (quarenta e cinco) dias de internação antes que a sentença venha a ser proferida (art. 108, Lei nº 8.069/90) ou mesmo no idêntico prazo para a conclusão do procedimento instaurado para a apuração de ato infracional praticado por adolescente (art. 183, Lei nº 8.069/90). Além disso, há também nele norma específica disciplinando que a contagem deve se dar em dias corridos (art. 152, § 2º, Lei nº 8.069/1990). Por estes motivos, aliás, é que já há decisão do STJ no mesmo sentido do texto.[8]

Há, ainda, decisões reconhecendo que, nos processos eleitorais, a contagem dos prazos deve ser realizada em dias corridos, inclusive oriundas de sua Corte máxima (TSE).[9] O mesmo ocorre, por sinal, naquele período de tempo denominado *stay period* (art. 6º, § 4º, Lei nº 11.101/2005) durante a recuperação judicial, que também será contado em dias corridos.[10]

---

8 STJ. HC nº 475.610/DF. Rel. Min. Rogério Schietti Cruz. 26/03/2019.

9 TSE. Agravo Regimental no Recurso Especial Eleitoral nº 84-27/AM, DJe 05/05/2017.

10 STJ. REsp nº 1.698.283-GO. Rel. Min. Marco Aurélio Bellizze. DJ 24/05/2019.

E, ainda sobre a contagem dos prazos em dias uteis, se deve ter em mente que a mesma somente se aplica para os prazos ditos "processuais" (art. 219, parágrafo único). Porém, por vezes é possível se detectar alguma situação que pode gerar certas dificuldades em definir qual a real natureza do prazo. Por exemplo, no cumprimento de sentença envolvendo obrigação de pagar entre particulares, o devedor é intimado para cumprir a obrigação no prazo de 15 (quinze) dias e, se nada fizer, imediatamente começarão outros 15 (quinze) dias, mas agora para oferecimento da defesa denominada impugnação (art. 523). Quanto ao segundo prazo, nenhuma dúvida há que o mesmo possui natureza processual, eis que se refere à apresentação de uma peça relevante ao processo. Mas os primeiros 15 (quinze) dias têm gerado alguma discussão, já havendo até julgados no sentido de que o prazo para qualquer cumprimento de obrigação (seja ela de pagar, fazer, não fazer ou para entrega de coisa) deve ser considerado como "material", motivo pelo qual deveria ser contado de forma "contínua" (art. 132, CC).[11] Ocorre que não se pode deixar de perceber que este mesmo prazo para cumprimento da obrigação tem reflexos processuais, já que a sua falta de observância acarreta diversas consequências de cunho processual, como fixação de honorários, multa e início de prazo para a apresentação da impugnação. Por este motivo, certamente a mera cogitação de que, em um mesmo processo, certos prazos tenham que ser contados de forma corrida enquanto outros serão em dias úteis, contribuirá ainda mais para fomentar uma enorme insegurança jurídica. Portanto, em prol de uma simplificação, o que ora se defende é que, neste caso específico (art. 523 – prazo para cumprir obrigação em sede de cumprimento de sentença) seja considerado como de natureza processual e, por este motivo, seja computado em dias úteis, tal como ocorrerá com o prazo seguinte de 15 (quinze) dias para oferecimento da impugnação. Felizmente, já há precedente do STJ no sentido do texto, que a contagem dos primeiros quinze dias seja realizada contabilizando apenas os dias úteis.[12]

Desta forma, uma vez assimilada a forma de contagem dos prazos pelo CPC, já é possível constatar que, juntado o mandado de intimação aos autos em uma quinta-feira (para que o réu em três dias adote uma determinada providência), o primeiro dia para o prazo da resposta já começa na sexta-feira, não sendo contados sábado e domingo, posto que a contagem somente irá reiniciar na segunda-feira e terminar na terça-feira. No entanto, se neste mesmo exemplo o mandado de intimação fosse carreado aos autos apenas na sexta-feira, o prazo somente começaria a correr no primeiro dia útil em que haja expediente forense normal (segunda-feira) e terminaria no terceiro dia (quarta-feira). Fica a ressalva, porém, que se o termo final, ou seja, se o terceiro dia cair em uma data em que não haja expediente forense, como no sábado ou domingo, será permitida a prática do ato na segunda-

---

11 TJ-RJ. Agravo de instrumento nº 0005895-78.2016.8.19.0000. Rel. Des. Pedro Saraiva Andrade Lemos. DJ 13/04/2016.

12 STJ. REsp nº 1.708.348-RJ. Rel. Min. Marco Aurélio Bellizze, DJ 1º/08/2019. STJ. REsp nº 1.693.784/DF. Rel. Min. Luís Felipe Salomão. DJ 05/02/2018.

feira seguinte, que é o primeiro dia útil. É o que se extrai da leitura do próprio CPC (art. 224 e parágrafos).

De resto, há uma peculiaridade quando se tratar de ato processual praticado por *fac-símile*, que permanece a ser regido por lei específica (Lei nº 9.800/99), em que pese a criação de lei mais recente que trata genericamente de atos processuais efetuados por meio eletrônico (Lei nº 11.419/06). É que, há longa data, a jurisprudência vem interpretando que se o ato processual tiver sido transmitido por *fac-símile*, ainda assim haverá a necessidade de se aguardar mais 5 (cinco) dias, que são contados automaticamente após o decurso do termo final para a prática do ato (e não da prática do ato em si), para que a via original seja apresentada ao órgão jurisdicional.[13]

11.4.3.4. Suspensão e interrupção dos prazos

Por vezes, pode ocorrer uma situação em que o processo é suspenso em sua totalidade ("suspensão própria" – v.g., art. 982, inc. I) ou apenas parcialmente ("suspensão imprópria"– art. 146, § 2º, inc. I). No entanto, às vezes o processo continua a tramitar, mas, o que ocorre é apenas a suspensão do prazo para a prática de algum ato. Nestas situações, ou seja, de suspensão dos prazos, estes voltam a correr do ponto em que a suspensão se operou. Conforme anteriormente já noticiado, há norma prevendo que, no período entre 20 (vinte) de dezembro e 20 (vinte) de janeiro, haverá a suspensão do curso de todos os prazos processuais, muito embora o Poder Judiciário vá funcionar regularmente (art. 220). Contudo, os processos continuarão tramitando internamente, com a elaboração de decisões judiciais, confecção de mandados, entre outras providências mais, posto que somente os prazos estarão suspensos. Assim, findo este período, os prazos suspensos voltam a correr exatamente de onde pararam no momento desta suspensão.

Isso já não ocorre, porém, quando se tratar de uma hipótese caracterizadora de interrupção dos prazos, posto que nelas o prazo é devolvido integralmente, ou seja, novamente contado desde o seu início. Para exemplificar, basta imaginar que, diante de uma sentença, uma das partes vislumbre qualquer omissão, hipótese em que a mesma poderá inicialmente interpor embargos de declaração e, posteriormente, se for o caso, um recurso de apelação. Ocorre que o termo inicial para recorrer em ambos os recursos é exatamente o mesmo, muito embora o prazo final para embargar seja de apenas cinco dias (art. 1.023) e, para apelar, de quinze dias (art. 1.003, § 5º). No entanto, se forem interpostos, os embargos de declaração, por exemplo, no quarto dia haverá uma interrupção quanto aos demais prazos, inclusive para interposição de recurso de apelação (para ambas as partes – art. 1.026), de modo que, quando o advogado vier a

---

13 STF. Recurso ordinário em *habeas corpus* nº 86.952. Rel. Min. Marco Aurélio. DJ 13/02/2007.

ser intimado para ciência da decisão desses embargos, reiniciará por completo o prazo de 15 (quinze) dias para apelar, se assim for do seu interesse.

11.4.4. Atos processuais praticados por meio eletrônico

O CPC cuidou do tema em seção nova (art. 193 – art. 199), reconhecendo que os avanços da tecnologia podem trazer grandes benefícios ao processo jurisdicional, especialmente no que diz respeito à consulta, economia de insumos naturais e agilidade processual.

Há norma (art. 193) que determina que os atos processuais podem ser total ou parcialmente digitais, devendo observar a forma prevista em legislação própria (Lei nº 11.419/2006). Acrescenta, ainda, que esta disposição também se aplica aos atos notariais e de registro (art. 193, parágrafo único).[14]

A novel legislação esmiúça melhor a prática desses atos processuais, mormente os sistemas de automação processual, de modo a garantir plena publicidade de tudo que é praticado no processo. Prevê (art. 194) que tais atos sejam realizados observando garantias como "disponibilidade" (que se refere ao uso da informação), "independência de plataforma computacional" (que busca evitar que seja priorizado uso de equipamentos de apenas uma empresa ou marca), "acessibilidade" (que assegura que tais informações também sejam repassadas aos portadores de necessidades especiais) e "interoperabilidade entre sistemas, serviços e dados" (que tenciona permitir que os sistemas desenvolvidos se comuniquem adequadamente entre si). O dispositivo será de grande utilidade, por exemplo, nos casos de sustentação oral em sessões para os advogados que não possuem residência na sede do Tribunal (art. 937, § 4º), entre outros mais que o CPC contempla.

Há, ainda, dispositivo (art. 195) que fixa critérios para o registro do ato processual, que deverá adotar padrões abertos, atendendo requisitos como "autenticidade" (técnica para validar o ato processual praticado por meio eletrônico), "integridade" (que se refere ao cuidado e proteção com o conteúdo do ato eletrônico), "temporalidade" (relativa ao tempo de armazenamento do ato), "não repúdio" (proibição para a divulgação parcial e seletiva de informações), "conservação" (técnica para conservar o ato eletrônico) "confidencialidade" (limitação de acesso aos atos), embora este último seja apenas nos casos que a lei exigir.

Antes da vigência do CPC, lei específica previa que a competência regulamentar para a prática de atos processuais por meio eletrônico, bem como de sua comunicação oficial, pertencia a todos os órgãos do Poder Judiciário (art. 18, Lei nº 11.419/2006). Contudo, agora esta competência pertence ao CNJ e, apenas supletivamente, aos tribunais (art. 196).

---

14 Há precedente reconhecendo a prevalência da intimação realizada via *Diário de Justiça Eletrônico* sobre a eletrônica, na hipótese de duplicidade de intimações. É o que se extrai em: STJ. AgInt no AREsp 1.071.468/RJ, Agravo Interno no Agravo em Recurso Especial 2017/0059717-9, Rel. Min. Luis Felipe Salomão, j. 12/09/2017.

Também há norma (art. 197) estabelecendo que há uma presunção relativa de veracidade e confiabilidade no que diz respeito aos dados divulgados pelos tribunais na rede mundial de computadores. Além disso, o mesmo dispositivo também esclarece ser considerada uma "justa causa", a justificar a fixação de novo prazo para a prática do ato processual, quando ocorrer problema técnico no sistema e de erro ou omissão do auxiliar da Justiça responsável para registro dos andamentos, o que é medida salutar neste momento em que ainda está em adaptação a migração dos processos "físicos" para os "eletrônicos", popularmente chamado de "virtuais".

De resto, caberá ainda ao Poder Judiciário disponibilizar espaço e equipamentos necessários para a prática de atos processuais por meio eletrônico ou para consulta aos processos e a seus documentos (art. 198). Tais equipamentos, certamente, poderão ser custeados com o novo fundo de custos destinado à modernização do Poder Judiciário (art. 97). E, não menos importante, há dispositivo (art. 199), que garante a "acessibilidade" aos que possuem alguma espécie de necessidade especial, que não poderão ser prejudicados no acesso aos processos eletrônicos e nem na prática de atos processuais.

11.5. OS NEGÓCIOS PROCESSUAIS

11.5.1. Introdução

Em seu processo de elaboração, o CPC teve por base algumas premissas e, entre elas, a de que a sociedade brasileira já se encontra minimamente madura e desprovida de qualquer grau de hierarquia de qualquer natureza para realizar a autocomposição, tanto no plano material como quanto a aspectos processuais. Com efeito, passou a ser estabelecida uma "obrigatoriedade" quanto à audiência de conciliação e mediação (art. 334 – o que é contraditório, pois um dos primados é que haja "consenso" na solução amigável, jamais "obrigatoriedade") e, da mesma forma, também para a prática de certas convenções processuais.

Estes "negócios processuais", como a própria nomenclatura sugere, são aqueles pontos afetos ao Direito Processual que podem ser objeto de convenção entre as partes. Mas, claro, que haverá algumas ressalvas, pois não poderão prosperar em casos de nulidade ou de abusividade inseridas em contrato de adesão (art. 190 – norma esta que deve ser interpretada de maneira ampliativa para qualquer outro negócio processual). Nestes casos, o juiz deixará de homologar o negócio processual, negando-lhe qualquer validade jurídica no processo, por meio de uma decisão interlocutória devidamente motivada.

O meio acadêmico nacional, já há alguns anos, apresenta trabalhos primordiais quanto ao tema com enfoque no Direito comparado.[15] Contudo, sob a égide constitucional, nem sempre tais convenções podem ter a amplitude sugerida. Com efeito, não se pode olvidar que a matéria em questão é o Direito Processual Civil,

---

15 REDONDO, Bruno Garcia. *Flexibilização do procedimento pelo juiz e pelas partes no direito processual civil brasileiro.* Dissertação de Mestrado. São Paulo: PUC-SP, Programa de Mestrado em Direito, 2013.

que é o ramo da ciência jurídica responsável, dentre outras tarefas, por regular os ritos processuais, recursos, bem como a participação das partes e seus deveres e obrigações no decorrer do processo, entre outras mais. Desta maneira, somente o Congresso Nacional poderia regular tais temas, por meio da criação de leis (art. 22, inc. I, CRFB).

Além disso, outro argumento contrário a alguns negócios processuais é o de que a jurisdição é atividade pública, não podendo receber tratamento assemelhando ao da arbitragem, que permite essa possibilidade de ajustes rituais, especialmente no que diz respeito à formatação do compromisso arbitral (art. 11, Lei nº 9.307/1996), mormente por esta última ("arbitragem") decorrer da autonomia da vontade e do seu forte caráter privatista. Assim, estes ajustes no procedimento flagrantemente minam esta atividade pública ("jurisdição"), descaracterizando a garantia do devido processo legal (art. 5º, inc. LIV, CRFB), transformando-a, simplesmente, em um "devido processo negocial" ou "indevido processo legal".[16]

Algo que também se deve criticar foi o pouco aprofundamento ao tema no CPC. Não são esclarecidos, por exemplo, quais os negócios processuais que podem ser realizados em caráter pré-processual, quais aqueles em que há a necessidade de efetivo envolvimento do magistrado para sua validade e eficácia, nem os meios processuais para impugnar estas convenções, entre outras mais. Assim, enquanto reformas normativas não forem criadas ou estas questões não chegarem ao Poder Judiciário, tudo ficará restrito apenas ao campo especulativo, gerando insegurança pouco recomendável.[17]

E, por fim, também não se pode olvidar que alguns exemplos de convenções processuais podem gerar um verdadeiro caos cartorário se todos os demandantes quiserem modificar o rito ou criar calendários próprios para a prática dos atos, o que também não permitirá que a jurisdição seja prestada em prazo razoável (art. 5º, inc. LXXVIII, CRFB), além de estarem priorizando o interesse privado das partes em detrimento do interesse público que justifica, por exemplo, uma ordem cronológica para que as sentenças sejam proferidas (art. 12).

O que se observa, assim, é que a inclusão deste tema no CPC adota um discurso de enfraquecimento da autoridade pública e, ao mesmo tempo, de transferência de parcelas da atividade judicante e até legiferante para outros operadores do Direito, que não foram regularmente investidos para tanto, seja por meio do concurso público ou pelo sufrágio universal, como prioriza a Constituição. Por este e outros motivos é que, certos doutrinadores, já apontam várias ressalvas a certas convenções processuais.[18] De todo modo, é importante apresentar as espécies de negócios processuais sugeridas pelo meio acadêmico ou apontadas pelo CPC, para que cada leitor tire a sua própria conclusão a respeito do assunto, após acurada leitura dos argumentos ou da base normativa.

---

16 HARTMANN, Rodolfo Kronemberg. *Novo código de processo civil – Comparado & Anotado.* 1ª ed. Niterói: Impetus, 2015, pp. 186-187.

17 O STJ já reconheceu a possibilidade, por exemplo, de convenções processuais típicas (previstas em lei) ou atípicas, também pontuando que nestas últimas não há necessidade de participação do magistrado, devido ao caráter da bilateralidade própria deles. É o que se extrai em: STJ. REsp nº 1.738.656/RJ. Rel.ª Min.ª Nancy Andrighi. DJ 05/12/2019.

18 BUENO, Cassio Scarpinella. *Manual de direito processual civil.* São Paulo: Saraiva, 2015, p. 191.

De resto, fica a ressalva que se trata de tema que não tem surgido para a análise no Poder Judiciário com a frequência que uma novidade desta magnitude poderia sugerir, o que, certamente, deve estar causando muitas frustrações aos defensores desta temática, incluindo os que participaram da forte produção acadêmica sobre o assunto.

11.5.2. Situações apontadas como passíveis de gerar negócios processuais

O tema "negócios processuais" já até existia sob a égide do modelo anterior, mas em caráter muito mais restrito. Com efeito, já era apontada como exemplo desta faculdade a norma que foi mantida no CPC (art. 313, § 4º), que permite que as partes convencionem a suspensão do processo por até 6 (seis) meses, enquanto tentam obter a solução consensual. Outro exemplo, também largamente permitido sobre negócios processuais, é o da escolha da base territorial de comum acordo pelas partes, o que também permaneceu (art. 63). E, entre os novos que não criam nenhuma mácula ao ordenamento jurídico, pode ser indicado aquele em que as partes escolhem o conciliador ou mediador, que irá conduzir a audiência específica para esta finalidade (art. 168).

Contudo, o CPC foi um pouco além, se deixando levar pelos entusiastas deste novo modelo, acabando por prever expressa (ou implicitamente, após ter excluído determinadas expressões ou palavras), várias outras situações, só que muitas de duvidosa constitucionalidade. E, pelo menos neste momento inicial, em que a doutrina sobre a novel legislação ainda estava sendo produzida, aliada à ausência de jurisprudência, é que muitos enunciados apresentados por acadêmicos passaram a ser citados, pois, naquele momento germinal, se constituíam no primeiro estudo técnico sobre as potencialidades do CPC.

Embora diversos tenham sido os encontros entre os acadêmicos de Direito Processual Civil por todo o Brasil, esta obra optou por comentar especificamente as do Fórum Permanente dos Processualistas Civis (FPPC), em virtude de ser um encontro franqueado a todos os processualistas que quiserem participar e, também, porque os enunciados oriundos deste encontro são bem ricos em exemplos de convenções processuais entabuladas pelas partes. Mas, por outro lado, e até para que haja um escorreito contraponto (o que, aliás, é a tônica do CPC, ao estimular a dialética), também serão citados nominalmente alguns enunciados da Escola Nacional de Formação e Atualização de Magistrados (Enfam), que promoveu reunião com mais de 500 (quinhentos) magistrados de todo o País, entre 26 e 28 de agosto de 2015. Certamente, estes enunciados da Enfam são extremamente relevantes, pois já demonstram a primeira impressão do Poder Judiciário sobre alguns novos temas.

Entre as situações em tese mais corriqueiras que estão sendo indicadas como possibilidade de serem objeto de convenções processuais entre as partes, podem ser citadas as seguintes: a) para a modificação do procedimento (art. 190); b) para a criação de calendário para a prática de atos processuais (art. 191); c) para que o saneamento do processo possa ser efetuado pelas próprias partes (art. 357, § 2º); d) para a inversão do ônus da prova ser realizada pelas próprias partes extrajudicialmente (art. 373, § 4º); e) para a renúncia à impenhorabilidade de bens por convenção entre as partes (art. 833); f) para a renúncia à força executiva do título extrajudicial por convenção processual (art. 785); g) para dispensar caução em cumprimento provisório de sentença; h) para que não seja promovido cumprimento provisório da sentença; i) para renúncia prévia ao direito de recorrer ou de não produzir provas; j) para alterar efeito inerente a recurso; k) para criar hipóteses de sustentação oral não previstas em lei ou mesmo ampliação do seu prazo; l) para alteração de prazos peremptórios.

11.5.2.1. Negócio processual para a modificação do procedimento (art. 190)

Há previsão normativa (art. 190) autorizando que as partes, de comum acordo, alterem o procedimento a ser observado no processo, o que significa dizer que poderão ser criadas ou suprimidas audiências, modificado o momento de apresentação de resposta, entre outras muitas providências. Igualmente, há enunciado acadêmico neste sentido.[19]

Contudo, devem ser repisados os argumentos anteriores contra essa proposta. Com efeito, a Carta Magna assegura o direito ao "devido processo legal", não a um "devido processo negocial" (ou "indevido processo legal") criado pelas próprias partes sem ingerência do ente estatal e com violação às normas constitucionais que cuidam da atribuição exclusiva do Congresso Nacional para a criação de normas de natureza processual (art. 22, inc. I, CRFB).

A jurisprudência pátria era exatamente no sentido do texto, pois sendo o procedimento um tema de ordem pública, se consubstanciaria em norma cogente, dele não podendo dispor qualquer uma das partes.[20] Assim, fica a reflexão de que o CPC tantas vezes impõe ao magistrado o dever de observar os precedentes (art. 927), mas, ao mesmo tempo, não respeita temas oriundos de jurisprudência pacífica e consolidada. De todo modo, pelos argumentos já apresentados, a norma em comento (art. 190) realmente soa inconstitucional no que diz respeito à possibilidade de as partes alterarem regras processuais cogentes de comum acordo, o que deve ser indeferido pelo magistrado.

11.5.2.2. Negócio processual para a criação de calendário para a prática de atos processuais (art. 191)

Trata-se de outro dispositivo (art. 191) que é flagrantemente inconstitucional, tal como o anterior (art. 190). Ele permite que as partes, juntamente com o magistrado, convencionem calendário para a prática de atos processuais, ainda que tenha sido

19   Enunciado nº 257, do FPPC: "(art. 190) O art. 190 autoriza que as partes tanto estipulem mudanças do procedimento quanto convencionem sobre os seus ônus, poderes, faculdades e deveres processuais".
20   STJ. REsp nº 993.535/PR. Rel.ª Min.ª Nancy Andrighi. DJ 06/04/2010.

outro o estabelecido pela legislação. Trata-se, em realidade, de mais uma tentativa de aproximar a "Jurisdição", que é uma atividade pública e estatal, da "arbitragem", que é um equivalente jurisdicional com forte traço privatista. Por sinal, este calendário é expressamente mencionado na legislação arbitral (art. 11, inc. III, Lei nº 9.307/1996).

O meio acadêmico vem divulgando que este tipo de convenção processual trará ganhos de eficiência, pois o processo seguirá o calendário previamente aprovado pelas partes, o que tornaria dispensável ulteriores intimações, entre outras providências. Mas o raciocínio não é tão simples assim, pois existem algumas variantes envolvidas.

Com efeito, entre as normas fundamentais do CPC foi criada uma que determina que, preferencialmente, o magistrado observe uma ordem cronológica para proferir suas decisões (art. 12). Igualmente, há outra impondo que os auxiliares da Justiça deverão preferencialmente implementar as medidas deferidas pelo juiz, também de acordo com a ordem de chegada dos autos (art. 153). Observa-se, assim, que o CPC foi estruturado de modo a permitir uma maior transparência na atuação do Poder Judiciário, evitando que haja privilégios injustificáveis na tramitação dos processos, o que é salutar e atende ao interesse público. Contudo, se realmente este calendário for possível e os prazos nele estabelecidos tiverem que ser cumpridos, facilmente se percebe que estará ocorrendo a prevalência do "interesse particular" das partes, em detrimento do "interesse público". Afinal, por meio deste artifício, seria possível burlar tanto a ordem preferencial de conclusão para sentenciar, como também a ordem para a efetivação dos provimentos ordinários pelo Cartório, para que tudo seja realizado no prazo pactuado pelas partes.

Mas, não obstante este argumento, de que o calendário processual não pode ser usado como forma de burlar as regras que determinam ordem para a prática de atos processuais, há ainda outro, que é o de que prazos peremptórios não podem ser modificados pela vontade das partes, já que estabelecidos por meio de lei, aprovada formalmente pelo Congresso Nacional, que é o único que pode disciplinar matéria processual (art. 22, inc. I, CRFB). Há, inclusive, enunciado da Enfam neste sentido, de que as convenções processuais não podem criar prioridade de julgamentos de processos, o que está de acordo com a obra.[21] Portanto, este calendário, conforme apresentado, não seria juridicamente possível de ser imposto ao Poder Judiciário, ante a sua total incompatibilidade com outras normas que compõem o mesmo CPC e que já evidenciam, como é certo, a prevalência do interesse público da sociedade em detrimento do interesse pessoal das partes.

11.5.2.3. Negócio processual para que o saneamento do processo possa ser efetuado pelas próprias partes (art. 357, § 2o)

O saneamento do processo é importante atividade desempenhada quase sempre pelo magistrado, que irá resolver as questões processuais pendentes, fixar os pontos

---

21 Enunciado nº 36, ENFAM: "*A regra do art. 190 do CPC/2015 não autoriza às partes a celebração de negócios jurídicos processuais atípicos que afetem poderes e deveres do juiz, tais como os que: (...) e) estabeleçam prioridade de julgamento não prevista em lei*".

controvertidos e determinar as provas que ainda serão produzidas. Só que há dispositivo no CPC (art. 357, § 2º) permitindo que as próprias partes apresentem ao juiz, para homologação, delimitação consensual das questões de fato e de direito.

Esta norma, que autoriza a convenção processual para fins de saneamento (art. 357, § 2º), pode efetivamente contribuir para uma jurisdição mais eficiente, pois a própria norma impõe, para este caso, que o negócio processual só terá validade e eficácia com a efetiva concordância do magistrado, que dele participará. Assim, mesmo que as partes façam uma petição conjunta com uma "sugestão" de saneamento, o magistrado poderá concordar e homologá-lo ou até mesmo agir de maneira supletiva, fixando outros pontos, bem como determinando os meios de provas que entender como adequados, e, inclusive, até mesmo indeferir a convenção que tenha permitido a produção de prova ilícita, conforme já ressalvado em enunciado da Enfam.[22]

11.5.2.4. Negócio processual para a inversão do ônus da prova ser realizada pelas próprias partes extrajudicialmente (art. 373, § 4o)

Existe norma (art. 373, § 4º), que autoriza que o ônus da prova seja convencionado pelas partes, exceto em algumas situações, como naquelas que envolvam direitos indisponíveis. Não parece, contudo, norma que se encontra de acordo com a Constituição, devendo ser ressalvado, novamente, que ônus da prova é matéria afeta a Direito Processual Civil, que somente pode ser disciplinada por lei criada pelo Congresso Nacional (art. 22, inc. I, CRFB) e não por convenção entre as partes.

Na realidade brasileira, por exemplo, em que o consumidor é a parte mais vulnerável e que já tem direito à inversão do ônus da prova a seu favor, chega a soar temerário aventar a possibilidade de que ele, conscientemente, tenha algum interesse ou vantagem em abrir mão deste direito.

Em abono ao alerta feito, chama a atenção que o mesmo dispositivo (art. 373, § 4º) ainda permite que esta inversão do ônus da prova seja realizada em caráter extrajudicial, ou seja, antes mesmo de ser instaurado o processo. Vale dizer que, quanto a esta possibilidade de convenções processuais prévias, determinado segmento doutrinário já se manifestou que, realmente, o maior âmbito de aplicação da cláusula de negociação processual dar-se-á na fase pré-processual, do que não se duvida, pois ausente qualquer autoridade pública para checar, naquele instante, a validade das cláusulas que estão sendo celebradas frente à Carta Magna e à legislação.[23]

Em suma, este dispositivo retrata mais uma norma desnecessária no cenário jurídico, que apenas vai fomentar um debate interminável, muito embora já tenha sido detectado pelo leitor atento o seu claro intento em agraciar certos setores da economia.

---

22   Enunciado nº 37, ENFAM: *"São nulas, por ilicitude do objeto, as convenções processuais que violem as garantias constitucionais do processo, tais como as que: a) autorizem o uso de prova ilícita; (...)"*.

23   THEODORO JÚNIOR, Humberto. NUNES, Dierle. BAHIA, Alexandre Melo Franco. PEDRON, Flávio Quinaud. *Novo CPC – fundamentos e sistematização.* 1ª ed. Rio de Janeiro: Gen/Forense, 2015, p. 228.

11.5.2.5. Negócio processual visando à renúncia à impenhorabilidade de bens por convenção entre as partes (art. 833)

O CPC, ao dispor sobre os bens considerados como impenhoráveis (art. 833), suprimiu a palavra "absolutamente", que constava no modelo primitivo (art. 649, CPC-73). A supressão foi proposital, pois doutrina ativa na tramitação da novel legislação já defendia a possibilidade de a parte renunciar a esta proteção.[24] Há, também, enunciado acadêmico neste sentido, quanto à possibilidade de pacto sobre impenhorabilidade ou não de bem.[25]

Contudo, a jurisprudência, notadamente a do STJ, era refratária a este entendimento, o que parece o mais acertado.[26] Com efeito, basta uma atenta leitura da norma em comento (art. 833), para se chegar à conclusão de que, naquelas situações em que o legislador erigiu um bem como impenhorável, se pautou em um critério razoável para proteger um direito ou interesse extremamente relevante, como vestuário, utensílios domésticos, exercício de profissão, dentre outras mais. Logo, não poderia esta proteção, diretamente ligada à garantia da dignidade da pessoa humana (art. 1º, inc. III, CRFB), ser renunciada em negócio processual.

Não se discute aqui que, na inexistência de um processo judicial, a parte até poderá renunciar unilateralmente a todo o seu patrimônio. Contudo, na pendência deste, esta renúncia já não seria aceita, muito menos quando pactuada bilateralmente entre credor e devedor, nas chamadas convenções pré-processuais. Do contrário, também aqui haverá, mais uma vez, preocupação principalmente com as relações consumeristas, pois, diante do novo arcabouço normativo, os consumidores terão que analisar com muito afinco os contratos que celebram, especialmente os de financiamento perante as instituições financeiras, para perquirir se estarão renunciando à impenhorabilidade do bem de família, entre outros relacionados na legislação (art. 833).

Contudo, já não se vislumbra qualquer óbice no negócio processual em que as partes, de comum acordo, convencionem previamente que, em casos de execução, a penhora já será realizada sobre um determinado bem "penhorável" do devedor. Afinal, a "gradação legal", que impõe uma ordem para a realização da penhora, não é absoluta (art. 835). Diferentemente, como visto, é negociar bilateralmente a renúncia pelo devedor de uma regra de "impenhorabilidade".

11.5.2.6. Negócio processual visando à renúncia à força executiva do título extrajudicial por convenção processual (art. 785)

Trata-se de dispositivo inédito (art. 785), que permite ao credor optar pela via cognitiva mesmo quando já dispõe de título executivo extrajudicial. Esta é uma antiga

---

24 DIDIER Jr., Fredie, CUNHA, Leonardo Carneiro da, BRAGA, Paula Sarno, OLIVEIRA, Rafael. *Curso de direito processual civil – execução*. Salvador: JusPodivm, 2009. 5ª v., p. 545.

25 Enunciado nº 19, do FPPC: *"(art. 190) São admissíveis os seguintes negócios processuais, dentre outros: pacto de impenhorabilidade, (...)"*.

26 STJ. Agravo regimental no REsp nº 813.546/DF. Rel. Min. Fux (acórdão). DJ 04/06/2007.

polêmica especialmente doutrinária, pois pouquíssimas vezes um credor renuncia à força executiva do seu título para iniciar o processo com todas as agruras da etapa cognitiva. Afinal, ela não contribui para uma maior agilidade dos processos, mas, muito pelo contrário, traz perdas de tempo gigantescas, pois todos os atos e fases da etapa de conhecimento terão que ser praticados, bem como haverá toda a correspondente cadeia recursal. Mas, era o entendimento defendido na doutrina há tempos.[27]

Até se entende que, se o credor pode unilateralmente renunciar à totalidade do seu crédito em caráter extrajudicial, também poderia renunciar apenas à força executiva do seu título. Sim, é de se conceber que quem "pode fazer o mais, também pode fazer o menos", embora não haja qualquer ganho significativo nesta postura assumida unilateralmente. Contudo, novamente preocupa esta possibilidade ser tratada em caráter bilateral nas relações consumeristas, pois podem ser incluídas cláusulas desfavoráveis ao consumidor como, por exemplo, de que aquele determinado contrato, subscrito por 2 (duas) testemunhas, não ostentará força executiva apenas para ele.

11.5.2.7. Negócio processual para dispensar caução em cumprimento provisório de sentença

Há enunciado acadêmico autorizando convenção processual para que as próprias partes possam dispensar caução para casos de cumprimento provisório de sentença.[28] De novo, se objetiva a troca de posição processual entre os operadores do Direito. Afinal, o legislador já dispôs quando a caução não será necessária em tais hipóteses (art. 521), cabendo ao membro do Poder Judiciário interpretá-la e aplicá-la no exercício da atividade jurisdicional.

11.5.2.8. Negócio processual para não promover cumprimento provisório de sentença

Também há enunciado acadêmico autorizando convenção processual para que as próprias partes possam negociar a impossibilidade de se promover cumprimento provisório de sentença.[29] Tal enunciado, porém, soa inconstitucional sob pena de violação ao princípio da inafastabilidade, que tem sede constitucional (art. 5º, inc. XXXV, CRFB), e no próprio CPC (art. 3º). Vale dizer que impedir a promoção do cumprimento provisório da sentença somente agrada ao devedor da obrigação, posto que o credor ou titular do direito permanecerá longo tempo sem obter o seu cumprimento, diante do gigantismo da cadeia recursal, em que pese já constar com uma decisão que tem plena eficácia.

---

27   MEDINA, José Miguel Garcia. *Execução*. São Paulo: RT, 2008, p. 630.

28   Enunciado nº 262, do FPPC: *"(art. 190; art. 520, inc. IV; art. 521). É admissível negócio processual para dispensar caução no cumprimento provisório de sentença."*

29   Enunciado nº 19, do FPPC: *"(art. 190) São admissíveis os seguintes negócios processuais, dentre outros: (...) acordo para não promover execução provisória".*

11.5.2.9. Negócio processual para renúncia prévia ao direito de recorrer ou de produzir provas

Apesar do silêncio normativo, há enunciado acadêmico autorizando convenção processual para que as próprias partes dispensem, de comum acordo, o assistente técnico.[30] Mas, ao largo deste enunciado, há aqueles que defendem que as partes, de comum acordo, podem previamente, ou mesmo no curso do processo, negociar também a renúncia ao direito de produzir determinadas espécies de prova ou mesmo ao direito de recorrer.[31]

Este enunciado, autorizando a possibilidade de convenção bilateral renunciando previamente a qualquer recurso ou ao direito de produzir outras provas é absolutamente inadequado e foge à solução negociada entre as partes. Afinal, havendo processo em curso, com a possibilidade de uma decisão que afete a esfera jurídica de um determinado sujeito, não seria crível que já estivesse renunciando, em comum acordo com a outra parte, a qualquer espécie de prova, seja ela tipificada ou não no CPC, até porque tal convenção não iria tolher a iniciativa probatória de que dispõe o magistrado (art. 370). E, quanto à renúncia ao recurso, até poderá ser manifestada em caráter unilateral pelo interessado no momento próprio, ou seja, após a decisão já ter sido prolatada (art. 999), pois não é razoável autorizar um pacto bilateral e prévio entre os sujeitos do processo já negociando a ausência de recursos, por uma ou ambas as partes, quando ainda nem foi proferida a decisão judicial. Aqui, novamente, avulta em importância a preocupação quanto ao que poderá constar em contratos de adesão impostos por determinados segmentos ou *players* economicamente mais fortes.

11.5.2.10. Negócio processual para alterar efeito inerente a recurso

Há enunciado acadêmico autorizando convenção processual para a alteração de efeito inerente a recurso. No entanto, novamente se percebe a insistência na troca de posição processual entre os operadores do Direito e até mesmo o legislador. É que o efeito do recurso já é previamente estabelecido por lei, tal como ocorre com o recurso de apelação, eis que o CPC prevê que o mesmo será admitido no efeito devolutivo e suspensivo, como regra (art. 1.012). Contudo, por vezes o próprio legislador retira o efeito suspensivo deste mesmo recurso em dadas situações (art. 1.012, § 1º) ou mesmo concede um grau de subjetivismo ao magistrado para analisar e decidir de acordo com a situação concreta que lhe foi submetida (art. 1.012, § 4º). As partes, *data venia* entendimentos contrários, postulam e se defendem de acordo com a posição que assumirem, mas não estão ali para decidir, pois esta postura é própria dos membros do Poder Judiciário. Portanto, é mais uma hipótese de negócio processual inconstitucional, por tencionar subtrair da análise do Judiciário este tipo de matéria (art. 5º, inc. XXXV, CRFB).

Negócio processual criando hipóteses de sustentação oral não previstas em lei ou mesmo ampliação do seu prazo de duração

---

30 Enunciado nº 19, do FPPC: "*(art. 190) São admissíveis os seguintes negócios processuais, dentre outros: (...) dispensa consensual de assistente técnico, (...)*".

31 CÂMARA, Alexandre Freitas. *O novo processo civil brasileiro*. 1ª ed. São Paulo: Atlas, 2015, p. 129.

Também há enunciado acadêmico autorizando convenção processual para que as próprias partes possam criar hipótese de sustentação oral ao arrepio da lei (art. 937), ou mesmo ampliar de comum acordo o prazo desta sustentação.[32] Curiosamente, este mesmo dispositivo teve um de seus incisos. vetado (art. 937, inc. VII) ante a justificativa, pela Presidência, de que esta prática ilimitada poderia comprometer a agilidade da prestação jurisdicional, o que é reputado como norma fundamental do CPC (art. 4º). Portanto, aqui também soa inconstitucional tal pretensão, pois além de retardar a marcha processual, estaria sendo negociado tema de cunho processual, sendo que cabe apenas ao Congresso Nacional a disciplina de tais providências (art. 22, inc. I). Há enunciado da Enfam no exato sentido do texto.[33]

11.5.2.11. Negócio processual para alteração de prazos peremptórios

Há enunciado acadêmico autorizando convenção processual para alteração de prazo de qualquer natureza.[34] Sob a égide do modelo anterior (CPC-73), o texto legal previa, expressamente, que as partes não podiam, de comum acordo, reduzir ou prorrogar "prazos peremptórios" (art. 182, CPC-73), que são aqueles que tutelam normas cogentes que resguardam o interesse público. O novo modelo, porém, em dispositivo inédito (art. 222, § 1º), inverte o raciocínio, ao prever que ao magistrado é vedado reduzir "prazos peremptórios", sem a anuência das partes. Em outras palavras, a novel legislação não proíbe (muito pelo contrário, até estimula), que a definição dos prazos seja realizada apenas pelas partes. Curiosamente, esta norma (art. 222, § 1º) conflita com outra do próprio CPC (art. 139, inc. VI), que prevê exatamente o oposto, ou seja, a possibilidade de o magistrado também modificar os prazos adequando-os às necessidades do conflito, de modo a conferir maior efetividade à tutela dos direitos.

Parece que aqui, mais uma vez, deve prevalecer o bom senso, de modo a ser vedada a alteração de todo e qualquer prazo processual por vontade das partes, com exceção daqueles considerados como dilatórios. Imagina-se, por exemplo, que as partes celebrem este negócio processual, reduzindo os prazos dos recursos (que é considerado como peremptório), justamente para que, por meio deste artifício, possam acelerar a tramitação processual e antecipando-se a todos os demais processos em curso, para que tenham prioridade no julgamento nas Cortes Superiores ou intermediárias.

Além disso, também é de se questionar como uma convenção entre as partes pode afastar a incidência de lei, criada pelo Poder Legislativo, que é pontual em afirmar que, pelo menos no CPC, todos os recursos devem ser interpostos em 15 (quinze) dias, com

---

32   Enunciado nº 21, do FPPC: "*(art. 190) São admissíveis os seguintes negócios, dentre outros: (...) acordo para ampliação do tempo de sustentação oral*".

33   Enunciado nº 36, Enfam: "*A regra do art. 190 do CPC/2015 não autoriza às partes a celebração de negócios jurídicos processuais atípicos que afetem poderes e deveres do juiz, tais como os que: (...) c) introduzam novas hipóteses de recorribilidade, de rescisória ou de sustentação oral não previstas em lei*".

34   Enunciado nº 19, do FPPC: "*(art. 190) São admissíveis os seguintes negócios processuais, dentre outros: (...) acordo de ampliação de prazos das partes de qualquer natureza, (...)*".

exceção dos embargos de declaração (art. 1.003, § 5º). Enfim, é mais um exemplo de convenção processual que não se sustenta de acordo com a ordem jurídica vigente.

11.5.3. Meios para nulificar os negócios processuais

Todas estas convenções processuais acima exemplificadas corporificam manifestações bilaterais de ambas as partes principais do processo, estando inseridas em um gênero denominado "atos processuais" que, por sua vez, também são considerados como "atos jurídicos". Assim, como qualquer "ato jurídico", tais emanações de vontade podem estar maculadas por algum vício de consentimento, como nos casos de simulação ou coação. E, da mesma maneira, também pode ser possível que um dos envolvidos tenha se arrependido em algum ponto daquilo que foi pactuado, motivo pelo qual tencionará rever ou mesmo desconstiuir o negócio processual. Basta imaginar que, no negócio processual, tenha constado a cláusula de que ambas as partes não irão utilizar nenhum recurso, comportamento que poderá ser difícil de ser observado no momento em que o magistrado proferir uma decisão que, sob a ótica de uma das partes, é um completo absurdo por ter um conteúdo divorciado do que refletem as provas produzidas nos autos. Portanto, se os próprios "atos jurídicos", em sentido amplo, podem ser revistos ou anulados judicialmente, certamente esta categoria de "negócios jurídicos" não pode estar acima de tudo, da Carta Magna, da legislação, de princípios, tornando-os atos perenes, eternos, infalíveis e imutáveis.

Como já apresentado, o modelo primitivo já apresentava alguns contornos sobre os negócios processuais, permitindo que fossem desconsiderados nos próprios autos, já que afetos àquele processo, dispensando a propositura de uma demanda anulatória em procedimento comum com esta mesma finalidade. Por exemplo, no caso da escolha da base territorial de comum acordo pelas partes (art. 63), o magistrado poderá negá-la, se vislumbrar que é abusiva e prejudicial a uma das partes. Da mesma forma, apesar de ser notadamente inconstitucional, também há norma autorizando que as partes criem o próprio rito processual (art. 190), da mesma forma sendo previsto que o magistrado controlará a validade de tais disposições, nos mesmos casos de abusividade (mas em contrato de adesão) e também nos de nulidade (art.190, parágrafo único).

No caso destas convenções processuais, o que se observa é que o CPC pulverizou seu tratamento em diversos dispositivos (v.g., art. 190; art. 191; art. 343, § 4º, art. 357, § 2º; dentre muitos outros), sendo razoável que seja adotada uma interpretação sistemática quanto ao tema, pois todos trazem ínsita uma mesma situação de fundo: a negociação sobre aspectos processuais do processo. Portanto, é de se defender que em qualquer caso de convenção processual, haja a possibilidade de o magistrado negar que tenha repercussão no processo, bastando fundamentar no sentido da nulidade (por violação a norma jurídica) como, também, em casos de inserção abusiva por uma das partes, independentemente de se tratar de contrato de adesão ou não. Trata-se, desta maneira, de matéria que pode ser pronunciada por requerimento da parte ou mesmo de ofício (art. 190, parágrafo único), a qualquer tempo e dentro dos próprios autos, ou seja, dispensando a propositura de demanda própria e espefícica com esta finalidade de negar validade à aludida convenção. Do contrário, se for exigido um novo processo para tal fim (por analogia ao art. 966, § 4º), tal circunstância iria conspirar contra o tempo razoável para a solução do mérito (art. 4º), além de estar gerando situações contraditórias dentro do mesmo tema, pois já foi visto que existem certas espécies destes negócios processuais que podem ser refutados nos próprios autos.

Desta maneira, mesmo que tenha sido pactuado previamente pelas partes a não utilização de qualquer recurso, após o ato decisório ser proferido será permitido à parte recorrer, esclarecendo ao magistrado os motivos pelos quais tal cláusula poderia ser reputada como nula ou abusiva. E, desta maneira, o seu recurso será regularmente encaminhado ao Tribunal, pois qualquer cláusula pactuada que implique em renúncia a este direito é, obviamente, nula e sem qualquer eficácia, eis que contrária à Carta Magna (por violação a garantia do devido processo legal, que busca assegurar minimamente as demais garantias e princípios), bem como ao Pacto de San José da Costa Rica (que expressamente reconhece o direito ao duplo grau de jurisdição – art. 8º, inc. II, alínea "g", PSJCR).

11.5.4. Algumas impressões sobre o tema

Por todo o exposto, observa-se que o tema, embora já seja conhecido sob os auspícios do modelo primitivo (CPC-73), ganha musculatura com a novel legislação. Logo, é importante o seu aprofundamento, para que possam ser ponderadas as conclusões sobre o assunto frente ao ordenamento jurídico como um todo.[35] Mas, de todo modo, certamente o leitor atento já constatou certa contradição nos postulados acerca dos negócios processuais, em que as partes conseguem se compor consensualmente em tantos aspectos processuais (v.g., mudança de rito, calendário, saneamento, entre outros), mas, contraditoriamente, ainda permanecem um tanto quanto resistentes em relação à autocomposição no plano material (e, esta sim, é que seria a importante, para evitar a instauração de um processo).

Da mesma maneira, também gera reflexão a circunstância de que, na arbitragem, as partes já poderiam realizar grande parte das convenções acima nominadas, posto que nela predomina o caráter privatista e contratualista na relação entre as partes. Assim, já existindo "arena" própria para tanto, sem que estejam sendo gerados grandes questionamentos, não faria qualquer sentido tentar impor o mesmo sistema aos processos judiciais, que são calcados em premissas e normas completamente distintas, já que envolvem o exercício de atividade pública, seja por parte de quem as cria (Poder Legislativo) ou de quem as aplica (Poder Judiciário).

---

35 Conforme foi observado pelo leitor, o autor não concorda com o teor de alguns dos enunciados acadêmicos apresentados no texto, no que diz respeito à amplitude que se pretendeu dar ao tema relativo aos negócios processuais. Isso, contudo, não é motivo para que não haja, entre os professores e estudiosos da disciplina processo civil, um profundo respeito e comunhão de ideias fundamentais. Afinal, nós todos estamos juntos empenhados em sustentar a necessidade da compreensão científica da disciplina. Não foi por outro motivo, aliás, que, em meu outro livro lançado em 2015, de nome *O novo código de processo civil – anotado e comparado*, fiz questão de citar o conteúdo de todos os enunciados produzidos pelo FPPC, abaixo dos dispositivos respectivos.

VÍCIOS DOS ATOS PROCESSUAIS

12.1. INTRODUÇÃO

Conforme já estudado, o processo é composto por uma série de atos processuais, que devem observar as condições de tempo, lugar e modo impostas por lei, para que possam ser considerados existentes, válidos e eficazes, de maneira semelhante ao que ocorre com os atos jurídicos em geral. No entanto, se estas prescrições normativas não forem observadas, o ato processual poderá se encontrar maculado com algum vício processual, o que trará consequências quanto à sua existência ou validade. A ineficácia do ato processual, porém, não deve ser vislumbrada como situação caracterizadora de algum vício, pois esta circunstância pode ser perfeitamente justificável e dependente da prática de algum outro ato. Por exemplo, uma sentença ilíquida é existente e válida, mas não irá gerar efeito algum enquanto não for submetida à etapa de liquidação.

Neste início, também é importante destacar que somente haverá um vício quando o mesmo for reconhecido pelo magistrado. Desta maneira, enquanto o vício não tiver sido decretado, a princípio o ato processual praticado é reputado como existente, válido e eficaz, embora possa, no máximo, ser considerado como "imperfeito". Portanto, é apenas após o reconhecimento judicial do vício que haverão as consequências processuais que até mesmo podem gerar efeitos retroativos.[1]

Este tema, embora importantíssimo para a ciência processual, padece de uma regulamentação insuficiente no CPC, o que até mesmo é compreensível visto que não seria possível prever todas as situações que podem ocorrer em cada ato praticado no processo. No entanto, ainda assim o tratamento atual necessita de contornos mais precisos, de modo a evitar um elevado subjetivismo por parte do magistrado. De qualquer maneira, os pontos mais nevrálgicos no presente estudo são: a) identificar a natureza do vício processual; b) verificar se o magistrado pode ou não pronunciar o vício de ofício; c) constatar se o vício pode ser convalidado ou não.[2]

E, mais uma vez, também se critica a escassez do tratamento normativo, pois o mesmo não confere certeza aos aplicadores do Direito. Há norma (art. 279), por exemplo, que estabelece ser nulo o processo quando o membro do Ministério Público não for intimado para atuar no processo como fiscal da lei, embora não esclareça se esta

---

1 SILVA, Ovídio A. Baptista da. GOMES, Fábio. *Teoria geral do processo civil*. 3ª ed. São Paulo: Revista dos Tribunais, 2002, p. 230.
2 SILVA, Ovídio A. Baptista da. GOMES, Fábio. *Teoria geral do processo civil*. 3ª ed. São Paulo: Revista dos Tribunais, 2002, p. 223.

nulidade é absoluta ou relativa, o que pode gerar consequências processuais distintas, como se o ato viciado poderá ou não ser convalidado. É, portanto, mais um alerta quanto à dificuldade em assimilar o presente assunto.

12.2. PRINCÍPIOS REITORES

Ao se analisar o tema "vícios dos atos processuais" se deve ter especial atenção ao princípio da instrumentalidade das formas, do prejuízo, da causalidade e do interesse, todos de extrema relevância e que serão abordados a seguir.

12.2.1. Princípio da instrumentalidade das formas

Este princípio (art. 277) pontua que, quando a lei prescrever determinada forma, o juiz considerará válido o ato se, realizado de outro modo, lhe alcançar a finalidade. O mesmo, por sinal, também é previsto no Código de Processo Penal (art. 572, inc. II, CPP). Este é, sem sombra de dúvidas, um dos princípios processuais mais importantes, justamente por prestigiar a consecução pretendida pela prática do ato em detrimento de um formalismo muitas vezes exacerbado.[3]

Conforme já analisado em momento próprio (v. item nº 11.2.1.), se a lei não estabelecer qualquer formalidade, o ato será válido tal como praticado pela parte. Diferentemente ocorre quando a lei prescrever certos requisitos, pois estes deverão ser observados sob pena de mácula do ato praticado. No entanto, o princípio da instrumentalidade das formas, que é ora abordado, surge justamente para abrandar esses rigores, de modo a permitir a convalidação do ato e o seu posterior aproveitamento ainda que estas formalidades legais não tenham sido observadas, mas desde que a finalidade tenha sido atingida.[4] Por exemplo, se o demandado pretender contestar e reconvir ao mesmo tempo, deverá apresentar apenas uma petição que se prestará a estas duas finalidades (art. 343). Só que, se forem apresentadas simultaneamente duas petições, uma apenas para a contestação e outra para a reconvenção, parece claro que seria muito rigoroso considerar que este ato encontra-se maculado, pois a finalidade foi atingida sem qualquer prejuízo ou dificuldade de compreensão pela outra parte.

Em suma: ausente forma prescrita em lei, a parte poderá praticar o ato de qualquer maneira (princípio da liberdade das formas), mas, caso a lei preveja alguma formalidade, esta deve ser observada, sob pena de este ato ser considerado inquinado de algum vício processual. No entanto, se o ato defeituoso atingir a sua finalidade, ainda assim o magistrado poderá validá-lo (princípio da instrumentalidade das formas).

---

3 STJ. Recurso Especial nº 7.184. Rel. Min. Sálvio de Figueiredo Teixeira, s/d.
4 CABRAL, Antônio do Passo. *Nulidades no processo moderno*. Rio de Janeiro: Forense, 2009, p. 50.

12.2.2. Princípio do prejuízo

O princípio do prejuízo (art. 283, parágrafo único) pontua que dar-se-á o aproveitamento dos atos praticados, desde que não resulte prejuízo à defesa de qualquer parte. O mesmo, por sinal, também é previsto no Código de Processo Penal (art. 563, CPP), sendo muitas vezes reconhecido por meio da expressão *pars de nullité sans grief*. Vale dizer, também, que muitas vezes este princípio vem conjugado com o da instrumentalidade das formas, como se ambos fossem apenas um, o que não é correto. Isso ocorre por ser muito frequente a afirmação de que não haverá nulidade quando o ato atingir a sua finalidade e desde que não haja prejuízo para as partes. Fica a ressalva, contudo, que a análise da ocorrência ou não de prejuízo é um dado essencialmente subjetivo que deve ser realizado pelo magistrado que, por seu turno, deverá externar e motivar as razões do seu convencimento quanto ao tema.

12.2.3. Princípio da causalidade

Este princípio (art. 281) estabelece que, anulado o ato, reputam-se de nenhum efeito todos os subsequentes que dele dependam. O mesmo, por sinal, também é previsto no Código de Processo Penal (art. 573, § 1º, CPP). É, também, um dos princípios mais importantes da ciência processual e que permite o esclarecimento de diversas situações que, em um primeiro momento, aparentam ser de difícil explicação.

Por exemplo, um determinado processo foi instaurado e, de maneira equivocada, o magistrado supõe que o demandado já foi citado em que pese esta diligência não ter sido frutífera. Assim, escorado no seu equívoco, o juiz chega a proferir sentença que, aparentemente, teria transitado em julgado, sem que ao menos tenha ocorrido a citação do réu. Nesta situação, caso posteriormente o demandado venha aos autos ou utilize um dos meios processuais para alegar a falta ou nulidade de citação e esta matéria for acolhida, todos os atos que foram praticados em decorrência deste equívoco estarão irremediavelmente atingidos, inclusive a "aparente" sentença que foi proferida pelo magistrado.

Este princípio, guardadas as devidas proporções, relembra outro bastante difundido no direito processual penal que cuida da vedação do uso das provas ilícitas por derivação (*fruits of the poisonous trees*) e que consta com previsão no Código de Processo Penal (art. 573, § 1º, CPP).[5] Com efeito, de acordo com esta teoria, que teve origem em uma decisão datada de 1920, da Suprema Corte norte-americana, o *"vício da árvore envenenada contamina e se transmite para todos os frutos"*, pois não seria crível que o Estado se valesse de meios condenáveis para o combate da criminalidade.[6] Só que, no direito processual civil, pelo menos, este princípio atinge contornos muito mais amplos, eis que não apenas os atos probatórios serão atingidos mas, eventualmente, até mesmo

---

5 MIRABETE, Júlio Fabbrini. *Código de processo penal interpretado*. 5ª ed. São Paulo: Atlas, 1997, p. 713.

6 ARANHA, Adalberto José Q. T. de Camargo. *Da prova no processo penal*. 5ª ed. São Paulo: Saraiva, 1999, p. 62.

aqueles praticados pelas partes e pela própria autoridade julgadora, o que reforça ainda mais a sua importância.

Por fim, deve ser ressalvado que muitas vezes no estudo do direito processual se menciona o princípio da causalidade, muito embora em outro sentido totalmente distinto. É que, quando se estuda a fixação da sucumbência, há dispositivo que estabelece que o magistrado, na sentença, irá condenar quem deu causa ao processo a arcar com as despesas processuais (art. 85).[7] Nesta hipótese, também se fala em princípio da causalidade, mas trata-se de outro que tutela situação específica distinta e não aquela que é tratada no momento. Portanto, é perfeitamente possível concluir a existência de dois princípios da causalidade, cada um com seu próprio significado e área própria de abrangência.

12.2.4. Princípio do interesse

Este princípio (art. 276) pontua que a decretação do vício não pode ser requerida pela parte que a tiver ocasionado o que, de certa forma, busca tutelar a boa-fé (art. 5º) e a lealdade processual entre os litigantes (art. 6º). O mesmo, por sinal, também é previsto no Código de Processo Penal (art. 565, CPP). Assim, por exemplo, a parte que distribuir o processo perante juízo relativamente competente (o que pode gerar a nulidade de alguns atos processuais), não pode posteriormente pugnar a este órgão pelo reconhecimento da sua incompetência, pois foi a própria quem deu margem a esta situação. O mesmo ocorre quando a parte indicar um perito e, tão logo este tenha sido aceito pelo juízo, venha peticionar aduzindo ser o mesmo impedido (art. 148, inc. II c/c art. 144).

Doutrinariamente, há dúvidas sobre este princípio somente ser aplicável às nulidades relativas ou se também se aplica às nulidades absolutas. Há quem defenda que o mesmo somente se aplica quanto ao primeiro grupo, pois as nulidades absolutas decorrem da violação de norma cogente que tutela interesse de ordem pública de modo que, havendo vício tão grave assim, o magistrado teria que pronunciá-lo independentemente de quem o tenha ocasionado ou noticiado.[8] No entanto, a lei não faz qualquer ressalva neste sentido, aliada à circunstância de nem sempre ser fácil identificar quando se trata de uma nulidade absoluta ou relativa, eis que o tratamento normativo destinado ao tema não é o mais adequado. Portanto, para se evitar possíveis inseguranças jurídicas, prestigiando a lealdade processual e, também, por não constar qualquer restrição normativa em um ou outro sentido, é mais salutar considerar que, independentemente da natureza do vício do ato processual, o reconhecimento da nulidade não poderá ser postulado pela parte que lhe deu causa.

---

7 Este princípio ou critério não é, porém, o único a ser adotado na fixação da sucumbência. Nos Juizados Especiais estaduais, por exemplo, o tema é regulado no art. 55 da Lei nº 9.099/95, que já consagra o princípio da dupla sucumbência, de modo que somente haverá a condenação ao pagamento de honorários advocatícios à parte que tiver sucumbido perante o juízo singular e, também, na turma recursal, em decorrência do processamento do seu recurso inominado.

8 CINTRA, Antônio Carlos Araújo; GRINOVER, Ada Pellegrini; DINAMARCO, Cândido Rangel. *Teoria geral do processo*. 15ª ed. São Paulo: Malheiros. 1999, p. 343.

12.3. ESPÉCIES DE VÍCIOS PROCESSUAIS

No estudo do presente tema se verifica que usualmente são apontadas algumas espécies de vícios dos atos processuais, levando em consideração a gravidade da violação às normas processuais, bem como a consequência que isso irá gerar ao processo.

Os vícios mais comumente citados são: a) inexistência; b) nulidade absoluta e relativa; c) anulabilidade; d) rescindibilidade; e) irregularidade. No entanto, diante da ausência de tratamento legislativo pormenorizado, não é raro detectar doutrinadores que sugerem nomenclaturas levemente diferenciadas. Por exemplo, aqueles que não mais utilizam o termo "absoluta" ou "relativa" na abordagem das nulidades.[9] Esta obra, porém, optou por adotar as expressões mais utilizadas no seio doutrinário.

12.3.1. Inexistência

A inexistência é o vício processual mais grave de todos, pois afeta a própria existência jurídica do ato processual, ocorrendo quando houver uma violação extremamente grave das normas processuais.[10]

Esta inexistência pode ser tanto "física" como "jurídica". Por exemplo, uma hipótese de inexistência "física" ocorre quando uma das partes interpuser um recurso de uma sentença que sequer foi proferida no momento, de modo que a mesma alude a um ato processual que não existe. Este recurso, portanto, fatalmente não será recebido em razão de não ter preenchido o requisito de admissibilidade denominado "cabimento do recurso".[11] Já a inexistência "jurídica" ocorre quando o ato processual existe concretamente, mas sem gerar qualquer relevância para o Direito como ocorre, por exemplo, quando se está diante de uma sentença impressa que não foi assinada pelo magistrado, o que impede a verificação se a mesma foi ou não proferida por membro integrante do Poder Judiciário. Vale dizer que, tanto na inexistência "física" quanto na "jurídica", o tratamento processual a ser dado será exatamente o mesmo.

O vício da inexistência tem algumas peculiaridades como a impossibilidade de se sujeitar à preclusão (por ser possível pronunciá-lo a qualquer momento, mesmo após a sentença já ter sido proferida e transitada em julgado), a possibilidade de ser matéria que pode ser pronunciada *ex officio* pelo magistrado e, ainda, a vedação quanto ao seu convalescimento ou aproveitamento do ato anteriormente praticado.

Com efeito, este vício não se sujeita à preclusão alguma, podendo ser alegado a qualquer momento ou até mesmo conhecido de ofício pelo membro integrante do Poder Judiciário. Por exemplo, se em determinado processo não tiver sido realizada a citação de um litisconsorte necessário e o magistrado equivocadamente tiver proferido sentença de mérito sem que houvesse qualquer recurso pelos interessados, até mesmo

---

9 CÂMARA, Alexandre Freitas. *O novo processo civil brasileiro*. 1ª ed. São Paulo: Atlas: 2015, pp. 150-154.

10 THEODORO Jr., Humberto. *Curso de direito processual civil*, 56ª ed. Rio de Janeiro: Forense, 2015. v. I, pp. 572-573.

11 HARTMANN, Rodolfo Kronemberg. *Recursos cíveis & outros temas*. Niterói: Impetus, 2011, p. 37.

o advento da coisa julgada material não teria o condão de impedir que este tema venha a ser suscitado. É que, como visto no início desta abordagem, enquanto o vício não é pronunciado o ato processual se exterioriza como existente, válido e eficaz, muito embora seja imperfeito. No entanto, uma vez reconhecida a falta de citação, todos os atos processuais que foram praticados erroneamente em virtude desta situação também serão atingidos, em virtude do que prevê o princípio da causalidade (art. 281). Assim, o que se tinha era tão somente uma "aparência" de processo válido, com sentença "aparentemente" apta a gerar coisa julgada material. Mas, sendo reconhecido o vício, o que até mesmo pode se dar nos próprios autos, o processo reabrirá a etapa de conhecimento, de modo a possibilitar o ingresso do litisconsorte necessário ausente e o seu posterior prosseguimento. Este tema, por sinal, será aprofundado oportunamente (v. item nº 16.2.5.).

E, quanto à afirmação de que este vício não se convalida, a mesma pode ser melhor compreendida à luz de um exemplo prático: a falta de assinatura do patrono de uma das partes no momento em que recorre. É que, neste caso, não há como se aferir se o ato processual foi praticado por alguém que possui capacidade postulatória. Portanto, interposto o recurso de apelação no décimo quinto dia sem assinatura e se esta situação somente vier a ser regularizada com a consequente assinatura no vigésimo dia, este recurso deverá ser inadmitido em razão da intempestividade. É que este ato somente passou a ter existência jurídica a partir da assinatura, que se deu cinco dias após ter sido expirado o prazo para a interposição do recurso de apelação. Este assunto, porém, não é inteiramente pacífico na jurisprudência, já que há julgados do STF autorizando a assinatura tardia, por vislumbrá-la como mero erro material que pode ser retificado a qualquer momento[12]. Também no STJ a posição não é muito clara, eis que este Tribunal muitas vezes considera o recurso inexistente apenas quando este for de sua competência, ao contrário do que ocorreria nos recursos que deveriam ser processados e julgados perante Tribunais inferiores quando, então, e de certa forma até incoerente, também reputa o recurso sem assinatura como dotado de um mero erro material.[13]

Já no caso de recurso interposto despido com a ausência de procuração do patrono, há entendimento sumulado no âmbito do STJ de que o mesmo será reputado como inexistente, nos termos do Verbete nº 115 de sua Súmula: "*Na instância especial é inexistente recurso interposto por advogado sem procuração nos autos*". Contudo, há na doutrina quem defenda que, neste caso, o vício poderia ser convalidado, devido ao caráter fortemente instrumental que atualmente deve ser dado ao processo civil.[14] Vale dizer, ainda, que quanto a este tema o CPC, ao contrário do modelo anterior, não erigiu a necessidade da procuração como requisito necessário para a "existência" do ato (art. 37, parágrafo único, CPC-73), mas sim como relativo a sua "eficácia" (art. 104, § 2º).

---

12 STF. Agravo regimental no agravo de instrumento nº 519.125/SE. Rel. Min. Joaquim Barbosa. DJ 12/04/2005.

13 STJ. REsp 247.282/MG Rel. Min. Cesar Asfor Rocha DJ 1º/10/2001.

14 SILVA, Ovídio A. Baptista da. GOMES, Fábio. *Teoria geral do processo civil*. 3ª ed. São Paulo: Revista dos Tribunais, 2002, p. 226.

12.3.2. Nulidade absoluta e relativa

De uma forma geral, a "nulidade absoluta" pode ser entendida quando não foi observada norma cogente que tutela interesse de ordem pública.[15] É um conceito de certa forma um tanto vago, por implicar em um juízo de valor sobre o que vem a ser "norma cogente", bem como quais são aquelas que buscam atender "interesse de ordem pública".

A nulidade absoluta decorre de uma violação grave ao ordenamento jurídico e, por este motivo, costuma ser autorizado que seja pronunciada pelo magistrado independentemente de qualquer provocação de uma das partes e em qualquer etapa do processo.

É muito comum questionar se o ato inquinado com nulidade absoluta necessariamente terá que ser invalidado e repetido novamente ou se o mesmo poderá ser convalidado e aproveitado. Doutrinariamente, é possível detectar posições em ambos os sentidos. De um lado, há quem defenda que este vício é grave e não pode ser convalidado, pois se presume o prejuízo de forma absoluta.[16] Por outro lado, também há quem defenda a possibilidade de o ato viciado ser aproveitado, o que favorece a celeridade processual e prestigia o princípio da instrumentalidade das formas.[17]

Mesmo o estudo do tema à luz de exemplos práticos não favorece, pois se percebe que a jurisprudência nem sempre confere a mesma solução para hipóteses idênticas o que, mais uma vez, reforça a tese de que o estudo e aplicação diuturna deste tema acaba dependendo de um elevado grau de subjetivismo por parte daquele que decide, eis que o tratamento normativo é realmente muito deficiente.

Para ilustrar esta afirmação, segue um exemplo muito tradicional, que é o de um ato decisório com precariedade na fundamentação. Assim, quando uma sentença de mérito não é adequadamente fundamentada, ou seja, é omissa em algum ponto suscitado pelas partes, haverá violação a norma constitucional (art. 93, inc. IX, CRFB) e este ato estará inquinado com um *error in procedendo*, que se constitui em um vício quanto à forma do ato processual. Parece, outrossim, que esta situação representa um vício grave, pois o magistrado deixa de apreciar tudo aquilo que foi requerido ou debatido entre as partes, violando norma constitucional e prestando a jurisdição de maneira defeituosa. Portanto, este caso também se caracteriza como nulidade absoluta. Só que, neste exemplo, a legislação processual disponibiliza dois mecanismos para o combate deste vício. Um deles seria o uso do recurso de apelação, com o intuito de invalidar o ato, de modo que, após a decisão do Tribunal, sejam os autos remetidos à instância inferior, para o regular prosseguimento do processo e, quiçá, uma nova decisão. Já o outro meio, que pode ser usado pela parte se assim preferir, é o emprego dos embargos de declaração, mecanismo este que, se for admitido pelo magistrado, poderá gerar a correção do ato processual defeituoso, convalidando o vício nele constante. Nesta situação, portanto,

---

15 CÂMARA, Alexandre Freitas. *Lições de direito processual civil:* 16ª ed. Rio de Janeiro: Lumen Juris, 2007, v. I. p. 264.

16 Fazendo pequena ressalva, de que as nulidades absolutas podem sim ser convalidadas em razão do efeito sanatório, que ocorre com o advento do trânsito em julgado material da sentença: SILVA, Edward Carlyle. *Direito processual civil.* Niterói: Impetus, 2007, p. 115.

17 SILVA, Ovídio A. Baptista da. GOMES, Fábio. *Teoria geral do processo civil.* 3ª ed. São Paulo: Revista dos Tribunais, 2002, p. 219.

também se permite constatar que um ato inquinado de nulidade absoluta pode ou não ser convalidado, dependendo do instrumento processual que tiver sido empregado pela parte.

Outros exemplos de nulidades absolutas já foram apresentados no decorrer desta obra, em especial a abordagem quanto à ausência de intimação para que o membro do Ministério Público atue como *parquet* no processo (v. item nº 8.3.2.)

Já a "nulidade relativa" resulta da falta de cumprimento de norma cogente que tutela interesse de ordem privada. Como exemplo, pode ser citada norma no CPC (art. 73), que exige o consentimento de um dos cônjuges para que o outro possa propor determinadas demandas (dependendo, claro, do regime de casamento envolvido). Este dispositivo, se não for observado, gera uma "nulidade relativa", eis que a mesma busca proteger o patrimônio do casal, de modo a permitir que o outro cônjuge seja cientificado quanto à existência de um determinado processo. Além disso, é um vício sanável, eis que o consentimento pode vir a ser suprido judicialmente (art. 74). Trata-se de vício que, inclusive, pode ser pronunciado de ofício pelo magistrado.

12.3.3. Anulabilidade

A "anulabilidade" pode ser compreendida como a situação decorrente do descumprimento de uma norma dispositiva. De qualquer maneira, desde logo já se salienta o subjetivismo em se definir o que é norma cogente ou dispositiva (para saber identificar qual o vício em questão).

Como exemplo de anulabilidade, cite-se a norma (art. 834) que estabelece que os frutos e rendimentos de bens inalienáveis somente podem ser constrictos se não existirem outros bens. Assim, se estes frutos ou rendimentos forem penhorados, caberá ao interessado alegar esta matéria na primeira oportunidade sob pena de preclusão, o que é indicativo de que este vício pode ser convalidado e que esta norma pode ou não ser respeitada pelas partes envolvidas.

Ademais, se deve mencionar que este vício não pode ser pronunciado de ofício pelo magistrado e irá precluir se não for alegado na primeira oportunidade pela parte interessada (art. 278, parágrafo único), convalidando-se.[18]

12.3.4. Rescindibilidade

A "rescindibilidade" é um vício processual bastante específico, eis que somente surge após o advento da coisa julgada material e apenas pode ser pronunciada no bojo de uma ação rescisória. Estas rescindibilidades (art. 966) são aquelas situações em que é permitido o uso da ação rescisória que, por sua vez, busca justamente reconhecer um vício processual de extrema gravidade, que até mesmo pode contaminar o processo e a sentença de mérito nele proferida.

18 SILVA, Ovídio A. Baptista da. GOMES, Fábio. *Teoria geral do processo civil.* 3ª ed. São Paulo: Revista dos Tribunais, 2002, p. 233.

Para exemplificar, enquanto não tiver sido proferida sentença, o magistrado poderá até mesmo de ofício pronunciar a incompetência absoluta do juízo, de modo que apenas os atos decisórios é que serão atingidos, caso o magistrado lotado no novo órgão os tenha revogado (art. 64, § 4º – *translatio iudicii*). Mas, se este mesmo juiz, lotado em juízo absolutamente incompetente, vier a proferir sentença que não venha a ser objeto de recurso por qualquer das partes, a sua decisão irá gerar coisa julgada material e formal, o que lhe impediria o reexame de tal questão em momento posterior. Assim, se no decorrer do cumprimento da sentença esta matéria for alegada, este vício decorrente da incompetência absoluta não mais poderá ser analisado neste órgão, eis que o mesmo agora se tornou uma rescindibilidade, somente podendo ser reconhecido se for promovida uma ação rescisória (art. 966, inc. II).[19]

12.3.5. Irregularidade

A "irregularidade" é uma categoria de vícios dos atos processuais que não macula a existência, validade ou sequer a eficácia dos mesmos. Em realidade, as irregularidades apenas evidenciam uma desconformidade do ato com a forma pretendida pela lei, muito embora não gere qualquer consequência. Eventualmente, o magistrado até pode determinar que a parte ratifique ou pratique o ato processual novamente muito embora, a rigor, isso sequer seja necessário. Ocorre, por exemplo, quando em qualquer peça processual constar alguma palavra em língua estrangeira, o que é proibido, pois deve ser utilizada a língua portuguesa (art. 192). No entanto, como se sabe, é bastante frequente a utilização de alguns termos em outra língua como, por exemplo, *parquet* ao se referir ao Ministério Público, que são perfeitamente compreensíveis e conhecidos por todos os operadores do Direito. Fica a ressalva, contudo, que se parte substancial da petição tiver sido redigida com palavras em outras línguas, fatalmente se estará diante de um vício processual mais grave, que poderá contaminar todo o ato, posto que o mesmo restará incompreensível e, também, por descumprir regra processual (art. 192, parágrafo único).

---

19 CÂMARA, Alexandre Freitas. *Lições de direito processual civil*. 16ª ed. Rio de Janeiro: Lumen Juris, 2007, v. 1. p. 267.

PARTE II

O PROCESSO DE CONHECIMENTO

13

PROCESSO DE CONHECIMENTO E O PROCEDIMENTO COMUM

13.1. PROCESSO DE CONHECIMENTO

O processo deve ser compreendido, nos dias atuais, como o instrumento em que o Estado exerce a sua atividade jurisdicional e que, internamente, se compõe de uma sequência de atos processuais, que podem ser praticados pelas mais variadas pessoas, cujo desiderato é a obtenção de uma tutela, assim compreendida como uma proteção judicial.

Também já foi exposto anteriormente que, tradicionalmente, existiam três modelos distintos de processo, a saber: conhecimento, execução e cautelar, bem como que o CPC praticamente aboliu as cautelares autônomas, embora tenha mantido algumas em seu bojo (v.g., produção antecipada de provas – art. 381 a art. 383). Isso, claro, sem embargo do denominado "processo sincrético", que em realidade é uma junção de todos os já mencionados.

A parte II da presente obra se debruça sobre o processo de conhecimento, que é aquele instaurado pelo interessado que busca a obtenção de uma tutela satisfativa, ou seja, aquela que irá satisfazer a sua pretensão de direito material. Neste processo, o demandante irá afirmar a ocorrência de um fato e deverá comprová-lo. O demandado, por sua vez, será citado e poderá impugnar o que o autor afirma, também podendo apresentar a seu favor outros fatos impeditivos, modificativos ou extintivos. No decorrer deste processo, haverá a produção de provas com o objetivo de convencer o magistrado a respeito de como a situação fática se desenvolveu e, ao final, será proferida uma sentença com ou sem resolução de mérito. Vale dizer que, salvo algumas exceções, posteriormente esta sentença terá que ser objeto de execução, pois nem sempre o demandado concorda em cumpri-la ou os seus efeitos se perfazem automaticamente.

13.2. DISTINÇÃO ENTRE PROCESSO E PROCEDIMENTO

As expressões "processo" e "procedimento" possuem significados absolutamente distintos na ciência processual, em que pese a doutrina, sobretudo do direito administrativo, muitas vezes aproximá-las ao reconhecê-los como o conjunto de atos sequenciados que busca um determinado fim, mas diferenciando-os quando há exercício de atividade jurisdicional ou meramente administrativa. Não é, no entanto, a concepção que ora se pretende seguir.[1]

Para a ciência processual, o termo "processo" realmente pode ser considerado como a sequência de atos processuais ordenados que têm como finalidade a obtenção e satisfação de uma tutela jurisdicional. No entanto, este processo não se desenvolve livremente, eis que o mesmo deve observar certas etapas ou fases, assim determinadas por lei. Portanto, "procedimento" nada mais seria do que esta sequência, definida em lei, da ordem em que os atos processuais devem ser praticados.

13.3. PROCEDIMENTOS EXISTENTES

Os procedimentos existentes são os mais distintos possíveis, dependendo do tipo de processo ou mesmo de uma ou outra peculiaridade eventualmente existente na relação jurídica de direito material.

No processo de conhecimento, é possível se falar em procedimento "comum" ou "especial". O procedimento "comum" é aquele que tem disciplina extensa (a partir do art. 318). Já o procedimento "especial" pode se encontrar previsto no próprio CPC ou em leis especiais. A ação de consignação em pagamento (art. 539 – art. 549) é um exemplo de procedimento especial de jurisdição contenciosa, pois define uma ordem para a prática dos atos processuais que é distinta do procedimento comum. Por outro lado, a Lei nº 9.099/95 criou a competência e o procedimento para as demandas que forem propostas perante os Juizados Especiais Cíveis Estaduais, caracterizando-o como um rito especial já que previsto em lei própria que, por óbvio, acaba prevalecendo no confronto com as normas gerais previstas no CP). Destaca-se, ainda, que quando o procedimento específico não tiver regra clara a respeito de determinada situação, deverá ser aplicado o rito comum subsidiariamente (art. 318, parágrafo único).

Na execução, não poderia ser diferente, sendo certo que a definição do procedimento leva em conta: a) a origem do título executivo (judicial ou extrajudicial); b) a natureza da obrigação constante no título (pagar dívida alimentar, pagar dívida não alimentar, fazer, não fazer ou entrega de coisa); c) a qualidade da parte envolvida (se é particular ou Fazenda Pública).[2] Assim, os ritos existentes na execução são os seguintes: a) cumprimento de sentença que determina obrigação de pagar (a partir do art. 523); b) execução de título extrajudicial que reconhece obrigação de pagar (a partir do art. 824); c) cumprimento de sentença promovido em face da Fazenda Pública (art. 534 – art. 535); d) execução de obrigação pecuniária reconhecida em título extrajudicial em face da Fazenda Pública (art. 910); e) execução de obrigação pecuniária inscrita em dívida ativa promovida pela Fazenda Pública (Lei nº 6.830/80);

---

1 Reconhecendo que, no direito administrativo, o termo "processo" é muitas vezes empregado para se referir a simples "procedimento" e que este último por vezes recebe conotação totalmente distinta: MEIRELLES, Hely Lopes. *Direito administrativo brasileiro*. 25ª ed. São Paulo: Malheiros, 2000, pp. 628-629.

2 COUTURE, *Eduardo J. Fundamentos del derecho procesal civil*. 4ª ed. Buenos Aires: B de F, 2005, pp. 370-371.

f) cumprimento de decisão que estabeleça obrigação alimentar (art. 528 – art. 533), g) execução de título extrajudial que reconhece obrigação de pagar alimentos (art. 911 – art. 913); h) execução por quantia certa em face de devedor insolvente (art. 748 – art. 786-A, CPC-73 c/c art. 1.052, CPC); i) execução de título judicial ou extrajudicial em sede de Juizados Especiais Federais, Fazendários e Estaduais (art. 16 – art. 17, Lei nº 10.259/01; art. 12 – art. 13, Lei nº 12.153/2009; art. 52 – art. 53, Lei nº 9.099/95); j) cumprimento de sentença que impõe obrigação de fazer, não fazer e entregar coisa (art. 536 – art. 538); k) execução de título extrajudicial que reconhece obrigação de fazer (art. 815 – art. 821); l) execução de título extrajudicial que reconhece obrigação de não fazer (art. 822 – art. 823); m) execução de título extrajudicial que reconhece obrigação de entregar coisa certa ou incerta (art. 806 – art. 813). No entanto, como este Livro II apenas trata do processo de conhecimento, estes demais ritos serão tratados oportunamente.

Uma última ressalva, é que o CPC revogou diversos procedimentos previstos no modelo primitivo (CPC-73). Entre aqueles que foram revogados, podem ser citados: rito comum sumário, usucapião, nunciação de obra nova, ação de anulação de título ao portador, ação de prestação de contas na modalidade dar contas, ação de depósito, todos os procedimentos cautelares típicos, entre muitos outros. Só que há regra de direito intertemporal prevista no CPC dispondo que, nestes processos que tiverem sido instaurados ainda sob a égide do modelo anterior (CPC-73), a antiga lei processual é a que permanecerá sendo aplicada até ser proferida sentença (art. 1.046, § 1º). Portanto, observa-se que a referida norma prestigiou a adoção do sistema das fases processuais, no que diz respeito à aplicação da lei processual no tempo. Por este motivo, ainda que o CPC não mais preveja tais ritos, é certo que os mesmos ainda serão certamente aplicados pelos operadores do Direito por um bom tempo. Por este motivo é que, nesta obra, optou-se por também abordar estes procedimentos extintos, justamente nas considerações sobre as "Disposições Finais e Transitórias" (art. 1.045 – art. 1.072).

13.4. INDISPONIBILIDADE DO PROCEDIMENTO

O procedimento, em regra, não pode ser objeto de escolha pelos litigantes. Vale dizer, não pode o demandante, por exemplo, adotar o procedimento comum se a situação for uma daquelas previstas como sendo do procedimento da consignação em pagamento (art. 539 – art. 549). Recomenda-se, inclusive, que o magistrado determine de ofício as medidas necessárias para a correção desta situação. Assim, se ao fazer a leitura da petição inicial o juiz perceber que o procedimento se encontra equivocado, deve intimar o demandante para promover a emenda desta peça, indicando com precisão o que deve ser corrigido (art. 312), bem como para que sejam carreadas aos autos novas cópias que servirão para instruir a contrafé que acompanhará o mandado de citação eventualmente expedido.

No entanto, por vezes se permite que haja a escolha de procedimentos, o que até ocorre com alguma frequência.[3] Por exemplo, o demandante pode optar, para questões de conteúdo econômico não superior ao equivalente a 40 (quarenta) salários-mínimos, que eventual demanda seja deduzida tanto perante um juízo cível quanto perante um Juizado Especial, eis que a competência deste último é opcional.[4] Só que os processos instaurados perante o Juizado Especial devem observar procedimento específico (Lei nº 9.099/95) e não aquele rito comum previsto no CPC (art. 318). O mesmo também ocorre se o demandante dispuser de prova escrita sem força de título executivo que indique a existência de uma obrigação de pagar ou de entrega de bem móvel, caso em que, ao seu talante, poderá optar entre o procedimento comum ou o procedimento monitório (art. 700 – art. 702). Idêntica situação também permite ao autor optar pelo uso do mandado de segurança (Lei nº 12.016/09) ou instaurar uma demanda observando rito comum, dentre outros mais.

Mas essa possibilidade de escolha de rito não é de forma alguma a regra. É que, usualmente, o que se observa é que estas opções ocorrem somente quando a própria legislação autorizar, tal como ocorre na situação envolvendo os processos de competência do Juizado Especial e nos mandados de segurança, em virtude da interpretação de certas normas jurídicas (art. 3º, § 3º, Lei nº 9.099/95 e art. 19, Lei nº 12.016/2009). Além disso, também se observa esta possibilidade de escolha de rito quando o próprio procedimento especial puder ser convertido em rito comum em dado momento. Esta última hipótese, que ocorre na ação monitória, claramente sugere que o procedimento especial não é tão específico assim, de modo que o interessado poderia optar pelo mesmo ou já diretamente pelo rito comum desde o seu limiar.

Portanto, é possível concluir que não é dada à parte, na maioria absoluta das vezes, escolher qual o procedimento que irá adotar, uma vez que o mesmo deve ser observado indistintamente, sob pena de macular o processo. No entanto, por vezes esta escolha é possível, quando a própria legislação autorizar ou quando o rito especial não trouxer grandes especificidades.

De resto, é importante destacar que, conforme já salientado em momento oportuno (v. item nº 11.5.2.1.), há disposição no CPC (art. 190), que cuida do tema denominado "convenções processuais", autorizando que as próprias partes possam, de comum acordo, não "escolher", mas sim "criar" o próprio rito que será observado no processo, o que literalmente sugere uma mitigação a afirmação de que o procedimento é indisponível. Contudo, também já foram apresentadas críticas ao referido dispositivo, que viola a iniciativa do Congresso Nacional para tratar de assuntos desta natureza, além de ofender a garantia do devido processo legal.

---

3 STJ. REsp nº 993.535/PR. Rel.ª Min.ª Nancy Andrighi. DJ 06/04/2010.

4 HARTMANN, Rodolfo Kronemberg. *Curso de direito processual civil, – Teoria Geral do Processo.* 1ª ed. Niterói: Impetus, 2012. v. 1, pp. 94-95.

13.5. O PROCEDIMENTO COMUM

O procedimento comum é aquele que deverá ser observado quando não houver rito especial, tanto no CPC quanto em leis especiais.

O seu desenrolar observa, basicamente, a seguinte ordem: **petição inicial → deferimento da petição inicial e determinação da citação do demandado → audiência obrigatória de conciliação e mediação → defesa do demandado: contestação e reconvenção → providências preliminares → possibilidade de julgamento antecipado parcial ou total do mérito → saneamento (em gabinete ou em audiência específica) → audiência de instrução e julgamento, se necessária → sentença.**

Trata-se de ordem que, embora a primeira vista possa parecer simplória, pode trazer diversos questionamentos quando cada tema for estudado de maneira mais aprofundada. Por este motivo é que a estrutura deste manual (em seus livros seguintes), foi toda realizada seguindo a exata sequência deste procedimento e, de certa maneira, também a que consta no próprio CPC.

13.6. FLUXOGRAMA

PROCEDIMENTO COMUM

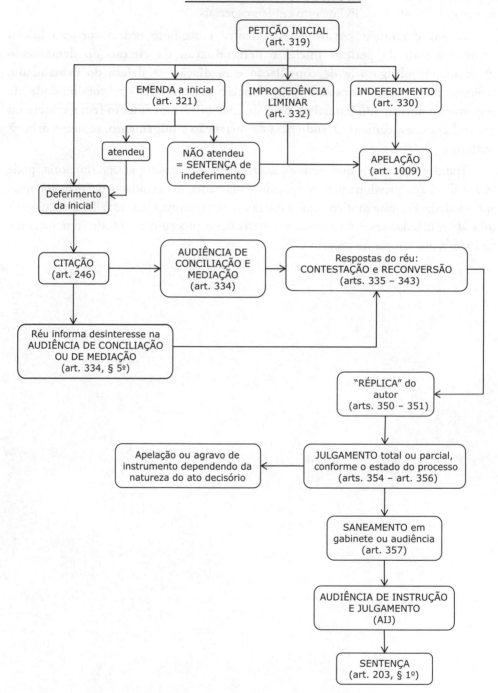

14

PETIÇÃO INICIAL

14.1. PETIÇÃO INICIAL: CONCEITO E REQUISITOS

A petição inicial é a peça que inaugura o processo, ou seja, aquela que corporifica o instrumento da demanda, eis que é pela mesma que o autor provoca o Estado a prestar a jurisdição, por meio do exercício do direito de ação. Trata-se de ato processual de suma importância, eis que até mesmo é por intermédio dela que o demandante narra os fatos e a pretensão que vai ser analisada pelo magistrado.[1] Por esta razão, a confecção desta peça deve velar pela observância de certas normas processuais (art. 319), malgrado existam outros dispositivos que possam estabelecer as mais distintas exigências, dependendo do tipo de processo ou de procedimento que vai ser instaurado (v.g., art. 798 – que estabelece exigências pontuais para a petição inicial de processo de execução lastreado em título executivo extrajudicial).

14.2. INDICAÇÃO DO JUÍZO OU TRIBUNAL

O CPC exige (art. 319, inc. I) que na petição inicial conste a indicação do juízo a quem a mesma é dirigida. Ressalta-se que quando a demanda tiver sido proposta em base territorial que contar com mais de um órgão jurisdicional dotado da mesma competência, obviamente não será possível indicar com precisão qual é o juízo antes que tenha ocorrido a regular distribuição (art. 284).

Recomenda-se, também, cuidado na elaboração da petição inicial neste ponto, para que não haja equívocos de ordem técnica, dependendo da Justiça envolvida. Com efeito, para demandas de competência da Justiça Federal, a petição é dirigida ao juiz federal lotado em determinado juízo de dada Seção Judiciária. Já para processos da competência da Justiça Estadual, deve ser dirigida ao juiz de direito lotado em órgão de determinada Comarca. São pequenos detalhes técnicos que de forma alguma devem ser descurados.[2]

---

1 GRECO FILHO, Vicente. *Direito processual civil brasileiro*, 17ª ed. São Paulo: Saraiva, 2006, v. 2. p. 105.

2 Em alguns manuais de processo civil ou livro de prática cível há a recomendação de que a petição deve ser direcionada apenas ao "Juízo" (órgão), sem fazer menção ao magistrado. Tal recomendação é incorreta, pois dentro do "Juízo", existem petições que são analisadas pelo juiz (v.g. requerimento de tutela provisória de urgência) e outros que são enfrentados pelo servidor (v.g. requerimento de certidão sobre determinada situação). Se este raciocínio fosse empregado em Tribunais, em que o órgão é colegiado, como saber qual Desembargador ou Ministro que terá que dar processamento à peça? Portanto, tudo persiste como antes: a petição é ao "Juízo", mas sendo pormenorizada a "pessoa" que é a destinatária.

14.3. IDENTIFICAÇÃO E QUALIFICAÇÃO DAS PARTES

O CPC (art. 319, inc. II) exige a indicação do nome, prenome, estado civil, se há existência de união estável, profissão, o número de inscrição no CPF ou no CNPJ, endereço eletrônico, e, também o domicílio e a residência, tanto do demandante quanto do demandado.

A indicação do nome pode eventualmente ser até dispensada, em situações que o demandante não tiver esta informação embora possa delimitar a pessoa ou as pessoas que irão compor o polo passivo de sua demanda. Basta imaginar, por exemplo, que um imóvel tenha sido esbulhado e o proprietário busque obter, em juízo, uma reintegração de posse. Neste caso, não necessariamente o demandante saberá informar ao juízo o nome das pessoas que praticaram o esbulho, muito embora possa defini-las como sendo aquelas que estão indevidamente em terreno de sua propriedade, razão pela qual para este endereço é que terá que se dirigir o oficial de justiça para tentar realizar a citação.

Já a menção ao estado civil é um dado de relevância, pois, dependendo do mesmo e também do regime de casamento, o tratamento processual pode ser um pouco distinto. Vale lembrar que há norma (art. 73) que enumera algumas situações em que um cônjuge somente pode propor certas demandas quando contar com o consentimento do outro.[3] O mesmo deve ser mencionado quanto à informação sobre a existência de união estável, eis que a mesma também é reconhecida como entidade familiar.

Quanto à indicação da "profissão", também se faz necessária na medida em que certos cargos geram tratamento processual diferenciado (v.g., art. 243, parágrafo único – que dispõe que o militar, em serviço ativo, será citado na unidade em que estiver servindo se não for conhecida a sua residência ou nela não for encontrado), além de se constituir em valiosa informação para análise de eventual requerimento de gratuidade de justiça, pois, embora seja presumida a hipossuficiência afirmada por pessoa física (art. 99, § 3º), a praxe forense já vinha há muito detectando certos abusos em requerimentos desta natureza, desvirtuando por completo o seu intento, que era o de facilitar o acesso à Justiça aos realmente necessitados. Desta maneira, certas profissões, aliadas à ausência de comprovação de despesas extraordinárias, podem sugerir que o quadro de miserabilidade não esteja tão nítido, de modo a não recomendar o deferimento do beneplácito previsto no CPC (art. 98 – art. 102).

Já a indicação do número de CPF ou do CNPJ, conforme o caso, já vinha sendo exigida informalmente, o que é salutar para delimitar ainda mais a pessoa da parte, evitando eventual envolvimento de homôninos completamente estranhos à questão.

O CPC também exige a indicação do endereço eletrônico das partes, o que se traduz em uma novidade tendo em vista o emprego cada vez maior do processo por meio eletrônico, o que favorece a agilidade processual mormente no que diz respeito à realização das citações e intimações. A novel lei exige, inclusive, que a Fazenda Pública, Ministério Público, Defensoria Pública, bem como todas as empresas públicas

---

3 HARTMANN, Rodolfo Kronemberg. *Curso de direito processual civil, – Teoria Geral do Processo.* 1ª ed. Niterói: Impetus, 2012, v. 1 p. 134.

e privadas (exceto as de pequeno porte ou microempresas) efetuem cadastro dos seus endereços eletrônicos perante os Tribunais no prazo de 30 (trinta) dias, contados do momento em que o CPC entrou em vigor (art. 1.050 e art. 1.051). Contudo, certamente o descumprimento de tais normas, tanto a que exige esta indicação na petição inicial como a que impõe a necessidade de cadastro, não irão macular qualquer ato e nem mesmo gerar a imposição de sanções, pois devem ser interpretadas como estímulo ao uso do processo eletrônico, até que a transição seja completa e tenhamos uma grande redução do acervo dos processos físicos em tramitação.

E, ainda, a menção ao endereço do domicílio e da residência na petição inicial é, justamente, para possibilitar a realização da citação em uma das suas modalidades "pessoais".

Vale dizer que se o demandante não dispuser de todos estes elementos ou, pelo menos, daqueles que sejam suficientes para delimitar com precisão a pessoa do demandado, terá que requerer auxílio do Poder Judiciário para obter as informações faltantes (art. 319, § 1º). Do contrário, se o que informar já for suficiente, isso não será caso de indeferimento da petição inicial (art. 319, § 2º). E, por fim, estará dispensado de prestá-las nos casos em que as mesmas forem excessivamente difíceis de serem obtidas (art. 319, § 3º).

14.4. A CAUSA DE PEDIR: OS FATOS E OS FUNDAMENTOS JURÍDICOS DO PEDIDO

Em regra, toda petição inicial deve conter o fato e o fundamento jurídico do pedido, já que compõem a causa de pedir (art. 319, inc. III), sob pena de indeferimento da petição inicial por motivo de inépcia (art. 330, § 1º, inc. I).[4] Porém, por vezes esta exigência pode até ser mitigada, conforme a seguir será exposto.

Narrar os "fatos" nada mais é do que descrever a situação fática daquilo que ocorreu ou que supostamente pode vir a ocorrer, que se constitui na "causa de pedir remota" e que irá se apresentar como base do pedido.[5] E é justamente em torno dos "fatos" que orbita todo o desenvolvimento do processo, por ser corrente afirmar que o demandante os narra, o demandado se defende deles, as provas recaem sobre os mesmos e, por fim, o magistrado aprecia e julga esses fatos.

No entanto, o CPC (art. 319, inc. III) também impõe ao demandante que indique a "qualificação jurídica", ou seja, a "causa de pedir próxima", que é como a ciência jurídica qualifica ou nomina os fatos, o que não se confunde com o "fundamento legal".[6] É que não há necessidade alguma de constar, na petição inicial, os dispositivos que amparam o pleito autoral ("fundamento legal"), em decorrência da regra própria (art. 376 – *juria*

4 TJ-RJ. Apelação cível nº 2000.001.02501. Rel.ª Des.ª Leticia Sardas. DJ 11/04/2000.

5 DIDIER JR., Fredie. *Curso de direito processual civil*, 13ª ed. Salvador: JusPodivm, 2011. v. 1, p. 430.

6 GRECO FILHO, Vicente. *Direito processual civil brasileiro*, São Paulo: Saraiva, 2006. v. 1, p. 93.

novit curia). Contudo, é até recomendável que o autor faça esta indicação, para atestar que a sua demanda encontra respaldo normativo claro.

Portanto, o que a lei processual exige é, tão somente, como a ciência jurídica nomina os fatos narrados, ou seja, apenas a sua "qualificação jurídica". Para exemplificar, o demandante apresenta a sua petição inicial postulando a anulação de um contrato em razão de ter sofrido uma coação ("fundamento jurídico" − causa de pedir próxima), em decorrência de uma pessoa ter lhe apontado uma arma para que assinasse e concluísse o aludido negócio jurídico ("fatos" − causa de pedir remota). Observa-se que, nesta situação, não bastaria ao autor apenas mencionar, em sua petição inicial, que pretende obter a anulação do contrato em decorrência de uma coação, pois tal hipótese configuraria inépcia da petição inicial, eis que a mesma seria desprovida de qualquer descrição fática (art. 330, parágrafo único, inc. I). Igual consequência também ocorreria, por sinal, se outro demandante postulasse uma indenização por supostos danos morais e materiais sofridos em decorrência de "negligência" do demandado, sem que houvesse na petição inicial qualquer menção ao fato que configuraria esta "negligência".

De uma forma geral, é corrente afirmar que entre nós é adotada a teoria da substanciação, dada a prevalência da análise fática em detrimento da qualificação jurídica empregada pelo demandante, que é muito empregada em Portugal e na Alemanha.[7] Respeitada doutrina, por sinal, até vislumbra a adoção dessa teoria em norma constante no Código de Processo Penal (art. 383, CPP), que cuida do instituto da *emendatio libelli*, eis que o magistrado com competência criminal pode analisar os fatos e proferir julgamento acolhendo o pedido condenatório autoral, ainda que tenha que alterar a qualificação jurídica atribuída pelo denunciante ou pelo querelante, conforme o caso, se entender que a mesma não é a mais adequada.[8] Esta situação, como se sabe, não traz qualquer prejuízo à defesa já que esta teve a oportunidade de se manifestar sobre os fatos imputados na inicial, bem como não se traduz em inovação ao pedido formulado pelo demandante, que permanece a consistir no exercício de uma hipotética pretensão de cunho condenatório punitivo.[9] A mesma doutrina, por sinal, vislumbra em norma do CPC (art. 305, parágrafo único) ranço desta mesma teoria da substanciação, eis que o magistrado pode deferir a tutela provisória de urgência mais adequada, ainda que o demandante a tenha nominado incorretamente.[10]

Mas há a ressalva, porém, da existência de uma outra teoria que a esta se contrapõe, denominada teoria da "individualização", muito empregada na Itália e que se contenta apenas com a indicação do fundamento jurídico da relação constitutiva do direito autoral, de modo a colocar em segundo plano a análise de qualquer situação fática.[11]

---

7 BADARÓ, Gustavo Henrique Righi Ivahy. *Correlação entre acusação e sentença.* São Paulo: RT, 2000, p. 55.

8 DINAMARCO, Cândido Rangel. *A reforma da reforma.* 2ª ed. São Paulo: Malheiros, 2002, p. 93.

9 HARTMANN, Rodolfo Kronemberg. *Curso de direito processual civil, − Teoria Geral do Processo.* 1ª ed. Niterói: Impetus, 2012. v. 1, p. 128-129.

10 DINAMARCO, Cândido Rangel. *A reforma da reforma.* 2ª ed. São Paulo: Malheiros, 2002, p. 94.

11 GRECO, Leonardo. *A teoria da ação no processo civil.* São Paulo: Dialética, 2003, p. 57.

Digno de nota, também, que há uma certa tendência nos estudos mais avançados sobre o tema em considerar a aplicação de ambas na ciência processual, muito embora isso vá variar dependendo do estágio em que o processo se encontrar.[12]

No procedimento monitório, por exemplo, é bastante frequente localizar jurisprudência dispensando a descrição fática. É que, neste rito especial (art. 700 – art. 702), o demandante apenas deve apresentar prova escrita sem força de título executivo que contenha uma obrigação de pagar, de fazer ou nao fazer ou mesmo de entrega de coisa, sem necessidade de produzir qualquer outra prova. O magistrado, acaso verifique a presença dos pressupostos processuais, das condições da ação e do atendimento desta exigência, irá então determinar a expedição do mandado inicial ou mandado monitório, que se constitui em uma ordem para que o devedor cumpra a obrigação, muito embora a mesma não tenha a possibilidade imediata de gerar, por si só, qualquer constrição de direito, como uma penhora ou apreensão de um bem. E, vale dizer, caso o demandado citado deixe de apresentar defesa por meio dos embargos monitórios, caberá ao magistrado tão somente converter, *ex vi legis*, o mandado inicial em mandado executivo, sem apreciar qualquer pedido ou mesmo analisar qualquer fato eventualmente descrito.

Desta maneira, uma petição inicial observando o procedimento monitório com o objetivo de receber uma determinada soma em dinheiro lastreada em um cheque desprovido de força executiva (Verbete nº 299 da Súmula do STJ: "*É admissível ação monitória fundada em cheque prescrito*"), não é considerada inepta ainda que o demandante não narre a descrição fática que justificou a emissão do aludido título de crédito o que, de certa maneira, também coincide com o atributo da "abstração", comum a documentos desta natureza.[13] Assim, neste caso específico do procedimento monitório, a petição inicial não precisará vir com a descrição dos fatos, o que sinaliza adoção da teoria da individualização (Verbete nº 531 da Súmula do STJ: "*Em ação monitória fundada em cheque prescrito, ajuizada contra o emitente, é dispensável a menção ao negócio jurídico subjacente à emissão da cártula*"). No entanto, mesmo nela é sempre recomendável a narrativa fática, eis que se forem apresentados os embargos monitórios este rito especial será convertido em comum, hipótese em que o magistrado irá analisar fatos e julgar a pretensão deduzida pelo demandante.

14.5. PEDIDO

O pedido é considerado o núcleo essencial de toda e qualquer petição inicial, eis que irá delimitar a atuação jurisdicional, em atenção ao princípio da congruência (art. 141 e art. 492). É tema que recebeu boa regulamentação pelo CPC (art. 322 – art. 329).

---

12 Conforme noticia Mandrioli, a doutrina mais recente, especialmente na Itália, tende a se posicionar no sentido de considerar as duas teorias como faces da mesma moeda. MANDRIOLI, Crisanto. Riflessioni in tema di "petitum" e di "causa petendi". In: *Rivista di Diritto Processuale*, v. 3, anno XXIX (seconda serie). Padova: Cedam, 1984, p. 473. No mesmo sentido: PINTO, Júnior Alexandre Moreira. *A causa petendi e o contraditório*. São Paulo: RT, 2007, p. 46.

13 STJ. Embargos de declaração no agravo regimental no REsp nº 2012/0157349-5. Rel. Min. Luis Felipe Salomão. DJ 09/10/2012.

Já neste início impende diferenciar o objeto imediato do pedido do seu objeto mediato. O primeiro deles é dirigido ao Estado-Juiz e representa o provimento jurisdicional que o demandante pretende obter ao final do processo. Por outro lado, há também o objeto mediato do pedido, que é comumente designado como "bem da vida", ou seja, a providência de cunho material que o autor efetivamente pretende obter como, por exemplo, a obtenção de uma determinada soma em dinheiro para ressarcimento dos danos materiais sofridos.[14] É que este somatório em dinheiro (objeto mediato do pedido), somente poderá em tese ser obtido se for proferida uma decisão jurisdicional (objeto imediato do pedido), eis que a autotutela é proibida quase sempre. Vale dizer que esta classificação é de suma importância para melhor compreender o que vêm a ser os pedidos "genéricos, pois nestes sempre haverá determinabilidade quanto ao objeto imediato do pedido e indeterminabilidade quanto ao seu aspecto mediato.

De acordo com o CPC (art. 322, § 2º), a interpretação do pedido não necessariamente terá que ser literal, mas deverá observar o conjunto da postulação e o princípio da boa-fé. Por exemplo, se o pedido inicial foi no sentido de ser a ré condenada a permitir que a autora adentrasse em seu imóvel para realizar obras de reparo da tubulação de água e esgoto, não configura modificação do pedido o fato da troca da tubulação ter sido embutida e não externa como inicialmente prevista. É que, simples mudança de fato na sustentação dos fundamentos da ação, não significa alteração do pedido. Assim, pelo menos, já se posicionava a jurisprudência.[15]

Alhures a esta discussão, o CPC estabelece (art. 322 e art. 324) que o pedido deve ser "certo" e "determinado". Esta obra segue a concepção que vislumbra o pedido "certo" como equivalente de pedido "expresso" na petição inicial, ao passo que o pedido "determinado" é aquele cujo bem da vida pretendido pelo demandante é "delimitado", embora não haja consenso doutrinário quanto ao tema.[16] Logo, diante de uma petição inicial com pretensão para o recebimento de R$ 10.000,00 (dez mil reais) de danos materiais, se tem como pedido "certo" aquele que foi expresso e que tem cunho condenatório, enquanto o pedido "determinado" é o montante que se pretende obter para fins de ressarcir os prejuízos sofridos.

Até se poderia imaginar que esta classificação não traz qualquer relevância jurídica, o que se constitui em ledo engano. Afinal, o ordenamento jurídico também consagra diversos exemplos de pedidos "implícitos", que não irão constar na petição inicial e que, por este motivo, se contrapõem aos pedidos "certos".

---

14 GRECO FILHO, Vicente. *Direito processual civil brasileiro,* 17ª ed. São Paulo: Saraiva, 2006. v. 2, p. 111.

15 TJ-RJ. Apelação cível nº 0124079-73.2005.8.19.0001 (2007.001.32175). Rel. Des. Sérgio Cavalieri Filho. DJ 1º/08/2007.

16 No sentido do texto: DIDIER JÚNIOR, Fredie. *Curso de direito processual civil,* 17ª ed. Salvador: JusPodivm, 2015. v. 1, pp. 566-567. CÂMARA, Alexandre Freitas. *O novo processo civil brasileiro.* São Paulo: Atlas, p. 190.

14.5.1. Pedido implícito

Embora seja muito frequente a afirmação de que os pedidos sejam interpretados restritivamente,[17] o CPC inova ao prever que a sua interpretação deve considerar o conjunto da postulação e observar o princípio da boa-fé (art. 322, § 2º). Esta mudança, contudo, não pode mitigar o princípio da congruência, pois mesmo com total boa vontade a jurisdição não pode ser prestada de ofício, razão pela qual deve ser dada nos exatos limites da provocação das partes (art. 141 e art. 492).

No entanto, por vezes será possível o reconhecimento de algum pedido "implícito" que, como exposto acima, é aquele que não precisa estar no corpo da petição inicial já que decorre de expressa previsão normativa. Assim, como se presume que o magistrado conhece o Direito (*juria novit curia*), estes pedidos até podem ser dispensados da petição inicial, muito embora seja sempre recomendável que os mesmos constem expressamente para que sejam evitados ulteriores dissabores por conta de eventual desatenção pelo magistrado.

Diversos são os exemplos previstos na legislação de pedidos "implícitos". Entre os mais comuns, podem ser enumerados: a) condenação ao pagamento dos juros (art. 322, § 1º);[18] b) condenação ao pagamento do valor reconhecido em sentença devidamente corrigido monetariamente (art. 322, § 1º c/c art. 404, CC); c) condenação ao pagamento das prestações periódicas que forem vencendo durante a tramitação do processo, quando se tratar de relação jurídica de direito material continuativa (art. 323); d) condenação do vencido a arcar com a sucumbência, isto é, ao pagamento das custas processuais e dos honorários advocatícios (art. 322, § 1º); entre outros mais.[19]

Mas muito embora a legislação autorize a existência de pedidos implícitos, a decisão do magistrado deve ser expressa quanto ao reconhecimento dos mesmos, ou seja, não se pode interpretar que uma sentença contenha um capítulo ou condenação implícitos. Portanto, sempre a decisão deve ser expressa, ainda que se trate de alguns dos pedidos implícitos autorizados por lei. E, se assim não for, o patrono deverá estar atento para a utilização dos embargos de declaração com o objetivo de sanar esta omissão, sob pena de esta decisão *citra petita* transitar em julgado materialmente e este vício ser convalidado, impedindo que tal questão possa ser novamente discutida em outro processo.[20] Neste sentido, por sinal, há o Verbete nº 453 da Súmula do STJ nos seguintes termos: *"Os honorários sucumbenciais, quando omitidos em decisão transitada em julgado, não podem ser cobrados em execução ou em ação própria"*. Porém,

---

17 STJ. REsp nº 985.087-SP. Rel. Min. Humberto Gomes de Barros. DJ 1º/04/2008.

18 STJ. Agravo no REsp nº 1.177.556–RS. Rel. Min. Massami Uyeda. DJ 26/06/2012.

19 MARINONI, Luiz Guilherme. ARENHART, Sérgio Cruz. *Manual do processo de conhecimento.* 2ª ed. São Paulo: RT, 2003, p. 108, vislumbram que o magistrado, ao determinar qualquer medida executiva de ofício (art. 497) estaria, em realidade, indo além dos limites da provocação autoral. Este exemplo, porém, pode ser objeto de críticas, pois não se está adiante de um pedido que externa uma pretensão de direito material como nos outros casos apresentados, mas sim de mero requerimento para o deferimento de alguma medida de cunho processual.

20 DIDIER JÚNIOR, Fredie. *Curso de direito processual civil,* 17ª ed. Salvador: JusPodivm, 2015, v. 1. p. 590.

fica a ressalva de que o CPC trouxe norma frontalmente contrária a este raciocínio pacífico (art. 85, § 18).

Mas, muito embora o ideal seja que o pedido implícito seja decidido expressamente na sentença, a jurisprudência vinha mitigando esta afirmação no que diz respeito aos juros e a correção monetária, que poderiam ser exigidos mesmo nos casos em que a decisão já transitada em julgado tiver sido omissa. É o que se observa no Verbete nº 254 da Súmula do STF: "*Incluem-se os juros moratórios na liquidação, embora omisso o pedido inicial ou a condenação*" e, também, na jurisprudência do STJ.[21] Curiosamente, há julgado mais recente do STJ, já com o CPC em vigor, que é no sentido de que nos casos de anistia política, só é possível a inclusão de juros de mora e de correção monetária na fase executiva quando a decisão judicial tiver sido expressa nesse sentido.[22]

14.5.2. Pedido genérico

O pedido genérico, como exposto acima, é aquele que é expresso, mas que não é delimitado, ou seja, é um pedido em que o autor não tem condições, pelo menos no momento de propositura da ação, de delimitar a abrangência daquilo que pretende vir a obter ("bem da vida"). E, como consequência direta da formulação de um pedido genérico, surge a constatação de que o autor não poderá apresentar um valor da causa compatível com o proveito econômico que pretende ou que poderá vir a obter, já que este último somente será definido posteriormente. Por este motivo, aliás, é que nestas situações se admite que o valor atribuído à causa seja apenas para fins de atendimento a lei (art. 319, inc. V), razão pela qual comumente é indicado bem baixo.

Assim, apresentada uma petição inicial contendo um pedido genérico, devem ser olvidados esforços pelos sujeitos do processo para que seja possível obter a sua delimitação no decorrer da instrução processual, de modo que o magistrado já possa proferir uma sentença líquida, ou seja, contendo não apenas o *an debeatur*, mas, também, o *quantum debeatur*. No entanto, caso isso não seja possível, esta determinação ainda poderá ser obtida em ulterior etapa de liquidação de sentença. A única ressalva, porém, é que existem certas situações em que a lei processual proíbe a prolação de sentenças genéricas, já que vedada a liquidação em determinados procedimentos. É o que ocorre, por exemplo, nos processos que tramitam perante o Juizado Especial, seja ele Estadual, Fazendário ou Federal (art. 38, parágrafo único, Lei nº 9.099/95). Portanto, em casos assim, até se admite a formulação de pedido genérico, muito embora a sentença necessariamente tenha que ser certa e líquida.

As hipóteses admitidas para a apresentação de pedido genérico se encontram todas positivadas (art. 324, § 1º, incs. I, II e III). O primeiro deles, cuida das "ações universais", ou seja, aquelas demandas instauradas em que se discute, por exemplo, a

---

21 STJ. Agravo regimental no REsp nº 2011/0283600-1. Rel. Min. Francisco Falcão. DJ 17/05/2012.
22 STJ. ExeMS 18.782-DF, Rel. Min. Mauro Campbell Marques, por unanimidade, j. 12/09/2018, DJe 03/10/2018.

propriedade de parte de determinados bens, sem que os mesmos possam ser, naquele momento da propositura da demanda, devidamente identificados até então.

Já a segunda hipótese envolve a ocorrência de uma situação em que não foi possível determinar, de modo definitivo, as consequências do ato praticado ou do fato. Seria o caso, por exemplo, de alguém que sofreu grave acidente e que necessita se submeter a um tratamento médico contínuo de longo prazo, cujo custo é variável dependendo da etapa ou da evolução da lesão sofrida. É que, em casos como este, o demandante pode desde logo pleitear o ressarcimento de todos os danos sofridos oriundos daquele evento em específico e, uma vez tendo êxito no processo, bastará ulteriormente proceder a mais de uma liquidação do mesmo ato decisório, já que a sentença será genérica, sempre que puder demonstrar um novo gasto efetuado que tenha sido proveniente daquele evento já apreciado judicialmente.

Por fim, a terceira hipótese de pedido genérico é aquela que ocorre quando a determinação da condenação somente for possível em decorrência de ato que deva ser praticado pelo demandado. Neste último inciso, é muito comum fornecer como exemplo a ação de exigir contas (art. 550 – art. 553), pois a mesma pressupõe que haja uma relação jurídica material em que o demandado esteja administrando bens e direito do demandante, sem prestar as devidas informações. Logo, como o demandante não sabe exatamente o conteúdo econômico do seu direito, já que o mandatário lhe sonega as informações necessárias, esta demanda poderá ser instaurada com a formulação de pedido genérico, que somente terá apuração, se for o caso, em uma etapa superveniente que muito se assemelha à liquidação.

14.5.3. Questões pontuais sobre o pedido de danos morais

O pedido de danos morais é um dos mais comuns que são formulados diuturnamente perante os órgãos jurisdicionais, daí o mesmo gerar constantes questionamentos, muitos deles que, inclusive, melhor seriam abordados em obras de direito civil. No entanto, para se trazer um quadro mais rico e abrangente deste tema e, também, para que seja possível mencionar entendimentos sumulados do STJ (a quem compete realizar, em última instância, a interpretação das leis federais), é que esta obra irá abordar algumas das principais questões materiais e processuais decorrentes dos pedidos de danos morais.

14.5.3.1. Distinção entre dano moral e dano material

O dano é consequência de um comportamento ilícito e pode ser compreendido como a diminuição, a subtração ou a lesão a um bem jurídico que integra o patrimônio de uma pessoa. Quando se trata de lesão produzida face ao patrimônio real (ou concreto) de determinada pessoa física ou jurídica, usa-se a expressão "dano material" para qualificá-la. Em outras situações, porém, o comportamento ilícito gera reflexos íntimos a determinada vítima, causando-lhe sofrimento intenso, aflições e angústias, ou seja, gerando consequências ao seu estado psicológico. Nestes casos, utiliza-se a expressão "dano moral", cuja indenização deve abranger não apenas esta reparação como, também, ao mesmo tempo ter um conteúdo pedagógico, de modo a desestimular que o vencido continue a praticar condutas lesivas. É, pelo menos, o que recomenda a jurisprudência.[23]

Vale dizer que, eventualmente, um mesmo evento tanto pode gerar reflexos na esfera patrimonial quanto na moral, de modo que é bastante comum demandas que objetivam o recebimento, ao mesmo tempo, de danos materiais e morais. O tema até mesmo é objeto do Verbete nº 37 da Súmula do STJ: "*São cumuláveis as indenizações por dano material e de dano moral oriundos do mesmo fato*".

14.5.3.2. Distinção entre dano moral e dano estético

O "dano moral", como já analisado, não se confunde com o "dano material", já que busca uma recomposição pecuniária em decorrência da alteração abrupta e intensa do estado de espírito da vítima do ato ilícito. Mas o mesmo também não se confunde com o denominado "dano estético", que é aquele ocorrente na aparência da pessoa, que diminua a sua beleza, com comprometimento da aparência. É o que ocorre em casos em que o atuar ilícito gera uma cicatriz, perda de membros, deformidade, entre outros mais. Em outras palavras, a distinção entre ambos é que, enquanto o dano moral busca tutelar um direito de personalidade, o dano estético já protege o direito à integridade física, mormente no que diz respeito à aparência externa. No entanto, desde logo fica a ressalva de que respeitável doutrina defende que o dano estético se encontra abrangido pelos danos morais, já que qualquer ofensa ao corpo humano irradiará reflexos e sofrimentos no campo psíquico da pessoa.[24] Embora este raciocínio seja deveras interessante, fica a ressalva de que a jurisprudência usualmente reconhece a autonomia entre ambos, o que até mesmo fica bem nítido no Verbete nº 387 da Súmula do STJ: "*É lícita a cumulação das indenizações de dano estético e dano moral*".

14.5.3.3. Distinção entre dano moral e mero aborrecimento

Nem sempre o comportamento ilícito adotado pelo demandado gera automaticamente qualquer dano moral sério ao demandante. Por exemplo, demoras razoáveis em guichês de empresas ou pequenos acidentes no trânsito, podem eventualmente não gerar qualquer tipo de dano, seja ele de ordem material ou moral, embora possam ser qualificados como eventos desagradáveis, passíveis de gerar algum desconforto. Nestes casos, o mero aborrecimento é insuscetível de qualquer indenização, eis que usualmente tratam-se de situações transitórias e fugazes, inerentes à moderna vida social, que não deixarão sequelas no campo psicológico. É como costuma se posicionar a doutrina.[25]

---

23 STJ. Agravo regimental no REsp nº 46.590-SP. Rel. Min. Sidnei Beneti, DJ: 18/10/2011. STJ. REsp nº 521.434-TO. Rel.ª Min.ª Denise Arruda. DJ 04/04/2006.

24 ANDRADE, André Gustavo Côrrea de. A evolução do conceito do dano moral. In: *Revista da EMERJ* – Escola da Magistratura do Estado do Rio de Janeiro, nº 24, p. 152.

25 CAVALIERI FILHO, Sérgio. *Programa de responsabilidade civil*. 2ª ed. São Paulo: Malheiros, 2000, p. 78.

14.5.3.4. Comprovação dos danos morais

A comprovação dos danos morais se dá de uma maneira bem distinta em detrimento dos demais danos, pois se trata de algo imaterial. Por este motivo, os meios de prova tradicionais muitas vezes não se revelam aptos para sua demonstração.[26] Para corrigir esta situação, vem sendo entendido que o dano moral está ínsito na própria ofensa, decorrendo da gravidade do ilícito. Sob esta ótica, portanto, como o dano moral deriva inexoravelmente do próprio fato ofensivo, bastaria a comprovação da ofensa, já que o dano decorreria *ipso facto*, ou seja, estaria demonstrado à guisa da presunção natural, que decorre das regras de experiência comum.

14.5.3.5. Pedido de danos morais formulado por pessoa jurídica

Atualmente, já não existem dúvidas de que mesmo a pessoa jurídica pode ser ressarcida por eventuais danos morais sofridos, eis que possui uma honra objetiva que merece ser tutelada. É, por sinal, um tema que já é objeto do Verbete nº 227 da Súmula do STJ: "*A pessoa jurídica pode sofrer dano moral*".

14.5.3.6. Pedido de danos morais e incidência ou não de imposto de renda sobre o valor eventualmente recebido pelo demandante

Existiu certa dúvida sobre o valor percebido a título de danos morais consubstanciar ou não rendimento novo, de modo a gerar a incidência de imposto de renda. Se, como já pontuado acima, o montante recebido sob esta rubrica tem como intuito recompor o patrimônio lesado pelo demandado (que, no caso, são as sequelas deixadas na órbita psicológica de cada uma), parece claro não se tratar de nova renda e, por este motivo, não há como sustentar que o valor recebido sob esta rubrica é fato gerador do imposto de renda. Este entendimento, por sinal, já consta expresso no Verbete nº 498 do STJ, que estabelece: "*Não incide imposto de renda sobre a indenização por danos morais*".

14.5.3.7. Pedido genérico de danos morais

Já há algum tempo se discute a respeito da possibilidade ou não de formulação de pedido genérico de danos morais, ou seja, aquele em que na petição inicial não há um valor determinado para que o magistrado possa fixá-lo posteriormente por ocasião da prolação da sentença.

Muitos são os argumentos invocados contra esta possibilidade, que podem ser sintetizados da seguinte maneira: a) dano moral é algo extremamente subjetivo, razão pela qual caberia à própria parte estipular o quanto teria sofrido; b) poderia ser uma estratégia para o demandante minimizar o recolhimento de taxa judiciária, que usualmente é calculada tendo por base o valor atribuído à causa na petição inicial;

---

26 CAVALIERI FILHO, Sérgio. *Programa de responsabilidade civil*. 2ª ed. São Paulo: Malheiros, 2000, p. 79.

c) poderia ser uma estratégia para o demandante minimizar o impacto de eventual sucumbência, caso venha a ser derrotado em sua demanda, pois o valor da causa será irrisório apenas para fins de atendimento ao CPC (art. 319, inc. V); d) o pedido genérico de danos morais prejudicaria a defesa do demandado, pois o mesmo não teria a exata noção do valor que poderia vir a ser condenado, o que poderia comprometer a sua estratégia de defesa já que não seria possível calcular o custo do processo e sua relação com eventual condenação; e) esta hipótese não é contemplada no CPC (art. 324, § 1º, incs. I, II e III), entre aqueles casos que permitem a formulação de pedido genérico. Vale dizer, inclusive, que é muito frequente detectar jurisprudência e doutrina contrárias ao pedido genérico de danos morais.[27]

Mas, por outro lado, também são diversos os argumentos que podem ser apresentados para refutar todos aqueles acima enumerados. Com efeito, quanto ao item "a", muito embora o dano moral realmente seja algo extremamente subjetivo, não se pode olvidar que o mesmo será apreciado e fixado pelo magistrado, malgrado na situação concreta o demandante possa apresentar um quadro de sensibilidade bem mais exagerada que a maior parte da população. Assim, mesmo nas hipóteses em que o autor formular pedido determinado de danos morais, será o magistrado quem irá estabelecê-lo ao final, o que de certa forma demonstra que, tanto na hipótese de pedido determinado ou genérico, será o juiz quem irá estabelecer o *quantum* do dano sofrido pelo demandante.

Quanto ao item "b", o argumento de estratégia para minimizar o recolhimento da taxa judiciária nem sempre irá ocorrer. É que, em certos Estados, o valor da taxa judiciária é único, ou seja, independente de cálculo tendo por base aquele que foi estipulado como valor da causa na petição inicial. E, além disso, eventual perda de receita poderia ser evitada desde que o magistrado, no momento de sentenciar, adotasse um procedimento para evitar esta possibilidade. Com efeito, no momento em que o juiz proferir sentença estará fixando o conteúdo econômico da obrigação pretendida, motivo pelo qual poderá, neste mesmo instante, alterar o valor dado à causa para corresponder ao valor estipulado em sua sentença e, ato contínuo, determinar que o cartório proceda ao cálculo da diferença entre o que foi recolhido e o que deveria ter sido à luz do novo valor. Vale dizer que, uma vez sendo realizado este cálculo, deverá o vencido ser intimado para recolhê-lo, sob pena de se oficiar a Receita Federal ou Estadual para ciência deste montante não recolhido para fins de ulterior inscrição em dívida ativa seguida do ajuizamento de uma execução fiscal (Lei nº 6.830/80). Afinal, quem foi prejudicada pela ausência deste recolhimento foi a própria Fazenda Pública.

Quanto ao argumento constante no item "c", ou seja, de que o demandante estaria realizando uma estratégia para minorar o impacto de eventual pagamento da sucumbência caso viesse a ser derrotado em sua demanda, o mesmo também não convence. É que em casos de sentença de improcedência em que foi apresentado valor

---

27 TJ-RJ. Agravo de Instrumento nº 5.505/2000. Rel.ª Des.ª Maria Augusta Vaz. DJ 08/08/2000. Na doutrina se pode citar: DIDIER JÚNIOR, Fredie. *Curso de direito processual civil*, 17ª ed. Salvador: JusPodivm, 2015. v. 1, p. 581.

da causa muito baixo, dispõe o CPC (art. 85, § 8º) que os honorários serão fixados por apreciação equitativa do juiz, ou seja, não em percentual fixo sobre o valor da causa. Assim, mesmo em uma demanda em que o valor da causa for de R$ 10,00 (dez reais), a sentença de improcedência poderá impor uma verba honorária no patamar de, por exemplo, R$ 5.000,00 (cinco mil reais).

Quanto ao item "d", ou seja, que o pedido genérico de danos morais prejudicaria a defesa do demandado já que este não teria a exata noção do valor que pode vir a ser condenado, o mesmo deve ser igualmente afastado. Afinal, o demandante também não tem como calcular se compensa o custo do processo frente a eventual vitória que possa vir a obter, o que mostra que o conteúdo do dano moral é imponderável em um primeiro momento tanto para o demandante quanto para o demandado, o que é indicativo de que ambos se encontram em posição de equivalência (art. 5º, *caput*, CRFB).

De resto, o argumento constante no item "e", ao contrário dos demais, já parece ser inteiramente pertinente, pois realmente não há norma autorizando expressamente pedido genérico de danos morais (art. 324, § 1º, inc. II). Assim, em que pese a enorme divergência doutrinária e jurisprudencial, que conta com excelentes argumentos de cada parte, este manual segue a orientação de que não é possível a formulação de pedido genérico de danos morais, não apenas por não ser uma hipótese claramente contemplada no CPC, como, também, pelos diversos entraves processuais que desta prática poderão advir, como a dificuldade do recebimento de eventuais custas processuais que não foram adiantadas ou mesmo discussões relativas à possibilidade ou não de o demandante recorrer caso o valor fixado pelo magistrado não esteja de acordo com as suas expectativas íntimas.

Seguindo a linha sugerida por este manual, o CPC proibiu expressamente o pedido genérico de danos morais, ao dispor que o valor da causa em questões como esta será exatamente o valor que se pretende receber (art. 292, inc. V). Se, eventualmente, for apresentado o pedido genérico, caberá ao magistrado determinar a emenda da petição inicial, indicando com precisão este ponto que precisa ser corrigido (art. 321). E, se nada for regularizado, será então proferida sentença terminativa, indeferindo a petição inicial, exatamente por ser vedado o pedido genérico em tais casos (art. 330, § 1º, inc. II).

14.5.3.8. Pedido genérico de danos morais e valor fixado que frustra as expectativas do demandante – interesse em recorrer

Embora o CPC não mais permita expressamente o pedido genérico de danos morais (art. 292, inc. V), pode ser que esta norma não venha a ser interpretada apenas no sentido literal. Além disso, também não se pode desprezar a existência de milhares de processos em curso antes da vigência da novel legislação, em que foram apresentados pedidos genéricos em tais casos. Portanto, feitas estas ressalvas, é importante enfrentar delicada questão, em que o magistrado venha a fixar um *quantum* em sua sentença que, ainda que venha a ser devidamente fundamentada, pode não atender às expectativas íntimas da parte que provocou a prestação jurisdicional de maneira genérica. Nesta hipótese, questiona-se se seria possível ou não ao demandante interpor recurso com o fito de obter uma majoração.

Por um lado, até seria possível sustentar que este recurso não poderia ter o seu processamento normal, eis que esbarraria na ausência do requisito de admissibilidade denominado "interesse em recorrer". Com efeito, se na petição inicial o demandante deixa de indicar o valor do dano moral sofrido transferindo esta tarefa ao magistrado, realmente o acolhimento do pedido, ainda que não no patamar aguardado, pode sugerir que não existiriam argumentos para recorrer da decisão, pois o magistrado agiu nos limites da provocação autoral.

No entanto, seja na doutrina seja na jurisprudência, é bem mais comum observar que o recurso vem sendo admitido, pois se o valor fixado de alguma forma não atender o mínimo que era aguardado pelo demandante, isso justificaria o seu interesse em recorrer da decisão, com o objetivo de o Tribunal reformar o ato decisório eivado com *error in judicando*.[28]

14.5.3.9. Pedido certo e determinado de danos morais: valor inferior ao postulado – fixação da sucumbência

De acordo com o CPC, caberá ao demandante formular um pedido certo e determinado de danos morais, muito embora possa o magistrado vir a não acolhê-lo integralmente. Assim, por exemplo, feito um pedido orçado em R$ 100.000,00 (cem mil reais), o juiz entende que o autor somente faz jus à quantia de R$ 1.000,00 (mil reais), o que é indicativo de que o mesmo teve êxito em apenas 1% daquilo que postulou em sua petição inicial, ao passo que o demandado foi o grande vitorioso em 99%.

Nestas situações, há norma (art. 86, parágrafo único) que dispõe que se um litigante decair de parte mínima do pedido, o outro responderá, por inteiro, pelas despesas e honorários, o que sinaliza que o demandante é quem teria que ser condenado a arcar exclusivamente com a sucumbência.

Ocorre que, nestes casos, a jurisprudência já vem há algum tempo afastando a aplicação deste dispositivo, no sentido de que, mesmo nesta hipótese, o demandado é quem arcará exclusivamente com a sucumbência, forte nos argumentos de que: a) o pedido autoral foi integralmente acolhido e o arbitramento dos danos é mero desdobramento da procedência;[29] b) não seria razoável o demandante vitorioso ter que ser penalizado a arcar com despesas que, dependendo da situação, poderiam até ser superiores ao que deveria receber.[30]

---

28 ANDRADE, André Gustavo Côrrea de. Dano moral e pedido genérico de indenização. In: *Revista da EMERJ* – Escola da Magistratura do Estado do Rio de Janeiro, nº 10, pp. 45-67.

29 TJ-RJ. Apelação Cível nº 2008.001.34160. Rel. Des. Sidney Hartung. DJ 29/10/2008.

30 STJ. REsp nº 265.350/RJ. Rel. Min. Ari Pargendler. DJ 22/02/2001.

Atualmente, este tema encontra-se praticamente pacificado, mormente em razão da edição do Verbete nº 326 da Súmula do STJ, que dispõe: *"Na ação de indenização por dano moral, a condenação de montante inferior ao postulado na inicial não implica sucumbência recíproca".* É, também, o que consta no Verbete nº 105 da Súmula do TJRJ: *"A indenização por dano moral, fixada em montante inferior ao requerido, não implica, necessariamente, em sucumbência recíproca".*

14.5.3.10. Pedido certo e determinado de danos morais em salários--mínimos

Uma praxe bastante comum é a formulação de pedido certo e determinado de danos morais em salários-mínimos. Por exemplo, quando constar na petição inicial que o demandante pretende obter cem salários-mínimos. No entanto, esta prática esbarra em alguns obstáculos. Por exemplo, a Carta Magna (art. 7º, inc. IV, CRFB), proíbe a vinculação ao salário-mínimo para qualquer fim, justamente para evitar que interesses externos possam influenciar em sua fixação. Outrossim, esta conduta deve ser evitada sob risco de eventualmente gerar uma dupla correção monetária. É que a correção monetária, assim compreendida como a manutenção do poder aquisitivo da moeda, já passaria a ser realizada a partir do momento em que o valor da condenação tiver sido estabelecido na sentença. E, se porventura ocorrer uma atualização do valor do salário-mínimo, o demandado estaria sendo penalizado por suportar esta correção duplamente. É, principalmente por estas considerações, que o STF vem negando esta possibilidade há longa data.[31] Assim, se o interesse é, por exemplo, receber o equivalente a 100 (cem) salários-mínimos, o demandante já deve expressar este valor em moeda nacional. Logo, se o salário-mínimo for de R$ 850,00 (oitocentos e cinquenta reais), deverá na petição inicial ser requerida a condenação do réu ao pagamento de R$ 85.000,00 (oitenta e cinco mil reais), que corresponderá ao valor da causa.

14.5.3.11. Correção monetária e juros na sentença que julga procedente pedido de danos morais

Quando é formulado um pedido para condenação ao pagamento dos danos morais, o que se tem é um dano extremamente abstrato, que somente vem a ser estabelecido no momento em que for realizado o seu arbitramento por ocasião da prolação da sentença. Logo, é somente a partir deste momento que deve incidir a correção por danos morais, o que até mesmo já é reconhecido nos termos do Verbete nº 362 da Súmula do STJ: *"A correção monetária do valor da indenização do dano moral incide desde a data do arbitramento".* No mesmo sentido há o Verbete nº 97 da Súmula do TJ-RJ: *"A correção monetária da verba indenizatória de dano moral, sempre arbitrada em moeda corrente, somente deve fluir do julgado que a fixar".*

---

31 STF. REXTR nº 225.488-PR. Rel. Min. Moreira Alves. DJ 11/04/2000.

Quanto à incidência dos juros, os mesmos devem ser fixados no patamar de 1% ao mês (art. 406, CC c/c art. 161, § 1º, CTN), sendo que o termo retroativo é que irá variar dependendo de a hipótese versar sobre relação jurídica contratual ou extracontratual (arts. 397 e 398, ambos do CC).

14.5.4. Pedido relativo à obrigação indivisível

A obrigação indivisível é aquela cuja prestação somente se pode cumprir por inteiro, pois tem por objeto um fato ou coisa não passível de divisão (art. 258, CC). Ocorre que, eventualmente, pode ocorrer pluralidade de credores de uma mesma obrigação indivisível, hipótese em que haverá legitimação ativa plúrima e disjuntiva, de modo a autorizar que qualquer um deles possa vir em juízo pleitear o cumprimento desta obrigação, mesmo desacompanhado de outros eventuais credores, conforme autorizado pela lei material (art. 260, CC). Em uma situação como essa, estabelece o CPC (art. 328) que: *"Na obrigação indivisível com pluralidade de credores, aquele que não participou do processo receberá a sua parte, deduzidas as despesas na proporção do seu crédito".*[32]

14.5.5. Alteração qualitativa ou quantitativa do pedido[33]

Quanto à estabilidade objetiva, ou seja, à possibilidade de alteração do pedido no curso do processo, o que se percebe é a presença de regra processual no CPC admitindo-a (art. 329). Com efeito, antes de o réu ser citado, é possível ao autor promover tanto a alteração quantitativa (v.g., aumentar o pedido de ressarcimento dos danos materiais de R$ 10.000,00 para R$ 20.000,00), quanto qualitativa do pedido (v.g., foi deduzido um pedido de ressarcimento de danos materiais e o autor o modifica para que passe a ser um pleito de revisão de cláusulas contratuais), independentemente de qualquer autorização (art. 329, inc. I). Contudo, uma vez já tendo sido realizada a citação, estas modificações poderão ser realizadas até o "saneamento do processo" (art. 357), desde que haja anuência do demandado e, também, desde que lhe seja assegurado o contraditório (art. 329, inc. II).

14.5.6. Cumulação de pedidos

A cumulação de pedidos nada mais é do que a formulação de mais de um pedido dentro do mesmo processo. Este fenômeno usualmente é associado a vários pedidos deduzidos pela mesma parte como, por exemplo, quando o demandante requer, em sua petição inicial, a condenação do demandado ao pagamento dos danos materiais e morais que tenha vindo a sofrer. Mas, eventualmente, esta cumulação também pode ocorrer ainda que um dos pedidos não tenha sido formulado pelo mesmo autor. Esta

---

32   DIDIER JÚNIOR, Fredie. *Curso de direito processual civil*, 17ª ed. Salvador: JusPodivm, 2015. v. 1, pp. 584-585.
33   HARTMANN, Rodolfo Kronemberg. *Curso de direito processual civil, – Teoria Geral do Processo.* 1ª ed. Niterói: Impetus, 2012. v. 1, p. 142.

segunda situação ocorre em situações excepcionais autorizadas em lei que permitem ao demandado deduzir pretensão de direito material ou, em outras palavras, exercer direito de ação, tal como ocorre quando o mesmo não apenas apresenta contestação mas, também, opta por reconvir (art. 343).

Contudo, no caso de mais de um pedido apresentado pelo autor, deve-se ater ao disposto no CPC (art. 327), que enumera os requisitos necessários para que seja possível uma cumulação de pedidos. E eles são os seguintes: a) que os pedidos sejam compatíveis entre si; b) que o mesmo juízo seja competente para processar e julgar a ambos; c) que para todos seja adequado o mesmo tipo de procedimento e, em caso negativo, que o rito específico seja convertido em comum, se isso for possível e desde que não haja prejuízo das técnicas processuais diferenciadas; d) que os vários pedidos sejam formulados em face do mesmo réu.

Quanto ao primeiro requisito, sinaliza que somente será possível a cumulação de pedidos dentro dos mesmos autos se estes forem compatíveis entre si, o que gera um juízo de valor por parte do intérprete, sinalizando se tratar de algo extremamente subjetivo. Por exemplo, é bastante frequente detectar jurisprudência de tribunais inferiores não permitindo que, no mesmo processo, seja possível deduzir pedido consignatório cumulado com pleito revisional de cláusulas contratuais. A contradição, para os que assim vislumbram, decorre da constatação de que o pedido consignatório tem natureza declaratória (por pretender uma declaração de extinção do vínculo obrigacional em decorrência do pagamento), ao passo que o pedido revisional já possuiria natureza constitutiva (eis que o seu intento é apenas alterar, e não extinguir, uma relação jurídica de direito material).[34] No entanto, esta não tem sido a orientação do STJ, que corretamente vislumbra que a consignação de pagamentos também pode ser usada para o "acertamento" da relação jurídica de direito material e quiçá o valor efetivamente devido, tal como consta, por sinal, em norma que autoriza o demandado a trazer a discordância quanto ao valor consignado como tese defensiva (art. 544, inc. IV). Desta forma, acaso autorizado que uma das partes discutisse o valor da obrigação em procedimento especial de consignação e não permitido que a outra agisse da mesma maneira, certamente restaria vulnerado o princípio da igualdade entre os litigantes (art. 5º, CRFB).[35]

Quanto ao segundo requisito, é de se perquirir se o mesmo juízo possui competência para apreciar ambos os pedidos deduzidos no mesmo processo. Por exemplo, se "A" caluniasse "B", este não poderia pleitear, no mesmo processo, a condenação do primeiro ao pagamento de danos morais além de uma condenação pela prática de crime (art. 138, CP), ainda que este fato tenha configurado, ao mesmo tempo, ofensa a dois bens jurídicos distintos, configurando ilícito civil e penal simultaneamente. Nesta situação, não apenas o juízo cível seria incompetente para aplicar uma sanção criminal como, também, o procedimento a ser observado não poderia ser o mesmo. Portanto, caso ocorresse uma hipótese como esta, caberia tão somente ao juízo cível indeferir

---

34 TJ-RJ. Agravo de instrumento nº 0068195-18.2012.8.19.0000. Rel. Des. Luiz Fernando de Carvalho. DJ 07/12/2012.
35 STJ. REsp nº 596.934-RJ. Rel. Min. Castro Filho. DJ 16/06/2004.

parcialmente a petição inicial, apenas determinando o prosseguimento do processo quanto ao pedido que possui competência para julgar, ou seja, o de indenização pelos danos morais advindos do evento.

Quanto ao terceiro requisito para que a cumulação de pedidos seja admitida, é necessário que ambos os pleitos observem o mesmo procedimento, já que se trata de um único processo ou, quando isso não ocorrer, que o rito especial possa ser alterado para o comum. Para exemplificar, se o interesse do demandante é obter uma proteção possessória (que possui rito especial) e mais uma determinada soma em dinheiro (que não possui procedimento próprio), o mesmo poderá formular os dois pleitos no mesmo processo, sob o rito comum, já que o primeiro não traz grandes especificidades, exceto na análise da liminar. Portanto, como ambos os pedidos podem observar o mesmo rito comum, esta cumulação é perfeitamente autorizada (art. 327, § 1º, inc. III). No entanto, se para cada pedido corresponder um rito distinto indisponível e muito específico, a cumulação deve ser indeferida. Salienta-se, por oportuno, que já foi alertado nesta obra, que nem sempre o CPC estabelece critérios claros a respeito de quais são os procedimentos especiais que podem eventualmente ser convertidos em rito comum, o que vem gerando fundadas dúvidas a respeito.[36]

Por fim, quanto ao quarto e último requisito, há a necessidade de que os diversos pedidos sejam formulados em desfavor do mesmo demandado. Assim, não se permite, em regra, que o demandante "A" formule, no mesmo processo, um pedido de ressarcimento de danos materiais em face de "B" e um de danos morais em face de "C".[37] No entanto, esta situação até pode eventualmente ocorrer desde que entre os pedidos deduzidos perante réus distintos exista um liame de conexão (art. 55). Com efeito, é perfeitamente crível que "A" instaure um processo em face de "B", que tramita perante um determinado juízo, e, ao mesmo tempo, inicie outro em face de "C" que será distribuído a órgão distinto. Nesta situação, se eventualmente for constatada a conexão entre os processos, isso justificará a alteração da competência de um dos juízos em prol daquele que for prevento (art. 59), de modo que ambos os processos tenham tramitação conjunta perante o mesmo órgão. Assim, estes dois processos, com dois pedidos deduzidos em detrimento de réus distintos, tramitarão no mesmo juízo e serão sentenciados no mesmo momento. Com base neste raciocínio e levando em consideração a economia processual, já se deve admitir, em caráter excepcional, que até mesmo possam ter vários pedidos em face de réus distintos no mesmo processo, mas desde que entre eles também haja o vínculo da conexão. Há jurisprudência neste sentido.[38]

Analisados os requisitos para a cumulação de pedidos, agora se enfrenta quais as espécies existentes deste fenômeno. De uma forma geral, a doutrina costuma apresentar três modalidades distintas de cumulação de pedidos, devendo quase todas respeitar os requisitos estabelecidos em lei (art. 327). São elas: a) comum; b) sucessiva; c) eventual ou subsidiária; d) alternativa.

---

36 DIDIER JÚNIOR, Fredie. *Curso de direito processual civil*, 17ª ed. Salvador: JusPodivm, 2015, v. 1. pp. 574-576.

37 TRF1. Apelação cível nº 200140000040208. Rel. Des. Federal João Batista Moreira. DJ 22/09/2009.

38 STJ. Agravo regimental no REsp nº 95.3731/SP. Rel. Min. Herman Benjamim. DJ 02/10/2008.

A primeira espécie de cumulação de pedidos é a "simples", hipótese em que o demandante formula mais de um pedido no mesmo processo, sendo que entre eles não há qualquer vínculo de hierarquia ou prejudicialidade. Vale dizer, no momento de sentenciar o magistrado tanto poderá julgar ambos procedentes, improcedentes ou mesmo procedente um e improcedente o outro ou vice-versa. É o que ocorre, por exemplo, quando de um mesmo fato a vítima vislumbra ter sofrido tanto danos materiais quanto morais. Nesta hipótese, o magistrado pode acolher apenas um dos dois, ambos ou nenhum. Vale dizer que, nesta modalidade de cumulação de pedidos, o valor da causa resultará da soma de ambos os pedidos (art. 292, inc. VI).

Já a cumulação de pedidos "sucessiva" se diferencia por nela ocorrer a formulação de um pedido (que é o principal) e de um outro (que é o sucessivo) que terá a sua apreciação condicionada ao que tiver sido decidido no primeiro. Por exemplo, se o autor deduz pretensão de reconhecimento de inexistência de dívida contraída junto a uma instituição financeira (pedido principal) e de condenação da mesma em danos morais em razão de um protesto deste suposto débito que seria indevido (pedido sucessivo), ambos os pedidos serão julgados na mesma sentença, embora inicialmente o dito "principal" e somente após é que será analisado o "sucessivo", devido ao caráter da prejudicialidade que o primeiro exerce sobre o segundo. Com efeito, acaso reconhecida a inexistência da dívida (pedido principal), certamente também será acolhido o pedido de danos morais decorrentes deste protesto indevido (pedido sucessivo) e, inversamente, se improcedente o primeiro pleito fatalmente o segundo também o será. Percebe-se, portanto, que na cumulação sucessiva existe uma ordem de hierarquia e prejudicialidade entre os pedidos, o que até mesmo pode gerar efeitos quanto à fixação da sucumbência, conforme for o teor da decisão do magistrado.[39] E, para se calcular o valor da causa, o conteúdo econômico dos dois pleitos devem ser somados (art. 292, inc. VI).

A cumulação de pedidos também pode ser "eventual" ou "subsidiária". Nesta última situação, o demandante também irá formular dois pedidos, mas apenas pretende que um seja acolhido. Desta maneira, será feito um pedido inicial e, se este for acolhido, simplesmente não haverá julgamento quanto ao segundo.[40] Do contrário, se o primeiro tiver sido julgado improcedente, então o segundo é analisado e tanto pode ser acolhido ou não. É o que se extrai do CPC (art. 326). Como exemplo desta espécie de cumulação, pode ser dado o do autor que pretende obter a alteração de cláusulas constantes em um contrato de franquia devido à onerosidade excessiva e que desde logo informa, na petição inicial, que, se isso não for possível, pretende a rescisão do contrato, sem perdas e danos. Vale dizer que, nesta última espécie de cumulação de pedidos, o valor da causa estará de acordo com o conteúdo econômico do pedido principal (art. 292, inc. VIII). E, ainda, como nesta modalidade o demandante somente quer obter o acolhimento de um dos pedidos, respeitável doutrina já defendia que não havia a necessidade de se

---

39 DIDIER JÚNIOR, Fredie. *Curso de direito processual civil*, 17ª ed. Salvador: JusPodivm, 2015. v. 1, pp. 567-568.
40 DIDIER JÚNIOR, Fredie. *Curso de direito processual civil*, 17ª ed. Salvador: JusPodivm, 2015. v. 1, p. 568.

aplicar, neste caso, a exigência de que os pedidos cumulados sejam compatíveis entre si.[41] É o que restou consagrado, por sinal, no CPC (art. 327, § 3º).

Por fim, há ainda a cumulação "alternativa", caso em que o demandante apresenta dois pedidos para que o juiz acolha somente um deles (art. 326, parágrafo único), devendo o valor da causa refletir o conteúdo econômico do maior pedido (art. 292, inc. VII). O mesmo, contudo, não pode ser confundido com o "pedido alternativo" (art. 325), que é aquele pedido único que pode ter a obrigação de direito material satisfeita por mais de uma maneira, exatamente como ocorre nas obrigações alternativas. Neste último caso, porém, não se estará tratando de cumulação de pedidos.

14.6. INDICAÇÃO DO VALOR DA CAUSA

O CPC (art. 319, inc. V) exige a indicação do valor da causa, que deve corresponder, na medida do possível, ao aproveitamento econômico pretendido pelo demandante e que deve ser apurado no momento da instauração do processo. Pelo menos, este é o critério que se extrai da própria legislação (art. 292), que na maioria das vezes é considerado como sendo de ordem "legal", o que, por este motivo, autoriza que o magistrado possa de ofício corrigi-lo (art. 292, § 3º), ou mesmo determinar a emenda da petição inicial para que o demandante assim proceda (art. 321), se constatar que esta norma não vem sendo aplicada.[42]

Contudo, no caso específico dos danos morais, observa-se que o mesmo deve ser fixado por "estimativa" da própria parte, pois já foi mencionado que, neste caso, o CPC proibiu expressamente o pedido genérico, ao prever que o valor da causa em questões como esta será exatamente o valor que se pretende receber (art. 292, inc. V), bem como que se não houver correção pelo autor, será então proferida sentença terminativa, indeferindo a petição inicial, exatamente por ser vedado o pedido genérico em tais casos (art. 330, § 1º, inc. II).

Anota-se que há precedente judicial reconhecendo que o pleito de danos morais, além de ter que ser determinado, deve ser somado ao conteúdo econômico do outro, na hipótese de cumulação de pedidos.[43]

14.7. INDICAÇÃO DAS PROVAS QUE SE PRETENDE PRODUZIR

O CPC (art. 319, inc. VI) também estabelece que o demandante deve informar as provas que pretende produzir para que o magistrado já possa ir verificando quais são ou não pertinentes para o esclarecimento da *vexata quaestio*. No procedimento comum, esta exigência é comumente atendida por um protesto genérico por produção de provas,

---

41 MOREIRA, José Carlos Barbosa. *O novo processo civil brasileiro.* 22ª ed. Rio de Janeiro: Forense, 2002, p. 14.
42 STJ. REsp nº 753.147-SP. Rel. Min. Hamilton Carvalhido. DJ 14/06/2004.
43 TJ-MT. AI 83.154/2016, Des. João Ferreira Filho, Primeira Câmara Cível, j. 21/02/2017, DJe 24/02/2017.

eis que este não é o momento preclusivo para tanto. E, não menos importante, não há necessidade deste requisito nas petições iniciais dos processos de execução (art. 798), eis que neles não é preciso produzir prova alguma tendente a obter o convencimento do magistrado, eis que basta ao credor da obrigação exibir o título executivo.[44]

14.8. INDICAÇÃO DA OPÇÃO PELA REALIZAÇÃO OU NÃO DA AUDIÊNCIA DE CONCILIAÇÃO E MEDIAÇÃO

O CPC (art. 319, inc. VII) também estabelece que cabe ao demandante informar expressamente ao juízo se pretende ou não a realização de uma audiência de conciliação e mediação. Esta audiência é, a princípio, obrigatória, somente não ocorrendo nos casos em que ambas as partes tiverem peticionado afirmando expressamente o desinteresse na mesma ou quando o direito litigioso não permitir solução consensual (art. 334, § 4º). Aliás, destaca-se que esta "obrigatoriedade" da audiência vai contra todo o ideal de conciliação e mediação, em que a solução consensual decorre de uma total "liberdade" de vontade das partes, jamais sendo "imposta".[45]

Desta maneira, havendo desinteresse do autor, o mesmo deverá ser comunicado ao magistrado informando o motivo, pois há norma fundamental (art. 7º) que impõe a todos os operadores do Direito os mesmos deveres. Assim, tendo o CPC um compromisso pela qualidade, transparência, boa-fé e lealdade processual, qualquer manifestação volitiva das partes deve vir acompanhada de seus motivos para que o magistrado possa sopesá-los no momento de decidir. Contudo, se for adotada uma interpretação puramente literal (que neste caso não seria a melhor solução), ainda deverá o demandante continuar acompanhando o processo, inclusive para saber se, ao ser citado, o demandado também informou o seu desinteresse no ato. Do contrário, se isso não for feito pelo réu, a audiência já designada continuará pautada e irá efetivamente se realizar, sendo que eventual ausência, tanto do autor como do réu, irá resultar na condenação em multa (art. 334, § 8º).

14.9. INDICAÇÃO DO ENDEREÇO DO PATRONO E ASSINATURA

Também para a confecção da petição inicial (art. 106) deve constar nesta peça o endereço do subscritor, inclusive o eletrônico, para que eventuais intimações possam ser nele efetuadas. E, da mesma maneira, ainda há a necessidade de esta peça estar devidamente assinada, sob risco da ocorrência de grave vício processual.[46]

---

44 HARTMANN, Rodolfo Kronemberg. *A execução civil.* 2ª ed. Niterói: Impetus, 2011, pp. 1-2.

45 Na doutrina, há quem defenda que basta a manifestação volitiva de uma das partes em sentido contrário para que esta audiência não se realize, o que realmente parece ser o entendimento mais coerente, já que não há como obrigar uma parte a tentar se conciliar com a outra. É o que se extrai em: CÂMARA, Alexandre Freitas. *O novo processo civil brasileiro.* 1ª ed. São Paulo: Atlas, 2015, p. 199.

46 HARTMANN, Rodolfo Kronemberg. *Curso de direito processual civil, – Teoria Geral do Processo.* 1ª ed. Niterói: Impetus, 2012. v. 1, pp. 279-280.

14.10. REQUISITOS EVENTUAIS

Por vezes, a petição inicial pode ser confeccionada com algumas particularidades. Na exordial que inaugura um processo de execução, por exemplo, já foi visto que o autor não precisa fazer menção à produção de provas, já que o objetivo deste processo não é convencer o magistrado a reconhecer um direito, eis que o mesmo já consta no título executivo. Da mesma maneira, é recomendável que já conste nesta petição inicial os bens que o credor pretende penhorar (art. 798, inc. II, "c").

Igualmente, quando se tratar de petição inicial para requerimento de tutela provisória, a mesma poderá ser apresentada de maneira mais sucinta, devido à urgência que envolve a situação. Desta maneira, pode a mesma ficar limitada apenas ao pleito da antecipação dos efeitos da tutela provisória, com a indicação do pedido de tutela final (art. 303). Mas esta petição, contudo, terá que ser emendada oportunamente, sob pena de extinção do processo (art. 303, § 2º).

Portanto, apesar de a petição inicial ser confeccionada em regra à luz dos ditames previstos no CPC (art. 319), não se pode olvidar que, devido ao grande número de processos e procedimentos existentes, certos ajustes e cuidados devem ser efetuados.

14.11. FORMA DA PETIÇÃO INICIAL: ESCRITA E ORAL

A petição inicial até pode ser eventualmente apresentada oralmente, muito embora necessariamente tenha que ser reduzida a termo, como acontece nos Juizados Especiais (art. 14, Lei nº 9.099/95). É de se concluir, portanto, que a regra é que a petição inicial, como a maioria absoluta dos atos processuais, deve ser apresentada da forma escrita, o que atende ao princípio da documentação (art. 209). Além disso, deve ainda ser subscrita por pessoa detentora de capacidade postulatória, exigência esta que até chega a ser mitigada em algumas hipóteses, como nas demandas que tramitam perante o Juizado Especial Estadual quando o conteúdo econômico não ultrapassar o equivalente a vinte salários-mínimos (art. 9º, Lei nº 9.099/95) ou mesmo em certos procedimentos, como nos *habeas corpus* (art. 654, CPP).

14.12. DOCUMENTOS INDISPENSÁVEIS PARA A PROPOSITURA DA DEMANDA

O CPC (art. 320) estabelece que a petição inicial deve vir acompanhada dos seus documentos indispensáveis, o que pode variar conforme a situação concreta. O instrumento de procuração, por exemplo, é necessário naquelas situações em que a parte não possui capacidade postulatória por si mesma constituindo-se, na imensa maioria das vezes, em documento absolutamente essencial para a instauração e desenvolvimento regular do processo. Mas existem muitos outros ainda, como na ação monitória, que exige a presença de prova escrita sem eficácia de título executivo que sinalize a existência de uma obrigação de pagar soma em dinheiro, de entrega de coisa fungível ou de bem móvel ou, ainda de obrigação de fazer ou não fazer (art. 700). E, ainda, também para a promoção de qualquer fase de cumprimento ou mesmo execução autônoma, haverá a necessidade de se apresentar o título executivo judicial ou extrajudicial, conforme o caso. Portanto, conclui-se que a aferição do que vem ou não a ser documento indispensável para a propositura da ação dependerá do processo ou do procedimento que vier a ser instaurado ou adotado pela parte.

PROPOSITURA DA AÇÃO E SEU JUÍZO INICIAL: EMENDA, INDEFERIMENTO, IMPROCEDÊNCIA LIMINAR OU O DESPACHO LIMINAR DE CONTEÚDO POSITIVO

15.1. DISTRIBUIÇÃO

Uma vez elaborada a petição inicial, a mesma deverá ser registrada, quando se trata de juízo único naquela localidade, ou distribuída, quando houver, naquela base territorial, mais de um órgão jurisdicional instalado (art. 284).

A distribuição, nestes locais em que funcionam mais de um juízo com a mesma competência, busca assegurar a escorreita aplicação do princípio constitucional do juiz natural (art. 5º, XXXVII e LIII, ambos da CRFB). Em outras palavras, esta prática consubstancia valoroso instrumento de garantia do jurisdicionado, no sentido de que o magistrado que irá atuar naquele processo foi escolhido por meio de critérios absolutamente impessoais e objetivos.

Diante dos avanços tecnológicos dos últimos anos, já vinha sendo realizada a distribuição por meio eletrônico, consistente em um sorteio que deve ser alternado e aleatório (art. 285). A preocupação do legislador em preservar o princípio do juiz natural foi tanta que até mesmo fez constar que esta distribuição deve ser "alternada" e "aleatória". O que se busca evitar, assim, é que seguidas distribuições sejam realizadas sempre com o mesmo direcionamento a um determinado órgão jurisdicional.

E, não apenas isso, o CPC impõe a necessidade de se verificar se, efetivamente, esta distribuição vem sendo realizada velando pela mais rigorosa igualdade. Afinal, é até comum, em juízos que possuem a mesma competência em determinada localidade, se constatar uma disparidade entre os acervos processuais. As justificativas para esta situação podem ser as mais distintas possíveis, como ausência de servidores, remoções frequentes de magistrados, adoção de práticas processuais inadequadas e/ou ultrapassadas, dentre muitas outras. No entanto, independentemente da quantidade de processos em tramitação nestes órgãos que possuem a mesma competência, a distribuição dos novos processos aos mesmos deverá se pautar sempre neste critério de igualdade. Além disso, não justificaria direcionar uma quantidade maior de processos ao órgão que, naquele momento, esteja com estatísticas mais sadias, pois tal situação subverteria a razão de ser da própria "distribuição", que é garantir que o magistrado que ali se encontra conduzindo o processo tenha sido escolhido por meio de critérios absolutamente impessoais. E isso, claro, sem perder de vistas que a distribuição de mais processos ao órgão jurisdicional que se encontra mais eficiente também seria uma punição àqueles que laboram com ardor cívico e, paradoxalmente, um prêmio aos que assim não agem.

Vale destacar, outrossim, que a lista de distribuição deve ser publicada em Diário de Justiça por motivos de transparência e, também, para que todos possam fiscalizar o desempenho desta atividade, que é considerada como de cunho administrativo, muito embora tenha que ser exercida e ratificada por um magistrado (art. 285, parágrafo único).

A distribuição, conforme acima exposto, ocorre quando na mesma base territorial se apresentar mais de um juízo com a mesma competência. E, nestes casos, a mesma poderá se realizar de forma "livre" ou "dirigida", sendo esta última também denominada "por dependência". Em regra, a distribuição livre é aquela precedida de sorteio entre os órgãos jurisdicionais, respeitando-se rigorosa igualdade. Às vezes, porém, a distribuição já ocorre direcionada a determinado órgão jurisdicional, hipótese em que muitas vezes já constará na petição inicial a indicação de determinado juízo específico e até eventualmente o número do outro processo que justificaria este direcionamento. As hipóteses de distribuição por dependência são bastante comuns no CPC (v.g., art. 286), entre as quais se pode citar, além daquelas previstas neste dispositivo: os embargos à execução, os embargos de terceiros, a oposição, entre muitas outras ainda.

A primeira hipótese de distribuição por dependência (art. 286, inc. I) ocorre quando entre os processos (o antigo já distribuído e o novo) existir o vínculo da conexão ou da continência. Em ambos os casos, o que se busca evitar é que os processos conexos ou continentes tramitem perante órgãos jurisdicionais distintos, de modo a impedir que sejam proferidas decisões discrepantes entre ambos. Por este motivo, aliás, é que não se recomenda a reunião dos processos quando um deles já tiver sido julgado, conforme recomenda o Verbete nº 235 da Súmula do STJ que estabelece: "*A conexão não determina a reunião dos processos, se um deles já foi julgado*". Assim, a distribuição por dependência nestes casos busca evitar possíveis decisões contraditórias, podendo tais matérias ser pronunciadas de ofício pelo magistrado ou mesmo provocadas pelas partes.

A segunda situação (art. 286, inc. II) que autoriza a distribuição dirigida é aquela em que o processo primitivo tiver sido extinto sem resolução de mérito. Neste caso, quando o demandante for repetir a mesma ação, a distribuição será direcionada ao mesmo órgão jurisdicional em que o processo anterior tiver tramitado, ainda que em companhia de novos litisconsortes. Este dispositivo busca prestigiar o princípio constitucional do juiz natural (art. 5º, XXXVII e LIII, da CRFB), mas a única crítica seria que o órgão primitivo estaria prevento tão somente para o autor originário.

Quanto aos demais, deveria o magistrado determinar a extração de cópias reprográficas das peças que instruem o processo e determinar que as mesmas sejam remetidas ao Cartório Distribuidor para ulterior distribuição. Do contrário, caso mantidos os novos litisconsortes, esta situação poderia caracterizar um estratagema para burlar regras de distribuição e, consequentemente, o próprio princípio do juiz natural. Mas, muito embora seja elogiável que o legislador pátrio tenha pretendido, com esta alteração, prestigiar o princípio do juiz natural (art. 5º, incs. XXXVII e LIII, CRFB),[1] certo é que vários questionamentos irão advir da aplicação prática deste inciso.[2]

Já a última hipótese (art. 286, inc. III), em que a distribuição deve ser direcionada ocorre quando houver o ajuizamento de ações idênticas, o que será em regra aferido de acordo com a teoria da tríplice identidade, que estabelece como elementos da ação: partes, pedido e causa de pedir. Assim, detectada a ocorrência de ações idênticas pelo Cartório Distribuidor, esta nova demanda será encaminhada ao juízo prevento, que é aquele em que tramita ou tramitou a anterior, para que o mesmo possa extinguir a nova demanda por litispendência ou por ofensa à coisa julgada material, conforme o caso. Vale dizer que esta solução deve ser adotada mesmo quando se tratarem de procedimentos distintos, embora sejam os mesmos elementos das duas ações. Esta ressalva é importante, por ser muito frequente o uso da via do mandado de segurança e, dependendo do resultado ou do teor da sentença, a posterior propositura de uma demanda em procedimento comum. Assim, também nestas hipóteses, a distribuição deverá ser direcionada, eis que o demandante poderia estar utilizando o novo processo para tentar a distribuição perante órgão jurisdicional distinto, quando o texto legal claramente é indicativo de que a nova demanda deverá tramitar exatamente no mesmo juízo.

O CPC também impõe que, em hipóteses de intervenção de terceiros, reconvenção ou qualquer outra situação que caracterize ampliação objetiva do processo, o magistrado informe tal situação ao distribuidor (art. 286, parágrafo único).

Em algumas situações, a petição inicial pode vir desacompanhada do instrumento de procuração (art. 288). Por exemplo, nos casos de urgência, inclusive diante da possibilidade de ocorrência de uma preclusão, decadência ou prescrição. Em situações assim, a distribuição será regularmente realizada e, oportunamente, o mandato deverá ser carreado aos autos, sob pena de o processo ser extinto sem resolução do mérito, por ausência de pressuposto processual para o seu válido e regular prosseguimento. Outra hipótese de dispensa da procuração ocorre quando o demandante estiver representado pela Defensoria Pública, o que está em consonância com a sua própria Lei Orgânica (art. 44, inc. XI, da LC 80/94), pois se trata de uma prerrogativa dos membros dessa

---

1 NOGUEIRA, Gustavo Santana. *Processo civil. Tomo I. Teoria geral do processo.* Rio de Janeiro: Lumen Juris, 2004, pp. 17-18.

2 Basta imaginar duas demandas, ajuizadas separadamente por "A" e "B", em que cada uma foi inicialmente distribuída para juízos distintos. Se, nestes dois processos, forem prolatadas sentenças terminativas e, posteriormente, estes dois autores resolverem ingressar com uma nova demanda, agora em litisconsórcio facultativo ativo, ficaria a dúvida a respeito de qual seria o juízo prevento, diante da redação desta norma (art. 286, inc. II). Quanto a esta questão, parece mais salutar determinar o desmembramento do processo, devendo cada um dos autores ser direcionado ao seu próprio juízo prevento.

instituição. Contudo, não custa rememorar que este dispositivo (art. 287, parágrafo único, inc. II) ressalva que, em certas situações excepcionais em que a lei exigir poderes especiais, o defensor terá que apresentar a procuração. É o que ocorre quando, no processo penal, o defensor público arguir a suspeição do juiz (art. 98, CPP). Também haverá dispensa de apresentação da procuração quando a representação decorrer diretamente de norma prevista na CRFB ou em lei. Esta última situação já é aplicável aos membros do Ministério Público, eis que os mesmos podem atuar em juízo em nome da instituição sem exibir qualquer procuração. Eventualmente, também pode ocorrer em casos que a lei transfere a capacidade postulatória a qualquer pessoa, como ocorre com as demandas de *habeas corpus* (art. 654, CPP).

O CPC (art. 290) também estabelece que a lista de distribuição é pública, motivo pelo qual pode ser acompanhada e fiscalizada pela própria parte e também pelo seu procurador, membros do Ministério Público e da Defensoria Pública. Conforme exposto anteriormente, a distribuição busca evitar o direcionamento de determinadas demandas a certos órgãos jurisdicionais, ao arrepio da garantia de observância do princípio do juiz natural (art. 5º, incs. XXXVII e LIII da CRFB). Tem, portanto, finalidade extremamente nobre e salutar, embora se caracterize como atividade de cunho administrativo exercida por membro do Poder Judiciário. Portanto, somente uma efetiva fiscalização da distribuição, pelo maior número de pessoas ou entes possíveis, é que assegurará que a mesma será realizada de acordo com os ditames legais, ou seja, de forma aleatória e alternada, observando-se rigorosos critérios de igualdade.

De resto, dispõe o CPC (art. 290) que a petição inicial, para ser distribuída, deve vir acompanhada da prova do recolhimento das custas. Em caso de ausência deste recolhimento, a parte deve ser previamente intimada para que regularize esta situação, antes de se iniciar o prazo fatal para o cancelamento da distribuição. Trata-se, a toda evidência, de providência tendente a evitar qualquer surpresa processual, bem como oportunizar o contraditório prévio para que a parte possa prestar os seus esclarecimentos devidos. Por exemplo, pode ser que a mesma tenha apresentado o recolhimento adequado e isso não tenha sido percebido no órgão jurisdicional. Assim, a prévia intimação oportunizará que tais informações sejam trazidas, evitando um desnecessário abreviamento do processo. É de se destacar, contudo, que este prazo para o recolhimento tardio foi estabelecido em 15 (quinze) dias.

Esta decisão de "cancelamento da distribuição" equivale a uma sentença terminativa, que está indeferindo a petição inicial.[3] Apesar de sucinta, como qualquer decisão de cunho terminativo, deve ser fundamentada e condenar o demandante a eventuais ônus sucumbenciais, muito embora os honorários advocatícios da outra parte não sejam devidos em razão da ausência de citação. O recurso cabível para impugnar esta decisão é o de apelação, a ser interposto no prazo de 15 (quinze) dias, com possibilidade de ser exercido juízo de retratação pelo juiz. Aliás, a única crítica a esta norma (art. 290) é a

---

3 NERY JÚNIOR, Nelson. NERY, Rosa Maria Andrade. *Código de processo civil comentado.* 4ª ed. São Paulo: RT, 1999, p. 720.

permanência da expressão "cancelamento da distribuição", pois, conforme visto, o que se tem na hipótese é o "indeferimento da petição inicial". Além disso, de todo modo não ocorrerá literalmente o "cancelamento da distribuição", pois se o demandante for repetir a ação, este novo processo será distribuído por prevenção ao antigo órgão, o que demonstra que os seus efeitos jurídicos persistiram.

15.2. POSSIBILIDADE DE EMENDA DA PETIÇÃO INICIAL

O CPC (art. 321) autoriza que o magistrado determine a emenda da petição inicial no prazo de 15 (quinze) dias, quando constatar que a mesma não observa os requisitos legais (art. 319) ou que veio desacompanhada de seus documentos indispensáveis, sob pena de extinção do processo. Trata-se de circunstância que a doutrina vem nominando como "juízo de admissibilidade neutro".[4] Em situações como esta, a autoridade judicante já deve indicar, em sua decisão, precisamente aquilo que entende que deve ser emendado, até porque o patrono dela poderá discordar e se valer do meio próprio para questionar esta fundamentação.

O mesmo dispositivo também não esclarece quantas vezes poderá ser determinada a emenda, sendo razoável concluir que poderá ser realizada quantas vezes forem necessárias caso seja um vício sanável. E, para se evitar qualquer alegação de prejuízo do demandado quanto à eventual dificuldade de entender os termos da petição inicial que foi por diversas vezes emendada em razão de retificações pontuais feitas em várias peças distintas, é salutar que o demandante adote um procedimento padrão, ainda que não especificado em lei. Assim, o que se sugere é que, após ter sido realizada a intimação do autor para emendar a petição inicial, caberá ao mesmo apresentá-la integralmente com as devidas correções e mais as cópias necessárias para instruir eventual contrafé, por meio de uma simples petição de juntada direcionada ao mesmo órgão jurisdicional. E, se eventualmente for determinada mais uma emenda, este mesmo procedimento deverá ser repetido, com outra juntada de novas petições iniciais integrais e retificadas. É o que se chama de "emenda por peça única", praxe esta que realmente deve ser adotada quando o processo permanece como "físico".

Por fim, se o vício detectado pelo magistrado for extremamente grave e impassível de emenda, caberá tão somente proferir sentença, indeferindo a petição inicial (art. 330).

15.3. INDEFERIMENTO DA PETIÇÃO INICIAL

O indeferimento da petição inicial ocorre quando o magistrado constata, já no nascedouro do processo, que o mesmo padece de um vício extremamente grave, que sequer pode ser convalidado. Nesta situação, o juiz irá então proferir o denominado "despacho liminar de conteúdo negativo", nomenclatura absolutamente imprópria para

---

4 BUENO, Cassio Scarpinella. *Manual de direito processual civil*. São Paulo: Saraiva, 2015, p. 266.

designar o que, a rigor, tem natureza jurídica de sentença, caso este ato processual encerre integralmente o processo. Em outras palavras, nas hipóteses de indeferimento "total", o juiz estará proferindo uma sentença. Mas pode ocorrer que o indeferimento seja apenas "parcial", caso em que se estará proferindo uma decisão interlocutória. Esta hipótese de indeferimento parcial não é rara e pode ser exemplificada quando o magistrado entender que não é possível a cumulação de dois pedidos formulados na inicial, por ser incompetente quanto a um deles. Neste caso, é possível que o mesmo indefira parcialmente a petição inicial somente no que toca a este pedido, mantendo-a quanto aos demais termos, o que iria prestigiar o princípio da instrumentalidade das formas. Nesta hipótese, portanto, se estará diante de uma decisão interlocutória e não de uma sentença, devendo o patrono estar especialmente atento quanto a estas circunstâncias para aferir qual o recurso adequado que deve utilizar em caso de inconformismo, inclusive se existe algum previsto, pois nem toda causa de indeferimento parcial da petição inicial comportará um agravo de instrumento, somente se for fundada em alguma situação indicada em lei (art. 1.015), como a que indefere parcialmente a petição inicial em relação a um dos litisconsortes (art. 1.015, inc. VII).

As hipóteses de indeferimento da petição inicial estão previstas no CPC (art. 330), que cuida de rol meramente exemplificativo, eis que existem diversas outras normas que também autorizam esta medida como, por exemplo, aquela que determina o "cancelamento da distribuição", caso o autor não efetue o preparo no prazo de 15 (quinze) dias, após ter sido regularmente intimado para tanto (art. 290). Nesta hipótese, também se estará diante de uma sentença de indeferimento, pois a ausência do recolhimento de tais emolumentos não autoriza o desenvolvimento do processo, razão pela qual será prolatada uma sentença terminativa (art. 485, incs. I e X).[5]

A primeira hipótese de indeferimento da petição inicial ocorre quando a mesma for inepta (art. 330, inc. I), ou seja, quando esta peça não tiver pedido ou causa de pedir, quando o pedido for genérico em hipótese não contemplada em lei, quando dos fatos não decorrer logicamente a conclusão, quando o pedido for juridicamente impossível ou quando contiver pedidos incompatíveis entre si (art. 330, § 1º, incs. I, II, III e IV). Só que, nos três primeiros casos de inépcia acima, caberá ao magistrado primeiramente intimar o demandante para providenciar a emenda da petição inicial (art. 321), eis que são vícios que podem ser retificados, razão pela qual não se justifica uma imatura extinção do processo sem resolução do mérito. Quanto se tratar, porém, de pedidos incompatíveis entre si, a hipótese não será de prolação de uma sentença indeferindo ambos os pedidos, sendo melhor a realização de um indeferimento meramente "parcial", ou seja, de apenas um dos pedidos, caso em que não ocorrerá o fim da etapa de conhecimento, razão pela qual se estará diante de uma decisão interlocutória.

---

5 NERY JÚNIOR, Nelson. NERY, Rosa Maria Andrade. *Código de processo civil comentado*. 4ª ed. São Paulo: RT, 1999, p. 720.

Também são causas de indeferimento da petição inicial, a ilegitimidade das partes e a ausência de interesse processual (art. 330, incs. II e III), bem como quando não atendidas algumas prescrições normativas (art. 106 e art. 321 c/c art. 330, inc. IV).

É importante consignar, ainda, que esta expressão, "indeferimento da petição inicial", somente pode ser empregada enquanto ainda não tiver ocorrido a determinação da citação do demandado. O raciocínio é simples: é que se for determinada a citação do réu, então isso caracteriza, ainda que implicitamente, o deferimento da petição inicial, o que tornaria este indeferimento posterior extremamente contraditório. Portanto, é melhor concluir que o "indeferimento" se dá somente antes de o juiz prolatar o "despacho liminar de conteúdo positivo", ou seja, de determinar a citação do réu.[6] No entanto, é importante frisar que aquelas situações que admitem o indeferimento da petição inicial não precluem, razão pela qual estas matérias podem ser trazidas pelo demandado em sua defesa ou até mesmo pronunciadas de ofício pelo juiz (hipótese, por exemplo, da ilegitimidade das partes ou da falta de interesse processual). Só que, caso a citação já tenha sido efetivada, ainda assim tais matérias poderão ser reconhecidas, só que não mais com a alcunha de "indeferimento da petição inicial", mas sim de "julgamento conforme o estado do processo" (art. 354). Portanto, deve o purista da ciência processual ter especial cuidado quanto ao uso adequado das nomenclaturas processuais.

De resto, destaca-se que, quando se tratar de sentença de indeferimento da petição inicial, o interessado poderá se valer do recurso de apelação para impugná-la, o que irá caracterizar um dos casos em que este recurso possuirá juízo de retratação (art. 331). Este juízo de retratação ocorre quando a lei permite que o magistrado que prolatou a decisão possa revê-la sem que o recurso já interposto tenha que ser encaminhado ao Tribunal. É uma providência que ocorre em vários recursos, muito embora não em todas as situações. No recurso de apelação, que é a hipótese vertente, somente será possível o juízo de retratação em poucos outros casos no CPC (art. 331, art. 332 e art. 485, § 7º) ou em lei específica (art. 198, inc. VII, Lei nº 8.069/90).

A grande crítica ao tratamento da novel legislação é que a mesma permite ao magistrado se retratar mesmo antes de o recurso interposto ter sido recebido. É que, uma vez publicada a sentença, o juiz não mais pode alterar o seu conteúdo, exceto em poucas hipóteses como na ocorrência de erro material, erro de cálculo ou quando uma das partes tiver interposto embargos de declaração (art. 494). Contudo, no modelo primitivo (CPC-73) também era possível que, neste mesmo caso de indeferimento da petição inicial, o magistrado pudesse se retratar, muito embora primeiro tivesse que realizar o juízo de admissibilidade do referido recurso, pois seria chocante, em um primeiro momento, permitir que o conteúdo da decisão fosse alterado diante de um recurso intempestivo, por exemplo. Então, o que se observa, era uma coerência no modelo anterior, em que primeiro o juiz deveria receber o recurso para, na sequência

---

6 DINAMARCO, Cândido Rangel. *Instituições de direito processual civil*, 6ª ed. São Paulo: Malheiros, 2009, *v. 3*. pp. 400-401.

e se fosse o caso, se retratar da sentença, já que as hipóteses de alteração deste ato decisório após a sua publicação são extremamente escassas (art. 494).

O CPC, porém, inova ao prever que, interposto o recurso de apelação perante o juízo de primeira instância, caberá a este tão somente recepcionar tal peça, para encaminhar ao Tribunal independentemente de realizar qualquer admissibilidade (art. 1.010, § 3º). Aliás, tanto não cabe ao juiz efetuar esta admissibilidade, que nem mesmo constou a possibilidade de agravo de instrumento para impugnar esta decisão (art. 1.015), ao contrário do que constava expressamente no modelo anterior (art. 522, CPC-73). Portanto, este é realmente um grave problema, pois a lei permite, sem ressalvas, que em casos de indeferimento baste ao demandante interpor a apelação, que o magistrado terá a possibilidade de se retratar ainda que este recurso seja formalmente imperfeito, pois não compete ao magistrado fazer esta verificação.

Na doutrina, já houve quem sugerisse que, em casos de flagrante inadmissibilidade, deve o magistrado negar a retratação por este fundamento, mas frisando que não está realizando tal juízo. Contudo, o entendimento não é o mais adequado, pois o magistrado estaria fazendo, por mero jogos de palavras, justamente aquilo que não deveria por lei.[7] O fato é que o CPC, neste ponto, sofreu grande e inexplicável retrocesso técnico. Melhor que fosse mantido, então, o juízo de admissibilidade em primeira instância, sendo possível o uso do agravo de instrumento, tal como nos auspícios da legislação anterior (CPC-73) ou, então, que fosse eliminado este juízo de retratação, o que até poderia ser defendido já que tal hipótese não foi incluída, em norma própria, como uma daquelas que permite ao juiz alterar o conteúdo da sentença mesmo após já ter ocorrido a sua publicação (art. 494).

15.4. A IMPROCEDÊNCIA LIMINAR

O CPC (art. 332) autoriza que o magistrado sentencie liminarmente o processo, resolvendo o mérito (art. 487, inc. I), antes mesmo de determinar a citação da parte contrária, desde que se trate de sentença de improcedência e que a matéria dispense etapa instrutória. Trata-se de norma que não fica restrita apenas aos "juízos comuns", também podendo ser aplicada em sede de juizados especiais. Não foi por outro motivo, aliás, que esta praxe já é até mesmo objeto do Enunciado nº 1 do Fonajef: "*O julgamento de mérito de plano ou prima facie não viola o princípio do contraditório e deve ser empregado na hipótese de decisões reiteradas de improcedência pelo juízo sobre determinada matéria*".

Trata-se de providência que pode ser adotada pelo juiz objetivando o melhor gerenciamento do tempo do processo para que seja assegurada a rápida solução do mérito (art. 4º), quando desde o nascedouro já se percebe que o demandante não terá êxito em sua empreitada. Trata-se de uma tutela de evidência prestada em caráter

7 DIDIER JR. Fredie. *Curso de direito processual civil*. 17ª ed. Salvador: JusPodivm. v. 1, p. 561.

definitivo, pois, como a própria nomenclatura sugere, há evidência da falta do direito alegado. Obviamente, o inverso não seria possível, ou seja, uma sentença liminar de procedência, posto que no processo ainda não consta o demandado, nem mesmo lhe foi oportunizada qualquer chance de defesa. Assim, tal dispositivo somente deve ser aplicado nos casos de improcedência, pois tudo continuará como antes.

O CPC impõe que este proceder somente pode ser adotado naquelas questões que não demandem dilação probatória, ou seja, que a petição inicial noticie fatos que sejam de fácil comprovação. Por exemplo, um determinado agente público vem em juízo pleiteando aumento de seus vencimentos, diante da inércia do Poder Legislativo e da corrosão de tais valores pela inflação. A prova da qualidade do vínculo público é fácil de ser feita, assim como é notório que a atualização de valores da remuneração do funcionalismo público não vem, há anos, repondo as perdas inflacionárias. Contudo, embora tais fatos em questão sejam facilmente demonstrados, há evidência da ausência do direito do autor, uma vez que não pode o Poder Judiciário se arvorar em atribuição que não lhe pertence. É, por sinal, o que consta no Verbete nº 339 da Súmula do STF: *"Não cabe ao Poder Judiciário, que não tem função legislativa, aumentar vencimentos de servidores públicos sob fundamento de isonomia"*. Logo, por se tratar de demanda fadada ao insucesso, o mais adequado já seria abreviar o caminho deste processo, permitindo que a máquina judiciária se debruce sobre os tantos outros processos que são merecedores de maior atenção.

Contudo, para que seja proferida tal sentença, é ainda de se observar a presença dos demais requisitos do dispositivo (art. 332) que somente autorizam o abreviamento do processo nos seguintes casos: a) contrariedade à Súmula do STF e do STJ; b) contrariedade ao julgamento de recursos repetitivos efetuados pelo STF ou pelo STJ; c) contrariedade ao julgamento proferido no IRDR ou de assunção de competência; d) contrariedade à enunciado de súmula de tribunal de justiça sobre direito local; e) decadência ou prescrição.

Como se observa, na maioria das situações o que autoriza a sentença de improcedência liminar é o tema já ter sido analisado pelas instâncias superiores, por meio de verbetes sumulares ou por precedentes em determinadas situações, o que já vinha sendo exigido no modelo anterior (CPC-73).[8] Realmente, esta exigência parece ser salutar, pois prioriza a eficiência e agilidade na prestação jurisdicional, além de velar pelo tratamento isonômico. Contudo, não haverá esta necessidade nos casos de improcedência liminar fundadas na prescrição ou decadência (art. 332, § 1º), sendo que tais temas poderão ser pronunciados imediatamente pelo juiz, sem nem mesmo ser necessário intimar previamente o autor para que se manifeste quanto aos mesmos (art. 487, parágrafo único). E, não menos importante, acredita-se que estas hipóteses no dispositivo (art. 332) sejam consideradas como um rol meramente exemplificativo, podendo a improcedência liminar ocorrer também em outros casos por meio de uma

---

8 STJ. REsp nº 1.225.227-MS. Rel.ª Min.ª Nancy Andrigui. S/d. STJ. REsp nº 1.109.398-MS. Rel. Min. Luis Felipe Salomão. DJ 16/06/2011. No mesmo sentido: CÂMARA, Alexandre Freitas. *Lições de direito processual civil*, 21ª ed. Rio de Janeiro: Lumen Juris, 2011, v. 1. pp. 328-329.

interpretação analógica. Por exemplo, não parece incoerente sustentar que, nos Juizados Especiais Federais, a improcedência liminar possa ser realizada com base em enunciado da TNU (Turma Nacional de Uniformização), ainda que tal circunstância não esteja expressamente prevista no CPC, posto que este órgão por vezes estabelece precedentes vinculativos (art. 14, Lei nº 10.259/2001).

Deve-se destacar, ainda, que, tal como ocorre na hipótese de indeferimento da petição inicial, eventual recurso de apelação interposto pelo interessado também terá, como característica, a possibilidade de juízo de retratação pelo magistrado (art. 332, § 3º), muito embora a admissibilidade tenha que ser realizada doravante perante os Tribunais.

Por fim, há outro caso previsto no CPC de improcedência liminar (art. 918, inc. III), muito embora por fundamento distinto daqueles que são tratados neste dispositivo (art. 332).

15.5. O DESPACHO LIMINAR DE CONTEÚDO POSITIVO

Não sendo nenhuma das hipóteses acima, ou seja, de determinar a emenda da petição inicial, de realizar o seu indeferimento total ou parcial e nem mesmo de julgar no sentido da improcedência liminar, resta ao magistrado tão somente deferi-la, o que se dá mediante a prolação de um ato denominado "despacho liminar de conteúdo positivo", que a bem da verdade corporifica um despacho (art. 203, § 3º), eis que o mesmo não precisa ser sequer fundamentado.[9]

No entanto, se no momento em que o juiz defere a inicial também analisa algum outro tipo de requerimento como, por exemplo, o de antecipação dos efeitos da tutela provisória, se estará diante de uma decisão interlocutória, já que a mesma deve ser devidamente fundamentada quanto a este ponto, até porque não se pode conceber que em uma mesma folha de papel existam decisões de natureza distinta, o que frustraria o direito do recorrente de saber identificar qual o recurso mais adequado.

Embora este despacho seja sucinto, limitando-se a determinar a citação do demandado, o mesmo por vezes pode trazer alguma peculiaridade ou consequência. Com efeito, dispõe o CPC (art. 240, § 1º c/c art. 202, inc. I, CC) que é este ato proferido pelo magistrado que terá o condão de interromper a prescrição que, até então, vinha tendo seu transcurso regular. Da mesma maneira, em outras ocasiões o juiz já deverá determinar a fixação dos honorários advocatícios neste momento, como ocorre com as execuções lastreadas em título executivo extrajudicial (art. 827).

---

9 MOREIRA, José Carlos Barbosa. *O novo processo civil*. 22ª ed. Rio de Janeiro: Forense, 2002, p. 23, no entanto, faz a ressalva de que este ato praticado pelo juiz mais se assemelha a uma decisão interlocutória, pois implicitamente reconhece, ainda que de maneira não definitiva, a presença das condições da ação e dos pressupostos processuais.

COMUNICAÇÃO DOS ATOS PROCESSUAIS

16.1. COMUNICAÇÃO DOS ATOS PROCESSUAIS

Uma vez deferida a petição inicial pelo magistrado, ou seja, quando não se tratar de hipótese de emenda (art. 321), indeferimento (art. 330) ou mesmo de improcedência liminar do mérito (art. 332), caberá ao juiz determinar que seja dada ciência ao demandado quanto aos rumos do processo e, eventualmente, até mesmo solicitar a outros juízos a colaboração para a prática de certos atos processuais pautados na reciprocidade, razão pela qual, por ora, se deve analisar como devem ser realizadas todas essas comunicações processuais e suas respectivas espécies.

Quanto a este tema, o CPC possui título próprio que cuida da comunicação dos atos processuais, ou seja, daquelas situações em que se dará ciência de determinada decisão às partes e terceiros envolvidos ou mesmo para outro órgão integrante do Poder Judiciário, de modo que o mesmo possa praticar algum ato que não esteja dentro da competência daquele que o solicitou. Por este motivo, o presente estudo pode ser realizado em dois grupos, sendo o primeiro referente a "citação" e "intimação", enquanto o segundo já se refere ao uso "das cartas".

16.2. CITAÇÃO

A citação é conceituada no CPC (art. 238) como o ato pelo qual são convocados o réu, o executado ou o interessado para integrar a relação processual.

A citação é ato importantíssimo para o desenvolvimento do processo, sendo que há norma (art. 239), que, inclusive, a enumera como um pressuposto de validade do processo, sem a qual este não pode se desenvolver. Porém, a ressalva quanto a este raciocínio é que muitas vezes o processo pode até existir e ser válido sem que tenha ocorrido a citação do demandado. Isso ocorre, por exemplo, naqueles processos unipessoais em que não há necessidade de preenchimento do polo passivo (v.g., autoinsolvência civil – art. 759 e art. 760, CPC-73) e, também, naqueles em que o magistrado tiver indeferido a petição inicial ou mesmo resolvido o mérito liminarmente, conforme ressalvado pelo próprio dispositivo (art. 239).

Mas, em regra, a ausência ou a nulidade de citação geram terríveis reflexos ao processo, eis que os atos praticados subsequentemente sem que a mesma tenha sido realizada estarão irremediavelmente acometidos de vício processual extremamente grave (art. 281), conforme abaixo será melhor analisado. No entanto, desde logo deve ser ressalvado que o CPC autoriza o comparecimento espontâneo do demandado (art. 239, § 1º), que poderia suprir a falta de citação. Só que, para que isso possa ocorrer validamente, o seu procurador deve estar municiado de procuração que vai lhe outorgar poderes além daqueles já tradicionais *ad judicia*, de modo a também permitir que o mesmo expressamente possa ter poderes para o recebimento da citação.[1] Contudo, no que diz respeito ao comparecimento espontâneo do demandado aos autos, observam-se decisões mais recentes do STJ dispensando a necessidade de poderes específicos para tanto, o que certamente é em decorrência de o CPC não os exigir expressamente (art. 242).[2]

16.2.1. Teoria da aparência

O CPC (art. 242) estabelece que a citação será efetuada pessoalmente ao réu, ou ao seu representante legal (caso se trate de pessoa jurídica), ou a procurador legalmente constituído. No entanto, observa-se que em casos que envolvam pessoa jurídica, muitas vezes consta nos atos constitutivos como representante legal alguém que tenha domicílio em localidade distinta daquela em que ocorre o exercício da atividade empresarial, o que claramente denota uma estratégia (que perigosamente sugere a prática de ilícito penal) de criar dificuldades para a realização da citação pessoal pelos meios tradicionais, forçando a expedição de cartas precatórias ou até mesmo uma custosa ou lenta citação por edital.

Em situações como essa ou mesmo em outras em que o representante legal não se encontrar na empresa por ocasião do ato citatório, vem sendo por vezes admitida a realização da citação na pessoa do funcionário que exteriorize ter poder de gestão ou decisão no dia a dia das atividades empresariais, mesmo que este não possua poderes estatutários para tanto. Esta é a teoria da aparência, que admite que a citação recaia na pessoa que aparenta exercer a gerência da sociedade, caso seja constatado que existem dificuldades criadas para que seja efetivada a citação diretamente na pessoa do próprio réu ou do seu representante legal.[3]

Esta teoria, porém, não deve ser banalizada, especialmente por a mesma ter sido criada como um instrumento tendente a corrigir uma situação maliciosa e não ela própria se transformar em um objeto de iniquidades e de descumprimento da lei processual. Logo, somente em casos bem evidentes em que o funcionário exteriorize algum poder de gerência (o que é atestado pelo meirinho) ou em que haja claro propósito em evitar ou dificultar a diligência citatória é que o magistrado pode adotá-la. No caso da citação pela via postal, em específico, o CPC a admitiu expressamente (art. 248, § 2º), na hipótese de a carta registrada ser assinada pelo funcionário responsável pelo recebimento das correspondências, quando ausente no momento a pessoa com poderes de gerência geral ou de administração.

---

1 STJ. Agravo regimental no REsp nº 1.468.906-RJ. Rel. Min. Mauro Campbell Marques. DJ 26/08/2014. No mesmo sentido: BARROSO, Darlan. *Manual de direito processual civil*, São Paulo: Manole, 2003. v. I, p. 251.

2 STJ. AgInt no AREsp 1.032.132/MG, Agravo Interno no Agravo em Recurso Especial 2016/0328039-3, Rel. Min. Marco Aurélio Bellizze, j. 04/05/2017, DJe 18/05/2017.

3 STJ. REsp nº 739.397/RJ. Rel. Min. Teori Albino Zavascky. DJ 26/06/2007.

Outro exemplo que parece bem representar a teoria da aparência se encontra no mesmo dispositivo, porém em outro parágrafo (art. 248, § 4º), muito embora a sua redação já venha gerando alguns questionamentos práticos. Com efeito, esta norma estabelece que: "*Nos condomínios edilícios ou nos loteamentos com controle de acesso, será válida a entrega do mandado a funcionário da portaria responsável pelo recebimento de correspondência, que, entretanto, poderá recusar o recebimento, se declarar, por escrito, sob as penas da lei, que o destinatário da correspondência está ausente*". De acordo com a mesma, o porteiro ou funcionário do condomínio (jamais vizinho ou mesmo o síndico) podem assinar o AR em nome do citando, exceto quando o mesmo se encontrar "ausente". Esta "ausência", contudo, não deve ser considerada como aquela "momentânea", ou seja, quando o demandado saiu para trabalhar durante o dia ou para fazer alguma refeição ou lazer, mas sim aquela que já denota um transcurso de tempo contínuo, como seria uma viagem a estudos para o exterior. Vale dizer, por fim, que esta norma também pode ser aplicada quando se tratar de réu que é pessoa jurídica estabelecida em condomínio edilício, tendo a mesma prevalência em detrimento da anterior que já foi abordada (art. 248, § 2º), por ser mais específica.

Assim, alhures a discussão quanto a esta teoria, a citação em regra deve ser realizada em qualquer lugar em que se encontre o réu (art. 243, *caput*) ou no local em que o mesmo prestar serviço caso se trate de militar ativo (art. 243, parágrafo único). Porém, a mesma não pode ser realizada, salvo para evitar perecimento de direito, nas seguintes hipóteses (art. 244): a) a quem estiver assistindo a qualquer ato de culto religioso; b) ao cônjuge ou a qualquer parente do morto, consanguíneo ou afim, em linha reta, ou na linha colateral em segundo grau, no dia do falecimento e nos 7 (sete) dias seguintes; c) aos noivos, nos 3 (três) primeiros dias de bodas; d) aos doentes, enquanto grave o seu estado. Vale dizer que, quanto a esta última hipótese, se a gravidade envolver a capacidade mental do réu, há norma (art. 245) que estalece que o magistrado deverá nomear um médico a fim de examinar o citando, para que o mesmo possa apresentar um laudo sobre a doença grave que acomete o demandado. Assim, acaso confirmada a doença, o juiz nomeará um curador especial restrito a este processo, que terá a citação realizada na sua pessoa.

16.2.2. Modalidades de citação

A citação pode ser realizada por meio de diversas modalidades. Inicialmente, há de se diferenciar dois grupos, que trarão consequências distintas ao processo. O primeiro deles envolve as modalidades de citação "pessoais", que abrangem aquelas realizadas pela via postal, por oficial de justiça, pelo escrivão ou pelo chefe de secretaria (se o citando comparecer em cartório) ou mesmo por meio eletrônico. Já o outro grupo cuida das denominadas citações "fictas", abrangendo aquelas efetivadas por edital ou por hora certa. Estas modalidades, por sinal, estão previstas em lei (art. 246 e art. 252 – art. 254).

A grande diferença de tratamento entre ambas é que, naquelas modalidades "pessoais", a ausência de manifestação do demandado após a citação irá gerar a revelia e autorizará o julgamento antecipado do mérito (art. 355, inc. II). Ao revés, quando ocorrer uma modalidade de citação tida como ficta, a ausência de atuação do réu irá motivar não a revelia, mas sim a necessidade de se nomear um curador especial (art. 72, inc. II), que deverá então apresentar a sua defesa sem que haja necessidade de cumprir o ônus da impugnação especificada (art. 341, parágrafo único).[4]

16.2.2.1. Citação pela via postal

A citação realizada pela via postal é considerada como a modalidade preferencial, muito embora a mesma seja vedada em algumas hipóteses (art. 247), como naquelas em que o citando seja pessoa de direito público. Não há, contudo, nenhum óbice para que esta modalidade seja adotada em sede de execução.

Apesar desta norma (art. 247) estabelecer que a citação será realizada pelo correio para qualquer comarca do País, é correto destacar que esta redação não deve ser interpretada literalmente, uma vez que não poderia o juízo de uma determinada cidade (v.g., Belo Horizonte) realizar uma citação, ainda que pela via postal, quando o demandado se encontrar em outra base territorial (v.g., São Paulo), pois esta situação demandaria a expedição de carta precatória para esta finalidade. É um cuidado que se deve ter para que, posteriormente, não venha a ser reconhecida a nulidade deste ato e de outros atos do processo (art. 280).

O CPC (art. 223) estabelece que, determinada a citação pela via postal, caberá ao serventuário remetê-la com cópia reprográfica da petição inicial e mais do despacho do juiz que a autorizou, comunicando o prazo de resposta, bem como o endereço do juízo. Mas, no caso de demandas em procedimento comum, também já poderá vir constando, para fins de celeridade processual, a data e horário da audiência de conciliação e mediação, que somente não será realizada em poucas hipóteses (art. 334, § 4º).

A carta será registrada para entrega ao citando (pessoa física ou jurídica) e caberá ao carteiro exigir que o demandado assine um recibo ao recebê-la, daí a mesma ser considerada como uma modalidade de citação "pessoal" (art. 248, § 1º).

Por fim, é de se destacar o constante no Verbete nº 429 da Súmula do STJ: *"A citação postal, quando autorizada por lei, exige o aviso de recebimento"*.

16.2.2.2. Citação por oficial de justiça

A citação por oficial de justiça é realizada naquelas hipóteses em que for proibida a citação pela via postal e, também, quando esta última tiver sido frustrada ou até mesmo quando houver dúvida se foi o próprio demandado quem assinou o aviso de recebimento (art. 249). Nestas situações, caberá ao cartório confeccionar um mandado de citação, que deverá conter as exigências legais (art. 250 – v.g., a finalidade da citação,

---

4 A Defensoria Pública é quem costuma atuar como curadora especial nestes casos (art. 72, parágrafo único), salvo se na localidade não houver esta instituição, caso em que serão usados advogados dativos. Contudo, comumente é a Defensoria quem arca com esta atividade, razão pela qual há entendimento de que será possível a interposição de recursos sem a realização do preparo. É o que se observa em: EAREsp nº 978.895-SP. Rel.ª Min.ª Maria Thereza de Assis Moura. DJ 04/02/2019.

o prazo para defesa, entre outras disposições mais), sob pena de este ato ser considerado viciado (art. 280).

Ao realizar a citação do demandado, o próprio oficial de justiça deverá proceder a leitura do mandado, bem como entregar-lhe a contrafé (cópia da petição inicial), devendo certificar se o mesmo a recebeu, e se apôs no mandado sua nota de ciente, tudo em conformidade com a lei (art. 251). Em caso de recusa em apor o ciente ou receber a contrafé, caberá ao meirinho certificar esta circunstância, que será relevada pelo magistrado, já que os seus atos gozam de fé pública. O CPC (art. 154) enumera quais as atribuições do oficial de justiça, aí incluindo executar as ordens do magistrado a que se encontrar subordinado, bem como proceder a entrega do mandado em cartório tão logo tenha sido realizado o seu cumprimento.

A citação por oficial de justiça, como os demais atos processuais, pode ser realizada em dias úteis, em horário compreendido entre as 6 (seis) e as 20 (vinte) horas (art. 212). No entanto, este ato até pode ser realizado nos domingos e feriados ou mesmo em dias úteis fora do horário mencionado, independentemente de autorização judicial (art. 212, § 2º). Portanto, ainda que hipoteticamente o demandado esteja em local certo e sabido, mas saia diariamente para trabalhar às 5 (cinco) horas da manhã e somente retorne depois das 20 (vinte) horas, não poderá ser realizada, neste caso, a citação por editais. É que o demandado se encontra em local certo e, também, em razão deste permissivo legal (art. 212, § 2º) que autoriza a realização do ato citatório em dias que não sejam úteis ou mesmo em horário distinto daquele que consta em seu *caput*.

16.2.2.3. Citação pelo escrivão ou chefe de secretaria, se o citando comparecer em cartório

Trata-se de nova modalidade de citação prevista no CPC, muito embora a mesma já viesse sendo realizada informalmente. Com efeito, diante dos avanços tecnológicos, uma determinada pessoa, ao efetuar uma pesquisa em seu próprio nome, pode detectar a existência de um determinado processo judicial qualquer, razão pela qual a mesma poderá se antecipar e comparecer ao cartório para obter mais detalhes do que se trata. Em casos assim, passa a ser expressamente autorizado que o próprio escrivão ou chefe de secretaria já possa realizar a citação, providência que irá caracterizar maior agilidade processual.

16.2.2.4. Citação por meio eletrônico

O CPC regulamenta a prática de atos por meio eletrônico em seção própria (art. 193 – art. 199), aí incluindo a possibilidade de a citação também ser realizada desta maneira. Vale dizer que até mesmo há normas impondo prazo de 30 (trinta) dias para que a Fazenda Pública, bem como Ministério Público, Defensoria Pública e empresas privadas e públicas (exceto as microempresas ou de pequeno porte) façam cadastro de seus respectivos endereços eletrônicos perante os Tribunais (art. 246, §§ 1º e 2º c/c art. 1.050 c/c art. 1.051).

Quanto à contagem dos prazos, a regulamentação é por meio de norma constante em lei específica (art. 4º, § 3º, Lei nº 11.419/2006), que estabelece que se considera como data da publicação o primeiro dia útil seguinte ao da disponibilização da informação no Diário da Justiça eletrônico, muito embora somente inicie a correr no primeiro dia útil que seguir aquela data considerada como da publicação (art. 4º, § 4º, Lei nº 11.419/2006).

16.2.2.5. Citação por edital

A citação, pela modalidade por edital, é aquela que pode ser realizada nas hipóteses previstas em lei (art. 256), que são: a) desconhecido ou incerto o demandado; b) ignorado, incerto ou inacessível o lugar em que o mesmo se encontrar; c) nos casos previstos em lei.

Na primeira situação pode ocorrer que o demandado realmente seja desconhecido pelo demandante, caso em que a citação terá que ser realizada nesta modalidade. Um exemplo seria a promoção de uma demanda em rito comum para fins de reconhecimento do direito à usucapião de um determinado bem móvel que o demandante desconheça por completo quem seria o proprietário anterior. No segundo caso, o demandado pode ser citado pela via editalícia quando estiver em lugar ignorado, incerto ou inacessível, o que pode ser exemplificado na situação em que o réu não foi localizado pelo autor apesar de várias buscas (hipótese de demandado em local ignorado ou incerto) ou quando o mesmo residir em favela localizada em grandes centros urbanos que seja completamente dominada por meliantes (situação em que o demandado está em local inacessível). Por fim, ainda há a hipótese de a citação ser realizada por edital quando a lei assim prever, tal como ocorre na Lei de Execução Fiscal (art. 8º, § 1º, Lei nº 6.830/80), que prevê que o executado domiciliado no exterior assim deve ser citado, e não por meio da expedição de uma carta rogatória. No entanto, esta interpretação literal vem sendo mitigada, forte na constatação de que se existe possibilidade de citação pessoal do demandando, então esta deve ser tentada por todos os meios possíveis e, apenas em casos de fracasso, é que seria autorizada a citação ficta por editais. É o que se extrai da redação do Verbete nº 414 da Súmula do STJ: "*A citação por edital na execução fiscal é cabível quando frustradas as demais modalidades*".

Também é importante ressaltar que o demandado estando em local certo deve ser citado por oficial de justiça, ainda que fora de dias úteis ou dos horários (art. 212), pois deve ser sempre prestigiada a citação pessoal, que favorecerá o melhor exercício do contraditório e da ampla defesa.[5]

A citação por edital se dá por meio da publicação de éditos na rede mundial de computadores, no sítio do respectivo tribunal e na plataforma de editais do CNJ (art. 257, inc. II), podendo também ser determinada a publicação em jornal local de ampla circulação ou por outros meios, considerando as peculiaridades da localidade (art. 257, parágrafo único). Neste edital também deverá constar a advertência de que será nomeado curador especial em caso de revelia (art. 257, inc. IV), bem como fará

---

5 TJ-RJ. Agravo de Instrumento nº 2006.002.11687. Rel. Des. Joaquim Alves de Brito. DJ 27/03/2007.

constar a determinação de um prazo, que variará entre 20 (vinte) a 60 (sessenta) dias, correndo da data da publicação única ou, havendo mais de uma, da primeira (art. 257, inc. III), sendo que somente após ter sido escoado este é que iniciará eventual outro prazo para o citando, no primeiro dia útil seguinte (art. 231, inc. IV).

A citação por edital pode ser realizada em qualquer tipo de processo, seja ele de conhecimento ou de execução, muito embora possam ocorrer certas restrições em leis especiais. Por exemplo, nos processos de competência do Juizado Especial Estadual, consta norma específica (art. 18, § 2º, Lei nº 9.099/95), no sentido de não ser possível a citação por edital, caso em que fatalmente será proferida sentença terminativa sem resolução do mérito.

De resto, destaca-se que a citação por edital gera tratamento processual distinto, pois se não for apresentada qualquer resposta, caberá ao magistrado nomear curador especial ao demandado (art. 72, inc. II). E, vale dizer, este curador não tem o ônus da impugnação especificada, pois em muitas vezes o mesmo sequer tem contato direto com o cliente que passa a defender, já que as hipóteses mais corriqueiras de citação pela via editalícia são, justamente, quando o demandado não for localizado ou se encontrar em local inacessível (art. 341, parágrafo único).

16.2.2.6. Citação por hora certa

A citação por hora certa tem escasso tratamento no CPC (art. 252 – art. 254). Esta modalidade, que é considerada como mais uma de citação ficta, pode ser adotada quando o oficial de justiça houver comparecido no endereço do demandado em duas oportunidades sem que o mesmo seja encontrado, desde que haja suspeita de ocultação. Caso isso ocorra, ou seja, haja suspeita de ocultação, caberá ao oficial de justiça retornar no local uma terceira vez, que será no primeiro dia útil seguinte, e, nesta última ida, deverá intimar qualquer pessoa da família ou mesmo vizinho, se ainda assim o demandado não estiver presente, deixando-lhe contrafé. Vale dizer que, nos condomínios edilícios ou loteamentos com controle de acesso, será válida a intimação feita a funcionário da portaria responsável pelo recebimento de correspondência (art. 252, parágrafo único).

Mas ainda há mais uma burocracia para a validade do ato, que consiste em um servidor efetuar a expedição de uma carta registrada (art. 254). Vale dizer, porém, que eventual prazo a ser observado pelo demandado será apenas o primeiro dia útil seguinte à juntada do mandado cumprido pelo oficial de justiça (art. 231, § 4º), e não o da juntada do aviso de recebimento desta carta que é expedida pelo agente público. Este era, inclusive, o entendimento jurisprudencial.[6]

A citação por hora certa, tal como na citação por edital, dá ensejo à nomeação de um curador especial (art. 72, inc. II), que terá poderes para apresentar resposta,

---

6 STJ. REsp nº 746.524/SC. Rel.ª Min.ª Nancy Andrighi. DJ 03/03/2009.

caso a mesma não tenha sido protocolizada por advogado constituído pessoalmente pelo demandado. E, por fim, esta modalidade de citação até mesmo pode ser realizada em processo de execução, caso em que também será nomeado curador especial com legitimidade para oferecimento de embargos, tudo em conformidade com o Verbete nº 196 da Súmula do STJ: "*Ao executado que, citado por edital ou por hora certa, permanecer revel, será nomeado curador especial, com legitimidade para a apresentação de embargos*".

16.2.3. Efeitos da citação

Uma vez ocorrendo a citação, a mesma pode gerar efeitos processuais ou materiais (art. 240), ainda que se trata de juízo incompetente. O efeito processual seria induzir litispendência, enquanto os efeitos no plano material já são tornar a coisa litigiosa, bem como constituir em mora o devedor.

Quanto ao efeito processual de induzir o estado de litispendência, o mesmo cuida de hipótese em que se está diante de duas ações idênticas, que possuem as mesmas partes, pedido e causa de pedir (art. 337, §§ 1º e 2º). Só que, a bem da verdade, este estado de litispendência já até mesmo pode ser pronunciado antes de a citação do demandado ser realizada. Isso ocorre porque existe norma explicativa (art. 312) estabelecendo que a ação já se considera proposta tão logo seja protocolada e que a mesma somente opera os seus efeitos "quanto ao réu" após o mesmo ser regularmente citado. Portanto, não há necessidade de se aguardar a citação do demandado para que o juiz pronuncie a litispendência, pois uma vez tendo sido proposta a ação, seus efeitos já se irradiam perante o magistrado e também perante o demandante, com exceção apenas do demandado que, como visto, precisará primeiro ser citado.

Quanto aos efeitos materiais, o primeiro deles é tornar a coisa litigiosa, o que traz importantes reflexos no plano material. Com efeito, se for deflagrado processo envolvendo "A" e "B", nada impede que o direito litigioso possa ser alienado no curso da demanda pelo primeiro em favor de "C". Ocorre que, tendo o cessionário "C" ciência da existência deste processo, o mesmo está adquirindo "coisa litigiosa", de modo que se o cedente "A" não vier a ter êxito em sua demanda, não poderá este cessionário posteriormente reclamar pela evicção, diante de imposição estabelecida pelo Código Civil (art. 457, CC).

Por fim, a constituição em mora do devedor, que é o segundo e último efeito material da citação, pode ocorrer quando a mesma ainda não tiver se operado de alguma outra maneira. É que a mora, assim compreendida como uma impontualidade ao cumprimento da obrigação, pode ser tanto *ex re* (automática) como *ex persona* (dependendo de constituição pelo credor da obrigação). No caso da primeira, a mora se opera automaticamente com o advento do termo (art. 397, CC). Do contrário, caso não haja termo, a mora *ex persona* dependerá, para a sua constituição, de realização de interpelação extrajudicial (v.g., notificação) ou mesmo judicial, que seria justamente pela ocorrência da citação, caso a mora não tenha sido interrompida até então.

No modelo primitivo (art. 219, CPC-73) existiam mais dois efeitos processuais da citação, que seria tornar prevento o juízo e a interrupção da prescrição. Contudo, pela atual legislação a prevenção se dará de acordo com a prioridade no registro ou na distribuição da demanda (art. 59), bem como que a interrupção da prescrição passa a ocorrer com o despacho que ordenar a citação (art. 240, § 1º).

16.2.3.1. A pronúncia da prescrição de ofício pelo magistrado (art. 487, inc. II)

É possível que o próprio magistrado, de ofício, pronuncie a prescrição ou a decadência, como já era permitido no antigo modelo (art. 219, § 5º, CPC-73), bem como no atual (art. 487, inc. II). Só que, para melhor compreensão deste tema, que é afeto ao direito material, há a necessidade de ser realizado um pequeno introito, de modo a abarcar as mais variadas feições que a prescrição pode assumir entre os mais diversos ramos da ciência jurídica.

A prescrição, no direito civil, é conceituada por norma (art. 189, CC) prevendo que, violado o direito, nasce para o titular a pretensão, a qual se extingue, pela prescrição, nos prazos legais. Só que esta definição, embora seja criticável em alguns aspectos,[7] ao menos esclarece que a prescrição apenas atinge a pretensão, mantendo incólume o direito subjetivo lesionado. Por esta razão, aliás, é que o eventual pagamento de dívida prescrita não permite a devolução destes valores, já que, conforme afirmado, o direito subjetivo não foi atingido.

Já a prescrição no campo do direito tributário acarreta não só a perda da pretensão como, também, do próprio direito material (art. 156, inc. V, CTN). O mesmo, por sinal, pode ser mencionado em relação à prescrição no direito penal (art. 107, inc. IV, CP). Por derradeiro, cumpre destacar que a prescrição no direito empresarial apresenta contornos absolutamente distintos dos acima apresentados, uma vez que o seu reconhecimento apenas acarreta a perda da força executiva do título, sem fulminar o direito material ou mesmo a pretensão, que ainda poderá ser deduzida em processo de conhecimento (art. 59, Lei nº 7.357/85).

Deve ser acrescentado, outrossim, que um dos traços que diferenciavam a prescrição da decadência era, justamente, a possibilidade de esta última ser reconhecida de ofício pelo magistrado.[8] No entanto, tal afirmação refere-se apenas à prescrição civil, uma vez que não se vislumbravam objeções sérias para o reconhecimento judicial *ex officio* da prescrição penal.[9] Com a manutenção da possibilidade de se pronunciar a prescrição ou a decadência de ofício (art. 487, inc. II), esta questão permanecerá deixando de ser um dos traços diferenciadores entre a prescrição e a decadência no direito civil.[10]

---

7 Com efeito, não haveria "perda" da pretensão propriamente dita, mas sim uma mera "alteração", já que a mesma até poderia ser exercida, desde que não houvesse nos autos alegação da parte contrária ou, de acordo com a nova lei, reconhecimento judicial. Sobre o tema: SILVA, Wilney Magno de Azevedo. O reconhecimento judicial da prescrição tributária na execução fiscal. In: *Boletim da Fundação Escola do Ministério Público do Estado do Rio de Janeiro.* Rio de Janeiro: FEMPERJ, 1997, nº VI, pp. 206-207.

8 DIDIER JÚNIOR, Fredie. *Regras processuais no novo código civil.* 2ª ed. São Paulo: Saraiva, 2004, pp. 15-16, alerta, de forma absolutamente correta, que nem toda decadência pode ser reconhecida *ex officio*, tal como a decadência dita "convencional", nos termos do art. 211 do CC.

9 ZAFFARONI, Eugênio Raul e PIERANGELI, José Henrique. *Manual de direito penal brasileiro, parte geral.* 2ª ed. São Paulo: RT, 1999, p. 755.

10 Neste aspecto, portanto, merece ser repensada a clássica obra de AMORIM FILHO, Agnelo. Critério científico para distinguir a prescrição da decadência e para identificar as ações imprescritíveis. In: *Revista da Universidade do Estado da Paraíba – Curso de Extensão Universitária,* 1960, p. 22.

No direito tributário, certamente será encontrada alguma dificuldade em se assimilar esta novidade. Realmente, ainda hoje é possível detectar alguma resistência, principalmente por parte do STJ, em referendar esta hipótese de o juiz conhecer de ofício a prescrição na seara tributária.[11] Porém, esta irresignação não procede, pois o tratamento reservado à prescrição no direito tributário deveria ser exatamente o mesmo que ocorre no campo do direito penal, em decorrência de inúmeras semelhanças deste mesmo instituto nestes dois ramos da ciência jurídica.[12] Esta justificativa, por sinal, é que provavelmente influenciou o próprio legislador no momento em que promoveu alteração da Lei de Execução Fiscal (art. 40, § 4º, Lei nº 6.830/80), tornando expressa a possibilidade de o juiz conhecer diretamente da prescrição intercorrente quando decorrer o lustro legal após o arquivamento, sem baixa, do processo de execução fiscal. Acrescente-se, porém, que esta norma prevista na legislação específica apenas permite o reconhecimento judicial da prescrição "intercorrente" do crédito tributário, sendo certo que o CPC ampliou esta hipótese para as demais espécies de prescrição do crédito tributário, e, inclusive, para aquela referente à execução de créditos de natureza não tributária.

Desta forma, é possível concluir que não deve ser tímida a interpretação desta norma do CPC (art. 487, inc. II), em especial por trazer economicidade e eficiência, tanto para o Poder Judiciário quanto para as partes litigantes e a população de forma geral, já que passa a ser exigido que o credor diligencie de forma realmente efetiva, e dentro dos prazos que a lei estabelece, para a concretização do seu direito. Espera-se, em consequência, que o intérprete se deixe impregnar pelo espírito das reformas, de modo a não transformar a antiga teoria, que veda o conhecimento de ofício da prescrição tributária, em uma prisão normativa.[13]

Finda a problemática relativa à possibilidade de o juiz reconhecer a prescrição de ofício, é chegado o momento de enfrentar outro importante questionamento, agora referente à existência, ou não, de algum limite temporal para o magistrado conhecer desta matéria. Analisando o Código Civil, há previsão (art. 193, CC) que autoriza a alegação desta matéria em qualquer grau de jurisdição pelo interessado. Logo, a melhor exegese sugere que igual possibilidade também seja estendida ao magistrado de modo que será possível este reconhecimento de ofício da prescrição, seja ela de qual natureza for, a qualquer momento ou grau de jurisdição.[14] E, neste ponto, vale destacar que a prescrição ou a decadência vêm sendo pronunciadas mesmo quando se tratar de recurso que houver sido interposto pelo demandante em casos de sucumbência parcial, ainda que isso pareça mitigar o princípio recursal que proíbe a reforma para pior. Realmente, a jurisprudência vem permitindo essas situações, forte no argumento de que não existe

11 STJ. REsp nº 680.729, Rel.ª Min.ª Denise Arruda. DJ 30/08/2005.

12 SILVA, Wilney Magno de Azevedo. O reconhecimento judicial da prescrição tributária na execução fiscal. In: *Boletim da Fundação Escola do Ministério Público do Estado do Rio de Janeiro*. Rio de Janeiro: FEMPERJ, 1997, nº VI, p. 209.

13 Embora sem focar especificamente as alterações introduzidas pela Lei nº 13.105/2015, respeitável doutrina já manifestou inconformismo diante da alteração ora em debate, inaugurada ainda sob a égide do modelo anterior (CPC-73), por configurar uma exacerbada ingerência estatal em relações privadas: CÂMARA, Alexandre Freitas. *A nova execução de sentença*. Rio de Janeiro: Lumen Juris, 2006, p. 14.

14 DIDIER JÚNIOR, Fredie. *Regras processuais no novo código civil*. 2ª ed. São Paulo: Saraiva, 2004, pp. 18-19.

princípio absoluto, bem como que tais matérias são de ordem pública, o que permite a sua pronúncia de ofício por decorrer de expressa ressalva normativa.[15] Mas não se trata, porém, de tema completamente pacífico, já que existem outras diversas decisões em sentido contrário.[16] E, deve ser feita a ressalva de que há uma tendência do STJ em não pronunciar a prescrição de ofício em sede de RESP, usualmente sob o argumento de que esta matéria não teria sido prequestionada anteriormente ou por se tratar de matéria de fato, cuja verificação depende da análise de provas, o que não deveria ser efetuado na tramitação dos recursos especiais, que são de fundamentação vinculada.[17]

16.2.4. Consequências processuais da falta ou da nulidade de citação ao processo

Uma vez constatada a importância da citação ao processo, como mecanismo para se dar ciência ao demandado do processo que foi instaurado em face de si, para que sejam exercidas as garantias constitucionais do contraditório e da ampla defesa, é chegado o momento de analisar quais as consequências processuais quando no processo a citação for inexistente ou nula. De início, há de se destacar que tais situações não caracterizam a mesma espécie de vício processual, pois a falta de citação acarreta a inexistência física deste ato processual, ao passo que a nulidade de citação pressupõe que a mesma tenha existido mas com falta de observância de alguma formalidade que, muita embora não torne o ato inexistente juridicamente, pelo menos macula a sua validade. Em outras palavras, a nulidade de citação deveria ser considerada como um vício menor ou menos grave se comparado a quando no processo sequer houver a citação. Só que, tanto em uma hipótese quanto em outra, a ampla defesa e o contraditório do demandado estarão seriamente comprometidos, de modo que próprio legislador passou a considerar que ambas as situações devem ter o mesmo tratamento processual. Portanto, tanto a falta de citação quanto a nulidade de citação recebem o mesmo tratamento prático que é conferido ao vício da inexistência, devendo assim ambas as situações serem consideradas.

Em virtude desta circunstância de estas duas situações receberem o mesmo tratamento reservado ao vício da inexistência, o que se constata é que aquele processo em que a citação for inexistente ou nula encontra-se parcialmente maculado, ainda que já tenha até mesmo sido proferida sentença de mérito e até formada a coisa julgada material ou mesmo soberana (que se dá após o decurso do prazo para o ajuizamento da ação rescisória). É que esta sentença ou mesmo a coisa julgada são apenas "aparentes" pois, uma vez reconhecido o vício decorrente da falta ou da nulidade de citação, todos os atos processuais subsequentes encontram-se irremediavelmente afetados (art. 281). Portanto, não há qualquer impedimento ou obstáculo em apreciar esta matéria mesmo após já ter sido proferida a sentença e escoados todos os prazos recursais ou para ajuizamento da ação rescisória.

Quanto ao meio processual adequado para que estes vícios sejam reconhecidos, a legislação tem sido até bastante generosa. Com efeito, observa-se que a falta e a nulidade

---

15 TJ-RJ. Apelação cível nº 0027365-81.2001.8.19.0004. Rel. Des. Roberto Felinto, s/d.
16 TRF2. Apelação cível nº 20003189. Rel. Des. Federal Fernando Marques. DJ 14/03/1995.
17 STJ. Agravo regimental no REsp nº 1.168.197-DF. Rel. Min. Herman Benjamim. DJ 04/03/2010.

de citação poderão ser alegadas durante a fase de conhecimento na própria contestação (art. 337, inc. I). Igualmente, é possível que este tema seja apresentado em impugnação ao cumprimento de sentença (art. 525, inc. I) ou em embargos a execução por título extrajudicial (art. 917, inc. VI). Em realidade, por se tratarem de matérias pronunciáveis de ofício e não sujeitas à preclusão, também nada impediria que as mesmas fossem ventiladas por meio de uma simples petição direcionada ao juízo, com os devidos fundamentos e provas a respeito. Este, por sinal, parece ser o meio processual mais simples e prático para se suscitar tais questões, tanto que o CPC fez prever o mesmo expressamente em norma pontual sobre a execução (art. 803, inc. II, parágrafo único).

No entanto, também vem sendo amplamente admitida a promoção de uma demanda, com pedido declaratório, para este mesmo fim. É que este outro processo buscaria eliminar um estado de incerteza que paira sobre a existência ou nulidade da citação em outro, daí nele ser externada uma pretensão de natureza declaratória. Este processo, por sinal, não se submeteria a qualquer prazo prescricional ou decadencial como ocorre com as demais demandas de natureza declaratória, já que a qualquer momento se pode vir ao Poder Judiciário para que uma dúvida possa ser eliminada.[18] E, pelo menos neste aspecto, há uma grande coerência, pois esta ação pode ser ajuizada a qualquer momento e o vício da inexistência não se submete a qualquer preclusão. Vale dizer, outrossim, que este processo terá natureza cognitiva e observará o procedimento comum, sendo da competência do órgão jurisdicional de primeira instância. Há, inclusive, uma praxe rotineira em nominar este processo de *querella nullitatis*.[19]

16.3. INTIMAÇÃO

O CPC (art. 269) define a "intimação" como ato pelo qual se dá ciência a alguém dos atos e termos do processo. Trata-se de ato processual bastante corriqueiro, que pode ser dirigido tanto às partes como a terceiros, como o perito, as testemunhas, dentre outros.

A regra é que a intimação seja realizada por meio de publicação no Diário Oficial (art. 272, *caput*), quando não for realizada por meio eletrônico (que é a modalidade preferencial – art. 270), devendo indicar o nome das partes e também dos seus respectivos patronos, sob pena de nulidade (art. 272, § 2º). De todo modo, a intimação também pode ser realizada de outras maneiras, às vezes até mesmo pelo próprio magistrado, caso esteja proferindo alguma decisão na presença das partes e de seus respectivos patronos em AIJ (art. 1.003, § 1º), só para citar um exemplo.

O CPC inova (art. 272), ao prever que os advogados requeiram que a intimação a eles direcionada seja realizada no nome da sociedade a que pertençam, desde que registrada nos quadros da OAB, bem como impõe a necessidade de que as intimações tenham os nomes completos das partes, patronos ou sociedades, sem quaisquer abreviaturas, e venham com o número de inscrição da OAB, sob pena de nulidade (art. 280). Outra novidade, é a

---

18 NERY JÚNIOR, Nelson. NERY, Rosa Maria Andrade. *Código de processo civil comentado.* 4ª ed. São Paulo: RT, 1999, p. 379.

19 STJ. REsp nº 19.241/SP. Rel. Min. Dias Trindade. DJ 1º/06/1992.

possibilidade de o advogado credenciar junto ao juízo pessoa para a retirada dos autos do juízo, prática esta que já implicará em intimação de qualquer decisão proferida no processo retirado, ainda que pendente a publicação (art. 272, § 6º).

Também se deve destacar que, por vezes, a legislação autoriza que a intimação somente se realize com o encaminhamento dos autos diretamente à própria parte para que a mesma tome ciência do ato praticado ou do que deve ser feito. É o que ocorre quanto às intimações dirigidas aos membros do Ministério Público (art. 180), da Advocacia-Geral da União (art. 183 e art. 6º, Lei nº 9.028/95) ou da Defensoria Pública da União (art. 186, § 1º e art. 44, inc. I, LC nº 80/94), para citar apenas alguns exemplos de casos tidos como de "intimação pessoal".

De resto, deve-se relembrar que a novel lei exige, inclusive, que a Fazenda Pública, Ministério Público, Defensoria Pública, bem como todas as empresas públicas e privadas (exceto as de pequeno porte ou microempresas) tenham que efetuar cadastro dos seus endereços eletrônicos perante os Tribunais no prazo de 30 (trinta) dias, contados do momento em que o CPC entrou em vigor (art. 1.050 e art. 1.051), justamente para facilitar este desiderato, que é a realização da intimação por meio eletrônico.[20]

16.4. AS CARTAS: PRECATÓRIA, DE ORDEM, ARBITRAL E O PEDIDO DE COOPERAÇÃO INTERNACIONAL

Atualmente são tratadas quatro cartas distintas no CPC (art. 237), todas elas viabilizando a comunicação entre órgãos do próprio Poder Judiciário, com exceção apenas da carta arbitral. Estas cartas devem ainda observar algumas formalidades (art. 260), tais como a indicação do juízo de origem e a menção do ato processual que lhe constitui o objeto, dentre outras. Devem, também, ser devidamente subscritas pelo magistrado solicitante, sob pena de caracterização de vício que pode resultar na recusa do seu cumprimento (art. 267, inc. I).

E, ainda nestas notas introdutórias do assunto, também é de se destacar a possibilidade de a carta vir a possuir caráter itinerante, antes ou mesmo depois de lhe ser ordenado o cumprimento, caso seja detectado que a medida já deve ser efetivada em base territorial distinta daquela em que se localiza o juízo deprecado. É o caso de uma carta precatória expedida com o intuito da oitiva de uma testemunha na cidade do Rio de Janeiro e que, no deprecado, é apurada a mudança de endereço da mesma para a cidade de São Paulo. Nesta hipótese, o juízo deprecado não precisa determinar a devolução dos atos ao juízo deprecante para que este faça um novo encaminhamento, pois o próprio CPC (art. 262) autoriza que a mesma, neste tipo de situação, possa vir a ter caráter itinerante, de modo que o juízo deprecado já possa determinar o seu encaminhamento ao novo juízo.

---

[20] Há precedente reconhecendo a prevalência da intimação realizada via *Diário de Justiça Eletrônico* sobre a eletrônica, na hipótese de duplicidade de intimações. É o que se extrai em: STJ. AgInt no AREsp 1.071.468/RJ, Agravo Interno no Agravo em Recurso Especial 2017/0059717-9, Rel. Min. Luis Felipe Salomão, j. 12/09/2017.

16.4.1. Carta precatória

Entre todas, a mais comum é a "carta precatória", hipótese em que um juízo requer a outro de igual hierarquia que seja cumprida ou efetivada uma decisão por ele proferida, eis que o mesmo não dispõe de competência territorial para atuar naquela localidade. Cuida, portanto, de hipótese de competência funcional horizontal, sendo considerado como "juízo deprecante" aquele que solicita a medida e "juízo deprecado" aquele que irá cumpri-la, o que somente não ocorre nas hipóteses já mencionadas (art. 267).

A carta precatória pode ser encaminhada por meio físico ou até mesmo eletrônico, que é o preferencial (art. 263), devendo estar instruída pelas peças processuais que sejam necessárias para a diligência que se pretende efetivar. Por exemplo, se o intuito é a oitiva de determinada testemunha, deverá ser encaminhada cópia da petição inicial, para que a mesma tenha ciência dos fatos que estão sendo abordados no processo. No entanto, quando ausente qualquer dessas cópias mencionadas genericamente (art. 260), é bastante frequente que o juízo deprecado venha a solicitar o encaminhamento das peças ausentes, muitas vezes até por meio eletrônico, de modo que ainda assim o ato possa ser praticado.

Esta carta precatória também pode ter por objeto, além da realização de um determinado ato processual como a citação, menção de que será permitido ao juízo deprecado colher a apresentação de eventual modalidade de resposta do demandado. Há, inclusive, previsão expressa quanto a esta possibilidade no que diz respeito à arguição de incompetência absoluta ou relativa, se a citação tiver sido realizada por carta precatória (art. 340, § 1º).[21]

Chegando a carta precatória ao juízo deprecado, o mesmo fica impedido de inovar no processo que a originou, eis que não se trata do juízo natural para tanto. Assim, as questões que eventualmente podem ser decididas no juízo deprecado são bastante limitadas e se referem aos atos que são necessários para o cumprimento da diligência que ora se pleiteia. Se, por exemplo, uma carta precatória é expedida com o intuito de colher um depoimento pessoal do demandado e o mesmo comunica o pagamento integral da dívida, esta circunstância, que pode ou não ser relevante quanto aos rumos do processo, deverá ser apreciada única e exclusivamente pelo juízo deprecante, pois não poderia o deprecado arvorar-se desta competência em clara violação ao já mencionado princípio constitucional que garante o juiz natural.

Se a prova produzida na carta precatória for imprescindível à resolução do mérito do processo que tramita perante o juízo deprecante, caberá ao mesmo determinar o sobrestamento do processo, pelo prazo de até um ano (art. 337), enquanto se aguarda a realização do ato no juízo deprecado. Trata-se de caso de suspensão imprópria, eis que a suspensão do processo será parcial, pois parte dele continuará a tramitar (*in casu*, a carta precatória).

É de se relevar, ainda, que a carta precatória pode às vezes até ser dispensada, quando se tratar de ato que deva ser praticado em localidades contíguas ou naquelas

---

21 MELO, Nehemias Domingos de. *Novo CPC – anotado, comentado e comparado.* São Paulo: Rumo Legal, 2015, p. 324.

que componham a mesma região metropolitana (art. 255). O mesmo, por sinal, se aplica a outros atos, tais como notificações, penhoras e quaisquer outros atos executivos.

Por fim, muito embora a carta precatória seja largamente utilizada para a comunicação entre juízos para determinadas tarefas bem pontuais, é certo que o tema se insere dentro do que o CPC convencionou denominar "cooperação nacional". Contudo, esta cooperação pode ser muito mais abrangente do que o objeto a ser cumprido em uma carta precatória, muito embora esta cooperação prescinda de forma específica (art. 69).

16.4.2. Carta de ordem

Já a "carta de ordem" é aquela apresentada quando há hierarquia entre o órgão que determina a prática de um ato e aquele outro que irá cumpri-la, que não poderá recusá-la. É hipótese também muito frequente no Poder Judiciário, eis que usualmente os membros integrantes de Tribunais Superiores ou Intermediários não conduzem sessões com o objetivo de produção de prova, para citar apenas um exemplo. Assim, nestas hipóteses em que perante estes Tribunais tramitarem determinadas demandas de competência originária, caberá ao relator do processo determinar a expedição de carta de ordem para que um dos juízos vinculados a esta Corte possa cumprir a determinação. É o que ocorre nas ações rescisórias, eis que eventual instrução deverá ser realizada pelo magistrado atuante em primeira instância (art. 972). Também é importante destacar que, nos casos de cartas de ordem oriundas do STF ou do STJ, a competência para cumpri-las será do juízo de primeiro grau da Justiça Federal, eis que estes Tribunais se encontram inseridos na estrutura do Poder Judiciário mantido pela União.

16.4.3. Carta arbitral

As cartas arbitrais são aquelas oriundas do árbitro e que têm como objeto a efetivação de uma decisão ali proferida. Essa situação, extremamente comum, decorre da circunstância de os árbitros não possuírem poder geral de efetivação, ou seja, não disporem de poderes para que sejam determinadas e efetivadas as medidas tendentes às obrigações que os próprios definirem. Nestes casos, o próprio árbitro pode vir perante o Poder Judiciário pleiteando a adoção de mecanismos executivos objetivando a satisfação da obrigação (art. 22-C, Lei nº 9.307/96).

Um detalhe importante: se realmente a arbitragem fosse uma forma de prestação jurisdicional, esta providência seria solicitada mediante "carta precatória", que é própria para a comunicação entre os órgãos que desempenham esta função. Contudo, a criação de um modelo específico e distinto para que estas providências sejam solicitadas, claramente sugere que decorre da constatação de que a arbitragem deve ser reputada como equivalente jurisdicional, especialmente diante de seu caráter fortemente privatista e do viés contratualista, que não se coadunam com o exercício de atividade pública. Esta discussão, inclusive, já foi apresentada em momento próprio (v. item nº 3.4.2.1.).

16.4.4. Pedido de cooperação internacional: auxílio direto e carta rogatória

O pedido de cooperação internacional pode ser realizado de duas maneiras. A primeira, por meio de "auxílio direto" e em razão da expedição de "carta rogatória", que é aquela oriunda de um país ao outro, para cumprimento de alguma medida judicial, podendo ambas terem feição tanto "ativa" (o Estado brasileiro requerendo o cumprimento de alguma medida ao país estrangeiro) quanto "passiva" (que seria a situação inversa da anterior).[22]

Esta cooperação internacional entre Países será regida por tratado do qual o Brasil seja parte, devendo observar o respeito à garantia do devido processo legal, igualdade de tratamento entre nacionais e estrangeiros, publicidade processual, existência de autoridade central para a recepção e transmissão dos pedidos de cooperação e, também, a espontaneidade na transmissão de informações a autoridades estrangeiras (art. 26). É dispensada a necessidade de tratado desde que a cooperação seja realizada com base em reciprocidade manifestada por via diplomática (art. 26, § 1º). Aliás, há até mesmo norma que elimina a necessidade de reciprocidade quando se tratar de homologação de sentença estrangeira, que também é uma das manifestações da cooperação internacional (art. 26, § 2º).

Embora a cooperação internacional esteja regulamentada no CPC, isso não inibe que tais medidas sejam adotadas em outros processos, inclusive os de natureza penal, até porque diante do silêncio normativo tem perfeita aplicação subsidiária aos processos penais em curso (art. 3º, CPP). Além disso, não se pode olvidar que a mesma também pode abranger a prática de atos administrativos, o que sugere que melhor seria que o legislador concebesse uma lei específica regulamentando todos os aspectos da cooperação jurídica internacional, em vez de simplesmente apresentar um tratamento tímido em uma lei que deveria regulamentar apenas normas processuais.

O CPC (art. 27) enumera de maneira exemplificativa quais são as medidas que poderão ser objeto do requerimento de cooperação jurídica internacional. Os atos listados, que podem ser tanto de cunho extrajudicial (pleiteados pela via do auxílio direto) quanto judicial (requerido por meio de carta rogatória) são: citação, intimação, notificação judicial e extrajudicial, colheita de provas ou obtenção de informações, homologação e cumprimento de decisão, concessão de medida judicial de urgência, assistência jurídica internacional ou mesmo qualquer outro ato judicial ou extrajudicial que não seja terminantemente proibido pela legislação brasileira.

Na prática, a cooperação internacional se efetiva por meio do "auxílio direto" (quando o pedido de cooperação não tiver por objeto uma decisão judicial estrangeira que esteja sujeita à delibação pela autoridade brasileira,) ou pelas "cartas rogatórias"

---

22   SOUZA, Bernardo Pimentel. Carta rogatória: observações à luz da emenda constitucional nº 45, de 2004. In: *Leituras complementares de processo civil*. 6ª ed. Salvador: JusPodivm, 2008, p. 344.

(quando o que se pretender for uma medida de cunho jurisdicional, sendo necessário o juízo de delibação).

O "auxílio direto" (art. 28) usualmente é próprio para a realização de ato ou medida de cunho administrativo e extrajudicial, embora possa abarcar também medida jurisdicional apresentada perante membro do Poder Judiciário. Nesta via, em regra a autoridade não busca executar ou efetivar uma decisão jurisdicional, limitando-se a pleitear a prática de um determinado ato. Portanto, não é apresentado no auxílio direto qualquer tipo de decisão para que a autoridade do outro País verifique se ela pode ou não ser cumprida, em uma análise que é nominada como "juízo de delibação", expressão adotada no próprio *caput* do dispositivo. O seu intento, assim, é a transmissão de um requerimento ou de uma pretensão, que pode ser aceito ou negado pela autoridade do outro País. Há norma (art. 29) prevendo que, quando se tratar de auxílio direto requerido por Estado estrangeiro, caberá a ele encaminhar o pleito à autoridade central que, na ausência de indicação precisa, acaba sendo o Ministério da Justiça (art. 26), devendo assegurar que o pedido seja deduzido de forma clara, além de assegurar a sua autenticidade. Eventuais dúvidas sobre a autenticidade ou clareza do auxílio direto autorizam a autoridade central brasileira a rogar pelos devidos esclarecimentos, antes de deferir ou negar o pedido de auxílio direto.

Há, em lei (art. 30), um rol exemplificativo das medidas que poderão ser objeto do pedido de auxílio direto. Um exemplo (art. 30, inc. I) permite que por esta via sejam obtidas informações sobre o ordenamento jurídico, bem como sobre processos jurisdicionais ou procedimentos administrativos que estejam em curso ou mesmo que já se encontrem findos. Por seu turno, um outro exemplo (art. 30, inc. II) autoriza que esta via sirva para a colheita de provas, com exceção de se for para instruir processo que esteja tramitando equivocadamente no exterior, caso a hipótese verse sobre jurisdição nacional exclusiva. De resto, há a possibilidade de o auxílio direto servir para qualquer outra medida judicial ou extrajudicial que não seja proibida pela lei nacional (art. 30, inc. III).

É de se destacar, ainda, que quando se tratar de auxílio direto em que se pleiteia alguma atividade a ser praticada por membro do Poder Judiciário nacional, a autoridade central encaminhará este pleito diretamente ao referido órgão para realização (art. 32). No entanto, se não for este o caso, então a própria autoridade central deverá perquirir e identificar o órgão público com atribuição para realizá-la. É que, provavelmente, a mesma não terá atribuição para realizar o atendimento daquilo que se pleiteia, devido à amplitude de medidas que podem ser solicitadas pela via do auxílio direto. Por este motivo, caberá à autoridade central fazer esta identificação para que depois o requerimento possa ser enviado e cumprido.

Porém, se for identificado o Ministério Público como destinatário da medida a ser apresentada perante o Poder Judiciário, caberá ao próprio realizar este encaminhamento (art. 33). Embora o dispositivo em comento seja omisso, trata-se do Ministério Público da União, precisamente do Ministério Público Federal, uma vez que tais providências devem ser apresentadas perante a Justiça Federal do lugar em que deve ser executada a medida (art. 34). Em caso de medida a ser examinada pelo Poder Judiciário que não tenha sido encaminhada ao Ministério Público Federal por ausência de atribuição desta instituição, esta remessa será então realizada para a Advocacia-Geral da União, que a requererá no juízo competente. Além disso, o dispositivo (art. 33) não parece reservar nenhuma discricionariedade, tanto ao Ministério Público Federal quanto à Advocacia-Geral da União. De todo modo, não necessariamente os membros destas instituições ficam obrigados a requerer em juízo a medida solicitada. Parece coerente permitir que, havendo motivo relevante para não fazê-lo, eles os exponham à autoridade central e aguardem a deliberação respectiva, se realmente o auxílio direto poderá ser cumprido no Brasil ou não.

Destaca-se que há precedente reconhecendo a competência do STF para analisar cooperação jurídica internacional (auxílio direto) para oitiva de estrangeiro custodiado no Brasil em razão de decisão exarada em processo de extradição.[23]

Quanto à "carta rogatória", deve ser mencionado que a mesma terá que passar inicialmente por um filtro perante o STJ para que, somente após a concessão do *exequatur*, seja determinado o seu cumprimento perante um dos juízos federais de primeira instância (art. 109, inc. X, CRFB). Ela inaugura um processo de jurisdição contenciosa, devendo ser asseguradas às partes as garantias inerentes ao devido processo legal (art. 36).

A competência para a concessão do *exequatur* à carta rogatória, como visto, pertence ao STJ. Durante este processamento, a defesa deve se restringir apenas quanto à discussão quanto ao atendimento dos requisitos para que a decisão judicial estrangeira possa produzir efeitos no Brasil, sendo vedado ao órgão jurisdicional nacional rever o conteúdo desta decisão. Em outras palavras, compete tão somente ao STJ deferir ou não a medida pretendida na decisão judicial alienígena, sendo vedado modificá-la. Após esta decisão, até será possível interpor recurso de "agravo interno" (art. 39, Lei nº 8.038/90). E, se esta nova decisão ofender a Carta Magna, também é permitida a interposição de um REXTR, que será processado e julgado perante o STF.

Não havendo recursos da decisão que corporifica o *exequatur*, o cumprimento da carta rogatória será, então, realizado pelo juízo federal de primeira instância. Com o cumprimento integral da medida, caberá ao magistrado federal determinar a devolução da carta rogatória ao STJ, para que seja então providenciado o envio da mesma à autoridade central. Observa-se, por fim, que muitas vezes as cartas rogatórias vêm sendo dispensadas quando há tratado firmado entre países soberanos envolvendo cooperação judiciária internacional. O Protocolo de Las Lenãs, por exemplo, foi firmado entre países membros do Mercosul, admitindo até mesmo a dispensa de cartas rogatórias em certas situações, o que prestigia uma maior desburocratização para cumprimento de determinadas medidas.

---

23 STF. Pet 5.946/DF, rel. orig. Min. Marco Aurélio, red. p/ o acórdão Min. Edson Fachin, 16/08/2016.

17

AUDIÊNCIA DE CONCILIAÇÃO E MEDIAÇÃO

17.1. OS CONCILIADORES E MEDIADORES

Uma vez realizada validamente a citação do demandado, o mesmo passa a integrar a relação jurídica processual, e pelo menos no procedimento comum, deverá comparecer a uma audiência de conciliação e mediação (art. 334). Somente após ter sido frustrada a solução consensual é que iniciará o seu prazo para a apresentação de resposta.

Conforme já observado em momento próprio (v. item nº 3.4.1.), tanto a "conciliação" quanto a "mediação" demandam a presença de um terceiro, que seria o conciliador ou mediador, para que o litígio possa ser resolvido entre as partes. Mas, mesmo entre as mesmas, há uma substancial diferença no que diz respeito à atuação deste terceiro. É que, se este terceiro interfere no diálogo entre os contendores como, por exemplo, para demonstrar os lados positivos ou mesmo os aspectos negativos de eventual solução proposta, o mesmo atua como "conciliador". Ao revés, se a sua postura é limitada a apartear o diálogo entre os envolvidos, que isoladamente vão chegar a uma solução, o mesmo se restringe a atuar como "mediador". Tal distinção de atribuições fica bem nítida no CPC (art. 165, §§ 2º e 3º).

A designação desta audiência objetiva dar cumprimento a norma fundamental do CPC (art. 3º, § 2º). Por este motivo, pretendeu o legislador que, para este especial mister, fosse a mesma conduzida por pessoas preparadas e conhecedoras de técnicas de conciliação e mediação (art. 11, Lei nº 11.430/2015). Daí disciplinar de maneira bem exauriente o trabalho dos conciliadores e mediadores (art. 165 – art. 175). Contudo, esta atividade não é exclusiva do conciliador ou mediador, pois também pode ser desempenhada pelo magistrado (art. 139, inc. V). Um situação muito clara em que isso pode ocorrer é naquelas localidades em que não houver estes facilitadores, caso em que a tarefa será desempenhada pelo próprio juiz (art. 334, § 1º). Da mesma maneira, como o pagamento do conciliador ou do mediador será inicialmente suportado pelo demandante, o mesmo pode optar para que o próprio magistrado a realize, para que não haja o dispêndio de tais valores (art. 13, Lei nº 11.340/2015).

Estabelece o CPC (art. 165) que os Tribunais deverão criar centros judiciários para a solução dos conflitos, onde deverão ser realizadas as audiências de conciliação e mediação (art. 334), bem como deverão seguir as diretrizes estabelecidas pelo CNJ em tais casos. Na sequência, disciplina os princípios que norteiam a conciliação e a mediação, além de impor a confidencialidade a todas as informações produzidas no curso do procedimento, que não podem ser utilizadas para outros fins além daqueles expressamente pactuados pelos interessados (art. 166). Impõe, outrossim, dever de sigilo ao conciliador, mediador e membros de sua equipe, bem como permite o uso de técnicas negociais para esta atividade, respeitando-se, contudo, a autonomia dos interessados.

O CPC (art. 167) também estabelece que os conciliadores, mediadores e as câmaras privadas para realização desta atividade deverão ser inscritas em cadastro nacional ou regional, que poderá ser precedido de concurso público e, obrigatoriamente, de frequentar curso realizado por entidade credenciada nos termos a serem definidos pelo CNJ. Também determina que os tribunais divulgarão por listas as atividades desempenhadas pelo conciliador e mediador, inclusive os sucessos e fracassos. Proíbe, ainda, que os conciliadores ou mediadores exerçam a advocacia nos juízos em que desempenhem estas funções, o que é medida extremamente salutar. Mas, além desta restrição, outra consequência desta atividade é que os conciliadores e mediadores não podem assessorar, representar e nem patrocinar qualquer das partes que tenha participado em audiência que tiverem conduzido com esta finalidade. Este impedimento dura um ano a contar da data da realização da respectiva audiência de conciliação ou de mediação (art. 172).

O mediador ou conciliador não necessariamente serão disponibilizados pelo próprio Poder Judiciário ou por estes Centros, pois é possível que as partes, de comum acordo, escolham o conciliador, o mediador ou mesmo a câmara privada, que podem ou não estar cadastrados (art. 168). Trata-se de opção decorrente da autonomia da vontade dos interessados, já mencionada anteriormente pelo CPC (art. 166), que caracteriza um dos exemplos possíveis de "convenções processuais". Mas, não sendo feita esta escolha consensual, haverá a distribuição entre aqueles já constantes em lista do tribunal. Também admite que, no mesmo caso, possa ter a atuação de mais de um facilitador, ou seja, de mais de um conciliador ou mediador

O trabalho desenvolvido pelo conciliador ou mediador pode ser remunerado por meio de tabela fixada pelo tribunal, com atenção aos parâmetros estabelecidos pelo CNJ (art. 169). É permitido, porém, o trabalho voluntário nestas atividades. Mas, nos casos em que há gratuidade de justiça deferida, este trabalho pode ter um percentual de audiências não remuneradas a serem desempenhadas pelas câmaras privadas, como contrapartida para o seu credenciamento.

Interessante regra é aquela (art. 170) que admite expressamente a possibilidade de impedimento do facilitador, caso em que deverá ser comunicada tal circunstância ao juiz do processo ou ao coordenador do centro judiciário de solução de conflitos. Também impõe, se o impedimento somente foi detectado após o início do procedimento, que esta atividade seja interrompida, lavrando-se ata descrevendo o ocorrido e solicitando a distribuição para outro conciliador ou mediador. Não obstante o dispositivo apenas mencionar "impedimento", é mais razoável considerar que, também as causas de "suspeição" são aplicáveis a estes auxiliares da justiça, o que, por sinal, já constou em dispositivo anterior do CPC (art. 148, inc. III).

O CPC (art. 173) também prevê a possibilidade de exclusão do cadastro de conciliadores e mediadores daquele profissional que praticar qualquer conduta aqui descrita, a ser apurada mediante regular procedimento administrativo. Também é permitido o afastamento temporário por até 180 (cento e oitenta) dias, por decisão fundamentada, caso o magistrado do processo ou o que desempenha atividade de coordenador do centro de conciliação e mediação percebam qualquer atuação inadequada.

De resto, importante norma (art. 174) estabelece que caberá à União, Estado, Distrito Federal e Municípios criarem câmaras próprias com a finalidade de obtenção da solução consensual no âmbito administrativo, com atenção às especificidades que norteiam o interesse público. Há, inclusive, lei já dispondo sobre a mediação entre particulares como meio de solução de controvérsias, bem como sobre a autocomposição de conflitos no âmbito da Administração Pública (Lei nº 13.140/2015).

17.2. A AUDIÊNCIA DE CONCILIAÇÃO E MEDIAÇÃO

Conforme já narrado, a audiência de conciliação ou mediação é prevista no CPC (art. 334), nele constando que a mesma somente não será realizada se as partes manifestarem expressamente desinteresse em sua realização. O autor deve se manifestar na própria petição inicial (art. 319, inc. VII) e o demandado, em simples petição até 10 (dez) dias antes de sua realização (art. 334, § 5º). Assim, observa-se que, literalmente, somente com estas duas manifestações volitivas expressas é que a audiência não irá ocorrer. Contudo, tal norma (art. 334, § 4º, inc. I) deve ser interpretada com algum temperamento, posto que a obrigatoriedade desta audiência inaugural de conciliação ou de mediação traz uma contradição em si mesma, pois um dos princípios da mediação é, justamente, a autonomia de vontade (art. 166) e não uma imposição para que compareça a um ato com esta finalidade. Portanto, aqui se defende que basta apenas a manifestação expressa de uma das partes no sentido da desnecessidade desta audiência para que a mesma não ocorra. Este é, inclusive, entendimento já defendido pela doutrina especializada.[1] De qualquer maneira, há ainda outra hipótese legal em que esta audiência pode ser dispensada, que é quando o litígio não permitir autocomposição (art. 334, § 4º, inc. I).

Além destes casos estabelecidos em lei em que a audiência não ocorrerá, também parece coerente sustentar a sua desnecessidade quando as partes já tentaram realizar a conciliação ou e mediação em caráter extrajudicial. É que, uma vez já frustrada esta tentativa, não parece adequado que a mesma tenha que ser novamente realizada, após iniciado o processo. No entanto, tal circunstância terá que ser comunicada e provada pela parte que a alegar.

O não comparecimento das partes a esta audiência caracteriza ato atentatório à dignidade da Justiça, com possibilidade de aplicação de sanção pecuniária. Assim, devem as mesmas comparecerem pessoalmente com a presença de seus advogados e/ou defensores

---

1 CÂMARA, Alexandre Freitas. *O novo processo civil brasileiro.* 1ª ed. São Paulo: Atlas, 2015, p. 199. BUENO, Cassio Scarpinella. *Manual de direito processual civil.* São Paulo: Saraiva, 2015, p. 264.

públicos (art. 334, § 8º), sendo possível constituir representante, por meio de procuração específica, com poderes para negociar e transigir (art. 334, § 10).

Há, ainda, a previsão (art. 334, § 12) de que estas audiências sejam designadas com intervalo mínimo de 20 (vinte) minutos entre o início de uma e o início da seguinte, o que soa inconstitucional por ofensa à separação dos Poderes (art. 2º, CRFB). Com efeito, inadmissível a interferência de um Poder no outro no exercício da sua atividade-fim. Um paralelo seria o Poder Judiciário disciplinar de quantos em quantos minutos os congressistas devem votar projetos distintos de lei. Desnecessária, portanto, esta menção ao intervalo entre a realização de cada audiência.

Obtida a solução consensual entre as partes, o processo é encaminhado ao magistrado para a prolação de sentença definitiva (art. 487, inc. III, alínea "b"). Do contrário, iniciará o prazo de quinze dias úteis para que o demandado possa apresentar a sua resposta (art. 335, inc. I). Acrescenta-se, por fim, a existência de precedente no sentido de que se o magistrado deferir tutela provisória durante a audiência e esta decisão for objeto de embargos de declaração, tal circunstância não irá suspender ou interromper eventual prazo já em andamento para o oferecimento da contestação.[2]

17.3. CASUÍSTICA ENVOLVENDO A INCOMPETÊNCIA DO JUÍZO EM QUE AUDIÊNCIA SERÁ REALIZADA

Eventualmente, a demanda pode ter sido instaurada perante juízo absoluta ou relativamente incompetente. E, nestes casos, caberá ao demandado apresentar esta tese defensiva em sede de contestação (art. 337, inc. II). Contudo, o prazo para esta modalidade de defesa somente se inicia após o término da audiência preliminar (art. 335, inc. I), o que pode gerar dúvida sobre o demandado primeiramente ir a sede do juízo participar deste ato, ainda que seja em foro imcompetente, para apenas depois alegar esta tese, ou se o mesmo já poderá apresentá-la imediatamente.

Quanto a este tema, há norma (art. 340) que permite que a contestação já seja apresentada antes mesmo da realização do ato, o que também se coaduna com outra que admite a tempestividade do ato praticado antes do seu termo inicial (art. 218, § 4º). Contudo, pela literalidade do dispositivo (art. 340), a matéria incompetência absoluta ou relativa já terá que ser apresentada na própria "contestação" e não por petição simples. Assim, é imperioso que o demandado também já antecipe, neste mesmo momento, todas as demais teses defensivas de que iria se valer, em atenção ao princípio da eventualidade (art. 336). Esta solução, embora pareça draconiana em um primeiro momento, está em sintonia com as normas fundamentais do CPC, em especial a que garante o tempo razoável para a solução do processo (art. 4º), até porque a incompetência relativa não pode ser pronunciada de ofício (art. 337, § 5º). Portanto, se eventualmente o demandado tiver peticionado apenas alegando a incompetência nos termos desta norma (art. 340), não mais poderá trazer novas teses defensivas, eis que tal situação implicaria em preclusão consumativa.

---

2 STJ. REsp nº 1.542.410. Rel.ª Min.ª Nancy Andrighi. DJ 07/10/2016.

COMPORTAMENTO DO DEMANDADO I: RECONHECIMENTO DO PEDIDO OU INÉRCIA

18.1. COMPORTAMENTO DO DEMANDADO

Uma vez realizada validamente a citação do demandado, o mesmo passa a integrar a relação jurídica processual, podendo assumir os mais variados comportamentos. Os que ora serão analisados neste e no próximo capítulo são, nesta ordem, os seguintes: a) reconhecer a procedência total ou parcial do pedido; b) ficar inerte, situação processual que irá gerar a revelia; c) apresentar alguma modalidade de resposta.

18.2. RECONHECIMENTO DA PROCEDÊNCIA DO PEDIDO

Após ser citado, o demandado pode constituir advogado para que o mesmo peticione aos autos comunicando ao magistrado o reconhecimento da procedência total do pedido. Neste caso, se o demandante formula um pedido para que o réu seja condenado a lhe pagar R$ 100.000,00 (cem mil reais) e se este vier em juízo reconhecendo como correta a totalidade deste pedido, caberá ao juiz realizar, então, o julgamento conforme o estado do processo (art. 354), com a prolação de uma sentença resolvendo o mérito (art. 487, inc. II, alínea "a").

No entanto, pode ser que o demandado venha em juízo apenas para realizar um reconhecimento parcial do pedido. Retornando ao caso acima, pode ser que o mesmo venha aduzindo que reconhece como devida apenas a quantia de R$ 80.000,00 (oitenta mil reais), muito embora queira impugnar a cobrança do restante, ou seja, do montante de R$ 20.000,00 (vinte mil reais). Nesta situação, o magistrado já poderá, desde logo, proferir o julgamento antecipado parcial do mérito (art. 356), resolvendo o mérito de plano quanto a esta parcela incontroversa, de modo a constituir imediatamente o título executivo judicial que já autoriza ao credor a promoção da execução pela parcela de R$ 80.000,00 (oitenta mil reais), caso o demandado insista em não lhe honrar o pagamento. É tema que voltará a ser abordado em momento próprio (v. item nº 20.4.).

18.3. AUSÊNCIA DE RESPOSTA DO DEMANDADO: REVELIA

A revelia, no direito processual civil, é uma consequência que advém ao demandado caso o mesmo não apresente a sua contestação tempestivamente, gerando efeitos materiais (art. 344) e processuais (art. 346). É um fenômeno diferente do que ocorre em sede de Juizados Especiais, pois neles a revelia decorre da ausência de comparecimento do demandado a qualquer audiência (art. 20, Lei nº 9.099/95). É, por sinal, o que também ocorre em processo trabalhista.[1]

Muito embora existam duas modalidades de resposta do demandado no procedimento comum (contestação e reconvenção – que são apresentadas na mesma peça, embora com finalidades distintas), apenas a ausência de contestação é que, em regra, gera a revelia. Com efeito, de todas as teses defensivas que podem ser apresentadas (sejam elas de cunho material ou processual), apenas na contestação é que o fato afirmado pelo demandante pode ser impugnado de modo que, ausente esta modalidade de defesa, incidirão os efeitos materiais que abaixo serão abordados. No entanto, muito embora este raciocínio seja realmente o mais frequente, por vezes também se admite que, na reconvenção, seja instaurada controvérsia fática sobre aquilo que narra o autor, de modo a afastar a revelia. Até mesmo será trazido exemplo desta situação oportunamente (v. item nº 19.4.).

Assim, concluído que a revelia decorre, em regra, da ausência de contestação, agora devem ser analisados os efeitos materiais e processuais que a mesma gera ao processo.

18.3.1. Efeito material da revelia

No primeiro deles, ou seja, quanto aos efeitos "materiais", serão presumidos como verdadeiros os fatos afirmados pelo autor na petição inicial, o que até pode culminar com uma abreviação do processo, em razão da realização do julgamento antecipado do mérito (art. 355, inc. II). Vale dizer, porém, que existem certas situações em que esta presunção é afastada (art. 345). Em casos como este, o magistrado não poderá realizar o julgamento antecipado do mérito, devendo então intimar o autor a informar se ainda pretende produzir alguma outra prova antes de julgar o pedido (art. 348). Isso, claro, sem tolher a iniciativa probatória de que dispõe o próprio juiz (art. 370), caso entenda que isso seja necessário.

De todo modo, destaca-se precedente do STJ no sentido de que a ocorrência da revelia realmente gera uma presunção relativa da ocorrência do dano, muito embora possa não alcançar o *quantum* indenizatório apontado pelo demandante, que deverá ser apurado nos autos para se evitar eventual enriquecimento sem causa.[2]

Como visto acima, por vezes o efeito material da revelia não se opera (art. 345). Na primeira hipótese (art. 345, inc. I) consta que não haverá o efeito material da revelia se, havendo pluralidade de réus, um deles contestar a demanda, independentemente

---

1 TRT-1. RO 00112627220155010064, Rel. Cesar Marques Carvalho, DOERJ, 03/06/2017.

2 STJ. REsp 1.520.659-RJ, Rel. Min. Raul Araújo, j. 1º/10/2015, DJe 30/11/2015 – *Informativo* nº 574.

da caracterização de um litisconsórcio unitário ou não. Com efeito, sendo caso de litisconsórcio unitário, não há qualquer dúvida de que este dispositivo realmente é aplicado, uma vez que haverá obrigatoriedade de decisão igual para todos, de modo que tudo aquilo que um alegar em seu favor poderá ser comunicado ao outro. Mas, mesmo nas hipóteses de litisconsórcio simples ou comum, também este dispositivo pode ser aplicado, já que o magistrado terá que julgar, em sua sentença, o fato comum que foi afirmado pelo demandante e impugnado apenas por um dos litisconsortes. Assim, ao analisar os argumentos trazidos na resposta de um dos litisconsortes em processo que busca o ressarcimento por danos materiais sofridos, o magistrado poderá concluir, por exemplo, pela inexistência do evento que foi afirmado pelo demandante, hipótese em que fatalmente esta conclusão também será estendida ao outro litisconsorte, sob pena de a sentença conter uma contradição. É correto concluir, portanto, que realmente esta regra (art. 345, inc. I) é adotada usualmente no litisconsórcio unitário, malgrado possa por vezes ser adotada, também, no litisconsórcio considerado simples ou comum.

Já a outra hipótese (art. 345, inc. II) estabelece que também não se opera o efeito material da revelia quando o litígio versar sobre direitos "indisponíveis", terminologia que gera certas reflexões. É que, por direito indisponível, se entende aquele de que a parte não pode dispor ou renunciar, muita embora seja possível em algumas hipóteses até mesmo realizar alguma forma de acordo, transação ou ato de liberalidade quanto a algum aspecto, tal como ocorre, por exemplo, com o direito aos alimentos que, mesmo sendo indisponível, pode ser perfeitamente transacionável entre as partes. Mas, de qualquer maneira, fica a ressalva de que nestes casos envolvendo direitos "indisponíveis", como na hipótese em que foi proposta uma demanda objetivando a modificação do valor dos alimentos, não haverá o efeito material da revelia, ainda que o demandado deixe de apresentar sua peça de resistência.

Na sequência (art. 345, inc. III), o CPC estabelece que o efeito material da revelia não se opera quando a petição inicial não vier acompanhada de instrumento público que a lei considere indispensável à prova do ato. Só que nesta última hipótese se percebe uma aparente contradição no CPC, pois, havendo ausência deste documento, deveria o magistrado então ter determinado a emenda em momento próprio (art. 321), para que o autor promovesse a emenda da inicial, instruindo-a adequadamente. No entanto, ainda assim esta norma poderá ser aplicada caso o magistrado não tenha agido dessa maneira sugerida. Um exemplo de instrumento público que é indispensável para se comprovar a propriedade de um bem imóvel é a escritura pública registrada em cartório de RGI. Observe-se que, neste caso, dispõe o CPC (art. 406) que quando a lei exigir, como da substância do ato, o instrumento público, nenhuma outra prova, por mais especial que seja, pode suprir-lhe a falta.

Por fim, há uma última hipótese em que o efeito material da revelia poderá ser afastado. O art. 345, inc. IV, estabelece, acertadamente, que não deve haver esse efeito quando as alegações fáticas apresentadas pelo demandante soarem inverossímeis ou quando estiverem em contradição com as provas constantes nos autos.

18.3.2. Efeito processual da revelia

O segundo efeito da revelia, que é chamado de "processual", também encontra-se previsto no CPC (art. 346), onde consta que, uma vez estando ela caracterizada, os prazos correrão independentemente de nova intimação do demandado, muito embora este possa posteriormente vir ao processo e continuar a acompanhá-lo no estágio em que se encontrar (art. 346, parágrafo único).[3] Fica a ressalva, porém, que a revelia ocorre porque o réu deixou de apresentar contestação, de modo que, ainda que o mesmo possa vir posteriormente a acompanhar o processo, não necessariamente poderá mudar muito o quadro negativo que se instaurou, pois lhe será defeso apresentar qualquer tese defensiva, exceto nas poucas hipóteses admitidas por lei (art. 342). Desta maneira, sua postura irá se limitar, basicamente, a pleitear a produção de provas contrapostas às alegações do autor (art. 349).

18.3.3. Diferença entre contumácia, revelia e ônus da impugnação especificada da prova

O estado de inércia adotado por qualquer das partes é denominado "contumácia", sendo extremamente amplo, já que pode abranger tanto o demandante, quanto o demandado ou qualquer outra parte processual secundária. A contumácia, em suma, equivale a uma desobediência deliberada em não estar presente ou atender as determinações judiciais. Assim, se, por exemplo, o magistrado determinar que o autor adote certa providência em um determinado prazo, esta falta de observância o tornará contumaz, sujeitando-o às mais variadas consequências processuais, inclusive a preclusão temporal ou outra distinta.

A revelia, por seu turno, é como uma espécie de contumácia específica apenas para o demandado, que se opera quando este deixa de apresentar o ato processual denominado "contestação" e que gera efeitos bem delineados (art. 344 e art. 346).

O ônus da impugnação especificada, por sua vez, já é tratado no CPC (art. 341), como aquele que impõe ao demandado, por ocasião da apresentação da contestação, impugnar todos os fatos afirmados pelo demandante, sob pena de aqueles não impugnados serem presumidos como relativamente verdadeiros.[4] Observe-se que, nesta última hipótese, não há que se falar em julgamento antecipado do mérito, pois este somente pode ser realizado quando se opera a revelia (art. 355, inc. II). É que o ônus da impugnação especificada, quando exercido parcialmente, não tem o condão de gerar a presunção de veracidade de "todos" os fatos não impugnados pelo demandado, o que torna impossível a abreviação do processo. A sua utilidade, porém, fica nítida na etapa de instrução que se seguir, posto que não há necessidade de produzir prova para a comprovação de fato do qual a própria legislação já admite a presunção (ainda que

---

3 HARTMANN, Rodolfo Kronemberg. Breves comentários sobre a Lei nº 11.280/06. In: *A nova reforma processual*. Rio de Janeiro: Lumen Juris, 2006, p. 235-236.

4 CÂMARA, Alexandre Freitas. *O novo processo civil brasileiro*. São Paulo: Atlas, pp. 204-205.

relativa) de veracidade (art. 374, inc. IV). Por exemplo, se o demandante postula em face do demandado o ressarcimento de despesas efetuadas com hospedagem em razão da realização de um evento e este último, em sua defesa, apenas questionar se estas despesas estão ou não abrangidas no contrato anterior firmado entre as partes, não haverá necessidade de se comprovar a realização de tais gastos, eis que não tendo os mesmos sido impugnados, são presumivelmente verdadeiros, diante da presunção legal gerada por lei (art. 341 c/c art. 374, inc. IV).

Vale dizer que este ônus não existe quando se trata de advogado dativo (fornecido pelo próprio juízo), curador especial e em todos os casos de atuação da Defensoria Pública (art. 341, parágrafo único), caso seja adotada uma interpretação puramente literal das normas do CPC. Contudo, a ausência deste ônus quanto aos membros da Defensoria Pública (que não estejam atuando na condição de curador especial), é completamente injustificável. Com efeito, o CPC exige em norma fundamental (art. 7º), que os operadores do Direito tenham os mesmos deveres, bem como já foi exposto por diversas vezes nesta obra o compromisso da novel legislação com a melhoria da qualidade da prestação jurisdicional. Assim, tendo sido regularmente citado um determinado demandado e tendo o mesmo procurado pessoalmente a Defensoria Pública, não haveria qualquer justificativa plausível para que esta instituição ficasse dispensada de elaborar uma defesa com excelência. E perceba-se que nem mesmo eventual argumento de ausência no quadro pessoal convenceria, pois do mesmo mal também padece o Poder Judiciário, que a cada ano tem mais processos para analisar. Trata-se, portanto, de norma (art. 341, parágrafo único), completamente incoerente dentro do sistema, que exige um extenso dever de fundamentação e esclarecimento de todos os atos, como pode se observar, por exemplo, no que regula às decisões judiciais (art. 489, § 1º). Portanto, como o magistrado, ao aplicar a lei, deve atender aos fins sociais e às exigências do bem comum (art. 8º), certamente este dispositivo (art. 341, parágrafo único), não será aplicado literalmente, já que também ausente qualquer proporcianalidade ou razoabilidade, razão pela qual continua a Defensoria Pública impedida de "contestar por negativa geral", devendo exercer o ônus da impugnação especificada tal como também ocorre com a advocacia pública e privada.

E, por fim, o ônus da impugnação especificada é aplicável indistintamente a ambas as partes do processo. Com efeito, o exemplo acima retratava uma situação em que o réu possuía esse ônus, mas pode ser que outra hipótese venha a impô-lo ao demandante. É o que pode ocorrer quando o demandado contesta e, nesta peça, apresenta defesa de mérito indireta. Neste caso, o magistrado deverá intimar o autor para se manifestar em peça popularmente conhecida como "réplica" (art. 350), devendo impugnar os fatos modificativos, impeditivos ou extintivos que vierem a ser apresentados pelo réu. Caso isso não seja feito, é de se aplicar o CPC (art. 341) e tais fatos poderão ser presumidos como verdadeiros.[5]

---

5 BUENO, Cassio Scarpinella. *Curso sistematizado de direito processual civil, tomo I*. São Paulo: Saraiva, 2007. v. 2, p. 200.

18.3.4. Questões pontuais sobre a revelia

O instituto processual da revelia pode eventualmente gerar alguns questionamentos e divergências jurisprudenciais, o que justifica um tratamento mais específico conforme tratado abaixo, principalmente quanto a: a) revelia em desfavor da Fazenda Pública; b) revelia nos embargos a execução; c) revelia em procedimentos especiais.

18.3.4.1. Revelia em desfavor da Fazenda Pública

Existe um entendimento generalizado de que não há revelia em desfavor da Fazenda Pública quando deixar de apresentar contestação, pois a mesma, quando atua em juízo, sempre se encontraria na defesa de algum interesse indisponível (art. 345, inc. II) No entanto, esta premissa não é verídica, eis que a Fazenda Pública tanto pode dispor de certos direitos que até mesmo é admitida a composição amigável entre as partes, como previsto em legislação específica (v.g., art. 10, parágrafo único, Lei nº 10.259/2001; Lei nº 13.140/2015). Logo, o que se percebe é que, muitas vezes, a Fazenda Pública está em juízo para discutir direitos disponíveis, muitos de feição nitidamente privada, já que decorrentes de obrigações que não são oriundas de contratos administrativos, por exemplo. Por este motivo, é necessário que haja uma reflexão sobre este antigo dogma, que preconiza que a Fazenda Pública não pode ser revel ou sofrer os efeitos materiais da revelia, eis que isso pode perfeitamente ocorrer, muito embora dependa de acurada análise da relação jurídica de direito material, para constatar o caráter da disponibilidade ou não da obrigação. É, por sinal, o que já concluiu o STJ.[6]

18.3.4.2. Revelia nos embargos a execução

Em uma execução por título extrajudicial, o executado poderá se opor à mesma oferecendo os embargos, que ostentam natureza jurídica de processo de conhecimento. Trata-se, portanto, de uma nova demanda, que fica autuada em apenso aos autos da execução (art. 914, § 1º) em que o executado passa a ser o demandante/embargante e o exequente passa a ser o demandado/embargado. Curiosamente, os embargos também são muitas vezes apresentados como uma "ação-defesa", já que a causa de pedir desta ação (v.g., pagamento) ao mesmo tempo é uma exceção substancial indireta extintiva, que bem poderia ter sido empregada pelo demandado caso estivesse sendo acionado em um processo de conhecimento.

Caso concorde com os termos da inicial dos embargos, o juiz determina a "citação" do embargado/exequente (art. 920, inc. I), muito embora o CPC não tenha utilizado esta nomenclatura.[7] A lei processual, contudo, não dá um nome para a modalidade de resposta que deve ser apresentada pelo embargado. É comum que essa peça venha a ser chamada de "resposta" ou "contestação". O prazo para o seu oferecimento é de 15 (quinze) dias (art. 920, inc. I).

---

6 STJ. REsp nº 1.084.745-MG. Rel. Min. Luís Felipe Salomão. DJ 06/11/2012.
7 MARINONI, Luiz Guilherme, ARENHART, Sérgio Cruz. *Curso de processo civil*, São Paulo: RT, 2007. v. 3, p. 452.

Se, eventualmente, o embargado não apresentar resposta, surge dúvida se seria ou não possível reconhecer a revelia neste caso. A jurisprudência e a doutrina, de forma bem expressiva, se posicionam de forma contrária ao reconhecimento da revelia em sede de embargos à execução.[8] É que, realmente, a ausência de impugnação por parte do embargado gera a presunção relativa de que o embargante está com a razão (art. 344). No entanto, ao mesmo tempo o embargado também tem uma presunção que lhe favorece, já que o mesmo ostenta um título executivo extrajudicial (art. 784), documento este de tal envergadura que até mesmo dispensa a instauração de um processo de conhecimento para reconhecimento de um direito. Assim, o que há em uma situação como esta é um choque de presunções, cada qual favorável a uma das partes, que vão se repelir mutuamente, desfazendo-se completamente.[9] Mas, muito embora não haja o efeito material da revelia nos embargos à execução, os efeitos processuais (art. 346) se operam regularmente, de modo que os prazos correrão independentemente de intimação ao patrono do exequente.

18.3.4.3. Revelia em procedimentos especiais

Por vezes, a revelia do demandado pode receber um tratamento normativo ou processual totalmente distinto do que se abordou até o momento. Para exemplificar, é de se citar o que ocorre com o procedimento monitório (art. 700 – art. 702). Este rito especial possui peculiaridades muito próprias que o distinguem de quase todos os demais, eis que não necessariamente precisará constar na petição inicial a descrição dos fatos em que o demandante baseia o seu pedido. Justamente por ser um procedimento que busca a rápida formação do título executivo, o demandante deverá empregá-lo quando dispuser de prova escrita sem força de título executivo, situação em que o magistrado irá deferir de plano o mandado inicial, que já consubstancia uma ordem de pagamento ou para que o bem seja entregue, muito embora destituída da possibilidade de gerar qualquer constrição ao patrimônio do demandado como, por exemplo, uma penhora. Só que se o demandado for citado e não oferecer seus embargos monitórios, o magistrado deverá agir nos termos da lei (art. 701, § 2º), constituindo de pleno direito o título executivo ao converter o mandado inicial em mandado executivo. Percebe-se, portanto, que, neste caso, o magistrado não profere julgamento no seu sentido mais tradicional, pois se limita a aplicar o que prevê a lei, sem qualquer margem a subjetivismo. Logo, como neste exemplo não há julgamento, mas apenas conversão do mandado inicial em mandado executivo, fatalmente também não haverá revelia, pelo menos quanto ao seu aspecto material, pois é a contumácia do réu que gera esta consequência.

Este exemplo serve, portanto, para demonstrar como em certos procedimentos especiais a revelia poderá ou não tomar vulto distinto, acarretando mudanças de rumo quanto ao processo.

---

8 STJ. REsp nº 671515-RJ. Rel. Min. João Otávio de Noronha. DJ 23/10/2006.

9 Em sentido contrário ao do texto, reconhecendo a possibilidade de revelia nos embargos a execução: MOREIRA, José Carlos Barbosa. *O novo processo civil brasileiro.* 22ª ed. Rio de Janeiro: Forense, 2002, p. 295.

19

COMPORTAMENTO DO DEMANDADO II: APRESENTAÇÃO DE RESPOSTA

19.1. RESPOSTA DO DEMANDADO

Uma vez citado, o demandado passa a integrar a relação jurídica processual, podendo adotar o comportamento que melhor lhe aprouver. Pode, por exemplo, ficar inerte, o que irá quase sempre gerar a revelia. Por outro lado, também pode o demandado reconhecer a procedência total ou parcial do pedido. E, por fim, pode também o demandado adotar uma postura mais aguerrida quanto aos rumos do processo, apresentando uma das modalidades de defesa previstas no CPC, que seriam a contestação e a reconvenção. Anote-se, por oportuno, que eventualmente existem ainda outros mecanismos de defesa, estejam ou não positivados em lei, como ocorre com a peça de arguição do impedimento ou da suspeição do magistrado (art. 146) ou mesmo da tradicional "exceção de pré-executividade", tantas vezes empregada em sede de execução. No entanto, é importante consignar que todas estas modalidades de resposta não permitem a apresentação das mesmas teses defensivas, o que até soa óbvio, pois se isso fosse possível bastaria então apenas um instrumento que concentraria todas as defesas.[1] Só que, antes de se analisar estas duas modalidades de resposta admitidas no procedimento comum, primeiro é preciso estabelecer quais as teses defensivas que podem ser invocadas, o que facilitará sobremaneira a compreensão do tema.

Fica um alerta, porém. É que a palavra "exceção" pode ter mais de um significado no direito processual civil, devendo o leitor ter atenção quanto à forma em que a mesma estiver sendo empregada. Uma primeira acepção trata da diferença entre "objeção" e "exceção", ou seja, quando se trata de tema passível ou não de reconhecimento *ex officio*. Mas, há outra forma de se usar o termo "exceção", como sinônimo de teses defensivas, ou seja, como exceções substanciais (defesas de mérito) ou exceções instrumentais (defesas processuais). Esta última acepção, vale dizer, é comumente adotada principalmente em outros ramos do Direito como, por exemplo, quando uma das partes se recusa a cumprir a obrigação invocando a "exceção do contrato não cumprido", o que processualmente significa uma defesa de mérito indireta impeditiva.

---

[1] Uma exceção ocorre nos Juizados Especiais, eis que a redação do art. 30 da Lei nº 9.099/95 prevê que todas as teses defensivas devem ser ventiladas em contestação, exceto a arguição de impedimento ou suspeição que irão se processar nos termos da legislação vigente.

19.2. TESES DEFENSIVAS

As "teses defensivas" são todas as matérias que o réu pode ventilar em sua resposta à demanda promovida pelo autor. Por vezes a lei exige, porém, que determinada tese tenha que ser trazida em uma peça de resposta específica (como é o caso da alegação de impedimento do juiz – art. 146). Assim, para melhor assimilação do tema, é necessário analisar as diversas classificações de teses defensivas existentes.

19.2.1. Classificação das teses defensivas quanto à possibilidade de seu reconhecimento de ofício pelo magistrado: objeções e exceções

Esta classificação não oferece mais dificuldades, pois, de acordo com a mesma, as "objeções" seriam as matérias que o magistrado pode pronunciar de ofício (v.g., litispendência) enquanto as "exceções" são aquelas que demandam alegação da parte interessada para o seu reconhecimento (v.g., pagamento da dívida). A legislação processual prevê diversos exemplos de objeções (v.g., art. 487, inc. II, art. 485, § 3º, art. 337, § 5º).

19.2.2. Classificação das teses defensivas quanto ao tema: materiais (diretas e indiretas) e processuais (dilatórias e peremptórias)

O demandado, em sua defesa, pode apresentar teses defensivas que atacam a relação de direito processual (que envolve ainda o Estado-Juiz, além das partes) ou mesmo vínculo de direito (aquele firmado entre o autor e o próprio réu).

Na primeira hipótese, ou seja, das "defesas processuais" (também chamadas comumente como "exceções instrumentais"), as mesmas objetivam tão somente atacar a relação jurídica processual que se instaurou no início do processo, podendo ser classificadas como "dilatórias" ou "peremptórias". As defesas processuais dilatórias são aquelas que, mesmo sendo acolhidas pelo magistrado, não irão gerar a extinção do processo. Para exemplificar, se "A" promove uma demanda em face de "B" e este, ao ser citado, alega a incompetência absoluta do juízo, o acolhimento desta tese usualmente gera o declínio da competência e não a extinção do processo, que continuará a tramitar perante o órgão competente. No entanto, também existem as defesas processuais peremptórias, que são aquelas que, uma vez acolhidas, geram a extinção do processo por meio da prolação de uma sentença. É o que ocorre, por exemplo, se no processo instaurado entre "A" e "B" este último vier a alegar ocorrência de ofensa a coisa julgada material anterior, caso em que o magistrado irá proferir sentença (art. 485, inc. V), se concordar com esta tese jurídica. É de bom tom, inclusive, esclarecer que certos temas podem, no início, caracterizar defesa processual meramente dilatória e, caso não haja regularização, os mesmos podem se converter em peremptória, gerando o fim do processo. Seria a hipótese de "B" contestar uma demanda aduzindo vício na representação processual de "A" que não a regulariza, malgrado o magistrado tenha suspendido o processo e concedido prazo para tanto (art. 76), caso em que fatalmente será proferida sentença terminativa (art. 485, inc. IV). E, por fim, deve ser ressalvado que, quando for apresentada alguma defesa processual, seja ela de cunho dilatório ou peremptório, há norma (art. 351), impondo que o magistrado intime o demandante a apresentar réplica, ou seja, para se manifestar quanto à mesma.

Quanto às "defesas materiais" (também nominadas como "exceções substanciais"), as mesmas sofrem ainda uma subdivisão em "diretas" e "indiretas", que traz grande importância quanto ao desenrolar do processo. As defesas materiais diretas são aquelas que negam a existência do fato afirmado pelo demandante ou o efeito que o mesmo pretende obter. Para exemplificar, basta imaginar que "A" venha em juízo exigir de "B" uma prestação pecuniária decorrente da interpretação que é dada em virtude da redação de cláusula X de um determinado contrato. Nesta hipótese, se "B" ao se defender aduzir que não firmou qualquer contrato ou mesmo que a referida cláusula X não conduz à intenção pretendida por "A", o mesmo estará apresentando teses defensivas materiais diretas. Por outro lado, as defesas materiais indiretas são aquelas em que o demandado reconhece em parte os fatos narrados pelo autor, muito embora apresente a seu favor um novo fato que pode ser impeditivo, modificativo ou extintivo. Para melhor compreensão, basta imaginar que "A" vem em juízo exigir uma dívida de "B" e este, em sua defesa, alegar que era incapaz no momento em que se celebrou o vínculo de direito material, tese esta que consubstanciaria uma defesa de mérito indireta impeditiva. Por outro lado, se no mesmo exemplo "B" alegasse que "A" graciosamente lhe havia concedido uma moratória e que, por este motivo, a dívida ainda não poderia ser exigida, se estaria diante de uma defesa de mérito indireta modificativa, eis que esta situação alterou o vínculo material originário. E, por fim, se no mesmo exemplo "B" afirmasse a ocorrência de pagamento do débito, esta matéria equivaleria a uma defesa de mérito indireta extintiva da relação de direito material. Vale dizer que a importância em assimilar estas classificações é que o CPC (art. 350) apenas autoriza o uso da réplica quando são apresentadas defesas de mérito indiretas.

19.3. MODALIDADE DE RESPOSTA: CONTESTAÇÃO

A contestação é, no CPC, a modalidade de resposta do réu por excelência, já que é a mesma que permite a apresentação tanto de defesas de cunho processual quanto material. Esta peça, como grande parte dos atos processuais, possui algumas formalidades que deverão ser observadas. Por exemplo, a mesma usualmente é apresentada escrita, muito embora possa ser apresentada oralmente (com posterior redução a termo), no procedimento especial dos Juizados Especiais (art. 30, Lei nº 9.099/95).

O seu momento de apresentação também pode variar, de acordo com o rito adotado. Desta maneira, no procedimento comum, o prazo será de 15 (quinze) dias, mas seu termo inicial dependerá de uma série de circunstâncias (art. 335, incs. I, II e III). Já para os casos em que houver requerimento de tutela provisória de urgência cautelar, a defesa já será apresentada em 5 (cinco) dias, contados da citação (art. 306). E, ainda, este prazo ou termo inicial também pode variar de acordo com o procedimento especial envolvido, tal como ocorre com os processos que tramitam perante os juizados especiais estaduais, pois a contestação somente será apresentada na AIJ (art. 31, parágrafo único, Lei nº 9.099/95). É de se concluir, portanto, que o demandado e seu patrono sempre devem estar atentos quanto ao procedimento que estiver sendo empregado, eis que isto pode resultar na alteração do momento ou do prazo para a apresentação desta resposta.

Esta mesma atenção quanto ao procedimento também se justifica, pois, dependendo, a contestação poderá ter ainda alguma outra peculiaridade. No procedimento especial para os juizados especiais, por exemplo, é perfeitamente admitida a possibilidade de o demandado, sem deixar de ostentar este *status*, também deduzir pretensão a seu favor (ou seja, exercer direito de ação), no próprio bojo da contestação. É o que se chama de "pedido contraposto", hipótese excepcional que somente é possível quando a pretensão recair sobre os mesmos fatos que constituem objeto da controvérsia e desde que haja autorização normativa (art. 31, Lei nº 9.099/95), o que, inclusive, será ainda objeto de maiores esclarecimentos oportunamente (v. item nº 19.4.1.).

19.3.1. Princípio da eventualidade

O princípio da eventualidade, também chamado de princípio da concentração das defesas (art. 336), impõe que compete ao demandado alegar, na contestação, todas as matérias de defesa, expondo as razões de fato e de direito com que impugna o pedido do autor. Este princípio busca, justamente, racionalizar a atividade jurisdicional, de modo a impor o respeito a certos prazos, eis que o demandado não poderia inovar no processo a todo o momento, sempre trazendo novos argumentos ou teses defensivas que lhe são favoráveis. Assim, deverá ser no prazo da resposta, e na peça que consubstancia a contestação, que o mesmo trará todas as suas defesas, sejam elas processuais ou meritórias. Há, no entanto, algumas exceções (art. 342) que permitem ao demandado apresentar novas teses mesmo após a contestação, quando se tratar de matéria de ordem pública, relativa a direito superveniente ou mesmo quando houver expressa autorização legal.

19.3.2. Questões prévias na contestação

Ainda quanto à formalidade da contestação, existem certas matérias que devem ser destacadas e alegadas logo em seu início, pois certos temas podem macular gravemente o processo de modo que haja a necessidade de se tentar saná-los imediatamente ou mesmo já encerrar o processo, sem resolução do mérito, se isso não for possível. São as chamadas "questões preliminares" que, assim como as "questões prejudiciais", integram um mesmo gênero denominado "questões prévias", constituindo-se em temas que devem ser analisados pelo magistrado antes da resolução do mérito.

19.3.2.1. Questões preliminares e a possibilidade de alterar o polo passivo

Entende-se por "questões preliminares" aquelas matérias defensivas que devem ser apresentadas pelo demandado no início de sua contestação (art. 337). Este dispositivo, em seus incisos, enumera apenas defesas de cunho processual, ou seja, "exceções instrumentais", que podem tanto ser dilatórias quanto peremptórias.

Desta maneira, se o demandado alegar como preliminar de contestação a falta ou nulidade de citação, a incompetência absoluta e relativa do juízo, a incorreção do valor da causa, a incapacidade da parte ou defeito de representação ou falta de autorização, a falta de caução ou de outra prestação que a lei exige preliminar ou, por último, a indevida concessão de gratuidade de justiça (art. 337, incs. I, II, III, VIII, IX, XII e XIII), o mesmo estará apresentando defesas processuais dilatórias, eis que o acolhimento de qualquer uma por parte do magistrado irá apenas dilatar o curso do processo. Do contrário, se forem apresentadas quaisquer das demais matérias (art. 337, incs. IV, V, VI, VII, X e XI), ou seja, inépcia da petição inicial, perempção, litispendência, ofensa à coisa julgada material, existência de convenção de arbitragem ou, ainda, a ausência de legitimidade ou de interesse processual, o reconhecimento pelo magistrado de qualquer uma dessas hipóteses irá motivar a prolação de uma sentença terminativa, eis que todas tratam de defesas processuais peremptórias. Mas há, contudo, situações que correspondem a teses defensivas que, se forem acolhidas pelo juiz, são inicialmente dilatórias e que, caso não sejam corrigidas, posteriormente se convolam em defesas peremptórias, motivando o fim do processo (v.g., art. 337, inc. IX) . Portanto, como na maior parte das vezes é comum o processo ser extinto pelo acolhimento de uma questão preliminar, torna-se bastante frequente a afirmação de que este tipo de questão, quando reconhecida, impede a análise do mérito, muito embora nem sempre isso vá ocorrer, como nos exemplos de defesas dilatórias.

Vale dizer, também, que todas estas matérias são objeções, pois podem ser pronunciadas de ofício pelo magistrado, exceto a existência de convenção de arbitragem e a ocorrência da incompetência relativa (art. 337, § 5º).[2]

O CPC também permite que o réu alegue ser parte ilegítima e, se o demandante concordar, a petição inicial deverá ser emendada para fins de exclusão do demandado primitivo e inclusão do adequado (art. 338). Nestes casos, o advogado do réu primitivo fará jus aos honorários mencionados no dispositivo, bem como seu cliente será ressarcido de eventuais despesas que teve. Desta maneira, o demandado que alegar sua ilegitimidade também deverá declinar em sua contestação quem seria o réu correto sempre que tiver conhecimento, sob pena de arcar com custas processuais e indenizar o autor (art. 339). Neste caso de indicação nominal de quem seria o legitimado passivo e, havendo concordância do demandante, a petição inicial será emendada para realizar

---

2 BUENO, Cassio Scarpinella. *Manual de direito processual civil*. São Paulo: Saraiva, 2015, p. 278 e p. 282.

esta retificação ou mesmo incluir o indicado para atuar ao lado do réu primitivo em regime de litisconsórcio.

Estes dispositivos lembram bastante, apesar de possuir algumas diferenças, a antiga modalidade de intervenção de terceiros que não mais permanece no CPC, denominada "nomeação a autoria" (art. 62 – art. 69, CPC-73), pois esta também tencionava corrigir um vício de ilegitimidade passiva. Contudo, o novo tratamento difere do anterior, principalmente pelos seguintes motivos: a) a nomeação a autoria somente era possível em dois casos de ilegitimidade passiva, e no CPC não há qualquer restrição atualmente; b) o nomeado deveria aceitar ser incluído no polo passivo, o que acertadamente não é previsto no CPC; c) não havia possibilidade de formação de litisconsórcio no polo passivo.

19.3.2.2. Questões prejudiciais

Uma questão prejudicial pode ser compreendida como qualquer matéria ou tema que o magistrado tenha que enfrentar antes da resolução do mérito da causa, eis que a solução da primeira acaba condicionando a análise da segunda. E, vale dizer, por vezes a solução da prejudicial é realizada no próprio corpo da sentença, muito embora como um antecedente lógico da verificação do mérito, pois, como visto, o seu deslinde determinará como a pretensão material deverá ser analisada. Por exemplo, se for deflagrada uma demanda em que o objetivo do demandante é não pagar um determinado tributo que foi criado por lei inconstitucional, é de se observar que o seu pedido busca o reconhecimento de uma obrigação de não pagar. No entanto, para que o magistrado possa analisá-lo, torna-se imperioso que primeiro seja realizado um controle de constitucionalidade, na modalidade difusa. Assim, se no momento de sentenciar, o magistrado iniciar a sua fundamentação no sentido de que a referida lei é inconstitucional, fatalmente o mesmo em seguida irá concluir que a exação em questão é indevida, razão pela qual irá julgar procedente o pedido autoral. Contudo, se o mesmo concluir pela constitucionalidade da lei, então também terá que julgar improcedente o pleito do demandante, pois, como visto, o enfrentamento da prejudicial condiciona a resolução do mérito da causa.

A questão prejudicial pode ser classificada em homogênea (ou interna) e heterogênea (ou externa).[3] A primeira delas, ou seja, a questão prejudicial homogênea é aquela que tem que ser analisada nos próprios autos, muitas vezes sendo resolvida no momento em que o magistrado profere a sua sentença. É, justamente, a hipótese acima narrada, que versa sobre o controle difuso de constitucionalidade. Vale dizer que, em algumas situações, o CPC até permite que esta solução seja acobertada pelo manto

---

3 PINHO, Humberto Dalla Bernardina de. *Direito processual civil contemporâneo*, 4ª ed. São Paulo: Saraiva, 2012. v. I, p. 473, já apresenta distinções quanto a esta classificação. É que, segundo este doutrinador, a questão prejudicial homogênea é aquela que, juntamente com a questão principal, pertence ao mesmo ramo do Direito. Já a questão prejudicial heterogênea seria aquela que pertence a ramo do Direito distinto, citando como exemplo a de um acidente de trânsito cujo ilícito penal é apurado em um processo criminal ao mesmo tempo em que foi deflagrada uma demanda cível com a finalidade de obter o ressarcimento dos danos materiais. Por fim, este mesmo doutrinador apresenta as questões prejudiciais externas e internas exatamente no mesmo sentido do texto.

da coisa julgada (art. 503, § 1º), muito embora o tema seja analisado em momento próprio (v. item nº 24.6.). No entanto, desde logo se destaca que, no modelo primitivo (CPC-73), somente seria possível transformar uma questão prejudicial interna em principal se o interessado se valesse de uma ação declaratória incidental (art. 4º c/c art. 325 c/c art. 470, CPC-73).[4] Só que a ação com esta finalidade não foi reproduzida no novo modelo, que até fez constar que ela somente pode ainda ser utilizada para os processos distribuídos anteriormente à vigência do CPC (art. 1.054), posto que, em relação aos novos processos, já há disciplina diferente (art. 503, § 1º).

Já as questões prejudiciais heterogêneas ou externas são aquelas que estão sendo analisadas em outro processo distinto, tornando necessário aguardar a solução de um deles para que, somente após, o outro possa ser decidido. Nesta outra situação, muitas vezes a doutrina processual fornece o exemplo da ação de investigação de paternidade e da ação de alimentos, que podem dar ensejo a dois processos distintos, com tramitação simultânea. Assim, muito embora até já possam ser fixados os alimentos provisórios na ação de alimentos, é salutar que, após seu estabelecimento, a tramitação da mesma fique suspensa, a fim de se aguardar a solução definitiva que vier a ser proferida nos autos da investigação de paternidade. É que, se o pedido vier a ser julgado procedente neste segundo processo, fatalmente a pretensão deduzida na ação de alimentos também será. No entanto, se nos autos da investigação de paternidade o magistrado concluir pela improcedência do pleito, a mesma sorte terá o processo em que se buscam os alimentos.[5]

De acordo com este novo exemplo, é possível extrair as seguintes conclusões quanto a este tema: a) que a existência de uma questão prejudicial heterogênea pressupõe a existência de pelo menos dois processos, com objetos distintos; b) que a solução de um dos processos (processo #1) irá aguardar o trânsito em julgado da sentença que vier a ser proferida no outro (processo #2); c) que enquanto se aguarda a solução definitiva da prejudicial no outro processo (processo #2), os autos (processo #1) deverão ficar suspensos (art. 313, inc. V);[6] d) que muito embora esta matéria possa ser uma questão prejudicial heterogênea em um dos processos (processo #1), a mesma se constitui na questão principal do outro (processo #2), razão pela qual a sua solução constará no dispositivo e gerará coisa julgada.

19.3.3. Consequências da apresentação da contestação

Após a apresentação de contestação pelo demandado, diversos efeitos processuais se operam. Entre os mais frequentes, se pode citar: a) preclusão para a apresentação de

---

4 LEITE, Gisele. *Novo CPC – Comentários às principais inovações do novo código de processo civil.* 1ª ed. Campo Grande: Contemplar, 2016, p. 193.

5 SILVA, Ovídio A. Baptista da. GOMES, Fábio. *Teoria geral do processo.* 3ª ed. São Paulo: RT, 2002, p. 331.

6 De acordo com o art. 313, § 4º, este período de suspensão não poderia ultrapassar 1 (um) ano. No entanto, como a finalidade desta hipótese é justamente evitar decisões contraditórias e resguardar a segurança jurídica, por vezes é bastante frequente que um dos processos fique suspenso por mais tempo, enquanto não transitar em julgado a sentença de mérito que tiver sido proferida no outro e que se constitui na aludida questão prejudicial.

novas teses defensivas, em atenção ao princípio da eventualidade ou da concentração da defesa, eis que novos argumentos somente podem ser apresentadas em caráter excepcional (art. 342); b) presunção de veracidade quanto aos fatos afirmados pelo demandante que não foram impugnados pelo demandado, o que coincide com o ônus da impugnação especificada (art. 341, parágrafo único); c) intimação do demandante para se manifestar em réplica, caso seja uma das hipóteses previstas em lei (art. 350 e art. 351).

19.4. MODALIDADE DE RESPOSTA: RECONVENÇÃO

A reconvenção é prevista como sendo uma modalidade de resposta do demandado (art. 343), o que indica que o seu tratamento normativo é bastante escasso. Em realidade, não se trata propriamente de um instrumento do qual o réu possa se valer para apresentar defesas processuais ou meritórias, pelo menos na maior parte das vezes. É que a reconvenção corporifica o exercício de um novo direito de ação e, por este motivo, acaba gerando uma nova relação jurídica processual dentro dos mesmos autos, com introdução de novos fatos (desde que sejam conexos àqueles que constam na petição inicial ou na contestação) e de uma nova pretensão. O seu objetivo não é, portanto, ser um instrumento de defesa do réu, mas sim prestigiar a economia processual, eis que o magistrado estaria conduzindo apenas um processo e proferiria tão somente uma sentença, malgrado estivesse analisando vários fatos conexos entre si e julgando pelo menos duas pretensões distintas.[7] E, vale dizer, essa constatação é ainda reforçada por norma do CPC (art. 343, § 2º), que reconhece a plena autonomia da reconvenção (que jamais é acessória, ao contrário por exemplo da denunciação a lide), eis que a mesma justificará a continuidade do processo ainda que o demandante primitivo venha a desistir da ação originária.

Assim, constata-se que a reconvenção não costuma trazer qualquer fundamento de defesa, seja ele de cunho material ou processual, que possa auxiliar o demandado/ reconvinte. Por este motivo, inclusive, é que se constata que o oferecimento da reconvenção não impede que se operem os efeitos primários e secundários da revelia, mormente porque nesta via não se pode impugnar os fatos afirmados pelo demandante em sua petição inicial, razão pela qual os mesmos são presumidos como verdadeiros (art. 344).

Ocorre que, em caráter excepcional, é possível que na reconvenção seja ventilado algum substrato fático que venha a se contrapor aos fatos narrados pelo demandante em sua exordial. Em outras palavras, por vezes a causa de pedir da reconvenção é um fato que, se tivesse sido alegado em contestação, se constituiria em uma defesa de mérito indireta. Para exemplificar, o demandante "A" vem em juízo propor demanda em face de "B", querendo exigir o constante em uma das cláusulas integrantes de um

---

7 MARINONI, Luiz Guilherme. ARENHART, Sérgio Cruz. *Manual do processo de conhecimento.* 2ª ed. São Paulo: RT, 2003, p. 166.

contrato firmado entre as partes. O réu "B" poderia contestar apresentando como tese defensiva que era incapaz, na ocasião em que o contrato foi firmado (defesa de mérito indireta impeditiva), o que seria suficiente para afastar a revelia (e seus efeitos materiais e processuais). No entanto, se esta tese defensiva for acolhida, o magistrado irá se limitar a julgar improcedente o pleito autoral, o que não conduzirá à desconstituição do contrato celebrado, que eventualmente poderá até mesmo ser objeto de nova demanda judicial a ser aforada, muito embora agora já com o intuito de exigir o constante em outra cláusula. Só que, se o demandado tiver interesse em obter, desde logo, a nulidade do contrato, poderá então oferecer reconvenção, trazendo esta mesma matéria "incapacidade", mas agora invocando-a como causa de pedir da demanda reconvencional e não mais como mera defesa de mérito indireta. Nessa última situação, portanto, a revelia não irá se operar (pelo menos não quanto aos efeitos materiais), mesmo que não venha a ser apresentada a contestação, pois a reconvenção, em caráter excepcional, estará apresentando fato que se contrapõe ao que afirma o demandante primitivo em sua exordial.[8]

19.4.1. Distinção entre a reconvenção, o pedido contraposto e as ações dúplices

Eventualmente, constatam-se certas dificuldades em se diferenciar a reconvenção do pedido contraposto e das denominadas "ações dúplices", muito embora seja de clareza solar a diferença entre todos estes institutos.

A reconvenção, que é objeto de estudo mais aprofundado no momento, é aquela que decorre do exercício do direito de ação (apresentada no mesmo corpo da contestação – art. 343) e que cria uma nova relação jurídica processual dentro dos autos em que já tramitava a demanda primitiva. Nesta via, o demandante reconvinte pode introduzir novos fatos, desde que conexos aos que constam na petição inicial ou na contestação e, com base nesta causa de pedir, é que formula a sua pretensão.

No pedido contraposto, ao revés, não há a mesma amplitude. Com efeito, muito embora o pedido contraposto também implique no exercício do direito de ação com a formulação de uma nova pretensão de direito material, o mesmo é deduzido, somente nas hipóteses autorizadas por lei, no corpo da própria contestação e desde que tenha sido feito com base nos mesmos fatos já apresentados pelo autor em sua petição inicial. Desta maneira, observa-se que o pedido contraposto não permite a introdução de fatos novos, o que reduz bastante o seu âmbito de incidência. Um exemplo muito comum de pedido contraposto seria a ocorrência de um acidente de veículo de via terrestre. Nesta hipótese, o demandante "A" optou por instaurar um processo em face de "B", perante os Juizados Especiais (art. 275, inc. II, alínea "d", CPC-73 c/c art. 1.063, CPC), para que seja obtida a reparação dos danos materiais oriundos deste evento, que foram inferiores

---

8 STJ. REsp nº 1.335.994-SP. Rel. Min. Ricardo Villas Bôas Cueva. DJ 12/08/2014. SANTOS, Ernane Fidélis. *Manual de direito processual civil*, 9ª ed. São Paulo: Saraiva, 2002. v. 1, p. 410.

a 40 (quarenta) salários-mínimos. Só que há dispositivo (art. 31, Lei nº 9.099/95), que autoriza que o demandado "B", ao apresentar contestação, possa nela efetuar o seu pedido contraposto de ressarcimento dos danos sofridos no mesmo fato eis que, sob a sua ótica, o evento foi ocasionado pelo demandante "A". Observa-se, assim, que não há que se falar em "conexão" entre os fatos narrados na inicial e na contestação, eis que haverá identidade entre os mesmos e é justamente essa circunstância que autorizaria o pedido contraposto, que não irá acarretar grandes entraves processuais vindouros.

Mas embora substancialmente distintos, tanto a reconvenção quanto o pedido contraposto decorrem do exercício do direito de ação, de modo que ambos são autônomos ainda que deduzidos no mesmo processo. Por este motivo é inteiramente aplicável, também quanto ao pedido contraposto, o mesmo raciocínio de norma já apresentada (art. 343, § 2º), pois, caso o demandante desista de sua demanda primitiva e haja anuência do demandado (art. 485, § 4º), ainda assim o processo irá continuar a tramitar, para que o magistrado possa analisar os fatos e julgar a pretensão que foi deduzida na peça de contestação. É de se concluir, portanto, que o pedido contraposto é perfeitamente autônomo em relação à demanda primitiva, de modo que a extinção da primeira não irá automaticamente impedir a sua análise.[9]

Por fim, quanto às "ações dúplices", é correto afiançar que esta nomenclatura é empregada hodiernamente naquelas hipóteses em que as posições de demandante e demandado não restam claramente definidas, pois mesmo uma sentença de improcedência pode vir a gerar a manutenção de uma situação jurídica favorável ao réu.[10] Para exemplificar, quando o demandante instaura um processo de reintegração de posse, o mesmo irá afirmar que sofreu um esbulho por parte do demandado. Só que este, ao ser citado, não precisa promover reconvenção ou mesmo apresentar pedido contraposto para que seja mantido na posse. É que, neste tipo de procedimento, se a sentença concluir pela improcedência do pleito autoral a situação fática será então mantida, ou seja, o réu continuará no exercício da posse sobre aquele bem.

O mesmo ocorre nas demandas com pedido declaratório, pois pode ser que o interesse do autor seja obter a declaração de existência de uma determinada relação jurídica (art. 19), enquanto o demandado teria justamente interesse em obter a declaração oposta, isto é, a de que não existe nenhuma relação jurídica entre as partes. Neste caso, também bastaria a este último se limitar a apresentar a contestação, pois o julgamento de improcedência do pleito autoral estará, justamente, reconhecendo a inexistência do vínculo de direito material entre as partes. Portanto, o traço diferenciador deste instrumento em relação aos demais é que o demandando até pode vir a obter o reconhecimento de um direito ou uma proteção jurídica sem que esteja exercendo qualquer direito de ação.

---

9 Em sentido contrário ao texto, por entender que a desistência da demanda primitiva acarreta a perda do objeto do pedido contraposto: ROCHA, Felippe Borring. *Manual dos Juizados Especiais cíveis estaduais*. 6ª ed. São Paulo: Atlas, 2012, p. 160.

10 DEMARCHI, Juliana. Ações dúplices, pedido contraposto e reconvenção. In: *Leituras complementares de processo civil*. 6ª ed. Salvador: JusPodivm, 2008, p. 56.

19.4.2. Processos e procedimentos que admitem a reconvenção

A reconvenção é um instrumento para ser utilizado apenas nos processos de conhecimento. É que, como visto, a mesma amplia os limites objetivos do processo, ao permitir a introdução de uma nova pretensão, possibilitando que surja uma cumulação de pedidos. Só que há norma (art. 327, § 2º) que estabelece que, se para cada pedido corresponder tipo diverso de procedimento, esta cumulação somente é admitida se o demandante empregar o rito comum, se não houver prejuízo das técnicas processuais diferenciadas. Por este raciocínio, observa-se que a reconvenção somente pode ser oferecida em processos que, de uma forma ou de outra, observam este procedimento comum.

De qualquer maneira, existem dúvidas sobre a reconvenção ser possível em procedimento comum que contenha um pleito de natureza declaratória. É que, como estas últimas demandas possuem natureza dúplice, poderia ser objetado que faltaria interesse de agir ao demandando em promover uma reconvenção para fins de obter uma declaração oposta da que o demandante pretende obter. No entanto, embora realmente não faça sentido o oferecimento da reconvenção nesta hipótese, não se pode olvidar que a mesma pode trazer pretensão de cunho constitutivo, condenatório ou até mesmo declaratório, desde que seja outra declaração qualquer e não o inverso do que quer o autor primitivo. É, por sinal, o que consta no Verbete nº 258 da Súmula do STF: "*É admissível reconvenção em ação declaratória*".

No que diz respeito aos processos de conhecimento que observam procedimento especial, a reconvenção até mesmo pode ser permitida, desde que seja um daqueles ritos que possam ser convertidos em comum. É o que ocorre, por exemplo, com a ação monitória, eis que não se trata de um rito com grandes especificidades, tanto que é possível a conversão em rito comum caso os embargos monitórios sejam oferecidos. É o que pontua o Verbete nº 292 da Súmula do STJ: "*A reconvenção é cabível na ação monitória*", e, também, no próprio CPC (art. 700, § 6º).

Outro procedimento especial que também admite a reconvenção, embora de competência originária de Tribunais, é o da ação rescisória. Usualmente, o exemplo fornecido é o do demandado que também tem interesse em obter a rescisão daquele julgado primitivo, mas por fundamento distinto daquele utilizado pelo autor da ação rescisória.[11] É que, apenas desta maneira, seria possível preencher o requisito da "conexão" entre a demanda primitiva e a reconvenção (art. 343, *caput*), sem que houvesse supressão de instância. Com efeito, se outra questão fosse trazida na reconvenção, estaria sendo usurpada a competência do magistrado lotado em primeira instância, salvo, é claro, se for alguma hipótese de competência originária do próprio Tribunal, o que não criaria qualquer obstáculo. Porém, se a reconvenção for utilizada como sucedâneo de ação rescisória, certamente deverá ser exigida observância aos seus requisitos, entre eles que esta questão tenha sido apresentada com fiel observância ao prazo bienal (art. 975),

---

11 SILVA, Ovídio A. Baptista da. GOMES, Fábio. *Teoria geral do processo civil*. 3ª ed. São Paulo: RT, 2002, p. 281.

bem como tenha sido prestada a caução de 5% sobre o valor da causa (art. 968, inc. II), sob o risco de permitir que esse raciocínio possa constituir uma via processual oblíqua para fraudar a aplicação da lei.[12]

No entanto, em vários outros procedimentos especiais a reconvenção não poderá ser empregada, até mesmo por opção legislativa, tal como ocorre nos processos que tramitam perante o Juizado Especial, seja ele Estadual, Estadual Fazendário ou Federal, em decorrência da proibição (art. 31, Lei nº 9.099/95).

Por fim, quanto ao processo de execução ou mesmo na fase de cumprimento de sentença, a reconvenção é incompatível, eis que neste tipo de situação usualmente não há a introdução de novos fatos ou pedidos, pois o direito invocado já se encontra consubstanciado no título executivo, razão pela qual não há que se falar em julgamento e muito menos em conexão.[13]

19.4.3. Procedimento na reconvenção

A reconvenção deve ser apresentada na mesma peça da contestação (art. 343). Recomenda-se que a mesma venha em capítulo próprio e bem especificado, para que não haja prejuízo ao exercício do contraditório pela parte contrária.[14] Nesta petição, também deverá constar o valor da causa (art. 292).

O prazo para oferecimento da reconvenção é de quinze dias, pois coincide com o da contestação (art. 335), embora não seja obrigatório que, nesta peça, o demandado necessariamente tenha que ofertar as duas. Portanto, poderá o mesmo apenas contestar ou reconvir, por exemplo (art. 343, § 6º).

Vale dizer que se, hipoteticamente, a contestação tiver sido apresentada em momento anterior, ou seja, no quinto dia, por exemplo, já não mais seria possível o oferecimento da reconvenção, em virtude da preclusão consumativa que se operou nesta hipótese, pois ambas devem ser apresentadas simultaneamente e na mesma peça.[15] A hipótese contrária também ocorre, ou seja, se for apresentada a reconvenção no terceiro dia, já não mais se admite a apresentação da contestação em outra peça e antes do décimo quinto dia. E, se porventura ocorrer alguma daquelas hipóteses em que há aumento do prazo para o oferecimento da contestação (v.g., art. 180, art. 183 ou art. 186), o mesmo também ocorrerá quanto ao prazo da reconvenção, eis que ambas devem ser apresentadas, como visto, na mesma petição.

É de se assinalar, ainda, que não ocorrerão graves consequências se o prazo para oferecer a reconvenção não for observado, pois, caso isso eventualmente ocorra, o interessado ainda assim poderá exercer o seu direito de ação, mas agora por meio

---

12 HARTMANN, Rodolfo Kronemberg. *Recursos cíveis & outros temas*. 1ª ed. Niterói: Impetus, 2011, pp. 157-159.

13 HARTMANN, Rodolfo Kronemberg. *Curso de direito processual civil, – Teoria geral do processo.* 1ª ed. Niterói: Impetus, 2012. v. 1, p. 99.

14 STJ. REsp nº 1.335.994-SP. Rel. Min. Ricardo Villas Bôas Cueva. DJ 12/08/2014.

15 Em sentido contrário ao texto: STJ. REsp nº 132.545. Rel. Min. Waldemar Zveiter. DJ 27/04/1998.

de uma petição inicial que deverá ser distribuída por dependência aos autos que já tramitam em determinado juízo (art. 286, inc. I). Ou, em palavras mais simples, se a reconvenção for apresentada no prazo irá se processar dentro dos próprios autos enquanto, se eventualmente for apresentada de forma intempestiva, irá tramitar perante o mesmo órgão jurisdicional, porém em apenso, já que não seria mais propriamente uma "reconvenção" e sim uma ação autônoma que deve ser reunida à outra anterior por força da conexão.

Quanto à legitimidade, a reconvenção somente pode ser apresentada pelo demandado originário e mesmo assim em face do demandante primitivo.[16] A legitimidade para o seu uso é, portanto, bastante restrita. Se, hipoteticamente, a mesma for apresentada com autor ou demandado distinto, caberá tão somente ao magistrado determinar o desentranhamento das peças para que seja enviada ao cartório distribuidor, com solicitação para que seja novamente encaminhada ao mesmo juízo para verificar a existência ou não de prevenção, em razão da possível conexão (art. 286, inc. I).

Em caráter excepcional, vem sendo admitido que haja outra pessoa em um dos polos da reconvenção, desde que seja uma hipótese de litisconsórcio necessário, caso em que este "terceiro" estaria ao lado do demandante ou do demandado primitivo, conforme o caso. O CPC, contudo, não fez ressalva quanto ao regime do litisconsórcio (art. 343, §§ 3º e 4º). De qualquer maneira, é possível até mesmo fornecer o seguinte exemplo em que tal circuntância pode ocorrer. Imagine-se que "A" promova demanda em face de "B" postulando proteção possessória após o esbulho já ter ocorrido há mais de um ano e dia, caso em que este procedimento será o comum. Ocorre que "B", ao ser citado, pretende obter por sua vez o reconhecimento judicial da usucapião (que não mais tem procedimento específico), razão pela qual apresenta reconvenção com este intuito, tendo que incluir no polo passivo também os seus vizinhos confinantes (art. 246, § 3º), além do demandante originário. Esta situação, portanto, caracteriza hipótese em que a reconvenção pode ser promovida em face de terceiros, além daqueles sujeitos que já integravam a relação jurídica processual originária.

Também é importante frisar que, quando uma das partes primitivas estiver sendo substituída processualmente, a reconvenção até mesmo pode ser possível, mas desde que respeitada esta circunstância, ou seja, se na reconvenção também for possível a substituição processual. Para exemplificar, há uma relação jurídica de direito material envolvendo "A" e "B" e é instaurada uma demanda por "C" em face de "B", agindo o demandante "C" como substituto processual de "A". Neste caso, até se admite que "B" possa vir a oferecer reconvenção, mas desde que em face de "C", e mesmo assim somente se este último também puder atuar como substituto processual de "A" no fato conexo que ora é apresentado (art. 343, § 5º).[17]

---

16 MARINONI, Luiz Guilherme. ARENHART, Sérgio Cruz. *Manual do processo de conhecimento*. 2ª ed. São Paulo: RT, 2003, p. 169. MOREIRA, José Carlos Barbosa. *O novo processo civil brasileiro*. 22ª ed. Rio de Janeiro: Forense, 2002, p. 44.

17 MARINONI, Luiz Guilherme. ARENHART, Sérgio Cruz. *Manual do processo de conhecimento*. 2ª ed. São Paulo: RT, 2003, p. 169.

Ao analisar a peça da reconvenção, o juiz pode entender que a mesma tenha que ser indeferida de plano. Neste caso, trata-se de decisão interlocutória que não irá pôr fim a qualquer etapa do processo, o que indica que o recurso adequado para impugná-la é o agravo, na modalidade por instrumento, se presente uma das hipóteses autorizadoras deste (art. 1.015). Do contrário, se entender que não é caso de indeferimento, o magistrado deverá então determinar a citação do reconvindo/demandante para responder aos termos da mesma, devendo este ato recair na pessoa do advogado que, nesta hipótese, tem poderes por força de lei para recebimento da citação em nome do seu cliente. É o que prevê o CPC (art. 343, § 1º), muito embora o mesmo contenha erro técnico ao nominar este ato como "intimação" em vez de "citação", que seria o mais adequado.[18]

Após a citação, o reconvindo/demandado poderá apresentar sua defesa, por meio de contestação no prazo de 15 (quinze) dias. Há divergência sobre a possibilidade, ou não, de o reconvindo/demandante oferecer reconvenção à própria reconvenção. A resposta a esta questão deve ser negativa, por implicar em burla a certas normas processuais. É que, caso admitida a reconvenção da reconvenção, estaria sendo autorizado ao reconvindo/demandante promover, por meio desta via oblíqua, a "emenda" da sua petição inicial, para fins de incluir novos pedidos, sem que houvesse a necessária anuência do demandado originário. E, se esta hipótese realmente fosse admitida, então também não haveria impedimentos para admitir uma terceira reconvenção e assim sucessivamente, o que causaria enormes prejuízos à marcha processual. Por este motivo, o magistrado até mesmo poderia rejeitar esta possibilidade, determinando a remessa desta peça ao cartório distribuidor para nova autuação.[19] No entanto, é de se reconhecer que, se efetivamente a hipótese for de conexão, fatalmente este novo processo irá retornar ao mesmo juízo anterior, para que seja autuado em apenso (art. 286, inc. I), exceto se neste ínterim o processo primitivo já tiver sido julgado, hipótese em que não mais se poderá reconhecer a conexão, nos termos do Verbete nº 235 da Súmula do STJ: "*A conexão não determina a reunião dos processos, se um deles já foi julgado*". Vale dizer, ainda, que o CPC, ao disciplinar o procedimento monitório, vedou expressamente a reconvenção da reconvenção (art. 700, § 6º).

Uma vez apresentada a defesa pelo reconvindo/demandante, que como visto apenas pode ser a contestação, caberá ao magistrado então determinar o prosseguimento do processo para, se for o caso, realizar o julgamento conforme o estado do processo (art. 354), o julgamento antecipado total ou parcial do mérito (art. 355 e art. 356) ou mesmo a designação de uma audiência de saneamento (art. 357) ou audiência de instrução e julgamento (art. 358 – art. 368). E, somente ao fim da instrução, é que deverá ser proferida uma sentença, que julgará tanto a demanda primitiva quanto a

18 MOREIRA, José Carlos Barbosa. *O novo processo civil brasileiro*. 22ª ed. Rio de Janeiro: Forense, 2002, p. 46.

19 MARINONI, Luiz Guilherme. ARENHART, Sérgio Cruz. *Manual do processo de conhecimento*. 2ª ed. São Paulo: RT, 2003, p. 172. SILVA, Ovídio A. Baptista da. GOMES, Fábio. *Teoria geral do processo*. 3ª ed. São Paulo: RT, 2002, p. 280.

reconvenção, inclusive fixando verba sucumbencial distinta pra cada capítulo (art. 85).[20] Vale dizer que o recurso adequado para impugnar a decisão da reconvenção é a apelação, posto que, como visto, é julgada juntamente com a demanda primitiva no mesmo ato decisório. A única hipótese em que o agravo de instrumento pode ser utilizado para questionar a decisão da reconvenção é quando a mesma for indeferida liminarmente e desde que presente alguma hipótese legal (art. 1.015).

De se destacar, ainda, que o CPC não estabelece se a reconvenção deve ser decidida, no corpo da sentença, antes ou depois da demanda primitiva. Em alguns outros casos, como na oposição, que é um procedimento especial de jurisdição contenciosa, há norma que determina que cabendo ao magistrado decidir simultaneamente entre a ação originária e a oposição, a esta apreciará em primeiro lugar (art. 686). Mas, quanto à reconvenção em específico, realmente há um vácuo normativo, o que até mesmo seria justificável, eis que é completamente autônoma em relação à demanda primitiva, muito embora ambas mantenham um vínculo de conexão entre si. Assim, é necessário perquirir se há alguma ordem de precedência lógica ou mesmo alguma prejudicial que imponha que primeiramente tenha que ser decidida uma delas para que somente após seja enfrentada a outra, embora na mesma sentença. Por exemplo, o demandante "A", que é uma pessoa física, requer a condenação da pessoa jurídica "B" em lhe pagar danos morais, já que teria sido submetida a situação vexatória ao ser expulsa e retirada a força do estabelecimento comercial da segunda. Só que, nesta hipótese, "B" apresenta reconvenção aduzindo que, no momento da retirada de "A", o mesmo teria oferecido resistência e destruído diversos bens, causando-lhe prejuízos de cunho patrimonial, razão pela qual requer, em razão deste evento conexo, a condenação do reconvinte ao pagamento desses danos materiais. Percebe-se que, nesta situação, há uma dinâmica dos eventos que impõem que primeiro seja analisada a demanda primitiva para que, somente após, possa ser julgado o fato posterior que deu azo à reconvenção. No entanto, também pode ocorrer o inverso, ou seja, a necessidade de primeiro se enfrentar a reconvenção para que depois seja analisada a primeira demanda. Inclusive, já foi apresentado exemplo neste sentido, quando se abordou a possibilidade de a reconvenção, em caráter excepcional, até mesmo afastar o efeito primário da revelia (v. item nº 19.4.).

---

20 MARINONI, Luiz Guilherme. ARENHART, Sérgio Cruz. *Manual do processo de conhecimento.* 2ª ed. São Paulo: RT, 2003, p. 173.

20

PROVIDÊNCIAS PRELIMINARES

20.1. PROVIDÊNCIAS PRELIMINARES

Após a citação do demandado, caberá ao magistrado determinar as providências preliminares ao processo (art. 347 – art. 353), de acordo com o comportamento que for adotado pelo réu.

Na hipótese de ausência de contestação do réu e caso não tenham se operado os efeitos da revelia (art. 345), caberá ao juiz determinar a intimação do demandante para informar se pretende produzir ainda algum tipo de prova (art. 348).

Porém, se o demandado tiver apresentado contestação, o magistrado então terá que analisar o teor desta peça. É que, se for apresentada qualquer defesa de cunho processual ou que se constitua em exceção substancial indireta, existem dispositivos (art. 350 e art. 351) estabelecendo que o autor será então intimado a se manifestar em peça popularmente conhecida como "réplica", no prazo de 15 (quinze) dias, sendo-lhe permitida a produção de prova. O curioso é que tais normas (art. 350 e art. 351) não empregam a expressão "réplica", muito embora a mesma seja assim nominada em outros dispositivos (v.g., art. 100, art. 430 e art. 437).

Em qualquer uma das hipóteses, caberá em seguida ao magistrado verificar se já é possível proferir decisão, que tanto pode ser de extinção conforme o estado do processo (art. 354), como no sentido do julgamento total ou mesmo parcial do mérito (art. 355 e art. 356). Do contrário, não sendo hipótese passível de decisão, resta apenas determinar o prosseguimento do processo, com a realização da etapa de saneamento (art. 357).

20.2. JULGAMENTO CONFORME O ESTADO DO PROCESSO NO SENTIDO DA EXTINÇÃO

Vindo os autos conclusos ao magistrado, caberá ao mesmo analisar se já é possível sentenciar o processo, embora não por todos os fundamentos (art. 485 ou com base no art. 487, incs. II ou III). O dispositivo em comento (art. 354) apenas não prevê a possibilidade de extinção com julgamento do mérito (art. 487, inc. I), eis que esta hipótese já retrata um "julgamento antecipado do mérito", que é disciplinado pelo dispositivo seguinte (art. 355). Logo, se constata uma coerência do CPC, que somente autoriza a resolução do mérito com julgamento (art. 487, inc. I) se antes não for possível sentenciar por qualquer outro fundamento em que não haja um efetivo julgamento (art. 485 ou com base no art. 487, incs. II ou III).

As hipóteses previstas em tais normas (art. 485 e art. 487) serão objeto de abordagem futura nesta obra (v. item nº 23.2.), desde logo ficando expresso que existe uma ordem para sua análise, de modo que não pode o magistrado sentenciar com resolução do mérito se antes o demandante manifestou intento em desistir da ação (o que motivaria uma sentença terminativa – art. 485, inc. VII).[1]

Portanto, nas hipóteses em comento, o processo já se encontra em estágio adequado a ser sentenciado, de modo que não há necessidade de seu prolongamento inútil. O CPC (art. 354) autoriza, assim, que desde logo seja dada a sentença de extinção, em decorrência de já ser possível o "julgamento conforme o estado do processo". No entanto, há previsão autorizando esta extinção apenas em relação à parte do processo, caso em que esta decisão interlocutória será impugnada por agravo de instrumento (art. 354, parágrafo único).

20.3. JULGAMENTO ANTECIPADO DO MÉRITO

O "julgamento antecipado do mérito", que é considerado como uma das modalidades de tutela de evidência (pois já há evidência do direito alegado pelo demandante ou mesmo da sua ausência), confere uma autorização para que o magistrado já possa sentenciar o processo com resolução do mérito (art. 487, inc. I). Para a sua aplicação, no entanto, é necessário que tenha antes sido realizada a citação do demandado, o que o torna diferente da improcedência liminar (art. 332), embora neste caso também tenha sido proferida uma sentença com o mesmo conteúdo.

Este julgamento antecipado do mérito pode ser feito, de acordo com o CPC (art. 355), nas seguintes situações: a) quando não houver necessidade de produzir outras provas; b) quando ocorrer a revelia (art. 344) e desde que não haja requerimento para produção de prova (art. 349).

Na primeira situação, isto é, quando não houver necessidade de produzir outras provas, a desnecessidade de dilação probatória autoriza a imediata resolução do mérito. Na segunda situação, o julgamento antecipado também é possível quando o demandado for revel. A revelia, como se sabe, decorre da falta de contestação e gera efeitos primários (presunção relativa de veracidade daquilo que o demandante afirma – art. 344) e secundários (desnecessidade de intimação do advogado ou de seu patrono para os atos ulteriores do processo – art. 346). Assim, diante da ausência de contestação, os fatos afirmados na petição inicial são considerados como existentes, de modo a dispensar eventual dilação probatória bem como para autorizar a imediata resolução do mérito.

---

1 MOREIRA, José Carlos Barbosa. *Comentários ao código de processo civil*, 16ª ed, Rio de Janeiro: Forense, 2012. v. 5, p. 702.

Destaca-se, por oportuno, que por vezes a revelia não gera, de plano, a evidência do direito alegado ou mesmo a falta dele. É que, em algumas hipóteses, os efeitos primários não se perfazem (art. 355, inc. II) quando se tratar de direito indisponível. Assim, ausente a presunção, ainda que relativa, de veracidade dos fatos que o autor afirma, encontra-se o magistrado desautorizado a proceder ao julgamento antecipado do mérito.

20.4. JULGAMENTO ANTECIPADO PARCIAL DO MÉRITO

O CPC (art. 356) passou a admitir o julgamento antecipado parcial do mérito, o que será realizado por meio da prolação de uma decisão interlocutória, nos casos ali mencionados, que são ocorrência de pedidos incontroversos ou casos que permitem julgamento nos termos do dispositivo anterior. De certa forma, era praxe já autorizada pelo modelo primitivo (art. 273, § 6º, CPC-73), mas com outra nomenclatura ("antecipação da tutela da parcela incontroversa do pedido").

Este ato decisório (art. 356) tem a finalidade de formar mais rapidamente o título executivo judicial, ao menos da parcela incontroversa, de modo que o credor já fica autorizado a promover a execução em autos apartados ou não (para que não haja confusão quanto ao procedimento a ser adotado, embora ainda seja o mesmo processo), enquanto nos autos originais continua a discussão quanto à parcela litigiosa do pedido. Vale dizer que esta decisão eventualmente poderá ser ilíquida, o que recomendará a observância de regramento mais específico (art. 509 – art. 512).

O dispositivo também reconhece, na esteira da jurisprudência do STF, que esta decisão gera coisa julgada, em decorrência de ser prolatada com base em um juízo de cognição exauriente (art. 356, § 3º). Com efeito, a cognição, em relação a esta parte decidida deixará de ser sumária (baseada em juízo de probabilidade) e passará a ser exauriente (fundada em juízo de certeza – já que não há discordância das partes), com a formação de coisa julgada material e formal, mesmo que não tenha ocorrido o encerramento do processo de conhecimento em relação à parcela restante do pedido ou em relação aos demais pedidos.[2]

E, não menos importante, este ato judicial (art. 356) deve ser reputado como decisão interlocutória e não como sentença parcial de mérito.[3] Com efeito, o conceito atual de sentença (art. 203, § 1º) estabelece que a mesma somente é proferida quando for encerrada toda a etapa cognitiva, o que não ocorreu. Assim, é correto considerar que este ato processual corporifica uma tutela de evidência do direito do demandante, razão pela qual o magistrado irá reconhecê-lo por meio de uma decisão interlocutória que, em caráter excepcional, resolve parte do mérito, constituindo o título executivo judicial

2 MARINONI, Luiz Guilherme. *A antecipação da tutela.* 6ª ed. São Paulo: Malheiros, 2000. p. 154-155. DINAMARCO, Cândido. *A reforma da reforma.* 2ª ed. São Paulo: Malheiros, 2002. p. 96.

3 FIGUEIRA JÚNIOR, Joel Dias. *Comentários ao código de processo civil, tomo I.* São Paulo: RT, 2001, p. 92.

apto a ensejar desde logo a sua execução. E, vale dizer, o CPC prevê expressamente que esta decisão comporta recurso de agravo de instrumento (art. 1.015, inc. II), que, em casos de julgamento por maioria, permitirá a aplicação de nova técnica processual (art. 942, § 3º, inc. II). Esta decisão também pode desafiar ação rescisória, se presente algum fundamento para tanto (art. 966).[4]

20.5. O SANEAMENTO DO PROCESSO

O ato impropriamente denominado "despacho saneador", que acertadamente não mais constou no CPC, cuida em realidade de uma decisão interlocutória, que é proferida pelo magistrado em seu gabinete, tendo por finalidade resolver as questões processuais pendentes, fixar os pontos controvertidos, definir a distribuição do ônus da prova e, também, determinar as provas a serem produzidas, entre outras providências mais.

Quanto à fixação dos pontos controvertidos, trata-se de postura fundamental para o bom andamento do processo, pois aquilo que não é controvertido entre as partes é presumido como verdadeiro (art. 374, incs. II, III e IV). Assim, não há necessidade de se alongar o processo, produzindo-se provas para fatos que já estão presumivelmente provados. Portanto, o que justifica o prolongamento do processo e a consequente dilação probatória (que quase sempre recai sobre matéria fática), é justamente a possibilidade de se obter o esclarecimento quanto a algum fato relevante que ainda permaneça obscuro para o magistrado. Assim, o saneamento passa a ter importante função quanto aos rumos do processo, por delimitar com precisão aquilo que as provas ainda precisam esclarecer. Por exemplo, pode em uma hipótese concreta o magistrado estabelecer como fato controvertido se houve ou não dano decorrente de comportamento imputável exclusivamente ao demandado e, caso a resposta seja afirmativa, qual seria a extensão deste dano. Estes seriam, desta maneira, os fatos relevantes para o julgamento da pretensão deduzida pelo demandante, de modo que somente seriam admitidas as provas tendentes a esclarecê-los, pois, qualquer outra teria cunho nitidamente protelatório, por se destinar a demonstrar algo que já se encontra provado aos autos ou que não é importante para o deslinde da causa.[5] No sentido do texto, inclusive, há diversos precedentes autorizando que o magistrado indefira a produção de provas desnecessárias para a formação da sua convicção.[6]

É ainda importante consignar que esta decisão de saneamento tradicionalmente vinha gerando preclusão, caso não fosse impugnada pelas partes de acordo com os meios próprios. É, por sinal, o que consta no Verbete nº 424 da Súmula do STF, cujos termos são: "*Transita em julgado o decisão de saneamento de que não houve recurso,*

---

4 HARTMANN, Rodolfo Kronemberg. *A execução civil.* 2ª ed. Niterói: Impetus, 2011, p. 36.

5 NERY JÚNIOR, Nelson. NERY, Rosa Maria Andrade. *Código de processo civil comentado.* 4ª ed. São Paulo: RT, 1999, p. 899.

6 STJ. AgInt no AREsp nº 855.974/BA. Rel. Min. Raul Araújo. DJ 1º/09/2016. TJ-RO, 000004 – Processo nº 0001272-92.2014.822.0020 – Apelação, j. 22/02/2017.

excluídas as questões deixadas, explícita ou implicitamente, para a sentença", muito embora este enunciado até mesmo seja objeto de crítica por mencionar "trânsito em julgado" quando, na verdade, se estará diante de apenas uma "preclusão".[7] Contudo, o CPC já traz um tratamento diferente, ao estabelecer, em norma própria, que as decisões proferidas na fase de conhecimento não precluem, exceto as sujeitas a agravo de instrumento, pois as mesmas poderão ser questionadas no recurso de apelação (art. 1.009, § 1º). Ocorre que, dependendo da matéria analisada na decisão de saneamento, poderá ser possível ou não a interposição de um agravo de instrumento. Com efeito, quanto ao capítulo desta decisão que fixar a distribuição do ônus da prova, se não for interposto este recurso haverá preclusão, pois tal hipótese é expressamente prevista (art. 1.015, inc. XI). O mesmo, por sinal, quando se tratar de saneamento deferindo ou não exibição de prova documental (art. 1.015, inc. VI). Só que o capítulo da decisão do saneamento que versar sobre outros temas como, por exemplo, a fixação dos pontos controvertidos, poderá voltar a ser discutida em momento próprio, após a prolação da sentença e a interposição do recurso de apelação (art. 1.009, § 1º). Portanto, é possível concluir que, de acordo com a nova sistemática, somente alguns capítulos da decisão de saneamento é que vão gerar preclusão imediatamente, acaso seja uma hipótese autorizadora de agravo de instrumento e este não for interposto. Mas, deve ser acrescentado, esta preclusão é apenas para as partes, posto que o magistrado pode perfeitamente alterar esta decisão em momento ulterior quando, por exemplo, converter o julgamento em diligência para que alguma outra prova determinada de ofício seja produzida (art. 370).

Vale acrescentar, outrossim, que o CPC se refere a esta decisão usando não o termo "preclusão", mas sim "estabilidade" (art. 357, § 1º), o que é um instituto diferente da preclusão. Com efeito, em momento próprio serão apresentadas as diferenças entre coisa julgada, preclusão e estabilidade (v. item nº 24.3.) e, então, se poderá concluir que a expressão "estabilidade", própria para o regime das tutelas provisórias (art. 304, § 6º), não foi adequadamente empregada ao se referir quanto à decisão de saneamento, que poderá se tornar "preclusa".

O CPC, por fim, traz ainda duas outras disposições pontuais sobre o saneamento do processo, sendo ambas muito negativas. A primeira delas (art. 357, § 2º), já foi analisada oportunamente (v. item nº 11.5.2.3.), cuidando da autorização de convenção processual entre as partes para fins de saneamento. Foram apresentados argumentos para demonstrar que este negócio processual é inócuo, pois quem irá proferir julgamento é o magistrado regularmente investido para prestar a jurisdição. Assim, se as próprias partes fixam os pontos controvertidos e determinam as provas a serem produzidas, essa circunstância não poderá vincular o juiz e nem mesmo subtrair a sua iniciativa probatória (art. 370), caso o mesmo ainda tenha alguma dúvida que seja necessária esclarecer antes de ser proferida a sentença. Portanto, ainda que seja apresentando o negócio processual quanto ao saneamento (e sendo ele considerado como juridicamente possível), o magistrado

---

7 TJ-RJ. Apelação cível nº 2002.001.09895. Rel. Des. Sérgio Cavalieri. DJ 26/06/2002.

poderá agir de maneira supletiva, fixando outros pontos, bem como determinando os meios de provas que entender como adequados.

A segunda crítica, por sua vez, reside na previsão da "nova" audiência de saneamento, que poderá ser designada especialmente para este fim (art. 357, § 3º). É curioso observar que a novel legislação foi apresentada várias vezes como apta a melhorar a agilidade da prestação jurisdicional mas uma análise crítica permite aquilatar que não foi bem assim, pois os prazos passaram a ser contados em dias úteis (art. 219), há previsão de um período em que não poderão ser realizados certos atos processuais (art. 220), e, entre tantas outras previsões, também foi estruturado um procedimento comum contendo 3 (três) audiências diferentes: de conciliação e mediação (a princípio, obrigatória), de saneamento (quando necessária) e de instrução e julgamento (também só em casos de necessidade de produção de prova oral). E é um descompasso tão grande entre o que consta no CPC e a realidade forense, que ainda constou que estas audiências devem ser designadas de hora em hora (art. 357, § 9º). Aliás, tal imposição é inconstitucional, por ofender a separação entre os Poderes (art. 2º, CRFB), pois não cabe ao Poder Legislativo se imiscuir na atividade-fim do Poder Judicário. Nem poderia ser de outra forma, pois respeitar esta disposição implicaria em estender as pautas de audiências anos afora, com graves prejuízos ao jurisdicionado.

21

DAS PROVAS

21.1. TEORIA GERAL DAS PROVAS

A palavra "prova" pode ser compreendida como o meio que se permite a persuadir alguém a respeito de algo. Usualmente, é comum afirmar que este alguém seria o magistrado, que é aquele que, pelas provas, irá realizar mentalmente uma reconstrução dos fatos pretéritos e, assim, fazer a subsunção destes com a legislação vigente, de onde normalmente irá extrair a solução adequada para aquela situação.[1] No entanto, não é equivocado supor que os demais participantes do processo também são destinatários da prova, uma vez que eventual interpretação das provas por parte do juiz pode vir a motivar uma decisão injusta, de modo que venha a ser reformada caso sejam utilizados os mecanismos processuais próprios acompanhados da devida fundamentação.

No entanto, é perfeitamente possível ocorrer, mesmo para o mais cuidadoso e atento magistrado, que a sua decisão conclua pela existência de fatos que naturalisticamente jamais tenham ocorrido ou vice-versa.[2] Com efeito, o processo é o instrumento que permite ao julgador conhecer a verdade dos fatos, que é demonstrada pelas provas produzidas. No entanto, por vezes quem triunfa não é a parte que tem razão, mas sim aquela que consegue convencer o magistrado que razão lhe assiste, ou seja, que aparentemente os fatos ocorreram como o mesmo narrou em suas peças e provou. A retórica, portanto, pode persuadir o juiz a erro, pois a prova pode ser utilizada, pelos profissionais que atuam no processo, não para a descoberta da verdade (escopo impossível) e sim para sustentar a história que propõem ao julgador.[3]

De qualquer maneira, ainda que o juiz tenha concluído pela existência de um fato que nunca ocorreu, essa circunstância, por si só, não é suficiente para anular a sua decisão. Com efeito, sendo a atividade do magistrado comparada à de um historiador (por reconstruir fatos antigos), esse juízo investigativo jamais atingirá uma certeza absoluta, eis que a prova, no máximo, poderá apenas lhe fornecer uma aproximação maior ou menor quanto à certeza dos fatos. Assim, pode-se concluir que a reconstituição de fatos pretéritos passa ao largo da perfeição desejada e, por este motivo, hodiernamente já não

---

1 BETTIOL, Giuseppe. *La correlazione fra acusa e sentenza nel processo penale.* Milano: Dott. A. Giuffré, 1936, p. 81.

2 BADARÓ, Gustavo Henrique Righi Ivahy. *Correlação entre acusação e sentença.* São Paulo: RT, 2000, p. 113.

3 BADARÓ, Gustavo Henrique Righi Ivahy. *Ônus da prova no processo penal.* São Paulo: RT, 2003, p. 23.

mais se deve mencionar em "verdade material" (adotada no direito processual penal) ou "verdade formal" (usada no direito processual civil), mas sim em busca de uma verdade "processualmente válida" (inerente tanto ao processo civil quanto ao penal), que deveria ser aquela menos imperfeita possível, ou seja, a mais próxima daquilo que efetivamente ocorreu.[4]

Desta forma, o essencial para a validade da sentença é que o magistrado analise os fatos narrados na petição inicial respeitando o princípio da correlação, uma vez que o Estado-Juiz, quando provocado a prestar a jurisdição, somente pode fazê-lo nos estreitos limites desta provocação, sob pena de invalidade deste ato decisório.

21.2. CLASSIFICAÇÃO DAS PROVAS

As provas podem receber as mais variadas classificações. Entre as mais usuais, pode-se citar: a) provas típicas e atípicas; b) provas ilícitas; c) prova indiciária; d) prova emprestada; e) prova de fora da terra; f) prova diabólica.

21.2.1. Provas típicas e atípicas

As provas "típicas" são aquelas que estão expressamente previstas no CPC, tais como: depoimento pessoal das partes, depoimento das testemunhas, prova pericial, prova documental, confissão, dentre outras mais. Mas, por outro lado, as provas "atípicas" são aquelas que não estão claramente positivadas, muito embora ainda assim possam ser empregadas para a elucidação dos fatos, conforme autoriza o CPC (art. 369).

A grande crítica quanto ao uso das provas atípicas é que as mesmas não necessariamente decorrem de um conhecimento científico sólido, o que realmente pode comprometer o seu valor. Por exemplo, uma prova pericial é realizada por um *expert* e, por este motivo, muitas vezes goza de um prestígio maior perante os magistrados para a solução de fatos que exigem conhecimento mais técnico. No entanto, uma carta psicografada já poderia sofrer algumas objeções caso fosse apresentada no processo, eis que a psicografia é uma ciência não exata e cujos fundamentos, mesmo enquanto ciência, ainda carecem de demonstração mais robusta e técnica pelos meios tradicionais.

De qualquer maneira, podem ser indicados como exemplos de provas atípicas relativamente corriqueiras na práxis forense a exibição de vídeo em audiência, a inspeção *in loco* realizada pelo oficial de justiça (eis que o CPC somente prevê a inspeção judicial), dentre outros.

---

4 MALAN, Diogo Rudge. *A sentença incongruente no processo penal.* Coleção Pensamento Crítico. Coordenação: Geraldo Prazo. Rio de Janeiro: Lumen Juris, 2003, p. 72. GRINOVER, Ada Pellegrini. *Eficácia e autoridade da sentença penal.* São Paulo: RT, 1978, p. 9.

21.2.2. Provas ilícitas

As provas "ilícitas" são aquelas produzidas em desconformidade com normas constitucionais ou infraconstitucionais e, por este motivo, não podem ser utilizadas para embasar qualquer julgamento no processo civil ou mesmo no processo penal.[5] Quanto a este último, aliás, há até mesmo restrição quanto ao seu uso no Código de Processo Penal (art. 157, CPP). No CPC, porém, não há qualquer norma proibitiva quanto ao seu uso, muito embora isso sequer fosse necessário, já que há previsão constitucional quanto a este tema (art. 5º, inc. LVI, CRFB), de que não se pode admitir no processo qualquer prova obtida por meio ilícito, ou seja, em descompasso com o que prevê a Carta Magna ou a legislação vigente. Um exemplo de prova ilícita seria a obtenção de uma confissão do demandado mediante uso de coação ou tortura.[6]

21.2.2.1. Vedação do uso da prova ilícita por derivação no processo

No direito processual vigora o princípio que veda o uso, no processo, da prova ilícita por derivação, pelo menos no Código de Processo Penal (art. 573, § 1º, CPP).[7] De acordo com o mesmo, que teve origem numa decisão datada de 1920, da Suprema Corte norte-americana, o *"vício da árvore envenenada contamina e se transmite para todos os frutos"*, pois não seria crível que o Estado se valesse de meios condenáveis para o combate da criminalidade.[8]

Este dispositivo do Código de Processo Penal cuida, em realidade, de uma norma processual afeta à teoria geral do processo, razão pela qual o seu conteúdo pode ser adotado no processo de natureza civil, penal ou mesmo trabalhista. Mas, de qualquer maneira, até se poderia invocar a sua aplicação com espeque em outra norma do CPC, que é até mais abrangente (art. 281).

Portanto, diante da vedação do uso da prova ilícita no processo (art. 5º, inc. LVI, CRFB), não apenas esta deve ser desconsiderada como, também, todas as que surgiram em decorrência dela, e que acabaram sendo maculadas pelo mesmo vício. É tese que conta com forte amparo doutrinário.[9]

21.2.2.2. Uso excepcional de prova ilícita para fundamentar ato decisório

Muito embora seja vedada a adoção de prova ilícita para fundamentar qualquer decisão proferida em processo judicial (art. 5º, inc. LVI, CRFB), é importante destacar

---

5 PINHO, Humberto Dalla Bernardina de. *Direito processual civil contemporâneo*, 4ª ed. São Paulo: Saraiva, 2012. v. I., p. 104.

6 Há precedente considerando ilícita a prova pericial realizada no aplicativo WhatsApp sem autorização judicial em processo penal: TJ-MG. Apelação Criminal nº 1.0686.16.000011-9/001, Rel. Des. Corrêa Camargo, 4ª Câmara Criminal, j. 09/08/2017, p. 17/08/2017.

7 MIRABETE, Júlio Fabbrini. *Código de processo penal interpretado*. 5ª ed. São Paulo: Atlas, 1997, p. 713.

8 ARANHA, Adalberto José Q. T. de Camargo. *Da prova no processo penal*. 5ª ed. São Paulo: Saraiva, 1999, p. 62.

9 PINHO, Humberto na Bernardina de. *Direito processual civil contemporâneo*, 4ª ed. São Paulo: Saraiva, 2012. v. I, p. 105.

que renomada doutrina até chega a defender esta possibilidade, mas em casos absolutamente excepcionais e extremos. Com efeito, pode ser que, em dadas situações, haja uma questão que envolva algum interesse público que irá se impor de tal maneira que até mesmo irá sobrepujar o interesse particular da parte (e também reflexamente de toda a coletividade) em não ser condenada com base em prova ilícita. Também deve ocorrer, concomitantemente, que a prova ilícita tenha sido a única que poderia ser produzida para clarear a verdade sobre os eventos pretéritos. Assim, nestas hipóteses, o magistrado irá realizar uma ponderação de valores, pesando os bens jurídicos em disputa e decidindo motivadamente pela prevalência daquele que for mais precioso.[10] Pode-se imaginar, por exemplo, que um suposto pai tenha tido o seu material genético supostamente furtado pelo interessado em propor uma demanda de investigação de paternidade e, posteriormente, este acaba realizando o exame de DNA que é conclusivo no sentido do vínculo familiar. Esta prova, quase soberana, é claramente ilícita, mas ainda assim poderá ser utilizada pelo magistrado se este for o seu entendimento sobre o tema.

21.2.3. Prova indiciária

Como visto anteriormente, a prova recai usualmente sobre fatos que o magistrado deverá levar em consideração para que possa efetuar o julgamento. No entanto, por vezes a prova recai sobre fatos que não são os que o magistrado tem que analisar e sim em outros que permitirão, por um raciocínio indutivo ou dedutivo, se chegar à conclusão daquilo que uma das partes está afirmando. É, por este motivo, que a prova indiciária também é chamada de "prova indireta" ou mesmo "prova de caráter lógico". A mesma não é regulada pelo CPC, muito embora seja prevista no Código de Processo Penal (art. 239, CPP), que esclarece: *"Considera-se indício a circunstância conhecida e provada, que, tendo relação com o fato, autorize, por indução, concluir-se a existência de outra ou outras circunstâncias"*. No entanto, não há empecilhos para o seu uso no processo civil, mormente diante do que prevê a norma (art. 369) que autoriza o uso de provas atípicas.

A prova indiciária bem pode ser explicada à luz do seguinte exemplo: "A" promove uma demanda em face de "B", objetivando a reparação de danos materiais, afirmando que o mesmo teria, durante o período noturno, causado um acidente em seu veículo que estava parado na garagem comum do prédio. Sustenta que, muito embora "B" negue qualquer participação no evento, existem provas indiciárias que dão azo ao seu pleito, pois um porteiro teria aberto o portão de madrugada para "B" ingressar na garagem do prédio naquela mesma noite e, também, porque o veículo deste encontra-se com uma parte danificada em seu para-choque. Neste exemplo, portanto, se observa que existem indícios de que "B" seja o causador do prejuízo, muito embora não haja provas presenciais ou gravadas de que foi o mesmo quem

---

10 PINHO, Humberto Dalla Bernardina de. *Direito processual civil contemporâneo*, 4ª ed. São Paulo: Saraiva, 2012. v. I, p. 105.

realmente causou tais danos. Pelo contrário, essas duas provas trazidas aos autos por "A" são nitidamente indiciárias, eis que induzem, por raciocínio, ao fato que o demandante pretende demonstrar. É que a existência de um dano no próprio veículo de "B" e, também, a circunstância de somente ter retornado ao prédio no período noturno em momento próximo ao que foi constatado o dano claramente sugerem que foi o mesmo quem causou os danos sofridos por "A".

21.2.4. Prova emprestada

O CPC (art. 372) passa a admitir, expressamente, o uso da "prova emprestada", que é uma expressão utilizada quando se junta no processo judicial prova que tenha sido produzida em outro processo ou procedimento administrativo.

Como a mesma não era regulada claramente no modelo anterior, isso acabava fomentando algumas questões polêmicas. Com efeito, por vezes se objeta que a prova emprestada somente poderia ser admitida em outro processo desde que houvesse sido produzida validamente no que envolvesse as mesmas partes e desde que recaísse sobre o mesmo fato. Argumenta-se, para tanto, que tal cuidado se justifica diante da necessidade de observância a garantia do devido processo legal, de onde decorre o princípio da ampla defesa e do contraditório, eis que não se poderia adotar uma prova sem que uma das partes tivesse participado das suas etapas de produção.

No entanto, tal rigorismo deve ser abrandado, eis que a prova emprestada deve receber, no direito processual civil, o mesmo tratamento reservado à prova documental, já que estará reduzida necessariamente a termo.[11] Logo, apresentado aos autos a prova emprestada, ou seja, aquela produzida em outro processo ou procedimento administrativo, o magistrado intimará a parte contrária para que se manifeste sobre a mesma, preservando o contraditório exigido pelo novel dispositivo.

E, se ainda assim persistir a necessidade de algum outro esclarecimento sobre o mesmo fato, ao magistrado caberá, então, determinar que eventuais outras provas possam ser produzidas ou deferir os requerimentos formulados pelas partes neste mesmo sentido.

Os Tribunais Superiores já possuem precedentes que até mesmo autorizam, desde que observado o devido processo legal, a utilização de provas colhidas em processo criminal como fundamento para reconhecer, no âmbito da ação de conhecimento no cível, a obrigação de reparação dos danos causados.[12] Neste caso, observa-se que há uma identidade entre os fatos apurados em ambos os processos, eis que é extremamente corriqueiro que uma mesma conduta possa lesionar dois bens jurídicos distintos, um se constituindo em ilícito penal e o outro em ilícito cível. Portanto, é mais um reforço para se permitir o uso da prova emprestada entre processos distintos.

---

11 CÂMARA, Alexandre Freitas. *O novo processo civil brasileiro*. São Paulo: Atlas, pp. 235-236.
12 STJ. Agravo regimental no AREsp nº 24.940-RJ. Rel. Min. Napoleão Nunes Maia Filho. DJ 18/02/2014.

21.2.5. Prova de fora da terra

A "prova de fora da terra" é uma nomenclatura empregada quando se produz alguma prova em juízo localizado em base territorial distinta daquela em que tramita o processo. Trata-se de situação extremamente corriqueira, que pode ser ilustrada diante da possibilidade de expedição de uma carta precatória para a oitiva de uma testemunha que reside em outra localidade. É hipótese que até mesmo pode gerar a suspensão do processo, enquanto se aguarda a produção e juntada desta prova aos autos (art. 313, inc. V, alínea "b").

21.2.6. Prova diabólica

O termo "prova diabólica" é adotado para se referir a uma situação em que a produção da prova é impossível ou excessivamente difícil de ser produzida pela parte que alegou o fato, usualmente recaindo sobre fatos negativos.[13] Pode ser exemplificada quando há um contrato de franquia e a franqueadora não presta as informações necessárias para a franqueada, impedindo-a de exercer a atividade empresarial com lucro. Em casos assim, é autorizado a esta última vir perante o Poder Judiciário para propor demanda objetivando a resolução deste contrato, sem pagamento de qualquer multa pactuada previamente. Só que para o autor, que é a franqueada, é extremamente complexo realizar prova de fato negativo, ou seja, de que o treinamento ou as informações necessárias para o sucesso da empreitada não foram realizadas. Em casos como este, o magistrado até poderá aceitar esta afirmação, presumindo-a como verdadeira, enquanto determina que cabe ao demandado a prova de demonstrar que as informações necessárias para o sucesso empresarial foram adequadamente fornecidas. Além disso, há precedentes autorizando que o julgador, em tais situações, também possa decidir com base em presunções.[14]

21.3. OBJETO DA PROVA

A prova deve recair sobre fatos que normalmente são pretéritos, ou seja, aqueles que já ocorreram. Porém, por vezes o processo é instaurado para a obtenção de uma tutela inibitória, que é uma modalidade de tutela preventiva. Nestes casos, o intuito do demandante é obter uma decisão judicial que iniba o demandado de praticar algum ato, o que é indicativo de que, nesta hipótese, o objeto da prova recairá sobre os atos preparatórios, que indicam que há intenção de se praticar um ilícito posteriormente.[15]

Mas o objeto da prova também pode recair sobre a existência de atos normativos, pois o CPC (art. 376) autoriza que o magistrado determine que a parte demonstre

---

13 STJ. Agravo regimental no REsp nº 201000612602. Rel.ª Min.ª Nancy Andrighi. DJ 16/08/2010.

14 STJ. REsp nº 1.549.467. Rel. Min. Marco Aurélio Bellize. DJ 19/09/2016.

15 MARINONI, Luiz Guilherme. *Técnica processual e tutela dos direitos*. São Paulo: RT, 2004, pp. 279-280.

a vigência de lei municipal, estadual, estrangeira ou mesmo decorrente de hábitos e costumes. Só que algumas observações devem ser realizadas quanto a este dispositivo.

Quanto à comprovação de ato normativo oriundo do Município ou do Estado, nenhuma ressalva há de ser realizada, principalmente se for relevado que para a preparação e aprovação para concursos da carreira da magistratura realmente não costumam ser exigidos o conhecimento de normas dessa natureza. Por este motivo, enfim, seria perfeitamente coerente que o magistrado possa determinar que a parte faça prova da existência de atos dessa natureza.

Já quanto à parte comprovar a vigência de "normas estrangeiras", a dúvida reside em analisar se estes atos podem ser considerados ou não como fontes normativas no Direito pátrio. Afinal, se a resposta for negativa, as mesmas não poderiam estar sendo invocadas a favor de qualquer uma das partes. Embora a resposta a esta questão não seja inteiramente pacífica, é de se reputar como mais coerente o entendimento em sentido de que uma norma estrangeira é apenas um mero "fato", para demonstrar ao juiz como funciona o sistema normativo alienígena, sem qualquer obrigatoriedade de o magistrado fundamentar a sua decisão com espeque nesta legislação. Este raciocínio é coerente, pois a regra é de que somente os fatos é que dependem de provas.[16]

Por fim, quanto a prova recair sobre os "costumes", é de se ponderar que a Constituição não fez qualquer referência ao costume como fonte de produção jurídica. Daí alguns defenderem que o costume deve ser considerado não como instrumento da criação de uma regra, mas sim como um meio de prova da existência dessa regra.[17] Esta afirmação, porém, deve ser vista com ressalvas, pois trata-se de doutrina sobre normas jurídicas estrangeiras. No Brasil, o costume é, sim, previsto como fonte normativa secundária (art. 4º, LINDB).

21.4. FATOS QUE INDEPENDEM DE PROVA

Como visto acima, o objeto da prova costuma ser algum fato. No entanto, por vezes o CPC (art. 374) estabelece que alguns fatos não dependem de prova.

A primeira hipótese (art. 374, inc. I) estabelece que não dependem de prova os fatos "notórios", ou seja, aqueles que em tese são por todos conhecidos, ou pelo menos para o "homem médio", que seria aquele indivíduo moderado (ou seja, que esteja no meio entre os extremos), cujas características sejam razoáveis e que, por este motivo, dele se pode exigir os mínimos conhecimentos para uma adequada vida social. No Brasil, por exemplo, seria notório saber o nome do atual Presidente da República. Porém, já não seria notório exigir de todos o conhecimento do nome de toda a equipe de jogadores da seleção brasileira que foram os responsáveis pelo título mundial de futebol no ano

---

16 Em sentido contrário, considerando que as normas estrangeiras têm o *status* de lei, ou seja, que podem ser utilizadas internamente: BARROSO, Luís Roberto. *Interpretação e aplicação da Constituição.* 3ª ed. São Paulo: Saraiva, 1999, pp. 34-35.

17 CANOTILHO, J. J. Gomes. *Direito constitucional e teoria da constituição.* 5ª ed. Coimbra: Almedina, p. 856.

de 2002, muito embora esta informação seja por muitos conhecida. Logo, o que não é notório ao "homem médio", tem que ser comprovado por aquele que alega.[18]

A segunda situação (art. 374, inc. II) também estabelece que não dependem de provas os fatos "afirmados por uma parte e confessados pela parte contrária", o que é perfeitamente salutar, pois a confissão nada mais é do que o reconhecimento, por uma das partes, da ocorrência dos fatos que a outra afirma. É, por sinal, o que consta em outra norma (art. 389), o que denota que não há necessidade de se produzir qualquer prova para elucidar este fato, já que sobre eles as partes não manifestam qualquer discrepância.

Ainda, o CPC (art. 374, inc. III) prevê que também não dependem de prova os fatos que, no processo, são admitidos como incontroversos. É o que ocorre, por exemplo, naquela hipótese prevista de julgamento antecipado parcial do mérito (art. 356), quando o demandado é citado e reconhece a procedência parcial do pleito deduzido pelo autor. Assim, neste caso em que o demandante formula pedido condenatório de R$ 100.000,00 (cem mil reais) e o réu vem em juízo reconhecendo como legítimo apenas R$ 80.000,00 (oitenta mil reais), não haverá necessidade de o magistrado determinar que o suplicante produza prova a respeito deste fato – dívida de R$ 80.000,00 (oitenta mil reais) – que é incontroverso entre as partes. Outro exemplo ocorre quando o demandado apresentar defesa de mérito indireta em sua contestação, caso em que estará concordando com os fatos narrados pelo demandante, muito embora apresente algum substrato fático modificativo, impeditivo ou extintivo.[19]

Por fim, a última hipótese (art. 374, inc. IV) dispensa a produção de provas quando se tratar de um fato em cujo favor milita presunção legal de existência ou de veracidade. É o que já ocorre quando o demandado contesta e não impugna especificamente todos os fatos narrados na petição inicial confeccionada pelo patrono do demandante. É que, nestas situações, o próprio CPC (art. 341, *caput*), estabelece que: *"Incumbe também ao réu manifestar-se precisamente sobre as alegações de fato constantes na petição inicial, presumindo-se verdadeiras as não impugnadas"*. Por exemplo, se o demandante postular em face do réu o ressarcimento de despesas efetuadas com hospedagem em razão da realização de um evento e este último, em sua defesa, apenas questionar se esta despesa está ou não abrangida no contrato anterior firmado entre as partes. É que, neste caso, não haverá necessidade de se comprovar a realização de tais gastos, eis que não tendo os mesmos sido impugnados, então, são presumivelmente verdadeiros, de modo que sequer haverá necessidade de comprová--los, diante da presunção gerada por lei (art. 341), eis que se trata de fato que não foi impugnado pelo demandado.

---

18 MALATESTA, Nicola Framarin. *A lógica das provas em matéria criminal*, 6ª ed, Campinas: Bookseller, 2005, p. 137.
19 BUENO, Cassio Scarpinella. *Curso sistematizado de direito processual civil*, São Paulo: Saraiva, 2007, tomo I. v. 2, p. 153.

21.5. ETAPAS PARA A PRODUÇÃO DA PROVA

As provas podem ser determinadas de ofício (art. 370), sem que isso de forma alguma possa macular a imparcialidade do magistrado.[20] Porém, isso nem sempre ocorre, de modo que as etapas para a produção da prova são as seguintes: a) requerimento; b) deferimento; c) produção propriamente dita. Vale dizer, ainda, que nem sempre há necessidade de se realizar cada uma delas, dependendo da situação concreta. Por exemplo, na prova documental estariam sendo aglutinadas as etapas "a", "b" e "c" em um único momento, que consistiria na juntada do documento aos autos pela parte interessada. Já quando o magistrado determina de ofício a produção de alguma prova (art. 370), por óbvio isso não dependeria de requerimento (etapa "a"). Mas, de uma forma geral, quase todas as fases acabam sendo necessárias.

A primeira delas consiste no "requerimento", que deve ser efetuado pela parte interessada em produzir algum determinado tipo de prova. Este requerimento já deve ser apresentado genericamente na petição inicial pelo demandante e na contestação pelo demandado, muito embora haja momento ulterior, por ocasião do saneamento do processo, em que o magistrado irá novamente questionar se há alguma prova a ser produzida.

O segundo momento é o "deferimento", pois nem sempre o requerimento formulado para a produção da prova vai ser aceito pelo magistrado. Com efeito, a parte não tem o direito de produzir toda e qualquer prova no processo, mas apenas aquelas que são relevantes para o julgamento da causa, muito embora a análise desta relevância seja um dado essencialmente subjetivo que vai ser pontuado pelo próprio magistrado condutor do processo.[21] No TJ-RJ, o tema é até mesmo tratado por meio do Verbete nº 156, que dispõe: "*A decisão que defere ou indefere a produção de determinada prova só será reformada se teratológica*". Mas, de um modo geral, é recomendável que o juiz, ao proferir a decisão de saneamento, nela própria já defira ou indefira qualquer produção de prova (art. 357, inc. II), eis que é neste mesmo momento processual que serão determinados os pontos controvertidos que ainda precisam ser esclarecidos no processo. Desta maneira, o requerimento para produção de prova de um fato que não é controvertido se traduz em prova irrelevante e protelatória quanto aos rumos do processo, razão pela qual o mesmo deve ser rejeitada. Como, porém, a decisão de saneamento vem sendo solenemente ignorada por muitos magistrados, até se admite o indeferimento da prova antes da sua realização, desde que por decisão adequadamente fundamentada.

Por fim, o terceiro e último momento é o da produção da prova propriamente dita. No caso das provas orais, por exemplo, costumam ocorrer nas audiências de instrução e julgamento (art. 217). Já as provas periciais muitas vezes são produzidas no local do evento, até mesmo com o acompanhamento do próprio magistrado, se este for o caso (art. 481).

---

20 MOREIRA, José Carlos Barbosa. O neoprivatismo no processo civil. In: *Leituras complementares de processo civil*. 6ª ed. Salvador: JusPodivm, 2008, pp. 31-34.

21 NERY JÚNIOR, Nelson. NERY, Rosa Maria Andrade. *Código de processo civil comentado*. 4ª ed. São Paulo: RT, 1999, p. 899.

21.6. CRITÉRIOS PARA A VALORAÇÃO DA PROVA

Uma vez produzida a prova, a mesma passa a pertencer ao processo, em obediência ao princípio da "comunhão das provas", de modo que possa aproveitar a qualquer uma das partes, independentemente de quem a tenha requerido ou mesmo se sua produção tiver sido determinada *ex officio*. No entanto, resta ainda realizar a valoração da aludida prova, de modo a dela extrair alguma conclusão, o que pode ser feito por alguns critérios ou métodos que se classificam da seguinte maneira: a) íntima convicção; b) prova tarifada; c) livre convencimento motivado ou persuasão racional.

Pelo primeiro critério, ou seja, o da íntima convicção, o magistrado se encontra autorizado a decidir sem que seja necessário fundamentar a sua decisão. Trata-se, em realidade, de um sistema que não mais se coaduna com o texto constitucional (art. 93, inc. IX, CRFB) e, também, com o próprio CPC (art. 371), de modo que o(s) magistrado(s) necessariamente deve(m) fundamentar as suas decisões, sejam elas acórdãos (art. 204), decisões monocráticas (aquelas proferidas isoladamente por ministros ou desembargadores), sentenças (art. 203, § 1º) ou decisões interlocutórias (art. 203, § 2º). Com base neste método, o magistrado aprecia a prova livremente mas decide da maneira que preferir, sem necessidade sequer de fundamentar a sua conclusão, o que pode comprometer seriamente a atuação processual de uma das partes, pois é a fundamentação das decisões que permitirá ao interessado indicar, em seu oportuno recurso, as razões do seu inconformismo. No entanto, por vezes, a própria legislação e mesmo a jurisprudência vêm consagrando a possibilidade de o uso deste sistema da íntima convicção permanecer, malgrado as já citadas restrições constitucional e infraconstitucional. É o que ocorre, por exemplo, nos processos de competência do Tribunal do Júri (art. 485, CPP). Já no processo civil, isso ocorre com muita frequência quando o magistrado fixa o valor dos honorários advocatícios favoráveis à parte vencedora por arbitramento, quando causa de valor inestimável ou irrisório o proveito econômico pretendido (art. 85, § 8º). É que, em tal caso, não há necessidade de fundamentação. Trata-se, portanto, de um ranço deste critério da íntima convicção.

Já o segundo critério é o da "prova tarifada", segundo o qual a própria legislação já vai atribuir a certos meios de prova um valor previamente estabelecido. É o que pode ocorrer a certos casos em que há uma "prova soberana", ou seja, um determinado meio de prova que é insubstituível, como estabelece o CPC (art. 406), ao dispor que quanto a lei exigir instrumento público como da substância do ato, nenhuma outra prova, por mais especial que seja, pode suprir-lhe a falta, já que esta tem um valor previamente estabelecido em lei. Essa norma trata, portanto, de ranço deste critério valorativo de produção de prova, que somente é empregado em caráter excepcional quando a legislação assim autorizar.

Por fim, o critério atualmente mais adotado quanto à valoração dos meios de prova é o do "livre convencimento motivado", também conhecido como da "persuasão racional". De acordo com este critério, o magistrado tem plena liberdade em analisar os meios de provas produzidas aos autos, decidindo com base nos mesmos e motivando adequadamente a sua decisão, em conformidade com os dispositivos já mencionados (art. 93, inc. IX, CRFB c/c art. 371).[22]

Na doutrina sobre a novel legislação, já há quem defenda que o CPC superou o critério do livre convencimento motivado, que deixou de ser mencionado expressamente em norma pontual (art. 371). É que, literalmente, não mais constou no referido dispositivo que o magistrado pudesse apreciar "livremente a prova". Sob esta ótica, incumbiria ao juiz, ao proferir a sua decisão, apresentar uma valoração discursiva da prova, justificando o seu convencimento e, também, os motivos pelos quais acolhe ou rejeita cada elemento do conjunto probatório.[23] De todo modo, há precedente do STJ reconhecendo a possibilidade do uso de presunções por parte do magistrado ao realizar este desiderato.[24]

21.7. ÔNUS DA PROVA E ÔNUS FINANCEIRO DA PROVA

É bastante frequente afirmar que no direito processual civil o ônus da prova é em regra estático, pois o CPC (art. 373, incs. I e II) estabelece que compete ao demandante o ônus de provar o fato constitutivo do seu direito e cabe ao réu o ônus quanto à comprovação de qualquer fato impeditivo, modificativo ou extintivo do direito autoral. Vale dizer que norma de semelhante conteúdo também é prevista no Código de Processo Penal (art. 156, CPP), que cuida do regramento quanto aos processos penais. Desta maneira, compete a cada parte o ônus de comprovar os fatos que apresentarem em juízo, o que também abarca, por óbvio, a responsabilidade de arcar com os encargos financeiros para a produção da aludida prova, que deverão ser recolhidos antes de se produzir a mesma.

Diversas dúvidas, no entanto, podem ser apresentadas quanto ao ônus da prova e ao ônus financeiro da prova, de modo que para facilitar a assimilação as mesmas serão pontuadas em diversos questionamentos: a) O ônus da prova é sempre estático ou pode ser dinâmico?; b) Qual a distinção entre "inversão do ônus da prova" e "dispensa do ônus da prova"?; c) A inversão do ônus da prova é direito subjetivo do consumidor ou é uma faculdade do magistrado; d) Até que momento pode ser deferida a inversão do ônus da prova?; e) A parte pode se recusar a produzir uma prova contrária a si, caso o magistrado tenha invertido o ônus da prova?; f) É possível a inversão do ônus financeiro da prova?; g) Quem deve arcar com o ônus financeiro da prova que foi determinada de ofício pelo magistrado?; h) As despesas para a produção da prova devem sempre ser recolhidas antes da sua produção ou podem ser realizadas ao final do processo?; i) É válida a previsão normativa (art. 373, §§ 3º e 4º), de que as próprias partes poderão convencionar de comum acordo a inversão do ônus da prova?

---

22 PINHO, Humberto Dalla Bernardina de. *Direito processual civil contemporâneo*, 4ª ed. São Paulo: Saraiva, 2012. v. I, p. 106.

23 Câmara, Alexandre Freitas. *O novo processo civil brasileiro*. São Paulo: Atlas, 2015, p. 228.

24 STJ. REsp nº 1.549.467. Rel. Min. Marco Aurélio Bellize. DJ 19/09/2016.

Quanto ao item "a", a dúvida é saber se o ônus da prova é sempre estático ou se pode ser dinâmico. Conforme visto acima, em princípio trata-se de um ônus estático, eis que a prova deve ser realizada por aquele que fez a alegação (art. 373), sob risco de ser reputada como não demonstrada. No entanto, em algumas situações pode ser que uma parte reúna melhores condições para provar um determinado fato do que aquela que fez a alegação. Por exemplo, é bastante comum que sejam aforadas perante o Poder Judiciário demandas que objetivam a responsabilidade da CEF ao pagamento da diferença de correção monetária em valores depositados em contas bancárias em decorrência do advento de diversos planos econômicos. Nestes casos, caberá ao demandante demonstrar a existência da conta bancária de sua titularidade no período determinado, embora não necessariamente seja exigido do mesmo também a demonstração de quais os valores de que dispunha naquela ocasião. É que regras de experiência indicam que dificilmente alguma pessoa, seja ela física ou jurídica, mantêm arquivos com os extratos bancários. Percebe-se neste exemplo, portanto, que a dúvida a respeito dos valores na conta é algo que dificilmente poderá ser demonstrado pelo demandante, muito embora esta circunstância seja de fácil comprovação pela demandada, que reúne todas as condições e informações para prestar esclarecimentos ao juízo. Trata-se, assim, de hipótese em que o ônus da prova não será da parte que alegou, mas sim daquela que pode melhor produzir a prova, o que coincide com os postulados da teoria da carga dinâmica do ônus da prova, que deve ser adotada justamente em situações como a presente.[25] Aliás, quanto ao exemplo acima até mesmo deve ser mencionado que este raciocínio também já é adotado nas Turmas Recursais Federais do Rio de Janeiro, consoante consta em seu Enunciado nº 59, *verbis*: *"Em ação que se vise à recomposição de saldo de caderneta de conta de poupança, é indispensável à propositura da ação documento que comprove a existência e a titularidade da conta no período imprescrito. Por outro lado, é ônus da CEF fornecer os extratos relativos à época do reajuste pleiteado ou comprovar o encerramento da conta".* Vale dizer que o CPC expressamente adotou esta possibilidade, de o ônus da prova ter caráter dinâmico ao prever que a prova poderá ser produzida pela parte que detém as melhores condições para tanto, independentemente de ter sido ela a requerente da medida (art. 373, § 1º).

Quanto ao item "b", a dúvida é perquirir se há distinção entre "inversão do ônus da prova" e "dispensa do ônus da prova". A resposta, quanto a esta questão, deve ser positiva, bastando uma leitura mais atenta do que vem sendo decidido pelos Tribunais. A primeira expressão, ou seja, a "inversão do ônus da prova", ocorre quando o juiz determina motivadamente que uma parte produza a prova de fato que foi afirmado pela outra, podendo ser dado como exemplo aquela já indicada no item acima. Já a "dispensa do ônus da prova" é situação distinta, em que o magistrado dispensa motivadamente o demandante do ônus de provar os fatos que alegou, pois o juiz estará admitindo provisoriamente que tais fatos já ocorreram, de modo que caberá ao demandado realizar a prova em contrário, ou seja, que os eventos não ocorreram da maneira como descrita

---

25 TJ-RJ. Apelação cível nº 0010686-17.2008.8.19.0212. Rel.ª Des.ª Cristina Tereza Gaulia. DJ 02/03/2010.

pelo demandante. É o que ocorre nas hipóteses descritas no Código de Defesa do Consumidor (art. 12, § 3º c/c art. 14, § 3º, Lei nº 8.078/90), eis que tais dispositivos estabelecem que o fabricante ou fornecedor somente não são responsabilizados quando demonstrarem que não colocaram o produto no mercado, dentre outras hipótese ali previstas. Ressalva-se, porém, que nestes casos é mais frequente a utilização da nomenclatura "inversão do ônus da prova", que é equivocada, já que consoante dicção destes dispositivos o que estará ocorrendo, em realidade, é uma "dispensa" do autor em relação à comprovação do ato lesivo.

Quanto ao item "c", a dúvida é pontuar se a inversão do ônus da prova é direito subjetivo do consumidor ou é uma faculdade do magistrado. Usualmente, é preciso distinguir a chamada inversão *ope judicis* da inversão *ope legis*. A primeira é aquela em que a inversão não é automática, pois dependerá de deferimento por parte do magistrado. É o que ocorre, por exemplo, nas situações contempladas em norma do Código de Defesa do Consumidor (art. 6º, inc. VIII, Lei nº 8.078/90), que apenas autoriza o deferimento da inversão se a alegação do demandante for verossímil ou quando o mesmo for hipossuficiente.[26] Por este motivo, como a inversão *ope judicis* depende de decisão judicial após atenta análise das circunstâncias fáticas, a decisão judicial que a defere ou indefere somente será reformada se teratológica como, aliás, já consta cristalizado no Verbete nº 227 da Súmula do TJ-RJ: "*A decisão que deferir ou rejeitar a inversão do ônus da prova somente será reformada se teratológica*". O mesmo já não ocorre, porém, quando a inversão for *ope legis*, que na realidade cuida de hipótese de "dispensa do ônus da prova" do demandante quanto a certas questões, que são justamente aquelas já mencionadas anteriormente (art. 12, § 3º c/c art. 14, § 3º, Lei nº 8.078/90).

Quanto ao item "d", há grande discussão a respeito de até que momento o magistrado poderá ou não deferir a inversão do ônus da prova. A dúvida é se esta inversão somente pode ser deferida até o saneamento do processo (configurando regra de procedimento) ou se isso pode ser realizado já na própria sentença (caracterizando regra de julgamento). De uma forma geral, é bastante expressivo o entendimento no sentido de que esta inversão somente poderá ser determinada até o saneamento do processo, de modo a respeitar princípios basilares como o do contraditório ou o da ampla defesa. Afinal, se o magistrado realizar esta inversão na própria sentença, o mesmo estará criando um novo ônus a parte ré e, ao mesmo tempo, impossibilitando-a de exercê-lo. É, sem dúvidas, o entendimento mais frequente, até mesmo já estando expresso no Verbete nº 91 da Súmula do TJ-RJ: "*A inversão do ônus da prova, prevista na legislação consumerista, não pode ser determinada na sentença*". No CPC, o tema é regulado exatamente desta maneira (art. 357, inc. III), até porque ao magistrado é vedado realizar esta inversão na própria sentença, já que geraria situação que tornaria impossível a desincumbência deste encargo pela parte (art. 373, § 2º).

---

26 THEODORO JÚNIOR, Humberto. *Direitos do consumidor*. 7ª ed. Rio de Janeiro: Forense, 2011, p. 164.

Quanto ao item "e", a questão envolve a possibilidade ou não de recusa da parte em produzir uma prova contrária a si, caso o magistrado tenha invertido o ônus da prova. Aqui se deve rememorar o disposto no Pacto de San José da Costa Rica (art. 8º, inc. II, alínea *g*, PSJCR), que reconhece como garantia judicial o direito da parte de não ser obrigada a depor contra si mesma, nem a confessar-se culpada. E, da mesma maneira, também se pode argumentar que o direito a não autoincriminação decorre do direito ao silêncio, este sim reconhecido em nossa Carta Magna (art. 5º, inc. LXIII, CRFB). Assim, feito este introito, é de se concluir que ainda que o juiz tenha determinado o ônus da prova, mesmo assim a parte pode se recusar a realizá-la. No entanto, a sua omissão não passará despercebida, pois pode lhe gerar uma presunção desfavorável que, somada as demais provas produzidas, poderá resultar em um julgamento contrário a si.

Quanto ao item "f", a dúvida agora já repousa sobre o ônus financeiro da prova, mais precisamente se é ou não possível a sua inversão. A resposta quanto a esta indagação deve ser invariavelmente negativa, pois não pode o magistrado determinar que uma parte produza o ato e a outra arque com o ônus financeiro da prova.[27] Lembrando: o ônus da prova é em regra de quem alega, cabendo a esta mesma parte também o ônus financeiro da prova. É, inclusive, o que já consta no Verbete nº 229 da Súmula do TJ-RJ: *"A inversão do ônus da prova constitui direito básico do consumidor, uma vez preenchidos os pressupostos previstos no art. 6º, inc. VIII, do CDC, sem implicar, necessariamente, na reversão do custeio, em especial quanto aos honorários do perito".*

Quanto ao item "g", a dúvida é sobre quem deve arcar com o ônus financeiro da prova que foi determinada de ofício pelo magistrado (art. 370). Nestes casos, caberá ao demandante o ônus financeiro de arcar com esta despesa, conforme até mesmo se extrai da redação de norma do CPC (art. 95), muito embora o mesmo apenas trate da prova pericial, posto que o seu raciocínio pode ser empregado para qualquer outra. Inclusive, é de bom alvitre salientar o disposto no Verbete nº 232 da Súmula do STJ: *"A Fazenda Pública, quando parte no processo, fica sujeita à exigência do depósito prévio dos honorários do perito".*[28]

Quanto ao item "h", é necessário enfrentar se as despesas para a produção da prova devem sempre ser recolhidas antes da sua produção ou podem ser realizadas ao final do processo. A regra é a de que tais despesas devem ser recolhidas antes da produção da prova, muito embora em algumas situações a própria legislação autorize que as despesas com este custeio somente sejam recolhidas ao final como ocorre, por exemplo, nas ações civis públicas, pois há norma (art. 18, Lei nº 7.347/85), prevendo que não haverá o adiantamento de despesas. No entanto, impende destacar que muitas vezes até mesmo pode ocorrer o recolhimento prévio, caso o legitimado ativo perceba

---

27 STJ. REsp nº 639.534. Rel. Min. Carlos Alberto Menezes Direito. DJ 09/11/2005.

28 Em realidade, a interpretação literal dessa norma (art. 95), estabelece que a perícia determinada de ofício terá seu custo rateado por ambas as partes. Contudo, visando a imprimir maior celeridade ao processo, é que tradicionalmente o demandante antecipa integralmente tais valores.

que nenhum perito está aceitando exercer o encargo com a perspectiva de recebimento dos seus honorários apenas ao final do processo. Em casos como este, já que o perito pode realmente recusar o encargo que lhe foi determinado pelo magistrado, muitas vezes o autor prefere antecipar os valores para que a prova seja logo produzida em vez de aguardar a solução desta pendência, ou seja, até se localizar outro profissional que se disponha a trabalhar sem adiantamento de pagamento dos seus serviços. No CPC, por seu turno, há a possibilidade de parcelamento dos honorários periciais (art. 466, § 4º).

E, finalmente quanto ao item "i", restaria enfrentar se é válida a previsão normativa (art. 373, §§ 3º e 4º), de que as próprias partes poderão convencionar de comum acordo a inversão do ônus da prova, inclusive em caráter extrajudicial e prévio ao processo. Contudo, tal tema já foi analisado em momento próprio (v. item nº 11.5.2.4.), no sentido de se criticar tais inovações.

21.8. PROVAS EM ESPÉCIE

O CPC enumera e regula diversas modalidades de provas, entre elas: a) produção antecipada de prova; b) ata notarial; c) depoimento pessoal; d) confissão; e) exibição de documento ou coisa; f) prova documental; g) documentos eletrônicos; h) prova testemunhal; i) prova pericial e; j) inspeção judicial. Não obstante é possível ainda que outros meios de prova sejam regulados por lei específica como, por exemplo, aquela decorrente da interceptação de dados telefônicos ou telemáticos (Lei nº 9.296/96) e, da mesma maneira, não se pode olvidar que o CPC (art. 369) autoriza o emprego de provas atípicas.

21.8.1. Produção antecipada de provas

O CPC (art. 381 – art. 383) disciplina a "produção antecipada de prova" que, no modelo anterior (CPC-73), trata de um processo cautelar típico. Contudo, como desapareceram as disposições específicas sobre o processo cautelar autônomo, é de se considerar que este é um dos poucos que ainda permaneceram com esta feição. Mas desde logo se deve destacar que o CPC regula este tema de maneira bem mais ampla que o anterior, pois sob esta mesma nomenclatura foram também abrangidas as anteriores hipóteses que justificavam as cautelares autônomas de "arrolamento" e de "justificação". A mesma pode ser admitida em diversas situações (art. 381 – v.g., o prévio conhecimento dos fatos justificar ou evitar o ajuizamento da demanda principal). Há, também, precedente já reconhecendo a possibilidade do emprego desta via com o intuito de exibir contratos bancários.[29]

---

29 TJ-SC. Proc. 0302803-18.2016.8.24.0020. Rel. Des. José Carlos Carstens Köhler. 4ª Câmara de Direito Comercial, j. 21/03/2017. Classe: Apelação Cível.

A competência para a produção antecipada de provas será do juízo do foro onde a prova deve ser produzida ou, então, do domicílio do réu (art. 381, § 1º). Contudo, há norma prevendo que o órgão jurisdicional que a processar não fica prevento para eventual demanda ulterior (art. 381, § 2º). Trata-se de antigo entendimento que ora é mantido, dele cuidando o Verbete nº 263 da Súmula do extinto TFR: "*A produção antecipada de prova, por si só, não previne a competência para a ação principal*". De todo modo, é interessante destacar que, na ausência de juízo federal na localidade, esta será então processada na Justiça Estadual (art. 109, § 3º, CRFB c/c art. 381, § 4º). O CPC, aliás, é farto em situações como esta, em que há o exercício de competência federal pelo magistrado atuante na Justiça Estadual (v.g., art. 237, parágrafo único).

O processamento da produção antecipada de provas segue o CPC (art. 382), com a possibilidade de até mesmo se requerer outras provas não especificadas na petição inicial, mas desde que relacionadas ao mesmo fato. Também consta que o magistrado não se pronunciará sobre os fatos que forem objeto de tais provas e nem mesmo sobre as suas consequências jurídicas. Além disso, é vedado o oferecimento de defesa ou recurso neste procedimento, exceto se o magistrado indeferir a produção da prova pleiteada pelo requerente.

Diferentemente do modelo anterior (CPC-73), após o final do prazo de 1 (um) mês mencionado neste dispositivo, os autos da produção antecipada de prova serão entregues ao requerente.

21.8.2. Ata notarial

O CPC (art. 384) cria uma nova espécie de prova, denominada "ata notarial", que nada mais é do que uma ata ou certidão lavrada pelo tabelião, que pode estar também representada por imagem ou som que atestem a existência ou o modo de existir de algum determinado fato. Claro que, apesar de o tabelião ter atos que gozam de fé pública, sua afirmação não é definitiva, devendo ser interpretada sim como uma prova produzida por uma parte. Portanto, ainda que na certidão conste a existência de uma filiação entre duas pessoas, tal prova não terá contornos absolutos e seu conteúdo poderá ceder frente aos demais meios de provas produzidos em juízo.

21.8.3. Depoimento pessoal

O depoimento pessoal é uma das provas em espécie e consiste na colheita, em juízo, das declarações de uma das partes principais do processo (demandante ou demandado). Este meio de prova pode ser determinado de ofício ou mesmo requerido no momento próprio pela parte interessada (art. 385) e deve ser realizado durante a AIJ. No entanto, havendo urgência justificável, este depoimento poderá ser prestado no bojo de uma ação cautelar de produção antecipada de provas (art. 381 – art. 383).

A parte pode, porém, se recusar a prestar o seu depoimento em juízo, o que até mesmo encontra respaldo constitucional (art. 5º, inc. LXIII, CRFB). Contudo, o CPC (art. 385, § 1º) determina que, neste caso, caberá ao magistrado interpretar a recusa como confissão. O mesmo irá ocorrer caso a parte deixe de comparecer a AIJ após ter sido regularmente intimada ou se, durante a AIJ, o magistrado considerar que o depoente deixou de apresentar respostas ou que foi evasivo (art. 386).[30] A confissão, nestes casos, gera apenas uma presunção relativa de veracidade quanto aos fatos afirmados pela outra parte. É, inclusive, o entendimento pacífico da jurisprudência.[31]

É importante frisar também que, por vezes, o depoente não será obrigado a depor sobre certos fatos, como aqueles criminosos ou torpes que lhe forem imputados. Estas hipóteses estão contempladas no CPC (art. 388) e somente não se aplicam às demandas que envolvam filiação, divórcio ou anulação de casamento.

De resto, a ausência motivada a AIJ, contudo, pode ser relevada pelo magistrado, hipótese em que será então designada nova data para a realização ou continuação da AIJ, conforme o caso (art. 449, parágrafo único).

21.8.4. Confissão

Ocorre a confissão quando uma parte admite a ocorrência de um fato, que seja contrário ao seu interesse e favorável ao adversário (art. 389). A importância da confissão é que a mesma dispensa a necessidade de prova a respeito de fato já confessado, muito embora se trate de uma presunção relativa (art. 374, inc. II).

A confissão pode ser classificada em "qualificada" ou "complexa". Na primeira delas, que é a "qualificada", o réu confessa os fatos afirmados pelo autor, muito embora negue os efeitos pretendidos pelo demandante (v.g., discorda da interpretação que é feita de uma determinada cláusula contratual). É hipótese que esta obra já apresentou como "defesa direta do mérito". Por seu turno, a confissão "complexa" é aquele em que o réu reconhece os fatos mas, ao mesmo tempo, argui algum outro extintivo, modificativo ou impeditivo a seu favor, o que caracteriza uma defesa de mérito indireta, tema também já abordado nesta obra.

Mas, de qualquer maneira, é importante destacar que a "confissão" não induz, necessariamente, ao "reconhecimento do pedido". Com efeito, foi visto ser possível que o réu demandado pelo pagamento de uma dívida venha em juízo reconhecer a sua existência (o que equivaleria a uma "confissão") e, concomitantemente, o mesmo pode apresentar uma defesa de mérito indireta extintiva como, por exemplo, a já realização do pagamento. Desta forma, se observa que nem sempre uma "confissão" leva, inexoravelmente, ao reconhecimento da procedência daquilo que a parte adversa pleiteia. Por seu turno, o "reconhecimento do pedido" já é mais amplo, uma vez que

---

30 STJ. REsp nº 2.340. Rel. Min. Athos Gusmão Carneiro. DJ 10/09/1990.
31 STJ. REsp nº 161.438. Rel. Barros Monteiro. DJ 06/10/2005.

nele o demandado estaria não apenas confirmando a ocorrência dos fatos afirmados pelo autor em sua petição inicial como, também, estaria concordando com a pretensão deduzida em juízo. Por este motivo, ocorrendo o "reconhecimento total do pedido", o magistrado já estará autorizado a julgar conforme o estado do processo (art. 354).

Esta confissão pode ocorrer tanto judicial quanto extrajudicialmente, sendo realizada pela própria parte ou por mandatário com poderes especiais para tanto (art. 390, § 1º). A confissão feita por uma das partes não pode, porém, prejudicar os demais litisconsortes que porventura estejam litigando ao seu lado em um dos polos da relação jurídica processual, independentemente da natureza do litisconsórcio, seja ele "unitário" ou "simples" (art. 391).

A confissão também não pode ser admitida quando se referir a fatos relativos a direitos indisponíveis (art. 392), de modo que caso isso ocorra o referido ato não terá qualquer valor probatório apto a influenciar o convencimento do magistrado no momento em que vier a decidir. Da mesma maneira, não se permite confissão que venha a ser realizada mediante erro de fato ou coação, muito embora nesta hipótese o CPC permita que a mesma seja desconstituída por meio de demanda autônoma (art. 393, parágrafo único). Esta demanda nada mais é do que um processo de conhecimento com procedimento comum, cujo intento do demandante será a desconstituição deste ato processual. E, a despeito de ausência de previsão normativa, recomenda-se que a mesma seja distribuída por prevenção, isto é, diretamente ao mesmo juízo em que tramita o processo anterior, eis que não parece razoável autorizar que outro órgão jurisdicional, com a mesma competência e hierarquia, possa realizar a verificação de vícios em atos processuais praticados por outro juízo. Fica aqui, porém, uma observação de cunho estritamente pessoal quanto ao uso desta demanda. É que, havendo vício na prática do ato processual, nada impede que isso possa ser apresentado no próprio processo primitivo, por meio de uma simples petição. E, neste caso, o magistrado poderia analisar estes fatos (erro ou coação que maculariam a confissão), concluindo que, se a prova em questão realmente for ilícita, a mesma não poderá ser valorada por ocasião do julgamento da pretensão de direito material. Ou seja, por este outro caminho não se estaria desconstituindo a confissão, mas de forma muito mais prática e rápida seria possível obter a sua ineficácia como meio de prova no momento da prolação da sentença, eis que se trataria de prova ilícita que é proibida para estes fins (art. 5º, inc. LVI, CRFB). E, desta maneira, estaria sendo melhor atendido o intento da parte a quem a confissão viciada prejudicaria.

No entanto, se já tiver transitado em julgado a sentença de mérito que foi proferida no processo em que a confissão viciada tiver sido prestada, até poderá ser possível o emprego da ação rescisória, dependendo do fundamento (art. 966, incs. III e VI) para desconstituir o ato decisório e, quiçá, também a confissão. Assim, após a regular instrução, caberá aos membros do Tribunal primeiro realizar o "juízo rescindente" (hipótese em que será desconstituído o ato processual "confissão", bem como a sentença que dela derivou) para, se for o caso, já realizar imediatamente o "juízo rescisório" (que consubstanciaria um novo julgamento de mérito quanto à pretensão de direito material deduzida no processo primitivo).

Por fim, o CPC (art. 395) dispõe que a confissão é, de regra, indivisível, de modo que uma parte não pode invocá-la como prova apenas no tópico que a beneficiar e rejeitá-la naquilo que lhe for desfavorável, tratando-se dos mesmos fatos. No entanto, caso a confissão aborde mais de um fato, nada obsta que isso ocorra.

21.8.5. Exibição de documento ou coisa

Sendo necessário, qualquer parte pode requerer ou mesmo o juiz determinar de ofício que seja exibido documento ou coisa que se encontre em poder de um dos litigantes ou mesmo de um terceiro. O requerimento para exibição de documento ou coisa é realizado no bojo do próprio processo primitivo, quando estiver em poder de uma das partes.[32] Nesta hipótese, caberá ao demandante requerer a exibição da coisa ou do documento, esclarecendo a finalidade da prova, bem como as razões que a legitimam a supor que as mesmas se encontram em poder da parte contrária.[33] Também é exigida, quando possível, a individuação, tão completa quanto possível, da coisa ou do documento (art. 397). Da mesma maneira, nada impede que a exibição de documento seja requerida pelo réu, hipótese em que o tratamento será rigorosamente igual.

Após a apresentação deste requerimento, primeiramente o magistrado irá determinar que a parte contrária apresente a coisa ou o documento bem como que se manifeste no prazo de 5 (cinco) dias (art. 398). Por vezes, a legislação autoriza que haja recusa na apresentação (art. 404), muito embora em outras o mesmo já não ocorra (art. 399). De qualquer maneira, após a apresentação da resposta, caberá ao magistrado determinar a intimação do requerente (art. 398, parágrafo único), para somente após decidir.

Se o magistrado concluir pela necessidade da exibição do documento ou coisa e constatar que não foi realizada (v.g., por ser impertinente o motivo de recusa invocado), o CPC (art. 400) estabelece que os fatos que o documento ou a coisa atestariam serão presumidos relativamente como verdadeiros. Aliás, justamente em virtude de a própria legislação processual já prever que esta é a consequência pela ausência de apresentação do documento ou da coisa, é que a jurisprudência pátria não vem permitindo que o magistrado adote qualquer meio executivo (v.g., fixação de *astreintes*) para forçar o demandado a exibi-los.[34] Neste sentido, também temos o verbete nº 372 da Súmula do STJ que dispõe: "*Na ação de exibição de documentos, não cabe a aplicação de multa*

---

32 Há, porém, precedente do STJ no sentido de que não há impedimento de que esta mesma medida para a exibição de documentos seja requerida por meio de ação autônoma, que irá observar o procedimento comum. É o que se extrai em: STJ. REsp nº 1.803.251-SC. Rel. Min. Marco Aurélio Bellize. DJ 08/11/2019.

33 STJ. REsp 1.304.736-RS, Rel. Min. Luis Felipe Salomão, Segunda Seção, j. 24/02/2016, DJe 30/03/2016 – *Informativo* nº 579.

34 No sentido do texto: STJ. REsp nº 201000353542. Rel. Min. Herman Benjamim. DJ 1º/07/2010). Em sentido contrário ao texto, admitindo a fixação de meios executivos para que o demandado apresente os documentos que podem fazer prova contra si: DIDIER JR., Fredie. BRAGA, Paula Sarno. OLIVEIRA, Rafael Alexandria de. *Curso de direito processual civil*, 10ª ed. Salvador: JusPodivm, 2015. v. 2, p. 232.

cominatória". O CPC, contudo, somente em casos que forem estritamente necessários, permite a fixação destes meios (art. 400, parágrafo único), o que pode ocorrer em demandas em que um correntista pleiteia a diferença nas correções monetárias em razão de antigos planos econômicos, posto que o mesmo não terá como efetuar qualquer cálculo já que certamente não mais disporá de qualquer comprovante ou extrato bancário.

Caso a coisa ou o documento esteja em poder de um terceiro após já ter sido instaurado o processo principal, a única distinção é que será permitida a emenda da petição inicial, apenas para que este terceiro seja incluído no polo passivo da demanda (art. 401), o que irá gerar um litisconsórcio passivo necessário, diante da permanência do demandado primitivo. Após a citação, o novo demandado terá 15 (quinze) dias para responder. Se necessário, poderá ser designada audiência especial, nos casos em que a lei autorizar (art. 402). Mas, de qualquer maneira, caberá ao magistrado julgar se a recusa é ou não legítima pois, em caso negativo, irá determinar a expedição de mandado de apreensão, com requisição de força policial se for necessário (art. 403, parágrafo único), sem prejuízo da responsabilidade por crime de desobediência, além de outras implicações[35].

21.8.6. Prova documental

A prova documental se destina a demonstrar a ocorrência de um fato que seja relevante para o deslinde da causa. O seu valor probante foi merecedor de extensa regulamentação no CPC (art. 405 – art. 438), a cujos dispositivos por ora se reporta, eis que autoexplicativos.

Esta prova documental já deve vir acompanhada com a petição inicial ou com a resposta apresentada (art. 434), muito embora seja lícito que o interessado a traga aos autos a qualquer momento durante a tramitação do processo, enquanto não tiver sido proferida sentença (art. 435). Vale dizer, se o processo já tiver sido sentenciado, apenas em caráter excepcional é que as partes podem apresentar novos fatos por ocasião da interposição do recurso de apelação e, consequentemente, podem também produzir novas provas, entre elas a documental, para dar sustentáculo aos mesmos (art. 1.014). Portanto, ordinariamente a possibilidade de juntada de novos documentos por qualquer das partes é até a prolação da sentença, caso em que o juiz deverá imediatamente determinar que a parte contrária seja intimada para se manifestar a respeito (art. 437, § 1º).

Se necessário, o magistrado pode determinar que qualquer repartição pública seja oficiada para apresentar, a qualquer tempo, inclusive em grau recursal, as certidões

---

35 Assim como por vezes é necessária a instauração de novo processo para obter a exibição de documento ou coisa que se encontra em poder de terceiro, também já reconheceu o STJ a possibilidade de esta demanda ser promovida autonomamente quando o interessado tem o interesse de conhecer o conteúdo deste documento ou coisa para avaliar se pretende ou não posteriormente propor alguma nova medida judicial. É o que se extrai em: STJ. REsp 1.774.987-SP, Rel. Min. Maria Isabel Gallotti, por unanimidade, julgado em 08/11/2018, DJe 13/11/2018.

necessárias à prova das alegações das partes ou os procedimentos administrativos nas causas em que for interessada a Fazenda Pública (art. 438). Trata-se, porém, de uma faculdade, que somente deve ser exercida se realmente tais documentos forem relevantes para o esclarecimento de fatos referentes à resolução do mérito da causa. Por este motivo, deve ser afastada a possibilidade, por exemplo, de expedição de ofício a qualquer órgão que possua cadastro de bens do executado (RGI, Detran, RF, dentre outros). É que esta medida não se destina a ser prova de fato relevante para o julgamento, até porque sequer há julgamento em execução. Da mesma forma, também devem ser indeferidos requerimentos de expedição de ofício a registros civis de pessoas jurídicas ou a junta comercial para que estes órgãos forneçam o contrato social da empresa ré, ao argumento de que isso é necessário para se apurar sobre qual pessoa deve recair a citação da mesma, já que este documento não se destina a fazer prova de fato relevante, além da possibilidade de se obtê-lo independentemente da ingerência estatal, bastando que o interessado se dirija até o local para requerê-lo, pagando os emolumentos.

21.8.6.1. Arguição de falsidade do documento

A arguição da falsidade do documento deve ser apresentada ao longo do processo em uma das peças mencionadas no CPC (art. 430) ou mesmo em alguma outra posterior, desde que respeitados os 15 (quinze) dias da juntada do documento aos autos.

Aquele que alegar a falsidade deve esclarecer os motivos que a justificam (art. 431). Por exemplo, a falsidade de um documento "público" pode ocorrer quando o mesmo não for verdadeiro ou quando alterar documento verdadeiro (art. 427, parágrafo único). Por seu turno, a falsidade de documento "particular" decorre quando for impugnada a sua assinatura ou quando o mesmo tiver sido assinado em branco com posterior preenchimento abusivo (art. 428). Vale dizer que o ônus da prova quanto à falsidade compete à parte que o arguir (art. 429, inc. I), exceto quando se tratar de impugnação da autenticidade, hipótese em que o ônus competirá àquela parte que produziu o documento (art. 429, inc. II).

Na sequência, a outra parte será ouvida para se manifestar em 15 (quinze) dias, devendo a seguir ser realizado o exame pericial, exceto se a parte que produziu o documento concordar em retirá-lo dos autos (art. 432).

Por fim, sendo esta questão decidida no decorrer do processo, se estará diante de uma decisão interlocutória. Contudo, é possível que qualquer das partes requeira que este tema não seja analisado sob o viés de uma questão prejudicial, mas sim como questão principal (art. 430, parágrafo único). Em tais casos, esta declaração também constará na parte dispositiva da sentença e sobre ela incidirá a autoridade da coisa julgada (art. 433), o que, por sinal, se coaduna com outra norma do CPC que ainda será analisada (art. 503, § 1º). Contudo, as que norteiam este tema (art. 430, parágrafo único c/c art. 433) são em parte mais técnicas do que a outra, pois esta situação excepcional de uma questão prejudicial ser decidida com força de questão principal e de formar coisa julgada somente será possível se houver requerimento neste sentido. Afinal, esta peça estará corporificando o exercício de um novo direito de ação, possibilitando que o magistrado preste a jurisdição nos limites da provocação pois, se assim não for, toda e qualquer questão prejudicial poderia ser acobertada pelo manto da coisa julgada, estando o Poder Judiciário de ofício definindo direitos que não foram solicitados pelas partes.

21.8.7. Documentos eletrônicos

O CPC disciplina a possibilidade de uso de documentos eletrônicos no processo, dispondo ser necessária a sua forma impressa para uso no processo, bem como a verificação de sua autenticidade (art. 439). Além disso, consta norma prevendo que o magistrado apreciará o seu valor probante ainda que o mesmo não tenha sido convertido, embora seja assegurado às partes o seu pleno acesso (art. 440). E, por fim, há ainda disposição (art. 441), prevendo que somente serão admitidos aqueles que sejam produzidos e conservados de acordo com a legislação específica (Lei nº 11.419/2006).

21.8.8. Prova testemunhal

A prova testemunhal é aquela que consiste na tomada de depoimento prestado por alguém que não é parte principal do processo. O seu objetivo é a obtenção de esclarecimentos sobre os fatos controvertidos que são relevantes para a resolução do mérito do processo, devendo a atuação da testemunha se limitar a informar se o fato ocorreu ou não, bem como em que circunstâncias. Jamais, em hipótese alguma, a testemunha deve realizar juízo de valor sobre os eventos, pois não lhe compete apreciá-los. Mais uma vez, repisa-se, a sua atuação é limitada a esclarecer sobre a dinâmica da situação e apenas isso. Embora o CPC seja silente quanto a esta afirmação, consta norma expressa neste sentido no Código de Processo Penal (art. 213, CPP), que é inteiramente aplicável.

Assim como não se deve permitir juízos pessoais realizados pela testemunha, não se pode deferir a oitiva daquela que nada sabe sobre os fatos, mas que ali se encontra para prestar esclarecimentos técnicos dos mais diversos tipos. Em situações como esta, que são muito frequentes, a parte arrola uma testemunha para esclarecer não o fato objeto do processo (v.g., a existência de um contrato de financiamento para aquisição de casa própria), mas sim sobre detalhes técnicos (v.g., a metodologia de avaliação de imóveis). Nestes casos, o magistrado deve indeferir motivadamente a oitiva da aludida "testemunha", pois se a intenção é a obtenção de esclarecimentos técnicos, existe a prova "pericial" que é a específica para estes fins.

No entanto, por vezes a prova "testemunhal" propriamente dita também pode ser indeferida quando, por exemplo, o fato já estiver provado por documento, confissão da parte ou por exame pericial (art. 443). Contudo, não sendo qualquer uma dessas hipóteses e, sendo relevante o fato cujos depoimentos serão prestados, caberá então ao magistrado deferir a realização desta prova (art. 442).

Sob a égide do modelo anterior, a prova exclusivamente testemunhal era tarifada, no sentido de que era imprestável para confirmar a existência de contratos ou relações jurídicas de direito material cujo conteúdo econômico excedessem ao décuplo do salário-mínimo vigente no país (art. 402, CPC-73), o que também estava de acordo com o Código Civil (art. 227, CC). Contudo, no novo modelo não há mais esta tarifação, sendo certo que até mesmo a norma constante neste sentido na legislação material foi revogada (art. 1.072, inc. II).

Cada parte pode arrolar até 10 (dez) testemunhas ao processo, todas devidamente qualificadas pelo nome, profissão, residência e local de trabalho, entre outros dados mais (art. 357, § 6º c/c art. 450). Se esta prova for deferida no saneamento do processo, as partes disporão de 15 (quinze) dias para que o rol das testemunhas seja apresentado, caso isso ainda não tenha sido feito (art. 357, § 4º).

Por fim, uma última constatação relevante é que o CPC (art. 357, § 4º) estabelece que a parte tem que informar o rol de testemunhas no prazo de 15 (quinze) dias, que, por óbvio, é anterior à realização da AIJ. Contudo, o mesmo não fixa qual é o prazo de que a parte dispõe para realizar o recolhimento dos emolumentos que vão viabilizar a intimação das aludidas pessoas. Com efeito, de nada adianta informar com antecedência as testemunhas se o recolhimento das custas para efetivação da diligência somente for comprovado às vésperas de realização do ato, caso em que o mesmo terá que ser necessariamente redesignado. Portanto, parece que, nesta última hipótese, a melhor solução é concluir que se encontra implícito, neste mesmo dispositivo (art. 357, § 4º), o poder que o juiz tem de exigir, no mesmo prazo para apresentação do rol, o recolhimento das custas de intimação das testemunhas, quando estas forem devidas.[36] No entanto, caso estes valores não tenham sido recolhidos, é de se interpretar que a própria parte é que ficará com a incumbência de trazer as testemunhas a audiência, hipótese em que será decretado o perdimento da prova caso a mesma não compareça ao ato (art. 455, § 2º).

O CPC também inova ao permitir que a intimação da testemunha possa ser realizada diretamente pelo patrono da parte (art. 455), incluindo a disciplina deste procedimento. Contudo, é de se criticar tal inclusão, pois esta tarefa deve ser realizada apenas por "auxiliares da Justiça" (art. 149 – art. 175), que não contemplam quaisquer detentores de capacidade postulatória. É o fenômeno já detectado e exposto da transferência de responsabilidades e atribuições implementado pelo CPC, que descaracteriza inteiramente o modelo anterior ao tratar de maneira assemelhada sujeitos processuais cuja atuação são completamente diferentes.

---

36 FERNANDES, Sérgio Ricardo de Arruda. *Comentários às alterações no código de processo civil.* 2ª ed., 2006. Rio de Janeiro: Roma Victor, p. 146.

O CPC também traz norma (art. 447) que proíbe, por exemplo, que sejam arroladas testemunhas "incapazes", ou seja, aquelas interditadas, os menores de 16 (dezesseis) anos, entre poucos outros casos mais. Também não podem ser arroladas testemunhas "impedidas", ou seja, aquelas que são ascendentes ou descendentes das partes, entre mais alguns casos. E, por fim, não se deve permitir a inquirição de testemunhas "suspeitas", que são aquelas que tenham interesse no litígio ou que sejam inimigo da parte ou seu amigo íntimo.

Uma vez apresentado o rol de testemunhas, o CPC (art. 451) esclarece em quais hipóteses poderá ocorrer a substituição. Segundo o aludido dispositivo, esta é permitida quando a testemunha inicialmente arrolada vier a falecer, quando a mesma não tiver condições de depor ou, ainda, quando tiver mudado de residência e não mais for encontrada. Mas, não sendo qualquer uma dessas hipóteses, a substituição deverá ser indeferida, eis que equivaleria a permitir que a parte estivesse arrolando "nova" testemunha extemporaneamente. No entanto, caso o magistrado esteja convencido da utilidade da oitiva da mesma, poderá então determinar que a aludida testemunha seja ouvida como se fosse "do juízo", eis que dispõe de iniciativa probatória (art. 370).

Se o próprio magistrado tiver sido arrolado como testemunha em processo que tramita perante o juízo em que o mesmo se encontra lotado, deverá ser observada norma própria (art. 452), com a declaração de impedimento se realmente tiver conhecimento de fatos que possam influir na sua decisão. No entanto, se o mesmo nada souber, bastará então determinar a exclusão do seu nome entre o rol das testemunhas, o que será realizado por meio da prolação de uma decisão interlocutória.

As testemunhas serão ouvidas na AIJ, exceto aquelas que se encontrarem incursas nas hipóteses previstas no CPC (art. 453), a saber as que já prestaram depoimento antecipadamente, bem como as que serão inquiridas por carta. Da mesma maneira, as testemunhas que se enquadrarem em qualquer das hipóteses descritas em dispositivo específico do CPC (art. 454) poderão ser inquiridas fora da sede do juízo, o que se justifica por motivo de deferência. É o que ocorre se, eventualmente, tiver sido arrolado como testemunha o Presidente da República, hipótese em que caberá ao juiz solicitar a esta autoridade que designe dia, hora e local para que possa ser inquirida (art. 454, § 1º). Vale dizer que, no dia da realização do ato, o magistrado estará acompanhado de servidor que irá documentar todo o depoimento e, também, das partes e dos seus respectivos patronos. Mas, de qualquer maneira, é importante destacar que esta norma (art. 454) não enumera um rol taxativo de testemunhas que deverão ser ouvidas fora da sede do juízo, pois é possível que outros atos normativos também possam dispor em idêntico sentido. É o que ocorre, por exemplo, quando um magistrado é arrolado como testemunha para ser ouvido por outro, eis que se trata de uma de suas prerrogativas previstas na Loman (art. 33, inc. I, LC nº 35/79).

Portanto, conforme já visto, a regra é que as testemunhas sejam ouvidas na AIJ, razão pela qual as mesmas devem ser intimadas previamente para comparecimento ao aludido ato, seja pelo correio ou por mandado, quando possuírem residência certa (art. 455, § 1º). No entanto, a própria parte pode se comprometer a trazer a testemunha à audiência, independentemente da realização de qualquer intimação (art. 455, § 2º). Só que, caso seja assumido este ônus e a testemunha não comparecer, esta ausência é interpretada como desistência quanto à necessidade da sua oitiva. Mas, se não for esta a hipótese, ou seja, se a parte não assumiu expressamente o ônus de conduzir a testemunha a juízo, a ausência desta ao ato poderá gerar graves reflexos, como a redesignação da AIJ e a determinação que a mesma venha a ser conduzida "debaixo de vara", ou seja, de maneira coercitiva, respondendo ainda pelas despesas do adiamento (art. 455, § 5º).

Durante a realização da AIJ, o juiz deverá inquirir cada testemunha separada e sucessivamente, sendo primeiras aquelas arroladas pelo demandante e após as do demandado, muito embora seja necessário determinar as providências necessárias para que uma não ouça o depoimento das outras (art. 456). Esta ordem, contudo, até poderá ser alterada, se as partes não se oposurem (art. 456, parágrafo único). Critica-se este último dispositivo, ao exigir a anuência das partes para que haja esta inversão, pois outra norma, mais específica sobre a atuação do magistrado em juízo, já lhe autoriza agir desta forma independentemente de concordância das partes (art. 139, inc. VI), mas desde que seja sempre em prol de uma maior efetividade nas tutelas do Direito.

Ao depor, cada testemunha terá que informar a sua qualificação e, também, se possui alguma relação de parentesco com qualquer das partes ou mesmo interesse no objeto do processo (art. 458). É que, caso a resposta seja afirmativa quanto a qualquer uma das situações, o magistrado então não irá exigir o compromisso de que apenas seja dita a verdade do que souber e lhe for indagado. Nestes casos, até poderá ocorrer a oitiva daquela pessoa que foi arrolada, embora não na condição de "testemunha" do juízo e sim na de "informante", situação que diminui sensivelmente o valor deste depoimento como meio de prova, já que não está compromissada a dizer a verdade e também por ser parente de uma das partes ou ter interesse pessoal quanto aos rumos do processo (art. 447, § 5º).

Não sendo o caso de incapacidade, suspeição ou impedimento da testemunha arrolada, caberá ao magistrado exigir que preste o compromisso de dizer a verdade do que souber e lhe for perguntado, bem como deve adverti-la que poderá incorrer em sanção penal (342, CP – "falso testemunho"), caso venha a efetuar afirmação falsa ou venha a se calar ou a ocultar a verdade (art. 458, *caput* e parágrafo único). Com efeito, somente nas hipóteses previstas em lei (art. 448) é que a testemunha pode se silenciar, sem que isso configure a prática de ilícito penal. Estes casos são: a) quando o seu depoimento gerar grave dano pessoal ou material a sua pessoa, bem como ao seu cônjuge, companheiro, parente sucessível ou afins em terceiro grau sucessível; b) a cujo respeito, por estado ou profissão, deva guardar sigilo.

No decorrer da oitiva de cada testemunha foi adotado o sistema denominado *cross examination*, que consiste na possibilidade de o próprio patrono das partes efetuar as perguntas diretamente a testemunha (art. 459). Assim, a critério do juiz, caberá ao mesmo primeiramente indagar a testemunha ou mesmo ao final da inquirição realizada pelas partes (art. 459, § 1º). Na sequência, a parte que a arrolou fará as suas respectivas perguntas e, depois, será a vez da outra. É possível que perguntas impertinentes, capciosas ou vexatórias sejam indeferidas pelo magistrado, muito embora tenham que constar no termo da AIJ (art. 459, § 3º). Por perguntas "impertinentes" se deve compreender aquelas que puderem induzir a resposta, que não tiverem relação com a causa ou importarem na repetição de outra já respondida (art. 212, CPP), que pode ser perfeitamente aplicável ao CPC, adotando-se a teoria geral unitária do processo.

Vale dizer que, durante a oitiva das testemunhas, tanto o demandante quanto o demandado deverão estar presentes ao ato. No entanto, caso a presença de qualquer um deles possa, de alguma forma, causar humilhação, temor ou sério constrangimento a uma das testemunhas, o magistrado deverá determinar que esta parte seja retirada do recinto, por meio de decisão devidamente fundamentada que deverá constar na ata da assentada. Esta medida, que encontra previsão no Código de Processo Penal (art. 217, CPP) e que também parece ser inteiramente aplicável ao processo civil, não é aplicada caso este ato processual esteja sendo realizado por videoconferência.

Sendo necessário, poderá ainda ser determinado pelo juiz ou a requerimento das partes a redesignação da AIJ para oitiva de eventuais testemunhas referidas nos depoimentos colhidos ou mesmo a acareação das testemunhas que já tiverem prestado depoimento, caso seja observada divergência de declarações sobre fatos relevantes para o julgamento da causa (art. 461).

21.8.8.1. Incidente de recusa de prova testemunhal

O CPC (art. 457, § 1º) autoriza que qualquer das partes contradite a testemunha arrolada pela outra, arguindo-lhe incapacidade, impedimento ou suspeição. Esta recusa deverá ser apresentada por petição ou mesmo oralmente no momento imediatamente anterior ao que a aludida testemunha houver de ser compromissada. Feito isso, caberá ao magistrado indagar a testemunha sobre esta contradita. Se a mesma anuir com a contradita, esta testemunha será então dispensada ou será ouvida na qualidade de informante, o que reduz em muito o valor probatório de suas afirmações, por não estar compromissada a dizer apenas a verdade. No entanto, se a testemunha discordar do que lhe foi imputado, é possível ainda a parte provar a aludida contradita por meio de prova documental ou até mesmo pela oitiva de 3 (três) outras testemunhas, que são apresentadas no ato e inquiridas em separado. Finda a instrução neste incidente, caberá ao magistrado proferir uma decisão interlocutória resolvendo esta questão.

Da mesma forma, ainda que não haja a apresentação por qualquer das partes de uma contradita, também é lícito que a própria testemunha arrolada se dirija diretamente ao magistrado aduzindo que não pode depor em razão da ocorrência de um dos motivos previstos em lei (art. 448 – v.g., fatos a cujo respeito deve guardar sigilo em razão da profissão que desempenha). Nestes casos, após intimar as partes presentes para que se manifestem a respeito, o próprio magistrado decidirá de plano esta situação (art. 457, § 3º).

21.8.9. Prova pericial

A prova pericial é uma prova essencialmente técnica, em que há necessidade de um perito que tenha conhecimento específico sobre o assunto em questão, estando a mesma regulada no CPC (art. 464 – art. 480). Mas, por vezes, pode ser que na localidade não exista especialistas em determinado assunto, de modo que um profissional com algum conhecimento terá que realizá-la (v.g., é necessário um especialista em cardiologia, mas na localidade somente existem clínicos gerais). Nestes casos, se demonstrada esta situação, ainda assim a prova pericial poderá ser produzida, muito embora o seu valor probatório seja sensivelmente diminuído.

A perícia pode consistir em exame, vistoria ou avaliação (art. 464). Este meio de prova pode, porém, ser indeferido nas hipóteses mencionadas em lei (v.g., art. 464, parágrafo único), como, por exemplo, quando a prova do fato não depender do conhecimento especial de técnico.

No procedimento comum, caberá às partes requerer a produção de prova desta natureza no momento oportuno (até o saneamento do processo) ou, então, o juiz poderá determiná-la de ofício (art. 370). Deferida a prova, dispõe o CPC (art.464, § 1º) que as partes deverão ser intimadas para indicar assistente técnico (se for o caso), arguir o impedimento ou a suspeição do perito ou apresentar os quesitos em 15 (quinze) dias, prazo que não é preclusivo, pois estas providências poderão até ser realizadas tardiamente, desde que a perícia ainda não tenha se iniciado.[37]

Após o deferimento da aludida prova, também haverá a necessidade de recolher as despesas inerentes à produção da perícia (art. 95). Este ônus é do demandante, se esta prova tiver sido determinada de ofício, ou da parte que a requereu, caso venha a concordar com o custo do serviço que vier a ser apresentado. Por vezes, a própria parte propõe ao perito uma redução ou que os valores somente sejam pagos ao final, o que até pode ser aceito pelo mesmo, embora não seja algo impositivo e nem mesmo se constitua em regra, pois, como qualquer profissional, o perito precisa ter garantias de que o seu trabalho será remunerado. Desta forma, os valores previamente depositados (o que é a regra), somente serão levantados pelo perito após a entrega do laudo, muito embora possa ocorrer uma liberação parcial antecipada se assim restar decidido. De qualquer maneira, se a parte que postular este meio de prova vier a ter êxito quanto aos rumos do processo, poderá no futuro se reembolsar de tais valores junto a parte vencida. Já os assistentes técnicos são remunerados diretamente pela própria parte que os contratou (art. 95).

---

37 STJ. REsp nº 796.960-MS. Rel. Min. Fernando Gonçalves. DJ 15/04/2010.

O perito não precisa prestar compromisso, mas deve cumprir escrupulosamente o encargo que lhe foi confiado (art. 466), podendo ser apontado como impedido ou suspeito por qualquer das partes, caso presente uma das hipóteses previstas no CPC (art. 144 e art. 145). Os assistentes técnicos, ao revés, muito embora prestem valiosa contribuição, são remunerados diretamente pela parte que os contratou, razão pela qual os mesmos devem ser reconhecidos como naturalmente parciais e, por este motivo, sequer necessário imputar-lhes qualquer impedimento ou suspeição (art. 422, § 1º).

O CPC (art. 473, § 3º) autoriza que o perito e os assistentes técnicos se valham de todos os meios necessários para a realização do encargo, enumerando que tipos de diligências poderão empreender, como a solicitação de documentos, inquirição de pessoas, entre outras mais. Somente não se pode olvidar de outra regra (art. 474), que determina que as partes deverão ser previamente intimadas da data e local em que será realizada a diligência, justamente para que possam acompanhá-las, norma que se não for observada poderá gerar a nulidade do ato produzido. Mas fica a ressalva que, apesar de não constar tão claramente neste último dispositivo, não há necessidade de que o perito e os assistentes técnicos atuem sempre em conjunto, pois pode ser perfeitamente crível que cada um prefira atuar de maneira autônoma durante a realização do encargo. Mas, caso isso ocorra, esta norma (art. 474) deverá ser observada, com a consequente intimação das partes para que, caso queiram, também possam estar presentes ao evento.[38]

Uma vez determinada a prova pericial, não se pode descurar da ocorrência de duas situações distintas. A primeira (art. 475) é a que cuida da "perícia complexa", isto é, quando a questão técnica necessitar conhecimento de duas ou mais ciências diversas. Neste caso, pode ser necessária a realização de duas perícias distintas e concomitantes. É o que ocorre em situações envolvendo acidentes de veículos, que podem gerar a necessidade de perícia quanto ao automóvel, e médica, para apurar as lesões sofridas pela vítima. Já a segunda situação (art. 480) é a que autoriza ao juiz deferir nova perícia, de ofício ou a requerimento da parte, quando concluir que a anterior não esclareceu os pontos nodais da questão. É o que ocorre quando uma perícia é vacilante em informar o estado de saúde de determinada pessoa, de modo que o magistrado não pode concluir com segurança se a mesma faz ou não jus a algum benefício previdenciário. O CPC (art. 480, § 1º) também pontua que, neste outro caso, a segunda perícia deve ter por objeto os mesmos fatos da anterior, destinando-se a corrigir omissões ou inexatidões de resultados da outra. No entanto, não se deve realizar nova perícia quando a ausência de informações decorre da formulação de quesitos defeituosos pelas partes, conforme recomenda a melhor doutrina.[39]

Caberá ao perito apresentar o laudo no prazo que o juiz determinar, muito embora lhe seja possível requerer a prorrogação, caso presente algum motivo justificado (art. 476). Na hipótese de já haver sido designada AIJ, o laudo deverá ser apresentado com 20

---

38 FERNANDES, Sérgio Ricardo de Arruda. *Comentários às alterações no código de processo civil.* 2ª ed., 2006. Rio de Janeiro: Roma Victor, p. 149.

39 GRECO, Leonardo. *Instituições de processo civil,* Rio de Janeiro: Forense, 2010, v. 2. pp. 286-287.

(vinte) dias de antecedência (art. 477), cuja contagem deve ser realizada de maneira invertida. Já os assistentes técnicos, por seu turno, irão apresentar seus pareceres em prazo comum de 15 (quinze) dias, após a intimação do laudo. Este prazo, no entanto, já é de natureza "legal", razão pela qual é possível que nem sempre o termo final seja idêntico para ambas as partes. É que, se em um polo processual constar litisconsortes com diferentes procuradores ou uma das partes assistida pela Defensoria Pública, este prazo será então duplicado (art. 229 e art. 186).

Se necessário algum esclarecimento quanto ao laudo, o perito será intimado para realizá-lo por escrito e, se mesmo esta providência não for suficiente, deverá prestar essas informações na AIJ. Outrossim, o especialista (ou o assistente técnico, se for o caso) deve ser intimado com antecedência mínima de 10 (dez) dias (art. 477, §§ 3º e 4º).

É importante destacar que o CPC (art. 478) pontua que o juiz não fica adstrito ao laudo pericial, podendo decidir de maneira contrária ao mesmo, o que é absolutamente razoável diante do sistema por nós adotado da persuasão racional, desde que seja devidamente motivada a sua decisão. No entanto, malgrado esta ressalva, é ao mesmo tempo inegável que a perícia possui, de uma forma geral, grande credibilidade para o magistrado, no momento em que enfrenta questões de cunho essencialmente técnico e científico, mormente em áreas que o mesmo não domina.[40]

Por fim, a grande novidade do CPC quanto à prova pericial reside em norma própria (art. 464, §§ 3º e 4º), que cria a possibilidade de o juiz determinar de ofício ou a requerimento da parte uma "prova técnica simplificada", para os pontos controvertidos de menor complexidade. Trata-se de prova que consiste na inquirição de um especialista pelo magistrado, que deverá ter formação acadêmica compatível, podendo a mesma ser realizada pelos meios tradicionais ou por qualquer recurso tecnológico de sons e imagens. Certamente, este meio de prova será muito adotado no sistema dos juizados especiais que, a despeito de não possuir proibição neste sentido em qualquer ato normativo, não vem aceitando a produção de prova pericial de maior complexidade, ante a jutificativa de que a mesma contraria os seus princípios norteadores (art. 2º, Lei nº 9.099/95).

21.8.10. Inspeção judicial

A inspeção judicial pode ocorrer de ofício ou a requerimento da parte e pode se dar em qualquer fase do processo, sempre que for necessário ao magistrado ter que verificar o estado de pessoas ou coisas, para que possa ser esclarecido um fato que seja relevante para o julgamento da causa (art. 481).

Havendo necessidade de inspeção judicial, o magistrado deverá se deslocar até o local onde se encontra a pessoa ou coisa, para melhor verificação da situação, quando a coisa não puder ser apresentada em juízo sem grandes dificuldades ou quando for ordenada a reconstituição dos fatos (art. 483). Do contrário, a inspeção

---

40 GRECO, Leonardo. *Instituições de processo civil*, Rio de Janeiro: Forense, 2010. v. 2, pp. 286-287.

deverá ser realizada no próprio juízo, local adequado para a prática dos atos processuais (art. 217). Mas, seja a inspeção realizada no juízo ou fora dele, o magistrado deverá estar acompanhado de um ou mais peritos (art. 482) e também das partes e de seus respectivos patronos (art. 483, parágrafo único). Também deverá estar presente ao ato um servidor do juízo, para lavrar o auto circunstanciado, mencionando nele tudo quanto for útil para o julgamento, inclusive por meio de desenho, gráfico ou fotografia (art. 484, *caput* e seu parágrafo único).

De resto, em razão de o CPC albergar a possibilidade da produção de provas atípicas, vem sendo muito frequente a determinação que a inspeção seja realizada diretamente pelo próprio oficial de justiça, sem que haja a necessidade de o magistrado acompanhá-lo. Esta hipótese de forma alguma macularia a referida prova, até por ser tarefa inserida no rol de atribuições do meirinho (art. 154, incs. I e II).

21.8.11. Interceptação de dados telemáticos e uso desta prova no processo civil

Para a correta assimilação do presente tema, é necessário primeiro compreender o que significa o termo "intimidade", que pode ser entendido como o conjunto de preceitos tutelares da vida íntima de uma pessoa, como direito imanente a todo ser humano,[41] havendo sido erigido, pelo legislador constituinte originário, a um dos direitos e garantias fundamentais, conforme prevê a Carta Magna (art. 5º, inc. X, CRFB), que assegura que são invioláveis a intimidade, a vida privada, a honra e a imagem das pessoas, assegurado o direito à indenização pelo dano material ou moral decorrente de sua violação.

O direito à intimidade, porém, não pode ser considerado de natureza absoluta pois, a rigor, nem mesmo o próprio direito à vida o é, uma vez que existem hipóteses excepcionais em que a Carta Magna admite a pena de morte.[42] Desta forma, se o próprio direito à vida, que é o mais nobre e importante de todos, pode ser relativizado, o mesmo deve suceder com a intimidade da pessoa e, neste ponto, a própria Constituição reconhece esta possibilidade (art. 5º, inc. XII, CRFB), prevendo ser inviolável o sigilo da correspondência e das comunicações telegráficas, de dados e das comunicações telefônicas, salvo, no último caso, por ordem judicial, nas hipóteses e na forma que a lei estabelecer para fins de investigação criminal ou instrução processual penal. Assim, somente será permitido o afastamento do sigilo que recai sobre as comunicações telefônicas desde que, cumulativamente, estejam presentes três requisitos: a) ordem judicial; b) para fins de investigação criminal ou instrução processual penal; c) nas hipóteses e na forma que a lei estabelecer.[43]

---

41 SIDOU, J. M. Othon. *Dicionário jurídico da Academia Brasileira de Letras.* 3ª ed. Rio de Janeiro: Forense, 1994, p. 419.

42 O art. 5º, inc. XLVII, *a*, da CRFB determina que "*não haverá penas de morte, salvo em caso de guerra declarada, nos termos do art. 84, inc. XIX*".

43 MORAES, Alexandre de. *Direito constitucional.* 9ª ed. São Paulo: Atlas, 2001, p. 78.

O terceiro e último requisito somente foi suprido pelo advento de legislação ulterior (Lei nº 9.296/96), que veio regulamentar a já mencionada norma constitucional (art. 5º, inc. XII, CRFB). No entanto, como esta lei não pode ser aplicada aos fatos anteriores à sua vigência, o que se constata é que, neste ínterim compreendido entre a data da promulgação da CRFB e a da edição desta norma (Lei nº 9.296/96), houve uma impunidade desmedida.[44]

Pela leitura da novel legislação, observa-se que foi criada focando a "interceptação" de comunicações telefônicas, que não se confunde com a "escuta" telefônica e nem com a "quebra de sigilo de dados telefônicos". Com efeito, na "interceptação" um terceiro capta uma autorização telefônica alheia sem o conhecimento de nenhum dos comunicadores. Por seu turno, na "escuta" há o conhecimento da referida interceptação por parte de um dos comunicadores.[45] E, por fim, deve ser mencionado que a "quebra de sigilo dos dados telefônicos" consiste na apreensão do histórico de contas telefônicas, onde pode constar, por exemplo, a lista dos números discados bem como o tempo e a periodicidade das ligações.

Esta mesma lei é expressa (art. 1º, parágrafo único, Lei nº 9.296/96), que os seus dispositivos também se aplicam à interceptação do fluxo de comunicações em sistemas de informática e telemática. É de se acrescentar que tal disposição sequer deveria ser expressa, ante a constatação de que as técnicas de comunicação se modernizaram, a permitir, assim, que inúmeros crimes extremamente graves pudessem ser cometidos pela via telefônica, tanto através da linguagem falada/escrita quanto por intermédio de outros sinais, signos ou símbolos. Parece mais acertado, portanto, evitar usar a expressão "dados telefônicos" em favor de "dados telemáticos". Afinal, a "telemática" pode ser sucintamente definida como o conjunto de tecnologias de transmissão de dados resultante da junção entre os recursos das telecomunicações (v.g. telefonia) e da informática (v.g. computadores), que possibilitou o processamento, a compreensão, o armazenamento e a comunicação de grandes quantidades de dados (nos formatos texto, imagem e som), em curto prazo de tempo, entre usuários localizados em qualquer lugar do planeta.[46] Assim, se deve entender que, caso fosse admitida a interceptação somente de sons e conversas, evidentemente a persecução penal sofreria sérios cerceamentos, resultando em prejuízos à necessária elucidação dos fatos delituosos.[47] Há, inclusive, farta jurisprudência a respeito.[48]

Desta maneira, percebe-se que a Constituição e também a lei em comento, foram bastante rigorosas em disciplinar em que consiste a interceptação de dados telemáticos, bem como em exigir decisão judicial autorizando-a e, também, que a mesma somente

---

44 MOTTA, Sylvio. DOUGLAS, Willian. *Direito constitucional – teoria, jurisprudência e 1000 questões*. 12ª ed. Rio de Janeiro: Impetus, 2003, p. 70.

45 MOTTA, Sylvio. DOUGLAS, Willian. *Direito constitucional – teoria, jurisprudência e 1000 questões*. 12ª ed. Rio de Janeiro: Impetus, 2003, p. 70.

46 Disponível em: <http://pt.wikipedia.org/wiki/Telem%C3%A1tica>. Acesso em: 16 jan. 2013, às 15:05.

47 GOMES, Luiz Flávio. *Interceptação telefônica*. São Paulo: RT, 1997, p. 174.

48 TRF3. Apelação Criminal nº 200061810075960. Rel.ª Des.ª Federal Susana Camargo. DJ 03/08/2001.

possa ser deferida para apuração de ilícitos penais. Resta a dúvida, porém, se este meio de prova também pode ser usado para a demonstração de ilícitos civis.

A jurisprudência mais antiga vinha negando essa possibilidade, de uso no processo civil de uma prova como esta, ou seja, uma interceptação realizada à míngua de autorização judicial e normativa, para demonstrar fatos cíveis em processo civil, considerando-a como prova ilícita.[49] Só que, com o passar do tempo, esta visão foi sendo modificada, principalmente ante a constatação que, por vezes, o mesmo fato pode configurar simultaneamente tanto um ilícito penal, como civil, e até mesmo de natureza administrativa. Desta maneira, deferida a produção da prova de interceptação de dados telemáticos em processo penal, a mesma após ser produzida será utilizada tanto neste processo como poderá ser anexada a outros cíveis ou em procedimentos administrativos que versarem sobre os mesmos fatos, recebendo o mesmo tratamento de "prova emprestada", que, por sinal, passa a ser admitida expressamente no CPC (art. 372). Parece, de fato, o melhor entendimento, pois a Carta Magna é bem específica em somente autorizar este tipo de prova para a apuração de ilícitos penais, de modo que somente na presença destes é que a prova poderá ser produzida, muito embora o seu resultado também possa ser utilizado posteriormente em outras esferas. Há, inclusive, diversos precedentes neste sentido, muitas vezes até realizando uma ponderação de valores entre o interesse do particular em manter a sua intimidade confrontando-o com o interesse público subjacente[50].

---

49 STF. REXTR nº 1000094. Rel. Min. Rafael Mayer. DJ 28/06/1984.

50 STF. Questão de ordem no inquérito nº 2.424. Rel. Min. Cezar Peluso. DJ 25/04/2007. STJ. REsp nº 200902128645. Rel. Min. Mauro Campbell Marques. DJ 08/10/2010.

22

AUDIÊNCIA DE INSTRUÇÃO E JULGAMENTO

22.1. AUDIÊNCIA DE INSTRUÇÃO E JULGAMENTO

Não sendo o caso de julgamento conforme o estado do processo (art. 354 – art. 357), o magistrado então deverá designar dia e hora para a realização da AIJ (art. 358 – art. 368), se for necessária a produção de prova oral.

A audiência de instrução e julgamento se constitui em um ato processual complexo, ou seja, em um ato processual que pode ser decomposto em diversos outros, que são praticados de maneira sequenciada e com os mais diversos objetivos.[1] Isso ocorre porque a AIJ permite: a) a tentativa de conciliação entre as partes; b) a produção de provas; c) a apresentação de alegações finais orais; d) a prolação da sentença; e) a interposição de recursos pelas partes.

A AIJ, contudo, não deve ser obrigatoriamente designada, uma vez que eventualmente até mesmo pode ser necessária a dilação probatória, muito embora tais provas não tenham que ser produzidas apenas em audiência. Porém, se a mesma tiver que ser designada, deve se atentar quanto ao disposto no CPC (no art. 212), que permite que este ato seja praticado em dias úteis das 6 (seis) às 20 (vinte) horas, inclusive com a ressalva que até mesmo autoriza que esta audiência possa terminar após esse horário, desde que haja risco de prejuízo ao ato ou se houver possibilidade de ocorrência de grave dano (art. 212, § 1º).

De qualquer maneira, a AIJ deve ser considerada como uma e contínua (art. 365), eis que havendo a necessidade de prosseguimento em outra data, essa circunstância não irá acarretar a designação de uma nova audiência, mas sim a continuação daquela já iniciada. É o que ocorre quando uma testemunha não puder comparecer na primeira data, o que irá justificar a sua oitiva em data ulterior, quando for marcada o prosseguimento da anterior.

22.2. PRINCÍPIOS INFORMATIVOS DA AIJ

A AIJ, embora seja um ato processual complexo, pode ser regulada e inspirada por diversos princípios, entre os quais se pode mencionar: a) publicidade; b) concentração; c) oralidade, d) imediatividade; e) identidade física do juiz.

---

[1] CÂMARA, Alexandre Freitas. *O novo processo civil brasileiro.* São Paulo: Atlas, pp. 217-220.

22.2.1. Princípio da publicidade

De acordo com este princípio (art. 368), todos os atos processuais devem ser públicos, ou seja, acessíveis a qualquer pessoa. No entanto, não se trata de um princípio pleno, pois a própria lei processual restringe a publicidade de alguns atos em determinadas hipóteses. O CPC (art. 189) esclarece, por exemplo, que tramitarão em segredo de Justiça os processos em que assim exigir o interesse público e, também, aqueles que dizem respeito a casamento, filiação, separação dos cônjuges, conversão desta em divórcio, alimentos e guarda de menores. Nestes casos se entende que o interesse público ou mesmo um interesse particular extremamente íntimo e que guarda estreito vínculo com a dignidade da pessoa humana autorizam o sigilo do conteúdo processo e também do direito de estar presente durante a realização da AIJ.

22.2.2. Princípio da concentração

O "princípio da concentração", por sua vez, já é de fácil assimilação, pois sendo a AIJ um ato processual complexo, então nela serão praticados os mais diversos atos e expedientes processuais. Inclusive, a própria redação de norma processual (art. 365) deixa transparecer que somente em caráter excepcional o seu prosseguimento terá que ser determinado para que outros atos sejam então praticados.

22.2.3. Princípio da oralidade

O "princípio da oralidade" permite que os atos praticados durante a realização da AIJ sejam orais, muito embora haja a necessidade de documentá--los posteriormente, o que, de certa maneira, acaba por mitigá-lo. No entanto, não necessariamente todos os atos realizados em AIJ serão reduzidos a termo, eis que há autorização, em lei específica (art. 36, Lei nº 9.099/95), no sentido de que não será reduzida a termo a prova oral que vier a ser proferida nas audiências do juizado especial, o que, de certa maneira, busca atender os seus critérios norteadores. Trata-se de norma excepcional, somente sendo aplicada nos processos que tramitam perante os juizados especiais.

22.2.4. Princípio da imediatividade

O "princípio da imediatividade" também não oferece grandes dificuldades, pois o mesmo, em apertada síntese, recomenda que a sentença seja proferida pelo magistrado que teve contato direto com a prova, ou seja, por aquele que é o que melhor conhece o processo e que reunirá as melhores condições de julgar a pretensão deduzida à luz do seu livre convencimento.

22.2.5. Princípio da identidade física do juiz

Por fim, o modelo primitivo (art. 132, CPC-73), também previa o "princípio da identidade física do juiz", que foi criado com a melhor das intenções, mas que muitas vezes não vinha atingindo o seu escopo real, conforme a seguir será demonstrado. Este princípio busca impor, basicamente, que o magistrado que tenha realizado a instrução processual e, por esta maneira tenha tido contato direto com a prova, seja aquele que obrigatoriamente vá sentenciar o processo, pois se presume que o mesmo reúna as melhores condições para efetuar o aludido julgamento.

Embora este raciocínio seja realmente o ideal, existem diversos obstáculos para a aplicação a contento deste princípio. Primeiro, o mesmo não é aplicado nos Tribunais, de modo que o desembargador ou ministro, no julgamento de um recurso, tem o poder de reformar integralmente a decisão do juiz sem que o mesmo tenha presidido qualquer ato tendente à produção de provas. Segundo, porque o próprio dispositivo (art. 132, CPC-73) excepcionava a sua aplicação em hipóteses exemplificativas, que autorizam que a sentença seja dada por outro magistrado ainda que o mesmo não tenha participado da instrução como, por exemplo, em situações de aposentadoria ou falecimento do juiz anterior.[2] E, por fim, outra constatação que demonstra certa inutilidade deste princípio é a de que, pelo menos no processo civil, o magistrado que ficava pessoalmente vinculado a decidir o processo não era aquele que iniciou a AIJ ou o que realizou a oitiva do maior número de testemunhas, mas sim aquele que apenas a concluiu. Isso significava que o juiz "A" poderia iniciar uma audiência complexa colhendo o depoimento dos peritos, das partes e de diversas testemunhas, mas, diante da impossibilidade justificada no comparecimento de uma delas, o mesmo teria que re-designar o prosseguimento do ato para outra data, quando então a continuação desta audiência seria presidida pelo magistrado "B". Certamente, o primeiro magistrado é que teria as melhores condições para sentenciar este processo mas, no entanto, a norma estabelecia que o segundo juiz é quem teria a incumbência pessoal de proferi-la.

Desta forma, apesar de este princípio ter sido concebido com o melhor dos propósitos, é certo que tais críticas são muito pontuais e a jurisprudência já o vinha negando em caráter absoluto.[3] No CPC, o mesmo não foi mantido. Portanto, pelo novo modelo, o magistrado que concluir a instrução não ficará mais vinculado pessoalmente a decidir. Este princípio da identidade física, porém, continua previsto no Código de Processo Penal (art. 399, § 2º, CPP).

---

2 Vale dizer que já existem precedentes judiciais determinando que, também no direito processual penal o princípio da identidade física do juiz não é absoluto, devendo ser realizada uma interpretação de acordo com o art. 132 do CPC: TRF2. HC 201102010032854. Rel. Des. Messod Azulay. DJ 10/05/2011.

3 Reforçado o caráter relativo do princípio da identidade física do juiz, prestigiando a celeridade processual e a ausência de prejuízo: TJ-RJ. Apelação cível nº 2003.001.11018. Rel. Des. Sérgio Cavalieri Filho. DJ 06/08/2003.

22.3. ESTRUTURA: ABERTURA, CONCILIAÇÃO, INSTRUÇÃO, DEBATES ORAIS, SENTENÇA E RECURSOS

É possível o adiamento da AIJ (art. 362), seja uma vez por motivo de convenção das partes (o que caracteriza uma convenção processual) ou por outros motivos, tal como se não puderem comparecer, por motivo justificado, o perito, as partes e as testemunhas, muito embora o patrono tenha que comprovar este motivo até a abertura da audiência. Também a audiência pode ser adiada quando o próprio advogado não puder estar presente, caso em que a justificativa também deverá ser apresentada previamente, pois, do contrário, a AIJ irá se realizar com a dispensa das provas requeridas pela parte cujo patrono não se encontrar presente ao ato (art. 362, § 2º). Este adiamento da AIJ, contudo, não se confunde com a possibilidade de suspensão da mesma, o que pode ocorrer após a audiência já ter se iniciado, e o art. 313, § 3º estabelece como o magistrado deve proceder diante de eventual falecimento da parte ou do seu patrono durante o ato.

Não sendo, porém, caso de adiamento, a AIJ se inicia com a realização do "pregão", isto é, com a chamada das partes, dos advogados e também de eventuais testemunhas ou mesmo do perito (art. 358). Trata-se de tarefa que é usualmente realizada pelo oficial de justiça.

Antes de iniciar a instrução, caberá ao magistrado tentar mais uma vez conciliar as partes, tal como prevê o CPC (art. 359) e, se eventualmente tiver êxito, o termo de conciliação será então assinado pelas partes e homologado pelo juiz. Do contrário, não havendo a conciliação, se passará diretamente à realização da instrução do processo. Acrescente-se, outrossim, que a presença pessoal da parte não é obrigatória, exceto se for necessário colher o seu depoimento pessoal.

Durante a AIJ, o magistrado exercerá poder de polícia, que se consubstancia em uma atividade de cunho administrativo (art. 360), que lhe autoriza requisitar ordem policial quando necessária ou mesmo determinar que se retirem da sala de audiência todos aqueles que se comportarem de maneira inconveniente, pois, somente assim, será possível manter a ordem e o decoro durante a realização do ato.

O magistrado conduz a AIJ, sendo vedado que os advogados e o membro do MP intervenham, enquanto depuserem o perito, os assistentes técnicos, as partes e as testemunhas, sem que haja a autorização judicial (art. 361, parágrafo único).

De acordo com o CPC (art. 361), as provas serão produzidas preferencialmente na seguinte ordem: primeiro os esclarecimentos dos peritos e dos assistentes técnicos, depois os depoimentos pessoais do demandante e do demandando e, por fim, a oitiva das testemunhas do autor e depois as do réu. Vale dizer que a falta de observância desta ordem não gera vício processual, dependendo do motivo que vier a ser apresentado. Aliás, é de se ressalvar que esta inversão pode até mesmo ser determinada de ofício (art. 139, inc. VI).

No modelo anterior (art. 446, inc. II) era adotado o sistema presidencialista, segundo o qual caberia ao magistrado colher pessoal e diretamente a prova produzida em AIJ, motivo pelo qual apenas o mesmo poderia fazer perguntas se dirigindo diretamente à testemunha, partes ou perito, ainda que fossem questionamentos formulados pelos patronos presentes. O novo modelo, porém, silencia-se a respeito, pois apenas prevê a adoção do sistema do *cross examination*, que autoriza que as perguntas sejam feitas diretamente pelos próprios patronos das partes, no caso de prova testemunhal (art. 459). Mas, por uma questão de analogia (art. 4º, LINDB), o mesmo sistema deve ser usado para a produção das demais provas orais produzidas em AIJ.

Destaca-se, outrossim, que o sistema presidencialista (previsto no modelo anterior) e o do *cross examination* (adotado no atual) irão conviver por algum tempo, em razão de norma específica (art. 1.047), que, no que diz respeito à aplicação da lei processual no tempo, optou por adotar o sistema das fases processuais. É que pontua esta norma (art. 1.047) que se a prova tiver sido requerida ou deferida de ofício ainda na vigência do modelo anterior (CPC-73), ela será então produzida de acordo com as antigas regras, ainda que a AIJ seja designada para se realizar em dia e hora em que o CPC já esteja em vigor. Portanto, o sistema presidencialista ainda poderá ser observado nestas circunstâncias. Do contrário, as provas requeridas ou deferidas de ofício já na vigência da nova lei serão produzidas de acordo com os seus ditames.

Passa-se à produção das provas em AIJ. Quando se tratar de perito, é importante ter em mente que o mesmo está ali para trazer esclarecimentos quanto ao laudo anteriormente apresentado (art. 361, inc. I), devendo eventuais dúvidas serem primeiro apresentadas pelo patrono do demandante e, após, pelo do demandado. Já na hipótese de depoimento pessoal das partes, o advogado que primeiro irá indagar será o daquela parte que estará sendo ouvida no momento. Por fim, quanto à oitiva das testemunhas, também esta premissa deve ser adotada, de modo que para as testemunhas do demandante caberá ao seu patrono primeiro formular as eventuais indagações e vice-versa.

Vale relembrar, ainda, que durante o depoimento dos peritos, das partes ou das testemunhas, os advogados não poderão apartear sem que antes haja a autorização por parte do magistrado (art. 361, parágrafo único).

Finda a instrução, as partes deverão apresentar as suas alegações finais orais (art. 364), que, após, serão reduzidas a termo. Este dispositivo, por sinal, autoriza que este prazo seja de 20 (vinte) minutos, muito embora possa ocorrer a sua prorrogação, a critério do magistrado, por mais 10 (dez) minutos. No entanto, caso o processo tenha um litisconsórcio ou mesmo a intervenção de um terceiro, há norma prevendo que o prazo para alegações finais orais será então necessariamente fixado em 30 (trinta) minutos, que serão divididos igualmente entre os integrantes do mesmo grupo, salvo se os próprios dispuserem de maneira diferente, o que caracteriza mais um exemplo de convenção processual (art. 364, § 1º).

Pode ocorrer, também, que a situação apresente complexas questões de fato ou de direito, hipótese em que o CPC (art. 364, § 2º) autoriza que as alegações finais orais sejam substituídas por memoriais escritos, caso em que, de acordo com o dispositivo, caberá ao juiz fixar dia e hora para que as partes os apresentem em 15 (quinze) dias, contados sucessivamente.[4]

Em seguida, caberá ao magistrado proferir sentença imediatamente ou no prazo de 30 (trinta) dias (art. 366), muito embora o mesmo possa ser dobrado caso haja motivo justificável (art. 227). Vale dizer que este prazo para proferir sentença é considerado "impróprio", de modo que a sua falta de observância não gera qualquer preclusão ao magistrado, muito embora o excesso injustificável possa lhe trazer consequências administrativas das mais variadas naturezas.

Há normas (art. 367, §§ 5º e 6º), que passam a autorizar a gravação da audiência tanto por imagem quanto por áudio, seja por meio digital ou análogo, o que, de certa maneira, foi um dos motivos que justificaram o fim do princípio da identidade física do juiz. É de se criticar, contudo, a previsão constante no último parágrafo, que permite a gravação da AIJ por qualquer das partes e independentemente de autorização judicial. Mais uma vez, o CPC peca por tentar descaracterizar a atuação de cada sujeito do processo, posto ser do auxiliar da justiça a prática desta tarefa em específico. Ademais, a gravação realizada por outros sujeitos processuais contribuirá para um clima bélico no decorrer do ato, afastando a possibilidade de autocomposição, além de ser em parte inútil, pois a mesma sequer será usada no processo, posto que neste será adotada a gravação ou transcrição efetuada pelo serventuário. E, claro, isso sem contar a necessidade de fazer o Poder Judiciário ter que gravar e manter armazenadas todas as audiências, justamente para se evitar qualquer manipulação de conteúdo e divulgação em redes sociais.

Por fim, é de se analisar quais são os eventuais recursos que poderão ser utilizados para impugnar as decisões proferidas no decorrer da AIJ. Quanto às decisões interlocutórias, as partes até poderão interpor agravo de instrumento, desde que seja uma das hipóteses autorizadas em lei (art. 1.015). Contudo, se o magistrado já proferir sentença, o recurso pertinente será o de apelação.

---

4 DINAMARCO, Cândido Rangel. *Instituições de Direito Processual Civil*, v. 3. 6ª ed. São Paulo: Malheiros, 2009, p. 672.

23

SENTENÇA

23.1. SENTENÇA

O CPC (art. 203, § 1º) define sentença, pelo menos no procedimento comum, como o pronunciamento do magistrado que, resolvendo ou não o mérito (art. 485 e art. 487), coloca fim a fase de conhecimento ou extingue a execução. Observa-se, assim, que para que o ato seja reputado como sentença torna-se necessário observar: a) o seu conteúdo (art. 485 ou art. 487); b) o momento em que foi proferido, pois somente será considerado sentença o que puser fim a fase ou ao processo.

Desta maneira, imagine-se, por exemplo, um processo em que o magistrado inicialmente exclui um dos litisconsortes passivos em razão da ilegitimidade (art. 485, inc. VI), depois, em outro ato decisório, pronuncia a prescrição de um dos cheques que estavam sendo cobrados (art. 487, inc. II), mais à frente realiza o julgamento antecipado parcial do mérito (art. 356 c/c art. 487, inc. I) e, por fim, resolve o mérito quanto à parcela restante (art. 487, inc. I). Observa-se que, nesta simples hipótese, seriam pelo menos 4 (quatro) decisões distintas que teriam resolvido ou não parte do mérito. Contudo, apenas a última delas encerrou a fase de conhecimento, motivo pelo qual somente esta terá natureza jurídica de sentença e desafiará recurso de apelação. Quanto às demais deste exemplo, todas serão consideradas decisões interlocutórias, sendo cabível o agravo de instrumento apenas na primeira e na terceira hipóteses (art. 1.015, incs. II e VI). Eventual irresignação quanto à segunda decisão interlocutória deverá ser manifestada no próprio corpo do recurso de apelação (art. 1.009, § 1º).

Sob a vigência do modelo primitivo (CPC-73), respeitável doutrina até defendeu minoritariamente que, no exemplo acima, todos os atos seriam considerados como sentenças parciais de mérito.[1] Contudo, de acordo com o CPC, tais sentenças parciais somente poderiam ocorrer em procedimentos especiais, quando previstas. Seria o exemplo das sentenças proferidas ao final de cada fase do procedimento especial de exigir contas (art. 550 – art. 553), pois, em tais casos o mérito é duplo, sendo apreciado em momentos distintos, já que em um o magistrado condena o demandado a prestar as contas e, em outro, será realizada a quantificação destas.

---

[1] Em sentido contrário ao texto, por sinalizar que o ato em questão deveria ser reputado como sentença e admitindo a interposição de recurso de apelação por instrumento: WAMBIER, Teresa Arruda Alvim. O agravo e o conceito de sentença. In: *Revista de Processo* nº 144. São Paulo: RT, 2007, p. 252.

De resto, é de se salientar que há norma (art. 12) que estabelece que o magistrado deve se prender, preferencialmente, à ordem de conclusão dos processos para que profira as suas decisões. Curiosamente, há outra (art. 1.046, § 5º) que pontua que, para que os processos que já se encontravam conclusos por ocasião do advento do CPC, a ordem deverá observar a data da distribuição. Mas, apesar de tais normas serem impregnadas de bons propósitos, por gerarem maior publicidade e transparência para o consumidor do serviço jurisdicional, é certo que as mesmas comportam exceções (e muitas), de acordo com o rol exemplificativo que consta em uma delas (art. 12). E, além disso, como estes dispositivos são impregnados pelo caráter gerencial e burocrático, é de se destacar que a criação de tais normas deveria ter sido realizada diretamente pelos tribunais (art. 98, inc. I, "*b*" c/c art. 99, ambos da CRFB), e não por ato de iniciativa da União (art. 22, inc. I, CRFB), o que até mesmo já pode sugerir a inconstitucionalidade de tais artigos.[2]

23.2. FUNDAMENTOS DA SENTENÇA: ART. 485 E ART. 487

O CPC pontua qual é o conteúdo constante na sentença (art. 485 ou art. 487). No primeiro deles (art. 485), o magistrado profere sentença sem resolver o mérito da causa, ou seja, quando não analisa a pretensão de direito material que foi deduzida pelo demandante. Nestas hipóteses, o processo padece de algum vício ou situação intransponível que impede essa verificação. Assim, a sentença terminativa, que é aquela fundada neste dispositivo, apenas gera coisa julgada formal, ou seja, tem o seu conteúdo imutável apenas no processo em que foi proferida, permitindo que o interessado repita a mesma ação e instaure um novo processo oportunamente.

A primeira situação de sentença terminativa (art. 485, inc. I) é aquele que autoriza a extinção do processo por motivo de indeferimento, cujas causas são indicadas no CPC (art. 330). Ressalta-se que este caso que motiva a prolação de sentença ocorre apenas quando o indeferimento for "total", eis que o indeferimento "parcial", que muitas vezes acontece, em realidade corresponde a apenas uma decisão interlocutória, eis que a fase cognitiva do processo ainda não se encerrou. De qualquer maneira, é importante frisar que este indeferimento somente ocorre em hipóteses de vícios processuais graves que não admitem convalescimento e antes que o demandado venha a ser citado.

As duas próximas hipóteses (art. 485, incs. II e III) possuem uma redação muito parecida, pois é autorizada a extinção do processo quando o mesmo ficar parado durante mais de 1 (um) ano por negligência das partes ou quando o autor abandonar o processo por mais de 30 (trinta) dias sem promover os atos e diligências que lhe competir. No entanto, o CPC (art. 485, § 1º) impõe que, tanto em um caso como em outro, o magistrado determine a intimação pessoal da parte (que usualmente é realizada pela via postal) para que dê andamento ao processo no prazo de 5 (cinco) dias. De diferencial entre ambas, é que na última hipótese, o magistrado somente

---

2 BUENO, Cassio Scarpinella. *Manual de direito processual civil*. São Paulo: Saraiva, 2015, p. 92.

poderá determinar a intimação do autor se esta providência tiver sido requerida pelo demandado, nos termos do Verbete nº 240 da Súmula do STJ, cujos termos são: "*A extinção do processo, por abandono da causa pelo autor, depende de requerimento do réu*". Este verbete, contudo, é inaplicável em sede de execução fiscal, eis que a mesma já pode ser extinta de ofício pelo magistrado.[3]

O quarta situação (art. 485, inc. IV) cuida da ausência de pressupostos processuais, que devem ser vícios de extrema gravidade que não podem ser convalidados, tal como ocorre quando o demandante está desacompanhado de advogado e, apesar de ter sido regularmente intimado, nada fez para suprir esta ausência. Já a quinta (art. 485, inc. V), também não oferece dificuldades, por tratar dos "pressupostos processuais negativos", ou seja, que o processo não poderá tramitar caso exista ofensa à coisa julgada material, estado de litispendência ou mesmo de perempção.

O sexto caso de sentença terminativa (art. 485, inc. VI) permite a prolação de sentença terminativa quando ausente a legitimidade ou o interesse processual. Já foi abordado em momento próprio (v. item nº 5.4.1.), que o CPC não mais utiliza a expressão "condições da ação", muito embora permaneça com a exigência da análise tanto da legitimidade quanto do interesse processual. Por este motivo, foi mencionado que parte da doutrina já defende que esta verificação agora estaria incluída nos "pressupostos processuais". Os argumentos, contudo, não convencem, pois este tema não é tratado no mesmo inciso em que os pressupostos processuais são mencionados.

A sétima situação (art. 485, inc. VII) já estabelece como causa de extinção do processo sem resolução do mérito a existência de convenção de arbitragem ou quando o árbitro reconhecer a sua competência. No primeiro caso, esta matéria não pode ser pronunciada de ofício, pois há a necessidade de que tal tema venha a ser ventilado pela parte interessada (art. 337, § 5º). Discorda-se, contudo, da literalidade do segundo caso, em que o magistrado tenha que se vincular necessariamente à decisão do árbitro. Com efeito, o mesmo poderá discordar e, neste caso, prevalecerá a decisão do juiz togado, devendo o árbitro se conformar com tal situação. Contudo, há jurisprudência que, com todas as vênias, não parece ser a mais adequada, autorizando que haja conflito de competência entre órgão do Poder Judiciário e órgão arbitral, que não presta jurisdição conforme apresentado em momento próprio (v. item nº 3.4.2.1.).[4]

A próxima hipótese (art. 485, inc. VIII) ocorre quando o magistrado homologar o pedido de desistência formulado pelo demandante. Esta desistência, não custa rememorar, pode ser manifestada a qualquer momento enquanto não proferida sentença pelo magistrado (art. 485, § 5º), e somente depende da anuência da outra parte se já tiver sido oferecida defesa (art. 485, § 4º). A mesma também não se confunde com a renúncia, conforme será esclarecido abaixo, quando for abordado outro dispositivo (art. 487, inc. III, "c").

---

3 STJ. Agravo regimental no REsp nº 1.450.799-RN. Rel.ª Min.ª Assusete Magalhães. DJ 28/08/2014.

4 STJ. CC nº 111.230-DF. Rel. Min. Jarbas Passarinho. DJ 01/07/2010.

O penúltimo caso (art. 485, inc. IX) prevê, por seu turno, a extinção do processo quando houver morte da parte e a ação for considerada intransmissível por disposição legal, o que terá que ser analisado caso a caso. É comum exemplificar a situação envolvendo o suposto credor de alimentos que, no curso do processo, vem a falecer.[5]

E, por fim, a última hipótese (art. 485, inc. X) estabelece que o processo poderá ser extinto nos demais casos previstos no CPC, servindo como exemplo a situação que permite o denominado "cancelamento da distribuição" (art. 290), quando o demandante não efetuar o preparo, ou seja, não efetuar o recolhimento das custas pertinentes após ultrapassados 15 (quinze) dias. No entanto, cabe destacar que há precedente do STJ permitindo o prosseguimento da investigação de paternidade nos casos de óbito do demandado, acaso a viúva queira apresentar resistência.[6]

Esgotada a análise de todas as situações de sentença sem resolução do mérito (art. 485) passa-se agora a analisar aquelas em que o mérito é resolvido (art. 487), que retratam casos em que ocorrerá a análise da pretensão de direito material, de modo que, se não houver recurso, a sentença virá a ser acobertada pela coisa julgada formal e material, impedindo que novo processo seja instaurado para analisar a mesma ação e pretensão de direito material.

A primeira situação (art. 487, inc. I) é aquela em que o juiz acolhe ou rejeita integralmente o pleito autoral ou a reconvenção. É o único caso previsto no artigo que se constitui em efetivo "julgamento" do pedido deduzido pelo demandante, pois em todas as demais este não ocorrerá, muito embora a pretensão de direito material não mais possa ser veiculada perante o Poder Judiciário. Por óbvio, para se caracterizar como sentença este julgamento de mérito deve ser "total", o que significa que se a hipótese retratar apenas a resolução do mérito de um dos pedidos cumulados ou mesmo o julgamento de parcela do mesmo pedido, se estará diante de uma decisão interlocutória, o que trará reflexos quanto à espécie recursal que eventualmente poderá ou não ser utilizada.

O segundo caso (art. 487, inc. II) autoriza que o processo seja extinto quando o magistrado verificar a ocorrência da prescrição ou da decadência, que são temas que até mesmo podem ser pronunciados de ofício (art. 487, inc. II c/c art. 210 do CC), embora nem toda prescrição ou decadência possam ser reconhecidas imediatamente pelo juiz (v.g., art. 40, § 4º, da Lei nº 6.830/80 e art. 211 do CC). Vale também acrescentar que, nos casos de improcedência liminar do mérito (art. 332), o juiz poderá pronunciar tais matérias antes mesmo de dar oportunidade às partes de se manifestarem (art. 487, parágrafo único).

Também haverá resolução do mérito (art. 487, inc. III, "a") quando o réu reconhecer a procedência do pedido do autor. Este inciso, em realidade, já estaria abrangido por norma anterior (art. 487, inc. I), pois se o demandado reconhece que assiste razão ao

5 CAHALI, Yussef Said. *Dos alimentos.* 4ª ed. São Paulo: RT, 2002, p. 62.
6 STJ. REsp 1.466.423-GO, Rel.ª Min.ª Maria Isabel Gallotti, j. 23/2/2016, DJe 02/03/2016 – *Informativo* nº 578.

demandante, o magistrado fatalmente já teria que julgar o mérito favoravelmente ao autor se as provas também sinalizarem neste sentido. De qualquer maneira, somente será proferida sentença por este fundamento quando o ocupante do polo passivo reconhecer a procedência da integralidade do pleito autoral já que, se o reconhecimento do pedido for meramente parcial, o magistrado deverá se limitar a proferir decisão interlocutória julgando antecipadamente parte do mérito (art. 356).

Haverá, ainda, resolução do mérito (art. 487, inc. III, "b") quando as partes transigirem, limitando-se o magistrado a homologar o acordo celebrado entre elas, transformando este ato negocial em título executivo judicial.[7] Também se exige que este acordo tenha transacionado sobre todo o objeto do processo, eis que acordos parciais não permitem a prolação de sentença por este fundamento.

E, por fim, a última hipótese de sentença com resolução do mérito (art. 487, inc. III, "c") ocorre quando o demandante renuncia ao seu direito, que é uma hipótese completamente distinta daquela que trata da desistência (art. 485, inc. VIII). Com efeito, a desistência da ação motiva o fim do processo, mas permite que o demandante venha futuramente a instaurar novo processo veiculando a mesma ação anteriormente deduzida (art. 486). No caso da renúncia, porém, o autor não mais poderá exercer qualquer direito de ação relativo àquele.

Há, ainda algumas ressalvas a serem feitas quanto a este tema. A primeira delas é a de que o CPC adota o princípio da primazia da resolução do mérito (v. item nº 23.2.1.), segundo o qual o magistrado deve realizar um esforço para, na medida do possível e desde que não haja erros técnicos severos, possibilitar efetivamente a análise da pretensão material. Trata-se, em realidade, de princípio que não é inédito no ordenamento jurídico, posto que já existe nos processos coletivos e, agora com o advento da novel legislação, também ganha musculatura para a sua incidência também nos individuais. Contudo, fica o alerta de que alguns vícios são extremamente graves e, ainda que haja uma boa vontade em tentar imprimir ao processo um caráter mais instrumental, nem sempre será possível deixar de enfrentá-los. É o que se sucede, por exemplo, com a falta de citação do demandado, que é uma circunstância extremamente grave e que, por este motivo, não gera qualquer tipo de preclusão, razão pela qual deve ser reconhecida e pronunciada sempre que for detectada.

Já a última delas, quanto aos fundamentos que justificam a extinção do processo é que, em regra, a sentença ou será terminativa (art. 485) ou definitiva (art. 487). Mas apenas em caráter excepcional é que se admite uma mesma sentença que tenha conteúdo terminativo e definitivo, o que pode ocorrer em casos em que este ato decisório possuir mais de um capítulo, como naquelas situações em que há cumulação de pedidos (v.g., o demandante formula dois pedidos, sendo que na sentença o magistrado julga procedente um deles e, quanto ao outro, reconhece a ilegitimidade ativa para tanto).

---

7 MIRANDA, Pontes de. *Tratado da ação rescisória, das sentenças e outras decisões*. 3ª ed. Rio de Janeiro: Borsoi, 1957, p. 231. É, também, o que se extrai na jurisprudência: TJ-SC. Apelação Cível nº 0004141-36.2014.8.24.0064, de São José, Rel. Des. Luiz Zanelato, j. 31/08/2017.

Desta maneira, como não é possível, em regra, que uma sentença seja ao mesmo tempo definitiva e terminativa, há quem recomende a observância de uma ordem por parte do magistrado no momento em que for decidir, cuja fórmula poderia ser sintetizada da seguinte maneira: a) ocorrendo mais de uma hipótese de extinção, sendo uma sem resolução do mérito (art. 485) e outra com resolução (art. 487), o juiz deve, a princípio, se limitar a proferir, tão somente, uma sentença de cunho terminativo; b) ocorrendo mais de uma hipótese de extinção previstas, todas sem resolução do mérito (art. 485), deve-se verificar se há prevalência de alguma sobre as outras; c) ocorrendo mais de uma hipótese de extinção previstas, todas com resolução do mérito (art. 487), deve-se verificar se há prevalência de alguma sobre as outras. O CPC, porém, foi omisso quanto a estabelecer esta ordem de precedência, o que fomenta a discussão doutrinária sobre o tema.[8]

23.2.1. Princípio da primazia da resolução do mérito

Já foi exposto em momento anterior que o CPC se propõe a obter uma melhoria na qualidade da prestação jurisdicional, escopo que poderá ser atingido a partir do momento em que são criados obstáculos para que os magistrados não profiram decisões fomentando a temida "jurisprudência defensiva", que se apega a aspectos formais exacerbados para fins de justificar o não enfrentamento do mérito do processo.

Por este motivo, o CPC recomenda, em várias situações, a observância ao princípio da primazia do mérito, o que sugere que aspectos técnicos e formais devem ficar, na medida do possível, em um plano inferior, que não comprometa a análise do *meritum causae*.

Entre as normas que explicitam este princípio se pode destacar aquela que garante o tempo razoável para a solução do mérito (art. 4º), a que impõe que o juiz decidirá o mérito sempre que a decisão for favorável à parte a quem aproveita eventual pronunciamento terminativo (art. 282, § 2º c/c 488) e, também, a que cria juízo de retratação para o recurso de apelação em quaisquer casos de sentenças terminativas, o que é claro indicativo de uma nova possibilidade de o magistrado rever sua decisão, inclusive já adentrando no mérito (art. 485, § 7º).

Portanto, se o magistrado se deparar com hipótese em que eventual vício possa ser convalidado ou mesmo em circunstância que permita a renovação da prática do

---

8 CÂMARA, Alexandre Freitas. *Lições de direito processual civil*, 12ª ed. Rio de Janeiro: Lumen Juris, 2005, v. 1, p. 360, defendia, sob a ótica do antigo modelo (CPC-73), que deve ser verificada, antes de mais nada, a presença de alguma causa de extinção sem resolução do mérito, pois a sentença de qualquer delas impede a apreciação do objeto do processo. Mas ressalva que, mesmo entre as causas de extinção sem resolução do mérito, deve ser respeitada a prevalência de umas sobre outras. Assim é que, havendo desistência da ação, nenhuma outra causa deverá ser levada em consideração, eis que a desistência impede a continuação da atividade cognitiva do juiz. Para este doutrinador, não sendo hipótese de "desistência" o magistrado deverá em seguida analisar se estão presentes os pressupostos processuais e somente após irá verificar a presença das condições da ação, ou seja, da legitimidade e do interesse, nesta ordem. Após, não haverá nenhuma ordem de precedência entre as demais situações elencadas no art. 267 do CPC-73 (que equivale ao atual art. 485). Quando se passar a verificar o art. 269 do CPC-73 (que equivale ao atual art. 487), o mesmo autor recomenda que, inicialmente deve o magistrado verificar se o réu reconheceu a procedência do pedido, se há transação entre as partes ou renúncia manifestada pelo autor, em qualquer ordem que seja, para somente após analisar se a hipótese versa sobre prescrição ou decadência e, por último, resolver o mérito acolhendo ou rejeitando o pleito autoral.

ato maculado, deverá ter como diretriz o princípio da primazia da resolução do mérito, o que milita em prol de uma melhor qualidade da prestação jurisdicional, em vez de, laconicamente, extinguir o processo sem resolução do mérito por falta de pressupostos processuais.

23.3. ESPÉCIES DE SENTENÇA

Classificar as espécies de sentença não é tarefa exatamente fácil. De uma forma geral, é possível classificá-las levando em consideração suas consequências e seu conteúdo.

23.3.1. Classificação das sentenças quanto às suas consequências: terminativas e definitivas

No primeiro grupo, que cuida da sentença de acordo com as suas consequências, comumente se fala em sentença "terminativa" e em sentença "definitiva". A primeira delas, ou seja, a sentença terminativa, serve para designar a hipótese em que o ato do magistrado tem como conteúdo uma das hipóteses previstas em lei que não envolva a resolução do mérito (art. 485). Nesta situação, a sentença não chega a analisar a pretensão de direito material, ou seja, o mérito da causa, eis que se limita a reconhecer a ocorrência de um vício processual de extrema gravidade, que até mesmo irá impedir o prosseguimento do processo. Esta sentença, caso não venha a ser impugnada por recurso, irá gerar tão somente coisa julgada formal, ou seja, o seu conteúdo será imutável mas apenas no processo em que for proferida, de modo que não há impedimento para que a mesma ação seja repetida em outro processo que venha a ser instaurado. Aliás, é de se lembrar que é somente em uma hipótese (art. 485, inc. V), que o demandante não mais poderá repetir a ação de outrora (art. 486).

Já a sentença definitiva, ao revés, é aquela que, efetivamente, resolve o mérito, com ou sem julgamento (art. 487, inc. I). Esta outra espécie de sentença, por seu turno, caso não venha a ser impugnada adequadamente irá gerar, concomitantemente, coisa julgada formal e material, de modo que o seu conteúdo ficará imutável no processo em que tiver sido proferida além de proibir que esta mesma ação venha a ser novamente repetida. E, vale dizer, findo o biênio para a propositura da ação rescisória (art. 975), surgirá então a coisa soberanamente julgada, que seria o último degrau da coisa julgada, que somente pode ser oriunda de decisão de cunho definitivo, já que as sentenças terminativas não desafiam ação rescisória.

Um especial cuidado se deve ter, porém, quanto ao que renomada doutrina trata como "sentenças falsamente terminativas", ou seja, atos decisórios que têm conteúdo definitivo (art. 487), mas que, por grave equívoco do magistrado, neles constam que seu cunho é eminentemente terminativo (art. 485). É o que ocorre, por exemplo, quando o juiz profere sentença reconhecendo a ilegitimidade da parte analisando o acervo probatório (o que, pela teoria da asserção, implicaria em resolução do mérito pela improcedência) ou quando é dada uma sentença terminativa em demanda em procedimento que objetiva o reconhecimento da usucapião, ao fundamento de que o autor não conseguiu demonstrar o lapso de tempo necessário para obter o reconhecimento do seu pedido (o que, em realidade, é o mérito da causa). Nestes casos, se deve entender que não é a nomenclatura empregada que irá alterar o conteúdo da sentença proferida. Assim, uma sentença intitulada "falsamente terminativa", é também apta a gerar coisa julgada material pois, em realidade, o seu conteúdo já analisou a pretensão de direito material após cognição exauriente.[9]

23.3.2. Classificação das sentenças quanto ao seu conteúdo: declaratórias, constitutivas, condenatórias, executivas *lato sensu* e mandamentais

O segundo grupo de classificação das sentenças, por sua vez, já leva em consideração a natureza da pretensão de direito material que foi posta em juízo, o que é de grande relevância para a ciência processual. É que, por ser vedado ao magistrado decidir fora dos limites da provocação, fatalmente a natureza da pretensão deduzida irá gerar reflexos quanto ao conteúdo da sentença, que a acolherá ou a rejeitará. Nestes casos, já se fala em duas classificações, sendo a primeira denominada "trinária" (por envolver três espécies distintas) enquanto a segunda é chamada de "quinária" (pois seriam cinco as espécies de sentença).

De acordo com a primeira delas, ou seja, com a classificação trinária, seria possível detectar apenas 3 (três) espécies de sentença, que seriam a declaratória, a constitutiva e a condenatória. Só que, de acordo com a classificação quinária, também seria possível incluir outras duas, que seriam a sentença mandamental e a sentença executiva *lato sensu.* Apesar do intenso debate doutrinário que já se arrasta há anos, se o correto seriam 3 (três) ou 5 (cinco) espécies de sentença, parece coerente concluir que razão assiste aos defensores do primeiro grupo, pois será demonstrado que a sentença mandamental e executiva *lato sensu* são, em seu âmago, subespécies de sentenças condenatórias, já que também impõem obrigação de pagar, fazer, não fazer ou de entrega de coisa, apenas se diferenciando quanto à forma do seu cumprimento. Não parece ter qualquer sentido prático, portanto, em se adotar uma classificação mais ampla para atos que rigorosamente possuem o mesmo conteúdo.[10]

Alhures a esta discussão sobre ser melhor adotar a classificação dita trinária ou quinária, passa-se agora a analisar cada uma das espécies envolvidas, ou seja, as características das sentenças declaratórias, constitutivas, condenatórias, mandamentais e executivas *lato sensu*. A primeira delas é a sentença declaratória, que é aquela que analisa e julga procedente um pleito desta natureza. A finalidade da sentença declaratória é eliminar um estado de incerteza ou dúvida (art. 19), que pode ser questionado a

9 DINAMARCO, Cândido Rangel. *A reforma da reforma.* 2ª ed. São Paulo: Malheiros, 2002, p. 158.
10 THEODORO Jr., Humberto. *Curso de direito processual civil,* 56ª ed. Rio de Janeiro: Forense, 2015. v. I, pp. 1.070-1.076.

qualquer momento eis que não há prazo prescricional ou decadencial quando se trata do exercício de uma pretensão desta natureza. Esta sentença, uma vez proferida, também tem algumas características peculiares entre as quais se pode citar: a) não há necessidade de executá-la posteriormente; b) os seus efeitos se operam apenas após a ocorrência do trânsito em julgado, em caráter retroativo.

Quanto à desnecessidade de se executar uma sentença declaratória, isso decorre da constatação de que o efeito declaratório se perfaz automaticamente, tão logo venha a transitar em julgado a sentença proferida pelo magistrado. Para exemplificar, somente com o advento da coisa julgada material e formal é que uma pessoa se torna verdadeiramente pai da outra, sendo desnecessário promover uma execução para que haja o cumprimento desta declaração. Nada impede, porém, que sejam executados os demais capítulos de uma sentença preponderantemente declaratória, como aqueles acessórios que condenam o vencido a arcar com os ônus sucumbenciais. Mas, de qualquer maneira, atualmente até se admite a execução de uma sentença declaratória propriamente dita, desde que o objeto da declaração recaia sobre o reconhecimento da existência de uma obrigação de pagar, fazer, não fazer ou de entrega de coisa (art. 515, inc. I). Um exemplo, já enfrentado pelos Tribunais, é o do contribuinte que recolhe tributo a mais e que ingressa em juízo, em face da Fazenda Pública, postulando o reconhecimento de um crédito para posterior fim de compensação. Em sua sentença, o magistrado acolhe as razões externadas pelo demandante e julga procedente o pedido, declarando ao mesmo um determinado crédito. Contudo, após o trânsito em julgado, pode ser que o autor entenda que o caminho da "compensação" não seja o mais adequado, em razão de algumas peculiaridades estabelecidas nas leis que tratam do assunto como a impossibilidade de compensar integralmente o seu crédito em um único exercício financeiro, o que lhe motiva a promover execução em face da Fazenda Pública (art. 534 – art. 535). Esta situação demonstra que estará sendo promovida uma execução com base em uma sentença civil declaratória de um crédito, sendo desnecessária a promoção de um novo processo de conhecimento apenas para fins de "condenar" a Fazenda Pública ao pagamento, pois, como acima analisado, o dever jurídico correlato já decorre do próprio direito material.[11]

Já quanto aos efeitos declaratórios desta sentença, é correto afiançar que os mesmos irão se perfazer automaticamente tão logo ocorra o trânsito em julgado da sentença. Isso ocorre porque a eliminação de uma dúvida somente se opera quando proferida decisão em cognição exauriente, que não mais esteja sujeita a recursos. Aliás, é com base neste mesmo raciocínio que se pode concluir pela impossibilidade de concessão de tutela provisória de urgência antecipada quanto ao efeito declaratório pretendido pelo demandante. Mas, de qualquer maneira, pelo menos se torna cristalino que, enquanto estiver pendente algum recurso, eventual declaração eventualmente já proferida não terá força para eliminar a dúvida existente entre as partes, eis que ainda há possibilidade de

---

11 STJ. REsp nº 588.202-PR. Rel. Min. Teori Albino Zavascky. DJ 25/02/2004.

revisão do julgado. Por este motivo, aliás, é que se torna irrelevante analisar se o recurso que está sendo utilizado para impugnar uma decisão de cunho declaratório possui ou não efeito suspensivo pois, mesmo se não o tiver, ainda assim estará impedindo o trânsito em julgado (efeito obstativo), de modo que os efeitos da decisão também não estarão se perfazendo imediatamente.

Vale dizer, ainda, que os efeitos da sentença declaratória irão se produzir em caráter retroativo, ou seja, *ex tunc*, tal como ocorre no já mencionado exemplo acima da investigação de paternidade, caso em que a paternidade valerá não a partir do trânsito em julgado da sentença, mas sim do momento em que o demandante nasceu. E, de resto, fica a ressalva de que toda sentença de improcedência possui natureza declaratória, pois a mesma afirma que o demandante não possui o Direito que alegava.

A segunda espécie de sentença seria a constitutiva, ou seja, aquela que uma vez proferida irá criar, modificar ou extinguir uma relação jurídica de direito material. Esta outra sentença parece demais em alguns aspectos com a sentença declaratória, pois uma decisão que tenha essa finalidade somente pode gerar efeitos após o trânsito em julgado, sendo até mesmo dispensada a promoção do cumprimento de sentença. Por este motivo, aliás, são inteiramente aplicáveis quase todas as ponderações tecidas acima, em especial quanto à impossibilidade de tutela provisória de urgência antecipada quanto ao pleito de natureza constitutiva ou mesmo a irrelevância de ter sido dado ou não efeito suspensivo ao recurso que impugnar uma sentença constitutiva. No entanto, uma diferença entre esta sentença e a anterior reside no momento em que os efeitos irão se operar. É que, em regra, a sentença constitutiva gera os seus efeitos apenas a partir da formação da coisa julgada, só que em caráter *ex nunc*, ou seja, a partir daquele momento, sem qualquer retroação. Por exemplo, decretado um divórcio, esta extinção do vínculo obrigacional anterior ocorre tão logo estejam preclusas as vias impugnativas. No entanto, ainda assim é possível detectar certas situações que mesmo uma sentença constitutiva pode ter efeitos retroativos. Isso ocorre, por exemplo, na sentença que desconstitui negócio jurídico por vício de consentimento (art. 182, CC). E, por vezes, uma sentença constitutiva até pode gerar efeitos antes mesmo da ocorrência do trânsito em julgado, como no caso da sentença de interdição, que é aquela que cria uma alteração jurídica e que já irá gerar efeitos imediatamente, antes mesmo que o recurso de apelação eventualmente interposto venha a ter o seu mérito enfrentado, posto que despido de efeito suspensivo (art. 1.012, § 1º, inc. VI).

Quanto à sentença condenatória, a mesma pode ser compreendida como aquela em que o magistrado impõe ao demandado uma obrigação, cujo objeto pode ser pagar uma soma em dinheiro, entregar um bem e fazer ou deixar de fazer algo. Este tipo de sentença, diferentemente das demais, é incapaz de assegurar por si só aquilo que o autor pretende receber, pois não pode substituir concretamente o atuar do vencido, exceto se o mesmo a cumprir voluntariamente. Portanto, a sentença condenatória necessariamente deve ser executada pois, do contrário, irá se resumir a uma mera "declaração" do direito que o demandante possui. Vale dizer, também, que esta sentença costuma ter efeitos retroativos (v.g., o réu é condenado a pagar a dívida corrigida desde o nascedouro da obrigação e mais os juros, que podem ser fixados a partir do vencimento da obrigação, da constituição em mora ou mesmo da data do evento (art. 397 ou art. 398, ambos do CC). E, quanto à sua eficácia, a mesma pode se dar imediata e independentemente do trânsito em julgado da sentença, eis que é perfeitamente possível já promover uma execução provisória da mesma caso o recurso de apelação não venha a ser recebido no efeito suspensivo (art. 1.012, § 1º). Mas, como sempre, há exceções, que nem mesmo permitem que uma sentença condenatória já possa gerar efeitos, sequer provisoriamente, como aquelas que condenam a Fazenda Pública ao pagamento de soma em dinheiro (art. 2º-B, Lei nº 9.494/97).[12]

Além destas três espécies de sentença, por vezes também se defende a existência das sentenças executivas *lato sensu* e mandamentais. Só que, a bem da verdade, estas sentenças possuem um conteúdo condenatório, pois implicam em ordenar que o demandado pague, entregue um bem, faça ou deixe de fazer algo. O que muda nelas, em realidade, é apenas a forma de cumprimento desta condenação, que não necessariamente terá que ser executada pelos moldes tradicionais.[13] Para melhor se entender cada uma delas, é importante frisar que estas sentenças condenatórias são aquelas que já trazem ínsitas em si também algum "meio executivo".

Estes meios executivos, que podem ser de sub-rogação ou coerção, são fixados tanto na etapa de conhecimento como na executiva por decisão interlocutória e, às vezes, até mesmo podem ser adotados na própria sentença, o que irá torná-la executiva *lato sensu* ou mandamental, conforme o caso.

Os meios de sub-rogação são aqueles estabelecidos pelo magistrado que focam diretamente o cumprimento da obrigação, o que justifica a nomenclatura por vezes empregada de "execução direta", já que permitem que um terceiro estranho ao processo possa cumprir a obrigação em vez de o executado. Quando fixados em sentença, a mesma passa a ser considerada como executiva *lato sensu* e o seu cumprimento independerá de execução, podendo a obrigação ser realizada por mandado, por exemplo. É o que ocorre nas ações de despejo ou de reintegração de posse, em que a recalcitrância do vencido em se retirar do local admite a sua expulsão pelo oficial de justiça acompanhado, se for o caso, de força policial.

Já os meios de coerção são também chamados de "execução indireta", pois não garantem, por si só, o cumprimento da obrigação, eis que não têm seu foco na mesma e sim na vontade do devedor da prestação. É que, nestes casos, a finalidade é estimular o cumprimento da obrigação pelo próprio executado, o que é indicativo de que o campo de incidência das mesmas é, principalmente, nas obrigações de fazer ou não fazer. Mas não se trata, porém, de uma regra absoluta, pois um meio de coerção, como a prisão

---

12 HARTMANN, Rodolfo Kronemberg. *A execução civil*. 2ª ed. Niterói: Impetus, 2011, p. 9.

13 WAMBIER, Luiz Rodrigues, ALMEIDA, Flávio Renato Correia de, TALAMINI, Eduardo. *Curso avançado de processo civil*, 10ª ed. São Paulo: RT, 2007. v. 2, p. 349.

civil, pode ser usado em obrigação de pagar dívida alimentar, apenas para citar um exemplo. De qualquer maneira, quando este meio for adotado em sentença, a mesma passará a ser considerada como mandamental.

Uma última observação sobre as sentenças executivas *lato sensu* e mandamentais. É amplamente admitida a fungibilidade entre os meios executivos, pois o magistrado sempre deve estar atento para adotar e realinhar aquele que for o mais eficiente para o cumprimento da obrigação. Por exemplo, na obrigação de entrega de coisa, o meio mais eficiente seria o de sub-rogação, pois implicaria na expedição do mandado de busca e apreensão que seria cumprido pelo oficial de justiça. No entanto, caso este bem não seja localizado, o juiz tem o dever jurídico de alterar o meio executivo para outro. Assim, nesta hipótese concreta, poderia substituir o meio de sub-rogação fixado na sentença por um meio de coerção, como as *astreintes*. Vale dizer, porém, que esta circunstância, de alterar o meio executivo fixado na sentença, não desnatura a sua natureza jurídica, que deve ser perquirida no momento da sua prolação.[14]

23.3.3. Sentenças determinativas

Não obstante o prestígio das correntes trinárias e quinárias quanto à classificação das sentenças com base em seus respectivos conteúdos, ainda assim é possível apresentar outro tipo de sentença: aquelas que são consideradas como "determinativas".

Este tipo de sentença pode ser compreendida como a que impõe uma obrigação ou condenação que irá perdurar no tempo, ou seja, de trato sucessivo, tal como ocorre, por exemplo, naquelas sentenças que condenam o demandado a pagar alimentos ou o INSS a efetivar o pagamento de benefício previdenciário. Vale dizer que esta nomenclatura não é isoladamente adotada no direito processual civil, pois também é largamente empregada no direito processual penal, eis que as sentenças penais condenatórias impõem ao acusado uma obrigação de trato sucessivo, que é cumprir diariamente o que tiver sido estabelecido no ato decisório.

A grande dúvida envolvendo a sentença determinativa é se as mesmas têm ou não a aptidão de gerar a formação de coisa julgada material, já que existe a possibilidade de este ato decisório ter o seu conteúdo alterado por meio de demanda ulterior. Este tema, porém, será enfrentado oportunamente (v. item nº 24.8.2.).

23.4. ESTRUTURA DA SENTENÇA

O CPC (art. 489) estabelece como deve ser a estrutura de uma sentença, fazendo constar que a mesma deve conter obrigatoriamente um relatório, uma fundamentação e também o dispositivo. E, muito embora não esteja tão claro assim, também esta sentença

---

14 MARINONI, Luiz Guilherme. *Técnica processual e tutela dos direitos*. São Paulo: RT, 2004, p. 140.

deve ser devidamente assinada pelo magistrado, seja de próprio punho ou mesmo pela via eletrônica, sob pena de este ato processual ser reputado como inexistente.

A sentença se inicia pelo relatório (art. 489, inc. I), que tem como função narrar todos os acontecimentos do processo. Este relatório, por sinal, pode ser amplo (v.g., enumerando até mesmo cada uma das teses defensivas apresentadas pelo demandado em sua contestação ou mesmo narrando o teor das provas orais) ou bem conciso (v.g., apenas narrando onde se encontram as principais peças do processo), já que a lei não estabelece qualquer diferença. No entanto, a sua ausência pode ser causa de nulidade deste ato decisório, se assim for requerido pelo interessado em sua peça recursal. Apenas em caráter excepcional é que o relatório pode ser dispensado, tal como ocorre naquelas sentenças proferidas em processos de jurisdição voluntária visando à ratificação dos protestos marítimos e dos processos testemunháveis formados a bordo (art. 770) ou nos casos dos juizados especiais (art. 38 da Lei nº 9.099/95).

Já a fundamentação da sentença (art. 489, inc. II) busca evitar que o magistrado atue arbitrariamente, decidindo como bem quiser sem ao menos indicar para as partes ou terceiros as razões que o levaram a decidir desta maneira. E, de certa maneira, é a fundamentação das decisões que permitirá ao interessado indicar, em seu oportuno recurso, as razões do seu inconformismo.[15]

É muito questionável se esta motivação dos atos decisórios deve ser exaustiva ou não, o que, em outras palavras, consiste em perquirir se o magistrado deve enfrentar tudo aquilo que foi invocado ao apresentado pelas partes ou se somente se deve ater àquilo que for relevante para o deslinde da causa. Segundo o modelo primitivo (CPC-73), o tratamento jurisprudencial quase sempre consagrava que o magistrado deve sim fundamentar as suas decisões, mas apenas analisando os temas relevantes para a solução da questão, o que, inclusive, não autorizaria o uso dos embargos de declaração para combater esta omissão. É, pelo menos, o que consta no Verbete nº 52 da Súmula do TJ-RJ: *"Inexiste omissão a sanar através de embargos declaratórios, quando o acórdão não enfrentou todas as questões arguidas pelas partes, desde que uma delas tenha sido suficiente para o julgamento do recurso"*.

Contudo, de acordo com o novo modelo, há previsão para um exaustivo dever de fundamentação. No CPC, impregnado de considerações de cunho fortemente acadêmico, foi criada norma indicativa das hipóteses em que uma decisão judicial não será considerada fundamentada (art. 489, § 1º). São elas: a) quando a decisão judicial se limitar à indicação, à reprodução ou à paráfrase de ato normativo sem explicar sua relação com a causa ou a questão decidida; b) quando empregar conceitos jurídicos indeterminados, sem explicar o motivo concreto de sua incidência no caso; c) quando invocar motivos que se prestariam a justificar qualquer outra decisão; d) quando não enfrentar todos os argumentos trazidos no processo capazes de, em tese, infirmar a conclusão adotada pelo julgador; e) quando se limitar a invocar precedente ou enunciado de súmula, sem identificar seus fundamentos determinantes

---

15 CAMARGO, Margarida Maria Lacombe. *Hermenêutica e argumentação, uma contribuição ao estudo do direito.* 2ª ed. Rio de Janeiro: Renovar, 2001, p. 7.

nem demonstrar que o caso sob julgamento se ajusta àqueles fundamentos; f) quando deixar de seguir enunciado de súmula, jurisprudência ou precedente invocado pela parte, sem demonstrar existência de distinção no caso em julgamento ou a separação do entendimento. O CPC, inclusive, estabelece que a falta de observância quanto a esta norma (art. 489, § 1º), torna a decisão judicial omissa, o que justifica o emprego da via dos embargos de declaração (art. 1.022, parágrafo único, II).

Apesar de uma adequada fundamentação dos atos decisórios ser algo positivo para a sociedade, que é a "consumidora" do serviço judiciário, o fato é que o novel dispositivo não deve ser interpretado literalmente. Com efeito, já há precedente do STJ no sentido de que o julgador não está obrigado a responder a todas as questões suscitadas pelas partes, quando já tenha encontrado motivo suficiente para proferir a decisão, bem como que não são cabíveis os embargos de declaração se o argumento não pronunciado for incapaz de infirmar a conclusão adotada.[16] Além disso, é curioso perceber uma incoerência sistêmica no CPC entre os principais operadores do Direito. Com efeito, de um lado o mesmo exige do magistrado este dever extenso de fundamentação, mas, em outros, paradoxalmente dispensa defensores públicos de externarem suas razões e argumentos em suas respectivas peças, em determinada situação que, à primeira vista, é completamente injustificável (v.g., art. 341, parágrafo único).

Para que a unidade sistêmica do CPC seja resgatada já em seu início de vigência, é de se destacar o previsto em duas normas fundamentais. A primeira (art. 6º), no sentido de que todos os sujeitos do processo devem cooperar entre si. Já a segunda (art. 7º) impõe a todos as partes os mesmos ônus e deveres processuais. Assim, levando em consideração estes dois artigos que são considerados como normas fundamentais do CPC, se o patrono da parte, em sua petição inicial ou na contestação, se limitar à indicação, à reprodução ou à paráfrase de ato normativo sem explicar sua relação com a causa ou a questão decidida, ou mesmo empregar conceitos jurídicos indeterminados, sem explicar o motivo concreto de sua incidência no caso, o magistrado, ao proferir decisão, não terá que se pautar na estrita observância ao dispositivo que impõe decisão judicial minuciosamente fundamentada (art. 489, § 1º). Afinal, se a parte não municia o juiz com sua tese adequadamente fundamentada e coerente, em flagrante violação a normas processuais, notadamente a da colaboração processual e a que impõe os mesmos ônus a todos os sujeitos (art. 6º c/c art. 7º), fatalmente o magistrado estará dispensado de proferir sentença extensamente motivada. Nada mais coerente, portanto, que um CPC que inclua a paridade de tratamento como norma fundamental (art. 7º) tenha que reinterpretar suas normas dissonantes sob este viés.

Toda sentença também deverá conter um dispositivo (art. 489, inc. III), que é a conclusão do ato. Neste dispositivo, o magistrado irá externar se a sua sentença foi concluída com ou sem resolução do mérito (art. 485 ou art. 487), bem como se a mesma pôs fim à execução (art. 924), fazendo constar o alcance daquilo que tiver sido decidido. Para se evitar dúvidas, recomenda-se a elaboração de um dispositivo claro e ao mesmo tempo

---

16 STJ. EDcl no MS nº 21.315-DF. Rel.ª Min.ª Diva Malerbi (Desembargadora Federal convocada TRF3). DJ 08/06/2016. Em sentido contrário, por defender que o magistrado deve enfrentar todos os argumentos: NEVES, Daniel Amorim Assumpção, *Novo código de processo civil comentado artigo por artigo*. 1ª ed. Salvador: JusPodivm, 2016, p. 810.

"direto", ou seja, que enuncie expressamente aquilo que está resolvendo. Por exemplo, se a intenção do demandante é que o demandado seja condenado a pagar um valor determinado de danos morais, deverá constar na sentença de procedência: *"Pelo exposto, resolvo o mérito (art. 487, inc. I, CPC), condenando o demandado a pagar ao demandante o valor de R$ 10.000,00 (dez mil reais), que deverá ser corrigido monetariamente a partir da data do arbitramento (Verbete nº 362 da Súmula do STJ), com a incidência de juros no patamar de 1% ao mês (art. 406, CC c/c art. 161, § 1º, CTN) a partir da prática do ato ilícito, por se tratar de relação jurídica extracontratual (art. 398, CC). Condeno o vencido a arcar, ainda, com as custas e os honorários advocatícios, estes fixados em 10% (dez por centro) sobre o valor da condenação (art. 85, § 2º)"*. A ideia, assim, é a de se evitar a formatação de um dispositivo "indireto" em casos simples como este, que seria o equivalente a uma lacônica decisão que se reportasse aos termos da petição inicial o que, muito embora não vá gerar a nulidade do ato, pelo menos poderá ocasionar certas dúvidas e questionamentos quanto à abrangência daquilo que restou decidido, postergando ainda mais a prestação jurisdicional. Portanto, um dispositivo como: *"Pelo exposto, julgo procedente o pedido nos termos da petição inicial. Custas ex lege. Honorários suportados pelo vencido"*, deve realmente ser evitado.[17]

A ausência de um dispositivo é vício muito mais grave do que a falta de relatório ou de fundamentação, pois a sentença fica completamente descaracterizada quando não possui qualquer conclusão. Portanto, em situações como essa, é bastante comum concluir que o ato é inexistente juridicamente.

Também é importante destacar que, no direito processual civil, apenas a conclusão constante no dispositivo é que será acobertada pela coisa julgada, o que se aquilata por meio de uma interpretação *a contrario sensu* de determinada norma jurídica (art. 469, incs. I e II – pois, se o fundamento não gera preclusão máxima, então apenas sobraria o dispositivo). E, vale dizer, não é tudo o que consta no dispositivo que irá se tornar imutável, eis que é muito comum nele constar certas determinações que podem ser eventualmente revistas, como aquelas que implicam na adoção de algum meio executivo para fins de efetivação da decisão, já que estes mecanismos podem ser alterados posteriormente.

Por fim, o magistrado não pode se esquecer de assinar a sentença, seja manual ou eletronicamente, sob pena de este ato ser considerado inexistente.

23.5. FIXAÇÃO DA SUCUMBÊNCIA: HONORÁRIOS E CUSTAS

Um tema que gera certas polêmicas é a correta assimilação das regras que norteiam a fixação da sucumbência. Isso ocorre em decorrência do tratamento normativo que nem sempre se exaure apenas por meio das normas constantes no CPC. Além disso, diversos outros aspectos podem influenciar no enfrentamento do presente tema como, por exemplo, o adequado momento para a fixação de tais verbas (já que as mesmas não

---

17 SILVA, Edward Carlyle. *Direito processual civil*. Niterói: Impetus, 2007, p. 276.

são estabelecidas apenas na sentença), como é realizada em procedimentos comuns ou especiais, se há ou não alguma diferença quando a Fazenda Pública estiver litigando em juízo ou se uma das partes tiver sido agraciada com os benefícios da gratuidade de justiça, entre outras mais que serão sistematizadas abaixo.

De todo modo, é de se destacar que o CPC, ao tratar do custo do processo, imputou ao vencido a responsabilidade final pelo pagamento dos gastos endoprocessuais, ou seja, aqueles necessários à formação, desenvolvimento e extinção do processo. Contudo, os gastos extraprocessuais (que são aqueles realizados fora do processo), ainda que assumidos em razão dele, não se incluem dentre aquelas despesas, motivo pelo qual nelas não estão contidos os honorários contratuais, convencionados entre o advogado e o seu cliente, mesmo quando este vence a demanda. Assim, os honorários advocatícios contratuais não se incluem na rubrica despesas processuais, cabendo, pois, ao advogado buscar a via judicial adequada para exercer a sua pretensão de cobrança das respectivas verbas. É o que já decidiu, por sinal, o STJ[18].

23.5.1. Critérios para a fixação da sucumbência

Usualmente, o critério mais empregado quanto a este tema é o da "causalidade", segundo o qual aquele que for responsável pela propositura da demanda é que arcará com a sucumbência. Desta maneira, proposta uma demanda por "A" em face de "B" e sendo ao final o pedido julgado procedente, o que se observa é que quem deu causa à instauração deste processo foi o demandado, razão pela qual o mesmo é que será condenado a arcar com os consectários dos honorários advocatícios e o ressarcimento das custas processuais que foram despendidas pelo autor.

No entanto, desde logo deve constar a ressalva de que este critério da "causalidade", que é usado para fins de se estabelecer a responsabilidade pelo pagamento da sucumbência (assim compreendida como os honorários e as custas processuais), jamais pode ser confundido com o princípio da "causalidade", que é estudado no tema "vícios dos atos processuais", encontrando respaldo em norma própria (art. 281), e que já foi objeto de outra obra.[19]

O critério da causalidade, porém, pode gerar certas situações que inicialmente se apresentam contraditórias como, por exemplo, os raros casos em que o demandante pode ser eventualmente condenado a arcar com a sucumbência, mesmo quando o seu pedido tiver sido julgado procedente. Isso pode ocorrer, por exemplo, nos embargos de terceiros. É que, após a resposta do embargado e eventual instrução, deverá o magistrado proferir sentença que, em caso de improcedência, possuirá natureza declaratória. Porém, caso o pedido autoral seja acolhido, esta decisão terá natureza constitutiva, pois irá desconstituir o ato judicial que determinou a apreensão do bem. Ocorre que, em certos casos, o próprio embargante é que foi responsável pela situação como, por

18 STJ. REsp nº 1.571.818-MG. Rel. Min. Nancy Andrighi. DJ 15/10/2018.
19 HARTMANN, Rodolfo Kronemberg. *Curso de direito processual civil, – Teoria geral do processo.* 1ª ed. Niterói: Impetus, 2012. v. 1, p. 25.

exemplo, ao emprestar um determinado bem móvel para que o mesmo ficasse em poder do executado, induzindo em erro o exequente e até mesmo o oficial de justiça, que foi aquele que lavrou o auto ou termo de penhora. Nestas hipóteses, a jurisprudência até vem reconhecendo que a pretensão nos embargos deve ser acolhida mas que, em razão do princípio da causalidade, aquele que deu causa à propositura da demanda é que deverá arcar com a sucumbência, pois induziu a equívoco os demais sujeitos do processo. É, por sinal, o que consta no Verbete nº 303 da Súmula do STJ: *"Em embargos de terceiro, quem deu causa à constrição indevida deve arcar com os honorários advocatícios".*[20]

Outro caso em que o demandante arca com a sucumbência, por ter dado causa à instauração da demanda, pode ocorrer na ação de consignação em pagamento. Neste novo exemplo, se o devedor consignante pretender depositar em juízo a quantia de R$ 80.000,00 (oitenta mil reais), pode ser que o credor/demandado venha em juízo objetar que este valor é insuficiente, pois ainda seriam devidos mais R$ 20.000,00 (vinte mil reais), matéria esta que pode ser apresentada na própria contestação (art. 544, inc. IV). Só que há norma (art. 545), que autoriza que o autor complemente o depósito em 10 (dez) dias, o que para respeitável doutrina caracteriza um "reconhecimento de procedência da contestação". Assim, se realmente o depósito for complementado, caberá ao magistrado tão somente julgar procedente o pedido autoral, declarando a extinção do vínculo obrigacional face ao pagamento que foi integralmente efetuado e, ato contínuo, condenar o demandante ao pagamento das custas e honorários advocatícios, eis que foi o próprio quem deu causa à propositura da demanda, ao oferecer valor inferior ao que realmente seria devido, de modo a legitimar eventual recusa do credor.[21]

De resto, é de se observar que nem sempre este critério é o que vai ser adotado para fins de apuração da responsabilidade pelo pagamento dos honorários advocatícios e das custas. No sistema do juizado especial, por exemplo, adota-se o critério da dupla sucumbência para a fixação da verba honorária (art. 55, Lei nº 9.099/95). Nesta situação, o demandante ingressa no juizado independentemente do pagamento de custas. Só que, após a prolação da sentença, o interessado em recorrer terá que apresentar o seu recurso já acompanhado do preparo ou pelo menos realizá-lo nas 48 (quarenta e oito) horas seguintes independentemente de nova intimação (art. 42, § 1º, Lei nº 9.099/95). E, somente se o mesmo "perder" novamente na análise do seu recurso, seja no juízo de admissibilidade ou mesmo no juízo de mérito, é que será então fixada a verba honorária em prol do advogado da outra parte. Isso justifica a nomenclatura deste critério, que é o da "dupla sucumbência", pois somente haverá a condenação ao pagamento de verba honorária no sistema do juizado caso a mesma parte venha a ser derrotada tanto no órgão inicial como perante a turma recursal.[22]

---

20 TJ-RJ. Apelação Cível nº 2006.001.32631. Rel. Des. Luiz Felipe Haddad. DJ 22/07/2008.

21 CÂMARA, Alexandre Freitas. *Lições de direito processual civil*, 8ª ed. Rio de Janeiro: Lumen Juris, 2005. v. 3, p. 320.

22 É curioso observar que é possível a execução da verba honorária no Juizado Especial ainda que esta seja promovida por pessoa jurídica, nos termos do Enunciado jurídico cível nº 12.7, do Tribunal de Justiça do Estado do Rio de Janeiro sobre JEC: *"A pessoa jurídica, vencedora no recurso, pode executar as verbas sucumbenciais em sede do Juizado Especial Cível".*

23.5.2. A fixação da sucumbência à luz do art. 85 do CPC

O CPC traz norma (art. 85) que, em seus 19 (dezenove) parágrafos, tenciona esclarecer os critérios em que os honorários advocatícios deverão ser fixados na fase de conhecimento, na reconvenção, no cumprimento de sentença (definitivo ou provisório), na execução por título extrajudicial e, até mesmo, nos recursos interpostos. Também podem ser devidos em sede de liquidação de sentença, embora o artigo não a contemple expressamente, mas de acordo com a jurisprudência pátria.[23]

Este dispositivo (art. 85) deve ter a sua aplicação imediata, seja para os processos instaurados sob a vigência do Código anterior ou mesmo sob a do atual, tendo em vista a aplicação imediata das normas processuais ser uma regra geral (art. 14). Com efeito, quando o legislador quis outra solução como, por exemplo, manter o regramento antigo somente para os processos anteriores, foi expresso neste sentido em diversas normas (v.g., art. 1.047). Contudo, vem sendo defendida a ideia de que esta norma (art. 85) somente é aplicável aos processos judiciais instaurados após a vigência do CPC/2015, enquanto os antigos continuarão sendo regidos pelo anterior (art. 20, CPC/73). O argumento, para tanto, é que o princípio reitor da sucumbência é o da causalidade, segundo o qual quem deu causa à demanda arcará com os honorários. Assim, sob este ponto de vista, como a demanda foi proposta antes da vigência do novo CPC, a causalidade deve ser tratada de acordo com o ordenamento jurídico anterior. Só que, conforme já exposto, é de se criticar este posicionamento, pois a regra geral (art. 14) é que a legislação processual tem aplicação imediata e irrestrita sobre os processos, sejam eles pendentes ou novos, salvo ressalva expressa em lei.

No sentido que se defende nesta obra, já há importante precedente do STJ de que os honorários advocatícios nascem contemporaneamente à sentença, momento em que deve ser adotado o critério da causalidade. Assim, mesmo para as demandas propostas à luz do CPC/73, será esta norma (art. 85), que norteará a fixação da sucumbência nas sentenças proferidas sob a égide da vigente legislação.[24]

Há previsão (art. 85, § 2º) que os honorários serão fixados em percentuais entre 10% (dez por cento) e o máximo de 20% (vinte por cento) sobre o valor da condenação ou, não sendo possível mensurá-lo, sobre o valor atualizado da causa. Contudo, nas causas em que for inestimável ou irrisório o proveito econômico ou, ainda, quando o valor da causa for muito baixo, o juiz fixará o valor dos honorários por apreciação equitativa (art. 85, § 7º).[25] Estas disposições são aplicáveis apenas aos litigantes que sejam pessoas físicas ou pessoas jurídicas de direito privado, posto que, para a Fazenda Pública, os percentuais já serão distintos. De todo modo, em certas situações a rigidez desses patamares pode gerar

---

23 TJ-RJ. Apelação cível nº 2008.002.16929. Rel. Des. Nagib Slaibi Filho., j. 19/11/2008

24 STJ. EAREsp nº 1.255.986-PR. Rel. Min. Luis Felipe Salomão. DJ 06/05/2019. STJ. REsp 1.636.124-AL, Rel. Min. Herman Benjamin, por unanimidade, j. 06/12/2016, DJe 27/04/2017.

25 O STJ já teve a oportunidade de decidir que o juízo de equidade na fixação dos honorários advocatícios somente pode ser utilizado de forma subsidiária, quando não presente qualquer hipótese prevista no art. 85, § 2º, CPC. É o que se extrai em: STJ. REsp nº 1.746.072-PR. Rel.ª Min.ª Nancy Andrighi, Rel. Acd. Min. Raul Araújo. DJ 29/03/2019.

decisão injusta. Com efeito, por vezes uma demanda milionária é proposta e a defesa apresentada pelo demandado vem em apenas uma petição de duas páginas contendo argumentação extremamente genérica. Em tais casos, não parece razoável remunerar este profissional em 10% (dez por cento) a 20% (vinte por cento) sobre o conteúdo econômico discutido, já que não se tratou de um trabalho que chamou a atenção pela qualidade apresentada. Portanto, aqui se defende que estes percentuais indicados na norma (art. 85, § 2º) são apenas referenciais, que não necessariamente devem ser observados em todos os casos, até porque há norma fundamental que permite ao magistrado aplicar o ordenamento jurídico inspirado na razoabilidade e proporcionalidade (art. 8º). Já há, inclusive, jurisprudência sendo firmada no exato sentido do texto.[26]

No caso específico da Fazenda Pública, há dispositivo específico (art. 85, § 3º), regulamentando especificamente os honorários quando a Fazenda Pública for vencida, estabelecendo critérios diferenciados. Para tanto, quanto maior for a condenação pecuniária, menor será o percentual de honorários que o advogado irá receber sobre a condenação. E, se deve acrescentar, estes percentuais são observados independentemente do polo processual em que a Fazenda Pública estiver atuando. Contudo, se deve destacar que há um parágrafo deste dispositivo (art. 85, § 19) que passou a permitir que os advogados públicos recebam honorários de sucumbência, nos termos da lei. Quanto a este aspecto, aliás, se esperava mais coerência do legislador, afinal, o advogado público já recebe vencimentos pelo desempenho do seu trabalho. Além disso, observa-se grave incongruência ao permitir que o mesmo receba honorários nas causas que atuar e vencer sem que também seja responsabilizado e arque com os honorários da outra parte quando derrotado. Só assim a norma seria realmente um pouco mais adequada, sem lesão alguma aos cofres públicos, mas desde que o valor percebido fosse limitado ao teto do funcionalismo público, sem gerar distorções flagrantes na remuneração dos agentes públicos. Não sendo assim, esta norma é flagrantemente inconstitucional.

Nos dois casos (art. 85, §§ 2º e 3º), o tribunal, ao julgar eventual recurso interposto para impugnar a sentença, majorará os honorários fixados anteriormente levando em conta o trabalho adicional realizado em grau recursal, mas observando as disposições estabelecidas em lei (art. 85, §§ 2º ao 6º), sendo-lhe vedado, contudo, no cômputo geral da fixação de honorários devidos ao advogado do vencedor, ultrapassar os respectivos limites também fixados pelo CPC (art. 85, §§ 2º e 3º). Esta norma tem, certamente, a intenção de desestimular a interposição de recursos[27].

Ainda quanto à Fazenda Pública, o CPC (art. 85, § 7º) esclarece que não serão devidos honorários advocatícios na execução de sentença contra a Fazenda Pública que enseje a expedição de precatório, desde que não tenha sido embargada. Este tema,

---

26   TJ-RJ. Apelação nº 0202231-96.2009.8.19.0001. Rel. Des. Sérgio Ricardo A. Fernandes. DJ 12/07/2016.

27   Já há jurisprudência do STF sobre alguns temas correlatos a escorreita interpretação do art. 85, § 11. Por exemplo, há precedente no sentido de que esta norma é inaplicável quando a causa originária já não possuir previsão de sucumbência (STF. ARE 948.578 AgR/RS. Rel. Min. Marco Aurélio. DJ 21/06/2016). Por outro lado, também há julgados reconhecendo o direito a honorários pela parte vencedora até mesmo em sede de embargos de declaração (STF. REXTR nº 929.925 AgR-ED/RS. Rel. Min. Luiz Fux. DJ 07/06/2016), agravo interno (STF. ARE nº 916.685 / Agr. Rel. Min. Luiz Fux. DJ 16/09/2016) ou mesmo quando o vencedor recursal sequer tenha tido o esforço em elaborar peça de contrarrazões (STF. AI nº 864.689 AgR/MS e ARE nº 951.257 AgR/RJ. Rel. orig. Min. Marco Aurélio, red. p/ o ac. Min. Edson Fachin. DJ 27/09/2016).

porém, já era regulado por lei específica (art. 1º-D, Lei nº 9.494/97), já contando com jurisprudência do STF favorável à esta disposição.[28]

Também é reconhecido (art. 85, § 14) que os honorários têm natureza alimentar, gozando dos mesmos privilégios dos créditos oriundos da legislação do trabalho, sendo vedada a sua compensação em caso de sucumbência parcial. Quanto a este último aspecto, aliás, a vedação da compensação colide com entendimento constante no Verbete nº 306 da Súmula do STJ: *"Os honorários advocatícios devem ser compensados quando houver sucumbência recíproca, assegurado o direito autônomo do advogado à execução do saldo sem excluir a legitimidade da própria parte"*.

Este dispositivo (art. 85, § 14) não é, por sinal, o único que colide com entendimento sumulado do STJ. Com efeito, existe outra norma (art. 85, § 18), que inova ao permitir que seja cabível ação autônoma para a definição e cobrança de honorários que não foram fixados em sentença proferida em processo anterior. Só que, sob esta questão, já existe e vinha sendo aplicado o disposto no Verbete nº 453 da Súmula do STJ: *"Os honorários sucumbenciais, quando omitidos em decisão transitada em julgado, não podem ser cobrados em execução ou em ação própria"*, que é exatamente em sentido contrário e alicerçada em fundamentos mais técnicos, relativos ao tema "pedido implícito" (v. item nº 14.5.1).

Há, ainda, norma (art. 85, § 15) autorizando que o advogado faça requerimento para que o pagamento dos honorários seja em favor da sociedade de advogados a que pertence, o que poderia resultar em um tratamento tributário mais benéfico, caso a sociedade em questão seja optante do regime do Simples (regime tributário diferenciado, simplificado e favorecido previsto na LC nº 123/2006). Contudo, muito embora o mesmo faça menção expressa ao parágrafo anterior, não há argumentos plausíveis para que tais verbas sejam consideradas como de natureza alimentar em prol de uma "pessoa jurídica". Desta maneira, caso seja apresentado requerimento para que os honorários sejam assim pagos, automaticamente a sociedade de advogados está renunciando à natureza alimentar desta verba, diante da sua total incompatibilidade.

Enfim, trata-se de um dispositivo (art. 85) com redação extensa, que merece uma cuidadosa leitura, para que possa ser aquilatada toda a sua abrangência.

23.5.3. Sucumbência na cumulação subjetiva de ações (litisconsórcio)

O tema é bastante comum, sendo regulado por norma própria (art. 87), que dispõe que concorrendo diversos autores ou diversos réus, os vencidos respondem pelas despesas e honorários em proporção, devendo a sentença distribuir de forma expressa esta responsabilidade, sob pena de a mesma ser suportada solidariamente,

Inicialmente, deve ser lembrado que o litisconsórcio, quando não for necessário, gera uma cumulação subjetiva de ações. Por este motivo, é de se imaginar que havendo uma demanda instaurada por "A" e "B" (litisconsórcio facultativo) em face de "C", se estará na verdade com o exercício de dois direitos de ação na mesma peça processual (petição

---

28 STF. REXTR nº 420816/PR. Rel. Sepúlveda Pertence (acórdão). DJ 29/09/2004.

inicial), estando ambos também representados pelo mesmo patrono. Logo, se ao final do processo os demandantes tiverem êxito, o vencido "C" irá arcar com a sucumbência, que vai abranger as despesas do processo e também a verba honorária. Mas, levando-se em consideração que nesta espécie de litisconsórcio, os demandantes atuaram de maneira autônoma (art. 117), seria correto concluir que o valor da verba honorária não seja rateado e sim pago integralmente para o advogado, sendo um deles para cada um dos clientes representados. Afinal, se o litisconsórcio é facultativo, o patrono poderia ter optado por deflagrar duas demandas distintas, o que daria azo a duas sentenças e com toda certeza a duas verbas honorárias. Logo, ainda que tenha sido instaurado um único processo, não se pode olvidar que se estará diante de uma cumulação de ações e que a atuação de um litisconsorte não ajuda e nem prejudica a do outro, razão pela qual os mesmos devem ser considerados, para efeitos práticos, como partes autônomas.

Se, porém, a hipótese versar sobre litisconsórcio unitário (que usualmente é o necessário), o polo passivo somente é preenchido com a presença de ambos os litisconsortes como se cada um deles perdesse um pouco de sua autonomia e identidade em prol da formação do polo processual, razão pela qual a verba honorária não deveria ser duplicada. Logo, estando os litisconsortes necessários e unitários "A" e "B" representados pelo mesmo advogado e tendo os mesmos obtido êxito em detrimento de "C", este arcará com as custas e honorários, que não serão duplicados. Afinal, não seria possível a existência de dois processos autônomos, com cada litisconsorte atuando sozinho. Assim, em razão da necessidade da concentração em um único processo e da atuação ser conjunta, impõe-se reconhecer que a verba honorária seja única, ou seja, devida apenas uma vez. É, de certa maneira, o que se extrai da norma já citada (art. 117).

Situação distinta, porém, ocorre quando os litisconsortes necessários estiverem sendo defendidos por advogados distintos como sói acontecer, por exemplo, em uma demanda proposta por "A" em face de "B" e "C". Neste novo exemplo, se o pedido formulado pelo demandante for julgado improcedente, também será estabelecida verba honorária que deverá ser paga integralmente a cada patrono dos litisconsortes vencedores.

Por fim, quanto ao pagamento das custas em situações que envolvam litisconsórcio, estas já não oferecem maiores dificuldades, pois os vencedores têm o direito de ser ressarcidos de tudo que anteciparam, razão pela qual o que será restituído pelo vencido é exatamente o valor que foi despendido.

23.5.4. Sucumbência na cumulação objetiva de ações (cumulação de pedidos)

Apesar de o CPC não possuir um tratamento muito claro de como se deve dar a fixação da sucumbência quando se tratar de hipótese envolvendo a cumulação de pedidos (art. 327), isto é, quando no mesmo processo tiver sido formulado mais de um pedido, tal circunstância não se traduz em grande empecilho. Com efeito, se cada pedido fosse objeto de um processo autônomo, cada um deles iria gerar ao vencedor o direito à percepção de uma verba honorária distinta, bem como ao ressarcimento das despesas para cada um dos processos que tiver sido instaurado. Se, no entanto, ocorrer uma cumulação de pedidos e apenas um processo for instaurado, ainda assim o magistrado deverá fixar, para cada pedido (que corresponde a uma ação distinta), uma verba honorária diferente.

Desta maneira, se o demandante formula um pedido de danos morais e outro de danos materiais, o dispositivo do magistrado deveria ficar, em casos de procedência, nos seguintes termos: *"Pelo exposto, resolvo o mérito (art. 487, inc. I, CPC), julgando procedente o pedido formulado pelo demandante para condenar o demandado ao pagamento dos danos morais, estes fixados em R$ 10.000,00 (dez mil reais), mais a correção monetária a partir do arbitramento e os juros de 1% ao mês desde a data do evento. Quanto a este pedido, condeno o demandado a arcar com os honorários que são fixados em 10% sobre o valor desta condenação, em razão da complexidade e do zelo do patrono. Já em relação ao pedido de danos materiais, também resolvo o mérito (art. 487, inc. I, CPC), condenando o vencido ao pagamento destes prejuízos que foram orçados em R$ 20.000,00 (vinte mil reais), valor este que deverá ser corrigido monetariamente e acrescido dos juros de 1% desde a data do evento. Fixo a verba honorária quanto a este pleito em 10% sobre o valor da condenação, em razão da ponderação acima já externada. O vencido ainda é condenado ao pagamento integral das custas processuais"*.

Embora em um primeiro momento essa solução possa gerar alguma estranheza, este é o critério comumente utilizado quando é, por exemplo, oferecida uma reconvenção (art. 343), que nada mais retrata do que uma hipótese de cumulação de pedidos, embora sem que seja contemporânea a data do início do processo. Neste caso, pelo menos, o CPC (art. 85, § 1º) foi expresso ao impor a elaboração de um único dispositivo na sentença, mas que resolva o mérito não apenas da demanda primitiva, como, também, daquela outra relação jurídica de direito processual que vier a ser instaurada ulteriormente.

23.5.5. Sucumbência em demandas relativas a dano moral

Este tema já foi abordado em momento próprio desta obra (v. item nº 14.5.3.9.).

23.5.6. Sucumbência e gratuidade de justiça

Ainda que a parte seja beneficiária da gratuidade de justiça, deverá ser condenada a arcar com a sucumbência, ou seja, a pagar as custas processuais e os honorários advocatícios regularmente. No entanto, o CPC (art. 98, § 3º) estabelece que esta condenação deve ser suspensa pelo prazo prescricional de 5 (cinco) anos, tempo este em que o credor terá que provar que cessou o estágio de hipossuficiência, ou seja, desde que não haja prejuízo ao sustento próprio ou de sua família. Trata-se, portanto, de uma sentença que cria uma obrigação certa e líquida, muito embora a sua exigibilidade seja submetida a uma condição futura. Não se trata, portanto, de uma sentença "condicional", que é aquela que não traz "certeza" quanto à obrigação em si e que é proibida pelo CPC (art. 492).

23.5.7. Sucumbência no mandado de segurança, na reclamação e *habeas data*

O mandado de segurança não permite que a parte vencida seja condenada a pagar honorários. Isso decorre ante a constatação de que esta via se constitui em uma demanda de índole constitucional, razão pela qual não necessariamente deve ter o mesmo tratamento que é reservado aos demais procedimentos estabelecidos no CPC ou em qualquer lei especial. Inclusive, ainda que não se concorde com esta disparidade de tratamento, comumente são apresentados ainda os seguintes argumentos: a) que no MS não há lide; b) que no MS a autoridade coatora não se defende, mas apenas sustenta a validade do ato que praticou; c) que existe outra demanda de índole constitucional (HC), que também não acarreta pagamento de sucumbência, o que se justificaria para se permitir uma melhor tutela do direito de ir e vir, em consonância com a Carta Magna (art. 5º, inc. LXXVII, CRFB).[29]

Por estes motivos, enfim, até mesmo consta o Verbete nº 512 da Súmula do STF e, também, o Verbete nº 105, mas agora da Súmula do STJ, ambos em idêntico sentido, ou seja, pelo não cabimento de condenação de verba honorária na sentença que vier a analisar o *writ*. Mais recentemente, o tema passou a ser regulado na própria Lei do Mandado de Segurança, que também proibiu a fixação desta condenação (art. 25, Lei nº 12.016/2009). Admite-se, porém, a condenação do vencido ao pagamento das custas processuais. De resto, é de se observar que, diante do silêncio normativo, a jurisprudência vem adotando idêntico raciocínio quanto à reclamação e ao *habeas data*.[30]

23.5.8. Sucumbência na ação civil pública

A lei reitora da ação civil pública possui dispositivo próprio (art. 18, Lei nº 7.347/85), com a seguinte redação: "*Nas ações de que trata esta lei, não haverá adiantamento de custas, emolumentos, honorários periciais e quaisquer outras despesas, nem condenação da associação autora, salvo comprovada má-fé, em honorários de advogado, custas e despesas processuais*". A sua interpretação literal sugere: a) não haverá adiantamento de custas processuais, muito embora tenha que arcá-las ao final da demanda; b) a associação autora somente responde por custas e honorários advocatícios caso venha a atuar com comprovada má-fé.

Só que este dispositivo vem sendo interpretado de maneira ampliativa, de modo que qualquer legitimado ativo para a propositura desta demanda fica isento do pagamento da sucumbência caso venha a ser derrotado e desde que não esteja litigando de má-fé. Neste sentido, são diversos os precedentes do STJ, notadamente quando se

---

29 CERQUEIRA, Luís Otávio Sequeira. Art. 25. In: *Comentários à lei do mandado de segurança*. 3ª ed. São Paulo: RT, 2012, p. 274, se posiciona de maneira contrária à ausência de condenação em honorários em sede de mandado de segurança, pois, seja concedendo ou denegando a ordem, o impetrante e a autoridade coatora se viram obrigados a ir em juízo, razão pela qual não se justifica o afastamento da regra de sucumbência.

30 TJ-MG. Processo nº 1.0024.03.091539-1/001 (1). Rel. Des. Edgard Penna Amorim. DJ 10/03/2005. É de se destacar, porém, precedente do STF mais recente reconhecendo a possibilidade de honorários advocatícios em sede de reclamação: STF. Reclamação nº 25.160 AGR-ED/SP. Rel. Min. Dias Toffoli. DJ 06/10/2017.

trata de demanda instaurada pelo MP.[31] Contudo, caso o demandante venha a ser o vencedor, o réu será condenado a arcar tanto com o pagamento das custas quando dos honorários, já que o dispositivo acima mencionado é completamente silente quanto à situação processual do demandado.

23.5.9. Sucumbência na ação popular

A ação popular é regulada por meio de lei própria (Lei nº 4.717/64), que somente prevê o cidadão como legitimado ativo para intentar esta ação. Só que consta no próprio texto da Constituição (art. 5º, inc. LXXIII, CRFB), que: "*Qualquer cidadão é parte legítima para propor ação popular que vise a anular ato lesivo ao patrimônio público ou de entidade de que o Estado participe, à moralidade administrativa, ao meio ambiente e ao patrimônio histórico e cultural, ficando o autor, salvo comprovada má-fé, isento de custas judiciais e do ônus da sucumbência*". Portanto, na ação popular não haverá condenação em custas e honorários caso a pretensão venha a ser julgada improcedente. No entanto, se o pleito autoral vier a ser acolhido, a parte ré é condenada a arcar com todos os consectários da sucumbência.

23.5.10. Sucumbência nas causas em que atua a Defensoria Pública

É bastante frequente que a Defensoria Pública Estadual atue suprindo a capacidade postulatória de uma das partes em processo que é promovido por ou em face da Fazenda Pública Estadual. Em situações como esta, mesmo que haja êxito processual na parte assistida pela Defensoria Pública, não se deve condenar o vencido a arcar com honorários advocatícios, pois, em última análise, implicaria em confusão, já que esta instituição é mantida financeiramente pela outra. O mesmo, por sinal, ocorre nas hipóteses envolvendo a Defensoria Pública Federal e a União. Por este motivo, enfim, é que foi criado o Verbete nº 421 da Súmula do STJ, nos termos seguintes: "*Os honorários advocatícios não são devidos à Defensoria Pública quando ela atua contra pessoa jurídica de direito público à qual pertença*".

23.5.11. Sucumbência fixada em sede recursal

Uma das novidades do CPC (art. 85, § 11) autoriza que o tribunal, ao julgar recurso, majore os honorários fixados anteriormente levando em conta o trabalho adicional realizado em grau recursal. Trata-se de norma que vem gerando diversos reflexos práticos que devem ser enfrentados. Entre os temas que devem ser analisados, destacam-se os seguintes questionamentos: a) essa fixação de honorários é permitida em qualquer recurso?; b) esta fixação de honorários também se aplica em relação aos recursos que foram interpostos na vigência do CPC/73?

---

31 STJ. REsp nº 480156/MG. Rel. Min. Luiz Fux. DJ 03/06/2003.

Quanto ao primeito questionamento, que consiste em saber se a verba honorária deve ser fixada em todo e qualquer recurso, a resposta deve ser negativa, embora a fundamentação vá ser diferente para a espécie recursal envolvida. Por exemplo, quanto ao "agravo de instrumento", não deverá ocorrer a fixação de tal verba extra, posto que a norma em comento (art. 85, § 11) somente permite ao órgão colegiado majorar honorários anteriormente "já fixados", o que ainda não ocorreu por se tratar de impugnação de decisão interlocutória proferida anteriormente à sentença. E, não obstante, o Tribunal não teria como avaliar o desempenho profissional do patrono, pois somente analisou um recurso instruído com poucas cópias e que, em regra, nem mesmo autoriza sustentação oral (que seria mais um trabalho). Portanto, não parece razoável a fixação de honorários em razão dessa circunstância.

Também não parece ser o caso de se permitir honorários recursais em recursos que são analisados pelo mesmo órgão jurisdicional, pois, a despeito de ter sido elaborada uma nova petição, o trabalho desenvolvido pelo profissional não necessariamente é tão ímpar a ponto de justificar esta majoração em sua remuneração. Tome-se como exemplo os "embargos de declaração" e, também, o "agravo interno" que, como regra, nem mesmo permitem sustentação oral, ou seja, um esforço diferenciado. Contudo, destaca-se que há precedentes do STF permitindo essa majoração em ambos os recursos.[32]

Outro ponto a se destacar é que, por vezes, certos procedimentos não permitem a condenação em honorários na primeira instância, tal como ocorre com o mandado de segurança e com a reclamação. Em tais situações, toda a cadeia recursal também não irá gerar direito a honorários, de acordo com a jurisprudência do Pretório Excelso.[33]

Enfrentado o primeiro questionamento em relação a todas as suas nuances, passa-se agora à análise do segundo, que consiste em apurar se tal norma (art. 85, § 11), deve ser aplicada imediatamente, inclusive quanto aos recursos que foram interpostos sob a égide do modelo anterior (CPC/73), mas que ainda não foram julgados quando o CPC entrou em vigor. Precisamente sobre esta dúvida, o STJ criou um enunciado administrativo de nº 7 nos seguintes termos: *"Somente nos recursos interpostos contra decisão publicada a partir de 18 de março de 2016, será possível o arbitramento de honorários sucumbenciais recursais, na forma do art. 85, § 11, do novo CPC"*. A conclusão, de fato, é a mais adequada, pois a parte que interpôs o seu recurso de acordo com o antigo sistema não poderia ser prejudicada e ter um agravamento financeiro (com aumento de honorários) se o recurso demorou a ser julgado por órgão do Poder Judiciário. Afinal, no momento em que o recurso foi interposto eram outras regras e expectativas.

23.6. VÍCIOS NA SENTENÇA

A sentença, como qualquer ato processual, pode ser praticada de maneira defeituosa, o que poderá acarretar a caracterização de um vício processual, capaz de lhe

---

32 STF. ARE nº 929.925 AgR-ED/RS. Rel. Min. Luiz Fux. DJ 07/06/2016. STF. ARE nº 916.865. Rel. Min. Luiz Fux. DJ 16/09/2016.
33 STF. ARE nº 948.578 AgR/RS. Rel. Min. Marco Aurélio. DJ 21/06/2016.

comprometer a existência ou mesmo a validade. É o que pode ocorrer nas sentenças consideradas *ultra*, *extra* ou *citra petitas*, bem como em relação às sentenças condicionais.

23.6.1. Sentença *ultra*, *extra* e *citra petita*

Uma sentença pode conter diversos vícios. Como visto acima, a ausência de relatório ou de fundamentação pode acarretar a nulidade absoluta da sentença, enquanto a ausência de dispositivo ou da assinatura do magistrado já irá consubstanciar vício ainda mais grave, de modo que eventual sentença que tenha sido proferida nestas condições será reputada como inexistente juridicamente.

No entanto, também é possível apresentar uma outra categoria de vícios na sentença, esta em certo ponto até bastante popular, que analisa o enfrentamento realizado pelo magistrado face àquilo que efetivamente foi requerido pelo interessado. Em outras palavras, aqui se perquire qual é a consequência do ato decisório que não observar o princípio da congruência (art. 141 c/c art. 492), podendo, nestes casos, a sentença ser *ultra petita*, *extra petita* ou mesmo *citra petita*.

Na primeira delas, ou seja, na sentença *ultra petita*, o magistrado decide além dos limites da provocação, o que apenas macula em parte o seu ato decisório naquilo que for além do que o autor deduziu em sua petição inicial. Desta maneira, requerendo o demandante que o seu pedido fosse julgado procedente para reconhecer como indevida uma determinada exação, bem como a devolução destes valores indevidamente retidos nos últimos 5 (cinco) anos (que é o prazo prescricional usual para se pleitear a repetição de indébito em determinados casos), não poderia o magistrado julgar procedente o seu pedido e fazer constar que a devolução deverá abranger os valores descontados nos últimos dez anos. Nesta hipótese, se houver recurso da demandada impugnando apenas a parte da sentença que foi além da provocação autoral (determinando a devolução do valor indevidamente recolhido nos últimos 10 (dez) anos, quando o próprio demandante limitou temporalmente em 5 (cinco) anos, a instância revisora irá apenas nulificar esta parte do ato decisório que tiver ido além, por se tratar de uma sentença *ultra petita*. No entanto, este mesmo ato até pode ser inteiramente reformado ou anulado caso o recurso interposto pelo interessado assim requeira e traga argumentos para tanto. Por fim, caso tenha ocorrido a preclusão das vias impugnativas com o consequente advento da coisa julgada material e do seu efeito sanatório, ficaria então este ato decisório devidamente sanado, mesmo que tenha ido além da provocação autoral.

A sentença também pode ser *extra petita*, o que até mesmo vem sendo bastante comum nos dias atuais, em razão principalmente da enorme quantidade de processos que são instaurados diuturnamente e que, por este motivo, acabam favorecendo a possibilidade de ocorrência de mais erros humanos. Neste outro caso, o magistrado profere uma sentença completamente distinta dos limites da provocação o que, em certos casos, até pode sinalizar pela sua completa inexigibilidade. Por exemplo, um determinado modelo de demandas seriadas corresponde às promovidas em face da CEF, objetivando a obtenção de correção monetária em contas abertas durante a incidência de diversos planos econômicos (v.g., Plano

Bresser, Plano Verão, dentre outros). Só que, ao sentenciar, o magistrado se confunde e utiliza outro modelo de demanda seriada também bastante comum em face da mesma CEF, como o daqueles casos em que se pretende discutir o valor das prestações em decorrência de um financiamento celebrado para fins de aquisição de casa própria nos moldes do Sistema Financeiro de Habitação. Nesta situação, o melhor tratamento a ser dado a sentença *extra petita* é considerá-la como inexistente (já que se trata de grave violação, pois equivaleria ao magistrado decidir sem qualquer provocação específica neste sentido) e, desta maneira, insuscetível de gerar qualquer preclusão ou mesmo de ser convalidada. Do contrário, se este ato for reputado como apenas "nulo", como muitas vezes é defendido, o mesmo então seria convalidado com o advento da coisa julgada material, gerando hipótese de sentença absolutamente inexequível (v.g., sentença reconhecendo que o demandante tem direito a pagar um valor de prestação menor pelo financiamento supostamente contraído quando o mesmo sequer celebrou qualquer contrato desta natureza). Melhor concluir, portanto, que o ato *extra petita*, por ser considerado como inexistente, pode ser cassado pelo próprio órgão prolator da decisão ou mesmo pela instância revisora de ofício, ou seja, independentemente de qualquer provocação de interessado neste sentido.

A sentença também pode ser reputada como *citra petita*, o que ocorre naquelas situações em que o ato decisório foi fundamento apenas parcialmente, sem o enfrentamento de outras questões que também são necessárias e relevantes para a apreciação do *meritum causae*. Nesta última situação, a sentença padece de um grave vício, que tanto pode levar à sua anulação (para que outro seja proferido) ou mesmo convalidação (se for possível sanar esta omissão). Tudo dependerá, porém, da situação concreta e do recurso que vier a ser utilizado pelo interessado, eis que por vezes o legislador disponibiliza mais de um instrumento processual para a mesma situação. Assim, caracterizada uma omissão relevante no ato decisório, poderá a parte interpor embargos de declaração que, se vierem a ser conhecidos e providos, irão sanar este vício em razão da complementação do ato decisório. No entanto, a lei também oportuniza o recurso de apelação, que pode ser utilizado em um prazo maior para fins de anulação do ato. Neste ponto, aliás, é bom reforçar, embora já esteja de certa maneira no texto, que a sentença *citra petita* não é necessariamente toda nula, pois pode ser complementada em vez de integralmente anulada, caso não haja necessidade de dilação probatória.[34]

Por fim, deve ser ainda esclarecido que a sentença *citra petita* não pode ser confundida com a sentença *infra petita*, eis que esta última não padece de qualquer vício. Com efeito, se o demandante formular um pedido requerendo que o demandado seja condenado a lhe pagar R$ 50.000,00 (cinquenta mil reais) de danos materiais e o magistrado motivadamente apenas julgar procedente o pedido em parte, condenando o réu a pagar 1/5 (um quinto) deste valor, esta sentença não padecerá de qualquer vício, já que o juiz não é obrigado a sempre acolher tudo o que o autor pretende obter. Assim, nestas hipóteses em que o pleito autoral não for totalmente atendido em sentença adequadamente fundamentada, não se estará diante de qualquer vício e a sentença será considerada como *infra petita*.

---

34 DINAMARCO, Cândido Rangel. *Capítulos de sentença*. 1ª ed. 2ª tir. São Paulo: Malheiros, 2004, pp. 89-91.

23.6.2. Sentença condicional

Tema que é pouco explorado pela doutrina diz respeito à impossibilidade de ser validada uma sentença condicional. Para melhor compreensão deste tópico, é importante destacar que a sentença se constitui no título executivo que provavelmente irá embasar uma ulterior execução. E, por este motivo, a mesma deve se atentar quanto ao disposto no CPC (art. 783 c/c art. 786), que estabelece que a obrigação constante no título executivo deve ser certa, líquida e exigível.

A "exigibilidade" nada mais é do que a demonstração de que uma das partes se encontra em mora, o que justificaria a provocação jurisdicional. Já a "liquidez" ou o *quantum debeatur* é o atributo que delimita o conteúdo da prestação, como se o título estabelecesse que o devedor deve entregar um determinado bem ou realizar um tipo de serviço. E, por fim, por "certeza" se deve compreender que a obrigação deve existir, ou seja, que o título indique o *an debeatur*, que nada mais é do que uma obrigação que deve ser cumprida pelo demandado e que pode ser de fazer, não fazer, entregar coisa ou pagar, que é o que interessa no estudo em enfoque. É que a sentença, de forma alguma, poderá ser "incerta", ou seja, não decidir conclusivamente sobre a existência ou não de uma obrigação e nem mesmo submetê-la a um evento futuro, como o advento de um termo ou de uma condição. É, por sinal, a advertência que consta no próprio CPC (art. 492, parágrafo único).

Assim, uma sentença condicional seria uma sentença nula, o que poderia ser pronunciada pelo tribunal em grau recursal. É o exemplo de uma sentença que fizesse constar no dispositivo: *"Pelo exposto, resolvo o mérito (art. 487, inc. I), para fins de: julgar procedente o pedido de paternidade se o demandado se submeter ao exame de DNA; julgar improcedente o mesmo pedido de paternidade, se o suposto pai se recusar peremptoriamente a realizar o exame e se nenhuma outra prova conclusiva vier a ser proferida"*. Observa-se, neste exemplo, que a sentença não trouxe qualquer "certeza" quanto ao vínculo da paternidade, sendo até mesmo expressa que tudo dependeria de provas ou eventos externos que fossem realizados, malgrado já se tenha encerrado a instrução processual. E, da mesma maneira, esta hipótese sequer poderia se sujeitar à liquidação de sentença, eis que, como sugere o nome deste mecanismo processual, o mesmo tenciona obter tão somente a "liquidação" (ou *quantum debeatur*) de uma sentença que já é "certa" (ou seja, que já possui o *an debeatur*), e jamais ser empregada para outros fins.

Assim, deve-se reconhecer que uma sentença condicional equivale à sentença "incerta", isto é, sentença que nada decide quanto à existência ou não da obrigação posta à apreciação, de modo que deve ser reputada como inválida.

Diferentemente, pode ser que a sentença seja certa e líquida e, ainda assim, tenha a sua eficácia subordinada ao implemento de um termo ou condição futura. Nesta nova hipótese, não se estará diante de uma sentença condicional e, portanto, este ato decisório não padecerá de mal algum. Trata-se, em realidade, de hipótese até mesmo bastante frequente, e que ocorre quando o magistrado condena o vencido, que é beneficiário da gratuidade de justiça, a arcar com as custas e os honorários processuais (art. 98, § 3º), embora o isente durante o prazo prescricional de 5 (cinco) anos, exceto se o demandante vier a fazer prova de que o mesmo pode arcar com tais valores sem prejuízo de sustento próprio ou da sua família, o que caracterizaria o implemento de uma condição a fim de que este capítulo da sentença possa vir a gerar algum efeito. Outro exemplo, também bastante corriqueiro, de sentença certa e líquida cujos efeitos se sujeitam ao implemento de uma condição, ocorre quando o magistrado, na própria decisão, já fixar a incidência de *astreintes,* caso as determinações contidas na mesma não venham a ser cumpridas no prazo estipulado. Este caso, mais uma vez, não configura qualquer vício processual pois não consubstancia sentença condicional e, por este motivo, escapa da incidência do já mencionado dispositivo (art. 492, parágrafo único).

23.7. CORREÇÃO DA SENTENÇA

Uma vez publicada a sentença, a mesma não poderá mais ser modificada (art. 494), exceto em poucas situações. Para compreender melhor esse dispositivo, insta destacar, de início, que o termo "publicada" deve ser entendido no sentido de o ato decisório tornar-se público, o que não necessariamente ocorre apenas por meio de publicação da intimação em diário oficial. É que, em certas situações, a sentença é proferida ao término da audiência de instrução e julgamento, de modo que a mesma se torna pública já neste momento, razão pela qual não pode mais o magistrado alterá-la, salvo nos casos que são ressalvados nos incisos deste dispositivo.

O primeiro caso (art. 494, inc. I) autoriza que, em hipóteses de inexatidões materiais ou mesmo erros de cálculos, possa o magistrado agir de ofício ou a requerimento da parte. Por "inexatidão material" se pode entender erros materiais, como aqueles que podem ocorrer na grafia do nome de uma das partes (v.g., constar como sobrenome do demandante "Kronenberger" em vez de "Kronemberg"), ao passo que "erros de cálculos" podem sinalizar qualquer equívoco que tenha ocorrido em uma das operações de aritmética (v.g., sentença mencionar, na fundamentação, que o réu realmente é devedor de duas notas promissórias no valor de R$ 3.000,00 cada uma e, no dispositivo, o condenar a pagar apenas R$ 5.000,00). Vale dizer que estes erros materiais ou de cálculos não precluem para o magistrado, razão pela qual podem ser retificados a qualquer momento, gerando a prolação de uma "nova" sentença, que necessariamente terá que ser registrada com um novo número, pois somente se pode retificar um ato pela prolação de outro de igual natureza. Afinal, repugnaria ao bom senso imaginar que um mero despacho pudesse alterar parte do que consta na sentença, mesmo que se trate de um erro material ou de cálculo. No entanto, esta "nova" sentença não desafiará qualquer recurso, por absolutamente falta de interesse em recorrer, já que a mesma não estará inovando, por não alterar qualquer conteúdo da sentença anteriormente proferida. E, ainda, outra observação importante é que a parte também poderá alegar a ocorrência de erro material em sede de embargos de declaração (art. 1.022, inc. III), muito embora a não utilização deste recurso não se traduza em óbice para apresentar a matéria posteriormente por simples petição, por ser matéria de ordem pública.

A segunda hipótese que autoriza a modificação da sentença após a sua publicação é o uso dos embargos de declaração. No entanto, nestes casos se estará diante de um recurso, razão pela qual o mesmo deverá ser, obrigatoriamente, apenas apresentado por uma das partes, pelo Ministério Público (quanto atuar como fiscal da ordem jurídica) ou por um terceiro, sendo vedada a atuação *ex officio* nesta situação. E, justamente por se tratar de um recurso, haverá a necessidade de se observar o seu prazo, que é de cinco dias (art. 1.023), sob pena de posteriormente ser vedada a modificação do julgado. E, de resto, não se pode olvidar que os embargos de declaração são recursos de fundamentação vinculada, razão pela qual somente podem ser empregados naquelas hipóteses autorizadas em lei (art. 1.022), ou seja, quando o ato decisório for omisso, contraditório, obscuro ou conter erro material).

Além destas situações previstas neste dispositivo (art. 494), eventualmente o magistrado também poderá corrigir a sentença que proferiu nos casos em que a lei autoriza o juízo de retratação em sede de apelação (v.g., art. 331, art. 332 e art. 485, § 7º).

23.8. SENTENÇA E A CONSTITUIÇÃO DE HIPOTECA JUDICIÁRIA

O CPC (art. 495) relaciona os casos em que a sentença valerá como título constitutivo de hipoteca judiciária. Há várias hipóteses ali elencadas, como os casos de sentenças que convertem a obrigação de fazer em obrigação de pagar. Esta providência deve ser instrumentalizada em cartório de registro imobiliário, independendo até mesmo de autorização judicial neste sentido. A norma também fixa um prazo de 15 (quinze) dias para que o registro desta hipoteca seja comunicado ao órgão jurisdicional. De resto, ainda esclarece que esta hipoteca judiciária confere ao credor um direito de preferência em relação aos demais, tal como a penhora (art. 797), direito este que deve ser arguido no momento e na via própria (art. 908).

23.9. SENTENÇA LEVADA A PROTESTO

O CPC (art. 517) prevê a possibilidade de a decisão judicial ser levada a protesto pelo credor, depois de decorrido o prazo de 15 (quinze) dias para pagamento voluntário (art. 523). É um dispositivo (art. 517) que tenta estabelecer um novo meio para pressionar o devedor a cumprir a sua obrigação, pois estaria sendo dada publicidade de sua impontualidade. A efetivação do protesto em si continua a ser regida por legislação especial (Lei nº 9.402/97), sendo de iniciativa do credor. Cumprida a obrigação, o juízo irá expedir ofício para que seja feito o seu cancelamento. Se o executado tiver proposto ação rescisória, poderá pedir, às suas expensas, a anotação da propositura desta demanda à margem do protesto.

Salienta-se, por oportuno, que as decisões judiciais que fixarem alimentos, seja em caráter definitivo ou provisório, também poderão ser protestadas (art. 528, § 1º).[35]

---

35 STJ. REsp 1.469.102-SP, Rel. Min. Ricardo Villas Bôas Cueva, j. 08/03/2016, DJe 15/03/2016 – *Informativo* nº 579.

24

A COISA JULGADA

24.1. INTRODUÇÃO, DESENVOLVIMENTO HISTÓRICO E DEFINIÇÃO

A coisa julgada é um valoroso instituto que prestigia sobremaneira a segurança jurídica e a proteção da confiança, ao impor que determinados litígios não mais possam ser reapreciados pelo Poder Judiciário, quando já escoados todos os recursos ou todas as possibilidades de utilizá-los sem sucesso.[1] No entanto, apesar de a mesma hoje ter seu conceito estampado no CPC (art. 502), ainda assim são necessárias algumas observações quanto ao seu lento e gradual desenvolvimento.

Quando ainda não se falava em "coisa julgada", simplesmente vigorava a regra *bis de eadem re ne sit actio*, que significava, basicamente, que sobre a mesma relação jurídica de direito material, não poderiam existir dois ou mais processos. Trata-se de uma antiga visão, mantida consuetudinariamente, em que era absolutamente irrelevante o julgamento ou não da pretensão deduzida no processo e, inclusive, o eventual conteúdo da decisão, pois o que se vedava era apenas que fosse instaurado um novo processo que versasse sobre a mesma provocação já ventilada no anterior. Por esta razão, aliás, é que àquela época existia enorme cuidado em se estabelecer os critérios que pudessem estabelecer, com maior precisão, o que fora objeto do processo anterior. É o caso, por exemplo, dos "elementos da ação", que têm como uma de suas finalidades justamente diferenciar uma ação de outra.[2]

Mas, com o passar dos anos, a mesma passou a ter a sua existência comprovada no plano científico, como algo inerente ao exercício da atividade jurisdicional. E, por este motivo, passou a ser prevista nos mais diversos ordenamentos jurídicos. Um dos primeiros que a previu e conceituou foi o Código Justiniano que, no fragmento 1 do título 1 do Livro 42, assim a definiu: "*Res iudicata dicitur, quae finem controversiarum pronuntiatone iudicis accipit; quod vel condemnatione, vel absolutione contingit*", que devidamente traduzida para o vernáculo seria o equivalente a "*Diz-se coisa julgada a que, pelo pronunciamento do juiz, alcança o fim das controvérsias, o que acontece pela condenação ou pela absolvição*".[3]

---

1 CANOTILHO, J. J. Gomes. *Direito constitucional e teoria da Constituição*. 5ª ed. Coimbra: Almedina, p. 250.

2 NEVES, Celso. *Coisa julgada civil*. São Paulo: RT, 1971, p. 10.

3 ARAGÃO, Egas Moniz de. *Sentença e coisa julgada*. Rio de Janeiro: AIDE, 1992. p. 192.

Esta visão inicial, no entanto, foi objeto de algumas críticas, por se apegar fortemente à ideia de que em todo processo deve existir uma lide ou controvérsia, sendo certo que ambas se traduzem em elementos meramente acidentais, embora frequentes ao processo.[4]

Com o passar do tempo, este tema recebeu a contribuição do magistério de Savigny que, ao criar a teoria da ficção da verdade, contribuiu de forma relevante para a compreensão do pensamento jurídico sobre a coisa julgada, eis que difundiu o entendimento, até hoje adotado, de que mesmo uma sentença injusta ou equivocada pode gerar coisa julgada. Este raciocínio, por sinal, até mesmo foi complementado nos dias atuais, mediante constatação da aplicação do princípio da verdade processualmente válida.[5]

Também Giuseppe Chiovenda trabalhou o seu próprio conceito de coisa julgada, considerando-a como uma eficácia que decorria da própria sentença, o que representa uma visão que encontrou muitos adeptos no Brasil, tanto que foi o adotado no modelo anterior (art. 467, CPC-73).[6]

Apesar de não ter sido o entendimento adotado pelo legislador no modelo primitivo (CPC-73), foi a doutrina capitaneada por Enrico Tullio Liebman que teve uma maior aceitação por estas plagas. É que, de acordo com a mesma, a coisa julgada não seria um mero "efeito" da sentença, mas sim uma "qualidade" ou "autoridade" que tornaria imutável o seu conteúdo e efeitos.[7] A diferença em questão não é meramente semântica, bastando imaginar uma decisão que tenha condenado o demandado a pagar e que já tenha sido voluntariamente cumprida. Nesta hipótese, a obrigação constante na sentença já não mais poderia ser executada, o que denota a inexistência de qualquer efeito positivo. No entanto, ainda assim o conteúdo do ato decisório permaneceria inalterado bem como irradiaria a eficácia negativa impedindo a repetição da mesma ação, o que decorreria dessa "qualidade" denominada coisa julgada.

Uma curiosidade histórica é que, convencido do acerto da conclusão defendida por Enrico Tullio Liebman, Alfredo Buzaid elaborou o anteprojeto que deu origem ao Código de Processo Civil anterior (CPC-73), adotando este entendimento acima preconizado, tanto que a redação originária de um dado dispositivo (art. 507, CPC-73) seria: *"Chama-se coisa julgada material a qualidade, que torna imutável e indiscutível o efeito da sentença, não mais sujeita a recurso ordinário ou extraordinário".*[8] Contudo, constata-se que, por ocasião do advento do CPC anterior, este tema passou a ser tratado por outra norma (art. 467, CPC-73), com uma nova redação, que se assemelhava à visão preconizada por Giuseppe Chiovenda.

---

4 HARTMANN, Rodolfo Kronemberg. *Curso de direito processual civil, – Teoria geral do processo.* 1ª ed. Niterói: Impetus, 2012. v. 1, p. 43.

5 SANTOS, Moacyr Amaral. *Primeiras linhas de direito processual civil,* 17ª. ed. São Paulo: Saraiva, 1998. v. 3, p. 46.

6 CHIOVENDA, Giuseppe. *Intitutizioni di Diritto processuale civile,* Napoli: Nicola Jovene & C. Editori, 1933. *v.* I, p. 342. NEVES, Celso. *Coisa julgada civil.* São Paulo: RT, 1971, p. 500.

7 LIEBMAN, Enrico Tullio. *Eficácia e autoridade da sentença e outros escritos sobre a coisa julgada.* 3ª ed. Tradução de Alfredo Buzaid e Benvindo Aires. Tradução dos textos posteriores a 1945 e notas relativas ao direito brasileiro vigente de Ada Pellegrini Grinover. 13ª ed. Rio de Janeiro: Forense, 1984, pp. 5-6.

8 NEVES, Celso. *Coisa julgada civil.* São Paulo: RT, 1971, p. 274.

O mais curioso é que Alexandre de Paula, em obra publicada em 1980, critica a alteração sofrida no referido projeto, que descaracterizou o entendimento esposado por Enrico Tullio Liebman, embora, ao que pareça, esta não tenha sido a intenção do legislador.[9] O mesmo doutrinador tece ainda diversas outras críticas demonstrando o desacerto do conceito de coisa julgada estampado no até então novo CPC, especialmente por considerar difícil assimilar como um efeito (denominado "coisa julgada") se sobrepõe sobre os outros efeitos que já são naturalmente gerados pelo ato.[10]

Em virtude de todas estas considerações, o que se observa é que, de uma forma geral, a doutrina processual contemporânea não vinha adotando a literalidade do conceito de coisa julgada que constava no Código primitivo (art. 467, CPC-73).[11] É correto compreendê-la, portanto, como uma qualidade ou autoridade que se agrega aos efeitos produzidos por uma decisão proferida pelo magistrado que já não mais se encontra sujeita a recurso, conferindo-lhe o caráter da imutabilidade do seu conteúdo. É, afinal, o entendimento que restou expresso no CPC (art. 502).

E, por fim, vale dizer que este conceito até mesmo pode ser adotado no direito processual penal, eis que se trata de um fenômeno comum a todos os ramos da ciência processual.[12] Isso, claro, sem embargo de outros entendimentos sobre este mesmo fenômeno.[13]

24.2. COGNIÇÃO EXERCIDA E ATOS QUE PODEM GERAR COISA JULGADA

A cognição, ou seja, o grau de aprofundamento do juiz quanto aos fatos e às questões que lhe foram submetidas para que possa decidir adequadamente, é tradicionalmente classificada como "exauriente", "sumária" ou "superficial". A primeira delas, isto é, a cognição "exauriente" é aquela em que o magistrado profere um ato decisório com absoluta convicção e certeza quanto àquilo que está enfrentando, o que decorre da análise das provas após ter sido permitida ampla instrução probatória. Nestes casos, a decisão decorre de um juízo de certeza de que o demandante possui ou não o direito alegado, razão pela qual este ato decisório, que enfrenta o *meritum causae*, pode aspirar a imutabilidade, ou seja, transitar em julgado.

A cognição "sumária", por seu turno, já é aquela exercida quando o magistrado profere uma decisão com base em juízo de probabilidade, ou seja, quando não há plena certeza a respeito de a qual parte assiste razão. Isso ocorre porque, nos atos proferidos

---

9 PAULA, Alexandre de. *Código de processo civil anotado, Arts. 262 a 565 – Do Processo de Conhecimento.* São Paulo: RT, 1980. v. 2, pp. 447-448.

10 PAULA, Alexandre de. *Código de processo civil anotado, Arts. 262 a 565 – Do Processo de Conhecimento.* São Paulo: RT, 1980,.v. 2, p. 448.

11 MARINONI, Luiz Guilherme, ARENHART, Sérgio Cruz. *Manual do processo de conhecimento.* 2ª ed. São Paulo: RT, 2003, p. 664.

12 GRINOVER, Ada Pellegrini. *Eficácia e autoridade da sentença penal.* São Paulo: RT, 1978, p. 5.

13 CÂMARA, Alexandre Freitas. *Lições de direito processual civil,* 12ª ed. Rio de Janeiro: Lumen Juris, 2005, *v. 1,* pp. 472. DIDIER JÚNIOR, Fredie. ZANETI JÚNIOR, Hermes. *Curso de direito processual civil,* 3ª ed. Salvador: JusPodivm, 2008. v. 4, p. 369.

com base em cognição "sumária", a instrução ainda não chegou ao fim, de modo que é possível a reversão do quadro fático até então delineado e, consequentemente, até mesmo do conteúdo da decisão que já tenha sido porventura proferida. Situação muito frequente envolvendo este tipo de cognição se dá quando o juiz decide a respeito de um requerimento de tutela provisória de urgência antecipada, pois, para tanto, o demandante deve preencher o requisito probabilidade do direito além do perigo de dano ou do resultado útil do processo (art. 303). De todo modo, a distinção fundamental entre esta espécie de cognição e a anterior é quanto à preclusão daquilo que restar decidido, posto que os atos proferidos em cognição "sumária" podem ser revistos posteriormente, caso novas provas sejam produzidas e, consequentemente, a cognição for deixando de ser sumária para se transformar em "exauriente", esta sim impeditiva quanto ao reexame daquilo que tiver sido decidido.[14]

Portanto, diante de todo o acima exposto, o que se observa é que apenas os atos proferidos pelo magistrado que contenham algum julgamento quanto ao mérito da causa (art. 487 inc. I) e que sejam decorrentes de cognição "exauriente" é que podem aspirar à imutabilidade, gerando coisa julgada. Quanto aos demais atos, ou seja, aqueles oriundos de cognição sumária, os mesmos sequer gerariam preclusão, diante do grau de incerteza quanto ao que consta em seu conteúdo.

Mas, não obstante a afirmação acima, também existem atos do magistrado que, mesmo não julgando o mérito da causa (o que pressupõe análise das provas produzidas), ainda assim geram reflexos definitivos quanto à relação jurídica de direito material (art. 487, incs. II e III). Com efeito, é o que ocorre com a pronúncia da prescrição ou da decadência (art. 487, inc. II), pois haverá impossibilidade de se propor a mesma ação novamente, malgrado não tenha ocorrido "julgamento" na acepção da expressão. O mesmo, por sinal, pode ser mencionado quanto ao último inciso deste dispositivo (art. 487, inc. III), para o reconhecimento do pedido, a homologação de acordo celebrado entre as partes e a renúncia, pois estas decisões judiciais gerarão reflexos definitivos na relação jurídica de direito material, sem que tenha ocorrido qualquer julgamento.

Percebe-se, portanto, que a coisa julgada que se refere à imutabilidade do conteúdo de uma decisão pode ocorrer nestas duas hipóteses acima, ou seja: a) quando há julgamento de mérito oriunda de um juízo de cognição exauriente; b) quando o mérito for resolvido de maneira definitiva, ainda que não haja um "julgamento" da pretensão que foi deduzida em juízo pelo demandante. Logo, em ambas o julgado será oriundo de juízo de certeza e estará gerando reflexos definitivos na relação jurídica de direito material, que não mais poderá voltar a ser discutida.

Realizado este introito, deve-se agora analisar quais os atos proferidos pelo magistrado, no exercício de atividade jurisdicional, podem aspirar a esta imutabilidade

---

14 WATANABE, Kazuo. *Da cognição no processo civil.* São Paulo: RT, 1987, p. 83 esclarece que a "cognição" exercida em um processo pode ser "horizontal" ou "vertical". Será "horizontal" quando tiver por limite os elementos objetivos do processo, podendo ser plena ou limitada de acordo com a sua extensão. Ao revés, a cognição será "vertical" quando levar em consideração o seu grau de profundidade, dividindo-se em sumária e exauriente (a primeira é incompleta e a segunda, completa).

decorrente da coisa julgada. De acordo com o CPC (art. 203), verifica-se que o juiz pode proferir sentenças, decisões interlocutórias e até mesmo despachos, todos eles com definição nos respectivos parágrafos. Além deles, não se pode olvidar os atos jurisdicionais praticados por magistrados lotados em órgãos colegiados, que recebem a nomenclatura de acórdãos (art. 204), além das decisões monocráticas.

Nenhuma dúvida existe que os acórdãos, decisões monocráticas e sentenças podem gerar coisa julgada material, desde que contenham julgamento decorrente do exercício de cognição exauriente (art. 487, inc. I) ou que resolvam em caráter definitivo a pretensão de direito material (art. 487, incs. II e III), muito embora existam exceções como nos julgamentos de improcedência por falta de provas no processo coletivo (o que faz surgir os estudos sobre a coisa julgada *secundum eventum probationis*), nas sentenças dadas nos procedimentos de jurisdição voluntária (malgrado não tenha sido reproduzida norma antiga prevista no art. 1.111, CPC-73), dentre diversos outros exemplos.

No modelo anterior (CPC-73) existia divergência sobre uma decisão interlocutória poder ou não transitar em julgado materialmente, o que já torna necessário alguns esclarecimentos. Este tipo de decisão usualmente é proferida no decorrer do processo em juízo de cognição sumária e sem que haja qualquer resolução da pretensão de direito material. No entanto, por vezes se permite a cisão da resolução do mérito, o que autoriza que uma parcela já seja imediatamente enfrentada pelo magistrado enquanto a outra somente o será oportunamente. Nestes casos, a primeira delas consubstanciará uma decisão interlocutória, posto que sentença é o ato do juiz que encerra a etapa do processo. É, por sinal, o que ocorre quando o magistrado profere o julgamento antecipado parcial do mérito (art. 356) ou quando pronuncia a prescrição de apenas um dos cheques que estão sendo cobrados pelo autor no processo (art. 354 c/c art. 47, inc. II).[15] Portanto, nestas hipóteses, a ciência processual consagra a possibilidade de ser proferida uma decisão interlocutória que resolve o mérito, que até pode gerar coisa julgada material caso não seja interposto o agravo de intrumento (art. 1.015, inc. II), e, quiçá, até mesmo desafiar o manejo de uma ação rescisória (art. 966), se for o caso e houver fundamento para tanto.

Por fim, quanto aos despachos, não se questiona a impossibilidade de virem a gerar qualquer preclusão, eis que os mesmos são despidos de quaisquer fundamentação ou conclusão, até mesmo podendo ser praticados por serventuários (art. 203, § 4º).

24.3. DISTINÇÃO ENTRE COISA JULGADA, PRECLUSÃO E ESTABILIDADE DA DECISÃO

As expressões "coisa julgada", "preclusão" e "estabilidade" são usadas para se referir à intensidade em que certas decisões tornam-se imutáveis, embora cada uma delas tenha suas próprias características. Com efeito, a "coisa julgada" já foi conceituada como

15 NERY JÚNIOR, Nelson. NERY, Rosa Maria Andrade. *Código de processo civil comentado*. 4ª ed. São Paulo: RT, 1999, p. 922.

uma qualidade ou autoridade que torna imutável o conteúdo de um ato decisório que não mais se sujeita a recurso, surgindo apenas quando esta decisão tiver resolvido o mérito da causa em cognição exauriente.

Já o termo "preclusão" pode ter duas conotações bastante distintas, sendo uma delas alheia ao estudo do presente tema. Com efeito, por vezes se nomina como "preclusão" a perda da faculdade processual de se praticar um determinado ato processual, podendo a mesma ser classificada em temporal, lógica ou consumativa.[16] No entanto, existe outro instituto com idêntica nomenclatura, sendo este o que interessa ao presente estudo, que vislumbra na "preclusão" também a imutabilidade do conteúdo de um ato decisório caso não venha a ser interposto qualquer recurso.

A finalidade desta segunda acepção da "preclusão" é, justamente, impedir que as partes possam novamente vir a discutir as questões já decididas no curso do processo o que, em certos aspectos, se assemelha à "coisa julgada". Afinal, ambas se constituem em mecanismos que foram criados para impedir a repetição de atos processuais já praticados ou o retorno a fases processuais pretéritas, de modo a prestigiar a celeridade na tramitação do processo e o respeito às decisões já proferidas e não impugnadas.[17]

A preclusão, diferentemente da coisa julgada, tem uma conotação levemente mais ampla, pois atinge qualquer ato decisório proferido pelo magistrado e não apenas aqueles que podem fundamentar uma sentença (art. 485 e art. 487), razão pela qual pode ser perfeitamente aplicável às decisões interlocutórias, por exemplo. Desta maneira, se uma parte requerer a concessão de uma tutela provisória e o juiz motivadamente indeferi-la, esta decisão até mesmo pode ser objeto de um recurso de agravo de intrumento, no prazo de 15 (quinze) dias, sob pena de tornar-se preclusa, o que impediria a sua posterior modificação (art. 507 c/c art. 1.009, § 1º).

Esta preclusão, que torna imutável o conteúdo do ato decisório, aplica-se indistintamente tanto às partes quanto ao magistrado, muito embora existam exceções quanto a este último. Com efeito, é bastante frequente considerar que não há preclusão para o juiz quanto aos atos que tiver proferido em cognição sumária, o que ocorre diuturnamente quando se defere uma tutela provisória de urgência antecipada e o réu agrava, o que possibilitará o prosseguimento do processo com a sua consequente revogação devidamente motivada. Da mesma maneira, também é comum defender que não há preclusão para o juiz quanto a matérias de ordem pública (v.g., art. 337, § 5º, art. 485, § 3º, art. 487, inc. II). *Idem* em relação à possibilidade de correção de erros materiais ou de cálculo (494). Do contrário, não sendo nenhuma destas hipóteses, o próprio juiz também fica impedido de reexaminar o conteúdo de uma decisão que proferiu, sujeitando-se aos efeitos da preclusão em prol de um sadio desenvolvimento do processo.

---

16 HARTMANN, Rodolfo Kronemberg. *Curso de direito processual civil, – Teoria Geral do Processo*. 1ª ed. Niterói: Impetus, 2012. v. I, pp. 262-265.

17 BIAVATI, Paolo. Iniziativa delle parti e processo a preclusioni. In: *Revista Trimestrale di Diritto e Procedura Civile*. II, Milano: Giuffré Editore, giugno 1996, pp. 478-512.

Por fim, há uma última categoria que é a da "estabilidade" da decisão judicial, que até pode gerar preclusão no processo em que foi proferida, mas jamais a formação da coisa julgada. Este termo é utilizado para designar especialmente o curioso regime jurídico da tutela provisória de urgência antecipada pois, se a mesma for deferida pelo magistrado e não houver interposição de recurso pela parte ré, preconiza o CPC que o processo será extinto, mas os efeitos da liminar serão estabilizados, não mais sendo possível sua revogação nos próprios autos (art. 304). Contudo, este provimento é dado em juízo de cognição sumária, motivo pelo qual é insuscetível de gerar coisa julgada material a qualquer tempo (art. 304, § 6º). Trata-se de situação bem peculiar, em que a parte interessada disporá do prazo de 2 (dois) anos para que possa, por meio de ação própria de impugnação, rever a decisão anteriormente proferida nos outros autos. Só que, encerrado este prazo, não há mais meio judicial para impugnar esta matéria, não sendo possível dizer que este provimento liminar estável possa aspirar o *status* de segurança jurídica próprio da coisa julgada ou sequer da preclusão. Aliás, uma grande diferença entre a estabilidade e estas outras duas reside que, enquanto a primeira se refere à imutabilidade dos efeitos da decisão, a coisa julgada e a preclusão cuidam da imutabilidade do conteúdo do ato decisório.[18]

Por todo o arrazoado, realmente parece adequado ponderar que a "estabilidade" trata de outro fenômeno relativo à estabilidade que pode ocorrer no processo, situando-se por vezes em um meio-termo, pois em alguns aspectos é "mais" do que uma "preclusão" (já que a decisão pode ser revista em outro processo) e "menos" do que uma "coisa julgada" (pois esta decisão não analisa em contornos definitivos a pretensão de direito material).

Anota-se, ainda, que o CPC também alude a que a decisão de saneamento, caso não seja impugnada por agravo de instrumento no que diz respeito ao capítulo sobre a inversão do ônus da prova (art. 1.015, inc. XI) ou sobre exibição de documento (art. 1.015, inc. VI), irá tornar-se "estável" (art. 357, § 1º). Contudo, neste aspecto a interpretação literal não parece ser a mais adequada, pois mesmo após o saneamento é possível que haja a conversão de julgamento em diligência para que alguma outra prova possa ser produzida. Inclusive, este posicionamento já foi apresentado em momento anterior desta obra (v. item nº 20.5.).

24.4. CLASSIFICAÇÃO DA COISA JULGADA

Diversas são as classificações que a coisa julgada pode vir a receber. Entre as mais tradicionais, destacam-se as seguintes: a) coisa julgada formal, material e soberanamente julgada; b) coisa julgada *pro et contra*.

---

18 FLEXA, Alexandre. MACEDO, Daniel. BASTOS, Fabrício. *Novo código de processo civil.* Salvador: JusPodivm. 2015, p. 242.

24.4.1. Coisa julgada formal, material e soberanamente julgada

Tanto a coisa julgada formal quanto a coisa julgada material decorrem da impossibilidade de se interpor recursos com o objetivo de anular ou reformar a sentença do magistrado. Estas duas espécies de coisa julgada, contudo, não se equivalem. Com efeito, a coisa julgada formal atua exclusivamente no processo em que a sentença foi proferida, sem impedir que aquela questão volte a ser ventilada em outro processo. Seria o caso, por exemplo, de uma sentença terminativa, já que seria possível ao autor, posteriormente, propor nova demanda idêntica, ou seja, com as mesmas partes, pedido e causa de pedir, uma vez que o *meritum causae* ainda não foi apreciado. Já a coisa julgada material, por seu turno, é mais ampla, uma vez que não permite nova discussão sobre aqueles fatos em qualquer outro processo, o que ocorre em razão de o mérito da causa já ter sido apreciado, pela prolação de uma sentença definitiva.[19] Logo, é possível se afirmar que a coisa julgada formal é própria das sentenças terminativas, ao passo que a coisa julgada material é inerente às sentenças definitivas, embora esta última também transite em julgado formalmente ao mesmo tempo.[20]

Estabelecidas as distinções entre a coisa julgada formal e a coisa julgada material, é de rigor mencionar que também existe uma última classificação, que seria a da "coisa soberanamente julgada", que surge quando há o decurso do prazo decadencial de dois anos (art. 975). Neste caso, em que este prazo escoou-se, nem mais poderão ser pronunciados os poucos vícios processuais (rescindibilidades) que ainda maculavam eventualmente um determinado processo, eis que os mesmos se encontram definitivamente sanados a partir de então.[21]

24.4.2. Coisa julgada *pro et contra*

A coisa julgada por vezes é nominada de *pro et contra*, termo que não gera grandes complexidades, por ser óbvio, ou seja, que ela se forma independentemente de o resultado do processo ter sido ou não favorável aos intentos do demandante.[22]

24.5. LIMITES SUBJETIVOS DA COISA JULGADA

A coisa julgada, uma vez formada, apenas vincula o demandante e o demandado do processo em que a sentença foi proferida, o que é corroborado pelo CPC (art. 506), ao prever que a sentença faz coisa julgada às partes entre as quais é dada, não prejudicando terceiros, coincidindo com a antiga regra *res inter alios iudicata, aliis non praeiudicare*, conhecida pelo Direito Romano.[23]

---

19 MIRABETE, Júlio Fabbrini. *Código de processo penal interpretado*. 5ª ed. São Paulo: Atlas, 1997, p. 464. TOURINHO FILHO, Fernando da Costa. *Processo penal*, 11ª ed. São Paulo: Saraiva, 1989. v. 3, p. 402.

20 MARINONI, Luiz Guilherme, ARENHART, Sérgio Cruz. *Manual do processo de conhecimento*. 2ª ed. São Paulo: RT, 2003, p. 659.

21 LIMA, Arnaldo Esteves; DYRLUND, Poul Erik. *Ação rescisória*. 2ª ed. Rio de Janeiro: Forense Universitária, 2003, p. 14.

22 DIDIER JÚNIOR, Fredie. ZANETI JÚNIOR, Hermes. *Curso de direito processual civil*, 3ª ed. Salvador: JusPodivm, 2008. v. 4, p. 369.

23 SILVA, Ovídio A. Baptista da. GOMES, Fábio. *Teoria geral do processo*. 3ª ed. São Paulo: RT, 2002, p. 332.

Contudo, é importante destacar que, em hipóteses excepcionais, poderá um terceiro ser atingido pela coisa julgada oriunda de um determinado processo, ainda que não tenha atuado como parte principal do mesmo. É o que ocorre, por exemplo, na substituição processual, no litisconsórcio facultativo unitário e na demanda de dissolução parcial de sociedade, cujas circunstâncias ora serão apresentadas.

Na primeira hipótese, ou seja, na substituição processual (art. 18), o substituto processual propõe, em seu nome, demanda objetivando tutelar direito pertencente a outrem, no caso o substituído, que não integra a relação jurídica processual. Porém, eventual sentença proferida atingirá a esfera subjetiva do substituído, malgrado este não tenha participado do processo, tal como pontua o CPC (art. 109, § 3º), muito embora esta norma cuide de um dos casos de substituição processual, sendo este decorrente de alienação do direito litigioso no curso da demanda e que também encontra apoio doutrinário.[24] Vale dizer, ainda, que a substituição processual também ocorre quando se tratar de demanda coletiva proposta por associação na defesa de direitos individuais homogêneos, muito embora a coisa julgada só vá vincular aqueles já afiliados no momento da propositura da demanda (art. 2º-A, Lei nº 9.494/97).[25]

A segunda situação, que trata do litisconsórcio facultativo unitário, é relativamente rara até mesmo no direito processual civil, sendo necessárias algumas considerações. O litisconsórcio costuma ser definido como aquela situação em que coexistem duas ou mais pessoas no polo ativo, passivo ou em ambos da relação jurídica processual, admitindo várias classificações, sendo as mais usuais em: a) ativo, passivo e misto (em relação à posição); b) originário ou superveniente (quanto ao momento de sua formação); c) necessário ou facultativo (de acordo com a sua obrigatoriedade ou não); d) unitário ou simples/comum (à luz da interdependência ou não de atuação dos litisconsortes).

O litisconsórcio facultativo decorre da vontade dos litisconsortes em atuarem em conjunto ou, em outras palavras, ocorre naquelas situações em que o litisconsórcio se forma independentemente de imposição legal ou de alguma relação jurídica de direito material incindível. Já no litisconsórcio unitário, por seu turno, a pretensão deduzida em juízo deverá ser julgada de forma uniforme para todos os litisconsortes, o que indica que as atuações dos litisconsortes são dependentes.

Embora raro, é possível um litisconsórcio facultativo e unitário quando, por exemplo, dois ou mais acionistas tentam obter judicialmente a declaração de nulidade de determinada assembleia, realizada pela sociedade, fundada na mesma causa de pedir (v.g., ausência de quórum para determinada deliberação). É que, nesta hipótese, apesar de cada acionista ter a possibilidade de propor individualmente sua própria demanda, o ajuizamento em conjunto caracteriza um litisconsórcio ativo facultativo, que irá gerar uma sentença com o mesmo teor para ambos os litisconsortes, eis que se trata

---

24 NERY JÚNIOR, Nelson. NERY, Rosa Maria Andrade. *Código de processo civil comentado*. 4ª ed. São Paulo: RT, 1999, p. 926.

25 STF. RE nº 612.043/PR, Rel. Min. Marco Aurélio. 10/05/2017.

de mesmo pedido, da mesma causa de pedir e até mesmo aborda o mesmo vínculo de direito material. Neste caso, é bem frequente a doutrina defender a ampliação dos limites subjetivos da coisa julgada material. Com efeito, por se tratar da mesma relação jurídica, o teor da sentença vinculará não apenas aqueles que participaram do processo mas, também, todos os demais que poderiam ter figurado no processo na qualidade de litisconsortes facultativos unitários e assim não fizeram, eis que a solução deve ser uniforme para todos, conforme já esclarecido acima. O tema, porém, não é inteiramente unânime na doutrina.[26] Mas, de todo modo, pela literalidade da norma (art. 506), ganha força o primeiro entendimento, pois o dispositivo menciona que "*a sentença faz coisa julgada às partes entre as quais é dada, não prejudicando terceiros*", o que permitiria, a *contrario sensu*, uma interpretação no sentido de que a coisa julgada pode ter os seus limites subjetivos ampliados na hipótese de "beneficiar" terceiros.

Há, também, extensão dos limites subjetivos da coisa julgada a terceiro que não participou do processo, nos casos de dissolução parcial de sociedade (art. 599 – art. 609). É que o CPC estabelece que, nestas demandas, deverão figurar no polo passivo não apenas os sócios mas, também, a própria pessoa jurídica que se pretende que seja dissolvida em parte (art. 601). Contudo, há norma dispensando a citação da pessoa jurídica quando todos os sócios já tiverem sido citados, também dispondo que ela será atingida pelos efeitos da decisão, ainda que não esteja figurando formalmente no processo (art. 601, parágrafo único).

E, por fim, há interessante precedente do STJ em caso bem pontual, envolvendo a investigação de paternidade e a possibilidade de o resultado do processo vincular não apenas as partes mas, também os ascendentes que não participaram. Neste julgamento, constou que os efeitos da sentença transitada em julgado, que reconhece o vínculo de parentesco entre filho e pai em ação de investigação de paternidade alcançam o avô, ainda que este não tenha participado da relação jurídica processual. É que, nesta decisão, os efeitos da sentença, que não se confundem com a coisa julgada e seus limites subjetivos, irradiam-se com eficácia *erga omnes*, atingindo mesmo aqueles que não figuraram como parte na relação jurídica processual. Assim, tendo o filho promovido ação de investigação de paternidade contra o pai, na qual se deu o julgamento de procedência do pedido e o trânsito em julgado, o vínculo parental entre eles é, por força da coisa julgada que ali se formou, imutável e indiscutível. Nesse contexto, o avô agora suporta as consequências da decisão que assentou a paternidade de seu filho, cujos efeitos atingem-no de maneira reflexa, por força de sua ascendência em relação ao pai judicialmente reconhecido. Afinal, se o neto é filho de seu filho, logo, por força de um vínculo jurídico lógico e necessário, é seu neto (art. 1.591 do CC). Contudo, restou assentado que o avô não está sujeito à coisa julgada, que só atinge as partes da ação

---

26 GRINOVER, Ada Pellegrini. *Eficácia e autoridade da sentença penal*. São Paulo: RT, 1978, p. 29, discorda da possibilidade de extensão da coisa julgada a eventuais litisconsortes unitários que não tenham participado do processo. Fica a ressalva, porém, que esta doutrinadora faz suas ilações à luz das regras que norteiam o direito processual penal.

investigatória, muito embora tenha efetivamente suportado os efeitos que resultam da decisão, independentemente de sua participação na relação processual.[27]

De todo modo, excetuando-se essas poucas situações, a regra é realmente a de que a coisa julgada somente alcança as partes principais do processo, ou seja, demandante e demandado (art. 506). Desta maneira, aqueles que atuam como partes secundárias não sofrem os seus reflexos, muito embora outras consequências processuais possam decorrer de sua atuação. No caso do assistente simples, por exemplo, apenas fica vinculado ao fundamento externado pelo magistrado em sua decisão (o que não equivale à coisa julgada), de modo que não pode discuti-la mais sequer em outro processo, exceto quando demonstrar uma das hipóteses previstas em lei (art. 123), ou seja, desde que apresente, por simples petição no novo processo, a *exceptio male gesti processus*.[28]

24.6. LIMITES OBJETIVOS DA COISA JULGADA E O ART. 503, § 1º

A coisa julgada, uma vez formada, alcança objetivamente apenas o dispositivo do ato decisório, ou seja, a sua conclusão. Esta afirmação decorre de uma interpretação a *contrario sensu* de norma constante no próprio CPC (art. 504, incs. I e II), que deixa bem claro que os fundamentos da decisão não são atingidos pela coisa julgada. Logo, como seria inviável que um mero relatório pudesse gerá-la, somente resta o dispositivo, este, sim, terá o seu conteúdo imutável. Esta visão, por sinal, não é exclusiva do Brasil, já que a mesma também é partilhada em diversos outros países, notadamente os europeus, como em Portugal ou na Itália.[29]

Contudo, no modelo primitivo, uma eventual questão prejudicial homogênea constante nos autos, que era enfrentada na fundamentação da sentença, até poderia ser transformada em questão principal e acobertada pela coisa julgada, se restasse expressamente decidida no dispositivo da sentença, mas apenas quando o interessado se valesse de uma ação declaratória incidental (art. 4º c/c art. 325 c/c art. 470, CPC-73). Ocorre que o CPC eliminou, em suas disposições finais, o instituto da "ação declaratória incidental" (art. 1.054), que doravante será mantida apenas para aquelas que já foram distribuídas antes da sua vigência. E, em prol de uma pretensa "simplificação", criou nova disposição (art. 503, § 1º), que certamente será bastante polêmica.

Com efeito, o CPC (art. 503, § 1º) passou a prever que a coisa julgada irá abranger não apenas a solução da questão principal como, também, automaticamente a da questão prejudicial interna, desde que deste enfrentamento dependa a resolução do mérito, tenha sido respeitado o contraditório prévio e o juízo tenha competência em razão da matéria e da pessoa para apreciar tal tema. Em outras palavras, a norma pontua que o magistrado estará decidindo além dos limites provocados inicialmente.

27 STJ. REsp 1.331.815-SC, Rel. Min. Antônio Carlos Ferreira, j. 16/06/2016, DJe 1º/08/2016 – *Informativo* nº 587.
28 HARTMANN, Rodolfo Kronemberg. *Curso de direito processual civil, – Teoria Geral do Processo.* 1ª ed. Niterói: Impetus, 2012. v. 1, p. 218.
29 PIMENTEL, Wellington Moreira. *Estudos de direito processual em homenagem a José Frederico Marques no seu 70º aniversário.* São Paulo: Saraiva, 1982, p. 347. CHIOVENDA, Giuseppe. *intitutizioni di diritto processuale civile,* Napoli: Nicola Jovene & C. Editori, 1933. v. I, p. 374.

Imagine-se, por exemplo, um juízo único integrante da Justiça Estadual em localidade em que não há Justiça Federal instalada (para que possa exercer jurisdição federal delegada – art. 109, § 3º, CRFB). Se for proposta uma demanda em face do INSS objetivando percepção de pensão por morte, pode ser necessário que o demandante demonstre a existência de uma união estável. O magistrado, para deferir o pedido, inicialmente terá que solucionar a existência ou não da união estável. No modelo primitivo, esta questão prejudicial, enfrentada na fundamentação, somente se transformaria em questão principal e seria expressamente mencionada no dispositivo se a parte oferecesse uma ação declaratória incidental. Contudo, o novo modelo fomenta insegurança jurídica e alarga os limites da provocação, pois o dispositivo é incisivo que, automaticamente, a solução da questão prejudicial passa a ter o mesmo tratamento da resolução da questão principal. Neste exemplo hipotético apresentado, ainda que o demandante somente tivesse interesse em perceber o benefício previdenciário, sairá também com uma declaração de união estável. E o mais curioso é que se o INSS interpuser recurso de apelação, um capítulo da decisão será apreciado pelo TJ (relativo à declaração de união estável) e o outro pelo TRF (no que diz respeito ao benefício previdenciário em questão).

Esta norma (art. 503, § 1º) se realmente for adotada literalmente, também vai acabar aproximando institutos jurídicos completamente distintos entre si, como os "embargos de terceiros"(art. 674 – art. 681) e a "oposição"(art. 682 – art. 686), pois enquanto o primeiro busca fazer cessar uma constrição judicial, o segundo já cuida de uma demanda de cunho petitório. Contudo, se os embargos de terceiros apresentarem uma questão prejudicial de propriedade do embargante para fins de demonstrar que o esbulho judicial foi indevido, o que quase sempre ocorrerá, a sentença do magistrado também será expressa neste sentido, tornando esta via processual muito semelhante à oposição.

Por estes motivos, seja pelo viés da jurisdição estar sendo prestada além dos limites da provocação ou pela enorme insegurança jurídica que esta novidade irá gerar, certamente é de se recomendar uma interpretação sistemática, para que se possa extrair de outra norma do CPC (art. 430, parágrafo único), a real abrangência desta nova situação. Com efeito, neste outro artigo, que cuida da possibilidade de uma das partes arguir a falsidade de documento, há previsão de que esta questão prejudicial se transformará em principal desde que a parte a requeira expressamente. Portanto, somente se houver requerimento do interessado, em petição que corporifica exercício superveniente do direito de ação, é que esta questão prejudicial homogênea será decidida na sentença e terá conclusão no dispositivo deste ato, gerando coisa julgada. E, para se manter a coerência sistêmica, esta petição deverá ser apresentada até o saneamento do processo, eis que, após, haverá o fenômeno da estabilização, sendo razoável aplicar por analogia regra que impõe este raciocínio no que diz respeito à mudança do pedido (art. 329).

Do contrário, se não for apresentada qualquer petição, o tema será analisado apenas na fundamentação do ato decisório, sem ampliar os limites objetivos da coisa julgada (art. 504, incs. I e II). Logo, recomenda-se que este mesmo raciocínio seja aplicado em relação à norma ora discutida (art. 503, § 1º), ou seja, de que somente se uma das partes peticionar para que o juiz decida expressamente sobre a questão prejudicial é que a mesma será transformada em questão principal, também sendo acobertada pela coisa julgada, mas desde que atendidos o contraditório prévio e efetivo, bem como que o juízo seja competente.[30]

Em suma, o que se observa é que o CPC apenas eliminou a expressão "ação declaratória incidental", mantendo-a em essência, o que também já foi observado com a eliminação dos termos "condições da ação" (malgrado persista a análise da legitimidade e do interesse), "nomeação a autoria" (criando instituto mais abrangente no art. 338 e no art. 339), "exceção de impedimento ou suspeição" (transformando-a em petição de arguição de impedimento ou suspeição, nos termos do art. 146), "embargos infringentes" (que deixaram de ser um recurso para se transformarem em técnica automática no processamento de recurso), "processo cautelar" (muito embora continue sendo possível a concessão de tutelas cautelares de acordo com o art. 305 – art. 310), entre muitos outros. Enfim, mais uma vez se observa que, em vários momentos, o CPC se limita a inovar nas nomenclaturas, por meio de "jogos de palavras", e não propriamente na essência dos institutos processuais.[31]

24.7. EFEITOS DA COISA JULGADA: VINCULATIVO, SANATÓRIO E PRECLUSIVO

Uma vez preclusas as vias impugnativas, surge a coisa julgada e dela advém algumas consequências, que podem ser entendidas como seus efeitos vinculativo, sanatório e preclusivo.

O primeiro deles, ou seja, o efeito vinculativo, em realidade corresponde aos limites subjetivos da coisa julgada material, que é justamente definir quais serão as pessoas que irão se submeter à autoridade da *res judicata*. É tema que já foi abordado, lembrando que, de acordo com o CPC (art. 506), a coisa julgada apenas vincula as partes principais do processo, ou seja, demandante e demandado. Raramente estranhos ao processo serão envolvidos.

O segundo efeito que a coisa julgada gera é o sanatório, que significa que, com o advento da preclusão máxima, todos os vícios processuais serão convalidados, com exceção das inexistências (v.g., a falta de citação em um determinado processo) e de algumas poucas nulidades absolutas que, de acordo com o legislador, serão transformadas

---

30 Em sentido contrário ao texto, por vislumbrar que esta norma (art. 503, § 1º) cuida de um "pedido implícito", e que, por este motivo, o magistrado pode aplicá-la independentemente de requerimento de qualquer das partes: CÂMARA, Alexandre Freitas. *O novo processo civil brasileiro.* 1ª ed. São Paulo: Atlas, 2015, p. 310.

31 A expressão "jogo de palavras", utilizada para se referir a certas alterações ou supressões realizadas pelo CPC, também vem sendo adotada por outros estudiosos para se referir a determinadas situações pontuais na nova legislação. Por exemplo, este termo é utilizado por renomado doutrinador quando enfrenta justamente este tema, referente à eliminação da ação declaratória incidental em razão da nova redação dada ao art. 503, § 1º, muito embora com conclusão distinta daquela apresentada nesta obra: BUENO, Cassio Scarpinella. *Manual de direito processual civil.* São Paulo: Saraiva, 2015, p. 365.

em rescindibilidades. Para exemplificar, enquanto não tiver sido proferida sentença, o magistrado poderá até mesmo de ofício pronunciar a incompetência absoluta do juízo (art. 64, § 1º). Mas, se este mesmo magistrado, lotado em juízo absolutamente incompetente, vier a proferir sentença que não venha a ser objeto de recurso por qualquer das partes, a sua decisão irá gerar coisa julgada material e formal, o que lhe impediria o reexame de tal questão em momento posterior. Assim, se no decorrer do cumprimento da sentença esta matéria for alegada, este vício decorrente da incompetência absoluta não mais poderá ser analisado pelo próprio juízo, eis que o mesmo agora se tornou uma rescindibilidade, somente podendo ser reconhecido se for promovida uma ação rescisória (art. 966, inc. II).

Por fim, o terceiro e último efeito é o denominado preclusivo (art. 508). De acordo com o mesmo, no momento em que a coisa julgada se forma, estarão automaticamente repelidos todos os argumentos que as partes podiam invocar a seu favor naquele processo e também em qualquer outro que venha a ser instaurado se versar sobre a mesma ação. Este efeito é, por vezes, nominado como "julgamento implícito", o que deve ser evitado diante do que estabelece a Carta Magna (art. 93, inc. IX, CRFB), que exige que todos os atos decisórios sejam devidamente fundamentados. Para exemplificar, foi instaurado processo de "A" em face de "B", requerendo o recebimento de um determinado valor. Ao ser citado, "B" vislumbra que pode alegar como defesa diversas teses como a circunstância de a dívida já estar prescrita ou paga, muito embora isso tenha que ser feito na mesma peça e ocasião, em atendimento ao princípio da eventualidade. No entanto, se isso não for realizado, ou seja, se a contestação somente versar sobre uma dessas duas teses defensivas, não mais poderá o réu suscitar a outra no mesmo processo e nem mesmo em demanda posterior, caso já tenha transitado em julgado a sentença que foi proferida no primeiro. É a hipótese de "B" ter sido derrotado no processo primitivo quanto ao argumento de que a dívida estava prescrita e, não obstante o trânsito em julgado, viesse a instaurar novo processo, mas agora estando no polo ativo e requerendo a declaração de extinção da obrigação face ao pagamento realizado. É curioso notar que, neste exemplo, a segunda demanda será extinta por ofensa à coisa julgada material anterior (art. 485, inc. V), muito embora não haja tríplice identidade entre as duas demandas, já que são diferentes as partes em seus respectivos polos, bem como o pedido ou a causa de pedir. Este, por sinal, é um exemplo em que a coisa julgada é analisada não em razão da teoria da tríplice identidade e sim pela teoria da identidade da relação jurídica.[32]

24.8. QUESTÕES PONTUAIS SOBRE A COISA JULGADA

A coisa julgada pode, eventualmente, ter tratamento levemente diferenciado em algumas situações, que abaixo serão analisadas. Isso, claro, sem embargo de várias outras diferenças que serão verificadas em momento próprio, mormente no enfrentamento da coisa julgada nos processos coletivos.

---

32 NERY JÚNIOR, Nelson. NERY, Rosa Maria Andrade. *Código de processo civil comentado*. 4ª ed. São Paulo: RT, 1999, p. 928.

24.8.1. A coisa julgada no mandado de segurança

Já foi visto em momento anterior que o demandante pode optar entre o uso de uma demanda em procedimento comum ou na via do mandado de segurança, que é regulado atualmente por legislação específica (Lei nº 12.016/2009). Com efeito, embora sejam procedimentos distintos, a ação é exatamente a mesma, eis que haverá identidade de partes, de pedido e de causa de pedir. A diferença maior entre ambas é que, no mandado de segurança, não haverá dilação probatória, pois a prova do impetrante deve ser pré-constituída, o que favorece a tramitação mais rápida do processo.

Da mesma maneira, outra peculiaridade é que no MS se exige a indicação de uma "autoridade coatora", que seria aquela que praticou o ato ilegal ou abusivo e que tem poderes para desfazê-lo. Só para ilustrar com um exemplo, deve-se imaginar um contribuinte que, discordando da exação, resolve questionar judicialmente esta situação. Caso o mesmo opte pelo procedimento comum, terá ampla possibilidade de dilação probatória e terá que indicar a União no polo passivo (se for o caso de tributo de competência deste ente fazendário). No entanto, se optar pela via do MS, deverá trazer todas as provas de que dispõe já na impetração do *mandamus* e ainda terá que indicar como autoridade coatora, neste mesmo exemplo, o gerente regional de arrecadação da União, eis que o mesmo assim pode ser enquadrado (art. 1º, § 1º, Lei nº 12.016/2009). Só que, ainda assim, a parte ré será a União, mesmo que esta não seja referida na petição inicial, sendo certo que a aludida autoridade coatora apenas a presenta. E, vale dizer, até mesmo consta na lei (art. 13, Lei nº 12.016/2009), que tanto a autoridade coatora (parte secundária) como a Fazenda Pública (parte principal) poderão recorrer, o que robustece ainda mais esta conclusão.

Portanto, o que está aqui é uma rara hipótese em que o demandante pode escolher qual via pretende utilizar, se o mandado de segurança ou o processo de conhecimento mediante procedimento comum, sendo-lhe vedado, porém, usar as duas vias processuais concomitante (sob pena de configuração de litispendência) ou mesmo sucessivamente (caso a primeira delas não vier a ser acolhida, o que violaria a autoridade da coisa julgada), pois a ação é exatamente idêntica, muito embora seja distinto o rito procedimental.

Quando o impetrante obtém sentença concessiva da segurança, nenhuma dúvida há de que se trata de decisão de mérito (art. 487, inc. I). No entanto, quando o magistrado afirma na sentença que a segurança é denegada, há a necessidade de se analisar os fundamentos adotados, para perquirir se o processo foi extinto com ou sem resolução do mérito. Com efeito, se a segurança é denegada em razão da ausência de pressuposto processual se estará diante de uma sentença terminativa (art. 485, inc. IV), o que não impedirá o uso da via comum (19, Lei nº 12.016/2009). Porém, se a segurança for denegada porque o impetrante não possui o direito alegado, fatalmente se estará diante de decisão de cunho definitivo (art. 487, inc. I), de modo que não poderá novamente ser instaurado um novo processo a respeito desta mesma ação. Percebe-se, assim, que a expressão "denegar a segurança" pode ser adotada em um ou outro caso, o que recomenda um cuidado ainda maior do operador do Direito para que possa compreender com exatidão diante de que situação se estará presente.

Mas o grave problema reside, em realidade, quando a segurança é denegada por ausência de "direito líquido e certo", já que este pode ser interpretado de diversas maneiras. Com efeito, muitas vezes o "direito líquido e certo" é apresentado como uma condição específica da ação de mandado de segurança, de modo que a sua ausência irá gerar uma sentença terminativa (art. 485, inc. VI), o que autorizaria o uso do procedimento comum.[33] No entanto, este não parece ser o melhor entendimento, conforme se demonstrará adiante. É que, por "direito líquido e certo" se deve entender que a prova no *mandamus* deve ser pré-constituída, ou seja, ela já deve estar toda produzida e acompanhando o remédio heroico, que não admite dilação probatória, exceto quando a prova estiver em poder da autoridade coatora ou de terceiros (art. 6º, § 1º, Lei nº 12.016/2009). Esta circunstância é que justifica, por sinal, a tramitação mais rápida do mandado de segurança, eis que as etapas postulatória e instrutória estão condensadas em apenas uma. Assim, a afirmação do magistrado de que a segurança deve ser denegada por ausência de "direito líquido e certo" deve ser, a bem da verdade, interpretada como improcedência da pretensão deduzida em juízo pela falta de provas. E, como a decisão de improcedência por falta de provas é definitiva (art. 487, inc. I), não seria possível repetir a ação, nem mesmo pelo procedimento comum, buscando uma nova tentativa de acolhimento do pleito. Este raciocínio, defendido por renomado doutrinador, conclama a responsabilidade do patrono da parte, que deve saber exatamente as vantagens e desvantagens de se utilizar da estreita via do mandado de segurança, que apenas deve ser adotado quando o demandante tiver, realmente, um bom suporte probatório. Do contrário, o mesmo fica banalizado e até pode ser usado como instrumento de chicana, sempre que o autor não tiver êxito em seu *mandamus*, já que abertas as portas do Poder Judiciário para novamente rediscutir a mesma matéria.[34]

24.8.2. A coisa julgada nas sentenças determinativas

A sentença determinativa é aquela em que o magistrado impõe ao vencido uma obrigação de trato sucessivo. Só que a grande dúvida quanto a este ato decisório é se o mesmo tem ou não a aptidão de gerar coisa julgada material, diante da possibilidade do seu conteúdo vir a ser alterado por meio de demanda ulterior. É, pelo menos, o que sugere a legislação sobre alimentos, em dispositivo específico (art. 15, Lei nº 5.478/68).

No entanto, esta premissa não parece ser a mais adequada. É que mesmo uma sentença determinativa pode gerar coisa julgada tanto material quanto formal, eis que o seu conteúdo não mais poderá ser alterado caso venha a ser repetida a mesma ação em outro processo.[35] Porém, quando se instaura uma nova demanda objetivando a revisão dos alimentos, se estará diante de um novo pedido (de revisão, em vez de reconhecimento de alimentos) e também de uma nova causa de pedir (que agora é

---

33 STJ. REsp nº 200901359678. Rel. Min. Mauro Campbell Marques. DJ 30/03/2010.

34 DINAMARCO, Cândido Rangel. *A reforma da reforma.* 2ª ed. São Paulo: Malheiros, 2002, p. 157.

35 GRINOVER, Ada Pellegrini *Eficácia e autoridade da sentença penal.* São Paulo: RT, 1978, p. 7.

fundada na mudança de possibilidade e de necessidade em vez da mera existência do vínculo da paternidade), o que é indicativo de que não se estará repetindo a ação anterior e sim promovendo uma nova, mediante aplicação da teoria da tríplice identidade (art. 337, § 2º). Portanto, é possível concluir que a sentença determinativa faz sim coisa julgada, tanto no seu aspecto material quanto formal, eis que julgado procedente ou improcedente o pedido de alimentos, essa ação não mais poderia ser repetida em outro processo, sob pena de ofensa à coisa julgada. No entanto, a circunstância de valores fixados a título de alimentos serem alterados em demanda ulterior em nada ofendem a preclusão máxima formada no processo anterior, eis que se estará diante de nova ação, com novo pedido e causa de pedir, sendo ainda certo que o próprio CPC (art. 505, inc. I) autoriza que o magistrado reveja o que foi estatuído na sentença determinativa, caso seja detectada alteração de fato ou de direito em estado decorrente de uma relação jurídica continuativa. Este é, por sinal, também o entendimento doutrinário.[36]

24.8.3. A relativização da coisa julgada

A coisa julgada é um instrumento que busca eliminar as tensões sociais, de modo que os litígios não se eternizem, o que denotaria insegurança jurídica. No entanto, não é de hoje que a coisa julgada pode ser relativizada ou afastada, seja pelo uso da ação rescisória ou mesmo de outros instrumentos processuais, de modo que não faz sentido se falar em relativizar algo que já era relativo. Assim, o que parece mais coerente é saber em que situações se pode ter um alargamento das hipóteses de relativização e, também, se essa circunstância atende ou não o interesse público.

A ação rescisória, acima mencionada, é um instrumento que, quando seu pedido rescidente for acolhido, acarreta a desconstituição da coisa julgada material e formal anteriormente formada. No entanto, a mesma somente pode ser empregada para o reconhecimento de uma rescindibilidade, que são vícios processuais que perduram mesmo após o efeito sanatório e que se encontram previstos no CPC (art. 966 – sendo a única exceção aquela prevista no inc. VII, que autoriza o manejo deste instrumento para a juntada de prova nova, ou seja, quando há um *error in judicando*). Desta maneira, o que se observa é que a relativização da coisa julgada, como prevista no CPC, somente pode ser realizada quando há vício processual de gravidade, não podendo a mesma ser em regra utilizada para se combater a injustiça da decisão, decorrente da má análise do acervo probatório produzido.

Ocorre que, se por um lado a existência da coisa julgada atende o interesse social por pacificar litígios, ao mesmo tempo é forçoso reconhecer que também interessa à coletividade que as decisões judiciais sejam justas, ou seja, que reflitam aquilo que efetivamente tenha ocorrido. Assim, é justamente em decorrência deste desiderato que modernamente vêm sendo bastante debatidas outras hipóteses, além daquelas

---

36 FERNANDES, Sérgio Ricardo de Arruda. *Questões importantes de processo civil. Teoria geral do processo.* Rio de Janeiro: DP&A, 1999, p. 115. CÂMARA, Alexandre Freitas. *Lições de direito processual civil*, 12ª ed. Rio de Janeiro: Lumen Juris, 2005. v. 1, p. 485.

da ação rescisória, que autorizariam o afastamento da coisa julgada, para que aquela antiga questão seja novamente apreciada. E os temas mais frequentes são na ação de desapropriação e nas de investigação de paternidade.

24.8.3.1. Relativização da coisa julgada nas ações de desapropriação

Anos atrás, este tema veio à baila em razão do valor das indenizações estabelecidas em ações de desapropriação já transitadas em julgado, mas que eram flagrantemente desproporcionais e injustas, transformando-se em fonte de enriquecimento indevido por parte do titular do crédito em detrimento do erário. Foram situações detectadas muitas vezes no decorrer da execução em face da Fazenda Pública, quando tais sentenças já haviam transitado em julgado. E, para contorná-las, o Poder Executivo se valeu de medidas provisórias para retificar o CPC, quando as mesmas ainda podiam dispor sobre matéria processual, o que atualmente é proibido pela Carta Magna (art. 62, § 1º, inc. I, alínea "b", CRFB). Por esta via, naquele tempo foi alterada norma do antigo modelo (art. 188, CPC-73), que passou a prever o prazo de 4 (quatro) anos para as rescisórias propostas pela Fazenda Pública, bem como foi criada outra hipótese de rescindibilidade (art. 485, inc. X, CPC-73), que passou a admitir expressamente o uso desta via processual para se questionar valor de indenização decorrente de ação de desapropriação.

Como se percebe, tais sentenças eram consideradas como trânsitas em julgado, de modo que haveria a necessidade de desconstituí-las, daí o uso da ação rescisória. No entanto, não tardou e uma das medidas provisórias foi tida como inconstitucional, enquanto a outra não foi reeditada (quando isso era necessário), de modo que estas inovações deixaram de ser aplicadas há longa data. No entanto, a farta jurisprudência, notadamente do STJ, que se seguiu à época e posteriormente, considerou que a ação rescisória sequer seria necessária, eis que sentenças desta natureza nem sempre transitavam em julgado, pois há um interesse público afeto a toda a sociedade em se corrigir tais distorções nos pagamentos destas indenizações, seja para mais ou menos, desde que adequada ao real valor do bem. Portanto, esse Tribunal Superior concluiu, em diversos precedentes, que tais sentenças não geravam preclusão máxima, podendo ocorrer questionamentos quanto à liquidez do título mesmo no decorrer da execução desta sentença.[37]

24.8.3.2. Relativização da coisa julgada nas ações de estado

A nomenclatura "ação de estado" é usada para designar aqueles processos instaurados cujo objetivo do demandante é criar, modificar ou extinguir um estado, conferindo um novo à pessoa como, por exemplo, a investigação de paternidade ou a

---

37 STJ. REsp nº 200301964924. Rel. Min. José Delgado. DJ 14/06/2004.

ação de divórcio. Só que, em certas situações, há divergência a respeito de como a coisa julgada se opera.

Na investigação de paternidade, por exemplo, há certa dúvida quando a pretensão for julgada improcedente por falta de provas. Isso ocorria, sobretudo, quando ainda não havia sido criado o exame de DNA, que consiste em um meio probatório com alto índice de confiabilidade, praticamente quase uma "prova soberana". Assim, nestes casos, o processo antigo já havia sido julgado no sentido da improcedência e, após a preclusão das vias impugnativas, se criou este novo tipo de exame, o que poderia gerar a reflexão se é melhor manter a coisa julgada anteriormente formada de modo a prestigiar a segurança social ou se melhor atenderia ao interesse público relativizá-la nesta hipótese.

O tema foi sofrendo contribuição doutrinária e jurisprudencial ao longo dos anos, já que não se trata de assunto exatamente recente. Em um primeiro momento se considerou a impossibilidade do uso de qualquer mecanismo processual, eis que falta de provas da paternidade implicaria na improcedência do feito (art. 487, inc. I), que gera coisa julgada material e formal caso não seja interposto qualquer recurso. E, uma vez ultrapassados os 2 (dois) anos do ajuizamento da ação rescisória, surgiria então a coisa soberanamente julgada como obstáculo intransponível para a reversão do resultado do julgamento.

Posteriormente, a doutrina passou a sugerir que este prazo de 2 (dois) anos para o uso da ação rescisória somente se iniciasse após a data da efetiva ciência deste documento e não o do trânsito em julgado da decisão de mérito, pois seria a partir deste momento que o demandante teria uma pretensão exercitável.[38] Mas, por outro lado, também há aqueles que sustentam que a ação rescisória pode ser ajuizada, nesta situação, independentemente da observância de qualquer prazo. É que, no eventual juízo rescisório, necessariamente irá se discutir o vínculo de parentesco, o que é indicativo de se tratar de uma ação de estado, que usualmente não se submete a qualquer prazo prescricional ou decadencial. Com efeito, não há prazo para o ajuizamento de uma investigação de paternidade, apenas para citar um exemplo. Assim, como na rescisória esta questão retornará à baila, a mesma poderá ser ajuizada a qualquer momento, muito embora seja recomendável uma alteração legislativa que permitisse esta situação tal como descrita.[39] E, não menos importante, esta ação rescisória deveria ser ajuizada com fundamento na juntada de prova nova (art. 966, inc. VII), que justamente permite a rescisão do julgado em casos como este, envolvendo a hipótese do exame do DNA.

Contudo, essa orientação doutrinária, quanto ao uso da ação rescisória, foi prontamente rechaçada anos atrás pelo STJ, que entendeu pela possibilidade de relativização da coisa julgada nestes casos independentemente do uso desta ação autônoma. Com efeito, nas pioneiras decisões a respeito deste tema, permitiu o STJ o

---

38 MOREIRA, José Carlos Barbosa. *Temas de direito processual. 9ª Série*. São Paulo: Saraiva, 2007, p. 264.

39 FERNANDES, Sérgio Ricardo de Arruda. Reflexões sobre a coisa julgada e sua relativização. In: *Revista da Escola da Magistratura do Estado do Rio de Janeiro – EMERJ*, nº 28, 2004, pp. 245-246.

ajuizamento de uma nova investigação de paternidade sem que antes fosse desconstituída a sentença de improcedência anteriormente proferida no processo primitivo, ao fundamento de que, se neste ato a paternidade não tivesse sido peremptoriamente negada, seria possível um novo processo instruído com novas provas. Em realidade, neste julgado o STJ utilizou o mecanismo da "coisa julgada *secundum eventum probationis*", própria do processo coletivo, em uma demanda individual, muito embora no acórdão não tenha constado essa analogia.[40] E, posteriormente, o próprio STF concluiu em idêntico sentido, embora também apresentando fundamentos complementares como o prestígio ao princípio da dignidade da pessoa humana (art. 1º, inc. III, da CRFB).[41] Este, portanto, é o enfoque mais atual quanto ao tema, no sentido de que a coisa julgada pode ser afastada nestes casos desde que nova demanda seja instaurada com este novo meio de prova ou, então, que ela seja produzida em seu decorrer.

24.8.4. A coisa julgada inconstitucional

É muito comum utilizar a expressão "coisa julgada inconstitucional" para se referir a uma situação caracterizada pela prolação de uma sentença que contraria frontalmente o que consta na CRFB. Só que, nestes casos, parece ser mais adequado utilizar a expressão "sentença inconstitucional", em vez de "coisa julgada inconstitucional". Com efeito, se a função do magistrado é, em primeira análise, aplicar a lei ao fato concreto, o descompasso desta atividade frente a Carta Magna acaba contaminando o próprio ato decisório. E, consequentemente, este ato acaba tendo a sua eficácia comprometida. No modelo primitivo, o tema era regulado em poucos dispositivos (art. 475-L, § 1º c/c art. 741, parágrafo único, ambos do CPC-73). No atual, o assunto já é disciplinado por outras normas (art. 525, §§ 12 a 15 c/c art. 535, §§ 5º a 8º), também havendo norma disciplinando a aplicação da lei processual no tempo (art. 1.057).

Não se trata, porém, de comprometimento da validade da sentença ou mesmo de hipótese autorizadora de rescisão sem uso da ação rescisória.[42] Embora o tema seja bem controvertido na doutrina, até mesmo a sentença inconstitucional gera coisa julgada,[43] que somente pode ser desconstituída por meio de uma ação rescisória. Mas a sua ineficácia ou inexigibilidade pode ser pronunciada a qualquer momento. É possível, inclusive, fazer um paralelo bem simples: uma sentença qualquer, que condene um particular a pagar determinada quantia de dinheiro a outrem, se for cumprida permanecerá com o seu conteúdo inalterado, mas já não irá mais gerar efeitos como

---

40 STJ. REsp nº 226.436-PR. Rel. Min. Sálvio de Figueiredo. DJ 28/06/2001.

41 STF. *Habeas Corpus* nº 112.195. Rel. Min. Celso de Mello. DJ 29/11/2011.

42 No sentido do texto: MOREIRA, José Carlos Barbosa. *Temas de direito processual civil, nona série*. São Paulo: Saraiva, 2007, pp. 264-265. Em sentido contrário, entendendo que haverá rescisão do ato decisório: DIDIER JR., Fredie. BRAGA, Paula Sarno. OLIVEIRA, Rafael Alexandria de. *Curso de direito processual civil*. 10ª ed. Salvador: JusPodivm, 2015. v. 2, pp. 558-559.

43 Há dúvida se a sentença inconstitucional pode ou não gerar coisa julgada. Apresentando a questão, posiciona-se José Carlos Barbosa Moreira em sentido positivo, conforme consta em MOREIRA, José Carlos Barbosa. *Temas de direito processual civil, nona série*. São Paulo: Saraiva, 2007, p. 238. Em sentido contrário: DINAMARCO, Cândido Rangel. Relativizar a coisa julgada material. In: *Coisa julgada inconstitucional*. Carlos Valder do Nascimento (Org.). 2ª ed. Rio de Janeiro: América Jurídica, 2002, p. 66.

o de sujeição do patrimônio de uma das partes aos meios executivos. É o que ocorre, também, com a sentença que tiver aplicado lei inconstitucional, já que a mesma não mais poderá ser executada. Logo, este ato perderá a sua força executiva, matéria que pode, inclusive, ser pronunciada de ofício pelo magistrado.

A análise da inconstitucionalidade que acoima o ato decisório deverá ser pronunciada pelo Pleno do STF, seja em controle concentrado ou difuso, o que se justifica, pois, tanto em um como no outro, estarão sendo interpretadas as normas constantes da Constituição.

Já com o CPC vigente, o Pleno do STF teve a oportunidade de se manifestar precisamente sobre tais dispositivos (art. 525, §§ 12 a 15 c/c art. 535, §§ 5º a 8º). Em sua pioneira decisão sobre o tema, constou que no regime anterior (CPC/73) não haveria distinção entre ser o precedente anterior ou superveniente à sentença exequenda, apesar de que, na hipótese de precedência da decisão do STF, ficaria evidenciado o desrespeito à autoridade da Suprema Corte. Contudo, no atual, se a decisão do STF sobre a inconstitucionalidade for superveniente ao trânsito em julgado da sentença exequenda, caberá ação rescisória, com prazo contado do trânsito em julgado da decisão proferida pelo Supremo. Desse modo, a inexigibilidade do título executivo a que se referem as referidas normas (art. 525, §§ 12 a 15 c/c art. 535, §§ 5º a 8º), se caracterizaria exclusivamente nas hipóteses em que: a) a sentença exequenda estivesse fundada em norma reconhecidamente inconstitucional (aplicação de norma inconstitucional ou aplicação de norma em situação ou com um sentido inconstitucional); b) a sentença exequenda tivesse deixado de aplicar norma reconhecidamente constitucional; e c) desde que, em qualquer dos casos, o reconhecimento dessa constitucionalidade ou inconstitucionalidade tivesse decorrido de julgamento do STF realizado em data anterior ao trânsito em julgado da sentença exequenda.[44]

Observa-se, porém, que o CPC (art. 1.057) já segue outra linha, mas apenas para as sentenças que transitarem em julgado já sob a vigência do novo modelo, passando a prever que, a partir da preclusão da decisão do STF sobre o tema é que iniciará o prazo de 2 (dois) anos para a propositura de ação rescisória em todos os processos em que a referida lei declarada inconstitucional tiver sido aplicada (art. 525, § 15 c/c art. 535, § 8º), que terá fundamento bem específico (art. 966, inc. V). Certamente, tais normas conspiram em favor da isonomia, mas ao mesmo tempo fragilizam a segurança jurídica.

Portanto, o que é comumente designado como "coisa julgada inconstitucional", nada mais é do que uma sentença que, no momento em que foi proferida, contraria normas constantes na Carta Magna, o que não a impede de transitar em julgado material e formalmente, muito embora a mesma se torne complemente ineficaz, nos termos do acima arrazoado.

---

44 STF. ADI nº 2.418/DF. Rel. Min. Teori Zavascky. DJ 04/05/2016.

PARTE III

PROCEDIMENTOS ESPECIAIS DE JURISDIÇÃO CONTENCIOSA E VOLUNTÁRIA

25

PROCEDIMENTOS ESPECIAIS DE JURISDIÇÃO CONTENCIOSA

25.1. INTRODUÇÃO

A jurisdição, que é uma atividade desempenhada pelo Estado, pode se classificar em "contenciosa" ou "voluntária", o que dependerá, da presença ou não, das suas principais características. Com efeito, a denominada jurisdição "contenciosa" é aquela que apresenta os seus sinais mais visíveis. Nela, a parte interessada exerce direito de ação e instaura um processo jurisdicional em que haverá a provável presença de uma lide (diante dos interesses opostos das partes) e que será encerrado com uma decisão acobertada pelo manto da coisa julgada.

Só que este processo deve se desenvolver à luz de um rito, ou seja, de uma sequência de atos processuais. Estes procedimentos são os mais distintos possíveis, dependendo do tipo de processo. Vale dizer, também, que a parte não pode, em regra, dispor do procedimento, isto é, escolher aquele que melhor lhe aprouver (v. item nº 13.4.).

No processo de conhecimento, que é o que nos interessa no momento, é possível se falar em procedimento "comum". Já o procedimento "especial" pode se encontrar previsto no próprio CPC ou em leis especiais. A ação monitória (art. 700 – art. 702) é um exemplo de procedimento especial de jurisdição contenciosa, pois define uma ordem para a prática dos atos processuais que é distinta do procedimento comum. Por outro lado, há legislação própria (Lei nº 12.016/2009) estabelecendo o procedimento especial para a impetração do mandado de segurança, não sendo o mesmo regulado pelo CPC. Destaca-se, ainda, que quando o procedimento específico não tiver regra clara a respeito de determinada situação, deverá ser aplicado o rito comum subsidiariamente (art. 318, parágrafo único).

A razão de ser da criação de procedimentos especiais é a constatação de que nem sempre o procedimento comum é o adequado para resolver absolutamente todas as questões trazidas perante o Poder Judiciário, independentemente da sua natureza. É que, em alguns casos pontuais, a própria relação jurídica de direito material pode possuir certas características que justifiquem um rito processual ligeira ou inteiramente modificado a fim de que a jurisdição possa ser adequadamente prestada também neste caso.

Estes procedimentos de jurisdição contenciosa em processo de conhecimento são regulados no CPC (art. 539 – art. 718), sendo eles: a) consignação em pagamento;

b) ação de exigir contas; c) ações possessórias; d) ação de divisão e da demarcação de terras particulares; e) ação de dissolução parcial de sociedade; f) inventário e partilha; g) embargos de terceiros; h) oposição; i) habilitação; j) ações de família; k) ação monitória; l) homologação do penhor legal; m) regulação de avaria grossa); n) restauração de autos.

25.2. CONSIGNAÇÃO EM PAGAMENTO

O pagamento em consignação é uma modalidade de extinção das obrigações, regulada pelo Código Civil (art. 334 – art. 345, CC), podendo ser realizado extrajudicial ou judicialmente pelo próprio devedor ou por um terceiro juridicamente interessado ou não (art. 304, *caput* e parágrafo único, CC).

Caso um deles opte pela consignação extrajudicial, o tema já passa a ser regulado pelo CPC (art. 539 – art. 549), que prevê a possibilidade tanto da consignação de valores como de bens. No entanto, o mais frequente é que o objeto seja apenas pecúnia.

Nos termos do CPC (art. 539), o devedor ou terceiro deverá se dirigir à instituição financeira para efetuar a consignação[1]. Haverá a abertura de uma conta bancária para receber este depósito, que passará a ser corrigido monetariamente, e o serviço será contratado e pago por aquele que pretende se liberar da obrigação. Em seguida, a instituição financeira dará ciência ao credor a respeito da existência do numerário. A partir daí, o credor pode se manifestar ou não, o que irá gerar consequências distintas.

Se o credor aceitar expressamente o valor depositado, então já poderá sacá-lo diretamente na agência bancária. No entanto, caso não se manifeste no prazo de 10 (dez) dias, o devedor ficará livre de sua obrigação e este numerário passará a ser do credor. Vale dizer que, se este valor não for sacado, a instituição financeira irá paulatinamente descontar tarifas de manutenção da conta.

Porém, caso não haja concordância com o valor depositado, deve o credor, então, manifestar sua recusa por escrito em 10 (dez) dias a contar da ciência do depósito. Vale dizer que se trata de ato extrajudicial que, portanto, não precisa observar o princípio da eventualidade (art. 336). Desta maneira, qualquer que tenha sido o motivo da recusa isso não impediria que, em futuro processo judicial, possam vir a serem apresentados outros argumentos pelo credor.

Nesta última hipótese, ou seja, de recusa formalizada pelo credor, passará então o devedor a dispor de um prazo de 1 (um) mês, da ciência da recusa, para que venha em juízo propor a ação de consignação em pagamento. A falta de observância deste prazo, no entanto, não impede que o devedor ou o terceiro venham a propor a demanda consignatória posteriormente. Não se trata, portanto, de prazo prescricional ou decadencial, eis que a única consequência prevista no CPC (art. 539, § 4º), é a de que o depósito perde a sua eficácia liberatória, podendo ser sacado pelo depositante.

---

1 Há precedente do STJ reconhecendo que a instituição financeira possui legitimidade para ajuizar ação de consignação em pagamento visando quitar débito de cliente decorrente de título de crédito protestado por falha no serviço bancário. É o que se extrai em: STJ. REsp 1.318.747-SP, Rel. Min. Luis Felipe Salomão, por unanimidade, julgado em 04/10/2018, DJe 31/10/2018.

Uma última ressalva é que esta consignação em pagamento extrajudicial de forma alguma é um *iter* necessário para que seja admitida a consignação judicial. Muito pelo contrário, trata-se de faculdade do depositante, que pode ou não utilizá-la.

Quanto à consignação judicial propriamente dita, há de se verificar o regramento previsto no CPC (art. 540 – art. 549) para assimilá-la. Há norma (art. 540), tratando da competência para o processo judicial, estabelecendo que, tratando-se de valores, a demanda judicial deverá ser proposta no lugar do pagamento.

A legitimidade ativa para o processo judicial é idêntica à da prática do ato extrajudicial, ou seja, pertence ao próprio devedor ou a um terceiro juridicamente interessado ou não. O polo passivo, por seu turno, será preenchido pelo credor.

A petição inicial deve ser formulada de acordo com as disposições do CPC (art. 319 c/c art. 542), que impõe que haja requerimento de citação do réu e, o depósito da quantia ou da coisa devida, exceto se já houve a consignação extrajudicial, caso em que deverá ser comunicado onde está localizado o objeto da prestação. Desta forma, se o magistrado apurar que o depósito não foi efetuado, deve intimar o demandante para que o realize, sob pena de indeferimento da petição inicial (art. 542, parágrafo único c/c art. 485, inc. X). Idêntica solução também é prevista em lei específica, que regula a consignação de alugueres (art. 67, inc. II, Lei nº 8.245/91).

O CPC (art. 541) permite que a consignatória possa ter por objeto prestações periódicas, caso em que o valor da causa deverá observar o disposto em outra norma (art. 292, §§ 1º e 2º). Surge aqui, porém, um questionamento que seria o de definir até que momento esses depósitos poderiam ser realizados. Há entendimento no sentido que o marco final para a realização dos depósitos seja a prolação da sentença, pois a mesma não poderia estar julgando pagamentos que foram realizados após a sua pronúncia. Assim, havendo nova recusa em recebimento destas parcelas vindouras, essa circunstância caracterizaria uma nova causa de pedir, dando ensejo a uma nova ação de consignação em pagamento. A jurisprudência, contudo, não tem adotado este raciocínio, pois se trata de sentença determinativa, que já apreciou e refutou o motivo da recusa anterior. Assim, havendo nova recusa após a sentença, isso não impede que haja continuidade ao processo, agora em etapa de cumprimento de sentença, para que os depósitos continuem a ser realizados.

Outro ponto que gera muitas polêmicas sobre a petição inicial da consignatória é se a mesma pode vir acompanhada de pedido para rever o valor das prestações. Esta dúvida ocorre porque o intento da ação consignatória é obter um provimento jurisdicional declaratório, em caráter *ex tunc*, no sentido de que a obrigação foi extinta a partir do momento em que a consignação foi efetuada. Esta é, sem dúvidas, a consignatória clássica, doravante denominada "pura", que deve ser proposta quando presente qualquer das situações elencadas no Código Civil (art. 335, CC). No entanto, há dúvida sobre esta petição inicial, cujo pedido de consignação tem natureza declaratória, poder ser elaborada cumulada com outro, de revisão das parcelas em atraso, gerando uma cumulação de pedidos.

Esta praxe, muito comum, de cumular o pedido consignatório (declaratório) com o revisional (constitutivo), muitas vezes não é aceita, sob o argumento de que os pedidos são incompatíveis entre si. É que se poderia objetar que um deles quer extinguir o vínculo obrigacional, enquanto o outro quer discuti-lo, o que atestaria esta incompatibilidade que é vedada pelo CPC (art. 327, § 1º, inc. I), havendo jurisprudência neste sentido.[2] No entanto, esta não tem sido a orientação do STJ, que corretamente vislumbra que a consignação de pagamentos também pode ser usada para o "acertamento" da relação jurídica de direito material e, quiçá, o valor efetivamente devido, tal como consta, por sinal, em outra norma (art. 544, inc. IV), que autoriza o demandado a trazer a discordância quanto ao valor consignado como tese defensiva. Desta forma, caso fosse permitido que uma das partes pudesse discutir o valor da obrigação em procedimento especial de consignação e não fosse permitido que a outra pudesse agir da mesma maneira, certamente restaria vulnerado o princípio da igualdade entre os litigantes (art. 5º da CRFB c/c art. 7º).[3] Pode-se concluir, portanto, que a jurisprudência vem consagrando o uso não apenas da consignatória "pura" (aquela fundada em uma das hipóteses do art. 335 do CC), como, também, a "impura", que é aquela que irá observar o procedimento especial mesmo diante de uma cumulação de pedidos, eis que nela há um pleito consignatório e outro de natureza revisional. Nada impede, porém, que nesta última hipótese a própria parte opte por deflagrar a demanda em procedimento comum, eis que se trata de rara hipótese em que o demandante pode escolher entre o rito comum ou especial.

Elaborada a petição inicial, seja ela "pura" ou "impura", o magistrado então verificará se a mesma se encontra regular. Caso a resposta seja afirmativa, irá então determinar a citação do demandado, que não guarda nenhuma especificidade.

Se o réu for citado e não apresentar resposta, deve ser decretada a sua revelia, com incidência dos seus regulares efeitos e sendo permitido o imediato julgamento antecipado do mérito (art. 355, inc. II), se for o caso. Contudo, caso resolva apresentar resposta, a mesma poderá ser por contestação ou até mesmo por reconvenção, no prazo de 15 (quinze) dias, pois este é o prazo de defesa para o procedimento comum (art. 335 c/c art. 318, parágrafo único). Quanto à contestação, o CPC (art. 544) enumera algumas teses defensivas que podem ser apresentadas em contestação, mas trata-se de rol meramente exemplificativo. Quanto à reconvenção, há de ser feita apenas uma ressalva. Não vem sendo admitido, por falta de interesse processual, que o demandado/credor apresente a reconvenção com o intuito de obter uma decisão judicial que condene o autor/devedor a lhe pagar eventuais diferenças caso o valor consignado seja insuficiente. É que não há realmente necessidade de se valer desta via processual para este desiderato, uma vez que a consignatória é uma demanda de caráter dúplice, que busca o acertamento da relação jurídica material. Desta maneira, caso o credor entenda que haja uma insuficiência do valor depositado, o mesmo deverá trazer esta matéria em sede de contestação (art. 544, inc. IV), indicando o montante que entende devido, independentemente de apresentar reconvenção ou pedido

---

2 TJ-RJ. Agravo de instrumento nº 0068195-18.2012.8.19.0000. Rel. Des. Luiz Fernando de Carvalho. DJ 07/12/2012.

3 STJ. REsp nº 596.934-RJ. Rel. Min. Castro Filho. DJ 16/06/2004.

contraposto com este intento. Na sequência, o valor incontroverso já poderá ser levantado imediatamente pelo credor (art. 545, § 1º) e, ao término da instrução, o magistrado irá proferir sentença determinando que o autor efetue o pagamento de eventual diferença, o que até mesmo servirá como título executivo judicial (art. 545, § 2). Trata-se, portanto, de sentença de procedência parcial do pedido, pois irá declarar a extinção parcial do vínculo obrigacional apenas em relação ao valor já depositado e, ao mesmo tempo, condená-lo a pagar a diferença dos valores[4].

Pode ocorrer, porém, que após ser alegada a insuficiência do depósito, venha o autor/devedor a complementá-lo voluntariamente no prazo de 10 (dez) dias (art. 545). Neste caso, haverá situação equivalente a um "reconhecimento do que consta na contestação", devendo o juiz julgar procedente o pedido, liberando o devedor de sua obrigação, já que o mesmo realmente quitou integralmente a sua dívida. Só que esta hipótese destoa um pouco do tradicional, pois o responsável pela propositura da demanda foi o próprio demandante, ao tentar se livrar da obrigação depositando valor menor. Assim, neste caso, e, atento ao princípio da causalidade, deverá o demandante/devedor ser condenado a pagar as custas e os honorários advocatícios da outra parte, ainda que a sentença tenha sido de procedência. É que não faria qualquer sentido julgar o pleito improcedente, pois não haveria a declaração de extinção do vínculo obrigacional ainda que já tivesse sido realizado o depósito integral da dívida.

E, ainda, se o magistrado vier a entender que o valor depositado pelo autor está correto e que não subsistem as defesas apresentadas pelo réu, caberá ao mesmo tão somente proferir sentença de procedência do pedido, que terá como já visto natureza declaratória, condenando o credor/réu ao pagamento da sucumbência.

Todo o procedimento acima narrado decorre da situação mais corriqueira trazida ao Poder Judiciário, que é a da consignação de valores quando há recusa do credor em receber. No entanto, há ainda outro rito quando se tratar de consignatória fundada em outro motivo, mais precisamente quando o devedor ou o terceiro tiver dúvida sobre a pessoa que deve legitimamente receber o pagamento, ou seja, sobre quem é o credor. Neste outro caso, haverá necessidade de se observar o disposto no CPC (art. 547 – art. 548), que impõem que o autor na inicial já decline o motivo da sua dúvida e, também, o nome dos supostos credores. Na sequência, estes réus serão regularmente citados para apresentarem defesa. Após, se nenhum deles questionar a obrigação ou os valores depositados, mas tão somente discutirem a respeito da legitimidade para levantá-los, caberá então ao juiz proferir decisão interlocutória excluindo o demandante do processo e liberando-o de sua obrigação (art. 548, inc. III). Esta decisão, inclusive, condena os réus a arcar com honorários e custas ao demandante, eis que realmente existia uma fundada dúvida a respeito da figura do credor.

---

4 Segundo entendimento do STJ, o adequado não seria julgar parcialmente procedente o pedido em tais casos, devendo o magistrado julgar todo o pedido improcedente, ao argumento de que se o valor oferecido é menor então foi justa a recusa do credor. É o que se extrai em: STJ. REsp 1.108.058-DF, Rel. Min. Lázaro Guimarães (Desembargador Convocado do TRF da 5ª Região), Rel. Acd. Min. Maria Isabel Gallotti, Segunda Seção, por maioria, julgado em 10/10/2018, DJe 23/10/2018 (Tema 967).

Após, o processo irá prosseguir seguindo o rito comum, apenas em relação aos demandados, sendo que cada um será considerado como adversário do outro, já que seus objetivos são contrapostos.[5] Ao final da instrução e, sendo cabalmente evidenciado a quem deve competir este numerário, o magistrado irá julgar procedente o pedido e determinar que o valor seja levantado por quem de direito. Do contrário, se nenhum deles demonstrar a sua qualidade de credor, este valor será convertido em arrecadação de coisas vagas (art. 548, inc. II).

25.3. AÇÃO DE EXIGIR CONTAS

No antigo modelo (art. 914 – art. 919, CPC-73) era prevista a denominada "ação de prestação de contas", com duas modalidades distintas, sendo a primeira de "exigir contas" e a segunda de "oferecer contas", com procedimento levemente diferenciado. O CPC, porém, mantém apenas a primeira delas, o que justifica a alteração da nomenclatura anterior, que doravante passa a ser apenas a da "da ação de exigir contas". Contudo, até seria possível uma demanda com o objetivo de o administrador ou mandatário "oferecer contas", mas a mesma deverá observar o procedimento comum.

Para que a ação de exigir contas possa ser empregada, há a necessidade de um vínculo material entre as partes que coloque uma delas na posição de gestora ou administradora de direitos ou de patrimônio da outra. É o que ocorre, por exemplo, em um contrato de mandato, muito embora também seja frequente ocorrer nas relações bancárias quando, mesmo a despeito da disponibilização de extratos, ainda permanecerem dúvidas legítimas do correntista sobre a razão de ser dos valores que estão sendo debitados em conta. Não é por outro motivo que foi criado o Verbete nº 259 da Súmula do STJ: "*A ação de prestação de contas pode ser proposta pelo titular da conta-corrente bancária*". Aliás, o mesmo Tribunal também já teve a oportunidade de criar o Verbete nº 477, que cuida do entendimento quanto ao prazo decadencial para uso desta via na hipótese acima: "*A decadência do art. 26 do CDC não é aplicável à prestação de contas para obter esclarecimentos sobre cobrança de taxas, tarifas e encargos bancários*".

Vem sendo reconhecida a possibilidade de este procedimento ser adotado em casos envolvendo sindicato e trabalhador a ele filiado, bem como a possibilidade de retenção de honorários advocatícios em crédito trabalhista deferido em juízo integrante da Justiça do Trabalho.[6] Igualmente, o STJ também reconhece como cabível a propositura de ação de exigir contas para apuração de eventual saldo, e sua posterior execução, decorrente de contrato relacional firmado entre administradora de consórcios e empresa responsável pela oferta das quotas consorciais a consumidores".[7]

---

5 MARINONI, Luiz Guilherme, ARENHART, Sérgio Cruz. *Manual do processo de conhecimento*. 2ª ed. São Paulo: RT, 2003, p. 188.

6 TST. E-ED-RR-128300- 64.2008.5.03.0042, SBDI-I, Rel. Min. Marcio Eurico Vitral Amaro, 17/08/2017.

7 STJ. REsp 1.676.623-SP, Rel. Min. Marco Aurélio Bellizze, por unanimidade, julgado em 23/10/2018, DJe 26/10/2018.

Quanto às demandas envolvendo condomínio, alguns cuidados devem ser observados quanto à legitimidade. Com efeito, nos termos da legislação específica (art. 22, § 1º, alínea "f", Lei nº 4.591/64), o condomínio, que é representado pelo síndico, não tem obrigação de oferecer contas a cada um dos condôminos, mas sim a todos, perante a assembleia dos condôminos. Assim, as eventuais demandas de exigência de contas, que forem instauradas pelo condômino em face do condomínio, devem ser fatalmente extintas pela ilegitimidade ativa, conforme já reconhecido pela jurisprudência pátria.[8]

Nesta demanda, o mérito será duplo, motivo pelo qual poderá ser apreciado em dois momentos distintos, ou seja, em um primeiro irá se julgar o dever de prestar contas e, em outro, estas contas serão liquidadas. Eventualmente, porém, estas duas questões serão julgadas em um mesmo instante. É o que ocorre quando o réu se limitar a fornecer as contas no prazo de 15 (quinze) dias, que deverão ser apresentadas de forma adequada, com especificação das receitas, das despesas e dos investimentos, se houver (art. 551). Neste caso, não havendo questionamento pelo demandado quanto à existência do vínculo obrigacional, o magistrado deve se limitar a intimar o autor para ter ciência das mesmas e se manifestar em idênticos 15 (quinze) dias (art. 550, § 2º). Vale dizer que, nesta hipótese, poderá constar nas contas saldo favorável ao réu, caso o mesmo tenha realizado mais despesas do que obtido receitas na execução de seu mister. Esta circunstância decorre do caráter dúplice da ação de prestação de contas, que corresponde a uma demanda que busca o acertamento da relação jurídica de direito material, não importando qual parte tenha vindo provocar o Poder Judiciário. Assim, nada obsta, por exemplo, que, demonstrada a veracidade das contas apresentadas pelo réu, venha o juiz a julgar procedente o pedido formulado, mas declarando um saldo credor em detrimento deste último, que poderá ser cobrado em cumprimento de sentença (art. 552). Porém, caso ainda seja necessário produzir alguma prova, o magistrado antes deverá determiná-las ou mesmo designar uma AIJ para que possa, enfim, proferir esta sentença.

Contudo, se o demandado optar por oferecer resposta, este rito é dilatado, pois haverá a necessidade de primeiro julgar a existência da relação obrigacional e, posteriormente, a liquidação das contas. Neste caso, a resposta deverá ser apresentada em 15 (quinze) dias (art. 550, *caput*), podendo ser por meio da contestação e, inclusive, até pela reconvenção, embora a norma seja silente a seu respeito. Há de se ressalvar, porém, que por vezes a reconvenção deverá ser rejeitada de plano pela ausência de interesse de agir, caso se perceba que a mesma está sendo empregada para que o mandatário/administrado venha a ser condenado a pagar ao réu as despesas que o mesmo teve e que foram superiores às receitas obtidas. É que, nesta hipótese, não há necessidade de reconvenção, devido ao caráter dúplice da ação de prestação de contas, conforme já noticiado acima. Nos demais casos, porém, a reconvenção poderá ser adotada sem qualquer tipo de restrição. E, finda a instrução, o magistrado irá então proferir decisão, destacando que, em caso de acolhimento da pretensão, a decisão terá natureza condenatória, pois, de acordo com o

---

8 STJ. REsp nº 1.046.652-RJ. Rel. Min. Ricardo Villas Bôas Cueva. DJ 16/09/2014.

CPC (art. 550, § 5º), será o réu condenado a prestar as contas no prazo de 15 (quinze) dias, sob pena de não lhe ser lícito posteriormente impugnar aquelas que o demandante apresentar. Esta mesma decisão também irá condenar o vencido a arcar com as custas e honorários advocatícios e, com ela, se chega ao fim da primeira etapa da ação de exigir contas.[9]

Como visto, a segunda etapa da ação de exigir contas somente ocorre no caso acima, ou seja, quando o demandado apresentar a sua resposta, desacompanhado de qualquer conta. Trata-se de uma fase muito semelhante a uma "liquidação de sentença", muito embora a mesma deva observar o modelo previsto para este rito especial (art. 550, §§ 2º, 5º e 6º). Desta maneira, após o trânsito em julgado o demandado tem 15 (quinze) dias para apresentar as contas. Se as mesmas forem apresentadas voluntariamente na forma adequada (art. 551), o autor deve se manifestar sobre as mesmas em 15 (quinze) dias. Caso não sejam, esta iniciativa passa a ser do demandante, que deve carreá-las aos autos em 15 (quinze) dias. Havendo necessidade, serão determinadas as provas necessárias e, enfim, o magistrado irá proferir sentença declaratória deste valor, que pode apontar saldo credor ao autor ou ao réu, devendo posteriormente ser executada (art. 552). Vale dizer, ainda, que esta sentença poderá ter nova condenação em custas e honorários advocatícios, caso as contas não tenham sido apresentadas pelo réu no prazo de 15 (quinze) dias ou quando não forem acolhidas aquelas que foram trazidas por uma parte e impugnadas pela outra.

Por fim, há um procedimento específico (art. 553), quando se tratar de contas que devem ser prestadas por alguém que assumiu este encargo no próprio processo como, por exemplo, um inventariante, um tutor, um curador, um depositário ou mesmo qualquer outra espécie de administrador. Nestes casos, a exigência das contas pode ser requerida por qualquer das partes e será autuada em apenso. Ao final, caso entenda que o mesmo tem algum valor ou bem a restituir, isso será determinado por decisão, que também poderá destituí-lo do encargo, bem como motivar decisão jurisdicional de sequestro dos seus bens ou mesmo de glosa do prêmio ou de eventual gratificação que tenha direito (art. 553, parágrafo único). Vale dizer que o magistrado também poderá determinar, inclusive de ofício, que tais administradores esclareçam o desempenho do seu mister, muito embora esta situação já ocorra nos próprios autos, tendo as mesmas consequências (art. 553, parágrafo único).

25.4. AÇÕES POSSESSÓRIAS

O "proprietário" de um bem tem os poderes de usar, fruir ou até dispor do mesmo. O "possuidor", ao revés, possui apenas o exercício, pleno ou não, do poder de usar ou de fruir do bem, quando lhe forem transmitidos regularmente. Mas, ainda quando haja essa

---

9 Há divergência quanto à natureza jurídica da decisão que encerra a primeira etapa da ação de exigir contas. O STJ, em decisão não vinculante proferida em 2019, citou nominalmente este autor (além de outros) e o entendimento (que ora é ratificado), de que se trata de uma "sentença". Contudo, esta mesma Corte concluiu em sentido inverso nesta oportunidade, sinalizando que se trata de uma "decisão interlocutória", o que traz reflexos na identificação da espécie recursal mais adequada para eventualmente impugná-la. É o que se extrai em: STJ. REsp nº 1.798.603. Rel. Min. Moura Ribeiro. DJ 24/05/2019.

transferência da posse de um bem, o proprietário permanece como possuidor, mesmo sem dispor fisicamente da coisa. Isso ocorre graças à adoção da teoria subjetiva da posse, que autoriza o seu desdobramento. Desta maneira, aquela pessoa que tiver fisicamente o bem em seu poder será considerada como o "possuidor direto", enquanto o proprietário será tratado como "possuidor indireto". E, vale dizer, esta ressalva é de suma importância, pois ambos terão legitimidade e poderão se valer das demandas possessórias para a defesa da posse. O mesmo já não ocorre, porém, com o "detentor", que é aquele que realmente pode ter um bem em seu poder, mas em razão de exercer uma relação de dependência perante o real proprietário, de estar conservando o bem segundo nome deste ou em cumprimento de suas instruções ou, ainda, quando se tratar de mera tolerância ou permissão (art. 1.198 e art. 1.208, ambos do CC). É que a detenção é considerada tão precária em relação às outras que a mesma sequer é protegida pela legislação, razão pela qual não poderá o detentor se valer das medidas abaixo listadas, que apenas podem ser utilizadas pelo proprietário ou pelo possuidor. E, ainda, também se destaca a existência de precedente reconhecendo a possibilidade de ação possessória ser instaurada por invasor de terra pública em face de outros particulares, embora não seja possível usucapir tal bem.[10]

É possível que haja a ocorrência de diversos tipos de moléstia a posse de alguém, o que irá permitir a adoção de um ou outro meio mais específico. A primeira delas é o "esbulho", situação em que haverá perda total da posse pelo possuidor. Além desta, também é frequente a ocorrência da "turbação", caso em que a posse é perdida apenas parcialmente. E, ainda, existe a "ameaça", ou seja, um temor de que a posse venha a sofrer um futuro esbulho ou turbação, o que também é merecedor de proteção legal.

Ocorrendo o "esbulho" ou a "turbação", não há necessidade de o proprietário ou possuidor virem imediatamente a juízo, pois há norma no Código Civil (art. 1.210, § 1º, CC) que autoriza o denominado "desforço imediato da posse", ou seja, uma hipótese excepcional de autotutela quando não for possível aguardar o provimento jurisdicional devido a uma situação absolutamente emergencial. Nestes casos, o próprio proprietário ou possuidor pode se valer dos meios indispensáveis à restituição ou manutenção da posse, desde que sejam moderados e empregados imediatamente.

Havendo necessidade de pleitear a tutela da posse jurisdicionalmente, deverá o legitimado ativo se valer das denominadas "ações possessórias". A via adequada para a ocorrência do esbulho chama-se "reintegração de posse". Já para os casos de turbação se deve utilizar a "manutenção da posse". Por fim, nos casos de ameaça, adota-se a ação denominada "interdito proibitório". Vale dizer, contudo, que a moléstia sofrida pode não ter se estancado, ou seja, pode ser que a mesma continue se ampliando gradativamente, malgrado já tenha sido proposta uma demanda judicial. Para exemplificar, em caso de ameaça o demandante terá proposto um interdito proibitório, que pode não ter impedido o atuar do demandado. Assim, pode ocorrer que, mesmo na pendência do processo, esta simples ameaça tenha se transformado em um esbulho. No entanto, ainda

---

10 STJ. REsp 1.484.304-DF, Rel. Min. Moura Ribeiro, j. 10/03/2016, DJe 15/03/2016 – *Informativo* nº 579.

assim o demandante não será prejudicado, pois o legislador estabeleceu (art. 554) uma exceção ao princípio da congruência, admitindo que o magistrado possa no momento de sentenciar reconhecer o direito do demandante a ser reintegrado na posse do bem ainda que o pedido tenha sido apenas para obter o fim do seu justo receio de ser molestado na posse. A fungibilidade, que mitiga os rigores do princípio da correlação, é uma das características das ações possessórias.

Realizados estes esclarecimentos, é verificado agora o tramitar de cada demanda possessória. Na primeira delas, que é a de "reintegração de posse", a competência dependerá do tipo de bem que se estará discutindo no processo. Sendo a posse considerada uma obrigação pessoal (art. 1.225, CC), a mesma deverá ser proposta no domicílio do réu quando se tratar de bem móvel (art. 46). No entanto, tratando-se de bem imóvel, a demanda deverá ser proposta perante o foro em que o mesmo se encontrar (art. 47).

Na petição inicial, o demandante deverá observar os requisitos legais (art. 319). Nos casos em que houver enorme número de demandados, é autorizado que a citação seja realizada pessoalmente aos ocupantes que estiverem no local e por edital dos demais (com as recomendações ali constantes), bem como sendo determinada, na sequência, a intimação do Ministério Público e da Defensória Pública, se a situação envolver pessoas em situação de hipossuficiência econômica (art. 554, § 1º).

Também é admitido (art. 555) que o autor não apenas peça a proteção possessória, mas, também, a condenação em perdas e danos, entre outras providências mais. Trata--se, portanto, de uma cumulação de pedidos sucessiva, pois estes outros pedidos somente terão o seu mérito analisado após ter sido reconhecida a proteção possessória, que é o pleito principal. Só que, nestas hipóteses, continuará sendo observado o procedimento possessório específico. O mesmo já não ocorre, porém, para pedidos de outra natureza como, por exemplo, o de rescisão de contrato cumulado com o possessório, pois, neste caso já deverá ser observado o rito comum e não mais o especial, sem prejuízo de eventuais técnicas processuais diferenciadas do procedimento específico (art. 327, § 2º).

Aliás, deve ser ressalvado que o procedimento possessório especial só é admitido quando a moléstia a posse tiver ocorrido em até um ano e um dia (art. 558), que cuida das ações de "força nova". É que, ultrapassado este prazo, ainda assim a proteção possessória poderá ser requerida, mas com a observância do rito comum, sendo considerada como de "força velha".

Esta petição inicial deverá vir acompanhada da prova da posse do autor, bem como da ocorrência do esbulho e de sua data (art. 561). Caso esteja nestes termos, e a perda da posse tenha ocorrido em até um ano e um dia, o magistrado irá deferir, em caráter *inaudita altera parte*, uma liminar de reintegração de posse em favor do autor, o que somente não ocorre quando se tratar de Fazenda Pública como ré (art. 562). Vale dizer que, mesmo ultrapassado este prazo, nada impede que o autor requeira um provimento de tutela provisória de urgência antecipada (art. 303 – art. 304), com os requisitos que lhe são próprios, já que o rito será o comum. Só que, neste outro caso, devido ao lapso de tempo transcorrido, certamente será difícil caracterizar o risco de dano irreparável ou de difícil reparação (*periculum in mora*).

O CPC (art. 565) regula, outrossim, os casos em que esta liminar tiver sido deferida em litígio coletivo pela posse ou propriedade de imóvel. Só que se este provimento não for cumprido no prazo de 1 (um) ano, será então designada uma audiência de mediação (Lei nº 13.140/2015), em que deverão comparecer o membro do Ministério Público e o da Defensoria Pública, se houverem hipossuficientes interessados. O próprio magistrado também pode ir ao local realizar uma inspeção judicial em tais casos (art. 217 c/c art. 565, § 3º). A norma (art. 565, § 4º) prevê, também, a possibilidade de os órgãos responsáveis pela política agrária e urbana onde se situar o imóvel intervirem no processo, até para tentar possibilitar uma solução ao conflito. Esta intervenção, apesar de inominada, deve ser considerada como a do *amicus curiae* (art. 138), recebendo o mesmo tratamento.

Do contrário, caso não tenha a petição inicial sido acompanhada das provas para esclarecer estes pontos, será então designada uma audiência de justificação para esta finalidade, devendo ser o réu citado para nela comparecer. Vale dizer que esta audiência não é para este último produzir prova ou muito menos apresentar resposta, pois a mesma se destina, exclusivamente, a permitir que o autor consiga provar, ainda que superficialmente, os fatos exigidos por lei (art. 561). O próprio CPC (art. 564) esclarece que, seja ou não concedida a liminar, o prazo para o réu contestar somente se inicia quando o mesmo tiver sido intimado da decisão que deferiu ou não a medida antecipatória.

Vem sendo permitido que o réu se defenda por meio de contestação ou até mesmo reconvenção, embora alguns cuidados devam ser observados. É que a "reconvenção", como se sabe, é uma nova ação que inclui um novo pedido ao processo, trazendo fato novo conexo ao que já foi alegado na contestação ou na petição inicial do demandante. Ela pode ser utilizada, no procedimento possessório, para quase todos os pedidos, exceto indenização por danos sofridos pelo réu em razão do esbulho ou turbação que o autor lhe causou ou se quiser continuar na posse do bem. É que, no primeiro caso, que é o de ser indenizado pelos prejuízos sofridos, este já poderá ser formulado na própria contestação (art. 556), assumindo a feição de "pedido contraposto". Quanto ao intento de continuar a ser mantido na posse, este pedido sequer precisa ser deduzido, devido ao caráter dúplice da ação possessória, de modo que bastaria ao réu contestar. É que, caso sua tese seja a vencedora, o juiz irá julgar o pedido autoral improcedente em todos os seus termos, mantendo o demandado na posse do bem que já estava em seu poder.

É vedado, no entanto, que tanto autor como réu possam discutir nesta via qualquer direito de propriedade, o que denota uma clara prevalência das questões possessórias (*ius possessionis*) em detrimento das questões dominiais (*ius possidendi*), exceto se a pretensão for deduzida em face de terceira pessoa, o que decorre de uma interpretação de norma do CPC (art. 557). Assim, de forma alguma o magistrado irá julgar o reconhecimento da posse a favor de quem tem a propriedade, pois não é este o tipo de discussão que se instaura no presente processo. Vale dizer que até mesmo é possível a demanda possessória ser instaurada pelo possuidor direto em face do indireto, que é o proprietário, e ainda assim o primeiro venha a ser o vencedor, caso demonstre o seu direito a exercício da posse legítima sobre determinado bem. Por este motivo, o Verbete nº 487 da Súmula do STF, que apregoa: "*Será deferida a posse a quem, evidentemente, tiver o domínio, se com base neste for ela disputada*", não mais vem sendo aplicado hodiernamente.

De resto, este procedimento seguirá, basicamente, o disposto no rito comum (art. 566), culminando com seu fim no momento em que for proferida sentença e apreciados os recursos de maneira definitiva.

Quanto à "ação de manutenção de posse", tudo o que foi acima descrito se aplica a ela, apenas alterando o seu fato gerador, que é a ocorrência da turbação. Já no "interdito proibitório", que é próprio para os casos de ameaça, a única diferença é que esta é uma demanda preventiva, em que o demandante busca obter uma tutela inibitória. Nesta situação, como o fato ilícito ainda não ocorreu, deverá ser formulado um requerimento de liminar em que o magistrado estabeleça uma pena pecuniária (*astreintes*), caso o réu intimado desrespeite a decisão judicial (art. 567). Quanto ao restante, o seu processamento é idêntico também às demais (art. 568).

25.5. AÇÃO DE DIVISÃO E DE DEMARCAÇÃO DE TERRAS PARTICULARES

O tema é regulado no CPC (art. 569 – art. 598). A ação de demarcação é cabível para fins de se estabelecer uma linha divisória entre dois terrenos ou mesmo fixar os limites entre eles, caso ocorra confusão entre os bens. Já a ação de divisão, por seu turno, tem a finalidade de extinguir um condomínio existente sobre um determinado terreno, dividindo-o em quinhões que serão adjudicados aos comunheiros. Ambas as pretensões podem, inclusive, ser cumuladas na mesma petição inicial, hipótese em que a demanda de demarcação terá que ser primeiramente analisada (art. 570). Mas, de qualquer maneira, tais intentos também podem ser realizados extrajudicialmente por escritura pública, caso todos os interessados sejam capazes, maiores e que entre eles não haja qualquer litígio. Neste ponto, aliás, destaca-se que a "desjudicialização é, realmente, uma tendência do legislador, pois se percebe que os mais variados casos vêm deixando de ser analisados pelo Poder Judiciário, tais como inventário envolvendo pessoas capazes e desde que não haja litígio, bem como separação consensual (ambos os casos regulados pela Lei nº 11.441/2007), além de outros casos do CPC, que incluem não apenas a divisão e demarcação de terras como, também, a usucapião (art. 1.071) e a homologação de penhor legal (art. 703, § 2º).

No caso específico da demanda de demarcação, trata-se de demanda de caráter dúplice, que versa sobre direito real imobiliário, de modo que há a exigência do consentimento do outro cônjuge para a sua deflagração, além de ser respeitada a regra de competência prevista no CPC (art. 47). Nesta demanda, os réus confrontantes serão citados para apresentarem resposta no prazo comum de 15 (quinze) dias (art. 577).[11] Trata-se de prazo específico para esta hipótese de litisconsórcio, motivo pelo qual não se deve autorizar a incidência da norma que permite a dobra genérica (art. 229). Com a apresentação da resposta, o procedimento a ser adotado é o comum (art. 578).

Também se deve destacar que, sendo imóvel georreferenciado, com averbação no RGI, pode o magistrado dispensar a produção de prova pericial (art. 573). Para fins de esclarecimento, é considerado como imóvel georreferenciado aquele que tem todas as suas coordenadas conhecidas, ou seja, suas confrontações, características e limites, o que é assim determinado por lei específica (art. 176, § 3º, e art. 225, § 3º, ambos da Lei nº 6.015/73). Assim, apresentada toda a documentação pertinente, a prova pericial já não mais será necessária. Contudo, não sendo o caso, este meio de prova deverá ser então realizado, razão pela qual será nomeado pelo menos 1 (um) perito (art. 579).

Finda a instrução e sendo prolatada sentença favorável, somente após o seu trânsito em julgado é que será iniciada a fase executiva, com o perito efetuando a demarcação e colocando os marcos necessários (art. 582), entre outras providências eventualmente necessárias.

Já a ação de divisão, por seu turno, tem o escopo de extinguir um condomínio existente sobre um determinado terreno, dividindo-o em quinhões que serão adjudicados aos comunheiros. Esta demanda, contudo, restará inviável caso se trate de bem indivisível ou se a divisão tornar impróprio o seu destino. Neste processo, o prazo de resposta é de 15 (quinze) dias (art. 589). Havendo resposta, o procedimento especial se converte em comum e, em caso de revelia, já se faz o julgamento antecipado do mérito (art. 355), caso seja possível. Do contrário, o processo irá continuar com a nomeação de um perito. Ao final, haverá a prolação de sentença que, se for pelo sentido da divisão, posteriormente terá que ser registrada no cartório próprio.

25.6. DISSOLUÇÃO PARCIAL DE SOCIEDADE

A ação de dissolução parcial de sociedade era citada apenas vagamente no modelo anterior (art. 1.218, inc. VII, CPC-73), com a menção de que continuava a ser regulada por ato normativo específico (DL nº 1.608/39 – CPC-39). O CPC (art. 599) estabelece o objetivo destas demandas, que, entre várias finalidades, serve especialmente para a apuração de haveres daquele que se desliga da sociedade. É possível, inclusive, que tal demanda seja distribuída ainda que se trata de sociedade anônima de capital fechado (art. 599, § 2º). Mas, se o intento for obter o reconhecimento da dissolução total da sociedade, deverá ser observado o procedimento comum.

O rol dos legitimados ativos para este rito se encontra em norma específica (art. 600). Igualmente ocorre quanto aos legitimados passivos (art. 601), tendo sido

---

11 Há precedente do STJ reconhecendo que, em ação demarcatória, há um litisconsórcio passivo facultativo entre o réu e os confinantes da área do bem que não é objeto de demarcação: STJ. REsp 1.599.403-MT, Rel. Min. João Otávio de Noronha, j. 23/06/2016, DJe 1º/07/2016 – *Informativo* nº 586.

prevista a possibilidade de ampliação dos limites subjetivos da coisa julgada, ao ser estabelecido que mesmo se a sociedade não tiver sido citada, ainda assim será atingida pelos efeitos da decisão proferida (art. 601, parágrafo único).

O prazo para resposta será de 15 (quinze) dias (art. 601). O CPC autoriza, contudo, que a sociedade formule pedido de indenização compensável com o valor dos haveres a apurar, o que sugere se tratar de demanda com feição dúplice, eis que eventual título executivo constituído pode reconhecer um direito de crédito favorável aos demandados, que não foram aqueles que exerceram qualquer direito de ação (art. 602).

Em casos de ausência de controvérsia, o magistrado julgará a dissolução parcial, condenando os envolvidos nas custas proporcionais, com isenção dos honorários, seguindo-se uma etapa de liquidação com contornos bem específicos. Do contrário, havendo resposta por qualquer um dos réus, deverá ser observado o procedimento comum (art. 603).

Se a defesa for apresentada, seguirá o processo em ulterior etapa instrutória, até o momento em que a sentença será proferida, para que seja iniciada a etapa específica de liquidação. Neste momento de liquidação, há norma disciplinando que providências o juiz deverá observar para iniciar a apuração dos haveres do sócio que pretende se retirar (art. 604), bem como deverá constar a data da resolução da sociedade (art. 605). Entretanto, desde logo se destaca que as partes podem requerer mudanças em ambos os sentidos (art. 607).

Durante a apuração dos haveres, que será na etapa de liquidação, é prevista a possibilidade de prova pericial (art. 606), que também impõe que o perito preferencialmente seja especialista em avaliação de sociedades. Vale dizer que há precedente no sentido da desnecessidade de nomeação de liquidante para dissolução parcial de sociedade, bastando apenas a de um perito técnico.[12]

De resto, o CPC (art. 608), admite que, até a data da resolução, o ex-sócio, espólio ou sucessores terão direito a participação nos lucros e juros sobre capital próprio e, dependendo, até mesmo remuneração se atuarem como administrador. E, por fim, há ainda norma (art. 609), que estabelece a forma de pagamento do sócio retirante, que deverá observar o contrato social ou, no silêncio deste, o próprio Código Civil (art. 1.031, § 2º, CC).

25.7. INVENTÁRIO E PARTILHA

O inventário e a partilha devem ser realizados quando se abre uma sucessão *mortis causa* (art. 6º e art. 22, ambos do CC). Muito embora o simples óbito de uma pessoa já implique na transmissão da propriedade e da posse aos herdeiros legítimos e testamentários (direito de *saisine*), ainda assim este procedimento é necessário, para que

---

12 STJ. REsp 1.557.989-MG, Rel. Min. Ricardo Villas Bôas Cueva, j. 17/03/2016, DJe 31/03/2016 – *Informativo* nº 580.

estes sucessores venham a obter o título (formal de partilha ou carta de adjudicação), para a regularização de todos os bens. É um processo que serve, portanto, para descrição e avaliação do patrimônio deixado pelo falecido e, após isso ter sido ultimado, regularizar os aspectos tributários e os quinhões deixados para cada herdeiro. Mas, mesmo quando o falecido não deixar bens, ainda assim é recomendável a abertura do denominado "inventário negativo", que é uma medida de jurisdição voluntária e que tem o objetivo de obter uma declaração judicial de inexistência de bens a partilhar. O mesmo, contudo, não é previsto no CPC, que apenas autoriza e confere legitimidade para o espólio requerer a sua própria insolvência civil, nos casos em que há mais passivo do que ativo (art. 618, inc. VIII).

O CPC (art. 672) também autoriza a cumulação de inventários para a partilha de herança entre pessoas diversas. Contudo, é autorizado que o magistrado, dependendo da hipótese, possa determinar a tramitação em separado dos inventários, se assim for melhor ao interesse das partes ou para garantir a celeridade processual.

Nem sempre, porém, haverá necessidade de se instaurar um inventário. Por exemplo, o levantamento de valores constantes em contas de FGTS, PIS-Pasep ou mesmo saldos bancários e contas de cadernetas de poupança podem ser realizados pela mera expedição de alvará (art. 666). Também nos casos em que não houver discordância entre todos os herdeiros maiores e capazes, a regularização dos demais bens deixados pelo morto já pode ser realizada diretamente em Cartório extrajudicial, nos termos de lei específica (Lei nº 11.441/2007), muito embora haja a necessidade da presença de advogado para prestar efetiva assessoria técnica.

Não sendo nenhuma dessas hipóteses, então haverá a necessidade de se instaurar o inventário judicial, que se traduz em processo de conhecimento, de jurisdição contenciosa e de procedimento especial, que é tratado no CPC. Neste rito, é comum se falar em certos sujeitos: a) "autor da herança"; b) "inventariante"; c) "espólio". O "autor da herança" é aquele que faleceu, também muitas vezes nominado como "inventariado" ou *de cujus*. O "inventariante" será o administrador dos bens do falecido, possuindo várias incumbências importantes que, caso não sejam realizadas a contento, até mesmo podem motivar a sua remoção (v.g., art. 622). Por fim, o "espólio" é a massa patrimonial formada pelos bens do autor da herança, que somente existe enquanto durar este estado de indivisão. O mesmo, contudo, não é dotado de personalidade jurídica, mas tem capacidade de ser parte para postular seus direitos em juízo, representado pelo inventariante.

Quanto ao processo judicial, o Brasil tem jurisdição exclusiva para decidir sobre os bens localizados em seu território (art. 23, inc. II). Logo, o inventário deve então aqui ser deflagrado na Justiça Estadual (que tem competência residual), mais precisamente no último domicílio do autor da herança, ainda que ali não tenha ocorrido o óbito (art. 48). E, uma vez instaurado o inventário perante determinado "foro", este passa a ser o competente para todos os processos em que o espólio for demandado (art. 48), o que se denomina "universalidade do foro da sucessão". Vale dizer que não se deve confundir "foro" com "juízo". Se o domicílio do falecido era no Rio de Janeiro, neste "foro" é que será instaurado o inventário e nele correrão os mais variados processos envolvendo o espólio, embora não necessariamente isso ocorra no mesmo "juízo".[13]

O CPC prevê duas modalidades de inventário, o "litigioso", em que há discordância entre os herdeiros e mais a presença de incapazes (art. 615 – art. 658) e o de "arrolamento", que é simplificado e realizado em caráter amigável (art. 659 – art. 667).

Há dispositivos (art. 615 e art. 616) que cuidam de uma legitimidade concorrente para que possa ser requerido o início do inventário. De todo modo, o CPC (art. 611) também estabelece que o inventário deve ser requerido em até 2 (dois) meses a contar da abertura da sucessão e deve ser concluído nos 12 (doze) meses subsequentes, prazos estes que não geram consequências graves se não forem observados. Há, porém, o antigo Verbete nº 542 da Súmula do STF, nos termos seguintes: "*Não é inconstitucional a multa instituída pelo Estado membro, como sanção pelo retardamento do início ou da ultimação do inventário*".

O inventário se inicia com uma petição inicial, que deve conter a certidão de óbito do autor da herança (art. 615, parágrafo único). O magistrado irá, então, nomear o inventariante, que terá prazo de 5 (cinco) dias para prestar compromisso de desempenhar bem e fielmente o seu cargo (art. 617, parágrafo único). Nos 20 (vinte) dias seguintes, o inventariante deve apresentar as suas primeiras declarações, descrevendo os bens do falecido, os créditos e obrigações do espólio, a atribuição de valores e a nomeação dos sucessores (art. 618, inc. III c/c art. 620). Estas informações, porém, já podem ser trazidas juntamente com a própria petição inicial.

O desempenho inadequado das suas funções pelo inventariante pode gerar inicialmente a instauração de um incidente (art. 553 c/c art. 623, parágrafo único), que até poderá culminar pela sua destituição, o que também pode resultar em outras hipóteses exemplificativamente previstas em lei (art. 622). Somente se ressalva que a desídia do inventariante não é fator motivador para extinção do processo de inventário, mas sim da sua substituição.[14]

Na sequência do processo, serão citados o cônjuge (ou companheiro), além dos herdeiros e legatários, bem como serão intimadas a Fazenda Pública federal, estadual e municipal, além do testamenteiro, se assim houver (art. 626). O Ministério Público também deverá atuar, havendo herdeiros incapazes ou ausentes. Após terem sido realizadas todas as citações, se iniciará um prazo comum de 15 (quinze) dias para fins de impugnação às primeiras declarações (art. 627).

Vale dizer que aquele que se julgar preterido poderá demandar sua admissão no inventário, requerendo-a antes da partilha. Há precedente do STJ, contudo,

---

13 TJ-RJ. Apelação nº 2007.001.51451. Rel.ª Des.ª Maria Augusta Vaz. DJ 27/11/2007.

14 TJ-RJ. Aviso nº 97/2011. DJ 28/11/2011: "7 – *No procedimento de inventário, a inércia do inventariante não enseja a extinção do processo, mas a sua substituição*".

reconhecendo a ilegitimidade passiva da viúva meeira, que não é herdeira, em figurar no polo passivo de ação de petição de herança.[15]

Findo o prazo ou após terem sido decididas as impugnações, o magistrado irá nomear um perito para avaliar os bens do espólio, se não houver avaliador judicial na localidade (art. 630). Após a apresentação do laudo, estas partes terão mais 15 (quinze) dias para manifestação a respeito do mesmo (art. 635). Contudo, não há necessidade de se nomear um perito caso haja concordância de todos quanto aos valores que já constam nas primeiras declarações, mas isso somente se as partes forem capazes (art. 633).

Uma vez superada a etapa de avaliação, o inventariante deverá prestar as suas últimas declarações, ocasião em que tem oportunidade de emendar, aditar ou complementar as primeiras, seja para incluir bens não arrolados ou mesmo para suprir omissões ou corrigir eventuais falhas (art. 618, inc. III c/c art. 636). Se estas novas declarações forem aceitas, o magistrado irá então determinar que seja realizado o cálculo do valor de transmissão *mortis causa* que, de acordo com o Verbete nº 112 da Súmula do STF: "*O imposto de transmissão* causa mortis *é devido pela alíquota vigente ao tempo da abertura da sucessão*". Somente então o juiz irá proferir uma decisão interlocutória homologando estes cálculos, encerrando a primeira etapa do inventário (art. 638, § 2º)

Na segunda etapa será realizada a partilha dos bens. Ela se inicia quando o magistrado intima as partes, no prazo de 15 (quinze) dias, para apresentarem pedido de quinhão, o que também deve ser solucionado no mesmo prazo (art. 647). Admite-se, porém, que os credores do espólio venham antes requerer em juízo o pagamento das dívidas já vencidas e exigíveis.

O CPC (art. 649) também estabelece que, nos casos de bens insuscetíveis de divisão cômoda, será então realizada uma "licitação" entre os interessados ou mesmo venda judicial, de modo a permitir a partilha do valor apurado.

Não havendo dúvidas quanto ao quinhão de cada herdeiro, os autos serão remetidos ao partidor judicial, que irá realizar um esboço da partilha, observando a ordem legal (art. 651). Na sequência, deverá ser pago o imposto de transmissão *mortis causa*, para que possa ser juntada aos autos a certidão de inexistência de dívidas para com a Fazenda Pública. O magistrado, então, irá proferir sentença apreciando esta partilha, que terá força de título judicial entre os sucessores e ao inventariante (art. 515, inc. IV). Trata-se de sentença de natureza constitutiva, eis que encerra um estado de indivisão patrimonial.

Vale dizer, ainda, que o inventário é um procedimento em que as provas são eminentemente documentais. Desta forma, caso surja em seu decorrer uma questão que dependa de outras provas (art. 612), como seria a hipótese, por exemplo, envolvendo a realização de exame de DNA), esta situação deverá ser dirimida em processo próprio (art. 627, § 3º), por ser incompatível com o presente rito especial.[16]

---

15 STJ. REsp 1.500.756-GO, Rel.ª Min.ª Maria Isabel Gallotti, j. 23/02/2016, DJe 02/03/2016 – *Informativo* nº 578.
16 TJ-RJ. Apelação nº 2002.001.02296. Rel. Des. Celso Ferreira Filho. DJ 13/08/2002.

Encerrado o procedimento do "inventário litigioso", passa-se agora ao do "arrolamento" (art. 659 – art. 667), que cuida de uma hipótese de jurisdição voluntária, eis que todos os herdeiros são capazes e entre eles não há qualquer discordância. Se assim for, será iniciado o arrolamento "sumário" (art. 659 – art. 663), sendo irrelevante o valor do patrimônio envolvido ou a quantidade de herdeiros. Após a petição inicial, haverá a nomeação de um inventariante, que irá informar a existência de bens e suas respectivas avaliações (art. 660). Neste procedimento, não haverá citação e nem avaliação dos bens (art. 661 – que somente apresenta uma ressalva), pois todos os herdeiros já estão representados nos autos, bem como estão acordados. A Fazenda Pública será cientificada apenas para verificar o recolhimento dos tributos pertinentes. Ao final, é homologada a partilha ou a adjudicação, expedindo-se o formal ou a carta. E, não menos importante, já foi mencionado que este procedimento atualmente pode ser realizado extrajudicialmente (Lei nº 11.441/2007), bem como foi assegurada demanda judicial para anulá-la, caso a mesma seja realizada com algum vício (art. 657).[17]

Por fim, há ainda o arrolamento "comum" (art. 664), que é levemente parecido com o anterior, mas é ainda mais simplificado por envolver bens de pequeno valor, ou seja, quando a totalidade do patrimônio for igual ou inferior a 1.000 (mil) salários-mínimos. Há norma (art. 665) autorizando que este proceder seja adotado mesmo quando houver interesses de incapaz, mas desde que concordem todas as partes e também o membro do Ministério Público.

25.8. EMBARGOS DE TERCEIROS

Os embargos de terceiros possuem natureza jurídica de processo de conhecimento e, atualmente, o seu procedimento se encontra regulado no CPC (art. 674 – art. 681). O mesmo pode ser utilizado quando um terceiro, que não seja parte no processo, tem a sua esfera jurídica atingida por ato de apreensão judicial como, por exemplo, a penhora.[18]

A competência destes embargos é exatamente a do mesmo juízo em que foi determinada a constrição judicial do bem, pois devem ficar autuado em apenso (art. 676). Mas podem ocorrer situações que vão requerer outra solução. É que, se houver a expedição de carta precatória para que, no juízo deprecado, seja realizada a penhora de algum bem do executado, sem qualquer individualização, estes embargos deverão ser distribuídos diretamente neste último órgão jurisdicional, já que o ato foi ali praticado (art. 676, parágrafo único). É manifesta, nesta hipótese, a ocorrência da mesma situação tutelada por outra norma do CPC (art. 914, § 2º), que reconhece a

---

17 Há precedente do STJ fixando o prazo prescricional em 4 (quatro) anos para fins de ajuizamento de ação para anular partilha de bens em dissolução de união estável: STJ. – REsp 1.621.610-SP, Rel. Min. Luis Felipe Salomão, por unanimidade, j. 07/02/2017, DJe 20/03/2017.

18 Há precedente judicial permitindo o oferecimento de embargos de terceiros quando se tratar de penhora sobre conta bancária de pessoa estranha à execução: TRF5. Processo n. 0800284-94.2015.4.05.8205 (PJe). Rel. Desembargador Federal Manoel de Oliveira Erhardt, j. 30/01/2017, por unanimidade.

competência ao juízo deprecado para julgar a pretensão deduzida nos embargos que versar, exclusivamente, sob vício processual ali efetuado.[19]

A legitimidade ativa para o oferecimento destes embargos se encontra no CPC (art. 674), sendo a mesma reconhecida ao terceiro que seja proprietário (inclusive fiduciário) ou possuidor da coisa afetada pela decisão judicial. Também é reconhecida a legitimidade do cônjuge para a defesa da sua meação, o que até já constava no Verbete nº 134 da Súmula do STJ, que consagra: "*Embora intimado da penhora em imóvel do casal, o cônjuge do executado pode opor embargos de terceiro para defesa de sua meação*". Aliás, não custa mencionar que, em casos de penhora que recaia sobre bem indivisível, a meação do cônjuge alheio à execução recairá sobre o produto da alienação do bem (art. 843).[20]

Há, ainda, outros legitimados ativos, como o companheiro (art. 226, § 3º, CRFB), o adquirente dos bens cuja constrição decorreu de decisão que declarou a ineficácia da transferência realizada em fraude à execução, bem como do credor com garantia real para impedir a expropriação judicial do objeto do direito real de garantia, embora este inciso tenha sofrido ajustes na redação. Quanto a este último exemplo, é importante destacar que a não observância das cautelas processuais no momento adequado implicarão em perda desta garantia real, conforme imposto pelo Código Civil (art. 1.499, inc. VI, CC).

A legitimidade passiva, por seu turno, pode ser tanto a do exequente como a do executado, dependendo, tão somente, de quem teve a iniciativa para a indicação do bem constrito ou a quem aproveita esta situação (art. 677, § 4º). Eventualmente, poderá ocorrer um litisconsórcio passivo com a presença do seu adversário do processo primitivo se ficar demonstrando que este é quem fez a indicação do bem.

Já as hipóteses que autorizam o seu cabimento estão reguladas no CPC (art. 674), sendo certo que o ato judicial não necessariamente precisa ter sido determinado em execução.[21] É que há autorização, no CPC (art. 675), para que os mesmos sejam oferecidos também em fase de conhecimento, muito embora tenha que ser antes do trânsito em julgado da sentença. Já na execução, o mesmo dispositivo (art. 675) estabelece que o termo final para a sua utilização se dá após os 5 (cinco) dias posteriores à adjudicação, alienação por iniciativa particular ou arrematação, mas sempre antes da assinatura da respectiva carta.

Na petição inicial, o embargante deverá expor os fundamentos do seu pedido. Há dispositivo (art. 677) exigindo que haja prova sumária da posse, da propriedade ou mesmo da qualidade de terceiros o que poderá ser demonstrado documentalmente ou por meio de rol de testemunhas. Se houver necessidade, o magistrado poderá designar uma audiência preliminar para inquirir estas testemunhas.

---

19 CÂMARA, Alexandre Freitas. *Lições de direito processual civil*. 8ª ed. Rio de Janeiro: Lumen Juris, 2005. v. III, p. 492.

20 STJ. REsp nº 1.728.086-MS. Rel. Min. Marco Aurélio Bellizze. DJ. 03/09/2019.

21 Não é possível, porém, discutir em sede de embargos de terceiros a relação jurídica material que está sendo debatida no processo em que foi proferida a decisão ora impugnada. É o que se extrai em: STJ. REsp 1.560.093-SP, Rel. Min. Marco Buzzi, por unanimidade, j. 18/09/2018, DJe 26/09/2018.

Caso o magistrado concorde com os termos da petição inicial e determine a citação do demandado, esta será realizada pessoalmente, salvo se a parte já tiver advogado constituído nos autos (art. 677, § 3º). Trata-se de uma das raras hipóteses em que o advogado tem poderes para receber a citação por força de lei e não por meio de ato voluntário da parte.

Se for deferida a liminar pretendida, serão suspensas as medidas contritivas sobre o bem objeto dos embargos (art. 678). Contudo, para efeitos de expedição de ordem de manutenção ou de reintegração provisória da posse, poderá o juiz exigir que o embargante preste caução, com a ressalva de a parte ser hipossuficiente (art. 678, parágrafo único).

Eventual defesa do demandado deve ser apresentada por contestação, no prazo de 15 (quinze) dias (art. 679), sendo também elencadas as matérias que podem ser deduzidas nesta peça (art. 680). Como cediço, o impedimento e a suspeição do magistrado deverão ser apresentados por petição específica com esta finalidade (art. 146). A reconvenção (art. 343), a princípio, não deve ser admitida, pois a mesma acarreta uma cumulação de pedidos e acréscimo de novos fatos conexos, tornando-se incompatível com a finalidade dos embargos de terceiros, que deve ser extremamente breve para fazer cessar o "esbulho judicial".

Após a resposta, este procedimento especial se converte em procedimento comum (art. 679) e eventual instrução, devendo o magistrado proferir sentença que, em caso de improcedência, possuirá natureza declaratória. Ao contrário, caso o pedido seja acolhido, a mesma terá natureza constitutiva, pois irá desconstituir o ato judicial que determinou a apreensão do bem. A curiosidade maior é que, por vezes, o próprio embargante é que foi responsável pela situação, por exemplo, ao emprestar um determinado bem móvel para que ficasse em poder do executado, induzindo em erro o exequente. Nestas hipóteses, a jurisprudência até vem reconhecendo que a pretensão nos embargos deve ser acolhida, mas, que em razão do princípio da causalidade, aquele que deu causa à propositura da demanda é que deverá arcar com a sucumbência. Vale dizer que, em situações como esta, ainda que o embargante seja vencedor, o mesmo arcará com o pagamento das custas e honorários advocatícios da parte contrária. É do que cuida o Verbete nº 303 da Súmula do STJ: *"Em embargos de terceiro, quem deu causa à constrição indevida deve arcar com os honorários advocatícios".*[22]

Por fim, deve ser esclarecido que, a despeito de algumas semelhanças, os embargos de terceiros não podem ser considerados como equivalente de uma oposição, que é regulada a partir do art. 56. Como antes exposto, os embargos de terceiro buscam a liberação de uma constrição judicial, em que se discute um bem que não é o objeto principal do processo. Já a oposição tem como finalidade o reconhecimento de um direito, que recai sobre um bem que é, ao mesmo tempo, tanto o seu objeto como o do processo primitivo.

---

22 TJ-RJ. Apelação Cível nº 2006.001.32631. Rel. Des. Luiz Felipe Haddad. DJ 22/07/2008.

25.9. OPOSIÇÃO

A oposição, no modelo anterior (CPC-73), era tratada como uma modalidade de intervenção de terceiros. A novel legislação, porém, acertadamente passou a regulá-la como um procedimento especial de jurisdição contenciosa, eis que a mesma cuida de uma demanda autônoma proposta pelo interessado em face do demandante e demandado de um determinado processo já instaurado, em que este terceiro assume a qualidade de parte principal e que busca obter, no todo ou em parte, a coisa ou direito que estão sendo discutidos no processo primitivo. É tema tratado no CPC (art. 682 – art. 686).

Desta maneira, se em um determinado juízo tramitar um processo de conhecimento em que o demandante e o demandando questionam a propriedade de um determinado bem, poderá um terceiro optar por imediatamente distribuir a oposição direcionada a este mesmo juízo e incluindo no polo passivo estas duas partes ou, se preferir, posteriormente deflagrar um processo autônomo em relação a apenas um dos litigantes do processo primitivo. Afinal, independentemente do resultado que vier a ser obtido neste outro processo, a coisa julgada não vincularia terceiros, conforme prevê o CPC (art. 506). Logo, caberá ao mesmo ponderar e optar entre a distribuição de uma oposição (direcionada ao mesmo órgão jurisdicional em que já tramita o outro processo) ou propor uma demanda autônoma com o mesmo objeto (que será distribuída livremente).

Nem sempre, porém, a oposição será autorizada. É que, como visto, o que a mesma pretende é obter uma sentença reconhecendo um direito, mas desde que nela sejam mantidas as partes litigantes do processo primitivo. Assim, inviável o manejo da mesma quando apenas um dos litigantes originários puder ser incluído em seu polo passivo como, por sinal, ocorre com as ações de desapropriação, uma vez que a sua finalidade seria excludente apenas da parte ré, uma vez que a posição do autor expropriante não poderia ser afastada.[23]

A oposição, que é apresentada por meio de uma petição inicial (art. 683), deve conter o fato e o fundamento jurídico do pedido, que necessariamente deve recair, no todo ou em parte, sobre a coisa ou direito que já está sendo discutido em outro processo. Aliás, a oposição cria um litisconsórcio passivo originário necessário, já que os demandantes deste outro processo necessariamente devem ser incluídos nesta petição inicial (art. 682).

Esta oposição, quando distribuída antes da realização da audiência de instrução e julgamento da demanda primitiva, ficará autuada em apenso e correrá simultaneamente com o outro processo, devendo ambos serem julgados na mesma sentença (art. 685), muito embora primeiro deva ocorrer o enfrentamento da oposição para somente após ser resolvido o mérito do processo anterior (art. 686). Porém, se no primeiro processo já tiver sido realizada a audiência de instrução e julgamento, o mesmo muito provavelmente já estará em condição de ser julgado, de modo que a oposição continuará a tramitar no mesmo juízo, mas não mais ficará em apenso e não necessariamente será

---

23 FERNANDES, Sérgio Ricardo de Arruda. *Questões importantes de processo civil: teoria geral do processo*. Rio de Janeiro: DP&A Editora, 1999, p. 259.

julgada na mesma sentença. Nesta última hipótese, o magistrado até poderá suspender a tramitação do processo primitivo para que tente agilizar todo o processamento da oposição também colocando-a em condições de imediato julgamento. Contudo, se o juiz vislumbrar sacrifício ao tempo razoável para duração do processo, deixará de determinar este sobrestamento (art. 685, parágrafo único).

Deferida a oposição, o magistrado determinará a citação dos opostos, na pessoa dos seus respectivos advogados (art. 683, parágrafo único). É mais uma rara hipótese, portanto, de citação realizada na pessoa do advogado, ainda que a procuração não tenha poderes específicos para tanto pois, nesta hipótese, os mesmos decorrem do próprio texto normativo.

Nenhuma outra grande peculiaridade ocorre no tramitar da oposição, que se desenvolverá sob o rito comum, exceto ser possível que um dos opostos reconheça a procedência do pedido do opoente quando, então, determina o CPC (art. 684) que apenas em face do outro a oposição prosseguirá. Nesta hipótese, há divergência sobre a postura que o magistrado deve adotar. Há, por um lado, quem defenda que o juiz deve proferir uma decisão interlocutória excluindo este oposto da oposição.[24] Mas, por outro lado, parece ser mais coerente mantê-lo na oposição, para se evitar uma cisão da resolução do mérito, evitando possível contradição com o que depois for decidido ao final da oposição ou mesmo na demanda primitiva. É o melhor entendimento.[25]

Também deve ser destacado que não há qualquer óbice normativo para o oferecimento de oposições sucessivas, ou seja, várias oposições desde que, obviamente, em cada nova sejam incluídos todos os litigantes dos processos anteriores já instaurados.

Por fim, é importante ainda esclarecer que, muito embora seja inegável que a oposição tenha algumas semelhanças com os embargos de terceiros, as mesmas cuidam de institutos processuais rigorosamente diferenciados. Com efeito, os embargos de terceiro buscam a liberação de uma constrição judicial, em que se discute um bem que não é o objeto principal do processo. Já a oposição tem como finalidade o reconhecimento de um direito, que recai sobre um bem que é, ao mesmo tempo, tanto o seu objeto como o do processo primitivo.[26]

25.10. HABILITAÇÃO

Este procedimento especial de jurisdição contenciosa é também regulado pelo CPC (art. 687 – art. 692), buscando atender necessidades oriundas de outros processos. Esta é a via adequada para regularizar um dos polos da relação jurídica processual, devido ao falecimento de uma das partes, o que após realizado

---

24 CÂMARA, Alexandre Freitas. *Lições de direito processual civil:* 16ª ed. Rio de Janeiro: Lumen Juris, 2007, v. I. p. 197. FERNANDES, Sérgio Ricardo de Arruda. *Questões importantes de processo civil: teoria geral do processo.* Rio de Janeiro: DP&A Editora, 1999, p. 260.

25 Justificando a permanência do oposto que reconheceu a procedência do pedido deduzido pelo opoente: GRECO FILHO, Vicente. *Direito processual civil brasileiro. v. 1.* 19ª ed. São Paulo: Saraiva, 2006, p. 137.

26 HARTMANN, Rodolfo Kronemberg. *A execução civil.* 2ª ed. Niterói: Impetus, 2011, p. 92.

caracterizará uma hipótese de sucessão processual. A mesma é requerida e instrumentalizada por uma petição inicial que será juntada aos autos do processo principal, independentemente da instância em que se encontrar, ficando suspenso a partir deste momento (art. 689).

Na sequência, será determinada a citação pessoal dos requeridos, exceto se já tiverem procuradores constituídos nos autos, para que apresentem resposta em 5 (cinco) dias (art. 690). Se não for apresentada impugnação, o magistrado já poderá decidir este pedido de habilitação. Contudo, no caso de apresentação de resposta é necessário verificar se há ou não necessidade de dilação probatória que não seja prova documental, hipótese que justificará a extração de tais peças e a sua autuação em apenso (art. 691).

Ao final, o magistrado irá proferir sentença que, uma vez transitando em julgado, permitirá a retomada do processo anterior, já com a retificação no polo processual, se for o caso (art. 692).

25.11. AÇÕES DE FAMÍLIA

O CPC traz um novo procedimento (art. 693 – art. 699), denominado "ações de família", que abrange os processos litigiosos de divórcio, separação, reconhecimento e extinção de união estável, guarda, visitação e filiação.[27] Contudo, caso não haja caráter contencioso, algumas destas demandas poderão tramitar com outro procedimento, sendo considerado como caso de jurisdição voluntária (art. 728).

Há dispositivo (art. 694) recomendando que todos os esforços sejam focados para a solução consensual da controvérsia, devendo o magistrado dispor de profissionais de outras áreas para auxiliar neste desiderato.

A competência para estas demandas já foi analisada anteriormente, sendo exclusiva da jurisdição brasileira (art. 23, inc. III), devendo as mesmas serem propostas, a princípio no domicílio do guardião de filho incapaz (art. 53, inc. I), tramitando em segredo de justiça (art. 189, inc. II).

O CPC (art. 695) prevê quais as providências iniciais quando o juiz receber a petição inicial e determinar a citação do demandado para comparecer a uma audiência de conciliação ou mediação. É interessante observar que consta a recomendação de que o mandado de citação não contenha cópia da petição inicial, justamente para que as partes possam comparecer a audiência com "espíritos desarmados" (art. 695, § 1º).

Passa a ser admitido que haja o fracionamento da audiência de conciliação ou mediação quantas vezes forem necessárias, para que se possa tentar, ao máximo, a busca da solução

---

27 Há precedente recente do STJ no sentido de que, mesmo nas ações em que se busca o reconhecimento e a dissolução da união estável, também é possível a partilha de direitos sobre concessão de uso de bem público. É o que se extrai em: STJ. REsp 1.494.302-DF, Rel. Min. Luis Felipe Salomão, por unanimidade, j. 13/06/2017, DJe 15/08/2017. Da mesma forma, esse Tribunal também já autorizou a partilha de bens (depósito bancário fora do País) em ação de separação em curso no Brasil, conforme se aquilata em: STJ. REsp 1.552.913-RJ, Rel.ª Min.ª Maria Isabel Gallotti, por unanimidade, j. 08/11/2016, DJe 02/02/2017. São apenas exemplos da versatilidade e abrangência desse novo procedimento.

consensual entre as partes (art. 696). Contudo, não havendo acordo, será então iniciado o prazo para o demandado oferecer resposta, seguindo-se o procedimento comum a partir de então (art. 697). Percebe-se, assim, que este procedimento especial não é tão específico, pois em realidade somente traz algumas alterações nas tratativas de se obter um acordo.

Há previsão (art. 698) de que o membro do Ministério Público atue em tais processos como fiscal da ordem jurídica. Mas, para manter consonância com outro dispositivo (art. 178), o membro do *parquet* somente atuará em tais demandas quando houver interesse de incapaz, entre as demais hipóteses autorizadoras, devendo se manifestar previamente à homologação de qualquer acordo.

De resto, prevê o CPC (art. 699), que, em casos de abuso ou alienação parental, o juiz tomará o depoimento do incapaz acompanhado de especialista. E, não menos importante, se deve acrescentar que estas situações que caracterizam abuso ou alienação parental já estão reguladas por lei específica (art. 2º, Lei nº 12.318/2010).

25.12. AÇÃO MONITÓRIA

A ação monitória é um rito largamente utilizado, sendo mantido pelo CPC (art. 700 – art. 702), podendo ser utilizada sempre que alguém pretende obter pagamento de soma em dinheiro, entrega de coisa fungível ou infungível ou de bem móvel ou imóvel, assim como o adimplemento de obrigação de fazer ou não fazer (art. 700, incs. I, II e III). Apesar da divergência doutrinária, trata-se de um processo de conhecimento que busca estabelecer uma sequência de atos processuais que permita uma rápida formação do título executivo judicial.

A ação monitória não traz grandes especificidades, razão pela qual a parte pode escolher entre adotar o seu procedimento ou o rito comum. O seu grande diferencial, em realidade, ocorre no início do processo, pois quando o juiz defere a inicial, não apenas determina a citação do demandado como, também, já expede uma ordem de cumprimento da obrigação que, se for acatada em 15 (quinze) dias, deixará o demandado isento de arcar com as custas do processo (art. 701, § 1º). No entanto, caso não haja esse cumprimento e nem mesmo a apresentação de resposta (que é por meio dos "embargos monitórios"), surge o grande diferencial deste procedimento, pois enquanto nos demais a ausência de resposta gera a revelia que possibilita o julgamento antecipado do mérito (art. 355, inc. II), neste a ausência de resposta caracteriza uma contumácia que autoriza, de imediato, a conversão do mandado inicial em mandado executivo, por sentença.[28] Trata-se, portanto, de uma hipótese em que o magistrado não estará julgando a pretensão deduzida pelo autor, pois esta conversão, embora realizada

---

28 Pela leitura do art. 701, § 2º, CPC, essa conversão seria automática e até mesmo independeria da prolação de sentença. Acrescenta-se, ainda, que durante a *vacatio legis* do CPC, o STJ até mesmo proferiu decisão neste exato sentido, pela desnecessidade de ser prolatada "sentença", tal como se extrai em: REsp nº 1.432.982-ES, Rel. Min. Marco Aurélio Bellizze, DJ 17/11/2015 – *Informativo* nº 574). Contudo, de uma forma geral, a maior parte dos magistrados continua proferindo "sentença" para fins de conversão do mandado inicial em mandado executivo, o que parece mais salutar. Afinal, quando o Juiz defere o mandado inicial, o faz sob a expectativa de que tal provimento ainda não será definitivo. Nesta obra, portanto, será adotado o entendimento de que será necessária uma "sentença" transformando o mandado inicial em executivo.

pelo juiz, é automática e obrigatória, pois decorrente da lei e sem margens a qualquer subjetivismo (701, § 2º).

A competência para a propositura da ação monitória não traz nenhuma especificidade, seguindo as regras gerais das demandas que envolvem obrigações pessoais. A legitimidade ativa também não é merecedora de nenhum comentário particular. Contudo, a legitimidade passiva para figurar nesta demanda já gera certas discussões.

É que já foi bastante discutido se era ou não possível incluir a Fazenda Pública no polo passivo. Entre aqueles que sustentavam a impossibilidade, diversos eram os argumentos utilizados: a) a remessa necessária (art. 496) estaria sendo mitigada no momento em que o magistrado determina a expedição do mandado liminar, que se traduz em uma decisão de cunho condenatório; b) em caso de ausência de resposta da Fazenda Pública este procedimento prevê consequência semelhante a uma revelia ou a uma confissão ficta, que são incompatíveis com o seu atuar em juízo; c) se fosse interesse da Fazenda Pública cumprir a obrigação voluntariamente essa circunstância violaria a sistemática dos seus pagamentos, que devem ser realizados por precatório ou por RPV. No entanto, todos estes argumentos podem ser rebatidos. Por exemplo, a remessa necessária somente deve ser observada quando se tratar de "sentença" condenatória pelos valores previstos no CPC (art. 496), o que não se enquadra na hipótese do mandado liminar, que tem feição de decisão interlocutória, apesar do seu conteúdo condenatório; b) a ausência de resposta não irá caracterizar revelia e sim contumácia, muito embora até seja possível sustentar que não existe dispositivo que indique claramente que a Fazenda Pública jamais poderá ser revel; c) não haveria qualquer descumprimento da sistemática de pagamentos, pois após o juiz converter o mandado inicial em executivo por meio de sentença, ainda assim terá que ser iniciada uma execução nos moldes do CPC (art. 534 – art. 535), de modo que somente após o seu início poderá ocorrer a requisição do precatório ou do RPV no momento próprio. Não por outro motivo prevê a Súmula nº 339 do STJ: "*É cabível ação monitória contra a Fazenda Pública*", bem como o CPC passou a permitir expressamente esta possibilidade (art. 700, § 6º).

Também se detecta, na doutrina, quem defenda minoritariamente o não cabimento da ação monitória em face de incapaz, posto que esta situação motivaria a intervenção do *parquet* na condição de *custos iuris* (art. 178, inc. II), o que conspiraria contra a rápida formação do título executivo.[29] Vale dizer que o CPC seguiu este posicionamento ao estabelecer que tal demanda somente pode ser promovida em face de devedor "capaz" (art. 700). Contudo, destaca-se que o argumento por si só é frágil, pois esta intervenção não traria grandes complicações ao procedimento monitório. Assim, ainda que contrário ao texto normativo, esta obra segue a linha de que o incapaz pode ser tanto demandante quanto demandado em sede de ação monitória, o que, por sinal, também já era defendido por outros doutrinadores no modelo anterior (CPC/73).[30]

---

29 CÂMARA, Alexandre Freitas. *Lições de direito processual civil, v. III.* 8ª ed. Rio de Janeiro: Lumen Juris, 2005, p. 452.

30 DONIZETTI, Elpídio. *Curso didático de direito processual civil.* 14ª ed. São Paulo: Atlas, 2010, p. 1.349.

A petição inicial da ação monitória deve observar o disposto no CPC (art. 319 c/c art. 700, § 2º), muito embora seja frequente detectar jurisprudência que dispense a narrativa dos fatos e dos fundamentos jurídicos sem que a mesma se torne inepta, o que sinaliza adoção da teoria da individualização quanto à causa de pedir. Essa permissibilidade decorre de nesse procedimento especial nem sempre haver "julgamento" da pretensão deduzida, mas sim mera "conversão" do mandado inicial em executivo, caso não seja apresentada resposta pelo demandado, o que tornaria desnecessária a menção dos fatos.[31] O tema, inclusive, já consta no Verbete nº 531 da Súmula do STJ: *"Em ação monitória fundada em cheque prescrito ajuizada contra o emitente, é dispensável a menção ao negócio jurídico subjacente à emissão da cártula"*. No entanto, é sempre recomendável que nela conste a narrativa fática, eis que se forem apresentados os embargos monitórios este rito especial será convertido em comum, hipótese em que o magistrado irá analisar fatos e julgar a pretensão deduzida pelo demandante.

Esta petição deve vir acompanhada de prova escrita sem força de título executivo, que pode ser um documento da própria lavra ou não do devedor da obrigação. Dependendo, esta prova documental pode até mesmo ser obtida em anterior procedimento de produção antecipada de provas (art. 381 – art. 384 c/c art. 700, § 1º). A jurisprudência há longa data exemplifica o cheque ou mesmo o contrato de abertura de crédito em conta-corrente como provas hábeis para a viabilidade da ação monitória. O tema é, inclusive, objeto do Verbete nº 299: *"É admissível a ação monitória em cheque prescrito"* e do nº 247: *"O contrato de abertura de crédito em conta-corrente, acompanhado de demonstrativo do débito, constitui documento hábil para o ajuizamento da ação monitória"*, ambos da Súmula do STJ. Da mesma forma, há precedente judicial autorizando que a correspondência eletrônica (e-mail) seja prova escrita idônea para o emprego dessa via processual.[32] O mesmo se diga, por sinal, quanto ao contrato de arrendamento rural.[33]

Também é importante frisar que, dependendo do tipo de prova escrita, poderá ocorrer alteração quanto à contagem do prazo prescricional para uso da ação monitória. Com efeito, tratando-se de cheque sem força executiva, dispõe o Verbete nº 503 da Súmula do STJ que: *"O prazo para ajuizamento de ação monitória em face do emitente de cheque sem força executiva é quinquenal, a contar do dia seguinte à data de emissão estampada na cártula"*. Já quanto à nota promissória, o Verbete nº 504 da Súmula do mesmo Tribunal estabelece que: *"O prazo para ajuizamento de ação monitória em face do emitente de nota promissória sem força executiva é quinquenal, a contar do dia seguinte ao vencimento do título"*.

Não sendo hipótese de indeferimento da petição inicial ou mesmo de se determinar a sua emenda, o juiz irá então deferi-la, determinando a citação do demandado e a expedição do mandado inicial, que é uma decisão interlocutória de natureza condenatória, embora a mesma não se traduza em título hábil a permitir, por si só, qualquer constrição ao patrimônio do demandado, semelhante ao que ocorre com

---

31 STJ. Embargos de declaração no agravo regimental no REsp nº 2012/0157349-5. Rel. Min. Luis Felipe Salomão. DJ 09/10/2012. TJ-SC. Apelação Cível nº 0056228-63.2012.8.24.0023, da Capital, Rel. Des. Jânio Machado, j. 13/07/2017.

32 STJ. REsp 1.381.603-MS, Rel. Min. Luis Felipe Salomão, j. 06/10/2016, DJe 11/11/2016.

33 STJ. REsp 1.266.975-MG, Rel. Min. Ricardo Villas Bôas Cueva, j. 10/03/2016, DJe 28/03/2016 – *Informativo* nº 580.

uma penhora ou arresto (art. 701). Nao vingaram, portanto, as teses de que este ato corporificaria "despacho" ou "sentença".

A citação será realizada por qualquer modalidade pessoal (postal, oficial de justiça e eletrônica) ou ficta (edital e hora certa), nos termos do CPC (art. 700, § 7º). Deve-se mencionar que, embora uma citação pela via editalícia seja realmente um pouco mais morosa e dispendiosa, ainda assim a mesma não é incompatível com o procedimento monitório, conforme se depreende do Verbete nº 282 da Súmula do STJ: *"Cabe a citação por edital em ação monitória"*.

Após ser realizada a citação, o mandado será juntado aos autos e começará o prazo de 15 (quinze) dias para cumprimento integral da obrigação ou apresentação da resposta. Se o demandado optar pela primeira hipótese, ou seja, realizar o pagamento ou entregar o bem, o mesmo ficará isento de arcar com as custas (art. 701, § 1º). Contudo, o CPC inova ao permitir que o demandado possa parcelar a dívida, pagando 30 (trinta) por cento à vista e o restante em seis parcelas mensais com juros de 1% (um por cento) ao mês (art. 701, § 5º). Nesta última hipótese , não será necessária a anuência do demandante, posto que a moratória legal é possível bastando o atendimento dos seus requisitos formais. Contudo, optando pelo parcelamento também serão devidas as custas processuais.

Se o demandado optar por ficar silente, ja foi observado que a sua omissão não irá gerar a "revelia", pois o magistrado deverá converter o mandado inicial em executivo, por sentença (art. 701, § 2º). Neste caso, portanto, o magistrado não profere nenhum julgamento no seu sentido mais tradicional, o que torna a revelia e o seu efeito material (de gerar uma presunção favorável ao que o autor argumenta) algo completamente despiciendo. Vale dizer que esta sentença comporta recurso de apelação e, caso este não seja interposto e venha a ocorrer o trânsito em julgado, será possível ao interessado ainda se valer da ação rescisória para impugnar esta decisão (art. 701, § 3º), presente alguma hipótese autorizadora em lei (art. 966). E, de resto, se for a Fazenda Pública no polo passivo, pode ser que desta sentença seja determinada a remessa necessária (art. 701, § 4º), se for o caso (art. 496).

Mas também há a hipótese de o demandado apresentar resposta, que será instrumentalizada por embargos monitórios e/ou reconvenção. Os "embargos monitórios", apesar da nomenclatura, nada têm de relação com os "embargos a execução", mais se assemelhando a uma mera "contestação".[34] É que neles não há qualquer exercício de direito de ação e nem mesmo deverá ser observada a forma de uma petição inicial. É tecnicamente equivocado, portanto, constar na peça dos embargos monitórios um requerimento para que o "pedido do embargante seja julgado procedente", devendo constar tão somente, ao final, pleito para se "julgar improcedente a pretensão inicialmente deduzida pelo autor". Outro diferencial destes embargos com aqueles oferecidos em execução é a previsão de que os mesmos irão ser juntados dentro dos próprios autos (art. 702). E, com o seu oferecimento, o rito especial transforma-se em

---

34 Há orientação no STJ de que é possível a oposição de exceção pessoal ao portador de cheque prescrito. É o que se observa em: STJ. REsp nº 1.669.968-RO. Rel.ª Min.ª Nancy Andrighi. DJ 11/10/2019.

procedimento comum, razão pela qual também é admitido o oferecimento de apenas uma reconvenção, que até poderá ser na mesma petição (art. 702, § 6º). Esta possibilidade também já era autorizada pelo Verbete nº 292 da Súmula do STJ: "*A reconvenção é cabível na ação monitória, após a conversão do procedimento em ordinário*".

Na sequência, o magistrado deverá verificar se é caso de intimar ou não o demandante para se manifestar quanto aos embargos oferecidos (art. 702, § 5º), se já pode realizar o julgamento conforme o estado do processo ou o julgamento antecipado do mérito ou, ainda, designar AIJ para produção de prova oral para que posteriormente seja proferida sentença.

Esta sentença, caso seja pela improcedência do pleito autoral, terá natureza declaratória como sói acontecer em todas que concluam neste mesmo sentido. No entanto, se a mesma tiver sentido inverso, ou seja, se acolher o pleito autoral, ainda assim terá natureza declaratória predominante, estando a condenação em cumprir a obrigação já fixada na anterior decisão interlocutória inicial, que agora foi ratificada.

25.13. HOMOLOGAÇÃO DE PENHOR LEGAL

A homologação de penhor legal era tratada no modelo primitivo como uma ação cautelar autônoma (art. 874 – art. 876, CPC-73) e, atualmente, se encontra como procedimento especial de jurisdição contenciosa (art. 703 – art. 706). Mas é de se destacar que esta via pode até ser realizada extrajudicialmente nos dias atuais, como em outros casos permitidos pelo CPC, que fomenta o fenômeno da "desjudicialização", tais como na usucapião, demarcação e divisão de imóveis, inventário, dentre outros.

As hipóteses autorizadoras do penhor legal estão contempladas no Código Civil (art. 1.467, CC), cuidando de um raro caso de autotutela, que deverá ser ratificado judicial ou até mesmo extrajudicialmente.

A petição inicial para este procedimento deve observar regramento próprio (art. 703, § 1º), que também indica o que deve acompanhá-la. Após, o demandado é citado para comparecer à audiência preliminar e, nela, oferecer defesa ou pagamento.

Há norma (art. 704) prevendo os temas que podem ser veiculados na defesa apresentada na via judicial. Há, contudo, inclusão de uma nova tese defensiva, que seria a recusa de caução idônea pelo credor. Essa possibilidade, de oferecer caução idônea para evitar o penhor legal, já era prevista pelo Código Civil, pelo menos em relação ao locatário (art. 1.472, CC).

Após a realização da audiência preliminar, em que já deveria ter sido apresentada a defesa, passa o rito especial a observar o procedimento comum (art. 705). E, por fim, há dispositivo (art. 706) detalhando de maneira mais adequada as providências a serem observadas quando se tratar de homologação judicial deferida ou indeferida, com a menção de que, mesmo no tramitar do recurso de apelação, poderá o relator ordenar que a coisa permaneça depositada ou em poder do autor. Também é previsto que, salvo se acolhida a alegação de extinção de obrigação, eventual decisão negando a homologação pretendida pelo autor não o impede de tentar receber o seu crédito pela via comum.

25.14. REGULAÇÃO DE AVARIA GROSSA

A "regulação de avaria grossa" era prevista no Código Comercial (art. 772 e seguintes, CCOM), juntamente com normas de direito material, mas agora passam a ser disciplinadas no próprio CPC (art. 707 – art. 711).

As "avarias grossas" são as despesas extraordinárias e as decorrentes de sacrifício do capitão da embarcação (ou à sua ordem) para salvar o navio ou a carga (v.g., lançar ao mar materiais inflamáveis). O objetivo deste procedimento é repartir os gastos com seguradoras, armadores e donos das mercadorias, ou seja, que haja um vínculo de solidariedade entre elas. O Código Comercial previa que dependeria de prova arbitral específica (art. 783, CCOM). Neste procedimento, o objetivo será nomear um regulador de avarias, abrindo-se o processo de avaria grossa. O CPC (art. 707) impõe a necessidade de se nomear um regulador de notório conhecimento. Neste dispositivo (art. 707) também é estabelecida a competência territorial para este processo.

Há norma (art. 708) tratando da incumbência inicial do regulador em justificar se os danos são passíveis de rateio, bem como a exigência de que as partes apresentem garantias idôneas para que as cargas possam ser liberadas aos consignatários. Há previsão de ser fixado valor de contribuição provisória caso não seja apresentada a caução. Também pode ser deferida a alienação judicial da carga, em alguns casos específicos (art. 879 – art. 903), com a permissão de levantamento das quantias necessárias para o pagamento desta medida. Permite, ainda, que as partes discordem da abertura de avaria grossa pelo regulador no prazo de 10 (dez) dias, devendo o juiz decidir na sequência.

Existe também a possibilidade de as partes apresentarem documentos necessários para a regulação da avaria grossa (art. 709). Como exemplo, podem ser citadas cópias reprográficas de processos marítimos, a juntada do diário de máquina desde 24 horas antes da avaria, o acostamento aos autos do relatório técnico do armador esclarecendo os motivos da avaria, entre outros mais.

Apresentados os documentos pelas parte, haverá um prazo para que o regulador tenha vista deles, e, na sequência, caberá ao mesmo apresentar o regulamento da avaria grossa (art. 710). Há previsão, outrossim, de que qualquer outro questionamento apresentado pelas partes deverá ser decidido pelo magistrado em 10 (dez) dias, após a prévia oitiva para esclarecimentos do regulador.

Por fim, dispõe ainda o CPC (art. 711) que o regulador atua como um auxiliar da Justiça, mais precisamente de forma semelhante à função de um perito, muito embora com uma amplitude maior em algumas atribuições. Por isso, o mesmo deve se submeter às mesmas causas de impedimento, suspeição, assim como a dever de diligência, entre outros mais.

25.15. RESTAURAÇÃO DE AUTOS

Este procedimento especial de jurisdição contenciosa é também regulado pelo CPC (art. 712 – art. 718), buscando atender necessidades oriundas de outros processos. Esta é a via adequada quando o processo primitivo tiver se extraviado ou perdido, seja ele físico ou eletrônico (art. 712). Trata-se, inclusive, de rara possibilidade de a jurisdição ser prestada de ofício (art. 712).

Neste caso, o interessado deverá deduzir seu pedido por meio de uma petição inicial, apresentando as peças que possuir, tais como atas de audiências, petições, dentre outras (art. 713). A parte contrária, então, será citada para apresentar defesa no prazo de 5 (cinco) dias, também cabendo-lhe exibir as peças ou cópias reprográficas que possuir (art. 714). Contudo, se não houver apresentação de resposta ou quando a defesa for parcial, deverá então ser observado o procedimento comum.

Durante a instrução, pode ser que algumas provas que tenham sido realizadas no processo primitivo também tenham que ser renovadas (art. 715). E, ao final dela, o magistrado irá proferir decisão restaurando o processo anterior pelo que consta nestes novos autos, caso em que o processo primitivo poderá, então, seguir de novo a sua regular tramitação, exceto quando o mesmo aparecer novamente (art. 716). Nesta decisão, também haverá a fixação da sucumbência (art. 718).

25.16. FLUXOGRAMAS
AÇÃO DE CONSIGNAÇÃO EM PAGAMENTO

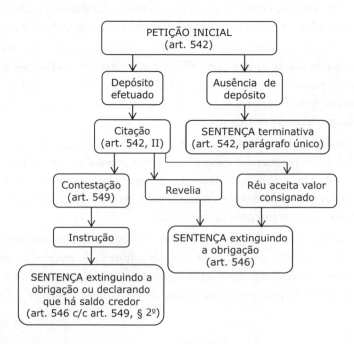

AÇÃO DE EXIGIR CONTAS

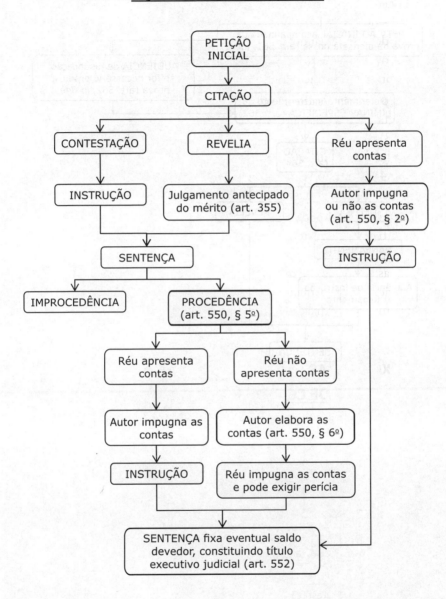

AÇÕES POSSESSÓRIAS (FORÇA NOVA)

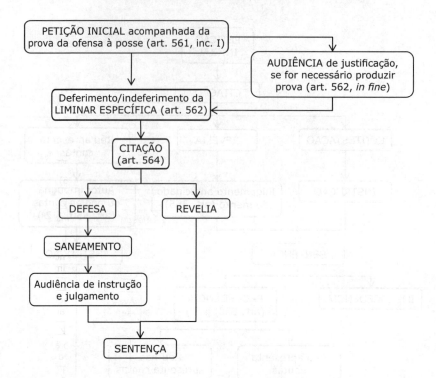

INVENTÁRIO

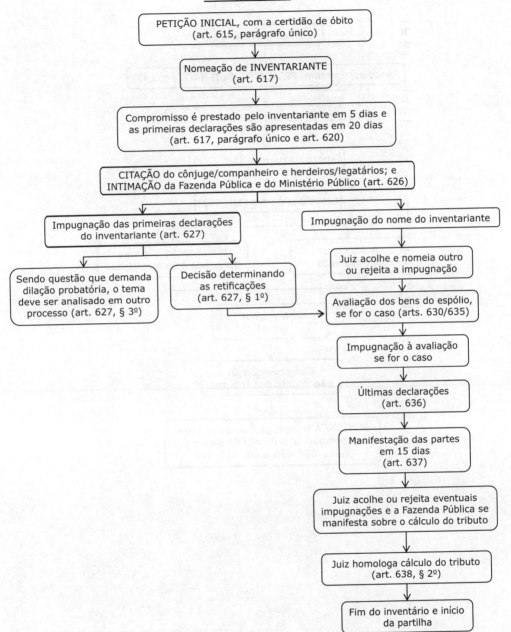

PETIÇÃO INICIAL, com a certidão de óbito
(art. 615, parágrafo único)

Nomeação de INVENTARIANTE
(art. 617)

Compromisso é prestado pelo inventariante em 5 dias e
as primeiras declarações são apresentadas em 20 dias
(art. 617, parágrafo único e art. 620)

CITAÇÃO do cônjuge/companheiro e herdeiros/legatários; e
INTIMAÇÃO da Fazenda Pública e do Ministério Público (art. 626)

Impugnação das primeiras declarações
do inventariante (art. 627)

Impugnação do nome do inventariante

Sendo questão que demanda
dilação probatória, o tema
deve ser analisado em outro
processo (art. 627, § 3º)

Decisão determinando
as retificações
(art. 627, § 1º)

Juiz acolhe e nomeia outro
ou rejeita a impugnação

Avaliação dos bens do espólio,
se for o caso (arts. 630/635)

Impugnação à avaliação
se for o caso

Últimas declarações
(art. 636)

Manifestação das partes
em 15 dias
(art. 637)

Juiz acolhe ou rejeita eventuais
impugnações e a Fazenda Pública se
manifesta sobre o cálculo do tributo

Juiz homologa cálculo do tributo
(art. 638, § 2º)

Fim do inventário e início
da partilha

PARTILHA

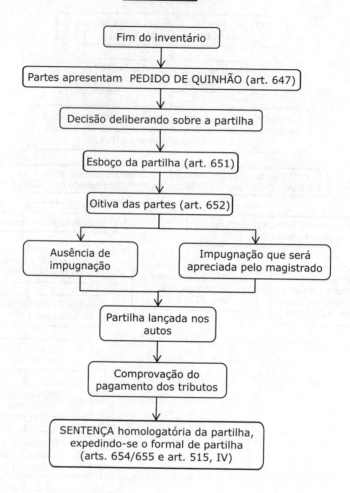

EMBARGOS DE TERCEIROS

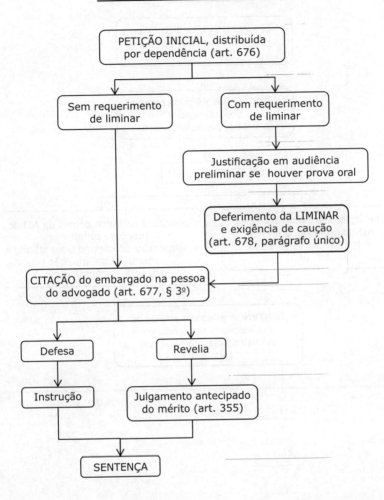

PETIÇÃO INICIAL, distribuída por dependência (art. 676)

Sem requerimento de liminar

Com requerimento de liminar

Justificação em audiência preliminar se houver prova oral

Deferimento da LIMINAR e exigência de caução (art. 678, parágrafo único)

CITAÇÃO do embargado na pessoa do advogado (art. 677, § 3º)

Defesa

Revelia

Instrução

Julgamento antecipado do mérito (art. 355)

SENTENÇA

<u>OPOSIÇÃO</u>

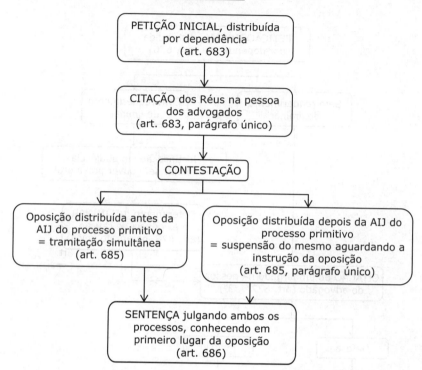

PETIÇÃO INICIAL, distribuída
por dependência
(art. 683)

CITAÇÃO dos Réus na pessoa
dos advogados
(art. 683, parágrafo único)

CONTESTAÇÃO

Oposição distribuída antes da
AIJ do processo primitivo
= tramitação simultânea
(art. 685)

Oposição distribuída depois da AIJ do
processo primitivo
= suspensão do mesmo aguardando a
instrução da oposição
(art. 685, parágrafo único)

SENTENÇA julgando ambos os
processos, conhecendo em
primeiro lugar da oposição
(art. 686)

AÇÕES DE FAMÍLIA

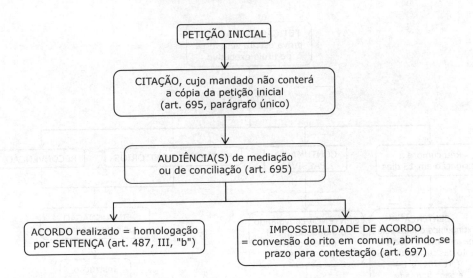

PETIÇÃO INICIAL

CITAÇÃO, cujo mandado não conterá
a cópia da petição inicial
(art. 695, parágrafo único)

AUDIÊNCIA(S) de mediação
ou de conciliação (art. 695)

ACORDO realizado = homologação
por SENTENÇA (art. 487, III, "b")

IMPOSSIBILIDADE DE ACORDO
= conversão do rito em comum, abrindo-se
prazo para contestação (art. 697)

Curso Completo do Novo Processo Civil

AÇÃO MONITÓRIA

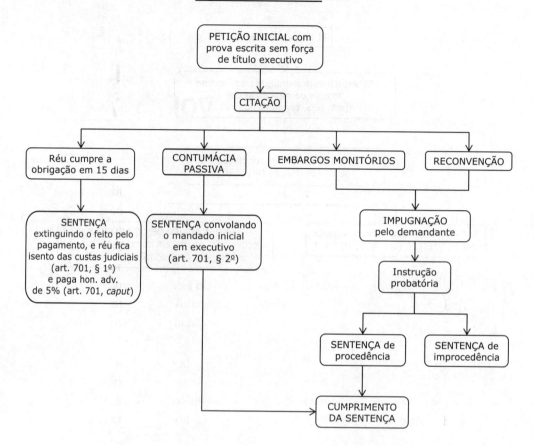

26

PROCEDIMENTOS ESPECIAIS DE JURISDIÇÃO VOLUNTÁRIA

26.1. INTRODUÇÃO

A jurisdição "voluntária" consubstancia o exercício de uma atividade meramente administrativa pelo magistrado, apesar de pequena divergência doutrinária. Com efeito, há quem defenda que, também na jurisdição "voluntária", há o exercício de jurisdição, eis que se trata de atividade desempenhada por um membro do Poder Judiciário e, também, porque mesmo nos casos típicos de jurisdição "contenciosa" nem sempre todas as suas características estarão presentes. Com efeito, não é em todo processo que haverá coisa julgada material, por exemplo, quando for concedida uma tutela provisória de urgência antecipada na fase de conhecimento e o demandado não interpuser recurso de agravo de instrumento – art. 304, § 6º.

No entanto, a concepção mais tradicional e acertada continua a visualizar, nesta prática, o exercício de uma atividade meramente administrativa por parte do magistrado, já que ausentes as principais características da jurisdição, o que reflete na afirmação de que a jurisdição "voluntária" deve ser compreendida como administração pública dos interesses privados.[1]

Explicando: o legislador, em algumas situações bem específicas, concluiu que a matéria ou situação envolve algum interesse social ou mesmo individual sensível, de modo a justificar que o mesmo necessariamente tenha que ser analisado pelo Poder Judiciário, ainda que não haja qualquer litígio entre as partes. Ou, em outras palavras, que certos negócios ou atos jurídicos somente terão validade e eficácia caso sejam homologados por membro do Poder Judiciário. São as hipóteses contempladas em dispositivos próprios do CPC (art. 719 – art. 770), como, por exemplo, o procedimento a ser adotado quando localizados bens de ausentes e como os mesmos devem ser regularizados (art. 744 – art. 745). E, tanto é flagrante a ausência de atividade jurisdicional nestes procedimentos, que o legislador vem recentemente autorizando que algumas destas questões sejam até mesmo resolvidas diretamente perante Cartórios extrajudiciais, sem qualquer ingerência de magistrados, em fenômeno conhecido como "desjudicialização" (v.g., nas hipóteses descritas na Lei nº 11.441/2007, que cuida da

---

1 SANTOS, Moacyr Amaral. *Primeiras linhas de direito processual civil*, 27ª ed. São Paulo: Saraiva, 2010. *v. 1*, p. 79.

possibilidade de inventário, partilha, separação e divórcios consensuais, desde que respeitadas as previsões constantes na própria legislação).

Portanto, a jurisdição "voluntária" realmente se consubstancia em atividade administrativa, distinguindo-se da "contenciosa" principalmente porque: a) a atividade é desenvolvida em um procedimento administrativo que é conduzido pelo magistrado, em que eventualmente apenas consta um requerimento do(s) interessado(s); b) neste procedimento somente constam interessados, ou seja, não existe litígio e sim interesses convergentes; c) a decisão proferida pelo juiz não tem o condão de atingir a imutabilidade (v.g., nada impede que haja uma separação consensual perante o Poder Judiciário devidamente homologada pelo magistrado e que, anos depois, as mesmas pessoas venham a contrair novas núpcias entre si).[2]

Estes procedimentos observam, em essência, uma mesma sequência, que pode variar de acordo com uma maior especialização do assunto. O rito básico destes procedimentos está no CPC (art. 719 – art. 725). Neles consta que para iniciar deverá ocorrer requerimento do interessado ou do próprio Ministério Público ou da Defensoria Pública, devidamente instruído com os documentos necessários (art. 720). Em seguida, serão citados todos os interessados para resposta em 15 (quinze) dias (art. 721) e intimado o *parquet* (art. 721), valendo dizer que caberá ao próprio membro desta instituição aduzir se realmente vislumbra interesse público primário apto a ensejar a sua intervenção. A sua intimação é, portanto, um pressuposto para a validade do processo (art. 279), muito embora possa ser apresentada uma justificativa, devidamente fundamentada, pela desnecessidade de seu acompanhamento ao processo. Vale dizer que a Fazenda Pública também deverá ser intimada a participar, caso tenha algum interesse evidenciado (art. 722). Havendo necessidade de provas, elas serão produzidas, nos mesmos moldes que ocorre nos procedimentos de jurisdição contenciosa. Por fim, o magistrado irá proferir sentença no prazo impróprio de 10 (dez) dias, sendo lhe autorizado decidir por equidade (art. 723). Esta sentença comporta recurso de apelação (art. 724) e não vai gerar coisa julgada material.

Há, ainda, norma (art. 725) que estabelece que serão processadas de acordo com o rito acima, as seguintes causas: a) emancipação; b) sub-rogação; c) alienação, arrendamento ou oneração de bens de crianças ou adolescentes, de órfãos e de interditos; d) alienação, locação e administração da coisa comum; e) alienação de quinhão em coisa comum; f) extinção de usufruto, quando não decorrer da morte do usufrutuário, do termo da sua duração ou da consolidação, e de fideicomisso, quando decorrer de renúncia ou quando ocorrer antes do evento que caracterizar a condição resolutória; g) expedição de alvará judicial; h) homologação de autocomposição extrajudicial, de qualquer natureza ou valor. E, vale dizer, esse proceder também será aplicável aos procedimentos que ora serão analisados, naquilo que couber (art. 725, parágrafo único).

---

2 FERNANDES, Sérgio Ricardo de Arruda. *Questões importantes de processo civil: teoria geral do processo*. Rio de Janeiro: DP&A Editora, 1999, p. 23-29. JARDIM, Afrânio Silva. *Direito processual penal*. 8ª ed. Rio de Janeiro: Forense, 1999, pp. 17-18.

26.2. NOTIFICAÇÃO E INTERPELAÇÃO

No modelo primitivo, existia um procedimento cautelar típico denominado "protestos, notificações e interpelações" (art. 867 – art. 873). Com o atual, o tema passou a ter outra disciplina (art. 726 – art. 729) e a nomenclatura foi reduzida para "notificação e interpelação", embora o "protesto" ainda seja mencionado pelo CPC (art. 726, § 2º), bem como a inclusão do tema como um procedimento especial de jurisdição voluntária.

Estas notificações e interpelações nada mais são do que manifestações formais de vontade, em caráter extrajudicial (ou seja, sem que haja processo ou mesmo direito de ação), com o escopo de prevenir responsabilidades. Estas manifestações não geram qualquer estado de constrição, pois apenas buscam se tornar públicas. Aliás, nem mesmo geram a possibilidade de a parte contrária apresentar qualquer resposta. Ao final, o magistrado determinará que, certificado o escorreito recolhimento das custas, os autos sejam então entregues à parte (art. 729). Contudo, deve-se ressalvar que, muito embora estas medidas possam ser realizadas perante o Poder Judiciário, elas são comumente realizadas diretamente em serventias ou cartórios extrajudiciais, o que atesta o desuso deste procedimento.

26.3. ALIENAÇÃO JUDICIAL

Este procedimento (art. 730) deve ser empregado nos casos expressos em lei, quando não houver acordo entre os interessados sobre o modo como se deve realizar a alienação do bem, o juiz, de ofício ou a requerimento do depositário ou de qualquer das partes, mandará aliená-los em leilão, observadas, no que for cabível, outras normas do CPC (art. 879 – art. 903).

Neste procedimento, portanto, os bens serão avaliados e vendidos em leilão, pela maior oferta, ainda que seja inferior ao valor da alienação, exceto quando se tratar de preço vil (art. 891). No caso de bem de incapaz, será considerado como vil o valor inferior a 80% (oitenta por cento) da avaliação (art. 896). Contudo, havendo igualdade de ofertas, o próprio CPC (art. 892, § 2º) enumera aqueles que terão preferência.

Com a alienação do bem, o valor será depositado e ficará à disposição do juízo.

26.4. DO DIVÓRCIO E DA SEPARAÇÃO CONSENSUAIS, DA EXTINÇÃO CONSENSUAL DE UNIÃO ESTÁVEL E DA ALTERAÇÃO DO REGIME DE BENS DO MATRIMÔNIO

Pontua o CPC que o divórcio e a separação consensuais, bem como a extinção de união estável e a alteração de regimes de bens do matrimônio devem ser requeridos por petição assinada por ambos os cônjuges ou companheiros (art. 731). No entanto, antes de enfrentar o assunto, são necessárias algumas considerações propedêuticas.

Primeiramente, deve ser mencionado que a separação judicial, seja ela litigiosa ou consensual, é um meio solene para que haja o fim da sociedade conjugal e de alguns deveres a ela inerentes. Nela, há possibilidade de reconciliação entre os cônjuges, muito embora haja impedimento para se contrair um novo casamento com outra pessoa, enquanto não ultimado o tempo necessário para o divórcio.

Contudo, com o advento da EC nº 66/2010, foi dada nova redação a dispositivo da Carta Magna (art. 226, § 6º), que alterou drasticamente este panorama, posto que a simples ausência de afeto já autoriza que as partes venham imediatamente pleitear o divórcio, até mesmo independentemente de prévia separação, seja em caráter consensual ou litigioso. E, além disso, também foi criada um pouco antes legislação específica (Lei nº 11.417/2006), que permite que a separação ou mesmo o divórcio já possam ser realizados pelos próprios interessados em Cartório, perante um Tabelião. Este panorama também foi mantido pelo CPC (art. 733).

Claro que, para que a separação ou o divórcio possam ser realizados em caráter extrajudicial, alguns requisitos devem ser observados como: a) que a separação ou o divórcio sejam apenas em caráter consensual; b) que não hajam nascituros, filhos menores ou incapazes do casal; c) que ambos os requerentes estejam representados por pelo menos um advogado ou por defensor público; d) forma pública, ou seja, perante escritura a ser lavrada em serventia oficial. Essa escritura pode, inclusive, tratar de temas relacionados ao nome de casados, divisão de patrimônio, além de alimentos, embora somente seja vedado dispor sobre guardas de filhos, posto que já mencionado que esta facilidade não pode ser empregada quando houver menores envolvidos.

Diante deste panorama, em que o divórcio já pode ser realizado independentemente de prévia separação e, também, que a separação hoje já pode ser realizada até mesmo extrajudicialmente, é de se notar certo esvaziamento das demandas judiciais objetivando a separação consensual. No entanto, como este procedimento não foi expressamente revogado, o que se observa é que eventuais interessados atualmente dispõem de uma faculdade, que reside justamente na circunstância de escolher entre a via extrajudicial ou a judicial, conforme melhor lhes aprouver.[3] Anote-se, ainda, que a opção por uma via ou outra compete aos interessados, existindo precedente do STJ de que não é necessário exaurir a via extrajudicial para somente depois ingressar perante o Poder Judiciário.[4]

Na demanda judicial com o objetivo de obter a separação consensual, a legitimidade pertence ao marido e à esposa, que são os requerentes já que ambos são diretamente interessados neste desfecho. A petição inicial será assinada pelos advogados de cada um, embora até se permita que o mesmo possa patrocinar, neste caso, os interesses dos dois. A competência costuma ser, em regra, a do foro do guardião do filho incapaz (art. 53, inc. I), o que não gera muitas discussões devido ao caráter consensual desta demanda.

---

3 DONIZETTI, Elpídio. *Curso didático de direito processual civil.* 14ª ed. São Paulo: Atlas, 2010, p. 1.395.

4 STJ. REsp 1.685.937-RJ, Rel.ª Minªª Nancy Andrighi, por unanimidade, j. 17/08/2017, DJe 22/08/2017.

A petição inicial deverá ser acompanhada da certidão de casamento. Nela, já pode constar a descrição dos bens do casal e a sobrepartilha, a estipulação de acordo quanto à guarda dos filhos menores e o regime de visitação, eventual pensão alimentícia de um separando ao outro, se for o caso, e, até mesmo, questões envolvendo os nomes a serem utilizados dali em diante pelos requerentes.

O restante do procedimento deve observar, no que for cabível, o regramento geral do CPC (art. 720 – art. 724). É de se salientar, contudo, norma do Código Civil (art. 1.574, parágrafo único, CC) que até permite que o juiz se negue a homologar a separação consensual, caso vislumbre que estejam sendo lesados interesses de incapazes ou de um dos cônjuges.[5] Aliás, idêntica postura também pode ser adotada pelo Tabelião, nos casos de separações consensuais extrajudiciais, hipótese em que o mesmo deverá suscitar dúvida ao juiz corregedor para que seja resolvido este questionamento (art. 198, da Lei nº 6.015/73).

Por fim, o CPC (art. 734) também autoriza a alteração do regime de casamento, disciplinando todo o processamento como a necessidade de se intimar o Ministério Público e, também, de publicar um edital para ciência desta mudança. É permitido, ainda, que os requerentes possam sugerir meio alternativo para divulgar esta alteração de regimes, desde que não seja prejudicado direito de terceiros. Somente após o trânsito em julgado é que serão expedidos mandados de averbação nos mais diferentes Cartórios.

26.5. TESTAMENTO E CODICILO

Este procedimento especial de jurisdição voluntária é previsto e regulado no CPC (art. 735 – art. 737), sendo observado quando houver testamento ou codicilo que, dependendo da sua espécie, precisam ser confirmados ou registrados neste procedimento de jurisdição voluntária para verificar se os mesmos são legítimos e se atendem a todas as formalidades. Somente após serão levados ao inventário. Nada impede, contudo, que também possam ser anulados, por meio de outra ação própria em procedimento de jurisdição contenciosa, em casos diversos como, por exemplo, naqueles de disposições testamentárias inoficiosas (que excedem à legítima).

O Código Civil (art. 1.857, CC) define "testamento" como ato jurídico personalíssimo, unilateral, gratuito, solene e revogável, pelo qual o testador dispõe, no todo ou em parte, de seu patrimônio para depois de sua morte. O testamento tem diversas modalidades, cada uma com suas próprias peculiaridades, como: a) ordinário público (art. 1.864, CC); b) ordinário cerrado (art. 1.868, CC); c) ordinário particular (art. 1.876, CC); d) especial marítimo (art. 1.888, CC); e) especial aeronáutico (art. 1.889, CC); f) especial militar (art. 1.893, CC). Já o "codicilo", nos termos do Código Civil (art. 1.881, CC), corresponderia a um "testamento informal", que é sempre

---

5 Em sentido contrário ao texto, negando esta possibilidade tanto ao magistrado quanto ao tabelião, em respeito à autonomia da vontade entre os cônjuges: DONIZETTI, Elpídio. *Curso didático de direito processual civil*. 14ª ed. São Paulo: Atlas, 2010, p. 1.399.

particular, por meio do qual o mesmo irá dispor de assuntos de pequena relevância ou importância, como bens pessoais de pequeno valor.

Cada modalidade de testamento ou codicilo é mais indicada de acordo com ao patrimônio envolvido, razão pela qual irá ocorrer ligeira mudança no seu processamento de abertura, registro e cumprimento perante o Poder Judiciário. No caso do testamento ordinário cerrado, por exemplo, este deverá ser apresentado em juízo por quem o detiver para que o magistrado possa, após constatar que o mesmo se encontra intacto, determinar a sua abertura e leitura em presença de quem o entregou. Na sequência, será lavrado o auto de abertura (art. 725, § 1º).

Já no testamento ordinário público, torna-se desnecessária a verificação do lacre, posto que o mesmo, conforme a própria nomenclatura já sugere, é de natureza pública. Neste caso, não se fala em abertura de testamento e sim em sua apresentação, seguindo, na sequência, o mesmo procedimento para o anterior.

Quanto aos demais testamentos e codicilos, estes devem ser primeiramente confirmados para que depois possam ser cumpridos, posto que neles não houve a intervenção de tabelião. Este procedimento se inicia nos termos do CPC (art. 737), que enumera os legitimados a virem em juízo, por meio de uma petição inicial. Haverá a produção de provas e, após, o Ministério Público deverá se manifestar para, então, se confirmar o testamento (art. 735, §§ 2º, 3º e 4º).

Por fim, vale dizer que, independentemente da espécie de testamento ou de codicilo envolvidos, cabe ao testamenteiro, nomeado ou dativo, a observância dos dispositivos legais (art. 737, § 4º), com o consequente cumprimento das disposições testamentárias.

26.6. HERANÇA JACENTE

Este procedimento especial de jurisdição voluntária é previsto e regulado no CPC (art. 738 – art. 743). Chama-se "herança jacente" quando alguém morre e deixa bens sem que haja testamento e herdeiros ou sucessores conhecidos. Nesta situação, o procedimento até mesmo pode ser deflagrado pelo magistrado, com a imediata arrecadação dos bens deixados, que ficarão sob a responsabilidade de um curador especialmente nomeado para este fim (art. 738 e art. 739). Feita a arrecadação, serão publicados 3 (três) editais, na imprensa e na rede mundial de computadores, para que venham a habilitar-se os herdeiros ou sucessores (art. 741). Passado 1 (um) ano da primeira publicação e não havendo herdeiro habilitado, será a herança declarada vacante (art. 743). Vale dizer que esta sentença não transfere a titularidade dos bens imediatamente para a Fazenda Pública, que apenas ficará como depositária enquanto se aguarda o decurso do prazo de 5 (cinco) anos para abertura da sucessão. Do contrário, se após a publicação dos editais alguém vier a comparecer e comprovar a sua qualidade, a arrecadação se converte em inventário (art. 741, § 3º).

26.7. BENS DOS AUSENTES

Este procedimento especial de jurisdição voluntária é previsto e regulado no CPC (art. 744 – art. 745). A ausência ocorre, de acordo com o Código Civil (art. 22 e art. 23, ambos do CC), quando alguém desaparece do seu domicílio sem deixar representante a quem caiba administrar os seus bens ou quando deixar mandatário que não queira ou não possa continuar a exercer este ônus.

Nestas hipóteses, o juiz a requerimento de qualquer interessado, ou mesmo agindo de ofício, dará início a este procedimento de jurisdição voluntária, com a arrecadação dos bens que ficarão provisoriamente sob a administração de um curador (art. 744).

Após regular tramitação deste procedimento, será declarada a ausência, com a publicação de editais na imprensa e na rede mundial de computadores, para que o mesmo retorne à posse dos seus bens (art. 745). A mesma até pode cessar caso o ausente compareça ou quando houver certeza de sua morte. De qualquer maneira, passado 1 (um) ano da publicação do referido edital sem que o mesmo compareça, então eventuais interessados poderão, enfim, requerer que se inicie provisoriamente a sucessão (art. 745, § 1º).

26.8. COISAS VAGAS

Este procedimento especial de jurisdição voluntária é previsto e regulado no CPC (art. 746), e cuida da regularização da propriedade de coisas perdidas e achadas. Aquele que encontrar a coisa irá requerer, perante a autoridade judiciária ou policial, a sua arrecadação, com a lavratura do respectivo auto, independentemente de estar assistido por advogado. Havendo suspeita de que a coisa foi criminosamente subtraída, a autoridade policial até deverá instaurar inquérito policial para reunir indícios de materialidade e de autoria da possível infração penal.

Consta norma (art. 746, § 2º), que o edital com informação sobre a coisa depositada também deverá ser disponibilizado na rede mundial de computadores, seja no sítio do Tribunal a que estiver vinculado o órgão jurisdicional e na própria plataforma de editais do CNJ. Este edital até pode ser dispensado dependendo do valor do bem. Quanto ao restante, o CPC se reporta à lei específica, deixando de regular, como no modelo primitivo (CPC-73), algumas pequenas nuances quanto ao tema.

26.9. INTERDIÇÃO

Este procedimento especial de jurisdição voluntária é previsto e regulado no CPC (art. 747 – art. 763). A interdição tem por finalidade a declaração de incapacidade de uma pessoa, seja por anomalia psíquica ou prodigalidade, do surdo-mudo sem educação que o habilite a enunciar precisamente a sua vontade ou, ainda, pelos viciados em substâncias entorpecentes, quando acometidos de perturbações mentais. Este procedimento será iniciado por um dos legitimados (art. 747), embora também possa ser pelo Ministério Público em casos mais específicos (art. 748).

Na petição inicial, o interessado provará a sua legitimidade, especificará os fatos que revelam a anomalia psíquica e assinalará a incapacidade do interditando para reger a sua pessoa e administrar os seus bens (art. 749). Na sequência, o interditando será citado para, em dia designado, comparecer perante o juiz, que o examinará, entrevistando-o minuciosamente acerca de sua vida, negócios, bens e do mais que lhe parecer necessário para apurar o seu estado mental, reduzidas a auto as perguntas e respostas (art. 751). Vale dizer que esta inspeção judicial é ato indispensável a este procedimento de jurisdição voluntária. Após, o interditando poderá, no prazo de 15 (quinze) dias, impugnar o pedido, caso em que o contraditório será instaurado (art. 752).

Findo este prazo, o juiz nomeará perito para proceder ao exame do interditando.[6] Apresentado o laudo, o juiz designará audiência de instrução e julgamento (art. 753). A sentença que acolher o pedido terá natureza constitutiva e nela será nomeado um curador para o interdito, bem como será feita a sua averbação perante o Registro Civil das Pessoas Naturais. Acrescenta-se que, quanto aos pródigos, a interdição se limitará a privá-lo de praticar, sem curador, os atos de emprestar, transigir, dar quitação, alienar, hipotecar, demandar ou ser demandado, além de outros de administração de patrimônio (art. 1.782, CC). Vale dizer, ainda, que esta sentença irá produzir efeitos desde logo, embora em caráter *ex nunc*, razão pela qual eventual recurso de apelação será desprovido de efeito suspensivo (art. 1.012, § 1º, inc. VI). Nada impede, porém, que os atos anteriores sejam anulados por meio de ação própria com esta finalidade, caso seja demonstrado que o agente já se encontrava em estado fático de incapacidade ao tempo do ato.

Também é importante destacar que o CPC (art. 759 – art. 763) também regula as hipóteses e o procedimento a ser adotado quanto houver necessidade de nomeação, remoção ou dispensa do tutor ou curador nomeado, se for o caso.

Da mesma maneira, insta relevar que a curatela poderá ser levantada se não mais subsistir a causa que a motivou. O tema é regulado pelo CPC (art. 756), que estabelece procedimento semelhante, com a necessidade de requerimento (que será apensado aos autos da interdição), seguindo-se de perícia e realização de AIJ. Há entendimento, inclusive, que o rol de legitimados para promover esta medida não é taxativo, já que também pode abranger eventuais terceiros interessados.[7]

Por fim, deve-se acrescentar que o CPC (art. 1.072, inc. II) revogou diversos dispositivos do Código Civil que cuidam exatamente deste tema (art. 1.768 – art. 1.773, CC). Mas, o curioso, é que parte destes mesmos artigos tinham sido

---

6   Esta perícia pode ser realizada por equipe multidisciplinar, se for o caso. É o que se extrai em: TJ-SP. Agravo de Instrumento n. 2073009-05.2016.8.26.0000. Juiz: Carlos Eduardo Gomes dos Santos, s/d.

7   STJ. REsp nº 1.735.668-MT. Rel.ª Min.ª Nancy Andrighi. DJ 14/12/2018.

alterados por lei mais recente, que entrou em vigor antes do próprio CPC (art. 114, Lei nº 13.146/2015).

26.10. ORGANIZAÇÃO E FISCALIZAÇÃO DAS FUNDAÇÕES

Este procedimento especial de jurisdição voluntária é previsto e regulado no CPC (art. 764 – art. 765). As fundações correspondem a um conjunto de bens disponibilizados por uma pessoa física ou jurídica para um especial fim social pretendido pelo seu instituidor. As mesmas possuem personalidade jurídica de direito privado (art. 44, inc. III, CC), e, justamente em razão do seu escopo social, devem então ser colocadas sob a custódia do *parquet* (art. 66, CC), devendo ser observado este procedimento de jurisdição voluntária para a sua organização, fiscalização e extinção.

Inicialmente, será elaborado o estatuto social da fundação. Na sequência, o mesmo será submetido ao Ministério Público para que sejam verificadas as formalidades legais, bem como a compatibilidade dos seus bens para a execução de suas tarefas. Modificações também poderão ser propostas que, caso não sejam observadas, até mesmo podem culminar em sua não aprovação. Eventuais questões entre o instituidor e o Ministério Público serão resolvidas perante o Poder Judiciário.

Na hipótese de extinção da fundação (art. 765), há a necessidade de se decidir sobre o destino dos seus bens. Se não houver previsão expressa no estatuto, deverá ser observado o procedimento genérico (art. 720 – art. 724). E, ao final, será proferida sentença, que até mesmo pode determinar que os bens sejam incorporados a outras fundações que se proponham a fins iguais ou semelhantes (art. 69, CC).

26.11. RATIFICAÇÃO DOS PROTESTOS MARÍTIMOS E DOS PROCESSOS TESTEMUNHÁVEIS FORMADOS A BORDO

O último procedimento de jurisdição voluntária previsto no CPC é o de ratificação dos protestos marítimos e dos processos testemunháveis formados a bordo (art. 766 – art. 770). Não se trata exatamente de uma novidade, pois o modelo anterior (art. 1.218, inc. VIII, CPC-73) remetia este tema a diploma ainda mais antigo (art. 725 – art. 729, CPC-39). Agora, o tema passa a ser regulado apenas pelo CPC.

Havendo interesse, todos os protestos e processos testemunháveis firmados a bordo deverão ser apresentados pelo comandante da embarcação ao juiz de direito do primeiro porto, para ratificação judicial (art. 766). O CPC prevê, portanto, assim como ocorre nas coisas vagas, que a parte disporá de capacidade postulatória independentemente da presença ao seu lado de um advogado privado ou do defensor público.

Na sequência (art. 767), o CPC prevê quais os requisitos da petição inicial para este procedimento, bem como os documentos que a devem acompanhar. Se tudo estiver regular o magistrado deverá ouvir, no mesmo dia, o comandante e as testemunhas (art. 768). Esta urgência se justifica, pois, provavelmente, a embarcação não permanecerá atracada por muito tempo em porto brasileiro. Também prevê a necessidade de tradutor para o caso de se inquirir estrangeiros que não dominem a língua nacional.

Se for o caso, será realizada audiência neste procedimento (art. 769). E, com o fim da instrução, deverá o magistrado proferir sentença (art. 770). Ressalva-se que, diante da urgência que envolve a questão, o ato decisório poderá ser proferido independentemente da confecção de relatório, à semelhança do que ocorre no sistema dos juizados especiais, embora lá o fundamento não decorra de urgência, mas sim de uma maior simplicidade para a prática dos atos processuais (art. 2º c/c art. 38, parágrafo único, Lei nº 9.099/95). O CPC também estabelece que, independentemente do trânsito em julgado, os autos serão entregues ao autor ou ao seu patrono, mediante apresentação de translado.

PARTE IV

A EXECUÇÃO CIVIL

27

TEORIA GERAL DA EXECUÇÃO

27.1. CONCEITO DE EXECUÇÃO E O SEU MÉRITO

A execução usualmente é conceituada como o processo ou etapa em que o magistrado determina as medidas executivas tendentes ao cumprimento de uma obrigação constante no título executivo.[1] Neste processo ou etapa, a atuação jurisdicional não busca reconhecer um direito, mas sim adotar as medidas necessárias para a sua satisfação. Há, portanto, um mérito na execução, justamente consistente na prática destes atos, muito embora nela não ocorra julgamento. Por este mesmo motivo (ausência de julgamento) é que não há necessidade de produção de provas com vistas a obter o convencimento do magistrado, embora essas até possam ocorrer quando, no bojo da execução, se instaura algum incidente cognitivo como, por exemplo, quando se discute a respeito da ocorrência de uma desconsideração da personalidade jurídica (art. 134).

O mais curioso é que, diversamente do que ocorre no processo de conhecimento, o mérito na execução é atendido antes da prolação da sentença. Em outras palavras, somente após já ter ocorrido a satisfação do crédito em decorrência do emprego dos meios executivos é que o juiz irá proferir sentença.

Estas medidas executivas, estabelecidas pelo magistrado no curso da execução, têm como espécie os meios de coerção ou de sub-rogação, distinguindo-se uma da outra quando se leva em consideração se o intento é forçar o próprio executado a cumprir a obrigação ou se esta tarefa pode ser desempenhada por um terceiro. É de se ressalvar, contudo, que tais medidas executivas também podem ser eventualmente determinadas no processo ou fase de conhecimento, de modo a permitir a efetivação de algumas decisões que nele foram proferidas. Mas, mesmo com esta possibilidade, não se transmuta a natureza do processo, uma vez que esta deve ser analisada sob o prisma da sua finalidade principal. Assim, se o intuito é o reconhecimento de um direito, este processo é de conhecimento. Caso o objetivo seja o cumprimento de uma obrigação reconhecida em um título executivo, se estará diante de um processo ou etapa de execução.

---

[1] O CPC, de uma maneira geral, parece preferir a nomenclatura "cumprimento de sentença" quando se refere à existência de "título executivo judicial" (art. 515) e a de "execução" nos casos de "título executivo extrajudicial" (art. 784). Esta obra, contudo, não vislumbra motivos para tamanho preciosismo, razão pela qual empregará, em grande parte do texto, a expressão "execução" tanto para um caso como outro.

27.2. UNIDADE DE PROCESSO E DUALIDADE DE AÇÃO

Historicamente, o processo de execução era mais um ao lado do processo de conhecimento e também do cautelar, sendo que este último não mais tem disposições específicas no novo modelo (CPC), muito embora persista a possibilidade de serem pleiteadas tutelas cautelares em juízo (art. 305 – art. 310). No caso específico da execução, o seu desiderato era o de obter o cumprimento de uma obrigação estampada em um título executivo, que fosse certa, líquida e exigível. Era um processo como qualquer outro, que contava com uma petição inicial, citação, contraditório por parte do executado e até mesmo com prolação de sentença. Eventualmente, o mesmo apresentava algumas peculiaridades próprias como, por exemplo, a desnecessidade de se produzir qualquer prova, pois, conforme foi exposto anteriormente, o magistrado oficiante no processo não estava ali para ser convencido e julgar, mas sim para determinar as medidas necessárias para a satisfação da obrigação.

Só que, nos últimos anos, o legislador editou certos atos normativos (Lei nº 10.444/2002 e Lei nº 11.232/2005), que alteraram bastante o modelo primitivo (CPC-73), passando a prever uma mitigação da autonomia do processo executivo, uma vez que tais leis teriam potencializado o denominado "processo sincrético", que nada mais seria do que um amálgama entre os diversos processos existentes.[2] É que, com a criação das já citadas leis, realmente a execução deixou de ser autônoma em todos os casos, tendo sido esta autonomia preservada apenas nas execuções por títulos extrajudiciais (art. 784) e em poucos casos de títulos judiciais (v.g., art. 515, § 1º). Com efeito, na maioria dos casos envolvendo títulos judiciais (art. 515), após a prolação da sentença que encerra a etapa cognitiva será então iniciada a segunda fase dentro do mesmo processo, agora com a atuação jurisdicional focando o cumprimento da obrigação reconhecida no título. Mas, muito embora o processo permaneça uno, ainda assim é possível sustentar a permanência da dualidade de ações.

O direito de ação pode ser sucintamente definido como direito público, subjetivo, autônomo e abstrato de invocar o Estado a prestar a tutela jurisdicional (v. item nº 6.1.). É "público", porque envolve a atuação de um ente estatal, no exercício de um Poder inerente à sua soberania, além de ser extensível a todos. É "subjetivo", porque confere ao seu titular um poder de exigir de outrem (no caso o Estado-Juiz), a prestação jurisdicional. É "autônomo", porque tem existência própria, não decorrendo do próprio direito material. E, por fim, é também "abstrato", já que tem vida própria independentemente até mesmo da existência, ou não, do próprio direito material.

Usualmente, o direito de ação é exercido pelo autor no momento em que a demanda é proposta, utilizando, como instrumento, a petição inicial. Em algumas situações, o próprio demandante exerce duas ou mais ações em um mesmo momento,

2 MOREIRA, José Carlos Barbosa. *Temas de direito processual civil, nona série.* São Paulo: Saraiva, 2007, p. 315.

fenômeno que é bastante corriqueiro e designado como "cumulação de ações", servindo para ilustrar esta hipótese a petição inicial que contém pedidos cumulados (art. 327).

No entanto, também é possível que qualquer uma das partes possa exercer o direito de ação no curso do processo já instaurado, caso seja adotada uma visão ampliativa deste fenômeno e desde que seja afastada a ideia de que este direito somente pode ser exercido por meio da petição inicial.

A ação, então, pode ser compreendida como o direito de provocar o Estado-Juiz a prestar a jurisdição. Esta, por sua vez, compreende não apenas dizer o direito aplicável, mas, também, a determinação das medidas executivas necessárias para o cumprimento da obrigação. Sob este prisma, houve um direito de ação exercido no momento da instauração do processo, cujo instrumento foi a petição inicial. No momento em que for entregue a prestação jurisdicional, com o reconhecimento do direito alegado, haverá a necessidade de prosseguir com o mesmo processo já instaurado. Só que, para que haja este prosseguimento, em algumas situações o legislador vai exigir uma nova provocação do interessado, o que irá caracterizar um novo direito de ação, muito embora esse instrumento não mais necessite ter a forma de uma petição inicial.[3] É o que ocorre, por exemplo, nas sentenças proferidas no Juizado Especial Estadual, uma vez que há norma (art. 52, inc. IV, Lei nº 9.099/95), que exige uma solicitação para que o processo possa continuar a se desenvolver.

27.3. CARACTERÍSTICAS DA EXECUÇÃO

Algumas características são inerentes a todos os processos, mas algumas são bem específicas em relação à execução, entre as quais se destacam a substitutividade, a definitividade e a subsidiariedade.

27.3.1. Substitutividade

A substitutividade também está presente nos demais processos, embora sofra uma mudança de foco na execução. É que, enquanto nos outros processos ocorre a substituição da "vontade" das partes para a aplicação do direito objetivo, na execução o que se substitui é a "atividade" da parte. Esta característica fica nítida, por exemplo, quando o oficial de justiça realiza a penhora, em virtude de o executado não ter pago a dívida no prazo de três dias previstos em lei (art. 829).

---

3 MEDINA, José Miguel Garcia. Variações recentes dos poderes executivos do juiz, cumprimento e execução da sentença condenatória. *Os poderes do juiz e o controle das decisões judiciais, estudos em homenagem à Professora Teresa Arruda Alvim* Wambier. José Miguel Garcia Medina, Luana Pedrosa de Figueiredo da Cruz, Luís Otávio Sequeira de Cerqueira e Luiz Manoel Gomes Júnior (coords.). São Paulo: RT, 2008, p. 341.

27.3.2. Definitividade

É bastante controvertido se a sentença proferida em execução, seja no processo autônomo ou fase, pode ou não gerar coisa julgada material, o que é um questionamento já bastante antigo, que inclusive remonta à época em que se negava até mesmo natureza jurisdicional à execução.[4]

Um entendimento é no sentido da impossibilidade, uma vez que toda a execução se desenvolve em cognição sumária, já que não há necessidade de produzir qualquer prova para convencimento do juiz. Nesta hipótese, a sentença proferida em sede executiva (art. 924), apenas geraria coisa julgada formal, o que poderia permitir uma nova discussão da relação jurídica material em outro processo autônomo.[5]

Mas, embora curioso, esse mesmo raciocínio gera intranquilidade, pois permite que o executado que não tenha apresentado qualquer resistência (por exemplo, por meio do oferecimento de embargos), possa futuramente, em outro processo, retornar a discutir toda essa questão, tornando letra morta disposição do CPC (art. 915), que estabelece prazo de 15 (quinze) dias para oferecimento deste meio de defesa.

Além disso, haveria séria incompatibilidade de tratamento entre o processo de conhecimento e a execução. Com efeito, a sentença executiva (art. 924) adota, como fundamentos, basicamente, os mesmos de uma sentença proferida no processo de conhecimento (art. 485 e art. 487). Com efeito, prevê o CPC (art. 794) que a sentença executiva pode ter por fundamento: a) o indeferimento da petição inicial (art. 485, inc. I c/c art. 330); b) satisfação da obrigação ou a sua extinção por qualquer meio (art. 487, inc. III, alíneas "a" e "b", por analogia, pois quem reconhece a procedência provavelmente irá satisfazer a obrigação); c) renúncia do crédito (art. 487, inc. III, alínea "c"); d) prescrição intercorrente (art. 487, inc. II); situações que, por sua vez, são perfeitamente amoldáveis aos mesmos dispositivos que são empregados para a sentença proferida no processo de conhecimento.

Em outras palavras: independentemente de aprofundamento de cognição, uma renúncia manifestada em processo de conhecimento gera sentença definitiva, com coisa julgada formal e material, caso não haja interposição de qualquer recurso. Na execução, o raciocínio deve ser exatamente o mesmo, não havendo justificativas para raciocínio que imponha em sentido contrário. E este mesmo tratamento também deve ser observado nos casos de satisfação ou extinção da obrigação, bem como quando é pronunciada a prescrição, pois em todos estes exemplos a sentença será de mérito, seja proferida em etapa de conhecimento ou de execução.

Por estes motivos, enfim, é possível extrair, na jurisprudência, diversos julgados que concluem que, até mesmo uma sentença executiva transita em julgado tanto material como formalmente, uma vez que geraria reflexos na relação de direito material, não mais permitindo uma nova discussão a respeito daquela relação. Esta, de fato, parece ser

---

4 CHIOVENDA, Giuseppe. *Instituzioni di diritto processuale civile*, Napoli: Dott. Eugenio Jovene, 1934. v. II, p. 12.
5 THEODORO Jr., Humberto. *Curso de Direito Processual Civil*, 39ª ed. Rio de Janeiro: Forense, 2006. v. II, p. 455.

a melhor solução, evitando a possibilidade de nova discussão a respeito daquela relação de direito material em outro processo.[6]

27.3.3. Subsidiariedade

A execução, seja processo autônomo ou segunda etapa, admite a aplicação de algumas regras do processo de conhecimento (art. 771, parágrafo único c/c art. 318, parágrafo único). Portanto, o sistema executivo se fecha e completa como um todo, valendo-se das normas que regulam o processo de conhecimento, quando não houver regramento executivo próprio.

27.4. PRINCÍPIOS DA EXECUÇÃO

No processo ou na fase executiva, os princípios processuais não diferem muito daqueles já conhecidos como o que garante o devido processo legal, o do contraditório e da ampla defesa, dentre outros. Mas há, contudo, alguns que lhe são mais específicos, entre os quais se destacam os dispostos a seguir.

27.4.1. Princípio da disponibilidade ou do desfecho único

A rigor, a "disponibilidade" não precisaria ser tratada como princípio. É que a mesma simplesmente acentua o caráter de disponibilidade da execução, uma vez que o exequente pode dela desistir a qualquer momento, independentemente de anuência da outra parte. O assunto é tratado pelo CPC (art. 775), que estabelece que somente se forem apresentados embargos ou impugnação versando sobre a relação jurídica de direito material é que haverá a necessidade de concordância da outra parte. E, se não houver esta concordância, a execução será extinta mas a defesa apresentada irá prosseguir, mas agora com feição de demanda autônoma.

27.4.2. Princípio do menor sacrifício do executado

Este princípio (art. 805) pode ser empregado nas mais variadas situações. Em uma hipótese concreta, se o magistrado vislumbrar que o executado possui vários bens suficientes para o pagamento de uma dívida, não poderia permitir que a penhora recaísse sobre o bem de maior valor, já que eventual arrematação no segundo leilão pode trazer prejuízos ao devedor, em razão da possibilidade de o lanço ser inferior ao valor da avaliação, muito embora não possa ser vil (art. 891). Da mesma forma, o juiz pode determinar a penhora de frutos e rendimentos de coisa móvel ou imóvel (art. 867 – art. 869), quando reputar que esta medida é menos gravosa ao executado e, ao mesmo tempo, mais eficiente para o recebimento do crédito.

---

6 STJ. REsp nº 238059-RN. Rel. Min. Fernando Gonçalves. DJ 10/04/2000.

A inovação quanto a este princípio fica em razão de norma (art. 805, parágrafo único), que impõe ao executado, quando alegar que a medida é mais grave, que o mesmo passe a ter o ônus de indicar outros meios mais eficazes e menos onerosos, sob pena de serem mantidos os atuais. Trata-se de norma coerente e salutar, por prestigiar a boa-fé (art. 5º) e a cooperação entre as partes (art. 6º).

Contudo, o que se deve ressalvar é que este princípio possui contornos absolutos até porque, sendo o processo essencialmente dialético, há a necessidade de se outorgar as mesmas garantias a ambas as partes indistintamente, sob risco de vulnerar o princípio isonômico (art. 5º, *caput*, CRFB c/c art. 7º). Assim, se é correto afirmar a existência de um princípio que garante que a execução se desenvolva de forma menos gravosa ao executado, também é certo assegurar ao exequente algum princípio equivalente ou ao menos uma compensação. Por estes motivos, vem ganhando força a ideia de que este princípio traz junto a si, subjacente, outro destinado à parte adversa no processo, chamado de princípio do interesse do credor (art. 797), aplicável em alguns momentos processuais. Por exemplo, há norma (art. 516, parágrafo único) que permite ao credor optar pela base territorial que pretende dar início ao cumprimento de sentença, conforme lhe for mais conveniente.[7]

27.4.3. Princípio da realidade ou patrimonialidade

Este princípio (art. 789) pontua que o devedor responde, para o cumprimento de suas obrigações, com todos os seus bens presentes e futuros, salvo as restrições estabelecidas em lei, o que afasta a ideia de que um devedor possa responder, pelo seu débito, com o seu próprio corpo, por exemplo. Mas não há impedimento de que, eventualmente, um meio de coerção possa atingir o próprio devedor como ocorre na hipótese de falta de pagamento de dívida alimentar, eis que tal situação permite a decretação da prisão civil (art. 528, § 3º). Contudo, ainda que cumpra um determinado período na prisão, tal circunstância não libera o devedor sequer parcialmente da obrigação vencida.

27.4.4. Princípio da tipicidade

Os procedimentos executivos são aqueles previstos em lei e se pautam em alguns critérios, como a qualidade das partes envolvidas. No entanto, naquelas situações não muito claras, cabe ao magistrado integrar o vazio normativo, o que faz surgir o poder geral de efetivação. É que, em alguns casos, realmente o legislador foi completamente omisso, sendo necessário que o magistrado conduza o processo com o objetivo de possibilitar a prestação da tutela jurisdicional. Casos, por exemplo, como o da execução da decisão interlocutória que estabelece *astreintes* (art. 537), requerem esforço exegético e integração normativa pelo magistrado, eis que não existem regras muito claras a seu respeito. Assim, o poder geral de efetivação pode, por vezes, suplantar o princípio da tipicidade.

---

7 HARTMANN, Rodolfo Kronemberg. Das diversas espécies de execução. In: ALVIM, Angélica Arruda. ASSIS, Araken. ALVIM, Eduardo Arruda. LEITE, George Salomão. *Comentários ao código de processo civil*. São Paulo: Saraiva, 2016, p. 920.

27.5. ESPÉCIES DE EXECUÇÃO

27.5.1. Procedimentos executivos existentes

Usualmente, as expressões "espécies de execução" ou "modalidades de execução", vêm sendo empregadas para designar os diversos procedimentos executivos existentes. Se, no processo de conhecimento, é possível a observância de um procedimento comum ou mesmo especial, com a execução não poderia ser diferente, sendo certo que a definição do procedimento costuma observar como critérios: a) a origem do título executivo (judicial ou extrajudicial); b) a natureza da obrigação constante no título (pagar dívida alimentar, pagar dívida não alimentar, fazer, não fazer ou entrega de coisa certa ou incerta); c) a qualidade da parte envolvida (se é particular ou Fazenda Pública).[8]

Os ritos que a mesma possui são os seguintes: a) cumprimento de sentença que determina obrigação de pagar (a partir do art. 523); b) execução de título extrajudicial que reconhece obrigação de pagar (a partir do art. 829); c) execução de título judicial ou extrajudicial que reconhece obrigação pecuniária promovida em face da Fazenda Pública (art. 534, art. 535 e art. 910); d) execução de obrigação pecuniária inscrita em dívida ativa promovida pela Fazenda Pública (Lei nº 6.830/80); execução de alimentos, seja por título judicial ou extrajudicial (art. 528 – art. 533 e art. 911 – art. 913); e) execução por quantia certa em face de devedor insolvente (arts. 748/786-A, CPC-73 c/c art. 1.052); f) execução de título judicial ou extrajudicial em sede de Juizados Especiais Federais, Fazendários e Estaduais (art. 16 e art. 17, Lei nº 10.259/2001 c/c art. 12 e art. 13, Lei nº 12.153/2009 c/c art. 52 e art. 53, Lei nº 9.099/95); g) cumprimento de sentença que impõe obrigação de fazer, não fazer e entregar coisa (art. 536 – art. 538); h) execução de título extrajudicial que reconhece obrigação de fazer (art. 815 – art. 821); i) execução de título extrajudicial que reconhece obrigação de não fazer (art. 822 – art. 823); j) execução de título extrajudicial que reconhece obrigação de entregar coisa certa ou incerta (art. 806 – art. 813).

Só que, além dessas espécies, também é comum que seja abordado, neste tópico, outras classificações, como a que distingue a execução provisória da definitiva e a que diferencia a execução completa da incompleta.

27.5.2. Execução provisória e definitiva

A execução definitiva é aquela promovida lastreada em título "definitivo", isto é, título executivo judicial já transitado em julgado ou título executivo extrajudicial. Já a execução "provisória" é realizada com base em título judicial que ainda não transitou em julgado, em virtude da pendência de recurso de apelação recebido sem efeito suspensivo, permitindo ao credor que algumas etapas processuais já pudessem estar sendo antecipadas.[9] Mas, se eventualmente o recurso tivesse sido recebido no duplo

---

8 COUTURE, *Eduardo J. Fundamentos del derecho procesal civil.* 4ª ed. Buenos Aires: B de F, 2005, pp. 370-371.

9 MÉNDEZ, Francisco Ramos. *Enjuiciamiento civil: como gestionar los litigios civiles, tomo I.* Barcelona: Atelier, 2008, pp. 397-398.

efeito, não seria permitido iniciar qualquer execução. E, além disso, deve ser lembrado que nem toda sentença pode ser submetida a uma execução provisória como, por exemplo, a que condena a Fazenda Pública ao pagamento de soma em dinheiro (art. 2º-B, Lei nº 9.494/97).

Atualmente, este assunto é disciplinado pelo CPC, em Capítulo próprio (art. 520 – art. 522), sendo que não há obstáculos em se conjugar estas classificações com as outras espécies anteriormente mencionadas. Assim, por exemplo, seria possível conceber uma execução definitiva de título extrajudicial que reconhece obrigação de pagar como, também, seria crível possibilitar uma execução provisória de título judicial que reconhece obrigação de entregar coisa.

Prevê o CPC (art. 522) que o requerimento para início do cumprimento provisório da sentença deve ser dirigido ao juízo competente (art. 516) e que, não sendo eletrônicos os autos, deve vir acompanhado das cópias reprográficas das peças ali mencionadas, devendo estas serem certificadas pelo próprio patrono como autênticas. Isto ocorre porque, sendo o processo físico, os autos estarão no tribunal para processamento do recurso de apelação que foi interposto apenas no efeito devolutivo (art. 1.012, § 1º), daí a necessidade da extração destas cópias para instruir os autos da execução provisória que tramitará em órgão de primeira instância. Obviamente, esta execução provisória será devidamente autuada e terá um novo número de distribuição, uma vez que os autos originais se encontram na instância recursal.

Como visto, a vantagem de promover desde logo a execução provisória é que o exequente já poderá ir praticando diversos atos processuais antes mesmo de a decisão exequenda transitar em julgado, o que gera enorme ganho de tempo. No entanto, há também riscos, pois, caso a execução provisória seja promovida e, posteriormente, a decisão reformada em instância recursal, ficará o exequente responsabilizado objetivamente pela reparação dos prejuízos que eventualmente tenha sofrido o suposto devedor (art. 520, inc. I).

A execução provisória se desenvolve, praticamente, de forma idêntica a uma execução definitiva, com exceção de alguns detalhes. É que, se no curso da execução provisória, o exequente pretender levantar depósito em dinheiro ou mesmo praticar algum ato que implique na alienação de bens da propriedade do executado, o mesmo deverá prestar uma caução nos próprios autos (art. 520, inc. IV).

Esta caução é até dispensada em algumas hipóteses (art. 521). É esclarecido que esta dispensa se opera para créditos de natureza alimentar, qualquer que seja a sua origem, bem como quando pender o agravo da decisão que não admitir o REXTR ou RESP (art. 1.042). Também inova ao dispensar a caução para casos em que a sentença estiver em consonância com súmula de jurisprudência dominante do STF ou do STJ ou, ainda, em casos de acórdãos relativos a julgamento de casos repetitivos. É de se criticar, contudo, a inclusão de desnecessidade desta caução quando o credor demonstrar situação de necessidade, pois em casos tais provavelmente o valor levantado seria imediatamente gasto, gerando risco ao executado que não teria como ser ressarcido em casos de provimento do seu recurso. Mas, felizmente, foi criada norma (art. 521, parágrafo único), praticamente fulminando esta situação, pois prevê que não será dispensada a caução em nenhuma hipótese em que ocorrer risco de grave dano ou de difícil ou incerta reparação. Portanto, motivo de hipossuficiência do exequente, isoladamente, não torna a caução desnecessária, embora na doutrina haja quem discorde desta afirmação.[10]

Uma questão interessante versa sobre a possibilidade de a execução provisória se transformar em definitiva ou vice-versa. É que não existem dúvidas de que a execução provisória pode se transformar em definitiva, no momento em que se opera o trânsito em julgado do título executivo. O oposto é que já não parece ser crível, pois não seria técnico admitir que uma execução, iniciada como definitiva, posteriormente seja convertida em provisória. Normal e lógico é o contrário: a provisoriedade anteceder a definitividade.[11]

Sob este ponto de vista, realmente é correto concluir que a execução que inicia definitiva assim deve ser considerada até o seu fim. Logo, se eventualmente for promovida uma execução fundada em título executivo extrajudicial (que é "definitiva"), e estiver pendente recurso de apelação para impugnar a sentença de improcedência ou de rejeição liminar dos embargos que foram oferecidos (art. 1.012, § 1º, inc. III), a mesma continuará a prosseguir sob a roupagem de "definitiva", dispensando qualquer prestação de caução. É, por sinal, o que consta no Verbete nº 317 da Súmula do STJ: "*É definitiva a execução de título extrajudicial, ainda que pendente apelação contra sentença que julgue improcedente os embargos*", que continua a ser aplicado regularmente.[12] Na doutrina, porém, o tema por vezes não é tão pacífico assim, pois há aqueles que defendem, sem razão, que esta poderia ser um exemplo em que a execução em curso se transformaria em provisória.[13] De todo modo, é curioso observar que, caso a hipótese envolvesse embargos oferecidos em sede de execução fiscal, a presente execução permanecerá suspensa, independentemente da nomenclatura que lhe queira emprestar (se "definitiva" ou "provisória"), em razão de norma específica (art. 32, § 2º, Lei nº 6.830/80), que somente autoriza que a Fazenda Pública levante o dinheiro penhorado após o trânsito em julgado da sentença dos embargos.[14]

10 No sentido do texto: TJ-RJ. Apelação cível nº 2008.002.06473. Rel.ª Des.ª Maria Augusta Vaz. J. 08/04/2008. Em sentido contrário: DIDIER Jr., Fredie, CUNHA, Leonardo Carneiro da, BRAGA, Paula Sarno, OLIVEIRA, Rafael. *Curso de direito processual civil execução* Salvador: JusPodivm, 2009. 5º v., p. 201.

11 MOREIRA, José Carlos Barbosa. *Direito aplicado i (acórdãos e votos)*, 2ª ed. Rio de Janeiro: Forense, 2001, p. 103.

12 STJ. Embargos de divergência nº 243245-SP. Rel.ª Min.ª Laurita Vaz. DJ 13/10/2008.

13 Filiando-se ao entendimento atualmente sumulado: FUX, Luiz. *O novo processo de execução. O cumprimento da sentença e a execução extrajudicial*. Rio de Janeiro: Forense, 2008, p. 116. Por outro lado, defendendo que nesta hipótese a execução definitiva seria transformada em provisória: THEODORO Jr., Humberto. *A reforma da execução do título extrajudicial*. Rio de Janeiro: Forense, 2007, pp. 25-26.

14 TJ-RJ. Agravo de instrumento nº 2008.002.30373. Rel. Des. Marco Antônio Ibrahim. J. 23/09/2009.

27.5.3. Execução completa e incompleta

Esta outra classificação, que cuida da execução "completa" e "incompleta", em certa maneira complementa a anterior. É considerada como execução "completa" aquela que pode se desenvolver até a produção do resultado final, que é exatametne a satisfação do crédito exequendo. Desta maneira, uma execução definitiva também costuma ser completa. Mas, por outro lado, adota-se a nomenclatura execução "incompleta" quando o exequente não puder realizar todas as etapas ou atos do procedimento, como sói acontecer em sede de execução provisória em que o credor não prestar caução, quando o mesmo ficará impedido de realizar qualquer ato que implique em levantamento de soma em dinheiro ou em expropriação dos bens constrictos.

Anota-se, por oportuno, que não há unanimidade em tais conceitos, posto que conceituada doutrina já defende uma visão bem diferente. Com efeito, para os adeptos deste outro entendimento, a execução é "provisória" e "completa" quando se encontra pendente de julgamento um REXTR, já que este recurso não tem o condão de, por si só, suspender os efeitos da decisão exequenda, muito embora impeça qualquer nova discussão sobre matéria fática. Já o termo execução "incompleta" é para ser empregado quando se encontrar pendente de apreciação algum recurso desprovido de efeito suspensivo que permite a discussão de fatos, como o de apelação. É por este motivo (possibilidade, em sede recursal, de que os fatos sejam objeto de nova apreciação), que esta execução seria "provisória" e, ao mesmo tempo "incompleta". Logicamente, toda execução "definitiva" também seria "completa".[15] Mas, como alertado acima, a doutrina não é unânime em definir os parâmetros desta outra classificação.

---

15 MARINONI, Luiz Guilherme, ARENHART, Sérgio Cruz. *Curso de processo civil*, São Paulo: RT, 2007, v. 3. p. 360-361.

28

COMPETÊNCIA NA EXECUÇÃO

28.1. COMPETÊNCIA PARA A EXECUÇÃO

A competência para o processo ou fase de execução depende da natureza do título executivo envolvido. Com efeito, caso o mesmo seja extrajudicial, existe norma própria (art. 781), com estipulações bastante pormenorizadas. E elas são as seguintes: a) a execução poderá ser proposta no foro de domicílio do executado, de eleição constante do título ou, ainda, de situação dos bens a ela sujeitos; b) tendo mais de um domicílio, o executado poderá ser demandado no foro de qualquer deles; c) sendo incerto ou desconhecido o domicílio do executado, a execução poderá ser proposta no lugar onde for encontrado ou no foro de domicílio do exequente; d) havendo mais de um devedor, com diferentes domicílios, a execução será proposta no foro de qualquer deles, à escolha do exequente; e) a execução poderá ser proposta no foro do lugar em que se praticou o ato ou em que ocorreu o fato que deu origem ao título, mesmo que nele não mais resida o executado.

Por outro lado, quando se tratar de título executivo judicial, há outra norma mais pontual (art. 516), com regramentos relativamente simples. Desta forma, sendo um processo de competência originária de Tribunal, a competência para a execução do julgado é deste próprio (art. 516, inc. I). Já naqueles processos iniciados em primeira instância, a regra é que a etapa executiva deve se dar no mesmo órgão jurisdicional em que o processo foi deflagrado (art. 516, inc. II), o que era comumente designado pela doutrina como sendo uma hipótese caracterizadora de "conexão sucessiva".[1]

Precisamente em relação ao cumprimento de sentença em desfavor da Fazenda Pública, há precedente que deve ser efetuado perante o mesmo órgão jurisdicional que proferiu a sentença, sem possibilidade de escolha de outra base territorial.[2]

---

[1] FERNANDES, Sérgio Ricardo de Arruda. *Questões importantes de processo civil: teoria geral do processo.* Rio de Janeiro: DP &A, 1999, p. 65. ZAVASCKY, Teori Albino. *Processo de execução.* 3ª ed. São Paulo: RT, 2004, p. 128. Vale dizer que esta nomenclatura ("conexão sucessiva"), que remonta ao período em que existia plena autonomia da execução de título judicial, jamais pareceu muito acertada. É que, antes das reformas, o que se tinha eram dois processos, só que dentro dos mesmos autos. A conexão, por seu turno, é uma das hipóteses de modificação da competência, que se justifica para evitar decisões contraditórias. No entanto, para que houvesse o início da execução de título judicial era necessário, por óbvio, que o outro processo já tivesse sido sentenciado, o que faria desaparecer qualquer "conexão", pois, de acordo com o Verbete nº 235, da Súmula do STJ: "*a conexão não determina a reunião dos processos, se um deles já foi julgado*".

[2] TRF-1. CC 0068706-16.2013.4.01.0000, Rel. Des. Federal Kassio Marques, em 28/03/2017.

28.2. SITUAÇÕES EXCEPCIONAIS ENVOLVENDO A COMPETÊNCIA NA EXECUÇÃO

Existem, contudo, algumas hipóteses em que é possível iniciar (ou continuar) a etapa executiva em juízo ou base territorial distinta daquele em que o título executivo foi constituído. As hipóteses são muitas:

- execução, no juízo cível, dos efeitos civis da sentença penal, da sentença arbitral ou mesmo da decisão estrangeira homologada pelo STJ (art. 516, inc. III);[3]

- execução individual, no juízo cível, de sentença proferida em sede de processo coletivo que versou sobre interesses individuais homogêneos, após a liquidação (art. 98, § 2º, Lei nº 8.078/90), se as regras de organização judiciária preverem competência distinta para esta última demanda;

- execução, no juízo federal cível de primeira instância, da decisão que tiver sido homologada mediante prévio processo denominado "homologação de decisão estrangeira", anteriormente instaurado no STJ (art. 109, inc. X, CRFB);

- execução de alimentos fixados em sentença, perante juízo distinto do que proferiu a decisão, dependendo do atual domicílio do credor dos alimentos (art. 528, § 9º);

- execução contra devedor insolvente, lastreada em título executivo judicial proferido por juízo com competência cível; se as regras de organização judiciária preverem competência distinta para a primeira delas;

- execução fundada em título executivo judicial, proferido pela Justiça Estadual, cujo prosseguimento será na Justiça Federal caso a União suceda processualmente o executado.[4]

Além dessas hipóteses, também deve ser mencionado que há norma (art. 516, parágrafo único) prevendo a possibilidade de o credor escolher a base territorial em que pretende iniciar a fase executiva. É que este dispositivo expressamente permite que o exequente escolha entre o juízo que tiver proferido a sentença, a base territorial em que o executado se encontra domiciliado, o foro em que o mesmo possui bens passíveis de constrição judicial e, ainda, a localidade em que a obrigação de fazer ou de não fazer deve ser cumprida.

Algumas dúvidas, contudo, surgem em relação ao mencionado dispositivo. Elas seriam basicamente: a) A quem compete a escolha?; b) O que será feito após a escolha?; c) Esta modificação da base territorial após a sentença ofenderia o princípio da *perpetuatio jurisdictionis* (art. 43)?; d) É possível que a escolha seja efetuada mais

---

3 A referência que o art. 516, inc. III, faz em relação ao Tribunal Marítimo resta completamente inócua, pois houve veto presidencial à proposta de reputar como títulos executivos judiciais as decisões proferidas por este Tribunal (art. 515, inc. X), justamente para que não ocorressem equívocos, eis que o mesmo não é órgão integrante do Poder Judiciário. Contudo, como não existe veto extensível ou mesmo implícito, é de se considerar que esta parte da norma ficou sem qualquer aplicação prática.

4 STJ. Conflito de competência nº 54762/RS. Rel.ª Min.ª Eliana Calmon. DJ 09/04/2007.

de uma vez?; e) Caso o executado queira discutir a base territorial eleita, ele deveria apresentar esta matéria por qual via processual?

As respostas não são complexas. Esta opção deve ser efetuada apenas pelo exequente, pois o mesmo é que se constitui no destinatário desta norma, sendo certo que a mesma reafirma a existência do princípio de que a execução deve se desenvolver de acordo com o interesse do credor (art. 797). Após a escolha ter sido realizada, caberá ao credor promover a execução no juízo que optar, entre estas possibilidade (art. 516, parágrafo único), caso em que a remessa dos autos será solicitada ao juízo anterior.[5]

Quanto ao princípio da *perpetuatio jurisdictionis*, este realmente estaria sendo vulnerado ou mitigado na presente situação, uma vez que a escolha em outra base territorial deslocaria a competência para o processamento da execução. Afinal, se há unidade de processo e a competência já está cristalizada, não há como explicar ulterior alteração do órgão jurisdicional. É melhor, portanto, concluir que não se trata de um princípio absoluto, pois é até mesmo afastado em várias hipóteses, sendo algumas inclusive mencionadas expressamente na própria norma (art. 43), como a supressão do órgão jurisdicional. Este tema, porém, não é inteiramente pacífico na doutrina.[6]

Embora a lei não estabeleça restrições à quantidade de vezes que esta opção da base territorial possa ser efetuada, a melhor exegese é que esta escolha somente poderá ser realizada uma vez, no momento inicial da etapa executiva, já que a constante modificação de competência de juízos localizados em bases territoriais distintas, pode acarretar grande dispêndio de tempo, violando princípio constitucional (art. 5º, inc. LXXVIII, da CRFB), embora também existam controvérsias a respeito.[7]

E, ainda, caso o executado perceba que a escolha efetuada pelo exequente viola as opções permitidas em lei (art. 516, parágrafo único), a via adequada para apresentar esta matéria será a impugnação (art. 525, § 1º, inc. VI), pois se trata de incompetência absoluta. Neste ponto, aliás, deve-se destacar que, muito embora exista um aspecto territorial por trás, bem como a possibilidade de escolha, essa circunstância não caracteriza hipótese de incompetência relativa. É que a opção não fica exclusivamente ao talante das partes envolvidas, decorrendo do próprio texto normativo, caracterizando o fenômeno da "competência concorrente" (v. item nº 4.4.).[8] E, ademais, não custa lembrar que existem situações em que a base territorial corporifica critério de competência absoluta, não podendo ser afastada, como ocorre nas demandas fundadas em direito real sobre imóveis (art. 47). Porém, há divergências, eis que determinado segmento da doutrina sugere que este tema reflete hipótese de incompetência relativa, muito embora

---

5 STJ. Conflito de competência nº 101.139-DF. Rel. Min. Fernando Gonçalves. DJ 16/02/2009.

6 DIDIER Jr., Fredie, CUNHA, Leonardo Carneiro da, BRAGA, Paula Sarno, OLIVEIRA, Rafael. *Curso de direito processual civil execução* Salvador: JusPodivm, 2009. 5º v., pp. 216-217.

7 No sentido do texto: NEVES, Daniel Amorim Assumpção. *Reforma do CPC: Leis nºs 11.187/05, 11.232/05, 11.276/2005, 11.277/2005 e 11.280/2006.* São Paulo: RT, 2006, p. 78. Em sentido contrário, por permitir nova alteração quando a escolha recair sobre a localidade em que os bens do devedor estão situados, diante da volatilidade do patrimônio de qualquer pessoa: CÂMARA, Alexandre Freitas. *A nova execução de sentença.* Rio de Janeiro: Lumen Juris, 2006, p. 146.

8 MENDES, Aluísio Gonçalves de Castro. *Competência cível da justiça federal.* 2ª ed. São Paulo: RT, 2006, p. 39.

o novo sistema disponha que, tanto uma quanto outra, sejam alegadas pelo interessado na mesma via processual, que seria a impugnação (art. 525, § 1º, inc. VI).[9]

28.3. COMPETÊNCIA PARA O PROCESSAMENTO E JULGAMENTO DOS EMBARGOS E DA IMPUGNAÇÃO

Os embargos devem ser oferecidos e julgados no mesmo juízo em que tramita a execução por título extrajudicial, uma vez que há norma (art. 914, § 1º) que esclarece que os mesmos serão distribuídos por dependência e autuados em apartado aos autos da execução. Mas, nem sempre é o que ocorre, pois há outro dispositivo (art. 914, § 2º), que possibilita que os mesmos possam ser ofertados no juízo deprecado, nas hipóteses de expedição de carta precatória. Nesta situação, o juízo deprecado se limitará a recepcionar os embargos, sendo certo que o mesmo não poderá julgar a pretensão que neles tiver sido ventilada, exceto se a matéria impugnada versar unicamente sobre atos nele praticados, tais como vícios ou defeitos na penhora, na avaliação, entre outros.

Já a impugnação, que é própria para a execução fundada em título executivo judicial, o CPC (art. 525) prevê que deve ser apresentada nos mesmos autos, o que é indicativo de que a competência será do mesmo órgão juridicional. De todo modo, não há restrição em se aplicar o raciocínio mencionado acima, que eventualmetne permite a apresentação dos embargos em outra localidade, também para a impugnação, desde que tenha por base os mesmos fundamentos (art. 914, § 2º c/c art. 513).

---

9 MARINONI, Luiz Guilherme, ARENHART, Sérgio Cruz. *Curso de processo civil*, São Paulo: RT, 2007. v. 3, p. 245.

29

PARTES E RESPONSABILIDADE PATRIMONIAL

29.1. PARTES PRINCIPAIS NA EXECUÇÃO

O CPC (art. 778) estabelece aqueles que podem ser os legitimados ativos na execução. O primeiro deles é credor, já mencionado no próprio *caput*. Além deste, também há o Ministério Público, embora não custe ressalvar que a legitimidade do *parquet* deverá estar em harmonia com a Carta Magna (art. 127, CRFB), que prevê que a sua atuação somente pode se dar naqueles casos em que há um interesse social ou interesse individual indisponível. A legislação especial (v.g., art. 16, Lei nº 4.717/64 e art. 15, Lei nº 7.437/85) é farta em exemplos de legitimidade ativa desta instituição.

Há, ainda, outros legitimados ativos como o espólio, os herdeiros ou os sucessores do credor (sempre que, por morte deste, lhes for transmitido o direito resultante do título executivo), bem como também o cessionário (quando o direito resultante do título executivo lhe for transferido por ato entre vivos) e o sub-rogado (nos casos de sub-rogação legal ou convencional). Portanto, esta norma (art. 778) cuida tanto de legitimidade ativa "originária" como "superveniente" em execução, sendo que, para efeitos desta última, sequer há necessidade de consentimento do executado para que a sucessão processual se perfaça (art. 778, § 2º).

Mas, no caso específico de título executivo judicial (art. 515), o CPC também fornece legitimação ativa ao próprio devedor para iniciar a execução deste título que lhe condenou, prática esta que já era conhecida como "execução invertida". Esta norma (art. 526) possibilita que a atividade seja exercida antes do início do cumprimento da sentença e também prevê que haverá o contraditório do credor no prazo de 5 (cinco) dias, muito embora desde logo já seja autorizado o levantamento da quantia incontroversa. Havendo depósito menor, haverá a multa e os honorários advocatícios fixados automaticamente em 10% (dez por cento), seguindo-se a execução e seus atos subsequentes.

Já a legitimação passiva é tratada por outra norma do CPC (art. 779), também não oferecendo dificuldades, prevendo que, em regra, este será o próprio devedor da obrigação. Contudo, há muitas outras hipóteses, sendo algumas merecedoras de mais comentários.

No caso de espólio, herdeiros ou sucessores do devedor (art. 779, inc. II), poderá uma dessas situações caracterizar sucessão processual. Mas, não obstante, é importante destacar que a expressão "sucessores do devedor" também está se referindo a pessoas jurídicas. Desta maneira, hipóteses como a de incorporação, fusão ou cisão podem dar ensejo à responsabilização por parte de um novo executado. Apenas a transformação é que não estaria incluída, pois nela não se altera a pessoa jurídica, mas apenas o seu modelo societário.

O novo devedor, que assumiu com o consentimento do credor a obrigação constante do título, também pode ser legitimado passivo (art. 779, inc. III). Este caso já retrata o que é conhecido como "assunção de débito", sendo necessária a anuência do credor pois, mudando o devedor, também é modificado o patrimônio, que é usado para adimplir a obrigação constante no título executivo (art. 789). Releva-se que, para efeitos de "cessão de créditos" em execução (o que seria o inverso da "assunção de débito"), já não haverá a necessidade de anuência da outra parte para que a mesma se aperfeiçoe, pelo menos no plano processual.

Há, outrossim, a possibilidade de a legitimação passiva recair sobre o fiador judicial (art. 779, inc. IV), que é aquele que prestou fiança perante processo judicial que envolve terceiros. Assim, caso necessário, o interessado que sofreu algum prejuízo pode executar diretamente este fiador que se obrigou, não sendo hipótese de aplicação do Verbete nº 268 da Súmula do STJ (*"O fiador que não integrou a relação processual na ação de despejo não responde pela execução do julgado"*), que apenas regulou a situação do fiador convencional.

E, de resto, também são previstos como legitimados passivos o responsável do bem vinculado por garantia real ao pagamento do débito (art. 779, inc. V), bem como o responsável tributário (art. 779, inc. VI), que não necessariamente é aquele que contraiu a obrigação tributária (débito). Esta distinção, entre débito (*schuld*) e responsabilidade (*haftung*) será tratada oportunamente (v. item nº 29.5.), ocasião em que serão melhor delineados os seus contornos práticos.

29.2. LITISCONSÓRCIO NA EXECUÇÃO

Admite-se litisconsórcio em execução, tanto no polo ativo quanto no passivo. No entanto, alguns cuidados devem ser observados, de modo a evitar uma temerária coligação de credores ou devedores. E, para tanto, deverá ser analisada a natureza do título executivo.

Caso a execução seja lastreada em título executivo extrajudicial, o litisconsórcio poderá ser admitido mas somente em algumas hipóteses. É que prevê norma do CPC (art. 780) que o exequente pode cumular várias execuções, ainda que fundadas em títulos diferentes, quando o executado for o mesmo e desde que para todas elas seja competente o mesmo juízo e idêntico o procedimento.

Assim, nada impede que dois credores, que tenham em mãos um mesmo título executivo (v.g., dois locadores em um mesmo contrato de locação, cujo aluguel não vem sendo pago), possam executar o mesmo devedor. E a recíproca também seria possível (v.g., dois locatários, de um mesmo contrato de locação, sendo executados pelo locador com base no contrato de aluguel que não vinha sendo pago), pois o que este dispositivo exige é que tenha uma identidade entre os polos ativo e passivo, ainda que mais de um título esteja sendo executado.

Ressalta-se que o que não se concebe é um demandante promovendo a execução de um cheque e, no mesmo processo, haver outro credor executando uma nota promissória contra o mesmo devedor, sendo ambos os títulos originários de relações jurídicas distintas ou vice-versa, pois esta situação caracterizaria indevida coligação de credores ou devedores, conforme o caso.[1]

Já em relação ao cumprimento de sentença, o raciocínio acima não se justifica, ao menos em relação ao litisconsórcio ativo. Com feito, o CPC (art. 113, inc. III) autoriza que a fase de conhecimento seja instaurada por litisconsortes facultativos bastando que haja uma afinidade de questões por um ponto comum de fato ou de direito. Logo, não há necessidade de que, na etapa cognitiva, haja identidade de relação jurídica entre os litisconsortes. Consequentemente, a sentença proferida ao término desta fase que acolher os pedidos autorais poderá ser posteriormente executada por cada um dos litisconsortes, individualmente ou não. Porém, esta conclusão não se aplica em relação ao polo passivo da fase de conhecimento, já que há dispositivo (art. 327) que exige, em seu *caput*, que ainda que sejam vários autores e pedidos pelo menos o demandado tenha que ser o mesmo.

29.3. INTERVENÇÃO DE TERCEIROS NA EXECUÇÃO

Quanto à intervenção de terceiros, a princípio não são admitidas todas as tradicionais modalidades utilizadas na fase de conhecimento, com exceção do incidente de desconsideração da personalidade jurídica (art. 134) e do recurso interposto por terceiro (art. 996).

A assistência simples (art. 121 – art. 123) não se justifica, pois o intento do assistente é auxiliar uma das partes a ter julgamento favorável, possibilidade esta que não existe na execução, muito embora a mesma seja possível nos embargos, que possuem natureza jurídica de processo de conhecimento.[2] A assistência litisconsorcial (art. 124), por seu turno, deve ser tratada não como intervenção de terceiros, mas sim como litisconsórcio, já que o assistente ostenta a posição de parte principal.

---

1 DIDIER Jr., Fredie, CUNHA, Leonardo Carneiro da, BRAGA, Paula Sarno, OLIVEIRA, Rafael. *Curso de direito processual civil, execução* Salvador: JusPodivm, 2009. 5ª v., p. 208.

2 Em sentido contrário ao texto, admitindo a intervenção do assistente simples na execução, por entender que o mesmo pode ter interesse jurídico em prevenir um resultado que possa atingir a sua esfera pessoal: DONIZETTI, Elpídio. *Curso didático de direito processual civil.* 8ª ed. Rio de Janeiro: Lumen Juris, 2007, p. 600.

A denunciação da lide (art. 125 – art. 129) também não seria possível, por implicar na possibilidade do reconhecimento de um direito de regresso, o que é incompatível com a execução, que não tem julgamento. Ademais, não seria possível um mesmo processo tramitar com uma etapa executiva e cognitiva ao mesmo tempo, tudo dentro dos mesmos autos. Logo, se há interesse em buscar o direito de regresso, este deverá ser pleiteado em processo autônomo.

Já o chamamento ao processo (art. 130 – art. 132), que busca a inclusão de um novo executado estranho ao processo e contra a vontade do exequente, também não seria possível por ausência de regras específicas a respeito, muito embora haja, na doutrina, quem vislumbre a existência de dispositivo (art. 794, §§ 1º e 2º), como sendo a fonte normativa autorizadora, em execução, dos mesmos efeitos práticos desta modalidade de intervenção de terceiros.[3] Esta orientação, contudo, não é a melhor, pois a norma em comento apenas permite que o fiador, que já pagou a dívida, possa executar o afiançado nos autos do mesmo processo. Não cuida, a toda evidência, do chamamento ao processo, eis que o afiançado já estava integrado na relação jurídica processual desde o início.

Por fim, o *amicus curiae* (art. 138) também não deve ser admitido em sede de execução, uma vez que esta modalidade busca fomentar o exercício da democracia participativa, de modo a autorizar o ingresso de terceiros ao processo para pluralizar o debate para que a melhor decisão seja proferida. Porém, na execução não há julgamento no sentido tradicional, posto que o magistrado se limita a determinar as medidas cabíveis para cumprimento da obrigação constante no título executivo. Logo, não faria sentido admiti-la em sede de execução.

No entanto, apesar dessas restrições, não se vislumbra qualquer óbice a que terceiros possam atuar no cumprimento de sentença ou na execução, desde que seja por meio do incidente de desconsideração da personalidade jurídica (art. 134) ou mesmo no recurso interposto por terceiro (art. 996). Aliás, é de se destacar que há até mesmo uma modalidade de intervenção de terceiros própria para este modelo executivo, que é a "arguição por preferência" (art. 908 – v. item nº 10.1.8.2.). É o que ocorre na petição de um dos credores protocolada em outro processo, arguindo a sua preferência no valor a ser apurado com a alienação do bem penhorado (art. 908). Vale destacar que esta preferência pode decorrer tanto da hipoteca judiciária (art. 495, § 4º), como da realização da penhora (art. 797, parágrafo único).

Basicamente, a arguição por preferência deve ser empregada naqueles casos em que, concorrendo vários credores em execuções distintas, o dinheiro obtido pela expropriação do bem penhorado será distribuído e entregue de acordo com a ordem das respectivas prelações, não havendo título legal à preferência. Desta maneira, para que possa fazer exercício deste direito, caberá a esses terceiros estranhos ao processo peticionar informando esta situação ao juízo em que os bens foram expropriados ou requerer que esta comunicação seja realizada por intermédio dos juízos em que tramitam as suas respectivas execuções.

---

3 SILVA, Edward Carlyle. *Direito processual civil*. Niterói: Impetus, 2007, p. 169.

Esta modalidade de ingresso de terceiros, de tão simples que é, sequer gera o deslocamento de competência de Justiça caso tenha sido manifestada pela União. É, pelo menos, do que cuida o Verbete nº 270 da Súmula do STJ: *"O protesto pela preferência de crédito, apresentado por ente federal em execução que tramita na Justiça Estadual, não desloca a competência para a Justiça Federal"*.

29.4. ESTABILIDADE SUBJETIVA E OBJETIVA NA EXECUÇÃO

É até comum afirmar que, na fase de conhecimento, não há estabilização subjetiva, pois não há obstáculos em se alterar os sujeitos do processo diante de certas circunstâncias, como a correção do polo passivo em decorrência da ilegitimidade (art. 338 c/c art. 339), nos casos de alienação do suposto direito litigioso (art. 109, § 1º), entre outros. Portanto, a sucessão processual, que é o ingresso de novas partes substituindo as anteriores, é instituto frequente na ciência processual. Na execução, não é diferente, sendo mais coerente considerar que nela não há estabilidade subjetiva da lide.

Quanto à estabilidade objetiva, ou seja, à possibilidade de alteração do pedido ou da causa de pedir no curso do processo, o que se percebe é a presença de regra processual no CPC admitindo-a na fase de conhecimento (art. 329). Com efeito, antes de o réu ser citado, é possível ao autor tanto promover a alteração quantitativa (v.g., aumentar o pedido de ressarcimento dos danos materiais de R$ 10.000,00 para R$ 20.000,00), como qualitativa do pedido (v.g., foi deduzido um pedido de ressarcimento de danos materiais e o autor o modifica para que passe a ser um pleito de revisão de cláusulas contratuais), independentemente de qualquer autorização (art. 329, inc. I). Contudo, uma vez já tendo sido realizada a citação, estas modificações poderão ser realizadas até o "saneamento do processo" (art. 357), desde que haja anuência do demandado e, também, desde que lhe seja assegurado o contraditório (art. 329, inc. II). Já na execução, ao revés, não existe regra específica, restando a dúvida se estas citadas são ou não compatíveis.

Parece que não. Na execução, não há tese e nem antítese, afirmação ou negação, ou seja, não há contraditório na mesma amplitude que no processo de conhecimento. Assim, a proibição de alterar o pedido ou a causa de pedir, em dado momento, até se justifica apenas na fase de conhecimento, pois isso geraria a necessidade de que fosse apresentada nova defesa pela parte contrária, além de serem produzidas novas provas, acarretando tumulto na marcha processual. Só que, na execução, em que o juiz usualmente não deve proferir julgamento, este risco simplesmente não existe. E, vale dizer, esta situação é a que rotineiramente ocorre. Na execução fiscal, por exemplo, caso o executado adira a um parcelamento, ocorrerá a suspensão da execução (art. 922). Só que, caso o devedor seja excluído, esta execução voltará a ter o seu curso normal, mas com a substituição do título executivo primitivo, que necessitará ser emendado (art. 2º, § 8º, Lei nº 6.830/80), a evidenciar que se estará diante de uma nova causa de pedir.

Portanto, a melhor conclusão é aquela no sentido de que, em execução, simplesmente não há estabilidade subjetiva ou objetiva da lide.

29.5. RESPONSABILIDADE PATRIMONIAL PRIMÁRIA E SECUNDÁRIA

A responsabilidade patrimonial pode ser compreendida como a possibilidade de sujeição de um patrimônio às medidas executivas. E, de acordo com o CPC (art. 789), o devedor (ou o responsável) apenas responde com todos os seus bens presentes e futuros, salvo as restrições estabelecidas em lei, o que equivaleria a uma legitimação extraordinária para a excussão de bens. É certo, porém, que nem sempre foi assim, pois em priscas eras o devedor podia responder com a sua própria vida ou pela sua liberdade. Mas, nos dias atuais, apenas o seu patrimônio é que responde pelas dívidas, muito embora seja possível a utilização de um meio de coerção (prisão civil), que pode restringir a sua liberdade.[4]

Usualmente, aquele que tem o débito (*schuld*) é o que terá o patrimônio utilizado para cumprimento da obrigação (*haftung*), sendo que tal circunstância é denominada "responsabilidade patrimonial primária". Por outro lado, a "responsabilidade patrimonial secundária" se dá naquelas situações em que um terceiro responda com o seu patrimônio pela dívida, muito embora não a tenha assumido em seu nome, o que às vezes ocorre em caráter excepcional. É que, de um modo geral, aquele que assume o débito também assume a responsabilidade, muito embora possam existir situações de débito sem responsabilidade e de responsabilidade sem débito.[5]

É o que ocorre, por exemplo, com o contrato de fiança (que é uma hipótese de responsabilidade sem débito, já que a obrigação principal foi assumida pelo devedor principal) e com a cobrança de dívidas decorrentes de jogo (que é uma situação em que ocorre o oposto, ou seja, em que há um débito sem que exista responsabilidade, já que não há como exigi-las judicialmente).[6]

É importante destacar que tanto o responsável "primário" quanto o "secundário" são legitimados passivos para constar no polo passivo da execução, mesmo que o último não tenha participado na relação jurídica de direito material. Isso ocorre, não custa lembrar, porque nem sempre a legitimidade para a causa decorre da participação na relação material, podendo a mesma ser também extraída do próprio texto normativo.[7]

O CPC (art. 790) tencionou estabelecer as hipóteses de responsabilidade patrimonial primária e secundária para a execução. A primeira delas (inc. I) trata da hipótese da sucessão singular de bem afetado ao cumprimento da sentença, situação em que o vínculo à obrigação faz a alienação no curso do processo, ou após firmado o negócio jurídico, ato insensível para o vencedor da ação ou para o credor exequente.[8]

Já a segunda (inc. II) cuida da sujeição dos bens do sócio, nos termos da lei, o que já demanda alguns esclarecimentos. É que o patrimônio do sócio não responde, em

---

4 COUTURE, Eduardo J. *Fundamentos del derecho procesal civil.* 4ª ed. Buenos Aires: B de F, 2005, p. 379.

5 THEODORO Jr., Humberto. *Curso de direito processual civil.* 33ª ed. Rio de Janeiro: Forense, 2002, p. 95.

6 Os exemplos são indicados em OLIVEIRA, J. M. LOPES DE. *Natureza jurídica da obrigação.* Temas de direito privado. J. M. Lopes de Oliveira (Coord.). Rio de Janeiro: Lumen Juris, 2001, p. 24-25.

7 ASSIS, Araken de. *Manual do processo de execução.* 8ª ed. São Paulo: RT, 2002, p. 403.

8 FUX, Luiz. *O novo processo de execução. O cumprimento da sentença e a execução extrajudicial.* Rio de Janeiro: Forense, 2008, p. 83.

regra, pelas obrigações contraídas pela sociedade. No entanto, por vezes, a lei disciplina a responsabilidade subsidiária dos sócios (v.g., art. 134, CTN). Assim, nestas hipóteses contempladas em lei, compete ao exequente requerer a inclusão do sócio no polo passivo da execução para que o mesmo venha a responder por esta obrigação com o seu próprio patrimônio.[9] Mas, ao mesmo tempo, essa situação não pode ser vislumbrada como hipótese de "desconsideração da personalidade jurídica" (inc. VII), pois este instituto se aplica em outras situações. É que, quando um sócio se utiliza da pessoa jurídica como instrumento para a prática de fraudes distintas com o escopo de enriquecimento ilícito ele, na realidade, está se obrigando em nome próprio. Assim, os postulados da teoria da *disregard* buscam justamente levantar o véu da pessoa jurídica, de modo que a execução recaia nos bens daquela pessoa que efetivamente contraiu a obrigação.[10] Na desconsideração da personalidade jurídica, portanto, o sócio responde como responsável primário, o que é bem distinto da hipótese trabalhada no inciso em comento (inc. II), que cuida de responsabilidade patrimonial em caráter secundário. Vale dizer que a jurisprudência do STJ já vinha autorizando que a desconsideração seja reconhecida incidentalmente no decorrer da execução, o que torna desnecessária a deflagração de um processo autônomo para este fim e está de acordo com as disposições do CPC (art. 133 – art. 137).[11] E, igualmente, também existem precedentes da mesma corte reconhecendo que a mera dissolução irregular da sociedade empresária já autorizaria o remanejamento da execução fiscal em face dos sócios gerentes, independentemente de dolo.[12]

A terceira hipótese prevista no dispositivo em comento (inc. III) prevê que também estão sujeitos à execução os bens do devedor, mesmo que em poder de terceiros, o que é indicativo de que o legitimado passivo continua sendo o devedor e que é o seu patrimônio que irá responder pelo débito. É caso, portanto, de responsabilidade patrimonial primária.

No quarto caso (inc. IV) há a previsão de que ficam sujeitos à execução os bens do cônjuge ou companheiro (art. 226, § 3º, CRFB), nos casos em que os seus bens próprios ou de sua meação respondem pela dívida. É o que ocorre em algumas situações autorizadas pelo Código Civil (v.g., art. 1.643, inc. I e art. 1.644, ambos do CC), como quando a dívida tiver sido contraída em prol da entidade familiar, independentemente do regime de casamento.[13]

O quinto (inc. V) prevê que ficam sujeitos à execução os bens do devedor que foram transferidos ou gravados em ônus real mediante a prática de fraude de execução,

---

9 Não se pode confundir, porém, as regras estabelecidas no art. 134 e no art. 135 do CTN. Na primeira delas, ou seja, naquela indicada no art. 134 do CTN, o terceiro responde subsidiariamente nos casos em que intervierem ou pelas omissões de que foram responsáveis, devendo ser sempre demonstrada a culpa *in vigilando*. É o que comumente se chama de "responsabilidade por imputação" ou "responsabilidade de terceiros". Já no art. 135 do CTN, ao revés, a responsabilidade é solidária entre o contribuinte e o responsável, razão pela qual o Fisco pode dirigir a execução em face de ambos ou de apenas um deles, caso comprove qualquer uma das situações elencadas nos incisos desse mesmo dispositivo.

10 DIDIER Jr., Fredie. *Regras processuais no novo código civil.* 2ª ed. São Paulo: Saraiva, 2004, p. 4.

11 STJ. REsp nº 920602/DF. Rel.ª Min.ª Nancy Andrighi. DJ 23/06/2008.

12 STJ. REsp 1.371.128-RS, Rel. Min. Mauro Campbell Marques, j. 10/09/2014.

13 BASTOS, Antônio Adonias. *Teoria geral da execução.* Salvador: JusPodivm, 2010, p. 260.

o que torna esta transferência ineficaz para o exequente. Assim, por ser ineficaz esta transferência perante o credor, estes bens permanecem no patrimônio do próprio devedor, tipificando, portanto, mais uma vez a "responsabilidade patrimonial primária".

Por fim, a última hipótese (inc. VI) é muito parecida com a anterior (inc. V), embora cuide de fenômeno ligeiramente diferente, que é o da fraude a credores. A distinção é que a transferência ou oneração fraudulenta, nestes casos, necessita do ajuizamento de demanda própria denominada "ação pauliana" para efeitos de anulação do referido negócio jurídico.

29.6. SITUAÇÕES EM QUE O EXECUTADO RESPONDE COM BENS QUE NÃO MAIS INTEGRAM O SEU PATRIMÔNIO

Conforme estabelece o CPC (art. 789), o devedor ou o responsável pelo débito respondem por ele com todos os seus bens presentes e futuros, salvo as restrições estabelecidas em lei, como aqueles bens que são considerados "absolutamente" impenhoráveis (em que pese o CPC não mais adotar a expressão "absolutamente" no art. 833, o que foi intencional para fomentar o raciocínio jurídico de ser convenção processual entre as partes renunciando previamente a esta garantia intimamente ligada à manutenção da dignidade da pessoa física – v. item nº 11.5.2.5.).

No entanto, existem situações em que bens que, aparentemente, deixaram de integrar o patrimônio do devedor, também podem vir a ser usados para pagamento dos credores. São aquelas hipóteses em que a transferência se operou de forma fraudulenta, que contempla as seguintes espécies: a "fraude a credores" e a "fraude de execução".

29.6.1. Fraude de execução

A primeira modalidade de alienação fraudulenta de bens se chama fraude de execução, que é a reputada mais grave. Esta modalidade de fraude ocorre quando há transferência do bem, penhorado ou não, pelo executado para um terceiro, no curso da execução. Em tais casos, caberá ao credor comunicar tal circunstância ao magistrado por meio de uma mera petição e o seu reconhecimento não desconstitui o ato de transferência, tornando-o apenas ineficaz (art. 792, § 1º).

Para que esta fraude seja reconhecida, competirá ao credor demonstrar a insolvência do executado (elemento objetivo), ou seja, a demonstração de que o demandado se encontra em um estado de déficit patrimonial, com um passivo superior ao ativo. Mas, já há algum tempo, respeitável doutrina até mesmo vem considerando possível a discussão da boa-fé do comprador (elemento subjetivo) nestas hipóteses.

Com efeito, dispõe o CPC (art. 844): "*Para presunção absoluta de conhecimento por terceiros, cabe ao exequente providenciar a averbação do arresto ou da penhora no registro competente, mediante apresentação de cópia do auto ou do termo, independentemente de mandado judicial*". Logo, observa-se que o mencionado dispositivo deixa bem claro que, caso a averbação do termo ou ato de penhora tenha sido realizada pelo exequente, não poderá o eventual comprador do bem alegar que tenha agido com boa-fé na sua aquisição.[14]

Só que, uma interpretação a *contrario sensu* desta mesma norma permite concluir que, se não for realizada esta averbação, que é facultativa, poderá o terceiro alegar boa-fé e ver o seu direito prevalecendo sobre aquele alegado pelo credor. Esta conclusão vem sendo adotada em reiterados julgados do STJ, o que motivou a criação do Verbete nº 375 da sua Súmula, nos seguintes termos: "*O reconhecimento da fraude de execução depende do registro da penhora do bem alienado ou da prova de má-fé do terceiro adquirente*". No CPC, o tema também foi assim disciplinado (art. 792, incs. II e III, § 2º). Em consequência, percebe-se que, nos dias atuais, o entendimento prevalente é o que também possibilita a discussão do elemento subjetivo na fraude de execução, nem que seja em relação ao vínculo entre o executado e o terceiro comprador.

Outra grande questão que envolve a fraude de execução é a delimitação do seu termo inicial, ou seja, a partir de que momento a alienação de um bem pertencente ao devedor pode caracterizá-la. Esta dúvida, por sinal, é de extrema relevância, uma vez que a delimitação do termo inicial da fraude de execução também indicaria, ao mesmo tempo, o momento imediatamente anterior que caracterizaria o termo final da fraude a credores. No entanto, percebe-se que o CPC (art. 792, inc. IV) é insuficiente para tanto, em razão da extrema vagueza dos seus termos, que estabelece que ela se caracateriza quando, ao tempo da alienação ou da oneração de bens, corria contra o devedor demanda capaz de reduzi-lo à insolvência.

A crítica é fundada, pois a redação dúbia deste dispositivo (art. 792, inc. IV) vem fomentando diversos entendimentos a respeito deste marco inicial. Uma primeira corrente doutrinária é no sentido de que basta a existência de um processo de conhecimento capaz de reduzir o devedor à ruína para que eventual transferência seja reputada como fraudulenta.[15] Já uma segunda visão sustenta que a fraude de execução só pode ocorrer após o início de uma execução, seja ela autônoma ou etapa de cumprimento, entendimento que costuma ser bastante adotado no seio doutrinário.[16] E, por fim, um terceiro entendimento é no sentido de que não basta a alienação ocorrer no curso da execução, mas sim que o executado tenha ciência prévia de que a mesma encontra-se em curso o que, usualmente, se dá somente após a citação. Vale dizer que este último entendimento foi adotado pelo STJ em julgamento de recurso especial repetitivo, que considerou a citação como

---

14 DONIZETTI, Elpídio. *Curso didático de direito processual civil*. 8ª ed. Rio de Janeiro: Lumen Juris, 2007, p. 664.

15 SILVA, Edward Carlyle. *Direito processual civil*. Niterói: Impetus, 2007, p. 499. Há uma crítica, porém. O processo de conhecimento se constitui em uma expectativa para o demandante que, antes de a sentença ser proferida, ainda não tem qualquer direito reconhecido. Impedir o demandado de alienar os seus bens quando ainda sequer há crédito constituído parece ser uma medida extremamente rigorosa. Basta imaginar a possibilidade de uma demanda em que se pleiteiam improváveis danos morais no patamar de cem milhões de reais. De acordo com este raciocínio, qualquer transferência de bem integrante do patrimônio do demandado seria presumida como fraudulenta, malgrado a alta improbabilidade de ser acolhida a pretensão material.

16 FUX, Luiz. *O novo processo de execução. O cumprimento da sentença e a execução extrajudicial*. Rio de Janeiro: Forense, 2008, p. 99.

indispensável para configuração da fraude de execução, excetuada outra hipótese (art. 828, § 4º – que será merecedora de comentários logo a seguir).[17]

Em razão desta divergência antiga, em se delimitar o termo inicial para a ocorrência da fraude a execução, o CPC tencionou estabelecer um critério mais objetivo para a caracterização deste momento. Por este motivo, manteve norma (art. 828) que autoriza a possibilidade de o exequente promover a averbação da certidão de distribuição de execução admitida por magistrado perante algum órgão em que constem registrados bens do executado. Trata-se, a toda evidência, de norma que guarda alguma semelhança com outra já noticiada (art. 844), que cuida da averbação do auto ou do termo de penhora ou arresto, já que ambas se traduzem em medidas facultativas que tencionam proteger o credor. A diferença, porém, é que a primeira ocorre em momento anterior à penhora ou ao arresto, enquanto a segunda, necessariamente, se dá após a realização da mesma.

Como visto, há disposição (art. 828, § 4º), que estabelece que, caso a averbação da certidão de distribuição seja realizada, serão presumidos em fraude de execução a alienação ou oneração dos bens após a respectiva averbação, o que é claro indicativo da finalidade de se estabelecer, de modo objetivo, o momento inicial em que esta modalidade de fraude pode ser praticada. No entanto, algumas dúvidas vêm sendo suscitadas em relação ao dispositivo, que seriam: a) A norma pode ser empregada também no cumprimento de sentença?; b) Qual a consequência da falta de observância do prazo de 10 (dez) dias fixado para que seja comunicado ao juiz sobre as averbações realizadas (art. 828, § 1º)?; c) Aquele que já averbou a certidão de distribuição deferida também necessita averbar o termo ou auto de penhora ou arresto?

Quanto à primeira indagação, a resposta é que a mencionada norma é aplicável, tanto em relação à execução autônoma como, também, ao cumprimento da sentença. Na doutrina, há quem sustente que a pequena diferença é que, nesta segunda hipótese, a certidão deverá ser fornecida não pelo Cartório Distribuidor, mas sim pela serventia em que os autos se encontram (v.g., 10ª Vara Cível).[18]

Em relação ao segundo questionamento, a dificuldade reside na ausência de qualquer sanção ante o descumprimento do prazo ali mencionado. É que, conforme se extrai da norma (art. 828, § 1º), deve o exequente tão somente realizar a averbação da certidão da distribuição e comunicar ao órgão jurisdicional em 10 (dez) dias. A lei, realmente, não estabelece qualquer espécie de sanção. Na doutrina, já houve quem sugerisse que não bastaria ao credor apenas promover a averbação da certidão da distribuição, cabendo-lhe, também, a incumbência de comunicá-la ao juízo em 10 (dez) dias, tal como preconizado no mencionado dispositivo, sob risco de se submeter a graves consequências processuais. Com efeito, caso o prazo da comunicação seja observado, esta comunicação terá caráter *ex tunc*, retroagindo o termo inicial da fraude de execução desde o momento

17 STJ. REsp nº 956.943-PR. Rel. Min. João Otávio de Noronha. DJ 20/08/2014. CÂMARA, Alexandre Freitas. *Lições de direito processual civil*. 10ª ed. Rio de Janeiro: Lumen Juris, 2005. v., II. p. 220.

18 MARINONI, Luiz Guilherme, ARENHART, Sérgio Cruz. *Curso de processo civil*. São Paulo: RT, 2007. v. 3, p. 262.

em que a averbação tiver sido realizada. Do contrário, se esta comunicação demorar mais de 10 (dez) dias, o termo inicial da fraude de execução será o da data da respectiva comunicação ao juízo, além da sujeição a uma sanção pecuniária.[19] Contudo, a crítica a este entendimento é que ele busca encontrar ou criar alguma sanção pela falta de observância do prazo ali estipulado, sem se atentar que o objetivo do artigo é a proteção do credor. Além disso, não se justifica a solução apresentada, posto que quem deve ser informado da existência da averbação é o eventual terceiro interessado em adquirir o bem, para que não possa alegar boa-fé. O magistrado, a rigor, somente precisaria desta informação para fins de apurar se houve ou não averbação manifestamente indevida ou que não tenha sido cancelada no momento próprio, para fins de indenizar o prejudicado (art. 828, § 5º). Assim, realizada a averbação da certidão, a finalidade da norma foi atendida, independentemente de qualquer comunicação que venha a ser realizada ao juízo, posto que esta somente serve para eventual fixação de indenização, sendo a mesma irrelevante para caracterizar o termo inicial da fraude a execução, tanto que o legislador sequer previu esta consequência processual em específico se houver descumprimento deste prazo. Por sinal, é como consta no CPC (art. 792, inc. II).

Por fim, quanto ao último questionamento, se aquele que já averbou a certidão de distribuição deferida (art. 828) também necessita averbar o termo ou auto de penhora ou arresto (art. 844), a resposta parece ser afirmativa, para efeitos de maior proteção do credor. Com efeito, realizada a transferência quando tiver sido averbada no órgão a mera certidão de distribuição, haverá uma presunção apenas relativa de transferência fraudulenta, eis que o executado poderá demonstrar, no decorrer da execução, que aquele determinado bem não se encontrava constricto no processo, bem como que dispõe de outros bens que poderiam ser utilizados para o cumprimento da obrigação constante no título executivo. O mesmo, contudo, já não ocorre quando for averbado o termo ou auto de penhora ou arresto no mesmo órgão, pois o comprador não poderá aduzir que agiu de boa-fé, pois o referido bem já se encontrava com uma destinação específica decorrente de um processo judicial. A presunção de má-fé, neste último caso, passa a ter contornos de absoluta, portanto.

29.6.2. Fraude a credores

A fraude a credores é aquela modalidade que tem previsão no Código Civil (art. 158, CC) e que ocorre quando o executado, dolosamente, aliena a integralidade de todo o seu patrimônio com o único objetivo de frustrar o pagamento dos seus credores.

Para a caracterização desta modalidade exige-se, concomitantemente, tanto o elemento subjetivo, que consiste no conluio entre o devedor/vendedor e o terceiro/adquirente com o objetivo de prejudicar terceiros como, também, o elemento objetivo,

---

19 DIDIER Jr., Fredie, CUNHA, Leonardo Carneiro da, BRAGA, Paula Sarno, OLIVEIRA, Rafael. *Curso de direito processual civil*, e Execução, Salvador: JusPodivm, 2009. 5º v., p. 315.

consistente na diminuição patrimonial do devedor até o ponto de reduzi-lo à insolvência.[20]

Embora ambos os requisitos devam ser demonstrados no curso do processo, há tempos a jurisprudência vem entendendo que, se o ato de transferência do devedor for praticado a título gratuito, como ocorre em uma doação, este elemento subjetivo será presumido.

Além da comprovação destes elementos acima, o credor interessado também terá que atravessar um caminho mais longo que na outra modalidade, pois esta somente pode ser reconhecida no bojo de um processo de conhecimento, comumente designado como "ação pauliana", que observará o procedimento comum e que deverá ser deflagrado em face do devedor e do terceiro adquirente, caracterizando uma hipótese de litisconsórcio passivo necessário.[21]

O entendimento doutrinário era no sentido de que o êxito desta ação pauliana não acarretaria a nulidade do ato de transferência entre o devedor o terceiro, mas sim a ineficácia do mesmo frente ao credor, como acontece com todas as demais modalidades.[22] Contudo, não é assim que prevê o Código Civil (art. 158, CC – que estabelece que esta transferência seria "anulável") e nem mesmo o CPC (art. 790, inc. VI), que claramente sinalizam no sentido do comprometimento da validade do negócio jurídico em vez de sua ineficácia.

Esta distinção, se o negócio jurídico celebrado entre o devedor e o terceiro é atingido na validade ou nos efeitos, traz importantes consequências no plano material. É que, trabalhando com a hipótese de que o ato é apenas ineficaz (como vinha sendo defendido pela doutrina), se após a arrematação o credor já tiver o seu crédito inteiramente satisfeito e, mesmo assim, houver sobra no produto apurado com a alienação, este excedente será entregue ao terceiro adquirente, posto que a transferência não foi desconstituída. Do contrário, caso se defenda a ideia de que a transferência foi invalidada, qualquer valor excedente deverá ser restituído obrigatoriamente ao devedor.

De resto, é importante constar que não pode ser penhorado um bem que tenha sido alienado em fraude a credores sem que antes haja o prévio acolhimento da pretensão deduzida na ação pauliana, cuja pretensão possui natureza declaratória. A razão de ser desta afirmação decorre da circunstância de que, enquanto não tiver transitado em julgado a sentença de procedência desta demanda, ainda não se terá a ineficácia do ato de transferência perante o credor. Mas nada obsta, porém, que seja concedida uma tutela provisória de urgência cautelar (art. 305 – art. 310), nos próprios autos da ação pauliana, para resguardar a utilidade do provimento final.

---

20 DINIZ, Maria Helena. *Código civil comentado*. São Paulo: Saraiva, 2002, p. 150.

21 Em sentido contrário ao texto, admitindo o reconhecimento da fraude a credores independentemente da proposição da ação pauliana, mas até mesmo em sede de processo em que se postula tutela cautelar, em razão da instrumentalidade das formas: TJ-RJ. Apelação cível nº 2009.001.32642. Rel. Des. Sérgio Cavalieri Filho. J. 05/08/2009.

22 ZAVASCKY, Teori Albino. *Processo de execução*. 3ª ed. São Paulo: RT, 2004, pp. 212-213.

30

O TÍTULO EXECUTIVO

30.1. PRESSUPOSTO DA EXECUÇÃO: O TÍTULO EXECUTIVO

Além dos pressupostos processuais usuais, a execução também tem um pressuposto específico para o seu desenvolvimento, que atualmente é o título executivo, embora esta afirmação mereça reflexão por parte da doutrina.[1]

O título executivo pode ser atualmente compreendido como: ato (ou fato) jurídico a que a lei atribui eficácia executiva, tornando adequada a utilização da via executiva como forma de fazer atuar a responsabilidade patrimonial.[2] Acrescenta-se que, caso a parte já tenha em mãos um título executivo extrajudicial, o CPC (art. 785) autoriza que a mesma possa renunciar a sua força executiva, caso em que poderá optar por iniciar um processo em fase de conhecimento, sem que tal circunstância denote inadequação da via eleita por ausência de interesse de agir (art. 485, inc. VI). Era, pelo menos, o entendimento doutrinário minoritário, que acabou sendo adotado no CPC.[3] Uma pena, pois dificilmente o credor bem instruído renuncia à força executiva do seu título para iniciar o processo com todas as agruras da etapa cognitiva. Assim, observa-se que esta norma (art. 785) não contribui para uma maior agilidade dos processos. Muito pelo contrário, ela opera em sentido diametralmente oposto, pois todos os atos da fase de conhecimento terão que ser praticados, bem como haverá toda a correspondente cascata recursal. Esta obra, inclusive, já alertou, em momento próprio, sobre outra questão, que seria a convenção processual entre as partes renunciando à força executiva do título que ostenta o credor (v. item nº 11.5.2.6.).

Os títulos executivos são classificados em judiciais (art. 515) ou extrajudiciais (art. 784). Como dependem de previsão normativa para a sua existência, justifica-se o brocardo *nullus titulus sine legis*.

É bastante comum a afirmação de que o rol indicado para os títulos judiciais (art. 515) é taxativo, muito embora esta assertiva não seja a mais correta. Basta citar, por exemplo, a decisão interlocutória que fixa os alimentos provisórios e que possibilitam imediata execução, embora este caso seja tratado por outra norma (art. 531).[4] Quanto aos

---

1 No sentido do texto, considerando o título executivo como pressuposto processual: ASSIS, Araken de. *Manual do processo de execução.* 8ª ed. 2002. São Paulo: RT, pp. 141-142. Em sentido distinto, por entender que a ausência do título executivo caracteriza emprego de via processual inadequada a denotar ausência de interesse de agir, que é uma "condição da ação": CÂMARA, Alexandre Freitas. *O novo processo civil brasileiro.* São Paulo: Atlas, p. 323.

2 CÂMARA, Alexandre Freitas. *O novo processo civil brasileiro.* São Paulo: Atlas, p. 322.

3 MEDINA, José Miguel Garcia. *Execução.* São Paulo: RT, 2008, p. 630.

4 FUX, Luiz. *Curso de direito processual civil.* Rio de Janeiro: Forense, 2001, p. 1.159.

títulos extrajudiciais, já há norma específica (art. 784, inc. XII), que deixa bem claro que não se trata de rol exclusivo, já que outros títulos extrajudiciais podem ser previstos em leis especiais.

O CPC (art. 780) autoriza a cumulação de execução, hipótese em que será executado mais de um título executivo no mesmo processo (embora sejam várias as ações), desde que seja o mesmo procedimento.[5] Esta norma usualmente é aplicada quando são cumulados títulos da mesma natureza como, por exemplo, uma execução lastreada em 10 (dez) notas promissórias representativas de uma obrigação de pagar. Contudo, é muito difícil conceber, nos dias atuais, uma cumulação de execução envolvendo título judicial com extrajudicial, em virtude da diversidade de procedimentos do CPC. No entanto, uma exceção seria a insolvência civil, eis que o rito é o mesmo tanto para título judicial quanto para extrajudicial (art. 748 – art. 786-A, CPC-73 c/c art. 1.052).

30.2. CLASSIFICAÇÃO DOS TÍTULOS EXECUTIVOS

30.2.1. Títulos executivos judiciais

O tema é regulado por norma própria (art. 515), que contém nove incisos. No primeiro deles serão consideradas como título executivo judicial as decisões proferidas no processo civil que reconheçam a exigibilidade de obrigação de pagar quantia, de fazer, de não fazer ou de entregar coisa. Não há, portanto, a exigência de que somente seja título judicial a decisão que contenha uma "condenação". Um exemplo, já enfrentado pelos Tribunais, é o do contribuinte que recolhe tributo a mais e que ingressa em juízo, em face da Fazenda Pública, postulando o reconhecimento de um crédito para posterior fim de compensação. Em sua sentença, o magistrado acolhe as razões externadas pelo demandante e julga procedente o pedido, reconhecendo ao mesmo um determinado crédito. Contudo, após o trânsito em julgado, pode ser que o autor entenda que o caminho da "compensação" não seria o mais adequado, em razão de algumas peculiaridades estabelecidas nas leis que tratam do assunto (v.g., a impossibilidade de compensar integralmente o seu crédito em um único exercício financeiro), o que lhe motiva a promover execução em face da Fazenda Pública (art. 534 e art. 535). Esta situação, portanto, demonstra que estará sendo promovida uma execução com base em uma sentença civil declaratória de um crédito, sendo desnecessária a promoção de um novo processo de conhecimento apenas para fins de "condenar" a Fazenda Pública ao pagamento, pois o dever jurídico correlato a cumprir tal obrigação já decorre da própria legislação que tutela o direito material.[6] Há, inclusive, precedente vinculante do STJ sobre este tema, exatamente na mesma conclusão.[7]

---

5 COUTURE, Eduardo J. *Fundamentos del derecho procesal civil*. 4ª ed. Buenos Aires: B de F, 2005, p. 371.

6 STJ. REsp nº 588202/PR. Rel. Min. Teori Albino Zavascky. DJ 25/02/2004.

7 STJ. REsp 1.324.152-SP, Rel. Min. Luis Felipe Salomão, Corte Especial, j. 04/05/2016, DJe 15/06/2016 – *Informativo* nº 585.

Os dois incisos seguintes são muito parecidos. No primeiro deles (inc. II) será reputado como título judicial a decisão homologatória de autocomposição judicial, ainda que abranja terceiros estranhos ao processo ou mesmo outras relações jurídicas (art. 515, § 2º).[8] Já o outro (inc. III) cuida da decisão homologatória de autocomposição extrajudicial de qualquer natureza. Mas, basicamente, a diferença entre ambos é que o primeiro se refere a acordo homologado no curso de um processo judicial, ao passo que o outro se refere a uma hipótese em que o acordo foi firmado antes mesmo da instauração do processo, tendo as partes vindo em juízo instaurar um procedimento especial de jurisdição voluntária justamente com esta finalidade de homologar a transação extrajudicial (art. 725, inc. VIII).[9]

Mas é claro que se deve ponderar, nesta última hipótese, que o acordo celebrado entre as partes *extra autos,* já opera efeitos jurídicos independentemente da "homologação" posterior do juiz, sendo certo que muitos podem até mesmo configurar título executivo extrajudicial, caso estejam, por exemplo, assinados por duas testemunhas, apenas para citar este exemplo (art. 784, inc. III). Assim, a aparente justificativa para esta prática, de vir em juízo apenas para requerer a homologação judicial de um acordo extrajudicial (art. 487, inc. III, alínea "b"), é conferir às partes um novo título executivo, agora de natureza "judicial", em detrimento do anterior que era "extrajudicial", o que possibilitaria a mudança no procedimento executivo que porventura tenha que ser iniciado. Anote-se que, há muito tempo, a doutrina se debruça em relação a esta praxe de homologação dos acordos celebrados entre as partes.[10]

A quarta hipótese (inc. IV) trata do formal e da certidão de partilha, que são títulos executivos judiciais exclusivamente em relação ao inventariante, herdeiros e sucessores a título singular ou universal. O raciocínio aqui é o de que só há título executivo constituído em relação àqueles que participaram do processo. Se, por exemplo, o inventário foi concluído, gerando para um dos herdeiros direito sobre um determinado bem que se encontra com terceiro, o formal ou a certidão de partilha somente serão título executivo extrajudicial em relação aos que também atuaram no processo de inventário. Quanto aos terceiros, restará, tão somente, o caminho do processo de conhecimento.

A quinta situação (inc. V) se refere ao crédito de auxiliar da justiça, quando os valores tiverem sido aprovados por decisão judicial, que, no modelo primitivo, era considerado como título executivo extrajudicial (art. 585, inc. VI) e agora recebe o tratamento adequado de título judicial.

Há, também, previsão (inc. VI) de que é título executivo judicial a sentença penal condenatória transitada em julgado, o que já demanda alguns esclarecimentos. A sentença penal é aquela proferida por um juízo que exerce competência criminal,

---

8 Reconhecendo que o ato de composição entre as partes, posteriormente homologado pelo juízo, é título executivo judicial: STJ. REsp 1.123.463-DF, Rel.ª Min.ª Maria Isabel Gallotti, por unanimidade, j. 21/02/2017, DJe 14/03/2017.

9 THEODORO Jr., Humberto. *Curso de direito processual civil,* 39ª ed. Rio de Janeiro: Forense, 2006. v. II, p. 76.

10 MIRANDA, Pontes de. *Tratado da ação rescisória, das sentenças e outras decisões.* 3ª ed. Rio de Janeiro: Borsoi, 1957, p. 231.

podendo gerar tanto efeitos penais (v.g., restrição ao direito de liberdade do acusado) como civis (v.g., condenação a reparar os danos causados). A vítima pode, portanto, optar entre dois caminhos: o primeiro, que seria promover uma demanda perante o juízo cível e aguardar a sentença para então executá-la e, o segundo, que seria aguardar o início e desenvolvimento do processo criminal (usualmente deflagrado pelo Ministério Público), a prolação da sentença penal condenatória e, também, a preclusão das vias impugnativas (a norma é bem pontual ao não admitir a "execução provisória" neste caso), para que, somente então, possa ser liquidada esta sentença penal[11] e, posteriormente, seja dado o início à sua execução.[12] É o que consta, também, no Código de Processo Penal (art. 64, CPP): "*Sem prejuízo do disposto no artigo anterior, a ação para ressarcimento do dano poderá ser proposta no juízo cível, contra o autor do crime e, se for caso, contra o responsável civil*".

No entanto, esta possibilidade de apreciação, concomitante, dos mesmos fatos em dois instrumentos processuais distintos pode gerar algumas situações extremamente complexas, que demandarão maior cuidado por parte do aplicador do Direito. Por exemplo, a via penal e a civil são absolutamente distintas entre si, mas, por vezes, a segunda se curva ao que foi decidido na primeira. É o que ocorre quando, no juízo criminal for reconhecida, a inexistência material do fato (art. 66, CPP) e, também, se o juízo criminal já definir a existência do fato e da autoria (art. 935, CC).

Só que pode ocorrer situação exatamente oposta, ou seja, a de uma sentença penal condenatória ser superveniente à sentença cível que julgou improcedente a demanda indenizatória proposta em face do autor do delito. Mas, mesmo nesta situação, a executividade civil da sentença penal não ficaria comprometida, pois, no confronto entre dois processos, um instaurado perante o juízo cível e outro perante o de competência criminal, deve prevalecer a solução dada por este último, diante da análise das normas acima indicadas, que sugerem este raciocínio.[13]

Outra hipótese que também pode gerar questionamentos reside em uma peculiar característica da sentença penal condenatória, que pode ter os seus efeitos penais revistos a qualquer momento, por meio da promoção de uma revisão criminal. É que, em uma hipótese como esta, em que os efeitos penais foram efetivamente revistos, restaria uma fundada dúvida a respeito de como ficariam os efeitos civis que constavam no mesmo ato decisório. A resposta, no entanto, não parece ser complexa.

---

11 Vale destacar que a Lei nº 11.729/2008, alterou a redação do parágrafo único do art. 63 do CPP, passando a admitir que o magistrado lotado em juízo criminal já possa, na sua própria sentença penal condenatória, liquidar os prejuízos sofridos pela vítima, o que dispensaria uma nova liquidação perante o juízo de competência cível. A constitucionalidade deste dispositivo, contudo, é extremamente duvidosa por alargar a pretensão inicial do demandante (violação ao princípio da inércia), conferir legitimidade ao Ministério Público para a defesa de interesses individuais disponíveis (patrimônio), ampliar os limites objetivos da coisa julgada (ao incluir a obrigação de indenizar, ainda que seja por valor mínimo), dentre outros motivos mais. Sobre o assunto, recomenda-se: CÂMARA, Alexandre Freitas. Efeitos civis e processuais da sentença condenatória criminal. Reflexões sobre a Lei nº 11.719/2008. *Revista da EMERJ – Escola da Magistratura do Estado do Rio de Janeiro, v. 12, nº 46,* 2009, p. 111.

12 ZAVASCKY, Teori Albino. *Processo de execução.* 3ª ed. São Paulo: RT, 2004, p. 292, admite a execução provisória dos efeitos civis da sentença penal condenatória na hipótese em que se encontrar pendente de julgamento, pelo Tribunal, do recurso de agravo de instrumento interposto para impugnar a decisão que resolveu a etapa de liquidação, uma vez que este recurso, em regra, não é dotado de efeito suspensivo.

13 ZAVASCKY, Teori Albino. *Processo de execução.* 3ª ed. São Paulo: RT, 2004, pp. 292-293.

Em razão do desaparecimento do título executivo, não há mais como promover eventual execução que ainda não tenha se iniciado. Da mesma forma, caso a execução porventura ainda esteja em curso, a mesma deverá ser imediatamente extinta, pela ausência de pressuposto processual. Fica a dúvida, no entanto, quando a execução já tiver sido concluída. Nesta última situação, parte da doutrina sugere que, caso já tenham transcorrido mais de dois anos do trânsito em julgado da sentença penal condenatória, os seus efeitos civis já não mais poderiam ser revistos, em razão de uma analogia com o prazo bienal para o ajuizamento da ação rescisória (art. 975). Deste modo, embora os efeitos penais possam ser alterados pela decisão proferida nos autos da revisão criminal, o mesmo já não ocorreria com os efeitos civis oriundos deste mesmo ato decisório, que ficariam imutáveis após o decurso deste lapso temporal, o que impediria a repetição daquilo que eventualmente já tiver sido pago.[14]

Também é importante frisar que apenas quem figurou no processo penal poderá, depois, ser executado no juízo com competência cível. Assim, caso o processo penal resulte na condenação de uma pessoa física, não pode a vítima se valer deste ato decisório para promover a execução em face da pessoa jurídica que é sua empregadora, sob risco de violação de diversos princípios constitucionais, notadamente o do devido processo legal, do contraditório e da ampla defesa.[15]

Prosseguindo na análise do rol dos títulos judiciais, a nova hipótese (inc. VII) se refere à sentença arbitral, que também é considerada como título executivo judicial, malgrado exista divergência em perquirir se o árbitro desempenha ou não atividade jurisdicional, conforme já analisado anteriormente nesta obra (v. item nº 3.4.2.1.). De qualquer maneira, é de se relevar que o árbitro não dispõe de poderes de efetivação das suas próprias decisões , o que fatalmente levará à instauração de uma execução perante a Justiça Federal ou Estadual, dependendo tão somente de quem tiver figurado no compromisso arbitral. E, a defesa do interessado, poderá se dar de duas formas distintas (teoria da dupla porta): a primeira, mediante ajuizamento de uma ação objetivando o reconhecimento da nulidade da sentença arbitral no prazo de 90 (noventa) dias, perante o Poder Judiciário (art. 33, parágrafo único, Lei nº 9.307/96); e a segunda, mediante apresentação de impugnação ao cumprimento de sentença (art. 33, § 3º, Lei nº 9.307/96 c/c art. 1.061).

O próximo caso (inc. VIII) contém uma impropriedade técnica, quando o CPC estabelece que é titulo executivo judicial a sentença estrangeira homologada pelo STJ, pois esta execução, que irá tramitar na Justiça Federal de 1ª instância (art. 109, inc. X, CRBF-88), deverá ter como título executivo, em realidade, o acórdão proferido pelo STJ, que homologou a "decisão", seja ela acórdão, decisão monocrática ou mesmo

---

14 CÂMARA, Alexandre Freitas. *Lições de direito processual civil.* 10ª ed. Rio de Janeiro: Lumen Juris, 2005. v. II, p. 185, explicitando que o seu entendimento decorre da denominada "eficácia preclusiva panprocessual dos efeitos civis da sentença penal condenatória".

15 CÂMARA, Alexandre Freitas. *O novo processo civil brasileiro.* São Paulo: Atlas, pp. 327-328.

sentença. Não custa rememorar, aliás, que a sentença arbitral estrangeira também poderá ser homologada (art. 35, Lei nº 9.307/96 c/c art. 960, § 3º), ao passo que os títulos de créditos estrangeiros independem dessa homologação, desde que satisfaçam aos requisitos de formação exigidos pela lei do lugar de sua celebração e que indiquem o Brasil como o lugar para o cumprimento da obrigação (art. 784, §§ 2º e 3º).

Há, ainda, previsão (inc. IX) de que também será reputado como título judicial a decisão interlocutória estrangeira, após a concessão do *exequatur* pelo STJ. Em tais casos, o cumprimento da mesma será realizado por carta rogatória (art. 962).

Por fim, é de se destacar que o CPC (art. 515, inc. X), em sua redação aprovada no Congresso Nacional, também reputava como título executivo judicial o acórdão proferido pelo Tribunal Marítimo quando do julgamento de acidentes e fatos da navegação. Ocorre que tal inciso foi adequadamente vetado, com os fundamentos corretos, posto que o Tribunal Marítimo realmente não é integrante do Poder Judiciário e tratar as suas decisões como títulos judiciais poderia sugerir o oposto, bem como induzir ao raciocínio de que os seus atos não poderiam ser revistos em sede jurisdicional. Lamenta-se, contudo, que a menção ao mesmo no dispositivo seguinte (art. 516, parágrafo único) não tenha sido corrigida, permanecendo inócua e sem qualquer aplicação prática.

30.2.2. Títulos executivos extrajudiciais

O CPC (art. 784) também enumera alguns títulos executivos extrajudiciais, sendo certo que não se trata de rol exaustivo, uma vez que há previsão (inc. XII) que autoriza que outros sejam previstos em leis especiais, como, por exemplo, o contrato escrito que estipula honorários de advogado (art. 24, Lei nº 8.906/94).

Nesta norma (art. 784), a primeira hipótese envolvendo títulos executivos extrajudiciais (inc. I) se refere à letra de câbio, à nota promissória, à duplicata, à debênture e ao cheque. Apenas nestes casos haverá a necessidade de apresentação da via original do título, em decorrência do atributo da cartularidade, que é próprio para os títulos de crédito. Para todos os demais que ora serão apresentados, uma cópia reprográfica autenticada já seria o suficiente. Mas, especificamente quanto à duplicata de compra e venda mercantil ou de prestação de serviços, não há necessidade de juntada das vias originais das notas fiscais que as ensejaram, posto que as mesmas não integram o título.[16]

O segundo caso (inc. II) cuida da escritura pública ou outro documento público assinado pelo devedor, o que, de acordo com a jurisprudência do STJ, também abrange os contratos administrativos.[17] O terceiro (inc. III) trata do documento particular assinado pelo devedor e por 2 (duas) testemunhas. Já o quarto (inc. IV) versa sobre

---

16 VALLE, Anco Márcio. *Processo falimentar, fase pré-falencial.* Rio de Janeiro: Ideia Jurídica. 1998, pp. 70-73.

17 STJ. REsp nº 879046/DF. Rel.ª Min.ª Denise Arruda. DJ 18/06/2009.

o instrumento de transação referendado pelo Ministério Público, pela Defensoria Pública, pela Advocacia Pública, pelos advogados dos transatores ou mesmo por conciliador ou mediador credenciado por Tribunal. O próximo caso (inc. V) trata do contrato garantido por hipoteca, penhor, anticrese ou outro direito real de garantia e aquele garantido por caução. O sexto (inc. VI) cuida do contrato de seguro de vida em caso de morte e, o sétimo (inc. VII), sobre o crédito decorrente de foro e laudêmio. Na sequência (inc. VIII), o CPC reputa como título executivo extrajudicial o crédito, documentalmente comprovado, decorrente de aluguel de imóvel, bem como de encargos acessórios, tais como taxas e despesas de condomínio e, também, a certidão de dívida ativa da Fazenda Pública da União, dos Estados, do Distrito Federal e dos Municípios, correspondente aos créditos inscritos na forma da lei (inc. IX).[18] Mas, nenhum destes casos, por sinal, gera qualquer dificuldade de assimilação ou mesmo apresenta questionamentos sérios ou mais profundos.

Também prevê o CPC (inc. X) que os créditos decorrentes de parcela de rateio de despesas em condomínio serão títulos extrajudiciais, se assim tiver sido estabelecido na convenção ou constante em ata de reunião convocada especialmente para este fim. Não se trata, porém, de uma novidade, eis que a mesma já era prevista em outro ato normativo (art. 12, § 2º, Lei nº 4.591/64). Releva-se, por oportuno, que na mesma execução poderão ser pleiteadas tanto as parcelas já vencidas desde o advento do CPC como, também, as que forem vencendo no curso da demanda, por se tratar de um pedido implícito (art. 318, parágrafo único c/c art. 323), também estando previsto em norma própria como se calcular o valor da causa (art. 292, §§ 1º e 2º).[19] Além disso, outro caso de título extrajudicial (inc. XI) é a certidão expedida por serventia notarial ou de registro relativa a valores de emolumentos e demais despesas previstas pelos atos por ela praticados.

Por fim, o CPC (inc. XII) esclarece que também são considerados títulos executivos extrajudiciais todos os demais que assim forem considerados por lei, como seria o já mencionado contrato de honorários celebrado entre o advogado e o seu cliente (art. 24, Lei nº 8.906/94), as cédulas de crédito rural (art. 41, DL 167/67), industrial (art. 10, DL 431/69), dentre outros mais. Contudo, não parece ser possível que, por meio de convenção processual, as próprias partes possam criar títulos executivos a seu talante. Com efeito, além de não existir norma prevendo esta possibilidade, tal circunstância seria um meio de burlar as exigências previstas em lei para que o documento seja um título executivo. Por exemplo, caso se trate de um documento particular assinado entre as partes, a previsão contratual de que o mesmo será considerado como título executivo independentemente da presença de 2 (duas) testemunhas claramente indica violação à

---

18 O STJ já decidiu no sentido de que, em caso de certidão de dívida ativa de obrigação de natureza tributária, a declaração de inconstitucionalidade da lei reguladora do tributo em questão não acarreta a automática extinção da execução fiscal. É o que se observa em: STJ. REsp 1.386.229-PE, Rel. Min. Herman Benjamin, Primeira Seção, j. 10/08/2016, DJe 05/10/2016 – *Informativo* nº 591.

19 Há precedente judicial reconhecendo a legitimidade passiva da construtora para responder pelas despesas condominiais do imóvel até a imissão na posse do promissário comprador: TJ-DFT. Acórdão nº 1034218, 20150710318267APC, Rel. Des. Robson Barbosa de Azevedo, 5ª Turma Cível, j. 26/07/2017, DJe: 03/08/2017.

norma cogente que as exige (art. 784, inc. II). Assim, melhor interpretar literalmente este último inciso (inc. XII), pois todos os demais títulos executivos extrajudiciais necessariamente devem decorrer de previsão em "lei", não em contrato.[20]

30.3. REQUISITOS: CERTEZA, LIQUIDEZ E EXIGIBILIDADE DA OBRIGAÇÃO CONSTANTE NO TÍTULO

O título executivo judicial deve conter uma obrigação. Esta, por sua vez, deve ser certa, líquida e exigível (art. 783 c/c art. 786).[21]

Por "certeza" se deve compreender que a obrigação deve existir, ou seja, que o título indique o *an debeatur*, que nada mais é do que uma obrigação que deve ser cumprida pelo demandado e que pode ser de fazer, não fazer, entregar coisa ou pagar. Não podem ocorrer dúvidas a respeito desta obrigação, o que, inclusive, levou o legislador a proibir que o magistrado profira sentença condicional (art. 492, parágrafo único). Já a "liquidez" ou *quantum debeatur* é o atributo que delimita o conteúdo da prestação, como se o título estabelecesse que o devedor deva entregar um determinado bem ou realizar um tipo de serviço. E, por fim, a exigibilidade nada mais é do que a demonstração de que uma das partes se encontra em mora, o que justificaria a provocação jurisdicional.

Vale dizer que, entre todos estes requisitos, o que gera maior discussão é o da "liquidez", tanto que foi o único merecedor de tratamento mais amplo no CPC (art. 509 – art. 512).

30.4. A LIQUIDAÇÃO DA SENTENÇA

A liquidação é regulada por disposições específicas do CPC (art. 509 – art. 512), sendo considerada como uma outra etapa eventualmente inserida entre as fases de conhecimento e de execução, com a finalidade de delimitar a extensão da obrigação constante no título.[22]

A liquidação, porém, nem sempre será necessária. É que, em algumas situações, a lei veda que o magistrado possa vir a proferir sentença genérica, ou seja, ilíquida. É o caso do Juizado Especial (art. 38, parágrafo único, Lei nº 9.099/95). Além disso, esta liquidação também será dispensada quando a decisão judicial necessitar de meros cálculos aritméticos para a sua atualização monetária, caso em que bastará a

---

20 Em sentido contrário ao texto, autorizando que a convenção processual entre as partes possa criar título executivo extrajudicial: CÂMARA, Alexandre Freitas. *O novo processo civil brasileiro.* 1ª ed. São Paulo: Atlas, 2015, p. 324.

21 A redação primitiva de normas do modelo anterior (art. 580 e art. 586, ambos do CPC-73), invertia a ordem, ao dispor que o título executivo deve ser líquido, certo e exigível. Este equívoco foi corrigido ainda sob a égide da antiga legislação, pois a certeza antecede a análise da liquidez. Além disso, a certeza, bem como a liquidez e a exigibilidade se referem à obrigação constante no título e não a ele próprio. No sentido do texto: THEODORO Jr., Humberto. *A reforma da execução do título extrajudicial.* Rio de Janeiro: Forense, 2007, p. 22.

22 Em sentido contrário ao texto: PAVAN, Dorival Renato. *Comentários às Leis nº 11.187 e 11.232, de 2005, e 11.382, de 2006.* 2ª ed. São Paulo: Pillares, 2007, p. 273-274.

apresentação de planilha (art. 509, § 2º), sendo da incumbência do CNJ disponibilizar programa para esta finalidade (art. 509, § 3º).

Como apresentado, a liquidação é uma etapa no processo, entre a fase de conhecimento e a de execução, que se inicia após o requerimento do interessado, seja o autor ou o próprio devedor (art. 509, *caput*). Como não se trata de um novo processo, a princípio não fará sentido impor um novo recolhimento de taxa judiciária, muito embora possam ser devidas despesas decorrentes deste incidente, tais como a remuneração de um perito eventualmente nomeado. Ademais, como não há nova citação, basta uma intimação ao demandado, na pessoa do seu advogado, para que o mesmo possa manifestar eventual inconformismo. Na ausência de advogado, esta intimação é pessoal. E, ainda, no curso da liquidação é defeso tentar discutir novamente a lide ou modificar a sentença que a julgou (art. 509, § 4º).

Há norma (art. 512) autorizando o que vem sendo chamado de "liquidação provisória", que é aquela promovida pelo interessado mesmo na pendência de recurso no Tribunal. Esta possibilidade vem sendo admitida ainda que o recurso tenha sido recebido no duplo efeito, ou seja, nos efeitos devolutivo e suspensivo, posto que somente estará suspensa a exigibilidade da obrigação, mas não as providências necessárias para quantificá-la adequadamente.

São duas as espécies de liquidação: por "arbitramento" (art. 509, inc. I c/c art. 510) ou em "procedimento comum" (art. 509, inc. II c/c art. 511). Na primeira delas, o juiz intimará as partes para apresentarem pareceres ou documentos elucidativos, no prazo que fixar, e, caso não possa decidir de plano, nomeará perito, observando-se, no que couber, o procedimento para a produção de prova pericial.[23] Já a liquidação em procedimento comum é aquela em que há necessidade de alegar e provar fato novo para determinar o valor da condenação. O procedimento desta última prevê a intimação do patrono do requerido para apresentar contestação em 15 (quinze) dias, observando-se, na sequência, o que for cabível quanto à sequência deste rito. Vale dizer, ainda, que o Verbete nº 344 da Súmula do STJ, estabelece: "*A liquidação por forma diversa da estabelecida na sentença não ofende a coisa julgada*".

Todas as decisões proferidas no curso da liquidação, inclusive a sua decisão, comportam recurso de agravo, na modalidade por instrumento (art. 1.015, parágrafo único). Chama a atenção, porém, que o ato que julga a liquidação vem sendo reputado como sentença por grande parte da doutrina, não obstante o recurso não ser o de apelação, pois somente um ato desta natureza poderia complementar o anteriormente proferido. Em outras palavras, enquanto a primeira sentença, que encerrou a etapa de conhecimento, reconheceu apenas o *an debeatur*, esta segunda estará reconhecendo o *quantum debeatur*, sendo que ambas estarão compondo a obrigação constante no

---

23 Há precedente do STJ reconhecendo que, nesta modalidade de liquidação, até mesmo é possível a utilização de deduções e presunções para a apuração de eventuais lucros cessantes. É o que se extrai em: STJ. REsp 1.549.467-SP, Rel. Min. Marco Aurélio Bellizze, j. 13/09/2016, DJe 19/09/2016 – *Informativo* nº 590.

título executivo judicial.[24] Embora, à primeira vista, esta situação de uma sentença ser impugnada por agravo de instrumento possa ser considerada inusitada, vale lembrar que esta hipótese também é permitida na legislação falimentar (art. 100, Lei nº 11.101/2005), que cuida do recurso cabível para impugnar a sentença que decreta a falência.

Na jurisprudência, já existem julgados reconhecendo a natureza jurídica do ato que julga a liquidação como sentença, muito embora o recurso previsto em lei para impugná-la seja o agravo, na modalidade de instrumento.[25] E, também, não é incorreto afirmar que, caso haja resistência das partes, aquela que for vencida ficará responsabilizada pelo pagamento de eventuais despesas deste incidente, bem como arcará com honorários advocatícios, conforme recomenda a jurisprudência, muito embora a norma específica sobre o tema tenha sido silente a respeito (art. 85).[26]

30.4.1. A liquidação da sentença penal e daquela proferida em processo coletivo

Existem, ainda, algumas peculiaridades a respeito da liquidação de sentença em casos específicos. A primeira delas, é a respeito da liquidação da sentença penal condenatória. De início, deve-se destacar que, por vezes, a própria sentença penal já pode trazer a liquidação dos prejuízos sofridos pela vítima (art. 387, inc. IV, CPP). Mas, não sendo o caso, a liquidação então terá que ser realizada diretamente no juízo cível, mas não como etapa posterior da fase cognitiva, e sim como etapa inicial de um novo processo, devendo ser instaurada por meio de uma petição inicial e com a necessidade de se realizar uma nova citação. Só que, uma vez encerrada a liquidação, o procedimento deverá observar o rito próprio para o cumprimento de sentença por obrigação de pagar (art. art. 515, § 1º c/c art. 523). Trata-se, portanto, de uma das hipóteses de execução de título judicial (sentença penal condenatória), que permite a deflagração de processo executivo autônomo.[27]

Já o segundo caso ocorre no processo coletivo que, em alguns aspectos, guarda semelhanças com o primeiro apresentado. É que, se o processo coletivo abordar direito individual homogêneo (que em sua essência é divisível), a eventual sentença de

---

24 No sentido do texto: DIDIER Jr., Fredie, CUNHA, Leonardo Carneiro da, BRAGA, Paula Sarno, OLIVEIRA, Rafael. *Curso de direito processual civil execução*. Salvador: JusPodivm, 2009. 5º v., pp. 16. MARINONI, Luiz Guilherme, ARENHART, Sérgio Cruz. *Curso de processo civil, v. 3*. São Paulo: RT, 2007, pp. 138-139. Em sentido contrário, entendendo que se trata de decisão interlocutória de mérito: CÂMARA, Alexandre Freitas. *A nova execução de sentença*. Rio de Janeiro: Lumen Juris, 2006, p. 86. Vale dizer que este último autor reiterou o seu entendimento em obra mais recente CÂMARA, Alexandre Freitas. *O novo processo civil brasileiro*. São Paulo: Atlas, pp. 354-355. Mas, independentemente da natureza jurídica da decisão que julga a liquidação em si, o certo é que não há nenhuma dúvida quanto ao recurso que deverá ser utilizado, que é o de agravo de instrumento (art. 1.015, parágrafo único).

25 STJ. Agravo regimental no agravo nº 946.131/RS. Rel. Min. Ari Pargendler. DJ 05/08/2008.

26 TJ-RJ. Apelação cível nº 2008.002.16929. Rel. Des. Nagib Slaibi Filho. J. 19/11/2008.

27 THEODORO Jr., Humberto. *A reforma da execução do título extrajudicial*. Rio de Janeiro: Forense, 2007, p. 65.

procedência necessariamente será genérica (art. 95, Lei nº 8.078/90).[28] Logo, eventual titular de um direito atingido por esta sentença deverá, inicialmente, promover a liquidação do seu prejuízo individualmente, de forma autônoma e também por meio de uma petição inicial (art. 97, Lei nº 8.078/90), muito embora seja necessária a análise de regras de organização judiciária para apurar se este proceder será adotado no mesmo juízo ou em outro.[29]

Se for adotada em outro, será criado um novo processo e, após ter sido ultimada a liquidação individual, será então iniciada a fase executiva deste novo processo. E, durante a execução, também poderão ser fixados honorários advocatícios, ainda que seja a Fazenda Pública no polo passivo e sem que tenha sido oferecida qualquer resistência. É, pelo menos, o que consta no Verbete nº 345 da Súmula do STJ: *"São devidos honorários advocatícios pela Fazenda Pública nas execuções individuais de sentença proferida em ações coletivas, ainda que não embargadas"* e que se justifica em razão de ser direito do advogado a percepção desta remuneração quando atua judicialmente além, por óbvio, dos seus honorários convencionados com o cliente.[30]

---

28 Embora esta norma esteja prevista em legislação que tutela relação de consumo, a mesma é perfeitamente aplicável em processos coletivos que não abordem este tipo de relação. É que há longa data já é pacífico que as normas de direito processual coletivo estão previstas em diversos diplomas como, por exemplo, Lei nº 12.016/09, Lei nº 7.347/85, nesta Lei nº 8.078/90, dentre outras.

29 Apontando as peculiaridades entre a liquidação individual e coletiva de sentença proferida em processo coletivo, recomenda-se: WAMBIER, Luiz Rodrigues, WAMBIER, Teresa Arruda Alvim. *Anotações sobre a liquidação e a execução das obrigações coletivas.* Direito Processual Coletivo e o anteprojeto de Código Brasileiro de Processos Coletivos. Ada Pellegrini Grinover, Aluísio Gonçalves de Castro Mendes e Kazuo Watanabe (coords.). São Paulo: RT, 2007, p. 275.

30 ZAVASCKY, Teori Albino. *Processo coletivo, tutela de direitos coletivos e tutela coletiva dos direitos.* 3ª ed. São Paulo: RT, 2007, p. 213

31

PROCEDIMENTO COMUM PARA OBRIGAÇÃO DE PAGAR

31.1. PROCEDIMENTO ESPECÍFICO PARA OBRIGAÇÃO DE PAGAR CONSTANTE EM TÍTULO JUDICIAL

31.1.1. Introdução

Nas hipótese envolvendo cumprimento de sentença que reconhece obrigação de pagar, em que tanto o credor como o devedor não são considerados como "Fazenda Pública", existe um procedimento que é disciplinado pelo CPC (art. 513 e art. 523 – art. 527).

Tendo por base uma interpretação puramente literal das normas que norteiam este rito, a ordem dos atos processuais seria basicamente a seguinte: **requerimento para início do cumprimento de sentença → intimação do devedor para cumprimento em quinze dias → na falta de cumprimento da obrigação neste prazo, automaticamente incidirão 10% de multa e 10% de honorários, também já iniciando, neste mesmo momento, o prazo de quinze dias para impugnar, que agora não mais dependerá de prévia garantia do juízo → a concessão do efeito suspensivo à impugnação, obstará a expropriação dos bens enquanto a mesma não for apreciada → expropriação dos bens e pagamento ao credor → sentença declarando a satisfação da obrigação e extinguindo a execução.**

Abaixo serão comentados os principais momentos e as hipóteses que mais frequentemente ocorrem neste procedimento.

31.1.2. Requerimento

O requerimento do credor não precisa ter forma de petição inicial. É uma simples peça postulando o início da fase executiva. Caso queira, o exequente já pode indicar os bens que pretende penhorar (art. 524, inc. VII) ou mesmo já requerer a "penhora *on-line*" (art. 854). Vale lembrar que é rara a hipótese de o próprio devedor indicar os bens à penhora, o que apenas ocorre quando se tratar de algum procedimento especial (v.g., execução fiscal) ou quando o magistrado assim determinar (art. 774, inc. V).[1]

---

[1] THEODORO Jr., Humberto. *A reforma da execução do título extrajudicial.* Rio de Janeiro: Forense, 2007, p. 69.

Este requerimento também deve vir acompanhado de uma planilha atualizando a dívida (art. 524), sendo da incumbência do CNJ disponibilizar programa para que a mesma possa ser realizada (art. 509, § 3º).

Se for do interesse do credor, o mesmo poderá requerer uma certidão de deferimento da etapa executiva (art. 828 c/c art. 513). Mas não deveria ser necessário que houvesse o recolhimento de uma nova taxa judiciária, posto que o processo permanece sendo o mesmo, ainda que iniciando outra etapa. Assim, caberia ao exequente apenas adiantar as despesas necessárias para prover a prática das novas diligências, como a realização da penhora e avaliação. E estes valores, por óbvio, serão posteriormente incluídos em execução e aquele que os adiantou será devidamente ressarcido. Contudo, alguns Tribunais também vem exigindo o recolhimento prévio de uma nova taxa judiciária.

Igualmente, o CPC permite que o credor possa protestar a sentença (art. 517 – depois que decorrer o prazo para o pagamento voluntário), bem como requerer ao magistrado que o nome do executado seja incluído em cadastro de inadimplentes (art. 782, § 3º), que corporificam meios de coerção para forçar o devedor a cumprir sua obrigação.

31.1.3. Deferimento da execução: interrupção da prescrição

Caso o magistrado observe a regularidade do requerimento que foi formulado pelo exequente, deve deferir a execução, momento em que também determinará a intimação do executado nos termos da lei (art. 513, § 2º). Porém, já foi defendido neste manual que este requerimento corporifica o exercício de um novo direito de ação, com a introdução de uma pretensão distinta daquela que foi deduzida na fase de conhecimento (v. item nº 27.2.). Logo, sendo uma nova ação, este ato do magistrado que a defere tem o condão de interromper a prescrição (art. 802 c/c art. 513). No entanto, não se trata de uma segunda interrupção da mesma prescrição, o que nem seria possível, pois, de acordo com o Código Civil (art. 202, CC), a prescrição somente pode ser interrompida em uma ocasião.

Este raciocínio decorre da constatação de que, para iniciar a fase executiva, deve o demandante apresentar um requerimento, peça que resulta no exercício de um novo direito de ação. Logo, tratando-se de uma nova ação, há uma nova pretensão, completamente distinta da anterior, pois, enquanto na primeira pretensão se buscava o reconhecimento de um direito, nesta outra já se busca o cumprimento de uma obrigação. É a essência, por sinal, do Verbete nº 150 da Súmula do STF: "*Prescreve a execução no mesmo prazo de prescrição da ação*".

Desta maneira, havendo a interrupção da prescrição pelo deferimento da execução, não há como reiniciar imediatamente a contagem de seu prazo durante o curso do processo, eis que este instituto se justifica para forçar o credor de uma prestação jurisdicional a ser diligente na busca do seu direito. Contudo, como após a provocação, o processo se desenvolve por impulso oficial (art. 2º), não há como se punir o demandante por qualquer demora imputável ao Judiciário.

Diferentemente ocorre quando o processo tiver o seu curso suspenso, mormente no que diz respeito à ausência de bens do devedor que sejam passíveis de penhora, caso em que o credor disporá de um prazo para localizar os mesmos (art. 921, § 1º), findo os quais a sua omissão irá acarretar o arquivamento do processo e, neste momento apenas, permitir o início do prazo da prescrição intercorrente, que, uma vez ultrapassado, autorizará a extinção da execução (art. 924, inc. V). Este tema, por sinal, voltará a ser abordado em momento próprio (v. item nº 32.2.).

31.1.4. A multa de 10% (art. 523, § 1º)

Uma vez apresentado o requerimento para início da execução e, tendo sido ele deferido pelo magistrado, será então o momento de intimar o devedor para que cumpra a obrigação pecuniária constante no título executivo judicial, no prazo de 15 (quinze) dias (art. 523).

Esta intimação pode ser realizada das mais variadas maneiras, dependendo da situação que estiver evidenciada nos autos. Com efeito, prevê o CPC (art. 513, § 2º, inc. I), que esta intimação é realizada na pessoa do seu advogado contituído, por meio de publicação no Diário de Justiça. Contudo, nos casos em que não houver procurador constituído, ou o mesmo for o Defensor Público, a intimação já será realizada por carta com aviso de recebimento (art. 513, § 2º, inc. II). Há outras situações ainda normatizadas, como aquela envolvendo a citação realizada por meio eletrônico sem que o réu tenha constituído procurador (art. 513, § 2º, inc. III) ou mesmo quando a citação tiver sido realizada por edital na fase de conhecimento e o demandado for revel (art. 513, § 2º, inc. IV). O CPC também prevê (art. 513, § 4º), que se este requerimento para início da etapa executiva for apresentado 1 (um) ano do trânsito em julgado da sentença, a intimação será realizada obrigatoriamente na pessoa do devedor, por meio de carta com aviso de recebimento encaminhada ao endereço constante dos autos.

Uma vez realizada a intimação, começa o prazo de 15 (quinze) dias para o devedor cumprir a sua obrigação. Há, porém, uma discussão quanto à natureza deste prazo, o que vai gerar reflexo na sua forma de contagem. Já existem decisões no sentido de que o prazo para qualquer cumprimento de obrigação (seja ela de pagar, fazer, não fazer ou para entrega de coisa) deve ser considerado como "material", motivo pelo qual deveria ser contado de forma "contínua" (art. 132, CC).[2] Ocorre que não se pode deixar de perceber que este mesmo prazo para cumprimento da obrigação tem reflexos processuais, já que a sua falta de observância acarreta diversas consequências de cunho processual, como fixação de honorários, multa e início do prazo para a apresentação da impugnação. Por este motivo, certamente a mera cogitação de que, em um mesmo processo, certos prazos tenham que ser contados de forma corrida enquanto outros serão em dias úteis, contribuirá para uma enorme insegurança jurídica. Portanto, em prol de uma simplificação, o que ora

---

2 TJ-RJ. Agravo de instrumento nº 0005895-78.2016.8.19.0000. Rel. Des. Pedro Saraiva Andrade Lemos. DJ 13/04/2016.

se defende é que, neste caso específico (art. 523 — prazo para cumprir obrigação em sede de cumprimento de sentença), o mesmo seja considerado como de natureza processual e, por este motivo, seja computado em dias úteis, tal como ocorrerá com o prazo seguinte de 15 (quinze) dias para oferecimento da impugnação.

Realizada a intimação da forma mencionada e não tendo o executado cumprido a obrigação, prevê o CPC (art. 523) que o débito será automaticamente acrescido de uma multa de 10% (dez por cento), bem como de novos honorários advocatícios também neste percentual[3]. Contudo, esta multa, que já era prevista no modelo anterior (art. 475-J, CPC-73), vinha gerando muitas dúvidas, que poderiam ser enumeradas da seguinte forma: a) Qual a natureza desta multa?; b) É possível isentar o devedor do pagamento desta multa?; c) É possível executar provisoriamente esta multa?; d) Esta multa pode ser utilizada em outros procedimentos executivos, como o dos juizados especiais (Lei nº 9.099/95)?

Quanto ao questionamento "a", que cuida da natureza desta multa, é correto afirmar que se trata de um meio de coerção, imposto por lei, para que o executado se sinta estimulado a cumprir o que consta no ato decisório. Tem, portanto, natureza processual e guarda enormes semelhanças com as *astreintes*, embora tenha as suas próprias particularidades, como a circunstância de ter o seu montante previamente estabelecido por lei. Vale dizer que, com a sua criação e manutenção, o legislador sinaliza pretender encerrar antiga controvérsia, ao possibilitar que seja fixado um meio de coerção que estabelece uma obrigação pecuniária mesmo quando se está diante de outra obrigação de pagar não cumprida. A jurisprudência, tradicionalmente, repudiava essa possibilidade, sob a justificativa de que já existiria um meio de sub-rogação mais eficaz, que seria a penhora.[4] Contudo, ainda que haja outros meios, este não há de ser excluído, pois certamente favorecerá o estímulo ao devedor para que cumpra o determinado na sentença.

Quanto ao questionamento "b", se o devedor pode ser isentado de pagar a multa, a resposta até pode ser afirmativa, desde que adotado o entendimento anterior, de que esta multa é um meio de coerção. É que, por este raciocínio, não parece razoável utilizá-la em toda e qualquer situação, em especial se o executado demonstrar, por exemplo, que realmente não possui qualquer bem passível de penhora. Assim, nesta hipótese, o juiz poderia isentá-lo do pagamento desta multa, já que a mesma não está ali para punir e sim para reforçar o cumprimento de uma prestação.[5]

Quanto ao questionamento "c", que cuida da possibilidade de execução provisória desta multa, percebe-se aqui a mesma dúvida que permeia a execução das *astreintes* e que será melhor enfrentada em momento próprio (v. item nº 34.1.3.). Mas, quanto ao tema em específico, o CPC (art. 520, § 2º) claramente pontua que, no cumprimento provisório de uma sentença que condena a obrigação de pagar, será possível incluir tanto

---

3 Há, contudo, precedente do STJ no sentido de que esta multa de 10% não integra a base de cálculo dos honorários advocatícios, devendo tanta a base de cálculo de uma quanto da outra ser exatamente a mesma, ou seja, o valor objeto da execução. É o que se extrai em: STJ. REsp nº 1.757.033-DF. Rel. Min. Ricardo Villas Bôas Cueva. DJ 15/10/2018.

4 TJ-RJ. Apelação cível nº 2003.005.00242. Rel. Des. Luiz Felipe Haddad. DJ 15/04/2004.

5 MARINONI, Luiz Guilherme. *Técnica processual e tutela dos direitos*. São Paulo: RT, 2004, p. 623.

esta multa quanto os honorários no mesmo percentual. Ressalva-se, porém, que esta não era a jurisprudência do STJ, que vinha exigindo o trânsito em julgado da sentença para que esta multa pudesse ser incluída no montante que já vinha sendo executado.[6]

Por fim, quanto ao último questionamento ("d"), que cuida da possibilidade de utilização da mencionada multa em procedimentos especiais, não se vislumbra óbices para o seu emprego, por exemplo, nas execuções entre particulares que tramitam perante o Juizado Especial Estadual. Mas em outros procedimentos, como aquele em que se executa a Fazenda Pública, tal multa já não se afigura possível pois o pagamento não pode ser feito em apenas quinze dias, diante da dinâmica própria que é inerente ao processamento dos precatórios ou das requisições de pequeno valor (RPV). Há, inclusive, norma expressa proibindo esta multa neste último caso (art. 534, § 2º).

31.1.5. Fixação de honorários advocatícios

De acordo com o CPC (art. 523, § 1º), se o executado não cumprir a obrigação em 15 (quinze) dias após ter sido regularmente intimado (art. 513, § 2º), os honorários advocatícios já irão incidir automaticamente sobre o valor cobrado, no patamar de 10% (dez por cento). Vale dizer, inclusive, que no modelo primitivo não existia regra tão clara assim para o cumprimento de sentença, o que não impediu a jurisprudência de se firmar exatamente no mesmo sentido que na novel legislação.[7]

Há precedente do STJ no sentido de que, havendo litisconsortes no polo passivo com diferentes procuradores, o prazo de quinze dias para pagamento será dobrado para trinta dias (art. 229), também devendo ser contado em dias úteis.[8]

Estes honorários em cumprimento de sentença são provisórios, ainda que a execução já seja considerada como de caráter "definitivo". O motivo é que, eventualmente, o executado poderá apresentar impugnação com teses defensivas que poderão ser acolhidas (v.g., pagamento da dívida em momento anterior ao início da execução), caso em que estes mesmos honorários terão que ser cancelados para que outros sejam fixados em favor do patrono daquele que foi executado indevidamente. Igualmente, pode ocorrer que esta mesma execução tenha um caminho tortuoso, com teses complexas apresentadas na impugnação, além de inúmeros recursos e incidentes, caso em que o magistrado, ao final, poderá majorar estes honorários advocatócios para 20% (vinte por cento), realizando analogia com regra específica para a execução por título extrajudicial (art. 827, § 2º).

Por fim, é de se destacar que, sendo realizado pagamento apenas parcial do débito no prazo de 15 (quinze) dias, a multa e os honorários recairão sobre o montante ainda em aberto (art. 523, § 2º), caso em que também será expedido mandado de penhora e de avaliação para cumprimento já a partir do décimo sexto dia (art. 523, § 3º).

---

6 STJ. REsp nº 954859/RS. Rel. Min. Humberto Gomes de Barros. DJ 27/08/2007. Seguindo esta orientação inicial do STJ: FUX, Luiz. *O novo processo de execução. O cumprimento da sentença e a execução extrajudicial*. Rio de Janeiro: Forense, 2008, p. 245.

7 STJ. REsp nº 1.050.435/SP. Rel. Min. Sidnei Beneti. DJ. 24/04/2009.

8 STJ. REsp nº 1.693.784/DF. Rel. Min. Luís Felipe Salomão. DJ 05/02/2018.

31.1.6. Cumprimento do mandado de penhora e avaliação. Incompatibilidade do arresto (art. 830)

Se após ter sido regularmente intimado o devedor não cumprir a obrigação no prazo de 15 (quinze) dias, será então expedido o mandado de penhora e de avaliação, que terá que ser cumprido pelo Oficial de Justiça, que também desempenha mais esta última tarefa (art. 154, inc. V), muito embora este possa alegar que depende de conhecimento técnico para realizá-la, o que motivará a nomeação de um especialista.

Só que, conforme anteriormente exposto, não haverá citação do demandado para a fase executiva, pois o processo é uno e o mesmo já integra a relação jurídica processual desde o módulo de conhecimento. Por este motivo, aliás, é que se torna inaplicável, no rito do cumprimento de sentença, a realização do arresto (art. 830). É que este arresto, que na realidade é uma medida de natureza executiva (pré-penhora) e nada tem de cautelar, somente pode ser realizado quando o executado ainda não tiver sido citado, o que demandará a posterior publicação de edital (art. 830, § 2º). Mas, nos casos em que a citação já foi realizada, é possível imediatamente cumprir o mandado de penhora. Logo se observa porque no cumprimento de sentença este arresto é incompatível, eis que esta etapa se inicia com o réu já tendo sido citado desde a etapa de conheicmento. Portanto, esta medida (art. 830) somente faz sentido nas execuções lastreadas em título executivo extrajudicial.

31.1.7. Necessidade ou não de garantia prévia do juízo para o oferecimento da Impugnação

Tema que era dos mais polêmicos sob a égide do modelo anterior (CPC-73) era se a defesa do executado, que é apresentada nestes casos por meio da impugnação, deveria ou não ser previamente precedida da garantia do juízo. Tal divergência partia de uma interpretação literal de normas da lei anterior (art. 475-J, § 1º, CPC-73), que previa que somente após a penhora ou depósito é que o executado seria intimado para apresentar sua defesa. E, por sinal, a mesma era assim aplicada pelo STJ, em inúmeros precedentes.[9]

Contudo, a interpretação literal nesta hipótese não era de forma alguma a melhor, por implicar em uma situação das mais exdrúxulas já prevista na legislação processual. Com efeito, basta verificar que, pela leitura das teses que podem ser apresentadas em sede de impugnação (art. 525, § 1º), todas são consideradas como de ordem pública, ou seja, temas que podem ser pronunciados de ofício a qualquer momento e independentemente de qualquer garantia do juízo, com exceção apenas da incompetência relativa (art. 525, § 1º, inc. VI c/c art. 337, § 5º).

Por exemplo, nenhuma dúvida há que a falta ou nulidade de citação (pressuposto processual), ilegitimidade (condição da ação), inexequibilidade do título ou inexigibilidade

---

9 STJ. REsp. nº 1.195.929/SP, Rel. Min. Massami Uyeda. DJ 24/04/2012. STJ. REsp nº 1.303.508/RS. Rel. Min. Marco Buzzi. DJ. 21/06/2012. STJ. REsp nº 972812/RJ. Rel.ª Min.ª Nancy Andrighi. DJ 12/12/2008.

da obrigação (matéria de ordem pública), vício na penhora ou erro na avaliação (tema insucetível de gerar preclusão), excesso de execução (matéria de ordem pública) ou cumulação indevida de execuções (pressuposto processual), incompetência absoluta (pressuposto processual) ou qualquer causa modificativa, extintiva ou impeditiva superveniente (matéria de ordem pública) podem ser pronunciadas de ofício. Basta verificar as regras do CPC a respeito (art. 485, § 3º c/c art. 803, parágrafo único).

Assim, a exigência de que primeiro tenha que ser garantido o juízo para que, somente depois, tais temas possam ser ventilados no prazo de 15 (quinze) dias, é realmente algo que demanda difícil, para não dizer quase impossível, construção teórica racional. Talvez, no máximo, invocar o critério da especialidade, para justificar que, devido a regramento próprio e específico para o cumprimento de sentença, apenas estas matérias de ordem pública (art. 525, § 1º) devem ser alegadas em impugnação, nos exatos moldes que a legislação regular (quinze dias após a intimação da garantia do juízo), o que já não deveria ser observado quanto a qualquer outro tema que possa ser pronunciado *ex officio* pelo magistrado (v.g., prescrição).

Por tais razões, acertadamente o CPC passou a dispensar a necessidade de prévia penhora para fins de recebimento da impugnação (art. 525, *caput*), posto que, finalizados os 15 (quinze) dias para cumprimento da obrigação, automaticamente se iniciam mais 15 (quinze) dias para que o executado ofereça impugnação, se assim desejar.

E, por fim, caso não sejam localizados bens passíveis de penhora, a execução deve ficar suspensa (art. 921, inc. III).

31.1.8. A impugnação

31.1.8.1. Natureza jurídica

Em que pese os entendimentos divergentes, a impugnação vem sendo compreendida como um incidente cognitivo instaurado no curso do cumprimento de sentença que condena o demandado a uma obrigação de pagar, guardando muitas semelhanças com uma contestação. Não se trata, porém, de um entendimento pacífico, pois há quem enxergue, na impugnação, um exercício do direito de ação, dependendo do fundamento que nela estiver sendo discutido. Sob este ponto de vista, a impugnação seria mais do que um incidente, correspondendo a uma verdadeira ação por pretender não apenas obstar a execução como, também, a desconstituição do título executivo, o que, neste aspecto, guardaria grandes semelhanças com os embargos.[10]

31.1.8.2. Diferença entre a impugnação e os embargos

Em comum, ambos pretendem desconstituir o título executivo e encerrar a execução. Mas, entre os mesmos podem ser detectadas diversas diferenças. Entre as mais gritantes, verificam-se as seguintes: a) os embargos têm natureza jurídica de ação,

---

10 GRECO, Leonardo. Primeiros comentários sobre a reforma da execução oriunda da Lei nº 11.232/05. In: *Revista Dialética de Direito Processual*. São Paulo: Dialética, 2006, nº 36, p. 81.

ao passo que a impugnação é um incidente; b) excepcionalmente, os embargos somente poderão ser recebidos após a garantia do juízo (art. 16, Lei nº 6.830/80), ao contrário da impugnação; c) os embargos não possuem restrição de matérias que neles podem ser veiculadas (art. 917), ao contrário das matérias da impugnação, cujo rol de teses é fixado em lei (art. 525, § 1º, e art. 33, § 3º, Lei nº 9.307/96); d) os embargos, por criarem nova relação jurídica processual, demandam a realização da citação do executado, ao contrário da impugnação, que somente exige a intimação da parte contrária; e) os embargos sempre serão decididos por meio de uma sentença que comportará apelação, enquanto a impugnação poderá ser decidida por decisão interlocutória (hipótese em que a matéria foi refutada) ou sentença (quando a matéria tiver sido acolhida e resultar na extinção da execução), o que gera possibilidade de uso de recursos distintos; f) os embargos, como criam nova relação processual, permitem a cobrança de taxa judiciária e até mesmo a condenação do vencido em honorários, o que não ocorre na impugnação.

31.1.8.3. Procedimento na impugnação

Como já exposto anteriormente, a impugnação é mero incidente processual, razão pela qual se torna inviável a exigência de recolhimento de nova taxa judiciária no momento do seu oferecimento.[11] A impugnação deve ser apresentada no prazo de 15 (quinze) dias, após ter ocorrido a intimação do devedor (art. 513, § 2º). Não há óbice para a dobra deste prazo, caso sejam litisconsortes passivos com diferentes procuradores (525, § 3º). Contudo, este dispositivo não tem aplicação nos embargos à execução, em razão de regime específico distinto (art. 915, § 3º).

As matérias que nela podem ser ventiladas são, inicialmente, aquelas previstas no CPC (art. 525, § 1º), sendo todas passíveis de conhecimento *ex officio* pelo magistrado, exceto a incompetência relativa (art. 337, § 5º). Neste ponto, constata-se uma aparente inutilidade na criação deste mecanismo de defesa, já que, a princípio, deveria ser permitido ao executado se valer de uma mera petição para questionar os aspectos processuais da execução que pudessem ser conhecidos de ofício. Contudo, em razão da opção legislativa em reservar tais temas apenas mediante apresentação da impugnação (critério da especialidade), estas matérias somente podem ser suscitadas, pelo executado, por meio da apresentação da impugnação.

Esta norma (art. 525, § 1º) não cuida, porém, de um rol taxativo. É que já foi analisado anteriormente (v. item nº 3.4.2.5.) que, caso esteja sendo executada uma sentença arbitral (art. 515, inc. VII), eventual nulidade do procedimento arbitral poderá ser apresentada de duas maneiras distintas: a primeira, mediante ajuizamento de uma ação objetivando o reconhecimento da nulidade da sentença arbitral no prazo de 90 (noventa) dias, perante o Poder Judiciário (art. 33, § 1º, Lei nº 9.307/96); e, a segunda, mediante apresentação de impugnação ao cumprimento de sentença (art. 33, § 3º, Lei nº 9.099/95), o que reforça a tese de que não se trata de um rol exaustivo, este previsto

---

11 TJ-RJ. Agravo de instrumento nº 2007.002.09077. Rel. Des. Luis Felipe Haddad. DJ 24/07/2007.

no CPC (art. 525, § 1º).[12] Quanto ao mais, não se pode admitir a alegação, em sede de impugnação, de matérias que já foram (ou que poderiam ter sido) alegadas no processo de conhecimento, seja em razão da eficácia preclusiva da coisa julgada (art. 508) ou mesmo em razão da vedação do *bis in idem*, caso se trate de cumprimento provisório de sentença.[13]

Contudo, se o interesse de qualquer das partes for arguir o impedimento ou a suspeição do magistrado, este tema deverá ser apresentado em peça específica para esta finalidade (art. 525, § 2º c/c art. 146).

Uma vez apresentada a impugnação, a mesma não terá automaticamente efeito suspensivo. Desta maneira, atos como penhora, avaliação e até mesmo a expropriação já podem ser realizados antes mesmo de sua apreciação. Contudo, o magistrado poderá dar o efeito suspensivo a esta peça desde que o juízo já esteja garantido e, também, se forem relevantes os seus fundamentos, bem como se existir a possibilidade de o prosseguimento da execução causar grave dano ao executado (art. 525, § 6º).

O CPC também não menciona se o exequente deve ser intimado para responder aos termos da impugnação. No entanto, atento ao princípio da paridade das armas (art. 7º)[14] e do contraditório (art. 9º), costuma ser assegurado o mesmo prazo para que o exequente possa apresentar eventual resistência quanto aos termos da impugnação.[15]

A impugnação pode se processar dentro dos autos da execução ou em apenso, dependendo apenas de haver sido concedido ou não efeito suspensivo à mesma (art. 475-M, § 2º, CPC/73). Mas, ainda que tenha sido concedido o efeito suspensivo, o legislador permaneceu a permitir (art. 525, § 10) que o exequente possa requerer o prosseguimento da execução, caso ofereça caução idônea e suficiente nos próprios autos. Em outras palavras: trata-se de rara hipótese em que o exequente tem que prestar caução para dar prosseguimento a uma execução que estava suspensa.

31.1.8.4. Inexigibilidade do título fundado em ato normativo declarado inconstitucional

O CPC (art. 525, § 1º, inc. III c/c § 12) considera também como inegixível a obrigação reconhecida em título executivo judicial fundado em lei ou ato normativo considerado inconstitucional pelo STF, ou fundado em aplicação ou interpretação da lei ou do ato normativo tido pelo STF como incompatível com a Constituição Federal, em controle de constitucionalidade concentrado ou difuso.

---

12 Curiosamente, o disposto no art. 33, § 3º, da Lei nº 9.307/96, foi objeto de retificações por duas leis distintas, atestando descuido do Poder Legislativo. Com efeito, inicialmente foi aprovado o CPC (Lei nº 13.105/2015), que já fazia uma correção do aludido dispositivo (art. 1.061), mas que somente entraria em vigor em março de 2016. Ocorre, porém, que lei mais recente (Lei nº 13.129/2015), entrou em vigor em julho de 2015, já corrigindo o teor do mesmo dispositivo da Lei de Arbitragem. Assim, a lei mais recente corrigiu apenas provisoriamente a redação do art. 33, § 3º, da Lei nº 9.307/96, posto que, com a entrada em vigor do CPC, será o mesmo (lei mais antiga) que estará impondo a redação final do artigo em comento.

13 CÂMARA, Alexandre Freitas. *O novo processo civil brasileiro*. São Paulo: Atlas. 2015, p. 406.

14 PÉREZ, David Vallespín. *El modelo constitucional de juicio justo en el âmbito del proceso civil*. Barcelona: Atelier. 2002, p. 73.

15 DIDIER Jr., Fredie, CUNHA, Leonardo Carneiro da, BRAGA, Paula Sarno, OLIVEIRA, Rafael. *Curso de direito processual civil. Execução*. Salvador: JusPodivm, 2009. 5º v., p. 385.

Esta situação versa sobre uma "sentença inconstitucional", ou seja, aquela que foi fundamentada em ato normativo considerado como contrário aos preceitos da Carta Magna. Nestes casos, a sentença não terá exigibilidade, o que fatalmente acarretará o fim da execução em razão da ausência de pressuposto processual.

Já com o CPC vigente, o Pleno do STF teve a oportunidade de se manifestar precisamente sobre tal dispositivo (art. 525, §§ 12 a 15 e, também outro que versa sobre o mesmo tema – art. 535, §§ 5º a 8º). Em sua pioneira decisão sobre o tema constou que no regime anterior (CPC/73) não haveria distinção entre ser o precedente anterior ou superveniente à sentença exequenda, apesar de que, na hipótese de precedência da decisão do STF, ficaria evidenciado o desrespeito à autoridade da Suprema Corte. Contudo, já no atual se a decisão do STF sobre a inconstitucionalidade for superveniente ao trânsito em julgado da sentença exequenda, caberá ação rescisória, com prazo contado do trânsito em julgado da decisão proferida pelo Supremo. Desse modo, a inexigibilidade do título executivo a que se referem as referidas normas (art. 525, §§ 12 a 15 c/c art. 535, §§ 5º a 8º) se caracterizaria exclusivamente nas hipóteses em que: a) a sentença exequenda estivesse fundada em norma reconhecidamente inconstitucional (aplicação de norma inconstitucional ou aplicação de norma em situação ou com um sentido inconstitucionais); b) a sentença exequenda tivesse deixado de aplicar norma reconhecidamente constitucional; e c) desde que, em qualquer dos casos, o reconhecimento dessa constitucionalidade ou inconstitucionalidade tivesse decorrido de julgamento do STF realizado em data anterior ao trânsito em julgado da sentença exequenda.[16]

Contudo, o CPC inova e, neste ponto, parece conspirar contra a segurança jurídica, conforme a seguir será demonstrado. Com efeito, imagine-se uma sentença proferida em 2017, com trânsito em julgado neste mesmo ano. Ocorre que, passados 20 (vinte) anos, ou seja, em 2037, o STF, na forma acima, declara a inconstitucionalidade da lei em que se baseou um ato decisório transitado em julgado, modulando retroativamente os efeitos. Em tal situação, o CPC (art. 525, § 15) passa a prever que será possível ajuizar uma ação rescisória em cada processo que aplicou a aludida lei, alegando violação a norma jurídica (art. 966, inc. V), tendo o prazo bienal da rescisória (art. 975) iniciando-se a partir da decisão do STF. É, realmente, o que está na novel legislação que, inclusive, pontua que tal raciocínio somente será aplicado às decisões transitadas em julgado após a vigência do CPC (art. 1.057).

A doutrina já vem apresentando argumentos de que estas normas (art. 525, §§ 14 e 15) não podem ser interpretadas literalmente, diante da extrema sensação de insegurança que se passará a ter, com demandas já sepultadas há décadas sendo novamente discutidas. E, para tanto, já há aqueles que defendem os mais variados posicionamentos. Um deles, é o de que, transitando em julgado a sentença do processo entre particulares, haveria apenas um prazo de 2 (dois) anos para que o STF declarasse a inconstitucionalidade. Se isso ocorresse, por exemplo, após 1 (um) ano e 11 (onze) meses, ou seja, dentro do prazo bienal da ação rescisória, o interessado disporia, a partir de então, de mais 2 (dois) anos

---

16 STF. ADI nº 2.418/DF. Rel. Min. Teori Zavascky. DJ 04/05/2016.

para ajuizar a ação rescisória.[17] Mas, por outro lado, também já há quem defenda outro raciocínio, que o prazo máximo para a propositura da ação rescisória em cada processo que aplicar a lei será de 10 (dez) anos, a contar do seu próprio trânsito em julgado, adotando-se norma própria do Código Civil (art. 205, CC).[18]

31.1.8.5. Decisão da impugnação e recurso

A decisão que resolve a impugnação é, em regra, uma decisão interlocutória, o que é indicativo de que a mesma poderá ser impugnada mediante interposição de recurso de agravo, na modalidade de instrumento (art. 1.015, parágrafo único), salvo quando importar extinção da execução, caso em que caberá apelação.[19]

Uma curiosa situação é aquela em que, na impugnação, se ventila tão somente a ausência de citação na etapa de conhecimento, matéria esta que é acolhida pelo magistrado e que põe fim à fase de execução, mas não ao processo. Nesta hipótese, embora em um primeiro momento possa parecer se tratar de sentença (ato que pôs fim à etapa executiva), na realidade se estará diante de uma decisão interlocutória. Com efeito, o reconhecimento de que o processo padece de um vício extremamente grave como este, acaba contaminando todos os atos processuais que se seguiram a este equívoco (art. 281). Assim, no caso vertente, não se chegou a ter "fase executiva" no sentido tradicional, mas sim uma mera "aparência" de execução, pois o processo retoma o seu curso desde o momento que estava viciado, ou seja, desde a etapa de conhecimento.

31.1.9. Fim da execução

Caso a impugnação tenha sido acolhida e a execução extinta, chega-se ao fim do processo. Do contrário, se dará início à etapa expropriatória (se ela ainda não se iniciou), que é aquela que busca alienar o patrimônio do devedor que foi objeto de constrição judicial. As modalidades de expropriação estão previstas no CPC (art. 825), e consistem: a) adjudicação; b) alienação; c) apropriação de frutos e rendimentos de empresa ou de estabelecimentos e de outros bens.

Com a alienação dos bens e consequentemente pagamento ao credor, a execução será extinta (art. 924, inc. II). Mas a mesma também pode ser extinta em outros casos, como indeferimento (art. 924, inc. I), prescrição intercorrente (art. 924, inc. V), entre outras mais.

31.2. PROCEDIMENTO ESPECÍFICO PARA OBRIGAÇÃO DE PAGAR CONSTANTE EM TÍTULO EXTRAJUDICIAL

31.2.1. Introdução

Nas hipótese envolvendo execução de título executivo extrajudicial que reconhece obrigação de pagar, em que tanto o credor como devedor não são considerados como

---

17 NERY Jr., Nelson, NERY, Rosa Maria Andrade. *Código de processo civil comentado.* 1ª ed. São Paulo: RT, 2015, p. 1.309.

18 CÂMARA, Alexandre Freitas. *O novo processo civil brasileiro.* 1ª ed. São Paulo: Atlas, 2015, pp. 475-476.

19 STJ. REsp 1.698.344-MG, Rel. Min. Luis Felipe Salomão, por unanimidade, j. 22/05/2018, DJe 1º/08/2018.

"Fazenda Pública", existe um procedimento que é disciplinado pelo CPC (art. 829 e seguintes).

Tendo por base uma interpretação puramente literal das normas que norteiam este rito, a ordem dos atos processuais seria basicamente a seguinte: **Petição inicial → deferimento por parte do magistrado, ocasião em que será determinada a citação do devedor para pagamento da dívida em 3 (três) dias, mais a fixação de honorários → possibilidade do cumprimento do mandado de penhora e avaliação já a partir do quarto dia → possibilidade de o devedor ficar inerte, requerer o parcelamento ou apresentar embargos → julgamento do pedido constante nos embargos → etapa expropriatória e extinção.**

Abaixo serão comentados os principais momentos e as hipóteses que mais frequentemente ocorrem neste procedimento.

31.2.2. Petição inicial, título executivo e planilha

A petição inicial deve ser elaborada em observância ao que prevê o CPC (art. 798). Este dispositivo prevê novidades, como a imposição para indicar o número de inscrição no CPF ou no CNPJ, tanto do credor quanto do devedor. Também prevê que o credor deve indicar qual a espécie de execução que pretende realizar, quando esta puder ser feita de mais de um modo. É o que ocorre, por exemplo, diante de uma obrigação de pagar alimentos, pois o credor pode optar pelo procedimento especial que lhe autoriza a prisão civil (art. 911 – art. 913) ou pelo rito comum para qualquer obrigação pecuniária envolvendo particulares (art. 824 e seguintes), conforme lhe faculta a própria legislação (art. 913). O mesmo, por sinal, também pode ocorrer quando o credor escolhe entre uma execução por quantia certa contra devedor solvente (art. 824 e seguintes) ou insolvente (art. 748 – art. 786-A, CPC-73 c/c art. 1.052).

Permanece a possibilidade de o credor já indicar, na petição inicial, os bens do executado que serão penhorados, pois se trata de iniciativa do credor para tanto, exceto quando o magistrado determinar (art. 774, inc. V) ou quando lei específica estabelecer de maneira diferente (art. 9º, III, Lei nº 6.830/80).

Não há, contudo, necessidade de requerer a produção de qualquer prova uma vez que, na execução, o juiz não é provocado para "decidir algo" e sim para aplicar os meios necessários que garantam o cumprimento de uma obrigação. Porém, caso o exequente tenha ciência prévia de que, oportunamente, será deflagrado um incidente cognitivo nos autos da execução (v.g., uma hipótese em que o juiz tem que decidir sobre uma alienação de bens fraudulenta ou a respeito da responsabilidade patrimonial dos sócios), o mesmo poderá requerer a produção de provas para obter o convencimento do magistrado a respeito deste fato que for alegar. Nesta situação, o magistrado realmente terá que apreciar e julgar um fato, muito embora o mesmo não se constitua no objeto principal da execução.

Outrossim, também é incumbência do credor apresentar, juntamente com a inicial, um demonstrativo de cálculo, com muitas exigências. Vale dizer que o CPC (art. 509, § 3º) prevê que o CNJ deverá desenvolver e colocar à disposição dos interessados programa de atualização financeira, o que até mesmo já era disponibilizado nos sítios de alguns tribunais.

Além disso, acompanhando a petição inicial deverá vir o título executivo extrajudicial, que é erigido à condição de documento indispensável para a propositura da demanda. Estes títulos estão relacionados no CPC e em leis esparsas (art. 784). E, vale dizer, havendo qualquer vício na petição inicial que indique descumprimento da presente norma ou mesmo a ausência do título executivo, caberá ao magistrado determinar a emenda da petição inicial, indicando neste ato precisamente o que deverá ser regularizado (art. 321 c/c art. 801). O prazo para esta correção será de 15 (quinze) dias (art. 801).

Quanto à competência para a execução por título extrajudicial, reporta-se ao que já foi abordado nesta obra (v. item nº 28.1.).

Por fim, há de se destacar que o CPC (art. 799, inc. IX) autoriza tanto a possibilidade de averbação da petição inicial da execução perante o registro de imóveis, de veículos ou de outros bens sujeitos à penhora (art. 828), como do próprio auto ou termo de penhora (art. 844). Tais condutas consubstanciam, em realidade, uma faculdade por parte do credor, e tem como finalidade evitar que o comprador de um determinado bem que integrava o patrimônio do executado possa alegar a sua boa-fé. Afinal, o entendimento do STJ, já há algum tempo, é exatamente no sentido de que, para a caracterização de eventual fraude à execução não basta apenas a comprovação do estágio de insolvência (requisito objetivo), mas, também, do elemento volitivo indicativo da má-fé (requisito subjetivo). Inclusive, esta visão já é adotada há tempos no Verbete nº 375 da sua Súmula, cujos termos são os seguintes: "*O reconhecimento da fraude de execução depende do registro da penhora do bem alienado ou da prova de má-fé do terceiro adquirente*". E, não menos importante, o CPC (art. 782, § 3º) também permite que o credor possa requerer ao magistrado que o nome do executado seja incluído em cadastro de inadimplentes, o que irá corporificar um meio de coerção para forçar o devedor a cumprir sua obrigação.

31.2.3. Deferimento da execução. Interrupção da prescrição

No momento em que o juiz defere a execução, a prescrição passa a ser interrompida (art. 802), tal como ocorre na fase de conhecimento (art. 202, inc. I, CC c/c art. 240, § 2º), embora a sua interrupção vá retroagir à data da propositura da ação. De resto, não se pode olvidar que o CPC manteve a possibilidade de o magistrado pronunciar a prescrição de ofício (art. 487, inc. II).

31.2.4. Fixação de honorários

Ao despachar a inicial, o juiz também deverá fixar a verba honorária (art. 827), que passa a ser no patamar de 10% (dez por cento) do valor executado. Nos casos em que a ré for a Fazenda Pública, em que há procedimento próprio (art. 534 – art. 535 e art. 910), recomenda-se que os percentuais sejam de acordo com normas mais específicas do próprio CPC (art. 85, § 3º).

Estes honorários são estabelecidos sob o prisma da provisoriedade, pois eventualmente podem vir a ser cancelados ou ampliados no curso do processo. Com efeito, caso o pedido nos embargos seja acolhido e a execução seja extinta, parece ser salutar não permitir que o advogado do exequente venha a receber qualquer verba honorária, em razão de não ter tido êxito no desempenho da sua atividade. Assim, aqueles honorários seriam cancelados e outros fixados em prol do patrono da outra parte.

Da mesma forma, pode acontecer o inverso, ou seja, de serem fixados honorários advocatícios na execução e a executada apresentar embargos e ser derrotada, caso em que a verba honorária inicial terá que ser majorada (art. 827, § 2º), pois passaria a abranger 2 (dois) processos distintos.[20] Logo, também o seu caráter da provisoriedade permanece neste outro exemplo.

Caso o executado resolva pagar integralmente a dívida em 3 (três) dias, terá como único benefício uma redução de 50% (cinquenta por cento) da verba honorária (art. 827, § 1º). Contudo, certamente surgirão algumas polêmicas quanto ao termo inicial para que este pagamento possa ser efetuado. Com efeito, pelo modelo primitivo (CPC-73), este prazo se iniciava a partir do momento em que ocorresse a juntada do mandado de citação devidamente cumprido aos autos (art. 241, inc. II, CPC-73) e, ao seu final, já estariam correndo outros 12 (doze) dias, de um total de 15 (quinze) dias, em que a parte ré poderia optar entre embargar ou requerer o parcelamento da dívida. Só que o CPC (art. 829) passa a prever que este prazo de 3 (três) dias para que o executado pague a dívida seja contado a partir da citação, e não da juntada do mandado. Esse entendimento era defendido por doutrina minoritária e ficou incoerente quando confrontada com outras normas do CPC, que preveem, por exemplo, que o prazo para embargar será de 15 (quinze) dias da juntada do mandado cumprido (art. 915). Neste ponto, portanto, é que se critica a redação da nova norma (art. 829), pois, havendo a citação, será a partir da mesma que o devedor terá o prazo de 3 (três) dias para pagar. Contudo, somente a partir do momento em que o mandado de citação for juntado aos autos é que se iniciará o prazo de 15 (quinze) dias para o executado oferecer embargos ou parcelar. Não há qualquer justificativa plausível para esta redação como se encontra no CPC, nem mesmo aduzindo que o prazo não é para a prática de ato processual e sim ato de cunho material, pois o mesmo traz reflexos enormes ao processo. Portanto, aqui

---

20 THEODORO Jr., Humberto. *A reforma da execução do título extrajudicial*. Rio de Janeiro: Forense, 2007, p. 63-64.

se defende, para manter coerência com todo o sistema do CPC, que continue sendo aplicável o entendimento majoritário anterior de que, mesmo em execução, o prazo nestas hipóteses somente se iniciará da juntada do mandado e não da realização da citação propriamente dita, tal como foi mantido no processo ou fase de conhecimento (art. 231, incs. I e II).

31.2.5. Citação. Arresto (art. 830)

O CPC (art. 238) define "citação" como: *"Ato pelo qual são convocados o réu, o executado ou o interessado para integrar a relação processual"*, sendo que a mesma pode ser considerada como "pessoal" (quando for realizada por via postal, oficial de justiça, pelo escrivão ou pelo chefe de secretaria ou, ainda, por meio eletrônico), ou "ficta" (quando for efetivada pela publicação de editais na imprensa ou por hora certa). Acrescenta-se, aliás, que no modelo primitivo não era permitida a citação pela via postal em execução (art. 222, alínea "d", CPC-73). Ocorre que, na atual norma que regula o tema (art. 247), esta restrição não foi mantida. Portanto, atualmente não se vislumbra nenhum obstáculo para que a citação seja por via postal em qualquer procedimento executivo previsto no CPC e, eventualmente, até naqueles previstos em lei especial, como no caso da execução fiscal (art. 8º, Lei nº 6.830/80).[21]

Se o executado não for localizado, não parece ser interessante a imediata publicação de editais com a finalidade de citação. Com efeito, a prescrição já foi interrompida em momento anterior (art. 802) e, antes de promover mais esta despesa, que é de relativa monta, deveria o exequente ponderar a respeito da viabilidade da promoção do arresto (art. 830), caso tenha ciência da existência de bens de propriedade do devedor. Do contrário, esta publicação de editais apenas geraria mais uma despesa/prejuízo para o seu cliente sem que a mesma, por si só, assegurasse qualquer possibilidade de retorno financeiro.

Com o arresto, ao contrário, um novo quadro já se afigura, pois competirá ao credor primeiramente indicar os bens que serão arrestados. Após efetivada esta medida, ou seja, ultimada a realização desta "pré-penhora", caberá ao exequente publicar os editais (art. 830, § 2º), que servirão tanto para converter o arresto em penhora como, também, para realização da citação do executado. Assim, a despesa advinda do arresto tem grande probabilidade de ser ressarcida, uma vez que o mesmo posteriormente acaba sendo convertido em penhora, o que indica que o juízo já estará garantido.

Vale lembrar que este arresto somente tem aplicabilidade nas execuções por título extrajudicial e somente pode ser determinado antes da citação do executado. É que, após a citação, já é possível a realização direta da penhora. Outrossim, também se

---

21 Na doutrina, há quem alerte que a citação deve ser realizada preferencialmente por Oficial de Justiça, pois o CPC (art. 830), prevê incumbências a serem desempenhadas pelo oficial de justiça que não conseguir realizar a citação. É o que se extrai em: CÂMARA, Alexandre Freitas. *O novo processo civil brasileiro.* 1ª ed. São Paulo: Atlas, 2015, p. 378.

deve destacar que a jurisprudência há algum tempo já vinha admitindo a realização do arresto *on-line* (art. 830 c/c art. 854).[22]

Caso o executado seja citado pessoalmente e não compareça ao juízo, a execução prossegue regularmente. No entanto, se a citação for realizada por modalidade ficta (edital ou hora certa), o seu não comparecimento motivará a nomeação de um curador especial (art. 72, inc. II), que poderá oferecer embargos, nos termos do Verbete nº 196 da Súmula do STJ.

A finalidade da citação é permitir que o executado tenha ciência dos termos da ação e para que passe a integrar a relação jurídica processual. O executado, quando é citado, pode optar pela adoção das seguintes posturas: a) não fazer nada; b) pagar a integralidade da dívida no prazo de 3 (três) dias; c) requerer o parcelamento da dívida no prazo de 15 (quinze) dias; d) oferecer embargos à execução também no prazo de 15 (quinze) dias.

Como visto, a ausência de manifestação (item "a") pode gerar a nomeação de um curador especial (art. 72, inc. II). Já o pagamento integral em 3 (três) dias (item "b"), acarretará o fim da execução (art. 924, inc. II). Quanto às opções restantes (itens "c" e "d"), é certo que se tratam de posturas colidentes, ou seja, aquele que resolver parcelar não poderá mais embargar, sendo a recíproca verdadeira.

31.2.6. Parcelamento ou moratória legal

Findo o prazo para pagamento integral da dívida, que é de 3 (três) dias, o executado possui ainda mais 12 (doze), de um total de 15 (quinze) dias, para requerer o parcelamento, também denominado moratória legal (art. 916). Este parcelamento, para ser deferido, impõe alguns requisitos objetivos como o requerimento no prazo e, também, o pagamento de 30% (trinta por cento) e pagamento do restante em 6 (seis) parcelas com juros de 1% (um por cento) ao mês. No entanto, o dispositivo não prevê a necessidade de anuência do exequente. Este, no máximo, pode discordar caso não estejam presentes estes requisitos objetivos (art. 916, § 1º). Por óbvio, se o devedor pretender um parcelamento em bases distintas, obrigatoriamente deverá haver a concordância do credor, muito embora nesta última hipótese exista divergência sobre o processo ficar suspenso (art. 922) ou ser extinto (art. 924, inc. III), o que será esclarecido oportunamente (v. item nº 32.2. e item nº 32.4.).

Aquele que opta pelo parcelamento e não o honrar integralmente fica impedido de embargar posteriormente (art. 916, § 6º), além de se sujeitar à imposição de uma multa pecuniária de 10% (dez por cento) sobre o saldo restante. Vale dizer que esta norma não traz nenhum ranço de inconstitucionalidade por ofensa ao princípio da inafastabilidade (art. 5º, inc. XXXV, CRFB), uma vez que o próprio executado, voluntariamente, se

---

22 STJ. REsp nº 1.338.032-SP. Rel. Min. Sidnei Beneti. DJ 05/11/2013. TJ-RJ. Agravo de instrumento nº 2008.002.377778. Rel.ª Des.ª Maria Henriqueta Lobo. DJ 13/05/2009.

sujeitou a esta situação. Mas, se mesmo assim, o devedor excluído do parcelamento embargar, ao magistrado competirá rejeitá-los de plano (art. 918, inc. III).

Sendo deferido o parcelamento, a execução ficará suspensa enquanto se aguarda o integral pagamento de todas as parcelas (art. 921, inc. V). E, caso a penhora já tenha sido realizada antes do requerimento do parcelamento, a mesma não será desconstituída. É que, caso assim fosse, esse mecanismo poderia ser empregado como ardil para o desfazimento do ato. Melhor aguardar, portanto, o integral cumprimento do parcelamento, eis que o bem já penhorado poderá ainda ser utilizado na eventualidade de a execução retomar o seu curso normal, se os pagamentos cessarem antes da satisfação do crédito exequendo.[23]

Por fim, há divergência se este parcelamento é também aplicável no procedimento para o cumprimento de sentença. A doutrina e até mesmo a jurisprudência, por vezes, se inclinam em sentido negativo, sob a justificativa de que o executado não deve receber estímulos para cumprir uma obrigação constante na sentença, além de uma pretensa incompatibilidade entre os procedimentos, que não poderia em um dado momento exigir maior celeridade sob pena de aplicação de multa (art. 523, § 1º) e, depois, permitir o sobrestamento por alguns meses (art. 916).[24] Este entendimento, por sinal, é o que restou positivado no CPC (art. 916, § 7º). Contudo, nem por isso o tema se tornou pacífico, pois há quem defenda que não existem empecilhos técnicos para a permissão da moratória legal em sede de cumprimento de sentença. Este último entendimento, por sinal, parece ser o melhor, afinal, quem bem conhece as agruras do desenvolvimento de uma execução, sabe que dificilmente ela estará concluída rapidamente. O parcelamento, portanto, é medida salutar, que objetiva pôr fim ao litígio e que deve ser usado tanto na execução baseada em título extrajudicial como no judicial, bem como até mesmo em certos procedimentos especiais, como a ação monitória (art. 701, § 5º).[25]

31.2.7. Embargos à execução

O executado poderá se opor à execução oferecendo os embargos que continuam ostentando natureza jurídica de processo de conhecimento. Trata-se, portanto, de uma nova demanda, que fica autuada em apenso aos autos da execução (art. 914, § 1º) em que o executado passa a ser o demandante/embargante e o exequente passa a ser o demandado/embargado.[26] Curiosamente, os embargos também são muitas

---

23 THEODORO Jr., Humberto. *A reforma da execução do título extrajudicial*. Rio de Janeiro: Forense, 2007, p. 219.

24 Não permitindo o parcelamento em execução de título judicial: THEODORO Jr., Humberto. *A reforma da execução do título extrajudicial*. Rio de Janeiro: Forense, 2007, p. 217. No mesmo sentido: TJ-RJ. AI nº 0014497-24.2017.8.19.0000. Rel.ª Des.ª Maria Luiza de Freitas Carvalho. DJ 24/05/2017 e TJ-RJ. Agravo de instrumento nº 2009.002.37751. Rel. Des. Sergio Jerônimo A Silveira. DJ 25/09/2009.

25 No sentido do texto, pela possibilidade deste parcelamento em sede de cumprimento de sentença: MARINONI, Luiz Guilherme. *Técnica processual e tutela dos direitos*. São Paulo: RT, 2004, p. 620. No mesmo sentido: TJ-RJ. AI nº 0026669-95.2017.8.19.0000. Rel. Des. Nagib Slaibi Filho. DJ 26/07/2017 e TJ-RJ. Agravo de instrumento nº 2009.002.13546. Rel. Des. Carlos Santos Oliveira. DJ 26/05/2009.

26 Há entendimento do STJ no sentido de que a protocolização dos embargos à execução nos autos da própria ação executiva é vício sanável, que pode ser regularizado com a autuação desta peça em apenso. É o que se aquilata em: STJ. REsp nº 1.807.228-RO. STJ. Rel.ª Min.ª Nancy Andrighi. DJ, 11/09/2019.

vezes apresentados como uma "ação-defesa", já que a causa de pedir desta ação (v.g., pagamento) ao mesmo tempo é uma exceção substancial indireta extintiva, que bem poderia ter sido empregada pelo demandado caso estivesse sendo acionado em um processo de conhecimento.

Neles, a pretensão externada é de natureza constitutiva negativa, pois o que se pretende é a desconstituição do título executivo ou a revisão do valor nele contido. Não é possível, contudo, ampliar em demasia o objeto dos embargos, que realmente devem ficar restritos a esta finalidade acima indicada, não podendo ser utilizados para permitir que o embargante formule pedido com a introdução de novos elementos completamente estranhos à execução. Basta imaginar uma situação concreta em que o executado alega nos embargos a inexistência da dívida e, ao mesmo tempo, requeira a revisão de outro contrato que celebrou com o embargado e que não se encontrava sendo discutido nos autos. Neste caso, o pleito revisional deve vir por meio da via própria, eis que os limites dos embargos são bem restritos. Pelo menos, é que o se extrai de norma prevista em lei específica, que veda que os embargos sejam utilizados como sucedâneo de reconvenção (art. 16, § 3º, Lei nº 6.830/80).

Em regra, os embargos são oferecidos apenas em execuções lastreadas em título executivo extrajudicial. Contudo, há hipótese em que eles são oferecidos tanto neste caso como, também, naqueles que contenham título judicial, eis que o procedimento é exatamente o mesmo. É o que ocorre com a insolvência civil, que permanece regulamentada pelo modelo antigo (art. 755, CPC-73 c/c art. 1.052).

31.2.7.1. Prazo para oferecimento dos embargos

O prazo para oferecimento dos embargos é de 15 (quinze) dias, contados da juntada do respectivo mandado citatório (art. 915). Ainda que no polo passivo da execução haja um litisconsórcio facultativo, não deverá ser aguardada a juntada do último mandado cumprido para fluência do prazo de resposta e nem ocorrerá a duplicação do prazo (art. 229), em razão de normas específicas que regulam os embargos (art. 915, §§ 1º e 3º).

Anote-se, por oportuno, que existem embargos que são oferecidos com prazos diferenciados. É o que ocorre na insolvência civil, cujos embargos devem ser oferecidos em 10 (dez) dias (art. 755, CPC-73 c/c art. 1.052). O mesmo, por sinal, ocorre nas execuções fiscais (art. 16, Lei nº 6.830/80) ou naquelas promovidas em face da Fazenda Pública (art. 910), casos em que o prazo será de 30 (trinta) dias

Deve ser repudiada prática que consiste no ajuizamento de ação autônoma, pelo executado, após ter findado o prazo para oferecimento dos embargos, pois esta circunstância equivale ao uso de instrumentos processuais para burlar exigências legais.

31.2.7.2. Efeito suspensivo nos embargos

O mero oferecimento dos embargos não gera, por si só, a suspensão da execução (art. 919). Portanto, ainda que o devedor seja citado e os apresente, a penhora e a avaliação poderão ser realizadas regularmente. Contudo, uma vez garantida a execução e, presentes os requisitos para a concessão da tutela provisória (art. 300), o magistrado poderá atribuir este efeito. É correto concluir, portanto, que a penhora não é um requisito de admissibilidade dos embargos, mas sim para que seja concedido o efeito suspensivo ao mesmo.

Analisando esta norma (art. 919), percebe-se que é razoável a exigência da realização prévia da penhora para a suspensão da execução uma vez que, caso contrário, fica o exequente exposto a uma demora desnecessária que pode lhe causar graves prejuízos como dilapidação ou deterioração do patrimônio do seu devedor. E, da mesma forma, uma vez garantido o juízo, passa o executado a ficar exposto a um risco, que é a imediata expropriação dos seus bens, uma vez que não existem obstáculos para que esta alienação seja realizada mesmo na pendência dos embargos. Sob este ponto de vista, estes dois requisitos são plenamente justificáveis, por impedirem que o credor fique desguarnecido ao mesmo tempo em que o executado é protegido.

Mas não se justifica a exigência de que o efeito suspensivo somente possa ser concedido se houver requerimento por parte do embargante (art. 919). É que, eventualmente, o processo pode vir a apresentar situações emergenciais, o que justificaria a adoção, por parte do magistrado, do seu poder geral de cautela, que é implícito e que independente de provocação de qualquer uma das partes. Assim, sob este ponto de vista, o efeito suspensivo poderia ser concedido pelo juiz independentemente de requerimento de qualquer das partes.[27]

Por outro lado, ainda que seja concedido o efeito suspensivo, isso não impede que, eventualmente, possam ser praticados atos no processo de execução, tais como a substituição, reforço ou mesmo a redução da penhora (art. 919, § 5º).

Outrossim, releva acrescentar que, em hipótese autorizada em lei, a imediata expropriação dos bens poderá ser realizada ainda que os embargos tenham sido recebidos com efeito suspensivo. É do que cuida a norma (art. 852) que autoriza a alienação antecipada dos bens em hipóteses de deterioração ou depreciação, por exemplo.

Igualmente, não se pode olvidar que o efeito suspensivo conferido aos embargos não necessariamente terá que ser total. Com efeito, caso o fundamento dos embargos seja o excesso de execução, esta prosseguirá pela quantia incontroversa, já podendo ser realizados, imediata e independentemente de qualquer caução, os atos tendentes à expropriação dos bens constritos (art. 919, § 3º c/c art. 921, inc. II). Contudo, se for alegada esta matéria competirá ao devedor já indicar, na petição inicial dos embargos, o montante excessivo, sob pena de rejeição liminar desta alegação (art. 917, §§ 3º e 4º).

---

27 Em sentido contrário, mas trazendo argumentos sob a égide do antigo modelo: DIDIER Jr., Fredie, CUNHA, Leonardo Carneiro da, BRAGA, Paula Sarno, OLIVEIRA, Rafael. *Curso de direito processual civil, execução,* Salvador: JusPodivm, 2009, 5ª v. p. 351.

E, por fim, esta regra que cuida dos requisitos para a concessão do efeito suspensivo aos embargos (art. 919, § 1º) também poderá ser utilizado em outros procedimentos específicos, como na execução fiscal (art. 1º, Lei nº 6.830/80), eis que na mesma não há norma regulando o tema.

31.2.7.3. Dispensa de garantia para admissão dos embargos

De acordo com o CPC, os embargos são oferecidos independentemente da garantia do juízo, seja por penhora, caução ou depósito (art. 914). Tal disposição aplica--se a qualquer modelo executivo lastreado em título executivo extrajudicial previsto no CPC.

Mas esta dispensa de prévia garantia do juízo não atinge, contudo, os procedimentos especiais. No caso da execução fiscal, por exemplo, há regra pontual (art. 16, Lei nº 6.830/80) que estabelece que os embargos apenas são oferecidos a partir da garantia do juízo, norma esta que deve prevalecer em cotejo com aquela prevista no CPC, em razão da sua especialidade.

31.2.8. Exceção de pré-executividade

A exceção de pré-executividade, embora não tenha previsão clara no CPC, é um mecanismo de defesa aceito pela jurisprudência e doutrina há muito tempo, que possibilita ao executado apresentar, por meio de uma mera petição, qualquer matéria que o magistrado possa pronunciar de ofício. Por exemplo, pode ser apresentada para alegação de ilegitimidade passiva do sócio que é executado por dívida da pessoa jurídica, bem como sobre o tema prescrição.[28]

A sua criação remonta ao período em que os embargos somente poderiam ser recebidos após a prévia garantia do juízo. Constatou-se que determinadas matérias, que podiam ser conhecidas *ex officio*, não justificavam tamanha formalidade que poderia trazer graves prejuízos ao executado. Assim, para evitar uma penhora que seria absolutamente desnecessária, já que a questão poderia ser pronunciada até mesmo de ofício, é que foi sendo admitida paulatinamente a exceção de pré-executividade como mais um mecanismo de defesa do devedor, muito embora o seu rol de teses defensivas seja bastante restrito.

Alguns pontos devem ser abordados sobre esta peça processual. O primeiro deles se refere ao nome empregado, que não observa a boa técnica processual. É que a palavra "exceção" tem, no direito processual civil, diversas acepções, sendo que uma delas é justamente a que a coloca como antônimo de "objeção". De acordo com esta acepção, as "objeções" seriam as matérias que o magistrado pode pronunciar de ofício enquanto as "exceções" são aquelas que demandam alegação da parte interessada para

---

28 TRF-5. Processo n. 0001186-23.2016.4.05.0000. Rel. Desembargador Federal Paulo Roberto de Oliveira Lima, j. 31/01/ 2017, por unanimidade.

o seu reconhecimento. Da mesma forma, como esta peça somente é apresentada após o início da execução, parece ser mais adequado usar o termo "não executividade" em vez de "pré-executividade", pois o intento do interessado é, justamente, impedir o prosseguimento do processo. Em consequência, a expressão "objeção de não executividade" seria a mais adequada para nominar esta peça, muito embora a expressão "exceção de pré-executividade" já esteja perfeitamente disseminada e assimilada pela prática forense.[29]

O segundo ponto se refere ao tipo de questão que pode ser ventilada nesta petição. Como visto, a mesma é utilizada apenas para que sejam veiculadas matérias de ordem pública (v.g., art. 803; art. 487, inc. II; art. 485, § 3º; art. 337, § 5º). No entanto, o STJ vem alargando esta visão ao possibilitar que, nesta peça, também sejam ventiladas defesas de mérito indiretas extintivas, como o pagamento, desde que não haja necessidade de dilação probatória.

O terceiro ponto é para esclarecer que a lei não impõe que o oferecimento da exceção de pré-executividade tenha o condão de suspender a marcha processual. Com efeito, as regras de suspensão do processo (v.g., art. 921) são excepcionais e, por esta razão, devem ser interpretadas restritivamente. Não faz sentido, realmente, que o magistrado determine o recolhimento de um mandado de penhora apenas por esta peça se encontrar pendente de apreciação.

O quarto ponto é que a exceção de pré-executividade pode ser oferecida tanto antes como depois do oferecimento dos embargos, embora seja vedado abordar, nas duas vias processuais, a mesma tese processual, sob pena de ofensa ao instituto da preclusão (art. 507). Ademais, caso a sentença dos embargos já tenha transitado em julgado materialmente e, somente após, a exceção de pré-executividade tiver sido oferecida, a mesma terá que ser rejeitada, ainda que traga matéria nova. Isso ocorre por força do efeito preclusivo da coisa julgada, muitas vezes designado na doutrina como "julgamento implícito" (art. 508).[30] Nesta situação, o dispositivo em comento estabelece que, passada em julgado a sentença de mérito, ficam repelidas todas as matérias que poderiam ter sido alegadas pelas partes, sejam elas de direito material ou processual, com exceção de alguma que seja fundada no vício da inexistência, pois este jamais se convalesce. Logo, é inviável se valer desta via processual, ainda que seja para ventilar matéria de ordem pública, se a mesma já pudesse ter sido antes alegada nos próprios embargos, cuja sentença já transitou em julgado materialmente.[31]

E, por fim, deve ser mencionado que a "exceção de pré-executividade" permanece presente no cenário processual brasileiro. É que, muito embora os embargos possam ser oferecidos independentemente de garantia do juízo, não se pode olvidar que matéria de ordem pública pode ser alegada a qualquer momento processual, enquanto não

---

29 CARNEIRO, Athos Gusmão. Aspectos relevantes na execução dos títulos extrajudiciais – Lei nº 11.382/2006. *Os poderes do juiz e o controle das decisões judiciais, estudos em homenagem à Professora Teresa Arruda Alvim Wambier*. José Miguel Garcia Medina, Luana Pedrosa de Figueiredo da Cruz, Luís Otávio Sequeira de Cerqueira e Luiz Manoel Gomes Júnior (Coords.). São Paulo: RT, 2008, p. 1.075.

30 MARINONI, Luiz Guilherme, ARENHART, Sérgio Cruz. *Manual do processo de conhecimento*. 2ª ed. São Paulo: RT, 2003, p. 682.

31 STJ. REsp nº 624813/PR. Rel. Min. Humberto Gomes de Barros. DJ 26/11/2008.

transitada em julgado a sentença dos embargos. Assim, ainda que já apresentados os embargos sem que tenha sido suscitada esta questão, nada impediria uma posterior "exceção de pré-executividade" alegando-a.

31.2.9. Procedimento nos embargos

Os embargos são apresentados por meio de uma petição inicial que deve contar, inclusive, com um valor da causa que deve ser correspondente ao proveito econômico pretendido pelo embargante. Mas, não necessariamente, o valor da causa nos embargos terá que ser o mesmo da execução. Para exemplificar, se os embargos forem oferecidos para questionar excesso de execução, o valor da causa deverá indicar justamente este montante que o embargante considera excessivo.

O CPC (art. 917) estabelece quais são as matérias que podem ser veiculadas em sede de embargos à execução, deixando claro que se trata de rol meramente exemplificativo (art. 917, inc. VI). E, como estes embargos são oferecidos independemente da realização prévia da penhora e da avaliação, muito provavelmente estas serão efetivadas após já ter escoado o prazo para o oferecimento desta defesa. Contudo, nenhum prejuízo ocorrerá ao devedor, que bastará apresentar uma simples petição posterior para trazer tais temas (art. 917, § 1º).[32]

Se o interesse do devedor for também alegar o impedimento ou a suspeição do magistrado, tais temas não deverão ser apresentados nesta via, mas sim em petição específica com esta finalidade (art. 917, § 7º). E, ainda, como os embargos instauram novo processo que será autuado por dependência aos autos da execução, torna-se perfeitamente justificável a exigência de que os mesmos sejam acompanhados das guias de custas devidamente recolhidas.

Esta petição inicial deve ser oferecida perante o mesmo juízo em que tramita a execução, já que os embargos serão autuados em apenso (art. 914, § 1º), com a ressalva apenas de que eventualmente os mesmos podem ser oferecidos, e até mesmo eventualmente julgados, perante o juízo deprecado (art. 914, § 2º). E, juntamente com esta petição, o CPC impõe que os mesmos sejam acompanhados de cópias das peças processuais relevantes, o que somente se justifica se o processo não for eletrônico. Afinal, após o julgamento dos embargos o derrotado poderá interpor recurso de apelação, caso em que serão desapensados e encaminhados ao Tribunal, que, com base nestas cópias reprográficas, poderá melhor analisar toda a situação.

Após o oferecimento dos embargos, os mesmos seguem conclusos para análise pelo magistrado, que até mesmo poderá rejeitá-los liminarmente (art. 918), com ou sem resolução de mérito. Com efeito, em casos de intempestividade ou indeferimento

---

32 CUNHA, Leonardo José Carneiro da. As defesas do executado. In: *Leituras complementares de processo civil*. Fredie Didier Jr. (Coord.). 2ª ed. Salvador: JusPodivm, 2008, p. 280.

da inicial, a sentença terá cunho terminativo. No entanto, é possível que a rejeição seja motivada pela improcedência liminar do pedido (art. 918, inc. II c/c art. 332), ou mesmo quando os embargos forem protelatórios (art. 918, inc. III), o que já denota a resolução do mérito (art. 487, inc. I). Neste último caso, que é o de embargos protelatórios, já foi esclarecido nesta obra (v. item nº 31.2.6.), que é o que ocorrerá quando o executado optar pelo parcelamento e não conseguir honrá-lo, caso em que ficará impedido de embargar (art. 916, § 6º). Assim, se houver descumprimento e os embargos forem apresentados, fatalmente os mesmos serão rejeitados sob a pecha de serem protelatórios.

Mas, não sendo o caso de rejeição liminar, o juiz irá então determinar a citação do embargado/exequente, na pessoa do advogado, muito embora o CPC (art. 920, inc. I), não tenha utilizado esta nomenclatura.[33] É uma das raras hipóteses em que a citação pode recair na pessoa do advogado, ainda que o mesmo não tenha instrumento de procuração que ostente poderes específicos para tanto. É que, neste caso, a própria lei autoriza o recebimento da citação, tal como também ocorre na oposição (art. 683, parágrafo único) e na reconvenção (art. 343, § 1º – que repete o mesmo erro na nomenclatura que já ocorria no modelo primitivo).

A lei processual não dá um nome para a peça que deve ser apresentada pelo embargado. Por este motivo, é comum que essa petição seja nominada como "resposta" ou "contestação", sendo o prazo para o seu oferecimento estabelecido em 15 (quinze) dias (art. 920, inc. I).

Se, eventualmente, o embargado não apresentar resposta, surge dúvida se seria ou não possível reconhecer a revelia neste caso. A jurisprudência, de forma bem expressiva, se posiciona de forma contrária ao reconhecimento da revelia em sede de embargos à execução.[34] É que, realmente, a ausência de impugnação por parte do embargado gera a presunção relativa de que o embargante está com a razão (art. 344). No entanto, ao mesmo tempo o embargado tem uma presunção que lhe favorece, já que o mesmo ostenta um título executivo extrajudicial, documento de tal envergadura que até mesmo dispensa a instauração de um processo de conhecimento para reconhecimento de um direito. Assim, o que há em uma situação como esta é um choque de presunções, cada qual favorável a uma das partes, que vão se repelir mutuamente, desfazendo-se completamente.[35] Mas, muito embora não haja o efeito material da revelia nos embargos à execução, os efeitos processuais (art. 346) se operam regularmente, de modo que os prazos correrão independentemente de intimação ao patrono do exequente.

Após o oferecimento da resposta, o juiz já estará autorizado a julgar a pretensão, exceto se for necessária a produção de prova oral em audiência, caso em que o mesmo

---

33 MARINONI, Luiz Guilherme, ARENHART, Sérgio Cruz. *Curso de processo civil.* São Paulo: RT, 2007. v. 3. p. 452.

34 STJ. REsp nº 671515-RJ. Rel. Min. João Otávio de Noronha. DJ 23/10/2006.

35 Em sentido contrário ao do texto, reconhecendo a possibilidade de revelia nos embargos à execução: MOREIRA, José Carlos Barbosa. *O novo processo civil brasileiro.* 22ª ed. Rio de Janeiro: Forense, 2002, p. 295.

deverá designá-la (art. 920, inc. II). E, finda a instrução, será então o momento de sentenciar (art. 920, inc. III).

A sentença deverá condenar o vencido a arcar com a sucumbência e o recurso apto a impugná-la é o de apelação, que será recebido no duplo efeito, exceto quando os embargos forem liminarmente rejeitados ou quando o pedido nele contido tiver sido julgado improcedente (art. 1.012, § 1º, inc. III).

31.2.10. Fim da execução

Caso o pedido formulado nos embargos venha a ser acolhido e a execução extinta, chega-se ao fim do processo. Do contrário, será iniciada a etapa expropriatória (se ela ainda não se iniciou), que é aquela que busca alienar o patrimônio do devedor que foi objeto de constrição judicial. As modalidades de expropriação estão previstas no CPC (art. 825) e consistem em: a) adjudicação; b) alienação; c) apropriação de frutos e rendimentos de empresa ou de estabelecimentos e de outros bens.

Com a alienação dos bens e consequente pagamento ao credor, a execução será extinta (art. 924, inc. II). Mas a mesma também pode ser extinta por outros motivos, com ou sem resolução do mérito (art. 924).

31.3. PROCEDIMENTO COMUM PARA OBRIGAÇÃO DE PAGAR CONSTANTE EM TÍTULO JUDICIAL E EXTRAJUDICIAL: PENHORA

31.3.1. Conceito e natureza jurídica da penhora

A execução comum, conforme estabelece o CPC (art. 824), tem por objetivo expropriar bens do devedor, a fim de satisfazer o direito do credor. A penhora, portanto, passa a ter importante função nesta finalidade, uma vez que é por meio da mesma que irá se definir qual será o bem pertencente ao patrimônio do devedor que irá se submeter a esta expropriação. A penhora é, portanto, um ato judicial, de natureza executiva.[36] Também se destaca por gerar, ao credor, um direito de preferência (art. 797).

Como a penhora é um ato de natureza processual, qualquer lei que discipline este tema terá aplicação imediata (art. 14). Em consequência, caso seja criada uma lei estabelecendo que um determinando bem passou a ser impenhorável, os seus efeitos serão imediatamente aplicados nos processos em curso. O tema é tratado pelo Verbete nº 205 da Súmula do STJ: *"A Lei nº 8.009-90 aplica-se à penhora realizada antes de sua vigência"*.

A penhora pode ser instrumentalizada por meio de um "termo" ou de um "auto". Haverá "termo" de penhora quando este ato for lavrado pelo servidor de Justiça após a indicação de alguma das partes, ao passo que o "auto" de penhora é aquele lavrado

---

36 FUX, Luiz. *O novo processo de execução. O cumprimento da sentença e a execução extrajudicial.* Rio de Janeiro: Forense, 2008, p. 150.

pelo Oficial de Justiça no momento em que realiza a constrição judicial sobre os bens. Ressalta-se que, nesta última hipótese, o CPC (art. 846, § 2º) autoriza que o oficial possa se valer de auxílio de força policial para a realização da penhora daqueles que eventualmente resistirem à ordem.

Outrossim, deve constar que, atualmente, a avaliação também será realizada no mesmo momento em que a penhora for realizada, sendo ambas de atribuição do oficial de justiça que for cumprir o ato (art. 154, inc. V), muito embora a mesma possa novamente ser realizada em momento posterior (art. 873).

Por derradeiro, a penhora deve recair sobre bens que integram patrimônio do devedor. Se, porém, a constrição judicial recair sobre bens de pessoa que não participa do processo, esta deverá se valer dos "embargos de terceiros", que nada mais são do que um processo de conhecimento em procedimento especial, que deve ser justamente utilizado em situações como esta (v. item nº 25.8.).

31.3.2. Nomeação dos bens

De acordo com o CPC, a iniciativa para a indicação dos bens à penhora pertence ao credor, que já facultativamente poderá exercê-la na petição em que requerer o início da fase executiva (art. 524, inc. VII) ou na sua própria petição inicial (art. 829, § 2º).

O executado, porém, poderá realizar a indicação em algumas situações. A primeira delas ocorre quando o devedor alegar e provar que o bem que indicou a penhora deve prevalecer em relação ao que foi indicado pelo credor, para que a execução se desenvolva de maneira menos gravosa (art. 829, § 2º). A segunda, quando houver determinação judicial neste sentido, o que até pode gerar uma sanção pecuniária consistente no pagamento de uma multa de valor não superior a 20% (vinte por cento) sobre o valor do débito atualizado, caso haja descumprimento injustificável, uma vez que o legislador considerou esta postura como ato atentatório à dignidade da Justiça (art. 774, inc. V). E, por fim, a última situação em que o devedor permanece tendo a iniciativa para indicar os bens a constrição judicial ocorre nas execuções fiscais, em razão de regramento específico (art. 8º, Lei nº 6.830/80).

31.3.3. Objeto da penhora e possibilidade de renúncia às regras de impenhorabilidade absoluta

A penhora pode recair sobre bens corpóreos (v.g., um veículo) ou incorpóreos (v.g., um direito de crédito, que até mesmo pode estar representado por um precatório).[37] Existe uma ordem de preferência para a realização da penhora prevista no CPC

---

37 STJ. REsp nº 1090898-SP. Rel. Min. Castro Meira. DJ 31/08/2009.

(art. 835), mas ela é relativa, podendo ser afastada de acordo com a hipótese concreta ventilada nos autos.[38]

Caso a mesma recaia sobre imóvel localizado em outra cidade, o CPC (art. 845, § 1º) autoriza que esta penhora seja efetivada por termo nos autos, com as consequentes intimações que se fizerem necessárias, prescindindo, assim, da expedição de carta precatória com esta finalidade.[39]

Também pode ser penhorado bem que já se encontre constricto por determinação de outro juízo. O tema é tratado em norma própria do CPC (art. 908), que cuida da possibilidade da arguição por preferência. Nesta hipótese, em que concorrem vários credores com múltiplas penhoras recaindo sobre o mesmo bem, deverá ser observada a ordem das respectivas prelações, caso não haja título legal à preferência.

A penhora apenas não pode recair naqueles bens que são considerados como "absoluta" ou "relativamente" impenhoráveis. Os primeiros, que são os absolutamente impenhoráveis, são aqueles que não podem ser objeto de constrição judicial, em nenhuma hipótese. Estes bens estão previstos no próprio CPC (art. 833) ou em leis especiais (v.g., Lei nº 8.009/90). Mas, ainda que se trate de um bem de família, eventualmente pode ser penhorado, nos termos do Verbete nº 63 da Súmula do TJ-RJ: "*Cabe a incidência da penhora sobre imóvel único do fiador de contrato de locação, Lei nº 8.009/90 (art. 3º, VII) e Lei nº 8.245/91*".

Além disso, existem diversos outros exemplos de bens impenhoráveis, embora não tão conhecidos, como os valores constantes em conta vinculada ao FGTS (art. 2º, Lei nº 8.036/90). Mas, deve ser ressalvado que, mesmo diante de eventual silêncio normativo, pode ocorrer que outros bens também sejam abrangidos pela impenhorabilidade como, por exemplo, a hipótese de um animal de estimação muito querido pela família ou mesmo um cão usado para auxiliar um deficiente visual.[40]

Este tema, sobre a possibilidade de penhora ou não em determinados bens, é bastante fértil na jurisprudência, já existindo precedentes no sentido da impenhorabilidade da pequena propriedade rural,[41] do estabelecimento comercial cujo rendimento custeia a locação residencial da família do devedor,[42] de bens das microempresas e empresas de pequeno porte quando essenciais à sua atividade,[43] de maquinários das empresas,[44] entre outros mais. Por outro lado, há decisões permitindo a penhora sobre bem imóvel

---

[38] Há orientação do STJ no sentido de que, para fins de penhora, a cota de fundo de investimentos não pode ser considerada como dinheiro em aplicações financeiras, razão pela qual a constrição não deve ser realizada preferencialmente sobre tais bens: STJ. REsp 1.388.642-SP, Rel. Min. Marco Aurélio Bellizze, Segunda Seção, por unanimidade, j. 03/08/2016, DJe 06/09/2016 – *Informativo* nº 589.

[39] FUX, Luiz. *O novo processo de execução. O cumprimento da sentença e a execução extrajudicial*. Rio de Janeiro: Forense, 2008, p. 173.

[40] DIDIER Jr., Fredie, CUNHA, Leonardo Carneiro da, BRAGA, Paula Sarno, OLIVEIRA, Rafael. *Curso de Direito Processual Civil Execução* Salvador: JusPodivm, 2009. 5ª v., p. 543.

[41] STJ. REsp 1.408.152-PR, Rel. Min. Luis Felipe Salomão, por unanimidade, j. 1º/12/2016, DJe 02/02/2017.

[42] STJ. REsp 1.616.475-PE, Rel. Min. Herman Benjamin, j. 15/9/2016, DJe 11/10/2016 – *Informativo* nº 591.

[43] TRF-1. Ap 0007078-19.2006.4.01.3800, Rel. Juiz Federal Eduardo Morais da Rocha, em 25/04/2017.

[44] TRF- 3. AI 575.323/SP, Desembargador Federal Valdeci Dos Santos, DJe 16/03/2017.

de família dado em hipoteca não registrada[45] e, também, do imóvel residencial que foi adquirido com o produto de crime.[46] Enfim, é um tema deveras interessante, levando em consideração as circunstâncias envolvidas em cada situação concreta.

Uma das características da impenhorabilidade absoluta é que a mesma não pode ser renunciada pelo destinatário da proteção, que deve fazer jus a esta proteção. Por exemplo, sendo um bem considerado de família e, portanto, impenhorável pela legislação (Lei nº 8.009/90), o chefe desta não poderá renunciar a esta proteção. Esta orientação, de fato, é a correta, por se tratar de um beneplácito previsto em lei para viabilizar a moradia e, ao mesmo tempo, proteger a unidade familiar, ambos extensão do direito fundamental à dignidade da pessoa humana no seu sentido mais sensível (art. 1º, inc. III, CRFB), considerado como o atual epicentro axiológico da ordem jurídica. Não é por outro motivo, aliás, que a interpretação desta norma tem sido a mais elástica possível, até mesmo para proteger a moradia daqueles que residem sozinhos, conforme já reconhecido no Verbete nº 364 da Súmula do STJ: "*O conceito de impenhorabilidade de bem de família abrange também o imóvel pertencente a pessoas solteiras, separadas e viúvas*".[47]

Vale dizer que esta preocupação em se preservar tais direitos e valores vem até mesmo sendo reconhecida em outras circunstâncias até bem diferentes, como nas hipóteses envolvendo a desconsideração da personalidade jurídica de sociedade empresária (art. 132 – art. 137). É que o STJ já teve a oportunidade de decidir que esta situação de uso fraudulento da pessoa jurídica, por si só, não afasta a impenhorabilidade absoluta de certos bens de propriedade dos sócios, eis que não há qualquer ressalva a respeito neste sentido na legislação (Lei nº 8.009/90).[48]

Assim, uma leitura mais atenta de tais normas (art. 833) permite chegar à conclusão de que, naquelas situações em que o legislador erigiu um bem como absolutamente impenhorável, o mesmo se pautou em um critério razoável para proteger um direito ou interesse extremamente relevante, como vestuário, utensílios domésticos, exercício de profissão, dentre outras mais. Logo, não pode ser renunciada pelo beneficiário desta proteção.[49]

Esta conclusão, contudo, não era inteiramente pacífica no meio doutrinário antes da vigência do CPC. É que existiam aqueles que sustentavam que o destinatário da proteção legal poderia renunciar à mesma. Esta outra visão baseava-se na constatação de que, se o executado pode se desfazer do bem extrajudicialmente, então também

---

45   STJ. REsp 1.455.554-RN, Rel. Min. João Otávio de Noronha, j. 14/06/2016, DJe 16/06/2016 – *Informativo* nº 585.

46   STJ. REsp 1.091.236-RJ, Rel. Min. Marco Buzzi, j. 15/12/2015, DJe 1º/02/2016 – *Informativo* nº 575.

47   STJ. Embargos de declaração no REsp nº 182.223/SP. Rel. Min. Sálvio de Figueiredo. DJ 06/02/2002.

48   STJ. REsp nº 1.433.636-SP. Rel. Min. Luis Felipe Salomão. DJ 02/10/2014.

49   STJ. Agravo regimental no REsp nº 813546/DF. Rel. Min. Fux (acórdão). DJ 04/06/2007.

poderia fazê-lo judicialmente.[50] O argumento, porém, não vinha sensibilizando a jurisprudência, conforme já alertado.

Só que o CPC, ao dispor sobre os bens considerados como impenhoráveis (art. 833), suprimiu a palavra "absolutamente", que constava no modelo primitivo (art. 649, CPC-73). A supressão foi proposital, pois doutrina ativa na tramitação da novel legislação já defendia a possibilidade de a parte renunciar a esta proteção. Há, da mesma maneira, enunciado do FPPC neste sentido, quanto à possibilidade de pacto renunciando à impenhorabilidade do bem.[51]

Contudo, mais uma vez se alerta que a jurisprudência, notadamente a do STJ, sempre foi refratária a este entendimento, o que parece o mais acertado. Com efeito, basta uma atenta leitura da norma em comento (art. 833), para se chegar à conclusão de que, naquelas situações em que o legislador erigiu um bem como impenhorável, o mesmo se pautou em um critério razoável para proteger um direito ou interesse extremamente relevante, como vestuário, utensílios domésticos, exercício de profissão, dentre outras mais. Logo, não poderia esta proteção, diretamente ligada à garantia da dignidade da pessoa humana (art. 1º, inc. III, CRFB) ser renunciada em negócio processual.

Não se discute aqui que, na inexistência de um processo judicial, a parte ré até poderá renunciar unilateralmente a todo o seu patrimônio. Contudo, na pendência deste, esta renúncia já não seria aceita, muito menos quando pactuada bilateralmente entre credor e devedor, nas chamadas convenções pré-processuais, pois no processo há o exercício de uma função pública, que deve resguardar os valores previstos na Constituição. Portanto, mesmo que o CPC tenha excluído a expressão "absolutamente" desta norma (art. 833), pemanece a disciplina do tema exatamente como era no modelo anterior, eis que os bens ali relacionados continuam "impenhoráveis".

31.3.4. Bens absolutamente e relativamente impenhoráveis

Conforme apresentado, o CPC (art. 833) enumera as hipóteses de impenhorabilidade absoluta. O primeiro caso (inc. I) cuida dos bens inalienáveis que podem ter como exemplo os bens públicos, enquanto permanecerem afetados. O segundo (inc. II), já cuida da impenhorabilidade dos móveis e utensílios que guarnecem a residência, salvo se os mesmos ultrapassarem as necessidades comuns a um médio padrão de vida, o que é um dado extremamente subjetivo. A terceira hipótese (inc. III) já cuida dos vestuários e bens de uso pessoal, com a mesma ressalva do inciso anterior onde não estariam atingidos aqueles de elevado valor. O quarto caso (inc. IV) reputa como impenhorável não só o que aufere um agente público como, também, os

---

50 DIDIER Jr., Fredie, CUNHA, Leonardo Carneiro da, BRAGA, Paula Sarno, OLIVEIRA, Rafael. *Curso de direito processual civil execução* Salvador: JusPodivm, 2009. 5º v., p. 545.

51 Enunciado nº 19, do FPPC: *"(art. 190) São admissíveis os seguintes negócios processuais, dentre outros: pacto de impenhorabilidade, (...)".*

que trabalham em iniciativa privada e mais os autônomos, exceto para pagamento de prestação alimentícia (art. 833, § 2º). O quinto (inc. V) fez constar que os instrumentos úteis para o exercício da profissão do executado é que serão impenhoráveis.

Na sequência (incs. VI, VII, VIII, IX e XI), os casos se referem, respectivamente, à impenhorabilidade do seguro de vida, dos materiais necessários de obra em andamento (para que seja viabilizada a sua conclusão), da pequena propriedade rural trabalhada pela família, das subvenções (recursos públicos recebidos por instituições privadas para aplicação compulsória em educação, saúde ou assistência social) e, também, dos recursos públicos do fundo partidário que forem recebidos pelos partidos políticos.

Há, também, outro caso (inc. X), que estabelece a impenhorabilidade do valor de até 40 (quarenta) salários-mínimos depositados em conta-poupança. Nesta última hipótese, a nítida preocupação do legislador foi proteger a economia do executado, sendo certo que, na ausência de aplicação em conta-poupança, este patamar poderá ser respeitado em outro tipo de aplicação (v.g., um fundo de investimento) ou mesmo se for o valor constante em conta-corrente.[52]

Por fim, o último caso (inc. XII) não cuida propriamente de uma novidade na legislação, ao estabelecer a impenhorabilidade dos créditos oriundos de alienação de unidades imobiliárias, sob o regime de incorporação imobiliária, que sejam vinculados à execução da obra. É que esta restrição já existia em lei específica (art. 31-A, Lei nº 10.931/2004).

31.3.5. Efeitos da penhora

A penhora gera efeitos materiais e processuais. Dentre os efeitos materiais, que são os que se irradiam na esfera penal e cível daqueles que participam do processo, podem ser destacados a alteração do título de posse do executado (art. 840 e parágrafos), bem como a possibilidade deste praticar ilícito penal caso destrua ou contribua para deteriorar a coisa penhorada (art. 179, CP). Já os efeitos processuais atualmente relevam a possibilidade de obtenção de efeito suspensivo (art. 919, § 1º – desde que conjugado com os demais requisitos constantes neste dispositivo) e a obtenção do direito de preferência (art. 797).

31.3.6. Modificações da penhora

O CPC prevê diversas modalidades de modificações da penhora, tais como: a) remição; b) substituição; c) repetição; d) redução; e) ampliação.

A "remição" é instituto que se encontra previsto no CPC (art. 826), permitindo que o executado possa, antes de adjudicados ou alienados os bens, remir a execução mediante consignação da importância atualizada da dívida e demais consectários, como as custas do

---

52 STJ. REsp nº 1.230.060-PR. Rel.ª Min.ª Maria Isabel Gallotti. DJ 13/08/2014.

processo e os honorários advocatícios. As normas do Código Civil que também regulavam este tema foram revogadas pelo CPC (art. 1.482 e art. 1.483, ambos do CC c/c 1.072, inc. II), posto que já se encontravam desatualizadas quando confrontadas com o modelo anterior (CPC-73), após grande reforma processual (Lei nº 11.382/2006).

A "substituição" do bem penhorado ocorre quando se afigurar uma das situações que estão previstas no CPC (art. 848 – v.g., se a penhora tiver recaído sobre bem objeto de gravame mesmo o executado tendo outros bens livres), o que apaga todos os efeitos gerados pela penhora anterior. O interessado na substituição do bem deverá requerer a instauração deste incidente processual em 10 (dez) dias (art. 847) e o litigante contrário será ouvido em 3 (três) dias (art. 853). Somente após o magistrado decidirá.

Situação mais simples é a que ocorre quando há a necessidade de "repetição", "redução" ou "ampliação" da penhora. As hipóteses que autorizam a repetição também estão no CPC (art. 851 – v.g., se, excutidos os bens, o produto da alienação não bastar para o pagamento do exequente) e podem ser realizadas nos próprios autos independentemente de prévia oitiva da outra parte. Nelas, os efeitos gerados pela penhora primitiva permanecem.

Idêntico processar é adotado quando se tratar da redução da penhora, que ocorre quando a mesma já tiver abrangido bens suficientes para a plena satisfação do crédito, ou mesmo o seu inverso, que seria o reforço, quando os bens constritos são inferiores ao valor do débito. As duas situações também se encontram no CPC (art. 850).

31.3.7. Depositário dos bens penhorados

Após a realização da penhora, os bens serão preferencialmente depositados em poder do exequente, caso não exista depósito judicial (art. 840, § 1º). Estes bens somente ficarão em poder do executado nos casos de difícil remoção ou quando anuir o credor (art. 840, § 2º). Há possibilidade, porém, de que seja nomeado um depositário judicial que, se quiser, poderá declinar desta tarefa, desde que o faça expressamente, conforme autoriza o Verbete nº 319 da Súmula do STJ: "O encargo de depositário de bens penhorados pode ser expressamente recusado". Do contrário, o depositário judicial assume o compromisso de resguardar o bem penhorado, bem como o dever de prestar contas a respeito do mesmo, quando assim determinado pelo magistrado. Vale dizer que esta prestação de contas deve observar o procedimento estabelecido no CPC (art. 553), processando-se em apenso aos autos e com as consequências ali previstas.

Mas, caso o depositário não apresente o bem que lhe foi confiado, não será possível decretar a sua prisão civil. É o que consta na Súmula Vinculante nº 25 do STF e, também, o que restou decidido em alguns precedentes do STF.[53] O fundamento principal para a impossibilidade da prisão reside na circunstância de o Brasil ter subscrito o Pacto de São José da Costa Rica, que restringe a prisão civil por dívida ao

---

53 STF. *Habeas corpus* nº 87.585/TO. Rel. Min. Marco Aurélio. DJ 03/12/2008.

descumprimento inescusável de prestação alimentícia (art. 7º, 7). Por este motivo, este pacto derrogou as normas estritamente legais definidoras da custódia do depositário infiel, o que abrangeria não apenas aqueles que ajustaram contrato de depósito como, também, aqueles que assumiram este ônus no curso do processo, que é justamente a hipótese do depositário judicial.

31.3.8. Modalidades de penhora

O CPC traz disposições pontuais sobre cada espécie de penhora, sempre levando em consideração alguma peculiaridade do bem que será constricto. Há, portanto, tratamento pormenorizado nas seguintes situações: a) penhora em dinheiro ou depósito em instituição financeira; b) penhora de créditos; c) penhora de quotas ou ações; d) penhora de empresa, outros estabelecimentos e semoventes; e) penhora de percentual do faturamento da empresa.

31.3.8.1. Penhora em dinheiro ou depósito em instituição financeira (penhora *on-line*)

A penhora em dinheiro ou depósito em instituição financeira é popularmente conhecida como "penhora *on-line*", recebendo tratamento próprio no CPC (art. 854), traduzindo-se em um dos mecanismos mais eficientes para a localização de bens em nome do executado.[54] O magistrado, após ter sido devidamente cadastrado no Bacenjud, pode acessar o sistema, via internet, mediante senha individual e intransferível, e emitir as ordens judiciais, bem como solicitar informações sobre contas correntes e de aplicações financeiras do executado ou até determinar o bloqueio das mesmas. Acrescenta-se a desnecessidade de o credor ter que exaurir todos os meios antes de ser realizada esta modalidade de penhora.[55]

De acordo com esta norma (art. 854), o juiz, a requerimento do exequente, requisitará à autoridade supervisora do sistema bancário, informações sobre a existência de ativos em nome do executado, podendo no mesmo ato determinar sua indisponibilidade, até o valor indicado na execução. E, vale dizer, esta providência não violará, em absoluto, a intimidade do executado, uma vez que as informações que o magistrado receber se restringirão à existência, ou não, de depósito ou aplicação até o valor indicado na execução. E, inclusive, a sua adoção não pode ser interpretada como algo ofensivo ao princípio do menor sacrifício ao executado (art. 805), conforme consta no Verbete nº 117 da Súmula do TJ-RJ: *"A penhora on-line, de regra, não ofende o princípio da execução menos gravosa para o devedor".*

---

54 REDONDO, Bruno Garcia. LOJO, Mário Vitor Suarez. *Penhora*. São Paulo: Método, 2010, p. 180.
55 TRF-1. AI 0070189-76.2016.4.01.0000, Rel. Des. Federal José Amilcar Machado, em 28/03/2017.

Alerta-se que há precedentes judiciais no sentido do descabimento de penhora *on-line* para valores oriundos de empréstimo consignado.[56]

Uma vez efetivada a penhora por esta modalidade, caberá ao magistrado cancelar eventuais indisponibilidades excessivas no prazo de 24 (vinte e quatro horas), o que também deve ser observado pela instituição financeira em igual prazo (art. 854, § 1º). Explica-se, sendo enviada a ordem eletrônica para realização da penhora *on-line*, são bloqueadas todas as contas bancárias do executado no montante solicitado, pois nem o magistrado ou as partes têm a informação de quais são as contas bancárias em nome do executado. Portanto, é relevante impor um prazo para que estas constrições indevidas sejam liberadas, muito embora o legislador tenha sido rigoroso ao impor um prazo tão diminuto assim. Certamente, o mesmo será interpretado como um prazo meramente "impróprio", sem quaisquer sanções processuais aos envolvidos.

O executado até pode se insurgir contra este bloqueio em peça que não necessariamente seja a impugnação ou os embargos, em razão do prazo igualmente diminuto para que seja alegada esta matéria (art. 854, §§ 3º e 4º).

Em caso de ausência de valores depositados em contas titularizadas pelo executado, nada impede que o exequente possa reiterar o seu requerimento de nova penhora realizada nestes mesmos moldes, desde que, para tanto, apresente ao juízo novos fatos ou motivos que o justifiquem. Por exemplo, descobrindo o credor que o demandado recebeu algum numerário por meio de transferência bancária, pode o mesmo imediatamente peticionar requerendo que uma nova varredura seja realizada nestas contas do devedor. É praxe que, inclusive, já encontra com respaldo na jurisprudência do STJ.[57]

Por fim, embora não esteja claramente expresso no CPC, a jurisprudência vem admitindo a realização do arresto *on-line* (v. item nº 31.2.5.). Em termos técnicos, enquanto a penhora é realizada apenas após a citação do executado, o arresto, ao contrário, é efetivado antes da citação, razão pela qual se constitui em uma pré-penhora, o que autoriza o tratamento semelhante.[58]

31.3.8.2. Penhora de créditos

O CPC (art. 855 – 860) passa a regular mais esta modalidade específica de penhora. Nesta hipótese, o título ou documento deverá ser apreendido. Se permanecer em poder de terceiro, este assumirá a condição de depositário da importância. O CPC também permite que seja designada audiência especial na execução, para depoimento do executado e do terceiro sobre o crédito, o que caracteriza um incidente cognitivo.

---

56 TRF-1. 8ª T. – AI 0017300-82.2015.4.01.0000, Rel. Des. Federal Novély Vilanova, em 06/03/2017.
57 STJ. REsp nº 1.284.587-SP. Rel. Min. Massami Ueyda. DJ 16/02/2012.
58 STJ. REsp nº 1.338.032-SP. Rel. Min. Sidnei Beneti. DJ 05/11/2013. TJ-RJ. Agravo de instrumento nº 2008.002.377778. Rel.ª Des.ª Maria Henriqueta Lobo. DJ 13/05/2009.

31.3.8.3. Penhora das quotas ou das ações de sociedades personificadas

O CPC (art. 861) passa a regular mais esta modalidade específica de penhora. Esta providência já era prevista no modelo primitivo (art. 655, inc. VI, CPC-73), embora padecesse de regulamentação mais precisa. Trata-se de uma penhora extremamente complexa, pois há necessidade de que a sociedade, em prazo não superior a 3 (três) meses, cumpra diversas providências, como a apresentação de balanço especial, entre outras mais. Este prazo pode até ser ampliado em poucas hipóteses (art. 861, § 4º). Há, também, previsão de que a própria sociedade pode adquirir as quotas em questão, embora esta possibilidade não seja dada à sociedade anônima. Por fim (art. 861, § 5º) há norma prevendo a possibilidade de ser designado leilão judicial específico para a venda de tais quotas.

31.3.8.4. Penhora de empresa, de outros estabelecimentos e de semoventes

O CPC (art. 862 – art. 865) passa a regular mais esta modalidade específica de penhora. O primeiro dispositivo (art. 862) fez constar que a nomeação passará a recair sobre o "administrador-depositário", que irá gerir a empresa ou outro estabelecimento. Há norma (art. 862, § 3º) prevendo que a penhora também possa recair apenas sobre as unidades imobiliárias ainda não comercializadas pelo incorporador, em casos de edifícios em construção sob o regime de incorporação imobiliária. Da mesma maneira, o CPC (art. 863) regula a penhora de empresa que atua mediante concessão ou autorização. Nos casos de penhora de navio ou aeronave, há disposições específicas (art. 864), prevendo, ainda, que mesmo com o gravame isso não impede a sua regular utilização. Por fim, é de se destacar que esta modalidade de penhora deve ser adotada em caráter subsidiário (art. 865), o que soa coerente pois, no caso de "empresa", o risco é que um administrador judicial não saiba gerenciar o fluxo de caixa do negócio, levando a uma situação de ruína.

31.3.8.5. Penhora de percertual de faturamento de empresa

O CPC (art. 866), por fim, passa a regular mais esta modalidade específica de penhora. Nesta hipótese, é recomendável que o magistrado, antes de deferir esta medida, exija do executado, se possível, um demonstrativo que apresente a média do seu faturamento diário e mais as suas despesas, para que possa ser fixada a penhora em um patamar que não vá comprometer o capital de giro da sociedade (art. 866, § 1º).[59] É do que cuida o Verbete nº 100 da Súmula do TJ-RJ: "*A penhora de receita auferida por estabelecimento comercial, industrial ou agrícola, desde que fixada em percentual que não comprometa a respectiva atividade empresarial, não ofende o princípio*

---

59 FUX, Luiz. *O novo processo de execução. O cumprimento da sentença e a execução extrajudicial*. Rio de Janeiro: Forense, 2008, p. 163.

da execução menos gravosa, nada impedindo que a nomeação do depositário recaia sobre o representante legal do devedor".[60] Contudo, a ausência deste demonstrativo não inviabiliza o deferimento da medida, eis que a decisão pode se pautar em outros elementos constantes nos autos.

Em tais casos, o juiz irá nomear um administrador-depositário, o qual submeterá à aprovação judicial a forma de sua atuação e prestará contas mensalmente, entregando em juízo as quantias recebidas, com os respectivos balancetes mensais, a fim de serem imputadas no pagamento da dívida (art. 866, § 2º).

O CPC (art. 866, § 3º), também é pontual no sentido de que deve ser observado, no que for possível, o mesmo procedimento para a penhora de frutos e rendimentos de coisa móvel ou imóvel.

31.4. PROCEDIMENTO COMUM PARA OBRIGAÇÃO DE PAGAR CONSTANTE EM TÍTULO JUDICIAL E EXTRAJUDICIAL: ETAPA EXPROPRIATÓRIA

31.4.1. Introdução

A etapa expropriatória é aquela que ocorre, no curso da execução, com o objetivo de promover a alienação dos bens do devedor que foram constritos para que o pagamento do credor seja viabilizado. Mas nem sempre a mesma irá ocorrer, pois pode ser que a penhora tenha recaído sobre dinheiro, o que permitiria o levantamento da quantia pelo exequente dispensando o procedimento que ora se aborda.

As regras que norteiam a expropriação são comuns, tanto para a execução fundada em título executivo judicial como para aquela baseada em título extrajudicial. Portanto, embora no início o procedimento de ambas seja distinto, no decorrer da execução eles vão se uniformizando.

Não há necessidade, contudo, de aguardar o julgamento de eventual pretensão manifestada nos embargos à execução (ou mesmo da impugnação) para que a transferência dos bens possa ser realizada. É que o CPC (art. 903) é expresso em permitir a alienação mesmo na pendência de julgamento da modalidade de defesa que tiver sido oferecida pelo executado. E, nesta hipótese, o posterior acolhimento da tese defensiva não terá o condão de desconstituir a transferência já realizada, pois esta circunstância não é enumerada, no mesmo dispositivo legal, como uma das hipóteses de nulidade da arrematação. Em consequência, o credor que eventualmente já tiver levantado o produto obtido com a venda, deverá devolvê-lo ao executado, sob pena de ser demandado em ação própria com esta finalidade.

Mas, para se evitar este tipo de situação, que envolve a possibilidade de imediata alienação dos bens do executado, é salutar que o mesmo tente obter o efeito

---

60 TJ-RJ. Agravo de instrumento nº 2008.002.09677. Rel. Des. Galdino Siqueira Neto. J. 26/06/2008.

suspensivo a defesa que tiver ofertado, tal como autoriza o CPC (art. 919, § 1º). Do contrário, estará exposto à venda imediata de bens que integram o seu patrimônio. Mas, vale acrescentar que, eventualmente, há norma (art. 852) autorizando a imediata expropriação dos bens, mesmo que os embargos tenham sido recebidos com efeito suspensivo. É o caso, por exemplo, da alienação antecipada dos bens em hipóteses de deterioração ou depreciação.

De acordo com o CPC (art. 825), a expropriação consiste em: a) adjudicação; b) alienação; c) apropriação de frutos e rendimentos de empresa ou de estabelecimentos e de outros bens; sendo que a primeira delas tem preferência sobre a segunda (art. 880).⁶¹

31.4.2. Adjudicação

A primeira modalidade de expropriação é regulada em seção própria do CPC (art. 876 − art. 878). É a mais simples entre todas as modalidades, pois consiste na possibilidade de o exequente ficar com o bem penhorado para si, pelo valor que o mesmo tiver sido avaliado.⁶² E nada impede que este bem seja posteriormente vendido da maneira que o credor decidir, o que até mesmo pode vir a gerar-lhe algum lucro.

O CPC (art. 876, § 5º) também outorga o direito de adjudicar aos credores concorrentes que hajam penhorado o mesmo bem, assim como ao cônjuge, companheiro e ascendentes do executado, nesta ordem. É de se acrescentar, outrossim, que foram revogadas expressamente as normas do Código Civil que autorizavam que algumas destas pessoas pudessem remir a execução (art. 1.482 e art. 1.483, ambos do CC c/c art. 1.072, inc. II), pois, de fato, as mesmas estavam desatualizadas há anos, desde que o modelo primitivo sofreu profunda alteração (Lei nº 11.382/2006).

Pode ocorrer, na realização da adjudicação, que haja eventual concurso entre os legitimados, dispondo o CPC (art. 876, § 6º) que, nestes casos, será vencedor aquele que efetuar a melhor oferta, que pode até mesmo superar o valor da avaliação. Nesta hipótese, o credor receberia o montante que lhe é devido e eventual diferença ficaria para o executado. Só que pode ser que a oferta seja em igualdade de condições, situação em que terá preferência o cônjuge, o companheiro, o descendente ou o ascendente, nesta ordem.

A lei processual não estabelece claramente o termo inicial em que um dos legitimados pode manifestar seu interesse pela adjudicação. Mas, é possível extrair da leitura de uma norma (art. 876), que o exequente pode requerer a adjudicação do bem penhorado por valor não inferior ao da "avaliação", o que é claro indicativo de que esta opção já pode ser manifestada no momento imediatamente posterior à realização

---

61 STJ. REsp 1.505.399-RS, Rel.ª Min.ª Maria Isabel Gallotti, j. 12/04/2016, DJe 12/05/2016 − *Informativo* nº 583.

62 Há precedente do Superior Tribunal de Justiça reconhecendo até mesmo a possibilidade de se adjudicar bem do devedor que está indisponível por decisão proferida em processo coletivo. É o que se extrai em: STJ. REsp 1.493.067-RJ, Rel.ª Min.ª Nancy Andrighi, por unanimidade, j. 21/03/2017, DJe 24/03/2017.

desta.[63] Neste aspecto, até mesmo é recomendável, para fins de agilidade processual, que o próprio magistrado intime o exequente a informar se pretende adjudicar o bem, tão logo a penhora e a avaliação tenham sido realizadas. Assim, urge ao devedor ficar atento quanto aos rumos da execução, pois, conforme já exposto, a única possibilidade de evitar a expropriação do seu bem é obter o efeito suspensivo à defesa que apresentar, seja ela a impugnação ou os embargos. Vale dizer que determinado precedente do STJ encampou este mesmo entendimento.[64]

De resto, a lei processual também não estabelece pontualmente o termo final em que esta adjudicação poderá ser requerida. Fazendo uma analogia com outra norma do CPC (art. 903), a arrematação em leilão é considerada perfeita após a assinatura do auto pelo juiz, pelo arrematante e pelo leiloeiro. Antes disso, porém, a mesma poderá ser desfeita caso um dos legitimados tiver requerido a adjudicação. A ressalva é que eventuais despesas geradas com o custo da publicação dos editais ou a remuneração do leiloeiro serão arcadas pelo adjudicante.

Realizada a adjudicação e, após ter sido assinado o seu auto, a mesma deve ser considerada como perfeita e acabada (art. 877, § 1º).

31.4.3. Alienação por iniciativa particular

O CPC (art. 879 – art. 903) regula outra modalidade expropriativa denominada "alienação", que pode ser de duas espécies: por "iniciativa particular" ou "em leilão judicial eletrônico ou presencial". Na primeira delas, esta forma de expropriação pode ser a mais adequada levando-se em consideração algumas peculiaridades do bem constricto. Por exemplo, tendo sido penhorada uma tela de Caravaggio, a mesma terá condições de receber lanços mais condizentes com o seu real valor se for vendida, por exemplo, na Sotheby's Auction House, em Londres, do que arriscar uma venda em leilão judicial. Assim, esta modalidade consistirá na aprovação de um plano de venda específico para o bem, que deverá ser homologado previamente pelo juiz.

De acordo com o CPC, se não for efetivada a adjudicação, o exequente poderá requerer a alienação por sua própria iniciativa ou por intermédio de corretor ou leiloeiro público credenciado perante o órgão judiciário (art. 880). Mas, atento ao princípio da isonomia (art. 7º), parece salutar permitir que o executado possa manifestar interesse em que a expropriação seja realizada de acordo com esta modalidade, caso a mesma e a adjudicação não tenham sido requeridas pelo exequente. Na sequência, o juiz fixará o prazo em que a alienação deve ser efetivada, a forma de publicidade, o preço mínimo, as condições de pagamento, as garantias e, se for o caso, a comissão de corretagem (art. 880, § 1º).

---

63 CARNEIRO, Athos Gusmão. Aspectos relevantes na execução dos títulos extrajudiciais – Lei nº 11.382/2006. *In: Os poderes do juiz e o controle das decisões judiciais, estudos em homenagem à Professora Teresa Arruda Alvim Wambier*. José Miguel Garcia Medina, Luana Pedrosa de Figueiredo da Cruz, Luís Otávio Sequeira de Cerqueira e Luiz Manoel Gomes Júnior (Coords.). São Paulo: RT, 2008, p. 1.080.

64 STJ. REsp 1.505.399-RS, Rel.ª Min.ª Maria Isabel Gallotti, j. 12/04/2016, DJe 12/05/2016 – *Informativo* nº 583.

Esta primeira espécie de alienação poderá ainda ser regulamentada de maneira complementar pelos tribunais, que poderão dispor sobre o procedimento da alienação, admitindo, quando for o caso, o concurso de meios eletrônicos, e dispor sobre o credenciamento dos corretores e leiloeiros públicos, os quais deverão estar em exercício profissional por não menos que 3 (três) anos (art. 880, § 3º).

Com a assinatura do auto de alienação, a mesma é considerada perfeita e irretratável. Após, será expedida, conforme o caso, a carta de alienação do imóvel para o devido registro imobiliário ou, o mandado de entrega do bem móvel.

31.4.4. Alienação em leilão judicial eletrônico ou presencial

É a mais tradicional e formal entre todas as modalidades de expropriação, muito embora só possa ser realizada caso nenhum dos legitimados tenha requerido a adjudicação ou a alienação por iniciativa particular. Nela, os bens serão vendidos em leilão, sejam eles imóveis ou mesmo móveis, conduzido por um leiloeiro. Vale dizer que, a princípio, a indicação do leiloeiro deverá ser realizada pelo magistrado e, se assim não for, pelo exequente (art. 883).

31.4.4.1. Atos preparatórios

Nesta primeira etapa, é elaborado um edital que deve conter as exigências elencadas no CPC (art. 886), como a informação do valor do bem, a sua descrição, eventual existência de ônus reais, fixação de preço mínimo, bem como alertar sobre a possibilidade de ser realizado um segundo leilão caso o primeiro não tenha sido realizado pela ausência de interessados. A falta de observância a esta norma pode gerar a nulidade da arrematação que sobrevier (art. 903, § 1º).

Este edital é necessário para que seja dada publicidade da alienação que se pretende efetuar. Atualmente, tanto a publicidade como a arrematação poderão ser realizadas por meio da rede mundial de computadores, com uso de páginas eletrônicas (art. 880, § 3º, c/c art. 886, inc. IV, c/c 887, § 2º). Aliás, o leilão será realizado preferencialmente por meio eletrônico (art. 882).

Não sendo possível a publicação na rede mundial de computadores ou considerando o juiz, em atenção às condições da sede do juízo, que esse modo de divulgação é insuficiente ou inadequado, o edital será afixado em local de costume e publicado, em resumo, pelo menos uma vez em jornal de ampla circulação local (art. 887, § 3º).

O devedor também terá que ser intimado da data e local em que será realizada a expropriação em leilão (art. 889, inc. I), sob pena de macular a arrematação que se seguir (art. 903, § 1º, inc. I). Afinal, o mesmo deve ter ciência desta situação pois poderá manifestar interesse em remir os bens, conforme lhe autoriza o CPC (art. 826).

Igual procedimento (intimação) deve ser observado em relação aos credores que ostentem garantia real sobre o bem, sob risco de ineficácia da arrematação (art. 903,

§ 1º, inc. II c/c art. 804). Assim, não sendo realizada esta intimação, o credor real poderá preferir manter a sua garantia perante o adquirente do bem ou, então, se sub-rogar no valor que for apurado. É que ninguém, em absoluto, pode transferir mais direitos do que possui, o que é indicativo de que se o bem já era gravado, esse ônus real pode permanecer para o novo adquirente, que não pode alegar desconhecimento já que esta situação deve ser descrita no edital (art. 886, inc. VI).[65]

31.4.4.2. A licitação

No dia e horário previstos no edital será realizado o primeiro leilão, ocasião em que já até será será admitido lance por valor inferior ao da avaliação, mas desde que respeitado o preço mínimo fixado pelo juiz no edital. Pode ocorrer, porém, de o magistrado não ter estipulado este montante, hipótese em que não será admitido preço vil (art. 891) o que, inclusive, pode gerar a nulidade da arrematação (art. 903, § 1º, inc. I). É que, de acordo com o CPC (art. 891, parágrafo único), considera-se vil o preço inferior ao mínimo estipulado pelo juiz e constante do edital, e, não tendo sido fixado preço mínimo, considera-se vil o preço inferior a 50% (cinquenta por cento) do valor da avaliação.[66] Contudo, o referido patamar não é absoluto, pois pode ser que, em dado momento ou em certas circunstâncias, um bem imóvel, por exemplo, pode se encontrar bastante desvalorizado, o que não nulificaria a arrematação ainda que a mesma tenha sido realizada por um patamar de 40% (quarenta por cento) do preço da avaliação. Mas é curioso constatar que, em uma hipótese (art. 896), o legislador estabeleceu um patamar mínimo de 80% (oitenta por cento) para que o bem do incapaz possa ser transferido.

Nem todas as pessoas podem participar do leilão, pois o CPC (art. 890) proíbe, por exemplo, os tutores ou curadores quanto aos bens confiados à sua guarda e responsabilidade. Já o exequente, por seu turno, tem legitimidade para tanto e até pode vir a ter alguma vantagem financeira caso resolva participar. É que, se o mesmo realizar a adjudicação (art. 876 – art. 878), esta será feita pelo valor da avaliação do bem. No entanto, caso o credor resolva participar do leião, poderá ser o vencedor na licitação por valor inferior ao da avaliação, desde que o mesmo não seja reputado como vil. Assim, o mesmo ficaria com o bem para si, abatendo este valor do montante do seu crédito e, ao mesmo tempo, permaneceria ainda como credor da eventual diferença. E nestes casos o credor nem mesmo irá exibir o preço, ou seja, não precisará depositar o numerário relativo ao lance, exceto quando o valor dos bens exceder o seu crédito, situação em que deverá depositar a diferença sob pena de tornar sem efeito a arrematação (art. 892, § 1º).

Durante a condução da arrematação, a mesma poderá ser realizada de modo isolado para cada bem penhorado ou, eventualmente, até mesmo poderá ser feita a

---

65 FUX, Luiz. *O novo processo de execução. O cumprimento da sentença e a execução extrajudicial.* Rio de Janeiro: Forense, 2008, p. 215.
66 STJ. REsp nº 1017301/RJ. Rel. Min. Herman Benjamim. DJ 29/04/2008.

favor do interessado que propuser arrematá-los globalmente (art. 893). O magistrado também poderá decidir, durante o leilão, eventuais propostas mais convenientes para pagamento, como pagamentos parcelados (art. 895 e parágrafos).

Como regra, aquele que arrematar deverá pagar imediatamente o preço, seja por depósito judicial ou por meio eletrônico, salvo pronunciamento judicial em sentido contrário (art. 892). Assim, se o arrematante não exibir o preço, o juiz imporá a favor do exequente a perda da caução, voltando-se os bens a novo leilão, também não mais será admitido a participar este arrematante que agora será considerado remisso (art. 897).

31.4.4.3. Assinatura do auto

A arrematação será considerada perfeita, acabada e irretratável com a assinatura do auto pelo magistrado, arrematante e leiloeiro (art. 903), momento em que a mesma poderá gerar diversos efeitos,[67] inclusive a "extinção" de eventuais direitos reais de garantia, como a hipoteca ou o penhor, muito embora esta garantia do credor seja, em realidade, transferida para o preço que vier a ser apurado com a alienação do bem. Em outras palavras, é possível que o credor que tinha a garantia real agora passe a ter preferência no recebimento do valor obtido.

Após, será expedida, em favor daquele que fez o lanço vencedor, uma carta de arrematação, que servirá de título para averbação no RGI, se for o caso (art. 901 e parágrafos). Contudo, ressalva-se a existência de precedente no STJ no sentido de que, após a arrematação do bem, o juízo em que a execução tramitou não tem competência para determinar o cancelamento de todos os demais gravames que constam em decorrência de determinações judiciais proferidas em outros juízos.[68]

31.4.4.4. Causas de nulidade, ineficácia ou resolução da arrematação

As hipóteses que tornam a arrematação sem efeito estão descritas no CPC (art. 903). Tais matérias poderão ser alegadas por qualquer interessado no prazo de 10 (dez) dias, contados da assinatura do auto, cabendo ao magistrado analisá-las nos próprios autos do processo (art. 903, § 2º). Desaparecem, portanto, os "embargos à arrematação ou à adjudicação", que eram a via própria para o executado se valer objetivando o reconhecimento destes vícios no modelo primitivo (art. 746, CPC-73).

A arrematação pode ser considerada nula, por exemplo, se tiver sido oferecido preço vil (art. 891). Outrossim, será a mesma reputada como ineficaz se, em bem gravado por penhor, hipoteca ou anticrese, não tiver sido intimado o credor pignoratício, hipotecário ou anticrético (art. 804). E, ainda, a mesma será resolvida caso não tenha sido pago o

---

67 GRECO, Leonardo. *Manual do processo de execução*. 4ª ed. São Paulo: RT, 1997, p. 578, enumera os seguintes efeitos decorrentes da arrematação: a) transferir o domínio dos bens do arrematante, no limite do direito preexistente aos bens de que era titular o executado; b) transferir para o preço depositado pelo arrematante o vínculo da penhora; c) tornar o arrematante e seu fiador devedores do preço; d) obrigar o depositário judicial e eventualmente o executado a transferir ao arrematante a posse dos bens arrematados.
68 STJ. RMS 48.609-MT, Rel. Min. Raul Araújo, j. 19/05/2016, DJe 08/06/2016 – *Informativo* nº 585.

preço pelo vencedor ou sequer exibida a caução (art. 897). Há, também, a possibilidade de o arrematante desistir da arrematação, observadas as condições indicadas em lei (art. 903, § 5º).

Passado este prazo de 10 (dez) dias sem a apresentação de qualquer petição neste sentido, a carta de arrematação será expedida, mas os interessados ainda poderão tentar invalidar o ato por meio de ação própria, que deverá observar o procedimento comum, sendo que, neste caso, o arrematante irá figurar no processo como litisconsorte necessário.

É importante consignar que, caso a arrematação seja realizada antes do julgamento do pedido constante nos embargos, ou mesmo durante o processamento de eventuais recursos, eventual vitória do embargante não conduzirá à ineficácia ou nulidade do ato expropriatório (art. 903, *caput*). Nesta hipótese, o executado terá direito a haver do exequente o valor por este recebido como produto da arrematação.

31.4.4.5. Forma para reconhecer a nulidade ou ineficácia da arrematação

Ocorrendo qualquer hipótese de nulidade, ineficácia ou resolução da arrematação, competirá ao interessado apresentar petição neste sentido nos próprios autos da execução, no prazo de 10 (dez) dias, contados da assinatura do auto de arrematação.[69] Se assim for feito, será ouvida a outra parte e o magistrado decidirá sobre o tema em 10 (dez) dias, por meio de decisão interlocutória que desafia recurso de agravo de instrumento (art. 1.015, parágrafo único).

Ultrapassado este prazo de 10 (dez) dias, qualquer uma das partes, bem como qualquer outro interessado (v.g., um credor com garantia real que não foi intimado), poderá instaurar um processo de conhecimento, em procedimento comum, para este mesmo fim (art. 966, § 4º).[70] E, muito embora não se trate de hipótese de conexão ou continência, a prevenção do mesmo órgão jurisdicional é recomendável, pois será o magistrado ali lotado que terá as melhores condições para apreciar a questão.[71] Destaca-se, ainda, que nesta demanda o arrematante deverá figurar na condição de litisconsorte passivo necessário (art. 903, parágrafo único).

31.4.4.6. Evicção e vício redibitório no bem arrematado

A evicção ocorre quando há uma perda, que pode ser parcial ou total, de um bem por motivo de decisão judicial relacionada à causa preexistente ao contrato. A mesma, contudo, não se restringe apenas à órbita dos contratos, também podendo ocorrer

---

69 STJ. REsp 1.173.304-SP, Rel. Min. Luis Felipe Salomão, j. 20/10/2015, DJe 1º/02/2016 – *Informativo* nº 575.

70 THEODORO Jr. Humberto. *Curso de direito processual civil.* 39ª ed. Rio de Janeiro: Forense. v. II, p. 325. FUX, Luiz. *O novo processo de execução. O cumprimento da sentença e a execução extrajudicial.* Rio de Janeiro: Forense, 2008, p. 215.

71 FUX, Luiz. *O novo processo de execução. O cumprimento da sentença e a execução extrajudicial.* Rio de Janeiro: Forense, 2008, p. 229.

quando o bem for adquirido em leilão. É que, de acordo com o Código Civil (art. 447, CC): "*Nos contratos onerosos, o alienante responde pela evicção. Subsiste esta garantia ainda que a aquisição se tenha realizado em leilão*".

Nesta situação, aquele que teve o seu patrimônio afetado poderá apresentar embargos de terceiros (art. 674 – art. 680), respeitado o prazo adequado (art. 675). Do contrário, caso a execução já esteja extinta, o interessado poderá, no momento em que tiver ciência desta situação (desdobramento do princípio da *actio nata*), exercer a sua pretensão em face do adquirente, por meio de uma nova demanda instaurada perante o Poder Judiciário. E, caso tenha êxito, posteriormente o arrematante deverá tentar reaver o valor que indevidamente despendeu.

A doutrina vem se manifestando no sentido de que esta demanda, proposta pelo arrematante do bem, deverá ter no polo passivo aquele que foi executado no processo primitivo, uma vez que não seria possível que alguém liquidasse as suas obrigações por meio do patrimônio alheio. Excepcionalmente, em casos de insolvência deste, é que o exequente do primeiro processo poderá responder de forma subsidiária, já que este também não pode receber suas dívidas pela alienação de bens de terceiro.[72] Não se admite, porém, que esta demanda seja aforada em face da União ou do Estado, na circunstância de este fato ter ocorrido na Justiça Federal (ou do Trabalho) ou na Justiça Estadual, respectivamente.

Quanto ao vício redibitório, este ocorre quando a coisa adquirida tem defeitos ocultos que a tornam imprópria ao uso a que se destina ou que lhe diminuam sensivelmente o valor. Sobre a mesma, dispõe o Código Civil (art. 441, CC): "*A coisa recebida em virtude de contrato comutativo pode ser enjeitada por vícios ou defeitos ocultos, que a tornem imprópria ao uso a que é destinada, ou lhe diminuam o valor*", norma que é expressa em afirmar esta possibilidade apenas quando a aquisição se der por meio de contrato, o que não é exatamente a mesma situação daquele bem que foi arrematado em leilão, já que esta tem natureza de expropriação forçada do bem.

Antes da vigência do atual Código Civil, o anterior tinha norma específica (art. 1.106, CC-16), que expressamente vedava esta possibilidade nos bens adquiridos em leilão. Esta norma, porém, não foi reproduzida no modelo vigente, o que parece sugerir que agora esta possibilidade deve ser permitida, muito embora não se trate de questão pacífica.[73]

31.4.5. Penhora de frutos e rendimentos de coisa móvel ou imóvel

Esta modalidade de expropriação tem a característica de ser a única em que o bem do executado não deixa de integrar o seu patrimônio, já que apenas os rendimentos

---

[72] FUX, Luiz. *O novo processo de execução. O cumprimento da sentença e a execução extrajudicial*. Rio de Janeiro: Forense, 2008, p. 195.

[73] No sentido do texto: DIDIER Jr., Fredie, CUNHA, Leonardo Carneiro da, BRAGA, Paula Sarno, OLIVEIRA, Rafael. *Curso de direito processual civil, execução*. Salvador: JusPodivm, 2009. 5º v., p. 664.

gerados pelo mesmo é que serão transferidos para o exequente. Usualmente, vem sendo adotada quando se revela como o meio menos gravoso ao devedor (art. 867 c/c art. 805).

Há dispositivo (art. 868) que prevê a necessidade de ser nomeado um administrador--depositário para os casos de penhora de frutos e rendimentos de coisa móvel ou imóvel. O mesmo permanecerá na administração do bem até que a dívida seja integralmente paga, além dos juros, custas e honorários advocatícios. Mas vale dizer que, para que esta medida tenha eficácia perante terceiros, caberá ao credor providenciar a averbação desta penhora no ofício imobiliário.

Por fim, o CPC (art. 869), regula mais precisamente a nomeação do "administrador--depositário", até mesmo sendo possível que esta recaia sobre uma das partes, mas desde que a outra concorde.

31.5. FLUXOGRAMAS

CUMPRIMENTO DE SENTENÇA DE OBRIGAÇÃO DE PAGAR

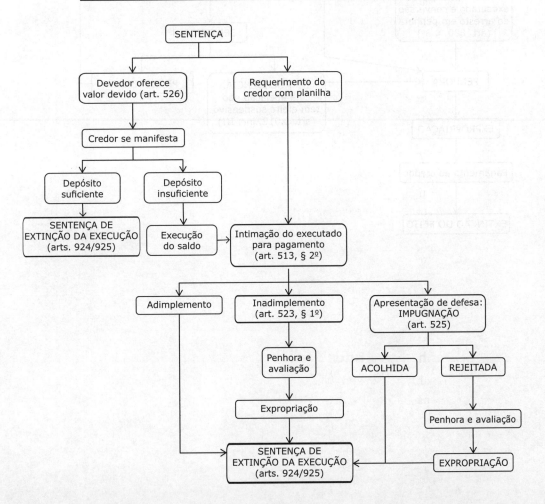

EXECUÇÃO POR QUANTIA CERTA FUNDADA EM TÍTULO EXTRAJUDICIAL

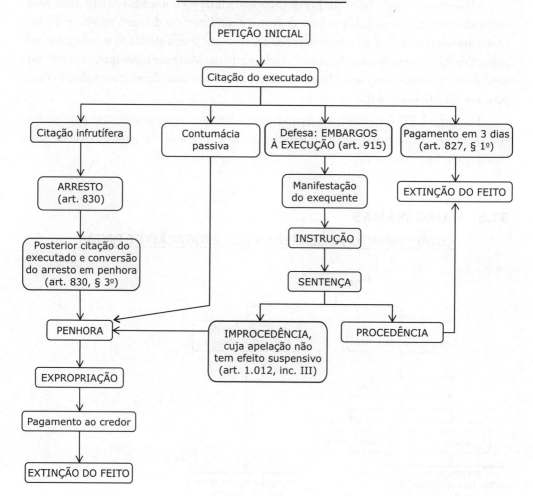

EMBARGOS À EXECUÇÃO

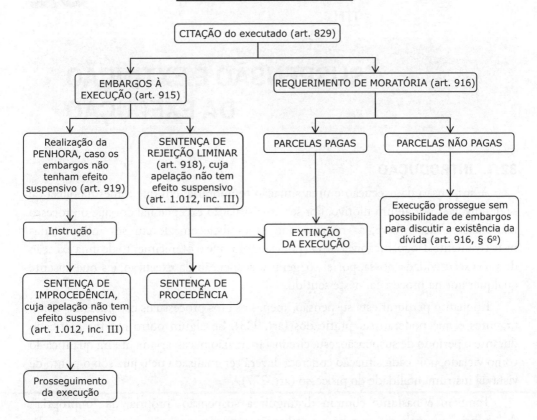

CITAÇÃO do executado (art. 829)

EMBARGOS À EXECUÇÃO (art. 915)

REQUERIMENTO DE MORATÓRIA (art. 916)

Realização da PENHORA, caso os embargos não tenham efeito suspensivo (art. 919)

SENTENÇA DE REJEIÇÃO LIMINAR (art. 918), cuja apelação não tem efeito suspensivo (art. 1.012, inc. III)

PARCELAS PAGAS

PARCELAS NÃO PAGAS

Execução prossegue sem possibilidade de embargos para discutir a existência da dívida (art. 916, § 6º)

Instrução

EXTINÇÃO DA EXECUÇÃO

SENTENÇA DE IMPROCEDÊNCIA, cuja apelação não tem efeito suspensivo (art. 1.012, inc. III)

SENTENÇA DE PROCEDÊNCIA

Prosseguimento da execução

SUSPENSÃO E EXTINÇÃO DA EXECUÇÃO

32.1. INTRODUÇÃO

A suspensão da execução é uma situação temporária, em que a mesma deixa de se desenvolver por algum motivo. Por ser uma situação excepcional em que o processo não mais se desenvolve, as normas que as estabelecem devem ser interpretadas restritivamente. Logo, incabível supor, por exemplo, que o oferecimento de uma exceção de pré-executividade possa, por si só, gerar a suspensão da execução, eis que ausente qualquer norma processual neste sentido.

Enquanto perdurar esta suspensão, apenas os atos processuais considerados como urgentes é que poderão ser praticados (art. 923). Se algum outro ato for praticado durante o período de suspensão, esta circunstância não necessariamente irá qualificá-lo como viciado, pois cada situação concreta deverá ser analisada pelo juiz sob o ponto de vista da instrumentalidade do processo (art. 277).[1]

Também é bastante comum distinguir a suspensão "própria" da "imprópria". A "própria" é aquela em que há a paralisação total da execução como, por exemplo, quando tiver sido concedida uma tutela provisória no bojo da ação rescisória justamente para o fim de sobrestar uma execução (art. 969). Por outro lado, a suspensão imprópria é aquela que apenas paralisa a tramitação de parte do processo, como ocorre com o oferecimento e recebimento de uma arguição de impedimento (art. 146 c/c art. 313, inc. III, c/c art. 921, inc. I), uma vez que este incidente continuará a tramitar ainda que parte do processo fique suspensa.

E, não menos importante, deve constar que todas as hipóteses aqui tratadas se aplicam a todos os procedimentos executivos, independentemente da natureza da obrigação constante no título executivo.

32.2. HIPÓTESES DE SUSPENSÃO DA EXECUÇÃO

O CPC (art. 921) enumera algumas hipóteses de suspensão da execução, devendo constar que o mesmo se constitui em mero rol exemplificativo, pois existem muitas outras situações em que o sobrestamento pode ocorrer, tais como:

---

1 CABRAL, Antônio do Passo. *Nulidades no processo moderno.* Rio de Janeiro: Forense, 2009, p. 50.

- suspensão da execução definitiva em decorrência da concessão de tutela provisória no bojo de ação rescisória (art. 969);[2]

- suspensão da execução provisória em decorrência de o exequente não dispor de patrimônio para prestar a caução, exigida no momento em que o mesmo for levantar dinheiro depositado ou quando vai proceder a alienação dos bens constritos (art. 521, parágrafo único);[3]

- suspensão da execução provisória em decorrência da concessão pelo relator de efeito suspensivo ao recurso que antes não possuía (art. 1.012, § 4º).

Passa-se, agora, à apresentação de cada uma destas hipóteses de suspensão da execução, indicadas por esta norma do CPC (art. 921). Na primeira delas (inc. I) aplica-se em execução, no que couber, as mesmas regras de suspensão do processo de conhecimento (art. 313 e art. 315). Um exemplo, seria o oferecimento da arguição de impedimento do magistrado (art. 146 c/c art. 313, inc. III, c/c art. 921, inc. I), conforme já apontado.

O segundo caso (inc. II), por vezes gera alguma controvérsia. É que o CPC prevê que a execução será suspensa no todo ou em parte, quando recebidos com efeito suspensivo os embargos à execução. Nesta situação, a lei processual menciona que os embargos podem ser recebidos apenas parcialmente, o que ocorre quando apenas estiver sendo impugnada parte do valor que se encontra sendo executado. Assim, quando os embargos possuem como fundamento o excesso de execução, competirá ao embargante declinar o montante excessivo, uma vez que a execução prosseguirá em relação à parte incontroversa, até mesmo com a possibilidade de início de etapa expropriatória.

Já a terceira hipótese (inc. III) é aquela em que a execução fica suspensa quando o devedor não possuir bens passíveis de constrição. Esta solução, adotada em juízos de competência cível, é diversa da realidade dos Juizados Especiais, pois, nestes, a ausência de bens penhoráveis acarreta a própria extinção da execução (art. 53, § 4º, Lei nº 9.099/95).

Diante desta situação, de ausência de bens penhoráveis, aliada a um tratamento escasso no modelo primitivo (CPC-73), o STJ vinha concluindo, em diversos julgados, que, enquanto perdurar esta causa de suspensão, o prazo prescricional da obrigação não voltaria a correr, raciocínio este que era endossado por respeitável doutrina.[4] Mas, em sentido diverso, alguns doutrinadores sustentavam que esta não seria a melhor solução, pois criaria uma hipótese em que uma obrigação se tornaria eterna, caso a prescrição não voltasse a correr. Sob este ponto de vista, a prescrição, que foi interrompida em dado momento (art. 802), não teria voltado imediatamente a correr, pois não há situação de

2 LIMA, Arnaldo Estes, DYRLUND, Poul Erik. *Ação rescisória*. 2ª ed. Rio de Janeiro: Forense Universitária, 2003, p. 87.

3 Mesmo o exequente que tiver gratuidade de justiça deferida pelo magistrado deverá prestar caução, pois a concessão daquela apenas o desonera de antecipação do pagamento das custas processuais. Assim, caso ocorra esta situação em que o exequente comprovadamente não tem como prestar a caução, simplesmente o juiz deverá determinar o sobrestamento do processo, enquanto se aguarda o julgamento do recurso interposto que é desprovido do efeito suspensivo. É que, somente após estarem preclusas as vias impugnativas a execução provisória se converterá em definitiva, situação em que a caução não mais será necessária. Em sentido contrário: DIDIER Jr., Fredie, CUNHA, Leonardo Carneiro da, BRAGA, Paula Sarno, OLIVEIRA, Rafael. *Curso de direito processual civil, execução*. Salvador: JusPodivm, 2009. 5º v., p. 201.

4 STJ. REsp nº 694423/GO. Rel. Min. João Otávio de Noronha. DJ 28/09/2009.

inércia a justificá-la, diante do impulso oficial que deve ser dado ao processo (art. 2º). Apenas se não fossem localizados bens passíveis de penhora é que o credor se colocaria em estado de inércia, o que motivaria o reinício da contagem do prazo prescricional.[5] Esta última visão acabou influenciando o Poder Legislativo por ocasião da criação do CPC, que passou a permitir expressamente a ocorrência da prescrição intercorrente em tais casos, o que já até existe em outras leis específicas (v.g., art. 40, Lei nº 6.830/80).

Assim, de acordo com o novo modelo, nestes casos que envolvam ausência de bens penhoráveis (art. 921, inc. III), o juiz suspenderá a execução pelo prazo de 1 (um) ano (art. 921, § 1º). Ao fim deste prazo sem que tenham sido localizados bens, será então ordenado o arquivamento dos autos e começará a correr o prazo da prescrição intercorrente, que irá variar conforme a situação concreta (v.g., se o título for judicial ou extrajudicial, dentre outros).[6] E, findo o prazo da prescrição intercorrente, este tema pode ser suscitado pelo interessado ou conhecido até de ofício pelo magistrado, caso em que deverá ser prestigiado o contraditório e, na sequência, o processo será extinto com resolução de mérito (art. 924, inc. V). Há, inclusive, interessante norma sobre o termo inicial desta prescrição para os processos que já estavam suspensos por ocasião do advento do CPC (art. 1.056). E, digno de nota, também já há precedente do STJ sobre o tema, no sentido da imprescindibilidade de prévia intimação do exequente antes da pronúncia da prescrição intercorrente.[7] Além disso, há decisão do mesmo Tribunal no sentido de que nos casos em que a prescrição intercorrente for pronunciada pela ausência de localização dos bens, essa circunstância não retira o princípio da causalidade em desfavor do devedor, nem atrai a sucumbêcia para o exequente.[8] E, da mesma forma, o STJ também já pronunciou o entendimento de que, com a vigência do CPC, a desistência da execução por falta de bens penhoráveis não enseja a condenação do exequente em honorários advocatícios.[9]

Retornando a análise das hipóteses de suspensão da execução prevista no CPC (art. 921), a quarta hipótese (inc. IV) ocorre quando a alienação dos bens penhorados não se realizar por falta de licitantes e o exequente, em 15 (quinze) dias, não requerer a adjudicação nem indicar outros bens penhoráveis. E, por fim, o último caso (inc. V) ocorre quando for deferido o parcelamento ou moratória legal (art. 916).

É de se destacar, ainda, que há outra norma (art. 922) prevendo que, convindo as partes, o juiz declarará suspensa a execução durante o prazo concedido pelo exequente para que o executado cumpra voluntariamente a obrigação, sendo que, se o prazo findar sem cumprimento, o processo irá então retomar o seu regular curso. O referido dispositivo é muito adotado nas execuções fiscais em que o executado adere a algum

---

5 THEODORO Jr. Humberto. *Curso de direito processual civil.* 39ª ed. Rio de Janeiro: Forense. v. II, p. 452.

6 Na doutrina, há quem defenda que se não houver prazo específico em lei, há de se aplicar a regra geral prevista no art. 205 do CC, que estabelece prazo de 10 (dez) anos para tanto. É o que se extrai de: CÂMARA, ALEXANDRE FREITAS. *O novo processo civil brasileiro.* São Paulo: Atlas. 2015, p. 421.

7 STJ. REsp nº 1.589.753-PR, Rel. Min. Marco Aurélio Bellizze, j. 17/05/2016, DJe 31/05/2016 – *Informativo* nº 584.

8 STJ. REsp nº 1.769.201-SP, Rel.ª Min.ª Maria Isabel Gallotti, j. 12/03/2019, DJe 20/03/2019 – Informativo nº 646.

9 STJ. REsp nº 1.675.741-PR. Rel. Min. Luis Felipe Salomão. DJ 05/08/2019.

parcelamento para pagamento da dívida tributária, como o programa de recuperação fiscal (Refis) ou o parcelamento especial (Paes). Esta solução, contudo, não passa imune a críticas, pois há aqueles que entendem que eventual transação realizada pelas partes no curso da execução deve motivar a sua extinção (art. 924, inc. III), em vez de ser reputada como causa para a suspensão.[10]

32.3. SENTENÇA E COISA JULGADA NA EXECUÇÃO

A execução, ainda que se desenvolva por meio de um processo autônomo ou por segunda etapa em um processo anteriormente instaurado, também deve ter um fim por meio da prolação de uma sentença (art. 203, § 1º), que usualmente é em razão de alguma situação prevista no CPC (art. 924), muito embora possa ter outras hipóteses terminativas (art. 485) ou até definitivas (art. 487). Pelo menos, é do que cuida o Verbete nº 133 da Súmula do TJ-RJ: *"Aplica-se supletivamente e no que couber o art. 267, incs. II e III do Código de Processo Civil ao processo de execução e ao cumprimento de sentença"*.

Este ato decisório, em princípio, deveria conter os elementos exigidos no CPC (art. 489, § 1º), muito embora nem sempre isso seja observado. Com efeito, quando há o pagamento de uma dívida, para citar um exemplo comum, o juiz profere pequena decisão, praticamente extinguindo a execução, ao arrepio do que exige o dispositivo acima mencionado. Mas esta prática vem sendo tolerada, em especial, porque não há julgamento de mérito na execução, daí a desnecessidade de uma fundamentação mais exaustiva.

A natureza jurídica da sentença que encerra a execução é considerada como declaratória, com efeito retroativo (*ex tunc*), quando pronuncia a extinção de um vínculo obrigacional desde o momento em que ocorreu esta causa, como o pagamento ou a remissão. A mesma gera, portanto, reflexos na relação jurídica de direito material, caso não seja impugnada por meio de recurso, impedindo a instauração de um novo processo que versa sobre novos aspectos daquela pretensão extraída de uma determinada relação jurídica de direito material.

Há, portanto, preclusão máxima gerada pela sentença proferida em execução. E, justamente em decorrência de a mesma gerar coisa julgada material e formal,[11] há de se aplicar o disposto no CPC (art. 508), no que diz respeito à eficácia preclusiva da coisa julgada. Assim, restaria completamente inviabilizada a instauração de novos processos, após o término da execução, com o objetivo de novamente discutir a relação jurídica de direito material.

Contudo, em um outro momento desta obra (v. item nº 27.3.2.), já foi observado que existem doutrinadores que não enxergam obstáculos a esta prática de ajuizar uma nova ação, em especial se a execução já tiver findado sem o oferecimento dos

---

10 SANTOS, Ernane Fidélis dos. *Manual de direito processual civil*. 10ª ed. São Paulo: Saraiva, p. 247.

11 Em sentido contrário ao texto, por vislumbrar que a sentença proferida em sede de execução não faz coisa julgada material: THEODORO Jr., Humberto. *Curso de direito processual civil*. 39ª ed. Rio de Janeiro: Forense, 2006. *v. II*, p. 455.

embargos à execução. Sustentam que não há impedimento, porque na execução não há aprofundamento da cognição e, consequentemente, eventual sentença proferida somente seria acobertada pelo manto da coisa julgada formal. Além disso, argumentam que uma nova demanda instaurada seria perfeitamente admissível, pois o prazo de 15 (quinze) dias seria muito diminuto para o exercício de um direito de ação (pelos embargos).[12] Este raciocínio, portanto, parte da premissa de que a sentença em execução não faz coisa julgada material.

Esta conclusão, porém, deve ser vista com certos cuidados, afinal, há grande semelhança entre as hipóteses contempladas como fundamentos para sentença na execução (art. 924) e naquelas de mérito para a fase de conhecimento (art. 487). Por exemplo, a renúncia do crédito pode ser manifestada tanto em uma quanto em outra (art. 924, inc. IV, e art. 487, inc. III, "c"), sendo contraditório afirmar que apenas a sentença proferida no processo de conhecimento é que terá a possibilidade de transitar em julgado materialmente. Portanto, o legislador foi sábio neste aspecto, pois esta norma do CPC (art. 924) enumera hipóteses em que, tanto pode ocorrer ou não a resolução do mérito, guardando silogismo com as hipóteses equivalentes no processo de conhecimento (art. 487), o que é indicativo da formação concomitante tanto da coisa julgada material quanto da formal, independentemente de aprofundamento da cognição exercida. Em consequência, é perfeitamente salutar concluir que a sentença em execução faz coisa julgada formal e material, dependendo tão somente do fundamento adotado.

32.4. HIPÓTESES DE EXTINÇÃO DA EXECUÇÃO

O CPC (art. 924) enumera as hipóteses em que a execução será extinta. Mas nada obsta que a execução seja extinta por outros motivos (v.g., art. 485, incs. II e III – quando o processo for abandonado, o que dará origem a uma sentença de cunho terminativo).

Na primeira (inc. I), o magistrado irá proferir uma sentença terminativa, no sentido do indeferimento da petição inicial, o que motivará o mesmo tratamento da fase de conhecimento (art. 330 e art. 331), naquilo que for compatível.

A segunda (inc. II) é a que deveria ser a mais usual em execução, ou seja, quando ocorrer o cumprimento da obrigação, tenha sido ele realizado por ato voluntário do executado ou pelo emprego de medidas executivas.[13]

A terceira situação (inc. III) ocorre quando o executado obtiver, por qualquer outro meio, a extinção total da dívida, o que pode envolver casos de transação ou remissão,

---

12 DIDIER Jr., Fredie, CUNHA, Leonardo Carneiro da, BRAGA, Paula Sarno, OLIVEIRA, Rafael. *Curso de direito processual civil. execução* . Salvador: JusPodivm, 2009. 5º v., p. 346.

13 CÂMARA, Alexandre Freitas. *O novo processo civil brasileiro*. São Paulo: Atlas, p. 422.

por exemplo. Vale dizer que, se a extinção da dívida for parcial, se estará diante de uma decisão interlocutória.

O quarto caso (inc. IV) ocorre quando o credor renunciar à dívida. Vale dizer que, quanto a este caso, já houve quem defendesse que o mesmo seria desnecessário, por esta situação já estar abrangida na anterior.[14] Contudo, esta orientação não procede, uma vez que a remissão é ato bilateral ao passo que a renúncia é unilateral.

E, por fim, o último fundamento para a extinção da execução (inc. V) é a ocorrência da prescrição intercorrente, o que já foi abordado em momento próprio (v. item nº 32.2.).

32.5. SISTEMA RECURSAL NA EXECUÇÃO

No curso da execução, o magistrado poderá proferir atos jurisdicionais das mais diversas naturezas. Caso profira despachos (art. 203, § 3º), os mesmos devem ser considerados como irrecorríveis, uma vez que desprovidos de qualquer fundamentação e conclusão.

As decisões interlocutórias (art. 203, § 2º), por seu turno, já são extremamente frequentes em sede de execução, sendo que o recurso apto para impugná-las é o de agravo de instrumento, qualquer que seja o seu teor (art. 1.015, parágrafo único), pena de preclusão (art. 507).

Por fim, a prolação de sentença (art. 203, § 1º) será impugnada pelo recurso de apelação, que deverá ser recebido no duplo efeito.

---

14 CÂMARA, Alexandre Freitas. *O novo processo civil brasileiro.* São Paulo: Atlas, p. 423.

PROCEDIMENTOS ESPECIAIS PARA OBRIGAÇÃO DE PAGAR

33.1. EXECUÇÃO EM FACE DA FAZENDA PÚBLICA

33.1.1. Introdução

Quando o exequente dispuser de um título executivo que lhe reconheça uma obrigação de pagar devida pela Fazenda Pública, o procedimento a ser observado dependerá de a hipótese versar sobre título judicial (art. 534-art. 535) ou extrajudicial (art. 910), muito embora o estudo do tema deva ser necessariamente complementado por diversos outros atos normativos (v.g., Lei nº 9.494/97). Ao revés, caso a obrigação constante no título seja de fazer, não fazer ou de entregar coisa, o rito a ser observado é o mesmo que seria em relação à promoção em face de um particular, independentemente de ser a Fazenda Pública figurando no polo passivo da demanda.[1]

Não se pode olvidar, todavia, que o credor poderá se valer do procedimento monitório (art. 700), caso disponha apenas de prova escrita, sem força de título executivo, que demonstre que a Fazenda Pública lhe deve obrigação de pagar ou de entregar bem. É o que cuida o Verbete nº 339 da Súmula do STJ: *"É cabível ação monitória contra a Fazenda Pública"*, que também restou consagrado expressamente na novel legislação (art. 700, § 6º).

33.1.2. Título executivo

Conforme já exposto, o credor poderá executar a Fazenda Pública para o pagamento de quantia certa quando possuir tanto um título executivo judicial (art. 515) como extrajudicial (art. 784), muito embora seja vedada a execução de ambos no mesmo processo em decorrência da diversidade de procedimento (art. 780).

Vale dizer que já teve quem defendesse que esta execução somente poderia ser baseada em título judicial, em virtude da previsão constante na Carta Magna (art. 100, CRFB), que nominalmente emprega a expressão *"pagamentos devidos em virtude de sentença judiciária"*.[2] No entanto, há muito esta norma constitucional vem sendo interpretada de forma mais flexível, passando também a permitir as execuções fundadas em títulos extrajudiciais. A matéria ainda é objeto do Verbete nº 279 da Súmula do STJ: *"É cabível execução por título extrajudicial contra a Fazenda Pública"*.

---

1 HARTMANN, Rodolfo Kronemberg. A execução em face da Fazenda Pública por obrigação de pagar. In: SANTANA, Alexandre Ávalo. LACOMBE, Rodrigo Santos Masset. *Novo CPC e o processo tributário*. Campo Grande: Contemplar, 2016, p. 281.

2 GRECO FILHO, Vicente. *Direito processual civil brasileiro*. 18ª ed. São Paulo: Saraiva, 2006. *v. 3*, p. 105.

33.1.3. Legitimidade passiva

O termo "Fazenda Pública" abrange a União, os Estados, o Distrito Federal, os Municípios, as autarquias e as fundações autárquicas. Apenas estas teriam direito a uma execução com este procedimento específico, o que se justifica em razão da peculiar natureza dos bens públicos, que são inalienáveis, impenhoráveis, imprescritíveis e não onerosos. Assim, diante da impossibilidade de utilizá-los para liquidar qualquer obrigação pecuniária devida pela Fazenda Pública, o pagamento deverá ser realizado de outra forma, que será por meio do precatório ou do RPV (requisição de pequeno valor).

No âmbito federal, o precatório é devido quando a dívida for superior a sessenta salários-mínimos e o RPV para os valores até este patamar, de acordo com normas previstas em diversos atos normativos (v.g., art. 87, ADCT e art. 17, § 1º, Lei nº 10.259/2001). O mesmo dispositivo também estabelece que, no âmbito estadual e municipal, os valores dos precatórios são, respectivamente, a partir de quarenta e trinta salários-mínimos, que podem estar sujeitos à modificação de acordo com a legislação local.

As sociedades de economia mista (v.g., Petrobras ou Banco do Brasil) e as empresas públicas (v.g., Caixa Econômica Federal) são executadas nos mesmos procedimentos em que os particulares são executados, uma vez que os seus bens são considerados como de natureza privada, sujeitando-se à penhora. Anote-se, por oportuno, que o antigo Decreto-Lei nº 509/69 conferiu à empresa pública ECT (Empresa Brasileira de Correios e Telégrafos), exatamente os mesmos privilégios de que a Fazenda Pública dispõe para litigar em juízo. Assim, apenas nesta hipótese é que a execução de uma empresa pública observará o rito previsto para a Fazenda Pública, conforme já exposto em mais de uma oportunidade pelo STF.[3]

33.1.4. Execução provisória e definitiva em face da Fazenda Pública

De uma forma geral não é admitida a promoção de execução provisória em face da Fazenda Pública, uma vez que há proibição em legislação específica (art. 2º-B, Lei nº 9.494/97), que estabelece: "*A sentença que tenha por objeto a liberação de recurso, inclusão em folha de pagamento, reclassificação, equiparação, concessão de aumento ou extensão de vantagens a servidores da União, dos Estados, do Distrito Federal e dos Municípios, inclusive de suas autarquias e fundações, somente poderá ser executada após seu trânsito em julgado*".

Esta norma vem sendo interpretada de forma ampliativa, de modo que, caso incida alguma hipótese ali não contemplada que gere ônus financeiro à Fazenda Pública, a execução provisória não se afiguraria possível.[4] Assim, sendo uma execução de título judicial, deverá o credor aguardar o trânsito em julgado da decisão jurisdicional para,

---

3 STF. REXTR nº 220.906. Rel. Min. Maurício Corrêa. DJ. 21/10/2003.
4 BUENO, Cassio Scarpinella. *O poder público em juízo*. 3ª ed. São Paulo: Saraiva, 2005, p. 198.

somente a partir de então, instaurar a execução em face da Fazenda Pública, muito embora exista jurisprudência em sentido contrário, normalmente quando se tratar de crédito de natureza alimentar.[5]

É de se mencionar, ainda, a existência de precedente do STF no sentido de que o cumprimento de sentença de obrigação de fazer, não fazer e de entrega de coisa em desfavor da Fazenda Pública pode ser promovido provisoriamente.[6]

33.1.5. Cumprimento de sentença que reconheça obrigação de pagar quantia certa pela Fazenda Pública

O cumprimento de sentença em tais casos observa o disposto no CPC (art. 534 – art. 535), que cuida de hipótese em que há sincretismo processual, ou seja, apenas um processo que terá uma fase de conhecimento e outra própria para execução.

Este cumprimento terá início quando o credor apresentar requerimento que contenha não apenas o seu nome completo e inscrição no CPF ou no CNPJ, conforme o caso, devendo estar acompanhado de planilha discriminando e atualizando a dívida (art. 534). Esta planilha deverá ser apresentada individualmente ainda que o caso retrate um litisconsórcio ativo. A mesma, contudo, não deve fazer menção à multa de 10% prevista no CPC (art. 523, § 1º), posto que a mesma é completamente inaplicável em relação à Fazenda Pública, pois a sua sistemática de pagamento, por meio do precatório ou do RPV, não permitiriam que o cumprimento voluntário fosse realizado em apenas quinze dias. Vale dizer que há precedente no sentido de que este cumprimento de sentença deve ser efetuado perante o mesmo órgão jurisdicional que proferiu o título executivo judicial, não sendo aplicável norma genérica do CPC (art. 516, parágrafo único).[7]

Caso o magistrado entenda que a petição inicial esteja absolutamente regular, ele irá então determinar a intimação da executada. Neste mesmo momento, também deverão ser fixados os honorários advocatícios (art. 827 c/c art. 771). O percentual dos honorários, porém, deve se pautar em norma mais específica para a Fazenda Pública (art. 85, § 3º).[8] Contudo, determinação em lei específica (art. 1º-D, Lei nº 9.494/97) estabelece que, caso a Fazenda Pública não ofereça resistência, serão indevidos estes honorários fixados em sede de execução. Esta norma já foi analisada anteriormente pelo STF, que a considerou constitucional, embora tenha sido dada interpretação de modo a reduzir a sua aplicação apenas às execuções vultosas que, pelo menos no âmbito da Justiça Federal, seriam aquelas acima de sessenta salários-mínimos.[9] Constou, no referido julgado, que os honorários realmente não são devidos, uma vez que a Fazenda

---

5 TJ-RJ. Apelação cível nº 2009.001.29554. Rel. Jds. Des. Cláudio Dell'orto. J. 13/10/2009.

6 STF. REXTR nº 573.872/RS. Rel. Min. Edson Fachin. DJ 24/05/2017.

7 TRF1. CC 0068706-16.2013.4.01.0000, Rel. Des. Federal Kassio Marques, em 28/03/2017.

8 BUENO, Cassio Scarpinella. *Manual de direito processual civil*. São Paulo: Saraiva, 2015, p. 422.

9 STF. REXTR nº 420816/PR. Rel. Sepúlveda Pertence (acórdão). DJ 29/09/2004.

Pública necessariamente terá que se sujeitar à execução forçada, ainda que concorde com os termos da decisão judicial, pois os pagamentos somente poderão ser realizados por meio do precatório ou do RPV, que apenas são requeridos no curso de uma execução. Sob este prisma, de fato parece ser rigoroso impor à Fazenda Pública um novo ônus financeiro, que consiste no pagamento destes novos honorários, se a mesma de forma alguma está oferecendo qualquer resistência em relação à pretensão externada pelo exequente. Este entendimento, por sinal, acabou sendo encampado também pelo CPC (art. 85, § 7º).

Curiosamente, o STJ possui entendimento sumulado em sentido oposto, muito embora se trate de uma situação que apresenta contornos um pouco diferentes. É que, de acordo com o Verbete nº 345 da Súmula desse Tribunal: "*São devidos os honorários advocatícios pela Fazenda Pública nas execuções individuais de sentença proferida em ações coletivas, ainda que não embargadas*". A Súmula se aplica na seguinte situação: um determinado legitimado deflagrou um processo coletivo, envolvendo interesse individual homogêneo, em face da Fazenda Pública, e obteve sentença favorável com o trânsito em julgado. Só que, de acordo com a legislação específica (art. 95 c/c art. 97, Lei nº 8.078/90), esta sentença necessariamente será ilíquida, razão pela qual cada vítima poderá promover a sua própria liquidação individual e promover a posterior execução no juízo competente.

Nesta hipótese, diz o verbete sumular que, ainda que não tenham sido oferecidos embargos à execução (o que também inclui a impugnação, por analogia), a Fazenda Pública arcará com os honorários advocatícios decorrentes da execução. A conclusão parece correta, uma vez que esta liquidação, seguida da posterior execução individual, demandará a instauração de um novo processo, sendo certo que o demandante terá que necessariamente estar representado por um advogado que não pode ser tolhido no seu direito de recebimento dos honorários devidos em razão da sua atuação neste novo processo.

Após a realização da intimação, a Fazenda Pública pode assumir as seguintes posturas: a) permanecer em estado de inércia; b) reconhecer como devida a integralidade da dívida; c) reconhecer como devida apenas parte da dívida; d) oferecer impugnação.

Nas duas primeiras hipóteses (itens "a" e "b"), caberá ao magistrado analisar se realmente se encontra presente o título executivo, além das demais formalidades processuais. Caso tudo esteja regular, a postura seguinte é o juiz requisitar o pagamento por precatório ou por RPV, o que já será abordado a seguir (art. 535, § 4º).

A terceira situação, que seria o reconhecimento pela Fazenda Pública de apenas parte da dívida, já permitiria a imediata requisição do pagamento para a parte incontroversa da dívida. No entanto, para fins de verificação, se o pagamento será realizado por meio de precatório ou RPV, deverá ser analisado o valor total que se encontra sendo executado e não aquele incontroverso. Se, hipoteticamente, a execução for de R$ 200.000,00 (duzentos mil reais) em face da União e a parte incontroversa for de apenas R$ 5.000,00 (cinco mil reais), o magistrado já se encontra autorizado a requisitar imediatamente o pagamento, mas apenas por intermédio do precatório. Essa postura objetiva evitar o fracionamento ou quebra do valor executado, pois, se a expectativa do credor é de ter êxito em receber R$ 200.000,00 (duzentos mil reais), o regime para pagamento por meio do precatório deve ser respeitado. É, por sinal, o que prevê a Constituição (art. 100, § 8º, CRFB): "*É vedada a expedição de precatórios complementares ou suplementares de valor pago, bem como fracionamento, repartição ou quebra do valor da execução, para fins de enquadramento da parcela do total ao que dispõe o § 3º deste artigo*". Vale dizer que o STF tem, em reiteradas decisões, adotado esta postura.[10] E, igualmente, este é o tratamento reservado pelo CPC (art. 535, § 4º).

Por fim, a quarta e última situação ocorre quando a Fazenda Pública pretender apresentar alguma defesa, hipótese em que deverá se valer da impugnação (art. 535) ou de simples petição, para fins de alegar impedimento ou suspeição (art. 535, § 1º).

Entre os temas que podem ser alegados na impugnação, é de se destacar a possibilidade de argumentar a incompetência relativa. Outro tema que avulta em importância é a hipótese de inexigibilidade do título, em razão de o mesmo ter sido fundamentado em lei considerada inconstitucional pelo STF. Nestes casos, se o Pretório Excelso tiver modulado retroativamente os efeitos, será da data em que a decisão do STF transitar em julgado que iniciará o prazo de 2 (dois) anos para fins de que sejam propostas ações rescisórias individualizadas (art. 535, § 8º), apontando a violação de norma jurídica (art. 966, inc. V). Esta disposição, que somente se aplica aos processos instaurados após a vigência do CPC (art. 1.057), claramente conspira contra a segurança jurídica, ao possibilitar uma rediscussão e, eventualmente, até a possibilidade de devolução de valores, após o transcurso de tantos anos.[11]

Quanto ao prazo para oferecimento da impugnação, o mesmo será de 30 (trinta) dias (art. 535), que é um prazo específico para a Fazenda Pública e que, por este motivo, não permitirá a sua dobra (art. 183, § 2º). Por fim, sendo rejeitada a impugnação, e não sendo interposto recurso de agravo, na modalidade por instrumento (art. 1.015, parágrafo único), caberá ao magistrado requisitar a expedição do precatório ou do RPV, conforme o caso (art. 535, § 3º), processamento este que será idêntico a partir deste momento tanto para as execuções devidas pela Fazenda Pública que sejam lastreadas em título executivo judicial quanto por extrajudicial.

33.1.6. Execução por título extrajudicial que reconheça obrigação de pagar quantia certa pela Fazenda Pública

Quando se tratar de execução promovida em face da Fazenda Pública por obrigação de pagar lastreada em título executivo extrajudicial, o procedimento tem

---

10 STF. REXTR nº 484770/RS. Rel. Min. Sepúlveda Pertence. DJ 06/06/2006.

11 HARTMANN, Rodolfo Kronemberg. *Novo código de processo civil – comparado e anotado*. 1ª ed. Niterói: Impetus, 2015, p. 432.

previsão mínima no CPC (art. 910), que basicamente se reporta às mesmas regras do cumprimento de sentença em tais hipóteses (art. 534 – art. 535).[12]

Neste procedimento, o exequente deverá apresentar uma petição inicial devidamente instruída pelo título extrajudicial (art. 784) e a planilha atualizando o débito. Sendo deferida a execução, o magistrado irá determinar a citação da Fazenda Pública, devendo ser mencionado que, neste mesmo momento, a prescrição estará sendo interrompida (art. 802), bem como deverão ser fixados honorários advocatícios.

Uma vez realizada a citação, o prazo para a apresentação dos embargos será de 30 (trinta) dias, quando, então, lhe será oportunizada a faculdade de apresentar qualquer matéria que seria lícito deduzir como defesa em processo de conhecimento (art. 910, § 3º).[13] Vale a dizer que, sob a égide do modelo anterior, havia grande discussão a respeito do prazo para oferecimento dos embargos pela Fazenda Pública, em razão da existência de vários atos normativos distintos (art. 884, CLT; art. 730, *caput*, CPC-73; art. 1ºB, Lei nº 9.494/97), o que até mesmo gerou a propositura de demanda perante o STF.[14] Contudo, com o advento do CPC esta dúvida deixa de ser relevante, devendo prevalecer o prazo estabelecido no CPC (art. 910).

Muito embora estes embargos sejam oferecidos pela Fazenda Pública, os mesmos podem ser rejeitados liminarmente (art. 918). Não sendo esta hipótese, o embargado será citado para resposta, observando-se o estatuído na legislação até prolação da posterior sentença (art. 920). O recurso apto a impugná-la é o de apelação, que será recebido no duplo efeito, exceto quando os embargos forem liminarmente rejeitados ou quando o pedido nele contido tiver sido julgado improcedente (art. 1.011, § 1º, inc. III).

É importante frisar que, caso a Fazenda Pública seja derrotada nos embargos e não interponha apelação, ainda assim esta circunstância não autoriza que o magistrado submeta a sua decisão à remessa necessária, uma vez que a legislação (art. 496, § 1º, incs. I, II e III) somente autoriza a adoção desta providência quando se tratar de sentença "condenatória" superior aos valores nelas constantes. Por este raciocínio, como a sentença de improcedência dos embargos possui natureza declaratória, não faz sentido submetê-la à remessa necessária.

Não opostos embargos ou, tendo sido a pretensão neles deduzida julgada improcedente, será então requisitado o pagamento (art. 910, § 1º), cuja sistemática à seguir é idêntica ao do cumprimento de sentença nestas mesmas circunstâncias.

33.1.7. Requisição do pagamento

Há a necessidade de aguardar o trânsito em julgado da sentença proferida em sede de embargos à execução para que o magistrado possa, enfim, requisitar o pagamento

---

12 BUENO, Cassio Scarpinella. *Novo código de processo civil anotado.* 1ª ed. São Paulo: Saraiva, 2015, p. 554.

13 CARNEIRO, Paulo Cezar Pinheiro. PINHO, Humberto Dalla Bernardina de. *Novo código de processo civil – anotado e comparado.* Rio de Janeiro: Gen Método, 2015, p. 524.

14 STF. Ação declaratória de constitucionalidade nº 11/DF. Rel. Min. Cezar Peluso. DJ 28.3.2007.

por meio de precatório ou de RPV. Esta postura busca evitar uma requisição provisória, pois é certo que os valores destinados a este tipo de pagamento devem ser previstos em lei orçamentária do respectivo ente público. Assim, para evitar este tipo de situação, há a necessidade de realmente se aguardar o trânsito em julgado da decisão proferida nos embargos.

Após esta verificação, o magistrado irá requisitar os valores devidos, o que usualmente é realizado por meio eletrônico, conforme autorizam atos normativos do CNJ, que são constantemente atualizados, e que cuidam da gestão de precatórios no âmbito do Poder Judiciário. De acordo com os mesmos, o magistrado terá que prestar diversas informações ao efetuar a requisição, dentre elas: nome das partes, valor e natureza do crédito, data do trânsito em julgado dentre outras informações. Estes dados são transmitidos ao órgão presidência do Tribunal que, sem entrar no mérito da decisão jurisdicional, apenas poderá retificar erros materiais ou de cálculos. Trata-se de atividade de natureza administrativa desempenhada pela presidência do Tribunal que, por esta razão, não comporta qualquer impugnação por meio de REXTR, que apenas combate atos proferidos no exercício da função jurisdicional. É o que consta no Verbete nº 733 da Súmula do STF, que estabelece: "*Não cabe REXTR contra decisão proferida no processamento de precatórios*". Aliás, é justamente por este motivo que compete ao CNJ regulamentar a gestão dos precatórios, pois, como sabido este órgão não desempenha função jurisdicional.

Realizada a verificação pela presidência, o procedimento a ser adotado vai variar se for hipótese de pagamento por precatório ou por RPV. Como visto anteriormente, há normas (v.g., art. 87, ADCT) que estabelecem que os pagamentos são efetuados por precatório quando a dívida for superior a 60 (sessenta), 40 (quarenta) e 30 (trinta) salários-mínimos, em se tratando, respectivamente, de valores devidos pela União, Estados e Municípios.

Para a apuração deste montante, o valor devido para cada litisconsorte deve ser apurado individualmente. Vale dizer, se um exequente tem o crédito equivalente a cinquenta salários-mínimos e outro exequente ostenta crédito próprio de trinta salários-mínimos devidos pela União, ambos os pagamentos serão realizados por meio do RPV. Esta, pelo menos é a solução apresentada no Verbete nº 136 da Súmula do TJ-RJ: "*Nas hipóteses de litisconsórcio ativo facultativo, o crédito devido a cada litisconsorte, para fins de aplicação do § 3º do art. 100 da Constituição Federal, deverá ser individualmente considerado*".[15]

Sendo hipótese de precatório, o órgão presidência, após a realização da verificação, deverá encaminhar esta requisição à Fazenda Pública responsável pelo pagamento, embora o órgão de direcionamento possa variar dependendo do ente estatal. E, de

---

15 Anota-se que o mesmo raciocínio pelo "fracionamento" também é aplicável aos honorários do advogado vencedor. Com efeito, a requisição do precatório ou do RPV do valor dos honorários processuais que lhe forem devidos não são somados ao do seu cliente, mas sim geram uma nova requisição autônoma. É o que se extrai em: STF, RE 913.536/RS, Rel. Min. Marco Aurélio, red. p/ o ac. Min. Roberto Barroso, j. 24/06/2018.

acordo com a Carta Magna (art. 100, § 5º, CRFB), as requisições encaminhadas até primeiro de julho serão incluídas na lei orçamentária e serão liquidadas no exercício financeiro seguinte. Já aquelas que chegarem posteriormente, serão apenas incluídas naquela do ano que se seguir.

Quando o pagamento tiver que ser realizado por meio de RPV, o procedimento é bastante simplificado, uma vez que basta uma comunicação ao ente público e à presidência do Tribunal a fim de que seja disponibilizado o numerário em conta vinculada ao juízo, tal como prevê o CPC (art. 535, § 3º) e, até mesmo, em leis específicas (v.g., art. 17, Lei nº 10.259/2001). Vale dizer que tais despesas já foram previstas em lei orçamentária votada no exercício financeiro anterior e, eventualmente, estes recursos disponibilizados podem sobrar ou ser insuficientes. Nesta última hipótese, é bastante comum a criação, durante o exercício financeiro atual, de uma nova lei abrindo o orçamento para alocar mais recursos justamente para esta finalidade.

33.1.8. A efetivação do pagamento pela Fazenda Pública

Os pagamentos serão efetuados por precatório, respeitando-se a ordem das respectivas requisições. O crédito de natureza alimentar (art. 100, § 1º, CRFB) não pode ser sacado diretamente na "boca do cofre", também devendo se sujeitar à liquidação pelo regime dos precatórios. É do que cuidam tanto o Verbete nº 655 da Súmula do STF (*"A exceção prevista no art. 100, caput, da Constituição, em favor dos créditos de natureza alimentícia, não dispensa a expedição de precatório, limitando-se a isentá-los da observância da ordem cronológica dos precatórios decorrentes de condenações de outra natureza"*) quanto o Verbete nº 144 da Súmula do STJ (*"Os créditos de natureza alimentícia gozam de preferência, desvinculados os precatórios da ordem cronológica dos créditos de natureza diversa"*). No entanto, o crédito de natureza alimentar goza de preferência no momento do recebimento em detrimento daqueles que não ostentam esta mesma natureza. Vale dizer que, no momento da requisição, há apenas uma única ordem a ser observada. Mas, no momento da liquidação, esta ordem inicial é desdobrada em duas, sendo a primeira para recebimento dos créditos considerados como de natureza alimentar, e a segunda, dos não alimentares. Apenas quando liquidada a primeira relação é que o pagamento da segunda poderá ser iniciado, o que fica condicionado à existência de créditos respectivos.

Vale dizer que a EC nº 62/2009 alterou a Contituição Federal e criou outros créditos que possuem preferência no recebimento. Com efeito, passou a constar na Carta Magna (art. 100, § 2º, CRFB) que os débitos de natureza alimentícia cujos titulares tenham 60 (sessenta) anos de idade ou mais na data de expedição do precatório, ou sejam, portadores de doença grave, definidos na forma da lei, serão pagos com preferência sobre todos os demais débitos, até o valor equivalente ao triplo do fixado em lei para aqueles considerados como de pequeno valor.

Oportunamente, as dotações orçamentárias e os créditos abertos serão consignados diretamente ao Poder Judiciário, cabendo ao presidente do Tribunal que proferir a decisão exequenda determinar o pagamento segundo as possibilidades do depósito (art. 100, § 2º, CRFB). Vale dizer que o Presidente do Tribunal competente que, por ato comissivo ou omissivo, retardar ou tentar frustrar a liquidação regular de precatório incorrerá em crime de responsabilidade e responderá perante o CNJ (art. 100, § 7º, CRFB).

Os pagamentos deverão ser disponibilizados até o último dia do exercício financeiro seguinte e virão devidamente corrigidos (art. 100, § 5º, CRFB). Inviável, portanto, a condenação em juros moratórios, pois, de acordo com este dispositivo, ainda que seja no último dia do ano o pagamento estará sendo considerado como oportuno.

Há hipótese, porém, que permite o parcelamento dos precatórios em até 10 (dez) anos (art. 78, ADCT). De acordo com esta norma: *"Ressalvados os créditos definidos em lei como de pequeno valor, os de natureza alimentícia, os de que trata o art. 33 deste Ato das Disposições Constitucionais Transitórias e suas complementações e os que já tiverem os seus respectivos recursos liberados ou depositados em juízo, os precatórios pendentes na data de promulgação desta Emenda e os que decorram de ações iniciais ajuizadas até 31 de dezembro de 1999 serão liquidados pelo seu valor real, em moeda corrente, acrescido de juros legais, em prestações anuais, iguais e sucessivas, no prazo máximo de dez anos, permitida a cessão dos créditos"*.

Vale dizer que, oportunamente, a OAB ingressou com uma ação direta de inconstitucionalidade arguindo a inconstitucionalidade desta norma oriunda do poder constituinte derivado (EC nº 30/2000), em especial por ofensa ao princípio da isonomia, eis que uma determinada classe de credores estaria sendo beneficiada no recebimento dos seus créditos ainda que suas demandas tivessem sido aforadas posteriormente a 31 de dezembro de 1999. O STF, porém, não vislumbrou sob esta ótica, por considerar que não haveria ofensa ao princípio da igualdade já que todos os credores efetivamente irão receber, sendo necessário, para tanto, implementar um modelo de gestão que assim permita a consecução deste fim.[16]

33.1.9. O sequestro

A falta de observância da ordem cronológica para os pagamentos motiva o requerimento de sequestro. Mas vinha sendo permitido o seu emprego quando se tratar de descumprimento de requisição de RPV, conforme consta no Verbete nº 137 da Súmula do TJ-RJ: *"A medida cabível pelo descumprimento da requisição de pequeno valor, de competência do Juízo de primeiro grau, é o sequestro"*. É o que consta na Constituição (art. 100, § 6º, CRFB).

Dúvidas existem quanto à natureza jurídica desta providência, que deve ser pleiteada diretamente na presidência do Tribunal. É bastante comum na doutrina, o entendimento de que se trata de uma demanda que instaura o exercício de atividade

---

16 STF. Ação direta de inconstitucionalidade nº 2356-DF MC. Rel. Min. Néri da Silveira, red. p/acórdão Min. Ayres Britto. DJ 25/11/2010.

jurisdicional perante aquele órgão do Tribunal. E, até mesmo, há pequena controvérsia a respeito de quem deve figurar no polo passivo desta demanda, se o credor que recebeu antes daquele que foi preterido[17] ou se deve ser a própria Fazenda Pública responsável pelo pagamento.[18]

O melhor entendimento é aquele que vislumbra, neste sequestro, o exercício de função meramente administrativa por parte do órgão presidência. É que, como já visto anteriormente, durante o processamento das requisições e também durante o momento de encaminhamento do pagamento, a presidência exerce atividade meramente administrativa. Apesar de a nomenclatura desta providência ser a de "sequestro", o que sugere alguma lembrança com o antigo procedimento cautelar jurisdicional específico (art. 822 – art. 825, CPC-73), essa circunstância, por si só, não autorizaria a modificação da função desempenhada. Com efeito, o interessado deve levar a conhecimento do órgão presidência qualquer fato que impeça o saque, o que motivará a determinação de bloqueio até decisão final. No entanto, caso o levantamento já tenha sido efetuado em detrimento da ordem preestabelecida, caberá à presidência liberar imediatamente todos os pagamentos que foram preteridos, de modo a regularizar novamente aquela ordem primitiva. Não há a necessidade, portanto, de se notificar ou intimar o credor que recebeu seu crédito em momento anterior ao previsto para que proceda a devolução dos valores, como sugerem determinados segmentos da doutrina, uma vez que o pagamento antecipado de um não significa, por si só, que os demais não irão receber nada.

Hipótese distinta ocorre quando nenhum credor é pago pela ausência de disponibilização de recursos financeiros pela Fazenda Pública responsável pelo pagamento. Esta situação, em uma primeira análise, pode indicar descumprimento a uma ordem emanada do Poder Judiciário, o que ofende princípio sensível (art. 34, inc. VI, CRFB) que, inclusive, pode motivar a decretação de intervenção no ente remisso. No entanto, a jurisprudência do STF exige que, para fins de intervenção, o descumprimento da ordem judicial deve ser imotivado.[19] Caso haja razão relevante para a falta de liquidação, a intervenção não se justificaria e será necessária uma nova requisição para incluir, novamente, esta mesma despesa na próxima lei orçamentária. Só que a EC 62/09 aparentemente buscou uniformizar a consequência decorrente tanto na hipótese de preterimento no recebimento do crédito quanto na ausência de disponibilização de recursos financeiros. É que, segundo a Carta Magna (art. 100, § 6º, CRFB), em ambos os casos será possível a determinação do sequestro da quantia respectiva, o que poderá ser instrumentalizado pelo próprio magistrado ao utilizar o Bacenjud.[20]

---

17 MARINONI, Luiz Guilherme. *Técnica processual e tutela dos direitos*. São Paulo: RT, 2004, p. 666.

18 ASSIS, Araken de. *Manual do processo de execução*. 8ª ed. 2002. São Paulo: RT, p. 893. SANTOS, Ernane Fidélis dos. *Manual de direito processual civil*. 10ª ed. São Paulo: Saraiva, p. 221.

19 STF. Intervenção federal nº 2.915-SP e IF 2.953-SP. Rel. Min. Gilmar Mendes (acórdão). DJ 03/02/2003.

20 HARTMANN, Rodolfo Kronemberg. *Curso completo de processo civil*. 2ª ed. Niterói: Impetus, 2015, p. 652.

33.2. EXECUÇÃO FISCAL

33.2.1. Introdução

Qualquer ente público necessita de receitas para fazer frente às suas despesas, sendo que a forma de obtenção destas é classificada em originária ou derivada. Na primeira delas, ou seja, nas receitas originárias, o Estado se nivela ao particular para que possa obtê-las, tal como ocorre, v.g., na exploração direta de uma atividade econômica. Já para a obtenção das receitas derivadas, o Estado atua exercendo o seu *ius imperium*, sendo o maior exemplo destas a cobrança de tributos, que, consoante dicção legal (art. 3º, CTN), se traduz em uma prestação pecuniária de caráter coercitivo.

Assim, sempre que o Estado for titular de um crédito, seja o mesmo oriundo ou não de uma relação de direito material tributária, a via processual adequada para a satisfação deste direito será a promoção de uma execução fiscal, que possui procedimento específico traçado em lei própria (Lei nº 6.830/80), doravante designada como LEF.[21] E, vale lembrar que é possível a aplicação do CPC em caráter subsidiário, quando a lei for omissa e houver compatibilidade (art. 1º, LEF).

33.2.2. Legitimação ativa e passiva. Litisconsórcio

A legitimação ativa para a propositura da ação de execução fiscal se encontra prevista em norma própria (art. 1º, LEF). Observa-se que, neste dispositivo, não foram incluídas as entidades paraestatais, que seriam as empresas públicas e as sociedades de economia mista.[22]

Embora a LEF seja omissa, os conselhos de fiscalização profissional, como o CFM (Conselho Federal de Medicina), também são legitimados para ajuizar execução fiscal. Em que pese ser extremamente controvertida a natureza jurídica de tais entidades, de um modo geral predomina o entendimento de que se trata de autarquias federais, até mesmo em virtude do disposto em norma constitucional (art. 21, inc. XXIV, CRFB), que determina que compete à União organizar, manter e executar a inspeção do trabalho. Nestes casos, a competência para processamento será da Justiça Federal, tal como consta no Verbete nº 66 da Súmula do STJ: *"Compete à Justiça Federal processar e julgar execução fiscal promovida por Conselho de fiscalização profissional"*.

A legitimação passiva na ação de execução fiscal, por sua vez, é tratada em outra norma (art. 4º, LEF), sendo até mesmo possível a existência de litisconsórcio passivo necessário. É o que ocorre, por exemplo, na execução fiscal promovida em face do espólio em que o inventariante for dativo, situação em que todos os herdeiros e sucessores do falecido serão autores ou réus nas ações em que o espólio for parte.[23]

---

21 Não se pode olvidar que, nas obrigações de fazer, não fazer ou entregar coisa certa ou incerta, o procedimento a ser observado será aquele estabelecido no próprio CPC, mesmo que o exequente seja a própria Fazenda Pública.

22 ROSA JÚNIOR, Luiz Emygdio F. da. *Manual de direito financeiro & direito tributário*. 15ª ed. Rio de Janeiro: Lumen Juris, p. 724, esclarece que esta inclusão ofenderia o art. 173, § 2º, da CRFB, que veda que tais sociedades tenham privilégios fiscais não extensíveis ao setor privado.

23 ROSA JÚNIOR, Luiz Emygdio F. da. *Manual de direito financeiro & direito tributário*. 15ª ed. Rio de Janeiro: Lumen Juris, p. 761.

Quanto à legitimação passiva, o Verbete 435 da Súmula do STJ também prevê que: *"Presume-se dissolvida irregularmente a empresa que deixar de funcionar no seu domicílio fiscal, sem comunicação aos órgãos competentes, legitimando o redirecionamento da execução fiscal para o sócio gerente".*

Também é importante mencionar que o Ministério Público não atua como fiscal da ordem jurídica em ações de execução fiscal. Com efeito, no direito processual civil, o Ministério Público pode atuar tanto como órgão agente, ao propor demandas, como órgão interveniente, naquelas situações em que há interesse público primário evidenciado pela natureza da lide ou pela qualidade de uma das partes envolvidas. Contudo, o interesse público que reside nas execuções fiscais é meramente secundário, já que o interesse principal é meramente arrecadatório, sendo que apenas reflexamente é que se vislumbra um interesse da sociedade em que as dívidas sejam quitadas. Por este motivo, aliás, é que se torna desnecessária a atuação do Ministério Público como fiscal da ordem jurídica, em consonância, por sinal, com o disposto no CPC (art. 178, parágrafo único) e no Verbete nº 189 da Súmula do STJ: *"É desnecessária a intervenção do Ministério Público nas execuções fiscais"*. Apenas fica a ressalva que, caso seja instaurado controle difuso de constitucionalidade no curso da execução fiscal, é recomendável a participação do *parquet*, eis que esta circunstância faz denotar um interesse que se sobrepõe ao das partes litigantes, bem como em virtude desta instituição ser uma das poucas legitimadas para a instauração de um processo objetivo que busca realizar o controle concentrado de constitucionalidade, nos termos da legislação (Lei nº 9.868/99).

33.2.3. Adequação da via eleita

O meio adequado para que a Fazenda Pública possa receber suas dívidas, tributárias ou não, é a promoção da execução fiscal, nos moldes da LEF, caso já disponha de título executivo. Do contrário, deverá promover ação de conhecimento com esta finalidade.

Não vem sendo admitida que a Fazenda Pública requeira a falência dos seus devedores com base em certidão da dívida ativa, em que pese este documento ser considerado como título executivo extrajudicial (art. 784, inc. IX). Isso ocorre em virtude da existência de lei específica (LEF), dispondo sobre a forma de que como devem ser realizadas as cobranças judiciais das dívidas fazendárias e, também, porque atentaria quanto à função social desempenhada pela empresa.[24]

33.2.4. O título executivo: a certidão da dívida ativa

A definição de dívida ativa tributária se encontra no Código Tributário Nacional (art. 201, CTN): *"Constitui dívida ativa tributária a proveniente de crédito desta natureza, regularmente inscrita na repartição administrativa competente, depois de esgotado o prazo fixado, para pagamento, pela lei ou por decisão final proferida em processo regular".*

---

24 ALMEIDA, Amador Paes de. *Curso de falência e concordata.* 16ª ed. São Paulo: Saraiva, p. 60. CARVALHO, Paulo de Barros. *Curso de direito tributário.* 14ª ed. São Paulo: Saraiva, 2002, p. 523.

Tanto a dívida ativa tributária quanto a não tributária podem ser cobradas por meio da promoção de execução fiscal. O título executivo, nestes casos, será a certidão da dívida ativa (CDA), que é considerado como um título extrajudicial (art. 784, inc. IX).[25]

É de se relevar que a CDA é apenas o documento que corporifica a dívida ativa, sendo criado credor de maneira unilateral, por meio de um ato chamado "inscrição". Também é importante mencionar que a CDA pode integrar o próprio corpo da petição inicial da execução fiscal (art. 6º, § 1º, LEF).

Há norma (art. 2º, § 8º, LEF) que permite a emenda ou substituição da CDA no curso da execução fiscal. Trata-se, em realidade, de prática muito corriqueira, especialmente quando o executado aderir a algum parcelamento e em seguida for excluído. De fato, a consequência imediata do parcelamento é a suspensão do processo de execução em curso (art. 151, inc. VI, CTN c/c art. 922). Porém, caso o executado seja excluído do parcelamento, a Fazenda Pública terá que emendar a CDA, indicando-lhe o real valor atual, para que possa ser dado prosseguimento à execução fiscal anteriormente suspensa. Vale dizer que esta emenda da CDA não se confunde com a emenda da petição inicial (art. 321).

Esta mesma norma (art. 2º, § 8º, LEF) determina que, com a substituição ou emenda da CDA, será "*assegurada ao executado a devolução do prazo para embargos*", sendo o mesmo aplicável tanto nos casos de dívida ativa tributária quanto não tributária, já que norma do Código Tributário Nacional (art. 203, CTN), que tratava especificamente dos casos de dívida ativa tributária, foi revogada pelo dispositivo da LEF acima citado antes mesmo do advento da atual Carta Magna.[26]

33.2.5. O despacho liminar de conteúdo positivo ou negativo

Apresentada a petição inicial, que já poderá até mesmo indicar possíveis bens passíveis de constrição judicial (art. 798, inc. II, "c", c/c art. 1º, LEF c/c art. 53, Lei nº 8.212/91), os autos seguirão conclusos para o magistrado. Caso entenda que estão presentes as condições da ação e os pressupostos processuais, mesmo que de forma perfunctória e não definitiva, o juiz deverá proferir o despacho liminar de conteúdo positivo, determinando a citação do executado. Vale dizer que tal ato praticado pelo juiz possui natureza jurídica de despacho, razão pela qual é considerado como irrecorrível (art. 1.001).[27]

---

25 Há precedente do STJ no sentido de que, em caso de certidão de dívida ativa de obrigação de natureza tributária, a declaração de inconstitucionalidade da lei reguladora do tributo em questão não acarreta a automática extinção da execução fiscal. É o que se observa em: STJ. REsp 1.386.229-PE, Rel. Min. Herman Benjamin, Primeira Seção, j. 10/08/2016, DJe 05/10/2016 – *Informativo* nº 591.

26 LOPES, Mauro Luís Rocha. *Execução fiscal e ações tributárias*. Rio de Janeiro: Lumen Juris, 2002, p. 12, possui o mesmo entendimento, embora por outros fundamentos. É que, segundo este autor, deve prevalecer a regra do art. 2º, § 8º, da LEF, que por ser mais recente acabou derrogando a contida no art. 203 do CTN. Vale dizer que o doutrinador acima citado esclarece que este art. 203 do CTN não tem o *status* de lei complementar, já que trata de matéria de natureza processual, fugindo da incidência do art. 146, inc. III, alínea *b*, CRFB.

27 MOREIRA, José Carlos Barbosa. *O novo processo civil*. 22ª ed. Rio de Janeiro: Forense, 2002, p. 23, no entanto, faz a ressalva de que este ato praticado pelo juiz mais se assemelha a uma decisão interlocutória, por vislumbrar que a lei claramente lhe dá conteúdo decisório, determinando ou permitindo que nele sejam resolvidas várias questões.

Além disso, será neste mesmo momento que o juiz deverá estabelecer os honorários advocatícios, conforme atualmente prevê o CPC (art. 827 c/c art. 1º, LEF).[28] E não há, igualmente, qualquer obstáculo para afastar a incidência do benefício previsto na mesma norma (art. 827, parágrafo único), que permite a redução do valor dos honorários pela metade, caso o pagamento integral seja efetuado no prazo de 3 (três) dias.

Contudo, pode se encontrar presente alguma hipótese de indeferimento liminar da petição inicial, o que será feito pelo magistrado por meio da prolação do impropriamente chamado "despacho liminar de conteúdo negativo", que, em realidade, possui natureza jurídica de sentença (art. 203, § 1º), já que põe fim ao processo.

As hipóteses de indeferimento se encontram previstas no CPC (art. 330), sendo que já existiu jurisprudência que também autorizava que a petição inicial fosse indeferida em razão do reduzido valor do crédito fazendário, o que configuraria falta de interesse processual (art. 330, inc. III), uma vez que este valor não compensaria o custo decorrente da movimentação da máquina judiciária.[29] Além disso, tais decisões muitas vezes tinham respaldo em atos normativos que dispensam a Fazenda Pública de promover execução fiscal nestes casos (v.g., art. 20, Lei nº 10.522/02[30] e art. 1º, Lei nº 9.441/94[31] – sendo o primeiro específico para a União e o outro para o INSS). Mas existia, porém, muitas críticas a este entendimento, em especial por incentivar o não pagamento de tais valores, já que não haveria qualquer reprimenda judicial que pudesse forçar o cumprimento da obrigação pecuniária. Por este motivo, foi criado o Verbete nº 452 da Súmula do STJ, nos seguintes termos: "*A extinção das ações de pequeno valor é faculdade da Administração Federal, vedada a atuação judicial de ofício*".[32]

---

28 LOPES, Mauro Luís Rocha. *Execução fiscal e ações tributárias*. Rio de Janeiro: Lumen Juris, 2002, p. 33.

29 TRF-2. Apelação cível nº 226.557-2. Rel. Des. Paulo Espírito Santo. DJ 31/10/96.

30 Art. 20, Lei nº 10.522/2004: "*Serão arquivados, sem baixa na distribuição, os autos das execuções fiscais de débitos inscritos como Dívida Ativa da União pela Procuradoria-Geral da Fazenda Nacional ou por ela cobrados, de valor consolidado igual ou inferior a R$ 10.000,00 (dez mil reais). § 2º Serão extintas as execuções que versem exclusivamente sobre honorários devidos à Fazenda Nacional de valor igual ou inferior a R$ 1.000,00 (mil reais). § 3º O disposto neste artigo não se aplica às execuções relativas à contribuição para o Fundo de Garantia do Tempo de Serviço*". Vale dizer que, mais recentemente, foi editada a Portaria MF nº 75/2012, que em seu art. 1º, inc. II, altera esse patamar para R$ 20.000,00 (vinte mil reais). Da mesma maneira, também o art. 46 da Lei nº 13.043/2014 veda o ajuizamento de execuções fiscais para cobrança de débitos de um mesmo devedor com o FGTS cujo valor consolidado seja igual ou inferior a R$ 20.000,00 (vinte mil reais).

31 Art. 1º, Lei nº 9.441/97: "*Art. 1º Fica extinto todo e qualquer crédito do Instituto Nacional do Seguro Social – INSS oriundo de contribuições sociais por ele arrecadadas ou decorrente do descumprimento de obrigações acessórias, cujo valor: I – total das inscrições em Dívida Ativa, efetuadas até 30 de novembro de 1996, relativamente a um mesmo devedor, seja igual ou inferior a R$ 1.000,00 (mil reais); II – por lançamento feito até 30 de novembro de 1996, decorrente de notificação ou de auto de infração não inscrito em Dívida Ativa, seja igual ou inferior a R$ 500,00 (quinhentos reais). Parágrafo único. Os valores previstos neste artigo referem-se ao montante dos créditos atualizados em 1º de dezembro de 1996, inclusive com todos os acréscimo legais incidentes*".

32 LOPES, Mauro Luís Rocha. *Execução fiscal e ações tributárias*. Rio de Janeiro: Lumen Juris, 2002, p. 37, sustenta que o juiz não deveria indeferir a petição inicial de plano nestes casos, por ser direito subjetivo do credor ver satisfeita a sua pretensão pelo devedor, ainda que de reduzida expressão econômica. É que, segundo este doutrinador, será, muitas vezes, de interesse do Fisco exigir a prestação ínfima do sujeito passivo da obrigação de direito público, como forma de evitar que este e os demais devedores sintam-se estimulados a deixar de arcar com débitos similares.

33.2.6. Citação na execução fiscal

Não sendo hipótese de indeferimento liminar da petição inicial, caberá ao magistrado determinar a citação do executado, observando o disposto na legislação específica (art. 8º, LEF), e, subsidiariamente, as regras do CPC (art. 1º, LEF).

A LEF permite expressamente a citação pela via postal no processo de execução fiscal. Logo, é possível concluir que, se a citação pelo correio não tiver sido realizada em sede de execução fiscal ou se ficar alguma dúvida sobre a realização deste ato, a mesma deverá ser realizada diretamente pelo oficial de justiça.

Somente após frustradas as possibilidades de citação pessoal é que poderá ser tentada citação por uma das modalidades "fictas", que usualmente será a por edital (art. 8º, inc. III, LEF). Aliás, o Verbete nº 414 da Súmula do STJ, deixa bem clara a possibilidade de a citação ser realizada por edital: "*A citação por edital na execução fiscal é cabível quando frustradas as demais modalidades*", muito embora ela também possa ser realizada por hora certa. Com efeito, pontua o Verbete nº 196 da Súmula do STJ que: "*Ao executado que, citado por edital ou por hora certa, permanecer revel, será nomeado curador especial, com legitimidade para apresentação de embargos*".

E, ainda, deve ser consignado que o comparecimento espontâneo do executado supre a falta de citação (art. 239, § 1º), desde que o advogado tenha poderes específicos para o recebimento da citação.[33]

33.2.7. Parcelamento ou moratória legal

O CPC (art. 916 e parágrafos), permite que o executado, nas execuções comuns com base em título executivo extrajudicial, pudesse manifestar eventual interesse em parcelar o seu débito em sete prestações, sendo 30% (trinta por cento) à vista e o restante em mais 6 (seis) parcelas mensais, observados os demais requisitos previstos nesta norma. Este dispositivo, porém, não é aplicável em sede de execução fiscal em que se cobra dívida ativa tributária, diante de artigo constante no Código Tributário Nacional (art. 155-A, CTN), que exige lei específica para disciplinar o parcelamento dos créditos tributários. Contudo, caso a CDA contemple uma dívida ativa de natureza não tributária, o obstáculo desapareceria e a norma prevista no CPC seria perfeitamente aplicável.

33.2.8. Garantia do juízo

O executado é citado para que, em cinco dias, possa efetuar o pagamento da dívida ou indicar bens à penhora (art. 8º, LEF). Caso permaneça inerte, dispõe o Código Tributário Nacional (art. 185-A, CTN): "*Na hipótese de o devedor tributário, devidamente citado, não pagar nem apresentar bens à penhora no prazo legal e não forem*

---

33 BARROSO, Darlan. *Manual de direito processual civil*. São Paulo: Manole, 2003. v. I, pp. 250-251.

encontrados bens penhoráveis, o juiz determinará a indisponibilidade de seus bens e direitos, comunicando a decisão, preferencialmente por meio eletrônico, aos órgãos e entidades que promovem registros de transferência de bens, especialmente ao registro público de imóveis e às autoridades supervisoras do mercado bancário e do mercado de capitais, a fim de que, no âmbito de suas atribuições, façam cumprir a ordem judicial".

Assim, se quiser, o devedor pode indicar bens à penhora, o que atualmente se constitui em uma exceção dentro do atual regramento da execução, já que as recentes leis transferiram ao credor esta iniciativa. No entanto, para que seja eficaz, esta indicação deve observar o disposto no rol previsto em lei (art. 11 da LEF), comumente chamada de "gradação legal". Não se trata, contudo, de uma ordem que deve ser sempre respeitada.

Uma interpretação puramente literal do disposto na lei específica (art. 11, inc. I, LEF) permite concluir que a penhora deve recair preferencialmente sobre dinheiro. Contudo, para que possa ser viabilizada esta penhora, será necessário o afastamento do sigilo bancário do executado, já que o exequente pode não dispor desses dados. Esta hipótese é atualmente regulada no CPC (art. 854), que é aplicado subsidiariamente na execução fiscal, e que vem sendo designada como "penhora *on-line*".

Se não for localizado numerário na conta bancária do executado para a realização da penhora, esta então deverá recair sobre quaisquer bens do executado, com exceção daqueles considerados como absolutamente impenhoráveis por lei (v.g., Lei nº 8.009/90; art. 10 e art. 30, Lei nº 6.830/80; art. 833; dentre outros).

A jurisprudência do STJ também vem autorizando que a Fazenda Pública penhore até mesmo precatório devido ao executado, já que esta situação equivaleria a uma penhora de créditos. No entanto, estes mesmos julgados reconhecem que, devido ao longo tempo de espera para recebimento, possa o exequente optar por outra garantia do juízo.[34]

33.2.9. Necessidade de garantia do juízo para oferecimento dos embargos

A LEF, em seus dispositivos pontuais (art. 16, § 1º, LEF), prevalece sobre as normas gerais constantes no CPC (art. 914), mormente aquelas que dispensam a necessidade de penhora como condição para a admissibilidade dos embargos. Assim, é somente após a garantia do juízo que se iniciará o prazo para oferecimento dos embargos, que será de 30 (trinta) dias (art. 16, LEF). Este dispositivo, por sinal, deve ser interpretado literalmente de modo que, se houver depósito do valor do débito, será no primeiro dia útil seguinte ao do depósito, e não da juntada deste documento nos autos, que irá começar a correr o prazo para oferecimento dos embargos. Em se tratando de fiança bancária, este mesmo dispositivo determina que o prazo somente irá começar a correr após a juntada do documento que comprove a respectiva garantia pessoal. Por fim, quando

34 STJ. REsp nº 320.646-SP. Rel. Min. Humberto Martins. DJ 28/05/2013.

a garantia se der pela penhora, o prazo se inicia com a intimação do executado para ciência desta constrição. Há, inclusive, precedente judicial no sentido da necessidade de menção expressa no mandado do prazo para apresentação dos embargos, sob pena de vício processual.[35]

Também é importante relevar que, caso exista mais de um executado na mesma relação processual, a penhora realizada sobre patrimônio de apenas um deles autoriza a todos os demais o oferecimento dos embargos, pois a penhora deve ser feita sobre bens que bastem para assegurar a satisfação do crédito cobrado. Assim, uma vez atingido este patamar com a apreensão de bens de apenas um dos executados, não haveria razão para que outros bens, dos outros demandados, fossem penhorados.

A orientação mais recente do STJ sobre este tema é que deve ser afastada a exigência da garantia do juízo para a oposição de embargos à execução fiscal, caso comprovado inequivocadamente que o devedor não possui patrimônio para garantia do crédito exequendo.[36]

Por fim, diante da necessidade de prévia garantia do juízo para que o executado possa se defender, é que se percebe que a exceção de pré-executividade (v. item nº 31.2.8.) vem tendo o seu uso bastante potencializado nas demandas desta natureza.

33.2.10. Embargos do executado e ação anulatória

Os embargos à execução dão ensejo à criação de uma nova relação processual, em que o embargante/executado passa a deduzir uma pretensão de natureza constitutiva negativa. Mas a LEF se silencia, porém, a respeito da possibilidade de ser dado ou não efeito suspensivo aos embargos. Diante desta omissão, é salutar a utilização da norma prevista no CPC (art. 919, § 1º), que permite esta possibilidade, caso preenchidas as exigências nele previstas.

O prazo para oferecimento dos embargos é de 30 (trinta) dias, que devem ser contados de acordo com o que prevê a legislação especial (art. 16, LEF). Ultrapassado este prazo, o oferecimento tardio dos embargos permite a rejeição liminar dos mesmos, em razão da intempestividade (art. 918, inc. I). E, igualmente, este também deverá ser o destino de eventual "ação anulatória" (art. 38, LEF), que tiver sido eventualmente ajuizada pelo devedor após o transcurso do prazo dos embargos, pois, do contrário, este meio processual estaria sendo utilizado para atingir fins espúrios, não apenas para afastar a norma que fixa o prazo para embargar, mas, também, a própria exigência de prévia garantia do juízo para que seja veiculada qualquer tese defensiva que não seja pronunciada de ofício.[37]

---

35 TRF. Ap 0005590-06.2013.4.01.3502, Rel. Juiz Federal Leandro Saon da Conceição Bianco, em 07/02/2017.

36 STJ. REsp nº 1.487.772-SE. Rel. Min. Gurgel de Faria. DJ 12/06/2019.

37 LOPES, Mauro Luís Rocha. *Execução fiscal e ações tributárias*. Rio de Janeiro: Lumen Juris, 2002, pp. 230-234.

Mas pode ocorrer, contudo, situação inversa, em que a ação anulatória tenha sido ajuizada antes mesmo da execução fiscal. Nesta outra situação, os embargos poderiam ser oferecidos contendo tese defensiva distinta da que consta na outra ação como, por exemplo, exceções instrumentais que objetivam combater a execução fiscal. A repetição de matérias, porém, não poderá ser admitida em virtude de configurar hipótese de continência (art. 56), também chamada comumente de "litispendência parcial". Mas, de qualquer maneira, o seu ajuizamento não terá o condão de impedir a futura execução fiscal, de acordo com a norma prevista no CPC (art. 784, § 1º): "*A propositura de qualquer ação relativa ao débito constante do título executivo não inibe o credor de promover--lhe a execução*" e, também, porque tal situação, acaso deferida por algum magistrado, configuraria ofensa ao princípio da inafastabilidade do Poder Judiciário (art. 5º, inc. XXXV, da CRFB).

Quando tramitam simultaneamente uma ação anulatória e uma execução fiscal, é de se questionar se haveria ou não a existência de conexão entre ambas, a impor a reunião destes processos para julgamento em conjunto. Em princípio, não parece ser técnico aventar a possibilidade de ocorrer conexão entre processos de conhecimento e de execução, uma vez que este último não possui julgamento de mérito, de modo que não há risco em se evitar julgamentos contraditórios.[38] Claro que a conexão entre processo de conhecimento e embargos à execução é perfeitamente possível, já que ambos possuem a mesma natureza jurídica. No entanto, a execução propriamente dita tem a característica ímpar de não possuir julgamento. Contudo, ainda assim é forçoso reconhecer que, muitas vezes, esta reunião entre os processos até mesmo chega a ser recomendável, em razão dos reflexos que um processo pode gerar ao outro, afinal, se em uma demanda for reconhecida a nulidade da cambial, o exequente perderá o título executivo extrajudicial naquela execução que poderia se encontrar tramitando perante outro juízo. É, pelo menos, o que já reconheceu o STJ em julgados anteriores, adotando uma concepção mais ampla do que vem a ser a "conexão".[39] Quanto ao tema, o CPC passou a reconhecer expressamente que esta situação também caracteriza "conexão", devendo serem os autos reunidos no mesmo juízo (art. 55, § 2º, I), sendo prevento aquele em que primeiro ocorreu a distribuição (art. 59), se ambos detiverem a mesma competência.

Portanto, no caso da execução fiscal em específico, é possível que possa existir algum juízo com competência mais ampla do que a do outro.[40] Nestas hipóteses, se as regras processuais indicarem que o juízo com competência mais extensa é o prevento, não há obstáculo para a remessa da ação anulatória ao mesmo. Do contrário, sendo hipótese exatamente inversa, os processos deverão permanecer tramitando separadamente, já que a

---

38 Em sentido contrário ao texto, por considerar possível o reconhecimento de conexão entre execução e processo de conhecimento: ROSA JÚNIOR, Luiz Emygdio F. da. *Manual de direito financeiro & direito tributário*. 15ª ed. Rio de Janeiro: Lumen Juris, p. 777.

39 STJ. Conflito de competência nº 31.963. Rel. Min. Humberto Gomes de Barros, s/d.

40 É o que ocorre na Seção Judiciária do Rio de Janeiro, pois uma Vara Federal Cível titulariza competência para demandas envolvendo matéria tributária. Contudo, as execuções fiscais são promovidas privativamente nas Varas Federais de Execução Fiscal, que possuem competência mais ampla já que a discussão tributária poderá ser travada diretamente nos embargos.

conexão ou continência somente podem gerar a modificação de órgão jurisdicional quando ambos titularizam a mesma competência, o que pode não ocorrer na presente hipótese.

33.2.11. Etapa expropriatória

A expropriação, em sede de execução fiscal, não difere muito daquela que ocorre nas execuções promovidas entre particulares, o que permite aplicação das mesmas regras naquilo que houver compatibilidade. Anote-se que, na LEF, o tratamento dado ao tema se encontra bem reduzido (art. 22 e art. 24, ambos da LEF). O mais relevante é a circunstância de que a adjudicação pode ser realizada em momento posterior à realização da arrematação. Nesta hipótese, a arrematação somente será considerada perfeita e irretratável após o decurso do prazo de 30 (trinta dias) previsto em dispositivo próprio (art. 24, inc. II, "b"), pois, enquanto o mesmo não for ultrapassado, existe a possibilidade desta ser desconsiderada, caso a Fazenda Pública opte por adjudicar os bens. Em consequência, o prazo de 10 (dez) dias para postular, por simples petição (art. 903, § 2º), qualquer vício na arremataçao, somente terá o seu termo inicial após o decurso deste prazo previsto na LEF.[41]

33.2.12. Suspensão do processo e prescrição

É bastante comum que, no curso da execução fiscal, não sejam localizados bens passíveis de penhora, o que deve motivar a aplicação do disposto na lei específica (art. 40, LEF), suspendendo o curso da execução. No entanto, este artigo dispõe que não é neste mesmo momento que se inicia a contagem do prazo da prescrição intercorrente, que, até então, se encontrava interrompido. Com efeito, primeiro deverá se aguardar o esgotamento do prazo de 1 (um) ano, para, só então, reiniciar integralmente a contagem do prazo prescricional, conforme recomenda a jurisprudência do STJ.[42] Este raciocínio, por sinal, também passou a ser adotado no CPC (art. 921, parágrafos), mesmo para as execuções comuns.

33.2.13. Desistência e sucumbência

A lei específica (art. 26, LEF) permite que o exequente possa, a qualquer tempo, formular requerimento de desistência da execução fiscal. Contudo, a melhor interpretação desta norma sugere que não se pode isentar a Fazenda do ônus da sucumbência, caso a relação jurídica processual já tenha sido angularizada, conforme sinaliza o Verbete nº 153 da Súmula do STJ: "*A desistência da execução fiscal, após o oferecimento dos embargos, não exime o exequente dos encargos da sucumbência*".

---

41 STJ. REsp nº 872772-SP. Rel.ª Min.ª Eliana Calmon. DJ 06/08/2008.
42 STJ. REsp nº 622165/RS. Rel. Min. Luiz Fux. DJ 30/08/2004.

Ressalva-se que, em caso de desistência, não se faz necessária a concordância do executado (art. 775). Assim, apenas permanecerão tramitando os embargos que versarem sobre matéria relativa à relação jurídica de direito material, embora esta não seja uma afirmação unânime.[43]

De resto, ressalva-se que, conforme acima esclarecido, a "desistência" decorre da manifestação volitiva da exequente que, no caso, é a Fazenda Pública. A mesma, porém, não pode ser confundida com o "abandono" do processo, hipótese em que a Fazenda Pública deixa de se manifestar em 30 (trinta) dias quanto aos rumos do processo, embora tenha sido regularmente intimada para tanto. Nos casos de abandono, a jurisprudência vem reconhecendo a possibilidade de o magistrado agir de ofício, isto é, até mesmo desprezando o requerimento da parte contrária neste sentido. Em outras palavras, o Verbete nº 240 da Súmula do STJ não se aplica em sede de execução fiscal.[44]

33.2.14. Sistemática recursal

A sistemática recursal usualmente não difere daquela constante no CPC, até em virtude deste último ser aplicável de forma subsidiária (art. 1º, LEF). Logo, as sentenças serão impugnadas por meio de recurso de apelação (art. 1.009) e as decisões interlocutórias por recurso de agravo de instrumento (art. 1.015, parágrafo único). No entanto, quando o valor da execução fiscal não ultrapassar o equivalente a cinquenta OTNs (Obrigações do Tesouro Nacional), há dispositivo na lei específica (art. 34, LEF), que estabelece que somente caberão embargos infringentes.[45]

Estes embargos infringentes, porém, em nada se assemelham com outro recurso, de idêntica nomenclatura, que era previsto no modelo primitivo (art. 530 – art. 534, CPC-73) e que, no atual, foi transformado em regra de processamento em determinados recursos que foram julgados de maneira não unânime (art. 942).

O recurso de embargos infringentes, previsto na LEF, continua existindo e deve ser interposto no prazo de 10 (dez) dias, sendo este o mesmo prazo para que a outra parte possa ofertar as suas contrarrazões. Ademais, trata-se de recurso que não possui efeito devolutivo, mas sim regressivo, ou seja, é apreciado e julgado pelo próprio juízo prolator da decisão. Na sequência, mantida ou não a decisão impugnada, as vias recursais já foram todas exauridas e o interessado poderá interpor o REXTR, se for o caso. É o que consta no Verbete nº 640 da Súmula do STF: "*É cabível REXTR contra decisão proferida por juiz de primeiro grau nas causas de alçada, ou por turma recursal de Juizado Especial cível e criminal*". O mesmo, porém, já não ocorre com o RESP, eis que o mesmo somente pode ser utilizado para impugnar decisão proferida por "Tribunais", em razão de norma constitucional (art. 105, inc. III, CRFB).

---

43 LOPES, Mauro Luís Rocha. *Execução fiscal e ações tributárias*. Rio de Janeiro: Lumen Juris, 2002, p. 154.

44 STJ. Agravo regimental no REsp nº 1.450.799-RN. Rel.ª Min.ª Assusete Magalhães. DJ 28/08/2014.

45 LOPES, Mauro Luís Rocha. *Execução fiscal e ações tributárias*. Rio de Janeiro: Lumen Juris, 2002, p. 184, pontua que este também será o recurso, ainda que a sentença tenha sido proferida em sede de embargos à execução.

33.3. EXECUÇÃO POR QUANTIA CERTA EM FACE DE DEVEDOR INSOLVENTE: INSOLVÊNCIA CIVIL

33.3.1. Introdução

A execução por quantia certa em face de devedor insolvente ou simplesmente insolvência civil, é um procedimento específico que tem previsão no modelo antigo (art. 748 – art. 786-A, CPC-73), que garante ao credor, de uma obrigação de pagar quantia certa reconhecida em título executivo, a opção de se valer desta via processual. E vale dizer que, mesmo com o advento do novo modelo (CPC), este tema ainda permanecerá regulado pelo anterior, que terá ultratividade, até que lei específica seja editada (art. 1.052).

Este procedimento da insolvência civil trata de uma opção para o credor, que pode se valer tanto desta via processual como da execução por quantia certa em face de devedor solvente ao mesmo tempo, já que tratam de ações com pedidos e causa de pedir distintas, afastando qualquer possibilidade de reconhecimento de litispendência. É, portanto, uma opção do credor, a quem caberá indicar o modelo executivo escolhido já na petição inicial (art. 798, inc. II, "a"), razão pela qual é vedado, no mesmo processo, converter um procedimento em outro.[46] Igualmente, para a sua promoção há necessidade de prévio ajuizamento da outra e vice-versa.[47] Em conclusão, trata-se de duas vias absolutamente autônomas, muito embora o objetivo final de cada uma seja exatamente o mesmo: o cumprimento da obrigação.

A diferença do presente rito para os demais é que este se desdobra em duas etapas, sendo a primeira de caráter fortemente cognitivo (o credor pretende convencer o magistrado de que o devedor se encontra em um estado de déficit patrimonial), enquanto apenas na segunda fase é que serão praticados atos de natureza executiva, como apreensão ou alienação de bens para pagamento da dívida. No entanto, ainda que haja esta primeira fase de conhecimento, é amplamente dominante o entendimento de que se trata de um processo de execução autônomo, pela prevalência dos meios executivos que eventualmente serão adotados no curso da segunda etapa.

É um procedimento pouco utilizado, mas que guarda enormes semelhanças com o requerimento de falência (Lei nº 11.101/2005), e que pode ser uma boa alternativa para o credor, devido às drásticas consequências que o mesmo pode gerar ao executado. Com efeito, em uma execução nos moldes tradicionais, a ausência de bens penhoráveis acarretaria, tão somente, o sobrestamento da execução (art. 921, inc. III), o que pode ser muito frustrante para o exequente. Na presente via, ao revés, esta ausência de patrimônio acarretaria a decretação da insolvência, que tem efeito prático semelhante ao de uma interdição temporária de direitos, gerando diversos dissabores à pessoa

---

46 THEODORO Jr., Humberto. *Curso de direito processual civil*, 41ª ed. Rio de Janeiro: Forense. *v. II*, p. 486. No mesmo sentido: STJ. REsp nº 1.823.944-MS. Rel.ª Min.ª Nancy Andrighi. DJ 22/11/2019. TJ-MG. Apelação cível nº AP. 41.768. Rel. Des. Assis Santiago. s/d.

47 STJ. REsp nº 1.354.776-MG. Rel. Min. Paulo de Tarso Sanseverino. DJ 26/08/2014. Ressalva-se, contudo, que este julgado se referiu ao pedido de falência, que é outra hipótese em que o acolhimento do pedido irá acarretar a criação de um juízo universal, tal como ocorre na insolvência civil.

do executado, como impossibilidade de administração do seu próprio patrimônio, aí incluídas a abertura e movimentação de contas bancárias, uso de cartões de créditos ou mesmo a livre disponibilidade dos seus bens.

É claro que nenhum credor deseja realmente a decretação da insolvência do executado, pois isso equivaleria a quase impossibilidade de recebimento do seu crédito. A sua expectativa é que o executado promova o depósito elisivo (art. 757, CPC-73), de modo a afastar esta possibilidade. No entanto, caso a mesma realmente venha a ser decretada, pelo menos restará ao exequente uma sensação de vingança em razão de o devedor não ter cumprido a sua obrigação.[48]

33.3.2. Competência

Trata-se de processo da competência da Justiça Estadual, ainda que a União eventualmente participe do mesmo. É que a Carta Magna (art. 109, inc. I, CRFB), expressamente afastou a competência da Justiça Federal para as causas que versarem sobre falência. Como a insolvência civil é instituto extremamente semelhante, também tratando de mais uma hipótese de execução coletiva, deve o mesmo ser abrangido pela norma constitucional. Há norma (art. 45, inc. I) mais recente no CPC neste exato sentido.

33.3.3. Legitimidade ativa e passiva

Há dispositivo (art. 753, CPC-73) estabelecendo que a legitimidade ativa pode ser do credor quirografário, ou seja, daquele cujo crédito não ostenta qualquer espécie de garantias como também do próprio devedor ou do espólio, valendo acrescentar que, dependendo do legitimado, poderá ocorrer alteração no procedimento.

O rol de legitimados ativos tem gerado algumas controvérsias. O primeiro deles, que seria o credor quirografário, pode sugerir uma pequena contradição, pois, caso a insolvência venha a ser requerida e decretada, será instaurado o concurso universal de credores, situação em que cada credor receberá de acordo com a natureza do seu crédito. É neste ponto, aliás, que reside a aparente contradição, uma vez que o credor quirografário que tiver requerido a insolvência é um dos últimos a receber de acordo com a classificação do seu crédito, o que afastaria a aplicação do brocardo *prior in tempore, potior in jure*.

Em realidade, aquele que promove uma insolvência civil não pretende, em absoluto, obter a bancarrota do devedor, pois isso, em última análise, impediria o recebimento do seu próprio crédito. A sua intenção é, realmente, conseguir o cumprimento da sua obrigação, razão pela qual o mesmo anseia que o executado, após ter sido citado, opte por realizar o depósito elisivo (art. 757, CPC-73), de modo a evitar os drásticos efeitos que uma sentença de insolvência pode acarretar. Este procedimento, em suma, atua

---

48 VALLE, Anco Márcio. *Processo falimentar, fase pré-falencial.* Rio de Janeiro: Ideia Jurídica. 1998, pp. 49-50.

como um fator de coerção extra, pois gera consequências bem distintas daquelas que uma execução nos moldes tradicionais geraria ao devedor, caso não forem localizados bens passíveis de penhora (art. 921, inc. III).

Por outro lado, o credor quirografário também pode ter outros intentos. Se, eventualmente, estiverem sendo promovidas cinco execuções em face do mesmo devedor, com a penhora de todas recaindo exatamente sobre o mesmo bem, a regra estabelecida no CPC (art. 908) é a de que os pagamentos serão realizados de acordo com a ordem das prelações. Assim, o segundo exequente somente receberia algo se a dívida integral do primeiro exequente tiver sido paga e assim sucessivamente em relação aos demais. A probabilidade, portanto, de que o quinto exequente venha a receber qualquer valor é bastante diminuta. Estando este credor ciente desta circunstância, o mesmo pode se valer da promoção da insolvência civil para, com a decretação da mesma, obter o cancelamento de todas estas penhoras anteriormente realizadas, já que estes bens serão arrecadados perante o juízo universal. E, neste momento, apenas os credores que se habilitarem irão receber *pro rata*, o que ao menos lhes garante uma probabilidade maior de receber algum valor.[49]

De resto, nada impede que o titular de um crédito que ostente uma garantia ou privilégio possa renunciar a ele para que se torne quirografário e, em consequência, passe a ser legitimado para a promoção desta via processual.

Igualmente, o devedor pode ter interesse em promover a sua própria autoinsolvência. Isso pode ocorrer, por exemplo, para fins de organização, na medida em que seria criado um juízo universal em que concorrem todos os seus credores (art. 762, CPC-73). Da mesma maneira, após o término do processo de insolvência sem pagamento de todos os credores, todas as dívidas do devedor serão uniformizadas em um único prazo prescricional de 5 (cinco) anos (art. 778, CPC-73), o que indiretamente pode se traduzir em um mecanismo para obter eventual redução ou uniformização de todos os seus prazos prescricionais.[50]

E, quanto à possibilidade de o espólio requerer a sua autoinsolvência, é bem verdade que a jurisprudência enumera poucos casos a respeito, pois, se já há conhecimento prévio de que não há patrimônio a ser partilhado, o inventário usualmente sequer chega a ser instaurado.

Por fim, deve constar que a legitimação passiva pertence à pessoa física ou mesmo à sociedade civil (art. 786, CPC-73). Já as eventuais sociedades que praticam atos de mercancia devem se sujeitar aos rigores da legislação específica (Lei nº 11.101/2005), enquanto as instituições financeiras devem se sujeitar à liquidação extrajudicial.[51]

---

49 FUX, Luiz. *O novo processo de execução. O cumprimento da sentença e a execução extrajudicial.* Rio de Janeiro: Forense, 2008, p. 456.
50 CÂMARA, Alexandre Freitas. *Lições de direito processual civil,* 10ª ed. Rio de Janeiro: Lumen Juris, 2005. v. II, pp. 383-384.
51 FUX, Luiz. *O novo processo de execução. O cumprimento da sentença e a execução extrajudicial.* Rio de Janeiro: Forense, 2008, p. 449.

33.3.4. Procedimento instaurado pelo devedor ou pelo espólio

O procedimento na primeira etapa, para estes casos de insolvência civil instaurada pelo próprio devedor ou pelo espólio, é regulado por poucos dispositivos (art. 759 – art. 760, CPC-73). O interessado apresentará a sua petição inicial, relacionando o nome de todos os seus credores, bem como endereços e valores e naturezas dos créditos devidos. Também caberá ao legitimado ativo informar o seu patrimônio.

Este rito tem uma peculiaridade que é a falta de parte no polo passivo da demanda. Com efeito, trata-se de raríssima hipótese de processo de jurisdição contenciosa em que só há uma parte em um dos polos da relação processual.[52] Em consequência, eventual requerimento de desistência do processo poderá ser formulado a qualquer momento, independentemente da anuência da parte contrária.[53]

Embora não haja menção em lei, o membro do Ministério Público deve oficiar como fiscal da ordem jurídica, uma vez que uma demanda desta natureza pode inaugurar uma execução coletiva, o que denota a existência de interesse público primário apto a ensejar a manifestação do *parquet*.

Com a prolação de uma sentença decretando a insolvência do executado, será iniciada a fase executiva, que será exatamente igual se a execução por quantia certa em face de devedor insolvente tivesse sido requerida por credor quirografário.

33.3.5. Procedimento instaurado pelo credor quirografário

Nesta primeira etapa, caberá ao credor apresentar uma petição inicial, devidamente instruída do título executivo, seja ele judicial ou extrajudicial. Também deverá ser apresentada uma planilha atualizando a dívida, uma vez que o executado pode ter interesse em realizar o depósito elisivo (art. 757, CPC-73).

Na primeira fase, a insolvência civil tem forte caráter cognitivo, pois caberá ao credor comprovar qualquer uma das situações indicadas em lei (art. 750, CPC-73). Além da presença do título executivo, outras provas poderão ser produzidas, como a documental advinda de outro juízo, caso o fundamento da insolvência seja a ausência de bens arrestáveis (art. 750, inc. II, CPC-73).

Verificando a regularidade da petição inicial, o magistrado poderá determinar a citação do demandado, que poderá ser realizada por qualquer uma das modalidades conhecidas. Uma vez realizada a citação e juntado o mandado cumprido aos autos, o demandado poderá assumir diversas posturas: a) ficar inerte; b) realizar o depósito elisivo; c) oferecer os embargos. A primeira postura, que seria ficar inerte, gera a revelia (art. 344 e art. 346), o que até mesmo pode motivar o julgamento antecipado do mérito (art. 355, inc. II).

---

52 No sentido do texto, considerando como hipótese de jurisdição contenciosa: CÂMARA, Alexandre Freitas. *Lições de direito processual civil*, 10ª ed. Rio de Janeiro: Lumen Juris, 2005. v. II, p. 362. Em sentido contrário, considerando como caso de jurisdição voluntária: THEODORO Jr., Humberto. *A insolvência civil*. 4ª ed. Rio de Janeiro: Forense, 1997, p. 159.

53 MOREIRA, José Carlos Barbosa. *O novo processo civil brasileiro*. 22ª ed. Rio de Janeiro: Forense, 2002, pp. 270.

O devedor também pode optar pela segunda hipótese e efetuar o depósito elisivo (art. 757, CPC-73) que, para realmente afastar qualquer presunção de insolvência, deve abranger a correção monetária, juros, honorários advocatícios e custas processuais, nos termos do Verbete nº 29 da Súmula do STJ: "*No pagamento em juízo para elidir falência, são devidos correção monetária, juros e honorários de advogado*". Vale dizer que, muito embora o verbete mencione "falência", o mesmo pode ser perfeitamente aplicável à insolvência civil, em razão da semelhança dos institutos.

Caso seja realizado o depósito elisivo parcial, o mesmo em nada poderá auxiliar o demandado, uma vez que a sua realização gera justamente a interpretação de que não tem como arcar com todo o seu passivo. Assim, efetivar depósito parcial gera, em termos práticos, a mesma consequência que a ausência de qualquer depósito.

E, ainda, caso a insolvência seja integralmente elidida, o magistrado deve julgar o pedido improcedente (art. 487, inc. I), uma vez que o demandado comprovou o seu estágio de solvência ao liquidar integralmente uma obrigação pendente. Mas, nesta mesma sentença, deverá constar a determinação de que o valor depositado deve ser levantado pelo demandante, já que o mesmo, no curso da demanda, apresentou título executivo representativo de uma obrigação certa, líquida e exigível. E, da mesma forma, a sucumbência será arcada exclusivamente pelo demandado, malgrado o pedido ter sido julgado improcedente, pois o mesmo é quem deu causa ao processo (princípio da causalidade), ao deixar de cumprir com a sua obrigação. É rara hipótese, portanto, em que o pedido autoral é julgado improcedente e os honorários e custas são suportados apenas pelo demandado.[54]

Por fim, o terceiro e último comportamento é a apresentação dos embargos. Este mecanismo de defesa mais se assemelha a uma contestação do que aos embargos tradicionais, pois são processados nos mesmos autos, ou seja, não ficam em apenso. Além disso, os mesmos possuem um prazo diferenciado de apenas 10 (dez) dias (art. 755, CPC-73) e dispensam a garantia do juízo, pois seria um contrassenso afirmar que o devedor não tem patrimônio para liquidar as suas obrigações e, ao mesmo tempo, condicionar o exercício da sua defesa à prévia garantia do processo.

Nos embargos, podem ser suscitadas quaisquer matérias (art. 756, CPC-73). Após a sua apresentação, o magistrado até pode abrir vistas para o demandante se for apresentada exceção instrumental ou exceção substancial indireta (art. 350 e art. 351).

Embora a lei seja omissa, o Ministério Público deverá oficiar como fiscal da ordem jurídica em seguida, diante da presença do interesse público primário subjacente a processos desta natureza. E, sendo o caso, o magistrado poderá designar audiência de instrução e julgamento (art. 758, CPC-73).

Se o juiz entender que a insolvência não restou caracterizada, irá proferir uma sentença declaratória de improcedência do pedido, condenando o demandante a arcar com os ônus sucumbenciais, que poderá ser impugnada por recurso de apelação. Vale

---

54 MOREIRA, José Carlos Barbosa. *O novo processo civil brasileiro.* 22ª ed. Rio de Janeiro: Forense, 2002, p. 269.

dizer que tal circunstância não impede que o credor possa se valer da promoção de uma execução por quantia certa contra devedor solvente para nova tentativa de satisfação do seu crédito.

Ao revés, se o magistrado concluir que a insolvência deve ser decretada, irá proferir uma sentença de natureza constitutiva,[55] pois este é o seu teor predominante diante da criação de uma massa que abrangeria a totalidade ou universalidade de bens do devedor. Curiosamente, esta sentença deve ser impugnada mediante recurso de agravo, na modalidade de instrumento, tal como ocorre com a sentença que decreta a falência (art. 100, Lei nº 11.101/2005). É que a apelação realmente seria inviável, pois o seu processamento é dentro dos próprios autos, o que implicaria no seu envio ao Tribunal, restando impraticável a adoção de uma série de providências que são estabelecidas por lei (v.g., aquelas indicadas no art. 761, CPC-73).

Na própria sentença que reconhece a insolvência, deverá o magistrado nomear um administrador para gerir os bens da massa sob a sua direção (art. 761, inc. I c/c art. 763, CPC-73). Este administrador, que poderá ser um dos próprios credores do demandado, terá direito a uma remuneração (art. 767, CPC-73), em razão das tarefas que terá que desempenhar (art. 766, CPC-73), tais como representação da massa ativa ou passivamente em juízo ou mesmo a prática de todo e qualquer ato conservatório dos direitos e ações.

33.3.6. Início da execução coletiva

Com a decretação da insolvência, ocorrerão os efeitos mencionados em lei (art. 751, CPC-73), tais como o vencimento antecipado das dívidas, a arrecadação de todos os seus bens penhoráveis e, também, o início da execução coletiva, que se desdobrará como uma segunda etapa do processo anteriormente instaurado. Durante a mesma, serão arrecadados e expropriados os bens do insolvente. Esta expropriação pode ser realizada por qualquer uma das modalidades previstas no CPC (art. 825).

Também estará sendo criado um juízo universal em que concorrerão todos os credores do devedor comum (art. 762, CPC-73), muito embora o mesmo não alcance todo e qualquer processo em que a massa for parte, o que o diferencia do juízo universal da falência.

33.3.7. Habilitação dos créditos

A sentença da insolvência deve ser amplamente divulgada, mediante publicação de edital na imprensa, para que os credores possam promover as respectivas habilitações dos seus créditos no prazo de vinte dias, devidamente acompanhados do respectivo título.

---

55 CÂMARA, Alexandre Freitas. *Lições de direito processual civil*, 10ª ed. Rio de Janeiro: Lumen Juris, 2005. v. II, p. 367. GRECO FILHO, Vicente. *Direito processual civil brasileiro*, 18ª ed. São Paulo: Saraiva, 2006. v. 3, p. 143. MOREIRA, José Carlos Barbosa. *O novo processo civil brasileiro*. 22ª ed. Rio de Janeiro: Forense, 2002, pp. 271.

Se estes credores, eventualmente, não dispuserem de título executivo, então deverão inicialmente instaurar um processo de conhecimento perante o juízo competente, que pode ser integrante da Justiça Federal, Justiça do Trabalho ou mesmo da Justiça Estadual, objetivando o reconhecimento do seu direito, ao mesmo tempo em que devem peticionar ao juízo da insolvência para requerer a reserva do seu possível crédito.[56] Mas, caso deixem para se habilitar posteriormente, os mesmos poderão ser considerados como retardatários, perdendo o direito aos rateios dos pagamentos já efetuados (art. 784, CPC-73). Estes credores retardatários também perderão a oportunidade de impugnar qualquer habilitação de créditos e o quadro geral de credores que for apresentado pelo administrador.

Em que pese a literalidade de certo dispositivo (art. 762, § 1º, CPC-73), as execuções individuais não são remetidas ao juízo da insolvência, mas apenas o produto obtido com a alienação judicial dos bens. Em consequência, todos os credores deverão desentranhar os seus respectivos títulos do bojo das execuções que promovem, a fim de que possam viabilizar, no juízo universal da insolvência, as suas próprias habilitações, que serão distribuídas por dependência e atuadas de forma autônoma, com numeração própria. Este ônus é imposto, inclusive, ao próprio credor que deu início ao requerimento de insolvência civil, sob risco de o mesmo não participar dos pagamentos que eventualmente serão realizados. A única ressalva se dá em relação à Fazenda Pública, que se limita a informar o seu crédito, sem necessidade de habilitação formal como os demais credores.[57]

O curioso é que, como o título executivo pode decorrer de uma decisão judicial já transitada em julgado proferida, inclusive, até mesmo por órgão integrante de outra Justiça, o magistrado lotado no juízo universal fica impedido de analisar novamente a relação material em si. Para exemplificar, caso seja habilitado um crédito de natureza trabalhista, o juiz poderá analisar aspectos formais ou processuais da habilitação realizada, mas jamais ingressar no mérito do direito já reconhecido.

Após ter sido realizada cada habilitação, o devedor e os demais credores serão intimados para se manifestarem sobre o crédito que se pretende habilitar (art. 768, CPC-73), com possibilidade de apresentarem impugnação. Somente após terem transitado em julgado cada decisão proferida em habilitação, é que será confeccionado o quadro geral de credores, com a ordem para pagamento de cada débito.

Caso nenhum credor tenha se habilitado, nem mesmo aquele que requereu a insolvência, a hipótese é de extinção da insolvência, com a imediata habilitação do devedor para a prática de todos os atos da vida civil, muito embora permaneça a possibilidade de que os eventuais credores possam reclamar os seus créditos pelas vias próprias.[58]

---

56 CÂMARA, Alexandre Freitas. *Lições de direito processual civil*. 10ª ed. Rio de Janeiro: Lumen Juris, 2005. *v. II*, p. 376.
57 STJ. REsp nº 45634-MG. Rel. Min. Sálvio de Figueiredo. s/d.
58 TJ-RJ. Apelação cível nº 5.204/1999. Rel. Des. Luiz Odilon Bandeira. DJ 25/01/2000.

33.3.8. Desenvolvimento e fim da execução coletiva

O quadro geral de credores elaborado após o trânsito em julgado da decisão proferida em cada habilitação distribuída poderá ser realizado por ordem alfabética, se apenas concorrerem credores quirografários (art. 769, parágrafo único, CPC-73). Vale dizer que há dispositivo (art. 771, CPC-73) que designa como "sentença" o ato do magistrado que homologa o quadro geral de credores, muito embora este ato processual seja, em sua essência, uma decisão interlocutória.[59]

Realizada essa homologação e, se a massa possuir algum patrimônio, será então iniciado o pagamento dos credores habilitados. Se todos os credores forem pagos, o magistrado irá proferir sentença extinguindo todas as obrigações do devedor, habilitando-o novamente para todos os atos da vida civil (art. 782, CPC-73). Ao revés, caso nem todos os credores recebam, o devedor insolvente continua obrigado pelo saldo (art. 774, CPC-73). Nesta última hipótese, o processo de insolvência ficará sobrestado pelo prazo máximo de cinco anos. Neste período, se qualquer credor localizar bens do devedor, deverá comunicar ao juízo para que o processo retome o seu curso natural. Alguns pontos, porém, devem ser ressaltados.

Primeiramente, a legislação (art. 777 e art. 778, ambos do CPC-73), sugere que, na situação acima, o magistrado deve "encerrar" o processo de insolvência civil para que haja início da fluência do prazo prescricional de 5 (cinco) anos, o que pode gerar o entendimento de que uma sentença estaria sendo proferida. Não é esta, contudo, a melhor exegese do dispositivo, uma vez que haverá possibilidade posterior de ser dado prosseguimento ao processo, o que faz com que esta decisão mais se assemelhe a uma decisão interlocutória.[60]

Segundo, como a prescrição atualmente somente pode ser interrompida uma única vez (art. 202, CC), este é o tratamento que deverá ser adotado, ainda que o processo venha a ser reaberto em mais de uma oportunidade.[61] Vale dizer, o prazo prescricional volta a correr integralmente no momento em que o processo tiver sido suspenso (art. 778, CPC-73) em razão da ausência de bens. Mas quando algum credor tiver êxito na localização de algum patrimônio e comunicar ao juízo, a fluência do prazo prescricional em curso será suspensa, porém não mais interrompida. Afinal, se o objetivo da prescrição é forçar o credor a ser diligente, então basta ao mesmo realizar a comunicação ao juízo e, após, o processo seguirá por impulso oficial (art. 2º), o que justifica este entendimento.

Caso haja transcorrido o prazo mencionado em lei (art. 778, CPC-73), caberá ao insolvente requerer, no próprio bojo do processo, a declaração da extinção das suas

---

59 FUX, Luiz. *O novo processo de execução. O cumprimento da sentença e a execução extrajudicial.* Rio de Janeiro: Forense, 2008, p. 461. Em sentido contrário, tratando realmente como uma sentença: MOREIRA, José Carlos Barbosa. *O novo processo civil brasileiro.* 22ª ed. Rio de Janeiro: Forense, 2002, p. 274.

60 No sentido do texto: ASSIS, Araken de. *Manual do processo de execução.* 8ª ed. 2002. São Paulo: RT, p. 1.109. Em sentido contrário, reputando esta decisão como sentença: CÂMARA, Alexandre Freitas. *Lições de direito processual civil.* 10ª ed. Rio de Janeiro: Lumen Juris, 2005. v. II, p. 383.

61 MOREIRA, José Carlos Barbosa. *O novo processo civil brasileiro.* 22ª ed. Rio de Janeiro: Forense, 2002, p. 278.

obrigações (art. 779, CPC-73). O magistrado, então, determinará a oitiva de todos os credores mediante intimação, que poderão alegar as matérias previstas em norma própria sobre o tema (art. 780, CPC-73). Após nova oitiva do insolvente e da realização, se for o caso, de audiência de instrução e julgamento, o juiz então poderá proferir sentença declarando a extinção de todas as obrigações do devedor, exceto daquelas supervenientes à decretação da insolvência (art. 781, CPC-73). Esta sentença, que põe fim ao processo de insolvência civil, comporta impugnação mediante recurso de apelação, que é recebido no duplo efeito (art. 1.012).

Outra forma de extinção das obrigações seria a composição amigável entre o insolvente e os seus credores (art. 783, CPC-73). Entre os doutrinadores do direito processual civil, é bastante comum quem veja nesta possibilidade grandes semelhanças com o antigo instituto da concordata, atualmente substituído pela recuperação judicial, em razão da criação de lei específica (Lei nº 11.101/2005).[62] É que, de acordo com este dispositivo (art. 783, CPC-73), poderia o devedor compor com todos os credores, o que motivaria o fim do processo de insolvência civil. Contudo, uma das características da antiga concordata era que a mesma se desenvolvia independentemente da aceitação dos credores, o que já ocorre na presente hipótese, a evidenciar que se tratam de situações bastante distintas.

Por fim, deve ser mencionado que, de acordo com esta norma (art. 783, CPC-73), se apenas um credor não concordar com a proposta apresentada, o devedor continuará insolvente. A doutrina, de um modo geral, vem alertando que a ausência de manifestação dos credores, quando instados a respeito de qualquer proposta por parte do demandado, poderá ser reputada como anuência tácita.[63]

33.4. EXECUÇÃO DE OBRIGAÇÃO DE PRESTAR ALIMENTOS
33.4.1. Verba alimentar

A cobrança de alimentos ou de valores de natureza alimentar não pode se sujeitar a um processo moroso, uma vez que estes valores são necessários para a subsistência do credor. É necessário definir, portanto, o que pode ou não ser considerado como sendo desta natureza, para fins de estudo dos mecanismos que foram criados pelo legislador.

Existem diversas classificações quanto às verbas alimentares ou de natureza alimentar. Do ponto de vista processual, se fala em alimentos "provisórios" (aqueles estabelecidos no início do processo em que se objetiva o recebimento de alimentos – art. 4º, Lei nº 5.478/68) e em "definitivos" (aqueles estabelecidos em decisão já transitada em julgado). Por outro lado, no campo do direito material, já é possível classificar os alimentos em "legítimos" (quando decorrem do vínculo de parentesco), "indenizativos" (que, na verdade, se traduzem

62 ASSIS, Araken de. *Manual do processo de execução.* 8ª ed. 2002. São Paulo: RT, p. 1.100. FUX, Luiz. *O novo processo de execução. O cumprimento da sentença e a execução extrajudicial.* Rio de Janeiro: Forense, 2008, p. 462.
63 CÂMARA, Alexandre Freitas. *Lições de direito processual civil.* 10ª ed. Rio de Janeiro: Lumen Juris, 2005. *v. II*, p. 387.

em uma verba de natureza alimentar, eis que destinada à subsistência de alguém que foi vítima de um ato ilícito) e, ainda, os "convencionais" (que seriam aqueles estipulados por vontade das partes como, por exemplo, em legado – art. 1.928, parágrafo único, CC).

O CPC, por vezes, parece ter criado algumas restrições do procedimento que será adotado em razão da natureza da verba pleiteada. Por exemplo, adotando-se a interpretação literal, aparentemente a medida "constituição de capital" se destina tão somente aos alimentos "indenizativos (art. 533). No entanto, a melhor exegese é no sentido de que estas restrições não são justificáveis, pois, se a verba tem natureza alimentar, entre todas é comum a urgência em seu recebimento.[64] Desta forma, caberá ao credor optar pelo mecanismo processual que achar mais eficiente para o recebimento do seu crédito, sendo neste ponto irrelevantes as supostas classificações de alimentos ou verba de natureza alimentar estabelecidas pelo legislador ou pela doutrina, como se apenas uma ou outra é que autorizasse a adoção de certas medidas. Ressalva-se, porém, a existência de forte e acertada resistência doutrinária e jurisprudencial em se permitir a adoção da prisão civil quando se tratar da cobrança de alimentos "indenizativos", visto que os mesmos se constituem, como já analisado, em mera verba a ser utilizada para subsistência da vítima de um ilícito civil e não em "alimentos" propriamente ditos.[65]

33.4.2. Competência, legitimidade ativa e passiva na execução por alimentos

A competência para a execução de alimentos se encontra no CPC (art. 53, inc. II), que estabelece ser competente o foro do domicílio ou da residência do alimentando, para a ação em que se pedem alimentos. Mas há a possibilidade de que este exequente, no momento próprio (início do cumprimento de sentença), possa optar por diversos foros, tais como o do mesmo juízo que constituiu o título executivo como, também, o domicílio do executado ou a localidade em que o mesmo possui bens passíveis de penhora, entre outros (art. 528, § 9º).

A legitimidade ativa na execução de alimentos pode se valer da regra geral indicada no CPC (art. 778). Com efeito, embora na maioria das vezes o credor de alimentos seja absoluta ou relativamente incapaz, o mesmo ainda assim tem a capacidade de ser parte no processo, muito embora possa eventualmente se fazer necessária a representação ou assistência por outra pessoa. Por outro lado, o Ministério Público também possui legitimidade ativa para a promoção de execução de alimentos, nas hipóteses previstas no ECA (art. 201, inc. III, Lei nº 8.069/90 c/c art. 778, § 1º, inc. I).[66] Também é relevante destacar que a transferência de guarda no curso da execução da dívida

64 BUENO, Cassio Scarpinella. *Curso sistematizado de direito processual civil*. São Paulo: Saraiva, 2008. v. 3, p. 364. MARINONI, Luiz Guilherme, ARENHART, Sérgio Cruz. *Curso de processo civil*. São Paulo: RT, 2007. v. 3, p. 373.

65 Pela possibilidade de prisão também nos alimentos indenizativos: NERY Jr., Nelson, NERY, Rosa Maria Andrade. *Código de processo civil comentado*. 3ª ed. São Paulo: RT, p. 883.

66 MAZZILI, Hugo Nigro. *Introdução ao Ministério Público*. São Paulo: Saraiva, pp. 163-164. No mesmo sentido: TJ-RJ. Apelação cível nº 2009.001.17606, Rel.ª Des.ª Lucia Miguel S. Lima, J. 04/08/2009.

alimentar não gera, por si só, a extinção da execução, pois tal circunstância estimularia o inadimplemento alimentar.[67]

Já o polo passivo deve ser preenchido pelo devedor da obrigação alimentar (art. 779). O interessante é relevar norma constante no Código Civil (art. 1.698, CC), que estabelece: *"Se o parente, que deve alimentos em primeiro lugar, não estiver em condições de suportar totalmente o encargo, serão chamados a concorrer os de grau imediato; sendo várias as pessoas obrigadas a prestar alimentos, todas devem concorrer na proporção dos respectivos recursos, e, intentada ação contra uma delas, poderão as demais ser chamadas a integrar a lide"*. Este dispositivo cuida, em realidade, de uma hipótese de responsabilidade subsidiária, uma vez que a mesma somente pode ser aplicada quando o alimentante realmente comprovar não ter nenhuma condição financeira de arcar com os alimentos. A jurisprudência, por sinal, vem reconhecendo que esta situação não gera um litisconsórcio passivo necessário, pois a solidariedade familiar não implica em solidariedade obrigacional.[68] De resto, relembre-se que, em momento anterior desta obra, foi esclarecido que a execução não possui estabilidade objetiva ou subjetiva (v. item nº 29.4.). Assim, sendo reconhecido o dever de alimentar por outras pessoas, nada impedirá a inclusão das mesmas no polo passivo da execução, independentemente de quem tenha sido a provocação, se do exequente, do executado ou até do Ministério Público.[69]

33.4.3. Procedimento comum para o cumprimento de decisão de alimentos

Caso o credor já possua uma decisão reconhecendo o seu direito a alimentos, seja ela uma decisão interlocutória (v.g., a que determina o pagamento dos alimentos provisórios) ou uma sentença (art. 531), o mesmo poderá se valer do procedimento comum previsto no CPC (art. 523 e seguintes), que é aquele para recebimento de obrigações pecuniárias devidas por particulares. E isso sem embargo de também protestar tais decisões (art. 528, § 1º).[70]

Este procedimento usualmente é utilizado para o recebimento dos valores que são anteriores àqueles que são mencionados no Verbete nº 309 da Súmula do STJ, cujos termos são: *"O débito alimentar que autoriza a prisão civil do alimentante é o que compreende as três prestações anteriores ao ajuizamento da execução e as que se vencerem no curso do processo"*. Este verbete, por sinal, também passou a ser positivado (art. 528, § 7º). A razão é singela, uma vez que há a presunção de que tais verbas perderam a natureza alimentar com o passar de vários meses, já não mais se destinando à subsistência do credor. Por esta razão é que os mesmos devem ser cobrados pelo procedimento

---

67 STJ. REsp 1.410.815-SC, Rel. Min. Marco Buzzi, j. 09/08/2016, DJe 23/09/2016 – *Informativo* nº 590.

68 TJ-RJ. Remessa necessária nº 2009.009.00749. Relª. Desª. Katya Monnerat, J. 28/10/2009.

69 DIDIER JÚNIOR, Fredie. *Curso de direito processual civil*, 17ª ed. Salvador: JusPodivm, 2015. v. 1, p. 537, admite apenas a legitimidade do autor e, também, do Ministério Público. Quanto ao demandado, entende que o mesmo não poderia pleitear o ingresso de terceiros nos moldes do art. 1.698 do CC, pois seria o equivalente a transformá-lo em substituto processual do demandante.

70 STJ. REsp 1.469.102-SP, Rel. Min. Ricardo Villas Bôas Cueva, j. 08/03/2016, DJe 15/03/2016 – *Informativo* nº 579.

comum (art. 523 e seguintes), muito embora o credor possa, por sua própria vontade, também executar neste rito os alimentos abrangidos no verbete sumular e no artigo anteriormente mencionados. Nesta hipótese, não há que se falar em possibilidade de se decretar prisão civil do devedor.[71]

Mas, de todo modo, há de se atentar quanto ao prazo prescricional para a cobrança destes valores. Primeiramente, se deve mencionar que o direito aos alimentos é imprescritível, por estar afeto à dignidade da pessoa humana. No entanto, o Código Civil (art. 206, § 2º, CPC) estabelece um prazo de 2 (dois) anos para a cobrança dos alimentos já reconhecidos a partir da data em que vencerem. Assim, embora os valores não abrangidos pelo verbete sumular do STJ e pelo dispositivo (art. 528, § 7º) não possibilitem a prisão civil, mesmo assim eles ainda podem ser pleiteados em via própria e, caso já haja título executivo, até mesmo poderão ser executados, muito embora deva ser respeitado este prazo de 2 (dois) anos. Este biênio, porém, não é observado quando se tratar de credor absolutamente incapaz, pois em relação a este não corre qualquer prazo prescricional (art. 198, inc. I, c/c art. 3º, ambos do CC). O mesmo raciocínio, por sinal, também se aplica nas relações entre ascedentes e descendentes na constância do pátrio poder (art. 197, inc. II, CC). Assim, pelo menos nestas duas últimas hipóteses, o prazo de dois anos somente se iniciará a partir do momento em que o menor completar 18 (dezoito) anos.

Caso queira, o exequente poderá pleitear, no seu requerimento inicial ou mesmo no curso da execução, um meio de sub-rogação que consiste no desconto em folha de pagamento (art. 529). Trata-se de mecanismo extremamente eficiente, pois o cumprimento da obrigação estará sendo realizado por terceiro, que seria o empregador do executado. Assim, em casos de deferimento desta medida, o juízo irá oficiar a empresa, o empregador ou mesmo a autoridade competente para que estes descontos sejam realizados já na primeira remuneração posterior. Este ofício a ser enviado pelo juízo deve ser o mais abrangente possível, com informação dos nomes e números de inscrição em cadastro de pessoas físicas do exequente e do executado, bem como do valor da importância a ser descontado mensalmente, o tempo de duração da medida e, também, a conta em que o depósito deve ser realizado. Há decisões, inclusive, autorizando este desconto da verba alimentar até mesmo de recursos provenientes de seguro-desemprego.[72]

Havendo descumprimento desta determinação judicial, o CPC (art. 529, § 1º) inova ao prever que esta circunstância caracterizará crime de desobediência praticado por aquele que deveria realizar o desconto e não o fez. Contudo, já existe figura penal delituosa prevista na Lei de Alimentos, com tipo penal primário e secundário muito mais específicos (art. 22, parágrafo único, da Lei nº 5.478/68). Assim, nesta situação e atendendo às peculiaridades que norteiam o direito penal, deverá continuar sendo aplicável o disposto na lei específica, posto que a descrição do crime de desobediência é extremamente genérica.

---

71 STF. *Habeas corpus* nº 75.180/97. Rel. Min. Celso de Mello. DJ 10/06/97.

72 TJ-SP. AI 2222248-83.2016.8.26.0000, Rel. Des. José Roberto Furquim Cabella, j. 27/01/2017.

O dispositivo em comento (art. 529) também permite, de maneira inédita, em seu terceiro parágrafo, que o débito seja descontado de outras fontes de renda do executado ou até mesmo parcelado, desde que tais valores não ultrapassem 50% (cinquenta por cento) dos seus ganhos líquidos.[73] Verifica-se, aqui, não apenas a preocupação em cumprimento ao dever de alimentar, mas, também, com a própria subsistência do executado, razão pela qual se estipulou um patamar mínimo que deve ser respeitado.[74] É, de certa maneira, manifestação do princípio constitucional da dignidade da pessoa humana, que se traduz no atual epicentro axiológico da ordem jurídica.

Na sequência, o cumprimento desta decisão seguirá regularmente, com a possibilidade de oferecimento de impugnação, de realização de penhora e avaliação, atos de expropriação, entre outros mais (art. 531). Contudo, é de se destacar que o CPC (art. 532) passa a prever que, se durante o cumprimento de alimentos, for detectada conduta procrastinatória do executado, caberá ao juiz ou a qualquer outra pessoa comunicar esta situação ao Ministério Público, para que seja apurada a prática de crime de abandono material. Este artigo, embora seja uma inovação sem paralelo quando confrontada com o modelo anterior, de certa forma já era prevista no Código de Processo Penal e com maior amplitude, pois qualquer pessoa pode comunicar, verbalmente ou por escrito, a prática de possível infração delituosa às autoridades responsáveis pela investigação de delitos (art. 5º, § 3º, CPP). A inovação quanto à antiga norma é que o CPC impôs esta providência como um "dever" e não apenas uma mera "faculdade" ao magistrado. É nítida, portanto, a preocupação do legislador quanto à proteção do incapaz. Ao mesmo tempo, o Poder Judiciário também vem reconhecendo, em outras frentes, que o descumprimento do dever de prestar assistência material ao filho configura ato ilícito, com a possibilidade de condenação também ao pagamento de danos morais.[75]

Certamente, esta providência (art. 531) não inibirá o magistrado de adotar, no próprio processo em que esta circunstância for verificada, outras medidas tendentes a cessar este comportamento desleal. Assim, sem prejuízo da expedição do ofício mencionado, poderão ser fixadas multas para inibir este comportamento, que pode configurar ato atentatório à dignidade da Justiça também, entre outras mais. Por óbvio, tais penalidades financeiras irão se somar ao montante já devido e não pago até o momento pelo executado.

33.4.4. Procedimento especial para o cumprimento de decisão de alimentos

No que diz respeito aos alimentos reconhecidos por decisão judicial mais recentes, que são aqueles mencionados no Verbete nº 309 da Súmula do STJ e, também, pelo

73 Há entendimento do STJ no sentido da possibilidade do uso da técnica executiva do desconto em folha de dívida de natureza alimentar mesmo nos casos em que haja anterior penhora de bens do devedor. É o que se observa em: STJ. REsp nº 1.733.697-RS. Rel.ª Min.ª Nancy Andrighi, DJ 13/12/2018.

74 BUENO, Cassio Scarpinella. *Manual de direito processual civil*. São Paulo: Saraiva, 2015, p. 415.

75 STJ. REsp 1.087.561-RS, Rel. Min. Raul Araújo, por unanimidade, j. 13/06/2017, DJe 18/08/2017.

CPC (art. 528, § 7º), existe a possibilidade de adoção de um outro rito, se assim preferir o credor. Com efeito, quanto a estas verbas caberá exclusivamente ao mesmo escolher entre a adoção do procedimento comum acima mencionado (art. 523 e seguintes) ou se prefere o especial (art. 528 – art. 533) que, na verdade, de diferencial apenas possui um meio coercitivo de extrema gravidade, que é a possibilidade de decretação da prisão civil do executado (art. 528, § 3º). Esta possibilidade de opção é prevista claramente no CPC (art. 528, § 8º). Ressalva-se, porém, a existência de forte resistência em se permitir a adoção da prisão civil quando se tratar da cobrança de "alimentos indenizativos".

No entanto, até é possível que, no mesmo processo, estejam sendo executados os dois tipos de alimentos (novos e antigos), caso em que deverá ser determinado o desmembramento do processo, eis que haverá dualidade de ritos para cada hipótese tornando impraticável a cumulação de execução (art. 780 c/c art. 531, § 1º).

Tratando-se exclusivamente de alimentos recentes, caberá ao credor a apresentação de um requerimento para início desta etapa executiva, que deverá observar as mesmas regras de competência apontadas no procedimento comum. E, novamente, isso sem embargo de também protestar a decisão judicial (art. 528, § 1º).[76] Após, será determinada a citação do executado para pagar os valores em 3 (três) dias ou justificar a sua impossibilidade, pois, do contrário, poderá ser decretada a sua prisão civil (art. 528). Vale dizer que a Carta Magna (art. 5º, inc. LXVII, CRFB) pontua que: *"Não haverá prisão civil por dívida, salvo a do responsável pelo inadimplemento voluntário e inescusável de obrigação alimentícia e a do depositário infiel"*, o que é indicativo de que a apresentação de uma razão relevante realmente pode impedir a decretação da prisão. O CPC (art. 528, § 2º) segue este mesmo raciocínio.[77] Também é de se acrescentar a existência de precedente até mesmo admitindo a produção de prova testemunhal neste período, para que se possa evitar uma prisão civil desnecessária.[78]

Do ponto de vista processual, esta conclusão é irrefutável, posto que a prisão civil se constitui em meio de coerção, que deve ser eficiente para os fins que pretende. Assim, sendo apurado, no caso concreto, que o executado realmente não dispõe de recursos para o pagamento da sua dívida, a prisão civil eventualmente decretada não terá o condão de favorecer o recebimento do débito, mas, quando muito, estará tendo o seu uso banalizado e desvirtuado.[79]

Também é importante frisar que a prisão civil só é motivada pela ausência de pagamento dos alimentos. É que, caso estes sejam liquidados, mas o devedor não depositar as custas do processo e mais os honorários advocatícios, se sujeitará apenas

---

76 STJ. REsp 1.469.102-SP, Rel. Min. Ricardo Villas Bôas Cueva, j. 08/03/2016, DJe 15/03/2016 – *Informativo nº 579.*

77 HARTMANN, Rodolfo Kronemberg. Do cumprimento de sentença que reconheça a exigibilidade de obrigação de prestar alimentos. In: CABRAL, Antônio do Passo. CRAMER, Ronaldo. *Comentários ao novo código de processo civil.* Rio de Janeiro: Forense, 2015, pp. 837-843.

78 STJ. REsp 1.601.338-SP, Rel. Min. Ricardo Villas Bôas Cueva, Rel.ª para acórdão Min.ª Nancy Andrighi, por maioria, j. 13/12/2016, DJe 24/02/2017.

79 MARINONI, Luiz Guilherme, ARENHART, Sérgio Cruz. *Curso de processo civil, v. 3.* São Paulo: RT, 2007, p. 380.

à execução de tais valores, sem possibilidade de ser utilizado este meio de coerção que tem hipótese de cabimento bastante restrita.

Esta prisão, que pode ser decretada de ofício pelo magistrado independentemente de qualquer requerimento da parte interessada (por se tratar de um meio de coerção),[80] tem o seu prazo de duração fixado entre 1 (um) a 3 (três) meses (art. 528, § 3º), que é o mesmo do modelo anterior (art. 733, § 1º, CPC-73). Contudo, as disposições finais do CPC (art. 1.072, inc. V) não revogaram norma constante na Lei de Alimentos, que assinalam que o prazo da prisão civil será de 60 (sessenta) dias. Tal contradição já existia sob a égide do modelo antigo, com entendimento tanto do lado de que deveria prevalecer o constante em lei específica (por estar de acordo com o princípio do menor sacrifício do executado – art. 805)[81], como do outro favorável à aplicação da lei mais recente, que é a visão mais adotada.[82]

Há ainda que mencionar que esta prisão, em razão da sua natureza civil, não admite tratamento assemelhado à prisão penal.[83] Vale dizer, é incabível a substituição da mesma por alguma outra medida prevista no Código Penal (art. 44, CP) ou mesmo a progressão do seu regime de cumprimento, tanto que este será fechado, embora o preso deva ficar separado dos presos comuns (art. 528, § 4º). Esta circunstância, advinda da sua especial natureza, até mesmo permite que eventual ação autônoma de *habeas corpus*, que eventualmente seja impetrada para impugná-la, seja resolvida em um dos órgãos fracionários do Tribunal que exerça competência cível.

Quanto ao resto, aplica-se o que já foi analisado no tópico anterior. Desta maneira, neste procedimento também será possível que o débito seja descontado de outras fontes de renda do executado ou até mesmo parcelado (art. 529), que o devedor ofereça impugnação, bem como que seja realizada a penhora e avaliação, assim como os atos de expropriação, entre outros mais (art. 531). E, igualmente, poderá o magistrado oficiar ao MP se constatar indícios da prática de crime de abandono material (art. 532).

33.4.5. Procedimento especial para a execução de alimentos em título executivo extrajudicial

Seguindo na esteira da jurisprudência, o CPC (art. 911 – art. 913) passa a regular a possibilidade de que a execução seja lastreada em título executivo extrajudicial que reconheça uma obrigação de pagar alimentos recente (Verbete nº 309 da Súmula do STJ e art. 528, § 7º).[84] Em tais casos, mais uma vez competirá ao credor indicar, já na

---

80 Em sentido contrário ao texto, por entender que é imprescindível que haja requerimento do exequente: STJ. *Habeas Corpus* nº 128.229-SP. Rel. Min. Massami Uyeda. DJ 23/04/2009.

81 ASSIS, Araken de. *Manual do processo de execução*. 8ª ed. 2002. São Paulo: RT, p. 1.143.

82 MARINONI, Luiz Guilherme, ARENHART, Sérgio Cruz. *Curso de processo civil*, São Paulo: RT, 2007. v. 3, p. 382.

83 STJ. *Habeas corpus* nº 35.171/RS. Rel. Min. Humberto Gomes de Barros. DJ 03/08/04.

84 STJ. REsp nº 1.117.639-MG. Rel. Min. Massami Uyeda, J. 20/05/2010.

sua petição inicial, a escolha pelo procedimento comum ou por este, que permite a prisão civil (art. 798, inc. II, "*a*").

Tal como no modelo anterior (v. item nº 33.4.4.), a competência do juízo, a legitimidade ativa e passiva, o prazo para pagamento voluntário e para a prisão civil, a possibilidade de desconto em folha, a realização da penhora e avaliação entre tantas outras providências serão todas exatamente as mesmas. Basicamente, a única distinção é quanto à defesa, que nesta via deve ser realizada por meio do oferecimento de embargos à execução, no prazo de 15 (quinze) dias, sendo que mesmo a concessao do efeito suspensivo não impedirá o levantamento dos valores mensalmente (art. 913).

33.4.6. Constituição de capital

A constituição de capital (art. 533) é uma forma de assegurar o cumprimento da decisão que obriga o demandado a pagar à vítima, verba de natureza alimentar em decorrência de ilícito civil,[85] muito embora seja melhor defender que a mesma pode ser adotada em qualquer procedimento tendente ao recebimento de qualquer espécie de verba alimentar, desde que haja requerimento do credor neste sentido.

O executado será simplesmente intimado para que disponibilize, perante o juízo, um enorme valor que será aos poucos liberados ao exequente. Este capital também pode ser constituído por títulos da dívida pública, aplicações financeiras, entre outros mais que são citados no dispositivo, tornando-se estes bens inalienáveis e impenhoráveis enquanto perdurar a obrigação do executado, eis que o CPC claramente menciona que se constituem em patrimônio de afetação, o que até mesmo afasta hipótese de arrecadação em processo de insolvência civil.

Sobrevindo mudança nas condições econômicas, poderá a parte requerer que haja redução ou mesmo a ampliação da prestação, o que vai ser analisado e decidido nos próprios autos. Esta providência, quando adotada em relação a executado que for uma pessoa jurídica, pode criar alguns embaraços como, por exemplo, uma descapitalização da mencionada sociedade. Por este motivo, ela vem sendo frequentemente substituída por outra, que consistiria na inclusão do credor em folha de pagamento. De certa forma, é a manifestação do princípio que garante a menor onerosidade ao executado, que é mantido pelo CPC (art. 805).

Após findada a obrigação, o capital excedente é liberado, os descontos em folha serão cessados, bem como haverá o cancelamento das garantias prestadas.

---

85 MEDINA, José Miguel Garcia. *Execução.* São Paulo: RT, 2008, p. 265.

33.5. FLUXOGRAMAS

CUMPRIMENTO DE SENTENÇA DE OBRIGAÇÃO DE PAGAR PELA FAZENDA PÚBLICA

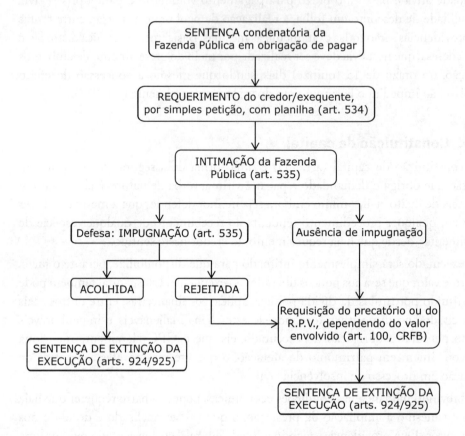

EXECUÇÃO POR TÍTULO EXTRAJUDICIAL CONTRA A FAZENDA PÚBLICA

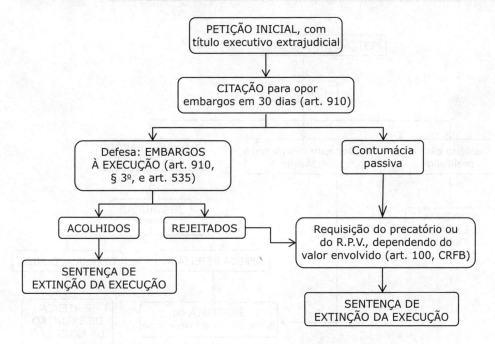

INSOLVÊNCIA CIVIL REQUERIDA PELO CREDOR

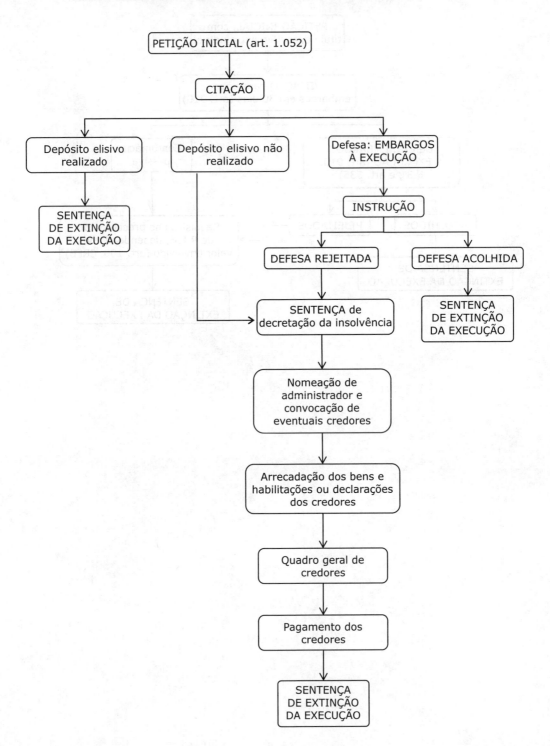

CUMPRIMENTO DE DECISÃO QUE RECONHEÇA OBRIGAÇÃO DE PAGAR ALIMENTOS

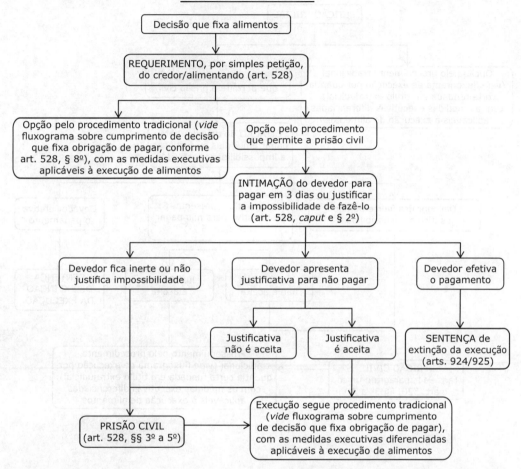

EXECUÇÃO DE ALIMENTOS FUNDADA EM TÍTULO EXTRAJUDICIAL

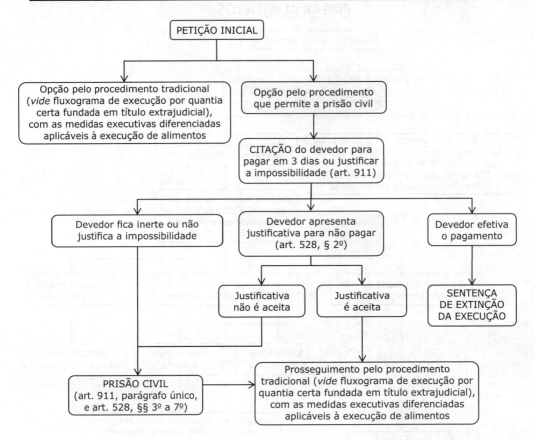

34

PROCEDIMENTO PARA OBRIGAÇÃO DE FAZER, NÃO FAZER OU DE ENTREGA DE COISA

34.1. PROCEDIMENTO PARA OBRIGAÇÃO DE FAZER, NÃO FAZER OU DE ENTREGA DE COISA RECONHECIDA EM TÍTULO EXECUTIVO JUDICIAL

34.1.1. Introdução

O cumprimento de sentença que condena a obrigação de fazer, não fazer ou de entrega de coisa há muito já se desenvolve como uma etapa superveniente à fase de conhecimento. Precisamente, tal circunstância ocorreu quando foi criada norma alterando o modelo primitivo (no caso, a Lei nº 10.444/2002, que alterou o CPC-73).[1]

Ainda sob os auspícios do modelo anterior (o que, de certa forma será mantido em tais casos), este cumprimento da sentença independerá de requerimento do interessado e se dará mediante intimação do demandado para que cumpra aquilo que foi decidido, sob pena de ser adotado algum meio executivo, caso isso ainda não tenha sido feito.[2] Fica latente, portanto, o compromisso que deve ter o magistrado em prol da realização efetiva da Justiça, uma vez que os seus poderes foram sensivelmente ampliados para definir, caso a caso, como ocorrerá o cumprimento das suas decisões.[3]

Também vale dizer que este procedimento para cumprimento de sentença é o que deve ser utilizado mesmo naquelas hipóteses em que constar a Fazenda Pública no polo passivo, pois a mesma somente tem rito especial quando se tratar de obrigação de pagar (art. 534 e art. 535).[4] E, igualmente, este será o procedimento a ser adotado

---

1 MOREIRA, José Carlos Barbosa. *Temas de direito processual civil, nona série*. São Paulo: Saraiva, 2007, p. 188.

2 TALAMINI, Eduardo. Sentença que reconhece obrigação, como título executivo (CPC, art. 475-N, I – acrescido pela Lei nº 11.232/2005). *A nova reforma processual*. Gustavo Santana Nogueira (Coord.). Rio de Janeiro: Lumen Juris. 2007, p. 93. Em sentido contrário, por entender que há necessidade de requerimento para que haja o início da fase executiva: BUENO, Cassio Scarpinella. *Manual de direito processual civil*. São Paulo: Saraiva, 2015, p. 428.

3 MEDINA, José Miguel Garcia. Variações recentes dos poderes executivos do juiz, cumprimento e execução da sentença condenatória. *Os poderes do juiz e o controle das decisões judiciais, estudos em homenagem à Professora Teresa Arruda Alvim Wambier*. José Miguel Garcia Medina, Luana Pedrosa de Figueiredo da Cruz, Luís Otávio Sequeira de Cerqueira e Luiz Manoel Gomes Júnior (Coords.). São Paulo: RT, 2008, p. 335.

4 Há precedente do STF no sentido de que o cumprimento de sentença de obrigação de fazer, não fazer e de entrega de coisa em desfavor da Fazenda Pública pode ser promovido provisoriamente. É o que se observa em: STF. REXTR nº 573.872/RS. Rel. Min. Edson Fachin. DJ 24/05/2017.

quando se tratar de cumprimento de sentença proferida em sede de processo coletivo, que estabeleça obrigações desta natureza.[5]

34.1.2. Meios executivos

Os "meios executivos" podem ser fixados tanto na etapa de conhecimento como na executiva. Mas predomina a natureza executiva dos mesmos, já que são fixados para assegurar que uma decisão judicial seja cumprida ou efetivada, o que guarda grande semelhanças com o objetivo final da execução.

Os meios executivos podem ser de "sub-rogação" ou de "coerção". Os meios de "sub-rogação" são aqueles estabelecidos pelo magistrado que focam diretamente o cumprimento da obrigação, o que justifica a nomenclatura por vezes empregada de "execução direta". Usualmente, são estabelecidos para obrigação de entrega de coisa, sendo permitido que um terceiro estranho ao processo possa cumprir a obrigação em vez de o executado. Já os meios de "coerção", também chamados de "execução indireta", por si só não garantem o cumprimento da obrigação, pois não têm o seu foco na mesma e sim na vontade do devedor da prestação. É que, nestes casos, a finalidade é estimular o cumprimento da obrigação pelo próprio executado, o que é indicativo de que o campo de incidência das mesmas é, usualmente, nas obrigações de fazer ou não fazer. Mas não se trata, porém, de uma regra absoluta, pois um meio de coerção, como a prisão civil, pode ser usado em obrigação de pagar dívida alimentar, apenas para citar um único exemplo.

É amplamente admitida a fungibilidade entre os meios executivos, pois o magistrado sempre deve estar atento para adotar e realinhar aquele que for o mais eficiente para o cumprimento da obrigação. Por exemplo, na obrigação de entrega de coisa, o meio mais eficiente seria o de sub-rogação, pois implicaria na expedição do mandado de busca e apreensão que seria cumprido pelo oficial de justiça. No entanto, caso este bem não seja localizado, o juiz tem o dever jurídico de alterar o meio executivo para outro. Assim, nesta hipótese concreta, poderia substituir o meio de sub-rogação fixado na sentença por um meio de coerção, como as *astreintes*. Vale dizer que esta circunstância de alterar o meio executivo fixado na sentença, não desnatura a sua natureza jurídica, que deve ser perquirida no momento da sua criação.[6]

Mas, em que pese a legislação (art. 139, inc. IV) conferir um amplo leque de poderes ao Magistrado, a orientação dos Tribunais Superiores não vem permitindo a imposição de medidas atípicas aflitivas pessoais, como a suspensão do passaporte e da licença para dirigir.[7]

5 ZAVASCKY, Teori Albino. *Processo coletivo, tutela de direitos coletivos e tutela coletiva dos direitos.* 3ª ed. São Paulo: RT, 2007, p. 83.

6 MARINONI, Luiz Guilherme. *Técnica processual e tutela dos direitos.* São Paulo: RT, 2004, p. 140.

7 STJ. HC nº 453.870-PR. Rel. Min. Napoleão Nunes Maia Filho. DJ 15/08/2019.

34.1.3. As *astreintes*

As *astreintes*[8] representam o meio executivo ou meio de coerção mais largamente empregado, o que requer um estudo mais aprofundado diante do parco tratamento dado pelo legislador, que acaba gerando muitas dúvidas. As principais questões relevantes sobre o tema podem ser agrupadas da seguinte maneira: a) quais as obrigações que admitem a fixação das *astreintes*; b) se o juiz pode fixar as *astreintes* de ofício, assim como proceder a revisão do seu valor; c) se o valor das *astreintes* pode ultrapassar o valor do próprio conteúdo econômico da obrigação devida; d) se as *astreintes* são cabíveis contra a Fazenda Pública; e) se o devedor deve ser intimado pessoalmente para início de sua fluência; f) se estas *astreintes* comportam execução imediata ou não; g) se esta execução será provisória ou definitiva.

Quanto ao item "a", as *astreintes* são usualmente fixadas em decisão interlocutória ou em sentença que impõe uma obrigação de fazer, não fazer e de entrega de coisa.[9] Não faz muito sentido, porém, o seu estabelecimento quando se tratar de obrigação de pagar, pois já há outro meio executivo mais eficiente, embora de sub-rogação, que seria a penhora. Além disso, se a obrigação de pagar já não está sendo honrada, um meio executivo que cria uma outra obrigação de pagar gera fundadas dúvidas se será obedecido ou não. A doutrina, de uma forma geral, vem repudiando a fixação de *astreintes* em obrigação de pagar.[10]

Quanto ao item "b", se o juiz pode fixar as *astreintes* de ofício, assim como proceder a revisão do seu valor, a resposta deve ser dada em partes. Não existem dúvidas de que este meio executivo pode ser fixado de plano pelo magistrado (art. 537). E, não se trata de violação ao princípio da inércia (também chamado de princípio dispositivo), pois o magistrado não estará inovando nos limites da provocação que foi realizada pelo demandante. Com efeito, apenas estará sendo definido o melhor mecanismo para o cumprimento de uma obrigação postulada pela parte, o que não significa maltrato ao mencionado princípio.

De todo modo, ressalva-se que o CPC tem dispositivo (art. 814, parágrafo único), que sugere a possibilidade de que as próprias partes possam previamente fixar o valor de multas antes mesmo de o processo ter sido iniciado, em mais um exemplo de "negócios processuais". É bem certo que esta norma não esclarece se esta "multa" se refere à "cláusula penal" ou "*astreintes*". No primeiro caso, esta interpretação estaria violando o princípio da inércia. Já no segundo, incabível que as partes possam, de comum acordo, engessar a atividade jurisdicional, criando meios executivos ao largo do aparato judicial. Este artigo, portanto, deve ser interpretado no sentido de que a "multa" nele mencionada, seja entendida como "cláusula penal", mas desde que haja requerimento

---

8 COUTURE, Eduardo J. *Fundamentos del derecho procesal civil*. 4ª ed. Buenos Aires: B de F, 2005, p. 376.

9 Há precedente autorizando a fixação preventiva de *astreintes* em casos em que o demandado possa eventualmente descumprir de maneira imotivada o regime de visitação: STJ. REsp 1.481.531-SP, Rel. Min. Moura Ribeiro, por unanimidade, j. 16/02/2017, DJe 07/03/2017.

10 TALAMINI, Eduardo. *Tutela relativa aos direitos de fazer e de não fazer*. São Paulo: RT, 2001, p. 470. No mesmo sentido: TJ-RJ. Apelação cível nº 2003.005.00242. Rel. Des. Luiz Felipe Haddad. J. 15/04/2004.

do interessado neste sentido, pois é a única forma de aproveitá-lo. Não há possibilidade, portanto, de as próprias partes ajustarem previamente ao processo a incidência e os valores das *astreintes*.

Mas, alhures a esta questão de tais multas serem pactuadas entre as partes, é certo que, assim como o magistrado pode fixá-las de ofício, o mesmo também poderá revisá--las, independentemente de requerimento de qualquer das partes (art. 537, § 1º). No modelo primitivo (CPC-73), a maior dúvida é se esta decisão judicial, que reduz o valor das *astreintes*, poderá ter ou não efeito retroativo, atingindo o montante já acumulado. O tema não era pacífico, em razão da previsão de norma específica. Assim, de um lado, há quem defendesse que o valor poderá ser reduzido, mas a eficácia desta decisão será *ex nunc*, pois o valor acumulado já integra o patrimônio do credor da prestação.[11] Por outro lado, há também quem entendesse que esta decisão tem caráter retroativo, pois o magistrado percebeu que este mecanismo executivo estava sendo ineficiente para atingir os seus fins, tendo sido completamente desvirtuado e transformado em fonte de enriquecimento indevido. Logo, segundo este segundo entendimento, o juiz faria a retroatividade até o momento processual em que percebeu este desvio.[12]

Esta segunda visão era, por sinal, o entendimento que costumava ser adotado na prática, muito embora seja muito simples resolver esta questão mediante adoção de outro procedimento pelo juiz. É que esta problemática toda reside na circunstância de que os valores das *astreintes* vão se acumulando em razão da imposição ter sido diária ou semanal, por exemplo. Mas, para se evitar este problema gerado pelo acúmulo dos valores, bastaria que o juiz fixasse *astreintes* de incidência única. Em outras palavras, o demandado deveria cumprir a obrigação em, por exemplo, 15 (quinze) dias, sob pena de sofrer *astreintes* única de R$ 30.000,00 (trinta mil reais). Com o descumprimento, os autos iriam conclusos ao magistrado que poderia mudar o meio executivo ou insistir no mesmo, mas agora estabelecendo um valor ainda maior.[13] Da mesma forma, também não se vislumbraria obstáculos práticos na fixação de multas diárias (v.g., em R$ 1.000,00 – mil reais), desde logo constando na decisão que o montante seria limitado a um determinado patamar, como, por exemplo, R$ 50.000,00 (cinquenta mil reais).

Contudo, de maneira inexplicável o CPC desprezou a jurisprudência pátria e passou a prever, em norma própria (art. 537, parágrafo único), que o magistrado apenas pode mudar a periodicidade da multa vincenda. Não faz sentido seguir esta orientação, seja pelos argumentos supra, seja também porque o próprio CPC impõe que os magistrados devem seguir os precedentes (art. 927). Uma lástima, portanto, a constatação de que, diante do insucesso da revisão desta tese no próprio Poder Judiciário, se tenha optado por outro caminho menos tortuoso, diretamente perante o Poder Legislativo. É para se refletir realmente.

---

11 CÂMARA, Alexandre Freitas. *A nova execução de sentença*. Rio de Janeiro: Lumen Juris, 2006, p. 55.

12 MARINONI, Luiz Guilherme. *Técnica processual e tutela dos direitos*. São Paulo: RT, 2004, pp. 520-521.

13 FERNANDES, Sérgio Ricardo de Arruda. *Comentários às alterações no código de processo civil – processo de conhecimento e recursos*. Rio de Janeiro: ed. Roma Victor: pp. 120-121.

De todo modo, acrescente-se que há precedente judicial do STJ no sentido da impossibilidade da redução de ofício do valor das *astreintes* em grau recursal, quando o recurso não tiver sido admitido.[14]

Em relação ao item "c", se o valor das *astreintes* pode ultrapassar o valor do próprio conteúdo econômico da obrigação devida, não há dúvidas quanto a isso, já sendo de longa data admitida esta situação. Com efeito, a mesma apenas objetiva o cumprimento da obrigação, o que não justifica que deva ser estabelecido no mesmo patamar.[15] No próprio Juizado Especial Estadual, por exemplo, é bem comum permitir que estes valores ultrapassem até mesmo o teto de quarenta salários-mínimos.

Quanto ao item "d", se as *astreintes* são cabíveis contra a Fazenda Pública, a resposta deve ser invariavelmente positiva, uma vez que, do contrário, estaria sendo vulnerado o princípio da isonomia. Há, porém, quem entenda em sentido contrário, uma vez que este numerário, acaso devido, estaria penalizando indiretamente a própria sociedade, que é quem arca com os recursos que são usados pela Fazenda Pública.[16] A questão, em realidade, não caminha por este sentido, mas sim reside na circunstância da diminuta coerção que este meio estaria gerando, já que a Fazenda Pública não sentiria qualquer impacto financeiro imediato, pois a sua sistemática para pagamentos de valores é extremamente morosa (precatório ou RPV).

De qualquer maneira, embora o caráter coercitivo se encontre parcialmente comprometido, ainda assim não se deve excluir este meio executivo, que ainda pode ser hábil para atingir o seu fim. Assim, esta constatação, que é irrefutável, não apenas admite a fixação de tais multas em relação à Fazenda Pública como, também, repele sugestões mais ortodoxas que são apresentadas, tais como a fixação de *astreintes* diretamente em desfavor do agente público[17] ou mesmo a de se potencializar as hipóteses de prisão civil para situações que sequer são previstas na CRFB.[18] É que, muito embora quem defenda esses pensamentos sempre justifique tais drásticas medidas em prol da maior eficiência do resultado do processo, também é certo que garantias processuais históricas (como a do devido processo legal, contraditório e ampla defesa, dentre muitas outras), que foram obtidas ao longo de séculos, não podem ser simplesmente descartadas em prol apenas de uma maior agilidade na prestação jurisdicional, condenando-se terceiros estranhos ao processo a pagamento de somas em dinheiro ou mesmo rasgando a Carta Magna para decretar uma restrição ao direito de liberdade que parece sugerir, perigosamente,

---

14 STJ. REsp 1.508.929-RN, Rel. Min. Moura Ribeiro, por unanimidade, j. 07/03/2017, DJe 21/03/2017.

15 FUX, Luiz. *Curso de direito processual civil*. Rio de Janeiro: Forense, 2001, p. 485. MARINONI, Luiz Guilherme. *Técnica processual e tutela dos direitos*. São Paulo: RT, 2004, p. 396.

16 GRECO FILHO, Vicente. *Direito processual civil brasileiro*, 18ª ed. São Paulo: Saraiva, 2006. v. 3, p. 73.

17 DIDIER Jr., Fredie, CUNHA, Leonardo Carneiro da, BRAGA, Paula Sarno, OLIVEIRA, Rafael. *Curso de direito processual civil. execução*. Salvador: JusPodivm, 2009. 5ª v., p. 449.

18 No mesmo sentido do texto: MEDINA, José Miguel Garcia. *Execução*. São Paulo: RT, 2008, p. 280. Em sentido contrário ao texto, defendendo a possibilidade de prisão civil além das hipóteses previstas na CRFB: DESTEFENNI, Marcos. *Curso de processo civil*, São Paulo: Saraiva, 2006. v. 2, p. 187. MARINONI, Luiz Guilherme. *Técnica processual e tutela dos direitos*. São Paulo: RT, 2004, p. 295.

que o magistrado esteja possivelmente incorrendo em crime de abuso de autoridade (Lei nº 4.898/65).

Quanto ao item "e", se o devedor deve ou não ser intimado pessoalmente para a fluência das *astreintes*, a resposta também deve ser sim.[19] A intimação do advogado, que normalmente apenas possui os poderes da cláusula *ad judicia*, não é suficiente, pois uma coisa é ser procurador para praticar atos em juízo e outra seria para a realização de atos de direito material, como o pagamento. Ademais, será o próprio patrimônio do demandado que eventualmente estará sendo comprometido, o que recomenda maior cautela a justificar que o mesmo tenha efetiva ciência do risco a que está sendo submetido. Esta solução está presente no Verbete nº 410, da Súmula do STJ: "*A prévia intimação pessoal do devedor constitui condição necessária para a cobrança de multa pelo descumprimento de obrigação de fazer ou não fazer*".[20]

No tocante ao item "f", ou seja, se as *astreintes* comportam execução imediata ou não, a resposta também é bastante controvertida. O antigo modelo (CPC-73), era tocante ao respeito, muito embora já existisse norma específica para o processo coletivo (art. 12, § 2º, Lei nº 7.347/85), que dispõe: "*A multa cominada liminarmente só será exigível do réu após o trânsito em julgado da decisão favorável ao autor, mas será devida desde o dia em que se houver configurado o descumprimento*". Este artigo, por sinal, é indicativo de que o legislador optou, nesta hipótese, em prestigiar a certeza da existência da obrigação, ao exigir que primeiramente haja o trânsito em julgado da condenação para que, somente após, o valor possa ser executado até mesmo retroativamente, se for o caso. É, também, a orientação adotada por alguns doutrinadores até mesmo nas demandas de natureza individual, pois, neste aspecto, realmente seria criticável exigir o pagamento imediato das *astreintes* se, ao final, o demandado obtém sentença favorável que o dispensa de cumprir a obrigação pleiteada pelo autor. Ou, em outras palavras, não faria sentido penalizar imediatamente o réu recalcitrante se ainda não se pode afirmar se o autor realmente terá o direito que alega possuir.[21]

Mas, por outro lado, este raciocínio acima gera o desprestígio deste meio de coerção, pois a sua ausência de exigibilidade imediata a transformaria em, apenas, uma promessa de mal, caso o demandado não tenha êxito na demanda. Em consequência, vinha sendo permitida a execução imediata desses valores, conforme já recomendava a doutrina.[22] E, vale dizer, que todas estas dúvidas se referem apenas à possibilidade de execução das *astreintes* que foram fixadas no decorrer da etapa cognitiva. É que, caso as mesmas tenham sido estabelecidas em fase de execução ou mesmo em execução autônoma, a sua exigibilidade já é imediata, em razão da existência de um título executivo, que, por si só, já representa uma obrigação presumida como certa, líquida e exigível. Era um

---

19 CÂMARA, Alexandre Freitas. *A nova execução de sentença*. Rio de Janeiro: Lumen Juris, 2006, p. 48.

20 O STJ já teve a oportunidade de ratificar o raciocínio constante neste verbete: STJ. EREsp nº 1.360.577-MG. Rel. Min. Humberto Martins, Rel. Acd. Min. Luis Felipe Salomão. DJ 07/03/2019.

21 DINARMARCO, Cândido Rangel. *A reforma da reforma*. 2ª ed. São Paulo: Malheiros, pp. 239-240.

22 TALAMINI, Eduardo. *Tutela relativa aos direitos de fazer e de não fazer*. São Paulo: RT, 2001, p. 252.

entendimento muito positivo e coerente, posto que a decisão judicial já estava gerando efeitos imediatos.

Alhures a todos estes argumentos no que diz respeito à possibilidade ou não de execução imediata das *astreintes* fixadas por decisão interlocutória na etapa cognitiva, cumpre informar que o STJ, em sede de recurso especial repetitivo, acabou por adotar posição intermediária, autorizando esta execução apenas após a sentença de procedência ter sido proferida e desde que a mesma não tenha sido impugnada por recurso de apelação recebido no duplo efeito. Em outras palavras, este tribunal superior adotou o entendimento de que há a necessidade de pelo menos se aguardar a prolação da sentença confirmando a obrigação reconhecida na decisão interlocutória, para somente após iniciar a execução destes valores. E, claro, isso se não for interposta apelação recebida no efeito suspensivo.[23]

Só que o CPC (art. 537, § 3º), por seu turno, passou a estabelecer: *"A decisão que fixa a multa é passível de cumprimento provisório, devendo ser depositada em juízo, permitido o levantamento do valor após o trânsito em julgado da sentença favorável à parte"*. Percebe-se, outrossim, mais uma vez, um certo descompasso entre o que consta nos precedentes e aquilo que se encontra nas normas do CPC, posto que neste já passa a ser autorizado o cumprimento provisório das *astreintes*, mesmo antes da ocorrência de eventual sentença de procedência ser proferida, também passando o trânsito em julgado desta a ser um requisito para a liberação do valor constrito. Resta aguardar, portanto, como será compatibilizada esta dualidade de conclusões, ou seja, se o STJ irá manter a sua jurisprudência ou se adotará literalmente a nova disposição do CPC que, pelo menos neste caso, parece ser a mais coerente diante da imediata exigibilidade da obrigação constante da decisão judicial.

Por fim, resta enfrentar a dúvida "g", que diz respeito ao cumprimento das *astreintes* ser provisório ou definitivo. De acordo com o CPC (art. 537, § 3º), não há obstáculos para a execução provisória das *astreintes*. Da mesma forma, foi a decisão do STJ no RESP repetitivo anteriormente mencionado, que, muito embora em princípio exija o trânsito em julgado para a execução desta multa, acaba admitindo-a nos casos em que o recurso para impugnar a sentença for desprovido de efeito suspensivo. Assim, em um primeiro momento, é perfeitamente possível conceber que a execução destes valores pode tanto se desenvolver provisoriamente (ou seja, antes do trânsito em julgado) como de maneira definitiva (após a formação da coisa julgada).

Contudo, uma última ressalva é que existem aqueles que admitem a execução imediata destas multas (ou seja, antes mesmo de ser proferida sentença de procedência), mas que também argumentam que esta terá contorno de definitiva, pois o fato gerador das *astreintes* decorre do descumprimento de uma decisão judicial, o que tornaria irrelevante aguardar eventual trânsito em julgado da sentença do magistrado que decidiu

---

23 STJ. REsp nº 1.200.856-RS. Rel. Min. Sidnei Beneti. DJ 01/07/2014.

a respeito da existência ou não da obrigação.[24] Este último raciocínio, contudo, além de ser contrário à norma do CPC (art. 537, § 3º), também parte de uma premissa que não é a mais adequada. É que as *astreintes* não são meio de punição para aquele que não cumpre ou cria embaraços no cumprimento das decisões judiciais, uma vez que a sua finalidade é, tão somente, coagir o devedor a adimplir a obrigação. Do jeito exposto, há nítida aproximação das *astreintes* e outro instituto jurídico, este sim tendente a punir aqueles que adotam postura que desrespeita o Poder Judiciário. Trata-se da sanção pecuniária em decorrência do *contempt of court*, que possui previsão no CPC (art. 77) e que em hipótese alguma pode ser confundida com as *astreintes*, em razão de diversas diferenças.

Com efeito, esta multa da *contempt of court* (ou em razão da prática de ato atentatório à dignidade da Justiça – art. 77), se presta a punir o comportamento da parte ou mesmo de terceiro que desrespeite a autoridade da Corte jurisdicional, o que possibilita a imposição de uma sanção pecuniária pré-fixada, em até 20% (vinte por cento) sobre o valor da causa, que será revertida posteriormente a União ou aos Estados, dependendo da Justiça que for.[25] Já as *astreintes*, ao revés, não objetivam punir e sim reforçar o cumprimento de uma obrigação. Ademais, as mesmas são fixadas exclusivamente em relação ao demandado e em prol do credor da prestação discutida no processo, sem que haja qualquer limitação do seu valor (art. 537, § 2º).[26]

34.1.4. Procedimento para cumprimento de sentença

Nestas situações que envolvam obrigação de fazer, não fazer ou entrega de coisa, o procedimento é tratado no CPC em normas próprias (art. 497 – art. 501 e art. 536 – art. 538).[27] Em tais casos, a nova etapa se inicia independentemente de requerimento apresentado pelo interessado (o que contrasta com o procedimento do cumprimento de sentença para obrigação de pagar), posto que o próprio magistrado pode adotar um meio executivo na sentença ou até mesmo pode fixá-lo em momento posterior para que a obrigação seja satisfeita (art. 497 c/c art. 498 c/c art. 536). Por final, esta característica de que a etapa se inicia independentemente de requerimento do interessado, que ocorre com muita frequência nas sentenças mandamentais ou executivas *lato sensu*,[28] é indicativa de que não se está, nestas hipóteses, exercendo um novo exercício de ação.[29] Não há, portanto, necessidade de qualquer requerimento do interessado para início da

---

24 ZAVASCKY, Teori Albino. *Processo de execução*. 3ª ed. São Paulo: RT, 2004, p. 318.

25 COUTURE, Eduardo J. *Fundamentos del derecho procesal civil*. 4ª ed. Buenos Aires: B de F, 2005, p. 378.

26 DESTEFENNI, Marcos. *Curso de processo civil, v. 2*. São Paulo: Saraiva, 2006, p. 186.

27 Destaca-se que fornecimento de medicamentos aos hipossuficientes pelo Poder Público, embora gere impacto financeiro, é considerado como obrigação de fazer: TJ-RJ, proc. 0181061-20.2013.8.19.0004, Des. Mauro Dickstein. j. 23/02/2017.

28 MOREIRA, José Carlos Barbosa. *Temas de direito processual civil, nona série*. São Paulo: Saraiva, 2007, p. 180, critica a terminologia "lato sensu", pois, acertamente, somente se pode utilizar esta expressão quando em outra situação análoga puder ser empregado o complemento "stricto sensu".

29 TALAMINI, Eduardo. ´Sentença que reconhece obrigação´, como título executivo (CPC, art. 475-N, I – acrescido pela Lei nº 11.232/2005). *A nova reforma processual*. Gustavo Santana Nogueira (Coord.). Rio de Janeiro: Lumen Juris, 2007, p. 94.

execução, muito embora este possa ser feito, até porque a parte pode sugerir ao juiz aquele meio que entende ser o mais eficiente (art. 536).[30]

Logo, como se trata de um momento do processo em que não há novo exercício de direito de ação (já que a lei não exige provocação e porque o Poder Judiciário não atua de ofício, exceto em situações raríssimas (v.g., art. 712), o que haverá é um mero desdobramento da anterior, o que, por si só, não justificaria a cobrança de nova taxa judiciária. No entanto, eventuais diligências deverão ser antecipadas pelo exequente.

Por não se tratar de nova ação, não há incidência de novos honorários advocatícios nesta etapa, razão pela qual somente haverão aqueles que tiverem sido fixados na sentença. O mais interessante é que esta sentença conterá pelo menos dois capítulos distintos, o da parte que condena à obrigação de fazer, não fazer ou à entrega de coisa e, ao mesmo tempo, outro que estabelece uma obrigação pecuniária (pagamento de honorários). A execução de tais obrigações, contudo, não poderá ser realizada nos mesmos autos, eis que haverá diversidade de procedimento (art. 780). Assim, fatalmente, haverá necessidade de desmembramento para que a execução de todas estas obrigações seja viabilizada.

O magistrado adotará o meio executivo e, em seguida, o demandado será intimado para cumprir a obrigação no prazo que foi estabelecido, sendo desnecessária nova citação.[31] Ultrapassado este prazo, automaticamente começam a correr mais 15 (quinze) dias para que a impugnação seja oferecida, eis que o novo modelo agora é expresso no sentido de que esta defesa pode ser apresentada em tais casos de cumprimento de sentença (art. 536, § 4º). É de se destacar que a jurisprudência, há longa data, vinha concluindo que a defesa poderia ser apresentada por meio de uma petição a qualquer momento durante a execução, mas apenas para ventilar matérias de ordem pública ou eventualmente até aquelas que sejam supervenientes à sentença e não sujeitas à preclusão.[32] Contudo, o CPC adotou orientação distinta, passando a prever a impugnação também nestes casos, o que até já era recomendado pela doutrina pátria.[33]

Se a obrigação for efetivamente cumprida, não haverá necessidade de o magistrado proferir nova sentença, uma vez que não se trata de nova ação. Assim, bastará ao mesmo determinar o arquivamento dos autos, com baixa na distribuição, por meio de uma decisão interlocutória. Aqui, mais uma vez, deve ser recordado que o tratamento prático dado ao cumprimento dessas obrigações é o mesmo que é conferido às sentenças mandamentais ou executivas *lato sensu*. É o que acontece, por exemplo, na sentença de despejo, que é cumprida mediante mandado pelo oficial de justiça sem qualquer requerimento do interessado e sendo dispensada a prolação de nova sentença ulterior.

---

30 STJ. REsp nº 742033. Rel.ª Min.ª Eliana Calmon. DJ 30/05/2005.

31 STJ. REsp nº 536964/RS. Rel. Min. Humberto Gomes de Barros. DJ 04/05/2006.

32 PAVAN, Dorival Renato. *Comentários às Leis nªs 11.187 e 11.232, de 2005, e 11.382, de 2006*. 2ª ed. São Paulo: Pillares, 2007, p. 244.

33 CÂMARA, Alexandre Freitas. *A nova execução de sentença*. Rio de Janeiro: Lumen Juris, 2006, pp. 49-50.

Idem em relação às demandas possessórias, cujo cumprimento também segue essa mesma dinâmica.

Mas, ao revés, se a obrigação realmente não tiver sido cumprida e o mecanismo executivo se revelar insuficiente, restará tão somente converter a obrigação de fazer, não fazer ou de entregar coisa em obrigação de pagar perdas e danos (art. 499), seguindo-se a execução, agora com feição de ação, mas com base em outro procedimento (art. 523 e seguintes), também sendo acrescentando neste numerário o valor das *astreintes* (art. 500).[34] E, nesta última hipótese, de conversão da obrigação, novos honorários advocatícios serão devidos, por se tratar de efetivo exercício de uma nova ação. Vale acrescentar, ainda, que a conversão em obrigação de pagar somente pode ser realizada se for frustrado o cumprimento da obrigação de fazer, não fazer ou de entregar coisa. Assim, não seria possível ao credor da prestação manifestar, desde logo, o seu intento em transformar automaticamente uma obrigação em outra sem que fosse dada oportunidade ao executado de cumpri-la *in natura* (art. 499).

34.2. PROCEDIMENTO PARA OBRIGAÇÃO DE FAZER, NÃO FAZER OU DE ENTREGA DE COISA RECONHECIDA EM TÍTULO EXECUTIVO EXTRAJUDICIAL

34.2.1. Execução autônoma para a entrega de coisa certa

Caso o interessado disponha de um título executivo extrajudicial que reconheça obrigação de entregar coisa certa, deverá ser observado o procedimento próprio previsto no CPC (art. 806 – art. 810). Do contrário, caso apenas possua prova escrita sem força executiva, poderá ser adotada a via do procedimento monitório, uma vez que o mesmo não se refere exclusivamente à obrigação de pagar, abrangendo também outras obrigações (art. 700). Neste último caso, também poderá o credor da obrigação optar por deflagrar uma demanda em procedimento comum, em razao de ser reconhecida a opcionalidade entre estes dois últimos ritos.[35]

Quanto ao objeto da prestação em si, usualmente a mesma recai sobre bens infungíveis. No entanto, a jurisprudência há longa data vem se posicionando no sentido de bens fungíveis, ou seja, aqueles que podem ser substituídos por outros de idêntico gênero, quantidade e qualidade. É, também, o entendimento doutrinário.[36]

---

34 DINARMARCO, Cândido Rangel. *A reforma da reforma.* 2ª ed. São Paulo: Malheiros, p. 233. MARINONI, Luiz Guilherme. *Técnica processual e tutela dos direitos.* São Paulo: RT, 2004, p. 634.

35 HARTMANN, Rodolfo Kronemberg. Procedimento para obrigação de fazer, não fazer ou de entrega de coisa reconhecida em título executivo extrajudicial. In: ARAUJO, Luis Carlos de. MELLO, Cleyson de Moraes. *Curso do novo processo civil.* Rio de Janeiro: Freitas Bastos, 2015, pp. 680-685.

36 MARINONI, Luiz Guilherme, ARENHART, Sérgio Cruz. *Curso de processo civil,* São Paulo: RT, 2007. v. 3, p. 467. MOREIRA, José Carlos Barbosa. *O novo processo civil brasileiro.* 22ª ed. Rio de Janeiro: Forense, 2002, p. 201.

A legitimidade ativa ou passiva não guarda nenhuma peculiaridade. Este é o procedimento que deve ser adotado até mesmo quando a Fazenda Pública figurar no polo ativo ou passivo.

A petição inicial não tem nenhuma peculiaridade. O magistrado, ao analisá-la, poderá indeferi-la naqueles casos em que o vício não puder ser corrigido (art. 330). Ao contrário, se for possível a retificação, então deverá ser determinada a emenda da petição inicial (art. 321). E, ainda, o juiz poderá determinar a citação do executado, para que, dentro de 15 (quinze) dias, satisfaça a obrigação (art. 806).

Parece ser perfeitamente compatível, nesta hipótese, a fixação de honorários advocatícios provisórios já ao despachar a inicial, em analogia com outra regra do CPC (art. 827, *caput* e § 1º), de modo que o executado possa ter a opção de cumprir a obrigação em 3 (três) dias para que faça jus a uma redução de 50% (cinquenta por cento) da verba honorária.[37] Só fica a ressalva que, caso não haja a entrega do bem, haverá a necessidade de desmembramento dos autos, em virtude de a cumulação de execução não ser possível nesta hipótese, em razão da diversidade de ritos para cada obrigação.

Neste mesmo momento em que o juiz despachar a inicial, também poderão ser estabelecidas as *astreintes* (art. 806, parágrafo único), caso o bem não seja depositado no prazo de 15 (quinze) dias. Essas *astreintes*, por sinal, já terão exigibilidade imediata, pois a presença do título executivo extrajudicial não deixa dúvidas a respeito da certeza da obrigação.

A citação será realizada por qualquer um dos meios existentes, ou seja, pela via postal, por oficial de justiça, por certidão do escrivão ou do diretor de secretaria, por meio eletrônico, por edital ou por hora certa.

Se o bem se encontrar em poder de terceiro, ou se o mesmo tiver sido alienado no curso da execução, esta transferência será ineficaz para o exequente, o que motivará, tanto em uma hipótese como em outra, a expedição de mandado de busca e apreensão em relação a este terceiro que, caso queira, poderá interpor embargos de terceiro para que possa defender os seus direitos (art. 808).

Outra hipótese ocorre quando o executado depositar a coisa com a finalidade de cumprir a obrigação, o que motivará a extinção da execução (art. 807 c/c art. 924, inc. II), exceto se a mesma prosseguir para fins de recebimento dos frutos ou dos ressarcimentos, se houver. No entanto, o executado pode ainda optar por oferecer os embargos, que se constituem em processo autônomo e que ficarão em apenso aos autos da execução (art. 914, § 1º), que independem da garantia prévia do juízo mediante depósito do bem (art. 914).

---

37 MARINONI, Luiz Guilherme, ARENHART, Sérgio Cruz. *Curso de processo civil*, São Paulo: RT, 2007. v. 3, p. 462.

De todo modo, o executado pode realizar, se assim quiser, o depósito do bem, mesmo que pretenda embargar. É uma providência que pode ser salutar, em especial porque, uma vez depositada a coisa, não mais poderá ser imputada ao executado qualquer responsabilidade pela perda da coisa. Além disso, na esteira do que prevê o CPC (art. 810), se o executado fez alguma benfeitoria indenizável, o mesmo primeiramente terá que receber o valor do gasto que efetuou para que então possa restituir o bem.

Os embargos deverão ser oferecidos no prazo de quinze dias (art. 915) e observarão um procedimento simplificado estabelecido no CPC (art. 920).

Por fim, caso no curso da execução seja verificado que a coisa se deteriorou ou não foi encontrada, poderá o exequente postular a conversão desta obrigação de entregar coisa certa em obrigação de pagar, cujo montante será fixado por arbitramento judicial caso o valor da coisa não conste no título executivo (art. 809). Vale dizer que o valor acumulado das *astreintes* até então devidas não será desprezado, pois o exequente poderá agora executar ambas as obrigações seguindo o rito próprio (art. 523 e seguintes).

34.2.2. Execução autônoma para a entrega de coisa incerta

A execução de título executivo extrajudicial que reconheça obrigação de entrega de coisa incerta tem procedimento tímido (art. 811 – art. 813). É exatamente o mesmo que deve ser observado para obrigação de entregar coisa certa, com pequena diferença no seu início tão somente. É que, sendo a coisa incerta, a mesma deverá se submeter a um procedimento prévio tendente a definir o que virá a ser entregue, providência esta que é conhecida como "concentração da obrigação".

De acordo com o CPC (art. 811), o devedor será citado para entregá-la individualizada, se lhe couber a escolha. Do contrário, se essa couber ao credor, este a indicará na petição inicial. A parte contrária terá a oportunidade de, em 15 (quinze) dias, impugnar a escolha realizada. Em seguida, o magistrado irá decidir, salvo se houver a necessidade de ser nomeado um perito.

34.2.3. Execução autônoma para obrigação de fazer

Caso o interessado disponha de um título executivo extrajudicial que reconheça obrigação de fazer, deverá ser observado procedimento próprio previsto no CPC (art. 814 – art. 821). Do contrário, caso o mesmo apenas possua prova escrita sem força executiva, poderá ser adotada a via do procedimento monitório, uma vez que o mesmo não se refere exclusivamente à obrigação de pagar, abrangendo também outras obrigações (art. 700). Neste último caso, também poderá o credor da obrigação optar por deflagrar uma demanda em procedimento comum, em razao de ser reconhecida a opcionalidade entre estes dois últimos ritos.

A legitimidade ativa ou passiva não guarda nenhuma peculiaridade. Este é o procedimento que deve ser adotado até mesmo quando a Fazenda Pública figurar no polo ativo ou passivo.

A petição inicial não tem nenhuma peculiaridade. O magistrado, ao analisá-la, poderá indeferi-la naqueles casos em que o vício não puder ser corrigido (art. 330). Ao contrário, se for possível a retificação, então deverá ser determinada a emenda da petição inicial (art. 321). E, ainda, o juiz poderá determinar a citação do executado, para que, dentro de 15 (quinze) dias, satisfaça a obrigação (art. 806).

Parece ser perfeitamente compatível, nesta hipótese, a fixação de honorários advocatícios provisórios já ao despachar a inicial, em analogia com outra regra do CPC (art. 827, *caput* e § 1º), de modo que o executado possa ter a opção de cumprir a obrigação em 3 (três) dias para que faça jus a uma redução de 50% (cinquenta por cento) da verba honorária.[38] Só fica a ressalva que, caso não haja o cumprimento da obrigação, haverá a necessidade de desmembramento dos autos, em virtude de a cumulação de execução não ser possível nesta hipótese, em razão da diversidade de ritos para cada obrigação.

Neste mesmo momento em que o juiz despachar a inicial, também serão fixadas as *astreintes* (art. 814), caso a obrigação de fazer não seja cumprida no prazo a ser definido pelo magistrado. Essas *astreintes,* por sinal, já terão exigibilidade imediata, pois a presença do título executivo extrajudicial não deixa dúvidas a respeito da certeza da obrigação.

Caso o executado cumpra a sua obrigação, a execução será extinta (art. 924, inc. II). Se for hipótese de apresentação de embargos, estes deverão ser oferecidos em 15 (quinze) dias (art. 915), seguindo-se ao procedimento estabelecido no CPC (art. 920). Ao contrário, se escoar o prazo sem que qualquer atitude tenha sido tomada pelo devedor da prestação, o credor então poderá requerer ao magistrado a conversão da prestação de fazer em obrigação de indenizar, sendo este valor apurado por liquidação (art. 816). Mas, caso seja uma obrigação que puder ser feita por um terceiro, o exequente pode solicitar ao magistrado que a mesma seja efetuada às custas do executado, hipótese em que o credor irá adiantar as quantias propostas e, depois, executará a obrigação de pagar (art. 817). Vale dizer que, tanto em uma hipótese como em outra, posteriormente a execução seguirá o procedimento previsto no CPC para o cumprimento de decisão que imponha obrigação de pagar (art. 523 e seguintes).

E, ainda, se a obrigação de fazer for personalíssima e o executado se recusar a cumpri-la, fatalmente também ocorrerá a conversão da obrigação primitiva em obrigação de pagar, sem prejuízo da execução das *astreintes* que porventura tenham sido determinadas como meio para viabilizar o cumprimento da obrigação (art. 821, parágrafo único).

---

[38] MARINONI, Luiz Guilherme, ARENHART, Sérgio Cruz. *Curso de processo civil*, São Paulo: RT, 2007. v. 3, p. 462.

34.2.4. Execução autônoma para obrigação de não fazer

Caso o interessado disponha de um título executivo extrajudicial que reconheça obrigação de não fazer, deverá ser observado este procedimento previsto no CPC (art. 822 – art. 823).

Ele observa, em essência, o mesmo procedimento da execução de obrigação de fazer, o que é indicativo de que tudo que foi abordado anteriormente se aplica ao mesmo, como, por exemplo, a legitimidade das partes, a confecção da petição inicial, a fixação de honorários advocatícios e o estabelecimento das *astreintes* (art. 814), caso a obrigação não seja cumprida no prazo estipulado, entre outras mais.

Caso o executado cumpra a sua obrigação, a execução será extinta (art. 924, inc. II). Se for hipótese de apresentação de embargos, estes deverão ser oferecidos em 15 (quinze) dias (art. 915), seguindo-se ao procedimento estabelecido no CPC (art. 920). Fica, contudo, a ressalva de alguns doutrinadores que, se a obrigação de não fazer for contínua, ou seja, se a mesma protrair no tempo, o magistrado então deve apenas estabelecer os meios executivos e, caso a mesma esteja sendo cumprida, determinar o arquivamento dos autos independentemente de sentença.[39] A orientação não é correta, já que, com o cumprimento da obrigação, a execução terá que ser extinta, ainda que a prestação seja de trato sucessivo. No entanto, caso haja novo descumprimento, isso se constituirá em nova causa de pedir, apta a autorizar a deflagração de uma nova ação. Em comum, haverá apenas a circunstância de ambos os processos versarem a respeito da mesma relação jurídica de direito material, o que, a rigor, não é nenhum empecilho.

Por fim, todo o raciocínio acima é desenvolvido na suposição de que o executado ou um terceiro poderá desfazer o que não poderia ter feito. No entanto, não sendo possível desfazer-se o ato, estabelece o CPC (art. 823, parágrafo único), que esta obrigação será convertida em perdas e danos, a ser apurada em posterior liquidação, tal como ocorre nas execuções que tenham por prestação uma obrigação de fazer, não fazer ou de entregar coisa.

---

39 MARINONI, Luiz Guilherme, ARENHART, Sérgio Cruz. *Curso de processo civil*, São Paulo: RT, 2007. v. 3, p. 466.

34.3. FLUXOGRAMAS

CUMPRIMENTO DE SENTENÇA DE OBRIGAÇÃO DE FAZER, NÃO FAZER OU PARA ENTREGA DE COISA

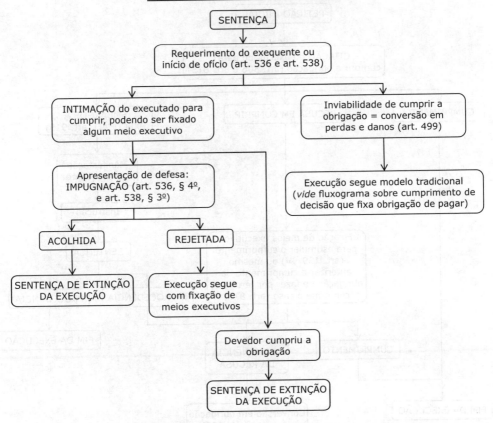

EXECUÇÃO POR OBRIGAÇÃO DE FAZER, NÃO FAZER OU PARA ENTREGA DE COISA FUNDADA EM TÍTULO EXTRAJUDICIAL

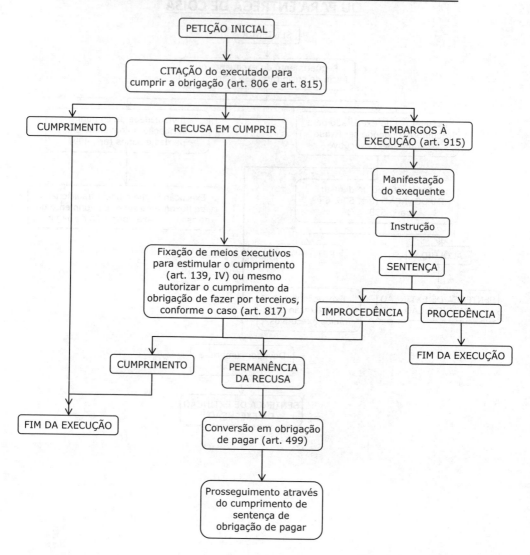

EXECUÇÃO POR OBRIGAÇÃO DE ENTREGA DE COISA INCERTA FUNDADA EM TÍTULO EXTRAJUDICIAL

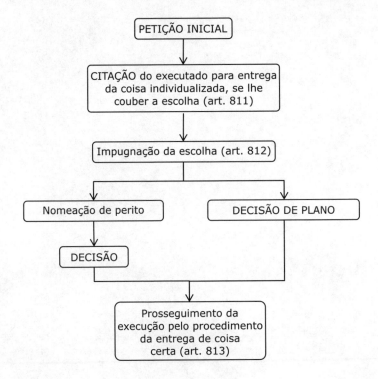

PARTE V

PROCESSOS NOS TRIBUNAIS E MEIOS DE IMPUGNAÇÃO DAS DECISÕES JUDICIAIS

TEORIA GERAL DOS PRECEDENTES JUDICIAIS E A ORDEM DOS PROCESSOS NOS TRIBUNAIS

35.1. A TEORIA GERAL DOS PRECEDENTES JUDICIAIS

O CPC (art. 926) passa a recomendar que os Tribunais mantenham o conjunto de suas decisões de maneira estável, íntegra e coerente, para que os seus fundamentos ou conclusões possam ser adotadas nas futuras decisões. Há previsão, outrossim, que os Tribunais poderão continuar a editar súmulas correspondentes à sua jurisprudência vinculante, sempre observando as circunstâncias de fato dos precedentes que as justificaram.

Contudo, ainda neste introito, torna-se necessário apontar as diferenças entre "precedentes" e "jurisprudência", eis que ambos poderão ser observados e aplicados. O "precedente" pode ser entendido como um pronunciamento judicial proferido em dado processo, que será empregado em outro como base de formação da decisão judicial. É claro, porém, que existem precedentes que são "vinculantes", ou seja, aqueles que devem ser obrigatoriamente seguidos, sob pena de ser interposto o recurso adequado e até ajuizada a reclamação (v.g., decisão final proferida em sede de IRDR, nos termos do art. 985, § 1º), como outros que são meramente "persuasivos", quando não necessariamente devem ser observados (v.g., decisão proferida por determinado Tribunal, no julgamento de um recurso de apelação, quanto a um assunto relativamente incomum).

Já a "jurisprudência", por seu turno, corresponde a um conjunto de decisões que foram proferidas pelo mesmo Tribunal em um determinado sentido. Assim, a grande diferença entre "precedente" e "jurisprudência" é quantitativa, eis que o primeiro pode ser formado por apenas uma decisão, ao passo em que a segunda já depende de reiteradas decisões sobre o mesmo tema.[1] Mas, de qualquer maneira, ao proferir a sua decisão aplicando tanto uma quanto outra, terá o magistrado que também fundamentar adequadamente (art. 489, § 1º), inclusive quando citar um "verbete sumular", que nada mais é do que um resumo de sua jurisprudência.

Há norma (art. 927) impondo que os magistrados observem em seus julgamentos os precedentes ali mencionados. Não se chega a estabelecer que tais

---

1 CÂMARA, Alexandre Freitas. *O novo processo civil brasileiro.* São Paulo: Atlas, 2015, pp. 425-426.

decisões mencionadas nos seus incisos são vinculativas, mas isso até pode ocorrer em algumas situações (incs. I a III). Observa-se, assim, que o CPC propõe uma mudança paradigmática de passagem da jurisprudência persuasiva como fonte secundária para os precedentes normativos formalmente vinculantes como fonte primária. Tal circunstância seria justificável em um primeiro momento, tendo em vista assegurar a racionalidade da aplicação do Direito e, ao mesmo tempo, reduzir a discricionariedade judicial e o ativismo judicial.[2]

Embora a referida norma tenha previsto que apenas os membros do Poder Judiciário devem respeitar os precedentes (art. 927), ela deve ser acatada também pelo jurisdicionado, membros do Ministério Público, Defensoria e Advocacia Pública e privada. Com efeito, repisa-se que há norma fundamental prevendo que as partes e seus operadores devem ter os mesmos deveres (art. 7º), bem como não faria qualquer sentido o magistrado aplicar o entendimento pacificado e, mesmo assim, a parte ainda ter total liberdade de recorrer e recorrer para evitar o cumprimento da decisão. Por este motivo, aliás, o CPC foi estruturado para desestimular o recurso protelatório, seja pela possibilidade de aumento dos honorários advocatícios (art. 85, § 11) ou mesmo pela fixação de sanções pecuniárias em alguns recursos (v.g., art. 1.021, § 4º e art. 1.026, § 2º).

Mas, por óbvio, é claro que eventuais precedentes ou jurisprudência podem ser revistos. O CPC (art. 927, § 2º) traz expressamente aquilo que, no Direito comparado, é conhecido como *overruled*, ou seja, a possibilidade de revisão do precedente vinculativo, o que pode ser realizado precedido de audiências públicas que podem ter a participação de pessoas ou órgãos que possam contribuir para a rediscussão da tese. Também há previsão (art. 927, § 3º) sobre a possibilidade de modulação dos efeitos da nova tese que vier a ser consagrada, de modo a prestigiar o interesse social e a segurança jurídica. (*prospective overruling*). Há, inclusive, julgamentos recentes do STF admitindo, em caráter excepcional, o uso da via reclamação para que o *overruling* seja realizado.[3]

Os casos em que os precedentes têm caráter vinculante podem ser diversos. Por exemplo, dispõe o CPC (art. 988, incs. III e IV) que caberá o ajuizamento de reclamação diretamente ao Tribunal, tanto para preservar a sua competência quanto para garantir a autoridade de suas decisões, nos casos de decisões do STF em controle concentrado de constitucionalidade, assim como nos enunciados de súmula vinculante deste Tribunal e, também, nos acórdãos proferidos em incidente de assunção de competência ou de resolução de demandas repetitivas.

Mas esta valorização dos precedentes judiciais não é exatamente nova no Brasil, pois a mesma ganhou especial relevo quando aprovada a EC nº 45/2004, ao criar norma (103-A, CRFB), em que o ordenamento jurídico pátrio passou a prever mais

---

2 ZANETI JÚNIOR, Hermes. *Ordem dos processos e dos processos de competência originária dos tribunais.* In: CABRAL, Antônio do Passo. CRAMER, Ronaldo. *Comentários ao novo código de processo civil.* Rio de Janeiro: Forense, 2015, p. 926.

3 STF. Medida Cautelar na Reclamação nº 24.506/SP. Rel. Min. Dias Toffoli. DJ 29/06/2016.

uma hipótese de Súmula de jurisprudência vinculante.[4] Esta situação, inclusive, foi posteriormente regulamentada por legislação própria (Lei nº 11.417/2006), que disciplinau o procedimento para a sua edição, revisão e o próprio cancelamento.

Só que, para melhor entender esta tendência de se valorizar os precedentes, torna--se necessário tecer algumas considerações, ainda que breves, sobre o sistema jurídico adotado no Brasil, calcado nas premissas estabelecidas pela *Civil Law*, de origem romano-germânica, que considera como fonte normativa do Direito apenas as leis, a analogia, os costumes e os princípios gerais (art. 5º, inc. II, CRFB).[5]

Em sua origem, o positivismo jurídico, que é a principal fonte normativa da *Civil Law*, pretendeu, de certa maneira, relegar a atuação do intérprete do Direito a uma atividade meramente declaratória em relação à legislação, pois, até então, o sentimento comum era o de que realmente seria possível decidir todas as questões jurídicas por meio de uma simples operação lógica de subsunção da hipótese concreta à norma abstrata.[6] No entanto, logo se verificou que o legalismo acrítico e as próprias imperfeições normativas[7] serviam de disfarce para autoritarismos de matizes variados, que, mais tarde, culminariam na própria decadência do positivismo.[8]

Foi neste contexto, portanto, que se passou a exigir do magistrado, principal depositário das leis, uma postura mais ativa no esclarecimento e integração destas eventuais lacunas no direito codificado. Assim, foi no exercício deste especial desiderato que os precedentes judiciais passaram a ser mais valorizados[9], principalmente se for relevado que a utilização de entendimento já externado por Cortes Superiores acaba garantindo ao jurisdicionado não só a observância de um tratamento isonômico, mas, também, a própria previsibilidade da prestação jurisdicional.[10]

No Brasil, diversos eram os atos normativos que já previam a valorização dos precedentes, inclusive muitas vezes com a sua utilização obrigatória (v.g. Lei nº 9.868/99, que versa sobre o processamento para os casos de controle concentrado de constitucionalidade). Mas, de fato, o assunto realmente ganhou musculatura com a previsão de que os verbetes do STF poderiam ter caráter vinculante (Lei nº 11.417/2006). Desde então, a jurisprudência pátria já vinha se firmando cada vez mais neste sentido, criando novos e novos casos.

---

4 Esta possibilidade já era permitida no art. 896, alínea *a*, da CLT, que determina que é possível interpor recurso de revista quando a decisão proferida pelo TRT der interpretação a Lei federal diversa daquela constante em Súmula do TST. Além disso, também o art. 43 da LC nº 73/93 trata da edição de Súmula de caráter vinculante no âmbito da Advocacia-Geral da União, cujo descumprimento é proibido pelo art. 28, inc. II, desta mesma lei.

5 MORAES, Guilherme Peña de. *Direito constitucional, teoria do Estado*. 1ª ed. Rio de Janeiro: Lumen Juris, 2006, p. 180.

6 TUCCI, José Roberto Cruz e. *Precedente judicial como fonte de direito*. São Paulo: RT, 1ª ed, 2004, p. 198.

7 AZEVEDO, Plauto Faraco de. *Método e hermenêutica material no direito*. Porto Alegre: Livraria do Advogado, 1999, pp. 72-73.

8 BARROSO, Luís Roberto. Fundamentos teóricos e filosóficos do novo direito constitucional brasiLeiro. In: *Revista da Escola da Magistratura do Estado do Rio de Janeiro*, v. 4, nº 15, 2001, p. 29.

9 TUCCI, José Roberto Cruz e. *Precedente judicial como fonte de direito*. São Paulo: RT, 1ª ed., 2004, pp. 17-18, esclarece que não há uma regra clara de como o magistrado deve se pautar na escolha do precedente que pretende utilizar. No mesmo sentido: TARUFFO, Michele. Dimensioni Del precedente giudiziario. In: *Revista Trimestrale di Diritto e Procedura Civile, Anno XLVIII (1994)*, Milano: Giuffré Editore, giugno 1996, p. 412: "*La dottrina di civil Law e quella italiana in particolare non dispongono di una teoria generale del precedente*"

10 MANCUSO, Rodolfo de Camargo. *Divergência jurisprudencial e Súmula vinculante*. 1ª ed. São Paulo: RT, 1999, p. 297.

Contudo há de se ter cuidado com a importação de sistemas alienígenas tão distintos da nossa realidade e, principalmente, da forma como se aprende a ciência jurídica nas universidades. Com efeito, se deve pegar o exemplo da "súmula", cuja origem deriva do latim *summula* e que significa a síntese de uma orientação, conforme já exposto anteriormente.

Tradicionalmente, a finalidade da súmula é a de auxiliar o magistrado neste processo hermenêutico da busca pelo correto fundamento normativo aplicável ao caso concreto[11], tendo a mesma, a princípio, caráter meramente persuasivo, por atuar na qualidade da opinião formada por certo tribunal. Contudo, como não havia obrigatoriedade em sua aplicação, era muito comum a observância de decisões judiciais contrárias aos seus termos, que não só deixavam de velar pelo tratamento igualitário em situações semelhantes, como, também, geravam uma cadeia quase infindável de recursos que postergavam ainda mais a entrega da prestação jurisdicional.[12]

Ocorre que, com a criação da já mencionada EC nº 45/2004, bem como com a sua posterior regulamentação (Lei nº 11.417/2006), ocorreu um substancial reforço em tentar minorar estes males, ao se reconhecer que, no Direito pátrio, uma determinada Súmula também pode ter caráter vinculante (*binding autority*), semelhante a uma lei. Em consequência, ao menos neste aspecto, houve uma aproximação a institutos próprios do sistema da *Common Law*, de origem anglo-saxônica, em que os precedentes, quando impositivos, possuem caráter fortemente coercitivo (*stare decisis et quieta muovere*), por estabelecerem uma vinculação não apenas da interpretação do texto normativo mas, também, dos próprios fundamentos que utilizou (*ratio decidendi*).[13] E, com o advento do CPC, suplantou-se, em definitivo, o paradoxo metodológico da justiça brasileira, em que temos uma só lei processual, mas com elementos tanto de *Common Law* e *Civil Law*, abrangidas por uma só Carta Magna, com natureza híbrida.[14]

No entanto, este pretenso hibridismo consubstanciado na fusão de institutos da *Common Law* e da *Civil Law* pode fomentar diversas críticas. A maior delas é, justamente, a de que esta novidade subverte por completo o seu modelo inspirador, pois, como visto, na *Common Law* são os fundamentos que vinculam, ao passo que, no Brasil, o que vincula é a conclusão, independentemente da fundamentação que tiver sido adotada. Correta, portanto, a crítica da doutrina neste sentido, ao ponderar que, nessa perspectiva, haverá no sistema jurídico brasileiro o poder discricionário da *Common Law* sem a proporcional necessidade de justificação.[15]

---

11 STRECK, Lênio Luiz. *Súmulas no Direito brasiLeiro. Eficácia, poder e função.* 2ª ed. Porto Alegre: Livraria do Advogado, 1998, p. 145, esclarece que uma decisão judicial precisa estar de acordo com o texto normativo para ser válida. No entanto, observa que, no Brasil, basta que esta decisão esteja pautada em Súmula para legitimá-la.

12 MARINONI, Luiz Guilherme. *Ações repetitivas e julgamento liminar.* Disponível em: <http://www.professormarinoni.com.br>. Acesso em: 22 mar. 2007, às 15:43 h.

13 BERCH, Michael A.; BERCH, Rebecca White; SPRITZER, Ralph S. *Introduction to legal method and process.* St Paul: West Publishing Co., 2ª ed., 1992, pp. 35-36.

14 ZANETI JÚNIOR, Hermes. *Ordem dos processos e dos processos de competência originária dos tribunais.* In: CABRAL, Antônio do Passo. CRAMER, Ronaldo. *Comentários ao novo código de processo civil.* Rio de Janeiro: Forense, 2015, p. 1.307. No mesmo sentido: HASELOF, Fabíola Utzig. *Jurisdições mistas: um novo conceito de jurisdição.* Belo Horizonte: Forum, 2018.

15 STRECK, Lênio Luiz. *As súmulas vinculantes e o controle panóptico da Justiça BrasiLeira.* Disponível em: <www.unimar.br>. Acesso em: 11 abr. 2007, às 08:42 h.

35.2. DA ORDEM DOS PROCESSOS NO TRIBUNAL

35.2.1. Distribuição ou registro

Chegando ao Tribunal os autos de quaisquer processos, sejam eles físicos ou eletrônicos, estabelece o CPC (art. 929 – art. 946) certos procedimentos que deverão ser observados no processamento dos recursos, incidentes ou mesmo nas ações autônomas de impugnação. Contudo, é de se destacar que nem todas as normas ora comentadas serão aplicadas em todos os casos, eis que podem ocorrer restrições normativas ou mesmo alguma incompatibilidade.

Uma vez estando os autos no Tribunal, eles serão registrados e distribuídos a um dos órgãos internos, que pode ser tanto uma Câmara quanto uma Turma, dependendo da organização de cada Tribunal (art. 929). Admite-se, inclusive, que os serviços de procoloco possam ser descentralizados, mediante delegação a ofícios de justiça de primeiro grau.

No mesmo momento da distribuição também será sorteado aquele que será o relator, observando a publicidade, alternatividade e o sorteio (art. 930). Neste aspecto, destaca-se que o CPC (art. 930, parágrafo único) consagra uma salutar regra de prevenção para todos os eventuais recursos subsequentes relativos ao mesmo processo que originou o primeiro deles. Porém, a referida norma deve ser analisada com certo cuidado, pois, eventualmente, o desembargador pode ter interesse em ser removido para outro órgão fracionário que não tenha competência cível. Logo, esta norma há de ser interpretada como de prevenção do "órgão" e, não necessariamente, do "relator". Afinal, somente se o desembargador permanecer no mesmo órgão colegiado é que o mesmo restará prevento. Do contrário, estará apenas prevento o órgão primitivo.

35.2.2. Atribuições do Relator: proferir decisão monocrática, convalidação dos vícios, iniciativa probatória e o pedido de vistas

Após a distribuição, os autos seguirão conclusos ao relator, para que elabore a sua decisão e após, no prazo de 30 (trinta) dias (art. 531), o encaminhe com relatório para a secretaria. Mas, mesmo com os autos em seu poder, o relator poderá agir de várias maneiras (art. 932): a) dirigir e ordenar o processo no Tribunal, inclusive em relação à produção de provas, bem como, quando for o caso, homologar autocomposição das partes; b) apreciar o pedido de tutela provisória nos recursos e nos processos de competência originária do tribunal; c) não conhecer de recurso inadmissível, prejudicado ou que não tenha impugnado especificamente os fundamentos da decisão recorrida; d) negar provimento a recurso em determinadas circunstâncias; e) depois de facultada a apresentação de contrarrazões, dar provimento ao recurso em determinadas circunstâncias; f) decidir o incidente de desconsideração da personalidade jurídica, quando este for instaurado originariamente perante o tribunal; g) determinar a intimação do Ministério Público, quando for o caso; h) exercer outras atribuições estabelecidas no regimento interno do tribunal.

Mas é de se atentar que o CPC (art. 932, parágrafo único), estabelece que o relator, antes de negar seguimento ao recurso pela inadmissibilidade, deverá previamente intimar o recorrente para que, em 5 (cinco) dias, regularize o vício detectado ou complemente a documentação exigível. Contudo, esta norma não permite a intimação do recorrente para complementar a sua argumentação em casos que o CPC pontua que ela deva ser "específica" sob pena de inadmissão (v.g., art. 932, III c/c art. 1.021, § 1º). Já há jurisprudência do STF neste exato sentido, que deve ser aplaudida.[16] E, da mesma forma, quando o relator constatar a ocorrência de fato superveniente a decisão recorrida ou existência de questão apreciável de ofício que ainda não foram examinadas, mas que são importantes para o julgamento do recurso, competirá ao mesmo intimar as partes para que se manifestem previamente no mesmo prazo, o que está em harmonia com outra norma do CPC (art. 10).

Observa-se nesta norma, outrossim, que não há menção quanto à possibilidade de o Desembargador ou Ministro dar ou negar provimento ao recurso monocraticamente escorado apenas na existência de "jurisprudência", ao contrário do que ocorria com o modelo anterior (art. 557, CPC/73). Contudo, ainda que o novo dispositivo (art. 932) seja silente a respeito da "jurisprudência", ainda assim o magistrado relator poderá decidir levando-a unicamente em consideração, o que favorecerá uma interpretação sistemática do CPC, que impõe aos membros do Poder Judiciário a missão de uniformizar e manter sua jurisprudência estável, íntegra e coerente (art. 926).

Só que, não sendo hipótese de decisão monocrática imediata, caberá tão somente ao relator encaminhar os autos ao Presidente do órgão colegiado, que designará dia e hora para o julgamento (art. 934). Depois, as partes poderão ter vista dos autos mesmo após a publicação da pauta de julgamento, o que a princípio sequer seria necessário estar expresso, pois os processos são públicos de qualquer maneira (art. 189 c/c art. 935, parágrafo único).

O CPC também permite que o Relator tenha outras atribuições. A primeira delas (art. 938, § 1º) é a que lhe autoriza determinar a realização ou a renovação do ato processual, no próprio tribunal ou em primeiro grau de jurisdição, quando constatada a ocorrência de vício sanável, inclusive aquele que possa ser conhecido de ofício. Um exemplo, seria a ausência de intimação do membro do Ministério Público para oficiar em primeira instância, o que tornaria o processo nulo (art. 279). Contudo, pode ser que, no processamento do recurso, o Relator intime o *parquet* atuante perante os Tribunais e este, em sua manifestação, informe que não vislumbra nenhum prejuízo (art. 279, § 2º). Portanto, este é um exemplo que poderia ser fornecido em que esta norma pode ser aplicada.[17]

Mas, por outro lado, também há dispositivo (art. 938, § 3º) que permite que, se for reconhecida a necessidade de produção de prova, o relator converterá o julgamento em

---

16 STF. ARE 953.221/SP AgR/SP. Rel. Min. Luiz Fux. DJ 07/06/2016.

17 TJ-RJ. Apelação nº 0008383-30.2008.8.19.0212. Rel.ª Des.ª Mônica Costa di Piero. DJ 20/04/2010.

diligência, que se realizará no tribunal ou em primeiro grau de jurisdição, decidindo-se o recurso após a conclusão da instrução. Nesta outra situação, poderia ser fornecido o exemplo do recorrente que, em suas razões recursais, aduz que o juiz atuante em primeiro grau indeferiu a oitiva de determinada testemunha considerada como essencial, em decisão consignada na ata da AIJ, mesmo momento em que a sentença foi proferida. É que, neste caso, o Tribunal pode, antes de analisar o mérito do recurso, determinar que o referido magistrado se manifeste a respeito e, dependendo do caso, até mesmo impor que a referida prova seja previamente produzida para que, somente após, o recurso seja apreciado.

De resto, o CPC (art. 940) estabelece que, se o relator ou outro juiz não se considerarem habilitados a proferir imediatamente seu voto, poderá ser solicitada vista pelo prazo máximo de 10 (dez) dias, após o qual o recurso será reincluído em pauta para julgamento na sessão seguinte à data da devolução. Vale dizer que, se os autos não forem devolvidos tempestivamente ou se não for solicitada pelo juiz prorrogação de prazo de no máximo mais 10 (dez) dias, o presidente do órgão fracionário os requisitará para julgamento do recurso na sessão ordinária subsequente, com publicação da pauta em que for incluído (art. 940, § 1º). E, quando requisitar os autos desta forma e, desde que aquele que fez o pedido de vista ainda não se sentir habilitado a votar, o presidente convocará substituto para proferir voto, na forma estabelecida no regimento interno do tribunal.

35.2.3. Processamento no dia da sessão: sustentação oral, exposição dos votos e a técnica de julgamento para os casos de decisão não unânime

O CPC (art. 937) também estabelece quais são os recursos, ações autônomas ou mesmo incidentes em que as partes ou terceiros terão o direito a sustentação oral, no prazo de 15 (quinze) minutos. São eles: a) no recurso de apelação; b) no recurso ordinário; c) no recurso especial; d) no recurso extraordinário; e) nos embargos de divergência; f) na ação rescisória, no mandado de segurança e na reclamação; g) no agravo de instrumento interposto contra decisões interlocutórias que versem sobre tutelas provisórias de urgência ou da evidência; h) em outras hipóteses previstas em lei ou no regimento interno do tribunal. Há, inclusive, precedente do STJ autorizando requerimento de tutela provisória durante o momento em que a sustentação oral é efetuada.[18]

No novo modelo, como se observa, há grandes mudanças no que diz respeito a esta sustentação oral, principalmente em virtude de ela passar a ser admitida em recurso de agravo de instrumento, quando o mesmo abordar tema relativo à tutela provisória de urgência ou de evidência. E outra novidade é a previsão (art. 937, § 4º), no sentido

---

18 STJ. REsp 1.332.766-SP, Rel. Min. Luis Felipe Salomão, por unanimidade, j. 1º/06/2017, DJe 1º/08/2017.

de que a sustentação oral possa ser realizada por meio eletrônico ao advogado que tiver domicílio profissional em cidade distinta daquela onde o tribunal está localizado. Contudo, é de se destacar que houve veto presidencial em uma hipótese (art. 937, inc. VII), ante a fundamentação de que *"a previsão de sustentação oral para todos os casos de agravo interno resultaria em perda de celeridade processual, princípio norteador do novo Código, provocando ainda sobrecarga nos Tribunais"*.

No dia da sessão de julgamento, depois de feita a exposição da causa pelo relator, o presidente dará a palavra ao recorrente e logo em seguida ao recorrido, para que cada um sustente as razões do recurso, se for admita a sustentação oral.[19] O primeiro a votar será o relator e, em seguida, os demais julgadores, que na apelação e no agravo de instrumento são em número de três (art. 941, § 2º). Mas, enquanto não proclamado o resultado final pelo presidente da câmara ou turma, é possível que aquele desembargador que já tenha votado possa requerer a mudança do seu voto (art. 941, § 1º). Somente após terem sido proferidos todos os votos e o anúncio da decisão pelo presidente, é que será designado o responsável pela elaboração do acórdão, que necessariamente deverá conter uma ementa (art. 943, § 1º). O responsável pela redação do acórdão será o relator, ou, se este for vencido, o autor do primeiro voto vencedor (art. 941). E, vale dizer, haverá nulidade do acórdão que não contenha a totalidade dos votos declarados, mas não do julgamento, se o resultado proclamado refletir, com exatidão, a conjunção dos votos proferidos pelos membros do colegiado.[20]

De resto, o CPC eliminou o recurso chamado de embargos infringentes (art. 530 – art. 534, CPC-73), que eram interpostos pelos legitimados em algumas situações envolvendo acórdãos não unânimes. Porém, para substituir tal recurso, foi criada uma nova técnica de julgamento para os acórdãos que se encontrarem nesta situação, ou seja, quando forem não unânimes, caso em que deverão ser convocados magistrados tabelares para prosseguir no julgamento, até com a possibilidade de realização de nova sustentação oral (art. 942).

Esta técnica deverá ser observada, sob pena de *error in procedendo*,[21] em qualquer decisão proferida por maioria em recurso de apelação (seja quanto ao juízo de admissibilidade ou do próprio mérito),[22] quando o pedido deduzido na ação rescisória tiver sido julgado procedente por maioria e, também, quando este for o resultado em acórdão que deu provimento a agravo de instrumento para impugnar decisão

---

19 MOREIRA, José Carlos Barbosa. *O novo processo civil brasileiro*. 22ª ed. Rio de Janeiro: Forense, 2002, p. 141.

20 STJ. REsp nº 1.729.143-PR. Rel.ª Min.ª Nancy Andrighi. DJ 15/02/2019.

21 STJ. REsp nº 1.798.705-SC. Rel. Min. Paulo de Tarso Sanseverino. DJ 28/10/2019.

22 Há precedente vinculante do TRF-2 em sede de IAC (incidente de assunção de competência), cujo tema foi o de nº 1, que firmou a seguinte tese sobre a aplicação do art. 942 em acórdão não unânime proferido em apelação: "A técnica de complementação de julgamento de apelação de que trata o art. 942 do novo CPC aplica-se tão somente às hipóteses de reforma de sentença de mérito, quando o resultado do julgamento não for unânime". TRF-2. Processo paradigma 0000191-46.2000.4.02.5111. Rel. Des. José Antônio Neiva. DJ 02/05/2018. Contudo, destaca-se que o entendimento do STJ é no sentido da literalidade da norma, de modo que esta técnica deveria ser empregada em qualquer hipótese de decisão não unânime em apelação: STJ. REsp nº 1.733.820-SC. Rel. Min. Luís Felipe Salomão. DJ 10/12/2018.

interlocutória de mérito (art. 942, *caput* e § 3º).[23] Há, contudo, casos expressos em lei que não a admitem (art. 942, § 4º). No meio doutrinário, já há quem defenda o seu uso também no recurso ordinário, em razão das similaridades que possui com a apelação, embora se acredite que este posicionamento não vá vingar, por implicar em mais uma burocracia na gestão de processos perante os Tribunais Superiores.[24]

No modelo primitivo, o tema recebeu exaustivo trato nos verbetes sumulares dos Tribunais Superiores, embora todos se refiram ao tema como se fosse o antigo recurso. Contudo, após a vigência do CPC, os mesmos terão que ser atualizados, preferencialmente da forma como se sugere.

O primeiro deles, é o Verbete nº 293 da Súmula do STF, que pontua: "*São inadmissíveis embargos infringentes contra decisão em matéria constitucional submetida ao plenário dos Tribunais*". Mas, diante da eliminação dos embargos infringentes, este verbete sumular deverá ser interpretado de forma que, na hipótese que ele aborda, não será admitida esta técnica de julgamento. Um outro já seria o verbete nº 294 da Súmula do STF, que estabelece: "*São inadmissíveis embargos infringentes contra decisão do STF em mandado de segurança*", que também deve ter a mesma interpretação sugerida, ou seja, que, na situação nele descrita não será admitida esta técnica de julgamento. E o mesmo, por sinal, também deve ser mencionado quanto ao Verbete nº 455 da Súmula do STF: "*Da decisão que se seguir ao julgamento de constitucionalidade pelo tribunal pleno, são inadmissíveis embargos infringentes quanto à matéria constitucional*" e do Verbete nº 597 da Súmula do STF: "*Não cabem embargos infringentes de acórdão que, em mandado de segurança, decidiu por maioria de votos a apelação*", valendo destacar que este último já até se encontra positivado em lei específica (art. 25, Lei nº 12.016/2009).

Quanto ao STJ, o primeiro Verbete é o de nº 88: "*São admissíveis embargos infringentes em processo falimentar*". Este, por seu turno, já deve ser aplicado em sentido inverso dos demais, ou seja, no sentido da possibilidade do emprego desta técnica de julgamento. E, por fim, os últimos são o Verbete nº 169 da Súmula do STJ: "*São inadmissíveis embargos infringentes no processo de mandado de segurança*" e, também, o de nº 390 da Súmula do STJ: "*Nas decisões por maioria, em reexame necessário, não se admitem embargos infringentes*", devem, como na maioria dos demais, serem concebidos no sentido da inadmissibilidade de aplicação da nova técnica, sendo que, quanto ao último em específico, já há previsão normativa neste sentido (art. 942, § 4º, inc. II).

---

[23] Um exemplo seria a decisão interlocutória que analisou impugnação de crédito em processo de recuperação judicial. É que este ato decisório comporta agravo de instrumento e se este for provido por maioria, seria hipótese de aplicação desta nova técnica de complementação da vontade do órgão colegiado (art. 942). É o que se extrai em: STJ. REsp nº 1.797.866-SP. Rel. Min. Ricardo Villas Bôas Cueva. DJ 14/05/2019.

[24] DIDIER JR., Fredie. CUNHA, Leonardo Carneiro da. *Curso de direito processual civil. Meios de impugnação às decisões judiciais e processos nos Tribunais*. 13ª ed. Salvador: JusPodivm, 2016. v. 3, pp. 299.

36

TEORIA GERAL DOS RECURSOS

36.1. CONCEITO E JUSTIFICATIVA

O termo "recurso" é comumente conceituado como o *"remédio voluntário idôneo apto a ensejar, dentro do mesmo processo, a reforma, a invalidação, o esclarecimento ou a integração da decisão que se impugna"*.[1] Assim, quando se diz que o recurso é um *"remédio voluntário"*, significa que o mesmo deve decorrer da expressão de vontade sincera de qualquer uma das partes, que não pode ficar com receios da sua utilização sob risco de agravamento da sua situação pessoal. Aliás, é justamente para que não haja desestímulo neste sentido que pode ser invocado o princípio que veda a reforma para pior ou da *non reformatio in pejus*, quando apenas uma das partes estiver impugnando exclusivamente aquela decisão.

Além disso, esta circunstância de o recurso necessariamente decorrer da voluntariedade de uma parte afasta qualquer ideia de que a remessa necessária (art. 496), também chamada de duplo grau obrigatória, possa ser considerado como um recurso. É que este instituto não cuida de um recurso de ofício, pois jamais poderia o magistrado recorrer em favor de uma das partes sob risco de macular a sua imparcialidade.

Já quando o conceito acima transcrito menciona *"dentro do mesmo processo"*, o que se extrai é que o recurso pode ser considerado como um desdobramento do processo já existente ou, em outras palavras, um prolongamento da relação jurídica processual anteriormente instaurada. Este aspecto, por sinal, é o traço diferenciador entre os recursos e as ações autônomas de impugnação, uma vez que estas últimas, muito embora possam ter objetivos semelhantes, decorrem do exercício do direito de uma nova ação e acabam criando outra relação jurídica processual.

Mas, em que pese esta distinção, realmente o recurso em muito se assemelha a um direito de ação. É que, uma vez tendo o Estado sido provocado para prestar a jurisdição, após a sua entrega o mesmo exaure a sua atividade, somente podendo continuar a prestá-la caso alguém requeira o prosseguimento do processo. Portanto, parece que o recurso deve ser visualizado, também, sob o prisma de uma extensão do direito de ação,[2] mesmo quando interposto pelo demandado, já que este, ao integrar a relação jurídica processual, também tem direito à resolução do mérito que lhe envolve.

---

1 MOREIRA, José Carlos Barbosa. *Comentários ao código de processo civil.* 14ª ed. Rio de Janeiro: Forense, 2008. v. V, p. 233.

2 MOREIRA, José Carlos Barbosa. *Comentários ao código de processo civil.* 14ª ed. Rio de Janeiro: Forense, 2008. v. V, p. 236. Esta visão é também compartilhada, em parte, por Nelson Nery Júnior, que considera o recurso como ação ou continuação do direito de ação em etapa ulterior do processo já instaurado. É o que se extrai em: NERY JUNIOR, Nelson. *Princípios fundamentais – teoria geral dos recursos.* 5ª ed. São Paulo: Revista dos Tribunais, 2000, p. 184.

O recurso é, portanto, um importante instrumento disponibilizado às partes para controle da prestação jurisdicional e também do arbítrio do julgador, uma vez que as suas decisões devem ser devidamente motivadas (art. 93, inc. IX, CRFB).[3] Nos dias atuais, no entanto, alguns fatores vêm contribuindo decisivamente para o emprego cada vez mais desvirtuado deste instrumento ou há pelo menos, uma grande mudança de perspectiva em relação ao que antes ocorria. Entre eles, podem ser citados: a) a vontade dos jurisdicionados de esgotar as vias recursais, já que esta conduta, de alguma forma, pode resultar em algum tipo de proveito maior do que o simples cumprimento espontâneo da obrigação reconhecida no título executivo; b) a arcabouço normativo e, muitas vezes, a própria postura da Fazenda Pública em juízo, já que o uso do recurso, protelatório ou não, impede a preclusão das vias impugnativas e isso significa, em muitos casos, a impossibilidade de cumprimento imediato da decisão proferida; c) a postura empregada pelos Tribunais Superiores, que em prol da celeridade e de uma pseudoisonomia claramente demonstram tencionar a rápida eliminação dos processos e recursos, mesmo a um custo indimensionável.

36.2. OBJETIVO DO RECURSO

O mesmo conceito abordado no item anterior menciona que o recurso pode ser utilizado para obter a "*reforma, invalidação, esclarecimento ou integração*", que são objetivos bem distintos.

O termo "*reforma*" é empregado quando o objetivo do recorrente é o reconhecimento de que o conteúdo da decisão impugnada não é o mais adequado à luz das provas constantes nos autos. Já a "*invalidação*" ocorre quando o ato jurisdicional se encontrar inquinado com algum vício. O "*esclarecimento*", por sua vez, pode ser entendido como a eliminação de um erro material, uma contradição ou mesmo uma obscuridade no ato decisório. E, por fim, a "*integração*" nada mais é do que a eliminação de uma omissão no julgado.

Usualmente, os recursos, independentemente da sua espécie, objetivam a reforma ou invalidade. Já as hipóteses de correção de erro material, esclarecimento ou integração somente podem ser alegadas por meio do recurso de embargos de declaração. Admite--se, porém, outra via processual, além dos embargos de declaração, quando se tratar de decisão omissa que precisa ser complementada É que o recurso de apelação também pode ser utilizado com esta finalidade de suprir omissão (art. 1.013, § 3º).

É curioso observar, portanto, que a omissão em um ato decisório tanto pode conduzir à sua invalidade como também à sua integração, dependendo do mecanismo que vier a ser empregado pelo interessado. Assim, diante de uma sentença omissa, diversas opções surgem para o recorrente. A primeira é interpor os embargos de declaração (art. 1.022, inc. II) para sanar este vácuo. No entanto, também poderá se

---

3 CAMARGO, Margarida Maria Lacombe. *Hermenêutica e argumentação, uma contribuição ao estudo do Direito.* 2ª ed. Rio de Janeiro: Renovar, 2001, p. 7. COUTURE, Eduardo J. *Fundamentos del derecho procesal civil.* 4ª ed. Buenos Aires: B de F Ltda, 2005, p. 284.

valer do recurso de apelação que pode servir tanto para invalidar este ato (sentença *citra petita*), como para integrá-lo (art. 1.013, § 3º).

Percebe-se, assim que, no caso de integração, são 2 (dois) os meios adequados, ou seja, tanto o recurso de apelação como os embargos de declaração têm exatamente a mesma finalidade, o que mitiga o princípio da unirrecorribilidade. E, justamente nesta hipótese, há um interessante questionamento envolvendo o sistema das preclusões processuais, consistente em saber se é possível que o interessado possa se valer do recurso de apelação para enfrentamento da omissão, caso não tenha antes utilizado os embargos de declaração. A resposta deve ser afirmativa, não existindo qualquer obstáculo, posto que a preclusão, assim compreendida como a perda da faculdade de praticar um determinado ato processual (no caso, o uso dos embargos de declaração pelo decurso do prazo), não pode abranger outros atos processuais distintos e para os quais a lei processual assinala prazo diferenciado.[4] Assim, não obstante os embargos não terem sido interpostos, esta circunstância não se traduz em obstáculo que impeça a posterior utilização do recurso de apelação com a mesma finalidade, já que os atos têm natureza distinta.

E, por fim, não se pode olvidar que, malgrado a finalidade do recurso seja combater uma "*decisão judicial*", ainda assim outro ato processual poderá ser atingido reflexamente. Com efeito, quando uma parte impugna a sentença que não reputou determinada prova como ilícita, o acolhimento do recurso irá gerar não apenas a reforma da mesma como, também, acarretará a exclusão deste ato processual (prova) dos autos. Logo, é correto concluir que o recurso realmente impugna decisão judicial, muito embora o seu julgamento possa gerar reflexos a outros atos processuais.

36.3. *ERROR IN JUDICANDO* E *ERROR IN PROCEDENDO*

O "*error in judicando*" não se confunde com o "*error in procedendo*", posto que o primeiro ocorre quando o conteúdo da decisão judicial não for o mais acertado à luz das provas produzidas nos autos enquanto o segundo configura uma hipótese de vício processual, que pode ser intrínseco à própria decisão judicial ou ao momento em que a mesma foi proferida. Nem sempre, porém, é fácil distinguir quando um ou outro ocorre.[5]

Com efeito, o primeiro deles, ou seja, o "*error in judicando*" não é exclusivo de sentenças definitivas, uma vez que a má análise do que consta nos autos pode resultar até mesmo na prolação de uma sentença terminativa. É o que se dá quando o magistrado, equivocadamente, pronuncia a litispendência após exame perfunctório e apressado nos autos. Esta sentença (art. 485, inc. V) pode até ter sido proferida em momento oportuno e não conter nenhum vício na sua forma, mas, ainda assim, teve em seu

---

4 DIDIER JR., Fredie. CUNHA, Leonardo Carneiro da. *Curso de direito processual civil. Meios de impugnação às decisões judiciais e processos nos Tribunais.* 3ª ed. Salvador: JusPodivm, 2007. v. 3, p. 164.

5 COUTURE, Eduardo J. *Fundamentos del derecho procesal civil.* 4ª ed. Buenos Aires: B de F Ltda, 2005, p. 283.

conteúdo uma valoração equivocada da situação apresentada, o que já é suficiente para inquiná-la com o "*error in judicando*".

Por seu turno, ocorre o "*error in procedendo*" quando a sentença é viciada (v.g., sem relatório, ao arrepio do que prevê o art. 489, inc. I) ou quando é proferida em momento impróprio (v.g., quando o magistrado faz o julgamento antecipado do mérito, sem que estivessem presentes quaisquer motivos que o autorizasse). Perceba-se que, nos 2 (dois) exemplos, até mesmo uma sentença definitiva pode ser acoimada de "*error in procedendo*".

Vale dizer que tais expressões também podem ser utilizadas em decisões interlocutórias. Assim, uma decisão que defere a tutela provisória de urgência antecipada e que se equivoca quanto aos elementos que indiquem a probabilidade do direito, deve ser reformada por motivo de "*error in judicando*". Da mesma maneira, quando o magistrado indefere um pleito desta natureza sem sequer fundamentar, estará praticando um ato em manifesto "*error in procedendo*".

36.4. DISTINÇÃO EM RELAÇÃO À AÇÃO AUTÔNOMA DE IMPUGNAÇÃO

A ação autônoma de impugnação é aquela que resulta do exercício do direito de ação e que inaugura uma nova relação jurídica processual, com o objetivo de também invalidar ou reformar uma determinada decisão judicial.

São inúmeras as ações autônomas, tais como a ação rescisória (que busca exclusivamente o reconhecimento de vício processual em outro processo), os embargos de terceiros (que buscam desconstituir um ato processual praticado em outro processo), como também o mandado de segurança (bastante utilizado quando a decisão é proferida por juízo com competência cível) e o *habeas corpus* (empregado usualmente quando a decisão é dada por juízo com competência penal), dentre outros mais.

Mas a ação autônoma de impugnação encontra alguns obstáculos quanto à sua utilização. É que, quando a lei já prevê a possibilidade de algum recurso, a jurisprudência não vem permitindo o manejo de uma ação autônoma, o que se justificaria, inclusive, sob o prisma da ausência de interesse em provocar o Judiciário por intermédio de outra ação, já que o eventual descontentamento poderia ser resolvido no próprio processo já anteriormente instaurado, embora este não seja um entendimento pacífico no âmbito doutrinário.[6] Mas, de qualquer maneira, esta concepção está normatizada pelo menos em relação ao uso do mandado de segurança, em razão da interpretação que é dada em relação a certa norma jurídica (art. 5º, incs. I e II, Lei nº 12.016/2009).

Vale ainda acrescentar que estas ações autônomas têm o seu uso bastante corriqueiro, mormente quando a lei processual vedar algum recurso, o que se dá em diversas hipóteses na lei processual. Entre elas, destaca-se a norma indicada no CPC (art. 1.035), que veda a interposição de recurso quando o STF negar a repercussão

---

6 Em sentido contrário ao texto: FERRAZ, Sérgio. *Mandado de segurança (individual e coletivo)*. 3ª ed. São Paulo: Malheiros, 1996, p. 102.

geral a REXTR. Assim, nesta situação, pelo menos em tese, se encontrarão abertos os caminhos para a utilização de alguma ação autônoma de impugnação.

36.5. DISTINÇÃO EM RELAÇÃO AOS SUCEDÂNEOS RECURSAIS

O "sucedâneo recursal" pode ser compreendido como qualquer mecanismo processual que, mesmo não sendo recurso, possa vir a gerar a reforma ou a invalidação de uma decisão jurisdicional, sendo o mais comum entre todos o denominado requerimento de reconsideração.

Este requerimento de reconsideração usualmente é apresentado por uma simples petição por meio da qual a parte vai demonstrar e fundamentar o seu inconformismo para, ao final, requerer a reforma da decisão prolatada. Claro que, para que este meio atinja a sua finalidade, algumas condições devem ser observadas, como a ausência de coisa julgada, preclusão ou mesmo de estabilidade acobertando a decisão prolatada. Para temas insuscetíveis de preclusão como, por exemplo, a decisão que defere a antecipação dos efeitos da tutela provisória, nada obsta que a parte venha a peticionar requerendo a revogação desta medida, que será considerada como um sucedâneo recursal. Mas o maior cuidado que se deve ter quando se elabora e protocoliza uma petição com esta finalidade é que a mesma não terá o condão de suspender e nem mesmo de interromper o prazo para a interposição dos recursos, estes sim os instrumentos tradicionais e de excelência para se impugnar as decisões judiciais.[7]

Por fim, deve constar que a correição parcial não deve ser tratada como tal, eis que a mesma não mais é utilizada para alterar qualquer decisão judicial e sim para analisar a atuação administrativa não apenas do magistrado, mas do serviço forense como um todo, de modo a permitir a aplicação de sanções de natureza administrativa.[8]

36.6. DISTINÇÃO EM RELAÇÃO À REMESSA NECESSÁRIA

O recurso não pode ser equiparado à remessa necessária, também chamada de duplo grau obrigatório, que é um outro exemplo de sucedâneo recursal (por permitir a alteração do conteúdo de uma decisão judicial) e cujas hipóteses de ocorrência dependem de previsão normativa (v.g., art. 496 e art. 19, Lei nº 4.717/64). Se assim não fosse, a remessa necessária implicaria em macular a imparcialidade do magistrado, caso se permitisse que o mesmo pudesse recorrer a favor de uma das partes. Logo, a terminologia "recurso de ofício" deve ser evitada, malgrado assim tenha sido adotada no Código de Processo Penal (art. 574, CPP), por se constituir em grave equívoco técnico.[9]

---

7 BUENO, Cassio Scarpinella. *Curso sistematizado de direito processual civil.* São Paulo: Saraiva, 2008. v. 5, p. 442.

8 No mesmo sentido do texto: BUENO, Cassio Scarpinella. *Curso sistematizado de direito processual civil.* São Paulo: Saraiva, 2008. v. 5, p. 445.

9 Em sentido contrário e francamente minoritário, reformulando seu entendimento por passar a considerar a remessa necessária como um recurso, por envolver a prática de um ato de impulso processual que permite a "devolutividade": DIDIER JR., Fredie. CUNHA, Leonardo Carneiro da. *Curso de direito processual civil. Meios de impugnação às decisões judiciais e processos nos Tribunais.* 13ª ed. Salvador: JusPodivm, 2016. v. 3, pp. 402-403.

Enquanto o objetivo do recurso é obter a reforma, invalidação, esclarecimento ou integração de um ato decisório, a finalidade do duplo grau obrigatório é gerar eficácia a um ato decisório e, ao mesmo tempo, possibilitar a formação da coisa julgada. É o que se extrai do Verbete nº 423 da Súmula do STF: "*Não transita em julgado a sentença por haver omitido o recurso* ex officio, *que se considera interposto* ex lege", que coincide com a mesma conclusão da doutrina, malgrado o primeiro tenha empregado a vetusta e atécnica expressão "*recurso ex officio*".[10]

Assim, se em uma hipótese concreta nenhuma das partes interpuser o recurso e o magistrado também não se atentar que a hipótese é de remessa obrigatória ao Tribunal, o referido ato decisório será desprovido de efeitos e não irá transitar em julgado. Contudo, esta providência poderá ser remediada a qualquer tempo, bastando que o juízo faça a remessa à superior instância ou desde que haja avocação por parte do presidente do Tribunal (art. 496, § 1º). Ou, ainda, o reexame estará suprido caso haja a interposição de algum recurso voluntário por alguma das partes.

Percebe-se, desta maneira, que a intenção do legislador é que, em situações predeterminadas (v.g., haja condenação da Fazenda Pública acima de determinados valores), algumas decisões tenham que ser analisadas por uma instância hierarquicamente superior, sob risco de não gerarem efeitos e sequer transitarem em julgado enquanto isso não ocorrer. E, nestes casos, o mesmo devolve ao Tribunal a análise de todas as matérias relativas à condenação, na esteira do que prevê o Verbete nº 325 da Súmula do STJ: "*A remessa oficial devolve ao Tribunal o reexame de todas as parcelas da condenação suportadas pela Fazenda Pública, inclusive dos honorários de advogado*". Por este motivo, aliás, é que para se evitar ulteriores surpresas existe quem defenda na doutrina que a parte contrária seja intimada para a apresentação de contrarrazões, mesmo ao arrepio da lei.[11] Mas o importante é destacar que, quanto ao capítulo constante na mesma sentença em que a Fazenda Pública tiver sido vencedora, o mesmo somente poderá ser analisado pela Corte Superior caso impugnado por recurso pela outra parte.

No caso específico que regula o CPC (art. 496), a remessa necessária pode ser dispensada em algumas situações, tal como ocorre quando a condenação da Fazenda Pública não exceder os limites mencionados em lei (art. 496, § 3º, incs. I, II e III), ou quando a sentença estiver fundamentada em jurisprudência do plenário do STF ou em Súmula deste ou de outro Tribunal Superior, entre poucas hipóteses mais (art. 496, § 4º). Mas, se deve ressalvar que, mesmo quando se tratar de sentenças ilíquidas, esta providência terá que ser observada, nos termos do Verbete nº 490 da Súmula do STJ: "*A dispensa da remessa necessária, quando o valor da condenação ou do direito controvertido for inferior a 60 salários-mínimos, não se aplica a sentenças ilíquidas*".[12]

---

10 ARAGÃO, Egas Moniz de. *Sentença e Coisa Julgada*. Rio de Janeiro: Aide, 1992, p. 348.

11 BUENO, Cassio Scarpinella. *Curso sistematizado de direito processual civil*. São Paulo: Saraiva, 2008. v. 5, p. 415.

12 O STJ já teve a oportunidade de decidir que, com a entrada em vigor do CPC/2015, passou a ser dispensável a remessa necessária nas sentenças ilíquidas proferidas em desfavor do INSS, cujo valor mensurável da condenação ou do proveito econômico seja inferior a mil salários mínimos. É que se observa em: STJ. REsp nº 1.735.097-RS. Rel. Min. Gurgel de Faria. DJ 11/10/2019.

Curiosamente, muito embora seja negada à remessa obrigatória a natureza de recurso, por vezes ela recebe o mesmo tratamento. É o que ocorre quanto ao princípio recursal que veda a reforma para pior, inteiramente aplicável em sede de duplo grau obrigatório, já que o mesmo não pode resultar em um agravamento da condenação imposta à Fazenda Pública, conforme consta no Verbete nº 45 da Súmula do STJ: *"Na remessa necessária, é defeso, ao Tribunal, agravar a condenação imposta à Fazenda Pública"*. Da mesma maneira, esta providência se presta a realizar o exaurimento das vias processuais para efeitos de ulterior interposição de RESP ou REXTR, ainda que não se trate de um recurso propriamente dito, conforme já reconhecido pela jurisprudência.[13] E, ainda, não se pode olvidar que a norma (art. 932) que autoriza o relator a proferir decisões monocráticas em sede de recursos, também pode ser utilizada em sede de remessa necessária, de acordo com o Verbete nº 253 da Súmula do STJ, que faz menção ao dispositivo equivalente do modelo primitivo (CPC-73): *"O art. 557 do CPC, que autoriza o relator a decidir o recurso, alcança a remessa necessária"*.

Por fim, um último ponto deve ser merecedor de algumas considerações. É que, conforme pontua o CPC (art. 496), esta remessa necessária somente deve ser observada em determinadas situações envolvendo a prolação de ato decisório "sentença". Contudo, a novel legislação autoriza que, mesmo em processo tramitando em primeira instância, possa surgir uma decisão interlocutória de mérito, trazendo reflexos financeiros negativos à Fazenda Pùblica. Basta imaginar, por exemplo, que tenha sido realizado um julgamento antecipado parcial do mérito (art. 356), com a consequente condenação da União ao pagamento de soma de cerca de 1.500 (mil e quinhentos salários-mínimos). Em tais situações, a remessa necessária deve ser dispensada, pois esta somente ocorre, segundo o CPC, quando a condenação for oriunda de "sentença", o que não trata a hipótese em exame, que envolve "decisão interlocutória de mérito". Com efeito, embora até seja possível fragmentar a análise do mérito e até mesmo a formação da coisa julgada, o processo permanece sendo apenas um. Desta maneira, não faria sentido submeter todo o processo à remessa necessária para que o Tribunal pudesse verificar a decisão interlocutória proferida enquanto tempo precioso é perdido nesta análise sem que as demais parcelas do mérito tenham sido analisadas. Portanto, quanto ao dispositivo em questão (art. 496), pugna-se por uma interpretação literal e restritiva, devendo essa remessa ocorrer somente quando alguma "sentença" for realmente proferida.

36.7. DECISÕES SUJEITAS E NÃO SUJEITAS A RECURSOS

Em regra, as decisões judiciais que podem ser impugnadas por meio de recurso são: a) acórdãos (art. 204); b) decisões monocráticas (aquelas proferidas apenas por um ministro, desembargador ou magistrado convocado – usualmente fundamentadas no art. 932); c) sentenças (art. 203, § 1º); d) decisões interlocutórias (art. 203, § 2º).

---

13 STJ. REsp nº 905.771/CE. Rel. Min. Teori Albino Zavascky. DJ 29/06/2010.

Os despachos (art. 203, § 3º) não podem ser objeto de recursos, uma vez que desprovidos de fundamentação e conclusão. É, por sinal, o que determina o CPC (art. 1.001): "*dos despachos não cabe recurso*". Há, contudo, uma tendência em considerar como despacho o que, a rigor, seria uma decisão interlocutória. Por exemplo, quando uma das partes ou um dos seus advogados utilizarem, no processo, expressões injuriosas em relação à outra, o CPC (art. 78, § 2º) autoriza que o magistrado de ofício ou a requerimento do interessado, determine o riscamento de tais palavras. Só que o ato do juiz que indefere este pleito é, sem dúvidas, uma decisão interlocutória, eis que precisa ser devidamente fundamentada. No entanto, não é raro localizar jurisprudência reputando-a como mero despacho e, consequentemente, ato insuscetível de ser impugnado pela via recursal.[14]

De qualquer maneira, há também aqueles que defenda a possibilidade de um despacho ser objeto de recurso, em que pese a literalidade desta norma (art. 1.001). É que, para os que assim entendem, tal situação poderia ocorrer quando o magistrado determina a citação do demandado, por meio de um despacho, sem se pronunciar quanto ao requerimento de antecipação dos efeitos da tutela provisória, que tinha sido formulado na petição inicial. Nesta hipótese, há quem vislumbre que a omissão deste despacho poderia ser combatida pelo emprego do recurso de embargos de declaração.[15] Só que este raciocínio não apenas esbarra na proibição normativa, mas, também, desconsidera que, no juízo de admissibilidade de qualquer recurso, deve ser verificado o seu cabimento, requisito que pressupõe a existência de uma decisão judicial. E despacho não é decisão judicial, já que nele não consta fundamentação ou mesmo conclusão, o que demonstra o acerto da vedação legal. Assim, mesmo nesta hipótese, caberia tão somente ao demandante insistir na apreciação do seu pleito, por meio de uma nova petição reiterando a análise do requerimento de antecipação dos efeitos da tutela provisória. E, somente da decisão que a deferir ou não esta medida é que poderá ser interposto um recurso de agravo de instrumento (art. 1.015, inc. I).

Mas existem decisões que realmente não podem ser impugnadas por recurso, em razão da expressa previsão normativa ou mesmo em virtude da interpretação que vem sendo dada pelos Tribunais Superiores. Contudo, mesmo em todos estes casos são admitidos, pelo menos, os embargos de declaração.[16] Entre estas hipóteses de decisões que não podem ser objeto de recurso, destacam-se: a) acórdão do Pleno do STF que nega o reconhecimento de repercussão geral em sede de REXTR (art. 1.035); b) sentença terminativa proferida em sede de Juizado Especial Federal (art. 5º, Lei nº 10.259/2001; c) decisões interlocutórias proferidas em sede de Juizado Especial Estadual; dentre outras mais.

---

14 TJ-RJ. Agravo de instrumento nº 2003.002.10774. Rel. Des. Sérgio Cavalieri Filho. S/d.

15 DIDIER JR., Fredie. CUNHA, Leonardo Carneiro da. *Curso de direito processual civil. Meios de impugnação às decisões judiciais e processos nos Tribunais.* 7ª ed. Salvador: JusPodivm, 2009. v. 3, p. 187.

16 MOREIRA, José Carlos Barbosa. *Comentários ao código de processo civil.* 14ª ed. Rio de Janeiro: Forense, 2008. v. V, pp. 549-550.

36.7.1. Acórdão do Pleno do STF que nega o reconhecimento de repercussão geral em sede de REXTR

Esta proibição, prevista no CPC (art. 1.035), sequer seria necessária, pois o pronunciamento judicial do STF que não reconhece a repercussão geral a um REXTR já é proferido pelo seu Órgão Pleno, o que é indicativo de que não há, na estrutura do Poder Judiciário brasileiro, qualquer outro órgão hierarquicamente superior que pudesse rever esta decisão. No entanto, ainda que a lei proíba a interposição de recursos, vem sendo admitido o manejo dos embargos de declaração.

36.7.2. Sentença terminativa proferida em sede de Juizado Especial Federal

A Lei dos Juizados Especiais Federais, em dispositivo próprio (art. 5º, Lei nº 10.259/2001), pontua: "*exceto nos casos do art. 4º, somente será admitido recurso de sentença definitiva*". Logo, o recurso inominado somente pode ser empregado, no Juizado Especial Federal, para impugnar as decisões interlocutórias que versam a respeito de tutelas de urgência ou para questionar as sentenças definitivas que venham a ser proferidas. Assim, nos casos de sentenças terminativas, simplesmente não haverá recurso e nem qualquer prejuízo ao demandante, que poderá repetir novamente a ação (art. 486, parágrafo único).

Ocorre, porém, que esta norma (art. 486, parágrafo único) proíbe a repetição da ação quando se tratar de sentença terminativa que tenha reconhecido a litispendência, perempção ou coisa julgada, o que torna aflitiva a situação do demandante já que, nestes casos, não poderá se valer do recurso inominado e nem mesmo propor nova demanda. A solução, em caráter excepcional, é permitir o uso do recurso mesmo nestas hipóteses como, aliás, já foi reconhecido no Enunciado nº 18 das Turmas Recursais da Seção Judiciária do Rio de Janeiro: "*Não cabe recurso de sentença que não aprecia o mérito em sede de Juizado Especial Federal (art. 5º da Lei 10.259/2001), salvo quando o seu não conhecimento acarretar negativa de jurisdição*".

Vale dizer que esta restrição constante para os juizados federais, de impedir recurso para impugnar as sentenças terminativas, levou em consideração o diminuto número de magistrados que atuavam nos Juizados Especiais Federais que, em sua etapa inicial de instalação, nem mesmo eram ali exclusivamente lotados. No entanto, com o advento de legislação mais recente (Lei nº 12.665/2012), foram criados 225 (duzentos e vinte e cinco) cargos de Juízes Federais de Turmas Recursais, o que pode sugerir que esta restrição (art. 5º da Lei nº 10.259/2001), já poderia ser revista pelo legislador.

36.7.3. Decisões interlocutórias proferidas em sede de Juizado Especial Estadual

A bem da verdade, não há qualquer vedação expressa na legislação específica (Lei nº 9.099/95), no sentido de que as decisões interlocutórias proferidas em sede de Juizado Especial Estadual não possam ser objeto de recurso. Com efeito, esta lei apenas prevê o recurso inominado para impugnação de sentença (seja ela terminativa ou definitiva) e também os embargos de declaração, silenciando-se por completo em relação às decisões interlocutórias.

Assim, diante deste vácuo normativo, por vezes tem sido permitido o emprego do mandado de segurança, impetrado perante a Turma Recursal, para questionar as decisões interlocutórias proferidas nos processos de competência do Juizado Especial Estadual. Esta prática, porém, depara-se com pelo menos três grandes óbices: a) a proibição de se utilizar, nos processos que tramitam perante esses Juizados, procedimento especial ou diverso daquele constante na própria legislaçao própria (Lei nº 9.099/95); b) a competência da Turma Recursal é, de acordo com a própria nomenclatura, exclusivamente "recursal", o que impediria que nela fosse ajuizada ação de competência originária; c) o magistrado, quando é apontado como autoridade coatora, tem a prerrogativa de apenas prestar as suas informações perante membros integrantes de Tribunal (art. 101, § 3º, alínea d, LC nº 35/79).

Mas, mesmo diante de tantos obstáculos, ainda assim era bastante frequente a utilização desta ação autônoma de impugnação para questionar as decisões interlocutórias proferidas no Juizado Especial Estadual. No entanto, este panorama quase foi alterado substancialmente quando proferida decisão por uma das turmas do STF, em sede de REXTR, no sentido de que nem mesmo o mandado de segurança poderia ser empregado para impugnar tais decisões. É que, neste julgado, foi concluído que o sistema dos Juizados Especiais é específico, pautado na observância de princípios próprios (art. 2º, Lei nº 9.099/95) e que nele realmente não se pode questionar uma decisão interlocutória, seja por meio de recurso de agravo ou mesmo pelo ajuizamento de uma ação autônoma de impugnação. Foi asseverado, inclusive, que existe uma peculiaridade própria neste sistema que impede que todas as decisões interlocutórias que ali tenham sido proferidas possam gerar preclusão.[17] Assim, no Juizado Especial Estadual, já há muito vinha sendo aplicado, em parte, a nova norma prevista no CPC (art. 1.009, § 1º), no sentido de que, por ocasião do recurso próprio para impugnar a sentença, também poderiam ser questionadas as decisões interlocutórias proferidas na fase de conhecimento.

De todo modo, é de se mencionar que este acórdão do STF acabou não sendo adotado pelas instâncias inferiores e nem mesmo mais se viu a repetição de seu teor pela Suprema Corte. Portanto, embora não seja possível recorrer imediatamente de uma decisão desfavorável proferida em sede de processos que tramitam perante os Juizados Especiais, pelo menos é autorizado o uso do mandado de segurança, caso presentes os seus requisitos.

36.8. PRINCÍPIOS

Os princípios representam as traves-mestras do sistema jurídico, cujos efeitos se irradiam sobre diferentes normas, servindo de balizamento para a interpretação de todo o setor do ordenamento em que radicam.[18] Esta premissa tanto é verídica que,

17 STF. REXTR nº 576847/BA. Rel. Min. Eros Grau. DJ 20/05/2009.

18 SARMENTO, Daniel. *A ponderação de interesses na Constituição Federal*. 1ª ed. 2ª tir. Rio de Janeiro: Ed. Lumen Juris, 2002, p. 42.

modernamente, se entende que violar um princípio é muito mais grave do que violar uma regra jurídica, uma vez que a desatenção ao princípio acarreta uma violação a todo o sistema de comandos[19]. Além disso, a generalidade das regras jurídicas não é exatamente idêntica à generalidade dos princípios porque, enquanto estes são gerais em virtude de comportarem uma série indeterminada de aplicações nas mais variadas relações jurídicas, as primeiras são consideradas genéricas porque são criadas para regular apenas uma mesma relação jurídica predeterminada por lei, embora também de modo indefinido.[20] O seu estudo e correta assimilação são, portanto, de extrema importância prática, visto o amplo caráter e correlação com os mais diversos temas da ciência processual.

36.8.1. Princípio do duplo grau de jurisdição

Quando se estuda o presente tema (recursos), a lembrança deste princípio é praticamente automática. O princípio do duplo grau de jurisdição é, basicamente, aquele que permite que um órgão hierarquicamente superior (ou eventualmente até o mesmo órgão, de acordo com a concepção doutrinária adotada), possa reexaminar a decisão que foi proferida.

Ao contrário de diversos outros princípios, este não se encontra previsto expressamente na CRFB, o que inclusive gera o questionamento sobre o mesmo realmente existir. De um lado, há quem entenda que a Carta Magna não o assegura.[21] Por outro, também há quem defenda a sua existência como ínsita ao sistema constitucional vigente, já que pode ser extraída da garantia do contraditório e da ampla defesa (art. 5º, inc. LV, CRFB), que assegura aos litigantes do processo com os meios e *"recursos"* a eles inerentes, além de, por óbvio, decorrer da garantia do devido processo legal.[22] Este, por sinal, parece ser o melhor entendimento, até mesmo diante da efetiva perspectiva da existência de normas materialmente constitucionais fora do corpo da Constituição ("bloco de constitucionalidade"), tal como em tratados que expressamente o preveem (v.g., art. 8º, item nº 10, do PSJCR).[23]

Portanto, deve ser considerado que o princípio do duplo grau de jurisdição realmente existe e deve ser aplicado na medida do possível, embora não possa ter contornos absolutos, já que é possível o seu sacrifício diante de alguma situação concreta como, por exemplo, nos processos de competência originária do STF, diante da inexistência de qualquer outro Tribunal hierarquicamente superior a este.[24]

---

19 MELLO, Celso Antônio Bandeira de. *Curso de direito administrativo.* 13ª ed. São Paulo: Malheiros Editores, 2001, p. 772.

20 BONAVIDES, Paulo. *Curso de direito constitucional.* 5ª ed. São Paulo: Malheiros, pp. 239-240.

21 DINAMARCO, Cândido Rangel. *A reforma da reforma.* 2ª ed. São Paulo: Malheiros, 2002, p. 151.

22 MOREIRA, José Carlos Barbosa. *Comentários ao código de processo civil.* 14ª ed. Rio de Janeiro: Forense, 2008. v. V, p. 240.

23 Sobre o tema, envolvendo a análise de normas materialmente constitucionais fora do texto da Carta Magna, recomenda-se a leitura de HARTMANN, Rodolfo Kronemberg. O bloco de constitucionalidade. In: GRECO, Leonardo. NETTO, Fernando Gama de Miranda. *Direito processual e direitos fundamentais.* Rio de Janeiro: Lumen Juris, 2005, pp. 271-288.

24 DIDIER JR., Fredie. CUNHA, Leonardo Carneiro da. *Curso de direito processual civil. Meios de impugnação às decisões judiciais e processos nos Tribunais.* 7ª ed. Salvador: JusPodivm, 2009. v. 3, p. 25.

Muitas vezes, a doutrina sugere, como exemplo de mitigação deste princípio, a aplicação, pelo Tribunal, da norma prevista no CPC (art. 1.013, § 3º), que autoriza que o mérito seja resolvido imediatamente pelo órgão de segunda instância ao apreciar um recurso de apelação interposto para impugnar sentença terminativa. Argumenta-se, para tanto, que este princípio restaria vulnerado já que os recursos vindouros não permitiriam a análise de matéria fática, o que prejudicaria sobremaneira as partes. Contudo, como resta claro nesta fundamentação, existem ainda outros recursos (v.g., RESP e REXTR), que até mesmo poderiam culminar na alteração da decisão. Não se trata, portanto, de mitigação à remessa necessária, mas sim de uma supressão de instância perfeitamente autorizada pelo CPC e que busca agilizar a celeridade processual, para que seja evitado o retorno dos autos à primeira instância apenas para que seja proferida "nova" sentença, que posteriormente poderá permitir outra cadeia recursal.

36.8.2. Princípio da taxatividade

De acordo com o princípio da taxatividade, a parte somente pode se valer dos recursos que têm previsão em lei, o que, de certa forma, reforça a ideia da separação dos Poderes, por competir apenas ao Poder Legislativo a criação de normas abstratas e genéricas que devem ser aplicadas pelo magistrado em um processo judicial. No caso específico do direito processual civil, estes recursos estão relacionados em norma do CPC (art. 994), além de outros que possam estar previstos em leis especiais, como seria a hipótese do recurso inominado no juizado especial.

Assim, eventual recurso que venha a ser criado pelo interessado, ainda que sob o regime das convenções processuais (v. item nº 11.5.), fatalmente não será recebido, esbarrando no requisito de admissibilidade denominado "cabimento do recurso", que estabelece que haverá a necessidade não apenas da existência de uma decisão judicial, mas, também, de um recurso criado por lei que possa impugná-la. É que, de acordo com a atual ordem constitucional, apenas a União, por meio do Congresso Nacional, pode legislar a respeito de matéria processual (art. 22, inc. I, CRFB).

Da mesma maneira, assim como as partes não podem criar recursos por pretensa usurpação das atribuições do Poder Legislativo, não deveria ser permitido que os Tribunais, em seus regimentos ou por resoluções, criassem recursos, como os conhecidos "agravos regimentais", que, por sinal, tiveram seu prazo de interposição ampliado pelo CPC (art. 1.070).

Este tema, porém, é bastante polêmico, visto que existem precedentes do STF no sentido de que o agravo regimental não cuida de um recurso propriamente dito, mas apenas de um mecanismo para submeter a análise da questão impugnada ao órgão colegiado.[25]

---

25 STF. Agravo regimental no agravo de instrumento nº 247.591-RS. Rel. Min. Moreira Alves. DJ 14/03/2000. Vale dizer, ainda, que foi amplamente noticiado na mídia que o STF, em apertada votação (6x5) autorizou que alguns dos réus condenados na AP nº 470 ("Mensalão"), pudessem se valer dos embargos infringentes, previstos no próprio Regimento Interno deste Tribunal. Para tanto, se utilizou como um dos fundamentos que o Regimento Interno, que era anterior a CRFB, teria sido recepcionado, após o seu advento, como lei ordinária, nos dispositivos que versava sobre matéria processual.

36.8.3. Princípio que veda a reforma para pior

O princípio que veda a reforma para pior (ou princípio do *non reformatio in pejus*), tem como intuito tranquilizar o único recorrente de que o seu recurso não ira agravar a sua situação pessoal. Este princípio recursal, assim como alguns outros, não tem previsão no CPC, muito embora haja norma imbuída de seu espírito no Código de Processo Penal (art. 617, CPP), que veda o agravamento da pena quando somente o acusado tiver apelado da sentença penal condenatória.[26] O mesmo busca, portanto, evitar que aquele que se encontra descontente em relação a uma decisão judicial fique desestimulado a impugná-la, com receio de que sua situação seja agravada.[27]

Embora cuide de um princípio aplicável a recursos, o mesmo também costuma ser empregado na remessa necessária, tal como consta no Verbete nº 45 da Súmula do STJ: "*Na remessa necessária, é defeso, ao Tribunal, agravar a condenação imposta à Fazenda Pública*". Assim, caso o duplo grau obrigatório seja motivado em virtude de a União ter sido condenada a pagar quantia superior a 1.000 (mil) salários-mínimos (art. 496, § 3º, inc. I), não poderá o Tribunal, nesta hipótese, aumentar a condenação. É que, neste caso, o órgão superior apenas poderá manter a condenação primitiva ou reduzi-la, se assim entender.

Para que haja a reforma para pior, é necessário que o magistrado tenha proferido uma sentença de mérito (v.g., de procedência parcial do pedido), e que o recurso interposto exclusivamente por uma das partes (v.g., para majorar o valor da condenação) venha a gerar uma decisão do Tribunal também com análise do mérito, mas agravando a sua situação pessoal (por exemplo, ao diminuir o valor anteriormente fixado). Do contrário, caso o recurso seja interposto por ambas as partes, uma pleiteando a majoração da condenação e outra buscando a redução, ficará o Tribunal autorizado a transitar entre os limites da impugnação (art. 1.013, *caput*), podendo dar provimento a um recurso e negando provimento ao outro, conforme o caso.

Diversas são as situações concretas que podem gerar dúvidas sobre a aplicação e violação ou não deste princípio. Abaixo foram relacionadas algumas hipóteses mais frequentes em que estas questões se apresentam.

36.8.3.1. Sentença terminativa impugnada exclusivamente pelo demandante

A primeira hipótese duvidosa a respeito da vulneração ou não deste princípio ocorre quando o demandante instaura processo em face do demandado e o magistrado profere sentença terminativa (art. 485). Neste caso, se for interposto recurso pelo autor, pode ser que o Tribunal venha a aplicar a teoria da causa madura (art. 1.013, § 3º), resolvendo o mérito da causa desfavorável ao recorrente. A dúvida quanto à vulneração

---

[26] SANTOS, Moacyr Amaral. *Primeiras linhas de direito processual civil*. 17ª ed. São Paulo: Saraiva, 1998. 3º v, p. 112.

[27] COUTURE, Eduardo J. *Fundamentos del derecho procesal civil*. 4ª ed., Buenos Aires: B de F Ltda., 2005, p. 300.

ou não deste princípio reside na constatação de que houve substancial piora da situação primitiva do recorrente. Com efeito, diante de uma sentença terminativa o demandante poderia ingressar com nova demanda (art. 486, parágrafo único), o que agora já não mais seria possível diante da prolação de uma decisão que resolveu o mérito. Mas este caso, porém, não configura *reformatio in pejus*, uma vez que não houve qualquer reforma para pior, simplesmente porque o mérito da causa sequer chegou a ser analisado pelo magistrado. Portanto, não há como agravar o que antes simplesmente não existia. É a posição doutrinária e dos tribunais a respeito.[28]

36.8.3.2. Sentença terminativa impugnada exclusivamente pelo demandado

Outra situação que também vem gerando alguma controvérsia se dá quando o demandante instaura processo em face do demandado e for proferida sentença terminativa. Nesta outra hipótese, a questão é saber se o Tribunal, aplicando a mesma norma (art. 1.013, § 3º), pode resolver o mérito da causa desfavorável ao único recorrente, caso este recurso tenha sido interposto pelo demandado.

Neste novo exemplo, há desde logo uma pequena discussão sobre o demandado, que foi vitorioso em uma sentença terminativa, ter ou não interesse em recorrer desta decisão.[29] O melhor entendimento é o que não vislumbra qualquer obstáculo para tanto, uma vez que o réu, em qualquer processo, tem o direito de ver resolvida a questão que lhe envolve e que foi trazida pelo autor. Com efeito, tal assertiva pode até mesmo ser extraída de norma do CPC (art. 485, § 4º), que dispõe que, oferecida a contestação, apenas será admitida a desistência da ação pelo autor se houver concordância do demandado.

Assim, fixada a premissa que a parte passiva tem interesse em recorrer, devem ser adotadas as mesmas ponderações tecidas no item anterior, pois não se fala em reforma para pior antes de o mérito ter sido enfrentado.[30] Portanto, para a mesma situação deve ser adotada idêntica solução.

36.8.3.3. Sentença definitiva de procedência parcial do pedido, impugnada exclusivamente pelo demandante e a possibilidade de o Tribunal pronunciar ou não de ofício a prescrição

Pode também ocorrer que o demandante tenha instaurado um processo em face do demandado que venha a gerar uma sentença definitiva, só que de procedência parcial do pedido. Se, nesta hipótese, apenas o autor recorrer e o Tribunal, de ofício, pronunciar

---

28 STJ. Agravo regimental no agravo de instrumento nº 867.885/MG. DJ 25.09.2007. No mesmo sentido: DINAMARCO, Cândido Rangel. *Nova era do processo civil*. 2ª ed. São Paulo: Malheiros, 2007, pp. 177/181.

29 Em sentido contrário a esta possibilidade, por entender que o réu não tem direito a julgamento de mérito em virtude de o exercício do direito de ação ter sido provado pelo autor: MARINONI, Luiz Guilherme. ARENHART, Sérgio Cruz. *Manual do processo de conhecimento*. 2ª ed. São Paulo: RT, 2003, p. 541.

30 DINAMARCO, Cândido Rangel. *A reforma da reforma*. 2ª ed. São Paulo: Malheiros, 2002, p. 161-162.

a prescrição (art. 488, inc. II c/c 1.013, § 1º), haveria fundada dúvida sobre o princípio que veda a reforma para pior estar sendo vulnerado, pois antes o demandante tinha tido ao menos êxito em parte da demanda, o que agora já não mais subsiste diante da pronúncia da prescrição.

Nesta nova situação, bem como naquelas que envolvem a pronúncia de ofício da decadência pelo Tribunal em grau recursal, realmente o que se tem é uma aparente mitigação do princípio ora abordado. É que a jurisprudência há tempos vem permitindo essas situações, forte no argumento de que não existe princípio absoluto, bem como que tais matérias são de ordem pública, o que permite a sua pronúncia de ofício, por decorrer de expressa ressalva normativa.[31] Mas não se trata, porém, de tema completamente pacífico, já que existem outras diversas decisões em sentido contrário, no sentido de que tais matérias não podem ser pronunciadas sob pena de maltrato ao aludido princípio.[32]

De qualquer modo, deve ser feita a ressalva de que há uma tendência do STJ em não pronunciar a prescrição de ofício em sede de RESP, usualmente sob o argumento de que esta matéria envolve questão fática, o que não se coaduna com a finalidade deste recurso que é discutir uma questão de direito, além de este tema muitas vezes não ter sido objeto de prequestionamento anteriormente.[33]

36.8.3.4. Recurso interposto por uma das partes e decisão mantida pelo Tribunal, embora com modificação do fundamento (art. 1.013, § 2º)

Por fim, uma última hipótese que também tem gerado algumas dúvidas ocorre quando o demandante instaurar processo em face do demandado, objetivando o acolhimento de um pedido que é fundado em duas causas de pedir (v.g., despejo com fundamento na ausência de pagamento e na alegação de necessidade para uso próprio). Nesta situação, caso o magistrado decrete o despejo por um fundamento e, desta decisão, houver recurso da parte contrária, o conhecimento de todas as causas é devolvido automaticamente ao Tribunal (art. 1.013, § 2º), que poderá manter a mesma conclusão, ou seja, pelo despejo, ainda que venha a ser alterado o motivo. Questiona-se, portanto, se a alteração do fundamento da decisão pode configurar violação ao princípio que veda a reforma para pior naqueles casos em que a conclusão permanece a mesma.

De uma forma geral, esta circunstância não se traduz em um agravamento da situação daquele que tiver recorrido exclusivamente. Assim, mesmo em casos como este, o princípio em questão não estaria sendo descumprido, razão pela qual pode ser adotado sem nenhum problema o proceder acima. Contudo, existem casos excepcionais em que a modificação do fundamento pode sim trazer reflexos negativos. É o que acontece, por exemplo, em sede de processo coletivo, quando o magistrado concluir

---

31 TJ-RJ. Apelação cível nº 0027365-81.2001.8.19.0004. Rel. Des. Roberto Felinto, s/d.

32 TRF-2. Apelação cível nº 20003189. Rel. Des. Federal Fernando Marques. DJ 14/03/1995.

33 STJ. Agravo regimental no REsp nº 1.168.197-DF. Rel. Min. Herman Benjamim. DJ 04/03/2010.

pela improcedência do pedido (art. 487, inc. I), em razão da ausência de provas e, em grau recursal, o Tribunal decidir pela improcedência em razão da inexistência do direito alegado (também fundada no art. 487, inc. I), negando, portanto, provimento ao recurso que havia sido interposto pelo demandante.

É que, nesta segunda hipótese, ainda que a conclusão tenha sido pela improcedência do pedido tanto em primeira como em segunda instância, é certo que a alteração do fundamento traz um prejuízo adicional ao recorrente. Com efeito, em sede de processo coletivo, a sentença que conclui pela improcedência em virtude da ausência de provas não transita em julgado materialmente, já que a mesma ação poderá ser novamente proposta desde que o legitimado ativo apresente novas provas. É o que se chama de coisa julgada *secundum eventum probationis* (art. 16 da Lei nº 7.347/85).[34] Assim, a modificação do fundamento, neste caso em específico, acarreta sim um gravame a esfera pessoal do demandante, que não mais poderá instaurar o mesmo processo coletivo. É, portanto, hipótese caracterizadora de reforma para pior, que deve ser vedada conforme recomenda a melhor doutrina.[35]

36.8.4. Princípio da singularidade, unicidade ou unirrecorribilidade

De acordo com o princípio da singularidade, também conhecido como princípio da unicidade ou unirrecorribilidade, o interessado apenas pode impugnar uma decisão em um único momento. Em outras palavras, para cada decisão somente é possível a interposição de um recurso. No entanto, é certo que, após o julgamento do recurso terá sido proferida outra decisão acolhendo-o ou não, sendo que esta última poderá ser questionada por um novo recurso. Vale dizer, neste novo recurso não estará sendo impugnada a decisão primitiva, mas sim a nova decisão que apreciou o recurso e a substituiu. É do que cuida o efeito substitutivo dos recursos (art. 1.008).

Há, porém, uma ressalva a ser feita. É que não viola este princípio a circunstância de a lei prever a utilização de vários recursos para impugnar a mesma decisão, desde que cada um deles tenha uma finalidade distinta. Por exemplo, é possível interpor, ao mesmo tempo, REXTR e RESP para impugnar o mesmo acórdão sem que haja qualquer maltrato a este princípio, posto que a finalidade de cada um desses recursos não é a mesma do outro. O mesmo ocorre, por sinal, quando são usados os embargos de declaração para sanar uma contradição em uma decisão interlocutória e, em seguida, é interposto um recurso de agravo com o intuito de anular ou reformar a decisão. É que, também nesta última situação, cada recurso gravita dentro da sua respectiva área de atuação, não podendo um ser usado como substituto do outro, malgrado estejam questionando a mesma decisão judicial.

Mas, como todo princípio processual, este suporta mitigação. Ela ocorre na hipótese em que há uma omissão no ato decisório, já que esta situação pode tanto ser impugnada por embargos de declaração (art. 1.022, inc. II), como, ao mesmo tempo,

---

34 DIDIER JÚNIOR, Fredie. ZANETI JÚNIOR, Hermes. *Curso de direito processual civil, processo coletivo.* 4ª ed. Salvador: JusPodivm, 2009. v. 5, p. 355.

35 MOREIRA, José Carlos Barbosa. 14ª ed., *Comentários ao código de processo civil.* Rio de Janeiro. Editora Forense. v. V, p. 434.

pode ser questionada por meio do recurso de apelação, sendo este último usado para a finalidade de sanar a omissão (art. 1.013, § 1º), ou mesmo invalidar a sentença, que haverá de ser considerada como *citra petita*. Deve ser observado que, nesta hipótese, são usados dois recursos distintos, mas que possuem a mesma finalidade (suprir uma omissão) para impugnar o mesmo ato decisório, o que caracteriza ofensa ao princípio da unicidade, mas o que somente poderá ocorrer em decorrência de expressa previsão normativa, conforme demonstrado acima.

36.8.5. Princípio da fungibilidade

De acordo com o princípio da fungibilidade, até se pode admitir o recurso que tenha sido erroneamente interposto, se preenchidos os requisitos de admissibilidade do recurso que seria o correto.[36] Assim, neste aspecto, o princípio da fungibilidade nada mais é do que o já conhecido princípio da instrumentalidade (art. 277). Desta maneira, em um primeiro momento seria desnecessária a menção do primeiro princípio, diante da abrangência, muito mais ampla, do segundo.[37] Contudo, em razão da sua especialidade e também do costume, não é inadequado ainda nominá-lo como princípio da fungibilidade.

Mas, sob esta perspectiva, de que o princípio da instrumentalidade é o que deveria ser adotado no processo civil, seria irrelevante analisar a presença ou não da má-fé por parte do recorrente, bem como se há ou não uma fundada dúvida para a interposição do recurso. No entanto, a jurisprudência por muitas vezes vem exigindo, para a adoção do princípio da fungibilidade (que é mais específico para temas inerentes a recursos), que haja um real questionamento em saber qual o recurso que deve ser utilizado naquele caso concreto, não podendo o mesmo ser utilizado em situações que evidenciam erro grosseiro ou má-fé por parte do interessado. De certa forma, são decisões claramente inspiradas em antiga norma do Código de Processo Penal (art. 579, CPP): "*Salvo a hipótese de má-fé, a parte não será prejudicada pela interposição de um recurso por outro*".

Assim, vem a jurisprudência exigindo que somente é possível receber o recurso equivocado como se fosse o correto desde que haja uma fundada dúvida a respeito do recurso adequado, bem como que não haja má-fé por parte do recorrente. Para exemplificar esta premissa, basta imaginar a hipótese de uma sentença, cujo recurso para impugná-la é em regra o de apelação. É que o emprego de qualquer outro recurso nesta situação implica em erro grosseiro, o que impediria a aplicação do aludido princípio.

Mas pode ocorrer, porém, que alguma lei específica dê um tratamento distinto a determinadas hipóteses. Nestes casos, a sentença não comportará recurso de apelação e sim algum outro, conforme indicar a norma especial (v.g., a Lei nº 9.099/95 indica

---

36 Em sentido pouco diverso, há quem sustente que o recurso equivocado pode ser recebido mesmo quando não tiver sido observado o prazo para a interposição do recurso correto. É o entendimento defendido por: NERY JUNIOR, Nelson. *Princípios fundamentais – teoria geral dos recursos*. 5ª ed. São Paulo: RT, 2000, p. 140.

37 DIDIER JR., Fredie. CUNHA, Leonardo Carneiro da. *Curso de direito processual civil. Meios de impugnação às decisões judiciais e processos nos Tribunais*. 7ª ed. Salvador: JusPodivm, 2009, v. 3. p. 45.

o recurso inominado; a Lei nº 11.101/2005 indica o recurso de agravo, na modalidade por instrumento; dentre outros). Logo, se nestas situações o recorrente tiver interposto o recurso de apelação, não será possível adotar o princípio da fungibilidade, uma vez que não há como ser acolhida a alegação de fundada dúvida, por ser elementar a prevalência do contido na legislação específica em detrimento da comum.[38]

Há, todavia, casos em que o próprio CPC incentiva a observância deste princípio. Por exemplo, quando o desembargador proferir decisão monocrática e o derrotado interpuser embargos de declaração com a finalidade de discutir o conteúdo da decisão e não propriamente as suas hipóteses de cabimento (art. 1.022, incs. I, II e III). Nestes casos, o CPC (art. 1.024, § 3º) autoriza que o magistrado intime o recorrente para que realize a adequação do recurso, transformando-o em agravo interno, em vez de pura e simplesmente inadmiti-los. O mesmo ocorre quando for interposto REXTR ao STF e for constatada que, em realidade, a ofensa à Constituição era reflexa, caso em que os autos serão remetidos ao STJ, independentemente de qualquer intimação das partes (art. 1.033). Estes exemplos são, sem dúvidas, manifestações da aplicação deste princípio, que busca permitir que o recurso erroneamente interposto tenha o seu mérito apreciado como se fosse o adequado.

36.8.6. Princípio da variabilidade

O princípio da variabilidade tinha previsão expressa apenas em vetusta codificação (art. 809, CPC-39), não mais podendo ser empregado atualmente. É que, de acordo com este princípio, a parte que interpôs o recurso errôneo poderia desistir do mesmo e, se ainda estivesse na fluência do prazo recursal, mesmo assim poderia interpor um novo recurso, sendo agora o correto. Este princípio, porém, é incompatível com diversos outros apresentados, em especial o da unirrecorribilidade (pois a mesma decisão estaria sendo objeto de dois recursos), além de desprezar o da fungibilidade (que apregoa que mesmo o recurso defeituoso pode ser aproveitado, desde que tenham sido observados todos os requisitos para admissão do recurso que seria correto). Trata-se, portanto, de um princípio que não mais tem qualquer relevo prático.

36.9. CLASSIFICAÇÃO DOS RECURSOS

Os recursos sofrem as mais diversas classificações o que, de certa forma, auxilia na compreensão da finalidade de cada um. Entre as classificações mais usuais, que serão abaixo abordadas, encontram-se as seguintes: a) recurso total ou parcial; b) recurso de fundamentação vinculada e de fundamentação livre; c) recurso ordinário e extraordinário; d) recurso interposto na modalidade autônoma ou adesiva.

---

[38] Abordando os diversos critérios de solução para eventuais antinomias entre os atos normativos, inclusive o que estabelece a prevalência da norma contida em lei específica em detrimento da norma geral: BOBBIO, Norberto. *Teoria do ordenamento jurídico*. 7ª ed. Trad. Maria Celeste Cordeiro. Brasília: ed. Universidade de Brasília, 1996, pp. 92 e seguintes.

36.9.1. Recurso total e recurso parcial

O recurso "total" é aquele que impugna todo o conteúdo de um determinado ato decisório. Assim, se o magistrado profere uma decisão interlocutória apenas para indeferir o requerimento de antecipação dos efeitos da tutela provisória, o recurso que for utilizado para impugná-la irá abrangê-la integralmente. Isso já não ocorre nos recursos "parciais", onde apenas um capítulo da decisão for questionado. Neste outro caso, se o demandante formula dois pedidos, sendo um para recebimento de danos morais e outro de danos materiais e o juiz julgar a ambos improcedentes, nada impede que seja interposto um recurso de apelação para impugnar apenas o capítulo referente aos danos morais.

36.9.2. Recurso de fundamentação vinculada e de fundamentação livre

Recurso de fundamentação vinculada é aquele cujas hipóteses de cabimento estão taxativamente previstas na legislação. Eles são os embargos de declaração (art. 1.022, incs. I, II e III), o RESP (art. 105, inc. III, CRFB) e o REXTR (art. 102, inc. III, CRFB), pois somente podem ser empregados naquelas parcas situações como a omissão de algo no julgado ou a contrariedade da decisão frente a lei federal ou a Carta Magna. Os recursos de fundamentação livre, ao revés, permitem que o recorrente possa abordar ou questionar qualquer aspecto da decisão, seja a injustiça decorrente da má análise da prova ou mesmo algum vício que possa maculá-la. É o que pode ser feito, por exemplo, por meio do recurso de apelação, recurso de agravo e recurso ordinário.

36.9.3. Recurso ordinário e recurso extraordinário

Esta classificação não deve ser confundida com as espécies recursais que possuem a mesma nomenclatura e que serão abordadas em momento próprio (v. item nº 38.5. e item nº 38.6.). O recurso ordinário é aquele que tem como objetivo tutelar algum direito que interessa exclusivamente à parte, autorizando-a a questionar até mesmo fatos que tenham sido mencionados na decisão impugnada, como ocorre com o recurso de apelação. Já o recurso extraordinário é aquele em que a preocupação é zelar pela higidez do sistema normativo, ou seja, pelo resguardo do direito objetivo que não está sendo respeitado em virtude da prolação de alguma decisão judicial. É, por sinal, o objetivo da espécie recursal que tem a mesma nomenclatura.[39]

---

39 SILVA, Edward Carlyle. *Direito processual civil*. Niterói: Impetus, 2007, p. 329.

36.9.4. Recurso interposto na modalidade autônoma ou adesiva

Recurso autônomo é aquele que foi interposto por quaisquer dos legitimados e que não se subordina ou é acessório de outro recurso. Assim, tendo sido proferida uma sentença de procedência parcial do pedido, ambas as partes poderão apelar autonomamente, o que pode motivar a admissão de ambos os recursos, de nenhum ou apenas de um deles, conforme o caso, sendo certo que ambos terão existência autônoma em relação ao outro. Contudo, o mesmo já não acontece quando o recurso for interposto na modalidade adesiva, que caracteriza o tradicional "recurso adesivo", muito embora o mesmo não trate de uma nova espécie recursal, mas sim de uma modalidade de interposição.

Nesta última situação, o recurso interposto na modalidade adesiva subordina-se ao que tiver sido anteriormente interposto pela outra parte. Assim, não tendo sido recebido o primeiro, esta será a consequência inexorável quanto ao segundo, na esteira do que prevê o CPC (art. 997, § 2º, inc. III). Ao revés, se o recurso primitivo tiver sido admitido, aquele posterior que tiver sido interposto adesivamente poderá ou não ser recebido, dependendo da verificação dos seus próprios requisitos de admissibilidade, tal como também pontua o CPC (art. 997, § 2º).

Alguns requisitos, no entanto, devem ser observados para que seja possível a interposição adesiva de um recurso. Entre eles, podem ser enumerados os seguintes: a) legitimidade; b) necessidade da sucumbência recíproca; c) prazo; d) espécie recursal que admite a modalidade adesiva; e) que o recorrente antes não tenha impugnado a mesma decisão.

Quanto ao primeiro, ou seja, a respeito da legitimidade para recorrer na modalidade adesiva, dispõe o CPC (art. 997, § 1º) que o recurso somente poderá ser interposto pela "parte", o que é indicativo de que esta providência somente pode ser utilizada pelo demandante e pelo demandando, pois apenas eles podem ser vencedores e vencidos ao mesmo tempo. O terceiro ou mesmo o Ministério Público atuando como *custos iuris* até podem recorrer autonomamente (art. 996), porém não adesivamente.

Quanto ao segundo, que trata da exigência da ocorrência da sucumbência recíproca, também decorre da mesma norma (art. 997, § 1º), mais precisamente na locução "*vencidos autor e réu*". A sucumbência recíproca, contudo, não pode ser confundida com sucumbência parcial. É que, na primeira, o demandante não teve integralmente acolhido o seu pleito tal como ocorre, por exemplo, quando pediu, em sua petição inicial, que o demandado fosse condenado a lhe pagar R$ 500.000,00 (quinhentos mil reais), muito embora a sentença do juiz somente o tenha condenado a pagar R$ 250.000,00 (duzentos e cinquenta mil reais). Nesta situação, que caracteriza a sucumbência recíproca, é possível que tanto o autor recorra para aumentar o valor da condenação como o demandando, para diminuir. Assim, ambos poderão, neste caso, interpor o seu recurso de apelação autônoma ou até mesmo adesivamente. O mesmo já não ocorre, porém, quando o demandante formula um pedido em face de dois réus, tendo êxito apenas em relação a um deles. É que, esta segunda hipótese, já é caracterizadora da denominada "sucumbência parcial", pois um demandado foi vencido integralmente enquanto o outro foi pleno vencedor. Vale dizer que esta segunda hipótese até permite a interposição de recursos autônomos pelas partes interessadas (e até por terceiros), mas não autoriza o uso da modalidade adesiva em decorrência da inexistência de sucumbência recíproca.

O terceiro requisito já se refere ao prazo para recorrer na modalidade adesiva, que, por força do CPC (art. 997, § 2º, inc. I), é o mesmo de que a parte dispõe para responder ao recurso interposto pelo litigante contrário. Assim, tendo sido interposto um recurso de apelação, a parte contrária será intimada para responder a este recurso em 15 (quinze) dias, prazo em que também poderá ser interposto o seu recurso adesivo. É de se observar que a legislação processual não exigiu, nesta situação, a apresentação simultânea das contrarrazões e da apelação adesiva. Assim, não obstante a parte tenha apresentado as suas contrarrazões já no primeiro dia, ainda assim poderá interpor o seu recurso na modalidade adesiva até o décimo quinto dia.

O quarto requisito se refere aos recursos que admitem a interposição na modalidade adesiva. O tema é regulado pelo CPC (art. 997, § 2º, inc. II), que apenas menciona o de apelação, o REXTR e o RESP. No entanto, para que uma parte possa aderir ao recurso interposto pela outra, há a necessidade de que ambos sejam da mesma espécie recursal. Se, hipoteticamente, for impetrado um mandado de segurança originariamente perante o TJ-RJ, a decisão que concede parcialmente a segurança, acolhendo apenas um dos pedidos, poderá ser impugnada por meio de dois recursos distintos, empregados por cada parte. Com efeito, o capítulo que denega a segurança deve ser impugnada por meio de recurso ordinário ao STJ enquanto o que concede já autoriza a interposição do RESP ao mesmo STJ ou do REXTR ao STF. É inviável, portanto, diante desta situação de diversidade de espécies recursais, que possa ser interposto um RESP adesivo ao recurso ordinário manejado pela parte contrária ou vice-versa.

Hipótese um pouco distinta ocorre quando a parte fundar a sua pretensão em questão constitucional e federal e o Tribunal acolher o seu pleito apenas por este último fundamento. Neste caso, a parte vencida poderá interpor RESP para discutir a questão federal, mas não terá interesse em debater o tema constitucional, já que foi a vencedora. No entanto, a outra parte fica em uma situação processual delicada pois, se for dado provimento ao RESP, a mesma ficará impedida de, oportunamente, questionar a análise do texto constitucional (que também já tinha sido vencida) em razão da preclusão. Nesta situação, a doutrina vem admitindo o manejo, em caráter excepcional, do REXTR ou RESP adesivo "cruzado", de modo a permitir que, após a interposição do RESP pelo vencido, possa a ele aderir a parte vencedora, por meio de um REXTR.[40] Não é, porém, uma posição imune a críticas, em especial por permitir a prática de um ato processual

---

[40] A posição é defendida por MOREIRA, José Carlos Barbosa. *Comentários ao código de processo civil.* 14ª ed. Rio de Janeiro: Forense, 2008. *v. V,* pp. 327-330 e por DIDIER JR., Fredie. CUNHA, Leonardo Carneiro da. *Curso de direito processual civil. Meios de impugnação às decisões judiciais e processos nos Tribunais.* 7ª ed. Salvador: JusPodivm, 2009. *v. 3,* pp. 94-95.

condicionado e ao arrepio do texto normativo, que não admite o aludido "cruzamento de recursos".

Por fim, o último requisito para a interposição do recurso na modalidade adesiva é que antes o recorrente não tenha impugnado esta mesma decisão por meio de outro recurso, o que se justifica para fins de evitar a deslealdade processual (art. 5º e art. 6º). Com efeito, basta imaginar que, uma vez proferida a decisão, ambas as partes apresentem recurso de apelação, embora o do réu tenha sido protocolado apenas no vigésimo dia, razão pela qual o mesmo é flagrantemente intempestivo e será então inadmitido no Tribunal. Contudo, como o processo ainda se encontra em primeira instância, serão as partes intimadas para que ali apresentem as suas contrarrazões. Portanto, não poderia o demandado aproveitar este momento para apresentar uma apelação adesiva, diante da grande probabilidade de que a sua apelação autônoma seja inadmitida no momento próprio. Se assim não fosse, este ato não apenas poderia ser caracterizado como de má-fé como, também, restaria vulnerado o princípio da unicidade, já que a mesma decisão estaria sendo impugnada em duas ocasiões distintas, embora pela mesma parte. Portanto, o recurso na modalidade adesiva somente pode ser interposto por quem se viu surpreendido diante do recurso autônomo que foi interposto pela outra parte.[41]

36.10. DESISTÊNCIA E RENÚNCIA DO RECURSO. AQUIESCÊNCIA DA DECISÃO

A desistência do recurso pode ser manifestada a qualquer tempo, mas desde que após a interposição do mesmo, já que não se pode desistir de algo que simplesmente não existe. Em algumas hipóteses, no entanto, ela não será permitida. A primeira delas ocorre nos casos de REXTR ou RESP que tenham sido selecionado, entre tantos outros, como representativos da controvérsia que se pretende sanar ou quando o primeiro tiver a repercussão geral reconhecida (art. 998, parágrafo único). Nesta situação, a jurisprudência já vinha negando a desistência do recorrente, pois isso equivaleria a frustrar a análise de tema tão relevante pelas Cortes Superiores.[42]

Igualmente, não deve ser permitida a desistência quando os desembargadores ou ministros já tiverem exposto parcialmente a conclusão de seus votos, embora o julgamento ainda não tenha sido concluído. Basta imaginar, por exemplo, uma situação caracterizadora de uma sucumbência recíproca em que uma parte tenha apelado autonomamente enquanto a outra apenas tenha aderido. Se aquele que se valeu do recurso principal percebe, pelo teor dos votos até então proferidos, que a sua esfera pessoal será prejudicada, a possibilidade de desistência do seu recurso (que geraria automaticamente a impossibilidade de análise do outro), poderia se transmutar em

41 DIDIER JR., Fredie. CUNHA, Leonardo Carneiro da. *Curso de direito processual civil. Meios de impugnação às decisões judiciais e processos nos Tribunais*. 7ª ed. Salvador: JusPodivm, 2009. v. 3, p. 93.

42 STJ. Questão de ordem no REsp nº 1.063.343-RS. Rel.ª Min.ª Nancy Andrighi. DJ 17/12/2008.

perigoso instrumento para a prática de iniquidades. Portanto, também nesta hipótese a desistência deve ser vedada, conforme recomenda a melhor doutrina.[43]

E, ainda, a desistência do recurso não pode ser confundida com a desistência da ação. Esta última é regulada pelo CPC (art. 485, § 4º), que até a permite, mas desde que haja anuência da outra parte, se já tiver sido apresentada resposta. Já a desistência do recurso dispensa a manifestação volitiva da outra parte (art. 998). Mas não parece salutar permitir que a desistência da ação seja manifestada durante o processamento do recurso, já que tal possibilidade permitiria que as partes pudessem, por esta via, desconsiderar uma sentença de mérito já proferida anteriormente pelo magistrado. É como pontua o CPC (art. 485, § 5º).

A renúncia, por sua vez, já é regulada por outra norma (art. 999), e, como na desistência, também independe da anuência da parte contrária. A diferença entre ambas é que a renúncia deve ser manifestada antes da interposição do recurso, enquanto a desistência deve ser após. Em momento próprio desta obra (v. item nº 11.5.2.9.), já foi esclarecida a impossibilidade de renúncia ao recurso ser ajustada em caráter bilateral pelas partes por meio de convenção processual.

Por fim, há ainda a aquiescência quanto ao teor da decisão, tema que é também é disciplinado pelo CPC (art. 1.000, *caput* e parágrafo único), que estabelece: "*A parte que aceitar expressa ou tacitamente a decisão não poderá recorrer. Considera-se aceitação tácita a prática, sem nenhuma reserva, de ato incompatível com a vontade de recorrer*".[44] Nesta última situação, se estará diante de uma preclusão lógica, ou seja, a parte não pode praticar um determinado ato se, anteriormente, praticou outro que é inteiramente incompatível.[45] Assim, se tiver sido proferida uma sentença condenatória de obrigação de pagar e tendo o demandado requerido a expedição de guia para pagamento deste valor, este ato implica em aquiescência quanto ao teor da decisão, o que motivará o não recebimento do seu recurso de apelação que posteriormente venha a ser interposto. No entanto, nada impede que a parte ré queira cumprir imediatamente a decisão por não pretender se sujeitar, por exemplo, a arcar com a correção monetária (que passará a ser efetuada diretamente pela instituição financeira receptora do depósito). Assim, sendo feita esta ressalva expressa de que a sentença estará sendo cumprida, mas que ainda assim pretende recorrer, o seu futuro recurso deverá ser conhecido.

---

43 NERY JÚNIOR, Nelson. NERY, Rosa Maria Andrade. *Código de processo civil comentado.* 4ª ed. São Paulo: RT, 1999, p. 981. Em sentido contrário, admitido a desistência caso o julgamento tenha sido interrompido por pedido de vistas: TRF-2. Embargos Infringentes 0002972-28.2012.4.02.0000 (2012.02.01.002972-0), j. 04/05/2017, e-DJF2R 26/05/2017, Rel. Des. Fed. Guilherme Couto de Castro – Órgão Especial.

44 Há precedente do STJ de que o oferecimento de embargos pelo novo executado no processo não caracteriza aquiescência quanto aos termos da decisão que o incluiu, podendo dela recorrer livremente. É o que se observa em: STJ. REsp nº 1.655.655-SP. Rel. Min. Ricardo Villas Bôas Cueva. DJ 1º/07/2019.

45 DONIZETTI, Elpídio. *Curso didático de direito processual civil.* 8ª ed. Rio de Janeiro: Lumen Juris, 2007, p. 184.

37

JUÍZO DE ADMISSIBILIDADE E DE MÉRITO DOS RECURSOS

37.1. JUÍZO DE ADMISSIBILIDADE E JUÍZO DE MÉRITO

Sempre que um recurso é interposto, o mesmo é objeto de duas análises distintas sendo a primeira delas usualmente denominada "juízo de admissibilidade" e a segunda, "juízo de mérito". Cada uma destas verificações tem objetivos distintos. No juízo de admissibilidade, o magistrado irá verificar se estão presentes os requisitos extrínsecos e intrínsecos para a admissão do recurso, o que, de certa forma, equivale a uma análise de aspectos formais. No segundo exame, que apenas é realizado quando o primeiro tiver sido positivo, é que será verificado se assiste ou não razão ao recorrente. Assim, é possível concluir que o juízo de mérito pode ou não ocorrer, dependendo tão somente de antes ter sido admitido o recurso. Mas, somente em caráter excepcional o mérito de um recurso inadmissível pode ser enfrentado. Com efeito, isso pode ocorrer apenas no REXTR ou no RESP, desde que o vício em questão não seja o da intempestividade (art. 1.029, § 3º).

Da mesma forma, também releva destacar que, por vezes, ambas as verificações podem ou não ser realizadas pelo mesmo órgão jurisdicional, dependendo tão somente da espécie recursal envolvida. Os embargos de declaração, por exemplo, tem tanto o juízo de admissibilidade quanto o de mérito realizados no mesmo órgão prolator da decisão. Já o recurso de agravo, na modalidade por instrumento, tem ambos os juízos realizados por um órgão jurisdicional distinto daquele que prolatou a decisão, uma vez que este recurso já é interposto diretamente no Tribunal. No modelo primitivo (CPC-73), era bem frequente a presença de recursos com o juízo de admissibilidade bipartido, ou seja, realizados inicialmente perante um órgão e, posteriormente, também realizados em outro. Mas, no modelo atual, essas situações são bem mais raras. Um exemplo que permanece ocorre quando for interposto REXTR ou RESP, pois, em tais casos, primeiramente os Tribunais de origem irão realizar o juízo de admissibilidade e, somente em casos positivos, é que permitirão o encaminhamentos dos autos (físicos ou eletrônicos) ao STF ou STJ, conforme o caso, que irão realizar oportunamente esta segunda verificação. Portanto, este poderia ser um exemplo de recurso que teve o seu juízo de admissibilidade bipartido.

37.2. REQUISITOS DE ADMISSIBILIDADE DO RECURSO

Os requisitos de admissibilidade variam de acordo com a espécie recursal. Assim, existem recursos que observam alguns específicos (v.g., a exigência do prequestionamento para o REXTR e RESP), enquanto outros já devem ser observados em todos (v.g., a tempestividade).

Estes requisitos se dividem em intrínsecos e extrínsecos. Por requisito intrínseco, entende-se a existência do direito de recorrer, e, como exemplo, podem ser citados a legitimidade, o interesse em recorrer e, também, o cabimento do recurso. Já os requisitos extrínsecos devem ser compreendidos como aqueles concernentes ao exercício de tal direito, entre outros, pode-se falar na exigência do preparo, da tempestividade e da regularidade formal.[1]

Abaixo são abordados alguns exemplos de requisitos de admissibilidade.

37.2.1. Legitimidade

A interposição de um recurso majoritariamente não equivale ao ajuizamento de uma nova ação, muita embora em ambas as situações haja a necessidade de análise da "legitimidade". Com efeito, quando uma das partes exerce o direito de ação ao provocar o Estado-Juiz, deverá demonstrar a sua legitimidade para tanto, que pode decorrer da presença na relação jurídica material ou de disposição normativa. Assim, após esta provocação o Estado-Juiz presta a jurisdição no instrumento denominado processo, que poderá permitir a participação de outros além daqueles que já estão integrando a relação jurídica processual. Esta legitimidade para recorrer se traduz, portanto, na autorização normativa para que outros, além das partes principais, também possam se valer de determinados instrumentos processuais em algumas hipóteses.

A legitimidade para recorrer é prevista no CPC (art. 996), que autoriza que o recurso seja interposto pelo demandante ou pelo demandado, bem como pelo Ministério Público quando atua como fiscal da ordem jurídica e, também, por um terceiro que tenha interesse jurídico.

A legitimidade das partes não é merecedora de maiores comentários, posto que se as mesmas são legítimas para figurar no processo desde o seu início, também assim devem permanecer durante o seu desenrolar, uma vez que podem vir a ser atingidas pelo que ali restar decidido, o que torna obrigatória a sua participação de modo a preservar o direito fundamental ao devido processo legal e ao contraditório.

Quanto ao Ministério Público, a instituição tem legitimidade para recorrer nas hipóteses em que atua como parte principal (v.g., autor de uma ação civil pública) ou como fiscal da ordem jurídica, naquelas situações em que há interesse público primário evidenciado pela natureza da lide ou pela qualidade da parte. Vale dizer que, nesta segunda situação, a própria legislação vai estabelecer em quais hipóteses o *parquet*

---

[1] MOREIRA, José Carlos Barbosa. *O novo processo civil brasileiro.* 22ª ed. Rio de Janeiro: Forense, 2002, pp. 117-118.

deverá atuar, sob pena de macular o processo com algum vício (art. 178 c/c art. 279). Assim, poderá o Ministério Público recorrer nestas situações e, também, naquelas em que deveria ter atuado embora não tenha sido intimado, de modo a reconhecer a nulidade do processo. E, ainda, mesmo que não haja recurso voluntário interposto pelas partes principais, conforme consta no Verbete nº 99 da Súmula do STJ: "*O Ministério Público tem legitimidade para recorrer no processo em que oficiou como fiscal da lei, ainda que não haja recurso da parte*".

Por fim, quanto à legitimidade de terceiro para recorrer, o tema já foi abordado anteriormente no decorrer da presente obra, precisamente quando se discorreu a respeito das diversas modalidades de intervenção de terceiros previstas no CPC e para a qual ora se remete (v. item nº 10.1.7.).

37.2.2. Interesse em recorrer

O interesse em recorrer não se confunde com a sucumbência, ou seja, não é possível conceber que apenas a parte que tenha sucumbido é que tenha interesse em recorrer. A lógica não é esta, pois, mesmo a parte "vencedora" pode ter interesse em modificar alguma parte da decisão que possa lhe favorecer ainda mais. É o que ocorre comumente quando a parte vencedora interpõe o recurso para impugnar a sentença tão somente no capítulo relativo aos honorários advocatícios, por considerar que os mesmos foram fixados pelo magistrado em patamar muito baixo.

Este requisito também se encontra observado quando o juiz extinguir o processo sem resolução do mérito e o recurso for interposto exclusivamente pelo demandado, pois este, embora tenha sido o vencedor, pode entender que a sua situação pode ser ainda melhorada caso o Tribunal, em grau recursal, aplicar a teoria da causa madura (art. 1.013, § 3º).

37.2.3. Cabimento do recurso

O cabimento do recurso é um requisito que traz em si algumas obviedades. É que, para o seu atendimento, há a necessidade de que exista uma decisão judicial proferida, afinal, o objetivo de qualquer recurso é invalidá-la, reformá-la, integrá-la ou esclarecê--la. Além disso, para correta observância deste requisito, também há a necessidade de que a lei preveja algum tipo de recurso para aquela situação, o que, por sinal, coincide com o princípio da taxatividade. Assim, seria inviável, por exemplo, interpor um recurso para impugnar uma decisão que ainda não foi proferida pelo magistrado. E, da mesma maneira, também por este fundamento não seria recebido um recurso que viesse a ser criado unilateralmente pela parte, em hipótese não contemplada em lei.

37.2.4. Tempestividade

A tempestividade é a exigência de que o recurso venha a ser interposto com fiel observância aos prazos previstos na legislação, que, por sua vez, podem ser os mais variados possíveis.[2] Com efeito, usualmente o prazo é de 15 (quinze) dias (art. 1.003, § 5º), exceto para os embargos de declaração, que deverão ser opostos em 5 (cinco) dias. Há, contudo, leis específicas que podem prever outros prazos, como a do ECA (art. 198, inc. II, Lei nº 8.069/90) ou a dos juizados especiais (art. 42, Lei nº 9.099/95). De qualquer maneira, não se pode olvidar que tais prazos podem ser ampliados em situações também previstas em lei, como naquelas situações em que a Fazenda Pública atua em juízo (art. 183), o que, por sinal, é reconhecido até mesmo no Verbete nº 116 da Súmula do STJ: "*A Fazenda Pública e o Ministério Público têm prazo em dobro para interpor agravo regimental no Superior Tribunal de Justiça*". Mas, alerte-se que esta prerrogativa do prazo especial não ocorre quando houver vedação normativa, como no sistema dos juizados especiais (art. 9º, Lei nº 10.259/2001 e art. 7º, Lei nº 12.153/2009).

É de se destacar que, segundo o CPC, todos os agravos devem ser interpostos em 15 (quinze) dias (art. 1.070). Mas, curiosamente, há precedentes dos Tribunais Superiores realmente mantendo esses agravos regimentais ou até mesmo os previstos em leis especiais (v.g., Lei nº 8.038/90), só que com o prazo de 5 (cinco) dias, caso sejam provenientes de processos que versem sobre matéria penal ou processual penal.[3]

Quanto ao Ministério Público (art. 180) e à Defensoria Pública (art. 186), os seus membros também terão prazo em dobro, excetuando situações em que a própria legislação pontuar, tal como nos procedimentos afetos à Justiça da Infância e da Juventude (art. 198, inc. II, Lei nº 8.069/90).

Por fim, também é possível prazo em dobro pra recorrer quando se tratar de litisconsortes assistidos por procuradores distintos (art. 229), o que é perfeitamente justificável já que realmente haverá a necessidade de um prazo maior para que todos possam ter acesso e compulsar os autos, inteirando-se de todo o processado, dentre outras tarefas mais.

Sobre esta norma (art. 229), os maiores questionamentos são basicamente os seguintes: a) A mesma tem aplicação na hipótese de os dois patronos pertencerem ao mesmo escritório de advocacia ou quando os autos são eletrônicos?; b) Ela continua tendo incidência na hipótese em que tiver sido proferida sentença em que apenas um dos litisconsortes tiver sucumbido?; c) Este prazo pode ser cumulado com outro dispositivo (art. 183), caso o litisconsórcio seja formado entre a Fazenda Pública e um particular?; d) é necessária a comprovação de feriado local no ato da interposição do recurso para aferição de sua tempestividade?

---

2 Há precedente do STF no sentido de que o termo inicial para a interposição de recurso em caso de intimação pessoal realizada pelo Oficial de Justiça se inicia com a juntada do mandado aos autos. É o que se extrai em: STF. ARE 892.732/SP, rel. Min. Teori Zavascki, red. p/ o acórdão Min. Dias Toffoli, 05/04/2016.

3 STF. STF. ARE 993407/DF, Rel. Min. Edson Fachin, 25/10/2016. STF. Reconsideração em HC nº 134.554/SP. Rel. Min. Celso de Mello. DJ 10/06/2016. STJ. AgRg Reclamação nº 30.714/PB. Rel. Min. Reynaldo Soares da Fonseca. DJ 27/04/2016.

Quanto ao primeiro questionamento, o mesmo era muito polêmico sob a égide do modelo anterior (CPC-73). No atual, porém, há norma (art. 229, § 2º) pontuando que não haverá prazo diferenciado quando os procuradores pertencerem ao mesmo escritório de advocacia e nem mesmo quando os autos forem eletrônicos. A doutrina, no entanto, costumava se posicionar em sentido contrário.[4]

Em relação à segunda indagação, se o prazo em dobro continua sendo aplicável naquelas situações em que apenas um dos litisconsortes tiver sucumbido, a resposta deve ser negativa, até mesmo por se tratar de matéria já objeto do Verbete nº 641 da Súmula do STF, nos termos seguintes: "*Não se conta em dobro o prazo para recorrer, quando só um dos litisconsortes haja sucumbido*". Há, porém, quem entenda que o referido verbete sumular não se aplica aos embargos de declaração, pois este recurso não depende da análise da sucumbência. Trata-se, porém, de posição francamente minoritária.[5]

No que diz respeito ao terceiro questionamento, envolvendo a possibilidade de conjugação entre duas normas (art. 183 e art. 229), na hipótese de litisconsórcio formado entre a Fazenda Pública e um particular, cada um com o seu respectivo patrono, a resposta deve ser invariavelmente negativa, pois repugnaria ao bom senso conceder um prazo de 60 (sessenta) dias úteis para que o ente público pudesse apresentar a sua defesa. A melhor exegese, portanto, é que em tais casos o particular terá a dobra do prazo (art. 229), ao passo que a Administração Pública fará jus, apenas, à benesse prevista em dispositivo próprio (art. 183), sendo vedada que ocorra para si uma "dobra da dobra".[6]

E, por fim, quanto à quarta questão, se é ou não necessária a comprovação de feriado local já no ato de interposição do recurso, há importante entendimento do STJ em sentido afirmativo, tendo em vista que se trata do requisito de admissibilidade mais rigoroso em tema recursal.[7]

De qualquer maneira, mesmo com todas as ressalvas acima é certo que o recurso deve ser interposto no prazo indicado em lei. Mas há, ainda, uma divergência em definir se é ou não possível o recebimento de um recurso que tenha sido interposto antes da fluência do prazo, também conhecido como "recurso prematuro".

Para a compreensão desta controvérsia, faz-se necessário recordar o conceito de "prazo". O prazo, na definição de clássica doutrina, é o período de tempo compreendido entre o termo inicial e o termo final, sendo que com o advento do primeiro se gera a possibilidade da prática de algum ato processual, enquanto com a vinda do último esta mesma possibilidade

---

4 Favorável à contagem em dobro mesmo quando os advogados atuarem no mesmo escritório: NERY JÚNIOR, Nelson. NERY, Rosa Maria Andrade. *Código de processo civil comentado*. 4ª ed. São Paulo: RT, 1999, p. 674. ASSIS, Araken de. *Manual dos recursos*. São Paulo: RT, 2007, p. 188.

5 DIDIER JR., Fredie. CUNHA, Leonardo Carneiro da. *Curso de direito processual civil. Meios de impugnação às decisões judiciais e processos nos Tribunais*. 7ª ed. Salvador: JusPodivm, 2009. v. 3, p. 57.

6 DESTEFENNI, Marcos. *Curso de processo civil*. São Paulo: Saraiva, 2006. v. 1, p. 148.

7 STJ. REsp nº 1.813.684-SP. Rel. Min. Raul Araújo Filho, Rel. Acd. Min. Luis Felipe Salomão. DJ 18/11/2019.

se encerra.[8] Assim, diante dessa definição, o recurso interposto anteriormente ao termo inicial não poderia ser considerado como tempestivo, o que motivaria a sua não admissão. Vale dizer que são inúmeras as decisões neste sentido.[9] E este também era, de certa forma, o raciocínio que embasava o já cancelado Verbete nº 418 da Súmula do STJ, cujos termos eram: "*É inadmissível o RESP interposto antes da publicação do acórdão dos embargos de declaração, sem posterior ratificação*", diante do efeito interruptivo quanto aos prazos recursais que decorre da utilização dos embargos declaratórios.

Mas, por outro lado, existe o argumento da razoabilidade, pois a parte atenta aos rumos processuais que se antecipou na prática de algum ato não poderia ser prejudicada por conta de um formalismo exacerbado, que iria contra toda a compreensão atual do processo, que apregoa, principalmente, a instrumentalidade das formas ao reconhecer que o mesmo não é um fim em si mesmo. E tal raciocínio implicaria em inversão do brocardo *dormientibus non succurrit jus*, ou seja, equivaleria a proclamar que a ciência jurídica não socorre os diligentes. Vale dizer que também é localizada farta jurisprudência a respeito desse outro posicionamento.[10]

O CPC, acertamente, adotou esta segunda orientação em mais de uma oportunidade, ao prever que é considerado como tempestivo qualquer ato processual praticado antes do seu termo inicial (art. 218, § 4º), bem como ao dispensar a necessidade de ratificar o recurso anteriormente interposto quando a outra interpor embargos de declaração que interrompeu o prazo para o outro recurso (art. 1.024, § 5º). Tais argumentos é que justificaram não apenas o cancelamento do aludido Verbete nº 418 como, também, permitiram ao STJ criar um mais recente, de nº 579, que pontua: "*Não é necessário ratificar o recurso especial interposto na pendência do julgamento dos embargos de declaração quando inalterado o julgamento anterior*".

37.2.5. Preparo

O preparo se traduz na exigência de que o recorrente efetue os custos necessários para que o seu recurso possa ser admitido. É tema tratado no CPC (art. 1.007), que exige que, já no ato de interposição, o interessado comprove o respectivo preparo, bem como o porte de remessa e retorno, sob pena de deserção.[11]

Se o interessado postular a gratuidade de justiça na própria peça do recurso, o mesmo ficará por ora dispensado deste recolhimento até que o tema seja analisado. É, de certa maneira, raciocínio que se encontra estampado em norma do CPC (art. 101, § 1º).[12]

---

8 THEODORO JÚNIOR, Humberto. *Curso de direito processual civil*. 50ª ed. Rio de Janeiro: Forense, 2009. v. I, p. 243.

9 STF. Embargos de declaração no agravo regimental no agravo de instrumento nº 375124. Rel. Min. Celso de Mello. DJ 28/06/2002.

10 STF. AI nº 703.269. Rel. Min. Luiz Fux. DJ 05/03/2015. STF. Ação originária nº 1133, Rel. Min. Carlos Britto. DJ 16/06/2005. STJ. REsp nº 1.129.215-DF. Rel. Min. Luis Felipe Salomão. DJ 22/09/15. STJ. Embargos de divergência em agravo nº 2004/0121708-4. Rel. Min. José Delgado. DJ 04.04.2005. Na doutrina, é o entendimento defendido por DIDIER JR., Fredie. CUNHA, Leonardo Carneiro da. *Curso de direito processual civil. Meios de impugnação às decisões judiciais e processos nos Tribunais*. 7ª ed. Salvador: JusPodivm, 2009. v. 3, p. 56.

11 TJ-RJ. AI 0032867-85.2016.8.19.0000. Rel. Antônio Carlos dos Santos Bittencourt. Data: 03/10/2016. 27ª Câmara Cível Consumidor.

12 STJ. AgRg nos EREsp 1.222.355-MG, Rel. Min. Raul Araújo, j. 04/11/2015, DJe 25/11/2015 – *Informativo* nº 574.

Mas, não sendo hipótese de gratuidade deferida, realmente o preparo já deve ser demonstrado por ocasião da interposição do recurso. Só que, em casos de insuficiência do preparo, o magistrado deverá determinar a intimação do recorrente para que efetue a regularização em 5 (cinco) dias (art. 1.007, § 2º). Vale dizer que tal norma só tem aplicação quando o preparo já tiver sido efetuado, porém não integralmente. Quando o recurso for interposto sem qualquer recolhimento de custas, a parte também terá que ser intimada na pessoa de seu patrono para que regularize esta situação, mas agora já terá que recolher o valor em dobro (art. 1.007, § 4º), não sendo permitida que seja novamente intimada para esta finaldiade (art. 1.007, § 5º). Contudo, se o recurso for interposto após já ter sido encerrado o expediente bancário, será então permitido que o preparo seja feito no primeiro dia útil subsequente, tal como reconhecido pelo Verbete nº 484 da Súmula do STJ: *"Admite-se que o preparo seja efetuado no primeiro dia útil subsequente, quando a interposição do recurso ocorrer após o encerramento do expediente bancário"*.

A legislação em alguns momentos dispensa essa exigência (v.g., art. 1.007, § 1º, art. 1.023, art. 1.042, § 2º, entre outros). O primeiro deles (art. 1.007, § 1º) cuida da dispensa de preparo nos recursos interpostos pelo Ministério Público, pela União, pelo Distrito Federal, pelos Estados e Municípios, bem como pelas suas respectivas autarquias. Este entendimento, por sinal, já era constante no Verbete nº 483 da Súmula do STJ, pelo menos no que diz respeito ao INSS: *"O INSS não está obrigado a efetuar depósito prévio do preparo por gozar das prerrogativas e privilégios da Fazenda Pública"*. Já o segundo (art. 1.023), é o que dispensa o preparo para os embargos de declaração, o que já era permitido no modelo anterior (CPC-73). E, por fim, no último (art. 1.042, § 2º), esta exigência também é dispensada nas hipóteses em que é interposto o agravo aos Tribunais Superiores.

Existe, contudo, uma crítica a todas estas hipóteses, uma vez que tais dispositivos estariam gerando uma indevida isenção heterônoma de tributos. Com efeito, estas custas processuais nada mais são do que taxas que, por sua vez, se constituem em uma das espécies de tributo. Assim, não poderia um ente Fazendário (no caso a União que, por meio do Congresso Nacional, criou o CPC – lei federal) conceder isenção de um tributo que pode não ser da sua competência (como na hipótese de custas devidas em razão de processo instaurado perante a Justiça Estadual), o que equivaleria a uma indevida intromissão em aspectos financeiros que envolvem outros entes públicos.[13] Assim, seria melhor concluir que tais normas somente seriam aplicáveis no âmbito da Justiça Federal, sem qualquer impedimento para que qualquer Estado membro da Federação criasse a sua própria legislação concedendo isenção de seus próprios tributos.[14] Mas deve ser alertado que tais normas previstas no CPC vêm sendo reiteradamente aplicadas e sem quaisquer ressalvas neste sentido.

---

13 Sobre a distinção entre isenção autônoma e heterônoma, recomenda-se a leitura de ROSA JÚNIOR, Luiz Emygdio F. da. *Manual de direito financeiro & direito tributário.* 15ª ed. Rio de Janeiro: Renovar, 2001, pp. 628-629.

14 É o que acontece no Estado do Rio de Janeiro, em razão de ter sido criada a Lei Estadual nº 3.350/99, que cuida dessa situação em seu art. 17, inc. IX.

37.2.6. Regularidade formal

Por fim, o requisito da regularidade formal é aquele que decorre de alguma especificidade prevista em lei, que deve ser observada de acordo com o recurso que tiver sido interposto. Por esta ótica, a exigência prevista no CPC (art. 1.018, § 2º), no sentido de que o agravante deve juntar cópia do agravo de instrumento em 3 (três) dias perante o juízo de primeira instância, integra um requisito de admissibilidade desta espécie recursal que, caso não seja observado, acarretará o não recebimento do recurso em razão da sua irregularidade formal (art. 1.018, § 3º). Da mesma maneira, atualmente qualquer REXTR deve, ao ser interposto, conter em sua petição uma preliminar fundamentada a respeito da repercussão geral (art. 1.035, § 2º), o que, caso contrário, também motivará o seu não conhecimento.

É possível concluir, portanto, que este requisito varia de acordo com o recurso que tiver sido interposto, pois cada um pode trazer alguma peculiaridade própria que, não sendo observada, torna o recurso irregular e motiva a sua rejeição.

37.3. CONSEQUÊNCIAS DA INADMISSIBILIDADE DE UM RECURSO

A decisão que não admite um recurso pode ter as mais diversas naturezas. Pode ser por meio de uma decisão interlocutória, em caso de rejeição de embargos de declaração intempestivos apontando omissão em anterior decisão da mesma natureza. Também pode ser por uma decisão monocrática ou mesmo por um acórdão, quando o recurso não for recebido pelo Tribunal, dependendo tão somente de este ato ser praticado por um desembargador ou ministro isoladamente ou a decisão ser fruto de um órgão colegiado. E, a importância em se perquirir a natureza jurídica da decisão de não recebimento do recurso é, justamente, verificar qual o recurso que deve ser interposto para impugná-la.

Esta decisão, qualquer que seja a sua natureza, tem natureza declaratória, pois irá declarar a ausência de preenchimento de todos os requisitos extrínsecos ou intrínsecos. E, como a maioria das decisões de cunho declaratório, terá efeitos retroativos (*ex tunc*), já que estará declarando uma situação preexistente. Assim, por exemplo, se a parte interpõe o seu recurso de apelação independentemente da realização do preparo, o desembargador não irá admiti-lo, desde que tenha sido regularmente intimado o recorrente sem que houvesse o recolhimento em dobro (art. 1.007, § 4º). Mas, muito embora esta decisão possa ser impugnada por outro recurso, é certo que, se nada for feito, o trânsito em julgado da sentença se operou retroativamente (eficácia *ex tunc* da declaração), desde o primeiro dia seguinte que sobrevier ao décimo quinto dia (termo final), para a interposição do recurso de apelação. Em outras palavras, o trânsito em julgado não é a partir da intimação da decisão que não admitiu o recurso. Ele, em realidade, já ocorreu em momento bem anterior, quando preclusas as vias impugnativas da sentença proferida.[15]

---

15 MOREIRA, José Carlos Barbosa. *Comentários ao código de processo civil*. 14ª ed. Rio de Janeiro: Forense, 2008. v. V, p. 265.

Há, no entanto, quem defenda ideia oposta, no sentido de que a decisão que não admite o recurso tem natureza constitutiva e, portanto, sua eficácia não iria retroagir. O argumento é que a decisão que não conhece um recurso na realidade está constituindo um vício, ainda que o ato imperfeito já tenha sido praticado anteriormente. Assim, a circunstância de o recurso de apelação ter sido interposto desacompanhado de preparo apenas o torna imperfeito, porém não viciado, já que o reconhecimento do vício dependeria de decisão judicial constituindo-o. Logo, para quem adota esta visão, enquanto não reconhecido o vício e não admitido o recurso, este ato processual imperfeito gera seus efeitos regulares, incluindo a impossibilidade de imediata formação da coisa julgada. Somente após a decisão de inadmissão é que o vício teria sido criado sem que isso possibilitasse a retroatividade da formação da coisa julgada, posto que a decisão de natureza constitutiva apenas irradia efeitos *ex nunc*.[16] A crítica a esta visão é que qualquer recurso, ainda que manifestamente inadmissível (v.g., um recurso de apelação interposto no vigésimo dia), teria o condão de postergar a formação da coisa julgada, o que poderia se constituir em instrumento para que o andamento do processo fosse protelado.

De qualquer maneira, mesmo aqueles que defendem o segundo entendimento reconhecem que existe farta jurisprudência no sentido de que a decisão que não admite os embargos de declaração, por motivo de intempestividade, gera efeitos retroativos, de modo que o trânsito em julgado se opere desde a data seguinte ao *dies ad quem* do prazo para a interposição do recurso.[17]

37.4. CONSEQUÊNCIAS DA ADMISSIBILIDADE DE UM RECURSO

Quando o juízo de admissibilidade for positivo, é bastante comum utilizar a expressão "recebimento", "conhecimento" ou "admissão" do recurso, o que é realizado por uma decisão judicial que pode ter as mais diversas naturezas, dependendo tão somente da espécie recursal envolvida e do órgão que fez esta verificação.

Entre as principais consequências do recebimento do recurso se encontram a possibilidade de eventualmente ser realizado um juízo de retratação, bem como os efeitos, dentre outras mais. Vale dizer que tanto o juízo de retratação quanto a menção aos efeitos do recurso já devem ser mencionados na mesma decisão que o admitiu.

37.4.1. Juízo de retratação

O modelo primitivo (CPC-73) era muito mais coerente quanto a esta situação, posto que primeiro exigia que o magistrado recebesse o recurso para que somente depois,

---

16 DIDIER JR., Fredie. CUNHA, Leonardo Carneiro da. *Curso de direito processual civil. Meios de impugnação às decisões judiciais e processos nos Tribunais.* 7ª ed. Salvador: JusPodivm, 2009. v. 3, p. 68.

17 DIDIER JR., Fredie. CUNHA, Leonardo Carneiro da. *Curso de direito processual civil. Meios de impugnação às decisões judiciais e processos nos Tribunais.* 7ª ed. Salvador: JusPodivm, 2009. v. 3, p. 71.

e se fosse o caso, pudesse se retratar de suas decisões nas poucas situações em que isso era admitido (v.g., art. 296, CPC-73). Afinal, uma vez publicada a decisão, o mesmo somente poderia alterar de ofício os erros materiais ou de cálculo (art. 494, inc. I) e repugnaria o bom senso autorizar uma retratação quando o recurso é flagrantemente inadmissível.

Contudo, pelo novo modelo, o juízo de retratação deixa de ser, como regra, uma consequência da admissibilidade de certos recursos, eis que já poderá ser exercido independentemente da realização desta última. Com efeito, é o que se observa no recurso de apelação (art. 198, inc. VII, Lei nº 8.069/90, art. 331, art. 332 e art. 485, § 7º) e até mesmo no REXTR e no RESP repetitivos (art. 1.040, inc. II). Mas, ainda assim, eventualmente pode ser posterior à admissão do recurso, tal como ocorre no agravo de instrumento. É que, em tais casos, o agravante irá interpor este recurso diretamente ao Tribunal, que irá realizar, com exclusividade, a sua admissibilidade. Na sequência, ao serem requisitadas informações ao juiz, o mesmo poderá se retratar e comunicar tal circunstância ao desembargador, que irá monocraticamente decidir se o agravo de instrumento restou prejudicado (art. 1.018. § 1º). Portanto, embora não mais seja a regra, persiste a possibilidade de retratação de decisão após ter sido realizada a admissibilidade de recurso.

37.4.2. Efeitos do recurso

Quando um recurso é admitido é comum afirmar que ele produz certos efeitos, que são, justamente, as consequências geradas, seja na relação jurídica entre as partes ou mesmo na situação jurídica em que o processo se encontra. Estes efeitos, por sinal, deveriam ser sempre mencionados expressamente na decisão de recebimento, mas nem sempre é o que ocorre. É que, há bastante tempo, vem sendo tolerada uma prática muito comum que consiste na menção, nesta decisão, em que o recurso foi recebido *"nos seus regulares efeitos"*, ou seja, naqueles previstos em lei. Esta situação, porém, deveria ser evitada, pois pode gerar dúvidas ao destinatário das decisões, que poderá dar início equivocado a um cumprimento provisório da sentença ou mesmo se valer dos embargos de declaração para sanar a questão.

Entre os efeitos mais tradicionais, fala-se em regressivo, devolutivo, translativo, suspensivo, ativo, expansivo subjetivo, expansivo objetivo, infringentes ou modificativos e, por fim, o substitutivo, que abaixo serão trabalhados.

37.4.2.1. Regressivo

O efeito regressivo é o mais singelo de todos e é o que permite que o recurso tenha tanto a sua admissibilidade quanto o mérito resolvidos no mesmo órgão jurisdicional que proferiu a decisão impugnada. Ocorre, por exemplo, nos embargos de declaração, no recurso de embargos infringentes previsto na Lei de Execução Fiscal (art. 34, Lei nº 6.830/80 – que permanece em vigor, malgrado tenha sido abolido recurso com idêntica nomenclatura do CPC, que se aplicava em outras situações), bem como em todos os recursos que possibilitem juízo de retratação (v.g., alguns casos do recurso de apelação). Fica a ressalva, no entanto, que, para respeitável doutrina estrangeira, não pode ser caracterizado como recurso um mecanismo que não transfere o poder de julgamento a um órgão hierarquicamente superior.[18]

37.4.2.2. Devolutivo

O efeito devolutivo é aquele que permite a devolução da matéria a outro órgão jurisdicional de maior hierarquia.[19] O curioso é que, apesar de o legislador ter empregado o verbo "devolver", o mesmo não pode ser interpretado literalmente, pois somente se devolve o que antes já pertencia a um determinado órgão. No entanto, como não é o que ocorre, a melhor solução é considerar que o efeito devolutivo implica na "transferência" da função jurisdicional (cisão funcional vertical da competência) ou, quando muito, na devolução da matéria impugnada a outro órgão integrante do "mesmo" Poder Judiciário.

Entre aqueles recursos que admitem este efeito, o de apelação é o que tem a maior amplitude na devolução, pois, conforme será demonstrado abaixo, o Tribunal poderá rever tudo o que foi ou poderia ter sido analisado pela sentença, sejam questões de fato ou de direito.

37.4.2.2.1. Devolutivo na extensão e na profundidade

Um dos temas mais complexos em matéria recursal envolve a abrangência da devolutividade das questões ao órgão hierarquicamente superior. É que é bastante difundida a expressão *tantum devolutum quantum apellatum*, que, por sinal, é adotada em norma do CPC (art. 1.013), de modo a induzir ao raciocínio de que o Tribunal somente poderá analisar as matérias que tenham sido expressamente impugnadas pelo interessado em sua peça recursal. Contudo, não é o que efetivamente ocorre, pois o Tribunal possui grande liberdade para analisar diversas outras questões, inclusive algumas que, por vezes, sequer foram decididas, mas desde que haja autorização normativa para tanto.

O efeito devolutivo na "extensão" é aquele que é fixado em razão da vontade do recorrente. Assim, se o demandante instaura um processo objetivando o ressarcimento dos danos materiais e morais sem ter êxito em qualquer um dos seus pedidos e, em seu recurso, apenas impugna o capítulo da sentença que cuidou dos danos materiais, será vedado ao Tribunal efetuar qualquer análise quanto aos danos morais.

---

18 AROCA, Juan Montero. *Processo (civil y penal) y garantia*. Valencia: Tirant lo Blanch, 2006, pp. 267 e 305.

19 Em sentido contrário ao texto, por entender que é possível empregar a expressão "efeito devolutivo" mesmo quando o mérito do recurso for resolvido pelo mesmo órgão prolator da decisão: SILVA, Edward Carlyle. *Direito processual civil*. Niterói: Impetus, 2007, pp. 330-331. Vale dizer ainda que, segundo esta corrente doutrinária, não existiria o "efeito regressivo".

Já o efeito devolutivo na "profundidade" (ou efeito devolutivo amplo), decorre da própria lei, ao estabelecer quais os fundamentos que o Tribunal poderá analisar em relação ao pedido constante no recurso interposto. Neste aspecto, é que se percebe que os membros do Tribunal podem analisar diversas questões que não foram expressamente impugnadas pelas partes e, inclusive, até mesmo matérias que ainda não foram sequer decididas pelo magistrado de primeira instância. Para melhor compreensão do efeito devolutivo na profundidade, há a necessidade de analisar, detalhadamente as hipóteses indicadas em lei (art. 1.013, §§ 1º, 2º e 3º).

37.4.2.2.2. Art. 1.013, § 1º

De acordo com esta norma (art. 1.013, § 1º): "*Serão, porém, objeto de apreciação e julgamento pelo tribunal todas as questões suscitadas e discutidas no processo, ainda que não tenham sido solucionadas, desde que relativas aso capítulo impugnado*". Exemplificando o alcance do dispositivo: se for instaurada uma demanda objetivando o recebimento de um crédito, pode ser que o demandado alegue em sua defesa que era incapaz no momento em que o débito foi contraído ou, então, que o mesmo já se encontra pago. Ao fim da instrução, pode ser que o magistrado decida pela improcedência, somente reconhecendo a presença da incapacidade, muito embora tenha se silenciado por completo quanto ao outro fundamento, que era sobre o pagamento, eis que o primeiro, por si apenas, já permitia a resolução do mérito.

Só que esta sentença, que é desfavorável ao demandante, poderá ser questionada por meio de um recurso de apelação, que trará como único fundamento aquele que foi utilizado para a sua derrota, ou seja, apenas a questão relativa à capacidade. Nesta hipótese, o Tribunal poderá até conhecer e dar provimento ao recurso para fins de afastar tal tema, muito embora a outra matéria ("pagamento"), também possa ser pronunciada de ofício (art. 1.013, § 1º). Por óbvio, isso somente poderá ser feito pelo Tribunal caso a matéria "pagamento" já esteja suficientemente madura, ou seja, quando não houver mais necessidade de aprofundar a cognição para pronunciá-la. Vale lembrar, inclusive, que o novo modelo admite a possibilidade de instrução processual superveniente mesmo na etapa recursal (art. 938, § 3º). Do contrário, o Tribunal se limitará a cassar a sentença proferida, determinando a devolução dos autos à primeira instância, a fim de que a instrução probatória possa prosseguir.

Além disso, a possibilidade de o Tribunal dar provimento à apelação para fins de afastar a incapacidade e, de ofício, manter o teor da decisão pelo fundamento da ocorrência de pagamento, de forma alguma conspira contra o princípio que veda a reforma para pior. É que, conforme já analisado em momento anterior (v. item nº 37.4.2.2.3.), a regra é que não haja maltrato a este princípio quando o tribunal mantém a conclusão do julgado embora tenha modificado a sua fundamentação.

E, para finalizar, percebe-se que, nesta hipótese em que a decisão contiver uma omissão, existirão dois meios processuais distintos para atacá-la. Um deles seria o uso do recurso de apelação para permitir que o Tribunal possa complementar a parte que falta na decisão se a causa já estiver madura para julgamento ou, em caso contrário, para anulá-la. E, o segundo mecanismo para combater a omissão seria o uso dos embargos de declaração, que também permitiria a integração do ato decisório. Percebe-se, assim, que estes dois recursos possuem, em caráter excepcional, exatamente a mesma finalidade, o que mitiga o princípio da unicidade.

Assim, fica ao talante das partes a escolha do meio pelo qual pretendem se valer para impugnar a aludida omissão. E, por este motivo, podem se valer de qualquer uma das duas, sem que isso possa implicar em preclusão. Com efeito, caso não interponham os embargos de declaração no prazo de 5 (cinco) dias, obviamente não estarão impedidas de, dentro do prazo do recurso de apelação, veicular este mesmo tipo de matéria ante o argumento da ocorrência da preclusão temporal, já que este instituto somente gera a perda da faculdade de praticar um determinado ato processual. Logo, não interposto os embargos de declaração em seu prazo, a consequência é que a parte interessada não mais poderá apresentá-los, embora possa praticar um ato distinto, como seria o caso da interposição do recurso de apelação.

37.4.2.2.3. Art. 1.013, § 2º

Conforme visto no item anterior, o Tribunal pode se manifestar de ofício até mesmo em relação a fundamentos que não foram apresentados expressamente pelo recorrente. Mas este outro dispositivo autoriza que a Corte analise também questões que, a despeito de não constarem nas razões recursais, já foram analisadas na instância inferior. É o que ocorre, por exemplo, quando se instaura um determinado processo para obter uma ordem de despejo, fundada em mais de uma causa de pedir (v.g., falta de pagamento e alegação de uso próprio do imóvel).

Em uma situação como esta, o magistrado poderá, ao proferir a sentença, reconhecer que os pagamentos se encontram regulares, mas que, ainda assim, o despejo deve ser determinado em razão da comprovação de que o imóvel será utilizado para fins de uso próprio do locador. Nesta hipótese, o locatário, que foi o vencido, interporá o recurso de apelação com o intuito de afastar apenas a alegação do uso próprio, eis que somente esta foi determinante para a decretação do despejo. Quanto à outra matéria, que consiste na falta de pagamento, não há motivo para o demandado questioná-la, eis que o mesmo já foi vitorioso quanto a esta alegação em primeira instância.

Só que, por força desta norma, o Tribunal analisará não apenas o fundamento invocado nas razões recursais (alegação de uso próprio) como, também, todas as demais teses suscitadas, inclusive as já decididas, eis que consta no aludido dispositivo: *"Quando o pedido ou a defesa tiver mais de um fundamento e o juiz acolher apenas um deles, a apelação devolverá ao tribunal o conhecimento dos demais"*. Logo, é perfeitamente plausível que, no exemplo acima citado, o Tribunal dê provimento ao recurso de apelação interposto pelo locatário para fins de afastar a alegação de uso próprio do demandante e, ato contínuo, reconheça de ofício que o pagamento dos aluguéis não se encontra regularizado, o que autorizaria a manutenção do decreto de despejo, muito embora por outro fundamento.

Vale dizer que, tanto em um caso como em outro, novamente não haverá violação ao princípio que veda a reforma para pior, eis que a conclusão do acórdão permanece a mesma, ou seja, no sentido de que o demandante tem direito à ordem de despejo. Ressalva-se ainda que, na presente hipótese, não há que se argumentar que a modificação do fundamento prejudica o demandado, eis que os motivos da sentença não transitam em julgado (art. 504, inc. I e II), bem como que o credor necessariamente terá que propor uma nova demanda para fins de recebimento dos aluguéis até então devidos.

37.4.2.2.4. Art. 1.013, § 3º – Teoria da causa madura

Este dispositivo possibilita que o Tribunal analise diretamente o mérito da causa em sede do recurso de apelação, ainda que o mesmo não tenha sido apreciado pelo juiz de primeira instância, que proferiu sentença terminativa (art. 485). O seu objetivo é imprimir maior celeridade ao processo, de modo a evitar que, após a decisão do Tribunal que cassar a sentença, tenham os autos que retornar à primeira instância apenas para que outra sentença possa ser dada e que, certamente, será impugnada por um novo recurso de apelação. É claro, no entanto, que esta possibilidade (art. 1.013, § 3º) não pode ser realizada em qualquer situação, mas, tão somente, quando não mais houver necessidade de dilação probatória, o que justifica a nomenclatura bastante usual de que a mesma consagra a "teoria da causa madura", embora haja determinado segmento doutrinário que prefira cunhar a sua própria: "efeito desobstrutivo".[20]

Como visto, portanto, o intento do legislador foi possibilitar maior efetividade na prestação jurisdicional, mormente naquelas hipóteses em que não há mais necessidade de produção de novas provas. Não merece acolhida, porém, a tese de que este dispositivo seria inconstitucional, por violação ao princípio do juiz natural ou ao princípio que assegura o duplo grau de jurisdição. Com efeito, o primeiro não é ofendido, pois o mesmo se consubstancia na garantia de que o mérito será analisado por um ou vários membros do órgão julgador que foram escolhidos por meio de critérios objetivos e impessoais e que também não são parciais. Assim, percebe-se que aqueles que integram o Tribunal preenchem tais requisitos, de modo a afastar o maltrato a este princípio, inclusive porque é a própria lei (art. 1.013, § 3º), que lhe confere a possibilidade de assim agir. E, da mesma maneira, também não há qualquer violação ao princípio do duplo grau de jurisdição, posto que este princípio permanece sendo observado, já que a decisão proferida pelo Tribunal poderá ser eventualmente impugnada por outros recursos, como o REXTR, o RESP e, também, os embargos de declaração, apenas para citar alguns. Quando muito, se poderia objetar que há uma supressão de instância autorizada pela Lei, o que não sugere a violação de qualquer princípio.

As principais questões que se apresentam em relação a este dispositivo são as seguintes: a) O desembargador pode aplicar, de ofício, este dispositivo ou depende de

---

20 DIDIER JR., Fredie. CUNHA, Leonardo Carneiro da. *Curso de direito processual civil. Meios de impugnação às decisões judiciais e processos nos Tribunais.* 13ª ed. Salvador: JusPodivm, 2016. v. 3, p. 194.

requerimento expresso do apelante?; b) O dispositivo em comento apenas permite a sua aplicação quando se tratar de questão de direito ou o mesmo também poderia ser aplicado caso o recurso trate de questão de fato controvertida que não mais permite dilação probatória?; c) Este artigo pode ser utilizado em outros recursos, além da apelação?

Quanto ao primeiro questionamento, sobre o desembargador poder aplicar de ofício o disposto nesta norma (art. 1.013, § 3º), a resposta deve ser invariavelmente positiva. Com efeito, esta possibilidade se encontra inserida no denominado efeito devolutivo na profundidade, ou seja, aquele que a lei estabelece o que pode ou não ser analisado pelo Tribunal em grau recursal. Assim, estando o processo maduro em mãos do desembargador, caberá ao mesmo (ou pelo órgão colegiado) afastar a sentença terminativa e resolver não apenas o mérito do recurso, como, também, o próprio mérito da causa, se não for verificada a necessidade de produção de novas provas. Aliás, afirmar que esta norma somente pode ser aplicada se houver requerimento do recorrente é transferir para a parte o juízo de valor se o processo está ou não suficientemente instruído, em flagrante troca de posição processual com o magistrado.[21]

Quanto ao segundo questionamento, sobre este dispositivo ser ou não aplicável quando o mérito da causa versar a respeito de uma questão de fato que não mais depende de prova, a resposta também deve ser invariavelmente positiva. Não faz sentido prestigiar esta atividade apenas quando o recurso tratar de uma questão de direito, pois esta, em realidade, também traz ínsita a análise de algum fato, só que de fácil comprovação. Com efeito, diferentemente dos denominados "processos objetivos",[22] a imensa maioria dos processos que tramitam perante o Poder Judiciário sempre vão apresentar alguma carga fática demandando solução pelo magistrado. Portanto, sendo questão de direito ou questão de fato, caso não haja necessidade de dilação probatória, é dever do magistrado lotado em segunda instância aplicar a teoria da causa madura, o que, neste aspecto, guarda semelhança com o mesmo dever imposto ao juiz de primeiro grau quando realiza o julgamento antecipado do mérito (art. 355, inc. I). É, sem dúvidas, a melhor providência a ser observada para que seja assegurado o direito ao razoável tempo para a solução do mérito (art. 4º).

Por fim, quanto à última indagação, se esta norma pode ou não ser utilizada em outros recursos, a resposta não é inteiramente pacífica e pode variar de acordo com a espécie recursal. Assim, apesar de este dispositivo estar inserido, no CPC, no capítulo reservado à apelação, não se vislumbra obstáculos sérios em aplicá-lo também ao recurso de agravo por instrumento, caso o mesmo esteja suficientemente instruído e já permita a resolução do mérito da causa diretamente pelo desembargador.[23] Por exemplo,

---

21 No sentido do texto: STJ. AgRg nº AREsp 93707/SP. Rel. Min. Sidnei Beneti. DJ 26/02/2013. Já em sentido contrário, argumentando existir "razões de ordem sistemática" que aconselham que se exija a formulação de requerimento pelo recorrente para que o Tribunal possa aplicar a teoria da causa madura (art. 1.013, § 3º, CPC): DIDIER JR., Fredie. CUNHA, Leonardo Carneiro da. *Curso de direito processual civil. Meios de impugnação às decisões judiciais e processos nos Tribunais*. 13ª ed. Salvador: JusPodivm, 2016. v. 3, pp. 194-195.

22 Sobre o que vem a ser "processo objetivo", recomenda-se a leitura de: SLAIBI FILHO, Nagib. *Ação declaratória de constitucionalidade*. 2ª ed. Rio de Janeiro: Forense, 2000, p. 106.

23 DINAMARCO, Cândido Rangel. *A reforma da reforma*. 2ª ed. São Paulo: Malheiros, 2002, p. 162.

imagine-se que se trata de demanda em que o consumidor pede ressarcimento por danos morais em face de uma determinada empresa e, logo após a apresentação da resposta do réu, o magistrado expressamente determina a inversão do ônus da prova, por decisão interlocutória. Neste caso, pode ser que o demandado interponha recurso de agravo de instrumento (art. 1.015, inc. XI), que foi desprovido pelo Tribunal, ao argumento de que se tratava de inversão *ope legis*, caso em que a mesma era automática em razão de lei desde o início do processo. E, se neste momento, o mesmo tribunal vislumbrar que a causa já se encontra suficientemente madura para julgamento, não haveria obstáculos em já se julgar, no próprio agravo de instrumento, o mérito da demanda primitiva. Mas claro que, para que isso ocorra, o agravo deve vir muito bem instruído, com o máximo de cópias possíveis do processo (art. 1.017, incs. I, II e III).[24]

Por outro lado, no modelo primitivo, grassava séria divergência sobre esta teoria da causa madura também poder ser aplicada no recurso ordinário, já que este somente pode ser interposto em processos que tramitaram em órgãos jurisdicionais cuja competência é fixada na Constituição. Assim, autorizar a aplicação da causa madura nestas situações seria o equivalente a burlar o texto constitucional, já que o mérito da causa estaria sendo apreciado por órgão jurisdicional diverso do que consta na Carta Magna.[25] Na jurisprudência, esta última visão, no sentido da impossibilidade, era adotada pelo STF, o que colidia frontalmente com o entendimento do STJ, que a permitia.[26] Contudo, o CPC foi expresso ao afirmar que esta teoria tem perfeita aplicação, quando possível, ao recurso ordinário constitucional (art. 1.027, § 2º).

37.4.2.3. Translativo

O efeito translativo é aquele que permite ao Tribunal pronunciar de ofício determinados fundamentos ou matérias de ordem pública independentemente da iniciativa da parte, tal como ocorre quando constata a falta de pressuposto processual ou a violação a coisa julgada material, entre outras. Em realidade, corresponde ao efeito devolutivo na profundidade, porém restrito a matérias de ordem pública, que são temas que estão previstos em várias normas do CPC (v.g., art. 337, § 5º; art. 485, § 3º; art. 487, inc. II; art. 803, parágrafo único; entre muitas outras).

37.4.2.4. Suspensivo e ativo

O efeito suspensivo é o oposto do efeito ativo. No primeiro deles, a decisão impugnada por meio de um recurso impõe algum comportamento a uma das

---

24 No sentido do texto: STJ. REsp 1.215.368-ES, Rel. Min. Herman Benjamin, j. 1º/06/2016, DJe 19/09/2016 – *Informativo* nº 590.

25 Em sentido contrário ao texto, admitindo a aplicação da teoria da causa madura no processamento do recurso ordinário: DIDIER JR., Fredie. CUNHA, Leonardo Carneiro da. *Curso de direito processual civil. Meios de impugnação às decisões judiciais e processos nos Tribunais.* 7ª ed. Salvador: JusPodivm, 2009. v. 3, p. 249.

26 STF. Recurso ordinário em mandado de segurança nº 26.959-DF. Rel. Min. Eros Grau. DJ 15/05/2009. STJ. Recurso ordinário em mandado de segurança nº 25.806-RN. Rel. Min. João Otávio de Noronha. DJ 18/05/2010.

partes, o que é suficiente para nominá-la como "positiva". Assim, caso o interessado não pretenda cumprir imediatamente esta determinação, caberá ao mesmo recorrer e requerer a concessão do efeito suspensivo, de modo a sustar os efeitos da aludida decisão. Já o efeito ativo trabalha em situação completamente oposta, pois ocorre quando o interessado pretende obter, durante o processamento do recurso e em caráter provisório, uma decisão que lhe permita fazer algo que a anterior decisão de cunho "negativo" não lhe permitiu.

É fácil visualizar a distinção entre ambos mediante apresentação de exemplos. No primeiro, se o demandante vier em juízo e obtiver a antecipação dos efeitos da tutela provisória para que possa participar de uma licitação sem preencher integralmente todos os requisitos constantes no edital (decisão "positiva", já que impõe à demandada a obrigação de tolerar a inscrição), caberá à parte contrária se valer do recurso de agravo de instrumento com requerimento para a concessão do efeito suspensivo (art. 1.019, inc. I), para fins de sustar a eficácia desta decisão, o que até mesmo pode ser concedido liminarmente pelo relator do recurso.

Na segunda hipótese, se o demandante efetuar o mesmo requerimento e o magistrado proferir decisão interlocutória indeferindo, deverá o interessado interpor o mesmo recurso de agravo, na modalidade de instrumento, mas nesta situação a decisão estará tendo cunho "negativo", já que não impõe nenhum comportamento a qualquer das partes. Simplesmente, tudo permanece exatamente do mesmo modo em que se encontra. Neste caso, o efeito suspensivo se revela ineficiente, pois não basta apenas suspender a decisão anterior, sendo necessário mais do que isso, ou seja, que haja uma nova decisão autorizando aquilo que o autor pretende obter. Nesse caso, ao interpor o recurso de agravo será possível ao agravante requerer ao relator a concessão do denominado efeito ativo, que, no CPC (art. 1.019, inc. I), recebeu a nomenclatura de "antecipação da tutela da pretensão recursal", em clara alusão ao que ora se explica, já que será concedido, em caráter provisório, uma decisão que já imponha algo a uma das partes do processo.

Vale dizer que este poder do relator de conceder o efeito ativo não causa nenhum tipo de espécie, mormente se for lembrado que, dependendo da hipótese, o mesmo já até poderia estar autorizado a julgar monocraticamente o mérito do recurso (art. 932, inc. V). Assim, por uma questão de lógica, se a ele é permitido julgar sozinho o mérito do recurso, não haveria obstáculo para que o mesmo desembargador pudesse antecipar provisoriamente os efeitos desse julgamento. Conclui-se, portanto, que o campo de atuação destes dois efeitos são completamente distintos, embora seja muito comum uma má compreensão do real emprego de cada um.

O efeito suspensivo encontra-se presente na maioria dos recursos e por vezes pode decorrer de imposição normativa ou a critério do magistrado. No caso do recurso de apelação, a regra é que o mesmo ocorrerá na maioria das situações, salvo naquelas que a própria lei excepciona (art. 1.012, § 1º). Já no recurso de agravo de instrumento, o efeito suspensivo não é automático, mas pode ser concedido pelo relator (art. 1.019, inc. I). Outros recursos, por seu turno, já possuem tratamento normativo omisso quanto a esta questão, como no trato do recurso ordinário, RESP ou REXTR, muito embora nestes 2 (dois) últimos o CPC tenha previsto que este efeito suspensivo até poderá ser requerido por simples petição (art. 1.029, § 5º), o que deixa subentendido que os mesmos, em regra, possuem apenas efeito devolutivo (já que há a necessidade de se adotar este proceder para a obtenção da suspensão da eficácia da decisão). Por sua vez, quanto ao efeito ativo, o mesmo encontra previsão normativa apenas na hipótese do recurso de agravo na modalidade de instrumento (art. 1.019, inc. I).

37.4.2.5. Expansivo subjetivo

A decisão proferida em um processo judicial apenas vincula as partes que dele participaram, mas não exatamente pela mesma conclusão. Com efeito, por vezes o processo tem vários participantes e nem sempre a atuação de cada um pode interferir na esfera do outro. Em casos de litisconsórcio, por exemplo, a regra é que os litisconsortes sejam considerados como litigantes distintos, de modo que os atos e omissões de um não prejudicarão e nem beneficiarão o outro (art. 117). Assim, em uma situação envolvendo um litisconsórcio ativo facultativo simples em que o magistrado proferiu sentença de improcedência impugnada por apenas um dos litisconsortes, eventual provimento ao recurso de apelação não beneficiará o outro que dela não recorreu, já que estaria presente nesta hipótese o fenômeno designado por cumulação de ações, sendo que uma delas já teria sido definitivamente apreciada pelo Poder Judiciário, eis que a parte interessada dela não recorreu no momento oportuno. Esta situação, por sinal, também recebe o nome de "princípio da personalidade do recurso".[27]

Mas em outros casos, o recurso interposto por um dos litisconsortes já poderá aproveitar o outro, o que, aliás, até mesmo encontra respaldo normativo no CPC (art. 1.005), que dispõe: "*O recurso interposto por um dos litisconsortes a todos aproveita, salvo se distintos ou opostos os seus interesses. Havendo solidariedade passiva, o recurso interposto por um devedor aproveitará aos outros quando as defesas opostas ao credor lhes forem comuns*". Nesta outra hipótese se estará diante de um litisconsórcio unitário, situação em que a decisão precisa ser rigorosamente a mesma para ambos os litisconsortes, de modo que o recurso interposto por um obrigatoriamente irá gerar reflexos e poderá beneficiar o outro.[28] Assim, quando se tem o Ministério Público instaurando um processo cujo objetivo é anular um casamento, ambos os cônjuges deverão participar obrigatoriamente do processo em uma hipótese de litisconsórcio passivo, originário, necessário e unitário. E, neste caso, se um dos cônjuges impugnar a sentença de procedência, a mesma não transita em julgado para o outro, já que o teor da decisão deve ser exatamente o mesmo, o que justifica o raciocínio de que qualquer postura com intuito benéfico praticado por um dos litisconsortes irá aproveitar ao outro.[29]

---

27 COUTURE, Eduardo J. *Fundamentos del derecho procesal civil*. 4ª ed., Buenos Aires: B de F Ltda, 2005, pp. 300-301.

28 MARINONI, Luiz Guilherme. ARENHART, Sérgio Cruz. *Manual do processo de conhecimento*. 2ª ed. São Paulo: RT, 2003, p. 192.

29 MARINONI, Luiz Guilherme. ARENHART, Sérgio Cruz. *Manual do processo de conhecimento*. 2ª ed. São Paulo: RT, 2003, p. 192.

Este é, portanto, o efeito expansivo subjetivo, que nada mais é do que a possibilidade de que uma decisão proferida em um recurso venha a beneficiar não apenas o recorrente, mas também a outro litisconsorte.

37.4.2.6. Expansivo objetivo

Tema mais difícil de ser tratado é o efeito expansivo em seu sentido objetivo. Isso ocorre quando o provimento de um recurso pode gerar, além da anulação ou revisão da decisão que o motivou, também uma série de consequências a diversos outros atos processuais que foram praticados posteriormente. No entanto, trata-se de um assunto que não tem um estudo acurado no CPC e também porque, diante de uma infinidade de situações práticas, pode gerar diversos questionamentos a respeito da sua abrangência e aplicação.[30]

A melhor forma de compreender este efeito é à luz de uma situação hipotética. Em um determinado processo pode ser que o magistrado venha a proferir uma decisão interlocutória (v.g., indeferindo o requerimento de exibição de documento) que foi impugnada pela parte interessada por meio de um recurso de agravo, na modalidade de instrumento. Ocorre que este recurso não possui, em regra, efeito suspensivo, o que é indicativo de que a decisão impugnada continua gerando seus efeitos regularmente, bem como que a marcha processual prosseguirá. Por este motivo, não são raras as vezes que a sentença é até mesmo proferida sem que tenha sido julgado o mérito do recurso de agravo anteriormente interposto, muito embora nele tenha sido versada alguma questão que, de alguma forma, se relaciona com aquilo que foi decidido na sentença (v.g., se o magistrado, no mesmo exemplo, tivesse julgado improcedente o pedido autoral por falta de provas).

Existem julgados do STJ no sentido de que a superveniência da sentença de procedência do pedido não obsta que o agravo de instrumento continue a ser processado.[31] Um argumento para embasar esta afirmação é que, obtida sentença de mérito favorável, haveria a possibilidade de o requerente não mais obter a satisfação do seu direito, caso o mesmo já estivesse sendo efetivado por conta da decisão interlocutória que antecipou os efeitos da tutela provisória (art. 297, parágrafo único). É que, ao contrário do recurso de agravo, o de apelação é usualmente recebido no efeito suspensivo, o que implicaria na impossibilidade de promoção do cumprimento provisório de sentença (exceto, claro, se a antecipação da tutela for confirmada na sentença – art. 1.012, § 1º, inc. V). Assim, sob este ponto de vista, realmente seria útil a permanência da decisão que antecipou os efeitos da tutela provisória, de modo a possibilitar o prosseguimento da execução que já se encontra em curso.

Caso seja este o raciocínio adotado, ou seja, de que a superveniência da sentença não torna o agravo prejudicado, será então possível verificar que o provimento deste

---

30 GONÇALVES, Marcus Vinícius Rios. *Novo curso de direito processual civil*, v. 2. 2ª ed. São Paulo: Saraiva, 2006, p. 89.

31 STJ. Embargos de divergência no REsp nº 765.170-TO. Rel. Min. Hamilton Carvalhido. DJ 17/03/2010.

poderá, eventualmente, trazer sérios reflexos aos atos processuais que se seguiram à decisão interlocutória que foi impugnada, gerando o denominado "efeito expansivo objetivo". Com efeito, se ainda for levado em consideração o mesmo exemplo acima, ou seja, o de que o juiz indeferiu o requerimento para a exibição de documento e, depois, julgou o pedido improcedente para o demandante, percebe-se um liame de prejudicialidade entre os dois atos decisórios, pois o último (sentença) relaciona-se com o que foi decidido anteriormente. Nesta hipótese, caso o recurso de agravo continue a tramitar e tenha o seu mérito provido, o efeito expansivo objetivo irá não apenas reformar a decisão interlocutória mas, também, todos os atos processuais que derivaram da mesma, inclusive a sentença, já que a instrução probatória terá que ser reaberta. Em casos como este, é até mesmo possível conceber que a superveniência da decisão do agravo pode afastar a aparente coisa julgada que já se formou, se a sentença de mérito não tiver sido impugnada pelo recurso de apelação. É que, em realidade, este raciocínio até mesmo poderia ser fundamentado por analogia a norma do CPC (art. 281), que determina que: *"Anulado o ato, consideram-se de nenhum efeito todos os subsequentes, que dele dependam, todavia, a nulidade de uma parte do ato não prejudicará as outras que delas sejam independentes"*.

Mas, para que sejam evitadas as tão temíveis inseguranças jurídicas, melhor seria mitigar a incidência do efeito expansivo objetivo, com a adoção de uma postura mais prática, ao considerar, simplesmente, que, com o advento da sentença, o agravo de instrumento ainda pendente de julgamento deve ser considerado imediatamente como prejudicado, permitindo que a matéria enfrentada na decisão interlocutória possa ser novamente discutida em sede de apelação. É um entendimento que também se verifica no próprio STJ, o que é indicativo de que, nesta Corte, o assunto se encontra longe de qualquer pacificação.[32]

Por fim, embora seja um tema usualmente abordado em recursos, é certo que esse efeito também ocorre com bastante frequência nas denominadas ações autônomas de impugnação, como seria a hipótese de uma decisão interlocutória estar sendo impugnada por um mandado de segurança ou *habeas corpus*.

37.4.2.7. Infringentes ou modificativos

Existem determinados recursos que não têm a finalidade de reformar ou anular uma decisão judicial, mas sim "melhorá-la", ao suprir uma omissão, tal como pode ocorrer com os embargos de declaração e eventualmente com o próprio recurso de apelação (art. 1.013). Quanto esta circunstância ocorre, é possível que a conclusão do julgado mude completamente, o que caracteriza o denominado efeito infringente ou modificativo. Vale dizer que este efeito, ao contrário da maioria dos demais, decorre após a realização do juízo de mérito dos recursos.

---

32 STJ. REsp nº 1.750.079-SP. Rel.ª Min.ª Nancy Andrighi. DJ 15/08/2019.STJ. Agravo regimental no REsp nº 2006/0220872-3. Rel. Min. Mauro Campbell Marques. DJ 27/05/2010. STJ. REsp nº 1.103.566-PR. Rel. Min. Luiz Fux. DJ 30/06/2010.

37.4.2.8. Substitutivo

Depois que se analisa o juízo de mérito de um recurso, seja dando ou negando provimento, e, desde que a nova decisão proferida verse sobre o mérito da causa, então ocorrerá o efeito substitutivo (art. 1.008), que pontua: *"O julgamento proferido pelo Tribunal substituirá a decisão impugnada no que tiver sido objeto do recurso"*. Assim, para todos os efeitos, eventual novo recurso não mais questionará a antiga decisão, mas sim a nova, o que atende ao princípio da unicidade. E, igualmente, o título executivo judicial que porventura poderá dar ensejo a execução não mais será a decisão primitiva, mas sim a mais recente.

Claro que, para que isso ocorra, na decisão mais nova, seja de provimento ou não ao recurso, deverá também ter analisado o mérito da causa. Com efeito, se hipoteticamente um recurso de apelação tiver sido provido para fins de anular uma sentença, este efeito não irá se perfazer, pois não há, neste hipótese, qualquer novo título judicial apto a aparelhar execução. É que, aqui, simplesmente se estará diante de uma decisão que analisou o mérito do recurso, porém não o do processo, que por vezes podem ou não coincidir. Assim, neste caso, terá que se aguardar que o magistrado de primeira instância profira uma nova sentença, posto que o novo julgado não "substituiu" o anterior, já que se limitou a "fulminá-lo".

37.4.2.9. Obstativo

De acordo com este efeito, que não oferece maiores dificuldades, a decisão impugnada não irá gerar preclusão ou coisa julgada enquanto perdurar o processamento do recurso.[33]

---

33 SILVA, Edward Carlyle. Direito Processual Civil. Niterói: Impetus, 2007, p. 330.

RECURSOS EM ESPÉCIE

38.1. AS ESPÉCIES RECURSAIS

A eventual irresignação com o teor de uma decisão judicial pode motivar a interposição de um recurso, que necessariamente deve estar previsto na legislação. No antepenúltimo Codigo de Processo Civil (CPC-39), eram previstos os seguintes recursos, a saber: a) apelação; b) agravo de petição; c) agravo de instrumento; d) agravo nos autos do processo; e) embargos de declaração; f) embargos infringentes; g) REXTR; h) recurso de revista; i) carta testemunhável. Já com o advento do modelo anterior (CPC-73), passaram a ser possíveis: a) apelação; b) agravo em suas diversas modalidades; c) embargos infringentes; d) embargos de declaração; e) recurso ordinário; f) RESP; g) REXTR; h) embargos de divergência. E, pelo modelo atual (art. 994), já seria permitido interpor: a) apelação; b) agravo de instrumento; c) agravo interno; d) embargos de declaração; e) recurso ordinário; f) RESP; g) REXTR; h) embargos de divergência; sendo que cada uma destas espécies recursais será objeto de abordagem própria no presente capítulo.

38.2. RECURSO DE APELAÇÃO

38.2.1. Introdução

O recurso de apelação é aquele previsto no CPC e tem como objetivo possibilitar a impugnação de uma sentença (art. 1.009),[1] independentemente de a mesma ser definitiva (art. 487) ou terminativa (art. 485). Trata-se, outrossim, de um recurso de fundamentação livre e que permite o reexame de provas.

38.2.2. Casos em que uma sentença não comporta recurso de apelação

Diversas são as situações em que uma sentença não é impugnada por meio de recurso de apelação. Abaixo seguem relacionados alguns exemplos que cuidam do tema.

---

1 HARTMANN, Rodolfo Kronemberg. *Curso de direito processual civil, – Processo de conhecimento*. 1ª ed. Niterói: Impetus, 2013. v. 2, p. 183.

38.2.2.1. Sentença proferida em sede de Juizado Especial – recurso inominado

No Juizado Especial, seja o Estadual (incluindo o Fazendário) ou mesmo o Federal, a lei apenas prevê o uso de recurso (sem nominá-lo) para impugnar a sentença a ser proferida pelo magistrado. É o que prevê norma específica (art. 41, Lei nº 9.099/95), que também se aplica subsidiariamente aos demais, em razão do que prevê outros dispositivos (art. 1º, Lei nº 10.259/2001 e art. 27, Lei nº 12.153/2009). Assim, por amor à técnica, deve-se evitar nominar o referido recurso de "apelação", muito embora os mesmos tenham as suas hipóteses de cabimento e procedimentos de tramitação muito semelhantes.

38.2.2.2. Sentença que decreta a falência – agravo de instrumento

Esta hipótese versa sobre a sentença que decreta a falência. O requerimento de falência é um procedimento disciplinado por legislação específica (Lei nº 11.101/2005). Trata-se de um processo que tem uma primeira etapa com caráter fortemente cognitivo, já que nela há necessidade de evidenciar o estágio falimentar da requerida, seguida de uma nova fase com cunho executivo acentuado, eis que nela serão realizados os atos expropriatórios sobre o patrimônio do falido e também os pagamentos aos credores habilitados.

A decisão que decreta a falência possui, indubitavelmente, natureza jurídica de sentença. Ocorre que, por conta de norma específica (art. 100, Lei nº 11.101/2005), o recurso apto a impugná-la é o de agravo, na modalidade de instrumento. Tal situação é até perfeitamente justificável, pois os autos da falência não serão remetidos ao Tribunal, já que irão permanecer em cartório, para que uma série de providências possa ser observada como, por exemplo, a arrecadação de bens do falido, a publicação de editais na imprensa, dentre outras mais.

Assim, nesta hipótese em que a própria lei estabelece o recurso mediante um critério bastante razoável, seria considerado erro grosseiro a errônea interposição de um recurso de apelação, o que impediria a adoção do princípio da fungibilidade recursal.

38.2.2.3. Sentença de primeira instância em processo que envolve Estado Estrangeiro ou Organismo Internacional – recurso ordinário

Esta hipótese é aquela em que foi instaurado processo de conhecimento, perante a Justiça Federal de 1ª instância (art. 109, inc. II, CRFB), tendo em um dos polos processuais uma pessoa física ou jurídica estabelecida no Brasil e, no outro, um Estado Estrangeiro ou um organismo internacional. Nesta situação, eventual sentença a ser proferida pelo magistrado deverá ser impugnada por meio de recurso ordinário, que será posteriormente encaminhado ao STJ (art. 1.027, inc. II, "*b*"). Trata-se, portanto, de rara hipótese em que a sentença proferida pelo magistrado de primeira instância não é analisada pelo órgão de segunda instância tradicional (Tribunal inferior), mas sim diretamente pelo STJ.

38.2.2.4. Sentença proferida em execução fiscal de alçada – embargos infringentes

A sentença proferida em execução fiscal de alçada, ou seja, aquela cujo valor não ultrapassa o equivalente a 50 (cinquenta) OTNs, não comporta recurso de apelação e sim os embargos infringentes e, eventualmente, até mesmo os embargos de declaração. Trata-se de mais uma hipótese excepcional em que não é utilizado o recurso de apelação, em virtude de previsão específica no regramento próprio (art. 34, Lei nº 6.830/80). Vale destacar, por fim, que este recurso não tem absolutamente nada em comum com o antigo de mesma nomenclatura que era previsto no modelo anterior (art. 530 – art. 534, CPC-73) e que, atualmente, passou a ser uma técnica processual para ser aplicada em algumas circunstâncias (art. 942).

38.2.3. Casos em que o recurso de apelação impugna ato decisório que não é sentença

No modelo primitivo (CPC-73), o magistrado proferia diversas decisões interlocutórias no curso da fase de conhecimento, sendo que as mesmas tornavam-se preclusas se não fosse interposto o agravo retido (recurso que deixou de estar previsto no CPC). Assim, sob a égide do antigo modelo, se o demandante postulasse a produção de uma prova pericial e o magistrado a indeferisse, o mesmo teria que interpor um agravo retido para evitar a preclusão do tema. E, depois que fosse proferida sentença de improcedência, o mesmo teria que apelar deste ato decisório reiterando a análise do agravo anteriormente interposto, caso em que o Tribunal primeiro lhe analisaria e depois, se fosse o caso, julgaria o teor da apelação, ainda na mesma sessão. Observa-se, portanto, que eram duas decisões distintas (decisão interlocutória e sentença), tendo sido cada uma delas objeto de um recurso diferente em momentos próprios. A técnica da retenção, adotada neste modelo antigo, buscava apenas evitar que o Tribunal tivesse que analisar imediatamente a irresignação do agravante, razão pela qual o referido recurso ficaria retido, aguardando que fosse interposta a apelação no momento próprio para que fosse reiterado se esse fosse o caso.

Contudo, o novo modelo (CPC) elimina o agravo retido (e também o REXTR e RESP que podiam ser utilizados desta mesma forma – art. 542, § 3º, CPC-73), passando a disciplinar as consequências desta mudança em norma específica (art. 1.009, § 1º). Pela nova sistemática, o exemplo acima já teria outra forma de proceder. É que, diante do indeferimento do pedido de prova pericial, caberá à parte prejudicada verificar se esta hipótese comporta ou não agravo de instrumento. Se for uma das hipóteses previstas em lei (art. 1.015), este agravo necessariamente deverá ser interposto, sob pena de a decisão interlocutória precluir. Mas, não estando esta situação prevista no rol que admite o uso do agravo de instrumento, caberá à parte tão somente peticionar ao magistrado postulando a reconsideração do ato decisório (se quiser), e, em caso negativo, aguardar a prolação da sentença. É que, de acordo com o CPC, passa a ser permitido que o recurso de apelação questione não apenas os fundamentos constantes na sentença como, também, aqueles constantes em todas as decisões interlocutórias que foram proferidas ao longo do processo, desde que não sejam aquelas que se sujeitavam a agravo de instrumento, posto que as mesmas já estariam preclusas (art. 1.009, § 1º c/c art. 507). Desta maneira, a parte derrotada, no mesmo recurso de apelação, apresentará, em preliminar, argumentos contrários à decisão interlocutória que indeferiu a produção da prova pericial e, ao mesmo tempo, também irá combater os fundamentos constantes na própria sentença. Esta situação, em que passa a ser autorizada neste recurso a apresentação de irresignações quanto às decisões interlocutórias não preclusas, também pode ser suscitada diretamente pelo apelado nas suas contrarrazões (art. 1.009, §§ 1º e 2º) e já vinha sendo observada no sistema dos juizados especiais, que tem severas restrições ao uso de recursos.

Contudo, pode ocorrer que, em determinada circunstância, a parte não tenha interesse em recorrer da sentença propriamente dita, mas sim do que restou em decisão interlocutória anterior. Respeitável doutrina já até apresenta o seguinte exemplo: durante a etapa de conhecimento, de ofício o magistrado profere decisão interlocutória alterando o valor da causa, reduzindo-o de R$ 1.000.000,00 (um milhão de reais) para apenas R$ 1.000,00 (um mil reais), pois há norma que lhe permite agir assim (art. 292, § 3º).[2] Posteriormente, é proferida sentença favorável ao autor, sendo fixados os honorários advocatícios em 10% (dez porcento) sobre o valor da causa (art. 85, § 2º). Observa-se que, neste exemplo, o demandante não teria interesse em recorrer da sentença em si, já que foi o vencedor da demanda, mas pode continuar irresignado com a decisão interlocutória anterior que modificou o valor da causa, pois isto vai influenciar diretamente no montante que vai ser recebido por seu patrono. Portanto, este seria um exemplo em que o recurso de apelação poderia ser interposto para questionar, tão somente, o conteúdo de uma decisão interlocutória. Afinal, não faria sentido a parte estar satisfeita com o teor da sentença e ficar impedida de recorrer da decisão interlocutória anterior. Seria, inclusive, até mesmo contrário à lealdade processual (art. 6º) ser obrigado a recorrer combatendo a sentença que concorda, tão somente para que possa ser analisada o seu inconformismo em relação a alguma decisão interlocutória anterior que ainda não precluiu.

Portanto, parece que, em caráter excepcional, o recorrente poderá interpor a apelação e, em seu corpo, esclarecer que este recurso está sendo utilizado apenas para combater a aludida decisão interlocutória, posto que não se discordava do teor da sentença. Em tais casos, não haveria obstáculos para que a sentença até mesmo já transitasse em julgado, pois o recurso só teria por objetivo evitar a preclusão da aludida

---

2 CÂMARA, Alexandre Freitas. *O novo processo civil brasileiro.* São Paulo: Atlas, 2015, p. 310.

decisão impugnada, desde que o seu acolhimento não tornasse a sentença contraditória. É bem o exemplo acima assinalado.

38.2.4. Efeitos do recurso de apelação

A sentença proferida pelo magistrado é, inicialmente, desprovida de eficácia positiva, de modo que a mesma não poderá ser imediatamente objeto de cumprimento. Pelo menos, é o que ocorre na maioria das vezes. É que o CPC pontua (art. 995) que os recursos não impedem a eficácia da decisão, salvo disposição legal ou decisão judicial em sentido diverso. Só que, no caso específico da apelação, há dispositivos prevendo que a apelação terá efeito suspensivo (art. 1.012, *caput*), bem como que somente em poucas hipóteses a sentença já irá gerar efeitos após a sua publicação (art. 1.012, § 1º). Portanto, em regra os efeitos da apelação serão o devolutivo e o suspensivo.

Quanto ao efeito devolutivo, é importante destacar que o mesmo tem um caráter muito amplo no recurso de apelação, uma vez que o relator poderá julgar todas as questões suscitadas e discutidas no processo, tenham sido elas solucionadas expressamente ou não, mas somente quanto ao capítulo impugnado (art. 1.013, §§ 1º e 2º). Da mesma maneira, poderá ser resolvido o mérito mesmo antes de o magistrado lotado em primeira instância o ter feito, desde que de acordo com as situações autorizadas em lei (art. 1.013, § 3º). Quanto a este tema, recomenda-se a leitura de outro ponto desta obra (v. item nº 37.4.2.2.).

Mas, como foi mencionado, existem situações em que o recurso de apelação não irá impedir a imediata eficácia da sentença ou, em outras palavras, não será recebido no efeito suspensivo (art. 1.012, § 1º). As hipóteses contempladas neste dispositivo são as seguintes: sentença que homologa a divisão ou demarcação (inc. I), a que condena a alimentos (inc. II), a que rejeita liminarmente os embargos à execução ou a que julga improcedente a pretensão neles ventilada (inc. III), a que julga procedente o pedido de instituição de arbitragem (inc. IV), a que confirma, concede ou revoga a tutela provisória (inc. V) e a que decreta a interdição (inc. VI).

O recorrente poderá, no entanto, tentar obter o efeito suspensivo, por meio de requerimento a ser efetuado na forma indicada pelo CPC (art. 1.012, § 3º), que será analisado por um desembargador ou por um juiz convocado ao Tribunal. Em tais casos, caberá ao apelante demonstrar a probabilidade de provimento do recurso ou, se relevante a fundamentação, houver risco de dano grave ou de difícil reparação (art. 1.012, § 4º).

38.2.5. Processamento da apelação em primeira instância

O recurso de apelação deve ser interposto perante o próprio órgão prolator da sentença, acompanhado do respectivo preparo (se for o caso) e no prazo de 15 (quinze) dias (art. 1.003, § 5º). Este prazo, porém, pode ser ampliado naquelas hipóteses tradicionais (v.g., recurso interposto pela Fazenda Pública ou por litisconsortes com diferentes procuradores), assim como também pode ser reduzido para 10 (dez) dias, tal como ocorre nos processos que observarem o procedimento previsto no ECA (art. 198, inc. II, Lei nº 8.069/90). Vale dizer que, nesta última hipótese, sequer haverá prazo diferenciado para o *parquet* ou defesa, conforme prevê esta mesma norma após mudança introduzida em sua redação (Lei nº 12.591/2012).

Na peça do recurso de apelação deverá constar o nome e a qualificação das partes, os fundamentos de fato e de direito bem como o requerimento de nova decisão (art. 1.010, incs. I, II, III e IV). Mas, como este recurso se processa entranhado nos próprios autos, a qualificação das partes pode até ser dispensada, eis que a mesma já consta em outras peças processuais. No entanto, na hipótese de recurso interposto por terceiro, este deverá necessariamente se qualificar.

Usualmente, são elaboradas duas peças (uma de interposição do recurso ao juízo monocrático e outra com as razões direcionadas ao Tribunal), embora ambas devam ser apresentadas no mesmo momento perante o órgão jurisdicional de primeira instância. Esta prática, no entanto, é absolutamente desnecessária, já que as razões já podem vir expressas na própria petição de interposição do recurso. Em realidade, este hábito decorre da antiga sistemática adotada pelo antepenúltimo Código de Processo Civil (CPC-39) e que, até hoje, persiste no Código de Processo Penal. Com efeito, nos processos penais, a apelação deve ser interposta em 5 (cinco) dias (art. 593, CPP) e, somente após, haverá ainda um prazo de mais 8 (oito) dias (art. 600, CPP), para que sejam indicadas as razões recursais.

Também é possível que as questões de fato não propostas no juízo inferior sejam suscitadas na apelação, se a parte provar que deixou de fazê-lo por motivo de força maior (art. 1.014). Em tais casos, pode até ser que o relator, oportunamente, determine as provas que devem ser produzidas para comprová-las (art. 938, § 3º).

Após a interposição da apelação, o CPC prevê que, dependendo da hipótese, o magistrado poderá se retratar da sentença que proferiu. Isso pode acontecer em algumas situações indicadas em lei (art. 198, inc. VII, Lei nº 8.069/90, art. 331, art. 332 e art. 485, § 7º) e deve ser realizado antes mesmo do juízo de admissibilidade do recurso e até antes de se intimar a parte contrária para apresentar contrarrazões (pelo menos é que o está positivado em dois dispositivos: art. 331, § 1º e art. 332, § 4º). Aliás, tanto não cabe ao juiz efetuar esta admissibilidade, que nem mesmo constou a possibilidade de agravo de instrumento para impugnar esta decisão (art. 1.015), ao contrário do que constava expressamente no modelo anterior (art. 522, CPC-73). Portanto, este é realmente um grave problema, pois a lei permite, sem ressalvas, que em alguns casos baste ao demandante interpor a apelação, que o magistrado terá a possibilidade de se retratar ainda que este recurso seja formalmente imperfeito, já que não mais lhe competiria fazer esta verificação.

Na doutrina, já houve quem sugerisse que, em casos de flagrante inadmissibilidade, deve o magistrado negar a retratação por este fundamento, mas frisando que não está realizando tal juízo. Contudo, o entendimento não é o mais adequado, pois o juiz estaria fazendo, por mero jogos de palavras, justamente aquilo que não deveria por lei.[3] O fato é que o CPC, neste ponto, sofreu grande e inexplicável retrocesso técnico. Melhor que fosse mantido, então, o juízo de admissibilidade em primeira instância, sendo possível o uso do agravo de instrumento, tal como nos auspícios da legislação anterior (CPC-73) ou, então, que fosse eliminado este juízo de retratação, o que até poderia ser defendido, já que tal hipótese não foi incluída, em norma própria, como uma daquelas que permitem ao juiz alterar o conteúdo da sentença mesmo após já ter ocorrido a sua publicação (art. 494).

De qualquer maneira, na sequência, será o recorrido intimado para apresentar as suas contrarrazões, também no prazo de 15 (quinze) dias. Este prazo, igualmente, poderá ser ampliado ou reduzido naquelas mesmas hipóteses (v.g., contrarrazões apresentada pela Fazenda Pública ou por particular em processo regulado pelo ECA). E, de novidade, poderá o apelado postular, em preliminar de suas contrarrazões, que o Tribunal também se manifeste sobre alguma decisão interlocutória anteriormente proferida no processo que não esteja acobertada pelo manto da preclusão (art. 1.009, § 1º). Por exemplo, o demandado postulou a substituição de testemunhas e o magistrado indeferiu, por decisão interlocutória, ao argumento de que não se tratava de hipótese legal que a autorizaria. Por este motivo, pode ser que o pedido do autor tenha sido acolhido em parte, caracterizando sucumbência recíproca. Nesta situação, o demandado passará a dispor de 2 (dois) instrumentos distintos: a) recurso de apelação, seja na modalidade autônoma ou adesiva, para questionar esta decisão interlocutória em específico e, também, a sentença de procedência parcial do pedido (o que vai lhe gerar dispêndio com custas processuais para o preparo); ou, simplesmente; b) aguardar a apresentação do recurso de apelação do autor e, nas próprias contrarrazões, se limitar a pedir que o Tribunal analise esta questão resolvida na fase de conhecimento. Observe-se que, neste segundo caso, a sentença não irá gerar coisa julgada, porque estará pendente um recurso de apelação interposto pelo demandante. Mas, preliminarmente, o Tribunal terá que julgar a questão resolvida pela decisão interlocutória. Assim, seria correto considerar que, em tal situação, as contrarrazões passam a ter natureza recursal, muito semelhante ao recurso interposto na modalidade adesiva, pois o acolhimento de tal pretensão irá gerar a cassação da sentença, eis que haverá a necessidade de se produzir prova testemunhal agora deferida.[4]

De fato, estas contrarrazões realmente terão natureza recursal, malgrado a legislação não imponha a elas a necessidade do preparo, tanto que estará introduzindo uma pretensão recursal, bem como irá gerar a necessidade de que haja a intimação do apelante para que se manifeste quanto ao seu teor antes de o processo ser remetido ao Tribunal, tal como também ocorre quando é interposto adesivamente o recurso

---

3 DIDIER JR. Fredie. *Curso de direito processual civil*, 17ª ed. Salvador: JusPodivm. v. 1, p. 561.

4 Também vislumbrando semelhanças entre o recurso interposto na modalidade adesiva e o novo regime das contrarrazões da apelação no CPC: CÂMARA, Alexandre Freitas. *O novo processo civil brasileiro*. São Paulo: Atlas, 2015, p. 311.

(art. 1.009, § 2º c/c art. 1.010, § 2º). O CPC cria, portanto, hipótese em que haverá "contrarrazões das contrarrazões", embora tal circuntância possa gerar um enorme dispêndio de tempo no processamento. Com efeito, basta imaginar um recurso de apelação que tenha sido interposto pela Fazenda Pública no 30º (trigésimo) dia útil e, na sequência, o apelado tenha apresentado contrarrazões no 15º (décimo quinto) dia útil, postulando que o Tribunal se manifeste sobre questão resolvida na fase de conhecimento que não foi acobertada pela preclusão. Em tal caso, a Fazenda Pública disporá de mais 30 (trinta) dias úteis para que possa se manifestar a respeito (art. 1.009, § 2º). Portanto, mesmo já proferida a sentença, o processo continuará em primeira instância aguardando a observância de todas estas providências, que irão consumir 75 (setenta e cinco) dias úteis ou o equivalente há quase 3 (três) meses, sendo isso sem contar o tempo decorrente da rotina cartorária de intimar, receber a petição, juntar, processar, intimar novamente até que tudo isso seja observado.

Mas, de qualquer maneira, embora as contrarrazões possam ter, neste caso, natureza recursal, e, até mesmo guardar algumas semelhanças com o recurso interposto na modalidade adesiva, é importante destacar algumas diferenças entre os dois instrumentos. É que o recurso interposto adesivamente ocorre em casos de sucumbência recíproca tanto na apelação, no REXTR ou no RESP, sujeitando-se ao recolhimento do preparo e devendo ser apresentado em peça distinta das contrarrazões. Já as contrarrazões mencionadas nesta norma (art. 1.009, § 1º), somente podem ser oferecidas quando se tratar de apelação interposta pela outra parte, sem a necessidade de que haja sucumbência recíproca e até mesmo independendo do recolhimento de qualquer custa processual. Quanto a este último ponto, aliás, já há na doutrina quem defenda que nelas também ocorra o recolhimento de custas.[5]

Após o oferecimento das contrarrazões e, dependendo do caso, até das "contrarrazões das contrarrazões", o processo é remetido ao Tribunal, para que o mesmo realize a sua admissibilidade (art. 1.010, § 3º).

38.2.6. Processamento da apelação em segunda instância

Quando os autos chegarem a segunda instância, deverá ser observado o procedimento regulado pelo CPC (art. 929 – art. 946), que cuida da ordem dos processos no Tribunal e que até mesmo já foi abordado em momento próprio (v. item nº 35.2.). Vale dizer que este procedimento é aplicável em todos os recursos, respeitadas algumas peculiaridades de cada um.

Assim, uma vez estando os autos no Tribunal, eles serão registrados e distribuídos a um dos órgãos internos, que pode ser tanto uma Câmara quanto uma Turma (dependendo da organização de cada Tribunal. No mesmo momento da distribuição, também será sorteado um dos desembargadores integrantes do órgão fracionário

---

5 CÂMARA, Alexandre Freitas. *O novo processo civil brasileiro*. São Paulo: Atlas, 2015, p. 311.

para atuar como relator neste recurso, observando os princípios da publicidade, alternatividade e do sorteio. Vale dizer que a apelação poderá ser oportunamente decidida tanto monocrática (onde a lei autorizar), quanto coletivamente por meio da manifestação de três membros do Tribunal (art. 941, § 2º).

Após a distribuição, os autos seguirão conclusos ao relator pelo prazo de 30 (trinta) dias, que, depois de elaborar o voto, restitui-lo-á, com relatório à secretaria. Isso, claro, sem embargo de proferir decisão monocrática (art. 932). Contudo, destaca-se que o CPC (art. 932, parágrafo único) estabelece que o relator, antes de negar seguimento ao recurso pela inadmissibilidade, deverá previamente intimar o recorrente para que, em 5 (cinco) dias, regularize o vício detectado ou complemente a documentação exigível. E, da mesma forma, quando o relator constatar a ocorrência de fato superveniente à decisão recorrida ou existência de questão apreciável de ofício que ainda não foram examinadas, mas que são importantes para o julgamento do recurso, competirá ao mesmo intimar as partes para que se manifestem previamente no mesmo prazo, o que está em harmonia com outra norma do CPC (art. 10).

O CPC também autoriza que o relator determine a realização ou a renovação do ato processual, no próprio tribunal ou em primeiro grau de jurisdição, quando constatada a ocorrência de vício sanável, inclusive aquele que possa ser conhecido de ofício (art. 938, § 1º). Além disso, também há dispositivo (art. 938, § 3º), que permite que, se for reconhecida a necessidade de produção de prova, o relator possa converter o julgamento em diligência, que se realizará no tribunal ou em primeiro grau de jurisdição, decidindo-se o recurso após a conclusão da instrução.

No dia da sessão de julgamento, depois de feita a exposição da causa pelo relator, o presidente dará a palavra ao recorrente para a sustentação oral (art. 937, inc. I), e, logo em seguida, ao recorrido para, para que cada um sustente as razões do recurso. O primeiro a votar será o relator e, em seguida, os demais julgadores, que na apelação e no agravo de instrumento são em número de três (art. 941, § 2º). Mas, enquanto não proclamado o resultado final pelo presidente da câmara ou turma, é possível que aquele desembargador que já tenha votado possa requerer a mudança do seu voto (art. 941, § 1º). Somente após terem sido proferidos todos os votos e o anúncio da decisão pelo presidente, é que será designado o responsável pela elaboração do acórdão, que necessariamente deverá conter uma ementa (art. 943, § 1º). O responsável pela redação do acórdão será o relator, ou, se este for vencido, o autor do primeiro voto vencedor (art. 941).

De resto, destaca-se que o CPC eliminou o recurso chamado de embargos infringentes (art. 530 – art. 534, CPC-73), que eram interpostos pelos legitimados em algumas situações envolvendo acórdãos não unânimes. Porém, para substituir tal recurso, foi criada uma nova técnica de julgamento para os acórdãos que se encontrarem nesta situação, ou seja, quando forem não unânimes, caso em que deverão ser convocados magistrados tabelares para prosseguir no julgamento, até com a possibilidade de realização de nova sustentação oral (art. 942). É, por sinal, justamente o que ocorre com o recurso de apelação, em qualquer hipótese em que o julgamento tenha sido proferido por maioria.

38.3. AGRAVO DE INSTRUMENTO

O recurso de agravo, na modalidade por instrumento, é aquele que tem como objetivo impugnar uma decisão interlocutória (art. 203, § 2º), proferida por magistrado atuante em primeira instância, muito embora o mesmo possa ser usado, excepcionalmente, para impugnar sentenças, como ocorre, por exemplo, quando for proferida uma que decrete a falência de uma sociedade (art. 100, Lei nº 11.101/2005).

Trata-se de recurso de fundamentação livre, razão pela qual a parte pode questionar qualquer tipo de fundamento, seja a ocorrência de *error in procedendo* ou *error in judicando*. E, para que o mesmo possa ser intrumentalizado, a parte irá extrair cópias reprográficas de peças do processo (art. 1.017), para instruir este recurso, cuja petição deve ser protocolizada diretamente no Tribunal, pois os autos físicos permanecerão em poder no juízo em que a causa tramita.

Este recurso, contudo, em princípio deve ser utilizado nas hipóteses admitidas em lei, principalmente naquelas que se encontram indicados em norma constante no CPC (art. 1.015). Mas, para os casos ali não previstos, em regra as partes deverão aguardar a prolação da sentença para que, no próprio recurso de apelação, possam questionar o conteúdo de tais decisões interlocutórias. Só que, para situações emergenciais, como as decisões em que se discute o tema "competência", o STJ vem entendendo que é possível o uso do agravo de instrumento em razão da inutilidade do julgamento desta questão apenas por ocasião do recurso de apelação, principalmente se for considerado o tempo e o custo da máquina judiciária que foram gastos durante este período de tempo. Assim, é possível concluir que, pelo menos por ora, o STJ vem sinalizando que esta norma (art. 1.015) deve ser considerada como sendo de "taxatividade mitigada"[6].

Entre os casos que permitem o agravo de instrumento (art. 1.015 e incs.), se extrai que o mesmo é possível para impugnar as decisões que versarem sobre tutelas provisórias (inc. I), o que é absolutamente adequado, pois as mesmas usualmente são fundadas na urgência, de modo que o Tribunal deve analisar imediatamente tais temas. Inclusive, a relevância deste tema até mesmo autoriza, em caráter inédito, a possibilidade de as partes realizarem sustentação oral no momento do julgamento (art. 937, inc. VIII).

A segunda situação que permite o agravo de instrumento (inc. II) ocorre quando se tratar de decisão interlocutória de mérito, que tanto pode ser quando o juiz profere o julgamento antecipado parcial do mérito (art. 356) ou mesmo pronuncia a prescrição de apenas um dos cheques que embasam a demanda (art. 354). Seja em um caso ou outro, tratam-se de decisões de mérito, a desafiar este tipo de recurso. Curiosamente, somente neste caso o CPC autoriza que, em hipóteses de decisão não unânime no

---

6 STJ. REsp nº 1.639.396. Rel. Min. Nancy Andrighi. Julgamento em 05/12/18. STJ. REsp nº 1.704.520. Rel. Min. Nanci Andrighi. Julgamento em 05/12/2018. Contudo, é de se criticar este entendimento a começar pela nomenclatura "taxatividade mitigada", pois se o rol do art. 1.015 realmente é "mitigado", então ele jamais poderia ser considerado como "taxativo". Além disso, o juízo de valor sobre a urgência ou não da questão certamente aumentarão em muito a interposição de agravos de instrumentos nos Tribunais inferiores, também gerando reflexos em novos recursos especiais e extraordinários que poderão colapsar as Cortes Superiores. E, não menos importante, esta interpretação também gerará insegurança jurídica pois dependerá da visão do magistrado definir se a decisão em questão comporta um recurso (agravo de instrumento) ou outro (apelação).

sentido do provimento do recurso, seja adotada técnica processual que consiste na chamada de mais julgadores para participar da sessão (art. 942, § 3º, inc. II).

O terceiro caso (inc. III) ocorre quando o juiz rejeita a alegação de convenção de arbitragem, que deveria ter sido trazida pelo demandado como preliminar em sua contestação (art. 337, inc. X), sob pena de preclusão (art. 337, § 6º).

A quarta hipótese (inc. IV) cuida das decisões interlocutórias proferidas no incidente de desconsideração da personalidade jurídica (art. 133 – 137). É curioso, contudo, que este incidente é tratado pelo CPC como uma modalidade de "intervenção de terceiros", sendo certo que há outro inciso na mesma norma (inc. IX), estabelecendo a possibilidade deste recurso também ser usado quando foi admitida ou rejeitada a "intervenção de terceiros". Ao que parece, a intenção do legislador era a de que, no caso específico da desconsideração da personalidade jurídica, fosse agravável qualquer decisão interlocutória proferida no decorrer deste incidente, ao contrário das demais espécies de intervenção de terceiros, pois nestas somente seria possível interpor o agravo de instrumento da decisão que admitem ou rejeitem este ingresso.

A quinta situação (inc. V) ocorre quando o juiz rejeita o pedido de gratuidade da justiça ou acolhe o requerimento de sua revogação. Isso também poderá ser feito na própria sentença e, neste caso, o recurso cabível é o de apelação (art. 101). De resto, não se pode olvidar que as decisões interlocutórias que analisam tais temas não geram preclusão, pois a situação financeira de cada um é altamente instável, motivo pelo qual, durante o tramitar do processo, pode ser que haja a formulação de novo requerimento e de nova decisão a respeito deste tema (o que, certamente, também permitirá novo recurso de agravo de instrumento).

O sexto caso (inc. VI) ocorre quando o juiz determinar, por decisão interlocutória, a exibição ou posse de documento ou coisa. Nestes, o agravo imediatamente interposto direto ao Tribunal é medida recomendável, em razão da natureza constritiva e impositiva que é gerada pelo ato impugnado.

O recurso também vai ser utilizado quando o magistrado excluir litisconsortes (inc. VII), o que é absolutamente correto e salutar, já que se trata de uma decisão interlocutória. Afinal, o CPC esclarece pontualmente que, para ser considerada uma sentença, é necessário que haja o encerramento de uma fase processual (art. 203, § 1º), o que não ocorreu neste caso, eis que o processo irá seguir em relação às demais partes. E, ainda tratando de litisconsórcio, também previu o CPC (inc. VIII), a possibilidade deste recurso nos casos em que o juiz admitir ou indeferir o denominado "litisconsórcio multitudinário" (art. 113, § 1º).

Há, outrossim, possibilidade de agravar a decisão que conceder, modificar ou revogar o efeito suspensivo dos embargos à execução (inc. X), o que é salutar, posto que qualquer uma dessas situações implicará em consequências diretas ao andamento, ou não, da execução por título extrajudicial que se encontra em apenso, sendo que, neste outro processo, qualquer decisão interlocutória será agravável (art. 1.015, parágrafo único). Portanto, como se trata de hipótese que irradia diretamente nesta execução, em que qualquer decisão interlocutória pode ser agravada, é recomendável que haja o mesmo tratamento.

Outro caso seria quando o juiz realizasse a redistribuição do ônus da prova, pela adoção da teoria da carga dinâmica (inc. XI). Vale dizer que este ato deve ser realizado até o saneamento do processo, para que não seja criada situação em que a parte não possa desempenhar este novo ônus (art. 373, § 2º). Contudo, ainda que a decisão de saneamento aborde outros temas (v.g., indefira produção de prova pericial), o agravo somente poderá questionar o seu capítulo referente à redistribuição do ônus da prova. Assim já era no modelo primitivo (CPC-73), conforme demonstra o Verbete nº 227 da Súmula do TJ-RJ: *"A decisão que deferir ou rejeitar a inversão do ônus da prova somente será reformada se teratológica"*.

Também é possível (art. 1.015, parágrafo único) que seja interposto agravo de instrumento contra decisões interlocutórias proferidas na fase de liquidação de sentença ou de cumprimento de sentença, no processo de execução e no processo de inventário,[7] além deste recurso também ser utilizado em outros casos expressamente previstos em lei (inc. XIII), como a hipótese em que uma sentença de falência for proferida (art. 100, Lei nº 11.101/2005) ou quando o juiz de primeiro grau rejeitar o requerimento para que o processo que ali tramita tenha prosseguimento, se estiver tramitando concomitantemente um RESP ou REXTR advindo de outro processo que foi afetado a um tribunal superior e que cuida da mesma tese jurídica (art. 1.037, § 13, inc. I).[8] Da mesma forma, é cabível o agravo de instrumento para impugnar decisão interlocutória que extinguir parcialmente o processo, por ocasião da etapa "julgamento conforme o estado do processo" (art. 354, parágrafo único).

E, além de todas essas hipóteses trazidas em lei, acrescenta-se que o STJ também vem permitindo que o recurso de agravo de instrumento seja utilizado nas seguintes hipóteses: a) qualquer decisão interlocutória que versar sobre "tutela provisória", inclusive as que examinam a presença ou não dos pressupostos que justificam o seu deferimento, indeferimento, revogação ou alteração e, também, as decisões que dizem respeito ao prazo e ao modo de cumprimento da tutela, a adequação, suficiência, proporcionalidade ou razoabilidade da técnica de efetivação da tutela provisória e, ainda, a necessidade ou dispensa de garantias para a concessão, revogação ou alteração da tutela provisória;[9] b) decisão que majora a multa fixada para a hipótese de descumprimento de decisão antecipatória de tutela;[10] c) decisão que deferir ou indeferir a distribuição dinâmica do ônus da prova;[11] d) decisão interlocutória que fixa data da separação de fato do

---

7 STJ. REsp nº 1.803.925-SP. Rel.ª Min.ª Nancy Andrighi. Sj. 06/08/2019.

8 STJ. REsp nº 1.717.387-PB. Rel.ª Min.ª Paulo de Tarso Sanseverino. DJ 15/10/2019.

9 STJ. REsp nº 1.752.049-PR. Rel.ª Min.ª Nancy Andrighi. DJ 15/03/2019.

10 STJ. REsp nº 1.827.553-RJ, Rel.ª Min.ª Nancy Andrighi. DJ 29/08/2019.

11 STJ. REsp nº 1.729.110-CE. Rel.ª Min.ª Nancy Andrighi. DJ 04/04/2019.

casal para efeitos de partilha dos bens;[12] e) decisão interlocutória que rejeita a alegação de prescrição;[13] f) decisão interlocutória que versa sobre exibição de documento independentemente de o requerimento ter sido formulado em incidente processual, ação incidental ou por mero requerimento no bojo dos próprios autos;[14] g) decisão interlocutória que acolhe ou afasta a arguição de impossibilidade jurídica do pedido, já que esta, atualmente, tem conteúdo meritório;[15]

Contudo, o curioso é que, em outros casos, esta mesma Corte vem se posicionando contrariamente ao uso deste recurso, pugnando por uma interpretação restritiva, tal como nas seguintes decisões interlocutórias: a) que indefere requerimento para exclusão de litisconsorte;[16] b) que indefere requerimento de suspensão do processo em razão de questão prejudicial externa em outro processo por não equivaler à tutela provisória de urgência;[17] c) decisão interlocutória que, na segunda fase da ação de exigir contas, defere a produção de prova pericial contábil, nomeia perito e concede prazo para apresentação de documentos, formulação de quesitos e nomeação de assistentes;[18] d) decisão que indefere requerimento para julgamento antecipado do mérito por haver necessidade de dilação probatória.[19]

Vale dizer que nos casos em que este recurso for cabível e não tiver sido empregado, o conteúdo de tais decisões irá gerar preclusão (art. 507 c/c art. 1.009, § 1º), não mais podendo ser modificado, exceto na situação envolvendo a concessão ou não da gratuidade de justiça, conforme já exposto.

O recurso em questão deverá ser instrumentalizado por meio de uma petição, que deve conter a exposição de fato e de direito, as razões e o pedido para reforma ou anulação da decisão e, ainda, os nomes e endereços completos dos advogados que estiverem atuando no processo para ambas as partes (1.016). O prazo para sua interposição é de 15 (quinze) dias (art. 1.003, § 5º).

Esta petição deverá vir acompanhada obrigatoriamente de cópias reprográficas de várias peças do processo (art. 1.017, inc. I), ou, então, da declaração de inexistência de qualquer uma delas (art. 1.017, inc. II – v.g., informação de que o demandado ainda não foi citado e que, por este motivo, não tem como carrear aos autos o seu instrumento de mandato e a contestação). E isso tudo sem embargo de serem apresentadas outras peças facultativas (art. 1.017, inc. III). Vale dizer que, na ausência de qualquer uma destas cópias, caberá ao desembargador primeiramente intimar o agravante para que efetue a regularização, antes de inadmitir o recurso (art. 1.017, § 3º). Mas, de todo modo, se deve

12 STJ. REsp nº 1.798.975-SP. Rel.ª Min.ª Nancy Andrighi. DJ 04/04/2019.
13 STJ. REsp nº 1.738.756-MG. Rel.ª Min.ª Nancy Andrighi. DJ 22/02/2019.
14 STJ. REsp nº 1.798.939-SP. Rel.ª Min.ª Nancy Andrighi. DJ 21/11/2019.
15 STJ. REsp nº 1.757.123-SP. Rel.ª Min.ª Nancy Andrighi. DJ 15/08/2019.
16 STJ. REsp nº 1.724.453-SP. Rel.ª Min.ª Nancy Andrighi. DJ 22/03/2019.
17 STJ. REsp nº 1.759.015-RS. Rel.ª Min.ª Nancy Andrighi. DJ 20/09/2019.
18 STJ. REsp nº 1.821.793-RJ. Rel.ª Min.ª Nancy Andrighi. DJ 22/08/2019.
19 STJ. AgInt no AREsp nº 1.411.485-SP. Rel. Min. Marco Aurélio Bellizze. DJ 06/08/2019.

destacar que esta providência, de instruir o recurso com as cópias reprográficas, somente deve ser observada quando se tratar de processo "físico", seja ele assim processado em primeira, segunda ou em ambas as instâncias (ast.1.017, § 5º). Portanto, para os processos que tramitam em meio eletrônico não há necessidade de juntada de tais peças.[20]

A cópia da petição inicial, contestação e da peça que ensejou a decisão agravada são relevantes, para que o Tribunal possa melhor entender o litígio envolvendo as partes. Da mesma maneira, a cópia da decisão agravada é fundamental, pois os autos permanecem tramitando no juízo de primeira instância e o Tribunal precisará analisar os fundamentos da decisão interlocutória que está sendo impugnada. Igualmente, há a necessidade de apresentar a certidão de intimação (ou documento oficial), pois o juízo de admissibilidade é realizado exclusivamente pelo Tribunal, que precisará verificar a tempestividade do recurso. E, ainda, a necessidade da procuração decorre da circunstância de que o próprio Tribunal é que determinará a intimação do advogado do agravado para contra-arrazoar o recurso, muito embora a mesma possa ser dispensada quando se tratar de agravado revel ou quando o mesmo ainda não tiver sido citado no processo primitivo. Há precedente, outrossim, autorizando que estas cópias exigidas por lei possam ser entregues em mídia digital (DVD).[21]

Este agravo de instrumento é usualmente interposto perante o próprio tribunal competente para julgá-lo. Porém, o CPC em boa hora legitimou o que vários Tribunais já vinham realizando, que é uma descentralização para o protocolo de tais recursos, que dependendo até mesmo poderiam ser distribuídos na própria localidade em que o processo tramita. Deveras, para um país de dimensões continentais, em que muitas vezes a sede do juízo fica a milhares de quilômetros do tribunal, esta previsão é mais do que muito bem-vinda (art. 1.017, § 2º).

Após a interposição do agravo, deverá o agravante providenciar, por simples petição, a juntada de cópia deste recurso junto ao órgão jurisdicional de primeira instância, no prazo de 3 (três) dias. Trata-se de providência que deve ser realizada obrigatoriamente pelo agravante, quando se tratar de processo físico (art. 1.018, § 2º), sob pena do agravo não ser admitido, caso este tema tenha sido alegado e provado pelo agravado (art. 1.018, § 3º). Contudo, tratando-se de processo que tramita por meio eletrônico, a juntada de tal peça em primeira instância é uma mera faculdade do recorrente (art. 1.018), embora seja uma providência salutar para que, eventualmente, o magistrado possa se retratar da decisão proferida.

Percebe-se que, para os processos físicos, a solução apresentada pelo legislador erigiu a juntada desta cópia no juízo de primeira instância a uma condição específica (regularidade formal) para a admissibilidade do agravo de instrumento, sendo a mesma perfeitamente justificável. É que, se a comunicação e a cópia não forem apresentadas

---

20 Há precedente no Superior Tribunal de Justiça no sentido do texto, ou seja, pela obrigatoriedade da juntada das peças para os processos físicos e pela desnecessidade se os autos forem eletrônicos nas duas instâncias. É o que se extrai em: STJ. 3ª Turma. REsp 1.643.956-PR, Rel. Min. Ricardo Villas Bôas Cueva, j. 09/05/2017 – *Informativo* nº 605.

21 STJ. REsp 1.608.298-SP, Rel. Min. Herman Benjamin, j. 1º/09/2016, DJe 06/10/2016 – *Informativo* nº 591.

no juízo monocrático, isso poderá prejudicar sobremaneira o agravado, daí o CPC (art. 1.018, § 3º) ter expressamente consignado que apenas o mesmo poderá suscitar o não conhecimento do recurso. Isso ocorre porque caberá ao Tribunal efetuar a intimação ao advogado do agravado para que responda ao recurso, o que usualmente é feito por meio de publicação no Diário Oficial ou até mesmo pela via postal, só que desacompanhado do inteiro teor do recurso interposto. Assim, o patrono do agravado terá que necessariamente se deslocar até a sede do Tribunal para que tenha acesso à íntegra do recurso, o que nem sempre será uma providência extremamente rápida, bastando imaginar Estados brasileiros que tenham uma extensão territorial muito grande. Logo, a juntada da cópia do recurso em primeira instância permite ao agravado ter acesso mais simples e rápido ao conteúdo das razões recursais, o que favoreceria a sua defesa.

Se, no entanto, for constatado que nenhuma cópia foi juntada no juízo monocrático, caberá ao agravado então requerer, a este órgão, uma certidão informando esta situação, que irá acompanhar as contrarrazões ao recurso de agravo de instrumento.[22] É bem razoável, portanto, que tal descumprimento apenas possa ser alegado e provado pelo agravado no prazo de sua resposta, malgrado ainda seja possível localizar algumas decisões que não conhecem do agravo de instrumento em razão de informação prestada pelo próprio juiz de primeiro grau.

Após a regular interposição do recurso de agravo, o mesmo será distribuído a uma das Turmas ou Câmaras integrantes do Tribunal, bem como será autuado. Haverá, também, o sorteio de um relator, que, ao receber os autos, poderá agir de uma das maneiras previstas no CPC (art. 932, incs. III e IV c/c art. 1.019).

Primeiramente, poderá o relator não conhecer do recurso, desde que tenha intimado a parte para que o regularizasse, se isso fosse possível (art. 932, parágrafo único). Trata--se de providência que realmente deve ser observada, exceto naqueles casos em que não for possível sanar o vício que motiva o não conhecimento do recurso, tal como a intempestividade. Mas, não sendo o caso, o relator irá admitir o recurso e até já poderá julgar o seu mérito monocraticamente, desde que no sentido do desprovimento. É que ainda não seria possível prover o recurso em virtude de o agravado ainda não ter sido intimado para responder ao recurso.

Não sendo caso de decisão monocrática no sentido da inadmissibilidade ou do improvimento do agravo de instrumento, o relator poderá, de ofício ou a requerimento da parte, conceder o efeito suspensivo ao recurso ou até mesmo dar o denominado "efeito ativo", que pelo legislador é rotulado como "antecipação da tutela, total ou parcial, da pretensão recursal" (art. 1.019, inc. I). Trata-se de tema que já foi abordado em momento próprio (v. item nº 37.4.2.4.), onde se fez menção às diferenças entre estes dois efeitos. Apenas há de se acrescentar que, caso seja dado o efeito suspensivo, apenas estará suspensa a eficácia da decisão interlocutória proferida em primeira instância, o que não necessariamente irá abranger a suspensão integral do processamento dos autos. Contudo,

---

22 STJ. REsp nº 1.008.667. Rel. Min. Luiz Fux. DJ 18/11/2009.

eventualmente a questão a ser dirimida no agravo pode ser de suma importância para a própria conclusão do processo, o que pode caracterizar a existência de uma prejudicial, que autorizaria o magistrado a suspender a tramitação do processo que se encontra em primeiro grau para aguardar a solução dada ao recurso de agravo. Por exemplo, o magistrado em determinado processo determina a constrição judicial de valores constantes em conta-corrente do executado. Contudo, determinada instituição financeira estranha ao processo apresenta embargos de terceiros, aduzindo que celebrou contrato de propriedade fiduciária com o devedor, tendo por objeto valores decorrentes de recebíveis de cartão de crédito, que estavam sendo creditados naquela conta. O magistrado, por entender que este tipo de contrato somente pode ter por objeto bens móveis infungíveis, indefere a liminar pretendida, que é objeto de agravo de instrumento. Observe-se que, neste caso, o tema envolve uma questão de direito, que será dirimida pelo Tribunal ao julgar o recurso de agravo, praticamente "antecipando" a tese que o juiz deverá adotar por ocasião em que proferir a sentença. Logo, em tais casos, seria até prudente suspender o processo aguardando a decisão do recurso, muito embora não haja previsão clara quanto a esta hipótese. Mas, de qualquer maneira, a decisão monocrática do relator, quanto ao efeito ativo ou suspensivo, poderá ser objeto de questionamento por qualquer parte, por meio da interposição do recurso de agravo interno (art. 1.021).

Na sequência, o relator ordenará a intimação do agravado pessoalmente, por carta com aviso de recebimento, quando não tiver procurador constituído, ou pelo Diário da Justiça ou por carta com aviso de recebimento dirigida ao seu advogado, para que responda no prazo de 15 (quinze) dias, facultando-lhe juntar a documentação que entender necessária ao julgamento do recurso (art. 1.019, inc. II). Da mesma maneira, também determinará a intimação do Ministério Público, preferencialmente por meio eletrônico, quando for o caso de sua intervenção (v.g., art. 178), para que se manifeste no prazo de 15 (quinze) dias (art. 1.019, inc. III).

Após estas providências, o relator irá requerer ao presidente do órgão fracionário, no prazo não superior a 1 (um) mês, a designação de dia e hora para a realização do julgamento (art. 1.020). Mas, se neste ínterim vier a informação do magistrado lotado em primeira instância no sentido de que reformou a decisão agravada, o relator irá então considerar prejudicado o recurso de agravo, medida que será objeto de uma decisão monocrática (art. 1.018, § 1º).

Não sendo caso de agravo prejudicado, no dia do julgamento o relator irá narrar a seus pares a respeito do que trata o conteúdo do recurso. O CPC prevê, porém, uma hipótese em que o agravo de instrumento gera direito de sustentação oral (art. 937, inc. VIII). Após, o relator irá proferir o seu voto e, em seguida, irão votar os demais desembargadores. Esta decisão coletiva no agravo de instrumento será, portanto, tomada pelo voto de 3 (três) membros do Tribunal (art. 941, § 3º). Apenas em um caso de agravo de instrumento (art. 1.015, inc. II) é que a decisão de provimento não unânime autorizará a técnica de processamento consistente em chamar mais 2 (dois) desembargadores para complementação do julgamento (art. 942, § 3º, inc. II). De resto, anota-se a existência de precedentes do STJ autorizando que, ao dar provimento ao recurso, possa o Tribunal em determinadas circunstâncias até mesmo já analisar o mérito da causa. Em outras palavras, seria possível a aplicação da teoria da causa madura também neste recurso, desde que não haja prejuízo ao contraditório e à ampla defesa das partes.[23]

38.4. AGRAVO INTERNO

Esta modalidade de agravo é regulada pelo CPC (art. 1.021), sendo o recurso adequado para impugnar a decisão monocrática proferida pelo desembargador ou ministro relator (v.g., a que não admite recurso de apelação). O mesmo tem como característica a circunstância de que deverá ser protocolizado e decidido perante o mesmo órgão e Tribunal em que estiver lotado o magistrado que proferiu a decisão monocrática anterior, embora não possa ser decidido isoladamente.

Este agravo interno, que deve ser interposto no prazo de 15 (quinze) dias úteis (art. 1.003, § 5º), é instrumentalizado por petição que deverá ser adequadamente fundamentada (art. 1.021, § 1º), e dirigida ao mesmo relator da decisão anterior. Na sequência, será determinada a intimação do agravado para apresentar contrarrazões em outros 15 (quinze) dias úteis. Após, o relator poderá se retratar ou não da sua anterior decisão monocrática (art. 1.021, § 2º).

Contudo, se for detectado que o agravo interno não trouxe qualquer argumentação "específica", o mesmo deverá ser desprovido, com a fixação de multa por recurso protelatório (art. 1.012, § 4º). Com efeito, já há jurisprudência do STF no sentido de que, para estes recursos que exigem argumentação nova e específica, não se deve sequer dar oportunidade para a parte regularizar a peça (art. 932, parágrafo único), pois isso somente é possível para a correção de vícios formais como ausência de preparo, entre outros, mas jamais para complementar fundamentação.[24]

De fato, o raciocínio constante nas normas citadas do CPC e neste precedente do STF são realmente coerentes. Por exemplo, imagine-se um processo em que o demandante, que é agente público, pleiteia em juízo a reposição do poder aquisitivo dos seus vencimentos, que foram corroídos anos a fio em razão de perdas inflacionárias. Em tais casos, após a regular instrução, o magistrado atuante em primeira instância profere sentença de total improcedência, ao argumento de que, apesar de reconhecer esta defasagem, não poderia competir ao Poder Judiciário agir como legislador positivo, em flagrante ofensa ao princípio constitucional que assegura a separação dos Poderes (art. 2º, CRFB). Também foi citada, nesta decisão, o teor do Verbete nº 339 da Súmula do STF: *"Não cabe ao Poder Judiciário, que não tem função legislativa, aumentar vencimentos de servidores públicos sob fundamento de isonomia"*.

---

23 STJ. REsp 1.215.368-ES, Rel. Min. Herman Benjamin, j. 1º/06/2016, DJe 19/09/2016 – *Informativo* nº 590.
24 STF. ARE 953.221/SP AgR/SP. Rel. Min. Luiz Fux. DJ 07/06/2016.

Só que a parte autora, neste exemplo, elaborou seu recurso de apelação exatamente com a mesma linha argumentativa que constava na petição inicial (em outras palavras, "copiou e colou" os trechos que lhe interessavam no editor de texto). Este recurso, contudo, foi decidido monocraticamente pelo desembargador relator (art. 932, inc. IV, "*a*"), adotando os mesmos fundamentos esposados na sentença e, sobretudo, com menção ao entendimento sumulado pelo Pretório Excelso.

Ocorre que, não obstante ter sido proferida esta decisão monocrática, é interposto o agravo interno pelo interessado, caso em que, mais uma vez, seguem no "novo" recurso os mesmos argumentos de sua petição anterior (mais uma vez, "copiando e colando"). E, após terem sido apresentadas as contrarrazões, certamente o desembargador terá alguma dificuldade em aplicar certa norma (art. 1.021, § 3º), que pontua que: "*É vedado ao relator limitar-se à reprodução dos fundamentos da decisão agravada para julgar improcedente o agravo interno*". Observa-se, neste caso, que não é razoável que seja exigida nova fundamentação pelo magistrado para analisar o juízo de retratação de um recurso, se o próprio recurso em si mesmo não inova em nada, absolutamente nada, em sua linha argumentativa.

Nesta hipótese acima, portanto, realmente o agravo interno deverá ser desprovido, por ausência de argumentação específica (art. 1.021, § 1º, CPC), devendo também ser relembrado que, em outro momento desta obra (v. item nº 2.1.1.1.4. e item nº 23.2.), já foi exposto que o dever de fundamentação das decisões está intimamente ligado ao mesmo dever de as partes argumentarem com excelência todos os seus arrazoados. É o que se extrai, inclusive, de norma fundamental do CPC (art. 7º), que assegura os mesmos deveres entre os operadores do Direito.

Diferentemente seria se, no caso acima, o agravo interno trouxesse fundamentação nova, como, por exemplo, invocando a inaplicabilidade daquele verbete sumular em virtude de o mesmo ser mais específico para aumento de vencimentos sob o fundamento da isonomia, enquanto o caso concreto não versa sobre isso mas sim sobre a mora legislativa. Nesta hipótese, aí sim ao negar a retratação o relator teria que refutar este argumento.[25] Portanto, mais uma vez se percebe que a qualidade almejada pelo CPC impõe uma mudança de mentalidade e atividade de todos os operadores do Direito, especialmente dos detentores de capacidade postulatória, qualquer que seja a instituição envolvida, pois o corpo de sua peça irá gerar reflexos na resposta jurisdicional a ser apresentada.

Não sendo caso de retratação, o agravo interno será apreciado pelo mesmo órgão anterior, inclusive com a participação do mesmo relator (que acabou de negar a retratação em gabinete). Neste recurso, na maioria das vezes não há direito à sustentação oral, em razão de acertado veto presidencial (art. 937, inc. VII). Contudo, em poucos casos isso até pode ocorrer (art. 937, § 3º). Quando o agravo interno for declarado manifestamente inadmissível ou improcedente em votação unânime, o órgão colegiado, em decisão

---

25 No sentido do texto, pela necessidade de fundamentação nova para o Relator negar o juízo de retratação no agravo interno: STJ. REsp 1.622.386/MT, Rel.ª Min.ª Nancy Andrighi, Terceira Turma, DJe 25/10/2016.

fundamentada, condenará o agravante a pagar ao agravado multa fixada entre um e cinco por cento do valor atualizado da causa (art. 1.021, § 4º).[26] E, vale dizer, se isso ocorrer, ou seja, se for aplicada esta multa, a interposição de qualquer outro recurso está condicionada ao depósito prévio do seu valor, à exceção da Fazenda Pública e do beneficiário de gratuidade da justiça, que farão o pagamento ao final (art. 1.021, § 5º).[27] Destaca-se, ainda, que esta multa não deve ser aplicada automaticamente, pois não se trata de mera decorrência lógica do não provimento do agravo, conforme precedente do STJ.[28]

Por fim, há de se fazer rápida abordagem sobre o "agravo regimental", até para diferenciá-lo do "agravo interno". Este outro recurso recebe esta nomenclatura por não estar previsto no CPC ou em outra lei federal, mas sim no regimento interno do próprio Tribunal. Ele é, basicamente, utilizado nas mesmas situações que o agravo interno, ou seja, para impugnar decisões monocráticas que tenham sido proferidas por um desembargador ou ministro.

Ocorre que, pela atual ordem constitucional, apenas o Congresso Nacional, por meio de lei, é que pode regular matéria processual (art. 22, inc. I, CRFB), o que tornaria de duvidosa constitucionalidade (ou mesmo recepção) os regimentos que persistem em ter este tipo de previsão.[29] Assim, além deste vício formal, também haveria um flagrante déficit de democracia, pois normas processuais estariam sendo criadas por membros de Tribunais, que não foram eleitos pela população.

Na jurisprudência, contudo, há julgados no sentido da permanência destes agravos regimentais, mesmo diante da atual Constituição, ante a justificativa de que não se trata de recursos, mas apenas de um meio de sujeição ao órgão colegiado de todas as questões que foram objeto do recurso anteriormente interposto, mas que não foram apreciadas em sua integralidade pelo relator.[30] Seria sob este ponto de vista, portanto, um mecanismo para compor a vontade do órgão colegiado, e não um recurso propriamente dito.

Este entendimento, porém, não deve prosperar pois, o que realmente se pretende com o uso desta via é, em última análise, obter a reforma da decisão proferida monocraticamente, sendo evidente a sua natureza recursal. O CPC (art. 1.070), contudo, parece ter aderido ao entendimento esposado nos tribunais, no sentido da viabilidade do agravo regimental, tanto que até mesmo fez dispor que, para qualquer recurso de agravo, seja ele previsto em lei ou em "regimento", o prazo será de 15 (quinze) dias. Curiosamente, há precedentes dos Tribunais Superiores realmente mantendo esses agravos regimentais ou até mesmo os previstos em leis especiais (v.g., Lei nº 8.038/90), só que com o prazo de 5 (cinco) dias, caso sejam provenientes de processos que versem sobre matéria penal ou processual penal.[31]

---

26 STF. ARE nº 916.685 / Agr. Rel. Min. Luiz Fux. DJ 16/09/2016.

27 STF. ARE 931.830 AgR/PB, Rel. Min. Dias Toffoli, j. 21/08/2018.

28 STJ. AgInt nos Embargos de Divergência em REsp nº 1.120.356-RS. Rel. Min. Marco Aurélio Belizze. DJ 17/08/2016.

29 BUENO, Cassio Scarpinella. *Curso sistematizado de direito processual Civil*. São Paulo: Saraiva, 2008. v. 5, p. 195.

30 STF. Agravo regimental no agravo de instrumento nº 247.591-RS. Rel. Min. Moreira Alves. DJ 14/03/2000.

31 STJ. AgRg Reclamação nº 30.714/PB. Rel. Min. Reynaldo Soares da Fonseca. DJ 27/04/2016.

38.5. EMBARGOS DE DECLARAÇÃO

38.5.1. Hipóteses de cabimento

Os embargos de declaração possuem previsão no CPC (art. 1.022 – art. 1.026), constituindo-se em um recurso que tem como objetivo sanar eventual omissão, contradição, obscuridade ou mesmo a ocorrência de erro material na decisão. Durante algum tempo, até se negou a natureza recursal aos embargos de declaração, forte no argumento de que o mesmo não se destina a reformar ou anular decisões (objetivo da maioria dos recursos). Esta visão, no entanto, encontra-se completamente superada, já que um recurso também pode ser usado com o escopo de "melhorar" uma determinada decisão judicial. E, justamente por isto, este recurso pode ser usado para impugnar qualquer decisão judicial, mesmo quando a lei claramente dispuser que a hipótese não contempla recurso ou quando este for vedado.

Trata-se de recurso que tem tanto o seu juízo de admissibilidade quanto o de mérito realizados no mesmo órgão jurisdicional que prolatou a decisão embargada. Existe controvérsia, no entanto, sobre o mesmo também vincular o magistrado que proferiu a decisão. Sempre que possível, estes embargos deveriam ser decididos pelo mesmo juiz, embora isso nem sempre ocorra em virtude dos mais variados motivos (v.g., promoção do magistrado, remoção para órgão jurisdicional localizado em outra base territorial ou mesmo férias), sob risco de inviabilizar ou mesmo retardar a prestação jurisdicional. Não é caso, portanto, de vinculação pessoal do próprio magistrado para o seu enfrentamento ou mesmo de identidade física, devendo ser destacado que o CPC sequer mantém este princípio (v. item nº 22.2.5.).

O CPC (art. 1.022, *caput*) pontua que os embargos de declaração são possíveis para impugnar quaisquer decisões judiciais, que devem ser assimiladas como decisões interlocutórias, sentenças, decisões monocráticas e acórdãos, pois todas estas possuem carga decisória e devem ser devidamente fundamentadas (art. 93, inc. IX, CRFB).[32] Os despachos, ao revés, não podem ser objeto de qualquer recurso em decorrência da vedação (art. 1.001).

Os embargos de declaração não se sujeitam a preparo e o prazo para a sua interposição será de cinco dias (art. 1.023). Este prazo, porém, pode ser ampliado naquelas hipóteses mais tradicionais (v.g., recurso interposto pela Fazenda Pública ou por litisconsortes com diferentes procuradores – art. 1.023, § 1º), assim como também pode ser reduzido, tal como ocorre no processo penal, que prevê prazo de apenas 2 (dois) dias (art. 619, CPP). O mesmo, por sinal, ocorre quando os embargos de declaração forem opostos em processo que tramita perante a Justiça Eleitoral, caso em que o prazo será de apenas 3 (três) dias (art. 1.067).

O primeiro fundamento que pode ser usado nos embargos de declaração é a decisão impugnada se encontrar "obscura", ou seja, com falta de clareza quanto a algum

---

32 Em sentido contrário ao texto, não admitindo embargos de declaração para impugnar decisão interlocutória: TJ-RJ. 2007.002.02205. Rel. Des. Gilberto Dutra Moreira. DJ 20/04/2007.

ponto. Já o segundo motivo decorre da existência de uma "contradição", ou seja, de algo que constou no ato decisório que se opõe frontalmente a outra parte. Releva-se que, em algumas situações, esta contradição até poderia decorrer de um "erro material". Com efeito, se toda a fundamentação indica que o demandante foi vitorioso, mas, no dispositivo, o magistrado se equivoca e nele faz constar "improcedente" em vez de "procedente", esta hipótese caracteriza uma "contradição" advinda de "erro material".[33] Neste caso, tanto o magistrado poderá corrigi-lo de ofício (art. 494, inc. I) como, também, poderá aguardar que a parte interponha os embargos de declaração com esta finalidade (art. 494, inc. II). Aliás, é justamente em virtude de o juiz ter o poder de corrigir a qualquer momento um "erro material" que realmente não há muito como justificar a inclusão do mesmo como um novo fundamento para embargos de declaração (art. 1.022, inc. III). Afinal, mesmo que tenho escoado o prazo da interposição dos embargos, ainda assim o interessado poderá peticionar neste sentido, para "lembrar" o juiz de que o mesmo pode agir de ofício em tais situações.

Por fim, ainda são admitidos os embargos de declaração para combater eventual "omissão" no julgado. Os Tribunais, de uma maneira geral, vinham decidindo que não há omissão a ser suprida quando a decisão embargada não enfrentar todas as matérias suscitadas, desde que aquelas analisadas sejam suficientes para o julgamento. É, pelo menos, o teor do Verbete nº 52 da Súmula do TJ-RJ: *"Inexiste omissão a sanar através de embargos declaratórios, quando o acórdão não enfrentou todas as questões arguidas pelas partes, desde que uma delas tenha sido suficiente para o julgamento do recurso".*

Contudo, consta norma no CPC (art. 1.022, parágrafo único, inc. II), no sentido de que será considerada omissa a decisão que incorra em qualquer das condutas descritas no artigo que cuida sobre a fundamentação dos atos decisórios (art. 489, § 1º). Em outras palavras, o CPC parece se filiar à corrente que exige do magistrado um extenso dever de fundamentação. Ocorre que já foram criados alguns enunciados sobre a novel legislação, pontuando exatamente o que se deve ou não considerar como decisão adequadamente fundamentada. Cite-se, por exemplo, o enunciado nº 10: *"A fundamentação sucinta não se confunde com a ausência de fundamentação e não acarreta a nulidade da decisão se forem enfrentadas todas as questões cuja resolução, em tese, influencie a decisão da causa"* e o de nº 13: *"O art. 489, § 1º, IV, do CPC/2015 não obriga o juiz a enfrentar os fundamentos jurídicos invocados pela parte, quando já tenham sido enfrentados na formação dos precedentes obrigatórios"*, ambos criados pela Enfam, no primeiro encontro de magistrados que foi realizado em caráter nacional para a discussão sobre as novas normas do CPC. Além disso, já há precedente do STJ no sentido de que o julgador não está obrigado a responder a todas as questões suscitadas pelas partes, quando já tenha encontrado motivo suficiente para proferir a decisão, bem como que não são cabíveis os embargos de declaração se o argumento não pronunciado for incapaz de infirmar a conclusão adotada.[34]

---

33 STJ. Recurso ordinário em mandado de segurança nº 43.956-MG. Rel. Min. Og Fernandes. DJ 09/09/2014.

34 STJ. EDcl no MS nº 21.315-DF. Rel.ª Min.ª Diva Malerbi (Desembargadora Federal convocada TRF3). DJ 08/06/2016. Em sentido contrário, por defender que o magistrado deve enfrentar todos os argumentos: NEVES, Daniel Amorim Assumpção, *Novo código de processo civil comentado artigo por artigo*. 1ª ed. Salvador: JusPodivm, 2016, p. 810.

Também é curioso perceber que, diante de uma decisão omissa, a parte pode, a seu talante, tanto se valer de um recurso para anulá-la (caso da apelação ou do agravo), como, também, utilizar os embargos de declaração para "melhorá-la". A opção, portanto, é da própria parte, já que a lei fornece mais de um mecanismo para combater este vício.

De resto, na doutrina é comum quem defenda que os embargos de declaração devem ter o seu uso potencializado, permitindo que neles sejam ventiladas diversas outras matérias ou que os mesmos possam ser utilizados para outras finalidades além daquelas previstas em lei.[35] A crítica a este raciocínio, contudo, é que o CPC enumerou, taxativamente, as hipóteses de cabimento deste recurso, que é considerado como sendo de fundamentação vinculada. Assim, não caberia ao aplicador do Direito desvirtuá-lo, de modo a abranger outras finalidades além daquelas indicadas na legislação.[36] O CPC, por sinal, parece seguir esta linha de raciocínio, pois pontua para determinada situação (art. 1.024, § 3º): "*O órgão julgador conhecerá dos embargos de declaração como agravo interno se entender ser este o recurso cabível, desde que determine previamente a intimação do recorrente para, no prazo de 5 (cinco) dias, complementar as razões recursais, de modo a ajustá-las às exigências do art. 1.021, § 1º.* É que, nesta norma (art. 1.024, § 3º), resta bem claro que se os embargos forem utilizados para outra finalidade, deve então o desembargador intimar a parte para que o emende, transformando-o no recurso adequado para este outro fim. Há, inclusive, precedente do STF no sentido de que este recurso não deve ser utilizado quando o objetivo do recorrente é obter a reforma da decisão embargada.[37] E, da mesma forma, nos casos em que for detectada esta circunstância, não poderão esses embargos ser recebidos como mero requerimento de reconsideração da decisão judicial.[38]

Mas, de qualquer maneira, o CPC (art. 1.025), também passou a consagrar que os embargos de declaração podem ser utilizados para sanar omissão e, por esta via, possibilitar o prequestionamento, que é um requisito de admissibilidade tanto para o REXTR como para o RESP. Com efeito, consta no referido dispositivo que: "*Consideram-se incluídos no acórdão os elementos que o embargante suscitou, para fins de prequestionamento, ainda que os embargos de declaração sejam inadmitidos ou rejeitados, caso o tribunal superior considere existentes erro, omissão, contradição ou obscuridade*". Em outras palavras, o CPC passa a adotar o que o STF já consagrava como prequestionamento ficto.[39]

38.5.2. Processamento

Após a interposição deste recurso, o magistrado deverá submetê-lo a um juízo de admissibilidade. Se o mesmo não for recebido, estará sendo proferida uma decisão

---

35 SILVA, Edward Carlyle. *Direito processual civil*. Niterói: Impetus, 2007, pp. 385-386, enumera algumas outras situações em que o uso dos embargos de declaração é permitido tais como para veicular matéria de ordem pública, fato novo e, até mesmo na ocorrência de erro crasso ou clamoroso. Trata-se, no entanto, de entendimento contrário ao texto normativo.

36 STF. Embargos de declaração no agravo regimental no REXTR nº 745.243-RS. Rel. Min. Teori Albino Zavascky. S/d. No mesmo sentido: TJ-RJ. Embargos de declaração nº 2008.001.61290. Rel. Des. Pedro Freire. DJ 13/03/2009.

37 STF. RE 571969 ED/DF, Rel.ª Min.ª Cármen Lúcia, j. 03/08/2017.

38 STJ – REsp 1.522.347-ES, Rel. Min. Raul Araújo, j. 16/09/2015, DJe 16/12/2015 – *Informativo* nº 575.

39 STF. Agravo de instrumento nº 173.179-SP. Rel. Min. Sepúlveda Pertence. DJ 1º/08/2003.

interlocutória ou monocrática, conforme o caso, isto é, dependendo de esta análise haver sido realizada pelo magistrado lotado em primeira instância ou em instância superior. Se esta decisão de não recebimento for proferida pelo juiz de primeira instância, não haverá recurso previsto em lei. Porém, se a mesma for uma decisão monocrática, já será cabível um agravo interno (art. 1.021).

Nestes casos em que os embargos de declaração não são recebidos, há uma grande dúvida se, nesta hipótese, os embargos de declaração geram ou não o efeito interruptivo (art. 1.026). Como analisado em momento próprio (v. item nº 37.3.), o recurso não recebido não tem o condão de gerar qualquer efeito, sequer o de suspender ou interromper o prazo para a interposição de qualquer outro recurso. A jurisprudência do STJ, no entanto, é no sentido de que a interposição dos embargos de declaração interrompe o prazo para os demais recursos, mesmo na hipótese de inadmissão, exceto se o motivo decorrer da intempestividade.[40] Também não se pode olvidar que, em sede de Juizado Especial, os embargos de declaração opostos para questionar a sentença também passaram a interromper o prazo para a interposição do recurso inominado. É, pelo menos, o que consta em norma da lei específica, que foi alterada pelo CPC (art. 50 da Lei nº 9.099/95 c/c art. 1.065).

No modelo anterior, constava norma no sentido de que o efeito interruptivo dos embargos era extensível a todas as partes (art. 538, CPC-73). O novo modelo, porém, não mais faz menção a esta situação (art. 1.026). Pelo contrário, há até mesmo outro dispositivo (art. 1.024, § 4º), que prevê que não será reaberto prazo para a outra parte recorrer, mas apenas para alterar o conteúdo do seu recurso anteriormente interposto, caso tenha ocorrido modificação da decisão embargada[41]. Este efeito interruptivo, portanto, ficará restrito apenas à parte que tiver interposto embargos de declaração, mas mesmo ele poderá ser mitigado, quando forem opostos novos embargos de declaração para impugnar o conteúdo da mesma decisão que já foi objeto dos embargos anteriormente, conforme recomenda a jurisprudência do STJ.[42]

Desta maneira, se observa que, mesmo naquelas hipóteses em que o outro litigante já tiver apresentando o seu recurso, ainda assim será lícito a ele complementá-lo, mas apenas quanto ao que foi alterado em decorrência dos embargos de declaração (art. 1.024, § 4º). No entanto, caso permaneça silente, ainda assim o seu recurso anteriormente interposto poderá ser recebido, independentemente de reiteração ou qualquer manifestação a respeito, caso preenchidos os requisitos de admissibilidade (art. 1.024, § 5º). Este último raciocínio, por sinal, se encontra de acordo com outras normas do CPC (v.g., art. 218, § 4º – que autoriza a prática de ato processual antes do termo inicial do prazo), e, também, de acordo com o Verbete nº 579 da Súmula do

40 STJ. REsp nº 1.017.13/MG. Rel. Min. Carlos Mathias, convocado do TRF-1. DJ 17/04/2008. É também o que conta no Verbete nº 48 da Súmula do TJ-RJ *"Os embargos de declaração, quando intempestivos, não interrompem o prazo para a interposição de recursos"*.

41 Aliás, é de se destacar a existência de precedente do STJ no sentido de que o efeito interruptivo dos embargos de declaração somente se opera em relação a interposição de recurso e não para a prática de outros atos processuais: STJ. REsp nº 1.542.410. Rel. Min. Nancy Andrighi. DJ 07/10/2016.

42 STJ. REsp nº 749.053/RS. Rel.ª Min.ª Denise Arruda. DJ 12/11/2007.

STJ: "*Não é necessário ratificar o recurso especial interposto na pendência do julgamento dos embargos de declaração quando inalterado o julgamento anterior*".

Mas, apesar de os embargos de declaração possuírem o efeito interruptivo para os demais recursos em relação à parte que o interpôs, não haverá suspensão dos efeitos da decisão embargada (art. 1.026). Isso, porém, poderá ocorrer, desde que o magistrado se convença da probabilidade de provimento do recurso ou, sendo relevante a fundamentação, se houver risco de dano grave ou de difícil reparação (art. 1.026, § 1º).

Recebido este recurso e, com a consequente interrupção do prazo quanto aos eventuais recursos posteriores, deverá o magistrado já, no mesmo momento, imediatamente resolver o mérito dos embargos de declaração, já que a lei processual não prevê a oitiva da parte contrária para a maioria dos casos. Portanto, este é mais um exemplo de contraditório suprimido, embora não tenha sido mencionado em norma fundamental do CPC (art. 9º). Mas, há longa data, a doutrina e a jurisprudência vinham recomendando que a outra parte fosse intimada quando o magistrado, logo após a leitura do recurso, vislumbrasse a possibilidade de a decisão gerar efeitos modificativos ao julgado. É o que passou a ser previsto no CPC (art. 1.023, § 2º), pois somente neste caso é que a parte contrária irá apresentar contrarrazões a este recurso.

Uma característica interessante no julgamento do mérito dos embargos de declaração é que a decisão que os enfrenta terá a mesma natureza jurídica daquela que foi embargada, sejam os mesmos providos ou improvidos. Esta circunstância, em realidade, decorre da constatação de que apenas um ato jurisdicional de idêntica natureza é que poderá sanar uma omissão, contradição ou obscuridade em outro. Assim, sendo uma sentença embargada, a decisão que enfrenta este recurso será uma nova sentença, por não ser razoável que uma decisão interlocutória possa complementá-la. E a recíproca também ocorre, pois não faria sentido que uma sentença integrasse uma decisão interlocutória. O mesmo, por sinal, aplica-se em relação aos embargos de declaração interpostos perante o Tribunal, seja para impugnar uma decisão monocrática (proferida por apenas um membro do Tribunal) ou acórdão (dada por meio de um órgão colegiado – art. 204). Com efeito, este raciocínio até pode ser extraído da redação de determinado dispositivo (art. 1.024, § 1º), que deixa bem claro que os embargos de declaração opostos para impugnar acórdão devem ser decididos "*em mesa na sessão subsequente*", a indicar que os mesmos não poderiam ser decididos monocraticamente pelo desembargador. De se destacar, por oportuno, que este entendimento é pacífico quanto à possibilidade de o desembargador dar provimento monocraticamente aos embargos de declaração opostos de decisão colegiada. No entanto, a jurisprudência do STJ até flexibiliza um pouco esta afirmação quando se tratar de hipótese inversa, ou seja, quando o julgador negar provimento ao recurso, o que já poderia ser feito por decisão monocrática. O argumento, para tanto, é que não estará ocorrendo qualquer reforma na decisão, de modo a impor prejuízo a qualquer das partes.[43]

---

43 STJ. REsp nº 1.049.974-SP. Rel. Min. Luiz Fux. DJ 03/08/2010.

É perfeitamente possível, também, que a decisão que aprecie os embargos de declaração apresente alguma nova omissão, contradição ou obscuridade. Com efeito, se o magistrado profere sentença e uma das partes apresenta os embargos de declaração aduzindo duas omissões, estas duas questões deverão ser analisadas. No entanto, caso o juiz equivocadamente decida os embargos sem enfrentar todas as que foram apontadas, o novo julgado proferido traz ínsito uma nova omissão, que pode dar ensejo à interposição de novos embargos de declaração, e assim sucessivamente. O que não se permite, em realidade, é o manejo de novos embargos para combater uma contradição, obscuridade ou omissão que constam na sentença primitiva e que já poderiam ter sido questionadas por ocasião da interposição do primeiro recurso. Nesta hipótese, não serão admitidos os "novos" embargos de declaração em decorrência da preclusão temporal.

Se o magistrado concluir que os embargos de declaração são manifestamente protelatórios, o mesmo deverá condenar o recorrente a pagar ao embargado uma multa não excedente a 2% (dois por cento) do valor da causa, que será revertida à parte contrária (art. 1.026, § 2º).[44] Ocorrendo reiteração dos embargos protelatórios, esta multa será elevada a 10% (dez por cento) e, somente nesta situação, poderá o magistrado determinar que a mesma seja imediatamente recolhida sob pena de não mais receber os futuros recursos que forem interpostos pelo embargante (art. 1.026, § 3º), o que somente não se aplica à Fazenda Pública e aos beneficiários de gratuidade de justiça, que somente a recolherão ao final. E, vale dizer, que naquelas hipóteses em que o processo não tiver um conteúdo economicamente apreciável de plano (inclusive os de natureza criminal), a aplicação desta multa restará inviável, exceto se o magistrado arbitrar um valor com razoabilidade (art. 8º), ou, então, se condenar o embargante a uma outra multa, esta já decorrente da litigância de má-fé, conforme recomenda a melhor jurisprudência.[45]

Há precedente do STF no sentido do reconhecimento da condenação do vencido ao pagamento de honorários advocatícios recursais. Contudo, nem sempre este julgado vem sendo respeitado.[46]

Por fim, o CPC (art. 1.026, § 4º), acertamente, prevê que não serão admitidos novos embargos de declaração se os 2 (dois) anteriores houverem sido considerados protelatórios, o que está de acordo com a boa-fé (art. 5º) e a lealdade processual (art. 6º), ambas erigidas a normas fundamentais.

38.6. RECURSO ORDINÁRIO

38.6.1. Hipóteses de cabimento

O recurso ordinário é bastante assemelhado ao recurso de apelação, ou seja, se presta a impugnar decisões que tenham ou não resolvido o mérito da causa e também

---

44 Esta multa também se aplica em embargos de declaração interpostos em processo trabalhista. É o que se extrai em: TST. E-ED-ARR 414800-90.2007.5.09.0892, SBDI-I, Rel. Min. Augusto César Leite de Carvalho, red. p/ acórdão Min. João Oreste Dalazen, 18/05/2017.

45 TRF-4. Embargos de declaração na apelação nº 200004011385583. Juiz Rel. Fábio Rosa. DJ 21/08/2002.

46 STF. AI nº 864.689 AgR/MS e ARE nº 951.257 AgR/RJ. Rel. orig. Min. Marco Aurélio, red. p/ o ac. Min. Edson Fachin. DJ 27/09/2016.

é considerado como sendo de fundamentação livre, ou seja, pode ser usado pela parte para impugnar qualquer aspecto da decisão.

Este recurso é de competência exclusiva do STF ou do STJ, conforme a situação concreta apresentada. Suas hipóteses de cabimento encontram-se na Carta Magna e no CPC (art. 102, inc. II, alínea "a" e art. 105, inc. II, alínea "a", CRFB e art. 1.027, incs. I e II) e, por esta razão, é grave erro confundi-lo com o REXTR ou o RESP, sendo até mesmo negada a possibilidade de adoção do princípio da fungibilidade. Pelo menos é o que consta no Verbete nº 272 da Súmula do STF: *"Não se admite como ordinário REXTR de decisão denegatória de mandado de segurança".*

Na primeira das hipóteses, cabe recurso ordinário ao STF, os mandados de segurança, os *habeas corpus*, os *habeas data* e os mandados de injunção decididos em única instância pelos Tribunais superiores, mas apenas quando a decisão for denegatória. Na segunda, o STJ julgará o recurso ordinário interposto para impugnar as decisões também denegatórias que vierem a ser proferidas em sede de mandado de segurança decididas em única instância por algum TRF ou TJ. Tanto no primeiro caso como no segundo, o que se percebe é que este recurso somente é possível em decisões que venham a ser desfavoráveis ao demandante, sejam terminativas (art. 485) ou definitivas (art. 487), o que indica que o mesmo pode ou não ser empregado *secundum eventum litis*.

Pode ocorrer, todavia, que o processo que tenha sido instaurado perante algum Tribunal venha a ter uma cumulação de pedidos, se forem preenchidos os requisitos legais (art. 327). Neste caso, é perfeitamente possível que, por ocasião do julgamento, a decisão de mérito possa acolher um dos pedidos e rejeitar o outro. Nesta situação, em que restou configurada uma hipótese de sucumbência parcial (o demandante foi integralmente vencedor em um pedido e totalmente derrotado quanto ao outro), caberá ao interessado interpor o recurso ordinário em relação ao capítulo denegatório enquanto o outro se valerá do REXTR ou do RESP, conforme o caso, para questionar a outra parte da decisão que acolheu o pleito autoral. É curioso notar, ainda, que, nesta mesma hipótese, cada parte deverá interpor o seu recurso autonomamente, uma vez que seria vedada a interposição na modalidade adesiva, por não ser possível que uma parte possa aderir ao recurso da outra com uma espécie recursal completamente distinta (v.g., o recurso ordinário aderir a um RESP).[47]

E, além dos dois casos acima descritos, este recurso também poderá ser julgado pelo STJ, nas causas em que forem partes, de um lado, Estado estrangeiro ou organismo internacional e, do outro, Município ou pessoa residente ou domiciliada no País (art. 109, inc. II, CRFB). Vale dizer que, neste último caso, as decisões interlocutórias comportam impugnação por meio do recurso de agravo de instrumento, também perante o STJ (art. 1.027, § 1º).

---

47 Em sentido contrário ao texto, admitindo a interposição na modalidade adesiva: MOREIRA, José Carlos Barbosa. *Comentários ao código de processo civil.* 14ª ed. Rio de Janeiro: Forense, 2008, v. V. pp. 327-330.

38.6.2. Processamento

O recurso ordinário não tem muitas dificuldades, uma vez que o mesmo segue, em regra, o processamento do recurso de apelação, o que, aliás, decorre de expressa previsão normativa (art. 1.028). Assim, caberá ao mesmo ser interposto no tribunal prolator da decisão (art. 1.028, § 2º), no prazo de 15 (quinze) dias (art. 1.003, § 5º).[48] Na sequência, o recorrido será intimado para apresentar as contrarrazõe e, então, o recurso será remetido ao tribunal competente sem a realização do juízo de admissibilidade (art. 1.028, § 3º).[49]

Este recurso é dotado de efeito devolutivo, eis que o seu mérito será analisado por outro órgão do Poder Judiciário. De todo modo, qualquer que seja a hipótese que comporte a interposição do recurso ordinário, não se pode olvidar que a mais recente jurisprudência do STF vinha negando a possibilidade de que, em tais recursos, fosse aplicada a teoria da causa madura (art. 1.013, § 3º), caso a decisão impugnada seja de natureza terminativa (art. 485). É que, nesta hipótese, se fosse permitido ao Tribunal apreciar o mérito da causa em sede de recurso ordinário, estaria sendo usurpada a competência do órgão que prolatou a referida decisão, com flagrante desrespeito ao texto constitucional. Contudo, o CPC passa a prever expressamente esta possibilidade (art. 1.027, § 2º), o que está de acordo com o entendimento atual do STJ. Esta divergência, inclusive, já foi exposta em momento anterior desta obra (v. item nº 37.4.2.2.4.).

Este recurso também não possui, como regra, efeito suspensivo, muito embora o mesmo possa vir a ser obtido se for apresentado requerimento do interessado diretamente ao tribunal superior (art. 1.027, § 2º c/c art. 1.029, § 5º).

De resto, há de se mencionar que este recurso admite a sustentação oral (art. 937, inc. II) e que, quanto ao resto, deverá observar o regimento dos tribunais (art. 1.028, *caput* e § 1º).

38.7. RECURSO EXTRAORDINÁRIO E RECURSO ESPECIAL

O REXTR e o RESP são comumente designados como espécies dentro de um gênero denominado "recursos excepcionais" e são também considerados como sendo de fundamentação vinculada, já que somente podem ser manejados naquelas hipóteses previstas na Constituição (art. 102, inc. III e art. 105, inc. III, ambos da CRFB). O primeiro deles, cujo mérito deve ser apreciado pelo STF, se destina basicamente a verificar a conformidade da decisão judicial em relação à Carta Magna. Já o RESP, de competência do STJ, tem como escopo primordial perquirir se as decisões judiciais

---

48 Atentar que o prazo para interposição de recurso ordinário em *habeas corpus* é de apenas 5 dias, ainda que se trate de matéria não criminal, em virtude de norma mais específica (art. 30, Lei nº 8.038/90). Neste sentido: STJ. Recurso ordinário em *habeas corpus* nº 109.330-MG. Rel.ª Min.ª Nancy Andrighi. DJ 09/04/2019.

49 É possível o uso da via reclamação para casos de usurpação de competência, como quando determinado Tribunal Regional Federal ou Estadual realizar, de maneira equivocada, juízo de admissibilidade de recurso ordinário, pois tal tarefa é somente de Tribunais Superiores (art. 1.028, § 3º). É o que se extrai em: STJ. Reclamação nº 35.958-CE. Rel. Min. Marco Aurélio Bellizze. DJ 10/04/2019.

estão ou não violando lei federal, muito embora o mesmo também possa ser empregado na tentativa de uniformizar a interpretação da lei entre os diversos órgãos jurisdicionais.

Estes recursos, em comum, somente servem para impugnar decisões proferidas por magistrados no exercício de função jurisdicional, o que nem sempre ocorre. Por exemplo, quando se trata de uma execução por obrigação de pagar promovida em face da Fazenda Pública, o pagamento poderá ser realizado por precatório, o que implica no exercício de função de natureza administrativa por parte da presidência do Tribunal, pelo menos no momento em que ocorre o processamento do requisitório. Nestas situações, estes recursos excepcionais não se afiguram possíveis, conforme atestam, em conjunto, o Verbete nº 733 da Súmula do STF: "*Não cabe REXTR contra decisão proferida no processamento de precatórios*" e, também, o Verbete nº 311 da Súmula do STJ: "*Os atos do presidente do tribunal que disponham sobre processamento e pagamento de precatório não têm caráter jurisdicional*".

Em comum, ambos não podem ser empregados para o reexame de matéria fática narrada nos autos. A afirmação parece ser coerente. Sendo tais recursos de fundamentação vinculada e tendentes a proteger ou preservar a ordem jurídica interna, não faz sentido discutir os fatos que embasam o pleito autoral ou mesmo as teses defensivas. E, consequentemente, como não se discute matéria fática nestes recursos, também não há que se analisar as provas que são produzidas para comprovar a ocorrência destes mesmos fatos.[50] A matéria é, inclusive, objeto do Verbete nº 279 da Súmula do STF: "*Para simples reexame de prova não cabe REXTR*" e, também, do Verbete nº 7 da Súmula do STJ: "*A pretensão de simples reexame de prova não enseja RESP*". É curioso notar, no entanto, que reiteradamente o STJ diminui o valor das indenizações fixadas nas instâncias ordinárias quando se trata de questões envolvendo danos morais ou desapropriações, pois, em última análise, a apuração da extensão do dano decorre de análise de prova, já que há necessidade de se conhecer o fato danoso.[51]

Da mesma maneira, é importante observar que estes recursos também não se destinam à interpretação de cláusulas contratuais, até porque esta tarefa, em última análise, equivaleria à reapreciação de matéria fática, o que como visto é incompatível com a presente via. O tema é tratado pelo Verbete nº 272 da Súmula do STF: "*Simples interpretação de cláusulas contratuais não dá lugar a REXTR*" e, também, pelo Verbete nº 5 da Súmula do STJ: "*A simples interpretação de cláusula contratual não enseja RESP*".

Quanto ao aspecto histórico, inicialmente o REXTR abrangia as duas finalidades, ou seja, tanto velar pelo respeito à Constituição como pelos atos infraconstitucionais. No entanto, com o advento da Carta Magna e posterior transformação do TFR em STJ, o STF sofreu uma repartição da sua competência anterior, passando a responsabilidade

---

50 Em sentido diverso ao texto, por entender que a contrariedade à Constituição ou a leis federais é um fato, embora distinto daquele discutido inicialmente no processo: CAZETTA JÚNIOR, José Jesus. Conteúdo da causa de pedir e proposta de aplicação dessa categoria ao REXTR. In: TUCCI, José Rogério Cruz e. BEDAQUE, José Roberto dos Santos. *Causa de pedir e pedido no processo civil*. São Paulo: RT, 2002, p. 245.

51 STJ. Agravo regimental no agravo de instrumento nº 1.299.377-SP. Rel. Min. Humberto Martins. DJ 01/07/2010.

pelo zelo a lei federal para o STJ, diante da criação do RESP. Esta circunstância justifica porque alguns verbetes sumulares antigos hoje já não parecem mais ter sentido algum, como o de nº 282 da Súmula do STF: "*É inadmissível o REXTR quando não ventilada, na decisão recorrida, a questão federal suscitada*", pois tal análise é atualmente feita no RESP. Além disso, é digno de nota que este movimento de transferir competência do STF ainda não cessou, já que a EC 45/2004 também delegou ao STJ a competência, até então inédita, de homologar sentenças estrangeiras, além de conceder o *exequatur* às cartas rogatórias (art. 105, inc. I, "i", CRFB).

Mas, como quaisquer outros recursos, estes também se submetem a juízo de admissibilidade, muito embora existam alguns requisitos que sejam comuns a ambos além de outros que são específicos apenas para um deles. É o que ocorre, por exemplo, quanto ao requisito de demonstração da repercussão geral (art. 1.035), que somente pode ser exigido em relação ao REXTR.

38.7.1. Hipóteses de cabimento para o recurso extraordinário

As hipóteses para cabimento do REXTR se encontram na Constituição (art. 102, inc. III, CRFB). A primeira situação ocorre quando a decisão judicial contrariar dispositivo da Carta Magna, que é, justamente, a mais corriqueira de todas. Já a segunda hipótese decorre da realização do controle incidental de inconstitucionalidade de lei ou tratado federal, o que, por sinal, deverá ser devidamente comprovado até mesmo pela juntada do respectivo acórdão proferido pelo Tribunal local. A terceira situação já é exatamente o oposto da anterior, ou seja, quando a decisão recorrida considerar o ato normativo constitucional, embora o mesmo recaia sobre lei ou ato do governo local em face da Carta Magna.[52] E, por fim, a última foi criada pela EC nº 45/2004, que estabelece ser cabível a interposição do REXTR em face de decisão que julgar válida lei local contestada diante de lei federal. Esta última hipótese, por sinal, pôs fim a uma antiga controvérsia envolvendo se a mesma comportaria a utilização do REXTR ou do especial, vindo a prevalecer corretamente o primeiro, uma vez que a outorga de competência legislativa é feita pela CRFB e, assim, perquirir se é a lei local ou federal que pode ou não regrar uma situação se traduz, na realidade, em uma questão constitucional.[53]

É importante destacar, outrossim, que há longa data vem entendendo o STF que a admissão do REXTR por apenas um fundamento autoriza que todos os demais também sejam analisados pelo Pretório Excelso. É o que cuida, por sinal, o Verbete nº 292 da Súmula do STF: "*Interposto o REXTR por mais de um dos fundamentos indicados no art. 101, inc. III, da Constituição, a admissão apenas por um deles não prejudica o conhecimento por qualquer dos outros*". Este tema, por sinal, passou a ser tratado pelo CPC (art. 1.034, parágrafo único).

---

52 BUENO, Cassio Scarpinella. *Curso sistematizado de direito processual civil*. São Paulo: Saraiva, 2008. v. 5, p. 256.
53 BUENO, Cassio Scarpinella. *Curso sistematizado de direito processual civil*. São Paulo: Saraiva, 2008. v. 5, p. 257.

Por derradeiro, vale acrescentar que, eventualmente, uma decisão proferida por magistrado lotado em primeira instância poderá ser impugnada por REXTR. Isso ocorre em virtude da redação conferida à norma constitucional (art. 102, inc. III, CRFB), que não exige que a decisão impugnada tenha sido proferida por "Tribunal", ao contrário do que já ocorre com outra (art. 105, inc. III, Carta Magna), que cuida das hipóteses de cabimento do RESP. Para abonar esta premissa, deve ser lembrado o teor do Verbete nº 640 da Súmula do STF, que estabelece: *"É cabível REXTR contra decisão proferida por juiz de primeiro grau nas causas de alçada, ou por turma recursal de Juizado Especial".*

38.7.2. Hipóteses de cabimento para o recurso especial

As hipóteses para cabimento do RESP se encontram na Carta Magna (art. 105, inc. III, CRFB). A primeira delas ocorre quando a decisão do Tribunal tiver "contrariado" ou "negado" vigência a lei federal, expressões estas que podem ser reputadas como sinônimas. O STJ vem interpretando ampliativamente esta hipótese de cabimento, de modo a permitir que o RESP também possa ser utilizado quando se tratar de contrariedade à medida provisória, decretos autônomos e regulamentos editados pelo Presidente da República. A segunda situação, já se dá quando o acórdão julgar válido ato do governo local contestado em face de lei federal, valendo acrescentar que neste caso o ato local deve ser infralegal, como os decretos estaduais, distritais ou municipais. Por fim, também é cabível o RESP em decorrência de divergência jurisprudencial entre Tribunais distintos na interpretação da lei federal.[54]

Conforme analisado no item *supra*, o RESP somente pode impugnar decisão proferida por Tribunal (art.105, inc. III, CRFB). Por este motivo, aliás, foi criado o Verbete nº 203 da Súmula do STJ, nos seguintes termos: *"Não cabe RESP contra decisão proferida por órgão de segundo grau dos Juizados Especiais".* Esta conclusão, contudo, já não ocorre em relação ao REXTR, eis que outra norma não faz esta mesma exigência (art. 102, inc. III, CRFB).

38.7.3. Requisitos de admissibilidade comuns

No caso do REXTR e do RESP, o CPC (art. 1.030) estabelece que tanto a interposição de tais recursos, quanto o primeiro juízo de admissibilidade serão realizados perante o Tribunal de origem. Portanto, haverá no REXTR e no RESP, como em todos os outros recursos, também a análise de diversos requisitos de admissibilidade, como a legitimidade para recorrer, a regularidade formal, dentre outros, muito embora alguns requisitos comuns sejam merecedores de maior aprofundamento, conforme se seguirá posteriormente.

---

54 BUENO, Cassio Scarpinella. *Curso sistematizado de direito processual civil.* São Paulo: Saraiva, 2008. v. 5, p. 256, acha que este mesmo fundamento também deve ser aplicado ao REXTR, em que pese o silêncio da CRFB.

38.7.3.1. Exaurimento ou esgotamento das vias recursais

O exaurimento ou esgotamento das vias recursais é um requisito de admissibilidade do REXTR ou RESP. Trata-se de exigência positivada na própria Constituição (art. 102, inc. III e art. 105, inc. III, ambos da CRFB), pois, nela consta que os recursos excepcionais somente podem ser utilizados em "*última ou única instância*". Em realidade, este requisito deve ser compreendido no sentido de que a parte não pode escolher, a seu alvedrio, já interpor diretamente um recurso no STF em vez de primeiramente apelar ao Tribunal inferior. Pelo contrário, é exigido que sejam usados todos os recursos possíveis, inclusive os agravos internos para que, somente após, possam ser interpostos o REXTR ou RESP.[55]

Um questionamento interessante é quando a Fazenda Pública não interpõe qualquer recurso para impugnar eventual sentença proferida que lhe seja desfavorável e a mesma vier posteriormente a ser analisada pelo Tribunal em sede de revisão obrigatória (art. 496). Neste caso, ainda que o Tribunal venha a manter o teor da sentença proferida, a Fazenda Pública estará autorizada a interpor o REXTR ou RESP, conforme o caso, malgrado não tenha se valido de qualquer recurso no momento adequado. É que a remessa necessária, embora não tenha natureza jurídica de recurso, constitui-se em sucedâneo recursal, ou seja, instrumento apto a ensejar, no mesmo processo, a reforma ou até a invalidação da decisão proferida. Desta maneira, por se tratar de uma providência que obrigatoriamente deve ser observada pelos membros do Poder Judiciário e que pode resultar na modificação do julgado, fatalmente a mesma se equipara a um recurso para fins de "exaurimento". Logo, a remessa necessária serve para suprir eventual recurso que não tenha sido interposto, de modo que posteriormente a Fazenda Pública poderá interpor o seu recurso excepcional, sem qualquer maltrato ao esgotamento das vias recursais. É, pelo menos, a orientação predominante no STJ, inclusive da sua Corte Especial.[56]

38.7.3.2. Tempestividade

O prazo para a interposição de qualquer um dos dois recursos é exatamente igual, ou seja, de 15 (quinze) dias úteis (art. 1.009, § 5º c/c art. 219). Mas é possível que, em um caso concreto, este prazo seja ampliado, mediante conjugação com outras normas (v.g., art. 180, art. 183, art. 186, dentre outros).

Por fim, embora o CPC (art. 1.029, § 3º), preveja que tanto o STF quanto o STJ podem desconsiderar vício formal em REXTR ou RESP para fins de recebimento de recurso, isso não ocorrerá quando o vício em questão for a intempestividade, o que é claro indicativo de que este é considerado por lei como o mais grave de todos.

---

55   STJ – EREsp 1.414.755-PA, Rel. Min. João Otávio de Noronha, por maioria, j. 18/05/2016, DJe 06/09/2016 – *Informativo* nº 589.
56   STJ. REsp nº 905.771/CE. Rel. Min. Teori Albino Zavascky. DJ 29/06/2010.

38.7.3.3. Prequestionamento

O prequestionamento muitas vezes é apresentado como um requisito de admissibilidade de difícil compreensão quando, em realidade, não traz em si grandes dificuldades. Basicamente, o que se espera com o prequestionamento é que, no REXTR ou no RESP, não sejam ventiladas questões que ainda não foram apreciadas nas instâncias inferiores. Apenas isso. Assim, caso o interessado pretenda fundamentar o seu RESP na circunstância de o acórdão ter afrontado determinada lei federal, esta questão necessariamente já deverá ter sido anteriormente decidida pelo mesmo Tribunal inferior que proferiu a decisão. Trata-se, em realidade, de exigência positivada na própria Carta Magna (art. 102, inc. III e art. 105, inc. III, CRFB), pois, em ambos os dispositivos, consta que os recursos excepcionais somente podem ser utilizados em "*causas decididas*".

O prequestionamento pode ser tanto o "explícito" quanto o "implícito". No primeiro deles, o Tribunal inferior enfrenta a questão abordada e indica, textualmente, o dispositivo constante na CRFB ou na lei federal que teria sido em tese descumprido. Já no segundo, somente haverá a abordagem da matéria, sem menção a qualquer artigo. Vale dizer que a CRFB não exige menção expressa ao dispositivo, o que sinaliza que, para fins de prequestionamento, não há relevância se o mesmo for explícito ou implícito.

O grande problema é que a lei processual, no modelo anterior (CPC-73), não vinha explicando quando e nem de que maneira o prequestionamento deve ser efetuado, o que gerava uma praxe de realizá-lo apenas por meio dos embargos de declaração, após a decisão já ter sido proferida ("pós-questionamento").[57] Além disso, os embargos de declaração podiam expor o eventual interessado a uma série de situações desfavoráveis. Por exemplo, não é raro encontrar jurisprudência reputando que os embargos de declaração não poderiam ser utilizados para fins de prequestionamento, razão pela qual a aludida omissão sequer era enfrentada, além de implicar em multa prevista no CPC (art. 1.026, § 2º), malgrado já existisse o Verbete nº 98 da Súmula do STJ: "*Embargos de declaração manifestados com notório propósito de prequestionamento não têm caráter protelatório*".

Mas, além destes problemas que são gerados em razão do uso deste recurso, outra situação bastante comum ocorria quando o Tribunal inferior se recusava a enfrentar a omissão (descumprimento da CRFB ou de lei federal) apontada nos embargos de declaração, sob a justificativa de a mesma não ser relevante. Em casos como o presente, a jurisprudência do STF usualmente considerava que houve a ocorrência do denominado "prequestionamento ficto", o que já seria suficiente de modo a permitir a admissibilidade do REXTR por este motivo. A Suprema Corte, portanto, costumava interpretar esta situação como se o Tribunal inferior tivesse refutado a aludida contrariedade.[58] Em consequência, vinha deixando de ser aplicado o contido em seu Verbete nº 356, que apregoa exatamente o oposto: "*O ponto omisso da decisão, sobre o*

---

57 SILVA, Edward Carlyle. *Direito processual civil*. Niterói: Impetus, 2007, p. 389.
58 STF. Agravo de instrumento nº 173.179-SP. Rel. Min. Sepúlveda Pertence. DJ 01/08/2003.

qual não foram opostos embargos declaratórios, não pode ser objeto de REXTR, por faltar o requisito do prequestionamento".

No STJ, porém, a situação era bem distinta, pois esta Corte costumava ser fiel ao seu Verbete nº 211, cujos termos são: *"Inadmissível RESP quanto à questão que, a despeito da oposição de embargos declaratórios, não foi apreciada no juízo a quo".* Assim, na hipótese específica do RESP, o recorrente teria que se valer de um percurso bem mais longo, que poderia ser compreendido no exemplo que se segue. Basta imaginar que determinado Tribunal tenha proferido uma decisão (decisão nº 1) em grau de apelação, que ofendeu alguma lei federal. Em razão dessa contrariedade, o interessado oferece os embargos de declaração cujos argumentos sequer foram analisados pelo órgão de segunda instância, por meio de uma nova decisão proferida (decisão nº 2). Neste momento, então, deverá ser interposto o primeiro RESP, mas para impugnar apenas esta última decisão (decisão nº 2), pois a omissão do órgão jurisdicional em enfrentá-los também afronta outra lei federal, mais precisamente a norma do CPC (art. 1.022, inc. II). Este RESP, caso provido pelo STJ, determinará que o Tribunal inferior realize um novo juízo de mérito quanto aos embargos de declaração anteriormente interpostos. Assim, é somente no momento em que o Tribunal *a quo* apreciar estes embargos de declaração que estará sendo efetivamente enfrentada e decidida a primeira contrariedade detectada (decisão nº 3), ou seja, apenas neste momento é que o prequestionamento estará sendo realizado. Somente agora, portanto, é que poderia ser interposto o segundo e último RESP, que estaria impugnando tanto a decisão prolatada em sede de apelação quanto aquela que decidiu os embargos de declaração (decisões nºs 1 e 3).

O CPC, contudo, inova em relação ao modelo primitivo (CPC-73). É que, em primeiro lugar, passa a dispor expressamente que os embargos de declaração podem ser utilizados para esta finalidade, ou seja, a de provocar o prequestionamento (art. 1.025). E, na mesma norma (art. 1.025), também passa a adotar o mesmo entendimento do STF, no que diz respeito ao prequestionamento ficto, ao dispor: *"Consideram-se incluídos no acórdão os elementos que o embargante suscitou, para fins de prequestionamento, ainda que os embargos de declaração sejam inadmitidos ou rejeitados, caso o tribunal superior considere existentes erro, omissão, contradição ou obscuridade".* Resta aguardar, portanto, se esta interpretação literal é a que realmente vai ser aplicada pois, em caso afirmativo, os dois últimos enunciados de súmula acima mencionados terão que ser revistos e até cancelados.

Mas, curiosamente, toda esta dificuldade poderia ser facilmente superada caso as partes tivessem efetivamente realizando um prequestionamento desde o início do processo, em vez de quase sempre pós-questionar, ou seja, somente apontar a matéria após já ter sido proferida a decisão. É que, para tanto, bastaria que o prequestionamento fosse realizado em peças anteriores à sentença, como, por exemplo, já no corpo da petição inicial ou na contestação. É que, se assim for feito, irá constar em qualquer uma dessas petições que o acolhimento ou não do pedido irá afrontar determinado dispositivo da Constituição ou de lei federal. Assim, no momento de sentenciar, o magistrado necessariamente terá que se pronunciar sobre o assunto. Após, a parte derrotada irá elaborar o seu recurso de apelação repisando a sua tese anterior, ou seja, que se a decisão for mantida estará ocorrendo uma das hipóteses indicadas na Carta Magna (art. 102, inc. III ou art. 105, inc. III, ambos CRFB). Desta maneira, bastaria ter este cuidado e a decisão já estaria prequestionada, o que evitaria todos os percalços que eventualmente podem surgir em razão da utilização dos embargos de declaração.

38.7.4. Requisitos de admissibilidade específicos

38.7.4.1. Repercussão geral

A repercussão geral é um requisito específico para o REXTR, tendo sido criado em razão do advento da EC nº 45/2004, embora o mesmo também seja regulado pelo CPC (art. 1.035). É que, de acordo com norma constitucional (art. 102, § 3º, CRFB): *"No REXTR o recorrente deverá demonstrar a repercussão geral das questões constitucionais discutidas no caso, nos termos da lei, a fim de que o Tribunal examine a admissão do recurso, somente podendo recusá-lo pela manifestação de dois terços de seus membros"*. Incabível, portanto, que o mesmo também seja exigido em espécies recursais distintas, ainda que de competência do próprio STF.[59]

Mas este requisito, porém, não cuida de uma total novidade no ordenamento pátrio, eis que o mesmo em parte se assemelha à antiga "arguição de relevância da questão federal", criada durante a ditadura militar e repelida pela CRFB.[60] É que, neste antigo modelo, o que se pretendia era admitir recursos que não deveriam ser recebidos, diante da enumeração regimental da época. Para tanto, devia ser instaurado este incidente no processamento do REXTR, cuja decisão era proferida em sessão secreta, dispensada a fundamentação.

Ainda assim, a criação deste requisito da repercussão geral não deixa de configurar, em alguns aspectos, certa contradição, já que se um direito fundamental não for respeitado pelas Cortes nacionais, o interessado poderá até alcançar a jurisdição, por exemplo, da Corte Interamericana dos Direito Humanos, malgrado exista a grande possibilidade de esta questão não ser sequer analisada pela cúpula do Poder Judiciário do Brasil, em decorrência deste filtro recentemente criado.

Com efeito, não se afigura possível, de plano, estabelecer o que efetivamente é "repercussão geral", diante da vagueza constante no CPC (art. 1.035, § 1º), que simplesmente afirma: *"Para efeito de repercussão geral, será considerada a existência ou não de questões relevantes do ponto de vista econômico, político, social ou jurídico que ultrapassem os interesses subjetivos do processo"*. Mas, ao menos, outra norma já tentou dar contornos

---

59 WAMBIER, Luiz Rodrigues; WAMBIER, Teresa Arruda Alvim; MEDINA, José Miguel Garcia. *Breves Comentários à nova sistemática processual civil*. São Paulo: ed. RT, 2007, p. 240. Os autores demonstram surpresa pela ausência de extensão do requisito da repercussão geral ao REsp dirigido ao Superior Tribunal de Justiça (art. 105, inc. III, da CRFB).

60 Aliás, não se duvida que o CPC seja alterado para que, em um futuro breve, este mecanismo volte a existir, pois a novel legislação franqueia em demasia o acesso de praticamente qualquer questão ao STF, já que literalmente foram criadas normas que eliminam os freios de admissibilidade do REXTR.

mais precisos ao tema (art. 1.035, § 3º). Portanto, apenas a análise de cada situação concretamente é que poderá definir se este requisito estará ou não presente. Admite-se, inclusive, a intervenção de terceiros para o debate sobre este tema (art. 1.035, § 4º).[61]

Outro ponto que merece destaque é que este requisito deve ser alegado na própria peça do REXTR (art. 1.035, § 2º), sob risco de o mesmo não ser admitido na origem por motivo de irregularidade formal, conforme já recomendam julgados do Pretório Excelso.[62] Vale dizer que o Tribunal inferior não pode, contudo, analisar o mérito da repercussão, pois se trata de tarefa que deve ser realizada exclusivamente por um órgão colegiado do STF (art. 1.035, *caput*). No entanto, é de se admitir, para efeitos de economia processual, que o Tribunal *a quo* assim possa proceder caso o STF já tenha negado a repercussão geral na presente questão (art. 1.035, § 8º), que será abordada em seguida.

Mas, muito embora este requisito deva ser ressaltado na própria petição recursal, o mesmo será o último de todos a ser analisado, uma vez que, como visto, apenas algum órgão colegiado do STF poderá enfrentá-lo. Assim, se for possível não admitir o REXTR por qualquer outro motivo (v.g., intempestividade), desta maneira deverá agir o ministro relator de uma das turmas do STF. No entanto, se todos os demais requisitos estiverem atendidos (com exceção da repercussão geral), o mérito da repercussão geral terá que ser enfrentado.

No modelo primitivo, constava quórum de pelo menos 4 (quatro) ministros de uma Turma do STF para que a repercussão geral fosse admitida (art. 543-A, § 4º, CPC-73), o que, por sinal, era muitas vezes definido por meio do "Pleno virtual". Se isso ocorresse, o recurso seria admitido (já que este era o último requisito de admissibilidade), mas os autos permanecem com o ministro relator, que poderá decidir monocraticamente o mérito do REXTR, caso seja uma das hipóteses autorizadas em lei (art. 932).

Caminho mais tortuoso, porém, era o que devia ser observado no modelo primitivo (CPC-73), quando este quórum não fosse atingido. É que, nesta hipótese, deverá ocorrer a cisão funcional horizontal da competência em prol do Pleno do STF, para que este outro órgão possa, por meio dos seus 11 (onze) membros, definir se esta hipótese é ou não caracterizadora de repercussão geral. Nesta nova análise, a forma de contar os votos se inverte, pois, para negar a repercussão geral serão necessários votos de 2/3 (dois terços) dos membros do STF, ou seja, de 8 (oito) ministros, como prevê a Carta Magna (art. 102, § 3º, CRFB). Só para lembrar, quando a análise se encontrava perante a Turma, no modelo antigo deveriam ter sido proferidos 4 (quatro) votos favoráveis à repercussão geral enquanto, no Pleno, serão necessários 8 (oito) para negá-la. Percebe-se, assim, que a matemática explicava este procedimento do modelo anterior (CPC-73). Com efeito, se 4 (quatro) ministros integrantes de uma das Turmas

---

61 HARTMANN, Guilherme Kronemberg. *Apontamentos sobre a repercussão geral do REXTR*. Disponível em: <http://www.arcos.org. br/periodicos/revista-eletronica-de-direito-processual/volume-v/apontamentos-sobre-a-repercussao-geral-do-recurso-extraordinario>. Acesso em: 30 out. 2015.

62 STF. Agravo de instrumento nº 664.567 QO/RS. Rel. Min. Sepúlveda Pertence. DJ 26/06/2007.

reconhecerem a repercussão geral, o quórum de 8 (oito) ministros para negá-la não mais poderá ser atingido, pois a Suprema Corte somente conta com 11 (onze) membros.

Chama a atenção, porém, que embora a Constituição permaneça regulando o quórum para se negar a repercurssão geral apenas no Pleno (art. 102, § 3º, CRFB), o CPC não mais prevê se esta análise poderá ser conhecida pela Turma e muito menos estabelece o quórum mínimo para que isso seja realizado. Em um primeiro momento, nada deve mudar, com esta análise continuando a ser inicialmente realizada pela Turma e no mesmo quórum, pois o assunto continua a ser regulado no RISTF. Contudo, pela novel legislação, até se poderia defender que esta verificação deveria ser realizada exclusivamente pelo Pleno do STF, mas o que não seria recomendável, pois tal circunstância iria contribuir para inviabilizar ainda mais o seu funcionamento, alocando uma nova competência exclusiva além de tantas outras relevantes que já exerce.

Havendo o reconhecimento da repercussão geral pelo Pleno, este REXTR deverá ter agora o seu mérito apreciado pela Turma, seja em decisão monocrática ou por acórdão, que deverá ser proferido no prazo de até 1 (um) ano, tendo preferência sobre todos os demais processos, ressalvando aqueles que envolvam réus presos e os pedidos de *habeas corpus* (art. 1.035, § 9º). Tais disposições são muito bem vindas, pois o que se tem visto nos últimos anos é que esta verticalização crescente dentro do Poder Judiciário tem gerado o sobrestamento de processos por anos a fio, especialmente naqueles que envolvem interesse de ordem econômica e da Fazenda Pública.[63] Mas, certamente será invocada a aplicação, por analogia, de outra regra (art. 980, parágrafo único), para que a suspensão dos processos permaneça enquanto não for julgado o mérito do REXTR em que foi reconhecida a repercussão geral.

Contudo, em tais casos de reconhecimento da repercussão geral e em que os processos encontram-se sobrestados no tribunal de origem, poderá o interessado requerer, ao presidente ou ao vice-presidente deste tribunal, que exclua da decisão de sobrestamento e inadmita o REXTR que tenha sido interposto intempestivamente, tendo o recorrente o prazo de 5 (cinco) dias para manifestar-se sobre esse requerimento (art. 1.035, § 6º). E vale dizer que, da decisão que indeferir este requerimento, será possível a interposição de agravo interno (art. 1.035, § 7º, c/c art. 1.021).

Por fim, caso o Pleno do STF venha a negar a repercussão geral, esta decisão será irrecorrível (art. 1.035), podendo todos os tribunais adotarem este precedente para inadmitirem qualquer REXTR que trate de idêntica matéria (art. 1.035, § 8º).

38.7.4.2. Violação frontal e direta ao texto constitucional

Este requisito também é específico para o REXTR. É que, por vezes, a alegação do recorrente é no sentido do cabimento do recurso em questão diante da violação

---

63 CAMPOS, Carlos Alexandre de Azevedo. *Dimesões do ativismo judicial do STF*. Rio de Janeiro: Forense, 2014, p. 247.

de uma norma constitucional quando, em realidade, o que estará sendo descumprido frontalmente é o preceito constante em lei federal.

É se de imaginar, por exemplo, que tenha sido proferida sentença baseada em prova decorrente de interceptação telefônica autorizada judicialmente, mas que não observou todas as formalidades legais (Lei nº 9.296/96). Esta prova, embora viciada, pode ter sido relevada por ocasião do julgamento pelo Tribunal, o que motivaria a interposição do REXTR, ao argumento de que teria sido exposta indevidamente a intimidade de uma das partes, em desacordo com a Constituição (art. 5º, incs. X e XII, CRFB). É que, nesta hipótese, o foco de discussão apenas reflexamente indica violação a Carta Magna quando, em realidade, o que se pretende discutir é o maltrato a lei federal que disciplina a interceptação telefônica. Neste caso, portanto, o REXTR não deveria ser admitido, em razão da ausência de violação frontal e direta ao texto constitucional.[64] Era, realmente, o raciocínio empregado pelo STF, em uma série de julgados e que até mesmo é objeto do Verbete nº 636 da sua Súmula: *"Não cabe recurso extraordinário por contrariedade a princípio constitucional da legalidade, quando a sua verificação pressuponha rever a interpretação dada a normas infraconstitucionais pela decisão recorrida".*[65]

Só que o CPC inova neste ponto, ao prever, em norma própria (art. 1.033), que: *"Se o STF considerar como reflexa a ofensa à Constituição afirmada no recurso extraordinário, por pressupor a revisão da interpretação de lei federal ou de tratado, remetê-lo-á ao Superior Tribunal de Justiça para julgamento como recurso especial ".* Portanto, o CPC estabelece que, se ocorrer caso como este, não mais caberá ao STF pura e simplesmente inadmitir o REXTR, devendo o mesmo ser remetido para o STJ, que o analisará como se fosse um RESP. Trata-se de norma (art. 1.033) francamente inspirada no princípio da fungibilidade (v. item nº 36.8.5.), muito embora, a rigor, se traduza em um erro extremamente grosseiro por parte de quem elaborou o recurso em questão. É que, para estes recursos cujas hipóteses de cabimento estão na Carta Magna, fica realmente muito difícil não utilizar aquele que é o adequado. Há, inclusive, entendimento sumulado do STF no sentido de que, em um destes casos, envolvendo recurso de fundamentação vinculada ao texto constitucional, não seria possível a aplicação do princípio da fungibilidade, como consta no Verbete nº 272 da Súmula do STF: *"Não se admite como ordinário recurso extraordinário de decisão denegatória de mandado de segurança".*

Por fim, se deve destacar ainda sobre o tema que a referida norma (art. 1.033) somente é aplicável, permitindo a conversão do REXTR em RESP, se realmente existir pelo menos uma violação reflexa ao texto constitucional. Contudo, se for detectado que sequer há controvérsia constitucional em exame, automaticamente também não haverá

---

64 Em sentido um pouco diverso: BUENO, Cassio Scarpinella. *Curso sistematizado de direito processual civil*. São Paulo: Saraiva, 2008. v. 5, p. 253, por entender que a hipótese em comento não se refere à admissibilidade do REXTR, mas sim ao seu mérito, embora o mesmo doutrinador reconheça que há uma aproximação entre os juízos de admissibilidade e os juízos de mérito dos recursos de fundamentação vinculada.

65 Destaca-se a existência de precedente do STF no sentido de que em alguns casos pode ocorrer ausência de violação reflexa ao texto constitucional em decorrência de uma pretensão deduzida repousar apenas na esfera da legalidade: STF. RE 729.884/RS, Rel. Min. Dias Toffoli, 23/06/2016.

"repercussão geral", o que motivará a imediata inadmissibilidade do REXTR. Já há, inclusive, orientação do STF neste exato sentido.[66]

38.7.4.3. Comprovação da divergência

Este requisito, por sua vez, já é específico do RESP (embora seja também utilizado em embargos de divergência, que é um recurso que ainda será analisado), uma vez que pode ser utilizado quando um acórdão der, a uma lei federal, interpretação divergente da que lhe haja atribuído outro Tribunal (art. 105, inc. III, "c", CRFB).[67] É que, se compete ao STJ apreciar, por último, a correta exegese da lei federal, obviamente o mesmo deve proclamar a sua visão quando estiver ocorrendo divergência de interpretação nos Tribunais inferiores.

Sendo o RESP fundamentado por este motivo, caberá ao recorrente fazer prova da divergência que poderá até mesmo ser evidenciada por meio de cópia autenticada ou pela citação do repositório de jurisprudência, oficial ou credenciada, inclusive em mídia eletrônica. Vale dizer, contudo, que caberá ao recorrente indicar as circunstâncias que identifiquem ou assemelhem os casos confrontados, o que recomenda não a transcrição de "ementas", mas sim a juntada de todas as peças componentes do acórdão, para que seja realizado um confronto analítico entre as decisões contraditórias (art. 1.029, § 1º). E, muito embora a lei seja silente, esta divergência deve ser atual, pois de nada adianta colacionar julgados que tenham sido proferidos há muitos anos atrás.

Assim, tendo sido proferido acórdão pelo TJ-RJ que tenha dado interpretação a lei federal distinta da que foi dada, por exemplo, pelo TJ-SP, o RESP poderá ser interposto por este fundamento. Claro que este recurso não terá como reformar a decisão proferida pelo TJ-SP em processo promovido por terceiros e que até mesmo já pode ter transitado em julgado. A finalidade do recurso é demonstrar o desacerto da decisão do TJ-RJ, de modo que a mesma possa ser reformada pelo STJ para que seja adotada a mesma fundamentação externada pelo TJ-SP.

Contudo, se por algum motivo já tiverem sido proferidos acórdãos pelo STJ nos exatos termos da decisão impugnada do TJ-RJ, esta situação irá acarretar a negativa de provimento do RESP. O assunto é disciplinado pelo Verbete nº 83 da Súmula do STJ: "*Não se conhece do recurso especial pela divergência, quando a orientação do Tribunal se firmou no mesmo sentido da decisão recorrida*".

Mas, de qualquer maneira, é fundamental que a divergência seja entre Tribunais distintos, pois somente em tal circunstância o STJ poderia atuar na condição de intérprete final. Se, porém, a divergência for entre órgãos internos do mesmo Tribunal, a solução deverá ser obtida internamente, seja por meio do IRDR ou do incidente de

---

66 STF. REXTR nº 729.884/RS. Rel. Min. Dias Toffoli. DJ 23/06/2016.

67 Entendendo que o REXTR também pode ter esta finalidade, mesmo diante do silêncio na CRFB: BUENO, Cassio Scarpinella. *Curso sistematizado de direito processual civil*. São Paulo: Saraiva, 2008. v. 5, p. 254.

assunção de competência. É, inclusive, o que prevê o Verbete nº 13 da Súmula do STJ: "*A divergência de julgados do mesmo Tribunal não enseja recurso especial*".

38.7.5. Procedimento

A seguir será detalhado todo o procedimento a partir da interposição do REXTR e do RESP.

38.7.5.1. Interposição e não recebimento

Tanto o RESP quanto o REXTR são interpostos perante o Tribunal de origem (art. 1.029), em peças próprias contendo a exposição do fato e do direito, a demonstração de seu cabimento, além de suas razões. Após a interposição do recurso, será intimada a parte contrária para apresentar as suas contrarrazões (art. 1.030). Na sequência, o Tribunal, por meio de sua presidência ou vice-presidência, até poderá realizar o juízo de admissibilidade de tais recursos (art. 1.030, incs. I e II), negando seguimento quando: a) se tratar de REXTR em que o STF não conheceu da repercussão geral ou quando o acórdão impugnado já estiver de acordo com entendimento do Pretório Excelso em casos como este; b) se tratar de REXTR ou RESP que estejam em conformidade com entendimentos firmados pelo STF ou STJ em julgamentos proferidos em sede de recursos repetitivos. Esta decisão monocrática, por sinal, poderá ser impugnada pelo interessado por meio do agravo interno (art. 1.030, § 2º c/c art. 1.021).

Além disso, o Tribunal de origem também poderá (art. 1.030, incs. II-IV): a) encaminhar o processo ao órgão julgador para realização do juízo de retratação, se o acórdão recorrido divergir do entendimento do Supremo Tribunal Federal ou do Superior Tribunal de Justiça exarado, conforme o caso, nos regimes de repercussão geral ou de recursos repetitivos; b) sobrestar o recurso que versar sobre controvérsia de caráter repetitivo ainda não decidida pelo Supremo Tribunal Federal ou pelo Superior Tribunal de Justiça, conforme se trate de matéria constitucional ou infraconstitucional (o que irá desafiar agravo interno – art. 1.030, § 2º c/c art. 1.021); c) selecionar o recurso como representativo de controvérsia constitucional ou infraconstitucional (art. 1.036, § 6º).

Da mesma maneira, o CPC (art. 1.030, inc. V) permite ao tribunal recorrido até mesmo admitir o REXTR ou o RESP, com posterior remessa dos autos a estes Tribunais, quando: a) o recurso ainda não tenha sido submetido ao regime de repercussão geral ou de julgamento de recursos repetitivos; b) o recurso tenha sido selecionado como representativo da controvérsia; c) o tribunal recorrido tenha refutado o juízo de retratação. Contudo, em casos de inadmissibilidade ainda na origem, será possível a interposição de agravo ao tribunal superior (art. 1.030, § 1º c/c art. 1.042). Mas, de qualquer modo, caso sejam admitidos ambos os recursos, os autos devem ser inicialmente encaminhados ao STJ, embora eventualmente o mesmo possa ser dali redirecionado ao STF (art. 1.031).

Chegando os autos ao STJ, ocorrerá a distribuição perante uma das Turmas e um sorteio do relator que irá realizar uma nova admissibilidade do RESP. Mas, pode ser que o relator entenda que o RESP versa sobre questão constitucional, caso em que deverá conceder prazo de 15 (quinze) dias para que o recorrente demonstre a existência de repercussão geral e se manifeste sobre a questão constitucional. Cumprida esta diligência, o relator remeterá o recurso ao STF, que, em juízo de admissibilidade, poderá devolvê-lo ao STJ (art. 1.032). Curiosamente, situação muito semelhante também pode ocorrer de maneira inversa, ou seja, ser interposto apenas REXTR ao STF e o relator considerar como reflexa a ofensa à Constituição afirmada no recurso (por pressupor a revisão da interpretação de lei federal ou de tratado), caso em que os autos serão remetidos ao STJ para julgamento como RESP (art. 1.033). Tanto uma norma quanto a outra se traduzem, em realidade, em manifestações do princípio da fungibilidade recursal.

Mas, não sendo o caso acima narrado (art. 1.032 ou art. 1.033), o Tribunal Superior irá realizar a admissibilidade do recurso, que poderá ser negada por meio de decisão monocrática do relator. Em tais casos, o interessado poderá se valer do agravo interno (art. 1.021) para impugnar esta decisão. Vale dizer que, se o órgão colegiado der provimento a este novo recurso, na mesma sessão já será possível analisar o mérito do RESP ou do REXTR anterior, conforme o caso. Fica a ressalva, porém, que, para que isso possa ocorrer em sede de REXTR, torna-se necessário que a análise da repercussão geral não traga um tema inédito.

38.7.5.2. Interposição e recebimento. Recursos não repetitivos. Efeitos

Como visto acima, interposto qualquer um dos recursos excepcionais, haverá a intimação da parte contrária para respondê-lo e, sendo admitido(s) o(s) recurso(s), os autos serão remetidos ao Tribunal Superior. Na sequência, também já foi analisado que, em regra, os autos serão remetidos inicialmente ao STJ (para nova admissibilidade e quiçá julgamento do mérito), quando houver interposição simultânea do REXTR e do RESP (art. 1.031). Por sinal, essa circunstância de análise de recurso por outro órgão denota claramente a existência do efeito devolutivo.

Contudo, tais recursos não possuem, em regra, o efeito suspensivo, razão pela qual a parte interessada já poderá ir promovendo o cumprimento provisório de decisão judicial, se esta for a sua intenção. E, se isso realmente ocorrer, o demandado terá que tentar obter a suspensão dos efeitos da decisão, enquanto se aguarda o julgamento do recurso excepcional (REXTR ou RESP).

No modelo primitivo (CPC-73), esse efeito suspensivo poderia ser obtido mediante a utilização de processo cautelar em caráter atípico. Era assunto tratado, inclusive, pelo

Verbete nº 634 (*"Não compete ao STF conceder medida cautelar para dar efeito suspensivo a recurso extraordinário que ainda não foi objeto de juízo de admissibilidade na origem"*) e nº 635 (*"Cabe ao Presidente do Tribunal de origem decidir o pedido de medida cautelar em recurso extraordinário ainda pendente do seu juízo de admissibilidade"*), ambos da Súmula do STF. Curiosamente, existiam decisões do próprio STF que não aplicavam estes enunciados.[68]

Só que no CPC a forma de se obter este efeito suspensivo foi levemente modificado. É que há norma (art. 1.029, § 5º, incs. I, II e III) prevendo que o mesmo poderá ser concedido desde que a parte interessada apresente mera petição com requerimento neste sentido. O seu encaminhamento é que poderá variar, dependendo do momento em que esta peça tiver sido apresentada. Com efeito, no período compreendido entre a interposição do recurso e a publicação da decisão de admissão, bem como nos casos de o recurso ter sido sobrestado, este requerimento deve ser apresentado perante a presidência ou vice-presidência do Tribunal recorrido. Contudo, este requerimento já será apresentado diretamente ao Tribunal Superior no período entre a publicação da decisão de admissão do recurso e sua distribuição no STF ou no STJ.

Admitida, portanto, a possibilidade de ser obtido tanto o efeito devolutivo quanto o suspensivo a ambos os recursos excepcionais, é chegado o momento de analisar se os mesmos também autorizam o denominado efeito translativo, que seria aquele que possibilitaria que o Tribunal conhecesse matéria pública de ofício.

Este último tema nunca foi pacífico, gerando ardorosos debates a respeito. Por um lado, há a justificativa que tanto o RESP quanto o REXTR são recursos de fundamentação vinculada, de modo que somente podem ser utilizados nas hipóteses previstas na Constituição. Da mesma maneira, haveria o obstáculo do prequestionamento, uma vez que o Tribunal Superior não poderia conhecer de matéria "inédita" ao processo, mesmo sendo de ordem pública. Conforme transcrito em momento anterior nesta obra, a própria Carta Magna (art. 102, inc. III e art. 105, inc. III, CRFB) fez constar que os recursos excepcionais somente podem ser utilizados em *"causas decididas"*. Vale dizer que esta posição conta com a adesão de reconhecidos doutrinadores.[69]

Por outro lado, a circunstância de tais recursos serem de fundamentação vinculada não se constitui em impedimento a fim de que o Ministro pudesse conhecer de matéria pública. A atividade jurisdicional em si é provocada e o magistrado age nos limites da provocação, muito embora possa, em algumas situações, inovar no processo, conhecendo de matérias ou questões que não foram apresentadas pelas partes. Além disso, o prequestionamento é um requisito apenas para a admissibilidade. Somente neste momento (juízo de admissibilidade), é que será aferido se a questão impugnada realmente se encontra decidida. Assim, depois do recebimento do recurso, também

---

68 STF. Ação cautelar nº 1.550 MC/RO. Rel. Min. Gilmar Mendes. DJ 06/02/2007.

69 NERY JÚNIOR, Nélson. Ainda sobre o prequestionamento – os embargos de declaração prequestionadores. In: DIDIER JÚNIOR, Fredie. *Leituras complementares de processo civil.* 6ª ed. Salvador: JusPodivm, 2008, pp. 70-71.

não haveria obstáculo para o conhecimento de matéria de ordem pública. Este é, sem dúvidas, o melhor entendimento, que também encontra respaldo na doutrina.[70]

De resto, o processamento de tais recursos no âmbito dos Tribunais Superiores não guarda nenhuma outra especificidade. O relator poderá proferir a sua decisão monocrática e esta poderá ser impugnada por meio do recurso de agravo interno (art. 1.021). Do contrário, caso não seja hipótese que autorize a prolação de uma decisão monocrática (art. 932), restará tão somente aguardar a realização do julgamento pelo órgão colegiado, hipótese em que o detentor de capacidade postulatória poderá se valer até mesmo de sustentação oral (art. 937, incs. III e IV). Também não custa recordar que tais espécies recursais autorizam a interposição pela modalidade adesiva (art. 997), caso preenchidos os requisitos e sem nenhuma outra situação que se destaque.

Por fim, relembre-se que o processamento do REXTR em que foi reconhecida a repercussão geral já foi trabalhado em outro momento (v. item nº 38.6.4.1.), bem como todas as providências que deverão ser observadas não apenas no processo afetado como, também, nos demais que versarem sobre o mesmo tema e que se encontram sobrestados.

38.7.5.3. Interposição e recebimento. Recursos repetitivos

O CPC (art. 1.036 – art. 1.041) regula de maneira mais apronfundada o processamento para os recursos excepcionais repetitivos, ou seja, quando vários forem interpostos em casos repetitivos. No tribunal de origem, 2 (dois) ou mais recursos representativos da controvérsia serão afetados e encaminhados ao tribunal respectivo, enquanto os demais irão permanecer sobrestados (art. 1.036, § 1º).

Para que esta seleção seja realizada, serão levados em consideração aqueles recursos que contenham abrangente argumentação e discussão a respeito da questão a ser decidida (art. 1.036, § 6º). Contudo, a seleção feita pelo desembargador no tribunal de origem não inibe que outros recursos sejam afetados perante o STF ou STJ (art. 1.036, §§ 4º e 5º).

Ainda na origem, serão sobrestados os recursos que versarem sobre a mesma matéria, bem como os processos individuais ou coletivos que tramitam em primeira instância, mas apenas no âmbito de abrangência do respectivo tribunal inferior (art. 1.036, § 1º). Contudo, se estiver sobrestado um REXTR ou RESP intempestivo, o interessado poderá peticionar neste sentido à presidência ou vice-presidência do tribunal *a quo*, requerendo que o mesmo seja inadmitido (art. 1.036, § 2º). Este é, por sinal, uma rara hipótese em que a admissibilidade de um recurso excepcional pode ser realizada pelo tribunal de origem. Contudo, se, após a oitiva da outra parte, este pleito for indeferido, será possível recorrer desta decisão monocrática apenas por meio de um agravo interno (art. 1.036, § 3º).

---

70 MARINONI, Luiz Guilherme. ARENHART, Sérgio Cruz. *Manual do processo de conhecimento*. 2ª ed. São Paulo: RT, 2003, p. 551.

Com a chegada dos recursos afetados ao tribunal superior, caberá ao ministro relator (art. 1.037): a) identificar com precisão a questão a ser submetida a julgamento; b) determinar a suspensão do processamento de todos os processos pendentes, individuais ou coletivos, que versem sobre a questão e tramitem no território nacional; c) se for o caso, requisitar aos presidentes ou aos vice-presidentes dos tribunais de justiça ou dos tribunais regionais federais a remessa de um recurso representativo da controvérsia.

Vale dizer, ainda, que as partes deverão ser cientificadas, pelo órgão em que seu processo se encontrar, a respeito desta suspensão determinada pelo ministro relator (art. 1.037, § 8º). Esta ciência é fundamental pois pode ser que, por equívoco, tenha sido determinado o sobrestamento de um processo que não trate exatamente da mesma questão que esta para ser analisada no recurso afetado. Assim, permite o CPC (art. 1.037, § 9º), o que no direito comparado é conhecido como *distinguishing*, ou seja, a possibilidade de o interessado peticionar no sentido de que esta diferença seja reconhecida, para que o seu processo possa regularmente continuar tramitando. Este requerimento, por sinal, poderá ser encaminhado aos mais variados órgãos, dependendo da situação concreta em que o processo se encontra (art. 1.037, § 10). Na sequência, a outra parte será ouvida em 5 (cinco) dias (art. 1.037, § 11) e, enfim, será proferida decisão sobre esta questão. O recurso quanto a mesma poderá ser tanto o agravo de instrumento como o agravo interno, dependendo do órgão que a tiver proferido (art. 1.037, § 13, incs. I e II).[71]

Durante o processamento do REXTR ou RESP afetados no tribunal superior, há previsão (art. 1.038, inc. I) de poder ser admitida a participação de terceiros, inclusive órgãos ou entidade "com interesse na controvérsia". Estes terceiros parecem estar dissociados da figura do *amicus curiae* (art. 138), pois este, tradicionalmente, participa do processo apenas para democratizar o debate de temas sensíveis, sem qualquer interesse pessoal em que uma determinada parte seja a vencedora. Esta circunstância, por sinal, já foi objeto de crítica em momento próprio (v. item nº 10.1.6.). De qualquer maneira, pelo menos sob a égide do modelo primitivo (CPC-73), o STJ já vinha sendo bastante rigoroso em deferir tais participações, quando se tratasse de particular que alegava que teve o seu recurso individual sobrestado em instância inferior em que se debatia a mesma tese jurídica. Neste caso, a Corte superior vislumbrou que o interesse alegado pelo postulante a assistente era de cunho nitidamente subjetivo (e quiçá econômico). Foi alertado, inclusive, que o deferimento do seu pleito até mesmo poderia gerar um rito sistêmico para o gerenciamento do processo, eis que abriria a possibilidade de manifestação de todos aqueles que figuram em processos que tiveram a sua tramitação também suspensa enquanto se aguarda a decisão paradigma.[72] O mesmo raciocínio, por sinal, também foi adotado quando a DPU requereu seu ingresso em recurso representativo da controvérsia ante o argumento de que atua em diversos outros

---

71 STJ. REsp nº 1.717.387-PB. Rel. Min. Paulo de Tarso Sanseverino. DJ 15/10/2019.
72 STJ. REsp nº 1.418.593-MG. Rel. Min. Luis Felipe Salomão. DJ 15/05/2014.

processos em que se discute o mesmo assunto.[73] De todo modo, e se for o caso, também poderão ser designadas audiências públicas para debate do tema (art. 1.038, inc. II). E, ainda, poderão ser requisitadas informações aos tribunais inferiores, além de ser intimado o MP (art. 1.038, inc. III).

Após o julgamento dos recursos afetados, os órgãos colegiados declararão prejudicados os demais recursos versando sobre idêntica controvérsia ou os decidirão aplicando a tese firmada (art. 1.039). Assim, após a publicação do acórdão paradigma, o presidente ou o vice-presidente do tribunal de origem negará seguimento aos recursos especiais ou extraordinários sobrestados na origem, se o acórdão recorrido coincidir com a orientação do tribunal superior (art. 1.040, inc. I). Contudo, se for detectado que o acórdao impugnado contraria a orientação do tribunal superior, o próprio órgão que proferiu o acórdão recorrido, na origem, reexaminará a questão (art. 1.040, inc. II).[74] Já quanto aos processos que foram suspensos e que se encontravam em primeira instância, os mesmos retomarão o curso para julgamento e aplicação da tese firmada pelo tribunal superior (art. 1.040, inc. III). Por fim, deve constar ainda que, se os recursos versarem sobre questão relativa à prestação de serviço público objeto de concessão, permissão ou autorização, o resultado do julgamento será comunicado ao órgão, ao ente ou à agência reguladora competente para fiscalização da efetiva aplicação, por parte dos entes sujeitos à regulação da tese adotada (art. 1.040, inc. IV).

Há decisão judicial no sentido de que se o recurso que se encontrar sobrestado no Tribunal de origem for inadmitido, não será possível aplicar a tese firmada no precedente vinculante. Assim, somente recursos admitidos poderão replicar a tese vencedora.[75]

É importante acrescentar que, se no tribunal de origem, não for realizada a retratação do REXTR ou do RESP para que seja aplicada a mesma tese (o que pode perfeitamente acontecer, se ao julgar o paradigma não foi decidida questão relevante que era específica e pontual apenas para o recurso excepcional que estava sobrestado), tais recursos serão então encaminhados ao STJ ou ao STF, conforme o caso, após o juízo de admissibilidade, para regular processamento (art. 1.041). Destaca-se, outrossim, que, curiosamente, os recursos excepcionais ficavam sobrestados para evitar uma avalanche de envios aos tribunais superiores. Contudo, como estas regras de sobrestamento devem ser interpretadas restritivamente diante do dinamismo que deve ser imprimido ao processo, nos casos em que não houver retratação, todos, absolutamente todos os REXTR e RESP terão que ser remetidos ao STF ou ao STJ, o que, certamente, contribuirá para um engessamento ainda maior no processamento nestes tribunais.

Por fim, há de se criticar a redação constante em determinada norma que regula este processamento, mais precisamente da possibilidade de desistência das demandas

---

73 STJ. REsp nº 1.333.977-MT. Rel. Min. Mauro Campbell Marques. DJ 10/09/2014.

74 Há precedente judicial no sentido do descabimento de embargos de declaração para impugnar a decisão que negou retratação em sede de recurso extraordinário no Tribunal de origem. É o que se extrai em: TST. E-RR-125700- 85.2007.5.05.0192, SBDI-I, Rel. Min. Aloysio Corrêa da Veiga, 23/03/2017.

75 STJ. EDcl no AgRg no AREsp nº 743.396/SE. Rel. Min. Marco Buzzi. DJ 1º/09/2016.

que estão tramitando em primeira instância após ter sido publicado o resultado do acórdão paradigma. É que há dispositivo (art. 1.040, §§ 1º, 2º e 3º), que permite que a parte autora desista do processo individual na pendência de um recurso excepcional repetitivo, logo após ter sido proferido o acórdão do processo paradigma. Neste caso, prevê o dispositivo que a desistência, manifestada por petição, independe da anuência do réu, bem como pode ser feita a qualquer momento desde, apenas, que não tenha sido proferida sentença no caso individual e se for acompanhada do pagamento dos honorários caso já tenha sido apresentada a contestação.

No meio acadêmico, já se chegou a sustentar que esta norma é positiva, por estimular a desistência do demandante depois que o STF ou STJ já firmaram a tese contrária, evitando maiores delongas e novas despesas processuais.[76] Mas é exatamente o contrário. O autor que manifesta a desistência no seu processo individual, após já ter sido proferida decisão de mérito desfavorável no recurso excepcional repetitivo paradigma, sugere uma atuação com deslealdade processual. Com efeito, o seu intento, neste caso, é claramente obter, por esta manobra, que independe da anuência do réu, uma sentença terminativa (art. 485, inc. VIIII), que apenas fará coisa julgada formal, não impedindo a propositura desta mesma ação oportunamente, caso ocorra, em curto espaço de tempo, um *overruled* do precedente. Trata-se de norma que, sob este ponto de vista, é absolutamente desnecessária e que, espera-se, não venha a ser adotada na sua literalidade. Contudo, se o mesmo demandante formular pedido de renúncia, esta já poderá ser homologada sem maiores problemas, posto que a mesma independe de anuência do demandado e irá permitir decisão com resolução do mérito (art. 487, inc. III, "c"), o que impedirá um novo processo envolvendo a mesma ação anterior.

38.7.5.4. Extinção do recurso especial e do recurso extraordinário retidos (art. 542, § 3º, CPC-73)

No modelo anterior, era admitido que, da decisão proferida em sede de agravo de instrumento, fosse interposto um RESP ou um REXTR, presentes os requisitos para tanto. Contudo, tais recursos, após a apresentação das contrarrazões, eram recebidos na modalidade retida (art. 542, § 3º, CPC-73), hipótese em que ficariam sobrestados aguardando a interposição oportuna do RESP ou do REXTR para impugnar a decisão final, caso em que deveriam ser reiterados para que fossem analisados. O seu objetivo era, portanto, tentar evitar que, tanto o STF quanto o STJ, que são compostos por poucos ministros, ficassem extremamente sobrecarregados diante da possibilidade de apenas um processo gerar uma infinidade de recursos de competência dessas duas Cortes. Assim, apenas quando fosse interposto o recurso da decisão final é que, no corpo do mesmo, poderia ser reiterado o julgamento de todos os anteriores que já foram interpostos, mas que, por disposição normativa, se encontravam retidos.

---

76 BUENO, Cassio Scarpinella. *Novo código de processo civil anotado*. 1ª ed. São Paulo: Saraiva, 2015, p. 683.

Ocorre que, como o CPC aboliu a forma retida destes recursos (e também a do agravo – art. 522, CPC-73), se deve vislumbrar que, com sua entrada em vigor, não há mais empecilhos de ordem prática para que tais recursos continuem retidos, devendo todos serem encaminhados imediatamente ao STF ou ao STJ, conforme o caso, para que o seu processamento nestes tribunais superiores possa ocorrer.

Contudo, é de se reconhecer que a abolição da modalidade retida em tais recursos certamente contribuirá para o risco de colapso funcional dessas Cortes Superiores. Com efeito, as hipóteses de agravo de instrumento são muito mais amplas pelo CPC (art. 1.015) do que no modelo anterior (CPC-73), sendo que, para cada acórdão proferido que, em tese, contrariar a Constituição ou a lei federal, será possível interpor um REXTR ou um RESP, conforme o caso, o que aumentará sensivelmente o fluxo de entrada e de saídas de processos nessas Cortes.

E, certamente, para que possa ser dada vazão a tantos e tantos novos recursos, estes tribunais irão estabelecer certas restrições para a análise desses recursos excepcionais que foram utilizados para impugnar acórdão proferido em agravo de instrumento. É o que já se percebe, por exemplo, pela leitura do Verbete nº 735 da Súmula do STF, que estabelece que: *"Não cabe recurso extraordinário contra acórdão que defere medida liminar"*. Vale dizer que a justificativa para este entendimento é que toda decisão concessiva de liminar é "provisória" e, de acordo com a redação de norma constante na Carta Magna (art. 102, inc. III, CRFB), o REXTR somente pode ser utilizado para impugnar as decisões proferidas em única ou última instância, ou seja, aquelas que já são "definitivas". Este raciocínio, por sinal, pode até ser explorado para justificar a impossibilidade de tais recursos serem interpostos para questionar os acórdãos ou decisões monocráticas proferidas em sede de agravo de instrumento.

38.8. AGRAVO AO TRIBUNAL SUPERIOR (AGRAVO NOS PRÓPRIOS AUTOS)

Conforme analisado em momento próprio, os tribunais inferiores devem inicialmente realizar o juízo de admissibilidade do REXTR ou do RESP (art. 1.030). Para os casos de inadmissão por parte da presidência ou da vice-presidência nestes Tribunais, será possível ao interessado se valer de um recurso de agravo ao Tribunal Superior (art. 1.042), cujo modelo primitivo era conhecido como "agravo nos próprios autos" (art. 544, CPC-73).[77]

Com efeito, prevê o CPC (art. 1.042) que: *"Cabe agravo contra decisão do presidente do tribunal recorrido que inadmitir recurso extraordinário ou recurso especial, salvo quando fundada na aplicação de entendimento firmado em regime de repercussão geral ou em julgamento*

---

[77] Caso a hipótese concreta verse sobre uma decisão que não comporta agravo em recurso extraordinário ou especial, há precedente do STJ no sentido da desnecessidade de remessa deste recurso interposto erroneamente para realização da admissibilidade no Tribunal Superior. É o que se extrai em: STJ. AREsp 959.991-RS, Rel. Min. Marco Aurélio Bellizze, por unanimidade, j. 16/08/2016, DJe 26/08/2016 – *Informativo* nº 589.

de recursos repetitivos". Vale destacar que realmente faz sentido o impedimento de que este recurso seja utilizado nos casos de precedentes oriundos de recursos processados na forma repetitiva ou em que tenha sido reconhecida a repercussão geral, posto que não haveria possibilidade de o agravante ter êxito nas instâncias superiores, além de permitir que este novo recurso seja usado, por via oblíqua, na tentativa de rever entendimento anterior já fixado em recursos que foram afetados.

O processamento deste recurso é bem simples. É que o CPC (art. 1.042, § 2º) estabelece que a petição deste agravo será dirigida ao presidente ou vice-presidente do tribunal de origem independentemente do recolhimento de custas e despesas postais, aplicando-lhe o regime de repercussão geral e de recursos repetitivos, inclusive quanto à possibilidade de sobrestamento e de juízo de retratação. Logo em seguida, será o agravado intimado para apresentar suas contrarrazões e, não havendo retratação, será o agravo remetido ao tribunal competente (art. 1.042, §§ 3º e 4º). Por fim, destaca-se que este agravo poderá ser julgado, conforme o caso, conjuntamente com o recurso especial ou extraordinário, assegurada, neste caso, sustentação oral, observando-se, ainda, o disposto no regimento interno do tribunal respectivo (art. 1.042, § 5º).

38.9. EMBARGOS DE DIVERGÊNCIA

Os embargos de divergência são um recurso de competência exclusiva do STF ou do STJ e possuem um tratamento bastante escasso no CPC (art. 1.043 – art. 1.044). O seu objetivo é tentar uniformizar a interpretação ao texto normativo, tarefa que é realizada pelos dois Tribunais Superiores, embora isso seja realizado sem caráter vinculativo, mas que pelo menos poderá resultar na reforma ou anulação da decisão que o motivou. Ou seja, ainda que a orientação firmada nos embargos de divergência não venha a ser aplicada pelos demais órgãos componentes daquele Tribunal, pelo menos a sua decisão terá alterado aquela que lhe deu ensejo.

As suas hipóteses de cabimento estão no CPC (art. 1.043), que as ampliou quando comparadas com o modelo anterior (art. 546, CPC-73). É que passa a ser prevista a possibilidade de este recurso ser utilizado quando, no mesmo tribunal superior, for detectada divergência em decisão proferida em um REXTR ou RESP com outra proferida por qualquer órgão do mesmo tribunal, relativamente ao mérito do recurso.

Também passa a ser permitida a confrontação desta divergência quando se tratar de decisão que enfrentou o mérito com outra que não tenha conhecido o recurso, muito embora tenha abordado a controvérsia.

Ocorrendo qualquer uma dessas situações (art. 1.043, incs. I e III), serão cabíveis embargos de divergência ao órgão especial do STJ quando se tratar de decisões divergentes neste tribunal ou este recurso será interposto perante o Pleno do STF, quando se tratar de suas próprias decisões. Fica a ressalva, no entanto, do que consta no Verbete nº 168 da Súmula do STJ: "*Não cabem embargos de divergência, quando a jurisprudência do Tribunal se firmou no mesmo sentido do acórdão embargado"*. Da mesma maneira, não é possível o seu emprego quando se pretender discutir o valor da indenização dos danos morais, nos termos do Verbete nº 420 da Súmula do STJ: *"Incabível, em embargos de divergência, discutir o valor de indenização por danos morais"*, o que até faz sentido, pois este recurso, assim como o RESP, não se destinam a analisar fatos, nem mesmo eventuais danos.

Alguns outros aspectos, porém, devem ser ressaltados quanto a esta espécie recursal. O primeiro é que, diferentemente do que ocorria no modelo anterior (CPC-73), passa a ser expressamente admitida a possibilidade de confronto de teses jurídicas contidas em julgamentos de recursos e de ações de competência originária (art. 1.043, § 1º). Aliás, é de se destacar que, anteriormente, este confronto necessariamente deveria ser entre acórdãos proferidos pela mesma via processual (v.g., a decisão de um REXTR com a decisão de outro recurso da mesma natureza). A única situação em que isso não era observado envolvia o acórdão proferido em sede de agravo interno, quando o anterior recurso excepcional não tivesse sido conhecido. É o que já consta, por sinal, no Verbete nº 316 da Súmula do STJ: *"Cabem embargos de divergência contra acórdão que, em agravo regimental, decide RESP"*.

Outro aspecto relevante no CPC é que também passa a ser previsto que a divergência que autoriza a interposição deste recurso pode verificar-se tanto na aplicação do direito material quanto no do direito processual (art. 1.043, § 2º). E, por fim, é de se destacar que o CPC, de maneira inovadora, passou a admitir a utilização deste recurso quando o acórdão paradigma for da mesma Turma que proferiu a decisão embargada, desde que sua composição tenha sofrido alteração em mais da metade de seus membros (art. 1.043, § 3º).

Como a finalidade deste recurso é impugnar um acórdão proferido por um Tribunal que destoa de outro proferido pelo mesmo, caberá ao recorrente comprovar esta divergência, o que poderá ser realizado por meio de certidão, cópia ou citação de repositório oficial ou credenciado de jurisprudência, inclusive em mídia eletrônica, onde foi publicado o acórdão divergente, ou com a reprodução de julgado disponível na rede mundial de computadores, indicando a respectiva fonte, e mencionará as circunstâncias que identificam ou assemelham os casos confrontados (art. 1.043, § 4º). Só assim, enfim, será possível a realização de um confronto analítico entre as decisões. Neste ponto, aliás, destaca relevar que, para fins de comprovação da divergência, não basta a mera transcrição da ementa, posto que esta se constitui em uma síntese, o que impediria a real compreensão do teor do julgamento.

Também é importante destacar que este recurso não se afigura possível quando as decisões tiverem sido proferidas em Tribunais distintos. Nesta hipótese, até seria possível se valer do RESP com o objetivo de dirimir esta divergência. De resto, o prazo de interposição deste recurso é de quinze dias (art. 1.003, § 5º), sujeitando-se ao preparo e à verificação dos demais requisitos tradicionais de admissibilidade. Após, deverão ser analisados os regimentos internos do STF ou do STJ, que estabelecerão a competência para recepção, processamento e julgamento deste recurso (art. 1.044). E, por fim, vale destacar que a interposição de embargos de divergência no STJ interrompe o prazo para interposição de REXTR por qualquer das partes, bem como que, se os embargos de divergência forem desprovidos ou não alterarem a conclusão do julgamento anterior, o REXTR já interposto pela outra parte antes da publicação do julgamento dos embargos de divergência será processado e julgado independentemente de ratificação, o que é harmônico com outras normas do CPC (art. 218, § 4º, e art. 1.024, § 5º).

38.10. FLUXOGRAMAS

RECURSO de APELAÇÃO

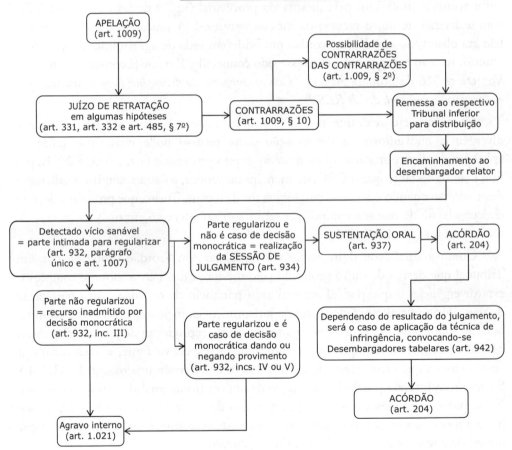

AGRAVO DE INSTRUMENTO

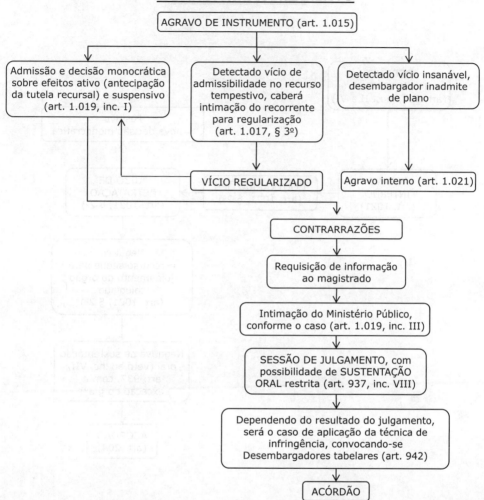

AGRAVO INTERNO

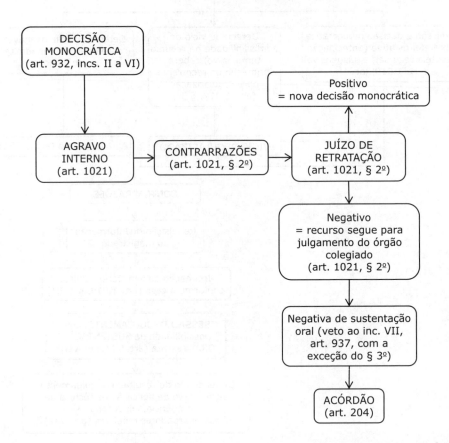

EMBARGOS DE DECLARAÇÃO

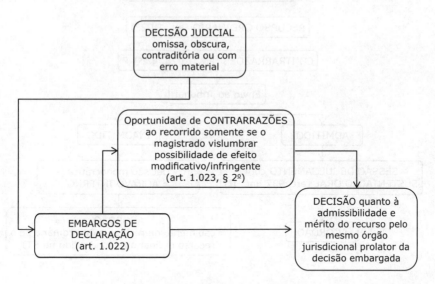

RECURSO ORDINÁRIO

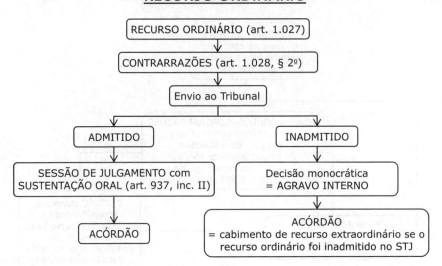

RECURSO EXTRAORDINÁRIO (REXTR) e RECURSO ESPECIAL (RESP)

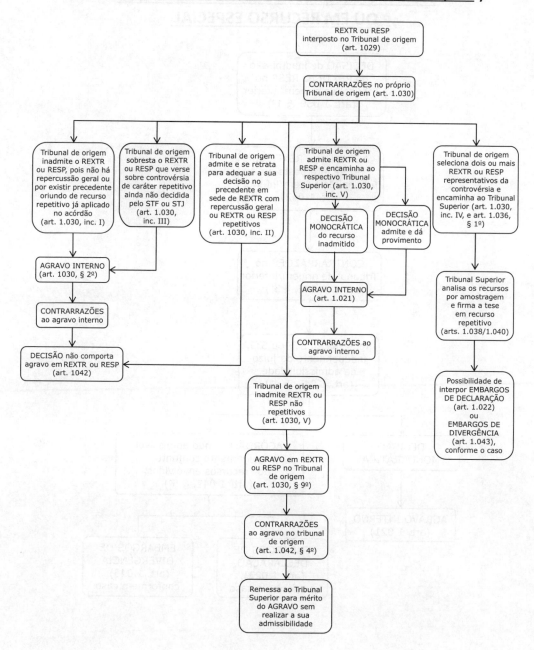

AGRAVO EM RECURSO EXTRAORDINÁRIO OU EM RECURSO ESPECIAL

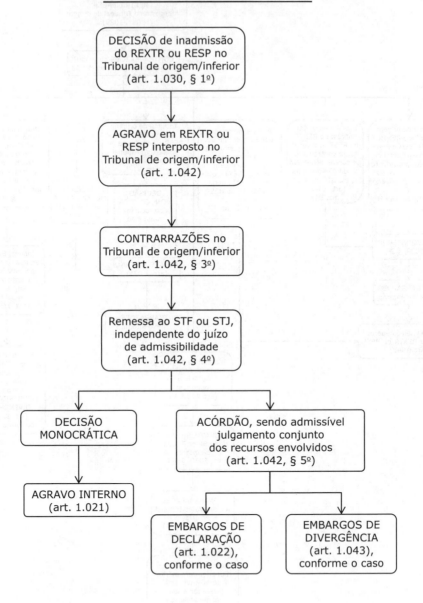

EMBARGOS DE DIVERGÊNCIA

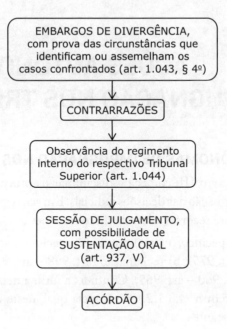

EMBARGOS DE DIVERGÊNCIA, com prova das circunstâncias que identificam ou assemelham os casos confrontados (art. 1.043, § 4º)

↓

CONTRARRAZÕES

↓

Observância do regimento interno do respectivo Tribunal Superior (art. 1.044)

↓

SESSÃO DE JULGAMENTO, com possibilidade de SUSTENTAÇÃO ORAL (art. 937, V)

↓

ACÓRDÃO

AÇÕES AUTÔNOMAS DE IMPUGNAÇÃO NOS TRIBUNAIS

39.1. AÇÕES AUTÔNOMAS DE IMPUGNAÇÃO NOS TRIBUNAIS

O CPC, em seu Livro III, começa a disciplinar os processos nos tribunais, bem como os meios de impugnação das decisões judiciais. Em seus capítulos, são apresentadas normas que versam sobre recursos e, também, sobre ações autônomas de impugnação.

Neste Livro em específico, 3 (três) foram as espécies de ações autônomas: a) ação rescisória (art. 966 – art. 975); b) reclamação (art. 998 – art. 993); c) homologação de decisão estrangeira (art. 960 – art. 965). Contudo, a última delas já foi apresentada em momento próprio (v. item nº 4.3.1.2.), razão pela qual, neste capítulo, somente serão apresentadas as duas restantes.

39.2. AÇÃO RESCISÓRIA

39.2.1. Introdução

A ação rescisória comumente é compreendida como o meio processual apropriado por meio da qual se busca rescindir uma sentença transitada em julgado, com eventual rejulgamento da matéria nela decidida.[1] Trata-se, portanto, não de um recurso (prolongamento da relação processual anteriormente já existente), mas sim de uma ação autônoma de impugnação, de competência originária dos Tribunais, que deve ser utilizada dentro de um determinado período de tempo e que tem por objetivo o reconhecimento de um vício processual de extrema gravidade para que em seguida, se for o caso, haja nova análise da pretensão de direito material anteriormente deduzida no processo primitivo.

A ação rescisória, como acima apresentado, tem a finalidade inicial de desconstituir o ato jurisdicional que transitou em julgado, que esteja impregnado de um vício processual denominado "rescindibilidade". É que somente seria possível analisar novamente a pretensão material caso não mais persistissem os efeitos da decisão meritória anteriormente proferida. Este primeiro momento, comumente designado como "juízo rescindente", é objeto comum de todas as ações rescisórias.

---

1 MOREIRA, José Carlos Barbosa. *Comentários ao código de processo civil.* 14ª ed. Rio de Janeiro: Forense, 2008. *v. V*, p. 100.

Ultrapassado o juízo rescindente, com a consequente desconstituição da anterior decisão de mérito, deverá o Tribunal analisar, caso a caso, se é hipótese que autoriza a realização do "juízo rescisório", ou seja, a realização de um novo julgamento da pretensão material que foi deduzida inicialmente em outro processo. É possível concluir, portanto, que em toda ação rescisória haverá um juízo rescindente, muito embora nem sempre ocorrerá o juízo rescisório, mesmo na hipótese em que o primeiro tiver sido realizado positivamente. Há em regra, portanto, um mérito "duplo" em muitas ações rescisórias.

39.2.2. Vício da rescindibilidade e decisões judiciais que podem ser rescindidas

A "rescindibilidade" é um vício processual bastante específico, eis que somente surge após o advento da coisa julgada material e apenas pode ser pronunciada no bojo de uma ação rescisória. Essas rescindibilidades (art. 966) são aquelas situações em que é permitido o uso da ação rescisória que, por sua vez, busca justamente reconhecer um vício processual de extrema gravidade, que até mesmo pode contaminar o processo e a decisão de mérito nele proferida.

É oportuno destacar que, antes da ocorrência do trânsito em julgado, o vício que inquina o ato processual já poderia até mesmo ser preexistente, muito embora fosse considerada como uma nulidade absoluta. No entanto, com o advento da coisa julgada material, este mesmo vício se transforma em rescindibilidade, quando então somente poderá ser pronunciado em ação rescisória. Isso ocorre porque, com o advento da coisa julgada material, haverá o seu correlato efeito sanatório, de modo que quase todos os vícios processuais serão convalidados, com exceção das inexistências e de algumas poucas nulidades absolutas que, de acordo com o legislador, serão transformadas em rescindibilidades.

Para exemplificar, enquanto não tiver sido proferida sentença, o magistrado poderá até mesmo de ofício pronunciar a incompetência absoluta do juízo, de modo que apenas os atos decisórios é que serão atingidos, caso o magistrado lotado no novo órgão os tenha revogado (art. 64, § 4º – *translatio iudicii*). Mas, se este mesmo juiz, lotado em juízo absolutamente incompetente, vier a proferir sentença que não venha a ser objeto de recurso por qualquer das partes, a sua decisão irá gerar coisa julgada material e formal, o que lhe impediria o reexame de tal questão em momento posterior. Assim, se no decorrer do cumprimento da sentença esta matéria for alegada, este vício decorrente da incompetência absoluta não mais poderá ser analisado neste órgão, eis que o mesmo agora se tornou uma rescindibilidade, somente podendo ser reconhecido se for promovida uma ação rescisória (art. 966, inc. II).

Diversas são as decisões judiciais que podem ser objeto de ação rescisória. Mas, como o CPC exige que a mesma tenha transitado em julgado materialmente (art. 966), é certo que qualquer uma destas decisões deverá ser de cunho "definitivo", ou seja, com resolução do mérito (art. 487). Portanto, uma vez havendo análise do mérito e, ocorrendo a coisa julgada material, a ação rescisória poderá ser ajuizada, independentemente de a decisão judicial em questão ser um acórdão (art. 204), uma decisão monocrática (usualmente fundamentada no art. 932), uma sentença (art. 203, § 1º) ou até mesmo uma decisão interlocutória (art. 203, § 2º), desde que esta última tenha resolvido o mérito, o que é relativamente incomum (v.g., art. 356). O CPC também admite que o mesmo ocorra com a decisão do magistrado que, em sede de ação rescisória, converte o mandado inicial em mandado executivo (art. 701, § 3º).

Contudo, o CPC passa a admitir que a ação rescisória possa ser usada para também impugnar decisões que não enfrentaram o mérito da causa, mas em apenas duas oportunidades. Na primeira delas, é cabível a ação rescisória mesmo quando se tratar de decisão de cunho "terminativo", que impeça a propositura de nova demanda (art. 966, § 2º, inc. I), tal como a sentença que tenha pronunciado a litispendência, ofensa a coisa julgada material ou mesmo a perempção (art. 485, inc. V c/c art. 486, § 1º). Já a segunda ocorre quando se tratar de decisão que não tenha recebido recurso (art. 966, § 2º, inc. II), o que pode ser exemplificado no caso em que o relator que assim agir tiver, por exemplo, praticado prevaricação, concussão ou corrupção (art. 966, inc. I).

Critica-se, contudo, a inclusão destas duas hipóteses como aptas a autorizarem a ação rescisória. Com efeito, o primeiro caso cuida de hipóteses em que há exercício abusivo do direito de ação (eis que os casos indicados no art. 485, inc. V, claramente denotam isso), sendo que a parte até mesmo já teve a oportunidade de se valer dos recursos próprios para reverter eventual decisão equivocada, não sendo razoável lhe outorgar mais esta via processual, com todo a sua cadeia recursal respectiva. Já quanto ao segundo, o adequado seria recorrer da decisão que inadmitiu o recurso ou, então, ajuizar a ação rescisória para impugnar a decisão de mérito que deu ensejo ao recurso. De qualquer maneira, é de se destacar que o meio acadêmico vem até mesmo apresentando possíveis outras hipóteses de decisões que, mesmo não sendo de mérito, poderiam, em tese, também ser objeto de ação rescisória, posição que não se concorda por banalizar o emprego da ação rescisória, que deve ser excepcional em respeito a autoridade da coisa julgada.[2]

De resto, o CPC também estabelece ser possível a promoção de ação rescisória para se rescindir sentença de partilha em alguns casos (art. 658), bem como da decisão que, em sede de ação monitória, converte o mandado inicial em executivo (art. 701, § 3º). O STJ, porém, já não permite esta via processual para impugnar decisão do seu Presidente proferida em suspensão de liminar e de sentença, ainda que transitada em julgado, pois ela não torna indiscutível o objeto meritório da própria demanda anterior que originou este incidente.[3]

---

2 Por exemplo, há na doutrina quem defenda minoritariamente a possibilidade de uso da ação rescisória mesmo após escoado os 2 (dois) anos da decisão que teve estabilizada a tutela antecipada (art. 303 – art. 304), sugerindo uma interpretação demasiadamente elástica da norma prevista no art. 966, § 2º, CPC, que até autoriza que seja rescindida decisão que não seja de mérito transitada em julgado. Contudo, deve ser repisado que a decisão interlocutória "estabilizada" não "transita em julgado", sendo institutos bem distintos entre si. É o que se extrai em: NEVES, Daniel Amorim Assumpção, *Novo código de processo civil comentado artigo por artigo*. 1ª ed. Salvador: JusPodivm, 2016, pp. 494-495.

3 STJ. AR nº 5.857-MA. Rel. Min. Mauro Campbell Marques. DJ 15/05/2019.

39.2.3. Competência

A ação rescisória é uma ação autônoma de impugnação de competência originária dos Tribunais, usualmente empregada para questionar a decisão de mérito já transitada em julgado que foi proferida em processo que padece de vício extremamente grave.

Se a sentença tiver sido proferida, por exemplo, por algum magistrado lotado em juízo federal da Seção Judiciária do Rio de Janeiro, a ação rescisória necessariamente será ajuizada perante o TRF-2. Da mesma forma, se a decisão for de algum juiz atuante em juízo estadual localizado no mesmo Estado, esta ação deverá ser ajuizada diretamente perante o TJ-RJ. Excetua-se, porém, a hipótese em que o juízo Estadual se encontrar no exercício de competência federal delegada (v.g., art. 109, § 3º, CRFB), pois a ação rescisória deverá ser proposta perante o TRF-2, em razão da manifesta analogia com a competência para o processamento e julgamento do recurso de apelação em tais casos (art. 109, § 4º, CRFB).

Mas existe uma divergência quando se tratar de sentença proferida por juízo estadual, no exercício de sua competência, mas cuja ação rescisória tenha sido ajuizada pela União, na condição de terceira interessada (art. 967, inc. II). Nesta situação, o STF e STJ vêm entendendo que haverá deslocamento de competência, pois a da Justiça Federal é estruturada levando em consideração, principalmente, a qualidade das partes envolvidas. Assim, embora não se trate de situação claramente evidenciada na Carta Magna (art. 108, inc.I, alínea "*b*", CRFB – que cuida da competência de qualquer TRF), este ajuizamento deverá ser realizado perante um TRF, integrante da Justiça Federal, mais precisamente aquele que abranger a Seção Judiciária em que estiver localizado o órgão jurisdicional prolator da sentença. No entanto, ainda persistem divergências sobre este tema, pois há quem sustente que a competência da Justiça Federal, por ter sido prevista apenas no texto constitucional, não poderia ser ampliada por lei infraconstitucional ou mesmo em razão de interpretação que lhe favoreça.[4]

Por outro lado, também é possível utilizar a ação rescisória para impugnar acórdãos e decisões monocráticas que resolveram o mérito, proferidos em sede de ações originárias, recursos ou mesmo em incidentes processuais. É permitido, inclusive, o uso de uma ação rescisória para impugnar acórdão proferido em outra ação rescisória. Só que, em todas estas hipóteses, a competência continuará sendo do mesmo Tribunal que prolatou a decisão, muito embora possam ocorrer modificações internas, já que estas podem ser alteradas de acordo com o regimento interno de cada Tribunal. No TJ-RJ, por exemplo, as ações rescisórias ajuizadas para questionar sentença de mérito transitada em julgado são de competência de uma das suas Câmaras Cíveis. Por outro lado, as rescisórias deflagradas para impugnar as decisões monocráticas ou mesmo acórdão proferido por Câmara Cível, serão processadas e julgadas perante o Órgão Especial do mesmo Tribunal.[5]

---

4 Em sentido contrário ao texto, entendendo que esta ação rescisória deveria tramitar no TJ: CARNEIRO, Athos Gusmão. *Jurisdição e competência*. 11ª ed. São Paulo: Saraiva, 2001, p. 152.

5 A competência do órgão especial do TJ-RJ para o processamento da ação rescisória nestas hipóteses é estabelecida no art. 3º, inc. I, alínea "h", do Regimento Interno do TJ-RJ.

Hipótese mais complexa é a envolvendo a prolação de acórdão do STJ ou do STF. Por exemplo, pode ser que o REXTR tenha sido interposto, no tribunal estadual inferior, para impugnar decisão de mérito proferida pelo mesmo. Só que, em outros recursos, foi reconhecida a repercussão geral, razão pela qual este REXTR em específico restou sobrestado no tribunal de origem. Ocorre que, depois de algum tempo, o STF profere decisão no sentido da ausência da repercussão geral nos recursos que foram selecionados, razão pela qual este mesmo REXTR será inadmitido no tribunal de origem, muito embora esta nova decisão venha a ser objeto de um agravo em REXTR (art. 1.042, inc. III), que será encaminhado ao STF (art. 1.043, § 4º). Em tais casos, pode ser que o STF adote qualquer uma das seguintes providências: a) inadmitir o agravo em REXTR; b) admitir e negar provimento ao agravo em REXTR; c) admitir e dar provimento ao REXTR, momento em que já analisa o mérito do REXTR anterior, dando ou negando provimento também com análise do mérito da causa.

Na primeira hipótese, ou seja, a de que o STF venha a não conhecer o agravo em REXTR, irá fazer com que a última decisão que resolveu o mérito tenha sido no tribunal estadual inferior, que será aquela que irá transitar em julgado materialmente. Assim, como ela foi proferida pelo tribunal estadual, é nele que deverá ser ajuizada a ação rescisória.

No segundo caso, que seria aquele em que o STF conhece e nega provimento ao agravo em REXTR, também é mantida a inadmissibilidade do REXTR anterior, caso em que, novamente, a última decisão sobre o mérito da causa foi aquela proferida pelo tribunal estadual. Portanto, neste caso também será nele que a ação rescisória deverá ser proposta.

Contudo, na terceira e última hipótese, que é aquela em que o STF conhece e dá provimento ao agravo em REXTR, também já analisando o mérito do REXTR com análise do mérito da causa, ocorrerá o efeito substitutivo dos recursos (art. 1.008), situação em que o último acórdão, no caso, aquele proferido pelo STF, substitui a decisão anteriormente guerreada (proferida pelo tribunal estadual). Assim, já que a última decisão meritória foi do STF, será este o Tribunal competente para processar e julgar a ação rescisória.[6]

Vale dizer, ainda, que o inadequado endereçamento e encaminhamento da ação rescisória não é motivo para gerar o seu indeferimento liminar, sendo até mesmo possível a sua emenda, se for o caso (art. 968, §§ 5º e 6º). Por sinal, há orientação do STJ neste sentido.[7]

Por fim, deve-se mencionar que há norma no microssistema dos juizados especiais (art. 59, Lei nº 9.099/95) que proíbe o uso desta via nas demandas que tramitarem perante qualquer Juizado Especial, seja ele Estadual, Federal ou Fazendário. Nestes

---

6 GRECO FILHO, Vicente. *Direito processual civil brasileiro*. 17ª ed. São Paulo: Saraiva, 2006. v. 2, p. 441, embora tenha citado exemplo de acordo com o modelo primitivo (CPC-73).

7 STJ. REsp nº 1.569.948-AM. Rel. Min. Paulo de Tarso Sanseverino. DJ 14/12/2018.

casos, portanto, não haverá qualquer órgão competente para processar eventual ação rescisória proposta, que deverá ser imediatamente extinta onde quer que tenha sido instaurada. Releve-se que este tema, quanto ao uso da ação rescisória perante a turma recursal, será aprofundado em momento próprio (v. item nº 42.18.3.).

39.2.4. Prazo para ajuizamento

O prazo para ajuizamento da ação rescisória é de 2 (dois) anos, contados da data em que a decisão de mérito tiver transitado em julgado (art. 975). Trata-se de prazo decadencial e que, uma vez escoado, possibilita a prolação de uma decisão por parte do Tribunal (art. 488, inc. II). Assim, a decisão que pronuncia o decurso deste prazo consubstancia uma decisão de mérito e, se for detectada alguma rescindibilidade, até mesmo pode ser objeto de uma nova ação rescisória.

Há casos, porém, em que este prazo pode ter o termo inicial da sua contagem dilatado ou mesmo que esta via possa ser empregada a qualquer momento. São diversas as situações, que são merecedoras do tratamento próprio a seguir indicado.

39.2.4.1. Prazo para o ajuizamento da ação rescisória quando o recurso anterior não tiver sido conhecido

Uma situação que ocorria com alguma frequência e que poderia prejudicar as partes era quando o Tribunal inferior demorava sobremaneira em realizar o juízo de admissibilidade dos recursos de apelação que haviam sido interpostos. É que, se hipoteticamente o recurso demorasse, por exemplo, 5 (cinco) anos para ter a sua admissibilidade analisada e, ainda assim, o Tribunal concluísse ao final pelo seu não conhecimento, a consequência é que já teria sido formada, retroativamente, a coisa soberanamente julgada, depois dos 2 (dois) anos do trânsito em julgado da sentença de mérito (art. 975), o que impediria a parte interessada de se valer da ação rescisória. Assim, a demora imputável exclusivamente ao Poder Judiciário poderia, em algumas situações, impedir que o interessado pudesse se valer deste mecanismo tendente a remover a coisa julgada material.

Para se combater essa situação, inicialmente foi sugerido o ajuizamento de uma ação rescisória condicional. Vale dizer, a ação rescisória deveria ser ajuizada antes mesmo do trânsito em julgado, ou seja, na pendência da apelação, quando o patrono da parte interessada constatasse que o prazo de 2 (dois) anos já estivesse para ser ultrapassado sem que o Tribunal houvesse realizado a admissibilidade deste recurso. Esta situação, contudo, foi rapidamente repudiada pelos Tribunais, mormente em razão da interpretação literal de dada norma do CPC (art. 966, *capu*), que exige o trânsito em julgado para manejo da ação rescisória, além de ser uma situação que, provavelmente, poderia caracterizar perda de objeto superveniente, já que o provimento ou o desprovimento do recurso acarretaria o efeito substitutivo (art. 1.009), com a alteração da sentença pelo acórdão, o que modificaria a causa de pedir da ação rescisória anteriormente distribuída. Assim, esta tentativa acabou não sendo adotada.[8]

Sensível a esta situação, de que por vezes a parte não poderia se valer da ação rescisória em virtude de demora imputável ao Poder Judiciário para a análise e julgamento dos recursos interpostos, é que a jurisprudência do STJ foi aos poucos se modificando. Com efeito, este tribunal passou a decidir que, naquelas hipóteses em que o recurso não tiver sido admitido em razão de uma fundada dúvida sobre a tempestividade, o início do prazo iria transcorrer tão somente após as partes terem sido intimadas desta decisão. Esta conclusão, embora seja contrária ao entendimento doutrinário até então dominante no que diz respeito às consequências da inadmissibilidade de um recurso, pelo menos tencionava evitar uma situação de extrema injustiça, muito embora não tenha sido calcada em critérios objetivos, posto que toda a construção jurisprudencial trabalhava em campo extremamente subjetivo, ao estabelecer o que era ou não "dúvida relevante" sobre a tempestividade.

Contudo, mais recentemente foi criado o Verbete nº 401 da Súmula do STJ, que deu um novo panorama a esta questão, ao estabelecer que: "*O prazo decadencial da ação rescisória só se inicia quando não for cabível qualquer recurso do último pronunciamento judicial*". Seja pela literalidade deste Verbete ou mesmo pela análise dos acórdãos que justificaram a sua criação, o que se observa é uma mudança radical ao tratamento doutrinário e mesmo jurisprudencial que era dado ao tema, em especial as consequências da não admissão de um recurso. Com efeito, esta Súmula desloca o momento da formação da coisa julgada para o futuro, pois, segundo a mesma, a decisão somente transita em julgado permitindo o início do prazo bienal quando não mais for possível outro recurso do último pronunciamento judicial.[9] E, vale dizer, foi também o que constou literalmente no CPC (art. 975, *in fine*).

Com todas as vênias, dificilmente se verá outro estímulo tão grande para a interposição de recurso protelatório, que mesmo sendo manifestamente inadmissível, ainda assim terá o condão de impedir a formação da coisa julgada. Só que este raciocínio ainda gera outros reflexos nefastos, conforme será abordado a seguir no próximo item. Felizmente, porém, há entendimento do STF, resgatando o que já apregoava a mais tradicional doutrina, no sentido de que recurso manifestamente inadmissível não tem o condão de impedir que o trânsito em julgado se opere retroativamente. Assim, ainda que a inadmissão somente tenha sido pronunciada 3 (três) anos após a interposição do recurso, isso não obstará o transcurso do prazo para o ajuizamento da ação rescisória, caso o motivo do não recebimento seja muito claro e manifesto. Com este entendimento, o que se espera, a longo prazo, não é desvirtuar a boa técnica para permitir um serviço judiciário acomodado, mas sim que o Poder Judiciário também melhore como um todo,

---

8 NERY JÚNIOR, Nelson. NERY, Rosa Maria Andrade. *Código de processo civil comentado*. 4ª ed. São Paulo: RT, 1999, p. 959.
9 STJ. REsp nº 543.368/RJ. Rel.ª Min.ª Eliana Calmon. DJ 13/10/2009.

diminuindo o tempo das conclusões, o que é até mesmo objeto de várias metas de trabalho estabelecidas pelo CNJ.[10]

39.2.4.2. Prazo para o ajuizamento da ação rescisória quando se tratar de decisão objetivamente complexa (mais de um capítulo), sem que todos sejam impugnados

Situação frequente no Poder Judiciário ocorre quando o demandante formula mais de um pleito e o derrotado resolve impugnar, pelos meios próprios, apenas parte deles. Imagine-se, por exemplo, que o demandante tenha distribuído uma petição inicial perante o Poder Judiciário, formulando dois pedidos, sendo um de ressarcimento de danos morais e outro de danos materiais, em face da União, tendo tido êxito em ambos, muito embora a Fazenda Pública somente tenha impugnado um deles inicialmente perante o TRF e, depois, perante o STJ, que nega provimento ao RESP com resolução do mérito da causa, no que diz respeito ao capítulo questionado da decisão. Nesta situação, houve um fracionamento da resolução do mérito, pois o capítulo da sentença não impugnado já teria transitado em julgado (permitindo, desde logo, a propositura de uma ação rescisória perante o TRF), enquanto o processo continuou a tramitar em relação à pretensão restante que, somente após o seu julgamento e a preclusão das vias impugnativas, autorizaria o uso de outra ação rescisória (esta diretamente no STJ, eis que se trata de capítulo meritório por ele analisado). Assim, um único processo tem a possibilidade de gerar até duas (ou mais, conforme o caso) ações rescisórias, pois se é possível pulverizar o momento de resolução do mérito, fatalmente cada decisão irá transitar em julgado autonomamente. Este, por sinal, é o entendimento adotado hodiernamente pelo STF e que até mesmo se encontra no verbete n.º 514 da sua Súmula: *"Admite-se ação rescisória contra sentença transitada em julgado, ainda que contra ela não se tenha esgotado todos os recursos"*.[11] Aliás, idêntico raciocínio é mantido no inc. II do verbete n.º 100 da Súmula do TST: *"Havendo recurso parcial no processo principal, o trânsito dá-se em momentos e em tribunais diferentes, contando-se o prazo decadencial para a ação rescisória do trânsito em julgado de cada decisão, salvo se o recurso tratar de preliminar ou prejudicial que possa tornar insubsistente a decisão recorrida, hipótese em que flui a decadência a partir do trânsito em julgado da decisão que julgar o recurso parcial"*. E, não menos importante, o CPC (art. 966, § 3º) expressamente autoriza que a ação rescisória tenha por objeto apenas 1 (um) capítulo da decisão, o que permite concluir, acertadamente, que poderão ser ajuizadas duas ações rescisórias distintas, cada uma abordando o seu próprio capítulo, como exposto no exemplo acima.

O STJ, contudo, já há algum tempo vem propondo solução distinta, novamente se escorando no já mencionado verbete n.º 401 da sua Súmula. É que, para este Tribunal, bastaria o ajuizamento de apenas 1 (uma) ação rescisória, sendo que o prazo bienal

---

10 STF. REXTR nº 666.589/DF. Rel. Min. Marco Aurélio. DJ 25/03/2014.
11 STF. REXTR nº Rel. Min. Marco Aurélio. DJ 25/03/2014.

desta se iniciaria somente após a formação da coisa julgada no último capítulo meritório que vier a ser proferido, mesmo que todos os demais já sejam irrecorríveis.[12] É o que se convencionou chamar de "coisa julgada progressiva", hipótese em que os capítulos autônomos não transitariam em julgado isolada, mas apenas conjuntamente, quando ocorresse a preclusão máxima da última decisão proferida no processo.

Ocorre que este verbete pode gerar algumas dúvidas quando ao caso acima apresentado, da demanda em que se busca receber danos morais e materiais da União. Estas questões seriam as seguintes: a) Se for adotado o entendimento de que deverá ser ajuizada apenas uma ação rescisória, em que Tribunal a mesma deverá ser proposta?; b) O capítulo da sentença que não foi impugnado pelo recurso de apelação, transitaria em julgado imediatamente e apenas o termo inicial do prazo da ação rescisória é que seria deslocado para o futuro ou o mesmo sequer transitaria em julgado?

Quanto ao item "a", chega-se a uma situação delicada, pois o título judicial é composto, em parte, de decisões proferidas por órgãos jurisdicionais distintos. Em uma hipótese como a vertente, já que foi unificado o prazo para o ajuizamento de apenas 1 (uma) ação rescisória, não faria sentido sustentar que deveria ocorrer um desmembramento, de modo que o Tribunal inferior apreciasse e julgasse o pedido que impugnasse a decisão do juiz de primeira instância e o STJ processasse a outra que questionasse a sua decisão. Assim, tendo em vista que a hipótese em apreço apenas permite 1 (uma) ação rescisória, fatalmente o órgão jurisdicional também deve ser apenas um. E, neste caso, como parte da decisão foi criada pelo STJ, repugnaria o bom senso permitir que um tribunal inferior pudesse rescindir integralmente o ato jurisdicional deste tribunal superior para, em seguida, no juízo rescisório, novamente apreciá-lo, pois o mesmo estaria sendo uma instância revisora dos atos de outro órgão jurisdicional que lhe é hierarquicamente superior. Em consequência, a melhor solução é reconhecer a competência para processar e julgar esta ação rescisória do Tribunal que tiver a maior hierarquia, caso realmente seja adotada este entendimento de que a presente hipótese comporta apenas uma ação rescisória. Mas, a crítica insuperável a este raciocínio, é a de que estaria sendo ampliada a competência do STJ para muito além do que lhe permite a Carta Magna (art. 105, CRFB), posto que o mesmo também estaria passando a rescindir sentença proferida por magistrado lotado em primeira instância, além de estar subtraindo competência expressa do TRF (art. 108, CRFB).

Por fim, quanto ao item "b", a melhor resposta seria permitir que o capítulo da sentença que não foi impugnado já transite em julgado, permitindo que o vencedor requeira, em caráter definitivo, o seu cumprimento. Assim, segundo esta conclusão, apenas teria sido deslocado o termo inicial para o ajuizamento da ação rescisória, muito embora isso não se constitua em óbice para a imediata formação da coisa julgada. Do contrário, se for sustentado que este capítulo incontroverso sequer transitou em julgado, a parte vencedora nem mesmo poderá dar início à execução desta parcela em

---

12 STJ. REsp nº 736.650-MT. Rel. Min. Antonio Carlos Ferreira. DJ 28/08/2014.

face da União, posto que há norma (art. 2º-B, Lei nº 9.494/97), que apenas permite o ajuizamento de execução definitiva em face da Fazenda Pública. O STJ, porém, em seus julgados vem expondo conclusão distinta do que foi exposto acima, uma vez que a sua jurisprudência vem afirmando que o trânsito em julgado nas condenações em desfavor da Fazenda Pública deve ocorrer em um mesmo momento, não sendo possível fracioná-lo, o que caracteriza a denominada "coisa julgada progressiva".[13]

39.2.4.3. Prazo para o ajuizamento da ação rescisória fundada em simulação ou colusão das partes (art. 966, inc. III)

Nesta hipótese, a ação rescisória é manejada com o intuito de reconhecer que a decisão de mérito foi prolatada em processo em que ambas as partes tenham atuado em conluio ou em simulação. Antes da criação do CPC, já existia divergência se realmente o prazo para a propositura da ação rescisória deveria ser a partir do trânsito em julgado. É que nestas situações, é de se esperar que a ação rescisória seja deflagrada por alguém que foi estranho ao processo primitivo, como um terceiro ou mesmo o Ministério Público. Com efeito, se há conluio ou simulação entre o demandante e o demandado, provavelmente não será nenhum dos dois que se valerá da presente via processual. Assim, é razoável permitir que, em tais casos, o prazo de 2 (dois) anos para ajuizamento da ação rescisória seja ampliado, tendo como termo inicial o momento em que estas circunstâncias (simulação ou colusão) são descobertas. Do contrário, será muito difícil a utilização deste instrumento no prazo estabelecido em lei. Este entendimento, que não era o dominante, até já chegou a ser objeto do Verbete nº 122 da Súmula do TST: *"Na hipótese de colusão das partes, o prazo decadencial da ação rescisória somente começa a fluir para o Ministério Público, que não interveio no processo principal, a partir do momento em que tem ciência da fraude"*, muito embora o mesmo tenha sido cancelado em 11/08/2003. Só que, com o CPC, há agora previsão neste exato sentido (art. 975, § 3º).

39.2.4.4. Prazo para o ajuizamento da ação rescisória fundada em prova nova (art. 966, inc. VII)

Neste outro caso, ou seja, quando o autor da ação rescisória conseguir obter prova nova, cuja existência ignorava ou de que não podia fazer uso, capaz, por si só, de lhe assegurar pronunciamento favorável, também já era defendido que o prazo bienal para a propositura da ação rescisória somente inicie o seu transcurso após a efetiva ciência da existência deste documento e não o do trânsito em julgado da decisão de mérito.

Desta maneira, se a parte obtiver uma prova fundamental para o processo, que realmente desconhecia por completo e que já existia ao tempo da prolação da sentença, ainda assim poderá propor a ação rescisória em 2 (dois) anos por este fundamento, que serão contados da data de sua descoberta (art. 975, § 2º). Contudo, estabeleceu o CPC

---

13 STJ. AREsp nº 79.082-SP. Min. Rel. Arnaldo Lima. DJ 05/02/2013.

que esta descoberta deve ocorrer em até 5 (cinco) anos, contados da data do trânsito em julgado da decisão. Assim, descoberta a prova nova após 4 (quatro) anos e 11 (onze) meses de já ter ocorrido a preclusão máxima, o interessado disporá de apenas 1 (um) mês para ajuizar essa demanda. No entanto, se esta descoberta for depois do transcurso de apenas 1 (um) ano e 6 (seis) meses, ainda assim o demandante disporá do prazo de 2 (dois) anos para o ajuizamento da ação rescisória, pois ainda não ultrapassado o limite máximo de 5 (cinco) anos, estabelecido neste dispositivo (art. 975, § 2º).

39.2.4.5. Prazo para o ajuizamento da ação rescisória fundada em violação à norma jurídica (art. 966, inc. V), após o STF declarar a inconstitucionalidade da lei em que tiver se baseado a decisão de mérito, com efeito retroativo

O CPC (art. 525, § 1º, inc. III c/c § 12) considera inegixível a obrigação reconhecida em título executivo judicial fundado em lei ou ato normativo considerado inconstitucional pelo STF, ou fundado em aplicação ou interpretação da lei ou do ato normativo tido por este mesmo tribuinal como incompatível com a Constituição Federal, em controle de constitucionalidade concentrado ou difuso.

Esta situação versa sobre uma "sentença inconstitucional", ou seja, aquela que foi fundamentada em ato normativo considerado como contrário aos preceitos da Carta Magna. Nestes casos, a sentença não terá exigibilidade, o que fatalmente acarretará o fim da execução em razão da ausência de pressuposto processual.

Já com o CPC vigente, o Pleno do STF teve a oportunidade de se manifestar precisamente sobre tais dispositivos (art. 525, §§ 12 a 15 c/c art. 535, §§ 5º a 8º). Em sua pioneira decisão sobre o tema, constou que no regime anterior (CPC/73) não haveria distinção entre ser o precedente anterior ou superveniente à sentença exequenda, apesar de que, na hipótese de precedência da decisão do STF, ficaria evidenciado o desrespeito à autoridade da Suprema Corte. Contudo, já no atual se a decisão do STF sobre a inconstitucionalidade for superveniente ao trânsito em julgado da sentença exequenda, caberá ação rescisória, com prazo contado do trânsito em julgado da decisão proferida pelo Supremo. Desse modo, a inexigibilidade do título executivo a que se referem as referidas normas (art. 525, §§ 12 a 15 c/c art. 535, §§ 5º a 8º), se caracterizaria exclusivamente nas hipóteses em que: a) a sentença exequenda estivesse fundada em norma reconhecidamente inconstitucional (aplicação de norma inconstitucional ou aplicação de norma em situação ou com um sentido inconstitucionais); b) a sentença exequenda tivesse deixado de aplicar norma reconhecidamente constitucional; e c) desde que, em qualquer dos casos, o reconhecimento dessa constitucionalidade ou inconstitucionalidade tivesse decorrido de julgamento do STF realizado em data anterior ao trânsito em julgado da sentença exequenda.[14]

---

14 STF. ADI nº 2.418/DF. Rel. Min. Teori Zavascky. DJ 04/05/2016.

Contudo, o CPC inova e, neste ponto, parece conspirar contra a segurança jurídica, conforme a seguir será demonstrado. Com efeito, imagine-se uma sentença proferida em 2017, com trânsito em julgado neste mesmo ano. Ocorre que, passados 10 (dez) anos, ou seja, em 2027, o STF, na forma acima, declara a inconstitucionalidade da lei em que se baseou um ato decisório transitado em julgado, modulando retroativamente os efeitos. Em tal situação, o CPC (art. 525, § 15) passa a prever que será possível ajuizar uma ação rescisória em cada processo que aplicou a aludida lei, alegando violação à norma jurídica (art. 966, inc. V), tendo o prazo bienal da rescisória (art. 975) iniciado-se a partir da decisão do STF. É, realmente, o que está na novel legislação que, inclusive, pontua que tal raciocínio somente será aplicado as decisões transitadas em julgado após a vigência do CPC (art. 1.057).

A doutrina já vem apresentando argumentos de que estas normas (art. 525, §§ 14 e 15) não podem ser interpretadas literalmente, diante da extrema sensação de insegurança que se passará a ter, com demandas já sepultadas há décadas sendo novamente discutidas. E, para tanto, já há aqueles que defendem os mais variados posicionamentos. Um deles, é o de que, transitando em julgado a sentença do processo entre particulares, haveria apenas um prazo de 2 (dois) anos para que o STF declarasse a inconstitucionalidade. Se isso ocorresse, por exemplo, após 1 (um) ano e 11 (onze) meses, ou seja, dentro do prazo bienal da ação rescisória, o interessado disporia, a partir de então, de mais 2 (dois) anos para ajuizar a ação rescisória.[15] Mas, por outro lado, também já há quem defenda outro raciocínio, que o prazo máximo para a propositura da ação rescisória em cada processo que aplicar a lei será de 10 (dez anos), a contar do seu próprio trânsito em julgado, adotando-se norma própria do Código Civil (art. 205, CC).[16]

39.2.5. Legitimidade para o ajuizamento da ação rescisória

O tema é disciplinado pelo CPC (art. 967) que, em linhas gerais, determina que a ação rescisória pode ser ajuizada pelas próprias partes da relação processual primitiva, bem como pelo Ministério Público ou um terceiro juridicamente interessado.

Na primeira das hipóteses, que é a ação rescisória ajuizada por alguma das partes do processo anterior, há a necessidade de se ter um cuidado especial quando nele tiver ocorrido um litisconsórcio, pois a natureza deste pode influenciar a análise da legitimação para a ação rescisória. Com efeito, se foi julgado improcedente o pedido deduzido no processo original que tinha um litisconsórcio necessário no polo ativo, então, para a ação rescisória, também haverá a necessidade de inclusão de ambos na nova relação processual. Assim, estes litisconsortes deverão propor em conjunto a ação rescisória ou, havendo recusa de qualquer um deles, deverá ocorrer a inclusão do renitente no

---

15 NERY Jr., Nelson, NERY, Rosa Maria Andrade. *Código de processo civil comentado.* 1ª ed. São Paulo: RT, 2015, p. 1.309.

16 CÂMARA, Alexandre Freitas. *O novo processo civil brasileiro.* 1ª ed. São Paulo: Atlas, 2015, pp. 475-476.

polo passivo, já que o mesmo deve participar do processo obrigatoriamente, conforme recomenda a melhor doutrina.[17]

Ao revés, se a hipótese versar sobre litisconsórcio facultativo, não se pode olvidar a regra estampada no CPC (art. 117), que esclarece que os litisconsortes devem ser considerados como partes distintas, razão pela qual não podem ser agraciados ou prejudicados pelos atos do outro. Neste novo caso, cada litisconsorte poderia ter instaurado sozinho o seu próprio processo primitivo, independentemente da presença do outro. E, em consequência, o mesmo irá ocorrer na ação rescisória, muito embora essa circunstância possa gerar o risco de decisões de mérito conflitantes como, por exemplo, a improcedência para um dos litisconsortes facultativos no processo original e uma decisão favorável àquele que ajuizou, sozinho, a ação rescisória.

Além das partes originárias, a ação rescisória também poderá ser ajuizada pelo Ministério Público em algumas situações. Na primeira delas, poderá ser ajuizada pelo *parquet* quando o mesmo atua como parte principal. Mas, o Ministério Público também pode ajuizá-la para rescindir a sentença de mérito proferida em processo que não tenha participado como fiscal da ordem jurídica (quando a sua atuação era necessária) ou quando se percebe que o processo primitivo estava sendo empregado com o intuito de colusão ou simulação entre as partes.

Por fim, o CPC também confere legitimação ao terceiro, assim entendido aquele que era completamente estranho ao processo primitivo, mas que ainda assim poderia ter algum interesse jurídico na questão. Este terceiro que pode ajuizar a ação rescisória seria o mesmo que poderia ter agido, por exemplo, na condição de assistente simples no processo anterior.[18]

Quanto ao polo passivo, o mesmo deve ser preenchido por todos os demais que participaram do processo primitivo, eis que eventual julgamento proferido nos autos da ação rescisória irá atingi-los, razão pela qual devem participar de todos os seus termos, em observância à garantia do devido processo legal. Trata-se, portanto, de um litisconsórcio passivo necessário.[19] Ressalta-se, porém, que os advogados das partes não devem ser incluídos no polo passivo, nem mesmo em eventual alegação de terem participado do conluio entre as partes.[20] E, da mesma forma, também se ressalva entendimento do STJ no sentido de que, para fins de manejo de ação rescisória impugnando sentença proferida em ação de investigação de paternidade cujo genitor é pré-morto, a legitimidade passiva deve recair em face dos herdeiros e não do espólio.[21]

---

17 FERNANDES, Sérgio Ricardo de Arruda. *Teoria geral do processo*, Rio de Janeiro: DP & A., 1999, pp. 195. Fica a ressalva de que, muito embora o doutrinador esteja abordando a questão envolvendo o litisconsórcio necessário nas demandas aforadas em juízo de primeira instância, as suas observações também são inteiramente pertinentes a presente hipótese.

18 GRECO FILHO, Vicente. *Direito processual civil brasileiro*. 17ª ed. São Paulo: Saraiva, 2006. v. 2, p. 439.

19 STJ. 3ª Turma. REsp 1.651.057-CE, Rel. Min. Moura Ribeiro, j. 16/05/2017 – *Informativo* 605.

20 TST. RO-10022- 22.2013.5.08.0000, SBDI-II, Rel. Min. Douglas Alencar Rodrigues, red. p/ acórdão Min. Alberto Luiz Bresciani de Fontan Pereira, 04/04/2017.

21 STJ. REsp nº 1.667.576-PR. Rel.ª Min.ª Nancy Andrighi. DJ 13/09/2019.

39.2.6. Hipóteses que autorizam o ajuizamento da ação rescisória (rescindibilidades)

39.2.6.1. Juiz peitado (art. 966, inc. I)

A primeira hipótese que permite a utilização da ação rescisória (art. 966, inc. I) é a do juiz "peitado", ou seja, quando a decisão tiver sido proferida por magistrado lotado em primeira instância que tenha praticado crime de prevaricação, concussão ou peculato. Também se admite que esta via seja empregada quando tais crimes tiverem sido praticados por um dos desembargadores ou até dos ministros que participaram da votação que originou o acórdão ora questionado. Só que, nesta última hipótese, há de se verificar se o voto proferido pelo desembargador foi determinante ou não para a conclusão do julgado. É que, se o desembargador ou ministro "peitado" tiver sido o único que proferiu o voto vencido, não há realmente interesse na utilização da ação rescisória, pois os outros votos, que traduzem a maioria, permitirão que a conclusão do acórdão seja a mesma.

Também releva destacar que, nestes casos, não há necessidade de prévia instauração de processo penal para a apuração de tais crimes e, em consequência, nem mesmo se exige que o magistrado já tenha sido condenado pela prática de ilícito penal. Em realidade, as duas vias são autônomas, sendo certo que no direito processual civil se estará buscando a rescisão de um ato praticado por alguém que não era parcial. No entanto, caso seja deflagrada uma ação penal, esta circunstância poderá gerar a suspensão da ação rescisória em curso, pois irá configurar uma questão prejudicial heterogênea (art. 315).

Outro aspecto que merece destaque é que, dependendo do desenvolvimento do processo primitivo, por vezes o presente vício até poderá ser sanado independentemente do manejo da ação rescisória. Por exemplo, quando a sentença por juiz peitado tiver sido impugnada por recurso de apelação que foi admitido e provido (ou mesmo se tiver sido negado provimento), a decisão monocrática ou o acórdão proferido irá substituir a decisão viciada (art. 1.008). Em consequência, não mais será necessária a ação rescisória, pois o ato inquinado de vício já não mais subsiste e nem mesmo tem relevância prática para a continuidade do processo, posto que será a nova decisão que consubstanciará o título executivo judicial.

Por fim, no caso desta norma (art. 966, inc. I), não é possível concluir, abstratamente, se a ação rescisória apenas terá o juízo rescindente ou se também terá o juízo rescisório, pois este último dependerá da atividade que tiver sido desempenhada pelo magistrado no decorrer do processo. Assim, se o juiz peitado se limitou a proferir apenas a sentença ao processo, não há impedimento para que o Tribunal, após realizar o juízo rescindente, possa em seguida fazer o juízo rescisório. Contudo, se este mesmo magistrado tiver praticado outros atos no desenvolver do processo, tais como presidir audiência em que foi produzida prova, realizar perícia *in loco*, entre outras, não apenas a decisão estará contaminada como, também, todos os atos que por ele foram realizados. Assim, dependendo da situação concreta, não poderá o Tribunal realizar imediatamente o juízo rescisório, pois pode ser que seja necessário o retorno dos autos a primeira instância para que a instrução seja renovada.

39.2.6.2. Incompetência absoluta do juízo e magistrado impedido (art. 966, inc. II)

Já esta outra norma (art. 966, inc. II) contempla duas situações distintas: quando a decisão tiver sido proferida por juízo absolutamente incompetente ou magistrado impedido. Quanto à primeira hipótese, cumpre destacar que a incompetência absoluta pode ser reconhecida a qualquer momento e que, antes do trânsito em julgado da decisão final, acarreta tão somente a nulidade de todos os atos decisórios, exceto se o magistrado lotado no juízo competente os mantiver (art. 64, § 4º – *translatio iudicii*). No entanto, caso tenha ocorrido a preclusão das vias impugnativas, este vício se converterá em uma rescindibilidade e agora somente será passível de reconhecimento nesta via processual. Logo, como apenas as decisões é que potencialmente poderão ser atingidas pelo reconhecimento deste vício, é que estará o Tribunal autorizado tanto a realizar o juízo rescindente como, também, na sequência o juízo rescisório em qualquer situação. E, ainda, vale esclarecer que a incompetência relativa, ao revés, não possibilita o uso da ação rescisória, uma vez que a mesma se prorroga/convalida caso não tenha sido alegada em preliminar de contestação (art. 65).

Quanto à outra hipótese de rescisória por este fundamento, que cuida do impedimento do magistrado, este dispositivo deve ser interpretado com alguns cuidados. É que o impedimento para atuação no processo, de forma genérica, pode ser tanto imputável ao juiz como, também, ao membro do Ministério Público, ou mesmo a servidores ou peritos (art. 148). Contudo, para a utilização da ação rescisória, somente será possível se o impedimento tiver sido do magistrado, seja aquele oficiante em primeira ou em qualquer outra instância. E, neste último caso, também devem ser relevadas as mesmas considerações do item *supra*, no que diz respeito à verificação do quórum da votação. É que, se o desembargador impedido tiver sido aquele que proferiu o voto vencido, não haverá interesse em se promover a ação rescisória, eis que os demais, que proferiram os votos vencedores, não estavam com a sua parcialidade maculada.

Por fim, mais uma vez deve ser observada a mesma ressalva já formulada no item acima, no que diz respeito à realização ou não do juízo rescisório nos autos da ação rescisória nos casos de impedimento. É que esta resposta ficará condicionada à análise dos atos que o magistrado tiver praticado, de modo que o mesmo raciocínio já acima exposto poderá e deverá ser adotado. Assim, se o juiz impedido apenas prolatou a sentença, o Tribunal poderá, no bojo da ação rescisória, realizar tanto o juízo rescindente quanto o juízo rescisório. Ao contrário, se ele tiver praticado todos os atos do processo, inclusive aqueles instrutórios, o Tribunal se limitará apenas a desconstituir tais atos, eis que os mesmos deverão novamente ser praticados perante o juízo de primeira instância, que seria aquele originariamente competente.

39.2.6.3. Colusão, simulação, coação ou dolo da parte vencedora (art. 966, inc. III)

A próxima hipótese que autoriza o uso da ação rescisória traz muitas situações diferentes entre si. Com efeito, a colusão e a simulação são atos bilaterais, que envolvem as duas partes do processo. Mas, por outro lado, pode ser que a decisão seja rescindida bastando que haja ato unilateral, o que ocorrerá nos casos de dolo ou coação da parte vencedora.

Para exemplificar uma situação envolvendo ato bilateral, pode ocorrer que ambas as partes estejam se valendo do processo jurisdicional para atingir fins ilícitos. Por exemplo, o devedor que pretendendo não pagar os seus inúmeros credores, forja a existência de uma dívida que é cobrada judicialmente por alguém de sua confiança. Neste processo, instaurado pelo seu comparsa, o devedor comparece espontaneamente oferecendo todo o seu patrimônio para a liquidação da dívida primitiva, o que é aceito pela outra parte motivando a homologação judicial do acordo e posterior extinção do processo. Perceba-se que, nesta hipótese, os bens do devedor foram transferidos a um terceiro, com a finalidade de frustrar o pagamento aos credores em flagrante simulação de negócio jurídico, com auxílio do aparato judicial. Assim, deve ser permitido que qualquer terceiro prejudicado ou até mesmo o Ministério Público venha em juízo pugnando pela rescisão da anterior decisão.

Observe-se, ainda, que nesta hipótese o processo anterior versava sobre patrimônio, ou seja, interesse individual disponível o que, a rigor, não autorizaria sequer a intervenção do Ministério Público na condição de fiscal da ordem jurídica (art. 178). Contudo, quando um processo jurisdicional é utilizado para atingir fins espúrios, esta circunstância por si só já autoriza o *parquet* a ter legitimidade para a promoção da ação rescisória, eis que há evidente interesse público primário em se evitar situação como a presente.

Quanto ao termo inicial para o ajuizamento desta ação rescisória, o CPC estabelece que o prazo somente se iniciará para os terceiros ou mesmo para o Ministério Público, a partir do momento em que ocorrer ciência desta situação, que nem sempre será tão pública assim (art. 975, § 3º – v. item 39.2.4.3.).

Por fim, para encerrar o estudo desta parte envolvendo ato bilateral (simulação ou colusão), também é correto concluir que, se o Tribunal rescindir a decisão por este motivo, deverá em seguida realizar o juízo rescisório, julgando improcedente o pedido formulado no processo primitivo, já que não haveria justificativa para deixar de apreciar esta provocação.[22]

Já quando a rescisória tiver sido motivada por ato unilateral praticado pela parte vencedora (dolo ou coação), caberá ao legitimado ativo comprovar em que consiste este fundamento, pois o mesmo pode apresentar as mais diversas facetas. Exemplificando, o

---

22 Em sentido contrário, defendendo que o mérito da demanda primitiva não deve ser enfrentado: LIMA, Arnaldo Esteves. DYRLUND, Poul Erik. *Ação rescisória.* 2ª ed. Rio de Janeiro: Forense, 2003, p. 73.

demandante que, dolosamente, fornece ao juízo o endereço equivocado do demandado e, após ter sido exarada a certidão negativa imediatamente postula uma citação por meio de editais, pode estar tendo o intuito de evitar que o réu tenha ciência pessoal dos fatos narrados na inicial. Muito embora a citação por editais seja ficta, a mesma é até considerada válida, quando esgotados todos os meios de localização pessoal. Assim, se o demandante induz o magistrado em erro, ao indicar seguidamente endereços que não são o do demandado e, com isso, obtém permissão judicial para a citação por editais, seguida de posterior sentença favorável, essa situação caracteriza dolo, a motivar o uso da ação rescisória. Vale dizer que, sob a nuance acima apresentada, inicialmente houve citação no processo primitivo, de modo que não seria possível a alegação de falta ou nulidade da mesma em sede de impugnação ao cumprimento de sentença (art. 525, § 1º, inc. I). É que, no caso vertente, o que se questiona não é a existência ou a validade da citação em si, mas sim os atos anteriores que a motivaram, que denotam dolo da parte que se sagrou vencedora no processo. Em um caso como o presente, parece ser pertinente permitir que o prazo da ação rescisória também se inicie apenas quando a parte prejudicada tiver ciência do dolo engendrado pelo vencedor.

E, para finalizar, a ocorrência ou não do juízo rescisório dependerá da situação concretamente trazida. No exemplo acima mencionado, não poderia o Tribunal realizar o juízo rescisório, pois antes deveria ser renovada toda a instrução processual, de modo a permitir que o demandado passasse a figurar na relação jurídica processual. Contudo, não é de se descartar a hipótese de o dolo da parte vencedora apenas contaminar a sentença, o que motivaria a possibilidade de imediato julgamento da pretensão primitiva pelo Tribunal. É o que ocorre, por exemplo, quando apenas uma das partes comparece a AIJ e apresenta petição grosseiramente falsificada, segundo a qual ambas as partes estavam desistindo de todas as provas que seriam produzidas naquele momento de modo a possibilitar um imediato julgamento antecipado do mérito.

39.2.6.4. Ofensa à coisa julgada (art. 966, inc. IV)

Esta hipótese trata da situação em que o processo anterior deve ter a sua sentença rescindida, por ter violado a coisa julgada material advinda de uma sentença que foi dada em outro processo. É situação que realmente pode ocorrer, usualmente quando, por exemplo, o contribuinte ajuizar uma ação anulatória de tributo e, posteriormente, oferecer embargos a execução fiscal que lhe é promovida pela Fazenda Pública. Neste exemplo, foram duas as demandas instauradas (anulatória e embargos), que, em tese, podem ser exatamente iguais, com as mesmas partes, pedido e causa de pedir, gerando um estado de litispendência e, consequentemente, a motivação para que um dos processos seja extinto sem resolução de mérito (art. 485, inc. V). No entanto, como estes processos podem estar tramitando perante órgãos jurisdicionais distintos, é possível que cada um deles profira uma sentença em sentido diametralmente oposto, ou seja, o pedido nos embargos ter sido julgado improcedente e o da ação anulatória ter sido acolhido. Se esta tiver sido a ordem, caberá ao vencido na ação anulatória postular, em grau recursal, o reconhecimento de que este processo viola a coisa julgada material advinda da decisão proferida em sede de embargos, lembrando que esta matéria é de ordem pública e, por este motivo, pode ser pronunciada até mesmo de ofício em qualquer tempo e grau de jurisdição (art. 485, § 3º). No entanto, se o recurso não tiver sido interposto e a sentença proferida na ação anulatória tiver transitado em julgado, a Fazenda Pública ainda disporá do prazo de 2 (dois) anos para ajuizar a ação rescisória por este fundamento (art. 966, inc. IV). Se assim fizer, o Tribunal irá realizar o juízo rescindente e, em consequência, desconstituir o ato decisório que foi proferido nos autos da ação anulatória. É situação, portanto, em que na ação rescisória não haverá o juízo rescisório.[23]

A controvérsia maior ocorre quando tiver transcorrido o prazo de 2 (dois) anos, sem que a ação rescisória tenha sido ajuizada. É que, neste caso, se estará diante de duas sentenças de mérito completamente distintas, sendo que ambas já transitaram em julgado soberanamente. Nesta hipótese, a jurisprudência e a doutrina vêm se inclinando no sentido da prevalência da segunda em detrimento da primeira, pois, do contrário, se aquela proferida no primeiro processo é que sempre prevalecesse, sequer haveria necessidade de o legislador ter criado esta hipótese como fundamento para o manejo da ação rescisória, o que a tornaria completamente irrelevante em termos práticos.[24] Mas, minoritariamente, há quem entenda que a segunda sentença é inábil a gerar coisa julgada material, por não ter respeitado a coisa julgada, que foi erigida pelo legislador constitucional como um dos direitos fundamentais de todos (art. 5º, inc. XXXVI, CRFB).[25]

39.2.6.5. Violação manifesta à norma jurídica (art. 966, inc. V)

Por vezes, a decisão proferida viola manifestamente norma jurídica, que deve ser interpretada no seu sentido mais amplo, abrangendo tanto o que consta na Constituição como, também, na legislação infraconstitucional. Assim, nestes casos, em que há flagrante desrespeito à ordem jurídica, é possível a utilização da ação rescisória para sanar este vício.[26]

Pode ocorrer, contudo, que o mesmo texto normativo tenha mais de uma interpretação. Nestas hipóteses, há de se verificar se a decisão que foi proferida adotou pelo menos uma destas interpretações coerentes. É que, caso afirmativo, a ação rescisória não se afigura possível, diante do disposto no Verbete nº 343 da Súmula

---

23 Em sentido contrário ao texto, por vislumbrar que mesmo neste inciso é possível ocorrer eventualmente o juízo rescisório: DIDIER JR., Fredie. CUNHA, Leonardo Carneiro da. *Curso de direito processual civil. Meios de impugnação às decisões judiciais e processos nos Tribunais.* 7ª ed. Salvador: JusPodivm, 2009. v. 3, p. 397.

24 TJ-RJ. Agravo de instrumento nº 2004.002.06373. Rel. Des. Sérgio Cavalieri Filho. DJ 22/09/2004.

25 DINAMARCO, Cândido Rangel. Relativizar a coisa julgada material. In: NASCIMENTO, Carlos Valder do. *Coisa julgada inconstitucional.* 2ª ed. Rio de Janeiro: América Jurídica, 2003, pp. 54-55.

26 O STJ já teve a oportunidade de decidir que o fato de o magistrado não reconhecer, de ofício, a prescrição não redunda na ofensa à literalidade do § 5º do art. 219 do CPC/73, a subsidiar ação rescisória, com fulcro no art. 485, V, CPC/73 (art. 966, V, CPC/2015). É o que se observa em: STJ. REsp nº 1.749.812-PR. Rel. Min. Marco Aurélio Bellizze. DJ 19/09/2019.

do STF, cujos termos são: "*Não cabe ação rescisória por ofensa a literal disposição de lei, quando a decisão rescindenda se tiver baseado em texto legal de interpretação controvertida nos tribunais*". Desta maneira, a rescisória por este fundamento somente se afigura como viável quando constar na decisão uma interpretação completamente isolada ou teratológica do texto em questão. Assim, se ao tempo da prolação da decisão três eram as interpretações usualmente adotadas e o magistrado vier a adotar qualquer uma delas, esta circunstância não permitiria o uso da ação rescisória por este fundamento, mesmo que posteriormente o STJ venha a adotar outra interpretação quanto a esta matéria.[27]

É de se observar, ainda, que este verbete, durante muitos anos, vinha apenas sendo aplicado quando se tratasse de interpretação normativa envolvendo lei infraconstitucional, até porque, na ocasião da sua criação, competia ao Pretório Excelso não apenas a guarda da Constituição, mas, também, de todo o regramento legal. Contudo, a jurisprudência mais recente do Pleno do STF da mesma forma vem aplicando a aludida súmula para as hipóteses que envolverem interpretação de norma constitucional, o que sinaliza um maior prestígio e respeito às decisões já transitadas em julgado.[28]

Também é de se destacar que, embora este inciso tenha uma redação bastante eloquente, o mesmo vem sofrendo restrições quando a ação rescisória tiver sido ajuizada para questionar falta ou nulidade de citação no processo primitivo, o que, *a priori*, poderia evidenciar violação a diversas normas jurídicas constantes no CPC. A orientação do STJ, porém, é no sentido de não ser possível a rescisória por este fundamento, pois a ausência de citação acarretaria falta de coisa julgada, o que não permitiria o uso desta via processual.[29]

Por fim, é de se destacar novidade (art. 966, §§ 5º e 6º), no sentido de que é possível o ajuizamento de ação rescisória contra decisão baseada em enunciado de súmula, acórdão ou precedente (art. 927), que não tenha considerado a existência de distinção entre a questão discutida no processo e o padrão decisório que lhe deu fundamento. Contudo, para estes casos, caberá ao autor, sob pena de inépcia, demonstrar, fundamentadamente, tratar-se de situação particularizada por hipótese fática distinta ou questão jurídica não examinada, a impor outra solução jurídica.

39.2.6.6. Decisão proferida com base em prova falsa (art. 966, inc. VI)

Quando uma decisão tiver se baseado praticamente em uma única prova e esta for ilícita ou ilegítima, a mesma acabará contaminando o ato que dela derivou, no caso, a sentença, o que autoriza o ajuizamento da ação rescisória por este fundamento. Em realidade, trata-se de hipótese que é prevista em outra norma (art. 281), pois o vício de um ato contamina aquele que lhe for subsequente. No entanto, se a decisão de mérito tiver sido baseada em diversas outras provas que garantam a mesma conclusão, a ação

27 STJ. REsp nº 769.650-MT. Rel. Min. Antonio Carlos Ferreira. DJ 20/08/2014.
28 STF. AR nº 2.422/DF. Rel. Min. Luiz Fux. DJ 25/10/2018. STF. REXTR nº 590.809-RS. Rel. Min. Marco Aurélio. DJ 22/10/2014.
29 STJ. Ação rescisória nº 771-PA. Rel. Min. Aldir Passarinho. DJ 13/12/2006.

rescisória eventualmente promovida por este fundamento não terá êxito, esbarrando na ausência de interesse processual, eis que, mesmo com a exclusão de tal prova, ainda assim a conclusão seria exatamente a mesma.

39.2.6.7. Juntada de prova nova (art. 966, inc. VII)

Esta hipótese cuida da única situação prevista neste dispositivo (art. 966), em que a ação rescisória não é promovida para o reconhecimento de algum vício e sim para discutir a justiça da decisão. Com efeito, esta conclusão decorre da circunstância de que a parte pretende apresentar prova nova, justamente para que o Tribunal possa realizar uma nova análise dos fatos anteriormente já debatidos, o que não caracteriza qualquer vício processual. A referida norma também estabelece que, para ser considerada uma prova "nova", a mesma deve ser preexistente à prolação da decisão e que somente não foi apresentada anteriormente em virtude de a parte a desconhecer ou não ter podido utilizá-la. E, neste dispositivo ainda consta que esta prova deve ser muito forte, a ponto de assegurar ao interessado um pronunciamento favorável pois, do contrário, de nada adiantaria juntar uma prova nova se todas as demais anteriormente produzidas evidenciam que o autor da rescisória ainda assim não tem nenhuma razão quanto ao mérito da causa.[30] Por fim, já foi abordado que, por este fundamento, a ação rescisória deverá ser proposta em 2 (dois) anos, contados da descoberta da prova nova, muito embora haja limitação temporal de 5 (cinco) anos, que já são contados do trânsito em julgado da decisão (v. item nº 39.2.4.4.).

39.2.6.8. Decisão proferida com erro de fato (art. 966, inc. VIII)

Esta hipótese costuma ser visualizada como sendo de difícil compreensão, em virtude da aparente contradição na definição do que vem a ser "erro de fato". Com efeito, há norma (art. 966, § 1º) prevendo que: *"Há erro de fato quando a decisão rescindenda admitir fato inexistente ou quando considerar inexistente fato efetivamente ocorrido, sendo indispensável, em ambos os casos, que o fato não represente ponto controvertido sobre o qual o juiz deveria ter se pronunciado"*. Assim, percebe-se que a controvérsia reside justamente em aquilatar como seria possível que um ato judicial pudesse admitir como existente um fato inexistente, ou vice-versa, já que não o pode fazer expressamente.

Em realidade, a dúvida não oferece maiores dificuldades, podendo ser esclarecida diante do seguinte exemplo. Suponha-se um caso em que o demandante apresenta um pedido de cobrança de dívida, com fundamento em contrato que não foi carreado aos autos. Só que o réu, após ser citado, em nenhum momento alegou a sua inexistência nos autos, limitando-se a apresentar defesa de mérito indireta na contestação (v.g., pagamento). Assim, a existência ou não deste contrato, embora relevante, trata-se

---

30 O STJ já decidiu, acertadamente, que na ação rescisória pode ser produzida qualquer espécie de prova, inclusive a testemunhal, conforme se aquilata em: STJ. REsp nº 1.770.123-SP. Rel. Min. Ricardo Villas Bôas Cueva, DJ 02/04/2019.

de ponto incontroverso entre as partes, razão pela qual o magistrado acabou proferindo sentença, no sentido da procedência do pedido, em que a mesma foi fundamentada da seguinte forma: *"Trata-se de demanda em que o autor pretende obter a cobrança de uma dívida. Nenhuma questão preliminar (art. 337) foi suscitada. No mérito, assiste-lhe razão, eis que não prospera a defesa de mérito indireta apresentada pelo demandado, fundada na ocorrência do pagamento[...]"*.

Observa-se que, nesta decisão, o magistrado considerou implicitamente existente o contrato (malgrado ele não esteja nos autos e a relação jurídica possa até não existir), pois o mesmo, no mérito, já foi logo analisando a defesa de mérito indireta. Em outras palavras, se está sendo analisada a ocorrência do pagamento, é porque o contrato implicitamente foi tido como existente. E deve ser destacado que trata-se de fato incontroverso, sobre o qual o juiz deveria ter se pronunciado.

Perceba-se que, neste caso, a omissão do ato decisório caracteriza um vício *citra petita*, que poderia ser combatido oportunamente por meio dos embargos de declaração (para saná-lo) ou pelo recurso de apelação (para fins de anular a decisão ou mesmo complementá-la). No entanto, como tais mecanismos não foram utilizados no momento oportuno e a coisa julgada material se formou, ainda assim este vício é extremamente grave a ponto de ter sido erigido, pelo legislador, como uma das hipóteses autorizadoras do manejo da ação rescisória.

Diferentemente seria quando em uma demanda em que o autor buscasse a condenação do réu a lhe pagar certa soma de dinheiro, este último apresentasse defesa arguindo que a dívida já se encontrava paga, mas instruindo a sua contestação com um recibo que se referia a outro débito. Nesta nova situação, se o magistrado concluir que houve pagamento em virtude do recibo apresentado, não haverá erro de fato, ainda que o pagamento jamais tenha existido. É que o juiz, ao analisar a prova, concluiu expressamente, mesmo que de maneira equivocada, que a dívida estava quitada. A presente hipótese reflete, na verdade, uma má apreciação da prova apresentada, o que, por si só, não comporta o ajuizamento da ação rescisória e sim, desde que no momento próprio, o uso dos recursos que permitem a discussão de matéria fática e valoração de provas.[31]

39.2.6.9. Outras rescindibilidades (art. 658)

O CPC (art. 658) também prevê que pode ser promovida ação rescisória para rescindir partilha julgada por sentença, em outros casos que não estão previstos na norma que regula de maneira pormenorizada o tema (art. 966). São elas: a) partilha judicial, em que tenha ocorrido dolo, coação, erro essencial ou intervenção de incapaz; b) partilha judicial, realizada com preterição das formalidades legais; c) partilha judicial, em que foi preterido herdeiro ou incluído quem não o seja.

---

31 TJ-RJ. Ação rescisória nº 1995.006.00072. Rel. Des. Wilson Marques. DJ 11/04/1997.

39.2.7. Procedimento para a ação rescisória

Observados os requisitos de competência, legitimidade, prazo e das hipóteses de cabimento, deve a ação rescisória ser distribuída perante o Tribunal, que indicará a competência de um dos seus órgãos internos. A partir daí, os processuais se sucederão da maneira abaixo indicada.

39.2.7.1. Petição inicial e caução

A petição inicial da ação rescisória deve ter os mesmos requisitos de qualquer outra, muito embora possua algumas especificidades (art. 319 c/c art. 968). Por exemplo, quando for hipótese de realização de juízo rescisório, este deverá ser requerido expressamente. Contudo, como já foi anteriormente analisado, este juízo rescisório poderá ou não ocorrer, dependendo do fundamento invocado para a ação rescisória e, também, da situação concreta ocorrida nos autos. De todo modo, deve constar que, em toda petição inicial de ação rescisória, deve ao menos constar o pedido de rescisão do julgado, o que constitui o juízo rescindente.

Vale dizer que caberá ao interessado indicar, com precisão, a causa de pedir em que se funda a sua ação rescisória, pois a mesma irá limitar a atuação do Tribunal, eis que, em razão do princípio da congruência, é vedado a este órgão conhecer de ofício de fundamento ou causa de pedir, inclusive aquelas relativas a outras rescindibilidades, que não tenham sido ventiladas pelo próprio demandante.

Esta petição inicial também deve ser acompanhada de uma caução, que é fixada em 5% (cinco por cento), sobre o valor da causa, que, na ação rescisória, será em regra o mesmo da demanda primitiva, já que nela poderá eventualmente ocorrer o juízo rescisório, ou seja, um novo julgamento daquela pretensão de direito material anteriormente deduzida. Outrossim, se deve destacar que o valor desta caução não poderá ser superior ao equivalente a 1.000 (mil) salários-mínimos, que é o limite máximo para a mesma (art. 968, § 2º).

Esta caução, porém, é dispensada quando se tratar de rescisória distribuída pela União, Estados, Distrito Federal, Municípios, bem como às suas respectivas autarquias e fundações públicas. Da mesma maneira, o Ministério Público, a Defensoria Pública e, ainda, todos aqueles que tenham obtido a gratuidade de justiça também ficam dispensados de prestar esta caução (art. 968, § 1º). Há, inclusive, o verbete nº 175 da Súmula do STJ, que expressamente dispensa a caução ao menos em relação ao INSS, eis que o mesmo não era mencionado expressamente no modelo primitivo (art. 488, parágrafo único, CPC-73).

A caução ora mencionada será revertida em prol do demandado naquelas hipóteses em que for proferida decisão monocrática ou mesmo acórdão unânime, que reconheçam a inadmissibilidade ou improcedência do pedido formulado no bojo da ação rescisória (art. 974, parágrafo único). Em qualquer outra hipótese, seja de julgamento de procedência ou mesmo por maioria de votos, a caução será levantada pelo autor deste processo de competência originária dos Tribunais.[32]

39.2.7.2. Despacho liminar de conteúdo negativo

É possível que haja a rejeição, de plano, da ação rescisória, em virtude da prolação de uma decisão monocrática, tradicionalmente nominada "despacho liminar de conteúdo negativo" (art. 968, §§ 3º e 4º). Nesta hipótese, a decisão monocrática poderá ser tanto terminativa (art. 485) como definitiva (art. 487). Vale dizer que, conforme visto anteriormente, a decisão que conclui que a ação rescisória foi ajuizada fora do prazo é de mérito (art. 487, inc. II), posto que o prazo bienal (art. 975) tem natureza decadencial.

Da mesma forma, é importante mencionar que esta decisão admite impugnação por meio de embargos de declaração, RESP e REXTR, se for o caso. O agravo regimental não deveria ser permitido, pois, pela atual ordem constitucional, não mais deveria ser autorizado que regimento interno de Tribunal pudesse criar recurso, malgrado a jurisprudência do STF em sentido contrário. Será cabível ainda, se preenchidos os requisitos, até mesmo o ajuizamento de uma nova ação rescisória para impugnar esta decisão monocrática proferida no bojo de uma anterior ação rescisória, muito embora não se trate de recurso, e sim de uma ação autônoma de impugnação.

39.2.7.3. Despacho liminar de conteúdo positivo

Se o membro do Tribunal observar que os requisitos para a promoção da ação rescisória se encontram preenchidos, deverá então determinar a citação do demandado, o que é comumente designado por "despacho liminar de conteúdo positivo". A curiosidade é que o CPC (art. 970) estabelece que o prazo para resposta do demandado será fixado entre 15 (quinze) a 30 (trinta) dias.[33]

39.2.7.4. Efeito suspensivo e a concessão de tutela provisória

Sendo deferida a rescisória, é de se indagar se a mesma irá ou não suspender eventual cumprimento de sentença/execução que se encontrar em curso. De acordo com o CPC (art. 969): "*A propositura da ação rescisória não impede o cumprimento da decisão rescindenda, ressalvada a concessão de tutela provisória*", o que difere em muito do modelo anterior em seus primórdios (redação originária do art. 489, CPC-73), que era

---

32 Em sentido contrário ao texto, por entender que o valor deveria ser revertido ao próprio Poder Judiciário: LIMA, Arnaldo Esteves. DYRLUND, Poul Erik. *Ação rescisória*. 2ª ed. Rio de Janeiro: Forense, 2003, p. 76.

33 Usualmente, o prazo é fixado em quinze dias quando no processo só tiver um demandado e em trinta dias quando no polo passivo ocorrer um litisconsórcio. Trata-se, portanto, de norma inspirada no art. 229, que permite a dobra dos prazos quando, nos autos, for detectado que os litisconsortes possuem mais de um advogado.

no sentido da "insuspensividade"da execução.³⁴ É o que ainda se encontra refletido, por sinal, no Verbete nº 234 da Súmula do antigo Tribunal Federal de Recursos, de onde se extrai: *"É inadmissível medida cautelar para impedir os efeitos da coisa julgada"*, muito embora o referido verbete não tenha mais aplicação.

Portanto, não há obstáculos para a concessão de tutela provisória de urgência no bojo da ação rescisória, determinando a suspensão da execução em curso. Mas, certamente, o demandante da rescisória terá dificuldades em preencher os requisitos para a concessão desta medida de urgência, posto que a mesma exige a demonstração de probabilidade do direito (art. 300), o que é bem difícil diante da existência de uma decisão de mérito, proferida em juízo de cognição exauriente, afirmando exatamente o oposto.

39.2.7.5. Defesa do demandado

O demandado será citado pessoalmente ou mesmo de forma ficta, para que possa apresentar a sua defesa no prazo que tiver sido estabelecido pelo membro do Tribunal (art. 970). E esta defesa poderá ser apresentada por meio de contestação e até da reconvenção, embora ambas venham na mesma peça (art. 343). Quanto à alegação de impedimento ou de suspeição de membro do tribunal, tais temas já devem vir por petição específica com esta finalidade (art. 146).

A contestação poderá ser apresentada com a veiculação de defesas instrumentais (sejam dilatórias ou peremptórias) ou mesmo de mérito (sejam diretas ou indiretas). Em preliminar de contestação, poderá ser questionado o valor atribuído à causa (art. 337, inc. III), pois é perfeitamente possível conceber uma hipótese em que o autor possa maquiar o valor da causa de modo a recolher a menor a caução de 5% (cinco por cento). Assim, como esta caução pode eventualmente ser revertida ao demandado nas hipóteses autorizadas por lei (art. 974, parágrafo único), é possível que o mesmo possa se valer deste argumento, de modo a retificar o valor da causa e forçar o demandante a complementar o depósito nos prazos estabelecidos pelos membros do Tribunal, sob pena de o processo ser extinto (art. 968, § 3º). Da mesma maneira, também se admite que, na contestação, seja questionado o deferimento da gratuidade de justiça (art. 337, inc. XIII), pois pode ser do interesse do demandando demonstrar ao Tribunal que o demandante não é merecedor deste benefício. Nesta hipótese, se esta tese for acolhida, ocorrerá a revogação da decisão que anteriormente deferiu a gratuidade e o autor será intimado, no mesmo momento, para que preste a caução exigida por lei, sob risco de a ação rescisória ser extinta (art. 968, § 3º).

Quanto à reconvenção, esta em tese é possível, conforme recomenda a doutrina. Usualmente, o exemplo fornecido é o do demandado que também tem interesse em

---

34 Termo empregado por PAULA, Alexandre de. *Código de processo civil anotado.* 2ª ed. São Paulo: RT, 1980. v. II, p. 519. A mesma conclusão também pode ser encontrada em MIRANDA, Pontes de. *Tratado da ação rescisória, das sentenças e outras decisões.* 3ª ed. Rio de Janeiro: Editor Borsoi, 1957, pp. 276/277.

obter a rescisão daquele julgado primitivo, mas por fundamento distinto daquele utilizado pelo autor da ação rescisória.[35] É que, apenas desta maneira, seria possível preencher o requisito da "conexão" entre a demanda primitiva e a reconvenção (art. 343), sem que houvesse supressão de instância. Com efeito, se outra questão fosse trazida na reconvenção, estaria sendo usurpada a competência do magistrado lotado em primeira instância, salvo, é claro, se for alguma hipótese de competência originária do próprio Tribunal, o que não criaria qualquer obstáculo. Porém, se a reconvenção for utilizada como sucedâneo de ação rescisória, certamente deverá ser exigida observância aos seus requisitos, entre eles que esta questão tenha sido apresentada no prazo bienal (art. 975), bem como que tenha sido prestada a caução de 5% (cinco por cento) sobre o valor da causa (art. 968, inc. II), sob o risco de permitir que esse raciocínio possa constituir uma via processual oblíqua para fraudar a aplicação da lei.

39.2.7.6. Instrução processual e etapa superveniente

As provas que vão alicerçar as alegações das partes já podem vir com a própria petição inicial ou com a resposta do demandado. No entanto, é possível dilação probatória no decorrer da ação rescisória, embora a mesma não necessariamente tenha que ser produzida no próprio Tribunal. É que há dispositivo (art. 972), que autoriza a expedição de uma ou mais cartas de ordem ao juízo de primeira instância a fim de que nele seja produzida, por exemplo, uma prova testemunhal.

Se a ação rescisória não tiver sido ajuizada pelo Ministério Público, o mesmo deverá ser intimado para atuar no processo na condição de fiscal da ordem jurídica (art. 178 c/c art. 967, parágrafo único), sob pena de nulidade do processo (art. 279).

Finda a instrução processual, o CPC (art. 973) estabelece que o magistrado deverá abrir vistas sucessivamente ao demandante e ao demandado para a apresentação dos memoriais, no prazo de 10 (dez) dias e, em seguida, os autos seguirão conclusos para que a decisão judicial possa ser pronunciada. Vale ressalvar, ainda, que casos de abandono do processo também podem motivar a sua extinção, tal como consta no Verbete nº 264 da Súmula do STF: *"Verifica-se a prescrição intercorrente pela paralisação da ação rescisória por mais de cinco anos"*.

39.2.7.7. Decisão e recursos

O Tribunal, quando for proferir a decisão colegiada a respeito da ação rescisória, irá na mesma ocasião realizar inicialmente o juízo rescindente para, em seguida (e se for o caso), fazer o juízo rescisório. Quando ambos são realizados se estará diante de uma decisão objetivamente complexa, pois a mesma analisou dois pedidos distintos que foram formulados na petição inicial. Vale dizer, outrossim, que não há nenhum obstáculo no sentido de que sejam os mesmos magistrados participando de ambos

---

35 SILVA, Ovídio A. Baptista da. GOMES, Fábio. *Teoria geral do processo civil*. 3ª ed. São Paulo: RT, 2002, p. 281.

os julgamentos uma vez que, de acordo com o Verbete nº 252 da Súmula do STF: "*Na ação rescisória não estão impedidos juízes que participaram do julgamento rescindendo*".

Há precedente do STJ no sentido de que, na hipótese de a ação rescisória ter seu pedido julgado procedente com a rescisão de parte da decisão de mérito transitada em julgado, surgirá a possibilidade de o vitorioso pleitear a restituição da indevida verba honorária paga ao advogado da outra parte.[36]

A decisão colegiada que aprecia o pedido formulado na ação rescisória desafia embargos de declaração, RESP e REXTR, se for o caso. Também poderá permitir a aplicação da técnica processual de julgamento em que se convocam magistrados tabelares para atuarem, quando se tratar de decisão não unânime no sentido da procedência do pedido desta ação (art. 942, § 3º, inc. I).

Por fim, ainda será cabível, se preenchidos os requisitos, até mesmo o ajuizamento de uma nova ação rescisória para impugnar esta decisão monocrática proferida no bojo de uma anterior ação rescisória, muito embora seja certo que a mesma não pode ser considerada como um recurso, mas sim como uma ação autônoma de impugnação.

39.2.8. Distinção entre a ação rescisória, a ação anulatória e a *querella nullitatis*

Todo o acima escrito se refere à ação rescisória. Já a ação anulatória tem previsão no CPC (art. 966, § 4º), e corresponde, tal como a rescisória, a um processo de conhecimento, muito embora observe o procedimento comum. A pretensão nela deduzida tem natureza constitutiva, pois o intento do demandante é obter o desfazimento de um ato judicial meramente homologatório.[37] Além disso, trata-se de um processo de competência de órgão jurisdicional de primeira instância, sendo razoável que seja reconhecida a prevenção do mesmo juízo em que o ato foi praticado (já que o mesmo teria melhor conhecimento e reuniria as melhores condições para o enfrentamento da questão), muito embora não exista norma jurídica clara a respeito disso. O prazo prescricional para o exercício da pretensão é o mesmo reservado para o direito material, ou seja, é regulado pelo Código Civil.

Esta ação anulatória é, por vezes, nominada *querella nullitatis*. Este termo, no entanto, costuma ser mais utilizado quando o interessado pretender obter a declaração de inexistência de citação em um processo já sentenciado e não propriamente para desconstituir algum ato processual. Em realidade, a *querella nullitatis*, em suas origens, era usada para a verificação de vícios graves que podiam até mesmo sobreviver ao trânsito

---

36 STJ. REsp 1.549.836-RS, Rel. Min. Ricardo Villas Bôas Cueva, Rel. para acórdão Min. João Otávio de Noronha, por maioria, j. 17/05/2016, DJe 06/09/2016 – *Informativo* nº 589.

37 Há decisão do STF no sentido de que as sentenças meramente homologatórias de acordo podem ser objeto de ação anulatória. É o que se extrai em: STF. AR 2.697 AgR/RS, Rel. Min. Edson Fachin. DJ 21/03/2019. STF. AR 2.440 AgR/DF, Rel. Min. Ricardo Lewandowski, j. 19/09/2018.

em julgado da sentença (*insanabilis*) ou não tão graves e passíveis de convalidação (*sanabilis*).[38]

No caso específico da ausência de citação, este vício caracterizaria uma inexistência, que jamais convalida e que poderia ser pronunciada a qualquer momento, seja nos próprios autos ou no bojo de outro processo que venha a ser instaurado. Ademais, esta demanda se traduz em um novo processo de competência originária do magistrado lotado em primeira instância e que não se submete a qualquer prazo prescricional ou decadencial para o seu exercício. Afinal, se o intento do demandante é eliminar um estado de incerteza, a mesma poderá ser buscada a qualquer momento, como também ocorre com as demais ações em que se pleiteia a prolação de uma decisão meramente declaratória.

Nos dias atuais, no entanto, não há mais necessidade de se adotar estes termos em língua estrangeira, que se referem a institutos que nos próprios países de origem não necessariamente continuam a ser utilizados. É mais prático e até facilita a compreensão de todos os envolvidos vislumbrar que a ação anulatória busca tão somente desconstituir algo enquanto o intento em ver reconhecida a ausência de citação em um processo denota a promoção de uma ação declaratória.

39.3. RECLAMAÇÃO

A reclamação, de acordo com a jurisprudência do STF, decorre do exercício do direito de ação e instaura um processo de conhecimento, de competência originária nesta mesma Corte ou em outros tribunais, conforme o caso, inaugurando um procedimento de jurisdição contenciosa.[39]

As hipóteses para o seu cabimento são as mais diversas possíveis. Por exemplo, existem normas na Carta Magna (art. 12, inc. I, alínea "l" e art. 105, inc. I, alínea "f", ambos da CRFB), que autorizam o seu manejo para fins de preservação da competência e garantia da autoridade das decisões proferidas pelo STF e STJ. Só que, já há alguns

---

38 MOREIRA, José Carlos. *Comentários ao código de processo civil.* 14ª ed. Rio de Janeiro: Forense, 2008. v. V, pp. 97-99, cita os dados históricos e de direito comparado que justificam o surgimento das ações autônomas de impugnação e a distinção destas com os recursos.

39 Expondo as principais divergências sobre a natureza jurídica da reclamação, é importante a leitura de trecho do voto vencido proferido pelo Ministro Celso de Mello, nos autos da Reclamação nº 9.428/DF: "*Todos sabemos que a reclamação, qualquer que seja a natureza que se lhe atribui – ação (PONTES DE MIRANDA, "Comentários ao Código de Processo Civil", tomo V/384, Forense), recurso ou sucedâneo recursal (MOACYR AMARAL SANTOS, RTJ 56/546-548; ALCIDES DE MENDONÇA LIMA, "O Poder Judiciário e a Nova Constituição", p. 80, 1989, Aide), remédio incomum (OROSIMBO NONATO, "apud" Cordeiro de Mello, "O processo no STF", v. 1/280), incidente processual (MONIZ DE ARAGÃO, "A Correição Parcial", p. 110, 1969), medida de direito processual constitucional (JOSÉ FREDERICO MARQUES, "Manual de Direito Processual Civil", v. 3º, 2ª parte, p. 199, item nº 653, 9ª ed., 1987, Saraiva) ou medida processual de caráter excepcional (Ministro DJACI FALCÃO, RTJ 112/518-522), configura instrumento de extração constitucional destinado a viabilizar, na concretização de sua dupla função de ordem político-jurídica, a preservação da competência e a garantia da autoridade das decisões do STF (CF, art. 102, inc. I, "l"), consoante tem enfatizado a jurisprudência desta Corte Suprema*" (STF. Reclamação nº 9.428/DF. Rel. Min. Cezar Peluso. DJ 10/12/2009). Vale destacar que, segundo orientação majoritária, a reclamação é uma ação de índole constitucional, conforme demonstra o seguinte aresto do Pretório Excelso: STF. Reclamação nº 4.987-PE. Rel. Min. Gilmar Mendes. DJ em 13/03/2007. Ainda sobre a finalidade da reclamação, recomenda-se a leitura de FIGUEIREDO, Luana Pedrosa de. *Reclamação constitucional para garantia de autoridade de decisao do STJ e violação dos deveres das partes*. In: MEDINA, José Miguel Garcia (Org.); CRUZ, Luana Pedrosa de Figueiredo (Org.); CERQUEIRA, Luís Otávio Sequeira de (Org.); GOMES JÚNIOR, Luiz Manoel (Org.). *Os poderes do juiz e o controle das decisões judiciais. Estudos em homenagem à Professora Teresa Arruda Alvim Wambier.* São Paulo: RT, 2008, p. 1.169.

anos, a jurisprudência vinha reconhecendo a possibilidade de reclamação ajuizada diretamente nos tribunais inferiores. O Pretório Excelso, por exemplo, ampliou a sua utilização ao reconhecer que pode ser utilizada perante os Tribunais Estaduais, caso os juízos a ele vinculados venham dando interpretação da Constituição Estadual em desarmonia perante esta mesma Corte.[40] Modernamente (com o CPC em vigor), há julgamentos recentes do STF admitindo, em caráter excepcional, também o uso da via reclamação para que o *overruling* seja realizado.[41] Já o STJ, por sua vez, editou ato normativo (Resolução nº 12, de 2009), que também autoriza o uso da reclamação com o intuito de dirimir eventuais divergências entre as suas decisões e aquelas proferidas pelas Turmas Recursais do Juizado Especial, o que, de certa forma, é uma tentativa de harmonizar a interpretação da lei federal, a despeito da impossibilidade do uso do RESP nestes processos.

Com o CPC, este viés de ampliação fica ainda mais claro, pois há dispositivo (art. 988) que não apenas amplia as hipóteses em que a mesma pode ser utilizada como, também, deixa bem claro que esta via poderá ser adotada em qualquer tribunal, *verbis*: "*Caberá reclamação da parte interessada ou do Ministério Público para: I – preservar a competência do tribunal; II – garantir a autoridade das decisões do tribunal; III – garantir a observância de enunciado de súmula vinculante e de decisão do Supremo Tribunal Federal em controle concentrado de constitucionalidade; IV – garantir a observância de precedente de incidente de resolução de demandas repetitivas ou de incidente de assunção de competência. § 1º A reclamação pode ser proposta perante qualquer tribunal, e seu julgamento compete ao órgão jurisdicional cuja competência se busca preservar ou cuja autoridade se pretenda garantir*".[42]

No entanto, a reclamação não poderá ser utilizada quando a decisão judicial já tiver transitado em julgado, por não se constituir em sucedâneo de ação rescisória. É do que cuida o Verbete nº 734 da Súmula do STF: "*Não cabe reclamação quando já houver transitado em julgado o ato judicial que se alega tenha desrespeitado decisão do STF*". Acrescenta-se que, no CPC, há normas que tratam exatamente desta mesma questão (art. 988, §§ 5º, inc. I, e 6º).[43] Igualmente, não é cabível reclamação proposta perante o STF ou o STJ para garantir a observância de precedente de repercussão geral ou de recurso especial em questão repetitiva, quando não esgotadas as instâncias ordinárias (art. 988, § 5º, inc. II),[44] o que coincide com entendimento previsto em outro ato normativo (art. 7º, Lei nº 11.417/2006).

---

40 STF. Ação direta de inconstitucionalidade nº 2.212/CE. Rel.ª Min.ª Ellen Gracie. DJ 14/11/2003.

41 STF. Medida Cautelar na Reclamação nº 24.506/SP. Rel. Min. Dias Toffoli. DJ 29/06/2016.

42 Como exemplo do uso da reclamação em casos de usurpação de competência, pode ser mencionado aquele em que determinado Tribunal Regional Federal ou Estadual realiza, de maneira equivocada, juízo de admissibilidade de recurso ordinário, pois tal tarefa é somente de Tribunais Superiores (art. 1.028, § 3º). É o que se extrai em: STJ. Reclamação nº 35.958-CE. Rel. Min. Marco Aurélio Bellizze. DJ 10/04/2019.

43 Há orientação do STJ de que, no caso do mandado de segurança (que guarda muitas semelhanças com a reclamação, que ora é estudada), este deverá ter o seu mérito apreciado independentemente de superveniente trânsito em julgado da decisão que impugna: STJ. EDcl no MS nº 22.157-DF. Rel. Min. Luis Felipe Salomão. DJ 11/06/2019.

44 STF. Rcl 24.686 ED-AgR/RJ, Rel. Min. Teori Zavascki, j. 28/10/2016.

A petição inicial, que deverá vir acompanhada com prova documental, será autuada e distribuída ao relator da causa principal, sempre que possível (art. 988, §§ 2º e 3º). Mas, naquelas situações em que a decisão objeto da reclamação contrariar jurisprudência dominante do STF, há norma (art. 161, parágrafo único, RISTF), que até mesmo já permite que o ministro relator possa imediatamente julgar procedente o pedido, cassando o referido ato decisório até mesmo independentemente das informações terem sido prestadas. Trata-se de hipótese excepcionalíssima de postergação do contraditório, eis que eventual equívoco somente poderá ser debatido se for interposto recurso da decisão liminar do relator.[45]

Mas, não sendo caso de indeferimento de plano, o relator ao despachá-la irá requisitar as informações à autoridade a cujo respeito tiver sido imputada a prática do ato impugnado no prazo de 10 (dez) dias e, se for o caso, até mesmo poderá conceder uma liminar *ex officio*, suspendendo a eficácia da decisão questionada ou mesmo a do processo em que ela tiver sido proferida. Além disso, também deverá ser determinada a citação do beneficiário da decisão impugnada, que terá prazo de 15 (quinze) dias para apresentar a sua contestação (art. 989). De todo modo, consta previsão (art. 990) de que, nestas demandas, qualquer interessado também poderá impugnar o pedido.

Após o decurso do prazo para a apresentação das informações e da contestação, deverá ser aberta vista ao Ministério Público, caso ele não tenha proposto a reclamação (art. 991) e, em seguida, os autos irão conclusos para julgamento. Sendo caso de improcedência, o ato judicial impugnado permanecerá *in totum*. Do contrário, na hipótese de procedência isso irá acarretar a cassação do ato questionado, bem como a determinação de medida adequada à solução da controvérsia (art. 992). Mas, tanto em um caso como em outro, é indevida a condenação em custas e honorários advocatícios, na esteira do que sugere determinado segmento doutrinário. Contudo, observa-se que há precedente não vinculante do STF em sentido contrário, pela possibilidade do arbitramento de honorários advocatícios em sede de reclamação.[46] E, na sequência, o presidente do tribunal determinará o imediato cumprimento da decisão, lavrando-se o acórdão posteriormente (art. 993).

A decisão que resolve a reclamação pode, por seu turno, ser impugnada por embargos de declaração, agravo interno (se tiver sido decidida monocraticamente pelo relator) e, dependendo da hipótese, até mesmo por REXTR, caso a mesma tenha sido decidida originariamente pelo STJ.

---

45 STF. Reclamação nº 18.856. Rel. Min. Gilmar Mendes. S/d.

46 STF. Reclamação 25.160 AgR-ED. Rel. Min. Dias Toffoli. DJ 17/10/2017.

39.4. FLUXOGRAMA

AÇÃO RESCISÓRIA

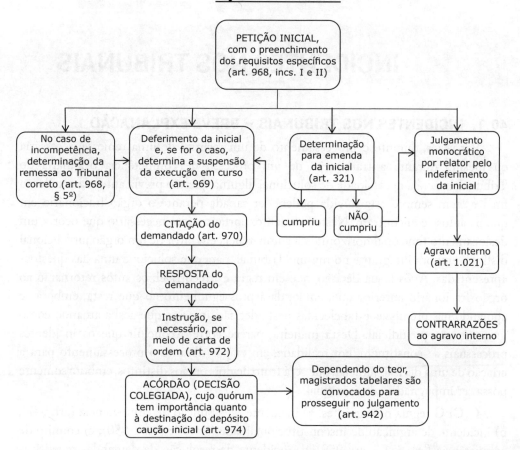

PETIÇÃO INICIAL, com o preenchimento dos requisitos específicos (art. 968, incs. I e II)

No caso de incompetência, determinação da remessa ao Tribunal correto (art. 968, § 5º)

Deferimento da inicial e, se for o caso, determina a suspensão da execução em curso (art. 969)

Determinação para emenda da inicial (art. 321)

Julgamento monocrático por relator pelo indeferimento da inicial

cumpriu

NÃO cumpriu

CITAÇÃO do demandado (art. 970)

Agravo interno (art. 1.021)

RESPOSTA do demandado

Instrução, se necessário, por meio de carta de ordem (art. 972)

CONTRARRAZÕES ao agravo interno

ACÓRDÃO (DECISÃO COLEGIADA), cujo quórum tem importância quanto à destinação do depósito caução inicial (art. 974)

Dependendo do teor, magistrados tabelares são convocados para prosseguir no julgamento (art. 942)

INCIDENTES NOS TRIBUNAIS

40.1. INCIDENTES NOS TRIBUNAIS – BREVE EXPLANAÇÃO

Por vezes, durante o processamento de um recurso, de uma remessa necessária ou mesmo durante a tramitação de um processo de competência originária do Tribunal, haverá a necessidade de solucionar alguma questão prévia antes da conclusão final e, nem sempre esta dúvida poderá ser sanada perante o órgão fracionário em que os autos se encontram. Neste momento, portanto, será necessário que ocorra um deslocamento funcional horizontal da competência em favor de um órgão jurisdicional distinto, embora integrante no mesmo Tribunal, para que solucione uma das questões apresentadas. Após a sua decisão, que em regra é irrecorrível, os autos retornarão ao órgão fracionário anterior que, então, dará prosseguimento ao que resta, embora se apoiando nas premissas estabelecidas nesta decisão anterior, que acaba atuando como uma questão prejudicial. Desta maneira, parece correto concluir que os incidentes processuais se constituem, em realidade, em etapas durante o processamento para a criação de uma decisão judicial, que será fruto de dois órgãos distintos, embora somente possa ser impugnada a decisão final.

O CPC regula os seguintes: a) incidente de assunção de competência (art. 947); b) incidente de arguição de inconstitucionalidade (art. 948 – art. 950); c) conflito de competência (art. 951 – art. 959); d) incidente de resolução de demandas repetitivas – IRDR (art. 976 – art. 987). Destes, apenas o conflito de competência é que já foi abordado em momento próprio (v. item nº 4.8.). Só que, diante de sua importância prática, esta obra também apresentará o incidente de suspensão da segurança ou da tutela provisória de urgência, que é regido por leis especiais.

40.2. INCIDENTE DE ASSUNÇÃO DA COMPETÊNCIA

Este incidente tem previsão pequena no CPC (art. 947). O mesmo pode ser instaurado durante o julgamento de recurso, remessa necessária ou de causa de competência originária que envolver relevante questão de direito com grande repercussão social, sem repetição em múltiplos processos. Em outras palavras, o mesmo deve ser adotado quando houver questão de direito repetitiva que surge em processos de causas distintas, que não podem ser consideradas como demandas seriais.[1] Um exemplo seria

---

1 CÂMARA, Alexandre Freitas. *O novo processo civil brasileiro.* São Paulo: Atlas, 2015, p. 452.

a definição de quais são os poderes exatos da atividade do *amicus curiae* no processo, eis que o CPC (art. 138, § 2º) não os estabelece pontualmente. Assim, é perfeitamente possível aquilatar que este tema, embora seja questão de direito com relevância social, não dará margem a processos repetitivos, uma vez tal questão poderá ser observada em processos que sejam absolutamente distintos entre si (v.g., um processo em que se busca a revisão de contrato e um outro, já coletivo, que fala sobre direitos do consumidor).

A finalidade deste incidente é, justamente, trabalhar em prol de prevenir eventual divergência nas decisões proferidas entre as turmas e as câmaras do mesmo tribunal. Desta maneira, presentes os seus requisitos ensejadores, o relator poderá propor o início deste incidente de ofício ou a requerimento da parte ou do Ministério Público ou da Defensoria Pública (art. 947, § 1º). Sendo o mesmo aceito, os autos serão encaminhados ao órgão colegiado com competência regimental para apreciá-lo.

Pode ocorrer, porém, que este órgão colegiado delibere pela desnecessidade de ser instaurado este incidente, em virtude da ausência de preenchimento dos seus pressupostos. Em tais casos, será proferida decisão e os autos retornarão ao órgão anterior, que irá prossseguir no julgamento do recurso, da remessa necessária ou da causa de competência originária.

Contudo, pode ocorrer exatamente o oposto, ou seja, o reconhecimento de que estão presentes os pressupostos para que este incidente seja processado. E, nesta nova hipótese, será proferida decisão pelo órgão colegiado que, não apenas irá julgar o recurso, a remessa necessária ou mesmo a ação de competência originária, mas, também, estabelecerá a tese jurídica a ser aplicável aos futuros casos, o que deverá ser respeitado por todos os órgãos jurisdicionais vinculados àquele determinado tribunal, seja desde uma Vara Cível a uma Câmara ou Turma com competência cível no mesmo Tribunal (art. 947, § 3º). Esta vinculação, porém, deixa de existir quando houver revisão da tese (*overruled*).

A decisão proferida pelo Tribunal no julgamento deste incidente, por também implicar na análise do recurso, na remessa necessária ou na ação que lhe originou, permitirá, conforme o caso, a interposição tanto do REXTR como do RESP. E, se os órgãos jurisdicionais vinculados a este tribunal não a observarem, o prejudicado poderá, além de recorrer, também se valer da via reclamação (art. 988, inc. IV).

Por fim, é importante destacar que este incidente, guardadas as devidas semelhanças, não se confunde com o RESP motivado pelo dissídio jurisprudencial (art. 105, inc. III, alínea "c", CRFB) e, também, com os embargos de divergência (art. 1.043 – art. 1.044). Com efeito, a assunção de competência, que tem natureza jurídica de incidente processual, somente pode ser empregada antes de a decisão final ter sido proferida, ou seja, somente pode ter o seu início durante o processamento de um recurso, remessa necessária ou mesmo processo de competência originária de Tribunal, para já fixar a tese jurídica a ser adotada. Contudo, os embargos de divergência ou mesmo o RESP são recursos que somente podem ser interpostos após ter sido proferida a decisão (e não antes dela, como acontece neste incidente). Vale dizer, ainda, que a diferença entre os embargos de divergência e o RESP é que o primeiro busca constatar e compor a divergência entre órgãos internos do mesmo Tribunal, o que já não ocorre com o segundo, que faz uma análise de decisões proferidas por mais de um Tribunal.

40.3. INCIDENTE DE ARGUIÇÃO DE INCONSTITUCIONALIDADE

O controle de constitucionalidade nada mais é do que a verificação da adequação, tanto dos aspectos formais quanto dos materiais, de uma lei em face da Constituição. O mesmo somente pode ser efetuado quando se tratar de ato normativo posterior à Carta Magna, eis que os anteriores se submetem ao fenômeno da recepção. Vale dizer, caso sejam compatíveis com a atual ordem constitucional, são recepcionados e continuam a ser válidos e a gerar efeitos automaticamente. Do contrário, ou seja, se houver alguma incompatibilidade do ponto de vista material, estes mesmos atos normativos não serão recepcionados e, consequentemente, não mais terão validade ou eficácia. O curioso é ressaltar que se a incompatibilidade for apenas formal, ainda assim este ato continuará presente na ordem jurídica, embora tenha sido recepcionado sob uma nova "roupagem".

Quanto ao controle de constitucionalidade em si, o Brasil adota dois modelos distintos. O primeiro deles é o controle concentrado ou abstrato, que é realizado perante o STF ou nos Tribunais Estaduais, dependendo do ato normativo impugnado e daquele que está sendo o paradigma. Em linhas gerais, se uma lei federal, uma Constituição Estadual ou lei estadual violar a Constituição Federal, será deflagrado um processo objetivo de controle de constitucionalidade perante o STF (v.g., uma ação direta de inconstitucionalidade), ao passo que se esta violação decorrer do desrespeito de uma lei estadual, lei orgânica municipal ou lei municipal em face da Constituição Estadual, a competência para a realização deste controle será dos Tribunais Estaduais. Em ambas as situações, o objeto deste controle não é um caso concreto, mas sim apenas a lei em abstrato perante uma dessas duas Cortes. Nelas, o Poder Judiciário acaba atuando com função legiferante negativa, ou seja, com o escopo de expurgar o ato normativo do ordenamento jurídico. E, ainda, o rol de legitimados para a propositura de demandas desta natureza é bem restrito.[2]

Já o segundo modelo adotado pelo Brasil é o denominado controle difuso ou concreto. Este pode ser instaurado por qualquer pessoa perante qualquer órgão integrante do Poder Judiciário nacional. A diferença é que a suposta inconstitucionalidade de uma lei se traduz em uma questão prejudicial interna, de modo que a sua solução não é acobertada pela coisa julgada, porque o juízo em primeira instância seria incompetente para tanto (art. 503, § 1º, inc. III). Se, por exemplo, uma parte vier em juízo com pedido para não pagar determinado tributo, sob a justificativa de que a lei que o criou é inconstitucional, o magistrado não estará declarando a inconstitucionalidade, mas sim a conhecendo para, no caso concreto, afastar a sua aplicação. Assim, apenas constará no dispositivo da sentença que o demandante não mais pagará tributo. Mas o ato normativo em si permanece a ser válido e gerar efeitos perante todos os demais.

---

2 O art. 2º da Lei 9.868/99, enumera os legitimados para a instauração do presente processo objetivo.

Este controle difuso pode ser realizado tanto pelo magistrado lotado em primeira instância como por aqueles que atuam nos Tribunais. Só que, curiosamente, o juiz tem uma liberdade muito maior em realizar este controle difuso de constitucionalidade do que qualquer membro do Tribunal, uma vez que estes últimos, em regra, não poderão agir isoladamente, devendo observar o incidente disposto no CPC (art. 948 – art. 950). Portanto, é muito importante observar que o tema que ora se aborda trata exclusivamente do controle de constitucionalidade difuso que for realizado perante Tribunal.

Durante o processamento de um recurso, de uma remessa necessária, ou mesmo no decorrer de um processo de competência originária do Tribunal, o controle difuso poderá ser suscitado, para fins do reconhecimento de uma inconstitucionalidade,[3] por qualquer magistrado que estiver atuando no caso, bem como pelo membro do Ministério Público, pelas próprias partes e, até mesmo, por algum terceiro interessado. Uma vez realizada esta provocação, o órgão fracionário deverá deliberar se a mesma é ou não consistente, após a oitiva do *parquet*, caso a provocação não tenha sido de iniciava do mesmo (art. 948).

Se, porventura, os membros deste órgão concluírem em sentido negativo, ou seja, de que esta questão não tem nenhuma relevância ao caso concreto, será dado prosseguimento ao julgamento (art. 949, inc. I). Ao contrário, se por maioria ou por unanimidade for entendido que esta questão envolvendo a inconstitucionalidade é relevante, será então lavrado acórdão e determinada a suspensão imprópria do processo para que a questão, envolvendo a constitucionalidade, seja definida pelo Pleno ou pelo Órgão Especial, dependendo da estrutura do Tribunal local (art. 949, inc. II). É, portanto, mais uma hipótese em que haverá a cisão funcional horizontal da competência, ou seja, a transferência da solução de uma questão advinda de um processo para órgão jurisdicional distinto, embora integrante da estrutura do mesmo Tribunal.

Logo, não se afigura possível que os órgãos fracionários de um Tribunal, como as Turmas ou Câmaras, possam realizar diretamente este controle difuso, o que, por sinal, vem a atender exigência constitucional (art. 97, CRFB), que cuida do princípio da reserva de plenário, *verbis*: "*Somente pelo voto da maioria absoluta de seus membros ou dos membros do respectivo órgão especial poderão os tribunais declarar a inconstitucionalidade de lei ou ato normativo do Poder Público*". Assim, a falta de observância desta providência acarreta vício no julgamento.[4]

Mas esta remessa dos autos ao Pleno ou Órgão Especial pode, em algumas situações, ser mitigada. Com efeito, uma delas ocorre quando o processo já tramita perante estes órgãos, o que permite que esta questão seja imediatamente deliberada e decidida. Outra, por sinal bastante frequente, é quando o controle difuso for suscitado perante Turma Recursal, já que a mesma não pode ser caracterizada como Tribunal e,

---

3 BUENO, Cassio Scarpinella. *Curso sistematizado de direito processual civil*. São Paulo: Saraiva, 2008. v. 5, p. 256, faz a ressalva de que, para o caso de reconhecimento da constitucionalidade de normas jurídicas, não há, contudo, espaço para o desenvolvimento do procedimento regulado pelos arts. 948 ao 950, ou seja, o *full bench*, que seria a manifestação do Pleno ou do Órgão Especial.

4 TJ-AP. Embargos de Declaração. Proc. 0000482-31.2016.8.03.0000, Rel. Des. Raimundo Vales, Câmara Única, j. 21/02/2017.

por esta razão, escapa da incidência do princípio da reserva de plenário (art. 97, CRFB). E, ainda, também não haverá necessidade de efetuar esta remessa quando já houver manifestação do Plenário ou do órgão especial do Tribunal local ou mesmo do STF a respeito desta alegada inconstitucionalidade (art. 949, parágrafo único).

Esta norma (art. 949, parágrafo único), que dispensa a remessa dos autos quando já há prévio pronunciamento e que também constava no modelo primitivo (art. 481, parágrafo único, CPC-73), sofre diversas críticas e até mesmo chega a ser taxada, por alguns, de inconstitucional, com base nos seguintes fundamentos: a) estabelece uma exceção, por lei infraconstitucional, que frontalmente se opõe a uma exigência estabelecida no texto constitucional; b) como o precedente proferido em um incidente poderá ser adotado em outros processos, isto geraria violação ao princípio do devido processo legal, do contraditório e da ampla defesa, já que aqueles que não participaram do processo originário não puderam se defender.[5] Contudo, a orientação jurisprudencial não é esta, eis que não vislumbra nesta norma (art. 949, parágrafo único), qualquer ranço de inconstitucionalidade, pois a mesma simplesmente favorece a celeridade processual, já que apenas geraria mais burocracia ter que submeter novamente, ao mesmo órgão, idêntica matéria anteriormente já apreciada.

Durante o processamento deste incidente, as pessoas jurídicas de direito público responsáveis pela edição do ato questionado poderão manifestar-se no incidente de inconstitucionalidade se assim o requererem, observados os prazos e as condições previstos no regimento interno do tribunal (art. 950, § 1º). Igualmente, a parte legitimada à propositura das ações visando ao controle abstrato de constitucionalidade (art. 103, CRFB), poderá manifestar-se, por escrito, sobre a questão constitucional objeto de apreciação, no prazo previsto pelo regimento interno, sendo-lhe assegurado o direito de apresentar memoriais ou de requerer a juntada de documentos (art. 950, § 2º). E, por fim, considerando a relevância da matéria e a representatividade dos postulantes, o relator poderá admitir, por despacho irrecorrível, a manifestação de outros órgãos ou entidades (art. 950, § 3º).

A decisão proferida pelo Pleno ou pelo Órgão Especial, se pela constitucionalidade ou não do ato normativo, deve ser tomada por maioria absoluta dos membros do Tribunal e não comporta recurso. Neste sentido, o Verbete nº 513 da Súmula do STF esclarece: *"A decisão que enseja a interposição de recurso ordinário ou extraordinário não é a do plenário, que resolve o incidente de inconstitucionalidade, mas a do órgão (câmaras, grupos ou turmas) que completa o julgamento do feito"*. Fica a ressalva, mais uma vez, de que os embargos de declaração serão sempre cabíveis. E, na sequência, os autos retornarão ao órgão que originou este incidente, para que possa ser proferida a decisão aplicando a orientação firmada pelo Pleno ou pelo Órgão Especial. Esta decisão, por sinal, é que poderá comportar diversos recursos, como os embargos de declaração, o REXTR e o RESP, conforme o caso.

---

5 CÂMARA, Alexandre Freitas. *Lições de direito processual civil.* 10ª ed. Rio de Janeiro: Lumen Juris, 2005. *v. 2*, p. 44.

40.4. DO INCIDENTE DE RESOLUÇÃO DE DEMANDAS REPETITIVAS (IRDR)

Trata-se de um novo incidente inspirado em um modelo adotado na Alemanha (*Musterverfahren*), de uso mais restrito e levemente diferenciado. Para que o mesmo seja instaurado é necessário que haja repetição de processos que contenham controvérsia sobre a mesma questão unicamente de direito e risco à isonomia e à segurança jurídica (art. 976).

A legitimidade para este incidente pode ser das próprias partes da demanda, bem como do Ministério Público, Defensoria Pública ou até mesmo de ofício. O *parquet* atuará como fiscal da ordem jurídica nos casos em que não teve a iniciativa (art. 977, incs. I, II e III).

Este requerimento deverá ser dirigido à presidência do tribunal inferior (v.g., TRF ou TJ, por exemplo), devidamente instruído com os documentos necessários à demonstração do preenchimento dos pressupostos para a sua instauração.[6] Há isenção de custas (art. 977, *caput*), o que certamente irá gerar questionamentos sobre a constitucionalidade do tema, por implicar em indevida isenção heterônoma.[7] Contudo, o órgão responsável pelo julgamento é aquele que o regimento interno indicar, dentre aqueles que tratam da uniformização de jurisprudência do próprio tribunal (art. 978).

A inadmissão do incidente pode ser motivada por já existir quanto tribunal superior já tiver afetado recurso para definição de tese sobre questão de direito material ou processual repetitiva. Pode também ser fundada, por exemplo, na ausência de risco à isonomia. Contudo, a inadmissão não impede a instauração de novo procedimento, caso sejam regularizadas as pendências (art. 976, §§ 3º e 4º). Aliás, é justamente por este motivo que há entendimento no STJ pela impossibilidade do uso do RESP para impugnar eventual decisão que rejeita liminarmente o IRDR.[8]

Após a instauração, haverá publicidade do incidente, bem como do tema que trata (art. 979). Admitido o incidente, o relator suspenderá os processos individuais ou coletivos pendentes, que tramitam em sua área de jurisdição, bem como requisitará informações a órgãos em cujo juízo tramita processo no qual se discute o objeto do incidente (art. 982). Neste ínterim, os eventuais requerimentos de tutelas de urgência podem ser apresentados nos próprios processos sobrestados e serão enfrentados nos respectivos juízos (art. 982, § 2º).

---

6 Há divergência nos Tribunais Superiores quanto ao cabimento e processamento do IRDR neles próprios. O STJ, em decisão do segundo semestre de 2019, concluiu pela possibilidade de instauração deste incidente em casos oriundos de sua competência recursal residual e de sua competência originária, também argumentando que não há vedação expressa do CPC (STJ. AgInt na Pet. nº 11.838-MS. Rel.ª Min.ª Laurita Vaz e para o acórdão Rel. Min. João Otávio de Noronha. DJ 07/08/2019). O STF, contudo, por sua vez já decidiu em data muito próxima exatamente o oposto, ou seja, que a competência para julgar o IRDR é apenas dos Tribunais de segunda instância. Foi adotado como argumento a circunstância de que, segundo o CPC, os Tribunais Superiores criam precedentes vinculantes por outros meios, como no julgamento dos recursos excepcionais repetitivos (STF. Pet. 8.245-AM, Rel. Min. Dias Toffoli, DJ 10/10/2019).

7 BUENO, Cassio Scarpinella. *Manual de direito processual civil*. São Paulo: Saraiva, 2015, p. 580.

8 STJ. REsp nº 1.631.846. Relator Min. Paulo de Tarso Sanseverino. Relatora para o acórdão Min.ª Nancy Andrighi. DJ 22/11/2019.

Este sobrestamento pode durar até 1 (um) ano. Findo o prazo sem solução, todos os processos voltam a tramitar, o que é extremamente salutar, pois a indefinição na solução atenta contra o tempo razoável de duração do processo. Porém, a suspensão pode permanecer se o relator assim determinar e motivar (art. 980).

O relator poderá admitir e ouvir terceiros na qualidade de *amicus curiae*. Também poderá designar audiência pública para a oitiva de pessoas com experiência e conhecimento na matéria (art. 983). Já foi criticada a modalidade interventiva deste incidente, uma vez que a mesma pressupõe que o terceiro possui interesse próprio na definição da tese, o que não se coaduana com o histórico participativo do *amicus curiae* (v. item nº 10.1.6.).

Após a instrução, será designada data para julgamento. No dia, o relator fará a exposição do fato e na sequência será dado o direito de sustentação oral, pelo prazo de 30 (trinta) minutos, que poderá ser ampliado dependendo dos números de inscritos para sustentar (art. 984). A decisão proferida pelo órgão competente de firmar a tese jurídica, também deve analisar o recurso, a remessa necessária ou a causa de competência originária de que se originou este incidente.

Esta decisão será aplicada aos demais processos que versem sobre o mesmo tema na área em que o tribunal possui competência, inclusive perante aqueles que observam o microssistema dos juizados especiais (art. 985, incs. I e II). Quanto a este ponto, aliás, são necessárias algumas reflexões. É que, a princípio, afigura-se impossível ao TJ ou ao TRF estabelecer precedentes sobre questões processuais típicas do Juizado Especial (v.g., legitimidade, complexidade da causa, procedimento, dentre outras), que devem ser solucionadas dentro do próprio sistema especializado. No entanto, em relação a matérias de direito substancial (v.g., como nos temas envolvendo direito do consumidor), cujo conhecimento é comum aos 2 (dois) sistemas, já não se parece possível afastar a possibilidade de instauração de IRDR pelo Tribunal local. Quanto a este tema, por sinal, até mesmo já existe o enunciado nº 21 da Enfam, sobre as primeiras impressões sobre o novo CCP: "*O IRDR pode ser suscitado com base em demandas repetitivas em curso nos juizados especiais*". Contudo, é inegável que esta possibilidade criará um aumento incomensurável de reclamações (art. 985, § 1º) nos Tribunais, já que o sistema dos juizados restringe o uso de recursos, em sério prejuízo para a prestação jurisdicional em tempo razoável. Na doutrina, já há quem sustente que esta estensão é inconstitucional, seja por alargar a competência dos tribunais prevista na Carta Magna, seja também por violar o preceito reitor deste microssistema, que estabelece a turma recursal como o órgão próprio para fixação das teses (art. 98, inc. I, CRFB).[9]

A falta de observância da decisão do incidente por qualquer magistrado motivará o uso da via reclamação, ao mesmo tribunal (art. 985, § 1º). Além disso, deve ser ressalvado que também o Poder Executivo deve observar o teor da decisão neste incidente, em casos envolvendo a prestação de serviço concedido, permitido ou autorizado, razão pela

---

9 BUENO, Cassio Scarpinella. *Manual de direito processual civil*. São Paulo: Saraiva, 2015, p. 589.

qual se deve efetuar comunicação à agência reguladora competente para a fiscalização da efetiva aplicação (art. 985, § 2º).

A decisão deste incidente não gera coisa julgada ou preclusão quanto à tese firmada, embora gere coisa julgada no caso concreto que foi apreciado na sequência. No entanto, é possível a revisão da tese no mesmo tribunal e pelos mesmos legitimados (*overruled* – art. 986).

Esta decisão pode ser impugnada por REXTR ou por RESP, conforme o caso, muito embora estes passem a ter efeito suspensivo com presunção de existência de repercussão geral (art. 987, §§ 1º e 2º).

40.5. INCIDENTE DE SUSPENSÃO DA SEGURANÇA OU DA TUTELA PROVISÓRIA DE URGÊNCIA

40.5.1. Introdução

A suspensão de segurança foi prevista inicialmente por ato normativo que atualmente já se encontra revogado (art. 4º, Lei nº 4.348/64, que foi revogada pela Lei nº 12.016/2009). Tratava-se de um mecanismo que poderia ser utilizado apenas pela Fazenda Pública para obter a suspensão da eficácia de uma liminar concedida em sede de mandado de segurança e que era direcionada diretamente ao Presidente do Tribunal a que estivesse diretamente vinculado o magistrado prolator da decisão. No entanto, posteriormente foram criados novos diplomas e reconhecidas outras espécies de tutelas de urgência, o que gerou um incremento maior do presente tema.

Atualmente, o requerimento de suspensão de segurança (SS), que é a nomenclatura mais adotada, também pode ser utilizado para qualquer espécie de tutela provisória de urgência concedida em desfavor da Fazenda Pública, sejam aquelas fixadas em decisão interlocutória ou mesmo em sentença, dependendo do caso. Portanto, nada impede que sejam detectadas outras nomenclaturas como, por exemplo, a de suspensão da tutela provisória de urgência antecipada (STA), que também é bastante empregada.

Os textos normativos que atualmente preveem este mecanismo são, basicamente: a) art. 12, § 1º, Lei nº 7.347/85 (que cuida da liminar concedida em sede de ação civil pública); b) art. 4º, Lei nº 8.437/92 (que é o mais completo e cujo procedimento é o mais citado); c) art. 1º, Lei nº 9.494/97 (que reserva o mesmo tratamento previsto na Lei nº 8.437/92 à antecipação dos efeitos da tutela, que pelo CPC é tratada como tutela provisória de urgência antecipada); d) art. 16, Lei nº 9.507/97 (que cuida de tutela provisória de urgência concedida em sede de *habeas data*); e) e, por fim, o art. 15, da Lei nº 12.016/2009 (que cuida do mandado de segurança).

Também há previsão de repetição deste requerimento perante o STJ e o STF (art. 25, Lei nº 8.038/90), após haver sido apresentado anteriormente no Tribunal inferior. Contudo, o mesmo até pode ser, eventualmente, requerido inicialmente no

STJ ou mesmo no STF, quando se tratar de tutela provisória de urgência concedida em processo de competência original de algum Tribunal inferior.

A natureza jurídica deste instrumento é ainda bastante discutida e se encontra longe de estar pacífica. Em síntese, há entendimento no sentido de que o mesmo é: a) recurso; b) sucedâneo recursal; c) incidente processual. Parece não se tratar, a toda evidência, de um recurso ou sucedâneo recursal, pois este instrumento é absolutamente inábil para provocar a reforma ou anulação de uma decisão jurisdicional. Em realidade, o seu objetivo é tão somente provocar o órgão jurisdicional competente para a concessão de um provimento de urgência que, no caso, pretende sustar a eficácia de uma determinada decisão para que uma lesão seja evitada. No entanto, como o mesmo não decorre do exercício de direito de ação e nem mesmo inaugura uma nova relação jurídica processual, fatalmente não caracteriza um processo cautelar autônomo (que, aliás, é mitigado com o advento do CPC), mas sim mero incidente processual que é um desdobramento (inclusive físico), do processo anteriormente já instaurado.[10]

40.5.2. Legitimidade para o requerimento

O requerimento de suspensão de segurança usualmente é realizado pela própria Fazenda Pública, aí incluindo a União, Estados, Distrito Federal, Municípios, Autarquias e Fundações autárquicas, que possam ter interesse em sustar os efeitos da decisão judicial. Há norma (art. 4º, Lei nº 8.437/92) também conferindo legitimidade ao Ministério Público.

A jurisprudência, por seu turno, também vem autorizando que este pleito seja realizado por empresa pública, sociedade de economia mista ou mesmo pessoas jurídicas de direito privado quando se encontrarem no exercício de alguma função pública concedida ou delegada.

Não há que se falar em inconstitucionalidade (ou ausência de recepção, dependendo do diploma legal) das leis que tratam deste instituto, mormente por violação ao princípio da isonomia (art. 5º, *caput*, CRFB) em decorrência de idêntico direito não ser assegurado aos particulares, pois este incidente se justifica em razão da supremacia do interesse público.[11] Perceba-se que o que há de comum, entre todos os legitimados para o pleito é, justamente, o exercício de alguma função ou atividade que represente ou exteriorize o interesse público.

Deve ser acrescentado, ainda, que este pleito pode ser formulado mesmo que o requerente ainda não tenha sido citado no processo em que foi concedida a tutela provisória de urgência em caráter *inaudita altera parte*.

---

10 DIDIER JR., Fredie. CUNHA, Leonardo Carneiro da. *Curso de direito processual civil. Meios de impugnação às decisões judiciais e processos nos Tribunais.* 7ª ed. Salvador: JusPodivm, 2009. v. 3, p. 496.

11 Em sentido contrário ao texto, vislumbrando que este mecanismo fere o princípio da isonomia: BUENO, Cassio Scarpinella. *O poder público em juízo.* 3ª ed. São Paulo: Saraiva, 2005, p. 59.

40.5.3. Competência para a decisão

Este requerimento de suspensão de segurança deve ser formulado inicialmente ao Presidente do Tribunal a que o magistrado que proferiu a decisão estiver vinculado. Assim, tratando-se de liminar concedida por Juiz Federal lotado na Seção Judiciária do Rio de Janeiro, este pedido deverá ser dirigido ao Presidente do TRF2. Caso seja decisão da lavra de Juiz de Direito do Estado do Rio de Janeiro, a SS será encaminhada ao TJ-RJ. E, ainda, caso o magistrado estadual esteja no exercício de competência federal (art. 109, § 3º, CRFB), eventual pedido de suspensão deverá ser apresentado perante o TRF (art. 109, § 4º, CRFB).

Após a preclusão das vias que podem ser utilizadas para impugnar a decisão do Tribunal inferior (nele próprio), é possível que haja a repetição da SS, mas agora perante o STJ ou STF (art. 25, Lei nº 8.038/90), embora seja necessário demonstrar que o fundamento tem natureza constitucional ou infraconstitucional, conforme o caso. Não é possível, porém, que este pedido de suspensão seja apresentado *per saltum*, isto é, diretamente a estes Tribunais Superiores, o que, de certa forma, se assemelha em parte ao requisito de admissibilidade do RESP e REXTR consistente no "exaurimento". Aliás, na hipótese de serem apresentadas SS perante os dois Tribunais ao mesmo tempo, deve ser aplicada, por analogia, regra constante no CPC (art. 1.031), de modo que o STJ possa decidir primeiro, salvo quando o requerimento formulado no STF de alguma forma configurar uma prejudicial.[12]

40.5.4. Procedimento

Para que seja possível a suspensão da segurança ou da tutela de urgência, o interessado deverá apresentar o seu requerimento por meio de petição subscrita por detentor de capacidade postulatória, narrando o motivo pelo qual a decisão judicial se encontra em flagrante ilegitimidade ou a razão que justifique o interesse público em suspendê-la, sob risco de grave lesão à ordem, à saúde, à segurança e à economia públicas. Neste procedimento não há a necessidade de produção de provas, uma vez que há a presunção da veracidade e legalidade do agir da Fazenda Pública. Acrescenta-se que, para a formalização da pretensão e análise deste pedido de suspensão de segurança, basta o requerimento em simples petição dirigida ao Presidente do Tribunal, sem que esta peça tenha a forma e os mesmos requisitos de uma "petição inicial", conforme já decidido pelo STJ.[13]

Nenhuma lei estabelece prazo específico para que este pedido de suspensão de segurança seja formulado. No entanto, como a sua justificativa é a ocorrência de grave

---

12 Em sentido contrário, por não permitir o emprego por analogia do art. 543 na presente situação: DIDIER JR., Fredie. CUNHA, Leonardo Carneiro da. *Curso de direito processual civil. Meios de impugnação às decisões judiciais e processos nos Tribunais.* 7ª ed. Salvador: JusPodivm, 2009. v. 3, p. 499.

13 STJ. AgInt no AgInt no SLS nº 2.116-MG. Rel.ª Min.ª Laurita Vaz. DJ 26/02/2019.

lesão que comprometa o interesse público, é de se esperar que o mesmo seja efetuado com a maior brevidade possível.

Ao analisar o pedido, o Presidente do Tribunal inferior pode: a) determinar que a peça seja emendada; b) indeferir ou deferir a suspensão pleiteada mesmo sem oitiva da outra parte (art. 4º, § 7º, Lei nº 8.437/92); c) determinar que primeiro a outra parte seja ouvida para que depois se manifeste. Em todo caso, o prazo para oitiva da outra parte e também do Ministério Público será de setenta e duas horas (art. 4º, § 2º, Lei nº 8.437/92).

Se for concedida ou não a suspensão pretendida, poderá qualquer uma das partes interpor recurso de agravo interno,[14] no prazo de 15 (quinze) dias (art. 1.070), dirigido ao Plenário ou Corte Especial do Tribunal inferior, o que é definido de acordo com a quantidade de seus membros.[15] Contudo, caso este recurso seja interposto pela Fazenda Pública, não será possível que o mesmo seja em dobro (art. 183). É que o procedimento traçado por esta legislação (Lei nº 8.437/92) contempla, como visto, a participação da Fazenda Pública, pois para ela é que foi criado, eis que a mesma é quem usualmente atua imbuída de interesse público. Portanto, trata-se de prazo específico, não justificando esta dobra, que somente seria aplicável nos prazos genéricos previstos no CPC.

Não se permite a interposição de RESP ou REXTR desta decisão final do Tribunal inferior, posto que o requerimento em questão poderá ser apresentado novamente no STJ ou no STF, o que caracterizaria ausência de interesse recursal. São admitidos, porém, os embargos de declaração.

No STJ ou no STF, tais pleitos, que têm fundamento em outra norma (art. 4º, § 4º, Lei nº 8.437/92), serão analisados pelos seus respectivos Presidentes, cujas decisões também podem ser objeto de um novo agravo interno ou, eventualmente, até mesmo de embargos de declaração. Relembre-se que, para viabilidade destes requerimentos, deve ser observada regra pontual (art. 25, Lei nº 8.038/90), que condiciona esta prática à demonstração de fundamento de natureza constitucional ou infraconstitucional.

Caso concedida a suspensão, seja no Tribunal inferior ou mesmo no STJ ou STF, ela vigorará até o trânsito em julgado da decisão de mérito que posteriormente venha a ser proferida nos autos principais. A única hipótese de sustar a suspensão é a interposição do agravo interno, que atualmente é permitido tanto da decisão que concede como da que indefere o requerimento, conforme já exposto acima. Ressalva-se, por oportuno, que o STJ não permite ação rescisória para impugnar decisão do seu Presidente proferida em suspensão de liminar e de sentença, ainda que transitada em julgado, pois ela não torna indiscutível o objeto meritório da própria demanda anterior que originou este incidente.[16]

---

14 BUENO, Cassio Scarpinella. *O poder público em juízo.* 3ª ed. São Paulo: Saraiva, 2005, p. 39, já vislumbra essa reiteração como equivalente a um recurso.

15 DIDIER JR., Fredie. CUNHA, Leonardo Carneiro da. *Curso de direito processual civil. Meios de impugnação às decisões judiciais e processos nos Tribunais.* 7ª ed. Salvador: JusPodivm, 2009. v. 3, p. 503.

16 STJ. AR nº 5.857-MA. Rel. Min. Mauro Campbell Marques. DJ 15/05/2019.

E, por fim, há dispositivo (art. 4º, § 8º, Lei nº 8.437/92) que autoriza ao Presidente do respectivo Tribunal (inferior ou superior) estender os efeitos da suspensão a outras liminares cujo objeto seja idêntico, inclusive as supervenientes, desde que o interessado promova o aditamento do pedido original.

40.5.5. Reclamação, agravo de instrumento e SS simultâneos

Em regra, é vedada a concessão de tutela provisórias de urgência em face da Fazenda Pública (art. 1.059, que se reporta a outros atos normativos), e, principalmente, pelo que constou na decisão na ADC nº 4, que considerou como constitucional a referida restrição, cujo acórdão final inclusive se encontra revestido de eficácia vinculante. No entanto, ainda assim é possível localizar um grande número de decisões interlocutórias que concedem a antecipação dos efeitos da tutela, ainda que seja a Fazenda Pública no polo processual passivo. Os fundamentos são diversos, mas os mais comuns são: a) é possível quando se tratar de matéria previdenciária, de acordo com o Verbete nº 729 do STF; b) somente não é possível a concessão de tutelas provisórias de urgências nas hipóteses previstas estritamente em lei, o que não abrange as demais situações, pois o que não foi proibido deve ser reputado como permitido; c) quando há valores discutidos no processo que sejam de extrema relevância, tais como a vida ou saúde.

De qualquer maneira, se a Fazenda Pública entender que a concessão da medida de urgência de alguma forma lhe prejudica, a mesma irá dispor de um grande número de instrumentos processuais para que esta situação seja revista. Pode ser usada, por exemplo, a via da reclamação (ação autônoma de impugnação) diretamente ajuizada no STF, sob a justificativa de que o juízo inferior estaria desrespeitando a autoridade da mais alta Corte do país. Além disso, também seria possível interpor o agravo (recurso), na modalidade de instrumento, direcionado ao Tribunal local ou, ainda, formular o requerimento de suspensão da segurança (incidente processual) diretamente ao Presidente do mesmo Tribunal inferior. São, portanto, três vias processuais absolutamente distintas e independentes entre si, inclusive quanto ao objetivo, que podem ser usadas cumulativamente ou não. Com efeito, o fim da reclamação é restituir o respeito ao STF, o que será realizado pelo desfazimento da decisão que desrespeitou o seu entendimento em caráter vinculante. Por seu turno, o objetivo do recurso de agravo é obter a reforma ou anulação da decisão impugnada. E, quanto ao requerimento de suspensão de segurança, a sua finalidade é tão somente sustar a eficácia do ato impugnado, sem que o mesmo possa gerar a sua reforma ou anulação. Assim, o interessado pode se valer tão somente de apenas 1 (uma) das 3(três) vias como de todas ao mesmo tempo. Existe até mesmo previsão em norma própria (art. 4º, § 6º, Lei nº 8.437/92), que "*a interposição do agravo de instrumento contra a liminar concedida nas ações movidas contra o Poder Público e seus agentes não prejudica nem condiciona o julgamento do pedido de suspensão a que se refere este artigo*". Saliente-se que o dispositivo em comento usa corretamente o termo "interposição", pois realmente a opção por uma via não compromete o uso de outra.

Contudo, eventual julgamento de uma das vias escolhidas pode sim comprometer a outra.

Com efeito, ocorrendo êxito ao final da via da reclamação, a decisão será cassada e, consequentemente, os seus efeitos serão suspensos, o que implicará na afirmação de que o recurso de agravo se encontra prejudicado e na desnecessidade de prosseguimento do pedido de suspensão. Igualmente, o conhecimento e provimento do agravo também acarretam perda de objeto da reclamação ajuizada no STF e do pedido de suspensão de segurança. Mas o deferimento da suspensão pretendida não tem o objetivo de prejudicar ou condicionar a apreciação da reclamação já ajuizada ou mesmo do recurso de agravo já interposto, pois a finalidade destes não é apenas sustar os efeitos do ato decisório mas, também, até mesmo desconstituí-lo. Portanto, nesta última hipótese a reclamação e o agravo devem continuar a sua regular tramitação, não sendo de forma alguma afetados pela suspensão dos efeitos da decisão concedida no bojo da SS.

Anote-se, ainda, que mais especificamente no caso do agravo de instrumento, ainda que o relator venha a conceder efeito suspensivo ao mesmo (art. 1.019, inc. I), isso por si só não acarreta, de imediato, a desnecessidade de prosseguimento da suspensão de segurança, pois esta, uma vez obtida, faz perdurar este estágio durante todo o processo, até que ocorra o trânsito em julgado (art. 4, § 9º, Lei nº 8.437/92).

40.5.6. Reclamação, apelação e SS simultâneos

No item anterior foi observado o que pode ser realizado quando o magistrado concede uma tutela provisória de urgência contra a Fazenda Pública por meio de uma decisão interlocutória. Contudo, é perfeitamente plausível que seja concedida na própria sentença, havendo até mesmo disposição expressa neste sentido (art. 4º, § 1º, Lei nº 8.437/92), que menciona sentença proferida em processo cautelar em procedimento inominado, em ação popular ou mesmo na ação civil pública.

De fato, quase tudo o que foi escrito no item anterior pode ser aplicável nesta nova hipótese, exceto por um detalhe. É que quando a tutela provisória de urgência for concedida na própria sentença, a parte interessada, no caso, a Fazenda Pública, obrigatoriamente terá que interpor o recurso de apelação para que possa ajuizar a reclamação, pois, nesta hipótese o não emprego do recurso irá permitir que a sentença já proferida seja acobertada pelo manto da coisa julgada, o que tornaria impraticável a análise da reclamação diante do que prevê o Verbete nº 733 da Súmula do STF: "*Não cabe reclamação quando já houver transitado em julgado o ato judicial que se alega tenha desrespeitado decisão do STF*". E, igualmente, a não utilização do recurso compromete a viabilidade do pedido de suspensão, pois o mesmo somente pode ser pleiteado até o trânsito em julgado da sentença. Assim, nesta outra hipótese, a Fazenda Pública obrigatoriamente deverá apelar da sentença e, opcionalmente, poderá utilizar tanto a via da reclamação quanto da suspensão da segurança, ou toda em conjunto.

40.6. FLUXOGRAMA

<u>INCIDENTE DE RESOLUÇÃO DE DEMANDAS REPETITIVAS (IRDR)</u>

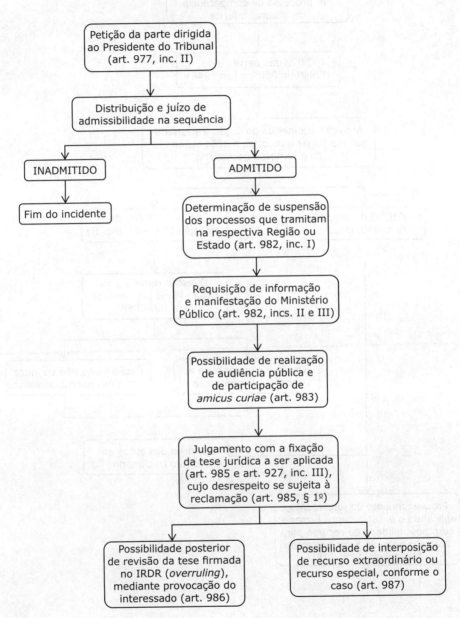

INCIDENTE DE INCONSTITUCIONALIDADE

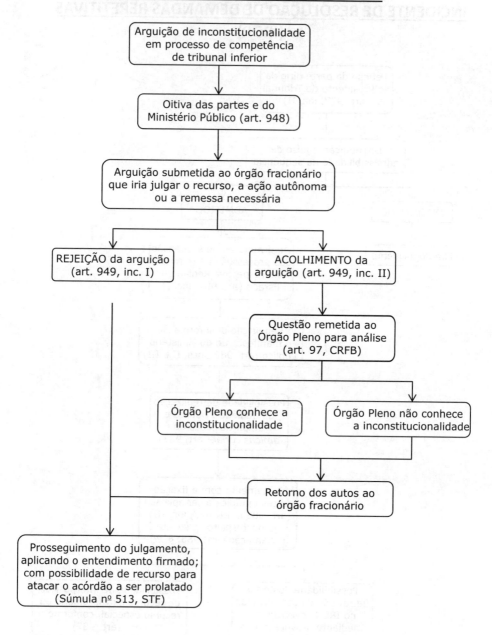

PARTE VI

AS DISPOSIÇÕES FINAIS E TRANSITÓRIAS DO CPC, O MICROSSISTEMA DOS JUIZADOS ESPECIAIS E A TEORIA GERAL DO PROCESSO COLETIVO

41

AS DISPOSIÇÕES FINAIS E TRANSITÓRIAS DO CPC

41.1. INTRODUÇÃO

O CPC é encerrado por um livro complementar, que trata das suas disposições finais e transitórias (art. 1.045 – art. 1.072). Trata-se de ponto importantíssimo da novel legislação, pois nelas constam regras de direito intertemporal, revogações de normas jurídicas constantes em outros diplomas, ultratividade de certas normas do antigo modelo (CPC-73), entre muitas outras questões.

Para a sua análise, optou-se por apresentar cada dispositivo, comentando-o logo na sequência.

41.2. ART. 1.045

A norma em comento prevê que: *"Este Código entra em vigor após decorrido 1 (um) ano da data de sua publicação oficial"*. Só que a contagem deste prazo deve observar disposição em lei específica (art. 8º, § 1º, LC nº 95/98). Assim, levando-se em consideração que a contagem do prazo para entrada em vigor das leis que estabeleçam período de vacância far-se-á com a inclusão da data da publicação e do último dia do prazo, entrando em vigor no dia subsequente à sua consumação integral, facilmente se constata que o CPC entrará em vigor em 18/03/2016.

É de se destacar que foi apresentado projeto de lei (PL nº 2.913/2015), buscando ampliar a *vacatio legis* para que o CPC somente entre em vigor em 2018.

41.3. ART. 1.046

A norma em comento prevê que: *"Ao entrar em vigor este Código, suas disposições se aplicarão desde logo aos processos pendentes, ficando revogada a Lei nº 5.869, de 11 de janeiro de 1973. § 1º As disposições da Lei nº 5.869, de 11 de janeiro de 1973, relativas ao procedimento sumário e aos procedimentos especiais que forem revogadas aplicar-se-ão às ações propostas e não sentenciadas até o início da vigência deste Código. § 2º Permanecem em vigor as disposições especiais dos procedimentos regulados em outras leis, aos quais se aplicará supletivamente este Código. § 3º Os processos mencionados no art. 1.218 da Lei nº 5.869, de 11 de janeiro de 1973, cujo procedimento ainda não tenha sido incorporado por lei submetem-se ao procedimento comum previsto neste Código. § 4º As remissões a disposições do Código de Processo Civil revogado, existentes em outras leis, passam a referir-se às que lhes são correspondentes neste Código. § 5º A primeira lista de processos para julgamento em ordem cronológica observará a antiguidade da distribuição entre os já conclusos na data da entrada em vigor deste Código".*

O artigo estabelece que as disposições constantes no CPC aplicam-se imediatamente aos processos pendentes, bem como que as antigas regras sobre os procedimentos que foram extintos continuam tendo aplicação nos processos pendentes até que a sentença tenha sido proferida. Em outras palavras, a antiga legislação (CPC/73) ainda é utilizada, ao menos na fase de conhecimento, nestes processos em que os ritos não mais existem, tais como o sumário, a usucapião, a ação de depósito, a ação de anulação de título ao portador, a ação de prestação de contas na modalidade de dar contas, a ação de nunciação de obra nova, os procedimentos cautelares típicos, entre outros. Com o CPC em vigor, as novas e futuras demandas que tiverem estes objetivos deverão observar doravante o procedimento comum.

Em outro parágrafo constante nesta mesma norma (art. 1.046, § 5º), também é estabelecida uma ordem cronológica para julgamento dos processos já conclusos quando da entrada em vigor do CPC, que prioriza a ordem de distribuição. Contudo, para os novos processos instaurados, a ordem de preferência já será a da conclusão (art. 12).

41.4. ART. 1.047

A norma em comento prevê que: *"As disposições de direito probatório adotadas neste Código aplicam-se apenas às provas requeridas ou determinadas de ofício a partir data de início de sua vigência".* Percebe-se, portanto, que o dispositivo estabelece que as novas disposições sobre direito probatório se aplicam apenas às provas requeridas ou deferidas após o advento do CPC. As antigas, ao contrário, permanecem regidas pelo modelo primitivo (CPC-73), até serem ultimadas, cujas regras passam a ter ultratividade temporária.

Para exemplificar, no que diz respeito à produção de prova oral em AIJ, a legislação anterior autorizava o chamado sistema presidencialista, segundo o qual caberá ao próprio magistrado colher pessoal e diretamente a prova (art. 446, inc. II, CPC-73). Porém, o atual permite que as próprias partes formulem perguntas diretamente às testemunhas (art. 459). Assim, se a prova testemunhal foi requerida, por exemplo, em fevereiro de 2016, a mesma será produzida de acordo com o modelo primitivo, já que o CPC somente será aplicado para aquelas que forem pleiteadas quando o mesmo já se encontrava em vigor.

41.5. ART. 1.048

A norma em comento prevê que: *"Terão prioridade de tramitação, em qualquer juízo ou tribunal, os procedimentos judiciais: I – em que figure como parte ou interessado pessoa com idade igual ou superior a 60 (sessenta) anos ou portadora de doença grave,assim compreendida qualquer das enumeradas no art. 6º, inc. XIV, da Lei nº 7.713, de 22 de dezembro de 1988; II – regulados pela Lei nº 8.069, de 13 de julho de 1990 (Estatuto da Criança e do Adolescente); III – em que figure como parte a vítima de violência doméstica e familiar, nos termos da Lei nº 11.340, de 7 de agosto de 2006 (Lei Maria da Penha). § 1º A pessoa interessada na obtenção do benefício, juntando prova de sua condição, deverá requerê-lo à autoridade judiciária competente para decidir o feito, que determinará ao cartório do juízo as providências a serem cumpridas. § 2º Deferida a prioridade, os autos receberão identificação própria que evidencie o regime de tramitação prioritária. § 3º Concedida a prioridade, essa não cessará com a morte do beneficiado, estendendo-se em favor do cônjuge supérstite ou do companheiro em união estável. § 4º A tramitação prioritária independe de deferimento pelo órgão jurisdicional e deverá ser imediatamente concedida diante da prova da condição de beneficiário".*

Como se percebe, o dispositivo estabelece uma ordem de prioridade de tramitação para os processos em que figura como parte pessoa com idade igual ou superior a 60 (sessenta) anos ou portadora de doença grave, bem como aquelas reguladas pelo Estatuto da Criança e do Adolescente (Lei nº 8.069/90). O requerente deve fazer prova de que preenche estes requisitos e, a princípio, a mesma independe de deferimento pelo órgão jurisdicional (art. 1.048, § 4º). Porém, é curioso detectar uma contradição do legislador nos parágrafos anteriores, que usam expressões como "concedida a prioridade" e "deferida a prioridade".

Em que pese a redação do último parágrafo desta norma, a concessão da prioridade de tramitação decorre de uma decisão judicial, não se tratando de providência automática ou algo que possa ser feito diretamente pelo serventuário. Portanto, por envolver a análise do preenchimento dos seus requisitos, é necessária uma decisão devidamente motivada.

41.6. ART. 1.049

A norma em comento prevê que: *"Sempre que a lei remeter a procedimento previsto na lei processual sem especificá-lo, será observado o procedimento comum previsto neste Código. Parágrafo único. Na hipótese de a lei remeter ao procedimento sumário, será observado o procedimento comum previsto neste Código, com as modificações previstas na própria lei especial, se houver".*

Observa-se que este dispositivo estabelece que quando qualquer lei específica submeter o processo a determinado rito sem esclarecer qual, é porque deverá ser observado o procedimento comum. O mesmo também se aplica em relação àquelas leis que fizerem menção a rito sumário ou sumaríssimo (v.g., art. 129, inc. II, Lei nº 8.213/91).

41.7. ART. 1.050

A norma em comento prevê que: *"A União, os Estados, o Distrito Federal, os Municípios, suas respectivas entidades da administração indireta, o Ministério Público, a*

Defensoria Pública e a Advocacia Pública, no prazo de 30 (trinta) dias a contar da data da entrada em vigor deste Código, deverão se cadastrar perante a administração do tribunal no qual atue para cumprimento do disposto no arts. 246, § 2º, e 270, parágrafo único".

O dispositivo estabelece que a Fazenda Pública deve realizar cadastro, em 30 (trinta) dias contados da entrada em vigor do CPC, para fins de agilidade na realização da citação e intimação em processos eletrônicos. O mesmo também deve ser observado pelo Ministério Público, Defensoria Pública e, também, pela Advocacia Pública. Este cadastro deverá ser realizado perante os tribunais que atuarem.

41.8. ART. 1.051

A norma em comento prevê que: *"As empresas públicas e privadas devem cumprir o disposto no art. 246, § 1º, no prazo de 30 (trinta) dias, a contar da data de inscrição do ato constitutivo da pessoa jurídica, perante o juízo onde tenham sede ou filial. Parágrafo único. O disposto no caput não se aplica às microempresas e às empresas de pequeno porte".*

O dispositivo estabelece que o mesmo cadastro mencionado no artigo anterior (art. 1.050) deve ser observado pelas empresas públicas e privadas, exceto pelas microempresas ou as de pequeno porte. Defende-se, contudo, que esta disposição somente seja observada por aquelas empresas que sejam grandes litigantes perante os tribunais, sob risco de se criar uma burocracia desnecessária.

41.9. ART. 1.052

A norma em comento prevê que: *"Até a edição de lei específica, as execuções contra devedor insolvente, em curso ou que venham a ser propostas, permanecem reguladas pelo Livro II, Título IV, da Lei nº 5.869, de 11 de janeiro de 1973".*

O dispositivo estabelece que até a criação de lei específica, o modelo primitivo (art. 748 – art. 786-A, CPC-73) permanece em vigor regulamentando os processos de execução por quantia certa em face de devedor insolvente, mais conhecido como insolvência civil. Este tema, inclusive, já foi abordado com profundidade nesta obra (v. item nº 33.3.).

41.10. ART. 1.053

A norma em comento prevê que: *"Os atos processuais praticados por meio eletrônico até a transição definitiva para certificação digital ficam convalidados, ainda que não tenham observado os requisitos mínimos estabelecidos por este Código, desde que tenham atingido sua finalidade e não tenha havido prejuízo à defesa de qualquer das partes".*

O dispositivo prestigia o princípio da instrumentalidade, ao possibilitar o aproveitamento dos atos processuais que tenham sido praticados por meio eletrônico que não observaram os requisitos estabelecidos pela novel legislação. Vale dizer, inclusive, que outra norma do CPC já deu ao tema semelhante solução (art. 195).

41.11. ART. 1.054

A norma em comento prevê que: "*O disposto no art. 503, § 1º, somente se aplica aos processos iniciados após a vigência deste Código, aplicando-se aos anteriores o disposto nos arts. 5º, 325 e 470 da Lei nº 5.869, de 11 de janeiro de 1973*".

O dispositivo estabelece que desaparece a ação declaratória incidental para os novos processos, posto que a questão prejudicial já pode ser imediatamente decidida na própria sentença, com força de coisa julgada.

Assim, observa-se que, pelo novo sistema criado, a coisa julgada irá abranger não apenas a solução da questão principal como, também, automaticamente a da questão prejudicial interna, desde que deste enfrentamento dependa a resolução do mérito, tenha sido respeitado o contraditório prévio e o juízo tenha competência em razão da matéria e da pessoa para apreciar tal tema. Em outras palavras, o magistrado estará decidindo além dos limites provocados inicialmente ao mesmo tempo em que o CPC sinaliza que a apresentação da contestação pode implicar no exercício do direito de ação, eis que estará ampliando objetivamente o objeto do processo. O tema, contudo, já foi abordado em momento anterior desta obra, com algumas ressalvas (v. item nº 24.6.).

41.12. ART. 1.055 (VETADO)

A norma em comento, antes de ser vetada, previa que: "*O devedor ou arrendatário não se exime da obrigação de pagamento dos tributos, multas e das taxas incidentes sobre os bens vinculados e de outros encargos previstos em contrato, exceto se a obrigação de pagar não for de sua responsabilidade, conforme contrato, ou for objeto de suspensão em tutela provisória*".

As razões para o veto a este dispositivo foram as seguintes: "*Ao converter em artigo autônomo o § 2º do art. 285-B do Código de Processo Civil de 1973, as hipóteses de sua aplicação, hoje restritas, ficariam imprecisas e ensejariam interpretações equivocadas, tais como possibilitar a transferência de responsabilidade tributária por meio de contrato*".

Em realidade, o que constaria neste artigo já se encontra em vigor, mas com ligeiras adaptações (art. 285-B, § 2º do CPC-73), muito embora o *caput* do dispositivo restringisse enormemente o seu uso apenas aos litígios que tivessem por objeto obrigações decorrentes de empréstimo, financiamento ou arrendamento mercantil.

O receio externado no veto é que esta norma (art. 1.055), desacompanhada de outra restritiva como a já existente no modelo primitivo (CPC-73), poderia fomentar a insegurança jurídica e interpretações equivocadas, como a de que seria permitido transferir responsabilidade tributária por meio do contrato.

41.13. ART. 1.056

A norma em comento prevê que: "*Considerar-se-á como termo inicial do prazo da prescrição prevista no art. 924, inc. V, inclusive para as execuções em curso, a data de vigência deste Código*".

O dispositivo estabelece qual será o termo inicial para a contagem da prescrição intercorrente, que agora passa a ser possível de ser pronunciada em sede de execução (art. 924, inc. IV). Mas, quanto ao lapso temporal em si, o mesmo irá depender de cada situação concreta, como, aliás, já consta no Verbete nº 150 da Súmula do STF: "*Prescreve a execução no mesmo prazo de prescrição da ação*".

E é digno de nota que já há precedente do STJ sobre a prescrição intercorrente, no sentido da imprescindibilidade de prévia intimação do exequente antes da sua pronúncia.[1]

41.14. ART. 1.057

A norma em comento prevê que: "*O disposto no art. 525, §§ 14 e 15, e no art. 535, §§ 7º e 8º, aplica-se às decisões transitadas em julgado após a entrada em vigor deste Código, e, às decisões transitadas em julgado anteriormente, aplica-se o disposto no art. 475-L, § 1º, e no art. 741, parágrafo único, da Lei nº 5.869, de 11 de janeiro de 1973*".

O dispositivo estabelece que, para os processos instaurados antes do advento do CPC, em que as sentenças se tornaram inexigíveis em decorrência de decisão do STF que tiver declarado a inconstitucionalidade da lei em que elas se basearam, permanecerá o modelo primitivo a ser aplicado, com algumas regras que terão ultratividade (art. 475-L, § 1º; art. 741, parágrafo único, ambos do CPC-73). Para os novos processos, porém, já deverão ser observados artigos do próprio CPC (art. 525, §§ 14 e 15; art. 535, §§ 7º e 8º).

Trata-se de tema que também já foi apresentado em momento anterior (v. item nº 24.8.4. e item nº 31.1.8.4.). Anote-se, outrossim, a existência de precedente no sentido da inexigibilidade de título executivo judicial transitado em julgado calcado em lei não recepcionada pela Constituição.[2]

41.15. ART. 1.058

A norma em comento prevê que: "*Em todos os casos em que houver recolhimento de importância em dinheiro, esta será depositada em nome da parte ou do interessado, em conta especial movimentada por ordem do juiz, nos termos do art. 840, inc. I*".

---

1 STJ. REsp 1.589.753-PR, Rel. Min. Marco Aurélio Bellizze, j. 17/05/2016, DJe 31/05/2016 – *Informativo* nº 584.
2 STJ. REsp 1.531.095-SP, Rel. Min. Ricardo Villas Bôas Cueva, j. 09/08/2016, DJe 16/08/2016 – *Informativo* nº 588.

O dispositivo apenas estabelece que as somas em dinheiro deverão ser depositadas em conta bancária vinculada ao juízo, com o nome da parte ou do interessado, podendo apenas ser movimentada por ordem do magistrado. Em realidade, é prática que já é adotada pelos membros do Poder Judiciário.

41.16. ART. 1.059

A norma em comento prevê que: "*À tutela provisória requerida contra a Fazenda Pública aplica-se o disposto nos arts. 1º a 4º da Lei nº 8.437, de 30 de junho de 1992, e no art. 7º, § 2º, da Lei nº 12.016, de 7 de agosto de 2009*".

O dispositivo estabelece que permanecem as restrições de tutelas provisórias em desfavor da Fazenda Pública em alguns atos normativos (Lei nº 8.437/92 e Lei 12.016/2009, sendo que esta última revogou, mas manteve em essência, aquelas previstas na Lei nº 4.348/64 e na Lei nº 5.021/66). Portanto, o julgamento na ADC4 permanece com plena aplicação, não podendo ser concedida tutela provisória de urgência ou de evidência nesses casos, muito embora possa ser deferida em outros que ali não tenham sido mencionados.

Trata-se de tema que também já foi apresentado em momento anterior (v. item nº 7.3.2.6.4.2.).

41.17. ART. 1.060

A norma em comento prevê que: "*O inc. II do art. 14 da Lei nº 9.289, de 4 de julho de 1996, passa a vigorar com a seguinte redação: 'Art. 14. (...) II – aquele que recorrer da sentença adiantará a outra metade das custas, comprovando o adiantamento no ato de interposição do recurso, sob pena de deserção, observado o disposto nos §§ 1º a 7º do art. 1.007 do Código de Processo Civil;'*".

Este artigo altera dispositivo de legislação específica (art. 14, inc. II, Lei nº 9.289/96).

41.18. ART. 1.061

A norma em comento prevê: "*O § 3º do art. 33 da Lei nº 9.307, de 23 de setembro de 1996 (Lei de Arbitragem), passa a vigorar com a seguinte redação: 'Art. 33. (...) § 3º A decretação da nulidade da sentença arbitral também poderá ser requerida na impugnação ao cumprimento da sentença, nos termos dos arts. 525 e seguintes do Código de Processo Civil, se houver execução judicial'*".

O dispositivo tencionava corrigir a Lei de Arbitragem (Lei nº 9.307/96) quanto à defesa que é apresentada em execução por título executivo judicial que seja sentença arbitral. É que a legislação específica (Lei nº 9.307/96) trata esta defesa como embargos, muito embora o mais adequado seja a impugnação, que foi criada mais recentemente (Lei nº 11.232/2005).

Curiosamente, o disposto na lei específica (art. 33, § 3º, Lei nº 9.307/96) foi objeto de retificações por 2 (duas) leis distintas, atestando descuido do Poder Legislativo. Com efeito, inicialmente foi aprovado o CPC (Lei nº 13.105/2015), que já fazia uma correção do aludido dispositivo (art. 1.061), mas que somente entraria em vigor em março de 2016. Ocorre, porém, que lei mais recente (Lei nº 13.129/2015), entrou em vigor em julho de 2015, já corrigindo o teor do mesmo dispositivo da Lei de Arbitragem. Assim, a lei mais recente corrigiu apenas provisoriamente a redação desta norma (art. art. 33, § 3º, Lei nº 9.307/96), posto que, com a entrada em vigor do CPC, será o mesmo (lei mais antiga) que estará impondo a redação final do artigo em comento.

41.19. ART. 1.062

A norma em comento prevê que: "*O incidente de desconsideração da personalidade jurídica aplica-se ao processo de competência dos juizados especiais*".

O dispositivo admite que ocorra, nos Juizados Especiais, uma nova modalidade de intervenção de terceiros, denominada incidente de desconsideração de personalidade jurídica (art. 133 – art. 137), ainda que a lei específica diga o oposto (art. 10, Lei nº 9.099/95).

41.20. ART. 1.063

A norma em comento prevê que: "*Até a edição de lei específica, os juizados especiais cíveis previstos na Lei nº 9.099, de 26 de setembro de 1995, continuam competentes para o processamento e julgamento das causas previstas no art. 275, inc. II, da Lei nº 5.869, de 11 de janeiro de 1973*".

O dispositivo estabelece que o modelo primitivo permanece com ultratividade quanto ao rol de teses que admitiam a adoção do procedimento sumário em razão da matéria (art. 275, inc. II, CPC-73), enquanto nova lei específica não for editada. Isso ocorre em razão de a própria lei reitora deste sistema (art. 3º, inc. II, Lei nº 9.099/95) fazer expressa menção a esta norma do modelo primitivo. Assim, tais temas continuam como sendo de competência dos juizados especiais, sejam eles estaduais, fazendários ou federais.

41.21. ART. 1.064

A norma em comento prevê que: "*O caput do art. 48 da Lei nº 9.099, de 26 de setembro de 1995, passa a vigorar com a seguinte redação: 'Art. 48. Caberão embargos de declaração contra sentença ou acórdão, nos casos previstos no Código de Processo Civil*".

O dispositivo estabelece que, nos juizados especiais, os embargos de declaração podem tanto ser opostos para impugnar sentença proferida pelo magistrado singular como acórdão dado pelos membros da turma recursal.

41.22. ART. 1.065

A norma em comento prevê que: "*O art. 50 da Lei nº 9.099, de 26 de setembro de 1995, passa a vigorar com a seguinte redação: 'Art. 50. Os embargos de declaração interrompem o prazo para a interposição de recurso'*".

O dispositivo estabelece que é modificado o efeito dos embargos de declaração interpostos nos juizado especiais, que passa a ser o interruptivo, assim como aqueles interpostos nos demais juízos e tribunais (art. 1.026).

41.23. ART. 1.066

A norma em comento prevê que: "*O art. 83, caput e § 2º, da Lei nº 9.099, de 26 de setembro de 1995, passam a vigorar com a seguinte redação: 'Art. 83. Cabem embargos de declaração quando, em sentença ou acórdão, houver obscuridade, contradição ou omissão. (...) § 2º Os embargos de declaração interrompem o prazo para a interposição de recurso*".

O dispositivo estabelece que é modificado o efeito dos embargos de declaração interpostos nos juizados especiais criminais, que passa a ser o interruptivo, assim como aqueles interpostos nos demais juízos e tribunais. Também explicita os temas que podem ser apresentados nesta via recursal. Curiosamente, o CPC passou a prever mais uma hipótese para o uso de embargos de declaração, que seria a ocorrência de "erro material" (art. 1.022, inc. III), malgrado a mesma não tenha sido incluída ou mencionada nesta outra norma (art. 1.066).

41.24. ART. 1.067

A norma em comento prevê que: "*O art. 275 da Lei nº 4.737, de 15 de julho de 1965 (Código Eleitoral), passa a vigorar com a seguinte redação: 'Art. 275. São admissíveis embargos de declaração nas hipóteses previstas no Código de Processo Civil. § 1º Os embargos de declaração serão opostos no prazo de 3 (três dias), contado da data de publicação da decisão embargada, em petição dirigida ao juiz ou relator, com a indicação do ponto que lhes deu causa. § 2º Os embargos de declaração não estão sujeitos a preparo. § 3º O juiz julgará os embargos em 5 (cinco) dias. § 4º Nos tribunais: I – o relator apresentará os embargos em mesa na sessão subsequente, proferindo voto; II – não havendo julgamento na sessão referida no inc. I, será o recurso incluído em pauta; III – vencido o relator, outro será designado para lavrar o acórdão. § 5º Os embargos de declaração interrompem o prazo para a interposição de recurso. § 6º Quando manifestamente protelatórios os embargos de declaração, o juiz ou o tribunal, em decisão fundamentada, condenará o embargante a pagar ao embargado multa*

não excedente a 2 (dois) salários-mínimos. § 7º Na reiteração de embargos de declaração manifestamente protelatórios, a multa será elevada a até 10 (dez) salários-mínimos"

O dispositivo estabelece mudanças no Código Eleitoral (Lei nº 4.737/65), que passa a prever embargos de declaração com prazo de apenas 3 (três) dias, bem como que a multa pelo caráter protelatório não terá parâmetro com o valor da causa, mas sim com o salário-mínimo.

41.25. ART. 1.068

A norma em comento prevê que: *"O art. 274 e o* caput *do art. 2.027 da Lei nº 10.406, de 10 de janeiro de 2002 (Código Civil), passam a vigorar com a seguinte redação: 'Art. 274. O julgamento contrário a um dos credores solidários não atinge os demais, mas o julgamento favorável aproveita-lhes, sem prejuízo de exceção pessoal que o devedor tenha direito de invocar em relação a qualquer deles'. 'Art. 2.027. A partilha é anulável pelos vícios e defeitos que invalidam, em geral, os negócios jurídicos".*

Este artigo altera dispositivos do Código Civil (art. 274 e art. 2.027, ambos do CC).

41.26. ART. 1.069

A norma em comento prevê que: *"O Conselho Nacional de Justiça promoverá, periodicamente, pesquisas estatísticas para avaliação da efetividade das normas previstas neste Código".*

O dispositivo estabelece que caberá ao CNJ promover de tempos em tempos uma série de pesquisas objetivando apurar a efetividade das normas constantes na novel legislação. Afinal, o fato é que o CPC, mesmo com todas as suas alterações, em uma análise perfunctória não aparenta velar pelo tempo razoável de duração do processo. Com efeito, como já exaustivamente exposto em toda a obra, o diploma passa a prever: a) que os prazos serão contados apenas em dias úteis (art. 219); b) que haverá suspensão dos prazos processuais entre 20 (vinte) de dezembro a 20 (vinte) de janeiro (art. 220); c) que o rito comum passa a ser 3 (três) audiências com finalidades distintas possíveis, inclusive com previsão de que uma em específico deve ser designada em pauta respeitando intervalo de 1 (uma) hora entre uma e outra (art. 357, § 9º); d) que a Fazenda Pública passsa a ter prazo em dobro para todas as suas manifestações, exceto as previstas em regramentos especiais (art. 183); e) que todos os recursos, com exceção dos embargos de declaração, deverão ser interpostos em 15 (quinze) dias (art. 1.003, § 5º); f) aumento das hipóteses autorizadoras de agravo, na modalidade por instrumento (art. 1.015); g) permanência, como regra, do efeito suspensivo ao recurso de apelação (art. 1.012); h) criação de nova e automática técnica de julgamento, quando o acórdão proferido for não unânime em algumas situações (art. 942); entre muitas e muitas outras situações que indicam clara dessintonia entre o postulado constitucional que garante o razoável tempo de duração do processo e o conteúdo de grande parte das normas do CPC. Mas, se vai ou não dar certo e gerar funcionalidades, só o tempo (melhor julgador), poderá demonstrar.

41.27. ART. 1.070

A norma em comento prevê que: "*É de 15 (quinze) dias o prazo para a interposição de qualquer agravo, previsto em lei ou em regimento interno de tribunal, contra decisão de relator ou outra decisão unipessoal proferida em tribunal*".

O dispositivo estabelece que todos os agravos internos, previstos em lei ou regimento (v.g., art. 4º, § 3º, Lei nº 8.437/92; art. 16, Lei nº 9.507/92) deverão também ser interpostos no prazo de 15 (quinze) dias, que passa a ser o prazo comum para quase todos os recursos, com exceção dos embargos de declaração (art. 1.003, § 5º) e das demais espécies recursais que estiverem previstas, exclusivamente, em alguma lei especial, que permanecerão com seu prazo original, tal como ocorre com o recurso inominado que deve ser interposto em 10 (dez) dias, para impugnar a sentença proferida em sede de juizados especiais (v.g., art. 42, Lei nº 9.099/95).

Chama a atenção o fato de haver precedentes dos Tribunais Superiores mantendo os agravos regimentais ou até mesmo os previstos em leis especiais (v.g., Lei nº 8.038/90), com o prazo de 5 (cinco) dias, caso sejam provenientes de processos que versem sobre matéria penal ou processual penal.[3]

41.28. ART. 1.071

A norma em comento prevê que: "*O Capítulo III do Título V da Lei nº 6.015, de 31 de dezembro de 1973 (Lei de Registros Públicos), passa a vigorar acrescida do seguinte art. 216-A: 'Art. 216-A. Sem prejuízo da via jurisdicional, é admitido o pedido de reconhecimento extrajudicial de usucapião, que será processado diretamente perante o cartório do registro de imóveis da comarca em que estiver situado o imóvel usucapiendo, a requerimento do interessado, representado por advogado, instruído com: I – ata notarial lavrada pelo tabelião, atestando o tempo de posse do requerente e seus antecessores, conforme o caso e suas circunstâncias; II – planta e memorial descritivo assinado por profissional legalmente habilitado, com prova de anotação de responsabilidade técnica no respectivo conselho de fiscalização profissional, e pelos titulares de direitos reais e de outros direitos registrados ou averbados na matrícula do imóvel usucapiendo e na matrícula dos imóveis confinantes; III – certidões negativas dos distribuidores da comarca da situação do imóvel e do domicílio do requerente; IV – justo título ou quaisquer outros documentos que demonstrem a origem, a continuidade, a natureza e o tempo da posse, tais como o pagamento dos impostos e das taxas que incidirem sobre o imóvel. § 1º O pedido será autuado pelo registrador,*

---

3 STJ. STF. ARE 993407/DF, Rel. Min. Edson Fachin, 25/10/2016. STJ. AgRg Reclamação nº 30.714/PB. Rel. Min. Reynaldo Soares da Fonseca. DJ 27/04/2016.

prorrogando-se o prazo da prenotação até o acolhimento ou a rejeição do pedido. § 2º Se a planta não contiver a assinatura de qualquer um dos titulares de direitos reais e de outros direitos registrados ou averbados na matrícula do imóvel usucapiendo e na matrícula dos imóveis confinantes, esse será notificado pelo registrador competente, pessoalmente ou pelo correio com aviso de recebimento, para manifestar seu consentimento expresso em 15 (quinze) dias, interpretado o seu silêncio como discordância. § 3º O oficial de registro de imóveis dará ciência à União, ao Estado, ao Distrito Federal e ao Município, pessoalmente, por intermédio do oficial de registro de títulos e documentos, ou pelo correio com aviso de recebimento, para que se manifestem, em 15 (quinze) dias, sobre o pedido. § 4º O oficial de registro de imóveis promoverá a publicação de edital em jornal de grande circulação, onde houver, para a ciência de terceiros eventualmente interessados, que poderãose manifestar em 15 (quinze) dias. § 5º Para a elucidação de qualquer ponto de dúvida, poderão ser solicitadas ou realizadas diligências pelo oficial de registro de imóveis. § 6º Transcorrido o prazo de que trata o § 4º deste artigo, sem pendência de diligências na forma do § 5º deste artigo e achando-se em ordem a documentação, com inclusão da concordância expressa dos titulares de direitos reais e de outros direitos registrados ou averbados na matrícula do imóvel usucapiendo e na matrícula dos imóveis confinantes, o oficial de registro de imóveis registrará a aquisição do imóvel com as descrições apresentadas, sendo permitida a abertura de matrícula, se for o caso. § 7º Em qualquer caso, é lícito ao interessado suscitar o procedimento de dúvida, nos termos desta Lei. § 8º Ao final das diligências, se a documentação não estiver em ordem, o oficial de registro de imóveis rejeitará o pedido. § 9º A rejeição do pedido extrajudicial não impede o ajuizamento de ação de usucapião. § 10. Em caso de impugnação do pedido de reconhecimento extrajudicial de usucapião, apresentada por qualquer um dos titulares de direito reais e de outros direitos registrados ou averbados na matrícula do imóvel usucapiendo e na matrícula dos imóveis confinantes, por algum dos entes públicos ou por algum terceiro interessado, o oficial de registro de imóveis remeterá os autos ao juízo competente da comarca da situação do imóvel, cabendo ao requerente emendar a petição inicial para adequá-la ao procedimento comum".

O dispositivo estabelece a possibilidade de que ocorra o reconhecimento extrajudicial da usucapião, alterando a lei de registros públicos (Lei nº 6.015/73). A usucapião é instituto de direito material, que possibilita a aquisição não negocial da propriedade ou de outro direito real pela posse prolongada, uma vez preenchidos os seus requisitos legais, dentre eles, em geral, a posse e o tempo.

Este dispositivo segue uma tendência de desjudicialização de certos procedimentos jurisdicionais, autorizando que a usucapião possa ser reconhecida diretamente perante Tabelião. A rigor, porém, não se trata de uma novidade no ordenamento jurídico brasileiro, tendo em vista a viabilidade de usucapião na seara de regularização fundiária urbana através de procedimento administrativo, em favor do detentor de título de legitimação de posse, correndo a prescrição aquisitiva deste registro (art. 60, Lei nº 11.977/2009).

Quanto à usucapião em análise, dentre o elenco de requisitos legais, deverá ser atestado pelo tabelião o tempo de posse do requerente, onde é permitida a união de posses com seus antecessores. Igualmente, a legislação faz exigência de que a planta e memorial descritivo sejam assinados por profissional legalmente habilitado, com responsabilidade técnica e registro no respectivo Conselho de Fiscalização Profissional, justamente pela importância da perfeita caracterização do imóvel usucapiendo, suas características e confrontações, porquanto a escritura pública ficará sujeita a compor/ alterar registro de natureza pública, interferindo na esfera de terceiros.

Outras formalidades exigidas são a apresentação das certidões negativas dos distribuidores da comarca da situação do imóvel e do domicílio do requerente. Igualmente, são exigidos o justo título ou outra documentação que demonstre a origem da posse, continuidade, natureza e tempo. Além disso, ordena-se ampla publicidade sobre a pretensão de usucapião extrajudicial, incluindo a comunicação pessoal a entes públicos e a publicação de edital em jornal de grande circulação.

É de se frisar que a usucapião em cartório tem como requisito fundamental a ausência de litigiosidade. Mas, mesmo assim, deverá ser realizada na presença de advogado.

Não sendo possível o reconhecimento extrajudicial da usucapião, ou caso não haja interesse na observância desta via, caberá ainda a postulação judicial da mesma, muito embora o processo vá observar o procedimento comum, já que o especial existente no modelo primitivo foi revogado pelo CPC.

41.29. ART. 1.072

A norma em comento prevê que: *"Revogam-se: I – o art. 22 do Decreto-Lei nº 25, de 30 de novembro de 1937; II – os arts. 227, caput, 229, 230, 456, 1.482, 1.483 e 1.768 a 1.773 da Lei nº 10.406, de 10 de janeiro de 2002 (Código Civil); III – os arts. 2º, 3º, 4º, 6º, 7º, 11, 12 e 17 da Lei nº 1.060, de 5 de fevereiro de 1950; IV – os arts. 13 a 18, 26 a 29 e 38 da Lei nº 8.038, de 28 de maio de 1990; V – os arts. 16 a 18 da Lei nº 5.478, de 25 de julho de 1968; e VI – o art. 98, § 4º, da Lei nº 12.529, de 30 de novembro de 2011".*

O dispositivo revoga, sem apresentar justificativas, artigos previstos no Código Civil ou em outras leis específicas. Seguem, portanto, brevíssimos comentários sobre cada um dos atos normativos atingidos:

Decreto-lei nº 25/73 (art. 22)

Este dispositivo conferia direito de preferência aos entes da administração direta quando da alienação onerosa de bens tombados, em que pese a legitimação destes para adjudicar (art. 876, § 5º), embora se sujeitassem ao regramento da concorrência de pretendentes (art. 876, § 6º). Mas, de qualquer maneira, em casos de alienação judicial de bem tombado, deve ser dada ciência a União, ao Estado e ao Município (art. 889, inc.VIII).

Lei nº 10.406/2002 (art. 227, *caput*, art. 229, art. 230, art. 456, art. 1.482, art. 1.483, art. 1.768, art. 1.769, art. 1.770, art. 1.771 e art. 1.772)

A primeira norma do Código Civil (art. 227, CC) foi revogada, pois seu conteúdo, que anteriormente era previsto em outra no modelo primitivo (art. 401, CPC-73), não foi mantido no atual modelo. Então, por coerência, já que não mais haveria essa manutenção, também o Código Civil deveria ser revogado neste ponto. Os dispositivos, em síntese, tratavam da vedação de prova exclusivamente testemunhal em contratos de valor exorbitante, que excedam o décuplo do maior salário-mínimo vigente do país, ao tempo em que foram celebrados. A lógica pretérita se escorava na falibilidade deste meio de prova, tratando de um exemplo de sistema de prova tarifada. Em complemento, revogou-se o dispositivo que vedada as presunções não legais, que guardam vinculação com as regras de experiência, nos casos em que a lei então excluía a prova testemunhal (art. 230, CC).

Já a revogação de outra norma do Código Civil (art. 229, CC) deve ser analisada juntamente com outra prevista no CPC (art. 448), tendo optado o legislador por restringir o direito ao silêncio da testemunha. De relevante, há de se relatar a revogação da regra civilista que chancelava a escusa do dever de depor sobre fato que pudesse expor a testemunha a dano patrimonial imediato (art. 229, inc. III, *in fine*, CC).

Por sua vez, outro artigo revogado (art. 456, CC) condicionava o exercício pelo adquirente do direito de evicção à efetiva denunciação da lide ao alienante, nos termos então designados pela lei processual. É que o CPC tratou o oferecimento de denunciação da lide como mera faculdade, e não mais obrigatoriedade, como no modelo predecessor (art. 125).

Também foram revogados dois dispositivos civilistas (art. 1.482 e art. 1.483, ambos CC) que tratavam de matéria própria processual denominada "remição". A revogação é adequada, pois este tema sofreu severos ajustes há tempos (Lei nº 11.382/2006), que ampliou os legitimados para o uso da "adjudicação", o que, por sinal, foi mantido no modelo atual (art. 876, §§ 3º e 4º). Assim, não faria qualquer sentido manter estes dois artigos civilistas.

Por fim, o legislador também optou pela revogação das normas civilistas sobre a interdição diante do seu corpulento relevo processual (art. 1.768, art. 1.769, art. 1.770, art. 1.771 e art. 1.772, todos CC). No CPC, porém, a interdição permanece retratada como um procedimento de jurisdição voluntária (art. 745 – art. 756). Mas, curiosamente, parte destas disposições do Código Civil que estão sendo revogadas foram recentemente alteradas por outro ato normativo (art. 114, Lei nº 13.146/2015), que já está em vigor. Ou, em outras palavras, tamanha foi a confusão legislativa que uma lei mais antiga (mas com prazo de *vacatio legis* maior), irá revogar as disposições criadas por legislação mais recente (que entrou em vigor antes).

Lei nº 1.060/50 (art. 2º, art. 3º, art. 4º, *caput* e §§ 1º a 3º, art. 6º, art. 7º, art. 11, art. 12 e art. 17)

A revogação de todos estes artigos previstos na legislação específica que cuida da "assistência judiciária aos necessitados" se deu em decorrência de o CPC regular tais temas em seu próprio bojo, em novo título denominado "Da Gratuidade de Justiça" (art. 98 – art. 102).

Lei nº 8.038/90 (art. 13, art. 14, art. 15, art. 16, art. 17, art. 18, art. 26, art. 27, art. 28, art. 29, e art. 38)

A reclamação passa a ser prevista diretamente no CPC (art. 988 – art. 993), o que justificou a revogação de tais dispositivos. O mesmo vale quanto ao procedimento dos recursos especial e extraordinário, que agora são amplamente regulados no CPC.

Lei nº 5.478/68 (art. 16, art. 17 e art. 18)

Foram revogadas vários disposições da legislação específica sobre alimentos, pois o CPC deu tratamento mais específico ao cumprimento de sentença ou à execução por título extrajudicial.

Lei nº 12.529/2011 (art. 98, § 4º)

Há legislação específica (Lei nº 12.529/2011), que cuida pontualmente sobre a prevenção e repressão às infrações sobre a ordem econômica, sendo que o parágrafo revogado está incluído em dispositivo de índole processual que cogita do oferecimento de embargos ou do ajuizamento de qualquer ação que vise à desconstituição do título executivo formado pela decisão oriunda do Conselho Administrativo de Defesa Econômica – CADE, que comine multa ou imponha obrigação de fazer ou não fazer. Neste caso, o dispositivo ora em enfoque ampliava a eficácia preclusiva da coisa julgada para abranger, inclusive, causas de pedir distintas, salvo em relação a fatos supervenientes, em lógica afronta ao entendimento tradicional (art. 506) e em prejuízo do demandante.

42

O MICROSSISTEMA DOS JUIZADOS ESPECIAIS

42.1. Introdução

A Constituição (art. 98, inc. I, CRFB) previu a possibilidade de a União e os Estados criarem os Juizados Especiais, providos por juízes togados, ou togados e leigos, competentes para a conciliação, o julgamento e a execução de causas cíveis de menor complexidade e infrações penais de menor potencial ofensivo, mediante os procedimentos oral e sumariíssimo,[1] permitidos, nas hipóteses previstas em lei, a transação e o julgamento de recursos por turmas de juízes de primeiro grau.

Somente nos idos de 1995 é que foi criado o primeiro ato normativo (Lei nº 9.099/95) regulando os Juizados Especiais cíveis, instalados na Justiça Estadual. Esta lei criou as hipóteses de competência (demandas de conteúdo econômico até 40 salários-mínimos ou em razão de certas matérias) e também o procedimento para estas demandas. Após alguns anos, foi editado novo ato normativo (Lei nº 10.259/2001), que fez surgir os Juizados Especiais Federais, que são integrantes da Justiça Federal. Nestes outros, a competência também foi fixada em razão do valor (processos até 60 salários-mínimos) ou da matéria, trazendo como novidade a possibilidade de a Fazenda Pública figurar no polo passivo (o que era vedado pelo art. 8º da Lei nº 9.099/95). E, por fim, diante da bem-sucedida criação dos Juizados Federais, foi chegado então o momento de adaptar este modelo para que o mesmo também pudesse ser feito perante a Justiça Estadual, em relação a Estado e Municípios, dentre outros. Para tanto, foi criada a última lei (Lei nº 12.153/2009), regulando os Juizados Especiais Fazendários, e que é, estruturalmente, muito semelhante à anterior (Lei nº 10.259/2001). São estas 3 (três) leis, portanto, que compõem o microssistema dos juizados especiais.

42.2. PROCEDIMENTO SUMARÍSSIMO

De acordo com o CPC, o procedimento a ser adotado nos juízos cíveis é o "comum". Já no caso específico dos juizados, a Carta Magna prevê que seja observado um rito bem mais concentrado, nominado como "sumaríssimo".

---

1 Embora o art. 98, inc. I, da CRFB adote o termo "sumariíssimo", que é o mais adequado na língua portuguesa, o que se vislumbra na praxe forense é o emprego da expressão "sumaríssimo", que, por sinal, será a adotada neste livro.

De qualquer maneira, é de se expressar que, nos processos que tramitam perante o Juizado Especial, apenas este rito poderá ser empregado, com exclusão de todos os demais, incluindo os especiais (v.g., procedimento monitório). Somente na ausência de regra mais específica nestas leis regentes é que se poderá empregar de maneira subsidiária o rito comum (art. 318, parágrafo único).

42.3. CRITÉRIOS ADOTADOS NOS JUIZADOS ESPECIAIS

A legislação específica (art. 2º, Lei nº 9.099/95) prevê que, nos Juizados Especiais deverão ser observados os critérios da oralidade, simplicidade, informalidade, economia processual e celeridade, buscando sempre que possível a conciliação ou a transação. A "oralidade" fica muito evidenciada nos Juizados Especiais, especialmente em virtude de ser possível sequer reduzir a termo a prova produzida em AIJ (art. 36, Lei nº 9.099/95). Quanto à "simplicidade" e à "informalidade", não há à rigor qualquer diferença entre ambas, que reforçam a característica da instrumentalidade do processo (art. 13, Lei nº 9.099/95). A "economia processual" também transparece em diversas rotinas de trabalho, como a possibilidade de se converter a audiência de conciliação em AIJ, se não for resultar prejuízo para a defesa (art. 27, Lei nº 9.099/95). Já a "celeridade", por sua vez, fica nítida quando se percebe que o rito dos juizados especiais é extremamente concentrado, evitando questões que poderiam retardar a solução definitiva da questão, motivo pelo qual não são admitidas intervenções de terceiros (art. 10, Lei nº 9.099/95 – exceto o incidente de desconsideração da personalidade jurídica mencionado no art. 1.062), e nem mesmo permitido o uso da ação rescisória (art. 59, Lei nº 9.099/95).

Quanto ao critério da "celeridade", uma questão interessante é quanto à correta forma de contagem dos prazos nos processos que tramitam perante um Juizado Especial, ou seja, se ela deveria ser em dias "úteis" (como estabelece o CPC) ou em dias "corridos". Recente Lei nº 13.728/2018, acrescentou norma na Lei dos Juizados Estaduais (art. 12-A, Lei nº 9.099/95), passando a prever que os prazos devem ser contados em dias úteis. Em edições anteriores desta obra, se defendeu que nos Juizados todos os prazos deveriam ser contados continuamente, pois entendimento contrário conspira contra o tempo razoável para a solução do mérito (norma fundamental do CPC – art. 4º), e, também, contra este critério norteador do sistema dos Juizados em específico.

42.4. COMPETÊNCIA NOS JUIZADOS ESPECIAIS

Há norma (art. 3º, Lei nº 9.099/95) estabelecendo os critérios para a competência dos Juizados Especiais Estaduais, que tanto podem ser em razão do "valor" quanto da "matéria". Com efeito, estabelece este dispositivo (inc. I) que esses Juizados serão competentes quando o conteúdo econômico da demanda não ultrapassar o equivalente a 40 (quarenta) salários-mínimos. Vale dizer que, quando se adotar este critério, a matéria abordada é irrelevante, exceto se for alguma proibida (v.g., matéria falimentar – de acordo com o art. 3º, § 2º, Lei nº 9.099/95).

Por outro lado, também há regra (inc. II) permitindo o emprego do critério "matéria", quando se tratar de qualquer uma das situações previstas em norma do antigo modelo, que permanece em vigor com ultratividade, até que lei específica seja editada (art. 275, inc. II, CPC-73 c/c art. 1.063). Nela, há previsão de competência para os juizados quando se tratar de ação de despejo para uso próprio ou demandas possessórias envolvendo bens imóveis cujo valor não ultrapasse o equivalente a 40 (quarenta) salários-mínimos. Nestes casos, o rito a ser observado é sumaríssimo (na própria Lei nº 9.099/95), de modo que não há que se aplicar o procedimento específico para ação de despejo ou mesmo para as possessórias.

Um questionamento importante sobre a competência do Juizado Especial Estadual em razão da matéria é saber se estas demandas devem ou não ficar atreladas também ao conteúdo econômico, isto é, se devem ou não observar o teto de 40 (quarenta) salários-mínimos. A resposta depende da situação envolvida. Com efeito, nos casos de demandas possessórias, o próprio legislador deixou claro (art. 3º, inc. IV, Lei nº 9.099/95) que os bens não poderiam ter valor superior a este limite. Nos demais casos, porém, não há qualquer restrição. Desta maneira, o melhor raciocínio a se defender é que, nas demais situações (art. 275, inc. II, CPC-73 e nas ações de despejo para uso próprio), não haverá esta limitação, de modo que é possível que existam demandas nos Juizados Especiais Estaduais por valores superiores ao teto previsto em lei (art. 3º, inc. I, Lei nº 9.099/95). Isso se dá, mais uma vez, por ser o critério "matéria" independente do "valor" e vice-versa, exceto na hipótese envolvendo as demandas possessórias, por clara previsão normativa.

Já a competência do Juizado Especial Federal está prevista em dispositivo constante na própria lei específica (art. 3º, Lei nº 10.259/2001), que também usa o critério "valor", só que para demandas que não ultrapassem 60 (sessenta) salários-mínimos. Há, outrossim, um rol de "matérias" que não podem ser abordadas nestes juízos, todas elas previstas nesta mesma norma jurídica e em seus parágrafos, tais como aquelas envolvendo imóveis da União, anulação de ato administrativo (exceto os de natureza previdenciária ou de lançamento fiscal), dentre outras.

Quanto ao Juizado Especial Fazendário, a sua competência também está regulada na legislação que lhe é pertinente (art. 2º, Lei nº 12.153/2009), primordialmente em razão do critério "valor", para as demandas que não ultrapassam os 60 (sessenta) salários-mínimos, mas com restrição de algumas "matérias", como ações de desapropriação, de divisão e demarcação, execuções fiscais, dentre outras mais.

Há normas (art. 3º, § 2º, Lei nº 10.259/2001 c/c art. 2º, § 2º, Lei nº 12.153/2009), que estabelecem que, quando a pretensão versar sobre obrigações vincendas, para fins de competência do Juizado Federal ou Fazendário será necessário verificar se a soma de 12 (doze) parcelas vincendas e de eventuais parcelas vencidas não ultrapassam o teto de 60 (sessenta) salários-mínimos.

42.4.1. Opção entre o Juízo Cível Estadual e o Juizado Especial Estadual

Um questionamento bastante atual sobre "competência" reside na opção ou não, para a instauração de demandas perante o Juízo Cível Estadual e o Juizado Especial Estadual.

De uma forma bastante geral, é reconhecida a possibilidade de o demandante optar entre o Juízo Cível ou o Juizado Especial, levando em consideração diversos fatores como eventual rapidez no processamento, desnecessidade de advogado em certas situações, custo menor do processo em razão da ausência inicial de recolhimento de custas, facilidade no acesso à Justiça, entre outras ponderações mais. É também, de certa maneira, o que se extrai literalmente de dispositivo constante na lei regente (art. 3º, § 3º, Lei nº 9.099/95).[2] Trata-se, portanto, de uma hipótese de competência "concorrente" ou "absoluta opcional".

42.4.2. Opção entre o Juízo Cível Federal e o Juizado Especial Federal, bem como entre o Juízo Fazendário Estadual e o Juizado Especial Fazendário Estadual

Diferentemente do que ocorre entre o Juízo Cível Estadual e o Juizado Especial Estadual, em que o demandante pode escolher se prefere propor a demanda em um ou outro, essa possibilidade de opção já não é observada entre o Juízo Cível Federal e o Juizado Especial Federal, bem como entre o Juízo Fazendário Estadual e o Juizado Especial Fazendário Estadual. É que, em relação a estes, há normas proibindo a escolha (art. 3º, § 3º, Lei nº 10.259/2001 e art. 2º, § 4º, Lei nº 12.153/2009), que, inclusive, estabelecem que, naquelas localidades em que esses Juizados estiverem instalados, as suas competências serão absolutas, o que permite extrair que não será autorizada qualquer opção pelo interessado. Por este motivo, há um hábito, relativamente frequente, de se maquiar o valor da causa para que o mesmo seja superior ou inferior a 60 (sessenta) salários-mínimos, caso o demandante queira ou não ingressar perante um desses Juizados, o que deve ser analisado com bastante atenção pelo magistrado, pois esta prática implica em violação de regras de competência, de dispositivos que fixam critérios para apurar o valor da causa e, até mesmo, do procedimento que vai ser adotado no processo. Por este motivo, aliás, é que se constata a possibilidade de o juiz alterar de ofício o valor da causa quando perceber que o mesmo está sendo maculado para ofender normas processuais que tutelam matérias de ordem pública, exatamente como estas (art. 292, § 3º).[3]

42.4.3. Conflito de competência entre Juízo Cível e Juizado Especial

Uma dúvida que há certo tempo atrás não era inteiramente pacífica no Poder Judiciário, era quanto à competência para se decidir a respeito de conflito entre Juízo

---

2 Em sentido contrário ao texto, por considerar que a competência dos Juizados não é opcional: MARINONI, Luiz Guilherme, ARENHART, Sérgio Cruz. *Manual do processo de conhecimento*. 2ª ed. São Paulo: RT, 2003, p. 718.

3 MOREIRA, José Carlos Barbosa. *O novo processo civil brasileiro*. 25ª ed. Rio de Janeiro: Forense, 2007, pp. 20-21.

Cível e Juizado Especial. Como usualmente há uma opção a ser definida pelo demandante entre o Juízo e o Juizado na esfera estadual, este tipo de questão surgiu precisamente por conta da experiência na área federal (onde não há possibilidade de escolha), desde que os órgãos jurisdicionais estejam abrangidos pela mesma seção judiciária.

O STJ, apesar de alguma divergência inicial, terminou concluindo que esta competência lhe pertence, já que a Turma Recursal Federal, embora não possa ser considerada como Tribunal de 2ª instância, pelo menos assim atuava no plano concreto, eis que desempenha o mister de órgão revisor das decisões do Juizado Especial Federal. Por este motivo, foi criado o Verbete nº 348 da Súmula do STJ, que dispunha: "*Compete ao Superior Tribunal de Justiça decidir os conflitos entre Juizado Especial federal e juízo federal, ainda que da mesma seção judiciária*".

No entanto, a competência do STJ é estabelecida na própria Carta Magna (art. 105, CRFB), que é um texto cujo intérprete final é o STF. Assim, ocorreu que, posteriormente, o Pretório Excelso chegou a analisar esta mesma questão, mas proferiu decisão em sentido contrário, pela ausência de competência do STJ para julgar este conflito, eis que o mesmo deveria ser resolvido perante o TRF local.[4] Vale dizer que, após este precedente do STF, o STJ cancelou o acima citado Verbete nº 348 e, ao mesmo tempo, criou o novo Verbete nº 428, cujos termos são: "*Compete ao Tribunal Regional Federal decidir os conflitos de competência entre Juizado Especial Federal e Juízo Federal da mesma Seção Judiciária*", de modo a alinhar o seu entendimento com o STF.

42.5. LEGITIMAÇÃO ATIVA E CAPACIDADE POSTULATÓRIA

Nos Juizados Especiais Estaduais, a legitimação ativa pode pertencer às pessoas físicas capazes (excluídos os cessionários de direito de pessoas jurídicas), bem como às microempresas assim definidas por lei, às pessoas jurídicas qualificadas como organização da sociedade civil de interesse público, bem como às sociedades de crédito ao microempreendedor (art. 8º, § 1º, Lei nº 9.099/95). É, inclusive, admitido o litisconsórcio (art. 10, Lei nº 9.099/95). Contudo, existem certas pessoas que não têm legitimidade ativa para vir ao Juizado (art. 8º, *caput*, Lei nº 9.099/95), como o incapaz, o preso, as pessoas jurídicas de direito público, as empresas públicas da União, a massa falida e o insolvente civil.

Ainda quanto aos Juizados Estaduais, há norma (art. 9º, Lei nº 9.099/95) prevendo que, nas causas de valor até 20 (vinte) salários-mínimos, as partes poderão prescindir de advogado, já que as próprias terão capacidade postulatória. No entanto, caso o conteúdo econômico pretendido seja superior, a presença do advogado é obrigatória. Inclusive, não prosperou a tentativa de se acoimar esta norma como inconstitucional, como já decidido tempos atrás pelo STF, no sentido de que o acesso à Justiça deve ser o mais

---

4 STF. REXTR nº 590.409/RJ. Rel. Min. Ricardo Lewandowski. DJ 26/08/2009.

amplo possível, ainda que com sacrifício ao labor advocatício.[5] Já para recorrer ou para apresentar contrarrazões, a presença de um advogado é obrigatória, independentemente do valor discutido no processo (art. 41, § 2º, Lei nº 9.099/95).

Nos Juizados Especiais Federais, a legitimidade ativa é praticamente a mesma, pertencendo às pessoas físicas e às microempresas e empresas de pequeno porte (art. 6º, inc. I, Lei nº 10.259/2001). Já nos Juizados Especiais Fazendários, há idêntica disposição (art. 5º, inc. I, Lei nº 12.153/2009). Não há, contudo, restrição para demandas ajuizadas pelos incapazes, ou mesmo pelos presos, ao contrário do que acontece nos Juizados Estaduais. Nestes Juizados, também não há necessidade de advogado para subscrever a petição inicial, independentemente dos valores envolvidos, muito embora a presença deste profissional já seja obrigatória por ocasião dos recursos (art. 41, § 2º, Lei nº 9.099/95).

42.6. LEGITIMAÇÃO PASSIVA

Nos Juizados Especiais Estaduais, a legitimação passiva não costuma guardar grandes dificuldades, somente nela não podendo figurar as mesmas pessoas que também não podem ser demandantes, tais como o incapaz, o preso, as pessoas jurídicas de direito público, as empresas públicas da União, a massa falida e o insolvente civil.

Quanto ao Juizado Especial Federal, há dispositivo (art. 6º, inc. II, Lei nº 10.259/2001) que prevê que podem ser demandadas a União, autarquias, fundações e empresas públicas federais. Admite-se, outrossim, outros legitimados passivos não especificados, desde que em regime de litisconsórcio (independentemente de sua modalidade). É possível, portanto, que no Juizado Especial Federal haja uma demanda em que o polo passivo seja composto, por exemplo, pela União, um determinado Estado e um Município.

Por fim, no Juizado Especial Fazendário, os réus podem ser, de acordo com regra específica (art. 5º, inc. II, Lei nº 12.153/2009), os Estados, o Distrito Federal, os Territórios e os Municípios, assim, como as autarquias, fundações e empresas públicas a eles vinculadas.

42.7. INTERVENÇÃO DE TERCEIROS E PARTICIPAÇÃO DO MINISTÉRIO PÚBLICO

Nos processos que tramitam perante o sistema dos Juizados Especiais não há qualquer modalidade de intervenção de terceiros (art. 10, Lei nº 9.099/95), com exceção da desconsideração da personalidade jurídica (art. 1.062). Desta maneira, não é possível assistência simples, assistência litisconsorcial, denunciação da lide, chamamento ao processo, recurso interposto por terceiro e nem mesmo o ingresso do *amicus curiae*.

---

5 STF. Ação direta de inconstitucionalidade nº 1.539. Rel. Min. Maurício Corrêa. S/d.

A desconsideração da personalidade jurídica já vinha sendo realizada nos Juizados, em que pese a ausência de regulamentação da forma procedimental para tanto. Contudo, com o advento do CPC, foi criado um modelo a ser seguido (art. 133 – art. 137), e a mesma foi expressamente incluída no rol de modalidades de intervenção de terceiros. Assim, foi necessária a criação de outra regra (art. 1.062) para justificar que a mesma permanecerá ocorrendo nos Juizados, malgrado a lei específica vede intervenção de terceiros nesta seara (art. 10, Lei nº 9.099/95). Quanto a este aspecto, não se vislumbra empecilhos sérios para que a desconsideração aqui seja deferida. O problema, em realidade, reside na observância do novo processamento estatuído. Com efeito, não tendo sido requerida a desconsideração na petição inicial, será então formado um "apenso", com suspensão da demanda primitiva, para que seja viabilizada a citação do sócio a fim de que apresente defesa quanto a este tema. Após, haverá dilação probatória, se for o caso e, enfim, será proferida decisão interlocutória (quando se tratar de desconsideração realizada perante órgão de primeira instância), caso em que será possível o recurso de agravo de instrumento (art. 1.015, inc. IV). Observa-se, desta forma, certos empecilhos práticos para a adoção desta maneira de proceder em sede de Juizados. Primeiro, porque o contraditório prévio, a dilação probatória para a solução do incidente, bem como a suspensão da demanda originária irão conspirar contra os critérios norteadores dessa via (art. 2º, Lei nº 9.099/95). E, segundo, é que não há possibilidade de emprego do agravo de instrumento perante as Turmas Recursais. Observa-se, assim, que com o CPC realmente será possível que haja o reconhecimento da desconsideração da personalidade jurídica em sede de juizados Especiais (art. 1.062). Contudo, em tais casos, não deverá ser observado o procedimento estabelecido na nova legislação (art. 133 – art. 137), por ser absolutamente incompatível com seus princípios inspiradores. Assim, a mesma poderá ser reconhecida nos próprios autos, sem que haja a suspensão da análise de qualquer tema e, inclusive, com contraditório postergado, já que norma fundamental do CPC (art. 9º) deve ser interpretada de maneira ampliativa, para não citar inúmeras outras situações no mesmo sentido, mas que constam na nova lei (v.g., art. 854).

De resto, o membro do Ministério Púbico deve ser intimado para atuar nos casos prescritos em lei (v.g., art. 178), como recomenda regra constante na legislação especifica (art. 11, Lei nº 9.099/95). A ausência de sua intimação caracteriza nulidade (art. 279).

42.8. PETIÇÃO INICIAL E PROCEDIMENTO PADRÃO

A petição inicial, que pode ser apresentada em forma oral ou escrita, deve observar o disposto em norma própria (art. 14, Lei nº 9.099/95), que traz uma simplificação dos requisitos exigidos pelo CPC (art. 319). Admite-se a formulação de pedido genérico (art. 14, § 2º, Lei nº 9.099/95), muito embora seja vedada a prolação de sentença ilíquida (art. 38, parágrafo único, Lei nº 9.099/95).

Também é admitida a cumulação de pedidos (art. 327), devendo o valor da causa ser calculado de acordo com o CPC (art. 292, §§ 1º e 2º). Ressalva-se que, nos Juizados Federais e Fazendários, cada pedido não pode isoladamente ultrapassar o teto de 60 (sessenta) salários-mínimos, muito embora isso possa ocorrer quando houver cumulação de pedidos, sem que haja declínio da competência ou extinção do processo. Isso ocorre porque a competência desses Juizados é absoluta, de modo que a cumulação de pedidos não poderia ser visualizada como possível mecanismo para tentar se obter a transferência de suas competências para outros órgãos integrantes da Justiça, tais como os Juízos Cíveis Federais ou os Juízos Fazendários Estaduais.

Em razão de um menor apego à forma dos atos processuais e em consonância com o princípio da instrumentalidade, vem sendo autorizado que eventuais emendas da petição inicial possam ser realizadas até o momento em que se inicia a AIJ.

O procedimento previsto para a etapa de conhecimento foi inicialmente planejado (Lei nº 9.099/95), da seguinte maneira: **petição inicial → citação → realização da audiência de conciliação → realização da audiência de instrução e julgamento, hipótese em que a resposta deve ser apresentada em seu início → sentença**. Contudo, com o advento dos demais atos normativos (Lei nº 10.259/2001 e Lei nº 12.153/2009), passou a ser permitida a presença da Fazenda Pública no polo passivo em processos que tramitam perante o sistema dos Juizados Especiais, o que torna este rito acima um tanto quanto inadequado diante de algumas peculiaridades envolvendo o seu atuar em juízo. Por exemplo, as dificuldades em realizar uma composição amigável ou mesmo as hipóteses em que a questão é unicamente de direito (sem necessidade de dilação probatória), sinalizam a infrutuosidade de se designar audiências nestes casos. Assim, diante até mesmo dos critérios que regulam este microssistema (art. 2º, Lei nº 9.099/95), urge uma simplificação deste procedimento, com ajustamento das exigências formais, nas hipóteses em que estas se mostrem desnecessárias e morosas ao resultado final (princípio da adaptabilidade).[6] Logo, nestes 2 (dois) últimos Juizados vem muitas vezes sendo observado o seguinte proceder: **petição inicial → citação para a ré responder em 30 (trinta) dias (eis que o art. 7º da Lei nº 12.153/2009 prevê que este é o prazo mínimo que se deve respeitar entre a citação e a realização da audiência de conciliação) → realização da audiência de instrução e julgamento, se for o caso → sentença**.

42.9. INDEFERIMENTO DA PETIÇÃO INICIAL OU A IMPROCEDÊNCIA LIMINAR

O indeferimento da petição inicial ocorre quando o magistrado constata, já no nascedouro do processo, que o mesmo padece de um vício extremamente grave, que

---

6 DUARTE, Antonio Aurélio Abi-Ramia. *Flexibilização procedimental nos Juizados Especiais estaduais.* Rio de Janeiro: Editora JC, 2014, p. 87.

sequer pode ser convalidado (ou seja, consertado por meio de emenda à petição inicial). Nesta situação, o juiz irá então proferir sentença de cunho terminativo (art. 330 c/c art. 485, inc. I).

Já a improcedência liminar do pedido é prevista em outra norma (art. 332), que cuida de situação em que o magistrado já se encontra autorizado a proferir, de plano, sentença definitiva (art. 487, inc. I), mas apenas para casos de improcedência, praxe esta que pode ser aplicada em qualquer Juizado, seja ele estadual, federal ou Fazendário, desde que preenchidas as formalidades nele enunciadas. O tema é, inclusive, objeto do Enunciado nº 1 do Fonajef: "*O julgamento de mérito de plano ou prima facie não viola o princípio do contraditório e deve ser empregado na hipótese de decisões reiteradas de improcedência pelo juízo sobre determinada matéria*".

Acredita-se que as hipóteses tratadas nesse dispositivo (art. 332) sejam consideradas como um rol meramente exemplificativo, podendo a improcedência liminar ocorrer também em outros casos por meio de uma interpretação analógica. Por exemplo, não parece incoerente sustentar que, nos juizados Especiais Federais, a improcedência liminar possa ser realizada com base em enunciado da TNU (Turma Nacional de Uniformização), ainda que tal circunstância não esteja expressamente prevista no CPC, posto que este órgão por vezes estabelece precedentes vinculativos (art. 14, Lei nº 10.259/2001).

A título de curiosidade, o Juizado Especial Federal já tem orientação cristalizada quanto ao emprego desta norma (art. 332), em sentido inverso, ou seja, pela procedência liminar do mérito em demandas repetitivas. Com efeito, prevê o Enunciado nº 2 do Fonajef que: "*Nos casos de julgamentos de procedência de matérias repetitivas, é recomendável a utilização de contestações depositadas na Secretaria, a fim de possibilitar a imediata prolação de sentença de mérito*". Só que, da forma como esta praxe vem sendo realizada, a mesma mais se assemelha a um julgamento antecipado do mérito (art. 355, inc. I) do que propriamente a uma resolução liminar de mérito, pois chega a ser determinada a citação e até mesmo é apresentada defesa formal, muito embora esta resposta seja trazida pelo próprio serventuário da Justiça quando já houver modelo padrão em formato físico ou eletrônico disponibilizado previamente pelo próprio demandado ao órgão jurisdicional.

42.10. TUTELA PROVISÓRIA DE URGÊNCIA

Um tema que, certamente, trará várias discussões quanto a aspectos práticos, versa a respeito da possibilidade ou não da concessão de tutelas provisórias de urgência nos processos que tramitam perante o sistema dos juizados especiais. Mas, para uma melhor assimilação do tema, é necessária uma breve digressão quanto à sucessão de leis no tempo.

De um lado, a primeira das leis (Lei nº 9.099/95), é completamente silente quanto à possibilidade de provimentos antecipatórios, o que até se justifica, pois a tutela antecipada somente foi implementada no CPC-73 em data muito próxima de sua sanção (Lei nº 8.952/94), o que sinaliza que ambos os projetos de lei tramitaram simultaneamente no Congresso Nacional. Por outro lado, as demais leis que compõem esse microssistema já são expressas em admitir provimentos de urgência (art. 4º, Lei nº 10.259/2001 e art. 3º, Lei nº 12.153/2009), também estabelecendo o meio próprio para revogar ou modificar tais decisões, que será por recurso (art. 5º, Lei nº 10.259/2001 e art. 4º, Lei nº 12.153/2009).

Desta maneira, como existe disposição específica no trato dos provimentos provisórios, tanto no juizado especial federal quanto no fazendário, tais normas é que devem prevalecer quando confrontadas com o novo modelo criado pelo CPC, pela adoção do critério da especialidade, que busca solucionar eventuais antinomias entre atos normativos. Do contrário, se realmente for exigido que, em tais juizados, a ré (que é a Fazenda Pública) tenha que se valer da ação revocatória prevista no CPC (art. 304, § 2º), teríamos grave problema em justificar a legitimação ativa desses mesmos entes perante os juizados, pois as duas leis são muito claras e pontuais, de que os mesmos somente podem figurar no polo passivo (art. 6º, II, Lei nº 10.259/2001 e art. 5º, II, Lei nº 12.153/2009). E, nem mesmo se poderia defender a hipótese de que esta nova demanda deveria ser distribuída perante algum juízo (e não juizado) com competência para assuntos fazendários, eis que o mesmo não atua como instância revisora das decisões antecipatórias proferidas em sede de juizado federal ou fazendário, pois tal desiderato compete à turma recursal.

Outro obstáculo quanto ao processamento desta ação revocatória no juizado federal ou fazendário seria o rito envolvido, pois neste sistema só existe a possibilidade de emprego do próprio procedimento especial. Assim, é por todos estes motivos e empecilhos que as tutelas de urgência ainda podem e devem ser concedidas nestes dois juizados, muito embora eventual impugnação será manifestada por recurso, tal como a lei específica estabelece.

Quanto aos juizados estaduais (Lei nº 9.099/95), realmente não há previsão clara a respeito da concessão de tutelas de urgência mas, estando atento aos princípio norteadores do microssistema dos juizados (art. 2º, Lei nº 9.099/95), que é expresso em mencionar os critérios da simplicidade, informalidade e celeridade processual, também é recomendável que se mantenha o mesmo modelo anterior, ou seja, tais decisões de cunho antecipatório poderão ser concedidas ou revogadas nos próprios autos e, havendo inconformismo, este deve ser manifestado pela via do mandado de segurança, em razão da ausência de disposição específica autorizando o uso de algum recurso. Com isso, o microssistema dos juizados permaneceria íntegro, possibilitando que aqueles processos de competência dos juizados estaduais também tenham um modelo para a análise de tutelas de urgência muito semelhante ao dos demais.[7]

---

7 HARTMANN, Rodolfo Kronemberg. *Novo código de processo civil – comparado e anotado.* 1ª ed. Niterói: Impetus, 2015, pp. 262-263.

Uma última ressalva, mais precisamente quanto ao uso do mandado de segurança em casos como este, perante as Turmas Recursais. É que, tempos atrás, foi proferida decisão por uma das turmas do STF, em sede de REXTR, no sentido de que nem mesmo o mandado de segurança poderia ser empregado para impugnar tais atos. É que, neste julgado, foi concluído que o sistema dos Juizados Especiais é específico, pautado na observância de princípios próprios (art. 2º, Lei nº 9.099/95) e que nele realmente não se pode questionar uma decisão interlocutória, seja por meio de recurso ou mesmo pelo ajuizamento de uma ação autônoma de impugnação.[8] Contudo, trata--se de precedente isolado que acabou não sendo adotado pelas instâncias inferiores. Portanto, embora não seja possível recorrer imediatamente de uma decisão desfavorável proferida em sede dos Juizados Especiais Estaduais, pelo menos é autorizado o uso do mandado de segurança, caso presentes os seus requisitos.

42.11. CITAÇÃO

Há norma (art. 18, Lei nº 9.099/95) dispondo sobre a possibilidade de a citação ser realizada por meio postal ou por cumprimento de mandado pelo oficial de justiça. Só que, em parágrafo constante na mesma (§ 2º), há proibição para que a citação seja realizada por meio de editais, razão pela qual o processo deverá ser extinto, caso o demandado não tenha sido localizado por uma das outras formas. Quanto à citação por hora certa, diante do silêncio normativo, não se vislumbra óbice para a sua realização neste rito sumaríssimo, o que também ocorre com a citação por meio eletrônico (muito utilizada nos juizados especiais federais e fazendários), bem como da citação realizada em secretaria pelo escrivão ou pelo diretor de secretaria.

A citação é para que o demandado compareça à audiência de conciliação, podendo no mandado constar a ressalva de que a mesma poderá ser convertida em AIJ. Para tanto, o réu deve vir prevenido, pois é na AIJ que a sua defesa deverá ser apresentada, bem como este será o momento em que eventual prova oral terá que ser produzida. Contudo, em momento próprio (v. item nº 42.8.) foi destacado que, nos juizados especiais federais e fazendários, a Fazenda Pública já costuma ser citada para apresentar defesa.

42.12. ATOS PROCESSUAIS

No Juizado Especial, o princípio da instrumentalidade é acentuado, de modo que os atos serão reputados como válidos ainda que não se revistam de todas as exigências prescritas em lei, mas desde que atendidas suas finalidades e que estejam de acordo com os seus critérios norteadores (art. 2º e art. 13, ambos da Lei nº 9.099/95).

---

8 STF. REXTR nº 576847/BA. Rel. Min. Eros Grau. DJ 20/05/2009.

É importante destacar que, nos Juizados Especiais Federais ou Fazendários, não haverá prazo diferenciado para a prática de qualquer ato processual, o que prestigia o princípio da isonomia e os próprios critérios que o regulam (art. 9º, Lei nº 10.259/2001 e art. 7º, Lei nº 12.153/2009).

Questão tormentosa era esclarecer a correta forma de contagem dos prazos nos processos que tramitam perante um Juizado Especial, ou seja, se ela deveria ser em dias "úteis" (como estabelece o CPC) ou em dias "corridos". Isso, pelo menos, até ter sido criado novel ato normativo (Lei nº 13.728/2018), estabelecendo que seriam computados apenas os dias "úteis". Com isso, foi desprestigiado o princípio do tempo razoável para a solução do mérito (norma fundamental do CPC – art. 4º), e, também, os critérios norteadores do sistema dos Juizados (art. 2º, Lei nº 9.099/95).

A carta precatória é dispensada quando houver necessidade de se praticar ato processual em outra localidade, desde que seja solicitada por qualquer meio idôneo de comunicação (art. 13, § 2º, Lei nº 9.099/95).

42.13. AUDIÊNCIA DE CONCILIAÇÃO

Nos juizados especiais estaduais, o demandado é citado para comparecer a uma audiência de conciliação, que será conduzida por um conciliador ou por juiz leigo, tendo como objetivo primordial obter um acordo entre as partes, que é um dos objetivos deste sistema (art. 2º, Lei nº 9.099/95).

Se o autor não comparecer a este ato, o processo será extinto (art. 51, inc. I, Lei nº 9.099/95), devendo o mesmo ser condenado a pagar as custas, exceto quando comprovar que não compareceu por motivo de força maior. A ausência do demandado, por seu turno, gera a revelia, o que permitirá que o magistrado já possa proferir sentença na sequência (art. 20 e art. 23, ambos da Lei nº 9.099/95).

Esta audiência de conciliação não é obrigatória, ao contrário daquela prevista no CPC (art. 334), que é própria para as demandas que observam o procedimento comum. Em abono a esta afirmação, basta analisar a tramitação dos processos perante os juizados federais e fazendários, para detectar que as mesmas não costumam ser designadas, pois nem sempre o direito discutido permite transação ou mesmo quando for evidenciado que a conciliação é algo extremamente improvável.

Há possibilidade de esta audiência ser convertida imediatamente em AIJ, caso a conciliação não tenha sido obtida e se constar expressamente no mandado de citação do demandado esta hipótese, o que dificulta eventual alegação de prejuízo (art. 27, Lei nº 9.099/95).

42.14. RESPOSTA DO RÉU

A resposta do réu deve ser apresentada por meio da contestação, no início da AIJ. Nesta modalidade de resposta deverão estar presentes todas as matérias de defesa, exceto a arguição de suspeição ou impedimento do magistrado, que deverão ser alegadas por peça específica para esta finalidade (art. 146), e que terão tramitação regular perante os Tribunais e não perante as Turmas Recursais (art. 30, Lei nº 9.099/95).

A legislação também autoriza que o demandado faça pedido contraposto na contestação, desde que fundado nos mesmos fatos afirmados na petição inicial (art. 31, Lei nº 9.099/95). Só que, para tanto, o réu estará exercendo direito de ação, motivo pelo qual será necessário perquirir se o mesmo pode, efetivamente, exercer tal pleito em Juizado Especial. Para exemplificar, quando a União for demandada em Juizado Especial Federal, a mesma não poderá apresentar o pedido contraposto, visto que a mesma não dispõe de legitimação ativa neste sistema, mas somente passiva (art. 6º, inc. I, Lei nº 10.259/2001). Ao contrário, caso seja uma demanda instaurada perante o Juizado Estadual envolvendo 2 (dois) particulares capazes, nada impede que um deles apresente o pedido contraposto, já que o mesmo possui legitimidade para aqui exercer direito de ação.

A reconvenção, por seu turno, é expressamente proibida (art. 31, Lei nº 9.099/95), o que é salutar, pois a mesma iria trazer matéria fática nova, conspirando contra o procedimento extremamente concentrado dos Juizados, já que novos fatos provavelmente irão demandar dilação probatória.

42.15. INVERSÃO DO ÔNUS DA PROVA

Embora a regra geral seja a de que o ônus da prova compete à parte que alega o fato (art. 373), é de se reconhecer a possibilidade de inversão do ônus da prova em situações muito específicas, como aquelas autorizadas por lei (v.g., art. 6º, inc. VIII, da Lei nº 8.078/90 e art. 373, § 1º). De qualquer maneira, é bastante expressivo o entendimento no sentido de que esta inversão somente poderá ser determinada até o saneamento do processo, de modo a respeitar princípios basilares como o do contraditório ou o da ampla defesa. Afinal, se o magistrado realizar esta inversão na própria sentença, o mesmo estará criando um novo ônus para a parte ré e, ao mesmo tempo, impossibilitando-a de exercê-lo. É, sem dúvidas, o entendimento mais frequente e que enfim se encontra positivado no CPC (art. 373, § 2º).

42.16. AUDIÊNCIA DE INSTRUÇÃO E JULGAMENTO

Todos os meios de prova moralmente legítimos, ainda que não especificados em lei, podem ser utilizados nos Juizados Especiais (art. 32, Lei nº 9.099/95). E estas provas, sejam "típicas" ou "atípicas", serão produzidas em AIJ.

Esta audiência pode ser conduzida pelo próprio magistrado ou mesmo por um juiz leigo (art. 37, Lei nº 9.099/95). Nos Juizados Federais não há a figura do juiz leigo, muito embora a instrução atualmente possa ser realizada por conciliador (art. 16 e parágrafos c/c art. 26, ambos da Lei nº 12.153/2009).

Não há obstáculo legal para se produzir prova pericial no Juizado, o que é até muito frequente nos Juizados Especiais Federais, em que tantas vezes se discute benefício previdenciário por invalidez. Na lei regente, há norma (art. 35, Lei nº 9.099/95) que até permite a consulta de técnicos para questões que requerem conhecimento mais específico, o que guarda semelhanças com um meio de provas previsto no CPC chamado de "exame técnico simplificado (art. 464, § 2º). Já nos casos em que realmente for necessária "prova pericial complexa", há na doutrina quem sugira que seja realizado o declínio da competência do Juizado em prol do juízo cível.[9]

A prova testemunhal deve ser feita em AIJ, até o máximo de 3 (três) testemunhas, que deverão comparecer independentemente de intimação. Somente se a parte necessitar que a intimação seja realizada é que a mesma deverá, então, fazer um requerimento neste sentido, que deve ser protocolizado com uma antecedência mínima de 5 (cinco) dias da realização do ato (art. 34, § 1º, Lei nº 9.099/95).

Uma curiosidade é que a prova oral não precisa ser reduzida a termo na AIJ (art. 36, Lei nº 9.099/95), o que também imprime uma maior celeridade aos processos, muito embora as partes possam se sentir prejudicadas quanto a algo mencionado pela testemunha que não tenha constado em ata ou na decisão que vier a ser proferida. Em tais casos, os membros da Turma Recursal poderão, no momento do julgamento do recurso inominado, sobrestá-lo para que a prova oral seja refeita e, agora, com a devida redução a termo (art. 938, § 3º).

42.17. A SENTENÇA

Usualmente, qualquer sentença deve conter relatório, fundamentação e dispositivo (art. 489, incs. I, II e III). Contudo, por vezes o relatório pode ser dispensado como, aliás, é justamente o que ocorre nas sentenças proferidas nos Juizados Especiais (art. 38, Lei nº 9.099/95), o que também é aplicável ao Juizado Especial Federal e ao Juizado Especial Estadual Fazendário (art. 1º, Lei nº 10.259/2001 e art. 27, Lei nº 12.153/2009).

Esta sentença pode ter os mais variados fundamentos (v.g., art. 485, art. 487, art. 924, entre outros). Mas existem outras causas de extinção previstas na própria legislação específica (art. 51, Lei nº 9.099/95), tais como quando o autor deixar de comparecer a qualquer audiência do processo, quando for inadmissível o procedimento instituído por esta lei, quando for reconhecida a incompetência territorial, dentre outras.

Outro aspecto relevante é que a sentença proferida em Juizado não pode ser genérica, ou seja, com ausência do *quantum debeatur* (art. 38, parágrafo único, Lei nº 9.099/95). Vale dizer que a prática até vem permitindo que este ato decisório seja ilíquido, sobretudo em situações muito específicas, como aquelas demandas propostas

---

9 HARTMANN, Guilherme Kronemberg. Complexidade da causa, inadmissibilidade ritual e o aproveitamento dos atos processuais praticados nos juizados cíveis estaduais. In: REDONDO, Bruno Garcia. SANTOS, Walder Queiroz dos. FONSECA E SILVA, Augusto Vinícius. VALLADARES, Leandro Carlos Pereira. Coleção *Repercussões do novo CPC* – Juizados Especiais. Salvador: JusPodivm, 2015. v. 7, pp. 229-230.

perante os Juizados Especiais Federais ou Fazendários, em que o demandante pleiteia a obtenção de alguma gratificação funcional. Tal circunstância ocorre tão somente para favorecer uma tramitação mais rápida, pois, se os documentos fossem todos apresentados durante a fase de instrução, os autos já seriam então enviados ao contador judicial para elaboração dos cálculos. Só que, posteriormente à prolação da sentença e a sua confirmação pela turma recursal, os autos teriam que ser novamente encaminhados ao contador novamente, para atualização dos valores, antes que fosse requisitado o precatório ou o R.P.V., conforme o caso. Desta maneira, muitas vezes os magistrados proferem, em casos assim, sentenças verdadeiramente ilíquidas, que somente na etapa de cumprimento é que terão os documentos apresentados e os cálculos feitos. Vale dizer, todavia, que a restrição quanto à elaboração de sentenças ilíquidas é prevista na lei que regula os juizados especiais estaduais (Lei nº 9.099/95), ou seja, em legislação criada anteriormente às demais, que criaram os Juizados Federais e Fazendários e que possuem especificidades muito maiores, como a permissão para que a Fazenda Pública possa litigar em juízo.

Quanto ao critério reitor para fixação da sucumbência, observa-se que o sistema do Juizado Especial adota o da dupla sucumbência (art. 55, Lei nº 9.099/95). Nesta situação, o demandante ingressa no Juizado independentemente do pagamento de custas. Só que, após a prolação da sentença, o interessado em recorrer terá que apresentar o seu recurso já acompanhado do preparo ou pelo menos realizá-lo nas 48 (quarenta e oito) horas seguintes independentemente de nova intimação (art. 42, § 1º, Lei nº 9.099/95). E, somente se o mesmo vier a "perder" novamente na análise do seu recurso, seja no juízo de admissibilidade ou mesmo no juízo de mérito, é que será então fixada a verba honorária em prol do advogado da outra parte, agora já com observância aos patamares previstos no CPC (art. 85 e parágrafos). Isso justifica a nomenclatura deste critério, que é o da "dupla sucumbência", pois somente haverá a condenação ao pagamento de verba honorária no sistema do Juizado caso a mesma parte venha a ser derrotada tanto no órgão inicial como perante a Turma Recursal.[10]

Por fim, é de se destacar que, nas sentenças proferidas em sede de Juizado Especial Federal ou Fazendário, não haverá remessa necessária (art. 13, Lei nº 10.259/2001 e art. 11, Lei nº 12.153/2009). E, ainda se deve esclarecer que é inaplicável em sede dos juizados uma das novidades do CPC (art. 503, § 1º), que pontua que, respeitadas algumas condições, a solução da questão prejudicial interna já deverá constar imediatamente no próprio dispositivo do ato decisório, razão pela qual a mesma irá gerar coisa julgada formal e material independentemente de qualquer requerimento das partes neste sentido. É que se trata de norma que tencionou eliminar a burocracia da antiga ação declaratória incidental, que apenas irá permanecer quanto aos processos pendentes de apreciação por ocasião da vigência do novo CPC (art. 1.054). Contudo, a mesma

---

10 É curioso observar que é possível a execução da verba honorária no Juizado Especial ainda que esta seja promovida por pessoa jurídica, nos termos do Enunciado Jurídico Cível nº 127, do Tribunal de Justiça do Estado do Rio de Janeiro sobre JEC: "*A pessoa jurídica, vencedora no recurso, pode executar as verbas sucumbenciais em sede do Juizado Especial Cível*".

é extremamente criticável, pois alarga os limites da provocação inicial, permitindo que o magistrado decida além daquilo que foi delineado pelo demandante em sua petição inicial. Esta norma, de qualquer maneira, é inaplicável no sistema dos Juizados Especiais, posto que a própria prevê o seu não cabimento em processos em que há restrição probatória, que é justamente o que ocorre naqueles que ali tramitam, em razão da impossibilidade de produção de prova pericial de maior complexidade, tal como já exposto anteriormente. Logo, o referido dispositivo (art. 503, § 1º), terá a sua aplicação discutida apenas em juízos cíveis.

42.18. RECURSOS, AÇÕES AUTÔNOMAS DE IMPUGNAÇÃO E INCIDENTES

Diversos são os meios para se impugnar as decisões proferidas em sede de Juizado Especial. Neste tópico, eles serão apresentadas em linhas gerais.

42.18.1. Embargos de declaração

As sentenças proferidas nos Juizados Especiais podem ser objeto de embargos de declaração, que devem ser interposto em 5 (cinco) dias. Estes embargos, após a entrada em vigor do CPC, passaram a ter efeito interruptivo quanto ao prazo para o uso dos demais recursos, à semelhança do que ocorre nos outros órgãos jurisdicionais (art. 1.065 – que alterou a redação do art. 50, Lei nº 9.099/95).

42.18.2. Recurso inominado, agravo interno, recurso extraordinário e agravo aos tribunais superiores

As sentenças proferidas no Juizado Especial Estadual ou no Fazendário desafiam recurso inominado no prazo de 10 (dez) dias, qualquer que seja o seu teor (art. 485 ou art. 487). No Juizado Especial Federal, contudo, a situação já é bem distinta, eis que há norma (art. 5º, Lei nº 10.259/2001), que determina: *"Exceto nos casos do art. 4º, somente será admitido recurso de sentença definitiva"*. Logo, o recurso inominado somente pode ser empregado, no Juizado Especial Federal, para impugnar as decisões interlocutórias que versam a respeito de tutelas provisórias ou para questionar as sentenças definitivas que venham a ser proferidas. Assim, nos casos de sentenças terminativas, simplesmente não haverá recurso e nem qualquer prejuízo ao demandante, que poderá repetir a ação (art. 486, parágrafo único).

Ocorre, porém, que este dispositivo (art. 486, parágrafo único) proíbe a repetição da ação quando se tratar de sentença terminativa que tenha reconhecido a litispendência, perempção ou coisa julgada, o que torna aflitiva a situação do demandante já que, nestes casos, o mesmo não poderá se valer do recurso inominado e nem mesmo propor nova demanda. A solução, em caráter excepcional, é permitir o uso do recurso mesmo nestas hipóteses como, aliás, já foi reconhecido no enunciado nº 18, das Turmas Recursais da Seção Judiciária do Rio de Janeiro: *"Não cabe recurso de sentença que não aprecia o mérito em sede de Juizado Especial Federal (art. 5º da Lei 10.259/2001), salvo quando o seu não conhecimento acarretar negativa de jurisdição"*.

Vale dizer que esta restrição, constante na legislação do juizado especial federal (Lei nº 10.259/2001), ao somente permitir recurso para impugnar as sentenças definitivas, levou em consideração o diminuto número de magistrados que atuavam nos Juizados Especiais Federais que, em sua etapa inicial de instalação, nem mesmo eram ali exclusivamente lotados. No entanto, com o advento de ato normativo mais recente (Lei nº 12.665/2012), foram criados 225 (duzentos e vinte e cinco) cargos de Juízes Federais de Turmas Recursais, o que pode sugerir que esta restrição poderia deixar de subsistir, caso a lei venha a ser modificada.

O recurso inominado deve ser interposto perante o próprio órgão prolator da decisão e, por uma analogia com o que ocorre com o recurso de apelação (art. 1.010, § 5º), o mesmo não mais se submeterá a um juízo de admissibilidade neste mesmo juízo. Assim, apresentado o recurso inominado por uma parte, a outra deverá ser intimada para apresentar suas contrarrazões e, na sequência, os autos serão remetidos à Turma Recursal, que irá analisar a admissibilidade.

Este recurso, por conta da redação de determinada norma (art. 43, Lei nº 9.099/95), apenas terá efeito devolutivo, o que é uma contradição se for confrontada com outra regra jurídica (art. 52, inc. IV, Lei nº 9.099/95), eis que a mesma somente autoriza o início do cumprimento de sentença caso esta já tenha transitado em julgado.

Na Turma Recursal é admitido o julgamento proferido monocraticamente (art. 932), hipótese que permitirá a interposição de um agravo interno (art. 1.021). Desta nova decisão, até vem sendo permitido o uso do REXTR, se houver fundamento para tanto. É tema que até mesmo já se encontra consignado no Verbete nº 640 da Súmula do STF, cujos termos são os seguintes: *"É cabível recurso extraordinário contra decisão proferida por juiz de primeiro grau nas causas de alçada, ou por turma recursal de Juizado Especial"*. Contudo, o mesmo já não ocorre quanto à possibilidade de se utilizar o RESP, pois o mesmo somente pode impugnar decisão proferida por Tribunal (art.105, inc. III, CRFB). Por este motivo, aliás, foi criado o Verbete nº 203 da Súmula do STJ, nos seguintes termos: *"Não cabe recurso especial contra decisão proferida por órgão de segundo grau dos Juizados Especiais"*. E, por fim, sendo inadmitido o REXTR, não haverá qualquer obstáculo à interposição de agravo ao Tribunal Superior (art. 1.042), se for o caso.

42.18.3. Mandado de segurança, ação rescisória e reclamação

Tanto o mandado de segurança, como a ação rescisória e a reclamação não são recursos, mas sim ações autônomas de impugnação, e seu uso deve ser restrito a situações bem específicas, como a violação de direito líquido e certo por uma autoridade coatora (mandado de segurança), a ocorrência de um vício muito grave (ação rescisória) ou quando se buscar resgatar a hierarquia ou o respeito às decisões dos Tribunais Superiores (reclamação).

O "mandado de segurança" não costuma ser empregado para impugnar sentença proferida em qualquer Juizado, diante da existência do recurso inominado para estes fins. Contudo, o mesmo é adotado com frequência perante as Turmas Recursais para impugnar certas decisões interlocutórias, como aquelas proferidas em sede de execução ou mesmo as que versarem sobre tutelas provisórias de urgência exclusivamente no Juizado Especial Estadual (v. item nº 42.10.). Esta prática, porém, depara-se com pelo menos 3 (três) grandes óbices: a) a proibição de se utilizar, nos processos que tramitam perante esses Juizados, procedimento especial ou diverso daquele constante na própria legislação específica (Lei nº 9.099/95); b) a competência da Turma Recursal é, de acordo com a própria nomenclatura, exclusivamente "recursal", o que impediria que nela fosse ajuizada ação de competência originária; c) o magistrado, quando é apontado como autoridade coatora, tem a prerrogativa de apenas prestar as suas informações perante membros integrantes de Tribunal (art. 101, § 3º, alínea d, LC nº 35/79). No entanto, tais argumentos não têm afastado o uso desta via nos casos sobreditos.

Já quanto à "ação rescisória", existe vedação quanto ao seu uso em qualquer processo que iniciar tramitação perante um Juizado Especial (art. 59, Lei nº 9.099/1995). Portanto, ainda que presente qualquer hipótese prevista em um dos incisos do art. 485, o interessado não disporá da via ação rescisória. Destaca-se, porém, que respeitável doutrina até defende o uso desta via processual em processo oriundo de Juizado Especial em algumas situações. Com efeito, se o STF prover ou desprover REXTR interposto de decisão da Turma Recursal, com resolução do mérito da causa, o efeito substitutivo (art. 1.008) fará com que este acórdão substitua o anterior, transformando-se em título executivo judicial. Contudo, a própria Carta Magna (art. 102, inc. I, "j", CRFB), autoriza que o STF julgue ação rescisória dos seus próprios acórdãos, não fazendo qualquer ressalva de ele ter sido proferido ou não em processo iniciado em Juizado Especial. Assim, sob esta ótica, não poderia esta restrição constante em lei ordinária (art. 59, Lei nº 9.099/1995) criar uma restrição que não existe no texto constitucional.[11]

Por fim, no que diz respeito ao uso da "reclamação", o seu uso será perfeitamente possível em algumas situações. A primeira, é quando os tribunais inferiores apreciarem o IRDR, fixando a tese jurídica a ser aplicada naquela localidade. É que, ainda que haja controvérsia se realmente esta decisão pode vincular o microssistema dos juizados (v. item nº 42.18.3.), é certo que há previsão normativa expressa no CPC quanto ao uso desta via processual (art. 985, § 1º). Já a outra hipótese do uso da reclamação decorre de ato do STJ (Resolução nº 3/2016), que autoriza o seu uso com o intuito de dirimir eventuais divergências entre as suas decisões e aquelas proferidas pelas Turmas Recursais do Juizado Especial, o que, de certa forma, é uma tentativa de harmonizar

---

11 CÂMARA, Alexandre Freitas. *Ação rescisória*. 2ª ed. São Paulo: Atlas, 2012, p. 74.

a interpretação da lei federal a despeito da impossibilidade do uso do RESP nestes processos. Vale dizer, ainda, que esta resolução somente se aplica aos processos que tramitam no Juizado Especial Estadual, pois, tanto no Federal quanto no Fazendário, existem mecanismos que permitem a participação direta do STJ nos seus julgados (v.g., pedido de uniformização de interpretação de lei), muito embora não por meio de processamento de recursos.

42.18.4. Pedido de uniformização de interpretação de lei federal

O tema é regulado nas leis específicas (art. 14, Lei nº 10.259/2001 e art. 18, Lei nº 12.153/2009), com ligeiras distinções entre si que são resolvidas por meio de uma interpretação literal. O objetivo deste incidente é sanar uma divergência detectada entre turmas recursais distintas, sejam elas localizadas ou não no mesmo território ou Estado. Se forem localizadas no mesmo território, o dissídio será resolvido por um órgão que reúna as Turmas divergentes, sob a presidência de um juiz coordenador. Caso as Turmas sejam localizadas em territórios distintos, este incidente já será solucionado por uma Turma Nacional de Uniformização, sob a presidência do Coordenador da Justiça Federal. Por fim, se neste julgamento for contrariado o posicionamento sumulado ou dominante do STJ, caberá ainda um requerimento a este Tribunal para que o mesmo resolva a controvérsia.[12] Reitera-se, aqui, que este incidente não existe nos Juizados Estaduais, razão pela qual se deve utilizar a via processual da reclamação, diante de uma decisão da turma recursal que afronte as orientações do STJ.

42.19. A EXECUÇÃO POR QUANTIA CERTA NOS JUIZADOS ESPECIAIS

Quando se fala em Juizado Especial, seja ele Estadual, Federal ou Fazendário, é muito difícil sempre apresentar uma única solução frente aos desafios que são postos para apreciação diariamente. Além disso, a quantidade de processos é realmente muito grande e ainda se percebe que as leis que regem a matéria nem sempre apresentam um caminho satisfatório. O que se tentará nas próximas linhas, portanto, é apenas sistematizar, em linhas gerais, o procedimento executivo em tais casos, que carece e muito de um maior detalhamento.

42.19.1. Execução por quantia certa no Juizado Especial Estadual

A competência do Juizado Especial Estadual pode ser em razão do valor (demandas de até 40 salários-mínimos) ou em razão da matéria (art. 3º, Lei nº 9.099/95).

A interpretação das regras contidas nessa lei sobre a execução no Juizado Estadual jamais foi pacífica, tendo este panorama ficado ainda mais delicado com a aprovação do

---

12 ALMEIDA, Marcelo Pereira. *Precedentes judiciais – análise crítica dos métodos empregados no Brasil para a solução de demandas em massa.* Curitiba: Juruá, 2014, p. 170.

CPC, pois o mesmo traz dispositivos que, em tese, melhor atenderiam aos princípios norteadores do Juizado (art. 2º, Lei nº 9.099/95) do que as suas próprias normas específicas.

Caso seja o cumprimento de uma sentença que imponha obrigação de pagar, o seu procedimento se encontra em norma própria (art. 52, Lei nº 9.099/95), que estabelece ser um caso de processo sincrético, pois a execução de título judicial será considerada como uma segunda etapa. Mas, para que haja o seu início, é imprescindível que o interessado apresente um requerimento (art. 52, inc. IV, Lei nº 9.099/95).

Esta peça necessariamente deve estar subscrita por um advogado caso o valor em execução seja superior a 20 (vinte) salários-mínimos (art. 9º, Lei nº 9.099/95). A apresentação de planilha, em tese, deveria ser dispensada, pois há previsão de que o cálculo deverá ser realizado por um servidor do Cartório (art. 52, inc. II, Lei nº 9.099/95). Contudo, diante do enorme quantitativo de processos que tramitam nos juizados, é bastante frequente que a própria parte a apresente, para efeitos de maior agilidade processual.

Não vem sendo autorizada a instauração de execução provisória no Juizado Especial Estadual, pois há dispositivo (art. 52, inc. IV, Lei nº 9.099/95), que exige que primeiro seja aguardado o trânsito em julgado da sentença para que, somente após, inicie o seu cumprimento. Trata-se, contudo, de grave incongruência com outra norma da mesma lei (art. 43, Lei nº 9.099/95), que dispõe que o recurso inominado possui, como regra, efeito meramente devolutivo, o que demonstra que não existiria empecilho para esta sentença já gerar efeitos ou mesmo ter o seu cumprimento exigido provisoriamente.[13]

Vem sendo permitida a inclusão da multa de 10% (dez por cento), prevista no CPC (art. 523, § 1º), o que até mesmo poderia ser fundamentado em razão da aplicação subsidiária das suas regras no microssistema dos juizados.

Em seguida, o executado será intimado, embora atualmente existam dúvidas a respeito de qual meio processual o mesmo poderá se valer para manifestar o seu inconformismo. É que a legislação específica em norma própria (art. 52, inc. IX, Lei nº 9.099/95), pontua que, nas hipóteses de cumprimento de sentença por obrigação de pagar, o executado se defende por meio de embargos. Só que, no CPC (art. 525), esta defesa já seria instrumentalizada por meio da impugnação. Mas, muito embora as modalidades de defesa sejam distintas, é certo que há compatibilidade entre as teses que nelas são veiculadas, bastando realizar um cotejo analítico com esta norma e aquela prevista no CPC (art. 525). Portanto, qualquer que seja a nomenclatura da peça apresentada pela parte, o magistrado deverá analisar o seu conteúdo, o que se encontra em sintonia com os critérios orientadores do sistema dos juizados especiais, além de decorrer do princípio da instrumentalidade das formas.

---

13 ROCHA, Felipe Borring. *Juizados especiais cíveis*. 5ª ed. Rio de Janeiro: Lumen Juris, 2009, p. 193.

Caso seja uma execução por quantia certa lastreada em título extrajudicial, o procedimento passa a ser fixado em outra norma da lei específica (art. 53, Lei nº 9.099/95). Neste outro rito, haverá necessidade de ser confeccionada uma petição inicial que virá instruída com uma planilha atualizando a dívida.

Ao despachar a inicial, parece ser inviável a fixação de honorários advocatícios nos mesmos moldes da regra geral (art. 827), uma vez que, no Juizado Especial, a sistemática relativa à fixação dos honorários é bastante distinta, sendo possível apenas na situação em que uma das partes sucumbir por duas vezes (art. 55, Lei nº 9.099/95).

Se o devedor não for localizado, mas os bens forem encontrados, não será possível a realização do arresto de que trata o CPC (art. 830), pois esta providência demandaria a necessidade de publicação de editais, o que é proibido na presente sede (art. 18, § 2º, Lei nº 9.099/95).

De acordo com a lei específica, somente após a realização da penhora é que será designada audiência de conciliação, ocasião em que os embargos poderão ser oferecidos (art. 53, § 1º, Lei nº 9.099/95). Realmente, uma interpretação literal deste dispositivo especial afastaria a incidência da norma geral do CPC (art. 914), que dispensa a prévia garantia do juízo para fins de recebimento dos embargos. Mas, pela teoria do diálogo das fontes, o tratamento deveria ser o mesmo, tanto para os embargos apresentados no Juízo Cível como, também, naqueles do Juizado Especial, pois realmente a norma genérica (art. 914) se encontra mais de acordo com os critérios que norteiam este microssistema, por possibilitar o adiantamento de alguns atos processuais. No entanto, o tema é bastante delicado e encontra-se longe de estar pacificado.

Mas há alguns pontos em comum entre a execução de título judicial e extrajudicial de obrigação de pagar em sede de Juizado Especial Estadual. É que, caso o pedido formulado nos embargos não seja acolhido, se iniciará a etapa de expropriação, nos mesmos moldes do CPC, algumas ressalvas da legislação específica (art. 52, incs. VII e VIII, Lei nº 9.099/95). Ao revés, ocorrendo acolhimento da pretensão, isso pode gerar o fim da execução (art. 924). E, por fim, não se pode olvidar que, diferentemente do CPC, a ausência de bens penhoráveis acarreta o fim da execução, tanto de título judicial como extrajudicial (art. 53, § 4º, Lei nº 9.099/95).

42.19.2. Execução por quantia certa no Juizado Especial Federal e Fazendário

Sendo obrigação de pagar reconhecida em título judicial, este procedimento será disciplinado por normas próprias (art. 17, Lei nº 10.259/2001 e art. 13, Lei nº 12.153/2009), que dispensam requerimento da parte interessada para o seu início. Assim, bastará aguardar o trânsito em julgado da decisão para o início do seu cumprimento, nos termos dos citados dispositivos.

Se a devedora for a União, autarquia ou alguma fundação, a requisição do RPV será encaminhada à Presidência do Tribunal, para que seja viabilizado o pagamento. No entanto, caso a dívida pecuniária seja de uma empresa pública federal (art. 6º, inc. II, Lei nº 10.259/2001), o magistrado deverá expedir ofício à mesma, para que efetue o depósito do valor devido dentro de sessenta dias, na agência mais próxima da Caixa Econômica Federal (CEF) ou do Banco do Brasil (BB). No entanto, quando se tratar de Estado, Distrito Federal, Município, Autarquias, Fundações e Empresas Públicas a ele vinculadas, a forma de liquidação poderá ser regulada por meio de outros atos normativos.

Vale dizer, também, que as referidas leis são silentes quanto a qualquer mecanismo de resposta, razão pela qual eventual inconformismo deve ser apresentado, a qualquer momento, por mera petição apenas para questionar matérias que são pronunciadas *ex officio* ou que sejam supervenientes à sentença.

Caso se trate de uma execução lastreada em título extrajudicial, a mesma deve observar o procedimento previsto em outra norma (art. 53, Lei nº 9.099/95), naquilo que for compatível (art. 1º, Lei nº 10.259/2001 e art. 27, Lei nº 12.153/2009). Mas, por óbvio, a maneira de liquidação das obrigações pecuniárias (requisição do RPV ou do precatório) deverá observar as mesmas ressalvas realizadas acima.

42.19.3. Execução de obrigação de fazer, não fazer ou de entrega de coisa nos Juizados Especiais

Conforme já alertado, muitas dúvidas existem a respeito da execução no Juizado Especial, seja ele Federal, Fazendário ou Estadual. O que se tentará nas próximas linhas, portanto, é apenas sistematizar, em linhas gerais, o procedimento executivo em tais casos.

No que diz respeito ao Juizado Especial Federal, cuja competência e procedimento são regulados por lei própria, há dispositivo (art. 16, Lei nº 10.259/2001), que estabelece como deve ocorrer o cumprimento para obrigações de fazer, não fazer e entregar coisa reconhecida em título judicial. Basicamente, será expedido ofício para que o executado cumpra esta obrigação. Caso isso não seja realizado, o juiz poderá fixar algum meio de coerção ou de sub-rogação. Se, por exemplo, forem fixadas as *astreintes*, elas não ficam limitadas ao teto de 60 (sessenta) salários-mínimos. Também se observa que esta mesma legislação é completamente silente quanto à eventual modalidade de resposta, sendo razoável concluir que poderá ser apresentada, a qualquer momento, uma simples petição apenas para questionar matérias que podem ser conhecidas de ofício ou supervenientes à sentença. Todas estas observações, por sinal, também devem ser adotadas em relação aos Juizados Especiais Fazendários (art. 12, Lei nº 12.153/2009).

Já quanto aos juizados especiais estaduais, a lei própria trata do cumprimento de sentença que reconheça obrigações desta natureza com pouca profundidade, limitando-se a conferir o mesmo tratamento aplicado nas execuções "comuns", conforme se observa de um determinado dispositivo (art. 52, incs. V e VI, Lei nº 9.099/95). É possível se reportar, portanto, ao que já foi analisado anteriormente.

Por fim, quanto às obrigações de fazer, não fazer ou de entrega de coisa estampadas em título executivo extrajudicial, devem ser observadas as mesmas regras do CPC naquilo que forem compatíveis. Nestes casos, é irrelevante que a competência seja do Juizado Especial Federal, Fazendário ou Estadual, pois o procedimento será exatamente o mesmo.

43

TEORIA GERAL DO PROCESSO COLETIVO

43.1. INTRODUÇÃO

Já faz algum tempo que se reconheceu a existência de direitos que pertencem não apenas a uma pessoa predeterminada, mas sim a um grupo, que pode ser delimitado ou não. Estes direitos, cuja característica maior é a indivisibilidade, contribuíram em um momento próprio para um maior acesso ao Poder Judiciário, que começou a se defrontar com matérias até então inéditas, de grande repercussão, e que criavam grande ruptura com o modelo até então vigente, do processo individual.[1]

Entre estes direitos sociais, rapidamente foram visualizadas 3 (três) espécies distintas, com características bem peculiares: os difusos, os coletivos e os individuais homogêneos, estando todos conceituados em norma própria (art. 81, parágrafo único, incs. I, II e III, Lei nº 8.078/90).

Os direitos "difusos" são aqueles indivisíveis, de modo que as pessoas diretamente atingidas são indeterminadas e indetermináveis, servindo como exemplo o direito ao meio ambiente sadio, que irá beneficiar não apenas a atual geração de humanos como, também, as posteriores. Por outro lado, há outro direito denominado "coletivo" que é extremamente semelhante ao anterior, apenas se diferenciando por ser possível determinar em momento posterior as pessoas que efetivamente foram atingidas ou lesionadas. Trata-se, desta maneira, de direito cujos titulares são indeterminados, porém determináveis. Um exemplo, seria uma lesão ao meio ambiente em razão de detritos químicos deixados por uma grande empresa em um determinado rio, prejudicando a fauna local. É que, nesta hipótese, há um interesse social em se fazer cessar esta agressão, muito embora a mesma possa ter prejudicado certas pessoas mais do que outras, como aquelas que se valiam da pesca local como meio de vida profissional para a manutenção de sua subsistência. Neste caso, o processo coletivo pode servir para atender um direito "coletivo", inicialmente indivisível perante a sociedade, mas que posteriormente pode ser delimitado para o campo indenizatório.[2] E, por fim, há ainda os direitos "individuais homogêneos" que, em realidade, não são sociais como a própria nomenclatura bem sugere. É que nestes, o direito atingido é meramente individual, sendo perfeitamente

---

1 CAPPELLETTI, Mauro; e GARTH Bryant. *Acesso à Justiça.* Trad. de Ellen Gracie Northfleet. Porto Alegre: Sergio Antonio Fabris Editor, 1988, p. 8.

2 TJRJ. Apelação cível nº 0007356-86.2001.8.19.0008. Rel.ª Des.ª Renata Cotta. DJ 12/09/2012.

delineada a vítima em questão. Só que, como se trata de uma lesão em massa (o que é cada vez mais comum em uma sociedade de consumo como a nossa), muitas pessoas podem ter sido individualmente atingidas pelo mesmo tipo de situação, de modo que a proteção coletiva serve para racionalizar a prestação jurisdicional, tornando-a mais efetiva e diminuindo o risco de decisões contraditórias. Por este motivo, embora os direitos "individuais homogêneos" não sejam, em essência, direitos sociais, acabam recebendo o mesmo tratamento prático. Por sinal, consta no CPC que, se o magistrado perceber que, em processo individual, o litígio possa ter contornos sociais, caberá ao mesmo oficiar um dos legitimados ativos para a propositura da ação coletiva para ciência desta situação (art. 139, inc. X).

Embora os direitos sociais comportem todas estas espécies distintas, nada impede que, no bojo do mesmo processo, se esteja discutindo todos eles ao mesmo tempo, ou seja, em uma única demanda se poderá tratar tanto de um direito difuso, como também de outro coletivo e até mesmo de um que seja individual homogêneo. Basta imaginar, por exemplo, um processo coletivo instaurado para apurar determinadas cláusulas de contrato de plano de saúde, tanto sob o prisma da sua ilegalidade para aqueles que já o firmaram como, também diante da necessidade de sua alteração em consideração aos futuros consumidores. É a melhor orientação.[3]

Ocorre que, malgrado a legislação reconheça a existência de tais direitos, os mesmos padecem para que possam ser adequadamente analisados, diante da inexistência de um código de processo coletivo. Com efeito, várias tentativas e projetos já foram apresentados para viabilizar um código moderno ou mesmo atualizar as leis que atualmente já regulam alguns procedimentos coletivos, sem que o legislador restasse sensibilizado. Desta maneira, diante da ausência de um código de processo coletivo, atualmente o que se tem é uma grande colcha de retalhos e remendos, pois os poucos diplomas existentes devem ser utilizados mutuamente entre si. Assim, há de se realizar uma interpretação sistemática para bem assimilar o processo coletivo atual, para que haja um mínimo de correlação entre todos. Logo, há a necessidade de se ter especial atenção quanto a estas normas constantes no CDC (Lei nº 8.078/90), na Lei da Ação Civil Pública (Lei nº 7.347/85), na Lei da Ação Popular (Lei nº 4.717/64), entre as poucas outras existentes para que delas se possa extrair um modelo mínimo de processo coletivo. Portanto, o leitor não deve estranhar quando verificar que, para se abordar a teoria geral do processo coletivo, ora uma afirmação se fundamenta em norma prevista em legislação que parece ser específica a um determinado assunto, mas que assim não é.[4] Para exemplificar, o CDC (Lei nº 8.078/90), tem regras de processo coletivo que bem podem ser adotadas em ações que sequer tratam de relações consumeristas.

---

3 STJ. REsp nº 1.293.606-MG. Rel. Min. Luis Felipe Salomão. DJ 02/09/2014.

4 STJ. REsp nº 749.988/SP. Rel. Min. Luiz Fux. DJ 18/09/2006.

43.2. PRINCÍPIOS REITORES DO PROCESSO COLETIVO

O processo coletivo serve-se, na maioria das vezes, dos mesmos princípios constitucionais ou gerais de direito que são aplicáveis ao processo individual, tais como os que garantem o devido processo legal, a paridade de armas entre as partes, a motivação das decisões judiciais, dentre muitos outros. No entanto, nesta seara é possível elencar outros princípios mais específicos, tais como: a) princípio da participação; b) princípio da primazia do conhecimento do mérito do processo coletivo; c) princípio da indisponibilidade da demanda coletiva; d) princípio do microssistema.

O "princípio da participação" é o que permite ao cidadão a garantia e possibilidade de se manifestar no curso do processo coletivo, fomentando a ideia de democracia participativa e não meramente representativa. O mesmo também existe no processo individual, embora seja exercido "no processo" por meio da garantia do contraditório. No coletivo, ao revés, este princípio já se revela "pelo processo", para fomentar ideias e argumentos em prol da sociedade.

Já o "princípio da primazia do conhecimento do mérito do processo coletivo" traz em si uma grande ligação com o princípio da instrumentalidade, pois o mesmo busca viabilizar a análise da questão de fundo que foi trazida e discutida, ou seja, o mérito da causa, já que o processo não deve ser visualizado como um entrave para a realização do direito material, mormente aqueles de alcance social. Deve-se atentar, contudo, que este princípio também é aplicável ao processo individual, estando previsto em várias normas do CPC (v.g., art. 4º, c/c art. 282, § 2º c/c art. 488).

O "princípio da indisponibilidade da demanda coletiva", por seu turno, já apregoa a impossibilidade de que o autor manifeste desistência quanto aos rumos da demanda, eis que a mesma discute direitos metaindividuais. É representado, por exemplo, em norma (art. 9º, § 3º, Lei nº 4.717/64), que prevê que o abandono da ação popular não necessariamente irá conduzir à extinção do processo sem resolução do mérito, eis que o prosseguimento será perfeitamente possível pelo Ministério Público, que assumirá a condição de demandante.

Por fim, o "princípio do microssistema", já alardeado anteriormente, reflete a constatação de que há uma ausência de um código de processo coletivo, razão pela qual a interpretação das poucas normas processuais coletivas deve ser realizada de maneira sistemática. O mesmo, de certa maneira, é até mesmo previsto na Lei da Ação Civil Pública (art. 21, Lei nº 7.347/85), que permite que este diploma possa expressamente se valer de institutos coletivos regulados pelo CDC (Lei nº 8.078/90).

43.3. COMPETÊNCIA

A competência para o processo coletivo pode variar conforme a situação concreta. Se o demandado for a União, a demanda poderá ser proposta perante o domicílio do demandante, do local do fato ou mesmo no Distrito Federal, de acordo com opção do próprio autor. É o que se extrai de regra constante na própria Carta Magna (art. 109, § 2º, CRFB). Por outro lado, sendo caso de dano que envolva interesse social, mas que não tenha sido praticado pela União, a demanda então deverá ser instaurada perante o foro em que este dano ocorreu (art. 2º, Lei nº 7.347/85 e art. 93, Lei nº 8.078/90).

43.4. LEGITIMIDADE ATIVA

O direito de ação é o direito público, subjetivo, autônomo e abstrato de invocar o Estado-Juiz a prestar a jurisdição. Quando se trata de processo coletivo, a legitimação ativa é a mais ampla possível, normalmente sendo considerada como plúrima e disjuntiva, ou seja, pertencente a várias pessoas ou entes, que podem agir sem a necessidade da presença ou da anuência dos outros. Entre os legitimados ativos se encontram, de acordo com norma inserta na Lei de Ação Civil Pública (art. 5º, Lei nº 7.347/85: a) Ministério Público; b) Defensoria Pública; c) União, Estados, Distrito Federal e Municípios; d) Autarquia, empresas públicas, sociedades de economia mista ou fundações autárquicas; e) associações constituídas há pelo menos um ano e que possuam pertinência temática. Também existem outros legitimados ativos em leis esparsas, tais como o cidadão, na ação popular (art. 1º, Lei nº 4.717/64), os partidos políticos, no mandado de segurança coletivo (art. 21, Lei nº 12.016/09), ou mesmo entidades e órgãos da administração pública, direta ou indireta, ainda que sem personalidade jurídica, mas especialmente destinados à defesa dos interesses sociais (art. 82, inc. III, Lei nº 8.078/90).

Muitas peculiaridades existem sobre a legitimidade ativa no processo coletivo, sendo que as principais que devem ser destacadas são: a) a legitimação ativa ordinária e extraordinária; b) a possibilidade de o Ministério Público prosseguir em ação popular que inicialmente sequer tem legitimidade para propôr; c) o litisconsórcio ativo entre Ministério Público Federal e Estadual nas ações coletivas; d) a atuação da Defensoria Pública enquanto instituição e não como supridora de capacidade postulatória; e) a atuação da associação no polo ativo destas demandas; f) a possibilidade de determinados demandados migrarem para o polo ativo, caso queiram.

Quanto ao item "a", ou seja, no que diz respeito à natureza da legitimidade autoral, o melhor entendimento é aquele que vislumbra que dependerá da natureza do direito discutido. Com efeito, caso se trate de um direito "difuso" ou "coletivo", já foi verificado que ambos possuem o traço da indivisibilidade, de modo que qualquer ente que os esteja defendendo estará atuando com legitimidade ordinária, pois a massa de interessados não teria personalidade jurídica para ela própria vir em juízo. No entanto, quando o processo coletivo versar sobre direito "individual homogêneo", já se tem o legitimado ativo atuando em regime de legitimação extraordinária (ou substituição processual), uma vez que se trata de direito perfeitamente divisível, de modo que o próprio particular pode optar pela via individual se assim preferir, sendo ele o legitimado ordinário, ou seja, aquele que pleiteia em seu nome direito próprio.[5]

O item "b" traz situação curiosa, pois a ação popular cuida de um processo coletivo que somente pode ser instaurado por um cidadão, ou seja, por aquele que é detentor de capacidade política ativa e passiva. É um caso, portanto, de legitimidade inicial exclusiva (art. 1º, Lei nº 4.717/64). Contudo, diante do interesse social que permeia processos desta natureza, eventual abandono do processo pode ser encampado pelo membro do Ministério Público, que nele irá prosseguir (art. 9º, Lei nº 4.717/64).

Já o item "c", ou seja, quanto à possibilidade de litisconsórcio entre o Ministério Público Federal e Estadual nas demandas coletivas, o mesmo é possível de acordo com a legislação (art. 5º, § 5º, Lei nº 7.347/85). O curioso é que esta modificação foi introduzida na Lei da Ação Civil Pública em razão do advento do CDC (art. 113, Lei nº 8.078/90). Só que, curiosamente, o CDC previa ainda outras hipóteses de litisconsórcio entre Ministérios Públicos distintos (art. 82, § 3º, e art. 92, ambos da Lei nº 8.078/90), que foram vetados ante o argumento de que representariam uma hipótese de "intervenção federal" em processo que poderia ser da competência de Justiça Estadual. Ocorre que não se trata, a rigor, de uma intervenção federal, posto que o Ministério Público possui personalidade jurídica própria, jamais podendo ser comparada à União. Além disso, diante da inexistência do veto implícito, é de se reconhecer que a ordem jurídica pátria autoriza o litisconsórcio entre Ministérios Públicos distintos, não apenas em decorrência desta norma (art. 5º, § 5º, Lei nº 7.347/85), como, também, em outra mais recente (art. 81, § 1º, Lei nº 10.741/2003).[6] Obviamente que, para que esta situação se afigure possível, haverá a necessidade de situação que configure uma lesão social cuja parcela é pleiteada em juízo pelo Ministério Público da União e que a outra seja da legitimidade do Ministério Público dos Estados, o que é bem possível já que a atribuição de ambas as instituições não é exatamente a mesma.[7] Além disso, a presença do Ministério Público da União não caracteriza, por si só, interesse da União apto a justificar o deslocamento da competência para a Justiça Federal, até porque o mesmo tem atribuições que vão além da competência desta.[8] Por exemplo, há previsão (art. 37, parágrafo único, LC nº 75/93), de que o *parquet* federal até mesmo poderá interpor REXTR das decisões proferidas pela Justiça Estadual nas representações de inconstitucionalidade. Da mesma maneira, há previsão (art. 39, incs. III e IV, LC 75/93), que lhe autoriza a defesa dos direitos constitucionais do cidadão, quando houver lesão praticada pelos concessionários e permissionários de serviço público federal ou mesmo por entidades que exerçam outra função delegada da União, o que não necessariamente desloca a competência para a Justiça Federal. Logo, em situações envolvendo este litisconsórcio, deverá ser analisada se está presente alguma hipótese da competência

---

5 ASSIS, Araken de. Substituição processual. In: *Leituras complementares de processo civil*. 6ª ed. Salvador: JusPodivm, 2008, p. 198.

6 STJ. REsp nº 382.659. Rel. Min. Humberto Gomes de Barros. DJ 19/12/2003.

7 STJ. REsp nº 1.444.484-RN. Rel. Min. Benedito Gonçalves. DJ 18/09/2014.

8 DIDIER JÚNIOR, Fredie. *Curso de direito processual civil*. 13ª ed. Salvador: JusPodivm, 2011. *v. 1*, p. 179.

da Justiça Federal (art. 109, CRFB), pois, do contrário, o processo será instaurado e julgado perante a Justiça Estadual.[9]

Em relação ao ponto "d", a curiosidade que se tem é que a Defensoria Pública, enquanto instituição, tem também legitimidade para atuar, em nome próprio, na defesa dos direitos sociais, o que difere bastante da sua atuação tradicional.[10] Com efeito, usualmente a mesma não pleiteia nada em seu nome, mas sim fornece capacidade postulatória ao hipossuficiente, que estará litigando na Justiça em seu próprio nome. Nestes processos, também o defensor público terá as prerrogativas do seu cargo, como gozar de intimação pessoal ou dos prazos diferenciados.

Quanto ao item "e", é de se discutir a atuação da associação perante o processo coletivo. Neste caso, há norma (art. 5º, inc.V, Lei nº 7.347/85) prevendo que a mesma já esteja constituída há pelo menos 1 (um) ano e que haja pertinência temática entre o seu objeto social e a demanda proposta. Em realidade, ambos os requisitos são perfeitamente justificáveis, uma vez que a exigência do lapso temporal de existência é para se legitimar a atuação de um ente que realmente foi criado com intuito de promover o bem-estar coletivo já há algum tempo, mantendo-se com recursos próprios para atingir esta finalidade, em relação àqueles criados casuisticamente e sem qualquer representatividade social para a defesa de uma situação peculiar. Anota-se, no entanto, que há dispositivo (art. 82, inc. IV, § 1º, Lei nº 8.078/90) que dispensa este requisito da pré-constituição, caso haja manifesto interesse social evidenciado pela dimensão ou característica do dano, ou pela relevância do bem jurídico a ser protegido. Já quanto à pertinência temática entre o objeto social da associação e o teor da demanda proposta, também se trata de medida salutar, pois não faria sentido, por exemplo, uma associação de pescadores estar em juízo defendendo interesse social relativo à categoria dos agentes públicos ou vice-versa.

Mas o estudo da legitimidade das associações não se esgota apenas nestas questões, posto que a Carta Magna (art. 5º, inc. XXI, CRFB) também estabelece que as mesmas somente podem atuar um juízo quando estão autorizadas pelos associados. Esta autorização individual vem sendo mitigada, posto que vem sendo permitida a autorização estatutária, ou seja, aquela decidida por assembleia (art. 21, Lei nº 12.016/2009), que cuida de norma que veio a regular este assunto. E, por fim, vale destacar que a entidade de classe tem legitimidade para atuar em juízo ainda que para representar apenas parte dos associados, tal como autorizado no Verbete nº 630 da Súmula do STF: "*A entidade de classe tem legitimação para o mandado de segurança ainda quando a pretensão veiculada interesse apenas a uma parte da respectiva categoria*".

Por fim, quanto ao item "f", observa-se que é possível que determinados demandados possam migrar para o polo ativo da demanda coletiva, caso assim queiram. Trata-se de

---

9   Há precedente do STJ exigindo a demonstração de motivos para a formação deste litisconsórcio facultativo entre Ministérios Públicos distintos: STJ. REsp 1.254.428-MG, Rel. Min. João Otávio de Noronha, j. 02/06/2016, DJe 10/06/2016 – *Informativo* nº 585.

10   TJRJ. Apelação cível nº 0144870-63.2005.8.19.0001. Rel. Des. Carlos Santos de Oliveira. DJ 13/10/2009.

situação inusitada que somente se justifica pela relevância dos direitos sociais discutidos e que, por este motivo, até mesmo deve ser aplaudida. Ela é prevista na Lei de Ação Popular (art. 6º, § 3º, Lei nº 4.717/64), que autoriza que a Fazenda Pública apontada como litisconsorte passivo em ação popular possa atuar ao lado do demandante, caso esta postura se afigure como útil ao interesse público.

43.5. LEGITIMAÇÃO PASSIVA: POSSIBILIDADE DE AÇÃO COLETIVA PASSIVA

Em regra, a legitimação passiva para as demandas coletivas não costuma ser objeto de maior aprofundamento, eis que neste polo processual pode constar uma pessoa física ou até mesmo jurídica, seja de direito público ou privado. Inclusive, até mesmo é possível que haja uma autoridade coatora, nos casos do mandado de segurança coletivo.

No entanto, modernamente vem sendo sustentada a possibilidade de processos coletivos, mesmo em situações jurídicas coletivas passivas, o que até mesmo decorreria de norma prevista no CDC (art. 83, Lei nº 8.078/90), que assegura a admissibilidade de todas as espécies de ação capazes de propiciar a adequada e efetiva tutela dos direitos e interesses protegidos por aquela legislação. Para ficar apenas nos exemplos mais frequentes, as torcidas organizadas, os sindicatos e o Movimento dos Trabalhadores Sem-Terra (MST), precisam ter a sua atuação limitada ou em alguns casos até mesmo proibida. Só que, como os atos dessas organizações costumam ser executados de forma difusa e descentralizada, torna-se impraticável o seu controle pelo processo individual clássico. Nessas condições, a ação coletiva passiva desponta como importante alternativa processual para lidar com esses conflitos.[11]

43.6. OS PROCEDIMENTOS COLETIVOS

Poucos são os procedimentos coletivos disponibilizados pelo legislador. Um deles é o da "ação civil pública" (Lei nº 7.347/85), que se constitui no meio hábil, sem prejuízo da ação popular, para as ações de responsabilidade de danos morais e patrimoniais causados ao meio ambiente; ao consumidor; a bens e direitos de valor artístico, estético, histórico, turístico e paisagístico; a qualquer outro interesse difuso ou coletivo; por infração de ordem econômica; por infração a ordem urbanística (art. 1º da Lei nº 7.347/85). Esta via processual também pode ser utilizada para a defesa das pessoas maiores de 60 (sessenta) anos (Lei nº 10.741/2003) ou mesmo para evitar ou reprimir a violência doméstica (art. 26, inc. II e art. 37, ambos da Lei nº 10.340/2006). Há, contudo, uma restrição quanto à matéria tributária, contribuições previdenciárias

---

11 ROQUE, André Vasconcelos. *Class actions – Ações coletivas nos Estados Unidos: o que podemos aprender com eles?* Salvador: JusPodivm, 2014, pp. 627-629.

ou quando se discute o FGTS ou outros fundos de natureza institucional (art. 1º, parágrafo único, Lei nº 7.347/85).

Outro procedimento é o da "ação popular" (Lei nº 4.717/65), cujo primeiro artigo enumera seu uso para as hipóteses de pleitear a anulação ou a declaração de nulidade de atos lesivos ao patrimônio da União, do Distrito Federal, dos Estados, dos Municípios, de entidades autárquicas, de sociedades de economia mista, de sociedades mútuas de seguro nas quais a União represente os segurados ausentes, de empresas públicas, de serviços sociais autônomos, de instituições ou fundações para cuja criação ou custeio o tesouro público haja concorrido ou concorra com mais de 50% do patrimônio ou da receita ânua, de empresas incorporadas ao patrimônio da União, do Distrito Federal, dos Estados e dos Municípios, e de quaisquer pessoas jurídicas ou entidades subvencionadas pelos cofres públicos.

Também se pode falar na "ação de improbidade administrativa" (art. 37, § 4º, CRFB e Lei nº 8.429/92), que até guarda semelhanças com a ação civil pública e com a ação popular, delas se diferenciando por não pretender preservar ou recompor patrimônio público, mas sim por viabilizar a punição de responsáveis por ilícito de improbidade (o que atesta o seu caráter repressivo).

De resto, o mandado de segurança coletivo é outro procedimento largamente utilizado, sendo que a sua lei reitora (art. 21, Lei nº 12.016/2009) permite o seu uso por partido político ou por associação, na defesa de direito líquido e certo dos seus membros ou associados, que tenha caráter coletivo ou individual homogêneo.

43.7. LITISPENDÊNCIA ENTRE PROCESSOS COLETIVOS

A criação dos elementos da ação teve como finalidade principal a identificação de uma ação. E, para tanto, foi criada a teoria da "tríplice identidade", que esclarece que uma ação se individualiza em relação à outra de acordo com a análise das "partes", do "pedido" e da "causa de pedir", de modo que somente quando estes três elementos estiverem presentes é que se poderá falar em ações idênticas (ou "litispendência" – art. 337, §§ 1º, 2º e 3º).

Ocorre que, no processo coletivo, esta visão é levemente diferenciada. Com efeito, muitas vezes o processo coletivo cuida de um interesse difuso ou coletivo que, por sua própria essência é transindividual e indivisível, de modo que o seu titular seja um grupo desprovido de personalidade jurídica. Por este motivo, aliás, é que eventuais legitimados ativos atuarão em regime de legitimação ordinária disjuntiva, eis que cada um pode atuar independentemente da anuência ou concordância de qualquer outro.

Desta forma, é perfeitamente possível que o Ministério Público proponha uma ação civil pública e, concomitantemente, outro legitimado ativo venha a propor outro processo coletivo como um cidadão que está se valendo de uma ação popular, que tenha exatamente o mesmo pedido e que decorra da mesma causa de pedir. Nesta hipótese, muito embora somente haja a igualdade desses dois elementos da ação, ainda assim se pode falar em litispendência no plano coletivo, ainda que não haja uma identidade formal entre os legitimados ativos dos dois processos. Isso ocorre devido a uma flexibilização deste conceito no âmbito coletivo, pois, seja na ação civil pública ou na ação popular, a legitimidade do Ministério Público e do cidadão é ordinária, de modo que o titular do direito é exatamente o mesmo grupo, em que pese a atuação processual se dar por pessoas distintas.[12] Portanto, para a caracterização da litispendência em processo coletivo basta a identidade de pedido e causa de pedir, sendo irrelevante a igualdade entre os legitimados ativos na relação processual. Outro ponto interessante a destacar é que a litispendência independe de identidade de procedimentos, pois trata-se de fenômeno ligado ao direito de ação, e não ao rito utilizado no processo, de modo que não causa espécie ocorrer litispendência, por exemplo, entre as duas ações acima mencionadas, malgrado cada uma observe um procedimento distinto.

Por fim, outra peculiaridade deste fenômeno no plano coletivo é que as demandas deverão ser reunidas se assim for possível, ou seja, desde que os juízos possuam exatamente a mesma competência, sendo observado o critério de prevenção (art. 59). Nos casos de continência (que caracteriza uma litispendência parcial), até mesmo existe entendimento sumulado pelo STJ, de que os processos deverão ser reunidos na Justiça Federal se um deles nela tramitar enquanto o outro estiver na Justiça Estadual. É do que cuida o verbete nº 489: "*Reconhecida a continência, devem ser reunidas na Justiça Federal as ações civis públicas propostas nesta e na Justiça Estadual*". Mas, curiosamente, um deles não será extinto por sentença terminativa (art. 485, inc. V). É que, como ambos tratam de processo coletivo, é mais interessante manter a tramitação simultânea de ambos, embora fiquem apensados um ao outro, diante da relevância dos interesses em jogo e para se evitar decisões aparentemente contraditórias. Portanto, nestes casos de litispendência em processo coletivo, o adequado é reunir os processos, mas continuando a tramitação regular de ambos.[13]

43.8. LITISPENDÊNCIA ENTRE PROCESSOS COLETIVO E INDIVIDUAL

A litispendência entre processo coletivo e individual é expressamente afastada por vários dispositivos, em especial um constante no CDC (art. 104, Lei nº 8.078/90), que é taxativo em afirmar que entre tais demandas não haverá este estado. Isso se justifica porque o titular de um direito individual homogêneo pode preferir utilizar a via individual em detrimento do processo coletivo (*right to opt out*), após ter a notícia da existência deste último (*fair noticy*).[14] No entanto, se o mesmo preferir a via coletiva,

---

12 STJ. REsp nº 925.278/RJ. Rel. Min. Arnaldo Esteves Lima. DJ 08/09/2008.

13 DIDIER JÚNIOR, Fredie. ZANETI JÚNIOR, Hermes. *Curso de direito processual civil*. 3ª ed. Salvador: JusPodivm, 2008. v. 4, p. 180.

14 Há precedente no STJ no sentido da possibilidade de os efeitos da coisa julgada em demanda coletiva atingirem até mesmo os terceiros que não suspenderam as suas demandas individuais, por ausência da *fair noticy*, que é de responsabilidade da demandada. É o que se extrai em: STJ. REsp 1.593.142-DF, Rel. Min. Napoleão Nunes Maia Filho, j. 07/06/2016, DJe 21/06/2016 – *Informativo* nº 585.

poderá requerer a suspensão do seu processo individual no prazo de 30 (trinta) dias, a contar da ciência do ajuizamento da ação coletiva. Contudo, a práxis forense recomenda que o processo individual seja extinto, pela ausência de interesse processual superveniente, para que o demandante possa providenciar a sua regular habilitação nos autos do processo coletivo, de modo a ser beneficiado, se for o caso, pela sentença que eventualmente ali vier a ser proferida.

43.9. PROCESSAMENTO: CONCESSÃO DE TUTELAS PROVISÓRIAS DE URGÊNCIA, MEIOS EXECUTIVOS E O USO DO PROCESSO COLETIVO PARA INSTAURAR UM CONTROLE DIFUSO DE CONSTITUCIONALIDADE

Quando a petição inicial apresentar requerimento de tutela provisória de urgência, seja ele de feição antecipada satisfativa ou apenas cautelar, o mesmo deve ser analisado e processado de acordo com o CPC (art. 303 – art. 310). Por vezes, porém, a legislação específica pode estipular algum empecilho, como em norma (art. 22, § 2º, Lei nº 12.016/2009), que apenas permite a concessão da liminar no mandado de segurança coletivo após ter sido realizada audiência com o representante judicial da pessoa jurídica de direito público e findo o prazo de 72 (setenta e duas) horas para esclarecimentos do mesmo.

Havendo descumprimento da liminar concedida em processo coletivo, é perfeitamente possível que o juiz busque reforçar o seu cumprimento mediante adoção de algum meio executivo, mormente a fixação das *astreintes*. Contudo, há uma peculiaridade no processo coletivo, pois estas multas fixadas durante a etapa cognitiva somente poderão ser executadas se o credor for o vencedor da demanda coletiva e, mesmo assim, apenas após a sentença favorável já ter transitado em julgado. Com efeito, há norma na Lei de Ação Civil Pública (art. 12, § 2º, Lei nº 7.347/85) estabelecendo que: "*A multa cominada liminarmente só será exigível do réu após o trânsito em julgado da decisão favorável ao autor, mas será devida desde o dia em que se houver configurado o descumprimento*". Esta norma é indicativa de que o legislador optou, nesta hipótese, em prestigiar a certeza da existência da obrigação, ao exigir que primeiramente haja o trânsito em julgado da condenação para que, somente após, o valor possa ser executado até mesmo retroativamente, se for o caso. É, também, a orientação adotada por alguns doutrinadores até mesmo nas demandas de natureza individual, pois, realmente seria criticável exigir o pagamento imediato das *astreintes* se, ao final, o demandado obtém sentença favorável que o dispensa de cumprir a obrigação pleiteada pelo autor. Ou, em outras palavras, não faria sentido penalizar imediatamente o réu recalcitrante se ainda não se pode afirmar se o autor realmente terá o direito que alega possuir.[15] Mas, de qualquer maneira, este raciocínio não é inteiramente imune a críticas, especialmente por gerar um desprestígio deste meio de coerção, além de o CPC ter previsto outra

---

15 DINARMARCO, Cândido Rangel. *A reforma da reforma*. 2ª ed. São Paulo: Malheiros, pp. 239-240.

solução para os processos individuais, que seria já autorizar o cumprimento provisório desta decisão, muito embora o levantamento de tais valores somente possa ser realizado após o trânsito em julgado (art. 537, § 3º).[16]

Por fim, outra discussão é se o processo coletivo pode permitir ou não a instauração de um controle difuso de constitucionalidade em seu bojo. A resposta quanto a esta dúvida deve ser afirmativa, assim como sói acontecer nos processos individuais. Inclusive, é orientação já consagrada pelo STJ.[17] Para tanto, se poderia argumentar que a inconstitucionalidade seria enfrentada como causa de pedir, de modo que a mesma seria analisada na fundamentação do ato decisório, razão pela qual não seria acobertada pelo manto da coisa julgada (art. 504, incs. I e II). Desta maneira, portanto, o ato normativo em discussão permaneceria íntegro. Contudo, o argumento contrário a esta tese reside na circunstância de que a sentença proferida em processo coletivo poderá atingir um grande número de pessoas, localizadas nos mais variados territórios, de modo que o seu efeito prático seria equivalente ao de um processo visando a um controle concentrado. Além disso, haveria um possível alargamento do rol dos legitimados ativos para esta outra modalidade de controle, bem como também estaria sendo usurpada a competência do STF ou dos Tribunais Estaduais. Estes fundamentos, porém, não vêm sensibilizando as mais altas Cortes do País.

43.10. A SENTENÇA NO PROCESSO COLETIVO

A sentença no processo coletivo não difere, em essência, das outras proferidas nos processos individuais, devendo ser confeccionada com observância aos requisitos legais (art. 489, incs. I, II e III), ou seja, contendo necessariamente relatório, fundamentação e dispositivo.

A fixação da sucumbência é que pode variar conforme o procedimento coletivo adotado. No caso do mandado de segurança coletivo, por exemplo, há norma (art. 25, Lei nº 12.019/2006) prevendo que não haverá condenação em honorários advocatícios, muito embora o vencido deva arcar com as custas processuais (v. item nº 23.5.7.).

Já na ação civil pública, o entendimento predominante é que o vencido deve arcar com as custas processuais, ainda que estas somente sejam recolhidas ao final do processo (art. 18, Lei nº 7.347/85). Este mesmo dispositivo também isenta a associação de pagar honorários advocatícios, exceto na hipótese de ter atuado com má-fé, sendo que o mesmo raciocínio pode ser adotado quanto aos demais legitimados ativos para este tipo de demanda (v. item nº 23.5.8.).

Já na ação popular, o autor é isento de pagar custas e honorários, exceto quando atuar de má-fé (art. 5º, inc. LXXIII, CRFB). O mesmo, porém, já não ocorre com o

---

16 TALAMINI, Eduardo. *Tutela relativa aos direitos de fazer e de não fazer*. São Paulo: RT, 2001, p. 252.

17 STJ. Embargos de declaração no REsp nº 1.331.675/DF. Rel. Min. Mauro Campbell Marques. DJ 27/08/2013.

demandado que sucumbir, pois o mesmo deve arcar com todos os seus consectários (v. item nº 23.5.9.).

Eventualmente, esta sentença pode ser objeto de remessa necessária, seja de acordo com a regra geral estampada no CPC (art. 496) ou mesmo diante de algum regramento mais específico, como em norma específica (art. 19, Lei nº 4.717/65), que o prevê quando a sentença proferida na ação popular concluir pela ausência da resolução do mérito ou mesmo for no sentido da improcedência.

43.11. LIQUIDAÇÃO DA SENTENÇA COLETIVA E FIXAÇÃO DOS JUROS MORATÓRIOS

Por vezes, a sentença proferida será ilíquida, hipótese em que a mesma deve se submetar à ulterior liquidação para posterior execução autônoma. É o que ocorre quando o processo coletivo versar sobre interesse individual homogêneo (art. 95 e art. 97, ambos da Lei nº 8.078/1990). A razão é que tais direitos são divisíveis, de modo que o eventual titular de um direito atingido por esta sentença deverá inicialmente promover a liquidação do seu prejuízo individualmente e de forma autônoma, uma vez que esta não poderá ser realizada nos próprios autos do processo coletivo.[18] Nesta última hipótese, após ter sido ultimada a liquidação individual, somente então será iniciada a fase executiva deste novo processo.

Mas, mesmo nestes casos de sentença genérica, os juros moratórios devem ser fixados retroativamente. Com efeito, tratando-se de responsabilidade contratual, o termo inicial dos juros será o da citação (art. 405, CC), ao passo que nas relações jurídicas extracontratuais este termo retroagirá à data do evento (Verbete nº 54 da Súmula do STJ). Assim, pelo menos, vem se firmando a jurisprudência.[19]

Por fim, vale destacar que, na eventualidade de não ter sido promovida a execução individual dos prejuízos sofridos no prazo de 1 (um) ano, caberá então a promoção da mesma pelos legitimados autorizados no CDC (art. 82, Lei nº 8.078/90), ainda que se trate de interesses individuais homogêneos. Nesta hipótese, que caracteriza a *fluid recovery* (art. 100, Lei nº 8.078/90), os valores recuperados serão revertidos a um fundo especial.

43.12. A COISA JULGADA NO PROCESSO COLETIVO

A coisa julgada no processo coletivo pode possuir determinadas características ou peculiaridades completamente distintas quando confrontadas com o processo

---

18 WAMBIER, Luiz Rodrigues, WAMBIER, Teresa Arruda Alvim. *Anotações sobre a liquidação e a execução das obrigações coletivas.* Direito processual coletivo e o anteprojeto de código brasileiro de processos coletivos. Ada Pellegrini Grinover, Aluísio Gonçalves de Castro Mendes e Kazuo Watanabe (Coords.). São Paulo: RT, 2007, p. 275.

19 STJ. REsp nº 1.370.899-SP. Rel. Min. Sidnei Beneti. DJ 21/05/2014.

individual. Para a escorreita assimilação deste ponto, é necessário conhecer: a) a coisa julgada *secundum eventum probationis*; b) a coisa julgada *secundum eventum litis* ou *in utilibus*; c) os limites subjetivos da coisa julgada.

43.12.1. Coisa julgada *secundum eventum probationis*

A coisa julgada por vezes é nominada de *secundum eventum probationis*. Para compreendê-la, inicialmente é necessário relembrar alguns arrazoados básicos de direito processual civil. Quando o juiz, ao sentenciar, constatar que o demandante não fez prova suficiente para demonstrar os fatos que afirma, a sentença será de improcedência (art. 487, inc. I). E, uma vez transitada material e formalmente em julgado, não mais será possível repetir a mesma ação posteriormente, muito embora, nos casos de direitos individuais homogêneos, ainda seja possível a propositura de demandas individuais.[20]

No entanto, por uma questão de opção legislativa para atender interesse de ordem pública, existem certas situações que a sentença, mesmo sendo de improcedência por falta de provas (art. 487, inc. I), ainda assim não irá transitar em julgado materialmente, de modo que a mesma ação possa posteriormente ser repetida dando azo à instauração de um novo processo. Essa situação, excepcional, é prevista para os processos coletivos como se extrai em norma própria (art. 16, Lei nº 7.347/85), que tem a seguinte redação: "*A sentença civil fará coisa julgada* erga omnes, *nos limites da competência territorial do órgão prolator, exceto se o pedido for julgado improcedente por insuficiência de provas, hipótese em que qualquer legitimado poderá intentar outra ação com idêntico fundamento, valendo-se de nova prova*".[21]

Nestes casos, a opção normativa em possibilitar a repetição da mesma ação, inclusive por outro legitimado, decorre principalmente de algumas circunstâncias: a) a relevância do direito discutido nos autos, eis que o mesmo tem alcance social; b) a criação de mecanismo para coibir fraudes que possam lesar o interesse social; c) a incerteza do ato decisório, cuja cognição pode ser ainda mais aprofundada.

Quanto à primeira delas se observa que o processo coletivo somente pode ser instaurado para a defesa de interesses sociais, que seriam os difusos, coletivos e individuais homogêneos, estando todos conceituados no CDC (art. 81, parágrafo único, incs. I, II e III, Lei nº 8.078/90), respectivamente. Logo, para se melhor atender este intento social, por vezes pode ser mais adequado impedir o trânsito em julgado de uma decisão, de modo que a mesma questão possa ser novamente ventilada pelo exercício do mesmo

---

20 STJ. REsp 1.302.596-SP, Rel. Min. Paulo de Tarso Sanseverino, Rel. para acórdão Min. Ricardo Villas Bôas Cueva, j. 09/12/2015, DJe 1º/02/2016 – *Informativo* nº 575.

21 Curiosamente, há precedente do STJ que negou vigência a esta norma (art. 16, Lei nº 7.347/85) considerando que em processo coletivo em que se discute direito individual homogêno a decisão de improcedência faz coisa julgada material e formal no plano coletivo, independentemente do fundamento que tiver sido empregado. Acrescenta-se que esta decisão não tem caráter vinculante e também não esclareceu o motivo pelo qual deixou de aplicar as normas processuais regentes ao tema. STJ. REsp nº 1.302.596-SP. Rel. Min. Paulo de Tarso Sanseverino. Rel. para acórdão Min. Ricardo Villas Bôas Cueva. DJ 09/12/2015.

direito de ação, ainda que por outro legitimado.[22] Sacrifica-se, assim, a posição processual individual de uma das partes, no caso o demandado que foi beneficiado pela sentença de improcedência por falta de provas, em prol de um interesse mais amplo, com alcance social. De certa maneira, é uma ponderação de valores, embora efetuada pelo próprio legislador. E, igualmente, também assim será protegido este interesse metaindividual caso a demanda coletiva tenha sido desastrosamente patrocinada por legitimado ativo que não produziu as provas adequadas para a demonstração dos fatos afirmados.

Quanto à segunda circunstância, este mecanismo da coisa julgada *secundum eventum probationis* também pode ser vislumbrado como um instrumento tendente a eliminar possibilidades de fraudes processuais. É que, no caso de um interesse social, vários são os legitimados ativos para a propositura da demanda coletiva (*v.g.*, art. 5º, Lei nº 7.347/85). Assim, seria perfeitamente crível que uma grande empresa poluidora criasse, de modo espúrio, uma "associação" na defesa do meio ambiente e a usasse, para a promoção de um processo coletivo em face de si mesma, sem produzir qualquer prova sobre o alegado dano ambiental. Em uma situação como esta, a malícia engendrada não surtiria qualquer efeito, pois a sentença de improcedência por falta de provas não transitaria em julgado, de modo que oportunamente outro legitimado poderia instaurar uma nova demanda e discutir novamente a matéria.

Por fim, todo este raciocínio pode ser explicado à luz do que acima já foi analisado. É que, se a cognição pode ser ainda mais aprofundada, mediante produção de novos meios de prova, observa-se que ela ainda pode atingir um grau de certeza maior, o que justificaria a repetição da ação face à ausência de coisa julgada material, mormente frente ao alcance do interesse público discutido.

Uma última ressalva é que parcela da doutrina nomina esta situação como coisa julgada *secundum eventum litis*.[23] Este manual, no entanto, já segue a linha doutrinária que enxerga esta outra classificação de forma totalmente distinta o que, aliás, será analisado abaixo.

43.12.2. Coisa julgada *secundum eventum litis* ou *in utilibus*

A coisa julgada *secundum eventum litis*, que por vezes é nominada de *in utilibus*,[24] é uma extensão da coisa julgada oriunda do processo coletivo atingindo os particulares, não sendo um instituto que gera grandes perplexidades, pois a sua ideia básica é bem simples. Com efeito, o processo coletivo foi criado como instrumento para racionalizar a atividade jurisdicional, de modo a evitar a pulverização de demandas individuais quando, em um único processo, já seria possível resolver aquela lesão que tem alcance social. No entanto, a promoção de um processo coletivo não prejudica aqueles particulares que optaram pelo ajuizamento de demandas individuais. Desta maneira, qualquer que seja

---

22 DIDIER JÚNIOR, Fredie. ZANETI JÚNIOR, Hermes. *Curso de direito processual civil*. 3ª ed. Salvador: JusPodivm, 2008. v. 4, pp. 178-179.
23 CÂMARA, Alexandre Freitas. *Lições de direito processual civil*. 12ª ed. Rio de Janeiro: Lumen Juris, 2005. v. 1, p. 489.
24 FUX, Luiz. *Curso de direito processual civil*. 2ª ed. Rio de Janeiro: Forense, 2004, p. 836.

o resultado do processo coletivo, pela procedência ou improcedência, em regra a coisa julgada somente irá se formar no plano coletivo, apenas impedindo novos processos coletivos repetindo a mesma ação, com exceção, é claro, quando a improcedência for por falta de provas . Assim, as demandas individuais já propostas continuarão a tramitar regularmente, podendo vir a ter um resultado favorável mesmo que no processo coletivo a sentença tenha sido de improcedência. Mais uma vez, a decisão proferida no processo coletivo, uma vez transitada em julgado, gera reflexos apenas quanto ao plano coletivo, não prejudicando os processos individuais.

Contudo, caso o processo coletivo verse sobre interesse individual homogêneo e, desde que a sentença coletiva tenha sido no sentido da procedência, haverá a formação de coisa julgada não apenas no plano coletivo mas, também, no individual, a critério única e exclusivamente do particular que foi lesado. Assim, se o mesmo entender que os termos da sentença coletiva não lhe atendem, o mesmo poderá iniciar um processo individual para tentar obter melhor sorte. Do contrário, caso entenda que a decisão coletiva já lhe é satisfatória em todos os seus termos, não precisará instaurar um processo de conhecimento individual, eis que já pode, desde logo, promover a liquidação individual da sentença coletiva nestes casos (art. 95 e art. 97, ambos da Lei nº 8.078/90), seguida de posterior execução individual, tudo isto em um novo processo distinto do anterior coletivo.

Por este motivo, é que se observa que a coisa julgada *secundum eventul litis*, é aquela de procedência que se forma não apenas no plano coletivo, mas, também, no plano individual, caso esta seja a vontade do particular lesado. Por isso é que a mesma recebe esta nomenclatura, pois somente surge dependendo da solução que vier a ser dada ao litígio, ou seja, apenas em casos de procedência, em que a mesma é "útil" ao particular.[25]

43.12.3. Os limites subjetivos da coisa julgada nas demandas coletivas

O reconhecimento da existência dos direitos sociais se deu ante a constatação que certas lesões podem atingir um grande número de grupos de pessoas. Assim, para se evitar a pulverização de diversos processos individuais, é recomendável racionalizar a atuação jurisdicional em um único processo coletivo, limitando a legitimidade ativa a algum ente que possa representar os interesses da coletividade ou de determinada categoria.

No entanto, de maneira contraditória, certos atos normativos comumente limitam os efeitos subjetivos da coisa julgada no processo coletivo, utilizando-se de critérios territoriais ou temporais, em que é muito frequente a ocorrência de substituição processual.[26] Por exemplo, há norma (art. 16, Lei nº 7.347/85) prevendo que a sentença

---

25 ALMEIDA, Marcelo Pereira. *Processo coletivo*.São Paulo: LTr, 2012, p. 103.

26 ASSIS, Araken de. Substituição processual. In: *Leituras complementares de processo civil*. 6ª ed. Salvador: JusPodivm, 2008, p. 198.

proferida em ação civil pública somente tem eficácia nos limites territoriais em que o magistrado prolator da decisão presta a sua atividade jurisdicional, o que limita os efeitos subjetivos da coisa julgada ao restringi-los a uma base territorial, mesmo quando se tratar de um ilícito ou dano que atinja mais de um Estado da Federação. Da mesma maneira, há outro dispositivo (art. 2º-A, Lei nº 9.494/97) pontuando que a sentença civil, prolatada em ação de caráter coletivo proposta por entidade associativa, atingirá apenas os substituídos que tenham, na data da propositura da ação, domicílio no âmbito da competência territorial do órgão prolator. Quanto a esta última norma (art. 2º-A, Lei nº 9.494/97), vale destacar a existência de precedente do STF adotando-a literalmente.[27] No STJ, porém, já se observam decisões permitindo que associados com residência em outros locais também possam ser atingidos.[28]

Quanto à primeira norma mencionada (art. 16, Lei nº 7.348/85), tais restrições são ainda mais inconcebíveis, em razão de argumentos que podem ser sintetizados da seguinte forma: a) não há como limitar direitos sociais, especialmente os difusos e coletivos, que por sua essência são indivisíveis; b) se realmente for necessário que seja deflagrado um processo coletivo em cada base territorial para tutelar a mesma lesão nacional ou regional, se estará diante do risco de decisões contraditórias, o que conspira contra o princípio da isonomia (art. 5º, *caput*, CRFB); c) a restrição seria inócua se recursos fossem interpostos perante o STF ou o STJ, pois, diante do efeito substitutivo dos recursos (art. 1.008), as decisões de mérito proferidas por estes Tribunais teriam alcance em todo o território nacional, eis que os mesmos prestam jurisdição em escala nacional; d) estaria sendo adotado um critério que usualmente é definidor de competência para limitar os efeitos subjetivos da coisa julgada; e) a limitação dos efeitos da sentença apenas à base territorial do órgão prolator levaria a absurdos acaso este raciocínio fosse adotado em demandas de outra natureza como, por exemplo, o casal que seria divorciado apenas naquela Comarca ou o condenado por ilícito penal que somente naquela localidade poderia ser preso.[29] Porém, a jurisprudência do STJ quanto ao tema ainda não é pacífica, eis que ora se detectam julgados afastando esta limitação territorial[30] e, em outros, a norma já é perfeitamente aplicável.[31]

43.13. EXECUÇÃO DA SENTENÇA COLETIVA

Após a sentença ter sido proferida, é necessário aguardar para apurar se o demandado cumpriu ou não voluntariamente os termos da decisão. Em caso negativo,

---

27 STF. RE nº 612.043/PR, Rel. Min. Marco Aurélio. 10/05/2017.

28 STJ. REsp nº 651.037/PR. Rel.ª Min.ª Nancy Andrighi. DJ 13/09/2004.

29 DIDIER JÚNIOR, Fredie. ZANETI JÚNIOR, Hermes. *Curso de direito processual civil*. 3ª ed. Salvador: JusPodivm, 2008. v. 4, pp. 161-162.

30 STJ. REsp nº 1.319.232-DF. Rel. Min. Paulo de Tarso Sanseverino. DJ 04/12/2014. STJ. Conflito de competência nº 200902405608, Rel. Min. Napoleão Nunes Maia. DJ 15/12/2010.

31 STJ. REsp nº 1.319.232-DF. Rel. Min. Paulo de Tarso Sanseverino. DJ 04/12/2014. STJ. REsp nº 200302138486. Rel. Min. Francisco Falcão. DJ 02/05/2005.

será então iniciada a execução ou o cumprimento de sentença, que não irá diferir muito dos procedimentos previstos para a execução individual. Desta maneira, a sentença condenatória a obrigação de pagar em detrimento de um particular será cumprida de acordo com o regramento próprio no CPC (art. 523 – art. 527), enquanto as obrigações de fazer, não fazer ou de entrega de coisa já observam outras normas (art. 536 – art. 538). Se, porém, a ré for a Fazenda Pública, uma execução por obrigação de pagar irá observar outro dispositivo (art. 534 – art. 535).

Neste último caso, ou seja, execução por obrigação de pagar em face da Fazenda Pública, o curioso é que a mesma irá arcar com os honorários decorrentes da execução individual independentemente de ter ou não oferecido impugnação. É que o Verbete nº 345 da Súmula do STJ prevê que: "*São devidos honorários advocatícios pela Fazenda Pública nas execuções individuais de sentença proferida em ações coletivas, ainda que não embargadas*", o que se justifica em razão de ser direito do advogado a percepção desta remuneração quando atua judicialmente (mesmo que o título executivo judicial tenha sido constituído em processo promovido por outro patrono), além, por óbvio, dos seus honorários convencionados com o cliente.[32]

---

32 ZAVASCKY, Teori Albino. *Processo coletivo, tutela de direitos coletivos e tutela coletiva dos direitos.* 3ª ed. São Paulo: RT, 2007, p. 213.

BIBLIOGRAFIA

ALEXY, Robert. *Teoria de los derechos fundamentales*. Madrid: Centro de Estudios Constitucionales, 1993.

ALMEIDA, Amador Paes de. *Curso de falência e concordata*. 16ª ed. São Paulo: Saraiva.

ALMEIDA, Marcelo Pereira. *Precedentes judiciais – análise crítica dos métodos empregados no Brasil para a solução de demandas em massa*. Curitiba: Juruá, 2014.

_____. *Processo coletivo*. São Paulo: LTr, 2012.

ALMEIDA, Marcelo Pereira. PINTO, Adriano Moura da Fonseca. Tutela provisória, de urgência e de evidência. In: *Curso do novo processo civil*. 1ª ed. Rio de Janeiro: Freitas Bastos, 2015.

ALVES, Rogério Pacheco. A transação penal como ato da denominada jurisdição voluntária. In: *Revista da Escola da Magistratura do Estado do Rio de Janeiro*, nº 04/2001.

ALVIM, Arruda. *Manual de direito processual civil*. 5ª ed. São Paulo: RT, 1996.

AMORIM FILHO, Agnelo. Critério científico para distinguir a prescrição da decadência e para identificar as ações imprescritíveis. In: *Revista da Universidade do Estado da Paraíba* – Curso de Extensão Universitária, 1960.

ANDRADE, André Gustavo Corrêa de. A evolução do conceito do dano moral. In: *Revista da EMERJ – Escola da Magistratura do Estado do Rio de Janeiro*, nº 24, p. 141-173.

_____. Dano moral e pedido genérico de indenização. In: *Revista da EMERJ – Escola da Magistratura do Estado do Rio de Janeiro*, nº 10, pp. 45-67.

ARAGÃO, Egas Moniz de. *Sentença e coisa julgada*. Rio de Janeiro: AIDE, 1992.

ARANHA, Adalberto José Q. T. de Camargo. *Da Prova no Processo Penal*. 5ª ed. São Paulo: Saraiva, 1999.

AROCA, Juan Montero. *Processo (civil y penal) y garantia*. Valencia: Tirant lo Blanch, 2006.

ARISTÓTELES. *Ética a Nicômaco*. São Paulo: Martin Claret. 2002.

ASSIS, Araken de. *Manual do processo de execução*, 8ª ed. São Paulo: RT, 2002.

_____. *Manual dos recursos*. São Paulo: RT, 2007.

_____. Substituição processual. In: *Leituras complementares de processo civil*. 6ª ed. Salvador: JusPodivm, 2008.

ASSIS, Carlos Augusto de. *A antecipação da tutela*. São Paulo: Editora Malheiros. 2001.

AZEVEDO, Plauto Faraco de. *Método e hermenêutica material no direito*. Porto Alegre: Livraria do Advogado, 1999.

BADARÓ, Gustavo Henrique Righi Ivahy. *Correlação entre acusação e sentença*. Coleção de Estudos de Processo Penal Prof. Joaquim Canuto Mendes de Almeida, São Paulo: RT, 2000. v. 3.

_____. *Ônus da prova no processo penal*. São Paulo: RT, 2003.

BARBOSA, Rui. *Oração aos moços*, edição popular anotada por Adriano da Gama Kury. 5ª ed., Rio de Janeiro: Edições Casa Rui Barbosa, 1999.

BARROSO, Darlan. *Manual de direito processual civil*, São Paulo: Manole, 2003. v. I.

BARROSO, Luís Roberto. A segurança jurídica na era da velocidade e do pragmatismo (Reflexões sobre direito adquirido, ponderação de interesses, papel do Poder Judiciário e dos meios de comunicação). In: *Temas de direito constitucional*. 2ª ed. Rio de Janeiro: Renovar, 2002.

_____. Conceitos e fundamentos sobre o controle de constitucionalidade e a jurisprudência do STF. In: *O controle de constitucionalidade e a Lei nº 9.868/99*. Rio de Janeiro: Lumen Juris, 2001.

_____. Fundamentos teóricos e filosóficos do novo direito constitucional brasileiro. In: *Revista da Escola da Magistratura do Estado do Rio de Janeiro*, nº 15/2001.

_____. *Interpretação e aplicação da Constituição*. 3ª ed. São Paulo: Saraiva, 2000.

BASTOS, Antônio Adonias. *Teoria geral da execução*. Salvador: JusPodivm, 2010.

BEDAQUE, José Roberto dos Santos. Os elementos objetivos da demanda analisados à luz do contraditório. In: *Causa de pedir e pedido no processo civil (questões polêmicas)*. São Paulo: RT, 2002.

BERCH, Michael A.; BERCH, Rebecca White; SPRITZER, Ralph S. *Introduction to legal method and process*. 2ª ed. St Paul: West Publishing Co., 1992.

BERMUDES, Sérgio. *Introdução ao processo civil*. 4ª ed. Rio de Janeiro: Forense, 2006.

BETTIOL, Giuseppe. *La correlazione fra acusa e sentenza nel processo penale*. Milano: Dott. A. Giuffré, 1936.

BIAVATI, Paolo. Iniziativa delle parti e processo a preclusioni. In: *Revista Trimestrale di Diritto e Procedura Civile*. II, Milano: Giuffré Editore, giugno 1996.

BÍBLIA, Livro dos Juízes. Bíblia nº 7. Bolso. Azul. São Paulo: Edições Loyola, 1999.

BINENBOJM, Gustavo. *A nova jurisdição constitucional brasileira – legitimidade democrática e instrumentos de realização*. Rio de Janeiro: Renovar, 2001.

BITENCOURT, Cezar Roberto. *Novas penas alternativas, análise político criminal das alterações da Lei nº 9.714/98*. 2ª ed. São Paulo: Saraiva, 2000.

BOBBIO, Norberto. *Teoria do ordenamento jurídico*. 7ª ed. Trad. Maria Celeste Cordeiro. Brasília: ed. Universidade de Brasília, 1996.

BONAVIDES, Paulo. *Curso de direito constitucional*. 5ª ed. São Paulo: Malheiros.

BUENO, Cassio Scarpinella. *Curso sistematizado de direito processual civil: procedimento comum: ordinário e sumário, 2: tomo I*. São Paulo: Saraiva, 2007.

_____. *Curso sistematizado de direito processual civil*. São Paulo: Saraiva, 2008. v. 5.

_____. Manual de direito processual civil. São Paulo: Saraiva, 2015.

_____. *Novo código de processo civil anotado*. 1ª ed. São Paulo: Saraiva, 2015.

_____. *O poder público em juízo*. 3ª ed. São Paulo: Saraiva, 2005.

_____. *Tutela antecipada*. São Paulo: Saraiva, 2004.

BUENO FILHO, Edgard Silveira. Amicus curiae: a democratização do debate nos processos de controle da constitucionalidade. In: *Revista da Associação dos Juízes Federais do Brasil* nº 70.

CABRAL, Antônio do Passo. *Nulidades no processo moderno*. Rio de Janeiro: Forense, 2009.

CAHALI, Yussef Said. *Dos alimentos*. 4ª ed. São Paulo: RT, 2002.

CALAMANDREI, Pietro. *Eles, os Juízes, vistos por um advogado*. 6ª ed. São Paulo: Martins Fontes, 1996.

CÂMARA, Alexandre Freitas. *A nova execução de sentença*. Rio de Janeiro: Lumen Juris, 2006.

_____. *Ação rescisória*. 2ª ed. São Paulo: Atlas, 2012.

_____. Efeitos civis e processuais da sentença condenatória criminal. Reflexões sobre a Lei nº 11.719/2008. *Revista da EMERJ – Escola da Magistratura do Estado do Rio de Janeiro, v. 12, nº 46*. 2009.

_____. *Escritos de direito processual, segunda série*. Rio de Janeiro: Lumen Juris, 2005.

_____. *Lições de direito processual civil*, 12ª ed. Rio de Janeiro: Lumen Juris, 2005. v. 1.

_____. *Lições de direito processual civil:* 16ª ed. Rio de Janeiro: Lumen Juris, 2007. v. 1.

_____. *Lições de direito processual civil*, 21ª ed. Rio de Janeiro: Lumen Juris, 2011. v. 1.

_____. *Lições de direito processual civil*. 14ª ed. Rio de Janeiro: Lumen Juris, 2007. v. 2.

_____. *Lições de direito processual civil*, 8ª ed. Rio de Janeiro: Lumen Juris, 2005. v. 3.

_____. *O novo processo civil brasileiro*. 1ª ed. São Paulo: Atlas, 2015.

CAMARGO, Margarida Maria Lacombe. *Hermenêutica e argumentação, uma contribuição ao estudo do direito*. 2ª ed. Rio de Janeiro: Renovar, 2001.

CAMPOS, Carlos Alexandre de Azevedo. *Dimensões do ativismo judicial do STF*. Rio de Janeiro: Forense, 2014.

CANOTILHO, J. J. Gomes. *Direito constitucional e teoria da Constituição*. 5ª ed. Coimbra: Almedina, [s.d.].

CAPPELLETTI, Mauro; e GARTH Bryant. *Acesso à justiça*. Trad. de Ellen Gracie Northfleet. Porto Alegre: Sergio Antonio Fabris Editor, 1988.

CARNEIRO, Athos Gusmão. Aspectos relevantes na execução dos títulos extrajudiciais – Lei 11.382/2006. *Os poderes do juiz e o controle das decisões judiciais, estudos em homenagem à Professora Teresa Arruda Alvim Wambier*. José Miguel Garcia Medina, Luana Pedrosa de Figueiredo da Cruz, Luís Otávio Sequeira de Cerqueira e Luiz Manoel Gomes Júnior (Coords.). São Paulo: RT, 2008.

_____. *Jurisdição e Competência*. 11ª ed. São Paulo: RT.

CARNEIRO, Paulo Cezar Pinheiro. *Acesso à justiça*. Rio de Janeiro: Forense, 1999.

_____. Aspectos processuais da nova lei de arbitragem. In: *Revista Forense*, nº 339.

CARNEIRO, Paulo Cezar Pinheiro. PINHO, Humberto Dalla Bernardina de. *Novo código de processo civil – anotado e comparado*. Rio de Janeiro: Gen Método, 2015.

CARVALHO, Paulo de Barros. *Curso de direito tributário*. 14ª ed. São Paulo: Saraiva, 2002.

CARVALHO FILHO, Milton Paulo. *Processo Cautelar*. 2ª ed. São Paulo: Atlas, 2006.

CAVALIERI FILHO, Sérgio. *Programa de responsabilidade civil*. 2ª ed., 3ª tir. São Paulo, Malheiros, 2000.

CAZETTA JÚNIOR, José Jesus. *Conteúdo da causa de pedir e proposta de aplicação dessa categoria ao recurso extraordinário*. In: TUCCI, José Rogério Cruz e. BEDAQUE, José Roberto dos Santos. *Causa de pedir e pedido no processo civil*. São Paulo: RT, 2002.

CERQUEIRA, Luís Otávio Sequeira. Art. 25. In: *Comentários à lei do mandado de segurança*. 3ª ed. São Paulo: RT, 2012.

CHIOVENDA, Giuseppe. *Instituzioni di Diritto Processuale Civile, Sez. 1*. Napoli: Dott. Eugenio Jovene, s/d. *v. II*.

CINTRA, Antônio Carlos Araújo; GRINOVER, Ada Pellegrini; DINAMARCO, Cândido Rangel. *Teoria geral do processo*. 15ª ed. São Paulo: Malheiros. 1999.

COMPARATO, Fábio Konder. *A afirmação histórica dos direitos humanos*. 2ª ed. São Paulo: Saraiva, 2001.

COUTURE, Eduardo J. *Fundamentos del derecho procesal civil*. 4ª ed. Buenos Aires: B de F Ltda, 2005.

CUNHA, Leonardo José Carneiro da. As defesas do executado. *Leituras complementares de processo civil*. Fredie Didier Jr. (Coord.). 2ª ed. Salvador: JusPodivm, 2008.

DEMARCHI, Juliana. Ações dúplices, pedido contraposto e reconvenção. In: *Leituras complementares de processo civil*. 6ª ed. Salvador: JusPodivm, 2008.

DESTEFENNI, Marcos. *Curso de processo civil*, São Paulo: Saraiva, 2006. v. 1.

_____. *Curso de processo civil*, São Paulo: Saraiva, 2006. v. 2.

DIDIER JÚNIOR, Fredie. *Curso de direito processual civil*, Salvador: JusPodivm, 17ª ed., 2015. v. 1.

_____. *Regras processuais no novo código civil*. 2ª ed. São Paulo: Saraiva, 2004.

DIDIER JR., Fredie. BRAGA, Paula Sarno. OLIVEIRA, Rafael Alexandria de. *Curso de direito processual civil*, 10ª ed. Salvador: JusPodium, 2015. v. 2.

DIDIER JR., Fredie. CUNHA, Leonardo Carneiro da. *Curso de direito processual civil*, 7ª ed. Salvador: JusPodivm, 2009. v. 3.

DIDIER Jr., Fredie, CUNHA, Leonardo Carneiro da, BRAGA, Paula Sarno, OLIVEIRA, Rafael. *Curso de direito processual civil, execução*, Salvador: JusPodivm, 2009. v. 5.

DIDIER JÚNIOR, Fredie. ZANETI JÚNIOR, Hermes. *Curso de direito processual civil,* 3ª ed. Salvador: JusPodivm, 2008. v. 4.

DINAMARCO, Cândido Rangel. *A reforma da reforma.* 2ª ed. São Paulo: Malheiros, 2002.

_____. *A instrumentalidade do processo.* 9ª ed. São Paulo: Malheiros, 2001.

_____. *Capítulos de sentença.* 1ª ed. 2ª tir. São Paulo: Malheiros, 2004.

_____. *Instituições de direito processual civil,* v. 3. 6ª ed. São Paulo: Malheiros, 2009.

_____. *Nova era do processo civil.* 2ª ed. São Paulo: Malheiros, 2007.

_____. Relativizar a coisa julgada material. In: *Coisa julgada inconstitucional.* Carlos Valder do Nascimento (Org). 2ª ed. Rio de Janeiro: América Jurídica, 2002.

DINIZ, Maria Helena. *Código civil comentado.* São Paulo: Saraiva, 2002.

DONIZETTI, Elpídio. *Curso didático de direito processual civil.* 14ª ed. São Paulo: Atlas, 2010.

DUARTE, Antonio Aurélio Abi-Ramia. *Flexibilização procedimental nos juizados especiais estaduais.* Rio de Janeiro: Editora JC, 2014.

DWORKIN, Ronald. *Taking right seriously.* Cambridge: Harvard University Press, 1978.

FERNANDES, Sérgio Ricardo de Arruda. *Comentários às alterações no código de processo civil.* 2ª ed. Rio de Janeiro: Roma Victor, 2006.

_____. *Questões importantes de processo civil. Teoria geral do processo.* Rio de Janeiro: DP&A, 1999.

_____. Reflexões sobre a coisa julgada e sua relativização. In: *Revista da Escola da Magistratura do Estado do Rio de Janeiro – EMERJ,* nº 28, 2004.

FERRAZ, Sérgio. *Mandado de segurança (individual e coletivo).* 3ª ed. São Paulo: Malheiros, 1996.

FIGUEIRA JÚNIOR, Joel Dias. *Comentários ao código de processo civil, tomo I.* São Paulo: Revista dos Tribunais, 2001.

FIGUEIREDO, Luana Pedrosa de. Reclamação constitucional para garantia de autoridade de decisao do STJ e violação dos deveres das partes. In: MEDINA, José Miguel Garcia (Org.); CRUZ, Luana Pedrosa de Figueiredo (Org.); CERQUEIRA, Luís Otávio Sequeira de (Org.); GOMES JÚNIOR, Luiz Manoel (Org.). *Os poderes do juiz e o controle das decisões judiciais. Estudos em homenagem à Professora Teresa Arruda Alvim Wambier.* São Paulo: RT, 2008.

FLEXA, Alexandre. MACEDO, Daniel. BASTOS, Fabrício. *Novo código de processo civil.* Salvador: Juspodivm. 2015.

FILHO, José dos Santos Carvalho. *Manual de direito administrativo.* 22ª ed. Rio de Janeiro: Lumen Juris, 2008.

FONTES, André. *A pretensão como situação jurídica subjetiva.* Belo Horizonte: Del Rey, 2002.

FUX, Luiz. *Curso de direito processual civil.* ed. Rio de Janeiro: Forense, 2001.

_____. *Curso de direito processual civil.* 2ª ed. Rio de Janeiro: Forense, 2004.

_____. *O novo processo de execução. O cumprimento da sentença e a execução extrajudicial.* Rio de Janeiro: Forense, 2008.

GALDINO, FLÁVIO. *Comentários ao novo código de processo civil.* 1ª ed. Rio de Janeiro: Saraiva, 2015.

GODINHO, Robson Renault. *A proteção processual dos direitos dos idosos.* 2ª ed. Rio de Janeiro: Lumen Juris, 2010.

GOMES, Luiz Flávio. *Interceptação telefônica.* São Paulo: RT, 1997.

_____. *Súmulas vinculantes.* Disponível em: <http://www.lfg.com.br>.

GONÇALVES, Marcus Vinícius Rios. *Novo curso de direito processual civil,* 2ª ed. São Paulo, Saraiva, 2006. v. 2.

GOUVEA, Lúcio Grassi de. Cognição processual civil: atividade dialética e cooperação intersubjetiva na busca da verdade real. In: *Leituras complementares de processo civil.* 6ª ed. Salvador: JusPodivm, 2008.

GRECO, Leonardo. *A teoria da ação no processo civil.* São Paulo: Dialética, 2003.

_____. A tutela da urgência e a tutela da evidência no Código de Processo Civil de 2014/2015. In: *Revista Eletrônica de Direito Processual Civil – REDP,* 2014. Disponível em: <http://www.redp.com.br/edicao_14.htm> Acesso em 13 jun. 2015, às 11:56 hrs. v. XIV.

_____. *Estudos de direito processual: A reforma do poder judiciário e o acesso à justiça.* Campos dos Goytacazes: ed. Faculdade de Direito de Campos, 2005.

_____. *Instituições de processo civil,* Rio de Janeiro: Forense, 2010. v. II.

_____. *Manual do processo de execução.* 4ª ed. São Paulo: RT, 1997.

_____. Primeiros comentários sobre a reforma da execução oriunda da Lei 11.232/05. *Revista dialética de direito processual.* São Paulo: Dialética, 2006.

GRECO FILHO, Vicente. *Direito processual civil brasileiro,* São Paulo: Saraiva, 1999. v. 1.

_____. *Direito processual civil brasileiro,* 17ª ed., São Paulo: Saraiva, 2006. v. 2.

_____. *Direito processual civil brasileiro,* 17ª ed. São Paulo: Saraiva, 2003. v. 3.

GRINOVER, Ada Pellegrini. *Eficácia e autoridade da sentença penal.* São Paulo: RT, 1978.

HABERLE, Peter. *Hermenêutica constitucional. A sociedade aberta dos intérpretes da Constituição: contribuição para a interpretação pluralista e "procedimental" da Constituição.* Porto Alegre: Sergio Antonio Fabris, 1997.

HARTMANN, Guilherme Kronemberg. *Apontamentos sobre a repercussão geral do recurso extraordinário.* Disponível em: <http://www.arcos.org.br/periodicos/revista-eletronica-de-direito-processual/volume-v/apontamentos-sobre-a-repercussao-geral-do-recurso-extraordinario>.

_____. Complexidade da causa, inadmissibilidade ritual e o aproveitamento dos atos processuais praticados nos juizados cíveis estaduaiss. In: REDONDO, Bruno Garcia. SANTOS, Walder Queiroz dos. FONSECA E SILVA, Augusto Vinícius. VALLADARES, Leandro Carlos Pereira. Coleção *Repercussões do novo CPC* – Juizados Especiais. Salvador: JusPodivm, 2015. v. 7.

_____. *Processo colaborativo: atuação laboriosa dos sujeitos processuais.* Dissertação de mestrado, Faculdade de Direito, Universidade do Estado do Rio de Janeiro, Rio de Janeiro, 2011.

HARTMANN, Rodolfo Kronemberg. *A execução civil.* 2ª ed. Niterói: Impetus, 2011.

_____. A execução em face da fazenda pública por obrigação de pagar. In: SANTANA, Alexandre Ávalo. LACOMBE, Rodrigo Santos Masset. *Novo CPC e o processo tributário.* Campo Grande: Contemplar, 2016.

_____. A tutela provisória de urgência e os juizados especiais. In: REDONDO, Bruno Garcia. SANTOS, Walder Queiroz dos. FONSECA E SILVA, Augusto Vinícius. VALLADARES, Leandro Carlos Pereira. Coleção *Repercussões do novo CPC* – Juizados Especiais. Salvador: JusPodivm, 2015. v. 7.

_____. Breves comentários sobre a Lei nº 11.280/06. In: *A nova reforma processual.* Rio de Janeiro: Lumen Juris, 2006.

_____. *Curso completo de processo civil.* 2ª ed. Niterói: Impetus, 2015, p. 811.

_____. *Curso de direito processual civil, – Teoria geral do processo.* 1ª ed. Niterói: Impetus, 2012. v. I.

_____. *Curso de direito processual civil, – Processo de conhecimento.* 1ª ed. Niterói: Impetus, 2013. v. II.

_____. Das diversas espécies de execução. In: ALVIM, Angélica Arruda. ASSIS, Araken. ALVIM, Eduardo Arruda. LEITE, George Salomão. *Comentários ao código de processo civil.* São Paulo: Saraiva, 2016, p. 920.

_____. Do cumprimento de sentença que reconheça a exigibilidade de obrigação de prestar alimentos. In: CABRAL, Antônio do Passo. CRAMER, Ronaldo. *Comentários ao novo código de processo civil.* Rio de Janeiro: Forense, 2015, pp. 837-843.

_____. *Novo código de processo civil – comparado e anotado.* 1ª ed. Niterói: Impetus, 2015.

_____. Tutelas provisórias. In: SANTANA, Alexandre Ávalo. ANDRADE NETO, José. *Novo CPC – Análise doutrinária sobre o novo direito processual brasileiro.* Campo Grande: Contemplar, 2015, pp. 629-649.

_____. O bloco de constitucionalidade. In: GRECO, Leonardo. NETTO, Fernando Gama de Miranda. *Direito processual e direitos fundamentais.* Rio de Janeiro: Lumen Juris, 2005.

_____. Procedimento para obrigação de fazer, não fazer ou de entrega de coisa reconhecida em título executivo extrajudicial. In: ARAUJO, Luis Carlos de. MELLO, Cleyson de Moraes. *Curso do novo processo civil.* Rio de Janeiro: Freitas Bastos, 2015, pp. 680-685.

_____. *Recursos cíveis & outros temas*. Niterói: Impetus, 2011.

HASELOF, Fabíola Utzig. *Jurisdições mistas*: um novo conceito de jurisdição. Belo Horizonte: Forum, 2018.

IHERING. Rudolf Von. *A luta pelo direito*. Rio de Janeiro: Reditora Rio, 2002.

JARDIM, Afrânio Silva. *Direito processual penal*. 8ª ed. Rio de Janeiro: Forense, 1999.

JORGE, Flávio Cheim. DIDIER JR., Fredie. RODRIGUES, Marcelo Abelha. *A nova reforma processual*. 2ª ed. São Paulo: Saraiva, 2003.

KELSEN, Hans. *Teoria pura do direito*. 4ª ed. Trad. João Baptista Machado. Coimbra: Armênio Amado, 1995.

LEITE, Gisele. Esclarecimentos sobre litisconsórcio e intervenção de terceiros. Disponível em: <http://br.monografias.com/trabalhos904/litisconsorcio-intervencao/litisconsorcio-intervencao2.shtml >. Acesso em: 23 jan. 2012.

LIEBMAN, Enrico Tullio. *Eficácia e autoridade da sentença e outros escritos sobre a coisa julgada*. 3ª ed. Tradução de Alfredo Buzaid e Benvindo Aires. Tradução dos textos posteriores a 1945 e notas relativas ao direito brasileiro vigente de Ada Pellegrini Grinover. 13ª ed. Rio de Janeiro: Forense, 1984.

LIMA, Arnaldo Esteves; DYRLUND, Poul Erik. *Ação rescisória*. 2ª ed. Rio de Janeiro: Forense Universitária, 2003.

LOPES, João Batista. *Tutela antecipada no processo civil brasileiro*, 2001.

LOPES, Mauro Luís Rocha. *Execução fiscal e ações tributárias*. Rio de Janeiro: Lumen Juris, 2002.

LOURENÇO, Rodrigo Lopes. *Constrole de constitucionalidade à luz da jurisprudência do STF*. 2ª ed. Rio de Janeiro: Forense, 1999.

LIMA, Marcellus Polastri. *Novas leis criminais especiais*. Rio de Janeiro: Lumen Juris, 2001.

LIMA, Roberto Kant de; AMORIM, Maria Stella de. BURGOS, Marcelo Baumann. A administração da violência cotidiana no Brasil: a experiência dos juizados especiais criminais. In: *Juizados especiais criminais, sistema judicial e sociedade no Brasil*. Niterói: Intertexto, 2003.

LUCON, Paulo Henrique dos Santos. Devido processo substancial. In: *Leituras complementares de processo civil*. 6ª ed. Salvador: JusPodivm, 2008.

MACIEL, Adhemar Ferreira. Amicus curiae: um instituto democrático. In: *Revista da Associação dos Juízes Federais do Brasil* nº 70.

MALAN, Diogo Rudge. *A sentença incongruente no processo penal*. Coleção Pensamento Crítico. Coordenação: Geraldo Prazo. Rio de Janeiro: Lumen Juris, 2003.

MALATESTA, Nicola Framarin. *A lógica das provas em matéria criminal*, 6ª ed. Campinas: Bookseller, 2005.

MANCUSO, Rodolfo de Camargo. *Divergência jurisprudencial e Súmula vinculante*. 1ª ed. São Paulo: RT, 1999.

MANDRIOLI, Crisanto. Riflessioni in tema di "petitum" e di "causa petendi". In: *Rivista di Diritto Processuale*, v. 3, anno XXIX (seconda serie). Padova: Cedam, 1984.

MARINONI, Luiz Guilherme. *A antecipação da tutela*. 6ª ed. São Paulo: Malheiros, 2000.

_____. *Teoria geral do processo*. 2ª ed. São Paulo: RT, 2009.

_____. *Técnica processual e tutela dos direitos*. São Paulo: RT, 2004.

MARINONI, Luiz Guilherme, ARENHART, Sérgio Cruz. *Curso de processo civil*, São Paulo: RT, 2007. v. 3.

_____. *Manual do processo de conhecimento*. 2ª ed. São Paulo: RT, 2003.

MARQUES, Allana Campos. *A relação jurídica processual como retórica: uma crítica a partir de James Goldschmidt. Críticas à teoria geral do direito processual penal.* Jacinto Nelson de Miranda Coutinho (Coord.). Rio de Janeiro: Renovar.

MARTINS FILHO, Ives Gandra da Silva; NASCIMENTO, Amaury Mascaro; FERRARI, Irany. *História do trabalho, do direito do trabalho e da justiça do trabalho*. 2ª ed. São Paulo: LTr, 2002.

MAZZILI, Hugo Nigro. *Introdução ao ministério público*. São Paulo: Saraiva, 1997.

MEDINA, José Miguel Garcia. *Execução*. São Paulo: RT, 2008.

_____. Variações recentes dos poderes executivos do juiz, cumprimento e execução da sentença condenatória. *Os poderes do juiz e o controle das decisões judiciais, estudos em homenagem à Professora Teresa Arruda Alvim* Wambier. José Miguel Garcia Medina, Luana Pedrosa de Figueiredo da Cruz, Luís Otávio Sequeira de Cerqueira e Luiz Manoel Gomes Júnior (Coords.). São Paulo: RT, 2008.

MEIRELLES, Hely Lopes. *Direito administrativo brasileiro*. 25ª ed. São Paulo: Malheiros, 2000.

MELLO, Celso Antônio Bandeira de. *Curso de direito administrativo*, 13ª ed. São Paulo: Malheiros Editores, 2001.

MELLO, Celso D. de Albuquerque. *Direito constitucional internacional*. 2ª ed. Rio de Janeiro: Renovar, 2000.

MELO, Nehemias Domingos de. *Novo CPC – anotado, comentado e comparado*. São Paulo: Rumo Legal, 2015.

MENDES, Aluísio Gonçalves de Castro. *Competência cível da justiça federal*. 2ª ed. São Paulo: RT, 2006.

_____. *Teoria geral do processo*. Rio de Janeiro: Lumen Juris, 2009.

MÉNDEZ, Francisco Ramos. *Enjuiciamiento civil: como gestionar los litigios civiles, tomo I*. Barcelona: Atelier, 2008.

MIRABETE, Júlio Fabbrini. *Código de processo penal interpretado*. 5ª ed. São Paulo: Atlas, 1997.

MIRANDA, Pontes de. *Tratado da ação rescisória, das sentenças e outras decisões*. 3ª ed. Rio de Janeiro: Borsoi, 1957.

MITIDIERO, Daniel Francisco. *Comentários ao código de processo civil, tomo III.* São Paulo: Memória Jurídica Editora, 2006.

MORAES, Alexandre de. *Direito constitucional.* 9ª ed. São Paulo: Atlas, 2001.

MORAES, Guilherme Peña de. *Direito constitucional, teoria da Constituição.* 2ª ed. Rio de Janeiro: Lumen Juris.

_____. *Direito constitucional, teoria do Estado.* 1ª ed. Rio de Janeiro: Lumen Juris, 2006.

MOREIRA, José Carlos Barbosa. *Comentários ao Código de Processo Civil.* 14ª ed. Rio de Janeiro: Forense, 2008. v. V.

_____. *Comentários ao Código de Processo Civil.* 14ª ed. Rio de Janeiro: Forense, 2008. v. V.

_____. *Direito aplicado I (acórdãos e votos),* 2ª ed. Rio de Janeiro: Forense, 2001.

_____. Ética e justiça. In: *Revista da Escola da Magistratura do Estado do Rio de Janeiro,* nº 29/2005.

_____. O neoprivatismo no processo civil. In: *Leituras complementares de processo civil.* 6ª ed. Salvador: JusPodivm, 2008.

_____. *O novo processo civil brasileiro.* 22ª ed. Rio de Janeiro: Forense, 2002.

_____. *O novo processo civil brasileiro.* 25ª ed. Rio de Janeiro: Forense, 2007.

_____. *Temas de direito processual civil, nona série.* São Paulo: Saraiva, 2007.

_____. *Temas de direito processual civil, oitava série.* São Paulo: Saraiva, 2004.

MOTTA, Sylvio; DOUGLAS, William. *Direito constitucional.* 7ª ed. Niterói: Impetus, 2000.

MUSCARI, Marco Antônio. *Súmula vinculante.* 1ª ed. Coimbra: Coimbra Editora, 1993.

NAHAS, Thereza Christina. *Processo civil procedimentos especiais.* São Paulo: Atlas, 2005.

NERY JÚNIOR, Nélson. Ainda sobre o prequestionamento – os embargos de declaração prequestionadores". In: DIDIER JÚNIOR, Fredie. *Leituras complementares de processo civil.* 6ª ed. Salvador: JusPodivm, 2008.

_____. *Princípios fundamentais – teoria geral dos recursos.* 5ª ed. São Paulo: RT, 2000.

NERY JÚNIOR, Nelson. NERY, Rosa Maria Andrade. *Código de processo civil comentado.* 4ª ed. São Paulo: RT, 1999.

NETTO, João Uchoa Cavalcanti. *O direito, um mito.* 5ª ed. Rio de Janeiro: Editora Rio, 2004.

NEVES, Celso. *Coisa julgada civil.* São Paulo: Revista dos Tribunais, 1971.

NEVES, Daniel Amorim Assumpção. *Manual de direito processual civil.* 2ª ed. São Paulo: Método, 2010.

_____. *Reforma do CPC: Leis 11.187/05, 11.232/05, 11.276/2005, 11.277/2005 e 11.280/2006.* São Paulo: RT, 2006.

NOGUEIRA, Gustavo Santana. *Curso básico de processo civil, tomo I, teoria geral do processo.* Rio de Janeiro: Lumen Juris, 2004.

OLIVEIRA, Adriano Enivaldo de. A imparcialidade como requisito indissociável do Juiz e da aplicação da Justiça. In: *Revista da Associação dos Juízes Federais do Brasil*, nº 71/2002.

OLIVEIRA, J. M. Leoni Lopes de. *Alimentos e sucessões.* 5ª ed. Rio de Janeiro: Lumen Juris, 2000.

OLIVEIRA, J. M. LOPES DE. Natureza Jurídica da Obrigação. Temas de Direito Privado. J. M. Lopes de Oliveira (coord.). Rio de Janeiro: Lumen Juris, 2001.

PAULA, Alexandre de. *Código de processo civil anotado*, Arts. 262 a 565 – Do Processo de Conhecimento. São Paulo: RT, 1980. v. 2.

PAVAN, Dorival Renato. *Comentários às Leis nº 11.187 e 11.232, de 2005, e 11.382, de 2006.* 2ª ed. São Paulo: Pillares, 2007.

PEREIRA, Áurea Pimentel. Direito, justiça, moral e ética. In: *Revista da Escola da Magistratura do Estado do Rio de Janeiro*, nº 13/2001.

PEREIRA, Caio Mário da Silva. *Instituições de direito civil*, 19 ed. Rio de Janeiro: Forense, 1998. v. 1.

PÉREZ, David Vallespín. *El modelo constitucional de juicio justo em el âmbito del proceso civil.* Barcelona: Atelier. 2002.

PIMENTEL, Wellington Moreira. *Estudos de direito processual em homenagem a José Frederico Marques no seu 70º aniversário.* São Paulo: Saraiva, 1982.

PINHO, Humberto Dalla Bernardina de. *Direito processual civil contemporâneo*, 4ª ed. São Paulo: Saraiva, 2012. v. I.

PINTO, Júnior Alexandre Moreira. *A causa petendi e o contraditório.* São Paulo: RT, 2007.

PRADO, Geraldo. *Sistema acusatório, a conformidade constitucional das leis processuais penais.* Rio de Janeiro: Lumen Juris, 2001.

PRUDENTE, Antônio de Souza. A Súmula vinculante e a tutela do controle difuso de constitucionalidade. *Revista CEJ*, Brasília, nº 31, p. 53, edição de out./dez. de 2005.

RANGEL, Paulo. *Direito processual penal.* 2ª ed. Rio de Janeiro: Lumen Juris.

REDONDO, Bruno Garcia. *Flexibilização do procedimento pelo juiz e pelas partes no direito processual civil brasileiro.* Dissertação de Mestrado. São Paulo: PUC-SP, Programa de Mestrado em Direito, 2013.

REDONDO, Bruno Garcia. LOJO, Mário Vitor Suarez. *Penhora.* São Paulo: Método, 2010.

REZEK, J. Francisco. *Direito internacional público, curso elementar.* 8ª ed. São Paulo: Saraiva, 2000.

RIBEIRO, Luís Antônio Cunha. *Democracia e controle de constitucionalidade.* In: *O controle de constitucionalidade e a Lei nº 9.868.* Rio de Janeiro: Lumen Juris, 2001.

ROCHA, Felippe Borring. *Manual dos juizados especiais cíveis estaduais.* 6ª ed. São Paulo: Atlas, 2012.

ROQUE, André Vasconcelos. *Class actions – Ações coletivas nos Estados Unidos: o que podemos aprender com eles?* Salvador: JusPodium, 2014.

ROSA JÚNIOR, Luiz Emygdio F. da. *Manual de direito financeiro & direito tributário.* 15ª ed. Rio de Janeiro: Lumen Juris.

RÚA, Fernando de La. *Teoría general del proceso.* Buenos Aires: Depalma, 1991.

SANTOS, Ernane Fidélis. *Manual de direito processual civil.* 9ª ed. São Paulo: Saraiva, 2002. v. 1.

SANTOS, Moacyr Amaral. *Primeiras linhas de direito processual civil.* 27ª ed. São Paulo: Saraiva, 2010. v. 1.

_____. *Primeiras linhas de direito processual civil,* 17ª ed. São Paulo: Saraiva, 1998. v. 3.

SARMENTO, Daniel. *A ponderação de interesses na Constituição Federal.* 1ª ed., 2ª tir. Rio de Janeiro: Lumen Juris, 2002.

SIDOU, J. M. Othon. *Dicionário jurídico da Academia Brasileira de Letras.* 3ª ed. Rio de Janeiro: Forense, 1994.

SILVA, Edward Carlyle. *Direito processual civil.* Niterói: Impetus, 2007.

SILVA, Ovídio Baptista da. *Sentença e coisa julgada.* 4ª ed. Rio de Janeiro: Forense, 2003.

SILVA, Ovídio Baptista da. GOMES, Fábio. *Teoria geral do processo civil.* 3ª ed. São Paulo: Revista dos Tribunais, 2002.

SILVA, Wilney Magno de Azevedo. O reconhecimento judicial da prescrição tributária na execução fiscal. In: *Boletim da Fundação Escola do Ministério Público do Estado do Rio de Janeiro.* Rio de Janeiro: FEMPERJ, 1997, nº VI.

_____. Sentença proferida nos autos nº 2000.51.01.030569-3. In: *Revista de Jurisprudência da Seção Judiciária do Rio de Janeiro* nº 09/2002.

SIQUEIRA FILHO, Élio Wanderley de. Crimes praticados por organizações criminosas – inovações da Lei n. 9.034/95. In: *Revista dos Tribunais,* v. 84, n. 716. São Paulo: RT, 1995.

SLAIBI FILHO, Nagib. *Ação declaratória de constitucionalidade.* 2ª ed. Rio de Janeiro: Forense, 2000.

_____. *Sentença cível.* 5ª ed. Rio de Janeiro: Forense, 2000.

SOUZA, Bernardo Pimentel. Carta rogatória: observações à luz da emenda constitucional nº 45, de 2004. In: *Leituras complementares de processo civil.* 6ª ed. Salvador: JusPodivm, 2008.

STRECK, Lênio Luiz. *Súmulas no direito brasileiro. Eficácia, poder e função.* 2ª ed. Porto Alegre: Livraria do Advogado, 1998.

_____. *As súmulas vinculantes e o controle panóptico da justiça brasileira.* Disponível em: <http://www.unimar.br>.

STRECK, Lenio Luiz. OLIVEIRA, Marcelo Andrade Cattoni de. *"(Mais) um passo atrás no direito brasileiro".* Disponível em: <http://www.transitobr.com.br/index2.php?id_conteudo=84>.

TALAMINI, Eduardo. *Tutela relativa aos direitos de fazer e de não fazer.* São Paulo: RT, 2001.

_____. Sentença que reconhece obrigação´, como título executivo (CPC, art. 475-N, I – acrescido pela Lei 11.232/2005). *A nova reforma processual.* Gustavo Santana Nogueira (coord.). Rio de Janeiro: Lumen Juris. 2007.

TARUFFO, Michele. Dimensioni Del precedente giudiziario. *Revista Trimestrale di Diritto e Procedura Civile, Anno XLVIII (1994),* Milano: Giuffré Editore, giugno 1996.

THEODORO JUNIOR, Humberto. *A insolvência civil.* 4ª ed. Rio de Janeiro: Forense, 1997.

_____. *Curso de direito processual civil,* 31ª ed. Rio de Janeiro: Forense, 2000. v. 1.

_____. *Curso de Direito Processual Civil,* 56 ed. Rio de Janeiro: Forense, 2015. v. 1.

_____. *Curso de Direito Processual Civil II.* 38ª ed. Rio de Janeiro: Forense, 2002.

_____. *Direitos do consumidor.* 7ª ed. Rio de Janeiro: Forense, 2011.

_____. *Processo cautelar.* 17ª ed. São Paulo: Leud, 1998.

_____. Tutela específica das obrigações de fazer e de não fazer. In: *Revista de Processo,* nº 105.

THEODORO JÚNIOR, Humberto. NUNES, Dierle. BAHIA, Alexandre Melo Franco. PEDRON, Flávio Quinaud. *Novo CPC – fundamentos e sistematizações.* 1ª ed. Rio de Janeiro: Gen Forense, 2015.

TOURINHO FILHO, Fernando da Costa. *Processo penal,* 11ª ed. São Paulo: Saraiva, 1989. v. 3.

TUCCI, José Rogério Cruz e. *A causa petendi no processo civil.* 2ª ed. São Paulo: RT, 2001.

_____. *Precedente judicial como fonte de direito.* São Paulo: RT, 2004.

VALLE, Anco Márcio. *Processo falimentar, fase pré-falencial.* Rio de Janeiro: Ideia Jurídica. 1998.

WAMBIER, Luiz Rodrigues, ALMEIDA, Flávio Renato Correia de, TALAMINI, Eduardo. *Curso avançado de processo civil,* 10ª ed. São Paulo: RT, 2007. v. 2.

WAMBIER, Luiz Rodrigues, WAMBIER, Teresa Arruda Alvim. *Anotações sobre a liquidação e a execução das obrigações coletivas.* Direito Processual Coletivo e o anteprojeto de Código Brasileiro de Processos Coletivos. Ada Pellegrini Grinover, Aluísio Gonçalves de Castro Mendes e Kazuo Watanabe (Coords.). São Paulo: RT, 2007.

WAMBIER, Luiz Rodrigues; WAMBIER, Teresa Arruda Alvim; MEDINA, José Miguel Garcia. *Breves comentários à nova sistemática processual civil.* São Paulo: ed. RT, 2007.

WAMBIER, Teresa Arruda Alvim. O agravo e o conceito de sentença. In: *Revista de Processo* nº 144. São Paulo: RT, 2007.

WATANABE, Kazuo. *Da cognição no processo civil.* São Paulo: RT, 1987.

ZAFFARONI, Eugênio Raul e PIERANGELI, José Henrique. *Manual de direito penal brasileiro, parte geral.* 2ª ed. São Paulo: RT, 1999.

ZANETI JÚNIOR, Hermes. Ordem dos processos e dos processos de competência originária dos tribunais. In: CABRAL, Antônio do Passo. CRAMER, Ronaldo. Comentários ao novo código de processo civil. Rio de Janeiro: Forense, 2015.

ZAVASCKY, Teori Albino. *Processo coletivo, tutela de direitos coletivos e tutela coletiva dos direitos.* 3ª ed. São Paulo: RT, 2007.

_____. *Processo de execução.* 3ª ed. São Paulo: RT, 2004.

Rua Alexandre Moura, 51
24210-200 – Gragoatá – Niterói – RJ
Telefax: (21) 2621-7007

www.impetus.com.br

Esta obra foi impressa em papel offset 63 grs./m²